# DIRECCIÓN ESTRATÉGICA

## SÉPTIMA EDICIÓN

# DIRECCIÓN ESTRATÉGICA

## SÉPTIMA EDICIÓN

**Gerry Johnson**
*Universidad de Strathclyde*

**Kevan Scholes**
*Universidad Sheffield Hallan*

**Richard Whittington**
*Saïd Business School, Universidad de Oxford*

**Traducción:**

Yago Moreno López
yagomoreno@blueyonder.co.uk

**Revisión Técnica y coordinación de casos de estudio
para la edición en español:**
Virginia Blanco Mazagatos
Juan Bautista Delgado García
Juan Manuel de la Fuente Sabaté
Esther de Quevedo Puente
*Departamento de Economía y Administración de empresas
Universidad de Burgos*

PEARSON

Prentice
Hall

Madrid • México • Santafé de Bogotá • Buenos Aires • Caracas • Lima
Montevideo • San Juan • San José • Santiago • São Paulo • White Plains

Datos de catalogación bibliográfica

DIRECCIÓN ESTRATÉGICA. Séptima edición
Gerry Johnson; Kevan Scholes; Richard Whittington

PEARSON EDUCACIÓN, S. A., Madrid, 2006

ISBN: 978-84-205-4618-6
Materia: 658.8

Formato: 215 × 270          Páginas: 712

DERECHOS RESERVADOS
© 2006, PEARSON EDUCACIÓN, S. A.
Ribera del Loira, 28
28042 Madrid (España)

Gerry Johnson; Kevan Scholes; Richard Whittington
DIRECCIÓN ESTRATÉGICA. Séptima edición

ISBN: 978-84-205-4618-6
Depósito Legal: M-36.561-2008
Última reimpresión, 2008

Traducido de:
Exploring Corporate Strategy: Text & Cases 7th edition
ISBN: 0-273-68739-5

This translation of EXPLORING CORPORATE STRATEGY: TEXT & CASES 07 Edition is
published by arrangement with Pearson Education Limited, United Kingdom

© Prentice Hall Europe 1984, 1988, 1993, 1997, 1999,
   Pearson Education 2002, 2005

Edición en español:

Equipo editorial:
    Editor: Alberto Cañizal
    Técnico editorial: Elena Bazaco

Equipo de producción:
    Director: José Antonio Clares
    Técnico: José Antonio Hernán

Diseño de cubierta: Equipo de diseño de PEARSON EDUCACIÓN, S. A.

Composición: COPIBOOK, S. L.

Impreso por: Gráficas Rógar, S. A.

IMPRESO EN ESPAÑA - PRINTED IN SPAIN

**Gerry Johnson BA, PhD** (izquierda) es catedrático de Dirección Estratégica en la University of Strathclyde Graduate School of Business y socio del UK Advanced Institute of Management Research. Es autor de numerosos libros, ha publicado en muchas de las principales revistas especializadas de investigación sobre dirección empresarial y suele dar conferencias en todo el mundo. Pertenece a los consejos editoriales del *Strategic Management Journal* y del *Journal of Management Studies*. Su investigación se realiza en el campo de la práctica de la dirección estratégica y sobre el desarrollo de la estrategia y el cambio de las organizaciones. Como consultor aplica muchos de los conceptos de *Exploring Corporate Strategy* para ayudar a los directivos a poner en duda y desarrollar estrategias en sus organizaciones.

**Kevan Scholes MA, PhD, DMS, CIMgt, FRSA** (centro) es socio fundador de Scholes Associates, especializados en dirección estratégica. También es catedrático Invitado de Dirección Estratégica y fue Director del Sheffield Business School en el Reino Unido. Tiene una amplia experiencia en la docencia sobre dirección estratégica, tanto para alumnos de licenciatura como de postgrado en distintas universidades. Además, su trabajo en el desarrollo de la dirección empresarial incluye organizaciones en los sectores manufactureros y de servicios y en una amplia gama de organizaciones del sector público. Trabaja con regularidad fuera del Reino Unido, en Irlanda, Australia, Nueva Zelanda y Singapur. También ha sido asesor de desarrollo directivo en una serie de organismos nacionales y es *Companion* del Chartered Management Institute.

**Richard Whittington MA, MBA, PhD** (derecha) es catedrático de Dirección Estratégica en el Saïd Business School y *Millman Fellow* en New College, University of Oxford. Sus principales intereses en investigación se encuentran en la práctica de la estrategia y la dirección internacional comparativa y trabaja con muchas organizaciones en tareas de consultoría y de formación de ejecutivos, dentro y fuera del Reino Unido. Tiene siete libros publicados y muchos artículos en revistas especializadas como *Organization Science*, *Strategic Management Journal* y *Strategic Organization*. Es miembro de siete consejos editoriales de revistas, incluyendo la *Academy of Management Review*, y da conferencias habitualmente en todo el mundo. Ha dirigido programas de MBA en las universidades de Oxford y Warwick, e imparte docencia sobre estrategia tanto a alumnos de licenciatura como de postgrado.

# Contenido abreviado

# Contenido

## Parte II LA POSICIÓN ESTRATÉGICA

# 4   Expectativas y propósitos                                    163

## Comentario sobre la Parte II
## Las implicaciones de la complejidad: la «idea de negocio»

## Parte III   LA ELECCIÓN ESTRATÉGICA

## Parte IV    LA ESTRATEGIA PUESTA EN ACCIÓN

## Parte V  CÓMO SE DESARROLLA LA ESTRATEGIA

# Prefacio

Han pasado 21 años desde que se publicó la primera edición de *Dirección Estratégica*. Tanto el mundo de los negocios como el de los servicios públicos han asistido a enormes cambios durante todo este tiempo. También se han producido importantes cambios en el tema de la dirección estratégica. El elemento central de estos cambios ha sido el generalizado reconocimiento de la importancia de la estrategia para los directivos profesionales, tanto en el sector público como en el sector privado. Esto ha quedado reflejado en la inclusión de la estrategia como tema en los programas de estudio a todos los niveles, así como por su adopción en pequeños cursos y seminarios de consultoría. En la actualidad se acepta que la comprensión de los principios y prácticas de la estrategia no solo afecta a los altos directivos, sino que también es esencial para los distintos niveles directivos, aunque, evidentemente, variará el énfasis. Siempre hemos afirmado la importancia de este mayor interés en la estrategia, por lo que vemos de buen grado estos cambios.

Las ventas conjuntas de las anteriores seis ediciones superan las 650 000 unidades. Esta séptima edición marca un punto significativo en la evolución del libro con la incorporación de Richard Whittington como autor. Muchos lectores ya conocerán a Richard por sus propios libros y publicaciones. Hay que destacar que tanto Gerry Johnson como Kevan Scholes ya conocían a Richard desde que estudiaba un MBA en Aston y ¡colaboró en el desarrollo de la primera edición!

Esta nueva edición se publica en un momento en el que la mayoría de las organizaciones están sintiendo el efecto combinado de la globalización, la tecnología de la información y los rápidos cambios de sus entornos empresariales. Hay más sectores en la economía de la mayoría de los países que dependen cada vez más del «conocimiento». Desde el lado negativo, se ha prestado más atención a algunos fracasos espectaculares (como los de Enron y WorldCom), lo que ha dado lugar a la aplicación de cambios en el gobierno corporativo y a la puesta en duda de las motivaciones y los estándares éticos de algunos directivos y ejecutivos de empresas. Aunque la estructura de este libro sigue siendo más o menos la misma, hemos intentado dar más importancia a estas cuestiones.

La séptima edición también constituye un paso hacia delante en cuanto a la presentación del texto y el diseño, en un intento de mejorar la claridad y la comprensión y hacer que la lectura sea una experiencia más agradable. Cada capítulo tiene objetivos de aprendizaje y un resumen. Se destacan las «definiciones» importantes en los márgenes; se ha prestado una especial atención a las ilustraciones y casos de estudio. Una amplia mayoría son nuevos en esta edición y la elección de los ejemplos refleja las cuestiones mencionadas anteriormente. Todas las ilustraciones tienen preguntas, que sirven como casos de estudio para los profesores y para que los alumnos comprueben sus propios progresos y su comprensión del texto. Los casos de ejemplo al final permiten volver a reflexionar sobre las distintas cuestiones del capítulo y ayudan a los alumnos a ver cómo se relacionan entre sí. También hemos ofrecido nuevos trabajos de integración para reforzar las relaciones entre los temas y los capítulos.

Hemos mantenido los *comentarios críticos* al final de cada parte del libro, comentarios que se introdujeron en la sexta edición. El principal objetivo del comentario crítico es la reflexión sobre las cuestiones de cada parte, tal y como se ven a través de los tres prismas de la estrategia, que se explican más adelante. Los comentarios también están diseñados para destacar las relaciones entre los temas de los capítulos dentro de una misma parte y para tener una visión más general de las cuestiones estratégicas. Juntas, estas cuestiones son fundamentales para la esencia de la estrategia: el análisis de las mismas desde distintos prismas y la importancia de las relaciones entre sí, que afectan al éxito o fracaso de una organización.

En general, nuestro objetivo consistía en desarrollar tanto el contenido como el estilo del libro y esperamos que los resultados de nuestros esfuerzos sean satisfactorios. *Tras este prefacio podrá encontrar una guía para aprovechar al máximo todas las características y materiales de aprendizaje de* Dirección Estratégica.

*Dirección Estratégica* es un manual que parte de la práctica de la dirección estratégica, tal y como la entienden los investigadores y profesionales de este campo. Es un manual orientado fundamentalmente a alumnos de estrategia en estudios universitarios, de postgrado y de máster en universidades y escuelas universitarias; para los alumnos de cursos con títulos como Dirección Estratégica, Política Empresarial, Estrategia Corporativa, Política de la Organización y Política Corporativa. Sin embargo, sabemos que muchos de estos alumnos ya son directivos que están estudiando a tiempo parcial: por ello, este libro está escrito pensando en el directivo y en el directivo potencial.

El estilo del manual refleja nuestra experiencia personal como profesores, investigadores y consultores durante más de treinta años. Es la combinación de teoría y práctica la que se encuentra en el centro de la buena dirección estratégica. Permite a los alumnos aplicar conceptos y teorías a situaciones prácticas (por ejemplo, mediante los casos de estudio) e, igualmente importante, alcanzar sus propias conclusiones. Sin embargo, también es cierto que el creciente cuerpo de investigación y teoría puede resultar de gran ayuda para estimular una mayor comprensión de los problemas estratégicos y de la dirección estratégica. Nuestro planteamiento incorpora partes sustanciales de esta investigación y de esta teoría, y anima a los lectores a investigar más. Pero también suponemos que los lectores tendrán la oportunidad de analizar los problemas estratégicos recurriendo a casos de estudio o a proyectos o, si son directivos profesionales, mediante su actividad en su propia organización. Nuestra opinión en este sentido es exactamente la misma que la de los autores de textos médicos o de ingeniería, y animamos a los lectores a adoptar el mismo planteamiento. Este planteamiento afirma que una buena teoría ayuda a una buena práctica, pero que la comprensión de las teorías sin la comprensión de la práctica resulta muy peligrosa, sobre todo cuando se está tratando con un paciente, se está construyendo un puente o, como en el caso de este libro, se trabaja con organizaciones. Una nueva característica de esta séptima edición es la inclusión de un *debate estratégico* como ilustración final de cada capítulo, ofreciendo opiniones contrapuestas de importantes autores de este campo.

Como se ha mencionado anteriormente, el refuerzo de la relación entre teoría y práctica es uno de los objetivos de los comentarios al final de cada parte. El concepto de los tres prismas de la estrategia se introduce en el Capítulo 1 y ofrece un marco para estas reflexiones. Además de la tradicional perspectiva del *diseño* de la estrategia, analizamos cómo pueden surgir estrategias de la *experiencia* y la cultura, y cómo pueden ser el producto de *ideas* que emergen del complejo mundo de la organización y de su entorno. El concepto de los prismas se utiliza porque ofrece formas distintas, pero complementarias, de analizar la estrategia y la dirección estratégica. Los tres son relevantes para el estudio de la estrategia, como refleja el texto. La estructura del libro se explica con cierto detalle en el Capítulo 1. Sin embargo, resultará útil ofrecer aquí una breve descripción. El libro consta de cinco partes:

La Parte I incluye una introducción a la estrategia corporativa, en cuanto a las características de los elementos de la dirección estratégica (Capítulo 1). También se introduce en los prismas de la estrategia.

La Parte II del libro trata de la comprensión de la *posición estratégica* de una organización. El Capítulo 2 se ocupa de la posición de una estrategia dentro de su entorno «empresarial», es decir, de la posición competitiva de la organización; el Capítulo 3, de los factores que sustentan la capacidad estratégica: los recursos y las competencias, destacando la importancia del conocimiento y el Capítulo 4 se refiere a la comprensión de los propósitos de la organización. Se centra en la pregunta de a quién tiene que servir la organización e incluye un análisis del gobierno corporativo, de las relaciones con las partes interesadas, de la ética empresarial y de la cultura.

La Parte III versa sobre las *opciones estratégicas*. El Capítulo 5 trata de la estrategia en el ámbito de la unidad de negocio (o estrategia competitiva). Las cuestiones principales inciden en las bases de la ventaja competitiva y de cómo se puede competir mejor en un mundo que cambia rápidamente. El Capítulo 6 se ocupa de la estrategia internacional y en el ámbito corporativo: cómo puede la sede añadir valor a las unidades de negocio (o, inversamente, cómo puede destruir valor). El Capítulo 7 se fija de forma más detallada en las elecciones de dirección y método estratégico. A continuación, se analizan los criterios para valorar el probable éxito o fracaso de las estrategias.

La Parte IV trata del paso de la *estrategia a la acción*. El Capítulo 8 analiza cómo hay que organizarse para el éxito y recoge la literatura reciente sobre las relaciones entre las estructuras, los procesos de organización y la importancia de crear y mantener relaciones internas y externas. El Capítulo 9 contempla la relación entre la estrategia general de una organización y las estrategias en cuatro áreas de recursos clave: personal, información, finanzas y tecnología. El Capítulo 10 aborda los planteamientos y métodos de dirección del cambio y ofrece importantes vínculos con el Capítulo 4.

La Parte V consta de un único capítulo (Capítulo 11) que trata de los procesos de desarrollo de la estrategia. El material de este capítulo proviene del Capítulo 2 de ediciones anteriores. Esto permite a los lectores reflexionar más sobre las cuestiones y conceptos de la estrategia antes de entrar en cuestiones acerca de los procesos que se utilizan para, de hecho, desarrollar la estrategia en las organizaciones. Pero, como capítulo independiente, los profesores y alumnos pueden decidir utilizarlo en cualquier momento que consideren adecuado.

Mucha gente nos ha ayudado a desarrollar esta nueva edición. Primero, y ante todo, los que han adoptado la edición actual, a algunos de los cuales hemos tenido el placer de conocer en nuestros seminarios anuales para profesores. Bastantes de ustedes nos han ofrecido críticas y reflexiones constructivas para la nueva edición, ¡esperamos que estén satisfechos con los resultados! así como, nuestros alumnos y clientes de Sheffield, Strathclyde y Oxford, y de los otros muchos lugares donde impartimos docencia: son una continua fuente de ideas y de retos y sería imposible escribir un libro de este tipo sin estos comentarios directos. Nuestro propio trabajo y nuestros contactos se han ampliado considerablemente gracias al libro y ahora tenemos importantes relaciones en todo el mundo que constituyen una inagotable fuente de estímulo. Valoramos especialmente nuestros contactos en Irlanda, Holanda, Dinamarca, Suecia, Francia, Canadá, Australia, Nueva Zelanda, Singapur y Estados Unidos.

Quisiéramos dar las gracias a los que han contribuido directamente a este libro ofreciendo los casos de estudio, y a aquellas organizaciones que han tenido el valor de permitir que redactemos casos de estudio sobre ellas. La creciente popularidad de *Dirección*

*Estratégica* ha planteado con frecuencia a estas empresas problemas prácticos al tener que responder a las solicitudes de información de profesores y alumnos. Esperamos que los que utilicen el manual respeten sus deseos y no se pongan en contacto directamente con ellas solicitando más información. Hay muchos compañeros a los que tenemos que dar las gracias por ayudarnos a mejorar la comprensión de cuestiones particulares de este o de otros temas relacionados. La estrategia es un amplio campo que requiere de esta colaboración para que el libro pueda mantenerse actualizado. Así pues, expresamos nuestro agradecimiento a Julia Balogun, John Barbour, Graham Beaver, George Burt, Andrew Campbell, Frederic Frery, Royston Greenwood, Phyl Johnson, Aidan McQuade, Michael Mayer, David Pitt-Watson, Richard Schoenberg y Jill Shepherd. También tenemos una mención especial para todos aquellos que nos han ayudado a desarrollar las ilustraciones y los casos; su participación se reconoce al pie de cada uno. Asimismo queremos dar las gracias a Christine Reid y Scott McGowan de Strathclyde por su trabajo con las referencias bibliográficas. Melanie Scholes igualmente se sumó a este proceso con la investigación de nuevas fuentes académicas y nuevos materiales para las ilustraciones y los casos. Finalmente queremos dar las gracias a aquellas personas que han participado en el manuscrito de este libro, en particular a Loma Carlaw en Strathclyde y a Jenny Scholes en Sheffield.

*Gerry Johnson*
*Kevan Scholes*
*Richard Whittington*

# Cómo aprovechar al máximo el manual de *Dirección Estratégica*

En las distintas ediciones de *Dirección Estratégica*, hemos intentado responder a las continuas demandas de más material al tiempo que manteníamos el texto con un volumen razonable. Estas demandas han incluido una mayor profundidad en los temas, una mayor cobertura de determinados sectores o, sencillamente, más ejemplos y trabajos para los alumnos. Ya hemos elaborado material y publicaciones adicionales, y mejorado las referencias a otras fuentes cuando son relevantes para determinados apartados del libro. Esta nota ofrece algunos consejos prácticos sobre cómo aprovechar al máximo esta amplia y diversa gama de materiales.

## Consejos para utilizar el manual de *Dirección Estratégica*

Para aprovechar al máximo el manual de *Dirección Estratégica* y los materiales relacionados, el consejo general para los alumnos y los directivos es que se aseguren de haber logrado tres cosas:

- que han comprendido los conceptos;
- que pueden aplicar estos conceptos a situaciones prácticas: si se trata de un directivo profesional, es especialmente importante que pueda aplicar estos conceptos al contexto de su propio trabajo;
- que han leído otros textos.

## Características del manual

- Al principio de cada capítulo se incluye una lista de los *objetivos de aprendizaje* que se van a estudiar a lo largo del mismo. Verifique que ha entendido todas estas cuestiones.
- Los *términos clave* se destacan en el texto y se explican en los márgenes.
- Los recuadros de *ilustraciones* se encuentran a lo largo del capítulo e incluyen cuestiones que pueden utilizarse como «pequeños» casos de estudio. Asegúrese de leerlos y contestar las preguntas para comprobar que entiende las relaciones entre teoría y práctica. Si es usted un directivo, hágase siempre la siguiente pregunta adicional: «¿cuáles son las lecciones que puedo extraer de este ejemplo para mí y mi organización?». Si puede, hágalo también para los casos prácticos y los casos de estudio. Los mejores directores estratégicos son aquellos que pueden transferir el conocimiento de una situación a otra.
- Los *resúmenes del capítulo* ayudan a revisar los principales aspectos del mismo.
- La *bibliografía básica recomendada* aparece al final de cada capítulo. Asegúrese de que conoce los textos más relevantes para su caso concreto. Hay una extensa bibliografía para un estudio más detallado y una investigación en profundidad.

- Los *trabajos* están organizados en función de dos grados de dificultad y están acompañados por trabajos integrados que refuerzan las relaciones entre los distintos temas y capítulos. Su profesor puede utilizarlos para evaluar sus conocimientos. En cualquier caso, puede utilizarlos como pruebas de examen, un medio para comprobar el aprendizaje tanto de los conceptos como de las aplicaciones. Si es usted un directivo, aproveche la oportunidad de utilizar estos ejercicios para su propia organización, e implique a otros miembros de su equipo si tiene la posibilidad.
- Los *casos de ejemplo*, que son una nueva característica de esta edición, se incluyen al final de cada capítulo para ayudar a consolidar el aprendizaje de las cuestiones clave. Conteste a las preguntas al final de cada uno.
- Los comentarios sobre cada parte aparecen al final de cada bloque del libro. Utilícelos para asegurarse de que entiende las relaciones entre los temas de los diversos capítulos de cada bloque y de que puede entender el tema del bloque desde distintos puntos de vista (a través de los prismas de la estrategia descritos en el Capítulo 1).
- Si está utilizando la edición con *casos de estudio*, intente leer los que son relevantes para el curso que está siguiendo, incluso si no se establecen como obligatorios a lo largo de la asignatura.

Consulte la página Web de *Dirección Estratégica* regularmente para ver actualizaciones y materiales adicionales: www.librosite.net/johnson.

# Visita guiada del manual

Las páginas de **introducción a cada parte** ofrecen una explicación de la temática que se va a analizar en los siguientes capítulos junto con un diagrama de navegación.

Los **objetivos de aprendizaje** ofrecen un listado de lo que se tiene que aprender y comprender en cada capítulo.

Las **ilustraciones de estrategia en acción** aparecen a lo largo de todo el libro para aclarar las relaciones entre teoría y práctica. La ilustración final de cada capítulo se centra en un **debate clave** que permite reflexionar sobre algunas de las cuestiones analizadas en el capítulo.

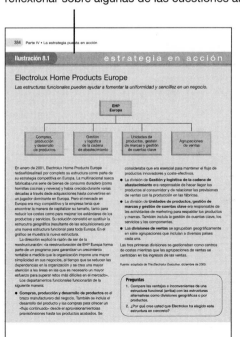

Los **cuadros** ofrecen una clara representación visual de las ideas, estructuras y procesos clave.

Los **términos clave** están resaltados en negrita dentro del texto, con una explicación en el margen para destacar algunos de los conceptos más importantes.

Los **resúmenes** permiten recapitular y revisar los principales aspectos del capítulo.

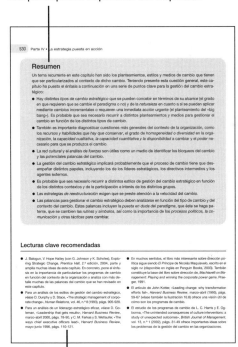

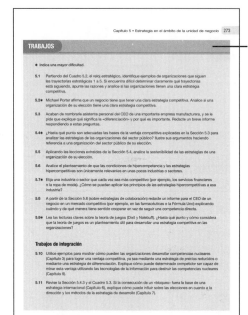

Los **trabajos**, organizados en función de dos grados de dificultad, pueden utilizarse como un medio para comprobar el aprendizaje de la teoría y los conceptos. Hay nuevos **trabajos integradores** para comprobar que se tiene una visión general.

Las **Lecturas clave recomendadas** ofrecen fuentes de consulta adicionales para profundizar en el estudio de algunos puntos o conceptos particulares.

Los **casos de ejemplo** al final de cada capítulo permiten consolidar el aprendizaje de las principales cuestiones.

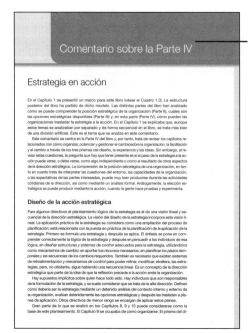

Los **comentarios** aparecen al final de cada parte, destacando la conexión entre los temas estudiados en los distintos capítulos y analizando la diversidad de planteamientos sobre la dirección estratégica, lo que permite comprender mejor las cuestiones de actualidad.

# Agradecimientos

Queremos dar las gracias a las siguientes personas y organizaciones por la autorización para reproducir material protegido por copyright:

El Cuadro l.iii ha sido reproducido con autorización de Harvard Business Review. Adaptado de *Strategy as simple rules* de K.M. Eisenhardt y D.N. Sull, enero de 2001. Copyright © 2001 de Harvard Business School Publishing Corporation; todos los derechos reservados; Capítulo 2 caso de ejemplo - Tablas 1,2,3 y 7 de www.brewersofeurope.org, The Brewers of Europe; Capítulo 2 caso de ejemplo - Tabla 4 de Coors Brewers Ltd., UK; Capítulo 2 caso de ejemplo - Tabla 6 de Euromonitor 2002; El Cuadro 2.3 está basado en Yip, George S., *Total Global Strategy II*, 2ª edición, © 2003. Adaptado con autorización de Pearson Education Inc., Upper Saddle River, NJ; El Cuadro 2.5 adaptado con autorización de The Free Press, una División de Simón & Schuster Adult Publishing Group, de *Competitive Strategy: Techniques for Analyzing Industries and Competitors* de Michael E. Porter. Copyright © 1980, 1998 de The Free Press. Todos los derechos reservados; El Cuadro 2.7 adaptado con autorización de The Free Press, una División de Simón & Schuster Adult Publishing Group, de *Hypercompetitive Rivalries: Competing in Highly Dynamic Environments* de Richard A. D'Aveni con Robert Gunther. Copyright © 1994, 1995 de Richard A. D'Aveni. Todos los derechos reservados; Figura de la Ilustración 3.4 adaptada de *Understanding and using value chain analysis* de Andrew Shepherd en Exploring Corporate Techniques of Analysis and Evaluation in Strategic Management, Pearson Education Ltd (Ambrosini, V. ed. 1998); El Cuadros 3.6 y 3.7 adaptados con autorización de Free Press, una División de Simón & Schuster Adult Publishing Group, de *Competitive Advantage: Creating and Sustaining Superior Performance* de Michael E. Porter. Copyright © 1985, 1998 de Michael E. Porter. Todos los derechos reservados; El Cuadro 3.9 de *The Knowledge-Creating Company: How Japanese Companies Create the Dynamics of Innovation* de Ikujiro Nonaka y Hirotaka Takeuchi, copyright 1995 de Oxford University Press, Inc. Utilizado con autorización de Oxford University Press, Inc.; Capítulo 4 caso de ejemplo - Figura 1 y Tabla 1 de *Annual Report, Manchester United Pie*; El Cuadro 4.2 adaptado de David Pitt-Watson, Mermes; El Cuadro 4.5 adaptado de *Proceedings of the Second International Conference on Information Systems*, Plenum Publishers, Cambridge, MA (Mendelow, A. 1991); El Cuadro 6.9 de *Strategic Management Journal*, vol. 7, n.º 3, ©John Wiley & Sons Ltd (Montanari, J. R. and Bracker, J. S. 1986). Reproducido con permiso; El Cuadro 6.10d de «Multinational market portfolio in global Strategy development», *International Marketing Review*, vol. 10, n.º 1 (Harrel, G. D. and Kiefer, R. D. 1993) en *International Marketing Strategy, Routledge* (Phillips, C. I. y Lowe, R. eds 1994), pp. 137-8; El Cuadro 6.11 adaptado de *Corporate Level Strategy*, copyright © John Wiley & Sons, Inc. (Goold, M., Campbell, A. y Alexander, M. 1994). Este material se ha utilizado con permiso de John Wiley & Sons, Inc.; El Cuadro 6.12b reproducido con autorización de Harvard Business School Press de *Managing Across Borders: The transnational solution* de C. A. Bartlett and S. Ghoshal. Boston, MA 1989, pp. 109-11. Copyright © 1989 de the Harvard Business School Publishing Corporation; todos los derechos reservados; El Cuadro 7.1 adaptado de *Corporate Strategy*, Penguin (Ansoff, H. 1988) y la matriz que acompaña el Cuadro 7.1 en la página 377 ambos reproducido con autorización de the Ansoff Estáte; El Cuadro 7.9 reproducido con la autorización de Harvard Business Review. Adaptado de *Strategy as a portfolio of real options* de T. A. Luehrman, September-October 1998. Copyright © 2001 de  Harvard Business School Publishing Corporation; todos los derechos reservados; El Cuadro 8.15 adaptado de Mintzberg, Henry, *Structuring of Organizations*, lª edición, © 1979. Reproducido con autorización de Pearson Education, Inc., Upper Saddle River, NJ; El Cuadro 8.16 adaptado y reproducido con autorización de Harvard Business School Press de *Managing Across Borders: The transnational Corporation*, 2ª edición, de C. A. Bartlett and S. Ghoshal. Boston, MA 1998, Copyright 1998 de Harvard Business School Publishing Corporation; todos los derechos reservados; Capítulo 9 caso de ejemplo - El Cuadro 3 de *NHS Direct in England, 40th Report of the Public Accounts Committee of the House of Commons* (2002) Se reproduce el material propiedad de la Corona con la autorización de Controller of HMSO y de la Queen's Printer for Scotland; Capítulo 9 caso de ejemplo – Los Cuadros 4, 5 y 6 de *NHS Direct Quarterly Stakeholder Report, July 2003*, NHS Direct Se reproduce el material propiedad de la Corona con la autorización de Controller of HMSO y de la Queen's Printer for Scotland; Capítulo 9 caso de ejemplo - El Cuadro 7 de *Developing NHS Direct*, abril de 2003, Department of Health Se reproduce el material propiedad de la Corona con la autorización de Controller of HMSO y de la Queen's Printer for Scotland; El Cuadro 9.3 de *Strategic Human Resource Management* de Gratton, L. *et al.* (1999). Con autorización de Oxford University Press;

El Cuadro 9.5 adaptado de *Electronic Commerce*, © John Wiley & Sons Etd (Timmers, P. 2000). Reproducido con autorización; El Cuadro 9.9 abreviado de *Managing Innovation: Integrating technological, market and organisational change*, 2.ª edición, © John Wiley & Sons Ltd (Tidd, J, Bessant, J. and Pavitt, K. 2001). Reproducido con autorización; El Cuadros 9.11 y 9.12 adaptados de *Managing Innovation: Integrating technological, market and organisational change*, 2.ª edición, © John Wiley & Sons Etd (Tidd, J, Bessant, J. and Pavitt, K. 2001). Reproducido con autorización; Ilustración 10.2 adaptado de «Mapping and re-mapping organisational culture: a local government example» en *Exploring Public Sector Strategy*, Prentice Hall (Johnson, G. and Scholes, K. eds 2001); El Cuadro 10.2 adaptado de *Exploring Strategic Change*, Prentice Hall (Balogun, G. and Hope Hailey, V. 1999); El Cuadro 10.6 reproducido con autorización de Harvard Business Review. Adaptado de *The way chief executives lead* de C. M. Farkas y S. Wetlaufer, mayo-junio 1996. Copyright © 2001 de Harvard Business School Publishing Corporation; todos los derechos reservados; El Cuadro 10.10 de «The selection of communication media as an executive skill» en *Academy of Management Executive: The Thinking Manager's Source*, Academy of Management (Eengel, R. H. and Daft, R. E. 1998); El Cuadro 11.4 de «Strategic planning in a turbulent environment» en *Strategic Management Journal*, Vol 24 (Grant, R. 2003) © John Wiley & Sons Etd. Reproducido con autorización.

A Electrolux Sweden por los fragmentos extraídos de su sitio Web www.electrolux.com; Administrative Science Quarterly de un fragmento adaptado de «Architectural Innovation: the reconfiguration of existing product technology and the failure of existing firms» de R. Henderson y K. Clark publicado en *Administrative Science Quarterly* 35; J. Eppink y S. de Waal por su artículo «Global influences on the public sector» publicado en *Exploring Public Sector Strategy* eds. Gerry Johnson y Kevan Scholes publicado por Pearson Education Limited; News International Newspapers por el texto extraído y modificado de «The man with grounds for global success» de Andrew Davidson publicado en *The Sunday Times* 14 de septiembre de 2003 y un fragmento sobre British Telecom publicado en www.enterprisenetwork.co.uk; Northern Ireland Policing Board por un fragmento del *The Northern Ireland Policing Plan 2003/03*; easyjet por fragmentos de su *Informe Anual 2002/03*; Berkshire Hathaway Inc. y Warren E Buffett por fragmentos de su *Informe Anual 2002*; Sage Publications London por un fragmento adaptado de «Integrating the team-based structure in the business process» de T. Mullern publicado en *The Innovating Organisation* eds. Andrew Pettigrew y Evelyn Fenton, © Sage Publications 2000; BBC por un extracto de *The Unlikely Heroes of the Digital Book* del servicio de noticias electrónicas de la BBC 25 de marzo de 2003; McGraw Hill Companies por un fragmento de «Turnaround at Cisco» publicado en *Business Week* 24 de noviembre de 2003; y EIASM por un fragmento adaptado de «Orchestral manoeuvres in the dark: discourse and politics in the failure to develop an artistic strategy» de S. Maitlis y T. Eawrence publicado en *Proceedings of the EIASM Workshop on Microstrategy and Strategising*, Bruselas, 2001.

Asimismo queremos dar las gracias a Financial Times Limited por la autorización para reproducir los siguientes materiales:

Ilustración 1.1, *Dell computers aims to stretch its way of business*, © Financial Times, 13 de noviembre de 2003; Caso del Capítulo 7, *Tesco plots to make even more dough*, © Financial Times, 20 de septiembre de 2003; Ilustración 9.8, *Model seen as a case for treatment*, © Financial Times, 4 de diciembre de 2003.

Fotografías:
Alamy p. 107, p. 380; BBC Photos p.441; Corbis p. 115 inferior centro, p. 239 inferior centro, p. 275, p. 333, p. 503 inferior izquierda e inferior centro, p.563 inferior izquierda; Digital Vision p. iii, p. 1 superior centro y superior derecha, p. 63 inferior centro, p. 115 inferior izquierda, p. 163 inferior izquierda, p. 233 superior izquierda y superior derecha, p. 239 inferior derecha, p. 339 inferior izquierda, p. 395 inferior derecha, p. 445 inferior derecha, p. 559 superior centro y superior derecha, p. 563 inferior centro; e-Bay p. 160, Electrolux p. 37, freefoto.com p. 1 superior izquierda, p. 5 inferior derecha, p. 59 superior centro, p. 115 inferior derecha, p. 445 inferior centro, p. 503 inferior derecha; Getty Images p. 5 inferior centro, p. 59 superior izquierda, p. 63 inferior derecha, p. 217, p. 495; Intel p. 599; Dorling Kindersley Picture Eibrary p. 395 inferior centro; Jeffrey Taberner p. 279 inferior izquierda y inferior centro, Ella Towers p. 59 superior derecha, p. 163 inferior derecha.

En algunas ocasiones no hemos sido capaces de identificar al propietario del material con copyright y agradeceríamos a cualquiera que pueda informarnos de cómo hacerlo.

# Parte I

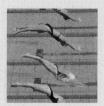

## Introducción

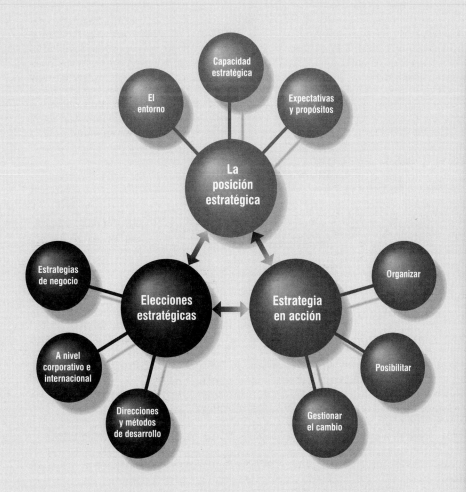

**EN ESTA PARTE SE EXPLICAN:**

- Los conceptos y parte de la terminología principal necesaria para comprender el campo de la estrategia y de la dirección estratégica.

- La estructura del libro: en concreto, lo que se entiende por posición estratégica, elecciones estratégicas y estrategia en acción, y cómo se relacionan entre sí, así como las posibles diferencias en el contexto de la organización.

- Los tres prismas de la estrategia: distintas explicaciones sobre cómo se desarrollan las estrategias en las organizaciones.

# Introducción a la Parte I

Esta parte constituye una introducción al estudio de la dirección estratégica en las organizaciones.

El Capítulo 1 explica por qué el estudio de la dirección estratégica es importante, cómo difiere de otros aspectos de la dirección, y los principales conceptos y términos utilizados en el resto del manual. También ofrece un marco de reflexión sobre la dirección estratégica para comprender la *posición estratégica* de una organización, *las elecciones estratégicas* para el futuro y las formas de *llevar las estrategias a la acción*. A continuación se demuestra que las distintas facetas de la dirección estratégica serán probablemente importantes en distintos contextos, por ejemplo, el contexto de las pequeñas empresas es muy distinto del de las empresas multinacionales; las organizaciones del sector público y las organizaciones sin ánimo de lucro también son diferentes.

El Capítulo 1 viene seguido del primero de una serie de comentarios que se encontrarán al final de cada una de las partes del manual. Estos comentarios demuestran que se puede pensar en el desarrollo estratégico de distintas formas. Estas formas se introducen brevemente en el Capítulo 1 como tres «prismas» de la estrategia, y se analizan con más detalle en el primer comentario. El primer prisma es la estrategia como *diseño*, que ha tendido a ser la forma ortodoxa de explicar el desarrollo estratégico. Con este prisma, los directivos reflexionan detenidamente sobre las estrategias a partir de un análisis exhaustivo, y las ejecutan siguiendo un plan ordenado. El segundo prisma considera que la estrategia es un movimiento incremental hacia delante, a partir de la *experiencia* del pasado, a menudo, en función de los éxitos anteriores. El tercer prisma considera que el desarrollo de la estrategia proviene de *ideas* que llevan a la innovación y al cambio. Aquí, las estrategias se desarrollan menos siguiendo una dirección de arriba a abajo y parten más de la variedad y diversidad de dentro y fuera de las organizaciones.

El reto que debe superar la dirección estratégica consiste en ser capaz de comprender las complejas cuestiones que tienen que afrontar las organizaciones y desarrollar su capacidad para el éxito a largo plazo. El Capítulo 1 y el comentario de la Parte I definen cómo este manual puede ayudar a los lectores a superar este desafío.

# 1

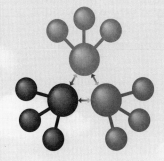

# Introducción a la estrategia

## Objetivos del aprendizaje

Tras leer este capítulo usted debería ser capaz de:

● Describir las características de las decisiones estratégicas y definir lo que se quiere decir por estrategia y dirección estratégica.

● Explicar cómo varían las prioridades estratégicas en función del nivel: corporativo, de negocio y operativo, y comprender lo que diferencia a la dirección estratégica de la dirección operativa.

● Comprender el vocabulario básico de la estrategia.

● Explicar los elementos del modelo de dirección estratégica y comprender cómo varía la importancia relativa de cada elemento en función del contexto y de las circunstancias.

Fotografía: Digital Vision Ltd

Fotografía: Getty Images

Fotografía: Freefoto.com

A finales de 2003 Michael Dell, el fundador de Dell Computers, anunció que la empresa estaba planificando una gran entrada en el sector de la electrónica de consumo. Desde su constitución unos veinte años antes, el negocio de la empresa había consistido fundamentalmente en la venta de productos informáticos a otras compañías. Ahora se preveía la expansión de sus ventas directas a los consumidores y la ampliación de los productos más allá de los PC y los portátiles al sector general de la electrónica de consumo. Estaban surgiendo oportunidades porque cada vez había más artículos de consumo «digitalizados», un área en la que Dell tenía una considerable experiencia. Sin embargo, algunos comentaristas dudaban de la capacidad de Dell para dar semejante salto estratégico.

Todas las organizaciones tienen que superar los retos del desarrollo estratégico: algunas por el deseo de aprovechar nuevas oportunidades, como Dell, y otras para superar importantes problemas. Este manual se ocupa de por qué se producen cambios en la dirección estratégica de las organizaciones, por qué son importantes, cómo se toman estas decisiones, y los conceptos que pueden resultar útiles para comprender estas cuestiones. Este capítulo es una introducción y una explicación a este tema, y se ocupa de los términos específicos, como «estrategia» y «dirección estratégica», de por qué son tan importantes y qué es lo que los diferencia de otros retos, tareas y decisiones de la organización. Al analizar estas cuestiones se hará patente que el manual aborda esta temática como un todo. El capítulo parte del ejemplo de Dell para su discusión y, a medida que avanza el manual, se irán utilizando otros ejemplos ilustrativos parecidos para ayudar a desarrollar el análisis.

Es necesario matizar una cuestión antes de empezar. El término «estrategia corporativa» se utiliza aquí por dos razones. Primera, porque el manual se ocupa de la estrategia y las decisiones estratégicas en todo tipo de organizaciones (grandes y pequeñas, empresas comerciales y empresas de servicios públicos) y el término «corporativo» las engloba a todas. Segunda, porque a medida que se utiliza el término en el manual (y se analiza con más detalle en la Sección 1.1.2), la «estrategia corporativa» supone el nivel más general de estrategia en un organización y, en este sentido, engloba a todos los demás niveles. No hay duda de que el lector se encontrará con otros términos, como «dirección estratégica», «política empresarial» y «estrategia de la organización», que se utilizan para describir el mismo tema general.

## 1.1  ¿QUÉ ES LA ESTRATEGIA?

¿Por qué las cuestiones que tenía que resolver Dell fueron descritas como «estratégicas»? ¿Qué tipo de cuestiones son estratégicas y qué es lo que las diferencia de las cuestiones operativas de las organizaciones?

### 1.1.1  Las características de las decisiones estratégicas

Las características que se suelen relacionar con los términos «estrategia» y «dirección estratégica» son las siguientes:

● La estrategia se ocupará probablemente de la *dirección a largo plazo* de una organización. La transformación de Dell de una empresa de equipos informáticos con clientes empresariales en un proveedor del mercado de masas de productos de electrónica de consumo requerirá un considerable periodo de tiempo. En efecto, en 2003 el proceso ya había empezado: aproximadamente el 20 por ciento de las ventas de sus equipos informáticos se realizaba a consumidores particulares.

● Es probable que las decisiones estratégicas se ocupen del alcance de las actividades de una organización. Por ejemplo, ¿se concentra (y debería concentrarse) la organización en un área de actividad, o debería tener muchas? La cuestión del alcance de las actividades es fundamental para la estrategia porque afecta a la forma en que los responsables de la dirección de la empresa conciben los límites de la organización. Esto podría incluir decisiones importantes sobre la gama de productos y la cobertura geográfica. La ampliación del alcance de las actividades fue, evidentemente, un aspecto fundamental de los planes de Dell.

● Normalmente, las decisiones estratégicas tratan de lograr cierta ventaja para la organización respecto a la competencia. Por ejemplo, Dell consideraba que los márgenes obtenidos por muchos competidores eran demasiado elevados y eso les hacía vulnerables a una estrategia de precios más bajos y márgenes más reducidos. Para otras organizaciones, la ventaja puede lograrse de distintas maneras y también puede significar cosas diferentes. Por ejemplo, en el sector público, la ventaja estratégica podría ser la provisión de servicios con un mejor valor al de otros proveedores, atrayendo así el respaldo y la financiación del gobierno.

● La estrategia se puede considerar como la búsqueda de un ajuste estratégico[1] con el entorno empresarial. Esto puede requerir importantes cambios en los recursos de la organización para el futuro. Por ejemplo, las decisiones de ampliación geográfica pueden tener importantes consecuencias en cuanto a la necesidad de construir una nueva base de clientes. Es importante lograr el posicionamiento correcto de la organización en el mercado, por ejemplo, en lo que respecta al grado en que los productos o servicios satisfacen unas necesidades del mercado claramente identificadas. Esto se puede materializar en una pequeña empresa que intenta encontrar determinado nicho en un mercado, o en una empresa multinacional que intenta comprar empresas que ya han encontrado una posición de éxito. En el caso de Dell, uno de los retos clave será la creación de fuertes marcas dirigidas al consumidor, algo esencial para tener éxito en la electrónica de consumo.

● Sin embargo, la estrategia también se puede considerar como la creación de oportunidades mediante la acumulación de recursos y competencias en una organización[2]. Esto se conoce como el enfoque de recursos y capacidades, que se ocupa de explotar la capacidad estratégica de una organización, en términos de recursos y competencias, para lograr una ventaja competitiva y/o nuevas oportunidades. Por ejemplo, una gran empresa multinacional puede centrar sus estrategias en determinados negocios con fuertes marcas. Una pequeña empresa puede intentar cambiar las «reglas del juego» en un mercado para adecuarlas a sus propias capacidades, base a partir de la cual muchas «punto.com» entraron en sectores ya establecidos. Las ambiciones de Dell en la electrónica de consumo partieron de la creencia de que su conocimiento de las tecnologías digitales podría explotarse en una amplia gama de productos y mercados.

● La estrategia de una organización no solo se ve afectada por las fuerzas del entorno y su capacidad estratégica, sino también por los valores y expectativas de aquellos que tienen poder en el entorno y dentro de la organización. El que la organización sea expansionista o le preocupe más la consolidación, así como los límites de sus actividades, pueden decir mucho sobre los valores y actitudes de los que tienen influencia en

# Dell Computers intenta expandir sus negocios

*La dirección estratégica requiere tener en cuenta una amplia variedad de factores que cambian a lo largo del tiempo.*

En una entrevista con el *Financial Times* en noviembre de 2003, Kevin Rollins, el CEO de Dell Computers, explicaba que estaba arriesgando su puesto de trabajo al liderar un importante cambio estratégico en su empresa.

La famosa empresa estadounidense de venta de PC está planificando una gran entrada en la electrónica de consumo. Si las cosas van según lo previsto, Michael Dell podría terminar convirtiéndose en el Henry Ford de la era de la información.

Esto puede parecer improbable que le ocurra al fabricante de PC de sobremesa que fundó su empresa, como ya es bien sabido, en la residencia de estudiantes de la Universidad de Texas hace veinte años. Pero las ambiciones de Dell Inc. no tienen límites y, gracias a una sencilla idea empresarial que ha demostrado su elevado grado de adaptación, y a su temible marcha imparable [...] la electrónica de consumo podría convertirse en la mayor prueba de fuego de la forma de hacer negocios de Dell. Hasta ahora, la compañía ha vendido sus productos fundamentalmente a empresas: tan solo la quinta parte de sus ventas en Estados Unidos se realiza a consumidores, y en otros lugares este porcentaje es mucho menor.

[...] la sencilla pero eficaz idea de Dell, ha consistido en vender productos electrónicos estandarizados directamente a los consumidores, normalmente a través de Internet. Así se suprime la mayor parte de la investigación y el desarrollo que normalmente suele ser necesaria, al tiempo que se elimina a minoristas y otros intermediarios. Gracias a la información que obtiene al aceptar los pedidos directamente de los consumidores, Dell ha logrado otras dos poderosas ventajas. Una es su capacidad de construir productos que se ajustan a los pedidos a medida que llegan, reduciendo drásticamente sus costes de inventario. La segunda es una máquina de marketing extremadamente eficiente que puede adaptar su mensaje a partir de los resultados que obtiene en tiempo real según van llegando los pedidos.

Con sus menores costes, Dell está dispuesta a minar los beneficios en los mercados en los que entra y destrozar los márgenes que tienen sus más atrincherados competidores. «Nuestra meta consiste en reducir la magnitud de los beneficios y

quedarnos con la mayor parte», afirma el Sr. Rollins. Las empresas de electrónica de consumo, que a menudo tienen los márgenes de beneficios brutos superiores al 30 por ciento, constituyen un objetivo evidente de este planteamiento agresivo. «Nuestros márgenes brutos se encuentran en el intervalo del 18 al 19 por ciento: no necesitamos un 40 por ciento», afirma.

Un antiguo socio de Bain (consultores de dirección), afirma que el presidente de Dell aplica la analítica fría y la jerga familiar del consultor estratégico a esta imparable expansión: se buscan los mercados con el mayor «volumen de beneficios» para hundirlos; se eligen aquellos que presenten «comunalidades» con los mercados a los que ya atiende Dell para reducir el riesgo de adentrarse en territorio desconocido; y se aplican las «competencias nucleares» para conquistar nuevas tierras. Como un caso de libro para aplicar una fórmula demostrada y reproducible, Dell pierde a veces. Utilizó su fórmula para pasar de la venta habitual de PC a la venta directa a los consumidores. A continuación pasó de los consumidores a los servidores, y después al hardware de almacenamiento. Ahora quiere seguir a los consumidores en otras áreas de la electrónica. Ha empezado con productos relacionados con los PC, como los reproductores de música digital MP3 y las pantallas planas de televisión de 17 pulgadas que parecen monitores. Según los rivales de Dell, el éxito en el negocio de los PC en Estados Unidos ha disimulado el hecho de que a la empresa le ha resultado más difícil entrar en otros productos y en nuevas regiones geográficas. «El éxito de Dell representa el pasado», afirma Jeff Clarke, director de operaciones globales de Hewlett-Packard.

Según Steve Milunovich, estratega de tecnología en Merrill Lynch, no todos los mercados son tan susceptibles al planteamiento de Dell como lo es el negocio de los PC. Sin embargo, añade que la empresa ha demostrado tener una gran disciplina atacando únicamente a aquellas áreas en las que sus fortalezas le otorgan una clara ventaja económica y operativa.

Incluso la mayoría de los competidores de la empresa admiten que el cambio en la electrónica de consumo de la tecnología analógica a la tecnología digital favorece las fortalezas de Dell. Ya es el mayor comprador de pantallas de cristal líquido y discos

la estrategia: las partes interesadas *(stakeholders)\** de la organización. Evidentemente, Michael Dell como fundador, presidente y CEO de Dell tenía una visión personal del futuro de la empresa. Pero también tenía relaciones con otras muchas partes interesadas que se veían afectadas por la estrategia de la empresa, y viceversa. Primero, los

---

\* *Nota del traductor:* a pesar de que en la edición anterior se mantuvo el término original *stakeholders,* por mor de una mayor castellanización del texto, en esta ocasión se opta por seguir las normas de estilo de la Agencia Española de Normalización (AENOR) y se aplica el término «partes interesadas» que refleja perfectamente y sin ambigüedad el sentido del término inglés.

duros, por ejemplo, lo que le otorga una fuerte posición: estos componentes van a adquirir un papel cada vez mayor en los televisores y en otros artículos del hogar.

«Al combinar los monitores y los televisores LCD eliminaremos a los especialistas en electrónica de consumo», afirma Mike George, director ejecutivo de marketing. Y todavía más importante, Dell también se beneficia de la normalización que reducirá el coste de los componentes y suprimirá así la ventaja que tenían las empresas que habían invertido en su propia tecnología. A medida que aumenta el número de funciones de un producto que dependen de componentes estandarizados, como los microprocesadores y los discos duros, se reducen las diferencias por la fabricación de nuevas versiones.

El contraste con los demás es impresionante. El director de Sony, Nobuyuki Idei, por ejemplo, comunicó al *Financial Times* que la empresa japonesa estaba poniendo más énfasis en los componentes propios para diferenciar sus productos. En los últimos cuatro años, el 70 por ciento de las inversiones de Sony se ha destinado a la fabricación de chips de silicio. Aunque la digitalización de la electrónica de consumo puede haber favorecido a las principales fortalezas de Dell, hay, no obstante, al menos tres cosas sobre el mercado que probablemente pondrán a prueba su modelo de negocio. Una es el hecho de que seguirá dependiendo, por lo menos de momento, de la fabricación de otras empresas, lo que limitará su capacidad de reducir los costes. Además, el negocio de la electrónica de consumo se basa en productos comunes que no se configuran de forma individual para los distintos consumidores. Según el Sr. Clarke, eso elimina una de las principales ventajas del modelo de montaje por pedido de Dell: la capacidad de personalizar el producto para cada comprador.

El recurso a fabricantes externos probablemente implicará también que la empresa «no será capaz de operar con unos inventarios tan reducidos como en el caso de los PC», señala Charlie Kim, un consultor de Bain. Los ejecutivos de la empresa sugieren que cuando los volúmenes de producción alcancen un nivel suficientemente elevado es probable que Dell empiece a producir por sí misma.

Además, aunque puede que las ventajas en costes ya no estén tanto en las actividades iniciales de la cadena como la producción y el abastecimiento, la oportunidad real de Dell en la electrónica de consumo se encuentra en el área de marketing y en las ventajas asociadas a las actividades finales de dicha cadena, afirma el Sr. Milunovich. «Hay una importante cantidad de ganancias que se puede conseguir en la distribución», reitera.

El que Dell sea capaz de aprovechar esta oportunidad con su sistema de ventas directas será el segundo gran reto. Las tiendas minoristas se ajustan mejor a los productos de consumo porque atraen a un mercado de masas inmediato y permiten que los usuarios comprueben la apariencia y el tacto de los mismos, afirma el Sr. Clarke. Esto es particularmente relevante para los productos que los compradores quieren ver, como los televisores, o para los instrumentos electrónicos pequeños cuya valoración requiere que los consumidores los prueben con sus manos propias manos.

Los ejecutivos de Dell responden que ya han oído dudas parecidas sobre los esfuerzos de Dell para vender PC *on line*, y que sus asistentes para las ventas de artículos digitales de consumo personal sugieren que los consumidores familiarizados con la calidad y el estilo de los PC de la empresa también están dispuestos a comprar por Internet otros artículos. La tercera prueba consistirá en ver si la marca y el planteamiento de marketing de Dell se pueden adaptar para adecuarse al nuevo mercado. El disponer de un gran reconocimiento del nombre resulta útil, pero solo permitirá que Dell recorra parte del camino. «Todo el mundo sabe quién es Dell, pero sigue siendo una marca centrada en PC», afirma el Sr. Kim de Bain.

Para una compañía que sigue dependiendo mucho de la venta a empresas esto constituirá un gran reto. «Nos intimida mucho el hecho de que no haya ninguna otra empresa, que sea una marca, que venda tanto a las empresas como a los consumidores» afirma el Sr. George. Añade, no obstante, que los atributos básicos de la marca Dell (con sus connotaciones de determinado nivel de valor, calidad y servicio) deberían extenderse hacia ambos tipos de mercado.

La superación de estos obstáculos expandirá el modelo de Dell como nada lo ha hecho nunca antes.

*Fuente:* WATERS, R. (2003): *Financial Times*, 13 de noviembre de 2003. P. 16. Reproducido con autorización.

---

### Preguntas

1. ¿Por qué se han descrito las cuestiones que tiene que resolver Dell Computers como estratégicas? *Véase* Cuadro 1.1.

2. Identifique ejemplos de cuestiones que se ajustan a cada uno de los círculos del modelo del Cuadro 1.3.

---

inversores de la empresa (accionistas y bancos). Incluso una empresa con una facturación de 40.000 millones de dólares (unos 35.000 millones de euros\*\*) de la lista de

---

\*\* *Nota del traductor:* el libro se redactó cuando el euro cotizaba por debajo de un dólar. En la actualidad, ronda los 1,3 dólares, por lo que todas las cifras aproximadas de cambio de dólares a euros son incorrectas. Yo optaría por suprimir estos cambios de dólares a euros, pero dejaría no obstante los cambios de libras esterlinas a euros. (Que 1.000$ fueran 900€ y ahora sean 1.300€ resulta un cambio muy drástico; que 1.000 libras fueran 1.500€ y ahora sean 1.350€ no lo es tanto, y en las grandes cifras permite hacerse más una idea del volumen que representan las libras, algo no tan evidente para los alumnos).

Fortune 500 puede cometer errores financieros. Los 44.000 empleados tenían, evidentemente, un interés en el éxito de Dell, al igual que las comunidades en las que Dell ofrecía significativas oportunidades de empleo. Y no menos importancia tenían los proveedores de los componentes que se utilizaban para el producto de Dell. Las creencias y valores de estas partes interesadas tendrán mayor o menor influencia sobre el desarrollo de la estrategia de una organización en función del poder de cada una.

En general, si se necesita una *definición* de estrategia, la más básica podría ser: «dirección a largo plazo de una organización». Sin embargo, las características que se han descrito anteriormente ofrecen una base para una definición más completa:

**Estrategia** es la *dirección* y el *alcance* de una organización *a largo plazo* que permite lograr una *ventaja* en un *entorno* cambiante mediante la configuración de sus *recursos y competencias,* con el fin de satisfacer las expectativas de las *partes interesadas.*

El Cuadro 1.1 resume estas características de las decisiones estratégicas y también destaca algunas de sus consecuencias:

● *La naturaleza* de las decisiones estratégicas será probablemente *compleja*. Esta complejidad es una característica definitoria de la estrategia y de las decisiones estratégicas, sobre todo en las organizaciones con una gran cobertura geográfica, como las empresas multinacionales, o con amplias gamas de productos o servicios. Por ejemplo, Dell tenía que superar las complejidades de diversas cuestiones al mismo

**Estrategia** es la *dirección* y el *alcance* de una organización *a largo plazo* que permite lograr una *ventaja* en un *entorno* cambiante mediante la configuración de sus *recursos y competencias*, con el fin de satisfacer las expectativas de las *partes interesadas*.

**Cuadro 1.1    Decisiones estratégicas**

### Las decisiones estratégicas consisten en:

● La dirección **a largo plazo** de la organización
● El **alcance** de las actividades de la organización
● La consecución de una **ventaja** respecto a los competidores
● Abordar los cambios del **entorno empresarial**
● Crecer a partir de los recursos y competencias **(capacidad estratégica)**
● Los **valores y expectativas** de las partes interesadas

### Por tanto, es probable que:

● Tengan una naturaleza **compleja**
● Se tomen en situaciones de **incertidumbre**
● Afecten a las decisiones **operativas**
● Requieran un planteamiento **integrado** (tanto dentro como fuera de la organización)
● Impliquen **cambios** considerables

tiempo, como la naturaleza técnica de sus productos, los mercados turbulentos, y la necesidad de coordinar sus actividades en una amplia zona geográfica.

● Las decisiones estratégicas, en algunos casos, puede que tengan que ser adoptadas en situaciones de *incertidumbre* sobre el futuro. Por ejemplo, en el caso de Dell nadie puede predecir realmente con mucha claridad hacia dónde se mueven las tecnologías digitales, ya que el ritmo de cambio es imparable.

● Las decisiones estratégicas afectarán probablemente a las *decisiones operativas:* por ejemplo, un mayor énfasis en la electrónica de consumo podría desencadenar toda una serie de nuevas actividades operativas, como la búsqueda de nuevos proveedores y la creación de nuevas marcas fuertes. Esta relación entre la estrategia general y los aspectos operativos de la organización es importante por dos razones. La primera, si los aspectos operativos de la organización no son acordes con la estrategia, entonces, independientemente de lo meditada que esta esté, no tendrá éxito. Segunda, la auténtica ventaja estratégica se puede conseguir a nivel operativo. En efecto, la competencia en determinadas actividades operativas puede determinar cuáles son los desarrollos estratégicos que más sentido tienen. Por ejemplo, el conocimiento que tenía Dell de la venta por Internet fue fundamental para su éxito.

● Las decisiones estratégicas probablemente exigirán también un planteamiento *integrado* para dirigir la organización. Los directivos deben cruzar las delimitaciones funcionales y operativas para resolver los problemas estratégicos y alcanzar acuerdos con otros directivos que, inevitablemente, tienen intereses distintos y, tal vez, prioridades diferentes. La capacidad de Dell para explotar los mercados de consumo requiere una combinación de buenos productos respaldados por un buen marketing. Una debilidad en cualquiera de estas áreas provocará un fracaso.

● Es posible que los directivos también tengan que mantener *relaciones y redes* fuera de la organización, por ejemplo con los proveedores, los distribuidores y los consumidores. El planteamiento sobre la cadena de abastecimiento de Dell ha sido un pilar de su éxito.

● Las decisiones estratégicas suelen implicar *cambios* en las organizaciones que podrían resultar difíciles debido a la herencia de recursos y a la cultura. Estas cuestiones culturales adquieren más importancia tras las fusiones, puesto que hace falta unir dos culturas muy diferentes o, al menos, aprender a tolerarse mutuamente. En efecto, suele resultar muy difícil lograrlo: un gran porcentaje de las fusiones no consigue alcanzar las «expectativas creadas» por estas razones (*véase* Capítulo 7).

## 1.1.2 Niveles de estrategia

Existen estrategias a diversos niveles de la organización. Partiendo de Dell como ejemplo, es posible diferenciar al menos tres niveles distintos de estrategia. El primero, la **estrategia corporativa**, se ocupa del alcance general de una empresa y de cómo se puede añadir valor a las distintas partes (unidades de negocio) de la organización. Esto podría incluir cuestiones de cobertura geográfica, diversidad de productos/servicios o unidades de negocio, y formas de asignar los recursos entre las distintas partes de la organización. En el caso de Dell, la entrada en la electrónica de consumo era una decisión corporativa importante porque afectaría al conjunto de la empresa. Por lo general, la estrategia a nivel corporativo también se ocupará de las expectativas de los propietarios, los accionistas y la Bolsa. Pueden muy bien adoptar la forma de una declaración explícita o implícita de la «misión» que refleja esas expectativas. Es importante ser claros respecto a la estrategia a nivel corporativo: es la base de las demás decisiones estratégicas.

**Estrategia corporativa**, se ocupa del alcance general de una empresa y de cómo se puede añadir valor a las distintas partes (unidades de negocio) de la organización.

El segundo nivel se puede concebir en términos de **estrategia de negocio**[3], y trata de cómo se debe competir con éxito en determinados mercados, o cómo se pueden ofrecer servicios públicos con mejor valor. Este nivel afecta a los productos o servicios que hay que desarrollar, en qué mercados se debe estar, y cómo se puede lograr una ventaja respecto a los competidores para alcanzar los objetivos de la organización, tal vez la rentabilidad a largo plazo o el aumento de la cuota de mercado. Así pues, mientras que la estrategia a nivel corporativo implica las decisiones sobre el conjunto de la organización, las decisiones estratégicas tienen que relacionarse aquí con una unidad estratégica de negocio (UEN). Una **unidad estratégica de negocio** es la parte de una organización para la que existe un mercado externo diferenciado de bienes o servicios que es distinto del de otra UEN. Dell había definido sus UEN en función de cuestiones geográficas y había decidido estructurarlas en torno a estas definiciones geográficas como tres negocios regionales: América, Europa/Oriente Medio/África, y la Cuenca del Pacífico. Estos serían los principales focos de atención para la estrategia de negocio, pero únicamente serían UEN si todos los consumidores dentro de cada región fueran muy parecidos. Evidentemente, no será el caso cuando el alcance de los productos y los tipos de consumidores (empresas frente a consumidores particulares) cambien con la nueva estrategia. Dell tendrá que replantear sus UEN.

Debería haber una clara relación entre las estrategias en el ámbito de las UEN y las estrategias corporativas que asisten y, a la vez, limitan estas estrategias de las unidades de negocio. Por ejemplo, en el caso de Dell, la gama de productos y las ventas por Internet estaban rígidamente dictadas desde la sede central. El marketing y la asistencia al consumidor estaban regionalizados. En las organizaciones del sector público la correspondiente definición de una UEN podría formar parte de la organización o servicio para el que existe un grupo diferenciado de clientes. Es importante recordar que una UEN es una unidad de una organización con fines de definición de la estrategia. Puede ser, o no, una parte estructural independiente de la organización, como un departamento o una división. En efecto, las UEN cruzarán con mucha frecuencia los límites de esta estructura formal exigiendo una coordinación en la aplicación de las estrategias de negocio, como se ha mencionado anteriormente.

El tercer nivel de la estrategia se encuentra en el extremo operativo de una organización. Aquí es donde se encuentran las **estrategias operativas**, que se ocupan de cómo las distintas partes que componen una organización permiten aplicar eficazmente las estrategias de negocio y de la corporación en cuanto a los recursos, los procesos y el personal. Por ejemplo, Dell tenía seis instalaciones productivas en todo el mundo para respaldar las operaciones de los tres negocios regionales y satisfacer los pedidos cumpliendo los estándares y plazos predefinidos. En efecto, en la mayoría de los negocios, el éxito de las estrategias de negocio depende, en gran medida, de las decisiones o actividades que se producen en el ámbito de las operaciones. La integración de las decisiones operativas y de la estrategia es, por tanto, de la máxima importancia, como se ha mencionado anteriormente.

### 1.1.3 El vocabulario de la estrategia

Aunque se ha ofrecido una definición de estrategia al final de la Sección 1.1.1, en la práctica se pueden encontrar definiciones muy distintas de los distintos autores. También se encontrará una diversidad de términos utilizados en relación con la estrategia, por lo que merece la pena dedicar un poco de tiempo a clarificar algunos de ellos. El Cuadro 1.2

---

**Estrategia de negocio**, trata sobre la manera de competir con éxito en determinados mercados.

Una **unidad estratégica de negocio** es la parte de una organización para la que existe un mercado externo diferenciado de bienes o servicios que es distinto del de otra UEN.

**Estrategias operativas** se ocupan de cómo las distintas partes que componen una organización permiten aplicar eficazmente las estrategias de negocio y de la corporación, en cuanto a los recursos, los procesos y el personal.

**Cuadro 1.2  El vocabulario de la estrategia**

| Término | Definición | Un ejemplo personal |
|---|---|---|
| **Misión** | Fin superior acorde a los valores o expectativas de las partes interesadas. | Estar sano y en forma. |
| **Visión o intención estratégica** | Estado futuro deseado: la aspiración de la organización. | Correr el maratón de Londres. |
| **Meta** | Afirmación general del fin. | Perder peso y fortalecer los músculos. |
| **Objetivo** | Cuantificación (si es posible) o afirmación más precisa de la meta. | Perder cinco kilos antes del 1 de septiembre y correr el maratón el año que viene. |
| **Capacidad estratégica** | Recursos, actividades y procesos. Algunos serán únicos y supondrán una «ventaja competitiva». | Cercanía a un gimnasio, una dieta adecuada. |
| **Estrategias** | Dirección a largo plazo. | Hacer ejercicio con regularidad, competir en maratones locales, seguir con la dieta adecuada. |
| **Modelo de negocio** | Cómo «fluye» la información, el producto y el servicio entre las partes implicadas. | Unirse a una red de cooperación (por ejemplo, inscribirse en un club de *jogging*). |
| **Control** | El seguimiento de las acciones emprendidas para: <br>● Evaluar la eficacia de las estrategias y las acciones. <br>● Modificar, según sea necesario, las estrategias y/o acciones. | Controlar el peso, los kilómetros que se corren y medir tiempos: si el progreso es satisfactorio, no hay que hacer nada; de lo contrario, hay que buscar otras estrategias y acciones. |

y la Ilustración 1.2 utilizan algunos de los términos que los lectores podrán encontrar en este y otros manuales sobre estrategia y en el día a día del mundo de la empresa. El Cuadro 1.2 explica estos términos haciendo referencia a una estrategia personal que los propios lectores pueden haber aplicado: ponerse en forma. La Ilustración 1.2 muestra la terminología utilizada en la práctica por una organización: British Airways.

No todos estos términos se utilizan siempre en las organizaciones o en los manuales sobre estrategia: en efecto, en este manual, el término «meta» se utiliza en contadas ocasiones. También se podrá apreciar, a través de los muchos ejemplos de este manual, que la terminología no se utiliza siempre de la misma manera para todas las organizaciones. Los directivos y los estudiantes de estrategia tienen que ser conscientes de este fenómeno. Además, no siempre las misiones, las metas, los objetivos y las estrategias se definen por escrito con gran precisión. En algunas organizaciones se sigue un método muy formal; en otras, la misión o la estrategia pueden estar implícitas y, por tanto, se pueden deducir de lo que la organización está haciendo. Sin embargo, para marcar una línea directriz general, se destacan a continuación los términos más utilizados.

● Una *misión* es una expresión general del fin global de la organización que, en principio, debería estar acorde con los valores y expectativas de las principales partes interesadas, y se ocupa del alcance y los límites de la organización. A veces se plantea con la pregunta, aparentemente sencilla pero desafiante a la vez: «¿En qué negocio estamos?».

# British Airways y el vocabulario de la estrategia

*Las páginas Web de las empresas, los informes anuales y las declaraciones públicas contienen gran parte del vocabulario de este libro.*

British Airways es una compañía aérea líder global. Privatizada en 1987, la empresa disfrutó de un fuerte crecimiento y una gran rentabilidad durante la década de los noventa. Tras el año 2000 la suerte de BA cambió de lado debido a la competencia de operadores «sin filigranas», al fracaso del gobierno para aplicar los acuerdos de Cielos Abiertos con Estados Unidos y los atentados terroristas de septiembre de 2001 que provocaron una caída de la demanda del transporte aéreo.

La página Web de BA explica cómo ha desarrollado sus nuevas estrategias en este contexto:

## Visión

«El sistema de BA»: el servicio importa para la gente que valora cómo vuela.

## Metas/Objetivos

El sistema de BA destaca cinco metas generales con medidas asociadas (entre paréntesis):

1. Rentabilidad, en cuanto a margen operativo (objetivo del 10 por ciento).
2. Defensa del consumidor (el número de consumidores que recomiendan BA).
3. Seguridad (el número de consumidores que se sienten seguros viajando con BA).
4. Empresa respetada (el número de partes interesadas de la comunidad que respeta a BA).

5. Motivación de los empleados (el número de empleados que se sienten motivados para alcanzar las metas de BA).

## Valores

El sistema de BA parte de cinco valores centrales:

Comprensión... Atención... Conciencia de costes... Respaldo... Dignos de confianza...

## Estrategias

El sistema de BA proporciona una declaración de alto nivel sobre las estrategias:

● Convertirse en la mejor red británica.
● Comprender a los consumidores mejor que los competidores.
● Desarrollar una marca potente que la gente conozca y en la que tenga confianza.
● Crear una base de costes competitivos.
● Colaborar juntos como un único equipo.

## Fortalezas competitivas

Aquí BA identifica sus fortalezas competitivas como:

● Una compañía aérea que ofrece un «servicio completo» con una fuerte identidad de marca, asociada con elevados estándares de servicio, comodidad y seguridad.

---

● Una *visión* o *intención estratégica* es el estado futuro deseado para la organización. Se trata de la aspiración en torno a la que un estratega, tal vez el CEO, intenta centrar la atención y las energías de los miembros de la organización.

● Si se utiliza el término *meta* suele significar un fin general acorde con la misión. Es muy posible que tenga una naturaleza cualitativa.

● Por otra parte, es más probable que los *objetivos* sean cuantificables, o que al menos se trate de un fin más preciso acorde con la meta. En este manual vamos a utilizar el término «objetivos» independientemente de que implique una cuantificación o no.

● La *capacidad estratégica* se ocupa de los *recursos y competencias* que puede utilizar la organización para ofrecer valor a sus consumidores o clientes. Los *recursos únicos* y las *competencias nucleares* son la base sobre la que la organización logra la ventaja estratégica y se diferencia de sus competidores.

● El concepto de *estrategia* ya se ha definido. Se trata de la dirección a largo plazo de la organización. Es probable que se exprese a través de afirmaciones generales sobre

- Productos bien definidos con una marca reconocida dirigidos a segmentos específicos de consumidores (por ejemplo Club World, servicio desarrollado para satisfacer las necesidades de los pasajeros de larga distancia que viajan en clase *business*).
- Afiliación a la One World Alliance, que ofrece a los consumidores una red mucho más amplia que la que BA podría ofrecer por sí misma.
- Dominio de las asignaciones de plazas nacionales e internacionales en el aeropuerto Heathrow de Londres.
- Una flota de aviones moderna, flexible y eficiente en costes.
- Como empresa que cotiza en Bolsa, BA debe satisfacer las expectativas de los accionistas, lograr rentabilidad mediante una combinación de calidad de servicios y eficiencia operativa.

### Iniciativas estratégicas

La revisión «Tamaño y forma en el futuro» (*Future Size and Shape*, FSAS) de 2002 se diseñó para permitir unos ahorros en costes de 650 millones de libras esterlinas anuales, al tiempo que se mantenían y mejoraban los elevados estándares de atención al consumidor por los que BA es reconocida.

- Estrategia de flota y redes: reducir la exposición a los segmentos no rentables (vuelos de corta distancia y turistas que conectan entre vuelos) al tiempo que se fortalece la posición de BA en los mercados rentables, que dependen en gran medida de la clase *business* que sale/llega al Reino Unido.
- Mejoras de los productos y servicios para aumentar el atractivo de BA ante su núcleo de clientela empresarial del Reino Unido, incluyendo la nueva «butaca-cama» para Club World y la introducción de un producto económico de primera clase el «World Traveller Plus».
- Reducciones de plantilla: un programa para reducir la plantilla de empleados en 13.000 (23 por ciento).
- Mejoras de la gestión de los ingresos: se ha aumentado el rendimiento por asiento mejorando los procesos de gestión de inventarios, junto con unas estructuras de fijación de precios más sofisticadas.
- BA mejora para el consumidor: una iniciativa informática diseñada para transformar el servicio que se ofrece a los consumidores.
- Gatwick: alejamiento de las actuales operaciones centradas hacia un servicio de nicho de punto a punto reduciendo la rama de destinos a larga distancia y desarrollando una red de destinos a corta distancia más centrada.
- Autoservicio para los empleados: una iniciativa informática para ofrecer a todos los empleados acceso a sus expedientes personales, aplicaciones para cambiar horarios y materiales educativos. El resultado es una reducción neta de los costes generales administrativos.

Preparado por Neil Clark, University of Strathclyde Graduate School of Business

*Fuente:* adaptado de *BA Factbook 2003* y *BA Social and Environmental Report 2003/2004* (ambos documentos de la página Web: http://www.ba.com).

### Pregunta

Visite las páginas Web de otras empresas (incluyendo a los competidores de BA) y compare su utilización del vocabulario estratégico. ¿Qué conclusiones extrae de los parecidos y las diferencias?

la dirección que debe seguir la organización o los tipos de acciones necesarios para alcanzar los objetivos, por ejemplo, en términos de entrada en un nuevo mercado, de nuevos productos o servicios, o de formas de actuar.

- Un *modelo de negocio* describe la estructura del producto, servicio y flujos de información, y el papel de los agentes implicados. Por ejemplo, un modelo tradicional para productos manufacturados es un flujo lineal desde los fabricantes de los componentes hasta los fabricantes del producto, los distribuidores, los minoristas y los consumidores. Pero es posible que la información fluya directamente entre el fabricante del producto y el consumidor final (publicidad y estudio de mercado).
- El *control estratégico* implica el seguimiento del grado en que la estrategia está logrando sus objetivos y sugiere acciones correctivas (o una reconsideración de los objetivos).

A medida que el manual avance, se introducirán y explicarán otros muchos términos, ya que estos son únicamente los términos básicos de los que partir.

## 1.2   DIRECCIÓN ESTRATÉGICA

Entonces, ¿qué es la *dirección estratégica*? No basta definirla como la dirección del proceso de toma de decisiones estratégicas. No se estaría teniendo en cuenta una serie de cuestiones importantes, tanto en lo que respecta a la dirección de la organización como en lo que respecta al área de estudio del que se ocupa este manual. La dirección estratégica tiene una naturaleza distinta de otras facetas de la dirección. Un director de operaciones suele tener que resolver problemas de control operativo, como la transformación eficiente de los productos, la dirección del personal de ventas, el control del rendimiento financiero o el diseño de un sistema nuevo para mejorar el nivel de servicio al consumidor. Todas constituyen tareas muy importantes, pero se ocupan fundamentalmente de gestionar de forma eficiente recursos que ya están disponibles, a menudo en una parte limitada de la organización, en el marco de una estrategia existente. El control de operaciones es lo que realizan los directivos la mayor parte de su tiempo. Es vital para el éxito de la estrategia, pero no es lo mismo que la dirección estratégica.

El alcance de la dirección estratégica es mayor que el de una determinada área de la dirección de operaciones. La dirección estratégica se ocupa de la complejidad que surge de situaciones ambiguas y no rutinarias con consecuencias que afectan a toda la organización y no a una determinada operación. Se trata de un gran reto para los directivos que están acostumbrados a gestionar los recursos de que disponen en el día a día. Puede ser un problema muy especial debido a los antecedentes de los directivos que han sido formados, tal vez durante muchos años, para realizar tareas operativas y asumir responsabilidades sobre las operaciones. Es posible que los contables descubran que siguen tendiendo a ver los problemas desde un punto de vista financiero, los directivos responsables de la informática desde el punto de vista de la informática, los directivos de marketing desde la perspectiva del marketing, etcétera. Por supuesto, cada una de estas facetas es importante, pero ninguna es adecuada por sí sola. El directivo que aspire a dirigir o influir sobre la estrategia tiene que desarrollar la capacidad para adoptar un planteamiento general, concebir a la organización como un todo.

Puesto que la dirección estratégica viene caracterizada por su complejidad, también es necesario tomar decisiones y juicios de valor en función de la *conceptualización* de cuestiones difíciles. Sin embargo, la formación y experiencia previas de los directivos suelen estar orientadas hacia la acción, o hacia una *planificación* o los *análisis* detallados. Este manual explica muchos planteamientos analíticos de la estrategia, y también se ocupa de las acciones relacionadas con la aplicación de la estrategia. Sin embargo, el principal énfasis se pone en la importancia de comprender los *conceptos estratégicos* que informan este análisis y esta acción.

La **dirección estratégica**
incluye la *comprensión de la posición estratégica* de una organización, las *elecciones estratégicas* para el futuro y la conversión de la *estrategia en acción*.

La dirección estratégica puede concebirse como compuesta por tres elementos principales que son los que constituyen el marco del manual. La **dirección estratégica** incluye la *comprensión de la posición estratégica* de una organización, las *elecciones estratégicas* para el futuro y la conversión de la *estrategia en acción*. El Cuadro 1.3 muestra estos elementos y define el alcance general de este libro. Las próximas secciones de este capítulo analizan cada uno de estos tres elementos de la dirección estratégica e identifican las principales cuestiones que conforman cada elemento. Pero primero es importante comprender por qué se ha dibujado el cuadro de la forma en que se ha dibujado. Se podrían haber mostrado los tres elementos de forma lineal: la comprensión de la posición estratégica precede a las elecciones estratégicas que, a su vez, preceden a la puesta de la estrategia en

**Cuadro 1.3**  Modelo para los elementos de dirección estratégica

acción. En efecto, muchos textos sobre la materia siguen exactamente este procedimiento. Sin embargo, en la práctica, los elementos de la dirección estratégica no siguen esta forma lineal: están relacionados entre sí y se «informan» mutuamente. Por ejemplo, en algunas circunstancias la comprensión de la posición estratégica puede resultar más fácil partiendo de la experiencia de probar una estrategia en la práctica. Los test de marketing constituyen un buen ejemplo. La materia se ha dividido en secciones en este manual por una mera cuestión de comodidad estructural; no se pretende sugerir que el proceso de la dirección estratégica deba seguir una trayectoria clara y ordenada. En efecto, la evidencia empírica que se muestra en el Capítulo 11 sobre cómo se produce en la práctica la dirección estratégica sugiere que no se suele dar de forma ordenada.

## 1.2.1  La posición estratégica

La comprensión de la **posición estratégica** trata de identificar el efecto que, sobre la estrategia, tienen el entorno externo, la capacidad estratégica de una organización (recursos y competencias) y las expectativas e influencia de las partes interesadas. El tipo de preguntas que plantea todo esto son centrales para las estrategias futuras, cuestión que se abarca en la Parte II de este libro:

La **posición estratégica** trata de identificar el efecto sobre la estrategia que tiene el entorno externo, la capacidad estratégica de una organización (recursos y competencias) y las expectativas e influencia de las partes interesadas.

- El *entorno*. La organización existe en el marco de un complejo mundo político, económico, social, tecnológico, medioambiental y legal. Este entorno cambia y es más complejo para algunas organizaciones que para otras. La forma en que todo ello afectará a la organización puede incluir una comprensión de los efectos históricos y del entorno, así como de los cambios esperados o potenciales de las variables del mismo. Muchas de estas variables generan *oportunidades* y otras constituirán *amenazas* para la organización, o ambas cosas a la vez. Un problema que hay que afrontar es que la gama de variables será, probablemente, tan amplia que tal vez no sea posible o realista identificar y comprender cada una. Por tanto, es necesario destilar de esta complejidad una visión de los efectos clave del entorno para la organización. El Capítulo 2 analiza cómo se puede hacer.
- La *capacidad estratégica* de una organización: compuesta por los *recursos y las competencias*. Una forma de reflexionar sobre la capacidad estratégica de una organización consiste en analizar sus *fortalezas* y *debilidades* (por ejemplo, dónde hay ventajas o desventajas competitivas). El objetivo consiste en hacerse una idea de las influencias (y restricciones) internas de las elecciones estratégicas para el futuro. Suele tratarse de una combinación de recursos y elevados niveles de competencia en determinadas actividades (en este manual se conocen como *el núcleo de competencias*) que ofrecen ventajas que son difíciles de imitar por parte de los competidores. El Capítulo 3 analiza con detalle la capacidad estratégica.
- El Capítulo 4 estudia las principales influencias sobre las *expectativas* de los *propósitos* de una organización. Es importante la cuestión relativa al *gobierno corporativo*. Aquí, la pregunta es la siguiente: ¿a quién debe atender principalmente la organización y cómo se debe responsabilizar a los directivos de ello? Pero las *expectativas* de las diversas *partes interesadas* también afectarán a los propósitos. Las partes interesadas cuya visión predominará serán aquellas con mayor *poder*, y el comprender este hecho puede ser de una gran relevancia. Las *influencias culturales* de la organización y del mundo que la rodea también afectarán a la estrategia a seguir, aunque solo sea porque las influencias del entorno y de los recursos de la organización suelen ser interpretadas en términos de los supuestos inherentes a esa cultura. El Capítulo 4 analiza cómo se pueden examinar las influencias culturales sobre la estrategia. Todo esto plantea cuestiones éticas sobre lo que hacen los directivos y las organizaciones y por qué lo hacen. El Capítulo 4 también se fija en cómo se comunican los propósitos de la organización: por ejemplo, en cuestiones como la misión y los objetivos.

Todas estas cuestiones eran importantes para Dell cuando se ocupaba de la siguiente fase del crecimiento de la empresa. La decisión de expandir las actividades a la electrónica de consumo estaba afectada por una combinación de las oportunidades del mercado, la fortaleza en las tecnologías digitales y las expectativas sobre el continuo éxito financiero de la empresa. Por tanto, la razón para comprender la posición estratégica es que hay que hacerse una idea de las influencias clave sobre el bienestar actual y el futuro de una organización, y de qué oportunidades y amenazas surgen en este entorno, de las capacidades de la organización y de las expectativas de las partes interesadas.

## 1.2.2 Elecciones estratégicas

Las **elecciones estratégicas** implican la comprensión de las bases subyacentes para la estrategia futura, tanto desde el punto de vista de la unidad de negocio como desde el punto de vista corporativo (analizados anteriormente), y de las opciones para desarrollar la

Las **elecciones estratégicas** implican la comprensión de las bases subyacentes para la estrategia futura, tanto desde el punto de vista de la unidad de negocio como desde el punto de vista corporativo (analizados anteriormente), y de las opciones para desarrollar la estrategia, tanto en función de la dirección en que esta debe moverse, como de los métodos de desarrollo.

estrategia, tanto en función de la dirección en que esta debe moverse como de los métodos de desarrollo. Estas cuestiones se abordan en la Parte III de este manual:

- Hay elecciones estratégicas en cuanto a cómo quiere competir la organización en el ámbito de la *unidad de negocio*. Esto exige una identificación de las *bases de la ventaja competitiva* que surgen de la comprensión tanto de los mercados como de los consumidores, y de la capacidad estratégica de la organización. Como se ha mencionado anteriormente, Dell esperaba lograr una ventaja gracias a su conocimiento de las tecnologías digitales. Estas cuestiones relativas a las estrategias de negocio se analizarán en el Capítulo 5.

- Al máximo nivel de una organización existen cuestiones relativas a la *estrategia corporativa*, que se ocupan del alcance de las estrategias de la organización. Esto incluye decisiones sobre la cartera de productos y/o de los negocios y la amplitud de los mercados. Así pues, para muchas organizaciones las estrategias de internacionalización son una parte clave de la estrategia corporativa. El desarrollo de Dell ha estado «guiado» por las decisiones clave sobre estas cuestiones de alcance y en la Ilustración 1.1 se analizó el efecto de una importante decisión sobre la ampliación del alcance de las actividades de Dell. La estrategia corporativa también se ocupa de las relaciones entre las partes independientes del negocio y de cómo la empresa «matriz» añade valor a las mismas. Por ejemplo, la empresa matriz podría añadir valor buscando sinergias entre las unidades de negocio, canalizando recursos (como los financieros) o mediante determinadas competencias (como el marketing o la construcción de marca). Por supuesto, existe el peligro de que la matriz no añada valor y sea meramente un coste para las unidades de negocio. Estará, por tanto, destruyendo valor. Hay distintas formas para resolver estas cuestiones. Por ejemplo, Dell había elegido «dictar» la gama de productos y los métodos de venta desde la sede central. Otras organizaciones delegan estas decisiones en sus unidades de negocio. Estas cuestiones sobre el papel de la sede central y cómo añade valor son cuestiones relativas a la matriz y se analizarán en el Capítulo 6.

- La estrategia se puede desarrollar en el futuro en distintas *direcciones*. Por ejemplo, Dell estaba avanzando paulatinamente desde una línea de productos reducida (PC) y una clientela reducida (empresas) ampliando tanto su gama de productos como sus mercados objetivo. El *método* de desarrollo utilizado por Dell era un método de desarrollo interno (haciendo crecer sus negocios actuales). Otras organizaciones pueden desarrollarse mediante fusiones/adquisiciones y/o alianzas estratégicas con otras organizaciones. Estas opciones de las direcciones y métodos de desarrollo son importantes y tienen que ser analizadas detenidamente, por lo que se verán en el Capítulo 7 junto con un análisis de los *criterios sobre el éxito* que determinan por qué algunas elecciones estratégicas son probablemente mejores que otras.

## 1.2.3    La estrategia puesta en acción

La puesta de la **estrategia en acción** se ocupa de garantizar que las estrategias están funcionando en la práctica. Estas cuestiones se abordan en la Parte IV de este manual e incluyen:

**Estrategia en acción** se ocupa de garantizar que las estrategias están funcionando en la práctica.

- *Estructuración* de la organización para apoyar un rendimiento de éxito. Esto incluye las estructuras, los procesos y las relaciones de la organización (y las relaciones entre estos elementos). Estas cuestiones se analizarán en el Capítulo 8. Por ejemplo, como se ha mencionado anteriormente, Dell tenía una estructura en torno a tres unidades de negocio regionales y seis unidades productivas. Por tanto, el éxito de la estrategia depende de la capacidad de coordinar las actividades de estas unidades independientes.

- *Alcance* del éxito en función de la forma en que las áreas independientes de recursos (personal, información, finanzas y tecnología) sustentan las estrategias. La inversa también es importante para el éxito, fundamentalmente el grado en que las nuevas estrategias se basan en las particulares fortalezas de recursos y competencias de una organización. El Capítulo 9 considera esta relación de doble sentido. Por supuesto algunas empresas, como Dell, han revolucionado la forma en que se realizaban los negocios en su sector desarrollando un nuevo modelo de negocio a partir de sus capacidades en tecnologías de la información.

- La gestión de la estrategia implica a menudo *cambios*, y el Capítulo 10 se fija en las diversas formas de reacción a estos cambios. Aquí es necesario comprender cómo debe influir el contexto de una organización en el planteamiento del cambio: los distintos papeles que representan las personas que se ocupan de la reacción al cambio. También se fija en los estilos que se pueden adoptar para dicha reacción y las herramientas que se pueden utilizar para aplicar los cambios. Dell tuvo que sufrir muchos cambios cuando alteró el equilibrio de sus actividades.

### 1.2.4 Procesos de desarrollo de la estrategia

La mayoría de los lectores de este manual, bien estarán trabajando en organizaciones como directivos, o bien tendrán planes para convertirse en directivos. Para ser eficaz en un cargo directivo es importante tener en cuenta los conceptos, los modelos y las técnicas que se analizarán en las Partes II, III y IV del manual. Pero también es importante comprender los *procesos* a través de los cuales se desarrollan las estrategias en las organizaciones. Los **procesos de desarrollo de la estrategia** son la forma en que esta se lleva a cabo dentro de las organizaciones. La Parte V de este manual, sobre todo el Capítulo 11, se ocupa de esta cuestión. Analiza distintas explicaciones sobre cómo se desarrollan las estrategias dentro del contexto estratégico descrito en las partes anteriores del manual. Estos procesos se pueden agrupar en dos grandes tipos. El primero es el concepto de desarrollo de la estrategia como una intención directiva voluntaria. Este es el concepto de las *estrategias deliberadas*. En segundo lugar se encuentran las explicaciones que dan más importancia a la emergencia de la estrategia a partir de procesos sociales y políticos que existen en el entorno y dentro de todas las organizaciones. Este es el concepto de las *estrategias emergentes*. La cuestión clave es que es normal que la estrategia se desarrolle mediante una *compleja combinación* de estos procesos diversos.

Los **procesos de desarrollo de la estrategia** son la forma en que esta se lleva a cabo dentro de las organizaciones.

### 1.3   ESTRATEGIA COMO MATERIA DE ESTUDIO

Resulta útil una breve explicación de la historia de la estrategia como materia de estudio para comprender cómo se va a presentar en este manual. Los orígenes del estudio y de la docencia sobre la estrategia se pueden remontar a una serie de grandes influencias. La primera tiene que ver con la tarea del *director general* y, tal vez más evidentemente, tomó forma en los cursos de *política empresarial*[4] impartidos en universidades como Harvard desde la década de los sesenta. La pregunta constante planteada aquí era: «¿Qué haría si asumiera el cargo de CEO de esta o aquella organización?». El planteamiento partía de la experiencia y el sentido común de los ejecutivos, y no tanto de la teoría o de la investigación. La docencia estaba dominada por los intentos de reproducir situaciones reales del mundo empresarial en el aula mediante una masiva exposición del alumno a casos de estudio sobre problemas estratégicos.

Paralelamente se desarrolló en las décadas de los sesenta y setenta la influencia de manuales sobre la *planificación estratégica*[5]. Aquí, el énfasis se ponía en intentar analizar las diversas influencias sobre el bienestar de la organización, de tal forma que se pudieran identificar las oportunidades o amenazas para el desarrollo futuro. Adoptaba la forma de planteamientos muy sistematizados de la planificación: incorporando técnicas y conceptos de la investigación operativa. Este planteamiento analítico es una herencia dominante en el estudio de la materia. Supone que los directivos pueden, y deben, comprender todo lo les sea posible sobre el mundo de su organización; y que, al hacerlo, sabrán tomar decisiones óptimas sobre el futuro de la misma. Fue un planteamiento con una gran influencia y, por ejemplo, dio lugar a la creación de departamentos especializados en planificación estratégica en las organizaciones, tanto del sector público como del sector privado, sobre todo en la década de los setenta.

Posteriormente, estos dos planteamientos fueron objeto de importantes críticas[6]. Así, se desarrolló un creciente cuerpo de investigación que abordaba muchas cuestiones estratégicas clave. Este cuerpo de investigación empezó a ser más influyente de cara al planteamiento del tema; a cómo debían estudiar, tanto los alumnos como los directivos, la temática de la estrategia y qué es lo que tenían que hacer en la práctica. Normalmente, esto se hizo analizando la *evidencia empírica* sobre las relaciones entre el rendimiento financiero y las estrategias aplicadas por las organizaciones en cuanto a, por ejemplo, el desarrollo del producto, la entrada en los mercados, la diversificación y las decisiones relacionadas con la estructura de la organización[7]. Se afirmaba que los directivos se beneficiaban de las lecciones que extraían de esta investigación para tomar decisiones estratégicas más sabias. El supuesto constante era, evidentemente, que las decisiones estratégicas debían partir del análisis y la evaluación para poder resultar óptimas, pero que la acumulación de las conclusiones de la investigación podría ofrecer también evidencias para tomar dichas decisiones.

Otros[8], incluyendo a Quinn y Mintzberg, afirmaban que el mundo no era, sencillamente, tan obvio. Su complejidad y su incertidumbre implicaban que era imposible analizarlo todo y predecir el futuro, por lo que era inútil buscar decisiones óptimas. Era necesario aceptar una falta de claridad en el mundo de la organización. Esto implicaba que había que asumir que los directivos tomaban decisiones tanto relacionadas con la experiencia colectiva e individual, o con las políticas de la organización, la historia y la cultura, como con la estrategia. Como prueba de este argumento, señalaban la naturaleza adaptativa de cómo se desarrollaban las estrategias en las organizaciones[9]. Afirmaban que sería útil pasar más tiempo intentando comprender los procesos directivos para la toma de decisiones dada la complejidad de la dirección estratégica en la realidad de su contexto social, político y cultural. La visión ortodoxa afirma que estas restricciones sociales, políticas y culturales de los directivos dan lugar a decisiones subóptimas, a inercias y, tal vez, a un menor rendimiento.

Paralelamente, a partir de la década de los ochenta, el trabajo de Michael Porter[10], seguido en la década de los noventa por las teorías de la empresa basadas en los recursos (Hamel y Prahalad)[11], se convirtieron en una gran influencia sobre la que se construyeron marcos conceptuales clave para la estrategia. Ambos planteamientos partían de la ciencia económica.

Más recientemente otros, incluyendo a Stacey, Brown y Eisenhardt, han puesto en duda este planteamiento[12]. Sugieren que las organizaciones no son tan distintas de los organismos vivos. Estos organismos no se limitan a planificar y analizar; viven, experimentan, interpretan y entre ellos hay suficiente diversidad y variedad como para permitirles reaccionar a sus entornos cambiantes mediante la innovación y el cambio. Se afirma que los directivos están utilizando sus habilidades y sus sentidos en un mundo complejo de *relaciones sociales* en el entorno y dentro de su organización de una forma muy parecida. Además, el argumento sigue insistiendo en que esto explica mejor cómo se adaptan las organizaciones en entornos que cambian rápidamente, cómo surgen nuevas ideas e innovaciones y, por tanto, cómo se producen transformaciones estratégicas más significativas.

Este manual sugiere que resulta útil tener en cuenta todos estos planteamientos, pero puede resultar un gran reto para los directivos. La naturaleza de este reto se analiza en la Sección 1.5.3.

## 1.4 DIRECCIÓN ESTRATÉGICA EN DISTINTOS CONTEXTOS[13]

En este capítulo se ha recurrido al ejemplo de Dell Computers para ilustrar distintos aspectos de la dirección estratégica. En mayor o menor medida, todos estos aspectos son relevantes para la mayoría de las organizaciones. Sin embargo, es probable que los distintos aspectos sean más importantes en algunos contextos que en otros, y en algunas organizaciones que en otras. Por ejemplo, las necesidades de comprender la tecnología que evoluciona rápidamente, de desarrollar nuevos productos y de explotar nuevas oportunidades en los mercados fueron de particular importancia para Dell a mediados de la década de 2000. Se trata de un énfasis distinto del que tendría un fabricante de cristal o de acero que provee materiales similares a las materias primas en mercados maduros, o de un proveedor de servicios en el sector público que está personalizando los servicios a las necesidades de una comunidad local cumpliendo unos requisitos municipales. Incluso dentro de una sola empresa, las distintas unidades de negocio pueden tener que hacer frente a condiciones del mercado bastante distintas; en el caso de Dell se debían a los distintos mercados regionales. Por tanto, sería un error suponer que todos los aspectos de la dirección estratégica tienen la misma importancia en todas las circunstancias (*véase* la Ilustración 1.3 para ver algunos ejemplos). Esta sección revisa cómo varía la importancia relativa de los elementos de la estrategia en función del sector.

### 1.4.1 El contexto de la pequeña empresa[14]

Es probable que las pequeñas empresas actúen en un único mercado o en un limitado número de mercados, probablemente con una limitada gama de productos o servicios. El alcance de las operaciones será, por tanto, probablemente una cuestión estratégica menos importante que en las organizaciones más grandes. Es improbable que las pequeñas empresas tengan servicios centrales para realizar complejos análisis y estudios de mercado. Por el contrario, es posible que sean los propios altos directivos, tal vez incluso el fundador de la empresa, los que tengan un contacto directo con el mercado y cuya experiencia sea, por tanto, muy influyente. En efecto, en las pequeñas empresas los valores y las expectativas de los altos ejecutivos, que pueden ser los mismos que detentan la propiedad, serán probablemente muy importantes, incluso cuando la dirección actual no sea ejercida por los propietarios, es posible que prevalezcan los valores y las expectativas de los fundadores. También es probable que, a no ser que la empresa se especialice en determinado segmento del mercado, esté sujeta a importantes presiones competitivas. Así pues, las preguntas planteadas y los conceptos analizados sobre la naturaleza de la competencia en el Capítulo 2, y las bases de la estrategia competitiva del Capítulo 5, serán probablemente de especial relevancia. Normalmente, las pequeñas empresas tendrán que encontrar oportunidades que se ajusten bien a los recursos y competencias particulares de la empresa. Así pues, las cuestiones sobre la capacidad estratégica que se analizan en el Capítulo 3 también serán importantes.

También es probable que las pequeñas empresas sean sociedades no cotizadas. Esto afecta significativamente a su capacidad de obtener capital. Junto con el legado de la influencia del fundador en cuanto a la elección del producto y del mercado, esto puede implicar que las elecciones estratégicas estén limitadas. Puede que la empresa considere que su papel consiste en consolidar su posición en un mercado en particular. Si no lo hace, y busca crecer, la obtención de financiación será crucial, por lo que la creación y el mantenimiento de relaciones con organismos de financiación, como los bancos, se convierten en cuestiones estratégicas clave.

## 1.4.2   La empresa multinacional[15]

Las cuestiones estratégicas clave que tienen que resolver las multinacionales como Dell son sustancialmente distintas de las que tienen que resolver las pequeñas empresas. Aquí, la organización estará, probablemente, diversificada tanto en lo que respecta a los productos como a los mercados geográficos. Es posible que tenga diversidad de negocios en forma de empresas subsidiarias o divisiones. Por tanto, los temas de la estructura y el control a nivel corporativo y de las relaciones entre los negocios y la empresa matriz suelen constituir una cuestión estratégica principal para las empresas multinacionales. Desde el punto de vista de la unidad de negocio, muchas de las cuestiones estratégicas competitivas serán, tal vez, parecidas a las que tienen que resolver las empresas más pequeñas, aunque la fortaleza de una multinacional en una determinada zona geográfica será mayor que la de cualquier empresa pequeña. Sin embargo, para la empresa matriz multinacional una cuestión significativa será la forma de asignar los recursos entre las unidades de negocio, dadas sus distintas y, a menudo, competitivas necesidades, así como la manera de coordinar el proceso. La coordinación de la logística operativa entre las distintas unidades de negocio en los distintos países puede ser especialmente importante. Por ejemplo, una empresa manufacturera multinacional, como Toyota o General Motors tiene que decidir cuál es la configuración más sensata de sus fábricas para la producción de los automóviles. La mayoría ha pasado de fabricar un modelo particular en una determinada localización y ahora fabrica los distintos componentes de los automóviles en distintas localizaciones, agrupando todos esos componentes para el montaje de un determinado modelo en una determinada localización. Los problemas de logística para coordinar estas operaciones son inmensos, lo que exige disponer de sofisticados sistemas de control y habilidades directivas muy distintas de las que se necesitan en las empresas más pequeñas.

## 1.4.3   Organizaciones manufactureras y de servicios

Aunque existen diferencias entre las organizaciones que ofrecen servicios y las que ofrecen productos, también hay una creciente conciencia sobre sus parecidos. En el caso de una organización que compite en función de los servicios que provee (por ejemplo, las

**Ilustración 1.3**                    e s t r a t e g i a   e n   a c c i ó n

# La estrategia en distintos contextos

*La estrategia puede adoptar muchas formas en función del tipo de organización y de las circunstancias en las que se mueve. A continuación se ofrecen nueve ejemplos de nuevas estrategias publicadas en Internet en un mes. Demuestran la necesidad generalizada de disponer de estrategias organizativas.*

### El Parlamento búlgaro aprueba una nueva estrategia de privatización para Bulgartabac

Con 112 votos a favor, 81 en contra y 18 abstenciones, el Parlamento aprobó la estrategia de privatización del Bulgartabac Holding, por la que se van a vender individualmente las subsidiarias del *holding*. Los representantes de los pesos pesados de las tabacaleras Philip Morris y British American Tobacco afirman que la nueva forma de privatizar Bulgartabac corresponde plenamente a sus intenciones y, cuando se abran las negociaciones, participarán en la privatización de las empresas.

*Fuente*: página Web de BTA, Sofia, en inglés, 10 de diciembre de 2003.

### Ciba relanza una nueva cartera de productos basada en una estrategia de I+D con un nuevo enfoque

La nueva estrategia [de la empresa farmacéutica suiza] incluirá la expansión de sus actividades de investigación en India y China, así como un millón y medio de francos suizos (1,6 millones de euros) para el fondo de investigación anual para proyectos de alto rendimiento/alto riesgo, según lo que ha contado la empresa a los analistas en el día de la I+D en Basilea. El presidente y CEO Armin Meyer afirmó: «La persistente introducción de nuevos productos innovadores en el mercado es esencial para tener un crecimiento rentable, mayores márgenes y una competitividad global». A medio plazo, la empresa prevé que los productos con menos de cinco años de antigüedad representen la tercera parte de las ventas, frente al 26 por ciento en 2002.

*Fuente*: AFX Europe (Focus), 9 de diciembre de 2003.

### Telcordia adquiere la propiedad intelectual de DAX Technologies Corporation

Telcordia (R) Technologies, Inc., un proveedor global de software y servicios de telecomunicaciones, ha anunciado hoy que ha adquirido la propiedad intelectual de DAX Technologies Corp., ampliando aún más la estrategia de Telcordia en el segmento sin cables y las recientemente anunciadas ofertas de carteras Elementive (TM). La adquisición de la tecnología, junto con el propio software de Telcordia, creará dos nuevos productos para las empresas de telefonía

móvil dentro de la cartera Mobile Assurance de Telcordia: Telcordia Network Vision y Telcordia Performance Vision.

*Fuente*: Business Wire, 9 de diciembre de 2003.

### Se pone en marcha una nueva estrategia contra el crimen

El gobierno [de Kenya] puso en marcha ayer un nuevo planteamiento para luchar contra el crimen. El planteamiento consiste en animar al público a delatar a los delincuentes o a informar de las actividades criminales planificadas a la policía mediante casetas ubicadas estratégicamente en Nairobi. Este nuevo planteamiento, conocido como *Toa Habari Kwa Polisi* (dé información a la policía), fue puesto en marcha ayer por el Ministro de Seguridad Nacional, Dr. Chris Murungaru, en el Kencom Bus de la capital.

*Fuente*: The Nation (Kenya), 6 de diciembre de 2003.

### Se va a diseñar una nueva estrategia de subsidios agrícolas

El Banco Mundial y Turquía han acordado el diseño de una nueva estrategia para los subsidios agrícolas este mes durante las conversaciones técnicas sobre la Estrategia de Asistencia a los Países (EAP) y su *Programa de ajuste del sector público y programación financiera* (PASPPF 3) [...] la Organización para la Planificación Estatal (OPE) preparará una nueva estrategia de ayuda agrícola en función del acuerdo alcanzado con el Banco Mundial, informó el miércoles la agencia de noticias Anatolia. El Banco Mundial inspeccionará a continuación la nueva estrategia y transferirá su evaluación a las autoridades fiscales turcas.

*Fuente*: Turkish Daily News, 4 de diciembre de 2003.

### La nueva línea de móviles de Motorola ralentizará la erosión de sus cuotas

Strategy Analytics informó recientemente de un sorprendente aumento del 23 por ciento anual en la venta de móviles en el tercer trimestre [...] Chris Ambrosio, director del servicio de Estrategias de Dispositivos Móviles añade: «Strategy Analytics aplaude el anuncio de estos seis nuevos productos de Motorola. Las nuevas aportaciones, en concreto el modelo C550, se necesitaban desesperadamente y tenían que haber llegado hace tiempo. La cartera de dispositivos GSM de Motorola ha padecido durante el último año un rendimiento particularmente decepcionante en Europa, Oriente Medio y África debido a los anticuados diseños de los productos y a la entrada en los nuevos mercados de MMS y móviles con cámara de fotos. La nueva cartera parece constituir un importante paso adelante para la recuperación de Motorola en el ámbito europeo, y también añadirá frescura a su línea en Asia. Sin embargo, Motorola y Nokia seguirán fomentando una fuerte presión sobre sus cuotas en el volátil mercado chino».

*Fuente: Business Wire*, 19 de noviembre de 2003.

## Los comunistas y socialistas necesitan nuevas estrategias

[En Japón] los resultados de las elecciones a la Cámara Baja sugieren la aparición de un sistema bipartidista en la política nacional. La mayoría de los partidos minoritarios ha quedado fuera de juego. La cuestión es si los comunistas y socialdemócratas de Japón se pueden recuperar de sus desastrosos resultados para lograr algo más que una presencia política marginal.

Los comunistas se han centrado en su oposición al incremento del impuesto sobre el consumo y a lo que consideran como «malas enmiendas constitucionales». El Partido Comunista japonés podría mejorar su imagen con tan solo hacer que el debate político interno del partido sea más visible para el público. También podría aprender del antiguo Partido Comunista italiano que se incorporó a una coalición de múltiples partidos que logró alcanzar el poder.

Los socialdemócratas [...] han hecho campaña meramente en función de sus fortalezas pacifistas proconstitucionales [...] pero los votantes han rechazado a los socialdemócratas porque el partido ha prestado muy poca atención a los programas realistas [...] y tampoco ha conseguido ofrecer un plan convincente para financiar el creciente gasto en prestaciones de bienestar cuando estaban expresando un fuerte rechazo a una subida de los impuestos al consumo.

*Fuente: Asahi Shimbun*, 13 de noviembre de 2003.

## Necesidad de un nuevo sistema de tecnología de la información

El éxito puede acarrear sus propios problemas, especialmente cuando un negocio que se desarrolla rápidamente supera enseguida sus capacidades de tecnología de la información. Hace seis años, Fulham era un equipo de fútbol de la tercera división inglesa que estaba obteniendo unos malos resultados, pero tres promociones, respaldadas por los

millones del presidente del club, Mohammed Al Fayed, lograron la vuelta del club a la categoría superior del fútbol inglés. Fuera del campo, el club ha tenido problemas para crecer al mismo ritmo. «Era evidente que nuestra tecnología de la información estaba muy atrasada», afirma Chris Holder, el directivo de tecnología de la información del Fulham Football Club. «Y, en los dos últimos años, hemos tenido que ponernos al día en cuanto a sistemas y procesos». La gestión cotidiana de la tecnología implica dos grandes áreas: la oficina general, como las ventas, el marketing y las finanzas; y las relaciones con los consumidores, que incluyen sistemas para controlar las taquillas, las líneas telefónicas de venta de entradas y las operaciones minoristas. «Esta empresa es pequeña, pero tenemos una marca de prestigio internacional. La gestión eficaz del club requiere una tecnología de la información que permita controlar las ventas, las ventas de entradas, la gestión de los partidos y la organización del estadio» afirma Holder.

*Fuente: Computing-United Kingdom*, 13 de noviembre de 2003.

## Los servicios de HP ponen en práctica una estrategia empresarial de adaptación con consumidores en múltiples sectores

Los servicios de HP están poniendo en marcha la estrategia de empresa adaptativa a escala global con consumidores en múltiples sectores, incluyendo el sector público, los servicios financieros, las manufacturas y los proveedores de servicios de telecomunicaciones/redes. «Durante el pasado año, HP ha buscado agresivamente, y ha logrado, una serie de acuerdos de contratación externa de tecnología de la información que la convierten en un serio competidor en el mercado» afirma Traci Gere, vicepresidente del grupo US Services Research, IDC. «Las empresas que están analizando la posibilidad de cerrar acuerdos de contratación externa están invitando a HP a la mesa de negociaciones y, cada vez más, HP se está quedando en la lista de candidatos y logrando los contratos».

*Fuente: Business Wire*, 9 de diciembre de 2003.

---

### Preguntas

1. Revise la Sección 1.1.1 e identifique las cuestiones concretas que hacen que estos ejemplos sean ejemplos estratégicos para las organizaciones implicadas.

2. ¿Es típico del contexto en el que cada una de estas organizaciones se mueve? (Revise las Secciones 1.4 a 1.5.)

compañías de seguros, las asesorías directivas y los servicios profesionales) no existe un producto físico. Aquí, es probable que la ventaja competitiva esté más relacionada con el grado en el que los consumidores valoran las características menos tangibles; las cuales podrían ser, por ejemplo, la solidez de los consejos que se han dado, la actitud del personal, el ambiente en la oficina, la rapidez del servicio, etcétera. Para las organizaciones manufactureras el propio producto físico ha sido considerado como una parte central de su estrategia competitiva y los servicios solo se necesitan para respaldar el producto (como la información sobre el mismo, los servicios de apoyo, etcétera). Sin embargo, la mayoría ha terminado comprendiendo que, puesto que los productos físicos suelen ser percibidos por los consumidores como productos muy parecidos, hay otras características, como el servicio o la imagen de la marca, que son igualmente importantes para lograr una ventaja competitiva. Por ejemplo, en la industria del hardware informático, son factores como la velocidad para poner en el mercado nuevos productos, la simplicidad del proceso de pedidos, y una línea de asistencia eficaz, los que marcan la diferencia.

### 1.4.4 Estrategia en el sector público[16]

Los conceptos de estrategia y de dirección estratégica tienen igual importancia para las empresas del sector público que para las empresas privadas. Parte del sector público ofrece servicios a consumidores que pagan de la misma forma que las organizaciones privadas, como por ejemplo, los servicios postales. Sin embargo, el papel de la ideología en el desarrollo de la estrategia del sector público es, probablemente, mucho mayor que el que tiene en las organizaciones privadas. También es probable que haya un elevado grado de control directo o indirecto o de influencia proveniente de fuera de la organización, fundamentalmente del gobierno. Una empresa «comercial» que sea controlada por el Estado puede descubrir que los horizontes de planificación dependen más de cuestiones políticas que de las condiciones del mercado, igual que las restricciones de las inversiones de capital y de las fuentes de financiación. Por estas razones se han producido privatizaciones a gran escala en empresas anteriormente gestionadas por el Estado durante los últimos veinte años: minería del carbón, siderúrgicas, telecomunicaciones, servicios ferroviarios, compañías aéreas y muchas más.

Otras organizaciones de servicios públicos (por ejemplo, servicios sanitarios y servicios de utilidad pública controlados por los municipios) tienen casi un monopolio en la provisión del servicio, y la financiación proviene de los impuestos más que de lo que pagan los consumidores. Esto puede imponer restricciones a las elecciones estratégicas: por ejemplo, es posible que no se puedan especializar en unos pocos servicios o consumidores, ya que tienen que proveer de un servicio universal. Además, las prioridades estratégicas tienden a estar dictadas por el proveedor de los fondos más que por el usuario del servicio, por lo que el concepto de competencia suele hacer referencia a una competencia por obtener recursos, fundamentalmente en el ámbito político. La necesidad de demostrar el mejor valor de los servicios también ha adquirido una creciente importancia. Más recientemente se ha producido un cambio de énfasis hacia la cooperación y la colaboración entre agencias en un intento de resolver cuestiones de relevancia social. Los ejemplos serían la resolución del problema de las drogas, el crimen y los desórdenes públicos o de salud mental, que requieren todos los esfuerzos de cooperación para mejorar los resultados obtenidos. Esto significa que la capacidad de crear y mantener alianzas estratégicas se convierte en una prioridad, tal y como se analiza en el Capítulo 7.

### 1.4.5   Los sectores del voluntariado y de las organizaciones sin ánimo de lucro[17]

Es probable que en el sector del voluntariado los valores y la ideología subyacente tengan un significado estratégico esencial y que desempeñen un papel importante en el desarrollo de la estrategia. Este es particularmente el caso cuando la razón de ser de la organización parte de dichos valores, como las organizaciones que ofrecen servicios sin ánimo de lucro, por ejemplo las organizaciones caritativas.

En las organizaciones sin ánimo de lucro, como las organizaciones caritativas, las iglesias, los colegios privados, las fundaciones, etcétera, el origen de los fondos puede ser diverso y es muy probable que estos no provengan directamente de los servicios ofrecidos. Además es posible que, aparte de dichos servicios, proporcionen fondos en forma de, por ejemplo, subvenciones. También es probable que los valores y la ideología subyacentes desempeñen una parte importante en el desarrollo de la estrategia. No obstante, seguirán siendo de aplicación los principios de la estrategia competitiva (para los fondos, *véase* Capítulo 5). La probabilidad de que existan múltiples fuentes de financiación, vinculadas a los distintos objetivos y expectativas de los organismos financieros, también puede dar lugar a una gran actividad de presión política, dificultades para una clara planificación estratégica, y una necesidad de mantener la responsabilidad y la toma de decisiones centralizadas, de manera que se pueda responder a las influencias externas, en vez de delegarlas dentro de la organización.

## 1.5   LOS RETOS DE LA DIRECCIÓN ESTRATÉGICA

Debería ser evidente, a partir del análisis realizado hasta ahora en este capítulo, que la dirección estratégica tiene que superar muchos retos. Exige que los directivos desarrollen estrategias adecuadas a las circunstancias específicas de una organización, pero estas circunstancias cambiarán a lo largo del tiempo. También exige un claro conocimiento de cuáles son las cuestiones más importantes, así como la capacidad de conciliar las presiones contrapuestas del entorno empresarial: la capacidad estratégica de una organización y las expectativas de las partes interesadas. Además, esta última sección del capítulo se centra en tres conjuntos de grandes retos que los directivos tienen que afrontar en relación con las estrategias de su organización para el futuro:

- *Prevención de la desviación de la estrategia:* la desviación se produce cuando las estrategias pierden capacidad para orientar la posición estratégica de la organización, deteriorándose el rendimiento de la misma. La historia sugiere que la mayoría de las organizaciones empieza a tener dificultades porque no se dan cuenta y no abordan el problema de la desviación estratégica.

- La necesidad de comprender y abordar las *cuestiones contemporáneas* que están afectando a la mayoría de las organizaciones en un momento dado. Esta sección analiza cuatro cuestiones: la internacionalización, el comercio electrónico, el cambio de los propósitos y el conocimiento/aprendizaje.

- La ventaja de ver la estrategia desde distintos prismas. Existen tres prismas estratégicos: el diseño, la experiencia y las ideas, que se analizan a continuación.

### 1.5.1   Desviación estratégica

El Cuadro 1.4 demuestra que los estudios históricos sobre el patrón de desarrollo de la estrategia y el cambio en las organizaciones han demostrado que, normalmente, las organizaciones atraviesan largos periodos de relativa «continuidad» durante los cuales la estrategia definida permanece constante o cambia *incrementalmente*. Esto puede durar bastante tiempo en algunas organizaciones. Sin embargo, estos procesos tienden a crear una **desviación estratégica**: las estrategias pierden capacidad para orientar la posición estratégica de la organización y se deteriora su rendimiento. Normalmente, este proceso viene seguido de un periodo de cambio *continuo* durante el cual las estrategias evolucionarán pero sin una dirección clara. A continuación, es posible que se produzca un cambio *radical* con consecuencias fundamentales en la dirección estratégica, aunque no es muy frecuente. Este patrón se conoce como **equilibrio escalonado**[18].

Existen poderosas fuerzas que empujarán probablemente a las organizaciones a este patrón de comportamiento, por lo que es importante comprender por qué se produce. En este capítulo se ha destacado la complejidad e incertidumbre potencial de las cuestiones estratégicas que tienen que afrontar los directivos. En estas circunstancias, los directivos intentan minimizar el grado de incertidumbre buscando «soluciones» habituales que forman parte de la actual cultura de la organización. Por ejemplo, ante una caída de las ventas se aumenta la publicidad. O cuando los competidores reducen los precios se procede a igualar inmediatamente la rebaja, porque esto es lo que ha tenido éxito en el pasado. Las últimas partes de este manual se ocupan de la importante influencia de la cultura de la organización y de la experiencia de la gente con más detalle (*véase* Sección 4.5 del Capítulo 4 y Capítulo 10). Sin embargo, existen peligros. Los cambios del entorno pueden ser mucho más bruscos, de forma que el cambio incremental no proporciona capacidad de ajuste. Si este cambio incremental de la estrategia va por detrás de los

> La **desviación estratégica** se produce cuando las estrategias pierden capacidad para orientar la posición estratégica de la organización y se deteriora el rendimiento de la misma.
>
> **Equilibrio escalonado** es la tendencia de las estrategias a desarrollarse incrementalmente con periódicos cambios radicales.

| Cuadro 1.4 | El riesgo de la desviación estratégica |
| --- | --- |

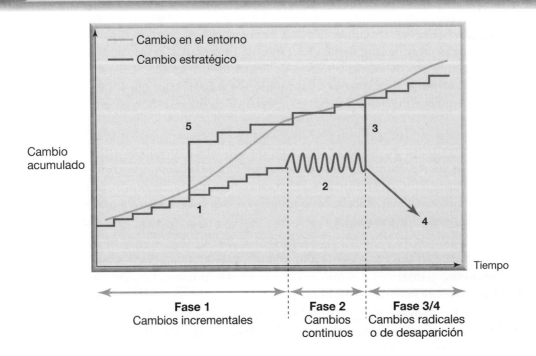

**Fase 1** Cambios incrementales   **Fase 2** Cambios continuos   **Fase 3/4** Cambios radicales o de desaparición

cambios que se producen en el entorno, la organización quedará desfasada y, con el tiempo, requerirá cambios más radicales, como se ve en el Cuadro 1.4. En efecto, el cambio radical tiende a producirse en aquellos momentos en los que el rendimiento ha decaído significativamente. Para algunas organizaciones, estos cambios pueden resultar inadecuados, o producirse demasiado tarde, por lo que la organización fracasará, como se muestra en el diagrama. Existe otro peligro: que las organizaciones se limiten a reaccionar al entorno y no consigan cuestionar lo que se está produciendo a su alrededor o innovar para crear nuevas oportunidades; en definitiva, se convierten en organizaciones complacientes. El primer reto consiste, por lo tanto, en que los directivos sean capaces de mantenerse suficientemente al margen de su propia experiencia y de la cultura de su organización para poder comprender las cuestiones estratégicas que deben resolver. Muchos de los conceptos y de las herramientas que se explican en este manual pretenden ofrecer una forma para hacer esto, aunque no es tarea fácil. El segundo reto hace referencia a la dirección del cambio estratégico. Las nuevas estrategias pueden requerir acciones que quedan fuera del alcance de la cultura existente. Los miembros de la organización tendrán, por tanto, que cambiar sustancialmente sus principales supuestos y la forma en que hacen las cosas. Por muy deseable que sea, la evidencia empírica demuestra que el cambio estratégico no se produce con facilidad. Estas cuestiones se analizarán con detalle en el Capítulo 10.

## 1.5.2 Cuestiones contemporáneas que afectan al desarrollo de la estrategia

La Sección 1.4 analizaba la forma en que puede variar la importancia relativa de las cuestiones estratégicas en función del tipo de organización. Pero, últimamente, existen unas pocas tendencias de gran alcance que afectan a muchas, si no a la mayoría, de las organizaciones. Esta sección analiza cuatro cuestiones que están afectando actualmente a las estrategias de muchas empresas: la internacionalización, el comercio electrónico, el cambio de los propósitos de la organización, y el conocimiento/aprendizaje.

### Internacionalización

La internacionalización es un factor que afecta a muchas organizaciones de diversas maneras. En primer lugar, la internacionalización puede ampliar tanto el tamaño del mercado como la diversidad de competidores, cuestiones que se analizan en el Capítulo 2. También puede plantear cuestiones sobre las relaciones con los potenciales socios en el extranjero (Capítulo 7) y la organización de las actividades cruzando las fronteras nacionales (Capítulo 8). Se trata de cuestiones que tienen que afrontar todos los días las grandes multinacionales como Dell, que provee, fabrica y vende en todo el mundo, y cuyos competidores provienen de Japón, Taiwán y Europa. Pero incluso las pequeñas empresas «nacen» cada vez más como empresas «globales», como por ejemplo pequeñas empresas de programación informática que producen aplicaciones para sistemas de juegos o para sistemas de telefonía que venden a grandes empresas en todo el mundo (Capítulo 6). Las organizaciones del sector público también tienen que hacer frente cada vez más a las oportunidades y retos que plantea la internacionalización. Los pacientes del Servicio Nacional de Salud del Reino Unido pueden, en la actualidad, ser sometidos a intervenciones quirúrgicas en el extranjero si no se disponen de los sistemas adecuados en el país. Es posible contratar en el exterior funciones «administrativas» del sector público en lugares más baratos de todo el mundo. Las fuerzas policiales tienen que cooperar cruzando fronteras para luchar contra el crimen y el terrorismo internacional.

Hay otra vertiente fundamental en la que la internacionalización puede afectar a la estrategia. Los distintos países de todo el mundo varían en gran medida en cuanto a la orientación cultural e institucional de su dirección estratégica. Muchas culturas ponen menos énfasis en la mera maximización de beneficios, que es particularmente relevante en las explicaciones que se dan de la estrategia en Estados Unidos. La supervivencia a largo plazo y los intereses colectivos de la organización en su conjunto suelen considerarse más importantes en algunas culturas europeas y asiáticas (*véase* el Capítulo 4). Las instituciones que fomentan la maximización de beneficios, o que penalizan una desviación de dicha maximización, también son diferentes en las distintas partes del mundo. Los mercados de capitales son muy competitivos en Norteamérica y en el Reino Unido, por ejemplo. Estos mercados de capitales competitivos hacen que sea más peligroso para los directivos británicos y estadounidenses desviarse de las sencillas estrategias de maximización de beneficios, ya que los accionistas insatisfechos pueden permitir fácilmente que se produzca una oferta pública de adquisición hostil por otra empresa que prometa mejores resultados (Capítulo 7). Los factores que contribuyen al rendimiento también difieren en función de los entornos institucionales de los diversos países. Como se analiza en los Capítulos 6 y 8, tiene más sentido aplicar estrategias organizativas muy diversificadas y adoptar laxas estructuras de *holding* en países donde los mercados de capitales y de trabajo no son muy eficientes que hacerlo en los países donde esos mercados funcionan bien.

### Comercio electrónico

La velocidad a la que se pueden analizar datos y realizar comunicaciones se ha transformado gracias al desarrollo de poderosas y baratas tecnologías de la información y la comunicación (TIC) . Aunque la mayoría de los directivos acepta que es probable que afecten a su propia organización, sigue habiendo un importante grado de incertidumbre sobre la dirección y la velocidad de estos cambios. Para reducir esta incertidumbre los directivos tienen que valorar primero el efecto sobre su actual y futura posición estratégica (*véase* Parte II de este manual). Esto significa entender cómo ha cambiado el *entorno empresarial* debido a estos desarrollos: por ejemplo, el grado en que están cambiando las expectativas de los consumidores sobre las características del producto y cómo «hacen negocios» con los proveedores. El poder relativo de compradores y proveedores ha sido alterado de forma fundamental en las transacciones de comercio electrónico porque los compradores tienen un acceso mucho más fácil a la información sobre las ofertas de la competencia. También es importante saber si la organización tiene la *capacidad estratégica* de competir utilizando el comercio electrónico o si, por el contrario, debe concentrar sus esfuerzos en mejorar el rendimiento de su modelo tradicional como forma de mantener su atractivo para los consumidores. Las *expectativas* de las demás partes interesadas cambiarán probablemente debido al comercio electrónico. Por ejemplo, es posible que las estrategias de la organización sean mucho más visibles para los empleados, los banqueros y la comunidad en general gracias a la utilización de Internet.

Las opciones que tienen las organizaciones (que se analizan en la Parte III) también cambian debido a los desarrollos del comercio electrónico. Por ejemplo, la capacidad de atender pequeños segmentos del mercado y de tener una mayor cobertura geográfica puede aumentar gracias al comercio electrónico, sobre todo para muchas organizaciones de servicios. También se pueden crear y mantener alianzas a más larga distancia. A medida que las unidades de negocio se hacen más competentes y autónomas gracias a sus sistemas de TIC se plantean cuestiones relativas al grado de apoyo que necesitan de la matriz corporativa. Esto está haciendo que muchas organizaciones reduzcan la matriz y que, incluso, la supriman por completo.

Finalmente, la forma en que la estrategia se traduce en acción (Parte IV) tiene que cambiar para respaldar los modelos de comercio electrónico. Las estructuras más planas (Capítulo 8), una mayor capacidad de integrar recursos de las distintas partes de la organización y de fuera (Capítulo 9), y la necesidad de que haya un cambio estratégico casi continuo (Capítulo 10) son retos que deben superar muchas organizaciones.

## Cambio de propósitos

Solía haber una clara distinción entre los propósitos de las organizaciones del sector privado y del (denominado) sector sin ánimo de lucro y/o las del sector público (que se ha analizado anteriormente). Las primeras eran organizaciones con ánimo de lucro que trabajaban en interés de sus accionistas. Las otras eran organizaciones «movidas por su misión», que trabajaban para aumentar la calidad de vida de un determinado grupo de la comunidad o de la sociedad en su conjunto. Por supuesto, nunca hubo una polarización tan radical pero, cada vez más, están desapareciendo estas diferencias. El sector privado ha experimentado cambios fundamentales en la normativa y en la reforma del gobierno corporativo (*véase* Capítulo 4, Sección 4.2), y muchos de estos cambios se han debido a grandes escándalos empresariales, como el de Enron y el de WorldCom. También han recibido presiones para crear un marco mucho más sólido de ética empresarial y de responsabilidad social de la empresa (Sección 4.4). Al mismo tiempo, se han producido fuerzas contrarias a favor de un énfasis mucho más claro en el consejo de administración para aumentar el valor de la empresa para los accionistas como principal responsabilidad de las organizaciones pertenecientes al sector privado (Capítulo 7).

En las organizaciones sin ánimo de lucro y en el sector público, se ha corrido el riesgo de que predominara el propósito de los «proveedores de fondos», a los que preocupaba más la eficiencia del uso de los recursos que la eficacia del servicio (*véase* Capítulo 3). La sensibilización ante estos peligros ha dado lugar a importantes esfuerzos para que los propósitos y el *modus operandi* de este tipo de organizaciones sean más «empresariales». Esto ha dado lugar a un papel mucho más predominante tanto de los objetivos financieros como de las estrategias, y a un mayor énfasis en mejorar la calidad del servicio a los beneficiarios (por ejemplo, los pacientes en los hospitales). A su vez, esto está cambiando la forma en que se dirige la estrategia. Hay una mayor necesidad de «conocimiento del mercado» (Capítulo 2); nuevas competencias, como la gestión financiera (Capítulo 3); una capacidad de trabajar en alianza (Capítulo 7); y un menor grado de centralización (Capítulo 8), por nombrar tan solo unos pocos cambios.

## Conocimiento y aprendizaje

Existe un creciente número de organizaciones que afirman que dependen sustancialmente de la innovación para tener éxito en su estrategia, y otras que afirman que es muy importante ser más innovador. Pero esto sólo se puede conseguir si la organización es capaz de generar e integrar el *conocimiento,* tanto interno como externo, para desarrollar y ofrecer nuevas características en los productos o servicios. En un mundo que avanza muy deprisa, el cambio y la mejora continua son esenciales para la supervivencia y el éxito. Por tanto, la capacidad de gestionar el *aprendizaje* también resulta crucial. Las empresas en el campo de los productos de alta tecnología, o las que dependen de las actividades de investigación y desarrollo, por ejemplo la industria farmacéutica, son conscientes, desde hace mucho tiempo, de la importancia que tiene la innovación. La innovación está considerada como la capacidad para «cambiar las reglas del juego». Los rápidos desarrollos de la tecnología de la información han abierto oportunidades para que muchas más organizaciones «hagan negocios» de nuevas formas, como se ha analizado anteriormente. El éxito de todas estas organizaciones innovadoras dependerá probablemente de la voluntad de desafiar el *statu quo* en una industria o un mercado (Capítulo 2) y de ser consciente de cómo se pueden «extender»* los recursos y las competencias de la organización para crear nuevas oportunidades (Capítulo 3). La importancia de ver y actuar estratégicamente en horizontes temporales muy cortos es otra característica clave del contexto innovador. Es probable que afecte al tipo y a la calidad del personal (Capítulo 9), a las fuentes del conocimiento en la organización (Capítulo 3) y al grado en que la actual cultura fomenta la transferencia de conocimientos y pone en duda las cosas que se dan por sentadas (Capítulo 4). La innovación también dependerá de cómo se dirija al personal y de cómo interactúe este entre sí (Capítulo 8). Por ejemplo, las estructuras organizativas que fomentan las relaciones y la integración, en vez de las divisiones formales de responsabilidades, pueden fomentar la innovación.

Estas cuatro cuestiones relativas a la internacionalización, el comercio electrónico, el cambio de propósitos y el conocimiento/aprendizaje irán surgiendo a lo largo de todo el libro, tanto en el texto como en las ilustraciones, y se destacarán principalmente en los trabajos al final de cada parte. Es importante insistir en que estas no son las únicas cuestiones esenciales que afectan a la estrategia de muchas organizaciones. Son, por el contrario, cuestiones que tienen una especial relevancia en la época actual, pero que serán sustituidas en el futuro. Resulta esencial, por tanto, que no se conviertan en manías, modas u obsesiones de los directivos cuando reflexionan sobre las estrategias de sus organizaciones.

### 1.5.3  Los prismas de la estrategia

En la Sección 1.3 se ha señalado que hay muchas formas distintas de comprender la estrategia, desarrollarla y aplicarla en las organizaciones. Todos estos planteamientos tienen ciertas ventajas. Por ejemplo, las herramientas analíticas, los modelos conceptuales, la evidencia empírica y los sistemas de planificación que utilizan los que *diseñan* las estrategias son útiles. Ayudan a los estrategas a reflexionar sobre los problemas y cuestiones de forma que duden, cuestionen e informen el proceso de toma de decisiones. Sin duda, este planteamiento desempeñó un papel importante en los análisis del consejo de administración de Dell. La experiencia de Kevin Rollin en el campo de la asesoría directiva contribuyó sin duda a este debate. Sin embargo, también es importante comprender cómo se informa y limita el desarrollo de las estrategias en función de la *experiencia* del personal y de la cultura de las organizaciones, y cómo se resuelven estas limitaciones. Además, al comprender estos fenómenos, se pueden obtener importantes ideas sobre la dirección del cambio estratégico. La experiencia y el cambio «derivado de la cultura» son

---

* *Nota del traductor:* el término «extender» se corresponde con la voz inglesa «stretched», de difícil traducción al castellano.

particularmente relevantes en organizaciones como Dell, donde el fundador sigue teniendo una influencia dominante sobre la estrategia. También hay mucho que aprender de cómo pueden surgir nuevas *ideas* en las organizaciones a partir de las diversas experiencias y comportamientos que se pueden encontrar en una empresa tan grande. No es realista pensar que todas estas ideas pueden surgir del ápice estratégico.

Así pues, estas tres formas de plantear el desarrollo de la estrategia resultan útiles. En este manual las denominaremos **prismas de la estrategia**, ya que a través de ellos se puede ver la estrategia en las organizaciones. A continuación los introducimos brevemente:

*lentes*

Los **prismas de la estrategia** son tres formas distintas de analizar las cuestiones relativas al desarrollo de la estrategia en las organizaciones.

- *Estrategia como diseño:* planteamiento según el cual el desarrollo de la estrategia puede ser un proceso lógico en el que las fuerzas y restricciones que afectan a la organización se ponderan detenidamente mediante técnicas analíticas y de evaluación para definir una clara dirección estratégica. Esto permite crear las condiciones en las que se debe realizar la aplicación cuidadosamente planificada de la estrategia. Tal vez esta sea la perspectiva más común sobre cómo se desarrolla la estrategia y sobre lo que se entiende por dirección de la estrategia. Se suele relacionar con la creencia de que es parte de la responsabilidad de la alta dirección y que, por tanto, la alta dirección debe liderar el desarrollo de la estrategia en las organizaciones.

*Consumer report?*

- *La estrategia como experiencia:* aquí, el planteamiento consiste en que las estrategias de las organizaciones parten de la *adaptación* de las estrategias anteriores influidas por la experiencia de los directivos y otros agentes de la organización. Esta adaptación depende en gran medida de los supuestos que se dan por sentados y de la forma de hacer las cosas que constituyen la cultura de las organizaciones. En tanto en cuanto existen distintas perspectivas y expectativas, los conflictos no solo se resuelven mediante procesos analíticos racionales sino también a través de procesos de negociación. Aquí, por tanto, el planteamiento se basa en la tendencia a que la estrategia de la organización constituya una prolongación de lo que ha existido anteriormente.

*incremental, adaptación*

- *La estrategia como ideas:* ninguno de los prismas anteriores resulta especialmente útil para explicar la innovación. Así pues, ¿cómo surgen las nuevas ideas? Este prisma destaca la existencia de una variedad y una diversidad, dentro y fuera de las organizaciones, que pueden generar potencialmente auténticas nuevas ideas. Aquí, la estrategia no es tanto algo planificado desde arriba sino que surge de dentro y de fuera de la organización a medida que las personas resuelven los problemas relativos a la incertidumbre y al cambio del entorno en sus actividades cotidianas. Los altos ejecutivos son los creadores del contexto y de las condiciones en que se puede producir esta adaptación, y tienen que ser capaces de reconocer los patrones en la emergencia de estas ideas que constituyen la estrategia futura de sus organizaciones. Surgirán nuevas ideas, pero es muy probable que tengan que luchar para sobrevivir contra las fuerzas de la conformidad o contra las estrategias anteriores (como explica el prisma de la experiencia). Partiendo de las teorías evolucionistas y sobre la complejidad, el prisma de las ideas ofrece intuiciones sobre cómo se produce la innovación.

Si solo se analizan la estrategia y la dirección estratégica a través de uno de estos prismas, es posible que no se puedan ver las cuestiones que plantean los otros. Por eso merece la pena analizar algo tan complejo como la estrategia de diversas formas complementarias, mirando a través de los tres prismas. Esto plantea un gran reto para los directivos que tienden a no tener en cuenta los tres puntos de vista. Aquellos lectores que tengan interés en ver una descripción exhaustiva de los prismas podrán encontrarla en el

Comentario a esta parte del manual. En los comentarios al final de cada parte se abordan las distintas cuestiones tratadas animando a los lectores a verlas desde estas tres ópticas distintas. Los tres prismas ofrecen ideas intuitivas sobre los retos que hay que superar y que resultan fundamentales debido a la complejidad de la estrategia. Por tanto, ofrecen un medio de valorar de forma crítica la mayoría de las cuestiones estratégicas clave que deben resolver los directivos.

La Ilustración 1.4 muestra un ejemplo de los tres prismas desde el punto de vista de las decisiones que tienen que tomar los individuos.

---

**Ilustración 1.4** | **estrategia en acción**

# Elección de un nuevo coche

*Los prismas de la estrategia también se pueden aplicar a las estrategias personales de los individuos.*

Un directivo quería comprarse un coche nuevo. Llevaba bastante tiempo conduciendo Jaguars. Sin embargo, pensó que sería una buena idea hacer una revisión sistemática de todas las opciones *(el prisma del diseño)*. Buscó folletos de diversas marcas de lujo, identificó los principales factores que consideraba importantes y analizó los indicadores de rendimiento de cada uno de los automóviles comparándolos con dichos factores. Incluso asignó una ponderación a los factores que consideraba más importantes. De este análisis concluyó que un BMW o un Mercedes podrían constituir una elección mejor que el Jaguar.

Esta conclusión le sorprendió; y no le gustó demasiado. Siempre había conducido un Jaguar, estaba acostumbrado a la marca, que consideraba que tenía cierto carácter británico que se ajustaba a su personalidad *(el prisma de la experiencia)*. Había estado esperando el nuevo modelo de Jaguar. Así que su inclinación era más bien a comprar otro Jaguar.

Al final, se decidió por un deportivo descapotable de la marca Mercedes. Esta decisión se debió a que su mujer pensaba que tenía que cambiar de imagen y le gustaba la idea de conducirlo en vacaciones *(el prisma de las ideas)*. Compró el nuevo Mercedes con cierta reticencia. Resultó ser una buena decisión. A ambos les gustaba el coche y además se depreciaba mucho más despacio que un Jaguar.

Así pues, ¿qué lecciones podemos extraer? Hubo una planificación y un análisis; y, si bien no afectaron directamente a la decisión, sí que lo hicieron indirectamente. Su mujer justificó la compra del Mercedes, en parte, a partir de ese análisis. Hubiera terminado con otro Jaguar, una prolongación de aquello a lo que estaba acostumbrado. De hecho, eligieron lo que (para él) constituía una novedad, una opción innovadora que, a largo plazo, cambió significativamente su planteamiento sobre la adquisición de un vehículo. Por supuesto, si su mujer no hubiera intervenido, su inclinación al Jaguar a partir de su experiencia anterior hubiera prevalecido. Esta decisión dependía de él y de sus circunstancias: el contexto. Algunas ideas prosperan y otras no, dependiendo de lo atractivas que resulten. Aunque también es posible que el poder del análisis sea tal que se llegue a superar esta dependencia. Lo mismo ocurre con las organizaciones. Lo más probable es que los tres prismas existan. Son la naturaleza y el contexto de la organización los que, probablemente, determinarán cuál es el prisma dominante.

También resulta difícil saber qué prisma es el mejor. ¿Quién dice que el análisis no ofreció, de hecho, el resultado óptimo? Tal vez para él fuera importante sentirse cómodo con su pasado.

> **Pregunta**
> Elija una decisión de su propia vida personal y analice cómo afectaron los tres prismas a la elección final.

# Resumen

- La estrategia es la *dirección* y el *alcance* de una organización a *largo plazo* que logra ventajas en un entorno cambiante gracias a la configuración de sus *recursos* y *competencias* con vistas a satisfacer las expectativas de las *partes interesadas*.

- Se toman decisiones estratégicas en distintos niveles de las organizaciones. La estrategia a nivel corporativo hace referencia al propósito general y al alcance de la organización; la estrategia de negocio (o competitiva) hace referencia a cómo se compite con éxito en el mercado; y las estrategias operativas hacen referencia a cómo los recursos, los procesos y el personal pueden aplicar eficazmente las estrategias corporativas y de negocio. La dirección estratégica se diferencia de la dirección operativa cotidiana por la complejidad de factores que influyen sobre las decisiones, la amplitud de las consecuencias que afectan a toda la organización y sus efectos a largo plazo.

- La dirección estratégica tiene tres grandes componentes: la comprensión de la *posición estratégica*, las elecciones estratégicas para el futuro y la puesta de la *estrategia en acción*. La posición estratégica de una organización se ve afectada por el entorno externo, la capacidad estratégica interna y las expectativas e influencias de las partes interesadas. Las elecciones estratégicas incluyen las bases de la estrategia tanto desde el punto de vista corporativo como de las unidades de negocio, y las direcciones y métodos de desarrollo. La dirección estratégica también pretende comprender cuáles son las elecciones que pueden tener éxito o que pueden fracasar. La traducción de la estrategia en acción se ocupa de las cuestiones relativas a la estructura, la obtención de recursos para permitir la aplicación de las estrategias futuras y la gestión del cambio.

- Las prioridades estratégicas deben comprenderse en función del contexto particular de una organización. Para algunas organizaciones, el principal reto consiste en desarrollar una estrategia competitiva; para otras, se tratará de crear estructuras organizativas capaces de integrar complejas operaciones globales; y para otras consistirá en comprender sus competencias de forma que se puedan centrar en aquello en lo que son especialmente buenas.

- Existe una serie de retos para dirigir con éxito las estrategias. Primero, es necesario evitar la *desviación estratégica*. Segundo, hay que comprender el efecto de las *importantes cuestiones contemporáneas* que afectan a muchas organizaciones en cualquier momento dado. En la actualidad, estas cuestiones incluyen: la internacionalización, el comercio electrónico, el cambio de los propósitos y el conocimiento/aprendizaje. Sin embargo, estas cuestiones serán sustituidas por otras en el futuro. Tercero, es deseable ver las cuestiones estratégicas de una organización de distintas formas. Existen tres *prismas de la estrategia*. La perspectiva del diseño analiza la estrategia desde un prisma analítico lógico. La perspectiva de la experiencia ve la estrategia como producto de la experiencia individual y de la cultura de la organización. La perspectiva de las ideas ve la estrategia a través del prisma de la aparición de ideas dentro y fuera de la organización.

# Lecturas clave recomendadas

Resulta útil leer cómo se gestionan las estrategias en la práctica y algunas de las lecciones que se pueden extraer, que constituyen la base de los temas clave de este manual. Por ejemplo:

- Para una amplia perspectiva teórica, *véase*: WHITTINGTON, R. (2001): *What is Strategy and Does it Matter*? Thomson, 2.ª edición.

- Se anima a los lectores a mantenerse actualizados sobre las evoluciones y las estrategias de las organizaciones en los periódicos, las revistas especializadas, las páginas Web de las propias organizaciones y las páginas Web de medios de comunicación dedicados a las empresas (como FT.com).

- Para un análisis de la estrategia en distintos tipos de organizaciones, *véase*: MINTZBERG, H.; LAMPEL, J.; QUINN, J. y S. GHOSHAL, eds. (2003): *The Strategy Process: Concepts, contexts and cases*. Prentice Hall, 4.ª edición global.

# Notas

1. En la década de los ochenta gran parte de la literatura y la práctica de la dirección estratégica estaba influida por la obra de los economistas especializados en organización industrial. Uno de los libros más influyentes fue el de PORTER, M. (1980): *Competitive Strategy*. Free Press; publicado por primera vez en 1980. En esencia, el libro describe la forma de analizar la naturaleza competitiva de las industrias de forma que los directivos sean capaces de seleccionar entre las industrias más atractivas y las menos atractivas y puedan elegir las estrategias más adecuadas para la organización en función de estas fuerzas. Este planteamiento, que supone una influencia dominante de las fuerzas de la industria y la necesidad esencial de particularizar las estrategias para afrontar estas fuerzas, ha pasado a conocerse como el planteamiento del «ajuste» de la estrategia.

2. La noción de estrategia desde la perspectiva del enfoque de recursos y capacidades se explica en HAMEL, G. y PRAHALAD, C. K. (1994): *Competing for the Future*. Harvard Business School Press.

3. El término UEN se remonta al desarrollo de la planificación estratégica a nivel corporativo en General Electric en Estados Unidos a principios de la década de los setenta. Para una de las primeras descripciones de sus aplicaciones, *véase* HALL, W. K. (1978): «SBUs: hot, new topic in the management of diversification». *Business Horizons*, vol. 21, n.º 1. Pp. 17–25.

4. *Véase,* por ejemplo: CHRISTENSEN, C., ANDREWS, K. y BOWER, J. (1978): *Business Policy: Text and cases*. Irwin, 4.ª edición.

5. Por ejemplo, ARGENTI, J. (1974): *Systematic Corporate Planning*. Nelson; o ANSOFF, H. (1975): *Corporate Strategy*. Penguin.

6. *Véase* HOFER, C. y SCHENDEL, D. (1978): *Strategy Formulation: Analytical Concepts*. West.

7. Uno de los libros relevantes que marcaron este cambio fue: SCHENDEL, D. y HOFER, C. (1979): *Strategic Management: A new view of business policy and planning*. Little. Brown.

8. *Véase:* LINDBLOM, C. (1959): «The science of muddling through». *Public Administration Review*, vol. 19 (primavera de 1959). Pp. 79-88; QUINN, J. (1980): *Strategies for Change*. Irwin; PETTIGREW, A. (1985): *The Awakening Giant*. Blackwell; MINTZBERG, H. (1987): «Crafting strategy». *Harvard Business Review*, vol. 65, n.º 4. Pp. 66-75.

9. *Véase* QUINN (nota 8).

10. PORTER, M. E. (1980; 1985): *Competitive Strategy: Techniques for analysing industries and competitors* y *Competitive Advantage*. Ambos publicados por Free Press.

11. HAMEL. G. y PRAHALAD, C. K. (1990): «The core competence of the corporation». *Harvard Business Review*, vol. 68, n.º 3. Pp. 79-91; HAMEL, G. y HEENE, A., eds. (1994): *Competence-based Competition*. Wiley.

12. *Véase:* STACEY, R. (1992): *Managing Chaos: Dynamic business strategies in an unpredictable world*. Kogan Page; BROWN, S. y EISENHARDT, K. (1998): *Competing on the Edge: Strategy as structured chaos*. HBR Press.

13. Para un análisis exhaustivo de la estrategia en los distintos tipos de organizaciones, *véase* MINTZBERG, H.; LAMPEL, J.; QUINN, J. y GHOSHAL, S., eds. (2003):*The Strategy Process: Concepts, contexts and cases*. Prentice Hall, 4.ª edición global.

14. Para el desarrollo de la estrategia en las pequeñas empresas, *véase:* LASHER, W. (1999): *Strategic Thinking for Smaller Businesses and Divisions*. Blackwell.

15. En la actualidad hay muchos libros sobre la estrategia en las multinacionales. En este libro haremos referencias frecuentes a BARTLETT, C. y GHOSHAL, S. (1998): *Managing Across Borders: The transnational solution*. Random House, 2.ª edición; YIP, G. (2003): *Total Global Strategy II*. FT/Prentice Hall.

16. *Véase:* JOHNSON, G. y SCHOLES, K., eds. (2001): *Exploring Public Sector Strategy*. FT/Prentice Hall; en particular ALFORD, J.: «The implications of publicness for strategic management theory» (Capítulo 1) y COLLIER, N.; FISNWICK, F. y JOHNSON, G.: «The processes of strategy development in the public sector» (Capítulo 2). Además McKEVITT, D. y WRIGLEY, L. (1998): *Managing Core Public Services*. Blackwell.

17. *Véase:* BRYSON, J. M., ed. (1999): *Strategic Planning for Public and Voluntary Services: a reader*. Pergamon.

18. El concepto de equilibrio escalonado se explica en ROMANELLI, E. y TUSHMAN, M. L. (1994): «Organisational transformation as punctuated equilibrium: an empirical test». *Academy of Management Journal*, vol. 37, n.º 5. Pp. 1141-1161.

## TRABAJOS

**\*** Indica una mayor dificultad.

**1.1** Partiendo de las características analizadas en la Sección 1.1.1, escriba la declaración de la estrategia de una organización con la que esté familiarizado.

**1.2** Partiendo del Cuadro 1.2 y de la Ilustración 1.2 como guía, haga una lista y explique los ejemplos de uso del vocabulario relativo a la estrategia en el informe anual de una organización de su elección.

**1.3\*** Utilizando informes anuales, artículos de prensa e Internet, redacte un breve caso de estudio (parecido al de Dell Computers o Electrolux) que muestre el desarrollo estratégico y la actual posición estratégica de una organización.

**1.4** Partiendo del Cuadro 1.3 como guía, haga una lista en que muestre los elementos de la dirección estratégica de una organización de su elección.

**1.5\*** Partiendo del Cuadro 1.3 como guía, muestre cómo cambian los elementos de la dirección estratégica en:
(a) una pequeña empresa;
(b) una empresa multinacional (por ejemplo, Dell Computers, Electrolux);
(c) una organización del sector público (por ejemplo, el Servicio Nacional de Salud Británico o la BBC).

## CASO DE EJEMPLO

# Electrolux

A mediados de la década de 2000 la empresa sueca Electrolux era el mayor fabricante mundial de electrodomésticos profesionales y del hogar, para la cocina, la limpieza y la utilización al aire libre. Entre sus productos se incluyen cocinas, aspiradoras, lavadoras, neveras, segadoras y sierras, así como herramientas para la construcción y para las canteras. Empleaba a más de 80.000 personas en más de cien países. Sus ventas anuales ascendieron en 2002 a 133.000 millones de coronas suecas (unos 15.000 millones de euros) y los beneficios ascendieron aproximadamente a 5.500 millones de coronas (unos 600 millones de euros). El impresionante crecimiento y desarrollo de la empresa se inició bajo el liderazgo de Alex Wenner-Gren en la década de los veinte en Suecia. El crecimiento inicial partió de la experiencia en el diseño industrial creando productos líderes en el sector de la refrigeración y las aspiradoras. A mediados de la década de los treinta la empresa ya tenía instalaciones productivas fuera de Suecia en Alemania, el Reino Unido, Francia, Estados Unidos y Australia.

El periodo posterior a la Segunda Guerra Mundial supuso un gran crecimiento de la demanda de electrodomésticos para el hogar, y Electrolux amplió su gama a las lavadoras y lavavajillas. En 1967 Hans Werthén asumió la presidencia y realizó una serie de adquisiciones que provocaron la reestructuración de la industria en Europa: tan solo en la década de los setenta se realizaron 59 adquisiciones seguidas por las importantes adquisiciones de Zanussi (Italia), White Consolidated Products (Estados Unidos) y el grupo Ganges (productos industriales) en la década de los ochenta. Por todo ello, en 1990 el 75 por ciento de las ventas de la empresa se realizaba fuera de Suecia, y este porcentaje aumentó a lo largo de la década de los noventa, a medida que Leif Johansson amplió las actividades de la empresa por Europa del Este, Asia y Sudamérica. También se deshizo de muchas de las actividades industriales «no relacionadas». Una gran reestructuración a finales de la década de los noventa conformó el grupo en la década de 2000: con aproximadamente un 85 por ciento de las ventas en bienes de consumo duradero y un 15 por ciento en productos relacionados para usuarios profesionales (como maquinaria de refrigeración y de lavandería).

Una empresa tan grande tiene, evidentemente, que superar muchos retos estratégicos, y el nuevo CEO (Hans Stråberg) reflexionaba al respecto a mediados de la década de 2000 de la siguiente manera.

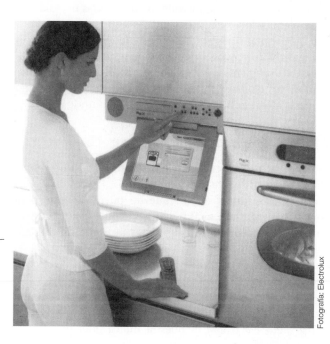

Fotografía: Electrolux

## Misión

«La misión de Electrolux es convertirse en el líder mundial en la comercialización rentable de productos y servicios innovadores para resolver problemas reales, logrando así que la vida personal y profesional de nuestros consumidores sea más fácil y más agradable. Lo lograremos con un compromiso:

- para conseguir un rendimiento en toda la organización;
- con la innovación y el marketing de productos y marcas;
- con un talento directivo superior;
- con la forma de hacer las cosas en Electrolux».

## Coste y rendimiento

«Mi filosofía es muy clara: antes de que el negocio pueda crecer, tiene que tener controlados los costes. Debe ser eficiente en costes y rentable, y debe crear valor. Deben limitarse aquellos costes que no permiten añadir valor, reducirlos e, incluso, eliminarlos. La eficiencia en costes, la reducida complejidad y la rentabilidad son siempre las piedras angulares de un negocio fuerte. Aunque unos buenos cimientos no constituyen una garantía de una casa sólida, es la única base sobre la que se puede construir. Así pues, siempre prestaré especial atención a la eficiencia en costes y a la reestructuración».

## Ideas de los consumidores

«Nos centramos en comprender realmente las necesidades y problemas de los clientes relativos a su hogar y a su jardín. Al mejorar nuestra idea de los clientes somos capaces de desarrollar nuevos productos que resuelven estas necesidades y problemas. Al ser los número 1 en la comprensión de los clientes, fortaleceremos la posición del grupo como la elección número uno en todo el mundo».

## Marcas

«Electrolux es nuestra principal marca en todo el mundo, y todavía lo será más en el futuro. Representa soluciones innovadoras en las que se puede confiar para lograr una vida más fácil y más agradable. Para el consumidor, la fuerte marca Electrolux es un signo de calidad, de fiabilidad y de liderazgo, lo que ofrece más confianza, y una garantía cuando se invierte en nuevos electrodomésticos.

Electrolux no es nuestra única marca; en nuestra familia existen otras marcas fuertes, como Husqvarna, AEG y Zanussi. Pero Electrolux es nuestra marca líder en todo el mundo. Electrolux no solo va a ser la número uno en tamaño; va a ser la número uno en la mente de los clientes».

## Desarrollo de productos

«En Electrolux el desarrollo de productos es un proceso esencial, y la innovación es la clave. No innovaremos por el mero hecho de innovar. Ofreceremos productos y servicios innovadores que la gente querrá comprar, y no nos limitaremos a vender únicamente los productos que fabricamos en la actualidad. Queremos que los clientes vean nuestros productos y exclamen "¡Vaya! ¿Cómo sabía Electrolux que necesitaba esto? ¡Es genial!". Desarrollaremos productos y servicios con características y funciones innovadoras, facilitando la vida de nuestros clientes y consumidores.

La elección número uno del mundo también es el innovador número uno del mundo.»

## Talento directivo

«La creación de un talento cada vez más fuerte con la actitud y el entusiasmo adecuados es una de nuestras armas competitivas más eficaces. Tenemos que atraer, desarrollar y conservar a los mejores talentos, lo que a su vez

permitirá que se desarrolle Electrolux. Es absolutamente esencial que lo logremos. Gestionamos el talento de la misma manera que gestionamos cualquier otro activo clave del Grupo. La carrera profesional es una carrera en Electrolux; no está limitada por fronteras departamentales.

En Electrolux no solo lo consideramos como la evolución natural, sino que cambiar de sector, función o región es más bien un requisito profesional».

## Responsabilidad social

«Electrolux ha eliminado por completo los CFC que destruyen la capa de ozono (el elemento de refrigeración de las neveras "antiguas"). Ahora lo podemos afirmar incluso para las fábricas recientemente adquiridas fuera de nuestros principales mercados europeos y de Norteamérica. Hemos avanzado mucho desde que Greenpeace nos bloqueó las puertas con viejas neveras.

El reciclaje es, para nosotros, una cuestión esencial en Europa y en muchos Estados de América. La Directiva WEEE de la Unión Europea impone una responsabilidad financiera sobre los fabricantes para que se hagan cargo de los electrodomésticos al final de su vida útil [...] aceptamos esa responsabilidad, y aplaudimos a la UE por elegir incentivos de mercado para fomentar la inversión en el diseño económico de los productos y en sistemas eficientes de reciclaje. El comportamiento socialmente responsable es central en la cultura corporativa de Electrolux, por lo que este año el Grupo Electrolux ha adoptado el Código de Conducta en el Lugar de Trabajo. Este Código define los estándares laborales mínimos aceptables para todo el personal del Grupo Electrolux y confirma el compromiso de la empresa de actuar como un empleador responsable y un buen ciudadano corporativo».

### Organización

Un grupo tan complejo requiere claramente estructuras y procesos para gestionar tanto las estrategias como las operaciones. Las operaciones de Electrolux se organizan en siete *sectores de negocio*, incluyendo *28 líneas de productos*. También hay cinco *unidades de apoyo* en el Grupo.

### Sectores de negocio

Los directivos de sector tienen toda la responsabilidad de los resultados financieros y los balances, y cada sector tiene su propio Consejo. La principal división de la empresa se define entre *bienes de consumo duradero* y *productos profesionales*. A su vez, estos se dividen en productos para su uso *bajo techo* y *en el exterior*. Puesto que la división de bienes de consumo duradero era tan grande, se dividió de nuevo entre *grandes electrodomésticos de gama blanca* y *productos*

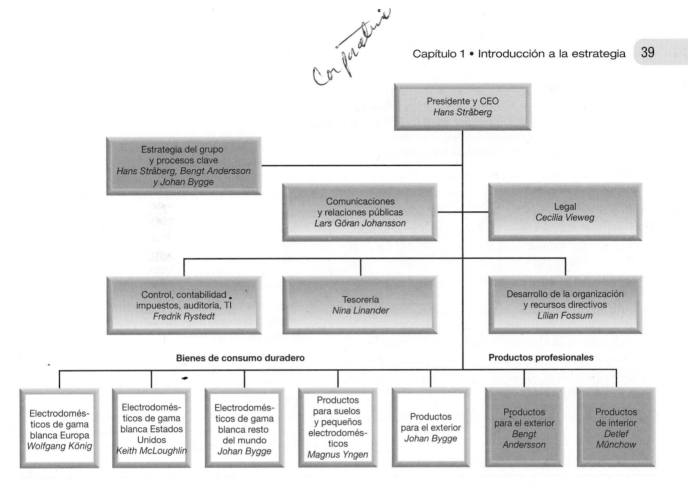

*para el cuidado de suelos y pequeños electrodomésticos.* Los electrodomésticos de gama blanca constituyen la mayor parte de las ventas, por lo que se dividieron en tres *sectores geográficos* (Europa, Norteamérica y el resto del mundo).

## Unidades de apoyo del Grupo

Se trata de funciones de la sede que respaldan a los sectores de negocio realizando actividades financieras, legales, de desarrollo de la organización y de «relaciones públicas».

## Seis procesos del Grupo

Además de esta estructura formal, el Grupo definió seis procesos nucleares dentro de áreas de importancia estratégica. Estos procesos eran comunes para todo el grupo y consistían en: abastecimiento, personal, marcas, desarrollo de productos, flujos de demanda y respaldo empresarial. Durante 2002, el presidente y CEO, y dos miembros de dirección del Grupo, crearon un grupo de trabajo especial con la tarea de resolver las cuestiones estratégicas y aumentar la cooperación entre sectores en el marco de estos procesos.

De lo anterior debe quedar claro que Electrolux es una compleja organización, tanto en lo que respecta a las cuestiones que tiene que resolver como a su forma de funcionar. Así que es importante que la alta dirección tenga claras sus prioridades estratégicas. El informe anual explica algunas de las prioridades y acciones de Hans Stråberg:

- La *rentabilidad* sigue siendo diversa en las distintas partes del Grupo. Identificó aproximadamente un 50 por ciento de las operaciones que no crean suficiente valor debido a los elevados costes de producción y/o a productos no competitivos. Por el contrario, las operaciones de éxito se lograban gracias a una combinación de fuertes posiciones en el mercado, productos competitivos y fuertes marcas.

- Por tanto, era necesaria una *reestructuración* para mejorar las operaciones con menor rendimiento, como algunas en la India, China y Estados Unidos. El programa pretendía mejorar la productividad y ajustar la estructura de costes.

- Se realizó una *revisión estratégica de las operaciones en Norteamérica* que permitió acelerar el desarrollo de los productos, utilizar más la marca Electrolux y realizar algunos cambios en la organización.

- La *posición en Europa* se reforzó aumentando las ventas en Europa del Este, con mejoras de la productividad y la racionalización de variantes de productos y marcas, así como la mejora de la gestión de la cadena de abastecimiento.

- Se clarificaron y redefinieron la *dirección estratégica y la orientación de la organización*. No era suficiente disponer de una producción a gran escala. También había que conseguir ser uno de los tres principales proveedores de todos los grandes minoristas y lograr que los consumidores consideren que se trata de una marca líder. Había que estabilizar los márgenes en el 6 por ciento.

En general, la estrategia fue resumida por Hans Stråberg de la siguiente manera:

«El rendimiento del Grupo ha mejorado sustancialmente durante los últimos años, fundamentalmente gracias a la reestructuración y a la reducción de costes. Sigue habiendo margen para reducir los costes y mejorar el rendimiento de todas nuestras operaciones. Pero, al mismo tiempo, debemos intensificar nuestros esfuerzos en el desarrollo del producto y en la concienciación de la marca, a partir de ideas más claras de las necesidades de los consumidores. Estoy convencido de que este es el camino para lograr un crecimiento y una rentabilidad sostenibles. Estoy seguro de que tendremos éxito».

*Fuentes:* página Web de la empresa (www.electrolux.com); *Informe anual 2002.*

## Preguntas

1. Partiendo de la Sección 1.1.1 explique por qué eran estratégicas las cuestiones que tenía que resolver Electrolux. Intente encontrar ejemplos de todo lo que se menciona en dicha sección.

2. ¿Qué niveles de estrategia identifica en Electrolux? (En referencia a la Sección 1.1.2).

3. Identifique los principales factores relativos a la posición estratégica de Electrolux. Haga una lista que los muestre por separado bajo las rúbricas de entorno, capacidad y expectativas (*véase* Sección 1.2.1). En su opinión, ¿cuáles son los factores más importantes?

4. Reflexione sobre las elecciones estratégicas de la empresa respecto a las cuestiones planteadas en la Sección 1.2.2.

5. ¿Cuáles son las principales cuestiones relativas a la puesta en acción de la estrategia que pueden determinar el éxito o el fracaso de las estrategias de Electrolux? (En referencia a la Sección 1.2.3).

6. Electrolux es una empresa multinacional. ¿Cómo afecta esta característica a su planteamiento de la dirección estratégica? (*Véase* Sección 1.4.2).

# Prismas de la estrategia

## Introducción

El Capítulo 1 ha explicado lo que se quiere decir por estrategia y dirección estratégica. También ha introducido la idea de los prismas de la estrategia (Sección 1.5.3), como distintas formas de comprender el tema. A lo largo de este libro se emplean tres «prismas» que utilizan y se basan en distintas teorías de la organización y que se verán en las secciones de comentarios a las distintas partes del libro para interpretar el contenido de los principales capítulos. El fin de este primer comentario es introducir con más detalle estos prismas, partiendo de la teoría y de la investigación al respecto.

La mayoría de la gente interpreta las situaciones de más de una forma, sobre todo si se trata de situaciones complejas. Piense en las conversaciones o discusiones cotidianas. Es habitual que la gente diga: «Pero, si lo miras de esta manera...» Cuando se utiliza un único planteamiento es posible que se tenga una comprensión parcial y, tal vez, sesgada. Se puede tener una imagen más completa, que puede dar lugar a distintas opciones o soluciones, planteando la cuestión desde distintas perspectivas o, como se definen aquí, a través de distintos prismas. Las secciones de comentarios de este manual analizan cómo se pueden ver el desarrollo y la gestión de la estrategia de forma distinta a través de:

- el prisma del *diseño,* la idea de que la estrategia es formulada por la alta dirección mediante un cuidadoso y objetivo análisis y una planificación y aplicación hacia abajo a lo largo de toda la organización. Al ver la estrategia de esta manera se facilita la *reflexión sobre las cuestiones estratégicas;*
- el prisma de la *experiencia*, que parte de la evidencia empírica de que las decisiones estratégicas se toman, y las estrategias se desarrollan, como resultado de la *experiencia* del personal y de los *procesos culturales* dentro y fuera de las organizaciones. Al fijarse en cómo surgen las estrategias de esta experiencia, se pueden entender mejor las cuestiones que hay que resolver para *influir en las decisiones* en determinado contexto cultural y para *gestionar el cambio;*
- el prisma de las *ideas* intenta explicar por qué algunas organizaciones son más innovadoras que otras y por qué y cómo algunas organizaciones parecen resolver mejor los problemas derivados de un entorno que cambia rápidamente. Al fijarse de esta forma en la estrategia se puede ver qué es lo que hay que hacer para *fomentar la innovación y las nuevas ideas* en las organizaciones.

## Estrategia como diseño

El **prisma del diseño** considera que el desarrollo de la estrategia es un posicionamiento deliberado de la organización mediante un proceso directivo, estructurado, analítico y racional. Parte de dos principios básicos. El primero es que los directivos son, o deberían ser, perso-

El **prisma del diseño** considera que el desarrollo de la estrategia es un posicionamiento deliberado de la organización mediante un proceso directivo, estructurado, analítico y racional.

nas que toman decisiones de forma racional. El segundo es que deberían tomar decisiones sobre cómo deben optimizar el rendimiento económico de sus organizaciones. La mayoría de los directivos estará de acuerdo, probablemente, en que eso es lo que tienen que hacer. Los directivos suelen defender sus posturas, o dudar de la postura de otra persona, con el argumento de que la decisión es, o no es, racional; o no favorece los intereses económicos de la organización. En muchos sentidos, los principios de la economía y las líneas directrices que ofrecen las ciencias sobre la toma de decisiones ayudan en este proceso de toma de decisiones racional; pero también respaldan y fomentan el concepto de que esto es todo lo que hay que hacer en dirección y en dirección estratégica.

De hecho, hay distintas opiniones sobre lo que realmente quiere decir la racionalidad. Por ejemplo, por *racionalidad sustantiva* se entiende a la racionalidad como la optimización de los resultados dadas las limitaciones o restricciones en las que opera una organización. Así pues, esta visión afirma que los directivos se comportan y toman decisiones de la forma que los economistas suelen denominar como «hombre económico racional». La *racionalidad de procedimiento* hace referencia al método o a la forma de tomar decisiones. Intenta averiguar si el planteamiento de toma de decisiones es racional. Estas dos perspectivas de la racionalidad suelen estar relacionadas cuando se trata de ver cómo toman decisiones racionales los directivos de las organizaciones. Así, por ejemplo, James March analiza la racionalidad como un conjunto específico de procedimientos para tomar decisiones e, implícitamente, para alcanzar un resultado económico óptimo. Afirma que la elección racional parte de la consideración de las consecuencias y, por tanto, de la «anticipación de los efectos futuros de las acciones actuales». Para ello, los directivos han de tener en cuenta cuatro preguntas clave:

- La pregunta relativa a las alternativas: ¿qué acciones son posibles?
- La pregunta relativa a las expectativas: ¿qué consecuencias futuras pueden derivarse de cada alternativa? ¿Qué probabilidades tiene cada consecuencia posible, suponiendo que se elija esa alternativa?
- La pregunta relativa a las preferencias: ¿qué valor tienen (para el que toma la decisión) las consecuencias relacionadas con cada una de las alternativas?
- La pregunta sobre la regla de decisión: ¿cómo se debe elegir entre las alternativas en cuanto al valor de sus consecuencias?[1].

J. March afirma que estos principios no solo informan sobre cómo deberían tomar las decisiones los directivos, sino también sobre cómo tienen que diseccionar y reflexionar los analistas, los investigadores y otros agentes interesados en el estudio del rendimiento económico de las empresas en función de la aplicación de estas preguntas para poder evaluar si tienen sentido las decisiones de la organización.

Existen fuertes paralelismos aquí con la literatura ortodoxa sobre la dirección estratégica. Los profesores suelen iniciar un curso de estrategia preguntando a los alumnos qué es lo que entienden por «dirección estratégica». Normalmente, las primeras características que comentan los alumnos incluyen: «planificación», «fijación de objetivos» y «análisis». Estos términos están relacionados con el planteamiento del *diseño* de la estrategia[2]. Por decirlo de forma más completa, los supuestos que suelen estar subyacentes al planteamiento del diseño para el desarrollo de la estrategia son los siguientes: primero, en términos de *cómo se toman las decisiones estratégicas:*

- Aunque el ámbito de influencias sobre el rendimiento de una organización es muy amplio, un *análisis detallado* puede identificar las que afectan más significativamente a la organización. Incluso puede ser posible prever, predecir o construir escenarios sobre el efecto futuro, de forma que los directivos puedan reflexionar sobre las condiciones en las que es probable que tenga que moverse su organización. Por tanto, el desarrollo de la estrategia se considera como los procesos de *reflexión y razonamiento sistemático*. En efecto, buena parte de la literatura pionera sobre la estrategia estaba relacionada con esta reflexión sistemática, por ejemplo en los libros escritos por Igor Ansoff sobre la planificación estratégica[3].

● Este análisis ofrece el punto de partida para el *posicionamiento estratégico*: es decir, el ajuste de las fortalezas y recursos de la organización a los cambios en el entorno de la organización, de forma que se puedan aprovechar las oportunidades y evitar las amenazas. Por tanto la estrategia de una organización es el resultado de decisiones sobre el posicionamiento y reposicionamiento de la organización en términos de sus fortalezas con respecto a sus mercados, y de las fuerzas que le afectan en su entorno más general. Se puede afirmar que la mayor influencia sobre cómo hay que plantear la estrategia según este planteamiento proviene de la obra de Michael Porter[4] a principios de la década de 1980 (*véase* Capítulo 2).

● Esta *reflexión analítica precede y gobierna las acciones*. Puesto que las decisiones estratégicas versan sobre la dirección a largo plazo de la organización, se suelen concebir como decisiones que se han tomado en determinado momento, dando lugar a planes anuales o quinquenales. También se suele considerar que la estrategia es un *proceso lineal*, muy en línea con los conceptos de la racionalidad de procedimiento. Las decisiones sobre qué tiene que ser la estrategia en cuanto a sus contenidos son las primeras, y se comunican hacia abajo por la organización a los que hacen que las cosas ocurran. Las decisiones sobre qué debería ser la estrategia están, por tanto, separadas de la aplicación práctica de dicha estrategia.

● Los *objetivos* están claros y probablemente son explícitos, hay un detenido y exhaustivo *análisis* de los factores internos y externos de la organización que pueden afectar a su futuro e informar a la dirección sobre la posición estratégica de la organización, y se analiza y evalúa un *abanico de opciones* para la futura dirección estratégica, en función de los objetivos y de las fuerzas que afectan a la organización. A continuación, se toma una decisión estratégica a partir de lo que se considera óptimo, dadas todas estas consideraciones.

● Hay *herramientas y técnicas* que permiten a los directivos comprender la naturaleza y el impacto del entorno sobre la organización, las competencias concretas de la organización, las influencias del poder dentro y en torno a la organización, la cultura de la organización y sus relaciones con la estrategia, las opciones estratégicas de que dispone una organización, cómo se pueden aplicar las decisiones a través de la planificación de los proyectos, etcétera. En este manual explicaremos muchas de estas herramientas y técnicas y analizaremos su utilidad.

El prisma del diseño también hace supuestos sobre la *forma y la naturaleza de las organizaciones:*

● *Las organizaciones son jerarquías*. La dirección tiene la responsabilidad y, más específicamente la alta dirección, de planificar el destino de la organización. Es la alta dirección la que toma las decisiones importantes, y los niveles inferiores de  dirección y, al final, el personal de la organización, quien aplica estas decisiones y la estrategia definida en el ápice.

● *Las organizaciones son sistemas racionales*. Las organizaciones son consideradas como análogas a sistemas de ingeniería o, tal vez, a máquinas. Y, puesto que se puede entender la complejidad de las organizaciones de forma analítica de manera que un grupo racional de altos directivos alcance conclusiones lógicas, el supuesto relacionado es que el personal de la organización aceptará esa lógica.

● *Las organizaciones son mecanismos* que permiten aplicar la estrategia. Así pues, el cómo se estructura una organización (*véase* Capítulo 8) tiene que ajustarse a la estrategia. También tiene que haber mecanismos internos para garantizar que la estrategia se está considerando, en efecto, de forma racional y desapasionada. Por ejemplo, las cuestiones relativas al gobierno corporativo que surgieron a principios de este siglo estaban relacionadas en gran medida con el interés propio y la mala gestión de los altos ejecutivos de algunas organizaciones. Sin embargo, las medidas emprendidas para resolver el problema se centraron en soluciones estructuradas, como los intentos de crear comités adecuados y una estructura adecuada del consejo de administración. El supuesto es que las estructuras afectarán, o deberían afectar, al comportamiento.

● Este sistema también se puede controlar de forma racional. Los *sistemas racionales* (por ejemplo los presupuestos, los objetivos, las evaluaciones) ofrecen un medio para que la alta dirección pueda valorar si los demás miembros de la organización están alcanzando los objetivos esperados y comportándose de acuerdo con la estrategia, de forma que los directivos que están en la parte superior de la jerarquía puedan emprender las acciones correctivas.

## Implicaciones para la dirección

Los directivos suelen hablar de la estrategia en sus organizaciones como si se produjera, o debiera producirse, de la forma que sugiere el prisma del diseño. Por tanto, este planteamiento es considerado valioso por los propios directivos. Las razones son las siguientes:

● En muchos sentidos, representa el *lenguaje ortodoxo de la estrategia*. La definición de objetivos, los sistemas de planificación y la utilización de herramientas analíticas y de evaluación se encuentran en la mayoría de las organizaciones. Así pues, existen señales visibles del prisma del diseño. Esto resulta útil, aunque solo sea porque ofrece una forma de reflexionar sobre un complejo conjunto de cuestiones. Sin embargo, hay que admitir que el hecho de que estos sistemas existan no significa necesariamente que sean, en realidad, la forma en que se desarrolla y dirige la estrategia; esto se explicará más adelante en este comentario y con más detalle en el Capítulo 11.

● El prisma del diseño ofrece la base de un planteamiento para gestionar la complejidad que es *lógico y está estructurado*. En este sentido, ayuda ofreciendo una forma de resolver los problemas derivados de la complejidad. También ofrece útiles *conceptos, marcos y herramientas* para analizar las situaciones estratégicas.

● Es posible que *las partes interesadas esperen y valoren este planteamiento*: por ejemplo, los bancos, los analistas financieros, los inversores y los empleados; así pues, es un medio importante para lograr su apoyo y su confianza.

● Sin embargo, también está relacionado con el *deseo de sentir que se tiene el control y que se ejerce el control*. Resulta muy comprensible que los directivos y, en particular, los CEO, necesiten sentir que tienen el control de las complejas y difíciles situaciones que tienen que afrontar. Los supuestos, herramientas y técnicas de diseño ofrecen formas de sentir que tienen el control.

También hay que reconocer que hay otras razones por las que es probable que los directivos encuentren atractivo este planteamiento:

● La racionalidad está *hondamente asentada* en nuestra forma de pensar y en nuestros sistemas educativos. En este sentido, el prisma del diseño está profundamente incorporado en nuestra psique humana. Así, por ejemplo, incluso cuando los directivos no indican que la estrategia está desarrollada, de la forma que sugiere el prisma del diseño, con frecuencia piensan que debería ser así.

● Se puede afirmar que parece haber cada vez más evidencia sobre una *racionalidad que lo abarca todo* en nuestro mundo. Vivimos una época de tecnología informática, comunicaciones globales, viajes espaciales, medicina puntera, etcétera: un mundo en el que la ciencia y las soluciones razonadas de los problemas que afrontamos parecen rodearnos y ofrecernos muchas ventajas.

El prisma del diseño es útil para *reflexionar y planificar la estrategia*. La gran pregunta es si es una descripción precisa o suficiente de la dirección estratégica. Este manual afirma que el prisma del diseño es, en efecto, útil, pero no suficiente. Otras explicaciones ayudan a tener una mayor comprensión de la práctica de la dirección estratégica y ofrecen ideas intuitivas sobre cómo se puede abordar la complejidad de la dirección estratégica.

## La estrategia como experiencia

Gran parte de la evidencia sobre la investigación del desarrollo real de la estrategia en las organizaciones ofrece una descripción diferente de la que se ve a través del prisma del diseño. Ya en la década de 1950 Herbert Simon y Charles Lindblom[5] señalaban que los modelos de toma de decisiones racionales no eran realistas. No es posible obtener la información necesaria para realizar el tipo de análisis exhaustivo requerido; no es posible predecir un futuro incierto; hay limitaciones en cuanto a costes y tiempo para realizar estos análisis. Las organizaciones y sus entornos cambian continuamente y no permiten que los directivos tengan la oportunidad de tomar decisiones en determinado momento. También existen limitaciones psicológicas en los propios directivos que implican que no se puede esperar que ponderen las consecuencias de las opciones o que sean analistas objetivos de la forma en que esta racionalidad lo espera; un punto que se analizará con más detalle más adelante. Lo más que se puede esperar es lo que Simon denominó *racionalidad limitada*, lo que significa que los directivos toman decisiones «satisfactorias» y no óptimas: hacen las cosas lo mejor que pueden dadas las limitaciones que plantean las circunstancias, sus conocimientos y experiencia. Al reconocer este hecho, el **prisma de la experiencia** considera que el desarrollo de la estrategia es el resultado de la *experiencia individual y colectiva* del personal de las organizaciones que tienen influencia sobre la estrategia o toman decisiones estratégicas y de los *supuestos que se dan por sentados* representados por las influencias culturales.

La investigación sugiere que las estrategias tienden, de hecho, a desarrollarse de forma *adaptativa e incremental,* partiendo de la estrategia existente y cambiando paulatinamente. Por tanto, la estrategia se puede ver en términos de continuidad o *momentum*[6]: cuando una organización ha adoptado una estrategia, tiende a desarrollarse siguiendo esa estrategia en vez de cambiar drásticamente de dirección. Además, esta investigación sugiere que las estrategias no tienen por qué emanar de la cúspide de las organizaciones, sino que pueden *emerger* de toda la organización. Estos patrones de desarrollo incremental y de emergencia se analizan con más detalle en el Capítulo 11, que se ocupa de los procesos de desarrollo de la estrategia. Sin embargo, resulta útil aquí citar brevemente una parte de ese capítulo para poder explicar estos patrones de desarrollo incremental:

> Una estrategia aparentemente coherente puede desarrollarse en una organización a partir de una serie de movimientos estratégicos, y cada uno de ellos tiene sentido en el contexto de los movimientos anteriores. Tal vez el lanzamiento de un producto, o una decisión sobre una importante inversión, marquen una dirección estratégica que, en sí, guía las decisiones sobre el siguiente movimiento

El **prisma de la experiencia** considera que el desarrollo de la estrategia es el resultado de la experiencia individual y colectiva del personal de las organizaciones que tiene influencia sobre la estrategia o toma decisiones estratégicas y de los supuestos que se dan por sentados representados por las influencias culturales.

estratégico; tal vez, una adquisición. Esto, a su vez, ayuda a consolidar esa dirección estratégica y, con el tiempo, se va conformando el planteamiento estratégico general de la organización. A medida que pasa el tiempo, cada movimiento depende de este patrón de desarrollo de la estrategia y, a su vez, lo refuerza (página 565).

El Cuadro 11.3 lo refleja. Este cambio incremental podría, por supuesto, provocar un cambio de la estrategia bastante significativo con el tiempo, pero de forma paulatina. En muchos sentidos, este cambio gradual tiene mucha lógica. Ninguna organización podría funcionar eficazmente si tuviera que realizar profundas revisiones de la estrategia con mucha frecuencia; y en cualquier caso, aunque se producen cambios en el entorno, es improbable que sean de tal magnitud que sea necesario hacer revisiones tan frecuentes. En un sentido positivo, se puede considerar que el cambio incremental es una adaptación a las oportunidades que surgen en un entorno que cambia continuamente. Sin embargo, también se puede considerar que depende mucho de la experiencia.

## Experiencia individual y sesgo

La **experiencia individual** se explica a partir de modelos mentales (o cognitivos) que la gente va creando a lo largo del tiempo para comprender su situación.

Los seres humanos son capaces de funcionar eficazmente porque tienen la capacidad cognitiva de comprender los problemas o cuestiones que surgen. Reconocen y comprenden los problemas y cuestiones en función de su experiencia anterior y de lo que creen que es cierto en el mundo. Más formalmente, se puede explicar la **experiencia individual** a partir de modelos mentales (o cognitivos) que la gente va creando a lo largo del tiempo para comprender su situación. Los directivos no constituyen ninguna excepción. Cuando afrontan un problema lo abordan a partir de los modelos mentales que constituyen la base de su experiencia. Esto ofrece grandes ventajas. Significa que son capaces de relacionar estos problemas con acontecimientos anteriores y, por tanto, pueden hacer comparaciones. Significa que pueden interpretar una cuestión a la luz de otra; tienen, por tanto, una base para tomar decisiones en función de su experiencia anterior. Si no tuvieran esos modelos mentales no podrían funcionar eficazmente; afrontarían cada situación como si fuera la primera vez que la estuvieran afrontando.

Sin embargo, existen inconvenientes. Los mismos modelos mentales, la misma experiencia, pueden crear sesgos. La gente, incluidos los directivos, puede comprender cosas nuevas en el contexto de situaciones anteriores; es probable que resuelvan un problema de forma muy parecida al modo en que resolvieron un problema anterior que consideran análogo. Además, es probable que busquen pruebas que respalden esas inclinaciones. Así, se considerará que unos datos son más importantes que otros, y se ignorarán por completo otras informaciones. Por ejemplo, los directivos con experiencia en distintas funciones pueden interpretar de distinta manera una reducción de los beneficios en un negocio. Un ejecutivo de ventas o marketing puede considerar que se debe a una mayor actividad de un competidor o a una caída de la demanda en el mercado, defendiendo que se aumente el gasto en promoción para resolver la cuestión. El director de producción puede considerar que es un problema de calidad o de eficiencia y defenderá la inversión en una fábrica con tecnología más moderna. El contable puede considerar que se debe a un problema de aumento de costes y defenderá un mayor control de costes o una reducción del gasto. Estos sesgos no son, sin embargo, únicamente una cuestión de la experiencia funcional. Pueden deberse a cualquier experiencia anterior, ya sea en la organización o a nivel personal. Las cuestiones importantes son las siguientes:

● El *sesgo cognitivo* es inevitable. Siempre se producirá una interpretación de los acontecimientos y las cuestiones en función de la experiencia anterior. No es realista pensar que los directivos plantean los problemas y las cuestiones de naturaleza estratégica de forma totalmente desapasionada y objetiva. Se ha demostrado que, aunque los directivos tienden a ver las amenazas más que las oportunidades en su entorno[7], también tienden a exagerar y sobreestimar los beneficios, por ejemplo cuando se trata de decisiones de inversión o de prever los resultados de proyectos arriesgados[8].

● *Es probable que el futuro se comprenda en relación con el pasado.* Esta interpretación y este sesgo surgen de la experiencia anterior, aunque solo sea en relación a lo que se considera que ha funcionado o que ha provocado problemas anteriormente. Esto es una explicación de por qué tienden a desarrollarse incrementalmente las estrategias a partir de las estrategias anteriores.

● *La negociación* entre individuos influyentes sobre cómo se deben interpretar las cuestiones y qué es lo que hay que hacer al respecto dependerá de las distintas interpretaciones, en función de la experiencia anterior. Esta explicación política de cómo se desarrollan las estrategias se analiza con más detalle en la Sección 11.4.4 del Capítulo 11.

Ahora existe una gran cantidad de investigaciones que intentan comprender la estrategia de las organizaciones y la dirección de la estrategia en términos cognitivos y de comprensión de la realidad, que se explican con más detalle en, por ejemplo, Gerard Hodgkinson y Paul Sparrow[9].

Sin embargo, los directivos no operan únicamente como individuos; trabajan y se relacionan con otros en las organizaciones y, desde este punto de vista colectivo, también hay razones para esperar que se produzcan tendencias similares.

## Experiencia colectiva y cultura de la organización

La **cultura de la organización** viene dada por «los *supuestos y creencias* básicos compartidos por los miembros de una organización, que operan a nivel inconsciente y definen una forma básica de planteamiento de la organización sobre sí misma y su entorno, planteamiento que se da por sentado»[10]. Esta experiencia no solo está arraigada en la experiencia individual, como se ha analizado anteriormente, sino también en la experiencia colectiva (del grupo de la organización) que se puede materializar en:

● Supuestos colectivos que se dan por sentados, a los que en este manual nos referiremos como el «paradigma»[11] de una organización.

● Rutinas organizacionales, «la forma en que hacemos las cosas aquí», que se van incorporando a la organización a lo largo del tiempo y que, por tanto, también se dan por sentadas.

Es probable que esta forma de dar por sentadas ciertas cosas se vaya transmitiendo con el tiempo dentro de un grupo. Por ejemplo, estos grupos pueden ser una función directiva como la de marketing o la de finanzas; una unidad de la organización como un negocio; o un grupo profesional más amplio, como los contables; todo un sector industrial o, incluso, la cultura nacional. Esta forma de dar por sentadas las cosas afecta a la estrategia de las organizaciones (lo que se analiza con más detalle en la Sección 11.4.3 del Capítulo 11). Por ejemplo, Gerry Johnson[12] ha demostrado que la estrategia de una organización tiende a estar moldeada por su cultura. Y los teóricos institucionalistas[13] interesados en la estrategia, como Royston Greenwood y Bob Hinings[14], señalan las analogías entre las organizaciones en cuanto a los supuestos y prácticas comunes entre ellas y las estrategias que siguen.

Para que un grupo o una organización funcionen de forma eficaz, tiene que existir este conjunto de supuestos generalmente aceptados. En efecto, representa la *experiencia colectiva* sin la cual la gente que trabaja en una organización tendría que «reinventar su mundo» en

La **cultura de la organización** viene dada por «los supuestos y creencias básicos compartidos por los miembros de una organización, que operan a nivel inconsciente y definen una forma básica de planteamiento de la organización sobre sí misma y su entorno, planteamiento que se da por sentado».

función de las distintas circunstancias. De forma parecida a la experiencia individual, la experiencia colectiva, o el paradigma, se aplica a determinada situación para poder comprenderla. Esto afecta a lo que la gente en las organizaciones considera importante, a qué responden y, por tanto, a cómo se desarrollan las estrategias. El Cuadro I.i ayuda a explicarlo.

Las fuerzas activas en el entorno, y las capacidades de la organización para afrontarlas, se comprenden en función de la experiencia de los directivos y del paradigma de la organización. Y las respuestas de la organización tienden a ser acordes con el paradigma y las rutinas. Sin embargo, las fuerzas del entorno y las capacidades (o su ausencia) de la organización, aunque tienen esta influencia indirecta sobre la formulación de la estrategia, afectan no obstante al rendimiento de la organización más directamente. Por ejemplo, muchos analistas sugieren que los problemas que acecharon a Marks & Spencer (M&S) a finales de la década de 1990 fueron precisamente el resultado de esta situación. Se acusó a los directivos de estar demasiado ligados a las formas de pensar y de comportarse de M&S, lo que les impidió identificar o tomarse en serio los cambios en las expectativas de los consumidores y las incursiones de los competidores en su clientela tradicional.

## Implicaciones para la dirección

Hay importantes implicaciones del efecto de la experiencia individual y colectiva:

- *La comprensión de la posición estratégica* de la organización por parte de los directivos y, sin duda, la *estrategia* de la organización, dependerán probablemente en gran medida de esa experiencia colectiva. Por tanto, los directivos tienen que ser conscientes de que los planteamientos de sus compañeros sobre las cuestiones estratégicas, y

---

**Cuadro I.i    El papel del paradigma en la formulación de la estrategia**

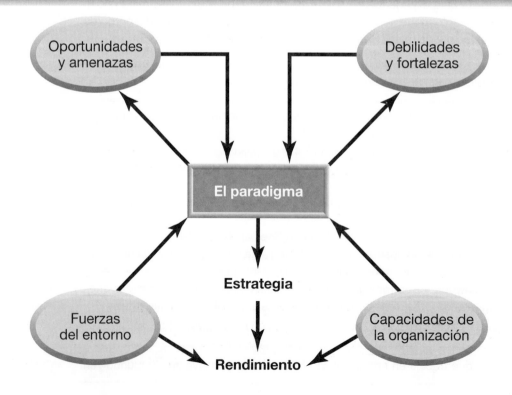

también sus propios planteamientos, están influidos inevitablemente por la experiencia. *La puesta en duda* de esa experiencia que se da por sentada tiene una importancia estratégica clave en la dirección estratégica.

- Sin esta puesta en duda, es muy probable que se produzca una *desviación estratégica* (*véase* la Sección 1.5.1 en el Capítulo 1).

- Pueden surgir importantes problemas si se necesita un significativo *cambio estratégico*, precisamente porque este cambio puede exigir un cambio de aquello que se da por sentado. No se debe suponer que la redacción de una declaración de la misión, o la publicación de un documento que explique la orientación estratégica, cambiará de por sí lo que se da por sentado. La noción de que un argumento bien razonado cambiará necesariamente los supuestos hondamente aceptados sobre cómo se hacen las cosas es un concepto equivocado; el lector sólo tiene que pensar en su propia experiencia cuando ha intentado persuadir a otros para que se replanteen sus creencias religiosas o, sin ir más lejos, su afiliación a determinado equipo de fútbol, para darse cuenta de esto.

- *La innovación* también requerirá probablemente que se pongan en duda los supuestos básicos, lo cual puede resultar incómodo para los que lo intentan, y amenazador para los que no lo aceptan de buen grado. Así pues, una consideración estratégica importante hace referencia a cómo se debe crear una organización innovadora y una «organización que aprende».

- Sin embargo, las cosas que se dan por sentadas en una organización también pueden incluir sus *fortalezas* o *competencias* (*véase* Sección 3.4), y ofrecer potencialmente una base de ventaja competitiva (*véase* Sección 7.5.4). Así pues, poner en duda la experiencia de la organización puede estar al mismo tiempo a favor y en contra del desarrollo estratégico y del bienestar de una organización.

En resumen, el prisma de la experiencia ofrece una perspectiva de las organizaciones con culturas en las que la gente toma decisiones sobre la estrategia, o influyen sobre esta, a partir de sus modelos cognitivos (o mentales) y establece las formas de hacer las cosas (rutinas). Resulta útil comprender los fenómenos del cambio estratégico incremental y de la desviación estratégica. También ofrece importantes ideas objetivas sobre los retos que hay que superar para desarrollar la estrategia y dirigir el cambio estratégico en las organizaciones.

## La estrategia desde el prisma de las ideas

El grado en que los dos prismas que se han descrito hasta ahora explican la innovación y la generación de nuevas ideas es bastante limitado. El prisma de la experiencia ofrece una explicación en tanto en cuanto se pueden adquirir o imitar ideas de una organización a otra. Por ejemplo, cuando un nuevo CEO que proviene de una empresa del sector privado se hace cargo de una organización del sector público, puede introducir ideas «nuevas» para esa organización; pero pueden ser únicamente ideas con las que se ha familiarizado en el contexto del sector privado. Conceptualmente, en planteamientos del diseño podría dar lugar a una innovación, pero, de hecho, tiende a hacerlo dando tal importancia al control que es probable que produzca más conformidad que innovación. Esto deja abierto un problema: ¿de dónde surgen las estrategias innovadoras? ¿Cómo se convirtió Ericsson en una empresa de telefonía móvil? ¿De dónde surgieron los productos innovadores como Post-Its® y el Sony Walkman®? ¿Cómo se desenvuelven las organizaciones que están en entornos de gran turbulencia con horizontes de decisión a muy corto plazo, como los negocios de alta tecnología o los de comercio electrónico, dada la velocidad de cambio e innovación necesaria? Los dos prismas analizados hasta ahora no lo explican de manera adecuada. El **prisma de las ideas**

El **prisma de las ideas** resulta útil para explicar las fuentes y condiciones que ayudan a generar innovaciones en las organizaciones; considera que la estrategia es un orden y una innovación que surge de la variedad y diversidad que existen dentro y fuera de las organizaciones.

resulta útil para explicar las fuentes y condiciones que ayudan a generar innovaciones en las organizaciones; considera que la estrategia es un orden y una innovación que surgen de la variedad y diversidad que existen dentro y fuera de las organizaciones.

Cada vez más hay autores, como Richard Pascale[15], que afirman que existe un auténtico peligro de que las organizaciones hayan sido creadas para lograr un crecimiento estacionario continuo, la eficiencia, y el control sobre las actividades de la forma que aquí se ha descrito como la del prisma del diseño; y que esto da lugar, inevitablemente, a un «equilibrio» que, al final, provocará la desaparición de la organización. Además, también afirman que el *momentum* incremental inherente al prisma de la experiencia provoca, ya sea intencionadamente o por defecto, el mismo resultado. Lo que el autor está afirmando es que estos dos planteamientos provocan una desviación estratégica (*véase* la Sección 1.5.1 del Capítulo 1).

El prisma del diseño ofrece una visión de las organizaciones como sistemas o máquinas, y el prisma de la experiencia como culturas. Lo que se necesita, según afirman Pascale y otros, es otra forma de concebir las organizaciones y su dirección. El prisma de las ideas ofrece una visión de las organizaciones como organismos vivos sumergidos en un entorno. Parte de los conceptos y principios de las teorías evolucionistas y de la teoría de la complejidad, ambas bien desarrolladas en las ciencias naturales y que empiezan a adquirir importancia en las ciencias sociales y en la teoría de la organización.

## La importancia de la variedad

Tanto la teoría evolucionista como la teoría de la complejidad subrayan la importancia de la variedad y la diversidad dentro y fuera de las organizaciones, y ponen mucho menos énfasis en el diseño de arriba a abajo. La evolución explica cómo cualquier sistema vivo, incluyendo, por qué no, a una organización, evoluciona mediante la selección natural en función de la variedad y de la diversidad[16].

Independientemente de que se esté hablando de especies en el mundo natural, de personas en las sociedades o, por qué no, de ideas en las organizaciones[17], la uniformidad no es la norma; existe variedad. Si un entorno cambia muy poco, como la selva tropical del Amazonas, habrá más estabilidad que en entornos que cambian mucho. Así pues, los pájaros de las selvas tropicales del Amazonas han cambiado muy poco en milenios. Sin embargo, en otros casos, en los que el cambio en el entorno es mucho mayor, los nuevos o cambiantes organismos se desarrollan más deprisa. Un buen ejemplo es el rápido desarrollo de nuevas variedades de virus dados los adelantos de la medicina moderna para luchar contra ellos. Existen paralelismos respecto a las organizaciones.

Potencialmente, existe variedad para todas las organizaciones a distintos niveles y de distintas formas. Hay un entorno que no deja de cambiar, distintos tipos de negocios, variedad de grupos e individuos, de experiencias e ideas dentro de la organización, y hay desviaciones de las formas tradicionales de hacer las cosas.

Esta variedad y los cambios que genera a distintos niveles se refuerzan mutuamente. Considere el ejemplo de la industria de la microelectrónica. Es una industria que cambia rápidamente. Esto, a su vez, ha generado muchos tipos distintos de negocios, desde los fabricantes de hardware hasta las empresas de software que producen las aplicaciones de esta tecnología. Dentro de estas organizaciones se desarrollan nuevas ideas cuando la gente interpreta las oportunidades y las aplicaciones potenciales de distinta forma.

Es posible que las personas en las organizaciones intenten generar deliberadamente esta variedad, y se analizan los ejemplos más adelante. Sin embargo, la variación no se creará siempre de forma intencional. En el mundo natural los cambios y las novedades surgen de lo que podrían parecer *imperfecciones,* por ejemplo la mutación de un gen, que se convertirá en la base de un organismo «más adaptado» en un entorno cambiante. En las organizaciones también se copian las ideas de forma imperfecta entre individuos, entre grupos, o entre organizaciones, y algunas de estas copias imperfectas dan lugar a innovaciones que se ajustan mejor al entorno cambiante. Es posible que la idea de un investigador químico del laboratorio de I+D sea recogida por un ejecutivo de marketing que la interprete de forma distinta a la idea inicial. Es posible que una organización intente copiar la estrategia de otra pero no haga las cosas exactamente de la misma manera. Algunas de estas copias imperfectas no tendrán éxito; pero puede que otras sí. El ejemplo más famoso de este caso son las notas autoadhesivas Post-It®, que surgieron de un pegamento «defectuoso» que se convirtió en un semipegamento para papel que otro investigador consideró que tenía un potencial en el mercado. También pueden surgir sorpresas o circunstancias imprevistas en el entorno, habilidades inesperadas, planteamientos introducidos por nuevos cargos, o consecuencias no intencionadas derivadas de las iniciativas directivas.

Por supuesto, aunque existe un potencial de enorme variedad en las organizaciones, es posible que esta variedad sea eliminada de forma intencionada. Hay presiones a favor de la conformidad, algunas de las cuales ya se han analizado. La cultura de una organización actúa como un filtro de ideas; como procesos formales de control, calificación y evaluación que actúan para regularizar las ideas que seguirán adelante y las que no. El interés personal de los directivos poderosos puede bloquear las ideas que van contra ellos. Los supuestos históricos que constituyen el paradigma tienden a resistir a las ideas que no se «ajustan». Así pues, las presiones a favor de la conformidad pueden suprimir la novedad. También se ha demostrado que determinadas estrategias, por ejemplo la búsqueda de mayores grados de diversificación, tienden a provocar un menor grado de innovación[18] porque los recursos y las prioridades de la organización se canalizan hacia la consecución de esa estrategia, y no de una innovación.

## Creación del contexto

No es posible planificar con detalle o controlar la cantidad «adecuada» de variedad, el contenido de la variedad, o lo que surgirá de la misma. Las diferencias se producen de forma natural y, probablemente, de forma impredecible. La evidencia empírica demuestra que la innovación no suele provenir del ápice, sino más probablemente de niveles inferiores de una organización[19]. La interpretación del entorno se produce en toda la organización, y no solo en el ápice. La gente interpreta las cuestiones de distinta manera en función de su experiencia, y aporta ideas diferentes a partir de su experiencia personal. Es posible que estas ideas no estén bien formadas, o bien informadas y, por lo menos a nivel individual, pueden ser muy diversas. Cuanto mayor sea la variedad de experiencias, más probable será que se produzcan innovaciones. Las organizaciones en sectores industriales que se están desarrollando y fragmentando también tienden a ser más innovadoras que las organizaciones que se encuentran en industrias maduras y concentradas[20], debido a la diversidad de ideas que existe en esas condiciones dinámicas. La innovación en las grandes organizaciones suele provenir de fuera de la organización, a menudo de compañías más pequeñas[21]. Sin embargo, es posible que los directivos puedan fomentar nuevas ideas e innovaciones creando el contexto y las condiciones que las fomentan porque hay una suficiente variedad dentro y fuera de la organización para ello. Esto se puede conseguir de distintas maneras. Primero, analizando cuáles son los *límites* adecuados para la organización:

- Cuanto más se reduzcan *los límites entre la organización y su entorno* más probable es que se produzcan innovaciones. Por ejemplo, resulta difícil saber cuáles son los límites de algunos negocios de alta tecnología. Son más bien redes, y no organizaciones bien delimitadas (*véase* la Sección 8.4.2 del Capítulo 8). Estas organizaciones están íntimamente relacionadas con un entorno más amplio; y, a medida que cambia el entorno, también cambian las ideas en la red. Un buen ejemplo son las carreras de Fórmula Uno, en las que los distintos equipos están íntimamente relacionados con la industria automovilística, así como con otras áreas de tecnologías avanzadas. En efecto, la red existente entre todos los equipos es tan intensa que se imitan las nuevas ideas (pero cambiándolas) muy rápidamente.

● Análogamente, dentro de las organizaciones lo que importa es la *interacción y cooperación* para fomentar la variedad y la divulgación de las ideas. Hay evidencia empírica sobre la «fortaleza de los vínculos débiles»[22], haciendo referencia a que lo que genera las nuevas ideas es la variedad de contactos informales y no los contactos estructurados formalmente. Por ejemplo, no es extraño oír decir a la gente que considera que son más valiosas las redes electrónicas informales, que han creado para compartir conocimientos en las organizaciones, que las redes creadas formalmente por la organización.

● Una organización que quiere garantizar que su personal esté en contacto con el entorno y *responda a los cambios del* mismo generará probablemente una mayor diversidad de ideas y más innovaciones que una organización que no tiene este impulso. Por otra parte, una organización que intente aislarse del entorno intentando, por ejemplo, resistirse a los cambios del mercado, o aferrándose a una forma en concreto de hacer las cosas o de ver las cosas, lo que a veces se conoce como una «cultura fuerte», generará una menor variedad de ideas y menos innovaciones.

La *cultura y el comportamiento* de una organización también son importantes:

● Si la innovación es relevante, *poner en duda* las cosas es más *importante* que alcanzar un consenso. El prisma de las ideas sugiere que cuando un entorno es complejo y cambia muy rápidamente el consenso no es deseable. Puede ser ventajoso disponer de diversidad de ideas y opiniones porque la innovación requiere precisamente esa variedad, y se beneficia de poner en duda los supuestos que se dan por sentados. Muchas organizaciones disponen de procesos y procedimientos para fomentar esta cultura. Las grandes organizaciones suelen desplazar a sus ejecutivos entre distintos negocios o divisiones con la intención específica de fomentar nuevas ideas y poner en duda las que predominan.

● La *experimentación* es importante. Algunas organizaciones tienen programas de incentivos formales para fomentar esta experimentación. La empresa 3M es famosa por su fomento de «trabajos laterales» que permiten que el personal pase parte de su tiempo investigando sus propias ideas personales y desarrollándolas hasta el punto de que se puedan convertir en auténticas propuestas de, por ejemplo, nuevos productos. En efecto, es más probable que las nuevas ideas avancen más donde son permitidas y se fomenta que compitan entre sí.

● La tentación de los directivos consiste en intentar clarificar y dirigir. De hecho, la *ambigüedad* puede fomentar la innovación porque da lugar al tipo de flexibilidad que puede ser necesaria para que la gente experimente. Así pues, es posible que los objetivos no siempre estén claros, sean precisos y detallados, y que los planes de acción permitan cierto grado de flexibilidad en cuanto a su ejecución.

● En un contexto de incertidumbre y complejidad, es necesario reconocer la potencial importancia de la *capacidad intuitiva* del personal[23]. Las personas tienen la capacidad de percibir los cambios y ofrecer las respuestas adecuadas a esos cambios en su entorno. Por ello, hay que tomarse en serio las ideas que surgen de forma intuitiva.

Las estrategias que siguen las organizaciones también son importantes:

- Puesto que la velocidad del cambio es importante, algunos autores[24] han destacado la importancia de «*marcar el ritmo*» de las nuevas ideas y productos. En algunas organizaciones con elevadas tasas de innovaciones en nuevos productos, no se incorporaron al sistema productivo los nuevos productos cuando los viejos se hicieron obsoletos sino que, por el contrario, se impuso un ritmo de innovación de nuevos productos de tal forma que hubiera un continuo flujo de productos nuevos e ideas incluso aunque las anteriores tuvieran éxito todavía.
- La «sondas de bajo coste»[25], como las alianzas y las *joint ventures*, son formas que pueden utilizar las organizaciones para probar distintos desarrollos estratégicos. Se trata de experimentos estratégicos.

## Tensión de adaptación y reglas sencillas

Es probable que un elevado nivel de *control* y una estricta jerarquía fomenten la conformidad y reduzcan la variedad. Así que cuanto más elaborado y burocrático sea el control de arriba a abajo, menos probable será la innovación. Por tanto, es esencial definir un nivel de control adecuado.

Algunos teóricos de la complejidad afirman que la innovación y la creatividad surgirán cuando haya un orden suficiente para que las cosas puedan ocurrir, pero no cuando el control sea tan rígido que impida la innovación. Esta es la idea del concepto de *tensión de adaptación* o *borde de caos*[26]. Es más probable que se produzcan innovaciones cuando la organización nunca se estabilice en un estado estacionario o en un equilibrio, y la volatilidad y diversidad tengan cierto margen (*véase* Cuadro I.ii) aunque, por supuesto, sin que esto implique que no se pueda funcionar. Para comprender lo que resulta adecuado es necesario extender la explicación.

**Cuadro I.ii**   **Decisiones estratégicas**

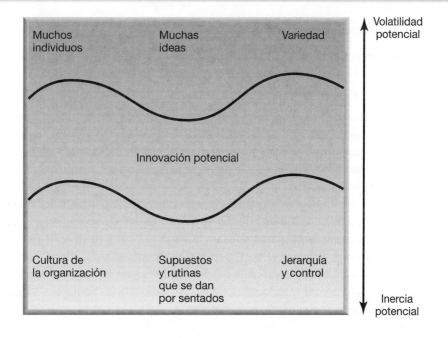

La imposición de patrones de comportamiento no solo se debe a un control estricto, sino también a *reglas generadoras de orden*. Recurriendo a un ejemplo de las ciencias naturales, el patrón y la dirección de una bandada de pájaros no surge de un plan diseñado por el líder y comunicado a través de la jerarquía. Se puede simular una bandada de pájaros en un PC con tan solo tres reglas: (i) imposición de una cierta distancia mínima entre los pájaros y los objetos en el entorno; (ii) ajuste de la velocidad a la de los demás pájaros; (iii) movimiento hacia el centro de la masa de todos los pájaros circundantes[27].

Richard Pascale ofrece un ejemplo análogo para las organizaciones en la industria del cemento. Una empresa mexicana, Cemex, distribuye su cemento sin seguir una programación estricta previamente establecida porque se ha dado cuenta de que los proyectos de construcción a los que entrega el cemento pocas veces cumplen los plazos definidos.

> Cemex carga su flota de camiones todas las mañanas y los envía sin ningún destino preestablecido. El truco consiste en la forma en que hacen sus rondas. Como las hormigas que recorren su territorio, los camiones llegan a su destino siguiendo sencillas reglas. Las hormigas utilizan mensajes químicos (la feromona) para dar las instrucciones. Cemex utiliza un algoritmo basado en la *avaricia* (hay que entregar la mayor cantidad de cemento en el menor tiempo posible al mayor número de consumidores posible) y la *repulsión* (hay que evitar la duplicación de esfuerzos manteniéndose lo más alejado posible de los demás camiones de reparto)[28]. (Pp. 8-9.)

En el contexto de una organización, estas reglas de generación de órdenes se han convertido en los principios que guían el comportamiento, cuyos patrones se convierten en direcciones estratégicas coherentes.

La investigación de Kathy Eisenhardt y sus compañeros está empezando a definir la naturaleza de estas reglas sencillas[29]. El Cuadro I.iii resume el tipo de reglas que se han identificado como reglas importantes para las organizaciones que se encuentran en entornos que cambian rápidamente, y ofrece algunos ejemplos de estas organizaciones sobre cómo van cogiendo forma y cuáles son sus efectos. Los investigadores sugieren que el número de reglas no tiene que ser muy elevado para dar lugar a patrones de comportamiento coherentes, tal vez entre dos y siete; las organizaciones más antiguas y más establecidas pueden necesitar menos reglas que las organizaciones más jóvenes que tienen menos experiencia.

### Implicaciones para la dirección

Las implicaciones del prisma de las ideas, que parte de la teoría de la complejidad y de las teorías evolucionistas aplicadas a la innovación en el contexto de la dirección estratégica, son las siguientes:

- *Sensibilidad al entorno:* no es posible que la alta dirección conozca o comprenda y pueda planificar el futuro. El futuro vendrá. Sin embargo, sí que es importante que la dirección sea sensible y consciente del entorno, y anime a los demás a que también lo sean porque afectará a la organización y permitirá, en sí, tener nuevas ideas y plantear nuevos retos.
- *Creación de contextos más que de planes*: no se logrará la innovación creando sistemas de control y estrategias «rígidos». Es más probable que se logre creando formas de organización que fomenten la variedad y el trabajo en redes informales. Por tanto, se está quitando el énfasis de los sistemas y planificaciones formales; y se pone más énfasis en las cuestiones cotidianas de la vida de la organización y de su diseño que fomenten las relaciones sociales del personal y su comprensión y concienciación intuitiva de lo que ocurre en el entorno.

## Cuadro I.iii    Reglas sencillas

Los mercados turbulentos requieren que se disponga de flexibilidad estratégica para aprovechar las oportunidades, pero la flexibilidad puede tener disciplina. Resulta útil disponer de reglas sencillas.

| Tipo | Objetivo | Ejemplo |
|---|---|---|
| Reglas sobre el cómo | Se definen características clave sobre cómo ejecutar un proceso: «¿Qué hace que nuestro proceso sea único?» | Dell se centra en determinados segmentos de los consumidores. Así, cuando un negocio de Dell alcanza un volumen de 1 000 millones de dólares se divide en dos |
| Reglas sobre los límites | Explican a los directivos qué oportunidades hay que intentar aprovechar y cuáles hay que descartar | El proceso de elección de películas de Miramax establece que las películas deben: i) tratar sobre una condición humana central, como el amor; ii) tener un protagonista atractivo pero con importantes defectos; iii) tener una línea argumental clara |
| Reglas sobre prioridades | Ayudan a los directivos a clasificar las oportunidades aceptadas | La regla de Intel para asignar la capacidad productiva: la asignación depende del margen bruto del producto (*véase* el Capítulo 11 para ver un ejemplo) |
| Reglas sobre plazos | Sincronizan a los directivos con el ritmo de aparición de oportunidades y con otras partes de la empresa | El plazo para el desarrollo de los productos en Nortel debe ser inferior a 18 meses, lo que obliga a aprovechar rápidamente las nuevas oportunidades |
| Reglas de salida | Ayudan a los directivos a saber cuándo ha llegado el momento de abandonar las oportunidades de ayer | En Oticon, una empresa danesa que fabrica audífonos, si un miembro clave de un equipo, ya sea directivo o no, decide dejar un proyecto para dedicarse a otro en la empresa, el proyecto en cuestión se suprime |

*Fuente:* adaptado de EISENHARDT, K. M. y SULL, D. N. (2001): «Strategy as simple rules». *Harvard Business Review*, enero. Pp. 107-116.

- *Reconocimiento de patrones:* es menos probable que se generen estímulos en el mundo organizacional y nuevas ideas dentro de la organización utilizando un análisis formal, y es más probable que se logre confiando en el «reconocimiento de patrones» gracias a la intuición y a la experiencia.
- *La imperfección es importante:* es improbable que surjan ideas «totalmente desarrolladas»; de hecho, es probable que se obtengan de «copias imperfectas». Los directivos tienen que aprender a tolerar esta imperfección y permitir que se produzcan fallos si quieren conseguir innovaciones.
- *Tensión de adaptación y reglas sencillas:* resulta útil que los directivos redacten el tipo de misión, intención o visión general que se comentaba en el Capítulo 1, y que ofrezcan unos pocos principios o «reglas» directrices. Sin embargo, es necesario que entiendan que un orden excesivo puede ser peligroso, y que la creación de ambigüedad puede ser un medio importante para crear una tensión de adaptación. Siempre que la alta dirección ejerza el control, se puede limitar este control a establecer unas pocas reglas sencillas pero absolutas, y que hagan un control de medidas clave relacionadas con estas reglas.

# Un resumen sobre los prismas de la estrategia

El Cuadro I.iv resume la explicación de este comentario sobre los tres prismas, y el Cuadro I.v ofrece un resumen más sintético. Se ha reconocido, en muchos sentidos, que el prisma del diseño, sobre todo en cuanto a su énfasis sobre el análisis y el control, es el planteamiento ortodoxo sobre el desarrollo de la estrategia que se encuentra con más frecuencia en los manuales, se enseña en las facultades de administración de empresa y es el que expresa la dirección cuando se analiza la estrategia de la organización. Como se ha explicado en el Capítulo 1, también es un prisma cómodo para estructurar este manual. Tiene un alto grado de racionalidad, pone el énfasis en el control y en el orden. Los directivos que consideran que su papel tiene que ser de este tipo pueden ser directivos con una gran capacidad analítica, pero es improbable que generen un gran nivel de innovación. Los otros dos prismas son importantes porque plantean importantes retos y ofrecen ideas para reflexionar sobre cómo se debe gestionar la estrategia. El prisma de la experiencia parte de la evidencia de cómo se desarrollan las estrategias de forma incremental a partir de la experiencia y del legado cultural e histórico de la organización; y sugiere que es mucho más difícil imponer cambios estratégicos de lo que parecería según el prisma del diseño. Las organizaciones y los directivos tienen un pasado que hace que, probablemente, sean reacios a cambiar, reduciendo así la innovación. El prisma de las ideas pone el énfasis en la potencial variedad de las ideas que existen dentro y fuera de las organizaciones, y cómo esta variedad puede fomentar la innovación si los niveles de control y la influencia de la experiencia pasada y de la cultura no son excesivos. Por tanto, ayuda a comprender de dónde provienen las estrategias innovadoras y cómo se desenvuelven las organizaciones en entornos dinámicos. También plantea dudas sobre si la alta dirección realmente tiene el control que sugiere el prisma del diseño sobre la dirección estratégica.

## Cuadro I.iv — Tres prismas de la estrategia: un resumen

Estrategia como:

|  | Diseño | Experiencia | Ideas |
|---|---|---|---|
| **Revisión/ resumen** | Posicionamiento deliberado mediante procesos racionales para optimizar el rendimiento económico | Desarrollo incremental como resultado de la experiencia individual y colectiva y las cosas que se dan por sentadas | Aparición de un orden y de la innovación a partir de la variedad de dentro y de fuera de la organización |
| **Supuestos sobre las organizaciones** | Mecanicistas, jerárquicas, sistemas racionales | Culturas basadas en la experiencia, legitimidad y éxitos anteriores | Complejidad y sistemas orgánicos potencialmente diversos |
| **Papel de la alta dirección** | Toman decisiones estratégicas | Actúan en función de su experiencia | *Coaches*, crean el contexto y reconocen los patrones |
| **Teorías subyacentes** | Economía; ciencias sobre las decisiones | Teoría institucionalista; teorías sobre la cultura; psicología | Teorías sobre la complejidad y evolucionistas |

## Cuadro I.v    Los prismas de la estrategia

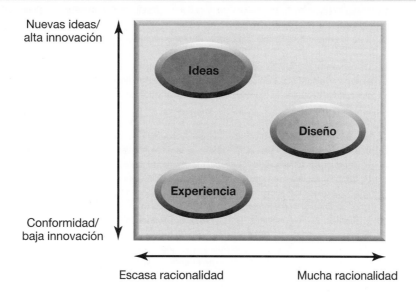

En el resto de este libro se utilizan los tres prismas en los comentarios al final de las Partes II, III, IV y V y, sobre todo, para analizar de forma crítica el contenido de cada parte.

## Notas

1. MARCH, J. G. (1994): *A Primer on Decision Making: How Decisions Happen*. Simon & Schuster, Capítulo 1. Limited Liability. Pp. 1-35.

2. El prisma del diseño aparece en la mayoría de los manuales sobre estrategia. Por ejemplo, *véase* ROWE, A. J., MASON, R. O.y DICKEL, K. E. (1987): *Strategic Management: A methodological approach*. Addison-Wesley Publishing; y GRANT, R. (2002): *Contemporary Strategic Analysis: Concepts, techniques, applications*. Blackwell. 4.ª edición.

3. *Véase* ANSOFF, H. I. (1969): *Corporate Strategy*. Penguin.

4. *Véase* PORTER, M. E. (1980): *Competitive Strategy*. Free Press/Collier Macmillan; y *Competitive Advantage*.1985. Free Press/Collier Macmillan.

5. *Véase* SIMON, H. A. (1960): *The New Science of Management Decision*. Prentice Hall; y LINDBLOM, C. E. (1959): «The science of muddling through». *Public Administration Review*, vol. 19. Pp. 79-88.

6. La idea del «momentum» de la estrategia se explica con más detalle en MILLER, D. y FRIESEN, P. (1980): «Momentum and revolution in organisational adaptation». Academy of Management Journal, vol. 23, n.º 4. Pp. 591-614.

7. *Véase* DUTTON, J. E. y JACKSON, S. E. (1987): «Categorizing strategic issues: links to organizational action». *Academy of Management Review*, vol. 12. Pp. 76-90.

8. *Véase* LOVALLO, D. y KAHNEMAN, D. (2003): «Delusions of success». *Harvard Business Review*, vol. 81, n.º 7. Pp. 56-64.

9. Para una explicación exhaustiva del papel de los procesos psicológicos en la estrategia, *véase* HODGKINSON, G. P. y SPARROW, P. R. (2002): *The Competent Organization*. Open University Press.

10. Esta definición se ha adoptado de SCHEIN, E. (1992): *Organisational Culture and Leadership*. Jossey-Bass, 2.ª edición.

11. «Paradigma» es un término utilizado por una serie de autores: *véase*, por ejemplo, PFEFFER, J. (1981): «Management as symbolic action: the creation and maintenance of organisational paradigms», en L. L. Cummings y B. M. Staw (eds). *Research in Organisational Behaviour*, vol. 3. JAI Press. Pp. 1-15; y JOHNSON, G. (1987): *Strategic Change and the Management Process*. Blackwell.

12. *Véase* JOHNSON, G. (1987): *Strategic Change and the Management Process*. Blackwell.

13. Para un buen resumen de la teoría institucionalista, *véase* SCOTT, W. R. (1995): *Institutions and Organizations*. Sage.

14. Por ejemplo, *véase* GREENWOOD R. y HININGS, C. R. (1993): «Understanding strategic change: the contribution of archetypes», *Academy of Management Journal*, vol. 36, nº 5. Pp. 1052–1081; y «Understanding radical organizational change: bringing together the old and the new institutionalism». *Academy of Management Review*, vol. 21, n.º 4 (1996) Pp. 1022-1054.

15. *Véase* PASCALE, R. T., MILLERMANN M. y GIOJA, L. (2000): *Surfing the Edge of Chaos: The Laws of Nature and the New Laws of Business*. Texere.

16. Para los que quieran saber más sobre la teoría evolucionista, *véase* DENNETT, D. C. (1995): *Darwin's Dangerous Idea*. Penguin; o DAWKINS, R. (1986): *The Blind Watchmaker*. Penguin.

17. Un excelente análisis del desarrollo de las ideas (o lo que los autores denominan «memes») y de su relación con el papel y la naturaleza de las organizaciones se puede encontrar en WEEKS, J. y GALUNIC, C. (2003): «A theory of the cultural evolution of the firm: the intra-organizational ecology of memes». *Organization Studies*, vol. 24, n.º 8. Pp. 1309-1352.

18. *Véase* HITT, M. A., HOSKISSON, R. E. y KIM, H. (1997): «International diversification: effects of innovation and firm performance in product-diversified firms». *Academy of Management Journal*, vol. 40, n.º 4. Pp. 767-798.

19. *Véase* JOHNSON, G. y HUFF, A. S. (1998): «Everyday innovation/everyday strategy», en G. Hamel, G. K. Prahalad, H. Thomas y D. O'Neal (eds). *Strategic Flexibility-Managing in a Turbulent Environment*. Wiley. Pp. 13-27. REGNER, P. también explica cómo pueden crecer nuevas direcciones estratégicas de la periferia de las organizaciones a raíz de la oposición al centro; *véase* «Strategy creation in the periphery: inductive versus deductive strategy making». *Journal of Management Studies*, vol. 40, n.º 1 (2003). Pp. 57-82.

20. *Véase* ACS, Z. J y AUDRETSCH, D. B. (1988): «Innovation in large and small firms-an empirical analysis». *American Economic Review*, vol. 78, septiembre. Pp. 678-690.

21. *Véase* VON HIPPEL, E. (1988): *The Sources of Innovation*, Oxford University Press.

22. *Véase* GRANOVETTER, M. S. (1973): «The strength of weak ties». *American Journal of Sociology*, vol. 78, n.º 6 Pp. 1360-1380.

23. Para un análisis más completo de la teoría de la complejidad, *véase* STACEY, R. D. (2000): *Strategic Management and Organisational Dynamics. The Challenge of Complexity*, 3.ª edición. Pearson Education.

24. *Véase* BROWN, S. L. y EISENHARDT, K. M. (1998): *Competing on the Edge*. Harvard Business School Press.

25. *Véase* BROWN y EISENHARDT, nota 24.

26. *Véase* BROWN y EISENHARDT, nota 24.

27. REYNOLDS, C. W. (1987): «Flocks, herds and schools: a distributed behaviour model». *Proceedings of SIGGRAPH '87, Computer Graphics*, vol. 21, n.º 4. Pp. 25-34, como se cita en STACEY, R. D.,nota 23. P. 277.

28. *Véase* PASCALE, R. T., MILLERMANN, M. y GIOJA, L., nota 15 anterior.

29. Este análisis parte de la investigación de EISENHARDT, K. M. y SULL, D. N. que se describe en «Strategy as simple rules». *Harvard Business Review*, enero de 2001. Pp. 107-116.

# Parte II

## La posición estratégica

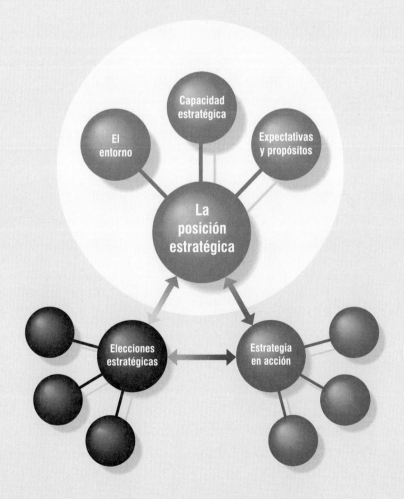

**EN ESTA PARTE SE EXPLICAN:**

- El impacto del entorno, las capacidades, expectativas y propósitos de la organización sobre la estrategia.

- Cómo se debe interpretar la posición de una organización en su entorno.

- Los determinantes de la capacidad estratégica: recursos, competencias, y las relaciones entre ellos.

- Los factores que conforman los propósitos de la organización: el gobierno corporativo, expectativas de las partes interesadas, ética empresarial y contexto cultural.

# Introducción a la Parte II

Esta parte del libro se ocupa de comprender las fuerzas que influyen o que se deben tener en cuenta en el desarrollo de la estrategia. Hay quien afirma que las fuerzas de la industria, el sector o el mercado son las más importantes: por ejemplo, que las empresas en entornos más favorables tendrán mejores rendimientos que aquellas que están en entornos menos atractivos. Así, el desarrollo de la estrategia consiste en lograr un «ajuste»: es decir, identificar oportunidades en el entorno y desarrollar o crear capacidades estratégicas para aprovechar esas oportunidades. Otros afirman que las capacidades estratégicas son lo más importante porque explican las diferencias entre organizaciones, su exclusividad potencial y, por tanto, su rendimiento superior. Adoptan un «planteamiento basado en el enfoque de los recursos y capacidades», afirmando que las estrategias deben construirse identificando previamente las capacidades únicas de una organización. A continuación deben buscarse oportunidades que permitan explotar estas capacidades para lograr una ventaja competitiva.

También hay otras cuestiones que se deben tener en cuenta. Las organizaciones tienen distintas partes interesadas (accionistas, consumidores, empleados, o tal vez el gobierno) que tienen expectativas sobre la organización y que pueden ejercer una influencia y un poder considerables sobre la estrategia aplicada. La historia y la cultura de una organización, y las analogías culturales entre organizaciones, por ejemplo entre profesiones, también pueden ejercer una influencia sobre la estrategia. La dirección estratégica supone comprender y gestionar estas fuerzas distintas que afectan a la organización, fuerzas que se abordan en esta parte del libro.

- El tema general del Capítulo 2 se centra en cómo pueden comprender los directivos el mundo incierto y cada vez más complejo que les rodea. Así, se analizan diversos niveles de influencia, desde las cuestiones del macroentorno a fuerzas específicas que afectan a la posición competitiva. Sin embargo, no basta con limitarse a identificar determinadas influencias. El reto que debe superar el estratega es comprender la relación entre estas fuerzas distintas y cómo afectan a la organización.
- El Capítulo 3 se ocupa de comprender la capacidad estratégica de una organización y de cómo esta fundamenta la ventaja competitiva de la organización o mantiene la excelencia en la provisión de productos o servicios valiosos. Esto se explica analizando cuatro cuestiones principales: lo que se quiere decir por «capacidad estratégica»; cómo se puede utilizar esta para obtener una ventaja competitiva en la organización; cómo pueden analizar los directivos las capacidades; y cómo pueden lograr el desarrollo de las mismas.
- El Capítulo 4 trata de cómo las expectativas «conforman» los propósitos y las estrategias de la organización. Esta cuestión se analiza en cuatro grandes áreas. El gobierno corporativo se ocupa de comprender a quién pretende servir la organización. La influencia de las partes interesadas plantea la importante cuestión relativa a las relaciones de poder en las organizaciones. El análisis de las cuestiones éticas plantea lo que debe y no debe hacer una organización en términos estratégicos. Y el análisis de las influencias culturales ayuda a explicar cómo afecta la cultura nacional, institucional y de la organización a los propósitos y estrategias de la misma.

**Cuadro II.i**　　La idea empresarial

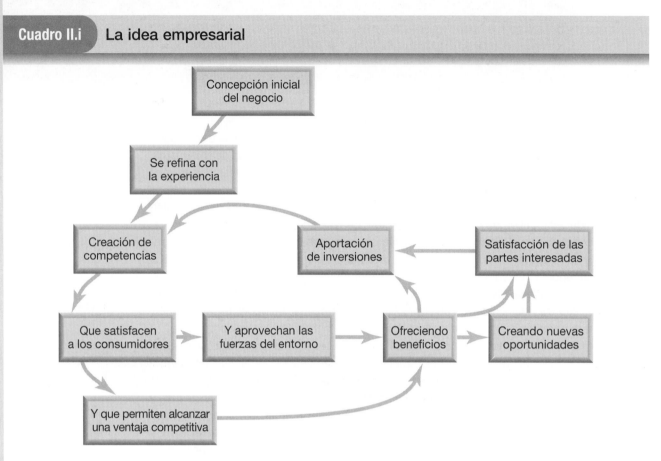

Aunque esta parte del libro está dividida en tres capítulos, es necesario destacar que existen fuertes relaciones entre estas distintas influencias sobre la estrategia. Las presiones del entorno a favor del cambio estarán limitadas por las capacidades disponibles para imponer estos cambios, o por la cultura de la organización que puede crear una resistencia al cambio. Las capacidades que ofrecen aparentes oportunidades solo serán valiosas si estas se pueden encontrar en el entorno. La importancia relativa de las distintas influencias cambiará a lo largo del tiempo y puede mostrar marcadas diferencias en distintas organizaciones. Sin embargo, la habilidad de una organización para encontrar la forma de responder a estas distintas influencias de forma íntegra y de crear valor tiene una importancia vital. Esta noción de la integración se encuentra en el concepto de la idea empresarial*. Esto ofrece un modelo de cómo y por qué una organización puede tener éxito a la hora de reconciliar las distintas fuerzas e influencias que afectan a su estrategia, cuestión que se muestra en el Cuadro II.i, donde se representa esquemáticamente cómo una idea original encontrará la forma de que un negocio de éxito funcione para que las fuerzas del entorno, las capacidades de la organización y las expectativas de las partes interesadas se refuercen mutuamente entre sí. Las organizaciones con menos éxito no experimentan este mismo tipo de ciclo de refuerzo: las distintas fuerzas empujarán en direcciones opuestas en vez de reforzarse mutuamente. La idea empresarial es un concepto que se recuperará en el comentario al final de la Parte II para poder destacar la lección importante de la integración, pero también para analizar cómo pueden las organizaciones lograr esa integración.

---

　　* La idea empresarial se desarrolla en VAN DER HEIJDEN, K. (2004): *Scenarios: The art of strategic conversation*. J. Wiley.

# 2

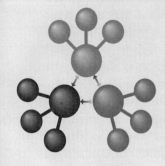

# El entorno

## Objetivos del aprendizaje

Tras leer este capítulo usted debería ser capaz de:

- Describir las fuerzas del macroentorno de una organización utilizando el marco PESTEL y otros marcos.

- Desarrollar escenarios y explicar sus consecuencias.

- Utilizar el modelo de las cinco fuerzas para identificar fuentes de competencia de una unidad estratégica de negocio.

- Definir grupos estratégicos, segmentos de mercado y factores críticos de éxito y explicar cómo ayudan estos conceptos a comprender la competencia con detalle.

- Explicar los distintos tipos de vacíos estratégicos que pueden plantear oportunidades o amenazas a las organizaciones.

Fotografía: Digital Vision

Fotografía: Getty Images

### 2.1  INTRODUCCIÓN

El tema de este capítulo aborda cómo los directivos, ya sean del sector público o del privado[1], pueden comprender el incierto mundo que rodea a la organización: el entorno empresarial. Puede ser difícil por varias razones. Primera, «el entorno» incluye muchas influencias distintas; la dificultad radica en comprender esta *diversidad*. Segunda, el problema de la *complejidad*, que surge porque muchas de las cuestiones independientes del entorno empresarial están relacionadas. Por ejemplo, un desarrollo tecnológico (como la tecnología de la información) cambia la forma de trabajar. A su vez, esto afecta al estilo de vida que, a continuación, altera el comportamiento de los consumidores y los patrones de compra de muchos bienes y servicios. Así pues, el comprender estas relaciones es importante para poder ver la «imagen» estratégica del entorno empresarial. Finalmente está la cuestión de la *velocidad del cambio*. Muchos directivos consideran que el ritmo de cambio tecnológico y la velocidad de las comunicaciones globales implican cambios más rápidos y más numerosos que nunca antes[2].

Este capítulo ofrece distintos modelos para comprender el entorno de las organizaciones con el fin de ayudar a identificar cuestiones clave y formas de abordar esta complejidad y estos cambios. Estos modelos se organizan en una serie de «capas» que se introducen brevemente aquí y que se resumen en el Cuadro 2.1.

● La «capa» más general suele conocerse como el *macroentorno*. Consiste en los factores generales del entorno que afectan en mayor o menor medida a casi todas las organizaciones. Es importante comprender cómo es probable que afecten los cambios del macroentorno a las organizaciones individuales. Un buen punto de partida puede ser el marco PESTEL, que permite identificar cómo pueden afectar a las organizaciones las tendencias *políticas, económicas, sociales, tecnológicas, ecológicas (medioambientales) y legales*. De aquí se obtienen los «datos» generales para identificar los *principales motores del cambio*. Estos motores del cambio serán distintos en función de cada sector y de cada país. Por tanto, tendrán un efecto distinto en una

### Cuadro 2.1  Decisiones estratégicas

organización o en otra. Si es probable que el entorno futuro sea muy distinto del pasado, resulta útil construir *escenarios* de los posibles futuros. Esto ayuda a los directivos a analizar la necesidad de alterar las estrategias en función de las distintas formas en que *pueda* cambiar el entorno empresarial.

● A partir de este entorno general, la siguiente «capa» es la de la industria o el *sector*. Se trata de un grupo de organizaciones que fabrican los mismos productos u ofrecen los mismos servicios. El modelo de las *cinco fuerzas* y el concepto de los *ciclos de competencia* pueden resultar útiles para comprender cómo cambia la dinámica competitiva dentro y fuera del sector.

● La capa más inmediata del entorno es la compuesta por los *competidores y los mercados*. En la mayoría de las industrias o sectores habrá muchas organizaciones distintas con distintas características y compitiendo sobre bases diferentes. El concepto de *grupos estratégicos* puede ayudar a identificar tanto a los competidores directos como a los indirectos. Análogamente, las expectativas de los consumidores no son todas iguales. Tienen distintos requisitos, cuya importancia se puede comprender a través de los conceptos de *segmento de mercado* y los *factores críticos del éxito*.

## 2.2  EL MACROENTORNO

### 2.2.1  El marco PESTEL[3]

La Ilustración 2.1 muestra algunas de las influencias del macroentorno que pueden afectar a las organizaciones. No pretende ofrecer una lista exhaustiva, pero aporta ejemplos de la forma en que las estrategias se ven afectadas por estas influencias y de algunos métodos que utilizan las organizaciones para intentar manejar aspectos de su entorno[4].

El Cuadro 2.2 muestra **el marco PESTEL**, que clasifica las influencias del entorno en seis grandes categorías: política, económica, social, tecnológica, ecológica (medioambiental), y legal. Como se mencionaba en el Capítulo 1 estos factores no son independientes entre sí, muchos están relacionados. Por ejemplo, los desarrollos tecnológicos cambian la forma de trabajar de la gente, su nivel y su estilo de vida. A medida que cualquiera de estos factores cambia, afecta al entorno competitivo en el que se mueven las organizaciones, como se analizará más adelante en la Sección 2.3. Así pues, la comprensión de cómo pueden afectar los factores PESTEL y dirigir el cambio en general es, realmente, tan solo un punto de partida. Los directivos tienen que comprender cuáles son los *motores clave del cambio* y también el *impacto diferencial* de estas influencias externas en determinadas industrias, mercados y en las organizaciones individuales. Esto se tratará en la Sección 2.2.2. Las influencias y los motores de cambio también varían en función de cada país (y de cada región dentro de un país). Las consecuencias de esta variación se analizarán en la Sección 2.2.3.

Es particularmente importante que el marco de análisis PESTEL se utilice para fijarse en el impacto futuro de los factores del entorno, que puede ser distinto de su impacto actual. Cuando hay un gran grado de incertidumbre sobre los cambios futuros del entorno puede resultar útil el planteamiento de los escenarios que se analizará en la Sección 2.2.4.

### 2.2.2  Motores clave del cambio

Los factores PESTEL del Cuadro 2.2 tienen un valor limitado si solo se consideran como una lista de posibles influencias. Es importante identificar una serie de **motores clave del cambio**, que son fuerzas que probablemente afectarán a la estructura de la industria, el

**El marco PESTEL** clasifica las influencias del entorno en seis grandes categorías: política, económica, social, tecnológica, ecológica (medioambiental), y legal.

**Motores clave del cambio** son fuerzas que probablemente afectarán a la estructura de la industria, el sector o el mercado.

**Ilustración 2.1**                    e s t r a t e g i a   e n   a c c i ó n

# Ejemplos de influencias del entorno

*Un amplio abanico de influencias del entorno puede afectar a las estrategias y al rendimiento de las organizaciones.*

### Actividad gubernamental

A finales del 2003 el gobierno ruso congeló el 44 por ciento del gigante petrolífero nacional Yukos. Esta acción se produjo tan solo unos días después de que las autoridades hubieran arrestado al CEO de la compañía Mikhail Kodorskovsky (considerado el hombre más rico de Rusia) acusado de fraude y evasión fiscal. Pero muchos rusos pensaban que el caso contra Kodorskovsky era un caso político. Había financiado a grupos de la oposición rompiendo lo que los analistas consideraban como un acuerdo tácito por el que los empresarios se mantendrían al margen de la política y las autoridades no investigarían sus asuntos financieros.

### Mercados de capitales

En 1999 y durante la primera parte de 2000 los mercados bursátiles mundiales no dejaron de subir gracias al entusiasmo de los inversores por las acciones tecnológicas. Pero después llegó la caída. A principios de 2003 los mercados bursátiles habían perdido aproximadamente el 50 por ciento de su valor y las acciones tecnológicas mucho más. Las más afectadas fueron las empresas de Internet y de telecomunicaciones: muchas perdieron el 90 por ciento de su valor de mercado. Esto las obligó a reducir drásticamente sus planes de desarrollo y a que muchas empresas más pequeñas quebraran.

### Demografía

A principios de la década de 2000 había una clara tendencia al envejecimiento de la población en las economías occidentales. Esto planteaba grandes retos para los encargados de planificar los servicios públicos, como la educación y la asistencia sanitaria. También se creó lo que se ha denominado la «bomba de relojería de las pensiones», porque una menor población activa tendrá que financiar en el futuro las pensiones de una creciente población de jubilados. El patrón de la demanda de los bienes y servicios comerciales también está cambiando, lo que crea tanto oportunidades como amenazas para las empresas del sector privado.

**Presión política (*Lobbying*)**

**Previsiones demográficas**

**Política financiera**

**La empresa**

**Percepción del entorno y política de I+D**

### Socioculturales

El aumento de la sensibilización por la salud y las presiones sociales sobre los fumadores de los países occidentales ha afectado adversamente a las ventas de los productos del tabaco en estos mercados. La presión pública también ha dado lugar a la aprobación de leyes más restrictivas sobre la publicidad del tabaco, los métodos de promoción y los paquetes. Junto con los importantes impuestos y las demandas judiciales, que han reducido los beneficios y los precios de las acciones, las empresas tabacaleras han concentrado recientemente sus esfuerzos de marketing en el mundo en desarrollo y se han diversificado hacia otros sectores.

### Tecnología

La introducción de nuevos servicios móviles multimedia como el envío de datos, los servicios de ocio y los mensajes de texto, constituye algo más que el siguiente nivel de los logros de las telecomunicaciones: también supone la fuerza motriz de muchos cambios en otros sectores industriales y de servicios. Estos nuevos servicios de datos exigen transacciones seguras en las redes móviles, una mayor capacidad de procesamiento y una mayor capacidad de memoria. Por ello, los fabricantes de tarjetas inteligentes, y los programadores de aplicaciones bancarias y de facturación han aumentado todas sus inversiones en I+D para poder capitalizar esta tecnología.

**Mercados laborales**

En 2004 muchas organizaciones de servicios tecnológicos de Europa Occidental y Norteamérica estaban reduciendo plantillas. Esto se debía al denominado *offshoring*, contratación del trabajo en el extranjero, en muchos casos en la India. El motivo fueron las importantes reducciones de costes de las actividades de explotación, como el servicio al consumidor y las líneas de atención telefónica. Una investigación independiente (Deloitte) ha estimado que aproximadamente 2 millones de puestos de trabajo han sido enviados al extranjero en un periodo de cinco años. Deloitte también prevé que el 75 por ciento de las primeras 100 instituciones financieras habrán contratado operaciones en el extranjero al final del periodo, ahorrando aproximadamente 138.000 millones de dólares (unos 120.000 millones de euros) en un periodo de cinco años.

**Regulación de la competencia**

En septiembre de 2003, Morrisons (una cadena de supermercados británica de tamaño medio con sede en Bradford) recibió la autorización del gobierno británico para hacer una oferta pública de adquisición de la cadena rival Safeway. La autorización se concedió tras una investigación de cinco meses en la Comisión de la Competencia. Es significativo que las conclusiones de esta Comisión llevaron al gobierno a bloquear ofertas rivales de otras cadenas más grandes, como Tesco, Asda y J. Sainsbury (argumentando una reducción de la competencia). Si la adquisición tiene éxito, Morrisons tendrá que vender aproximadamente el 10 por ciento de los 479 supermercados de Safeway, por los que podrán pujar los otros interesados.

Política laboral
y relaciones industriales

Política
de marketing

**La empresa**

Previsiones
económicas

Abastecimiento

Percepción del entorno
y política del I+D

**Economía**

La Organización Mundial del Comercio (OMC) tiene la tarea casi imposible de encontrar el equilibrio entre los intereses económicos de las economías desarrolladas y los de las economías en desarrollo. A finales de la década de los noventa y principios de la década de 2000 sus reuniones eran muy turbulentas. Las negociaciones sobre el algodón ofrecen una idea de los debates. El grupo de países africanos quería que se abolieran los subsidios a los productores de algodón de Estados Unidos, China y la UE. Afirmaban que podrían competir en un mercado mundial justo y que los ingresos del algodón ayudarían a aliviar la pobreza en sus propios países. Pero en 2004 (un año de elecciones presidenciales) este mensaje no era muy bien recibido en Estados Unidos. Allí, la mayoría de los productores de algodón se encuentran en Estados sureños, donde el Partido Republicano tiene mucha fuerza.

**Ecología (medioambiente)**

A finales de 2003 la Unión Europea puso en marcha su iniciativa REACH sobre la seguridad de los productos químicos para el hogar. El objetivo era tener una nueva normativa en 2005 por la que unos 30.000 productos químicos tendrían que pasar determinadas pruebas para garantizar su seguridad. Estas pruebas debían realizarse con sustancias que pueden provocar cáncer o dañar el material genético.
Irónicamente, la Sociedad de Protección de los Animales británica mostró su preocupación por estas propuestas, al temerse un aumento masivo de las pruebas con estas sustancias en animales.

**Proveedores**

Algunos factores no se pueden controlar y, sin embargo, pueden tener un gran impacto sobre las organizaciones. La climatología es uno de estos factores. Un calor sin precedentes en Europa en el verano de 2003 tuvo efectos contrapuestos sobre los agricultores europeos. En partes del continente europeo la falta de lluvias redujo la cosecha de trigo y cereales elevando los precios, lo cual benefició a los agricultores británicos (la climatología de Gran Bretaña había producido una cosecha de gran calidad). Muchos lugares tuvieron que recoger la uva anticipadamente para producir vino, ¡incluso Gran Bretaña!

| Cuadro 2.2 | Influencias del macroentorno: el marco PESTEL |

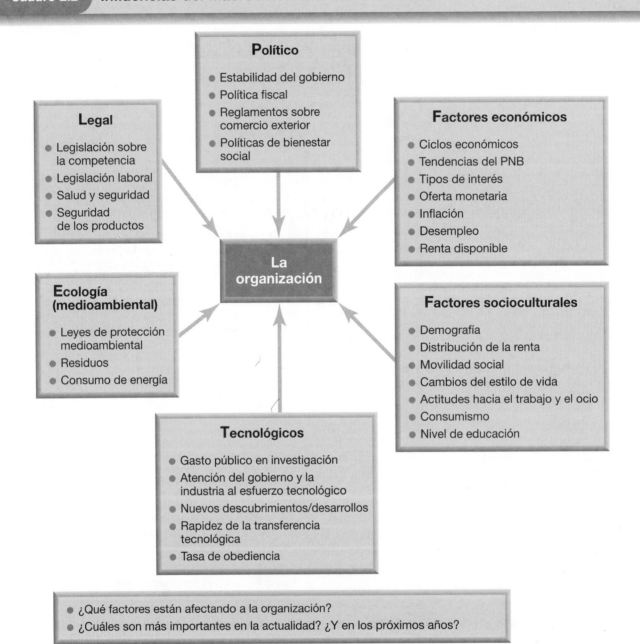

**Político**
- Estabilidad del gobierno
- Política fiscal
- Reglamentos sobre comercio exterior
- Políticas de bienestar social

**Legal**
- Legislación sobre la competencia
- Legislación laboral
- Salud y seguridad
- Seguridad de los productos

**Factores económicos**
- Ciclos económicos
- Tendencias del PNB
- Tipos de interés
- Oferta monetaria
- Inflación
- Desempleo
- Renta disponible

**Ecología (medioambiental)**
- Leyes de protección medioambiental
- Residuos
- Consumo de energía

**La organización**

**Factores socioculturales**
- Demografía
- Distribución de la renta
- Movilidad social
- Cambios del estilo de vida
- Actitudes hacia el trabajo y el ocio
- Consumismo
- Nivel de educación

**Tecnológicos**
- Gasto público en investigación
- Atención del gobierno y la industria al esfuerzo tecnológico
- Nuevos descubrimientos/desarrollos
- Rapidez de la transferencia tecnológica
- Tasa de obediencia

- ¿Qué factores están afectando a la organización?
- ¿Cuáles son más importantes en la actualidad? ¿Y en los próximos años?

sector o el mercado. Así pues, la identificación de los motores clave cruza los distintos niveles que se muestran en el Cuadro 2.1. Aunque habrá muchos cambios en el macroentorno de la mayoría de las organizaciones, será solo el *efecto combinado* de *algunos* de estos factores independientes lo que resultará importante, y no todos los factores por separado. Yip[5] ofrece un buen ejemplo de motores clave que están aumentando la globalización en algunas industrias y mercados (*véase* Cuadro 2.3).

- Hay una creciente tendencia a la *globalización del mercado* por diversas razones. En algunos mercados las necesidades y preferencias de los consumidores se parecen cada

| Cuadro 2.3 | Motores de la globalización |
| --- | --- |

**Globalización del mercado**
- Necesidades parecidas de los consumidores
- Consumidores globales
- Marketing transferible

**Globalización de las políticas gubernamentales**
- Políticas comerciales
- Estándares técnicos de proveedores
- Políticas de los gobiernos anfitriones

**Estrategias globales**

**Globalización de los costes**
- Economías de escala
- Eficiencias en la contratación
- Costes específicos del país
- Elevados costes de desarrollo de los productos

**Globalización de la competencia**
- Interdependencia
- Competitores globales
- Elevadas exportaciones/importaciones

*Fuente*:  a partir de Yip, G. (2003): *Total Global Strategy II*. Capítulo 2. FT/Prentice may.

vez más. Por ejemplo, hay una creciente homogeneidad en los gustos de los consumidores de bienes como refrescos, pantalones vaqueros, artículos electrónicos (por ejemplo, equipos de audio) y PC. La apertura de locales de McDonald's en la mayoría de los países del mundo demuestra la existencia de tendencias similares en el sector de la comida rápida. A medida que se globalizan algunos mercados, los que operan en ellos se convierten en *consumidores globales* y pueden buscar proveedores que operen a escala global. Por ejemplo, los clientes globales de las principales asesorías contables pueden esperar que estas empresas ofrezcan servicios globales. El desarrollo de *canales globales de distribución y comunicación* puede impulsar la globalización, un ejemplo evidente es el del efecto de Internet. A su vez, esto puede crear oportunidades para hacer *transferencias de marketing* (por ejemplo, marcas globales) en distintos países. Las políticas de marketing, las marcas y las identidades, y la publicidad, pueden desarrollarse a escala global. Esto genera una mayor demanda global y expectativas de los consumidores, y también puede ofrecer ventajas en costes de marketing para los operadores globales. El sector público tampoco es inmune a estas fuerzas. Las universidades se ven sometidas a tendencias parecidas influidas por el cambio de las tecnologías de provisión de sus servicios a través de Internet. Esto significa, por ejemplo, que se está desarrollando un auténtico mercado global de alumnos de MBA, sobre todo cuando la mayor parte de la «docencia» se realiza *on line*.

- La *globalización* de los costes puede constituir un potencial de ventaja competitiva, puesto que algunas organizaciones tendrán más acceso a estas ventajas y/o serán más conscientes de las mismas que otras. Esto es especialmente cierto en el caso de las industrias en las que es necesario tener un gran volumen de producción estándar para alcanzar *economías de escala* óptimas, como en muchos componentes de la industria de la electrónica. También puede haber ventajas en costes de *experiencia* que se obtienen de tener operaciones a mayor escala. Se pueden lograr otras ventajas en costes gracias a las *eficiencias de abastecimiento,* derivadas de centralizar la contratación de los proveedores de menor coste en todo el mundo. Los *costes específicos de los países*, como la mano de obra o los tipos de cambio, animan a las empresas a buscar en el ámbito global bajos costes para poder igualar los de los competidores que tienen esas ventajas por su localización. Por ejemplo, gracias a la mayor fiabilidad de las comunicaciones y a las diferencias en costes de la mano de obra, las empresas de software y las líneas de atención telefónica a los clientes están desplazándose a la India, donde hay mano de obra muy cualificada y de bajo coste. Otros negocios tienen elevados costes de desarrollo del producto y pueden ver ventajas en las operaciones globales con menos productos en vez de incurrir en costes de gamas más amplias en una escala geográfica más limitada.
- Las actividades y políticas de los gobiernos también tienden a fomentar la globalización de la industria. Los cambios políticos de la década de los noventa significaron que casi todos los países abiertos al comercio tenían economías de mercado y sus *políticas comerciales* tendían a fomentar la libertad comercial entre países. La globalización se ha visto fomentada aún más por la *estandarización técnica* entre países de muchos productos, como las industrias del automóvil, aerospacial e informática. También puede darse el caso de que determinados *gobiernos anfitriones* busquen fomentar de forma activa los operadores globales para que abran instalaciones en sus países. Sin embargo, merece la pena destacar que en muchas industrias sigue habiendo normativas específicas para los países, reduciendo el posible alcance de las estrategias globales. Además, el principio de la década de 2000 ha sido testigo de un aumento del *activismo cívico* de cara al impacto de la globalización en los países en desarrollo, sobre todo en las reuniones de la Organización Mundial de Comercio.
- Los cambios del macroentorno están aumentando la *competencia global* lo que, a su vez, fomenta todavía más la globalización. Si los niveles de *exportaciones e importaciones* entre países son elevados, aumenta la relación entre los competidores a escala más global. Si los negocios están compitiendo a escala global, también tienden a imponer presiones de globalización a los competidores, especialmente si los consumidores también operan a esta escala. Igualmente, es posible que la *interdependencia* de las operaciones de una empresa en todo el mundo fomente la globalización de sus competidores. Por ejemplo, si una empresa ha buscado localizaciones productivas de bajo coste en distintos países, puede utilizar estos bajos costes para subsidiar sus actividades competitivas en zonas de costes elevados rivalizando con los competidores locales, lo que les anima a seguir estrategias parecidas.

El Cuadro 2.3 muestra los motores del cambio del entorno, fundamentalmente los que son más relevantes para una empresa multinacional. Sin embargo, es necesario recordar que el efecto de estas fuerzas puede ser distinto en las distintas partes de la empresa (como se muestra en la Ilustración 2.2).

# Fuerzas globales en Pilkington

*Las fuerzas globales pueden afectar de distinta manera a las distintas partes de una misma empresa.*

El principio del siglo XXI siguió planteando difíciles retos a las empresas manufactureras con sede en economías desarrolladas. Este era especialmente el caso de los fabricantes de materiales básicos, como el acero o el vidrio, que tenían que superar una fiera competencia en todo el mundo. Pilkington, con sede en St. Helens, Reino Unido, empezó a fabricar vidrio en 1826. Pero el gran avance de la empresa se produjo con el desarrollo de su proceso de fabricación de vidrio plano, anunciado en 1959. Esto revolucionó la fabricación de vidrio y permitió una importante expansión internacional de la empresa, fundamentalmente a través de adquisiciones. En la década de los noventa la facturación de la empresa rondaba los 3.000 millones de libras esterlinas (unos 4.500 millones de euros) y tenía operaciones en Europa, Norteamérica, Sudamérica y Australasia.

El vidrio plano tiene dos grandes aplicaciones: en la industria de la construcción para puertas y ventanas en locales comerciales y viviendas particulares, y para los automóviles. La competencia en la industria del vidrio y en las industrias de sus consumidores estaba globalizando cada vez más las actividades de las empresas fabricantes de vidrio. Algunas de estas fuerzas globales afectaban a todo el negocio, mientras que otras afectaban de distinta manera a los productos destinados a la construcción y a los productos destinados al sector del automóvil.

## Influencia del gobierno

Aquí, las cuestiones incluían un aumento generalizado del libre comercio, las normativas sobre los estándares de aislamiento en las viviendas y los edificios de oficinas, y las acciones gubernamentales para atraer inversiones del extranjero, por ejemplo, empresas fabricantes de automóviles. La Europa del Este había abierto su mercado desde la década de los noventa a medida que se reestructuraban sus economías y muchos países empezaban a incorporarse a la UE.

## Globalización del mercado

La industria del automóvil estaba muy globalizada ya que los principales fabricantes tenían instalaciones repartidas por todo el mundo. Sus programas de estandarización de los productos les hacían preferir a los proveedores que podían suministrar en todo el mundo. Por el contrario, la industria de la construcción estaba muy fragmentada y los diseños, métodos y requisitos variaban considerablemente de un continente a otro. La climatología era una cuestión crucial.

## Globalización de los costes

El vidrio es un artículo frágil, pesado y de un coste relativamente bajo. Así pues, el envío de vidrio «en bruto» a largas distancias no resulta económico. Sin embargo, la fabricación de vidrio también es intensiva en capital: una fábrica de vidrio plano cuesta entre 100 y 150 millones de euros y tiene que funcionar, al menos, al 70 por ciento de su capacidad anual de 200.000 toneladas para «ser rentable».

## Competencia global

Debido a algunas de estas fuerzas, la producción de vidrio ha experimentado una progresiva reducción en cuanto al número de empresas. A principios de la década de 2000 solo había seis grandes fabricantes, de los que únicamente tres (Pilkington, Asahi y Saint Gobain) podían afirmar que tenían una presencia significativa en los principales mercados mundiales, ya fuera a través de sus propias fábricas o de alianzas.

*Fuente:* publicaciones de la empresa (con autorización).

> **Preguntas**
>
> 1. A partir del Cuadro 2.3, dibuje «mapas» separados para los productos de vidrio en los sectores de la construcción y del automóvil.
> 2. Explique cómo puede afectar el sector a la forma de organización de la empresa.

Es necesario recordar que el Cuadro 2.3 es tan solo un ejemplo de cómo se pueden identificar y comprender los motores clave del cambio. Los motores específicos variarán en función de la industria o del sector. Por ejemplo, a un minorista le puede preocupar principalmente cuáles son los gustos y el comportamiento de los consumidores locales. Un fabricante de PC estará probablemente más preocupado por los desarrollos del entorno tecnológico que permiten innovaciones de productos y provocan la obsolescencia. Los directivos del sector público probablemente estarán preocupados especialmente por los cambios de las políticas gubernamentales, los niveles de financiación pública y los patrones demográficos. Por ejemplo, el efecto del envejecimiento de la población puede constituir un motor clave. Esto dará lugar a diversos factores (como en el ejemplo de la globalización), como avances en medicina, la estabilidad socio-política, el crecimiento económico, etcétera. Además, el efecto sobre las distintas partes de los servicios públicos será distinto, aumentando (en términos *relativos*) la necesidad de servicios de atención sanitaria y reduciendo los servicios dirigidos a los de menor edad (como colegios y parques infantiles).

### 2.2.3   El diamante de Porter

La sección anterior ha mostrado cómo se pueden identificar los motores clave del cambio utilizando el análisis PESTEL y analizando cómo afectan estos factores al entorno competitivo más inmediato. La importancia relativa de estos factores y de su efecto combinado sobre el entorno competitivo variará en función de los países. Un ejemplo de la importancia de este hecho en el contexto de la competencia global aparece en el libro de Michael Porter, *The Competitive Advantage of Nations*[6]. Lo que se ha dado en llamar como el **diamante de Porter** sugiere que hay razones inherentes por las que algunas naciones son más competitivas que otras, y por las que hay algunas industrias dentro de las naciones que son más competitivas que otras (*véase* Cuadro 2.4.). Este es un nuevo ejemplo de cómo se puede comprender *estratégicamente* el efecto de los factores del macroentorno sobre el entorno competitivo.

Porter sugiere que las condiciones del país de origen de una organización desempeñan un papel importante para crear ventajas a escala global. El país de origen ofrece factores sobre los que pueden crecer las organizaciones y ampliarse para obtener dicha ventaja:

El **diamante de Porter** sugiere que hay razones inherentes por las que algunas naciones son más competitivas que otras, y por las que hay algunas industrias dentro de las naciones que son más competitivas que otras.

- Pueden existir *condiciones* específicas *de los factores* que ayudan a explicar la base de la ventaja en el ámbito nacional. Estas condiciones ofrecen unas ventajas iniciales sobre las que se crece obteniendo así mejores factores de competencia. Por ejemplo, en países como Suecia y Japón en los que, ya sea por las leyes o por las costumbres, resulta difícil despedir a los trabajadores, ha habido una mayor tendencia a la automatización de las industrias. Igualmente, la capacidad lingüística de los suizos les ha ofrecido una significativa ventaja en la industria bancaria.

- Las *condiciones de la demanda* interna ofrecen la base sobre la que se crean las características de la ventaja de una organización. Por ejemplo, las elevadas expectativas de los consumidores japoneses de equipos eléctricos y electrónicos ha provocado un mayor ímpetu de esas industrias en Japón, lo que ha permitido el dominio global de esos sectores.

- El tener éxito en una industria puede dar lugar a una ventaja en otras *industrias relacionadas o de apoyo*. Por ejemplo, en Italia, la industria del calzado de cuero, la industria de maquinaria del cuero, y los servicios de diseño que atienden a esas industrias se benefician mutuamente. En Singapur, los servicios portuarios y las industrias de reparación de buques también se benefician mutuamente.

**Cuadro 2.4** El diamante de Porter: los determinantes de la ventaja nacional

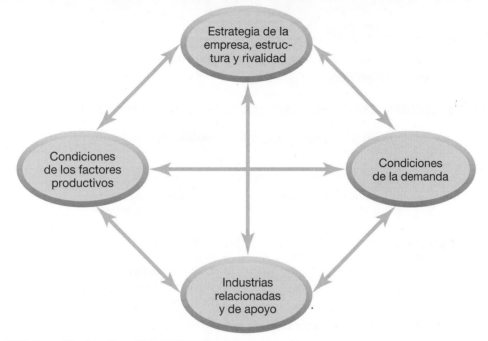

*Fuente:* PORTER, M. (1990): *Competitive Advantage of Nations.* Macmillan.

● Las características de la *estrategia de la empresa,* y de la *estructura y rivalidad* de la industria en los distintos países también ayudan a explicar las bases de la ventaja. En Alemania, la propensión a disponer de procesos de dirección sistemáticos y a menudo jerárquicos, ha permitido tener un éxito notable en cuanto a fiabilidad y excelencia técnica en las industrias de ingeniería. La rivalidad interna y la búsqueda de ventajas competitivas dentro de un mismo país puede ofrecer a las organizaciones la base para lograr esa ventaja en una escala más global. Entre los ejemplos cabe destacar las industrias cerveceras de los Países Bajos y Dinamarca (*véase* el caso de ejemplo al final del capítulo) y la industria farmacéutica en Suiza.

El diamante de Porter se ha utilizado de diversas maneras. A escala nacional ha sido utilizado por los países y gobiernos para analizar las políticas que deberían aplicar para fomentar la ventaja competitiva de sus industrias. Puesto que el argumento, en esencia, es que las características nacionales de la competencia deberían ofrecer ventajas a escala más amplia, la consecuencia es que se debe fomentar la competencia en el país, en vez de proteger a las industrias de la competencia externa. Sin embargo, los gobiernos también pueden potenciar esta ventaja para garantizar, por ejemplo, elevadas expectativas sobre el rendimiento de los productos, la seguridad o los estándares medioambientales; o fomentando la cooperación vertical entre proveedores y compradores en el ámbito nacional, lo que podría dar lugar a la innovación.

Las consecuencias del diamante de Porter también se pueden aplicar a la competitividad relativa de las distintas regiones dentro de un mismo país. Así, el debate se ha ampliado para tener en cuenta la importancia de los *clusters*[7] de organizaciones de la misma industria/sector en una misma área dentro de los países: una consideración importante para la política económica regional. Pero la política económica regional

**Ilustración 2.3**                    e s t r a t e g i a   e n   a c c i ó n

# Creación de escenarios

*La industria editorial y la industria energética tienen entornos cambiantes difíciles de predecir a partir de la experiencia o el análisis histórico.*

## (A) LA INDUSTRIA EDITORIAL: ESCENARIOS DE LAS CONFIGURACIONES DE LOS FACTORES

### Paso 1: identificar los factores de gran impacto y gran incertidumbre del entorno

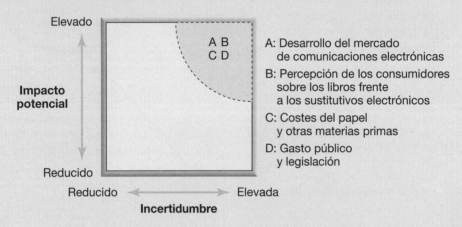

A: Desarrollo del mercado de comunicaciones electrónicas

B: Percepción de los consumidores sobre los libros frente a los sustitutivos electrónicos

C: Costes del papel y otras materias primas

D: Gasto público y legislación

### Paso 2: identificación de los posibles futuros, por factor

A: (i)   Cambio rápido
   (ii)  Cambio moderado

B: (i)   Favorable
   (ii)  Desfavorable

C: (i)   Elevados y crecientes
   (ii)  Estables

D: (i)   A favor de los libros
   (ii)  A favor de los medios electrónicos

### Paso 3: creación de escenarios a partir de las posibles cofiguraciones de los factores

*Escenario 1: no hay grandes cambios*

Las percepciones favorables de los consumidores de los libros frente a los sustitutivos electrónicos (B(i)) se ven

respaldadas por el gasto público y la legislación (D)(i)). Hay un cambio moderado en el desarrollo de los mercados de comunicaciones electrónicas (A(ii)) y costes estables del papel y de las demás materias primas (C(ii)).

*Escenario 2: caos electrónico*

Los rápidos cambios en el desarrollo de los mercados de comunicaciones electrónicas (A(i)) se ven fomentados por el gasto público y la legislación a favor de los medios electrónicos (D(ii)). Además, las desfavorables percepciones de los consumidores sobre los libros frente a los sutitutivos electrónicos (B(ii)) se combinan con elevados y crecientes costes del papel y de otras materias primas (C(i)).

*Escenario 3: sociedad de la información*

La estable percepción de los consumidores de los libros frente a los sustitutivos electrónicos (B(ii)), el moderado

también se ocupa de la supresión de aquellas circunstancias desventajosas y/o de la atracción de inversiones a nuevos sectores para las regiones deprimidas económicamente. El marco del diamante de Porter también puede resultar útil en este sentido.

Las organizaciones individuales también han utilizado el diamante de Porter para intentar identificar el grado en que pueden aprovechar las ventajas nacionales para crear una ventaja competitiva respecto a sus competidores en el frente global. Por ejemplo, las cambio en el desarrollo de los mercados de comunicaciones electrónicas (A(ii)) y el gasto público y la legislación a favor de los libros son favorables (D(i)). Sin embargo, preocupa el elevado y creciente coste del papel y de las demás materias primas (C(i)).

## (B) ESCENARIOS TEMÁTICOS PARA EL SECTOR ENERGÉTICO BRITÁNICO

Para demostrar la aplicación práctica de la planificación de escenarios se creó un grupo de trabajo en la Sociedad Británica de Planificación Estratégica en el año 2003. Este grupo de trabajo analizó los escenarios futuros del sector de la energía en Gran Bretaña y desarrolló tres para el periodo que abarca hasta el año 2050:

### Un futuro barato

Este escenario prevé nuevas tecnologías de almacenaje y transmisión reduciendo el énfasis en la capacidad de generación y en la gestión de la energía. El futuro traerá una nueva generación en la fuente del combustible, importación de la energía y almacenaje local. El gobierno tiene una política energética motivada por cuestiones económicas.

### La aldea verde

En este escenario habrá nuevas formas de generación de energía, pero con una cultura provinciana que quiere que la producción se haga a pequeña escala y en el ámbito local. El énfasis se pondrá en la concesión de subsidios y en el desarrollo de nuevas tecnologías «verdes». Se analizarán todas las oportunidades de generación local de energía, tecnologías renovables y calefacción central. Es probable que los gobiernos tengan una prioridad social.

### Nuevo mundo

El último escenario prevé un futuro de células de combustible para un almacenaje casi ilimitado, pérdidas energéticas en la transmisión casi nulas, y muchas nuevas formas de generación (por ejemplo, energías renovables, nucleares, de hidrógeno y de generación local). La cultura

será empresarial, con una tecnología muy avanzada, movida por el consumidor y orientada al mercado. El gobierno desarrolla una política económica no intervencionista.

Aunque los escenarios parecen independientes, surgen algunos temas comunes y factores clave. Todos los escenarios preveían un aumento a corto plazo de los precios de la electricidad debido a la creciente dependencia del combustible importado. El impacto potencialmente importante sobre el sector de las nuevas tecnologías de transmisión y almacenaje era, claramente, crítico. Estos son los motores clave que darán lugar a importaciones más baratas reduciendo la necesidad de la generación de energía en el ámbito nacional (lo que afecta a las industrias del gas y del carbón). Además, las mejoras en el almacenaje de la energía aumentarán en gran medida el atractivo de las energías renovables y cambiarán las reglas del mercado de la energía. Todos los escenarios mostraban que, si no se produjeran estos adelantos tecnológicos, el aumento de los costes fomentaría un entorno de aldea. Pero en dos de los escenarios la postura del gobierno era económica, lo que podría no ser sostenible en este caso. Sería esencial volver a pensar en la competencia y tener acceso a los mercados británicos.

Evidentemente, el amplio abanico de cuestiones identificadas en estos escenarios tendría una diversidad de efectos sobre las distintas partes interesadas de las industrias. También sería necesario analizar estas cuestiones con detalle.

*Fuente:* Shaukat, A. y Ringland, G. (2003): «Imagine». *Utility Week*, vol. 20, n.º 11. Pp. 20–21.

---

**Pregunta**

Elija otra industria con la que esté familiarizado (o la industria cervecera del caso final del capítulo) y construya dos o tres escenarios sobre el futuro utilizando uno o los dos planteamientos de esta ilustración.

---

cerveceras holandesas (como Heineken) se han beneficiado de las primeras tendencias a la globalización gracias a la naturaleza del mercado interno holandés (*véase* el caso de ejemplo al final del capítulo). Benetton, la empresa de ropa de moda italiana, ha logrado un éxito global utilizando su experiencia para trabajar en una red de fabricantes independientes, a menudo empresas familiares, para crear así su red de tiendas en régimen de franquicia utilizando avanzados sistemas de información.

### 2.2.4   Creación de escenarios[8]

Cuando hay un gran nivel de incertidumbre en el entorno empresarial, debido bien a la complejidad o bien al rápido cambio (o a ambos factores), puede resultar imposible desarrollar un punto de vista único sobre cómo influye el entorno en las estrategias de la organización. Así pues, será necesario utilizar un planteamiento distinto para comprender el impacto futuro del entorno. Los **escenarios** son descripciones detalladas y posibles de cómo se puede desarrollar el entorno empresarial de una organización en el futuro, a partir de la agrupación de influencias claves del entorno y de los motores de cambio sobre los que hay un gran grado de incertidumbre. Por ejemplo, en las industrias relacionadas con la energía, dados los plazos de realización y los costes de prospección, es necesario tener una perspectiva del entorno empresarial a veinte años, o incluso más. Aunque hay una amplia variedad de cuestiones relacionadas con el entorno que son relevantes, hay algunas, como la disponibilidad de materias primas, las tecnologías de transmisión y almacenaje, y los posibles precios y demandas, que tienen una importancia crucial. Evidentemente, no es posible prever estos factores con precisión en un horizonte temporal de veinte o más años, pero puede resultar muy valioso tener distintas perspectivas de los posibles futuros. En otras industrias el grado de incertidumbre es muy elevado incluso para horizontes temporales mucho más cortos, por lo que también será valioso disponer de una planificación de escenarios. La planificación de escenarios no pretende predecir lo impredecible y, por tanto, considera múltiples futuros igualmente posibles. Estos escenarios no se definen únicamente a partir de una intuición; tienen una coherencia lógica, pero distinta en cada escenario, como se muestra en la Ilustración 2.3.

Cuando se comparten y se debaten estos escenarios se logra mejorar el aprendizaje de la organización, obligando a que los directivos sean más receptivos a estas fuerzas en el entorno empresarial y más consciente de lo que realmente es importante. Los directivos también deberían evaluar y desarrollar estrategias (o planes de contingencias) para cada escenario. También deben hacer un seguimiento del entorno para ver cómo se está desarrollando de hecho y ajustar sus estrategias y planes en función de dicho desarrollo.

La Ilustración 2.3 ofrece dos ejemplos de cómo se puede llevar a cabo el proceso de planificación de escenarios. Se puede ver que los supuestos sobre cuáles son los motores clave del entorno empresarial resultan esenciales para el proceso de creación de escenarios. Es importante que se mantenga reducido el número de supuestos e incertidumbres para evitar una complejidad excesiva en el análisis. Esto se puede conseguir, por ejemplo, centrándose en aquellos factores que (i) tienen un elevado efecto potencial y (ii) son inciertos (como los cuatro factores identificados en la Ilustración 2.3(a) sobre la industria editorial). Cada uno de estos factores puede tener distintos futuros (de nuevo, *véase* la Ilustración 2.3(a)). Estos factores pueden «combinarse» para crear escenarios sobre el futuro, como los tres que se muestran en la Ilustración 2.3(a). Si el número de factores es elevado, es posible que los escenarios no «surjan» fácilmente. Es posible que estén más relacionados con el «tono» del futuro; por ejemplo, (i) un futuro optimista y un futuro pesimista, o (ii) según las cuestiones dominantes, como la energía en el Reino Unido (Ilustración 2.3(b)). En cualquier caso, los defensores de los escenarios afirman que se debe evitar asignar probabilidades a los factores: da a los escenarios una precisión espuria que no resulta útil para el objetivo.

En resumen, los escenarios son especialmente útiles cuando es importante adoptar una visión de la estrategia a largo plazo, probablemente con un mínimo de cinco años; cuando hay un número limitado de factores clave que afectan al éxito de dicha estrategia; y cuando hay un elevado grado de incertidumbre sobre dichas influencias.

---

**Escenarios** son descripciones detalladas y posibles de cómo se puede desarrollar el entorno empresarial de una organización en el futuro, a partir de la agrupación de influencias claves del entorno y de los motores de cambio sobre los que hay un gran grado de incertidumbre.

## 2.3 INDUSTRIAS Y SECTORES

La sección anterior analizaba cómo las fuerzas del macroentorno pueden influir sobre el éxito o el fracaso de las estrategias de una organización. Pero el efecto de estos factores generales tiende a mostrarse en el entorno más inmediato a través de cambios en las fuerzas competitivas que actúan sobre las organizaciones. Un aspecto importante para la mayoría de las organizaciones será la competencia dentro de su industria o sector. La teoría económica define una **industria** como un «grupo de empresas que fabrica el mismo producto principal»[9] o, de forma más general, «un grupo de empresas que fabrica productos que son sustitutivos cercanos entre sí»[10]. Este concepto de industria se puede ampliar a los servicios públicos mediante el concepto de *sector*. Los servicios sociales, la atención sanitaria o la educación también tienen muchos proveedores del mismo tipo de servicios. Desde la perspectiva de la dirección estratégica resulta útil que los directivos de cualquier organización comprendan las fuerzas competitivas que actúan sobre las organizaciones y, entre ellas, en la misma industria o sector, puesto que esto determinará el atractivo de esa industria y la forma en que las organizaciones individuales pueden competir. Puede permitir informar importantes decisiones sobre la estrategia del producto/mercado y si hay que abandonar o entrar en las industrias o sectores.

Es importante recordar que los límites de una industria pueden estar cambiando, por ejemplo, por la *convergencia* de «industrias» que anteriormente estaban separadas, como ocurre en el caso de la informática, las telecomunicaciones y el ocio. La **convergencia** se produce cuando industrias que anteriormente eran independientes empiezan a solaparse en cuanto a sus actividades, tecnologías, productos y consumidores[11]. Hay dos conjuntos de «fuerzas» que pueden dar lugar a una convergencia. Primero, la convergencia puede deberse a la oferta; cuando las organizaciones empiezan a comportarse como si existieran relaciones entre las industrias o sectores independientes. Esto es muy frecuente en los servicios públicos, donde se agrupan y desagrupan continuamente los sectores en distintos ministerios con nombres que no dejan de cambiar («Educación», «Educación y Ciencia», «Educación y Habilidades», etcétera). Este tipo de convergencia puede deberse a factores externos al entorno empresarial. Por ejemplo, los gobiernos pueden fomentar u obstaculizar la convergencia mediante la regulación (o lo contrario), un factor primordial en el sector de los servicios financieros de muchos países. Los límites de una industria también pueden desaparecer por otras fuerzas del macroentorno. Por ejemplo, el comercio electrónico está suprimiendo los límites del comercio minorista tradicional ofreciendo a los productores nuevas formas de comercializar sus productos, o formas complementarias, lo que ahora se empieza a denominar como nuevos «modelos de negocio»[12], como las páginas Web o las subastas por Internet (como se analizará en la Sección 9.3). Pero la auténtica prueba de fuego de estos cambios es el grado en que los consumidores consideran que tienen ventajas derivadas de cualquiera de este tipo de convergencias por el lado de la oferta. Así pues, en segundo lugar, la convergencia también se puede producir por el lado de la demanda (fuerzas del mercado), de forma que los consumidores empiezan a comportarse como si las industrias hubieran convergido. Por ejemplo, empiezan a *sustituir* un producto por otro (por ejemplo televisores y PC). O empiezan a ver relaciones entre productos complementarios que quieren «agrupar». Un paquete vacacional constituye un ejemplo de agrupación de viajes en avión, hoteles y actividades de ocio para crear un nuevo segmento de mercado en la industria del turismo (la importancia de los segmentos de mercado se analizará con más detalle en la Sección 2.4). La Ilustración 2.4 ofrece un ejemplo de cómo la convergencia ha creado todo un nuevo sector y algunos de los retos estratégicos que ello ha planteado.

**Industria** es un grupo de empresas que fabrica el mismo producto principal.

**Convergencia** se produce cuando industrias que anteriormente eran independientes empiezan a solaparse en cuanto a sus actividades, tecnologías, productos y consumidores.

# Bioinformática: convergencia de las ciencias sobre la salud y otras tecnologías

*Los cambios del entorno empresarial pueden crear oportunidades a medida que convergen las industrias. Pero esto también plantea otra serie de cuestiones estratégicas sobre cómo se pueden aprovechar estas oportunidades en la práctica.*

A mediados de la década de 2000, la industria de las ciencias de la salud estaba relacionándose cada vez más con otros sectores como la informática, los productos químicos refinados y la agricultura. Tras haberse logrado identificar totalmente el genoma humano, los líderes de la industria se encontraban en un proceso de coordinación y capitalización del conocimiento sobre los genes, las proteínas y los azúcares. El campo donde mayor convergencia había era el de las tecnologías de la información. Esta convergencia estaba creando la capacidad de almacenar una compleja información genética humana y manipular un gran volumen de datos. Esto también permitía mejoras en la comprensión de las enfermedades a nivel molecular (por ejemplo, los genes anormales). A su vez, esto ha permitido que las empresas farmacéuticas y de biotecnología desarrollen tecnologías informáticas para descubrir y procesar fármacos «objetivo». Puesto que se gastan casi 880 millones de dólares (unos 765 millones de euros) todos los años en el desarrollo de fármacos (se estima que aproximadamente el 75 por ciento se gasta en fármacos que no tienen éxito), el potencial para la reducción de costes y para un mayor desarrollo de los productos es enorme.

Pero la convergencia potencial también estaba planteando algunas cuestiones estratégicas difíciles. Por ejemplo, se planteaban cuestiones éticas sobre la privacidad de los individuos y sobre la posibilidad de que un uso generalizado de «soluciones» de alta tecnología alimentara todavía más la desviación hacia lo que se ha denominado un sistema sanitario de dos velocidades (ricos y pobres). También había importantes cuestiones relativas a la política pública, por ejemplo sobre la regulación y acciones gubernamentales (ambas cuestiones se analizan en el Capítulo 4). Tampoco estaba claro el proceso por el que se produciría la convergencia. ¿Sería a través de nuevas empresas bioinformáticas centradas en este nuevo campo? ¿O se produciría mediante alianzas y asociaciones de los actuales «jugadores» de los distintos sectores? ¿O tal vez se lograría mediante un proceso de consolidación a medida que unos pocos «jugadores» creaban capacidades bioinformáticas mediante adquisiciones o fusiones? (estas cuestiones se analizan en la Sección 7.3 del Capítulo 7).

Tampoco se podría disfrutar de las ventajas de esta convergencia salvo que se crearan nuevas relaciones con los usuarios de estos adelantos tecnológicos: el sector de la atención sanitaria. Por lo general, el ritmo de cambio en este sector era mucho más lento, y en muchos países era fundamentalmente parte del sector público con una estructura muy próxima a la del monopolio (como ocurre con el Servicio Nacional de Salud en el Reino Unido). Así pues, se planteaban cuestiones sobre la creación de relaciones entre dos tipos de culturas muy diferentes (las empresas bioinformáticas del sector privado y el sistema sanitario más burocrático). Estas cuestiones se analizan en los Capítulos 4 y 10.

*Fuente:* adaptado de la página Web de Ernst & Young, 2003.

### Preguntas

1. ¿Qué factores están impulsando el desarrollo de la bioinformática mediante la convergencia?
2. En su opinión, ¿cómo se producirá la convergencia para desarrollar aún más este sector?
3. ¿Cuáles son los peligros que acechan a una organización que tiene un planteamiento activo para convertirse en líder de la industria de la bioinformática?

El resto de esta sección se fija en las fuerzas que conforman la competencia en una industria o sector.

## 2.3.1    Fuentes de competencia: el modelo de las cinco fuerzas

Inherente a este concepto de estrategia se encuentra la cuestión relativa a la competitividad. En el mundo empresarial, se trata de lograr ventajas sobre los competidores; en el sector público, puede consistir en una excelencia demostrable dentro del sector y/o en una ventaja en la obtención de recursos (es probable que ambas estén relacionadas entre sí). Normalmente, los directivos tienen un planteamiento común y provinciano sobre las fuentes de la competencia, prestando atención normalmente a sus rivales competitivos directos (como se analizará más adelante). Pero hay otros muchos factores en el entorno que afectan a esta competitividad. El **modelo de las cinco fuerzas**[13] de Porter se desarrolló inicialmente como una forma para evaluar el atractivo (potencial de beneficios) de distintas industrias. Como tal, puede resultar útil para identificar las fuentes de la competencia en una industria o sector (*véase* Cuadro 2.5). Aunque inicialmente se aplicó pensando en las empresas privadas, tiene valor para la mayoría de las organizaciones.

El **modelo de las cinco fuerzas** ayuda a comprender las fuentes de la competencia en una industria o sector.

| Cuadro 2.5 | El modelo de las cinco fuerzas |
| --- | --- |

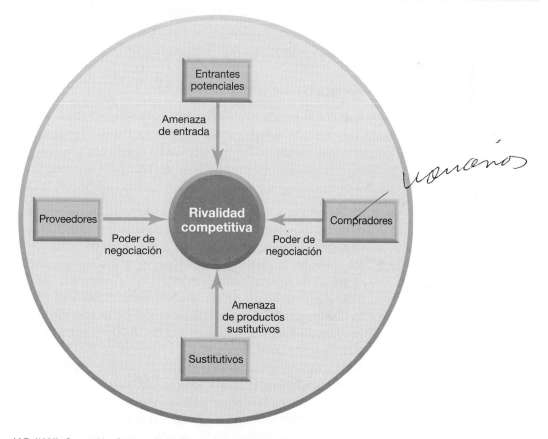

*Fuente:* adaptado de PORTER, M.E. (1980): *Competitive Strategy: Techniques for Analyzing Industries and Competitors.* © 1980 Free Press. P. 4. Copyright de The Free Press, una división de Simon & Schuster Inc. Reproducido con autorización.

Cuando se utiliza este modelo para comprender las fuerzas competitivas, es esencial recordar lo siguiente:

- Hay que aplicarlo en el ámbito de las *unidades estratégicas de negocio* (tal y como se han definido en el Capítulo 1 y como se analizan exhaustivamente en los Capítulos 5 y 6) y no en el ámbito de toda la organización. Esto se debe a que las organizaciones pueden tener diversas operaciones y actuar en distintos mercados. Por ejemplo, una compañía aérea puede competir simultáneamente en distintos ámbitos, como el transporte nacional e internacional, y dirigirse a distintos grupos de consumidores, como los turistas, los hombres de negocios y el transporte de mercancías. El efecto de las fuerzas competitivas puede ser distinto para cada una de estas UEN.

- La comprensión de estas *relaciones* entre las fuerzas competitivas y los motores clave en el macroentorno (*véase* la Sección 2.1 anterior) resulta esencial. Por ejemplo, los cambios tecnológicos pueden eliminar muchas ventajas competitivas y barreras que han protegido históricamente a las organizaciones. En los servicios públicos puede ocurrir lo mismo debido a cambios políticos (como un nuevo gobierno).

- Las cinco fuerzas *no son independientes* entre sí. Las presiones en un sentido pueden desencadenar cambios en otro, en un proceso dinámico que altera las fuentes de la competencia. Por ejemplo, los potenciales nuevos entrantes que se encuentran bloqueados pueden encontrar nuevas vías al mercado evitando los canales tradicionales de distribución y vendiendo directamente a los consumidores.

- El comportamiento competitivo puede intentar *eliminar* estas fuerzas, en vez de limitarse a acomodarse a las mismas. En la Sección 2.3.3 se analizará con más detalle esta imagen dinámica de la competencia.

Teniendo presentes estos matices, las cinco fuerzas constituyen un útil punto de partida para comprender las fuerzas competitivas.

### La amenaza de entrada

**Barreras de entrada** son factores que tienen que superar los nuevos entrantes si quieren competir con éxito.

La amenaza de entrada dependerá del grado en que existan **barreras de entrada**. Estas barreras son factores que tienen que superar los nuevos entrantes si quieren competir con éxito. Deben considerarse como *retrasos* en la entrada, y no como barreras permanentes a determinados entrantes potenciales. Es posible que eviten la entrada de algunos entrantes potenciales pero no de otros. Las barreras típicas son las siguientes:

- *Las economías de escala*. En algunas industrias, las economías de escala son extremadamente importantes: por ejemplo, en la producción de automóviles, en la distribución (por ejemplo, en la industria cervecera) o en ventas y marketing (por ejemplo, los costes de la publicidad de bienes de consumo que evolucionan rápidamente). Como se ha analizado anteriormente, la globalización suele deberse a estas ventajas globales. Pero la escala económicamente viable está disminuyendo en muchas industrias gracias al cambio de los «modelos de negocio». Por ejemplo, la banca por Internet requiere tan solo disponer de 10.000 clientes para ser viable (sobre todo si provienen de un nicho rentable). Esto erosiona esta barrera de entrada.

- *El requisito de capital para la entrada*. El coste de capital de la entrada dependerá de la tecnología y de la escala. El coste de crear una empresa punto.com con instalaciones alquiladas es mínimo cuando se compara con el coste de, por ejemplo, entrar en industrias intensivas en capital como las químicas, energéticas o mineras. La globalización también pueden provocar que algunas empresas se hagan vulnerables a la entrada de empresas del extranjero cuyo coste de capital es inferior.

- *El acceso a los canales de abastecimiento o distribución.* En muchas industrias los fabricantes tienen control sobre los canales de abastecimiento y/o distribución. Algunas veces este control se deriva de una propiedad directa (integración vertical); otras, es meramente una cuestión de lealtad de los consumidores o proveedores. En algunas industrias, los nuevos entrantes han superado esta barrera absteniéndose de utilizar los distribuidores minoristas y vendiendo directamente a los consumidores a través del comercio electrónico (por ejemplo, Dell Computers y Amazon).

- *Lealtad de los consumidores o de los proveedores.* Resulta difícil para un competidor entrar en una industria si hay uno o más operadores establecidos que se conocen bien entre sí o que tienen buenas relaciones con los compradores y proveedores clave.

- *Experiencia.* Los primeros entrantes en una industria adquieren experiencia antes que los demás. Esto puede ofrecerles ventajas en cuanto a costes y/o lealtad de los consumidores/proveedores (este fenómeno está relacionado con el concepto de la «curva de experiencia» y se analiza con más detalle en el Capítulo 3, Sección 3.3 y Cuadro 3.4). Por supuesto, esta experiencia es menos valiosa cuando el ciclo de vida del producto se reduce y puede no tener ningún valor cuando se produce alguna perturbación importante. En muchos países, la apertura de los servicios públicos a las fuerzas de la competencia es un buen ejemplo de cómo la experiencia acumulada en la negociación con los proveedores de fondos desaparece rápidamente debido a la falta de experiencia en la buena «atención al cliente».

- *Represalias esperadas.* Si una organización que está analizando la posibilidad de entrar en una industria cree que se pueden producir represalias por parte de una empresa existente y que estas serán tan importantes que impedirán la entrada, o implicarán que la entrada sea demasiado cara, estas represalias también constituirán una barrera a la entrada. No sería muy sensato intentar entrar en la industria de los cereales para el desayuno y competir con Kellogg's a no ser que se preste mucha atención a una estrategia para evitar las represalias. Esta relación dinámica entre los que ya están en la industria y los nuevos entrantes potenciales se analizará con más detalle en la Sección 2.3.3. En los mercados globales estas represalias pueden producirse en muchos «puntos» o localizaciones diferentes.

- *La legislación o las acciones gubernamentales.* Las restricciones legales a la competencia varían, desde la protección de las patentes hasta la regulación de los mercados (por ejemplo, en la industria farmacéutica y en las compañías de seguros), a través de las acciones directas del gobierno. Por supuesto, los directivos que han estado en entornos que han sido protegidos hasta ahora pueden tener que afrontar las presiones de la competencia por primera vez si los gobiernos eliminan dichas protecciones. Por ejemplo, en la década de los noventa muchos servicios públicos, como las telecomunicaciones, la electricidad y el suministro de gas, así como los sistemas ferroviarios, que tradicionalmente habían funcionado como monopolios estatales, tuvieron que hacer frente a una creciente desregularización y/o privatización.

- *Diferenciación.* Por diferenciación se entiende la provisión de un producto o servicio considerado por el usuario como un producto o servicio que tiene un mayor valor percibido que el de la competencia; su importancia se analizará con más detalle en el Capítulo 5. La gama de productos puede crear una diferenciación si los consumidores otorgan importancia a la adquisición de un paquete en vez de comprar artículos por separado. En las industrias que dependen de proyectos, como la construcción, puede ser muy importante. Sin embargo, la diferenciación puede verse erosionada si los competidores son capaces de imitar la oferta y/o reducir la lealtad del consumidor.

La Ilustración 2.5 muestra las barreras a la entrada y otras fuerzas competitivas en la industria de la telefonía móvil.

## La amenaza de sustitutivos

**La sustitución** reduce la demanda de una determinada «clase» de productos porque los consumidores cambian entre cada alternativa, hasta el punto de que determinada clase de productos o servicios termina siendo obsoleta. Esto depende de que el producto sustitutivo ofrezca un beneficio o valor percibido superior. La sustitución puede adoptar diversas formas:

*La sustitución reduce la demanda de una determinada «clase» de productos porque los consumidores cambian entre cada alternativa.*

- Puede existir una *sustitución de producto-por-producto:* por ejemplo, el correo electrónico está sustituyendo los servicios de correo. Esto puede deberse a la convergencia de sectores que previamente estaban separados, tal y como se ha mencionado anteriormente. También puede haber otras organizaciones que actúan como *complementarias*[14], es decir, que tienen productos y servicios que hacen que los productos de una organización sean más competitivos, y viceversa. Esto hace que exista la necesidad de sustituir los productos actuales con regularidad y que surjan nuevas generaciones (mejores) de productos en ambas organizaciones. Intel y Microsoft tienen este tipo de relación. Una mayor capacidad de procesamiento alimenta una demanda de mejores sistemas operativos y aplicaciones de software lo que, a su vez, crea una demanda de mayor velocidad de procesamiento, etcétera.
- Puede que se produzca una *sustitución de la necesidad* de un nuevo producto o servicio, lo que hace que el producto o servicio actual sea innecesario. Por ejemplo, los electrodomésticos más fiables y más baratos reducen la necesidad de disponer de servicios de mantenimiento y de reparación. Las tecnologías de la información ya están afectando significativamente a este sector, ofreciendo a los individuos las herramientas para realizar tareas por sí mismos cuando anteriormente necesitaban a un proveedor de servicios (por ejemplo, los servicios de secretariado o de impresión, mediante transacciones de comercio electrónico).
- La *sustitución general* se produce cuando los productos o servicios compiten por la renta disponible; por ejemplo, los fabricantes de mobiliario para el hogar tienen que competir para lograr que los consumidores particulares adquieran sus productos en vez de los de (entre otros) los fabricantes de televisores, reproductores de vídeo, cocinas, automóviles y vacaciones. Así pues, algunas industrias tienen problemas porque los consumidores deciden que «no las necesitan» y gastan su dinero en otra parte. En el sector público, los distintos servicios (educación, sanidad, defensa, etcétera) compiten para repartirse el gasto público.

## El poder de los compradores y los proveedores

Las siguientes dos fuerzas se pueden analizar juntas porque tienen efectos parecidos al limitar la libertad estratégica de una organización y afectar a sus márgenes (y, por tanto, a su atractivo financiero). Conjuntamente, constituyen la red de valor en la que opera una organización. Este es un importante concepto estratégico que se introducirá en el Capítulo 3 (Sección 3.6.1). Aquí, el análisis se va a limitar a comprender el poder relativo de una organización con sus compradores y proveedores. Es probable que este poder relativo afecte al potencial de beneficio de las distintas partes de una industria (por ejemplo, abastecimiento, producción y distribución).

El *poder de los compradores* será probablemente elevado cuando se cumplan algunas de las siguientes condiciones:

# La industria de la telefonía móvil

*El análisis de las cinco fuerzas ofrece una comprensión de la naturaleza competitiva de una industria.*

## Rivalidad competitiva

En 2004 la rivalidad competitiva entre los operadores se estaba intensificando en la mayoría de los países. En el Reino Unido se estaban ofreciendo múltiples paquetes distintos. Inicialmente, si un consumidor amenazaba con cambiar de operador, los operadores le ofrecían un nuevo teléfono móvil y varios meses de alquiler gratuito de la línea para animarle a quedarse. Sin embargo, a medida que maduraron los mercados, el énfasis se colocó en el precio, la cobertura, los servicios generales al consumidor y la oferta de nuevos productos y servicios (con la aparición de la tecnología 3G).

## Poder de compra

El poder de compra de los consumidores era elevado porque tenían muchas posibilidades para elegir. El peligro para los proveedores era confundir a los consumidores potenciales con ofertas excesivamente complejas. Los operadores independientes (por ejemplo, Carphone Warehouse en el Reino Unido) competían con los que pertenecían a redes de operadores (por ejemplo, Vodafone). Otros ofrecían contratos más baratos con anuncios en los periódicos y en Internet.

## Poder de los proveedores

Los fabricantes de equipos competían por aumentar su cuota de mercado. Antes de la creación de la tecnología 3G, los grandes fabricantes (Nokia, Motorola y Ericsson) estaban preocupados por la posible saturación del mercado. El poder de los proveedores estaba aumentando a medida que el sector se consolidaba mediante alianzas (como la de Casio e Hitachi en 2003). Los operadores tenían que frenar sus avances debido a dificultades de provisión, como en el caso del lanzamiento de los servicios 3G de Hutchison (3-UK) en 2003/4.

## Amenazas de sustitutivos

En la década de los noventa la principal amenaza de sustitución era la «regresión tecnológica» que se produjo cuando los consumidores empezaron a volver a la telefonía tradicional debido al elevado coste de las tarifas de los móviles. En 2000, la reducción de las tarifas y la «necesidad» que tenía todo el mundo de tener un móvil redujo esta amenaza. En 2004 la mayor amenaza era la convergencia entre la telefonía móvil y los denominados PDAs (Personal Digital Assistants) e Internet (por ejemplo, MSN Messenger). Esto podría provocar que tanto las comunicaciones por voz como los mensajes de texto se realizasen a través de Internet, evitando así la utilización de las redes de los operadores de telefonía móvil. Las tecnologías de localización de los móviles (que facilitan que se identifique a la persona que está llamando) podrían fomentar esta «desviación».

## Amenazas de entrada

La amenaza de nuevos entrantes era reducida debido a los enormes costes, tanto de las licencias (22.000 millones de libras esterlinas, unos 33.000 millones de euros, tan solo en el Reino Unido) como de las inversiones generales necesarias para entrar en la nueva tecnología de tercera generación (banda ancha). El poder dependía de quién estuviera a la vanguardia en la tercera generación y tuviera las licencias para operar el servicio. Solo habría una amenaza de nuevos entrantes si cambiaba la política de esta fuerte regulación en el futuro.

Preparado por SHEPHERD, J., Graduate Business School, University of Strathclyde.

### Preguntas

Adoptando la postura de un operador de redes de esta industria (por ejemplo, de Vodafone):

1. ¿Cuáles cree que son las tres principales amenazas para su negocio?

2. ¿Cómo puede responder a cada una para reducir su impacto?

3. Responda a las dos preguntas anteriores desde el punto de vista de un fabricante como, por ejemplo, Nokia.

4. ¿Cuáles son las principales ventajas y limitaciones del análisis de las cinco fuerzas?

- Una *concentración de compradores* se da sobre todo si los volúmenes adquiridos por los compradores son elevados y/o la industria proveedora incluye a un elevado número de pequeños operadores. Es el caso de artículos como la leche en el sector en los alimentos en muchos países europeos, donde unos pocos minoristas dominan el mercado. Si el producto o el servicio representa un elevado porcentaje de las compras totales de los compradores, también es probable que aumente su poder porque es más probable que «comparen precios» para obtener el más barato y por tanto que «presionen» a los proveedores más que si el importe de la compra no fuera importante.

- El *coste de cambiar de proveedor* es reducido o implica pocos riesgos; por ejemplo, si no hay contratos a largo plazo o requisitos de aprobación del proveedor. También se produce en las transacciones de comercio electrónico donde los compradores tienen más capacidad de comparar precios rápidamente y sin ningún riesgo.

- Existe una amenaza de que el *proveedor sea adquirido por el comprador* y/o que el comprador cree un negocio que compita con el del proveedor. Esto se denomina integración vertical hacia atrás y puede ocurrir si no se logran precios o calidades satisfactorias de los proveedores. Por ejemplo, unos pocos grandes fabricantes de ventanas de Estados Unidos y de otras partes han decidido fabricar su propio vidrio presionando así a los fabricantes de vidrio cuando negocian con otros grandes clientes.

Es probable que el *poder de los proveedores* sea elevado cuando:

- Hay una *concentración de proveedores* en vez de una fuente de provisión fragmentada. Suele ser el caso en la aportación de financiación del gobierno central a empresas públicas como el Servicio Nacional de Salud o la BBC en el Reino Unido, que se ha considerado como una de las grandes limitaciones a su desarrollo. Además, el poder de los proveedores aumenta si tienen una amplia gama de consumidores, lo que reduce su dependencia de un único consumidor.

- Los *costes de cambiar* de un proveedor a otro son elevados, tal vez debido a que los procesos de una organización dependen de los productos especializados de un determinado proveedor, como ocurre en la industria aeroespacial, o cuando los productos están claramente diferenciados, como es el caso de los productos de Microsoft. La marca de un proveedor puede ser muy poderosa; por ejemplo, es posible que un comerciante no pueda estar sin una determinada marca en su tienda.

- Existe la posibilidad de que los *proveedores compitan directamente* con sus compradores (esto se denomina integración vertical hacia adelante) si no logran obtener los precios, y por tanto, los márgenes que quieren. El ejemplo del vidrio anterior es interesante porque muchos fabricantes de vidrio han recurrido a esta estrategia y tienen unidades de negocio que procesan y distribuyen el vidrio como un comerciante. Este es también el caso de la siderurgia.

### Rivalidad competitiva

Estas fuerzas competitivas generales (las cuatro flechas del modelo) determinarán la rivalidad competitiva directa entre una organización y sus rivales más inmediatos. Los **rivales competitivos** son organizaciones con productos y servicios parecidos que quieren atender al mismo grupo de consumidores. Hay una serie de factores que afectan al grado de rivalidad competitiva en una industria o sector:

**Rivales competitivos** son organizaciones con productos y servicios parecidos que quieren atender al mismo grupo de consumidores.

- El grado en que los competidores están *equilibrados*. Cuando los competidores son aproximadamente del mismo tamaño existe el peligro de que se produzca una intensa competencia cuando un competidor intenta predominar sobre el otro.

Análogamente, las industrias menos competitivas tienden a ser aquellas en las que hay una o dos organizaciones dominantes y donde las empresas más pequeñas se acomodan a esta situación (por ejemplo, centrando sus actividades en determinados segmentos para evitar la «atención» de las empresas dominantes).

- Las *tasas de crecimiento* de la industria pueden afectar a la rivalidad. La idea del ciclo de vida sugiere que la etapa de desarrollo de una industria o sector es importante para el comportamiento competitivo. Por ejemplo, en situaciones de crecimiento una organización puede esperar lograr crecer mediante el crecimiento del propio mercado; por el contrario, cuando los mercados son maduros, el crecimiento debe lograrse quitando cuota de mercado a los competidores. El Cuadro 2.6 resume algunas de las condiciones que se pueden esperar en distintas etapas del ciclo de vida[15].

- Los *costes fijos elevados* en una industria, tal vez debido a la intensidad en capital, que pueden dar lugar a guerras de precios y a márgenes reducidos si la capacidad de la industria es superior a la demanda porque es imprescindible utilizar las instalaciones a plena capacidad. Si solo se puede crear una capacidad adicional con grandes incrementos (como muchos sectores de las manufacturas, por ejemplo, el acero o el vidrio), el competidor que aumenta su capacidad generará probablemente un exceso de capacidad a corto plazo en la industria elevando así la competencia. Por ello, en algunas industrias los rivales competitivos colaboran en las inversiones para aumentar su capacidad mediante fábricas de propiedad conjunta. Algunas veces, los rivales colaborarán para reducir los costes fijos[16]. Por ejemplo, si las compañías aéreas «prefieren» un nuevo modelo de avión de Boeing o Airbus, todas ellas se beneficiarán de crear un creciente volumen de pedidos potenciales para que el desarrollo sea viable para el constructor de los aviones.

## Cuadro 2.6    El modelo del ciclo de vida

| | Desarrollo | Crecimiento | Reestructuración | Madurez | Declive |
|---|---|---|---|---|---|
| **Usuarios/ compradores** | Pocos: pruebas de los primeros | Creciente: pruebas del producto o servicio | Creciente selectividad en la compra | Saturación de usuarios<br><br>Importancia de la repetición en las compras | Se reduce la utilización |
| **Condiciones competitivas** | Pocos competidores | Entrada de competidores<br><br>Intentos de lograr que se pruebe el producto<br><br>Lucha por conseguir cuota de mercado<br><br>Productos/servicios sin diferenciar | Puede que haya muchos competidores<br><br>Probables descuentos por volumen<br><br>Supresión de los competidores más débiles | Lucha por mantener la cuota de mercado<br><br>Dificultades para ganar/mantener la cuota de mercado<br><br>Énfasis en la eficiencia/costes reducidos | Salida de algunos competidores<br><br>Distribución selectiva |

- Cuando existen *elevadas barreras de entrada* a una industria, de nuevo es probable que exista un exceso de capacidad y, por consiguiente, una mayor competencia. Las barreras de salida pueden ser elevadas por diversas razones. Por ejemplo, debido a las elevadas inversiones en activos fijos no transferibles (frecuentes en las empresas manufactureras) o cuando existen elevados costes relacionados con las reducciones de plantilla.

- De nuevo, la *diferenciación* puede ser importante. En un mercado de materias primas, donde los productos o servicios no están diferenciados, no hay nada que impida que los consumidores pasen de un competidor a otro, elevando así la rivalidad.

## Cuestiones clave derivadas del modelo de las cinco fuerzas

El modelo de las cinco fuerzas se puede utilizar para comprender las fuerzas que actúan en el entorno industrial de una UEN y que requieren una atención especial en el desarrollo de la estrategia. Es importante utilizar el modelo para algo más que la mera redacción de una lista de las mismas. Las siguientes preguntas pueden ayudar a centrar la atención sobre las *implicaciones* de dichas fuerzas:

- ¿Hay algunas industrias que son más *atractivas* que otras? Este era el propósito inicial del modelo de las cinco fuerzas, que afirmaba que una industria es atractiva (en cuanto a su potencial de beneficios) cuando las fuerzas son débiles. Por ejemplo, si la entrada es difícil, los proveedores y/o compradores tienen poco poder y la rivalidad es reducida.

- ¿Cuáles son las *fuerzas subyacentes* en el macroentorno que están impulsando a las fuerzas competitivas? Por ejemplo, el menor coste de la mano de obra de los operadores de servicios y las empresas de software localizadas en la India constituyen tanto una oportunidad como una amenaza para las empresas europeas y estadounidenses. Así pues, tal y como se mencionaba anteriormente, es necesario relacionar las cinco fuerzas con los factores PESTEL.

- ¿Es probable que *cambien* las fuerzas y, en caso afirmativo, cómo cambiarían? Por ejemplo, las empresas farmacéuticas crearon fuertes posiciones en el mercado gracias a su experiencia en la comercialización de fármacos de marca a un conjunto de compradores muy fragmentado, los médicos. Sin embargo, las acciones gubernamentales en muchos países, como la promoción de medicamentos genéricos y la introducción de nuevos protocolos para el tratamiento, los procedimientos de adquisición y las regulaciones de precios, han tenido el efecto de aumentar significativamente las presiones competitivas sobre estas empresas y de obligarlas a volver a analizar sus estrategias competitivas.

- ¿Cuál es la posición de cada *competidor* en relación con estas fuerzas competitivas? ¿Cuáles son sus fortalezas y debilidades respecto a estas fuerzas clave?

- ¿Qué pueden hacer los directivos para *influir* sobre las fuerzas competitivas que afectan a una UEN? ¿Se pueden crear barreras de entrada, se puede aumentar el poder sobre los proveedores o los compradores, hay formas de reducir la rivalidad competitiva? Se trata de preguntas fundamentales relacionadas con la *estrategia competitiva* y serán una parte importante del Capítulo 6.

## 2.3.2 La dinámica de la competencia[17]

La sección anterior se ha fijado en cómo puede surgir la competencia, pero no ha analizado el proceso de la competencia *a lo largo del tiempo*. Es posible que la ventaja competitiva de una organización se erosione debido a un cambio de las fuerzas analizadas anteriormente y/o a que los competidores logren superar las fuerzas adversas. Este proceso de erosión puede verse acelerado por los cambios en el macroentorno, como las nuevas tecnologías, la globalización o la desregulación. Así pues, la ventaja puede ser *temporal,* aunque la velocidad a la que se produce la erosión variará en función de los sectores y a lo largo del tiempo. Las organizaciones pueden reaccionar a esta erosión de su posición competitiva creando lo que se ha denominado el *ciclo de competencia,* tal y como se muestra en el Cuadro 2.7 y se ejemplifica en la Ilustración 2.6.

La Ilustración también muestra que el ciclo puede dar lugar a la escalada de la competencia sobre nuevas bases. Los diversos movimientos y contra movimientos de la competencia en costes/calidad (Cuadro 2.7) hicieron que uno de los agentes pasara a competir en los mercados adyacentes. En el caso de las grandes organizaciones globales la Ilustración 2.6 muestra otra vertiente de la dinámica de la competencia. Los movimientos y respuestas de las organizaciones y de sus competidores pueden producirse simultáneamente en diversos lugares. Así pues, un movimiento competitivo en un ámbito, el agresivo movimiento de la empresa alemana en Francia, no desencadenó una respuesta en ese ámbito (Francia) si no en el territorio nacional del competidor (Alemania). Por ello, la dinámica competitiva entre estas dos organizaciones debe entenderse desde la perspectiva de una competencia en múltiples puntos. Existe cierta evidencia empírica de que esta competencia en múltiples puntos puede reducir la rivalidad competitiva al elevar los costes y riesgos de estos movimientos y estas respuestas[18], por ejemplo, en la industria del transporte aéreo.

Es importante comprender la *velocidad* a la que se producen estos ciclos de la competencia. El proceso es relativamente lento, puede que haya significativos periodos de

## Cuadro 2.7    Ciclos de competencia

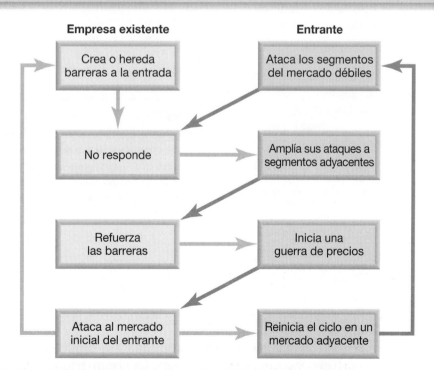

*Fuente:* adaptado de D'Aveni, R. A., con Gunther, R. (1995): *Hyper-Competitive Rivalries: Competing in a Highly Dynamic Environment.* © 1994, Free Press. P. 115.

# Ciclos de competencia

*Los cambios del entorno empresarial y los movimientos de los competidores erosionan la posición competitiva de las organizaciones que, a su vez, responderán con nuevos movimientos. La competencia se produce por ciclos y cualquier ventaja competitiva es temporal.*

Un líder en el sector de bienes de consumo del mercado francés, tras haber logrado importantes barreras a la entrada, estaba disfrutando de buenos rendimientos financieros. Este éxito atrajo la atención de una empresa de bienes de consumo alemana que quería convertirse en un importante jugador en toda Europa (*véase* Cuadro 2.7).

El primer movimiento competitivo de la empresa alemana consistió en centrarse en determinado grupo de edad donde el consumo y la concienciación de la marca eran reducidos. La empresa francesa había limitado sus esfuerzos de marketing a los grupos de edades superiores a los 25 años, y los alemanes vieron la posibilidad de ampliar el mercado al grupo de edades comprendidas entre 18 y 25 años, y dirigieron sus esfuerzos promocionales a ese grupo con cierto éxito. El primer movimiento fue ignorado por la empresa francesa porque no afectaba a sus negocios en ese momento. Sin embargo, utilizando esta cabeza de puente, el segundo movimiento consistió en atacar los segmentos (grupos de edades) atendidos por la empresa francesa. Esto desencadenó una respuesta competitiva para limitar al entrante a su nicho inicial. Para ello, se contrató una campaña de publicidad reforzando la concienciación de la marca en sus segmentos tradicionales.

El nuevo entrante respondió con otra campaña de publicidad y reducciones de precios, minando los márgenes de la empresa francesa. La competencia escaló con el contraataque de los franceses en el mercado alemán. Esta mayor actividad competitiva dio lugar a una erosión de los dos mercados iniciales y a una progresiva fusión de los mercados alemán y francés.

En esta etapa hubiera sido posible que todo este ciclo de competencia se hubiera repetido en un mercado adyacente, como en el del Reino Unido. Sin embargo, lo que ocurrió fue que la empresa alemana dio la oportunidad de alejarse de esta competencia en función del coste/calidad adaptando el producto para que lo utilizaran las empresas. Sus competencias nucleares en I+D permitieron que adaptara el producto al mercado más rápidamente que su rival francés. A continuación consolidó estas ventajas derivadas de ser el primero en mover, construyendo y defendiendo barreras. Por ejemplo, nombró a vendedores de cuentas clave y ofreció ofertas especiales para la contratación y para contratos a tres años.

Sin embargo, este bastión también fue atacado por la empresa francesa desencadenándose un ciclo de competencia análogo al que se hubiera producido en el mercado de consumo; pero la empresa alemana había acumulado importantes reservas financieras para sobrevivir a una guerra de precios, que se inició a continuación. Estaba dispuesta y capacitada para financiar pérdidas durante más tiempo que el competidor francés, que se vio obligado a salir del mercado de los usuarios empresariales.

## Preguntas

1. ¿Podría la empresa francesa haber frenado el ciclo de competencia que se muestra en el Cuadro 2.7?
2. ¿Cómo podría la empresa francesa haber evitado que la alemana elevara el grado de competencia, en su propio beneficio, en el mercado de las empresas?

---

tiempo en los que la competencia en una industria se estabiliza en un patrón bien definido. Por el contrario, cuando la velocidad del ciclo es muy elevada[19], el fenómeno se denomina hipercompetencia.

**La hipercompetencia** se produce cuando la frecuencia, la audacia y la agresividad de los movimientos dinámicos de los competidores se aceleran hasta crear una situación de desequilibrio constante y de cambio continuo. Las implicaciones de cómo se entiende la competencia y cómo pueden responder las organizaciones son extremadamente importantes. Mientras que la competencia en entornos de movimientos más lentos se

**La hipercompetencia** se produce cuando la frecuencia, la audacia y la agresividad de los movimientos dinámicos de los competidores se aceleran hasta crear una situación de desequilibrio constante y de cambio continuo.

centra fundamentalmente en la creación y el mantenimiento de ventajas competitivas que son difíciles de imitar, los entornos hipercompetitivos obligan a las organizaciones a admitir que las ventajas serán temporales. La competencia también puede perturbar el *statu quo* de forma que nadie es capaz de mantener una ventaja a largo plazo en nada. Así pues, la ventaja competitiva a más largo plazo se obtiene mediante una sucesión de movimientos con consecuencias a más corto plazo. En la Sección 5.5 se analizará la forma en que las condiciones del mercado pueden afectar a los movimientos competitivos.

Es necesario señalar que parte de la evidencia empírica demuestra que los mercados, en general, no tienden a ser hipercompetitivos[20], aunque este hecho no reduce la relevancia del concepto.

## 2.4  COMPETIDORES Y MERCADOS

Es posible que la industria o el sector sea un ámbito demasiado general para comprender con detalle la competencia. Por ejemplo, tanto Ford como Morgan Cars se encuentran en la misma industria (los automóviles) pero, ¿son competidores? La primera es una multinacional que cotiza en Bolsa mientras que la segunda es propiedad de una familia británica y fabrica unos 500 automóviles al año, concentrándose en un nicho especializado del mercado en el que los consumidores quieren automóviles fabricados a mano y están dispuestos a esperar hasta cuatro años para conseguir uno. En una industria determinada puede haber muchas empresas y cada una tiene distintas capacidades y compite en función de distintas variables. Este es el concepto de *grupos estratégicos*. Pero la competencia se produce en mercados que no están confinados a los límites de una industria y es casi seguro que se producirán importantes diferencias en cuanto a las expectativas de los distintos grupos de consumidores. Este es el concepto de *segmentos de mercado.* La relación entre ambas cuestiones deriva de entender lo que los *consumidores valoran*. A continuación se van a analizar estos tres conceptos.

### 2.4.1  Grupos estratégicos[21]

**Los grupos estratégicos** son organizaciones dentro de una industria o sector con características estratégicas parecidas, que aplican estrategias parecidas o que compiten utilizando las mismas variables. Estas características son distintas de las de otros grupos estratégicos en la misma industria o sector. Por ejemplo, en el sector de las tiendas de ventas de alimentos, los supermercados, las tiendas que abren 24 horas al día y las tiendas de ultramarinos constituyen tres grupos estratégicos distintos. Puede haber muchas características diversas que diferencian a los distintos grupos estratégicos, pero se pueden agrupar en dos grandes categorías (*véase* Cuadro 2.8)[22]. Primero, el *alcance* de las actividades de una organización (como la gama de productos, la cobertura geográfica y los diversos canales de distribución utilizados). Segundo, el *compromiso de recursos* (como marcas, gestión de marketing y grado de integración vertical). Cuáles son las características especialmente relevantes para determinada industria dependerá de la historia y el desarrollo de esa industria y de las fuerzas que están actuando en el entorno. En la Ilustración 2.7, la Figura 1 muestra un mapa de grupos estratégicos de los principales oferentes de MBA en los Países Bajos en 2004.

**Los grupos estratégicos** son organizaciones dentro de una industria o sector con características estratégicas parecidas, que aplican estrategias parecidas o que compiten utilizando las mismas variables.

## Cuadro 2.8   Algunas características para identificar grupos estratégicos

Resulta útil considerar el grado en que las organizaciones se *diferencian* entre sí en función de las siguientes **características**:

### Alcance de las actividades

- Grado de diversidad del producto (o servicio)
- Amplitud de la cobertura geográfica
- Número de segmentos del mercado que se atienden
- Canales de distribución utilizados

### Compromiso de recursos

- Amplitud (número) de **marcas**
- **Esfuerzo de marketing** (por ejemplo, amplitud de la publicidad, tamaño del personal de ventas)
- Grado de **integración vertical**
- **Calidad** del producto o servicio
- **Liderazgo tecnológico** (líder o seguidor)
- **Tamaño** de la organización

*Fuente:* a partir de Porter, M. E. (1980): *Competitive Strategy.* Free Press; y McGee, J. y Thomas, H. (1986): «Strategic groups: theory, research and taxonomy». *Strategic Management Journal,* vol. 7, n.º 2. Pp. 141-160.

Este concepto resulta útil de diversas maneras:

- Ayuda a comprender quiénes son los competidores más directos de una organización en particular. Además se centra en la variable esencial de la rivalidad competitiva dentro de cada grupo estratégico y en cómo varía de un grupo a otro. Por ejemplo, las universidades tradicionales estaban compitiendo utilizando las variables del valor de su título y de su historial de investigación.
- Plantea la cuestión de la probabilidad de que una organización pase de un grupo estratégico a otro. La *movilidad* entre grupos depende del grado en que existan barreras a la entrada entre un grupo y otro. En la Ilustración 2.7, la Figura 2 muestra ejemplos de barreras a la movilidad para los grupos identificados en la industria. Estas barreras pueden ser muy importantes.
- Ayuda a identificar las oportunidades y amenazas potenciales de las organizaciones. Algunos grupos estratégicos pueden tener una competencia más intensa que otros. O como en la Ilustración 2.7, Figura 3, los cambios en el macroentorno (sobre todo en tecnologías de la información y la globalización de las empresas) están creando *espacios estratégicos;* por ejemplo, para los proveedores locales (como podría ser una politécnica) existe la posibilidad de alcanzar una alianza estratégica con una facultad de empresariales estadounidense o británica que ofrezca a los alumnos contenidos a través de Internet al tiempo que se reciben servicios de tutorías en el ámbito local.

## 2.4.2 Segmentos de mercado

El concepto de grupos estratégicos analizado anteriormente ayuda a comprender los parecidos y las diferencias entre las características de los «productores»: las organizaciones que son competidores actuales o potenciales. Sin embargo, el éxito o fracaso de las organizaciones también depende de lo bien que comprendan las necesidades de los consumidores y de que sean capaces de satisfacer esas necesidades. Así pues, la comprensión del mercado es crucial. En la mayoría de los mercados hay una amplia diversidad de necesidades de los consumidores, por lo que el concepto de segmentos de mercado puede resultar útil para identificar los parecidos y las diferencias entre los grupos de consumidores o usuarios. Un **segmento del mercado**[23] es un grupo de consumidores que tiene necesidades parecidas, distintas a las necesidades de los consumidores de otras partes del mercado. En el Capítulo 3 veremos que esta comprensión de lo que valoran los consumidores (y otras partes interesadas) y la forma en que se posicionan la organización y sus competidores para satisfacer estas necesidades, constituyen elementos críticos para comprender la capacidad estratégica.

El concepto de segmentos de mercado debe recordar a los directivos varias cuestiones importantes:

> Un **segmento del mercado** es un grupo de consumidores que tiene necesidades parecidas, distintas a las necesidades de los consumidores de otras partes del mercado.

- Las *necesidades de los consumidores* pueden variar por toda una serie de razones, algunas de las cuales se han identificado en el Cuadro 2.9. Teóricamente, cualquiera de estos factores podría utilizarse para identificar segmentos de mercado. Sin embargo, en términos prácticos resulta importante saber cuáles son los criterios de segmentación más importantes en un determinado mercado. Por ejemplo, en los mercados industriales la segmentación suele hacerse mediante una clasificación industrial de los compradores, del tipo «vendemos a la industria de productores de electrodomésticos para el hogar». Sin embargo, tal vez este no sea el criterio de segmentación más relevante cuando se está pensando en el futuro. La segmentación en función del comportamiento del comprador (por ejemplo, compras directas frente a aquellos usuarios que compran a través de terceros como contratistas) o compradores de valor (por ejemplo, grandes compradores frente a compradores frecuentes y de importe reducido) puede resultar más relevante en algunos mercados. En efecto, suele ser útil considerar los distintos criterios de segmentación en un mismo mercado para ayudar a comprender la dinámica de dicho mercado y cómo cambia. La Ilustración 2.8 muestra tres ejemplos distintos de cómo se han concentrado las empresas en determinados segmentos para lograr una posición dominante.
- *Cuota de mercado relativa* (es decir, la cuota respecto a la de los competidores) en un segmento de mercado es una consideración importante. Las organizaciones que han logrado una mayor experiencia atendiendo a determinado segmento de mercado no solo deberían generar menos costes para atenderlo, sino que tendrían que haber construido relaciones difíciles de romper. Lo que los consumidores valoran variará en función del segmento de mercado y, por tanto, es probable que los «productores» logren ventajas en segmentos que se ajustan especialmente a sus fortalezas particulares. Puede que encuentren muy difícil competir a escala más general. Por ejemplo, una pequeña cervecera local que compite con grandes marcas en precios reducidos, posibles gracias a sus reducidos costes de distribución y marketing, está confinada a ese segmento de mercado local que valora sus precios reducidos.
- Los métodos con que se pueden *identificar y atender* [24] los segmentos del mercado dependerán de una serie de tendencias en el entorno empresarial que ya se han analizado en este capítulo. Por ejemplo, la amplia disponibilidad de datos sobre los consumidores, y la capacidad de procesarlos electrónicamente, junto con una

estrategia en acción

# Grupos estratégicos en la educación holandesa de MBA

*Dibujar el mapa de los grupos estratégicos permite hacerse una idea intuitiva de las estructuras competitivas de las industrias o sectores y de las oportunidades y restricciones al desarrollo.*

A mediados de la década de 2000 había en los Países Bajos tres tipos de instituciones que ofrecían un máster en Administración de Empresas (MBA): las universidades tradicionales, las universidades privadas con ánimo de lucro (UPAL) y las politécnicas.

- Las universidades tradicionales ofrecían una amplia gama de temas, haciendo investigaciones, y atraían a alumnos nacionales e internacionales. Sus programas eran más académicos que prácticos. El título de una universidad tradicional solía ser más valorado que el de una politécnica.
- Las UPAL eran relativamente nuevas y solo ofrecían MBA. Normalmente se encuentran cerca del centro o la capital del país. Los MBA de las UAPL ofrecían una educación pragmática, lo que los hacía atractivos para los directivos en activo. Muchos alumnos ya tenían un título de una universidad o una politécnica. Varias tenían una acreditación del Consejo de Validación de Estudios holandés.
- Las politécnicas (que en los Países Bajos reciben el nombre de HogeScholen) suelen atraer a estudiantes de la región y ofrecen una educación más enfocada a la aplicación de la teoría que al desarrollo de una reflexión conceptual. Algunas de las politécnicas ofrecen MBA y,

en algunos casos, en cooperación con universidades del Reino Unido.

La Figura 1 ofrece una idea de la posición de estos tres tipos de institución en cuanto a cobertura geográfica y «orientación». La Figura 2 muestra las barreras que tienen que superar las organizaciones que quieren pasar de un grupo a otro (muestran las barreras para entrar en un grupo). Por ejemplo, si las UPAL intentasen «entrar» en el grupo estratégico de las universidades tradicionales, tendrían que lograr crear una reputación en investigación o innovación. Puede que no estén interesadas en investigar, porque tendrían que asumir elevados costes y obtener una escasa rentabilidad de su esfuerzo. Y al revés, las universidades tradicionales tendrán dificultades para moverse en dirección a las UPAL porque el personal docente no tiene las habilidades necesarias para ofrecer una educación pragmática y no tiene experiencia trabajando con alumnos más maduros.

La Figura 3 muestra dónde puede haber un «espacio estratégico». Estos espacios surgen de los cambios en el macroentorno, sobre todo de la globalización y la tecnología de la información. Esto podría ofrecer oportunidades a las instituciones educativas holandesas para buscar ampliar su volumen de negocio internacional. Sin embargo, la amenaza inversa es que los competidores internacionales entren en el

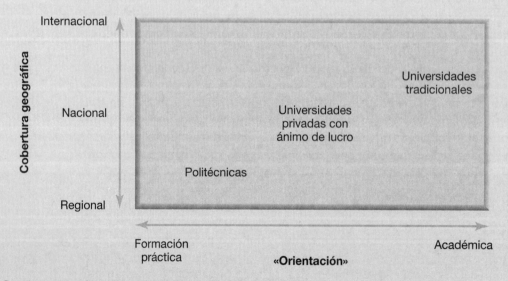

**Figura 1. Grupos estratégicos de los MBA en los Países Bajos.**

**Figura 2.**   Barreras a la movilidad.

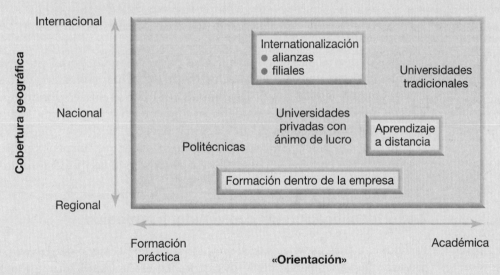

**Figura 3.**   Espacio estratégico.

mercado holandés, lo que constituiría una cuestión de especial preocupación. La tecnología de la información y de la comunicación ayuda a los alumnos a estudiar desde su casa o lugar de trabajo y también les permite aprovechar las redes internacionales. Así, los centros de formación estadounidenses y británicos podrían ofrecer contenidos a través de Internet ofreciendo los servicios de tutorías locales mediante asociaciones con instituciones holandesas. En efecto, la Universidad de Phoenix ya ha hecho movimientos en este sentido.

*Fuente:* se trata de una versión actualizada de EPPINK, J. y WAAL, S. (2001): «Global influences on the public sector» (Capítulo 3). En Johnson, G. y Scholes, K., eds: *Exploring public sector strategy.* FT/Prentice Hall.

**Pregunta**

¿Cómo puede afectar este análisis a los próximos movimientos estratégicos de los tres tipos de instituciones?

| Cuadro 2.9 | Algunos criterios para la segmentación de mercado |
| --- | --- |

| Tipo de factor | Mercados de consumo | Mercados industiales |
| --- | --- | --- |
| Características de las personas/ organizaciones | Edad, sexo, raza<br>Renta<br>Tamaño de la familia<br>Etapa del ciclo de vida<br>Localización<br>Estilo de vida | Industria<br>Localidad<br>Tamaño<br>Tecnología<br>Rentabilidad<br>Dirección |
| Compra/situación de uso | Tamaño de la compra<br>Lealtad a la marca<br>Utilización prevista<br>Comportamiento de compra<br>Importancia de la compra<br>Criterios de elección | Aplicación<br>Importancia de la compra<br>Volumen<br>Frecuencia de la compra<br>Procedimiento de compra<br>Criterios de elección<br>Canal de distribución |
| Necesidades y preferencias de las características de los productos por parte de los usuarios | Similitud del producto<br>Preferencia por el precio<br>Preferencia por la marca<br>Características deseadas<br>Calidad | Requisitos de rendimiento<br>Ayuda de los proveedores<br>Preferencias por la marca<br>Características deseadas<br>Calidad<br>Requisitos del servicio |

mayor flexibilidad de las operaciones de las empresas, permiten que se hagan segmentaciones a nivel micro, incluso hasta segmentar en función de los consumidores individuales. Así pues, las compras por Internet dirigen selectivamente sus ofertas especiales a los consumidores en función de los patrones de compra anteriores. La aparición de consumidores con más poder adquisitivo, y que son más móviles, implica que la segmentación geográfica puede ser mucho menos eficaz que una segmentación en función del estilo de vida (cruzando las fronteras nacionales).

### 2.4.3    Identificación del consumidor estratégico

Para poner bienes y servicios en el mercado suele ser necesario que haya una serie de «jugadores» que desempeñen distintos papeles. En el Capítulo 3 esto se analizará con más detalle a través del concepto de redes de valor. Por ejemplo, la mayoría de los consumidores compra bienes a través de tiendas de venta al por menor. Así, los fabricantes tienen dos «consumidores»: las tiendas y los consumidores de las tiendas. Aunque ambos tipos de consumidores afectan a la demanda, lo normal es que uno sea más influyente que el otro: este será el consumidor estratégico. El **consumidor estratégico** es la persona (o personas) a quien se dirige fundamentalmente la estrategia porque es quien más influencia tiene en la elección de los bienes o servicios que se adquieren. Salvo que se tenga claro quién es el consumidor estratégico, lo más probable es que se termine analizando y atendiendo a la persona equivocada, porque en muchos mercados el consumidor estratégico actúa como un «portero» que cierra el acceso al usuario final. Así pues, es necesario comprender qué es lo que valora el consumidor estratégico como punto de partida para la estrategia. Esto no significa que los requisitos de los demás consumidores no sean

El **consumidor estratégico** es la persona (o personas) a quien se dirige fundamentalmente la estrategia porque es quien más influencia tiene en la elección de los bienes o servicios que se adquieren.

# Criterios para identificar segmentos de mercado

*Los mercados se pueden segmentar de muchas formas distintas, pero siempre ha de hacerse respecto a las necesidades de los consumidores.*

## Dispositivos OnScreen™

En noviembre de 2003 New Millennium Media International anunció los detalles de un análisis de segmentación del mercado realizado por Principia Partners. La empresa estaba especializada en medios de publicidad y, particularmente, en pantallas luminosas que utilizaban tecnologías LED. Estaba a punto de sacar al mercado un nuevo producto denominado OnScreen™. El análisis sugería una segmentación en función del uso que los consumidores dieran al producto e identificaba los siguientes grandes segmentos: señales luminosas en las tiendas/pantallas de información, transporte (los grandes paneles de información en los aeropuertos, las estaciones de trenes, etcétera), actividades lúdicas a puerta cerrada, actividades lúdicas en el exterior, intermediarios financieros y mercados ambulantes. Todas estas eran subcategorías del mercado general de las señales luminosas, pero representaban segmentos en los que las características específicas de OnScreen™ serían especialmente valoradas por los consumidores.

## Saga

Fundada en 1951, Saga logró la atención nacional ofreciendo vacaciones y giras a precios asequibles para los jubilados británicos, sobre todo ofreciendo ofertas «fuera de temporada». Tuvo tanto éxito que la empresa se convirtió rápidamente en una agencia de viajes que ofrecía todo tipo de servicios, dirigida fundamentalmente a las personas de la tercera edad (de más de 50 años). Las vacaciones ofrecidas se describían como «para la gente madura pero joven de corazón». En 1979 la empresa abrió en Boston, EE UU.

Poco a poco, la empresa amplió su cartera de actividades a medida que era evidente que este grupo estaba creciendo en tamaño y también lograba un mayor poder adquisitivo. A mediados de la década de 2000, además de sus servicios de viajes, la empresa ofrecía una amplia gama de servicios de seguros, tarjetas de crédito, contratos para compartir apartamentos e inversiones, y ofreció información y productos relacionados con la salud,

como seguros médicos y complementos vitamínicos. Se podía comprar un automóvil nuevo a través de la página Web de Internet de Saga. También ofrecía servicios de telefonía y se convirtió en un proveedor de servicios de Internet. Publicaba una revista muy conocida y tenía su propia emisora de radio en diversas localidades del Reino Unido.

## ICI

En 2003 Imperial Chemical Industries (ICI) era una empresa con una facturación de 6.000 millones de libras esterlinas (unos 8.500 millones de euros) que fabricaba pinturas y productos químicos especiales (por ejemplo, ensalzadores del sabor, fragancias, almidones, adhesivos). La empresa lograba aproximadamente las dos terceras partes de sus ventas en el Reino Unido y Estados Unidos a partes iguales. La tercera parte restante provenía cada vez más de la creciente presencia de la empresa en Asia. En un boletín de «actualización estratégica», publicado a finales de 2003, la empresa indicaba que el equilibrio del desarrollo de sus negocios dependería de las oportunidades del mercado, tanto por grupos de productos como por zonas geográficas. Clasificaba estas oportunidades del mercado en cuatro tipos utilizando dos dimensiones (crecimiento/mantenimiento y agresividad/selectividad), que indicaban la estrategia a seguir. Hay que destacar que la segmentación geográfica mostraba grandes oportunidades de crecimiento agresivo en Asia para la mayoría de los grupos de productos.

*Fuentes: Business Wire, 12 de noviembre de 2003: página Web de Saga; Regulatory News, 30 de octubre de 2003: página Web de ICI.*

---

### Preguntas

1. ¿Qué criterios se siguieron para identificar los segmentos de mercado en cada uno de los tres ejemplos y por qué fueron útiles?
2. ¿Cuáles son los peligros del planteamiento de cada empresa?

importantes, también hay que satisfacerlos. Pero los requisitos del consumidor estratégico tienen una importancia primordial. Volviendo al ejemplo, debe quedar claro que, en el caso de muchos bienes de consumo, es la tienda minorista la que constituye el consumidor estratégico porque la forma de mostrar el producto, promocionarlo y respaldarlo en la tienda afecta en gran medida a las preferencias del consumidor final. Pero las compras por Internet pueden alterar este patrón volviendo a colocar al consumidor final en la posición de consumidor estratégico. Hay muchos casos en los que el consumidor estratégico no es el que utiliza el producto. El ejemplo evidente es el de la compra de un regalo. Además, en las organizaciones son los directivos los que compran las fábricas, equipos y programas informáticos en nombre de los que van a utilizarlos en la organización (estos son pues los consumidores estratégicos, y no el usuario final). En el sector público, el consumidor estratégico suele ser el «organismo» que controla los fondos o autoriza la utilización, y no el usuario del servicio. Así, por ejemplo, los médicos de atención primaria son los consumidores estratégicos de las empresas farmacéuticas.

### 2.4.4   Cómo se comprende lo que valoran los consumidores: factores críticos del éxito

Aunque el concepto de segmentos de mercado es útil, es posible que los directivos no sean realistas sobre cómo se segmentan los mercados y las implicaciones estratégicas de dicha segmentación. En el próximo capítulo veremos que es crucial comprender las necesidades del consumidor y cómo difieren en los distintos segmentos para desarrollar la capacidad estratégica adecuada de una organización. Sin embargo, los consumidores valorarán muchas características del producto/servicio en mayor o menor medida. Desde el punto de vista del proveedor potencial, es importante comprender cuáles son las características que tienen particular importancia para un grupo de consumidores (segmento del mercado). Estas características se conocen como factores críticos del éxito. Los **factores críticos del éxito** (FCE) son aquellas características de los productos que son particularmente valoradas por un grupo de consumidores y, por tanto, aquellas en las que la organización tiene que mostrar una excelencia para poder superar a la competencia.

El grado en el que las ofertas de los distintos proveedores satisfacen los factores valorados por los consumidores puede visualizarse creando una «carpa» estratégica[25] (*véase* Cuadro 2.10). Es una forma sencilla pero útil para comparar las diferencias entre los consumidores (segmentos de mercado) con las diferencias entre los proveedores (grupos estratégicos) que ya se han analizado anteriormente. El cuadro hace referencia a un segmento de la industria de la ingeniería eléctrica (empresas que compraron equipos de ingeniería eléctrica) e ilustra lo siguiente:

- En este segmento de mercado había muchos factores valorados por los consumidores, y la mayoría se daban por sentados (por ejemplo, que el producto es adecuado para su propósito). Se trata de características *umbral* del producto, que se espera que ofrezca cualquier proveedor de este segmento.
- Los factores que se muestran en el Cuadro 2.10 (la reputación de un productor, el servicio posventa, la fiabilidad de la entrega, las instalaciones de prueba y la calidad técnica) eran considerados como particularmente importantes por los consumidores. Se trata de los factores que determinarán la preferencia del proveedor (de entre los proveedores que satisfacían los requisitos umbral). En efecto, la reputación, el servicio posventa y la fiabilidad de la entrega eran valoradas *especialmente* por los consumidores en este segmento. Así, desde el punto de vista de los proveedores potenciales, estos serán los *factores críticos del éxito*.

Los **factores críticos del éxito** (FCE) son aquellas características de los productos que son particularmente valoradas por un grupo de consumidores y, por tanto, aquellas en las que la organización tiene que mostrar una excelencia para poder superar a la competencia.

**Cuadro 2.10** La carpa estratégica: el valor percibido por los consumidores en la industria de la ingeniería eléctrica

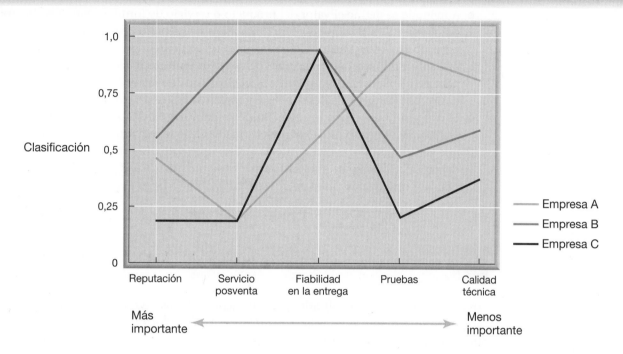

- El cuadro muestra el perfil de los *distintos proveedores* en función de estos factores valorados por los consumidores. Por ejemplo, resulta evidente que las fortalezas particulares de la empresa A no son los factores más valorados por los consumidores, mientras que las fortalezas de la empresa B parecen tener un mejor ajuste.
- Esto ofrece un vínculo con las cuestiones sobre la *capacidad estratégica* que se analizan en el Capítulo 3. Por ejemplo, la empresa A tiene que analizar si va a intentar cambiar sus recursos para mejorar el servicio al consumidor y la entrega. Alternativamente, podría centrarse en otros segmentos distintos de mercado en los que los consumidores valoren más las características técnicas.

El mensaje clave de este ejemplo es la importancia de ver el valor desde la perspectiva del consumidor. Aunque puede ser una afirmación evidente, en la práctica no resulta fácil, por diversos motivos:

- Es posible que las organizaciones no sean capaces de *comprender* los complejos y variados comportamientos que observan en sus mercados. A menudo tendrán ingentes cantidades de datos primarios sobre el comportamiento del consumidor, sus preferencias y patrones de compra, pero han de tener la capacidad de obtener conclusiones útiles de estos datos (por ejemplo, detectar tendencias o relaciones). Por lo tanto, la capacidad de utilizar sistemas de tecnología de la información para comprender las necesidades de los consumidores podría ser una fuente importante de ventaja competitiva en muchos sectores (como se analiza en la Sección 9.3).
- Es posible que las organizaciones no tengan claro quién es el *consumidor estratégico*, como se ha analizado en la Sección 2.4.3. Pero la inversa también puede ser cierta. Muchos fabricantes pueden estar distanciados de los usuarios finales porque pasan a través de diversos intermediarios, otros fabricantes y distribuidores. Aunque estos

consumidores directos pueden ser los consumidores estratégicos, existe el riesgo de que no se comprenda lo que valora el consumidor final. En otras palabras, es posible que los fabricantes hayan perdido de vista lo que motiva, en última instancia, la demanda de su producto o servicio.

● A menudo se define el valor del producto o servicio de forma *interna* (por ejemplo, por grupos de profesionales como diseñadores, ingenieros, profesores o abogados) y no se ponen a prueba entre los consumidores o clientes. Esta ha sido una crítica importante a muchas organizaciones de servicios públicos. Puede dar lugar a una falsa perspectiva de lo que realmente valoran los consumidores (y otras partes interesadas) y, por tanto, de cuáles son las competencias necesarias para tener éxito.

● El concepto que tienen los consumidores del valor *cambia a lo largo del tiempo*, ya sea porque obtienen más experiencia (mediante la repetición de las compras) o porque las nuevas ofertas competitivas ofrecen más valor. El concepto del ciclo de vida del producto que se ha analizado anteriormente (*véase* Cuadro 2.6) también sugiere que las condiciones de los mercados cambian a lo largo del tiempo en lo que respecta al comportamiento del consumidor.

## 2.5  OPORTUNIDADES Y AMENAZAS

Los conceptos y marcos analizados anteriormente deberían ayudar a comprender los factores en los macroentornos, de la industria y del competidor/mercado de la organización. Sin embargo, la cuestión crítica son las *implicaciones* que se derivan de esta comprensión para guiar las decisiones y elecciones estratégicas. Normalmente es necesario comprender con más detalle cómo puede influir esta colección de factores del entorno sobre el éxito o el fracaso estratégico. Se puede hacer de diversas formas. Esta identificación de las oportunidades y amenazas puede ser extremadamente útil cuando se reflexiona sobre las elecciones estratégicas del futuro (*véanse* Capítulos 5, 6 y 7). La Ilustración 2.9 destaca un debate clave: ¿hasta qué punto afectan estos factores del mercado y de la industria al éxito estratégico?

### 2.5.1  Vacíos estratégicos

Un **vacío estratégico** es una oportunidad del entorno competitivo que no está siendo totalmente explotada por los competidores.

Kim y Mauborgne[26] han afirmado que si las organizaciones se limitan a concentrarse en una competencia cara a cara con los rivales competitivos, se producirá una convergencia competitiva por la que todos los «jugadores» encuentran que el entorno es duro y amenazador. Han animado a los directivos a buscar oportunidades en el entorno empresarial que denominaron vacíos estratégicos. Un **vacío estratégico** es una oportunidad del entorno competitivo que no está siendo totalmente explotada por los competidores. Al utilizar algunos de los marcos descritos en este capítulo, los directivos pueden empezar a identificar oportunidades para lograr una ventaja competitiva de la siguiente manera:

### Oportunidades en las industrias de los sustitutivos

Las organizaciones tienen que afrontar la competencia de las industrias que están fabricando productos sustitutivos, como se ha analizado en la Sección 2.3.2 anterior. Pero la sustitución también ofrece oportunidades. Para poder identificar vacíos es necesario hacer una valoración *realista* de los méritos relativos de los productos/tecnologías (actuales y sustitutivos potenciales) *desde la perspectiva del consumidor*. Un ejemplo sería el de las empresas de software que están sustituyendo las tradicionales versiones en papel de los libros de referencia por versiones electrónicas. Las versiones en papel tienen más ventajas que las que se ven a primera vista: no hace falta disponer de hardware (y por tanto es más fácil transportarlas) y es más fácil consultarlas, lo que constituyen dos ventajas importantes. Esto significa que los productores de software tienen que diseñar características que superen las fortalezas de las versiones en papel; por ejemplo, las facilidades de búsqueda de términos en las versiones electrónicas. Por supuesto, a medida que se desarrollen los equipos informáticos en una nueva generación de dispositivos portátiles, se rectificará este inconveniente de las versiones electrónicas.

## Oportunidades en otros grupos estratégicos o espacios estratégicos

También es posible identificar oportunidades fijándose en los distintos grupos estratégicos, sobre todo si los cambios del macroentorno hacen que los nuevos espacios de mercado sean económicamente viables. Por ejemplo, la desregulación de los mercados (en la generación de energía o en la distribución, por ejemplo) y los adelantos en las tecnologías de información (con planes de estudios *on line*) podrían crear nuevos vacíos en los mercados. En el primer caso, es viable la aparición de pequeñas plantas de generación de energía de ámbito local, posiblemente relacionadas con plantas de incineración de residuos. En el último caso, se puede «reducir» la distancia geográfica y ofrecer planes de estudio en distintos continentes utilizando Internet y sistemas de teleconferencia (con servicios de tutorías locales). Surgirán nuevos grupos estratégicos en estas industrias/sectores.

## Oportunidades en la cadena de compradores

Las Secciones 2.4.3 y 2.4.4 anteriores han puesto el énfasis en el hecho de que la identificación del consumidor estratégico tiene una importancia crítica. También se ha señalado que puede resultar confuso, ya que es posible que existan varias personas implicadas en la decisión de compra. El usuario es una de las partes interesadas, pero es posible que no haya comprado el producto por sí mismo. Puede haber otros agentes que influyen en la decisión de compra. Es importante destacar que cada una de estas partes puede valorar distintas facetas del producto o servicio. Estas diferencias suelen ser bastante marcadas en las transacciones de empresa a empresa, por ejemplo en la adquisición de equipos de capital. El departamento de compras puede estar fijándose en los precios y en la estabilidad financiera de los proveedores. El departamento de producción puede estar poniendo el énfasis en características especiales del producto. Otros, como el departamento de marketing, pueden estar preocupados por saber si el equipo va a acelerar la producción y a reducir los tiempos de entrega. Al analizar quién es el «comprador más rentable», la organización puede cambiar su planteamiento sobre el mercado y dirigir sus esfuerzos de promoción y ventas a *esos compradores* con la intención de crear nuevos consumidores estratégicos.

## Oportunidades de productos y servicios complementarios

Esto implica tener en cuenta el valor potencial de los productos y servicios complementarios. Por ejemplo, en el negocio de las librerías, la «experiencia de comprar un libro» requiere mucho más que limitarse a apilar libros en la tienda. Exige ofrecer un ambiente cómodo para poder echar un vistazo a los libros (como zonas de lectura o de cafetería), y horarios de apertura que se ajusten a las necesidades de los clientes más ocupados.

# ¿Hasta qué punto tiene importancia la industria?

*Un buen punto de partida para la estrategia consiste en elegir una industria rentable en la que competir. Pero, ¿estar sencillamente en la industria adecuada es más importante que tener las habilidades y los recursos adecuados?*

Este capítulo se ha centrado en el papel del entorno sobre la configuración de la estrategia, con una atención especial a las industrias. Pero, en los últimos años, se ha puesto en duda la importancia de las industrias a la hora de determinar el rendimiento de una organización. Esto ha generado un debate sobre si la configuración de la estrategia debe estar orientada desde el exterior, partiendo del entorno, o desde el interior, partiendo de las propias habilidades y recursos de la organización (Capítulo 3)[1].

Los directivos que se muestran a favor de un planteamiento externo miran, fundamentalmente, fuera de la organización, por ejemplo al aumento de la cuota de mercado en sus industrias acudiendo a fusiones y adquisiciones o a un marketing agresivo. Los directivos que se muestran a favor de un planteamiento interno concentran su atención dentro de la organización, fomentando las habilidades del personal o las tecnologías, por ejemplo. Puesto que el tiempo de los directivos está limitado, hay que elegir realmente entre el planteamiento externo y el interno.

El principal defensor del planteamiento externo es Michael Porter, profesor de la Harvard Business School y fundador del Monitor Consulting Group. Un influyente escéptico de este planteamiento es Richard Rumelt, que estudió en la Harvard Business School y que ahora está en la University of California en Los Angeles. Porter, Rumelt y otros han llevado a cabo una serie de estudios empíricos para analizar la importancia relativa de las industrias a la hora de explicar el rendimiento de las organizaciones.

Parten de una gran muestra de empresas y comparan el grado en que la varianza de su rentabilidad varía en función de las empresas o de las industrias (controlando otros efectos, como el tamaño). Si las empresas dentro de una misma industria tienden a agruparse en función de la rentabilidad, será la industria la que explique una mayor proporción de la rentabilidad: quedará respaldado el planteamiento externo de la estrategia. Si las empresas dentro de la misma industria varían mucho en sus rentabilidades, serán las habilidades y los recursos específicos de las empresas lo que más importancia tenga: el planteamiento interno será el más adecuado.

Los dos estudios más importantes concluyeron, de hecho, que la mayor parte de la varianza de la rentabilidad se debe a las empresas más que a las industrias, las empresas representaban el 47 por ciento en el estudio de las manufacturas de Rumelt (véase el gráfico)[2]. Sin embargo, cuando Porter y McGahan incluyeron las industrias de servicios además de las manufacturas encontraron un mayor efecto de la industria (19 por ciento)[3].

La implicación de estos trabajos es que los factores específicos de la empresa suelen influir en la rentabilidad más que los específicos de la industria. Es necesario que las

---

También puede estar relacionado, crucialmente, con la contratación de personal «orientado a la lectura», que pueda ofrecer un servicio de recomendación de libros.

### Oportunidades en nuevos segmentos de mercado

La búsqueda de nuevos segmentos de mercado puede ofrecer oportunidades pero es posible que haya que cambiar las características del producto/servicio. Si el énfasis está en el atractivo emocional, la alternativa puede consistir en ofrecer un modelo sin filigranas que cueste menos y que atraiga a otro mercado potencial. Por ejemplo, Body Shop, que opera en el sector de la cosmética, una industria en la que las emociones tienen mucha importancia, puso en duda el planteamiento generalmente aceptado. Para ello, puso en marcha una línea de productos meramente funcionales, que destacaban por su falta de un envoltorio elaborado o mucha publicidad. Esto creó un nuevo espacio de mercado atrayendo a consumidores que querían productos de calidad para el cuidado de la piel sin más aditamentos. Por el contrario, la cadena de venta de café Starbucks creó un

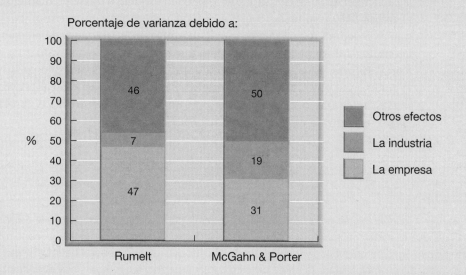

Porcentaje de varianza debido a:

empresas presten especial atención a sus propias habilidades y recursos. Sin embargo, el mayor efecto de la industria descubierto en el estudio de Porter y McGahan de las manufacturas y los servicios sugiere que la importancia de la industria varía mucho en función del sector. Las influencias externas pueden ser más importantes en unas industrias que en otras.

*Notas:*

1. BOWMAN, E. H y HELFAT, C. E. (2001): «Does corporate strategy matter?». *Strategic Management Journal,* vol. 22, n.º 1. Pp. 1-14.
2. RUMELT, R. P. (1991): «How much does industry matter?». *Strategic Management Journal,* vol. 12, n.º 2. Pp. 167-185.
3. PORTER, M. E. y McGAHAN, A. M. (1997): «How much does industry matter really?». *Strategic Management Journal,* vol. 18, número especial de verano. Pp. 15–30; PORTER, M. E. y McGAHAN, A. M. (2003): «The emergence and sustainability of abnormal profits». *Strategic Organization,* vol. 1, n.º 1. Pp. 79-108.

**Pregunta**

El estudio de Porter y McGahan sugiere que algunas industrias afectan a la rentabilidad de las empresas que actúan en las mismas más que otras: en otras palabras, sus rentabilidades se agrupan. ¿Por qué es posible que haya unas industrias que tienen más influencia sobre la rentabilidad de sus empresas que otras?

nuevo espacio de mercado transformando el consumo de café de una mera cuestión funcional en toda una experiencia emocional. Se creó gracias a un ambiente especial en las cafeterías.

## Oportunidades a lo largo del tiempo

Para predecir el impacto de los cambios en el macroentorno o en el entorno competitivo, es importante analizar cómo van a afectar al consumidor. Las organizaciones pueden lograr las ventajas de ser las primeras en mover haciendo este análisis. Cisco Systems se dio cuenta de que el futuro iba a crear una importante necesidad de sistemas de alta velocidad para el intercambio de datos y se situó a la vanguardia de la producción de equipos para satisfacer esta necesidad futura. Identificó un nuevo espacio en el mercado para el que nadie más había valorado las posibles consecuencias de la expansión de Internet. Esto significaba que podía ofrecer productos diseñados específicamente mucho antes que sus rivales, ofreciendo así a la empresa una ventaja competitiva.

### 2.5.2    DAFO[27]

Los «mensajes estratégicos» clave, tanto del entorno empresarial (este capítulo), como de la capacidad estratégica (Capítulo 3) pueden esquematizarse mediante un análisis DAFO. El **análisis DAFO** resume las cuestiones clave del entorno empresarial y de la capacidad estratégica de una organización que tienen más probabilidades de afectar al desarrollo de la estrategia. Esto puede ser útil como punto de partida para evaluar las elecciones estratégicas futuras, como se verá en los Capítulos 5, 6 y 7. El objetivo consiste en identificar el grado en el que las actuales fortalezas y debilidades son relevantes y capaces de superar las amenazas o capitalizar las oportunidades del entorno empresarial. El análisis DAFO se analizará en la Sección 3.6.4.

El **análisis DAFO** resume las cuestiones clave del entorno empresarial y de la capacidad estratégica de una organización que tienen más probabilidades de afectar al desarrollo de la estrategia.

## Resumen

- Las *influencias y tendencias del entorno* pueden entenderse como capas alrededor de la organización. La capa más general es la del macroentorno, donde un análisis de las influencias políticas, económicas, sociales, tecnológicas, medioambientales y legales puede ofrecer una imagen general de la variedad de fuerzas que actúan sobre una organización. También permite arrojar luz sobre los *motores clave del cambio* y ofrece una base para analizar el impacto futuro de las fuerzas del entorno tanto en las industrias (o sectores) como en las organizaciones que conforman las industrias.

- Cuando hay horizontes estratégicos a largo plazo, pero existe un elevado grado de incertidumbre sobre las fuerzas clave del entorno, la definición de *escenarios* puede ser una forma útil de comprender las implicaciones que tienen estas influencias sobre la estrategia. Esto supone que las organizaciones tienen que estar preparadas para afrontar más de una situación en su entorno futuro.

- Dentro del entorno más general hay *industrias o sectores*. Sin embargo, sus limitaciones no están claramente definidas y cambiarán a lo largo del tiempo; por ejemplo, por la convergencia de lo que anteriormente eran industrias independientes.

- El *modelo de las cinco fuerzas* ayuda a comprender las fuentes de competencia dentro y fuera de una industria, especialmente en términos de barreras de entrada, poder de compradores y proveedores, la amenaza de sustitutivos y el grado de rivalidad competitiva.

- La competencia dentro de una industria es *dinámica*. La forma en que se desarrolla la competencia cambiará a lo largo del tiempo y, a veces, muy deprisa. Esto se conoce como el *ciclo de la competencia*. Algunas industrias y sectores se caracterizan por un rápido ritmo de cambio de forma que el grado de ventaja competitiva, en función de cualquier posible variable, no dura demasiado. Esto es lo que se conoce como *hipercompetencia*, cuyas implicaciones para las organizaciones son significativas. Puesto que las ventajas pueden ser temporales y erosionarse rápidamente, es esencial encontrar continuamente nuevas bases sobre las que competir. Se puede sostener una ventaja a largo plazo mediante una serie de ventajas temporales.

- Dentro de una industria o sector, se suelen encontrar *grupos estratégicos*. Se trata de organizaciones con características estratégicas parecidas, que aplican estrategias parecidas o compiten sobre las mismas variables. El éxito o fracaso de las organizaciones también depende de cómo comprendan las necesidades del consumidor y sean capaces de satisfacerlas. Así pues, la comprensión de los mercados es importante. El concepto de *segmentos de mercado* puede ser útil para comprender las analogías y diferencias entre grupos de consumidores o usuarios. Es especialmente importante comprender lo que valoran en concreto los distintos grupos de consumidores, los *factores críticos del éxito*.

- En el entorno surgen oportunidades y amenazas por muy distintas razones. Los marcos y conceptos de este capítulo pueden ayudar a hacerse una imagen de la posición competitiva de la organización y de cómo puede cambiar en el futuro.

# Lecturas clave recomendadas

Algunos manuales generales sobre los negocios internacionales y las organizaciones globales: HILL, C. (2000): *International Business: Competing in the global marketplace*. McGraw-Hill, 3ª edición; RUGMAN, A. y HODGETTS, R. (2003): *International Business*. FT/Prentice Hall, 3ª edición; mientras que YIP, G. (2003): *Total Global Strategy II*. FT/Prentice Hall, 2.ª edición, explica con más detalle en el Capítulo 2 las fuerzas de la globalización en las industrias.

● Para comprender los escenarios en detalle, *véase:* VAN DER HEIJDEN, K.; BRADFIELD, R.; BURT, G.; CAIRNS, G. y WRIGHT, G. (2002): *The Sixth Sense: Accelerating organisational learning with scenarios*. John Wiley.

● PORTER, M. E. (1980): *Competitive Strategy: Techniques for analysing industries and competitors*. Free Press; es una lectura esencial para los que tienen que hacer un análisis del entorno competitivo de una organización.

● D'AVENI, R. con GUNTHER, R. (1995): *Hypercompetitive Rivalries*. Free Press; es una fuente válida sobre la dinámica de la competencia y la hipercompetencia.

● La mayoría de los manuales de marketing tienen capítulos útiles sobre la segmentación de mercado. Por ejemplo, KOTLER, P.; ARMSTRONG, G.; SAUNDERS, J. y WONG, V. (2002): «Capítulo 9». *Principles of Marketing*. FT/Prentice Hall, 3.ª edición europea.

# Notas

1. Para un análisis sobre cómo afectan las fuerzas del entorno, sobre todo las globales, al sector público, *véase:* EPPINK, J. y DE WAAL, S. (2001): «Global influences on the public sector» (Capítulo 3). En Johnson, G. y Scholes, K., eds.: *Exploring Public Sector Strategy*. Financial Times/Prentice Hall.
2. Henry Mintzberg afirma que el cambio del entorno es ahora más rápido que antes. *Véase* MINTZBERG, H. (1994): Capítulo 4. *The Rise and Fall of Strategic Planning*. Prentice Hall.
3. Las ediciones anteriores de este libro han utilizado el marco PEST. Sin embargo, esto puede llevar a no dar un énfasis suficiente a las cuestiones medioambientales («verdes»). Esta es la razón por la que se ha cambiado para utilizar el marco PESTEL.
4. Un útil manual sobre el entorno empresarial es el de WORTHINGTON, I. y BRITTON, C. (2003): *The Business Environment*. FT/Prentice Hall.
5. *Véase* YIP, G. (2003): *Total Global Strategy II*. FT/Prentice Hall, 2.ª edición. Los manuales generales útiles sobre los negocios internacionales y las organizaciones globales son: HILL, C. (2000): *International Business: Competing in the global marketplace*. McGraw-Hill, 3.ª edición; RUGMAN, A. y HODGETTS, R. (2003): *International Business*. FT/Prentice Hall, 3.ª edición.
6. PORTER, M. (1990): *Competitive Advantage of Nations*. Macmillan.
7. *Véase:* PORTER, M. (1998): «Clusters and the new economics of competitiveness». *Harvard Business Review*, vol. 76, n.º 6. Pp. 77-90. La evidencia sobre la importancia de las agrupaciones ha sido puesta en duda por otros autores. Por ejemplo: MARTIN, R. y SUNLEY, P. (2003): «Deconstructing clusters: chaotic concept or policy panacea». *Journal of Economic Geography*, vol. 3, n.º 1. Pp. 5-35.
8. VAN DER HEIJDEN, K.; BRADFIELD, R.; BURT, G.; CAIRNS, G. y WRIGHT, G. (2002): *The Sixth Sense: Accelerating organisational learning with scenarios*. Wiley; SCHWARTZ, P. (1996): *The Art of the Long View: Planning the future in an uncertain world*. Currency Doubleday; RINGLAND, G. (1998): *Scenario Planning*. Wiley; SCHOEMAKER, P. (2002): *Profiting from Uncertainty: Strategies for succeeding no matter what the future brings*. Free Press. También el capítulo de PRICE, G. (1998): «The why and how of scenario planning», en Ambrosini, V. con Johnson, G. y Scholes, K, eds.: *Exploring Techniques of Analysis and Evaluation in Strategic Management*. Prentice Hall.
9. RUTHERFORD, D. (1995): *Routledge Dictionary of Economics*. Routledge, 2ª edición.
10. *Véase* PORTER, M. E. (1980): *Competitive Strategy: Techniques for analysing industries and competitors*. Free Press. P. 5.
11. *Véase:* VAN DEN BERGHE, L. y VERWEIRE, K. (2000): «Convergence in the financial services industry». *Geneva Papers on Risk and Insurance*, vol. 25, n.º 2. Pp. 262–272; MALHOTRA, A. y GUPTA, A (2001): «An investigation of firms responses to industry convergence». *Academy of Management Proceedings*. Pp. G1-6.
12. En los libros sobre negocios, el término «modelo de negocio» se ha utilizado tradicionalmente para hacer referencia a los tipos de marcos y conceptos analizados en este manual y reflejados en los cuadros. En el mundo del comercio electrónico se utiliza con un sentido más estricto para describir las relaciones entre los flujos de información en una «industria» o sector. Se suele describir en términos de una «red de valor», como se analiza en la Sección 3.6.1 del Capítulo 3. El cambio de los modelos de negocio debido a las tecnologías de la información se describe con más detalle en la Sección 10.3 y los lectores pueden ver las referencias que se dan ahí.
13. PORTER (Nota 10), Capítulo 1; CHRISTENSEN, C.: «The past and future of competitive advantage». *Sloan Management Review*, vol. 42, n.º 2. Pp. 105-109; ofrece una crítica y una actualización interesantes de algunos de los factores subyacentes a las cinco fuerzas de Porter.
14. BRANDENBURGER, A. y NALEBUFF, B. (1995): «The right game: use game theory to shape strategy». *Harvard Business Review*, vol. 73, n.º 4. Pp. 57-71; identifica a los «complementarios» como agentes clave en el «juego estratégico».
15. Un artículo útil sobre el ciclo de vida de las industrias es el de McGAHAN, A. (2000): «How industries evolve». *Business Strategy Review*, vol. 11, n.º 3. Pp. 1-16.
16. *Véase* BRANDENBURGER y NALEHBUFF (Nota 14).
17. Para un análisis detallado de la dinámica de la competencia *véase:* D'AVENI, R. con GUNTHER, R. (1995): *Hypercompetitive Rivalries*. Free Press.
18. GIMENO, J. y WOO, C. (1996): «Hypercompetition in a multi-market environment: the role of strategic similarity and multi-market contact on competition de-escalation». *Organisation Science*, vol. 7, n.º 3. Pp. 323-341.
19. Esta definición proviene de D'Aveni (Nota 17). P. 2. En su último libro, D'AVENI, R. (2002): *Strategic Supremacy: How industry leaders create spheres of influence*. Simon and Schuster Internacional; ofrece ejemplos de estrategias que pueden ayudar a defender una posición fuerte en condiciones de hipercompetencia.
20. McNAMARA, G.; VAALER, P. y DEVERS, C. (2003): «Same as ever it was: the search for evidence of increasing hypercompetition». *Strategic Management Journal*, vol. 24. Pp. 261-278.
21. Los primeros trabajos sobre los grupos estratégicos se comentan en: McGEE, J. y THOMAS, H. (1986): «Strategic groups, theory, research and taxonomy». *Strategic Management Journal*, vol. 7, n.º 2. Pp. 141-160. Para una revisión de la investigación sobre los grupos estratégicos, *véase:* McGEE, J.; THOMAS, H. y PRUETT, M.: «Strategic groups and the analysis of market structure and industry dynamics». *British Journal of Management*, vol. 6, n.º 4. Pp. 257-270. Para un ejemplo de la aplicación del análisis de grupos estratégicos, *véase:* FLAVIAN, C.; HABERBERG, A. y POLO, Y. (1999): «Subtle strategic insights from strategic group analysis». *Journal of Strategic Marketing*, vol. 7, n.º 2. Pp. 89-106. Un artículo que cubre las raíces

teóricas del análisis de los grupos estratégicos es el de Thomas, H. y Pollock, T. (1999): «From I-O economics S-C-P paradigm through strategic groups to competence-based competition». *Journal of Management,* vol. 10, n.º 2. Pp. 127-140.

22. Las características que se muestran en el Cuadro 2.8 se basan en las analizadas por Porter (Nota 10), J. McGee y H. Thomas y Flavian, Haberberg y Polo (Nota 21).

23. Un útil análisis de la segmentación respecto a la estrategia competitiva se encuentra en Porter, M. E. (1985): Capítulo 7. *Competitive Advantage.* Free Press. *Véase* también el análisis sobre la segmentación del mercado en Kotler, P.; Armstrong, G.; Saunders, J. y Wong, V. (2002): Capítulo 9. *Principles of Marketing.* FT/Prentice may, 3.ª edición europea. Para una revisión más detallada de los métodos de segmentación, *véase:* Wedel, M. y Kamakura, W. (1999): *Market Segmentation: Conceptual and methodological foundations.* Kluwer Academic, 2.ª edición.

24. Wedel, M. (2001): «Is segmentation history?». *Marketing Research,* vol. 13, n.º 4. Pp. 26-29.

25. El término carpa estratégica fue introducido por Kim, C. y Mauborgne, R. (2002): «Charting your company's future». *Harvard Business Review,* vol. 80, n.º 6. Pp. 76-82. El ejemplo que se muestra en el Cuadro 2.10 es anterior a la utilización de dicha terminología, pero constituye un planteamiento análogo. Se analiza con más detalle en el capítulo de Johnson, G.; Bowman, C. y Rudd, P. (1998): «Competitor analysis», en Ambrosini, V. con Jonson, G. y Acholes, K., eds.: *Exploring Techniques of Analysis and Evaluation in Strategic Management.* Prentice Hall.

26. *Véase:* Kim, W. y Mauborgne, R. (1999): «Creating new market space». *Harvard Business Review,* vol. 77, n.º 1. Pp. 83-93.

27. El concepto del análisis DAFO como una lista de comprobación de mero sentido común ha sido utilizado durante muchos años. Por ejemplo, Tilles, S. (1968): «Making strategy explicit». En Ansoff, I., ed.: *Business Strategy.* Penguin. *Véase* también el capítulo de Jacobs, T.; Shepherd, J. y Jonson, G. sobre el análisis DAFO en Ambrosini, V. con Jonson, G. y Acholes, K., eds.: *Exploring Techniques of Analysis and Evaluation in Strategic Management.* Prentice Hall; Valentin, E. (2001): «SWOT analysis from a resource-based view». *Journal of Marketing Theory and Practice,* vol. 9, n.º 2. Pp. 54-69. El análisis DAFO se analizará con más detalle en la Sección 3.6.4 y en la Ilustración 3.7.

## TRABAJOS

✱ Indica una mayor dificultad.

En los trabajos siguientes se suele pedir un ejemplo de una industria. Para ello, la industria cervecera europea, la industria farmacéutica, la industria de las tecnologías de la comunicación y la información (*véase* Dell, bioinformática y teléfonos móviles) o una industria de su propia elección pueden resultar útiles.

**2.1** A partir de la Ilustración 2.1 y del Cuadro 2.2 realice una auditoría del macroentorno de una industria o sector. ¿Cuáles son las probables influencias clave del entorno en las organizaciones de dicha industria? ¿Cuáles son los principales motores del cambio?

**2.2** Identifique los principales cambios futuros que se producirán probablemente en una industria de su elección. Siguiendo las líneas directrices de la Sección 2.2.4 y de la Ilustración 2.3, construya escenarios para la industria en un periodo de tiempo adecuado.

**2.3** Suponga que le acaban de nombrar asistente del CEO de una importante empresa farmacéutica. Sabe que acaba de obtener un MBA y le piden que prepare un breve informe resumiendo la utilidad de una planificación de escenarios para una empresa de esta industria.

**2.4✱** A partir de la Sección 2.3 utilice el análisis de las cinco fuerzas para comparar dos organizaciones en distintas industrias o sectores en función de las influencias clave del entorno y de las fuerzas competitivas existentes. ¿Es más favorable el entorno de una que el de la otra?

**2.5✱** Compare dos industrias en cuanto a las influencias del entorno y las fuerzas competitivas clave. Evalúe y compare las barreras a la entrada y el grado de rivalidad en las dos industrias.

**2.6✱** A partir de la Sección 2.4.1 y de la Ilustración 2.7:

(a) Identifique las características clave que diferencian a la mayoría de las organizaciones de una industria o sector de su elección. Construya uno o más mapas de grupos estratégicos a partir de dichas características.

(b) Valore el grado en que es posible la movilidad entre los grupos estratégicos. (Si ha dibujado más de un mapa para la industria, ¿varían las barreras a la movilidad que ha identificado en los distintos mapas? ¿Qué implica esta variación?).

(c)  Identifique cualquier vacío estratégico en los mapas. ¿Representa alguno una posición estratégica viable? ¿Cuáles serían las características de una organización que compitiera en ese espacio?

**2.7**  Lea las Secciones 2.4.2 a 2.4.4. Para una industria o sector de su elección, identifique uno o más segmentos de mercado en los que se ofrecen los productos o servicios. Identifique a continuación al consumidor estratégico y los factores críticos del éxito de cada segmento ¿Qué ofertas de los proveedores se ajustan mejor a estos requisitos del mercado?

**2.8**  ¿Hasta qué punto son adecuados los modelos de este capítulo en el análisis del entorno de una organización del sector público o de una organización sin ánimo de lucro? Dé ejemplos para respaldar sus argumentos.

**2.9**  Lea la Sección 2.5.1 e identifique a continuación los vacíos estratégicos en el entorno de una organización con la que se encuentre familiarizado.

**2.10**✱  Utilizando los conceptos y marcos de este capítulo, escriba un informe de una organización (por ejemplo, una empresa cervecera; *véase* el caso del ejemplo al final del capítulo) y evalúe el entorno empresarial y la posición competitiva en dicho entorno.

## Trabajos de integración

**2.11**  Para una determinada industria o sector de su elección, analice cómo impulsan hacia la globalización los factores que se muestran en el Cuadro 2.3. Reflexione a continuación sobre los posibles cambios necesarios en cuanto a la estrategia internacional (Capítulo 6) y las estructuras internacionales (Capítulo 8).

**2.12**  A medida que las organizaciones del sector público se hacen más «empresariales», es necesario que tengan un mayor conocimiento de sus «consumidores» y «mercados». Explique cómo puede influir este conocimiento en el método utilizado para lograr la mejora estratégica (Capítulo 7) y la forma en que se dirige la organización (sobre todo en lo que respecta a la centralización o descentralización del proceso de toma de decisiones, Capítulo 8).

## CASO DE EJEMPLO

# Fuerzas globales en la industria cervecera europea

Mike Blee

*Este caso se centra en la industria cervecera europea y analiza cómo la creciente presión competitiva de moverse en los mercados globales está provocando la concentración mediante adquisiciones, alianzas y cierres en la industria. Esto ha dado lugar a un aumento del poder de las grandes marcas.*

A mediados de la década de 2000, el principal centro de producción de cerveza del mundo era Europa; su producción era el doble que la de Estados Unidos, que en el año 2003 era el principal productor mundial de cerveza. En el sector de las bebidas alcohólicas, las ventas de cerveza son dominantes: las ventas totales en todo el mundo representaron el 74 por ciento de todas las compras de bebidas alcohólicas (Euromonitor 2002).

Aunque el mercado europeo, en su conjunto, es un mercado maduro, en el que las ventas de cerveza muestran pequeñas caídas en la mayoría de los mercados, Datamonitor 2003 afirmaba que el sector de las bebidas alcohólicas había crecido a una tasa anual, en términos de valor, del 2,6 por ciento al año entre 1997 y 2002.

Fotografía: Alamy

**Tabla 1.** Consumo de cerveza en Europa, por país y año (miles de hectolitros)

| País | 1980 | 1997 | 1998 | 1999 | 2000 | 2001 | 2002 |
|---|---|---|---|---|---|---|---|
| Austria | 7.651 | 9.145 | 8.736 | 8.810 | 8.762 | 8.627 | 8.734 |
| Bélgica | 12.945 | 10.243 | 10.011 | 10.203 | 10.064 | 9.986 | 9.901 |
| Dinamarca | 6.698 | 6.165 | 5.707 | 5.562 | 5.452 | 5.282 | 5.202 |
| Finlandia | 2.738 | 4.170 | 4.084 | 4.087 | 4.024 | 4.085 | 4.136 |
| Francia | 23.745 | 21.655 | 22.663 | 22.833 | 21.420 | 21.331 | 20.629 |
| Alemania‡ | 89.820 | 107.679 | 104.550 | 104.629 | 103.105 | 100.904 | 100.385 |
| Grecia | N/A | 3.940 | 4.211 | 4.354 | 4.288 | 4.181 | 4.247 |
| Irlanda | 4.174 | 5.406 | 5.592 | 5.699 | 5.594 | 5.625 | 5.536 |
| Italia | 9.539 | 14.535 | 15.501 | 15.675 | 16.289 | 16.694 | 16.340 |
| Luxemburgo | 417 | 466 | 452 | 474 | 472 | 445 | 440 |
| Holanda | 12.213 | 13.475 | 13.225 | 13.309 | 13.129 | 12.922 | 11.985 |
| Noruega* | 7.651 | 2.330 | 2.203 | 2.305 | 2.327 | 2.290 | 2.420 |
| Portugal | 3.534 | 6.318 | 6.494 | 6.475 | 6.453 | 6.276 | 5.948 |
| España | 20.065 | 26.238 | 26.677 | 27.772 | 29.151 | 31.126 | 30.715 |
| Suecia | 3.935 | 5.459 | 5.077 | 5.258 | 5.011 | 4.932 | 4.998 |
| Suiza* | 4.433 | 4.249 | 4.277 | 4.212 | 4.194 | 4.141 | 4.127 |
| Reino Unido | 65.490 | 61.114 | 58.835 | 58.917 | 57.007 | 58.234 | 59.384 |
| Total‡ | 269.358 | 302.587 | 298.295 | 300.574 | 296.742 | 297.081 | 295.127 |

* Países no pertenecientes a la UE; ‡1980 excluye a la República Democrática Alemana. Cifras ajustadas.

*Fuente*: www.Brewersofeurope.org

**Tabla 2.** Consumo anual *per cápita* por país y año (litros)

| País | 1980 | 1997 | 1998 | 1999 | 2000 | 2001 | 2002 |
|------|------|------|------|------|------|------|------|
| Austria | 101,9 | 113,3 | 108,1 | 108,9 | 108,1 | 107,0 | 108,5 |
| Bélgica | 131,0 | 101,0 | 98,0 | 100,0 | 99,0 | 98,0 | 96,0 |
| Dinamarca | 130,7 | 116,7 | 107,7 | 104,6 | 102,2 | 98,6 | 96,7 |
| Finlandia | 56,6 | 84,0 | 80,0 | 80,1 | 77,9 | 80,2 | 79,5 |
| Francia | 44,3 | 37,0 | 38,6 | 38,7 | 36,2 | 35,9 | 34,7 |
| Alemania | 145,9 | 131,2 | 127,5 | 127,5 | 125,3 | 122,4 | 121,5 |
| Grecia | N/A | 39,0 | 42,0 | 43,0 | 40,0 | 39,0 | 39,0 |
| Irlanda | 121,7 | 123,7 | 124,2 | 126,0 | 125,0 | 125,0 | 125,0 |
| Italia | 16,7 | 25,4 | 26,9 | 27,1 | 28,1 | 28,9 | 28,2 |
| Luxemburgo | 115,8 | 112,0 | 107,0 | 110,0 | 108,2 | 100,9 | 98,5 |
| Holanda | 86,4 | 86,4 | 84,3 | 84,4 | 82,8 | 80,5 | 79,2 |
| Noruega* | 48,1 | 52,9 | 49,7 | 51,7 | 52,0 | 51,0 | 53,7 |
| Portugal | 35,0 | 63,6 | 63,3 | 64,9 | 64,6 | 61,3 | 58,6 |
| España | 53,7 | 66,7 | 66,9 | 69,1 | 72,0 | 75,7 | 73,4 |
| Suecia | 47,4 | 61,7 | 57,3 | 59,3 | 56,4 | 55,4 | 55,9 |
| Suiza* | 69,5 | 59,5 | 59,9 | 58,8 | 58,3 | 57,2 | 56,6 |
| Reino Unido | 118,3 | 103,6 | 99,3 | 99,0 | 97,2 | 99,0 | 100,6 |
| Total | 82,5 | 78,6 | 77,2 | 77,6 | 75,9 | 75,9 | 76,8 |

\* Países no pertenecientes a la UE.

*Fuente*: www.brewersofeurope.org

El informe de las tendencias del mercado de Interbrew en 2002 afirmaba que, dentro de Europa, en el mercado comercial (ventas en locales autorizados) las ventas de cerveza representaron el 59 por ciento de todas las ventas de bebidas alcohólicas en volumen, mientras que en el mercado de venta minorista esta cifra aumentaba hasta el 72 por ciento.

Las dos tendencias clave en Europa fueron el rápido crecimiento del gasto en ocio y la mayor concienciación de los consumidores en cuanto a la salud y la buena forma física. Estos factores han dado lugar a una caída de los volúmenes de cerveza consumida.

Otra tendencia actual en toda Europa es beber una mayor variedad de bebidas alcohólicas. Se ha producido un crecimiento de la demanda de las bebidas alcohólicas con sabor, habiendo aumentado significativamente el consumo de vino. Tan solo dentro del Reino Unido, las ventas de vino han pasado de representar el 14 por ciento del mercado en 1980 al 26 por ciento en 2002. Entretanto, se ha producido una tendencia negativa en el consumo general de licores.

Se han producido adquisiciones, ventas de licencias y alianzas estratégicas, ya que los principales productores luchan entre sí para controlar el mercado. Existen presiones globales a favor de la consolidación debido al exceso de capacidad dentro de la industria y ello ha dado lugar a que se preste atención al control de costes y al refuerzo de la marca (*véase* Tabla 5). La encuesta sobre las tendencias del mercado de Interbrew en 2002 afirmaba que la cuota global

consolidada de los veinte primeros productores aumentó del 51 por ciento en 1990 al 65 por ciento en el año 2000. El informe sugiere que la concentración aumentará todavía más y compara la industria cervecera con la tabacalera. En 2002, las cinco cerveceras más importantes del mundo representaron el 30 por ciento del volumen de producción, mientras que en la industria tabacalera las cinco empresas líderes tenían el 60 por ciento de la cuota de mercado. Las tendencias a la concentración no se han detenido: Interbrew había adquirido en 2001 partes del imperio de Bass, Becks y Whitbread, y en 2004 anunció una fusión con Am Bev, el grupo cervecero brasileño. Entretanto, Scottish and Newcastle había adquirido las operaciones cerveceras de la francesa Danone así como las sidras Bulmer. En 2003 se centró en Europa del Este y China, adquiriendo la mayor cervecera de Finlandia, Hartwall, por 1.200 millones de libras esterlinas (aproximadamente 1.800 millones de euros) junto con la compra en diciembre de 2003 de un 20 por ciento de participación en una cervecera líder china. Es interesante destacar que Bass había ido en contra de esta tendencia antes de la venta de la empresa en 2001, cuando se deshizo de sus intereses en el norte de China y de algunas de sus operaciones en la República Checa.

En 2003 Anheuser-Busch era la mayor cervecera mundial en función del volumen de ventas pero con unas operaciones limitadas en el extranjero. Había invertido en una cervecera de la China continental y tenía una participación significativa en Modelo de México. Sin embargo, sus

**Tabla 3.** Producción europea por país y año (miles de hectolitros)

| País | 1990 | 1997 | 1998 | 1999 | 2000 | 2001 | 2002 |
|------|------|------|------|------|------|------|------|
| Austria | 7606 | 9.366 | 8.830 | 8.869 | 8.750 | 8.588 | 8.731 |
| Bélgica | 14.291 | 14.014 | 14.105 | 14.575 | 14.734 | 14.966 | 15.696 |
| Dinamarca | 8.169 | 9.181 | 8.075 | 8.024 | 7.460 | 7.233 | 8.534 |
| Finlandia | 2.823 | 4.804 | 4.697 | 4.700 | 4.612 | 4.631 | 4.797 |
| Francia | 21.684 | 19.483 | 19.807 | 19.866 | 18.926 | 18.866 | 18.117 |
| Alemania‡ | 92.342 | 114.800 | 111.700 | 112.800 | 110.000 | 108.500 | 108.400 |
| Grecia | N/A | 3.945 | 4.022 | 4.359 | 4.500 | 4.454 | 4.443 |
| Irlanda | 6.000 | 8.152 | 8.478 | 8.648 | 8.324 | 8.712 | 8.113 |
| Italia | 8.569 | 11.455 | 12.193 | 12.179 | 12.575 | 12.782 | 12.592 |
| Luxemburgo | 729 | 481 | 469 | 450 | 438 | 397 | 386 |
| Holanda | 15.684 | 24.701 | 23.988 | 24.502 | 25.072 | 25.232 | 24.898 |
| Noruega* | 2.001 | 2.299 | 2.169 | 2.222 | 2.223 | 2.216 | 2.300 |
| Portugal | 3.557 | 6.623 | 6.784 | 6.760 | 6.451 | 6.554 | 7.121 |
| España | 20.027 | 24.773 | 24.991 | 25.852 | 26.414 | 27.741 | 27.860 |
| Suecia | 3.759 | 4.858 | 4.568 | 4.673 | 4.495 | 4.449 | 4.376 |
| Suiza* | 4.127 | 3.563 | 3.586 | 3.599 | 3.630 | 3.551 | 3.494 |
| Reino Unido | 64.830 | 59.139 | 56.652 | 57.854 | 55.279 | 56.802 | 56.672 |
| Total‡ | 276.198 | 321.637 | 315.114 | 319.932 | 313.883 | 315.674 | 316.530 |

* Países no pertenecientes a la UE; ‡ 1980 excluye a la República Democrática Alemana.

*Fuente*: www.brewersofeurope.org

operaciones europeas estaban limitadas a una única cervecera en el Reino Unido, en Mortlake. En 2004 su primera posición mundial se vio amenazada por la fusión de Interbrew/Am Bev. Esta fusión otorgó a Interbrew el 14 por ciento de la cuota de mercado global, convirtiéndola en la número uno (en volumen, pero no en valor).

Coors, otra gran cervecera americana, había logrado la entrada en el mercado europeo mediante la adquisición a Interbrew, en 2002, de la Carling Brewing Company. Esta venta había sido impuesta a Interbrew por las autoridades reguladoras británicas porque consideraban que la posición dominante de Interbrew en el mercado británico de las cervezas *lager* iba en contra de los intereses de los consumidores.

South African Breweries también se ha mostrado extremadamente activa. A principios de 2002 se produjeron rumores en el mercado de una fusión con Interbrew; se trataba de rumores infundados; sin embargo en 2002 realizó dos grandes adquisiciones: el Miller Group (USA) y Pilsner Urquell en la República Checa.

Estas grandes cerveceras globales (Tabla 4) controlan una amplia gama de las principales marcas con las que empezarán a obtener importantes ahorros de costes, comenzando por las cervezas *lager* de calidad. El volumen de ventas ayudará a contener los costes y debería permitir unas mayores economías de escala. Sin embargo, habrá diferencias en los distintos mercados locales de los diversos países. En aquellos mercados en los que hay gustos muy marcados y diferencias

de productos el potencial de ahorro está limitado. Sin embargo, los grandes grupos esperan aprovechar sus mejores sistemas de gestión del conocimiento y sus tecnologías en estas marcas combinadas para mejorar el rendimiento.

En 2003, debido a la actividad que se ha subrayado anteriormente, se produjeron importantes cambios en las cuotas de mercado mundial desde los principales productores (Tabla 4) con el dominio cada vez mayor de las marcas globales (Tabla 5). Las tendencias en Europa occidental (Tabla 6) reforzaron el dominio de los productores clave y la importancia del mercado de la cerveza *lager* en lo que respecta a las marcas.

## Los dos principales mercados de Europa occidental

### Alemania

Con un mercado que casi duplica al británico en cuanto a consumo, el mercado alemán de la cerveza es muy diferente al del Reino Unido. Está muy fragmentado, con más de 1.200 cerveceras. Sin embargo, se han producido adquisiciones en este mercado, con la compra de Becks por parte de Interbrew en 2002 y de Holsten por parte de Carlsberg en 2004. Los amantes de la cerveza alemanes están acostumbrados a las estrictas leyes alemanas sobre la cerveza y, por tanto, suelen confiar y beber cerveza alemana más que cerveza de importación. Esto ha dado lugar a la existencia de un elevado número de cerveceras regionales que

**Tabla 4.** Las primeras 10 cerveceras mundiales por volumen: 2003

| Posición | Empresa | País de origen |
|---|---|---|
| 1 | Anheuser–Busch | Estados Unidos |
| 2 | South African Breweries/Miller | República Sudafricana |
| 3 | Heineken | Holanda |
| 4 | Interbrew | Bélgica |
| 5 | Carlsberg | Dinamarca |
| 6 | Am Bev | Brasil |
| 7 | Scottish & Newcastle | Reino Unido |
| 8 | Coors | USA |
| 9 | Modelo | México |
| 10 | Kirin | Japón |

*Fuente*: Coors Brewers Limited, Reino Unido

satisfacen el mercado nacional. Las exportaciones de Alemania son casi el doble que las del Reino Unido en términos porcentuales de volumen (Tabla 7).

El envase en Alemania difiere del de muchos grandes mercados, con el 60 por ciento de toda la cerveza producida y vendida en botella. Debido a un sistema de depósito y recolección para las latas, introducido en 2003, la venta de cerveza embotellada ha crecido significativamente.

Las cervezas de marca blanca que se venden en los supermercados han aumentado el volumen de este segmento hasta el 70 por ciento del volumen total. Sin embargo, las ventas en Alemania cayeron durante 2002 a su mayor tasa anual de la década anterior y las ventas desde 1998 han disminuido, en total, un 7 por ciento. La previsión es que habrá una caída del consumo y la disminución gradual del número de cerveceras, con un aumento de las fusiones y adquisiciones a medida que el mercado se consolida para limitar los costes.

**Tabla 5.** Principales marcas de *lager* exportadas (mundo), 2001

| Nombre de la marca | Pertenece a | Ventas por exportaciones (millones hectolitros) | Porcentajes/ ventas globales |
|---|---|---|---|
| Heineken | Heineken | 17,7 | 82 |
| Carlsberg | Carlsberg | 8,9 | 87.6 |
| Amstel | Heineken | 8,5 | 78,7 |
| Budweiser | Anheuser-Busch | 8 | 17,1 |
| Corona Extra | Groupo Modelo | 7,7 | 32 |
| Stella Artois | Interbrew | 6,8 | 88,5 |
| Fosters | Fosters | 5,7 | 68,7 |
| Skol | Carlsberg | 5,2 | 18 |
| Tuborg | Carlsberg | 3,3 | 63,3 |
| Becks | Interbrew | 2,7 | 62,5 |

*Fuente*: Impact/Interbrew SA/Estimaciones del sector /Informes de las empresas

**Tabla 6.** Mercado europeo de la cerveza: principales empresas, 2001, por cuota de mercado por volumen

| Empresa | País de origen | Cuota de mercado | Marca líder |
|---|---|---|---|
| Heineken | Holanda | 11,7% | Heineken |
| Interbrew | Bélgica | 10,4% | Stella Artois |
| Carlsberg | Dinamarca | 6,9% | Carlsberg |
| Scottish & Newcastle | Reino Unido | 6,9% | Kronenbourg |
| Mahou SA | España | 2,9% | San Miguel |
| Holsten Brauerei | Alemania | 2,6% | Konig |
| Diageo PLC | Reino Unido | 2,2% | Guinness |
| Binding-Brauerei | Alemania | 2,1% | Radeberger |
| SA Damm | España | 2,1% | Super Bock |
| Brau & Brunnen | Alemania | 1,9% | Jever |

*Fuente*: Euromonitor 2002

**Tabla 7.** Importaciones y exportaciones de cerveza por país (2001)

| País | Importaciones (% de consumo) | Exportaciones (% de producción) |
|------|------|------|
| Austria | 5,3 | 4,8 |
| Bélgica | 19 | 39 |
| Dinamarca | 1,7 | 34,1 |
| Finlandia | 1,9 | 6 |
| Francia | 25,5 | 12,4 |
| Alemania | 3,2 | 10 |
| Grecia | 4 | 10 |
| Holanda | 6,1 | 51,9 |
| Irlanda | 11,9 | 28 |
| Italia | 26,4 | 3,9 |
| Luxemburgo | 37,6 | – |
| Noruega* | 4,1 | 0,8 |
| Portugal | 4,7 | 11,2 |
| España | 13 | 2,3 |
| Suecia | 11,6 | – |
| Suiza‡ | 14,8 | 0,6 |
| Reino Unido | 8,6 | 5,6 |
| Total | 9,3 | 14,1‡ |

*Nota*: las cifras de importaciones no incluyen las cervezas producidas bajo licencia en el país; las cifras de exportaciones no incluyen las cervezas producidas en el extranjero mediante licencia.

* excluye Suecia; ‡ Países no pertenecientes a la UE.

*Fuente*: www.brewersofeurope.org

Esto constituye un seguimiento de la tendencia experimentada en la mayoría de los mercados europeos.

El nicho de mayor crecimiento en 2003 fue el mercado de la juventud. Las ventas de cervezas con sabor, combinadas con cola, limón o lima, disponibles en barril o en botella, tienen una cuota de mercado creciente, de hasta el 30 por ciento en 2002. Esto representó un 30 por ciento del consumo total anual de cerveza. Las cervezas tipo Pilsner siguieron dominando el mercado en 2002, representando el 67 por ciento de la cuota de mercado.

### Reino Unido

Las ventas de cerveza constituyen un mercado relativamente maduro y, aunque se produjo un declive continuo en la década de 1990, el mercado ha empezado a estabilizarse en torno a 55 millones de hectolitros al año. Sin embargo, existen ciertas tendencias definitivas en el mercado. El principal cambio en la industria británica ha sido la venta de las cadenas de bares por parte de las cerveceras nacionales. Scottish and Newcastle se convirtió en la última de las grandes empresas que se deshizo de sus cadenas de bares en 2003.

Estos bares constituyen ahora empresas independientes, lo que ha elevado el acceso a la cadena de distribución a una mayor gama de cerveceras. Estas grandes cadenas independientes de bares ejercen un elevado poder de compra sobre la industria cervecera.

Entretanto, la propiedad de las cerveceras en el Reino Unido cambió rápidamente. Las empresas extranjeras multinacionales han entrado en la industria. El informe Keynote de 2003 afirma que hay tres multinacionales extranjeras, Interbrew, Coors y Carlsberg, que concentran el 53 por ciento del mercado. La principal cervecera es Scottish and Newcastle con un 27 por ciento del mercado. Hay una serie de grandes cerveceras regionales con marcas especializadas reconocidas, pero la tendencia de los grandes del mercado ha sido concentrar la producción, cerrando fábricas y limitando los costes.

Las cervezas *lager* y *lager premium* dominan el mercado nacional y muchas se fabrican bajo licencia. El consumo de la cerveza *lager* ha crecido de poco más del 50 por ciento del mercado total británico en 1990 al 62 por ciento en 2002. En 2003 el 60 por ciento de la cerveza británica se vendía en barril. A medida que el mercado británico tiende más a la producción de cerveza *lager* aumentarán las ventas a través de los supermercados, disminuyendo por tanto la demanda de cerveza en barril. Existe una exportación limitada de las cervezas británicas tradicionales, ya que la demanda es relativamente limitada y, por tanto, las cerveceras se centran en el mercado interno.

Puesto que los supermercados en el Reino Unido venden un elevado volumen de cerveza, tienen un gran poder de compra sobre las proveedoras y pueden dictar las condiciones de oferta del producto. Por ello, se ofrecen importantes descuentos y se produce una destrucción del valor de la marca, porque las cerveceras actúan en un mercado con exceso de capacidad y reducidos márgenes de beneficios. El mercado se mueve cada vez más hacia un aumento de las ventas en los supermercados. Los datos de 2003 de BBPA afirman que el precio mayorista de la cerveza ha disminuido un 16 por ciento respecto a 1992.

Sin embargo, las ventas en el mercado interno se ven perjudicadas también por el «turismo del alcohol». Los impuestos especiales sobre el alcohol en Francia son mucho más reducidos y la importación para el consumo personal es legal. Estos viajes se han convertido en parte de la vida cotidiana, importándose grandes cantidades de cerveza con reducidos impuestos tanto para el uso personal legal como para la venta ilegal en el mercado negro.

## Cuatro cerveceras

### Heineken (Holanda)

En 2004 Heineken era, de lejos, la mayor cervecera europea, y la más global, en el mercado de la cerveza europeo.

Sigue siendo un negocio familiar que vende sus marcas en más de 170 países. Posee más de 110 cerveceras en más de 50 países y exporta a todo el mundo. En el Reino Unido, su licencia a Whitbread finalizó en 2003 por lo que procedió a introducir toda su gama de marcas. Heineken se vende en la actualidad como una cerveza de primera calidad en todos los mercados excepto en su mercado nacional.

Heineken se ha convertido en la marca preferida de cerveza de Europa y en la cerveza más internacional del mundo, con ventas en aumento todos los años. Fundada en Amsterdam en 1963, las otras marcas de la empresa incluyen Amstel y Murphys. Heineken ha estado adquiriendo otros grupos cerveceros desde 1991 y, en 2003, anunció su mayor adquisición hasta la fecha: la cervecera austriaca BBAG. De la facturación de Heineken, el 76,5 por ciento proviene de Europa.

Los cuatro principales objetivos estratégicos de Heineken eran:

- seguir siendo una de las primeras cerveceras globales;
- tener una mayor rentabilidad por hectolitro que las demás cerveceras internacionales;
- crear la cartera de marcas de más valor, siendo Heineken su marca estandarte internacional;
- seguir siendo independiente.

Gracias a la utilización de sus marcas clave, la empresa pretende lograr una posición general de liderazgo con el objetivo de ser el número uno o el número dos en sus mercados locales. Si consigue este objetivo en la producción, el marketing y la distribución, logrará economías de escala. Las cerveceras locales le permiten tener acceso al mercado pudiendo así vender las cervezas de primera calidad, Heineken y Amstel.

## Grolsch (Holanda)

En 2004 Royal Grolsch NV es un grupo productor internacional de tamaño medio, menos de la décima parte de Heineken, con ventas totales en 2002 de 3,27 millones de hectolitros. La estrategia del grupo pretende aumentar esta cifra a 4,6 millones de hectolitros para finales de 2006. Sus productos clave incluyen la cerveza *lager* de primera calidad Grolsch y nuevas cervezas con sabor (Grolsch limón y Grolsch uva). En Holanda, Grolsch tiene los derechos de venta y de distribución de la valorada marca estadounidense Miller. La cervecera Grolsch existe desde 1615 y exporta desde 1946. La marca se vende en más de 50 países; sin embargo, en algunas zonas, incluyendo Reino Unido y Polonia, la marca se vende bajo licencia. En los cinco años anteriores a 2002 la facturación del grupo había aumentado un 20 por ciento con un incremento de los beneficios netos de más del 30 por ciento. Aunque el mercado nacio-

nal de la cerveza está disminuyendo, Holanda sigue siendo el mercado más importante de la empresa y representa más del 50 por ciento de su volumen de ventas. Las ventas por exportaciones están aumentando, y son el Reino Unido, Estados Unidos y Canadá los territorios extranjeros más importantes.

Grolsch tiene dos grandes fábricas en Enschede y Groenio. Desde 2005 la producción se encuentra en una única nueva instalación en Bokelo. La eficiencia es la principal motivación de esta relocalización: al concentrar la producción en una única fábrica, Grolsch logrará controlar los costes y también aumentará la capacidad significativamente. El objetivo de optimizar los costes de Grolsch ha incluido la contratación externa de su sistema de distribución y, dentro de Holanda, la tendencia a utilizar los canales fluviales más que el transporte por carretera.

## Interbrew (Bélgica)

Interbrew es una de las cerveceras más antiguas del mundo. Tiene instalaciones productivas en 21 países y sus cervezas se venden en más de 120 países. La estrategia de la empresa consiste en construir una fuerte reputación de marcas locales así como en la comercialización de sus marcas internacionales. Entre estas se encuentran Becks, Stella Artois, Bass, Hoegaarden y Labatts. Interbrew ha basado su crecimiento en adquisiciones y en un crecimiento interno como estrategia preferida desde 1993. En los cinco años anteriores a 2003 la empresa hizo más de 20 adquisiciones y el 35 por ciento de sus ingresos de exportación durante 2002 se derivaron de este programa. En 2004 se produjo la fusión entre Interbrew y la principal cervecera de Brasil, Am Bev. La filosofía de Interbrew queda patente en su afirmación de ser «La Cervecera Local del Mundo».

En 2001 la empresa adquirió Bass (Reino Unido), Whitbreads (Reino Unido) y Becks (Alemania). En el momento de la adquisición, las marcas Bass representaban el 24 por ciento del mercado británico. La adquisición se produjo sin condiciones por lo que, cuando las autoridades británicas analizaron la decisión, Interbrew se vio obligada a vender. Debido a esta venta forzosa el mercado bursátil estimó en aquel momento que Interbrew había pagado en exceso por la empresa.

Tras la apelación al Tribunal Superior, Interbrew pudo evitar la decisión de la autoridad sobre competencia aceptando vender la empresa Carling Brewing Company a Coors pero manteniendo gran parte del imperio Bass. Entre 2000 y 2002 la facturación neta de la empresa Interbrew creció más de un 20 por ciento. En 2002 Interbrew invirtió en el creciente mercado de China y, en 2004, se convirtió en la mayor cervecera de Alemania tras una asociación con Spaten que permitió obtener una cuota de mercado del 11 por ciento.

## Scottish and Newcastle (Reino Unido)

Scottish and Newcastle es un grupo cervecero internacional con posiciones líderes en 13 países europeos. Entre estos países se incluyen el Reino Unido, Francia, Finlandia y Rusia. Su estrategia consiste en convertirse en una gran fuerza en la industria cervecera global concentrando los esfuerzos en ampliar el número de posiciones líderes en el mercado de Europa occidental. En 2003 la empresa vendió sus negocios minoristas y de ocio que habían tenido una importancia significativa en su historia. En el año 2000 esta parte del negocio había facturado 1.100 millones de libras esterlinas con 246 millones de libras de beneficios.

La estrategia de expansión de la empresa consiste en entrar en mercados emergentes de elevado crecimiento. Esto se conseguirá creando alianzas con cerveceras locales experimentadas que tienen una posición fuerte en el mercado. Sus marcas clave incluyen John Smiths, Kronebourg, Kanterbrau y Baltika, y fabrica la marca Fosters con una licencia en el mercado británico. La facturación en 2003 aumentó un 17 por ciento, los beneficios crecieron un 8 por ciento y el volumen global un 2,4 por ciento. Las marcas Kronebourg, Fosters y Newcastle Brown mostraron, todas, un sustancial crecimiento del volumen en 2003. Las adquisiciones a principios de la década de 2000 incluyen Hartwell, Kronebourg de Danone en Francia, la sidra Bulmers e inversiones en la China continental y en la India.

La adquisición de Hartwell es particularmente importante porque otorga al grupo el 50 por ciento de la inversión en la cervecera Baltic. Esto permite tener una posición en los mercados de alto crecimiento de Rusia, Ucrania y los países bálticos. La tasa de crecimiento del mercado ruso era tal que en 2002 superó a la de cualquier otro mercado nacional de un país europeo, excepto Alemania.

## El futuro

Las previsiones de Euromonitor 2002 afirman que el mercado mundial de la cerveza entre 2002 y 2007 crecerá un 35 por ciento en Europa del Este y un 28 por ciento en la región de Asia Pacífico, mientras que el último informe anual global canadiense prevé unas ventas de 1.500 millones de hectolitros en 2005.

El informe sobre el mercado de Interbrew del año 2002 concluye que la mayoría de los mercados de la cerveza en Europa son relativamente maduros y tienen un limitado potencial de crecimiento, por lo que se prestará más atención a Asia y a Europa del Este.

---

### Preguntas

1. A partir de los datos que se ofrecen en el caso, ¿cuáles son las principales tendencias de la industria cervecera europea?

2. Para las cuatro cerveceras analizadas (u otras de su propia elección) explique:

   (a) ¿Cómo afectarán estas tendencias a las distintas empresas?

   (b) ¿Cómo cree que debería cambiar la estrategia de la empresa?

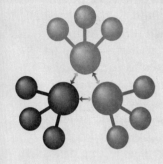

# 3

# Capacidad estratégica

## Objetivos del aprendizaje

Tras leer este capítulo, usted debe ser capaz de comprender:

● Lo que se entiende por capacidad estratégica y cómo contribuye a las ventajas competitivas de las organizaciones.

● La importancia estratégica de los recursos, competencias, competencias nucleares y capacidades dinámicas.

● La importancia de la mejora continua en la eficiencia en costes.

● Las características de las capacidades estratégicas para ofrecer una ventaja competitiva sostenible, incluyendo la rareza, la solidez y la imposibilidad de sustitución de las capacidades estratégicas.

● La relación entre conocimiento de la organización y capacidad estratégica.

● Las formas de diagnosticar la capacidad estratégica, incluyendo el análisis de las cadenas de valor y las redes, los sistemas de actividades, el papel del *benchmarking* y el análisis DAFO.

● Las formas en que los directivos pueden desarrollar las capacidades estratégicas de las organizaciones.

### 3.1  INTRODUCCIÓN

El Capítulo 2 hizo hincapié en cómo puede el entorno externo en el que se mueve la organización crear tanto oportunidades como amenazas estratégicas. Pero las estrategias de éxito también dependen de que la organización tenga la capacidad estratégica interna necesaria para la supervivencia y el éxito, que es el tema de este capítulo.

El desarrollo de la estrategia puede deberse a oportunidades que han surgido en un entorno cambiante. A veces se conoce como la búsqueda de un *ajuste estratégico*, que es un desarrollo que implica el cambio de las capacidades estratégicas internas para ajustarse mejor a distintas oportunidades. Los grandes cambios en muchas industrias manufactureras en los últimos diez años han sido ejemplos de estos ajustes de la capacidad estratégica, que exigían la búsqueda de grandes mejoras en la productividad del trabajo y la adopción de nuevas tecnologías. El principio del siglo XXI también está dominado, en la industria, el comercio y los servicios públicos, por la lucha por mantener el ritmo de los avances en tecnologías de la información, simplemente para poder seguir en el negocio.

Sin embargo, la comprensión de la capacidad estratégica también es importante desde otra perspectiva. La capacidad estratégica de una organización puede constituir la vanguardia del desarrollo estratégico. Se pueden crear nuevas oportunidades *extendiendo* y explotando capacidades, ya sea de una forma que los competidores encuentren difícil de imitar, ya sea creando nuevas oportunidades en el mercado, o ambas. Por ejemplo, por seguir con el tema relativo a las tecnologías de la información, el aprovechamiento al máximo de las capacidades informáticas ha sido la base sobre la que las organizaciones han intentado crear nuevos servicios y áreas de actividad económica.

En cualquier caso, ya sea mediante ajuste estratégico o extensión de las capacidades, el concepto clave que hay que recordar es que, si una organización quiere lograr una ventaja competitiva respecto a las demás, lo podrá hacer porque tiene capacidades que las demás no tienen o no podrán obtener con facilidad. Estas capacidades pueden ser los recursos que tiene la organización. También pueden ser la forma en que se utilizan estos recursos y que se conoce como competencias de la organización. Esta explicación de la ventaja competitiva en función de las capacidades estratégicas se denomina, a veces, **el enfoque de recursos y capacidades** de la estrategia[1]: la ventaja competitiva de una organización se explica por la particularidad de sus capacidades. A su vez, esto ayuda a explicar por qué algunos negocios han logrado obtener unos beneficios con rendimientos extraordinarios en comparación con otros. Tienen recursos o competencias que les permiten producir a un menor coste u obtener un producto o servicio superior al coste habitual de los demás negocios con recursos o capacidades inferiores[2].

Por tanto, este capítulo se centra en las capacidades estratégicas de las organizaciones: qué son, cómo se pueden comprender, analizar y gestionar. El capítulo consta de las seis siguientes secciones:

El **enfoque de recursos y capacidades** de la estrategia es la ventaja competitiva de una organización que se explica por la particularidad de sus competencias distintivas.

- La Sección 3.2 analiza los *fundamentos de la capacidad estratégica*. Concretamente, analiza qué es lo que se entiende por *recursos tangibles e intangibles* y qué es lo que se entiende por *competencias*. A continuación explica la importancia de las *capacidades umbral* tanto en términos de recursos como de competencias. Concluye introduciendo los conceptos de *recursos únicos* y *competencias nucleares* que son esenciales para comprender las bases de la ventaja competitiva.
- La Sección 3.3 se ocupa de la base esencial de la capacidad estratégica de cualquier organización: es decir, la capacidad de lograr y mejorar continuamente su *eficiencia en costes*.

● La Sección 3.4 analiza qué tipo de capacidades puede permitir a las organizaciones *mantener la ventaja competitiva* a lo largo del tiempo (en el contexto del sector público, se trata de saber cómo pueden las organizaciones mantener una «excelencia demostrable»). La sección analiza los criterios considerados esenciales para lograrlo. Se revisa brevemente la importancia del *valor* para los consumidores. Se analiza la exclusividad o *rareza* de los recursos o competencias. Igualmente se analiza la importancia de la *solidez* o *dificultad de imitación*; y aquí se estudia con más detalle el concepto de las *competencias nucleares*. La sección también revisa criterios sobre la imposibilidad de sustituir la capacidad estratégica por los competidores. A continuación, se ofrece un análisis del grado en que estas explicaciones de la capacidad estratégica para lograr una ventaja competitiva sostenible son válidas para organizaciones que se encuentran en entornos empresariales de rápido cambio. Finalmente, se llega a la conclusión de que, en esas situaciones, las *capacidades dinámicas* que permiten que las organizaciones aprendan y se adapten a las nuevas condiciones pueden ser más significativas.

● La Sección 3.5 analiza cómo se relaciona el concepto de *conocimiento de la organización* con la capacidad estratégica y cómo puede contribuir a la ventaja competitiva de las organizaciones.

● La Sección 3.6 considera la forma de analizar la capacidad estratégica. Primero analiza el concepto de la *cadena de valor y la red de valor* como formas de entender cuáles son las actividades que añaden valor y cuáles no. A continuación se explica cómo pueden los directivos intentar comprender las capacidades estratégicas mediante *un mapa de actividades*. Después se centra en cómo pueden los directivos hacer un seguimiento de la magnitud, comparando la calidad de su capacidad estratégica mediante *benchmarking*. La sección concluye revisando el análisis *DAFO* (*véase* Capítulo 2, Sección 2.5.2) desde el punto de vista de la comprensión de la capacidad estratégica respecto a los competidores.

● El capítulo concluye en la Sección 3.7 analizando cómo pueden los directivos *desarrollar la capacidad estratégica* mediante el desarrollo interno y externo, la gestión del personal y la creación de capacidades dinámicas.

## 3.2  FUNDAMENTOS DE LA CAPACIDAD ESTRATÉGICA

Este capítulo emplea algunos conceptos importantes que es necesario definir. No solo se trata de facilitar el desarrollo del resto del capítulo, sino también de incidir en los diferentes términos y conceptos que autores, directivos y asesores utilizan para explicar la importancia de la capacidad estratégica: así pues, dadas dichas diferencias, es importante matizar su uso en este manual. En general, la **capacidad estratégica** se puede definir como la adecuación y ajuste de los recursos y competencias de una organización para que pueda sobrevivir y prosperar. El Cuadro 3.1 muestra los elementos de la capacidad estratégica que se utilizan este capítulo para explicar el concepto.

La **capacidad estratégica** se puede definir como la adecuación y el ajuste de los recursos y competencias de una organización para que esta pueda sobrevivir y prosperar.

### 3.2.1  Recursos y competencias

Tal vez el concepto más básico sea el de los *recursos*. Los **recursos tangibles** son los activos físicos de una organización, como la fábrica, la mano de obra y su financiación. Por el

Los **recursos tangibles** son los activos físicos de una organización, como la fábrica, la mano de obra y su financiación.

| Cuadro 3.1 | Capacidades estratégicas y ventaja competitiva |
| --- | --- |

|  | Recursos | Competencias |
| --- | --- | --- |
| Capacidades umbral | **Recursos umbral**<br>● Tangibles<br>● Intangibles | **Competencias umbral** |
| Capacidades para obtener una ventaja competitiva | **Recursos únicos**<br>● Tangibles<br>● Intangibles | **Competencias nucleares** |

Los **recursos intangibles** son activos inmateriales, como la información, la reputación y el conocimiento.

contrario, los **recursos intangibles**[3] son activos inmateriales, como la información, la reputación y el conocimiento. Normalmente, se pueden analizar los recursos de una organización en función de las siguientes cuatro categorías generales:

● *Recursos físicos:* como el número de máquinas, edificios o la capacidad de producción de la organización. La naturaleza de estos recursos, así como su antigüedad, condición, capacidad y localización, determinarán la utilidad de los mismos.

● *Recursos financieros*: como el capital, la tesorería, los deudores y acreedores, y los proveedores de dinero (accionistas, banqueros, etcétera).

● *Recursos humanos*: incluyen el número y la composición (por ejemplo, el perfil demográfico) del personal de una organización. También es probable que el recurso intangible de sus habilidades y conocimientos sea importante. Esto se aplica tanto a los empleados como a otro personal de la red de la organización. En economías que dependen mucho de los conocimientos, las personas se convierten realmente en el activo más valioso.

● *Capital intelectual:* constituye un aspecto importante de los recursos intangibles de una organización; incluye las patentes, las marcas, los sistemas de negocio y las bases de datos sobre los clientes. No debe haber la menor duda de que estos recursos intangibles tienen valor, puesto que cuando se vende un negocio parte del valor es el «fondo de comercio». En una economía que depende en gran medida de los conocimientos, es probable que la capacidad intelectual sea uno de los principales activos de muchas organizaciones.

Sin duda, estos recursos son importantes; pero las acciones de la organización (cómo utiliza y organiza los recursos) son al menos tan importante como los recursos que posee. No tendrá ningún sentido disponer de equipos de tecnologías punteras, o de conocimientos valiosos, o de una marca valiosa, si no se utilizan de forma eficaz. La eficiencia y eficacia de los recursos físicos o financieros, o del personal de una organización, no depende únicamente de su existencia sino de cómo se gestionen, de la cooperación entre las personas, de su capacidad de adaptación, de su capacidad de innovación, de las relaciones con los consumidores y proveedores, y de la experiencia y aprendizaje sobre lo que funciona y lo que no funciona. El término **competencias** se utiliza para hacer referencia a las actividades y procesos a través de los que una empresa organiza sus recursos de forma eficaz. Para comprender la capacidad estratégica, el énfasis no se pone pues únicamente en que los recursos existan, sino en cómo se utilizan.

Dentro de estas definiciones generales, hay otros términos que se usan con frecuencia y que se van a explicar a continuación. A medida que se vaya avanzando en la explicación, puede ser útil tomar como referencia los dos ejemplos que se ofrecen en el Cuadro 3.2: uno se centra en estos conceptos en un negocio y el otro los reproduce en el deporte.

> El término **competencias** se utiliza para hacer referencia a las actividades y procesos por los que una organización estructura sus recursos de forma eficaz.

### 3.2.2 Capacidades umbral

Una ampliación de estos conceptos hace referencia a la búsqueda de la ventaja competitiva. Aquí, una distinción importante es la que se realiza entre las capacidades (recursos o competencias) que constituyen un nivel umbral y aquellas que pueden ayudar a la organización a lograr una ventaja competitiva. Las **capacidades umbral** son aquellas capacidades esenciales para que la organización sea capaz de competir en determinado mercado. Sin estas capacidades, es improbable que una organización sea capaz de sobrevivir en el mercado. Las dos preguntas básicas son:

> Las **capacidades umbral** son aquellas capacidades esenciales para que la organización sea capaz de competir en determinado mercado.

- ¿Cuáles son los *recursos umbral* necesarios para respaldar determinadas estrategias? Si una organización no posee estos recursos, será incapaz de satisfacer los requisitos mínimos de los consumidores y, por tanto, incapaz de seguir existiendo. Por ejemplo, las crecientes exigencias de los clientes de los múltiples comercios minoristas modernos implican la posesión de unas infraestructuras informáticas bastante sofisticadas solo para tener la oportunidad de satisfacer los requisitos de los consumidores.

| Cuadro 3.2 | Capacidad estratégica: la terminología |
| --- | --- |

| Término | Definición | Ejemplo (atletismo) |
| --- | --- | --- |
| Capacidad estratégica | La capacidad de tener el rendimiento necesario para sobrevivir y prosperar. Depende de los recursos y competencias de la organización. | La capacidad atlética adecuada para determinado acontecimiento deportivo. |
| Recursos umbral | Los recursos necesarios para satisfacer las exigencias mínimas de los consumidores y, por tanto, seguir existiendo. | Un cuerpo sano (para los individuos). Médicos e instalaciones sanitarias. Instalaciones y equipos para el entrenamiento. Complementos alimentarios. |
| Competencias umbral | Actividades y procesos necesarios para satisfacer las exigencias mínimas de los consumidores y, por tanto, seguir existiendo. | Programas individuales de entrenamiento. Fisioterapia/curación de lesiones. Planificación de dietas. |
| Recursos únicos | Recursos que sostienen la ventaja competitiva y que los competidores tienen dificultades para imitar u obtener. | Corazón y pulmones excepcionales. Altura o peso. Entrenador de primera. |
| Competencias nucleares | Actividades que sostienen la ventaja competitiva y los competidores tienen dificultades para imitar u obtener. | Una combinación de dedicación, tenacidad, tiempo para entrenar, competencia exigente y voluntad de ganar. |

● Análogamente, ¿cuáles son las *competencias umbral* necesarias para organizar los recursos de forma que se satisfagan los requisitos de los clientes y se respalden determinadas estrategias? Partiendo del mismo ejemplo, un minorista poderoso no solo espera que sus proveedores tengan la infraestructura informática necesaria, sino que sean capaces de utilizarla eficazmente para garantizar el nivel necesario del servicio.

De estas dos preguntas surgen otras cuestiones importantes:

● *Los niveles umbral de la capacidad cambiarán*, y normalmente aumentarán a lo largo del tiempo, a medida que cambien los factores críticos del éxito (*véase* Sección 2.4.4, Capítulo 2) y a través de las actividades de los competidores y los nuevos entrantes. Por tanto, existe la necesidad de revisar y mejorar continuamente esta base de recursos y competencias solo para seguir en el negocio. Algunas industrias o sectores han asistido a una progresiva desaparición de proveedores a medida que los procesos de la competencia hacían que los requisitos de los recursos fueran una barrera que resulta cada vez más difícil superar. La forma en que se desarrolló la primera división de la liga de fútbol en Inglaterra durante la década de los noventa creó un abismo entre los que fueron capaces de gastar dinero en caras plantillas de jugadores y mejoras de los estadios y los que no pudieron. El último grupo se vio relegado a las divisiones inferiores (*véase* el caso sobre el Manchester United al final del Capítulo 4).

● Uno de los retos que tienen que superar las empresas es la *elección* que les conduzca a lograr un nivel de capacidad umbral suficiente para los distintos tipos de clientes. Por ejemplo, muchas empresas han encontrado difícil competir en segmentos de mercado que exigen tener grandes cantidades de productos estándar, así como en segmentos que requieren la existencia de productos especializados de alto valor añadido. El primer tipo de productos puede exigir tener una fábrica de gran capacidad y rapidez de producción, sistemas estandarizados muy eficientes y una mano de obra de bajo coste. La segunda categoría de productos puede exigir una mano de obra muy cualificada, una fábrica flexible y una capacidad más innovadora. La organización puede tener que hacer difíciles elecciones aquí, corriendo el riesgo de no lograr obtener las capacidades umbral necesarias para cada uno de los segmentos.

● Un problema para las organizaciones establecidas es el *exceso de capacidades* que pueden experimentar a medida que se van produciendo cambios paulatinos en el entorno empresarial. A no ser que la organización sea capaz de deshacerse de esos recursos o competencias redundantes, puede resultarle imposible liberar suficientes fondos para invertir en los nuevos recursos o competencias que se necesitan, por lo que sus costes serán demasiado elevados. Por ejemplo, los bancos tradicionales siguen luchando con la herencia de su extensa red de sucursales en un mundo donde los competidores no tienen sucursales y han invertido mucho en centros de atención telefónica y sistemas de banca por Internet.

● Es importante reconocer el hecho de que el nivel umbral requerido probablemente implicará la necesidad de disponer de *recursos y competencias complementarios*. No tiene sentido disponer de los niveles umbral en términos de recursos si no se tienen los niveles umbral en términos de competencias. Por ejemplo, el disponer del excelente recurso intangible que es una marca poderosa conocida con una gran historia, no resulta muy útil si no se tienen las competencias de marketing necesarias para poder explotarla.

La identificación de estos recursos y competencias umbral es, por tanto, importante. Si las organizaciones no prestan atención a estos recursos y competencias umbral no pueden esperar ni siquiera estar «en el juego». No tendrán la capacidad de ser competitivas.

### 3.2.3    Recursos únicos y competencias nucleares

Aunque las capacidades umbral tienen una importancia fundamental, no crean de por sí una ventaja competitiva. Es más probable que la ventaja competitiva se cree y mantenga si la organización tiene capacidades distintivas o únicas que los competidores no pueden imitar. Esto puede ser porque la organización tiene algunos *recursos únicos*. Los **recursos únicos** son aquellos recursos que sostienen de forma crítica la ventaja competitiva y que los demás no pueden imitar u obtener. Sin embargo, es más probable que una organización sea capaz de lograr una ventaja competitiva porque tiene competencias distintivas o nucleares. El concepto de competencias nucleares fue desarrollado en la década de los noventa, sobre todo por Gary Hamel y C.K. Prahalad. Aunque existen diversas definiciones, en este libro vamos a interpretar que las **competencias nucleares**[4] son las actividades y procesos que se utilizan para organizar los recursos de manera que se logre una ventaja competitiva de una forma que los demás no puedan imitar u obtener. Por ejemplo, un proveedor que logra una ventaja competitiva en un mercado minorista puede haberlo hecho a partir de un recurso único como una marca poderosa, o encontrando la forma de proveer el servicio o crear relaciones con el minorista de una forma que los competidores encuentren difícil de imitar, una competencia nuclear. La Sección 3.3 de este capítulo se ocupa, en particular, del papel desempeñado por los recursos únicos y las competencias nucleares para contribuir a la ventaja competitiva a largo plazo y, por tanto, analiza estos conceptos con mucho más detalle.

Agrupando estos conceptos, el argumento en resumen es el siguiente. Para sobrevivir y prosperar, una organización tiene que abordar los retos del entorno que se explicaron en el Capítulo 2. En concreto, tiene que ser capaz de estar al nivel de los factores críticos del éxito que se analizaron en la Sección 2.4.4 del Capítulo 2. La capacidad estratégica para conseguirlo depende de los recursos y de las competencias que tenga. Estos recursos y competencias pueden alcanzar un nivel umbral para que la organización sobreviva. El siguiente reto consiste en lograr una ventaja competitiva (que se analiza con más detalle en el Capítulo 5). Esto exige tener capacidades estratégicas que los competidores tengan dificultades para imitar u obtener. Estas capacidades pueden ser recursos únicos pero es más probable que se trate de las competencias nucleares de la organización.

> Los **recursos únicos** son aquellos recursos que sostienen de forma crítica la ventaja competitiva y que los demás no pueden imitar u obtener.

> Las **competencias nucleares** son las actividades y los procesos que se utilizan para organizar los recursos de forma que se logre una ventaja competitiva que los demás no pueden imitar u obtener.

## 3.3    EFICIENCIA EN COSTES

Una capacidad estratégica importante en cualquier organización consiste en garantizar que se logra y mejora continuamente la eficiencia en costes. Esto implica tanto tener los recursos adecuados como las competencias para gestionar los costes. Los consumidores se benefician de la eficiencia en costes gracias a los menores precios o a un mayor número de características de un producto por el mismo precio. En algunos servicios públicos, las principales partes interesadas pueden ser el proveedor de fondos que quiere mantener la calidad y el nivel de provisión del servicio, pero a un coste reducido. La gestión de los costes de una organización puede ser la base para lograr la ventaja competitiva (*véanse* Secciones 3.4.1 y 3.4.2). Sin embargo, para muchas organizaciones en muchos mercados se está convirtiendo en una capacidad estratégica umbral por dos motivos:

● Primero, porque *los consumidores no valoran las características de un producto a cualquier precio*. Si el precio sube demasiado, estarán dispuestos a sacrificar el valor y optarán por un producto con un precio menor. Por tanto, el reto consiste en garantizar que se ofrece un valor adecuado a un precio aceptable. Esto significa que hay que mantener los costes lo más reducidos posible en función del valor que se ofrece; y todo el mundo tiene que hacerlo. El no hacerlo invita a que los consumidores cambien de producto o a que llegue la competencia.

● Segundo, la *rivalidad competitiva* exigirá continuamente que se reduzcan los costes porque los competidores estarán intentando reducir los suyos, de forma que puedan poner un precio inferior al de los rivales al tiempo que ofrecen un valor análogo. En este contexto, la eficiencia en costes no es la base de la ventaja competitiva, se convierte en una necesidad para sobrevivir en un mercado: una capacidad umbral.

La eficiencia en costes depende de una serie de determinantes (*véase* Cuadro 3.3), de la siguiente manera.

Las *economías de escala* pueden ser una importante fuente de ventaja en costes en las organizaciones manufactureras, puesto que hay que recuperar los elevados costes del capital de la fábrica con un elevado volumen de producción. Tradicionalmente, los sectores manufactureros en los que las economías de escala han tenido una importancia especial han sido los automóviles, los productos químicos y la metalurgia. En otras industrias, como las de bebidas, tabaco y alimentos, las economías de escala son importantes en la distribución o el marketing. En la industria textil y del cuero, las economías de escala han sido menos significativas[5].

Los *costes de aprovisionamiento* afectan a la posición general de costes de una organización. La localización puede afectar a los costes de aprovisionamiento, lo que explica por qué, históricamente, la siderurgia y los productoras de vidrio han estado cerca de las fuentes de energía o de materias primas. En algunos casos, la propiedad de las materias

**Cuadro 3.3   Fuentes de la eficiencia en costes**

primas también ofrece una ventaja en costes. El cómo se fomentan y mantienen las relaciones con los proveedores tiene una importancia primordial para sostener esta posición. Los costes de provisión son de especial relevancia para las organizaciones que actúan como intermediarias, donde el valor añadido de sus propias actividades es reducido, por lo que la necesidad de identificar y gestionar los costes tiene una importancia crítica para el éxito. Por ejemplo, en las transacciones de materias primas o de divisas, el recurso clave es el conocimiento de cómo pueden variar los precios y, por tanto, cómo se puede obtener una ventaja competitiva a través de competencias que ofrecen una información de mayor calidad que la de los competidores. Tradicionalmente, se lograba mediante contactos y redes personales que solían ser difíciles de imitar. Pero ahora, la capacidad informática es crítica para el éxito. Puesto que todos los intermediarios tienen acceso en la actualidad a sistemas informáticos análogos, el garantizar que esa tecnología esté actualizada se ha convertido en una competencia, umbral y los intentos de innovar para crear una ventaja se verán, probablemente, erosionados. La consecución de una ventaja competitiva provendrá probablemente de cómo se logren innovaciones en la forma de explotar los sistemas, y es posible que estas ventajas también sean de corta duración.

El *diseño de producto/proceso* también afecta a la posición en costes. Las ganancias de eficiencia en los procesos productivos han sido logradas por muchas organizaciones a lo largo de una serie de años mediante mejoras en el *aprovechamiento de la capacidad, la productividad del trabajo, el rendimiento* (de los materiales) o la utilización del *capital circulante*. La cuestión importante es disponer del conocimiento para comprender la importancia relativa de cada elemento a la hora de mantener una posición competitiva. Por ejemplo, el aprovechar la capacidad se ha convertido en una cuestión competitiva principal en muchas industrias de servicios: un asiento vacío en un avión, tren o teatro no puede «almacenarse» para una venta posterior. Así pues, la comercialización de ofertas especiales (al tiempo que se protege el negocio central) y la disponibilidad de una capacidad informática para analizar y optimizar los ingresos, constituyen competencias importantes. Por el contrario, se ha prestado mucha menor atención a cómo puede contribuir el *diseño* del producto a la competitividad general en costes de una organización. Cuando se ha tenido en cuenta, ha tendido a limitarse a los procesos productivos (por ejemplo, facilidad de fabricación). Sin embargo, el diseño del producto también afecta a los costes en otras partes del sistema de valor como, por ejemplo, la distribución o el servicio posventa. Canon logró una ventaja sobre las fotocopiadoras de Xerox de esta manera: Canon eliminó la ventaja de Xerox (que partía del servicio y la red de apoyo de Xerox) diseñando una fotocopiadora que necesitaba mucho menos mantenimiento. La capacidad de concebir una relación entre el diseño y el coste con este planteamiento más global, y de lograr la información necesaria para comprender esta relación, exige que las organizaciones de éxito tengan un buen conocimiento de dónde y cómo surgen los costes en la cadena de valor (*véase* Sección 3.6.1).

La *experiencia*[6] puede ser una fuente clave de eficiencia en costes y existen ciertas pruebas de que puede ofrecer una ventaja competitiva. Ha habido muchos estudios relativos a la importante relación entre la experiencia acumulada de una organización y sus costes unitarios, lo que se describe como la *curva de experiencia*. Esta curva se representa en el Cuadro 3.4. La curva de experiencia sugiere que una organización que realiza cualquier actividad aprende a realizar esa actividad más eficientemente con el tiempo y, por tanto, desarrolla competencias nucleares en esta actividad. Puesto que las empresas con una mayor cuota de mercado tienen más «experiencia acumulada» es evidente lo importante que resulta lograr y conservar cuota de mercado, como se analizó

**Cuadro 3.4** La curva de experiencia

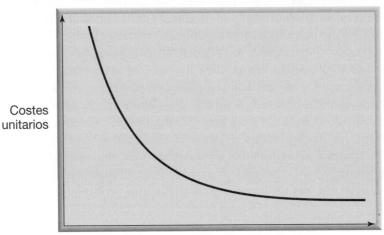

Costes
unitarios

Unidades totales producidas a lo largo del tiempo

en el Capítulo 2. Es fundamental recordar que lo que importa es la *cuota de mercado relativa* en los distintos segmentos del mercado. Hay importantes consecuencias del concepto de curva de experiencia que pueden afectar a la posición competitiva de una organización:

- *El crecimiento no es opcional en muchos mercados*. Si una organización decide crecer más lentamente que la competencia, debería esperar que los competidores logren una ventaja en costes a más largo plazo, gracias a su experiencia.

- Las organizaciones deberían esperar que sus *costes reales unitarios fueran disminuyendo con los años*. En las industrias de gran crecimiento esto ocurrirá muy deprisa pero, incluso en las industrias maduras, debería producirse una reducción de los costes. Las organizaciones que no reconocen este hecho, y que no tienen las competencias necesarias para actuar en consecuencia, padecerán, probablemente.

- Las *ventajas de ser el primero en mover* pueden ser importantes. La organización que avanza por la curva de experiencia al entrar primero en el mercado debería, por ello, ser capaz de reducir sus costes gracias a la experiencia acumulada que logra respecto a sus rivales por haber sido la primera.

- Sin embargo, la probabilidad de tener una *ventaja sostenida gracias a la curva de experiencia no es muy elevada*. Es probable que exija el disponer de cuotas de mercado muy elevadas que no están al alcance de la mayoría de las empresas.

- La consecuencia es que la *reducción continua de los costes es una necesidad* para las organizaciones que están en mercados competitivos. Incluso si no ofrece una ventaja competitiva, es una competencia umbral para la supervivencia.

- Es posible que se puedan reducir los costes mediante la *contratación externa, desafectación* o *outsourcing* (*véase* Sección 3.6.1) de aquellas actividades en las que la organización no tiene mucha experiencia y otras organizaciones sí la tienen. Históricamente, una de las críticas a los servicios públicos era su situación de casi monopolio que pretendía protegerles de las presiones para reducir los costes unitarios, lo que daba lugar a que se prefiriera la producción interna en la organización incluso cuando la experiencia era reducida y los costes elevados.

## 3.4    CAPACIDADES PARA OBTENER UNA VENTAJA COMPETITIVA SOSTENIBLE

Todos los factores analizados en las Secciones 3.2 y 3.3 son importantes. Si las capacidades de la organización no satisfacen las necesidades del consumidor, al menos a un nivel umbral, la organización no puede sobrevivir. Si no puede gestionar sus costes de forma eficiente, y no puede continuar mejorando en este sentido, será vulnerable a los que sí puedan. Sin embargo, si el objetivo es lograr una ventaja competitiva, todo lo anterior no es suficiente. La cuestión se convierte, pues, en ¿qué recursos y competencias pueden ofrecer una ventaja competitiva de forma que se pueda sostener en el tiempo? Así pues, es necesario que la capacidad estratégica satisfaga otros criterios, que vamos a revisar a continuación[7].

### 3.4.1    Valor de las capacidades estratégicas

Es importante destacar que una organización que quiere lograr una ventaja competitiva debe satisfacer las necesidades y expectativas de sus consumidores. La importancia del valor para el consumidor puede parecer una cuestión evidente pero, en la práctica, se suele desestimar o ignorar. Los directivos pueden afirmar que alguna capacidad particular de la organización tiene valor sencillamente porque es distintiva. El disponer de capacidades, en términos de recursos o competencias, que son distintas de las de otras organizaciones no es, en sí, base de una ventaja competitiva. No tiene sentido tener capacidades que no son «valiosas» para el consumidor; las capacidades estratégicas deben ser capaces de ofrecer lo que el consumidor valora en cuanto al producto o servicio. Así pues, el análisis de la Sección 2.4.4 del Capítulo 2 y las conclusiones que se extrajeron también son importantes aquí. Dado este requisito fundamental, existen pues otros requisitos clave de capacidades para lograr una ventaja competitiva sostenible.

### 3.4.2    Rareza de las capacidades estratégicas

Evidentemente, no se puede lograr una ventaja competitiva si la capacidad estratégica de la organización es la misma que la de las demás. Sin embargo, es posible que un competidor tenga la capacidad única o rara que ofrezca una ventaja competitiva. Esta capacidad podría venir dada por *recursos únicos*. Por ejemplo, algunas bibliotecas tienen colecciones de libros únicos que no existen en ninguna otra parte; una empresa puede tener una marca poderosa; una tienda puede tener una ubicación excelente. Algunas organizaciones tienen productos o servicios patentados que les otorgan ventajas, recursos que es posible que haya que defender estando dispuesto a llevar a juicio a los imitadores ilegales. Las compañías mineras pueden poseer una mina exclusiva. En el caso de las organizaciones de servicios, los recursos únicos pueden ser el capital intelectual, sobre todo la disposición de empleados individuales de gran talento. La Ilustración 3.1 muestra que la agencia Ordnance Survey del Reino Unido fue capaz de explotar en beneficio propio su capital intelectual. Todos estos pueden ser recursos raros que ofrecen una ventaja competitiva.

La ventaja competitiva también podría deberse a competencias raras como años de experiencia en, por ejemplo, la gestión de una marca o la creación de relaciones con

# La Ordnance Survey

*Algunas organizaciones tienen recursos únicos por su capital intelectual pero, aún así, es necesario explotarlos.*

La Ordnance Survey (OS) ha existido en el Reino Unido desde hace más de 200 años como la agencia nacional de cartografía. Sus funciones principales incluyen la producción, conservación y comercialización de mapas y la gestión de los datos informáticos de información geográfica. Estos mapas se utilizan con fines de ocio, educativos y administrativos. Durante la década de los noventa se fueron comercializando progresivamente sus actividades y, en 1999, el gobierno cambió su status, con lo que dejó de ser un organismo estatal para ser un organismo autónomo dependiente del gobierno: tenía que gestionar sus propias finanzas y obtener un rendimiento del capital del 9 por ciento. La OS obtenía ingresos de la venta de productos y servicios, incluyendo la venta de licencias para que otros pudieran utilizar los materiales objeto de *copyright*. Por ello, en 2000 logró un beneficio de 12,7 millones de libras esterlinas (unos 19 millones de euros) de una facturación de 99,6 millones de libras (149,4 millones de euros).

Aunque el público piensa que OS es un proveedor de mapas, OS se ha mantenido por delante del mercado aprovechando las nuevas tecnologías, a medida que los PC permitieron sustituir los mapas dibujados a mano y se podían hacer mediciones más precisas y rápidas. La agencia OS se dio cuenta de la importancia del potencial de los sistemas de información geográfica, que permiten sintetizar más rápidamente una amplia variedad de información. Esto tiene el efecto de que los mapas sean más interactivos y, por tanto, respondan mejor a las necesidades de los consumidores.

La agencia OS ha sido capaz de tener una ventaja competitiva al poder vender sus datos bajo licencia. Ha trabajado con varios socios del sector privado que han incorporado los datos de la agencia OS a sus programas informáticos. La innovación ha sido crucial, a medida que la agencia OS intentaba ofrecer un servicio exhaustivo a través de su Centro de Soluciones, que funcionaba como una asesoría. Los datos informatizados se han convertido en la parte principal del negocio y la agencia utiliza su experiencia

en recopilación de datos para ofrecer servicios a muchas organizaciones públicas y privadas. Entre estos servicios se encuentra la asistencia a la policía para hacer un mapa de los patrones de los crímenes, localizando terrenos en desuso para su desarrollo, centrando los esfuerzos de marketing, calculando los riesgos de los seguros, y gestionando las carteras de propiedades inmobiliarias. La agencia también se ha beneficiado de la creciente industria de las telecomunicaciones y ha adaptado una estrategia electrónica para convertir sus mapas en datos digitales y utilizarlos en teléfonos móviles, páginas Web de mapas y sistemas de navegación en los automóviles.

La agencia OS también se ha asegurado de mantener su posición de líder en el mercado capitalizando e invirtiendo en nuevas tecnologías y desarrollos: en su base de datos se introducen a diario unos 3.000 cambios, garantizando la relevancia y precisión consistente de los datos. La base de datos topográfica nacional, que tiene registradas más de 2 millones de características del terreno británico, demostró ser un producto de éxito. La agencia también defiende sus derechos de *copyright*; en marzo de 2001 la Asociación de Automóviles aceptó pagar a la agencia OS 20 millones de libras esterlinas por un supuesto incumplimiento de los derechos de *copyright*.

*Fuentes:* adaptado del *Financial Times*, 19 de agosto de 2000, 3 de octubre de 2000 y 22 de diciembre de 2000; y del *Computer Weekly,* 5 de octubre de 2000.

## Preguntas

1. ¿Cuáles son los recursos únicos qué tiene la agencia OS?
2. ¿Qué competencias se necesitan para explotar estos recursos?
3. ¿Cómo podrían minar los competidores estos recursos únicos?

consumidores clave; o tal vez en la forma en que un negocio global ha aprendido a trabajar en armonía entre las distintas partes. Otros ejemplos ayudan a destacar cuestiones importantes sobre el grado en que la rareza puede ofrecer una ventaja competitiva sostenible:

● La rareza puede depender de quién posee la competencia y de la *facilidad con que se puede transferir*. Por ejemplo, las ventajas competitivas de algunas organizaciones de servicios profesionales parten de la competencia de los individuos en particular, como un médico que está especializado en un campo «puntero» de la medicina; o la reputación de una marca de ropa de moda que depende de un diseñador de alta costura. Pero, puesto que estos individuos pueden dejar la empresa, como ocurrió en el caso de Tom Ford en Gucci en 2003, o irse a la competencia, este recurso puede ser una base de la ventaja muy frágil. Una ventaja más duradera *puede* encontrarse en las competencias de la organización para reclutar, formar, motivar y recompensar a estos individuos excepcionales, de forma que se asegure de que no van a desertar en favor de los competidores. Es posible que una competencia nuclear se encuentre en la cultura que atrae a estos individuos para que trabajen en determinada organización.

● Una organización puede haberse asegurado un *acceso preferente* a los consumidores o proveedores, tal vez tras superar un proceso de autorización o ganando una licitación (como el caso de las licencias de la telefonía móvil o la televisión). Esto puede resultar particularmente ventajoso si la autorización para el acceso no se puede obtener sin disponer de determinado historial de actividades o tras haber seguido determinado programa de desarrollo, por ejemplo, en el caso de los productos farmacéuticos. Esto significa que el competidor no puede encontrar un atajo para hacer una imitación.

● Algunas competencias son *dependientes de la situación* y no son transferibles, porque solo ofrecen valor si se utilizan en determinada organización. Por ejemplo, los sistemas utilizados para manejar determinadas máquinas no son aplicables para las organizaciones que no utilizan esas máquinas. También puede darse el caso de que los costes de transferir las competencias de una organización a otra sean demasiado elevados. Esto es un problema que las empresas globales encuentran cuando están intentando hacer que el rendimiento de todas sus instalaciones se equipare al de la mejor.

● Algunas veces, las organizaciones existentes tienen una ventaja debido a los costes hundidos (por ejemplo, en la constitución de la empresa) que ya han sido amortizados y que, por tanto, permiten que la organización opere con un coste general significativamente inferior. Otras organizaciones tendrían que hacer frente a costes mucho más elevados para poder empezar a competir. Sin embargo, siempre existe la posibilidad de que un competidor encuentre una forma nueva de competir utilizando recursos o competencias distintas. Esto ha ocurrido con frecuencia en las manufacturas, donde las empresas existentes que utilizaban tecnologías productivas de gran tradición han descubierto que tenían que luchar contra competidores que utilizaban tecnologías distintas.

Aunque la rareza de las capacidades estratégicas puede, por tanto, ofrecer una base de ventaja competitiva, existen riesgos de que existan redundancias. Las capacidades raras pueden convertirse en lo que Dorothy Leonard-Barton describe como «rigideces nucleares»[8], difíciles de alterar y perniciosas para la organización y sus mercados. Los directivos pueden estar tan comprometidos con estas bases del éxito que consideran que se trata de fortalezas de la organización e «inventan» valores para el consumidor en torno a esas rigideces. Así, durante muchos años los directivos de Marks & Spencer estaban convencidos de que los consumidores querían el tipo de mercancías y servicios que habían estado ofreciendo en exclusiva y que la razón del declive de la empresa a finales de la década de los noventa se debía únicamente a factores del mercado fuera de su control. Evidentemente, este argumento contribuye al fenómeno de la *desviación estratégica* introducido en el Capítulo 1 (Sección 1.5.1).

### 3.4.3    Solidez de las capacidades estratégicas

A estas alturas debería estar claro que la búsqueda de una capacidad estratégica que ofrece una ventaja competitiva sostenible no es nada evidente. Implica identificar capacidades que tengan posibilidades de ser duraderas y que los competidores consideran difíciles de imitar u obtener. En efecto, el criterio de *solidez* se describe a veces como una «no imitabilidad»[9].

Aún a riesgo de generalizar en exceso, no es normal que se pueda explicar la ventaja competitiva por las diferencias en recursos tangibles, puesto que, con el tiempo, es posible imitarlos o adquirirlos. La ventaja provendrá probablemente de la forma en que se organicen los recursos para crear competencias en las actividades de la organización. Por ejemplo, como se ha sugerido anteriormente, el sistema informático en sí no mejorará la posición competitiva de una organización: lo que importa es cómo se utilice. En efecto, lo que probablemente marca la diferencia es cómo se utiliza el sistema para equiparar las necesidades de los consumidores a las áreas de actividades y conocimientos tanto de fuera como de dentro de la organización. Por tanto, se trata de vincular conjuntos de competencias. Así, ampliando la definición anterior, las *competencias nucleares* serán, probablemente, las actividades o procesos *vinculados* en los que se aplican los recursos de tal manera que se logra una ventaja competitiva. Crean y sostienen la capacidad de satisfacer los factores críticos del éxito de determinados grupos de consumidores mejor que otros proveedores y de una forma difícil de imitar. Para poder lograr esta ventaja, las competencias nucleares tienen que cumplir, por tanto, los siguientes criterios:

● Deben estar relacionadas con una actividad o proceso que sostiene el valor de las características del producto o servicio, desde la perspectiva del consumidor (u otras partes interesadas poderosas). Este es el criterio del valor analizado anteriormente.
● Las competencias deben llevar a niveles de rendimiento que son significativamente mejores que los de los competidores (organizaciones parecidas en el sector público).
● Las competencias deben ser sólidas, es decir, difíciles de imitar por parte de los competidores.

Hay diversas formas de cumplir estas condiciones. A continuación se revisan y resumen en el Cuadro 3.5. La Ilustración 3.2 también ofrece un ejemplo al que hará referencia este análisis.

#### Complejidad[10]

Es improbable que las competencias nucleares de una organización sean una actividad claramente definida. Es más probable que las competencias nucleares estén relacionadas con un conjunto de actividades y procesos que, juntos, ofrecen valor para el consumidor. Estas actividades y procesos pueden ser propias de la organización o de la organización y sus consumidores, proveedores y otras partes interesadas clave. Los directivos pueden hacer referencia a estas actividades relacionadas con una explicación «abreviada». Los directivos de Plasco (*véase* Ilustración 3.2) hablaban de «flexibilidad» e «innovación»; pero la «flexibilidad» y la «innovación» son, en sí, un conjunto de actividades relacionadas como muestra la Ilustración 3.2. La Sección 3.6.2 y el Cuadro 3.8 muestran cómo se puede hacer un mapa de ese conjunto de actividades relacionadas de forma que se puedan comprender mejor. Sin embargo, incluso si un competidor tiene un mapa de este tipo con gran detalle, con una representación gráfica de cómo determinada organización logró la «flexibilidad», es improbable que sea capaz de reproducir el tipo de

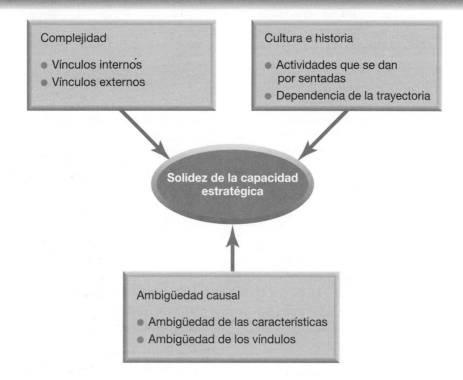

**Cuadro 3.5** Criterios sobre la solidez de la capacidad estratégica

Complejidad
- Vínculos internos
- Vínculos externos

Cultura e historia
- Actividades que se dan por sentadas
- Dependencia de la trayectoria

Solidez de la capacidad estratégica

Ambigüedad causal
- Ambigüedad de las características
- Ambigüedad de los víndulos

complejidad que representa. En efecto, en la empresa descrita en la Ilustración 3.2, la dirección no lo tenía claro.

También es importante la complementariedad externa de las competencias. Las empresas pueden hacer que sea difícil para otras imitar u obtener sus bases de ventaja competitiva desarrollando la ventaja competitiva en colaboración con el cliente. Así, crean una relación íntima en algunas facetas del negocio con el cliente, de forma que el cliente depende de ellas. Esto es lo que, a veces, se conoce como *coespecialización*. Por ejemplo, una empresa de lubricantes industriales se alejó de la mera venta de los productos para alcanzar acuerdos con sus clientes con el propósito de gestionar la aplicación de los lubricantes en las instalaciones de los clientes, de forma que se lograran determinados objetivos de ahorro en costes. La utilización más eficiente de los lubricantes permitió que ambas partes se beneficiaran más de esta relación. Análogamente, las empresas fabricantes de software pueden lograr ventajas desarrollando programas informáticos personalizados a las necesidades exclusivas de los consumidores. Los clientes se benefician de esta personalización del programa pero, a su vez, es probable que dependan de esta empresa para tener programas informáticos y es improbable que cambien con facilidad a los programas de un competidor.

## Cultura e historia

En la mayoría de las organizaciones es probable que estas competencias formen parte íntegra de su cultura. En efecto, los directivos de una organización pueden no comprender de forma *explícita* cuáles son estas competencias. Así pues, la coordinación entre diversas actividades se produce de forma «natural», porque la gente sabe cuál es su papel en el

**Ilustración 3.2** e s t r a t e g i a e n a c c i ó n

# Capacidad estratégica en Plasco

*La capacidad estratégica que sostiene el éxito competitivo puede partir de complejas relaciones arraigadas en la historia y la cultura de una organización.*

Plasco, un fabricante de plásticos, había logrado captar importantes cuentas minoristas de sus competidores. Los directivos querían comprender la base de estos éxitos para poder entender mejor sus capacidades estratégicas. Para ello, empezaron a analizar el valor para el consumidor (como se explica en la Sección 2.4.4). A partir de este análisis identificaron que los principales minoristas con los que habían tenido éxito valoraban particularmente una marca poderosa, una buena gama de productos, la innovación, el buen servicio y la fiabilidad en la entrega. En particular, Plasco presentaba ventajas respecto a los competidores en la entrega, el servicio y la gama de productos.

A continuación dibujaron el mapa de las actividades, como se explica en la Sección 3.6.2 de este capítulo (*véase* Cuadro 3.8). Algunas de las cosas que se vieron gracias a este ejercicio ya eran conocidas por la alta dirección; pero otras razones de su éxito resultaban desconocidas.

Cuando analizaron las bases de la fiabilidad en la entrega, no podían encontrar ninguna razón por la que fueran mejores que los competidores. La logística de la empresa no era distinta a la de otras empresas. Se trataba de recursos y competencias esenciales, pero no únicas, eran recursos y competencias umbral.

Cuando analizaron las actividades que habían dado lugar al buen servicio que ofrecían, sin embargo, encontraron otras explicaciones. Fueron capaces de descubrir que, en gran parte, tenían una ventaja gracias a su planteamiento, más flexible que el de los competidores, siendo el principal competidor una gran multinacional estadounidense. Pero las explicaciones por las que disponían de esta flexibilidad no eran tan evidentes. Por ejemplo, la flexibilidad se hacía patente en la capacidad de alterar los requisitos de los pedidos de los minoristas en un breve plazo; o si los compradores habían cometido un error, les «rescataban» retirando los productos equivocados que se habían entregado. Lo que era mucho menos evidente eran las actividades que permitían disfrutar de esta flexibilidad. La representación del mapa de actividades ofreció algunas explicaciones:

● El personal y los directivos intermedios de la empresa estaban «saltándose las reglas» al retirar productos de los grandes minoristas cuando, en realidad, las políticas y sistemas de la empresa no lo autorizaban.

● La utilización de la fábrica era relativamente inferior y menos automatizada que la de los competidores, por lo que resultaba más fácil cambiar las líneas productivas en un menor plazo. Por otra parte, la política de la empresa pretendía mejorar la productividad gracias a una mayor utilización y a una automatización de las fábricas. Los escalafones directivos inferiores no se mostraban muy entusiasmados con este cambio porque sabían que, si lo hacían, reducirían su flexibilidad y, por tanto, disminuiría su capacidad de ofrecer el servicio que querían los clientes.

Gran parte dependía del conocimiento de los directivos inferiores, los representantes de ventas y el personal de la fábrica que sabían «cómo utilizar el sistema» y cómo colaborar para resolver los problemas de los clientes. No era una cuestión que dependiera de la política de la empresa o de su modelo de formación, sino de la costumbre y las prácticas que se habían ido desarrollando a lo largo de los años. El resultado final era que se había creado una relación entre el personal de ventas y los clientes en la que los clientes podían «pedir lo imposible» a la empresa cuando tenían dificultades.

Una buena logística, y productos de gran calidad, eran cuestiones esenciales, pero las competencias nucleares que sostenían su éxito eran el resultado de diversos conjuntos de actividades relacionadas creadas a lo largo de los años, algo difícil de identificar con claridad, no ya para los competidores, sino también para el personal de la propia organización.

**Preguntas**

1. ¿Por qué puede ser difícil para un gran fabricante automatizado tener unas relaciones con los clientes parecidas a las de Plasco?

2. ¿Cómo debería reaccionar la alta dirección de Plasco a las explicaciones de la capacidad estratégica que surgieron del mapa de actividades?

contexto general o, sencillamente, «se da por sentado» que las actividades se hacen de determinada manera. Por ejemplo, en el negocio de los plásticos descrito en la Ilustración 3.2 la experiencia para alterar rápidamente la línea de productos o la fabricación y las estrechas relaciones entre el personal de ventas, el de producción y el de envíos, no se habían planificado o formalizado: era la manera en que la empresa funcionaba y se había creado a lo largo de los años.

Por tanto, relacionada con esta cultura, se encuentra la probabilidad de que las competencias se hayan desarrollado a lo largo del tiempo de determinada manera. Esta trayectoria histórica por la que van surgiendo competencias en una organización es, en sí, difícil de identificar e imitar. Esto es lo que se conoce como la *dependencia de la trayectoria*[11]. Sería simplista suponer que las competencias de una organización que se han desarrollado a lo largo de décadas van a ser imitadas rápida o fácilmente por otra empresa. Una alta calidad de servicio a los consumidores, el fomento de la innovación, o el mantenimiento de los costes a nivel mínimo, pueden parecer actividades fáciles de lograr, pero si se han alcanzado gracias a la cultura de la organización que ha ido evolucionando a lo largo de años, tal vez décadas, serán difíciles de imitar. Sin embargo, hay que destacar de nuevo que existe el peligro de que las competencias incorporadas en la cultura durante periodos de tiempo tan largos estén tan inmersas en la organización que sea difícil cambiarlas; es decir, que se conviertan en rigideces nucleares.

## Ambigüedad causal[12]

Otra razón por la que las competencias pueden ser sólidas es porque los competidores encuentran difícil identificar las causas y efectos que sostienen la ventaja de una organización. Esto es lo que se conoce como *ambigüedad causal*. Así, existe un elevado grado de incertidumbre cuando se quiere imitar determinada estrategia de éxito, porque los competidores no tienen claro qué es exactamente lo que ha causado qué. Esta incertidumbre puede afectar a alguna o a todas las facetas de la capacidad estratégica que se han analizado en las secciones anteriores de este capítulo. La ambigüedad causal puede existir en dos formas distintas:[13]

- *Ambigüedad de las características:* aquí es donde resulta difícil comprender e identificar hasta qué punto resulta significativa la propia característica; por ejemplo, porque se debe a un conocimiento tácito o está arraigada en la cultura de la organización. Por ejemplo, es bastante posible que el «saltarse las reglas» en Plasco fuera contra la cultura de su rival estadounidense y, por tanto, no se pudiera identificar fácilmente ni se considerase relevante o significativo.
- *Ambigüedad de los vínculos:* cuando los propios directivos, y más aún los competidores, encuentran difícil explicar cuáles son las actividades y procesos que dependen, a su vez, de otras actividades y procesos para crear los vínculos que permiten lograr las competencias que dan lugar a la ventaja competitiva. Sería muy difícil para los competidores de Plasco comprender las relaciones causa/efecto en esta empresa cuando los propios directivos tenían dificultades para detectarlas.

Por tanto, los competidores pueden ver que uno de sus rivales tiene un mejor rendimiento en su servicio a los clientes; pueden observar todo tipo de actividades relativas al servicio al cliente: la forma en que se atiende a los clientes por teléfono o cuando surgen problemas; las relaciones cara a cara entre los clientes y el personal de ventas; la flexibilidad en las entregas o la política de devolución de artículos, etcétera. La lista podría ser muy larga y, a pesar de todo, no identificar cómo se arraigan estas actividades en la cultura y en la herencia de la organización, y menos todavía en su formación y sus políticas de recursos humanos. Todo esto aparece reflejado en la dificultad con que los competidores se encuentran a la hora de copiar a Dell (*véase* el caso del ejemplo al final del Capítulo 1). Como se explicó en el *Financial Times* (13 de noviembre de 2003):

> Hable con los altos ejecutivos de Dell y en poco tiempo surgirá la famosa expresión: «atención maniática». Una atención obsesiva al detalle, aplicada a un modelo de negocio probado y demostrado. No hay fin a los continuos ajustes que se pueden hacer para acelerar los procesos de la empresa y reducir sus costes. La forma de hacer negocios en Dell no es ningún secreto, pero los años de atención maniática a afinar el sistema hacen que los demás encuentren muy difícil alcanzarles.

La cuestión esencial es que resulta difícil para un competidor ver cómo funciona el conjunto. Y aún más, incluso si fuera posible, sería bastante difícil que los competidores pudieran copiarlo en su propia estructura y cultura.

### 3.4.4  No sustituibilidad[14]

La consecución de una ventaja competitiva sostenida también implica evitar el riesgo de sustitución. El ofrecer valor a los consumidores, y el poseer competencias complejas, incorporadas a la cultura, y ambiguas causalmente, puede significar que es muy difícil que otras organizaciones copien esas competencias. Sin embargo, la organización sigue corriendo el riesgo de que se produzca una sustitución. La sustitución puede hacerse de diversas formas:

● Podría hacerse como ya se ha analizado en el Capítulo 2 respecto al modelo de las cinco fuerzas de la competencia. En otras palabras, es posible que todo el producto o servicio sea la víctima de la sustitución. Partiendo de un ejemplo del mundo empresarial, el correo electrónico ha sustituido al correo tradicional. Por muy complejas que fueran las competencias de los servicios de correos tradicionales, y por muy arraigadas que estuvieran en su cultura, no se podía evitar este tipo de sustitución.

● Sin embargo, la sustitución puede producirse en un ámbito distinto al del producto o servicio. Se puede producir en el ámbito de las competencias. Por ejemplo, es posible que el éxito de un negocio haya dependido de un líder carismático y de la forma en que ese individuo ha desarrollado los sistemas de la organización. Pero otras formas alternativas de gestionar los sistemas podrían incluir una sustitución a ese planteamiento. Análogamente, las industrias basadas en las tareas realizadas han padecido con frecuencia porque se ha dependido en exceso de las indudables competencias de artesanos cualificados, que han sido sustituidas por sistemas expertos y automatizados.

Así pues, es necesario que los directivos sean conscientes del grado en que sus competencias son vulnerables a una sustitución.

En resumen, y desde la perspectiva basada en los recursos y capacidades, la ventaja competitiva sostenible puede alcanzarse en las organizaciones que tienen capacidades estratégicas que son (a) valiosas para los compradores, (b) raras, (c) sólidas, y (d) no sustituibles.

### 3.4.5    Capacidades dinámicas

Implícito en gran parte de lo que se ha escrito desde el enfoque de recursos y las capacidades es que la ventaja competitiva sostenible se puede obtener desarrollando capacidades estratégicas que ofrecen una ventaja a lo largo del tiempo. Son duraderas. Sin embargo, los directivos suelen afirmar que las condiciones de hipercompetencia que se analizaron en la Sección 2.3.2 del Capítulo 2 son cada vez más predominantes. Los entornos están cambiando más deprisa. La tecnología está dando lugar a una innovación más rápida y, por tanto, hay una mayor capacidad de imitar y sustituir los productos y servicios actuales. Los consumidores tienen más elecciones, las posibilidades de crear una ventaja competitiva sostenible a partir de un conjunto de competencias duraderas es cada vez más improbable. No obstante, en estas circunstancias, algunas empresas sí que logran tener una ventaja competitiva sobre otras. La cuestión es que hay que poner más énfasis en la capacidad de la organización para cambiar, innovar, ser flexible, y aprender a adaptarse a un entorno que cambia rápidamente.

Cómo logran las empresas una ventaja competitiva en estas circunstancias ha sido el objeto de estudio de académicos como David Teece[15]. El término que se utiliza con más frecuencia para describir a las capacidades estratégicas que ofrecen una ventaja competitiva en estas condiciones dinámicas es el de *capacidades dinámicas*. Aquí, por **capacidades dinámicas** se entiende la habilidad de una organización para desarrollar y cambiar las competencias para satisfacer las necesidades de entornos que cambian rápidamente.[16] Estas capacidades pueden ser relativamente formales, como los sistemas de la organización para desarrollar nuevos productos o los procedimientos estándar para autorizar un gasto de capital. También pueden adoptar la forma de importantes movimientos estratégicos, como las adquisiciones o alianzas por las que la organización aprende nuevas habilidades. O pueden ser más informales, como la forma de tomar decisiones o, tal vez, cómo se pueden tomar decisiones más rápidamente de lo habitual cuando se necesita una respuesta rápida. También podría adoptar la forma de un «conocimiento organizativo» arraigado (*véase* la próxima Sección 3.5) sobre cómo se resuelven determinadas circunstancias que afronta la organización, o cómo se innova. En efecto, es probable que las capacidades dinámicas tengan características formales e informales, visibles e invisibles. Por ejemplo, Kathy Eisenhardt[17] ha demostrado que los procesos de adquisición con éxito que aportan nuevos conocimientos a la organización dependen de análisis de alta calidad, previos y posteriores a la adquisición, sobre cómo se puede integrar la adquisición a la nueva organización de forma que se puedan aprovechar sus sinergias y sus bases de aprendizaje. Sin embargo, de la mano de estos procedimientos formales habrá maneras más informales de hacer las cosas en el proceso de adquisición, en función de relaciones personales informales y del intercambio de conocimientos (*véase* más adelante) de manera informal.

En definitiva, lo importante es que, aunque en condiciones más estables se puede lograr la ventaja competitiva construyendo competencias nucleares que puedan ser duraderas en el tiempo, en condiciones de mercados más dinámicos, la ventaja competitiva debe desarrollarse creando la capacidad de cambiar, innovar y aprender, creando la capacidad de disponer de una aptitud dinámica. Y también se puede afirmar que cuanto más importantes sean esas capacidades dinámicas de aprender, más importante será el concepto del conocimiento de la organización que se explica en la próxima sección.

Por **capacidades dinámicas** se entiende la habilidad de una organización para desarrollar y cambiar las competencias de cara a satisfacer las necesidades de entornos que cambian rápidamente.

## 3.5 CONOCIMIENTO ORGANIZACIONAL[18]

El conocimiento se puede definir como sensibilización, concienciación o familiaridad obtenida mediante la experiencia o el aprendizaje. Sin embargo, en el contexto de las organizaciones, no solo importa el conocimiento individual, sino también el conocimiento de los grupos de personas de la organización, o el conocimiento de la organización en

El **conocimiento organizacional** es la experiencia colectiva y compartida acumulada en los sistemas, rutinas y actividades que se comparten en toda la organización.

su conjunto. El **conocimiento organizacional** es la experiencia colectiva y compartida acumulada en los sistemas, rutinas y actividades que se comparten en toda la organización.

Peter Drucker[19] y otros autores hacen referencia al crecimiento de una «economía basada en los conocimientos». Hay varias razones por las que se ha destacado la importancia del conocimiento organizacional. Primera, a medida que las organizaciones se hacen más complejas y más grandes, la necesidad de compartir y juntar lo que sabe la gente se convierte en un mayor reto. Segunda, porque los sistemas informáticos han empezado a proporcionar formas más sofisticadas de compartir y juntar los conocimientos. Y tercera, porque cada vez hay una mayor concienciación de que muchas de las cuestiones que ya se han analizado en este capítulo son ciertas. Es menos probable que las organizaciones logren una ventaja competitiva gracias a sus recursos físicos, y más probable que la obtengan por la forma de hacer las cosas y la experiencia que han acumulado. Y, por tanto, ese conocimiento sobre cómo hay que hacer las cosas, que parte de la experiencia, adquiere una importancia crucial.

El concepto del conocimiento organizacional está, por tanto, estrechamente relacionado con algunas de las ideas analizadas hasta ahora en el capítulo, porque puede constituir la base de una capacidad estratégica. Hay recursos que subyacen al conocimiento. Por ejemplo, la adquisición o el desarrollo del hardware y software adecuados para la infraestructura de los sistemas informáticos es una capacidad umbral para la mayoría de las organizaciones en el siglo XXI. Algunos conocimientos constituirán un *recurso raro;* por ejemplo, el conocimiento que tiene determinado individuo con talento, como un científico del mundo de la investigación, o la propiedad intelectual de una organización (por ejemplo, sus patentes). El conocimiento se materializa en los sistemas formales de la organización, en sus procesos (como una investigación de mercado o los procesos de abastecimiento), en las actividades cotidianas que aprovechan la experiencia de la gente. Así pues, es probable que se trate de una capacidad estratégica *compleja* y *ambigua causalmente* creada con *competencias relacionadas.* También se trata de la capacidad de una organización para aprender y, por tanto, es esencial para la *capacidad dinámica* de una organización que pueda adaptarse a las condiciones cambiantes.

En el contexto de una explicación de la capacidad estratégica hay, pues, tan solo una fina línea entre el conocimiento organizacional y los conceptos relacionados de recursos intangibles, competencias y capacidades dinámicas. Aquí surge una serie de ideas intuitivas útiles:

- La evidencia empírica demuestra que compartir los conocimientos y la experiencia es un proceso social esencial que depende de que exista una *convergencia de intereses*[20] y de que se comparta la información, porque resulta mutuamente ventajoso. Esto se puede producir mediante sistemas formales como Internet (y, de hecho, se produce) pero también se facilitará mediante contactos sociales y confianza mutua. Por tanto, el conocimiento de la organización destaca los aspectos sociales y culturales de la capacidad estratégica.

- Es más probable que se produzca un intercambio de conocimientos en *culturas de confianza* sin una fuerte jerarquía o fronteras funcionales que en organizaciones que dependen en gran medida de esas jerarquías y de la demarcación de roles. Piénselo en términos personales: ¿con quién está más dispuesto a compartir sus experiencias y en qué circunstancias?

- El conocimiento adopta distintas formas. Nonaka y Takeuchi[21] distinguen dos tipos de conocimiento. El *conocimiento explícito* está codificado; y es conocimiento «objetivo» que se transmite de forma sistemática (por ejemplo, mediante sistemas de información codificados o lenguaje formal). Por el contrario, el *conocimiento tácito* es personal, específico al contexto y, por tanto, difícil de formalizar y comunicar. Al igual que en el caso de los individuos, la competencia de la organización suele requerir ambos tipos de conocimiento. Por ejemplo, un profesor de autoescuela puede conducir un coche gracias a su conocimiento tácito pero, para poder enseñar a otros, tiene que tener un conocimiento explícito del proceso de conducción y eso es lo primero que se comunica al aprendiz. El aprendiz utiliza este conocimiento explícito para desarrollar su conocimiento tácito para conducir. Sin embargo, el conocimiento tácito se logra mediante la práctica y la información recibida sobre el rendimiento obtenido.

● No resulta sorprendente que las organizaciones hayan intentado mejorar el proceso de compartir los conocimientos estableciendo, para ello, *sistemas informáticos*. Algunos de estos sistemas han sido promovidos por las empresas de asesoría en forma de sistemas de gestión del conocimiento. Cuando empezó esta tendencia los sistemas eran poco más que sistemas de recopilación de datos informatizados. Se tardó cierto tiempo en darse cuenta de que aunque este conocimiento y estas competencias se pueden codificar e incorporar a sistemas informáticos, resulta muy difícil cuantificar cómo se comparte este conocimiento cuando depende, y se beneficia, de la interacción social y de la confianza entre las personas, como se muestra en la Ilustración 3.3. En efecto, las organizaciones descubrieron que las personas que tenían unos intereses comunes solían saltarse los sistemas formales y crear sus propios sistemas para compartir las experiencias con la gente en la que confiaban y con la gente que tenía conocimientos y experiencias que podían beneficiarles. Algunos investigadores[22] han afirmado que los intentos de formalizar en exceso estos sistemas de conocimientos en las organizaciones pueden resultar perniciosos ya que, de hecho, se reduce la faceta social del hecho de compartir el conocimiento. Se puede afirmar que estos sistemas basados en conocimientos codificados pueden ser útiles en tanto que facilitan que se comparta mejor el conocimiento; pero no más allá de ese punto.

● Se puede afirmar que cuanto más formal y sistemático sea el sistema del conocimiento, mayor es el *riesgo de imitación* y, por tanto, menos valioso será el conocimiento en términos de estrategia competitiva. Si se puede codificar el conocimiento, hay más posibilidades de que se pueda copiar. Es mucho más probable que exista una ventaja competitiva no imitable cuando el conocimiento se encuentra en la experiencia de los grupos de individuos.

## 3.6  DIAGNÓSTICO DE LA CAPACIDAD ESTRATÉGICA

Hasta ahora, este capítulo se ha ocupado de explicar la capacidad estratégica y los conceptos relacionados que facilitan esta explicación. Sin embargo, los estrategas deben ir más allá de estos conceptos para comprender con más precisión cómo se pueden analizar las capacidades estratégicas que subyacen en la ventaja competitiva. Esta sección ofrece algunas formas de hacerlo.

### 3.6.1  La cadena de valor y la red de valor

Si las organizaciones van a lograr una ventaja competitiva ofreciendo valor a sus consumidores, tienen que comprender cómo se crea o se pierde este valor. Los conceptos de la cadena de valor y de la red de valor pueden ayudar a comprender cómo se crea o pierde valor en las actividades que realizan las organizaciones.

# Reparación de carreteras y gestión del conocimiento organizacional

*Los sistemas formales de gestión del conocimiento pueden ser útiles y facilitan que se comparta mejor el conocimiento; pero también pueden hacer que se comparta menos el conocimiento.*

La concejalía de un ayuntamiento, responsable de la reparación de las carreteras, tenía un sistema manual para asignar los puestos de trabajo que había utilizado durante muchos años. Los trabajadores recogían su hoja de trabajo todas las mañanas. En la hoja de trabajo se identificaban las carreteras que había que reparar, qué «cuadrillas» iban a trabajar en cada carretera y dónde había que hacer cada trabajo. Pero, de hecho, los trabajadores habían terminado utilizando un sistema algo distinto. Cada mañana, tras recoger sus hojas de trabajo, se reunían todos en un bar para desayunar. Aquí, analizaban los trabajos que había que realizar y reasignaban las hojas de trabajo en función de su propia experiencia. Además, añadían otros trabajos en función de lo que habían visto personalmente. Por ejemplo, de camino al trabajo, uno de los trabajadores había visto un pequeño bache que había que reparar cerca de otro de los trabajos especificados. Al final, cuando salían del bar, habían reasignado por completo gran parte del trabajo y habían añadido trabajos nuevos.

Este sistema informal para compartir el conocimiento era conocido por el concejal responsable de carreteras, pero había terminado aceptándolo. Sin embargo, las crecientes presiones para reducir los costes y mejorar la productividad hicieron que la dirección revisara la situación y empezara a preocuparse por la posibilidad de que esta informalidad fuera ineficiente. Por tanto, contrataron a consultores para asesorar sobre lo que había que hacer. Los consultores aconsejaron que se introdujera un sistema de asignación de trabajos informatizado y más formal, que pudiera registrar con más detalle la información sobre las reparaciones necesarias, informar sobre la planificación y la logística de los trabajos a realizar, actualizar la información cuando se hubieran terminado las reparaciones y ofrecer un seguimiento de los progresos de las cuadrillas. También afirmaron que el tiempo que pasaban en el bar salía caro y era ineficiente. Así pues, tras negociaciones con el

sindicato, se acabó con esta práctica y se introdujo el nuevo sistema.

La dirección se vio sorprendida cuando descubrió que la productividad de las reparaciones había disminuido tras introducirse el nuevo sistema informático de gestión del conocimiento. No se habían dado cuenta de que la reasignación de los trabajos en el bar era, de hecho, una forma eficiente de compartir un conocimiento muy localizado y basado en la experiencia de los trabajadores. Este conocimiento se había perdido en gran medida, aunque no del todo. Todavía se compartía información de manera informal. Aunque se habían prohibido los desayunos en el bar, los trabajadores crearon otro sistema independiente para compartir la información que incluía un tablón de anuncios en el bar, de forma que cualquier trabajador que acudiera durante el día podía apuntar otras reparaciones necesarias cerca de las programadas. El problema era que este tablón no funcionaba tan bien porque no se identificaban esas reparaciones suficientemente pronto, de forma que las cuadrillas ya estaban trabajando en la carretera, y los trabajadores, resentidos con el nuevo estado de las cosas, no estaban tan motivados como lo habían estado con su propio «sistema».

## Preguntas

1. ¿Cómo podría la dirección haber intentado mejorar la eficiencia de distinta manera?

2. Piense en una situación en la que comparte sus conocimientos con otros. Identifique cuáles son los elementos de este proceso de compartir el conocimiento que se podrían sistematizar y cuáles no.

## La cadena de valor

La cadena de valor describe las actividades dentro y fuera de una organización que permiten crear un producto o servicio. Es el coste de estas *actividades de valor* y el valor que ofrecen lo que determina si se desarrollan o no proyectos o servicios que ofrecen el mejor valor posible. El concepto fue utilizado y desarrollado por Michael Porter[23] respecto a la estrategia competitiva. El Cuadro 3.6 es una representación de la cadena de valor. Las **actividades primarias** están relacionadas *directamente* con la creación o provisión de un producto o servicio y se pueden agrupar en cinco grandes áreas. Por ejemplo, para una empresa manufacturera:

> Las **actividades primarias** están relacionadas directamente con la creación o provisión de un producto o servicio.

- La *logística interna* hace referencia a las actividades relacionadas con la recepción, el almacenaje y la distribución de los factores productivos necesarios para desarrollar el producto o servicio. Incluye la gestión de los materiales, el control de los inventarios, el transporte, etcétera.
- Las *operaciones* que transforman estos diversos factores productivos en el producto o servicio final: fabricación, montaje, embalaje, pruebas, etcétera.
- La *logística externa* que almacena, ordena y distribuye el producto a los consumidores. Para los productos tangibles, son las actividades relacionadas con los almacenes de productos finales, el mantenimiento de los productos, la distribución, etcétera. En el caso de los servicios, esta logística estará más relacionada con los sistemas de atracción de consumidores al servicio, si se trata de una localización fija (por ejemplo, acontecimientos deportivos).
- El *marketing y las ventas* ofrecen el medio por el que los consumidores/usuarios llegan a conocer el producto o servicio y son capaces de comprarlo. Esto incluiría las actividades de administración de ventas, publicidad, ventas, etcétera. En los servicios públicos, las redes de comunicación que ayudan a los usuarios a acceder a determinados servicios suelen ser importantes.

---

**Cuadro 3.6    La cadena de valor de una organización**

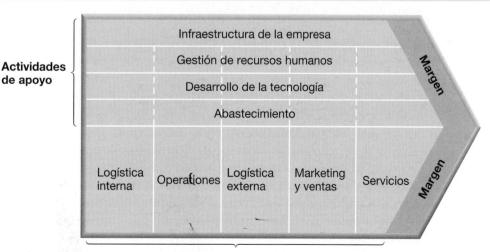

*Fuente:* PORTER, M. E. (1985): *Competitive Advantage: Creating and Sustaining Superior Performance.* Free Press. Utilizado con autorización de The Free Press, una división de Simon & Schuster, Inc. © 1985, 1988, por Michael E. Porter.

● Los *servicios* incluyen todas aquellas actividades que aumentan o mantienen el valor de un producto o servicio, como la instalación, el mantenimiento, la formación y los componentes.

Cada uno de estos grupos de actividades primarias está relacionado con las actividades de apoyo. Las **actividades de apoyo** ayudan a mejorar la eficacia o eficiencia de las actividades primarias. Se pueden dividir en cuatro áreas:

Las **actividades de apoyo** ayudan a mejorar la eficacia o eficiencia de las actividades primarias.

● *Abastecimiento*. Hace referencia a los *procesos* para adquirir los diversos recursos necesarios para las actividades primarias. Por tanto, se produce en muchas partes de la organización.

● *Desarrollo de la tecnología*. Todas las actividades de valor tienen una «tecnología», incluso si es meramente un saber hacer *(know-how)*. Las tecnologías clave pueden estar relacionadas directamente con el producto (por ejemplo I+D, diseño del producto), con los procesos (por ejemplo, el desarrollo de un proceso) o con un determinado recurso (por ejemplo, la mejora de las materias primas). Esta área es fundamental para la capacidad innovadora de la organización.

● *Gestión de recursos humanos*. Se trata de un área de particular importancia que trasciende a todas las actividades primarias. Se ocupa de aquellas actividades relacionadas con el reclutamiento, gestión, formación, desarrollo y retribución del personal de la organización.

● *Infraestructura*. Los sistemas de planificación, financiación, control de calidad, gestión de la información, etcétera, son importantes para el rendimiento de las actividades primarias de una organización. La infraestructura también se compone de las estructuras y rutinas de la organización que forman parte de su cultura *(véase* Capítulo 4, Sección 4.5.3).

Estas descripciones de las distintas actividades en la empresa pueden efectuarse de, al menos, dos formas, de tal manera que pueden contribuir al análisis de la posición estratégica de la organización.

Primera, se pueden considerar como *descripciones genéricas de las actividades* elaborando un mapa de un sistema de actividades. Así, los directivos podrían ser capaces de ver si hay una agrupación de actividades que ofrece ventajas particulares a los clientes y que se encuentra en determinadas áreas de la cadena de valor. Es posible que la empresa sea especialmente buena en la logística externa relacionada con sus operaciones de marketing y ventas, y respaldada por el desarrollo de su tecnología. Puede que no sea tan buena en cuanto a sus operaciones y a su logística interna. Así, esto podría plantear preguntas sobre en qué se tiene que concentrar la empresa y, tal vez, en qué debe centrarse menos o qué debe contratar en el exterior. La clasificación de las actividades también exige que los directivos reflexionen sobre el papel que desempeñan esas actividades. Por ejemplo, en un bar gestionado por una familia, dado que su reputación y atractivo pueden depender en gran medida de las relaciones sociales y de las bromas entre los consumidores y los camareros, ¿se debe pensar en los bocadillos como en una «operación» o como parte del «marketing y ventas»? Es posible concluir que se trata de parte de las «operaciones» si se hace mal pero parte del «marketing y ventas» si se hace bien.

Estas diversas actividades también se pueden analizar en función del *coste y el valor de las actividades*[24]. La Ilustración 3.4 refleja esta cuestión respecto a la cadena de valor de la empresa Prêt à Manger. Muestra cómo, al identificar los costes y los elementos básicos de la cadena de valor, se adquieren ideas importantes sobre las cuestiones en las que se tiene que centrar la dirección respecto a su estrategia.

## La red de valor

En la mayoría de las industrias no es frecuente que una organización realice por sí sola todas las actividades de valor, desde el diseño del producto hasta la entrega del producto o servicio final al consumidor. Suele existir una especialización y cualquier organización individual forma parte de una *red de valor* mayor. La **red de valor**[25] es el conjunto de relaciones y vínculos entre organizaciones necesarios para crear un producto o servicio (*véase* Cuadro 3.7). Es este proceso de especialización dentro de la red de valor como un conjunto de actividades relacionadas lo que puede ofrecer la excelencia en crear productos que ofrecen el mejor valor posible. Así pues, la organización debe tener claro cuáles son las actividades que debe hacer por sí misma y cuáles no, y que, tal vez, debería contratar en el exterior. Sin embargo, puesto que gran parte del coste de la creación de valor se produce en las cadenas de abastecimiento y distribución, los directivos tienen que comprender todo este proceso y cómo pueden utilizar estos vínculos y relaciones para mejorar el valor para el cliente. No basta con fijarse únicamente en la posición interna de la organización. Por ejemplo, la calidad de un producto de consumo duradero (un horno, un televisor, etcétera), cuando llega al consumidor final, no solo depende del conjunto de actividades relacionadas que se realizan dentro de la propia empresa manufacturera. También depende de la calidad de los componentes de los proveedores y de la excelencia de los distribuidores.

La **red de valor** es el conjunto de relaciones y vínculos entre organizaciones necesarios para crear un producto o servicio.

Por tanto, es esencial que las organizaciones comprendan las bases de sus capacidades estratégicas respecto a la red de valor en general. Algunas de las cuestiones clave que hay que abordar son las siguientes:

- *Dónde se encuentran los costes y dónde se crea el valor*. Aquí puede resultar útil el tipo de análisis explicado respecto al coste y al valor de las actividades en la cadena de valor (*véase* el epígrafe anterior).
- *Qué actividades tienen una importancia crucial* para su propia capacidad estratégica y cuáles son menos importantes. Por ejemplo, una empresa puede decidir que es importante conservar el control directo de las capacidades que tienen una importancia

**Cuadro 3.7    La red de valor**

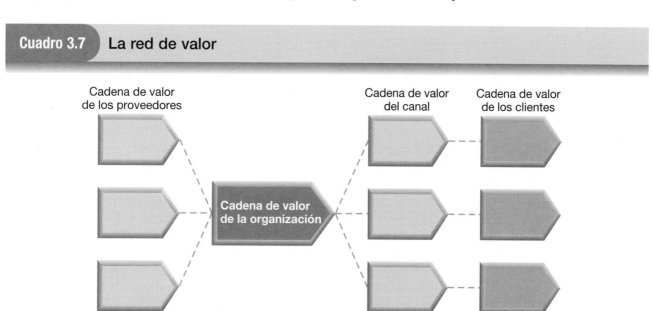

Cadena de valor de los proveedores

Cadena de valor del canal

Cadena de valor de los clientes

Cadena de valor de la organización

*Fuente:* Porter, M. E. (1985): *Competitive Advantage: Creating and Sustaining Superior Performance*. Free Press. Utilizado con autorización de The Free Press, una división de Simon & Schuster, Inc. © 1985, 1988 por Michael E. Porter.

# Prêt à Manger

*El análisis de la cadena de valor puede ofrecer ideas importantes sobre las cuestiones en las que se tiene que centrar la dirección desde un punto de vista estratégico.*

Figura (a) Costes de explotación: Prêt à Manger    Figura (b) Activos: Prêt à Manger

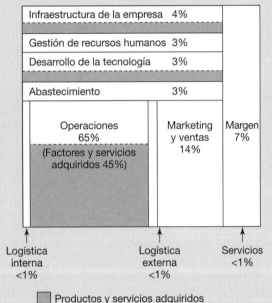

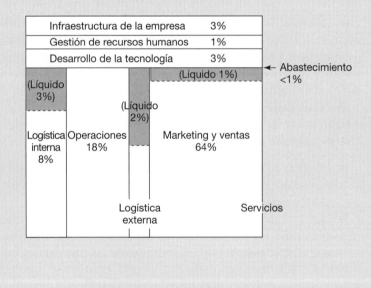

▩ Productos y servicios adquiridos

crucial, especialmente si están relacionadas con las actividades y los procesos que considera como sus competencias nucleares. Por otra parte, otra empresa en un mercado muy competitivo puede tener que reducir sus costes en áreas clave y puede decidir que esto solo puede lograrse si contrata la producción en el exterior a productores de menor coste.

● *Dónde se encuentran las bolsas de beneficios*[26]. Las **bolsas de beneficios** se definen aquí como los beneficios potenciales en las distintas partes de la red de valor. La cuestión es que algunas partes de la red de valor son inherentemente más rentables que otras debido a las diferencias en la intensidad competitiva. Por ejemplo, históricamente, en la industria informática, los microprocesadores y el software han sido más rentables que la producción de hardware. La pregunta estratégica consiste en saber si es posible centrarse en las áreas de mayor potencial de beneficios. Sin embargo, aquí hay que tener mucho cuidado. Una cosa es identificar dicho potencial, y otra es tener éxito donde existe ese potencial, dadas las competencias de la organización. Por

Las **bolsas de beneficios** se definen aquí como los beneficios potenciales en las distintas partes de la red de valor.

Las dos figuras representan las cadenas de valor de Prêt à Manger en función de (a) su coste y (b) sus activos. Analicemos algunas de las implicaciones.

Si se desagregan los costes de explotación (a), la importancia de que Prêt à Manger gestione los factores productivos que adquiere es evidente, como lo es la importancia de la fijación del nivel de producción. Si la previsión de ventas para la hora de comer es, por ejemplo, un 10 por ciento demasiado elevada, la producción de bocadillos por la mañana consume un 10 por ciento más de factores productivos de lo que debiera, lo que da lugar a un desperdicio del 4,5 por ciento de las ventas, eliminando así el 60 por ciento de los beneficios del día.

Llevar los activos al marco de la cadena de valor puede ser igualmente ilustrativo. Lo que resulta interesante es el contraste de «marketing y ventas» respecto a «operaciones». La fuente de este contraste se puede encontrar en el desequilibrio de los activos inmuebles en *leasing*, a pesar de que la mitad del espacio de una tienda típica de la empresa Prêt à Manger es cocina y la otra mitad es bar. Una sencilla contabilidad habría asignado el coste del *leasing* a partes iguales, pero el marco de la cadena de valor plantea preguntas más profundas: ¿por qué es tan elevando el leasing del inmueble? ¿Se trata fundamentalmente de la necesidad de espacio operativo o es debido a la necesidad de tener espacio para el marketing y las ventas? La respuesta es que la elaboración de los bocadillos podría hacerse en un local de bajo coste, pero las ventas requieren una ubicación en locales comerciales de elevado valor.

La parte de marketing y ventas de la cadena de valor de los activos es elevada porque los locales comerciales son muy caros. Tal vez la tarea individual más importante que tiene que ofrecer el personal de apoyo directivo estratégico de la empresa Prêt à Manger sea garantizar que estos locales de elevado coste también tengan un elevado valor para la empresa y para su clientela. Prêt à Manger quiere vender bocadillos, y no periódicos o joyas, por lo que un estudio del mercado local que permita predecir con precisión el potencial de ingresos del local de venta de bocadillos será extremadamente valioso. Vuelva a fijarse en el mapa de los activos; si las ventas de una tienda resultaron ser la mitad de las esperadas cuando se adquirió el local, ¿cambiaría el coste de los activos? Apenas, el elemento de liquidez es muy pequeño, la mayor parte del gasto en mobiliario y decoración no es transferible a otro local.

*Fuente:* adaptado de S HEPHERD, A. (1998): «Understanding and using value chain analysis». En Ambrosini, V., ed.: *Exploring Corporate Techniques of Analysis and Evaluation in Strategic Management*. Prentice Hall. Pp. 20-44.

---

### Preguntas

1. ¿Cómo se pueden utilizar los fundamentos de la cadena de valor de la empresa Prêt à Manger para tomar decisiones sobre su estrategia futura?

2. Dibuje la cadena de valor de otra empresa en función de sus actividades en cada una de sus divisiones.

3. Estime los costes relativos y/o activos relacionados con estas actividades.

4. ¿Cuáles son las implicaciones estratégicas de su análisis?

---

ejemplo, en la década de los noventa muchos fabricantes de automóviles se dieron cuenta de que el mayor potencial de beneficios se encontraba en los servicios como el alquiler de automóviles y la financiación, más que en la propia fabricación del automóvil, pero descubrieron que no tenían las competencias necesarias para tener éxito en esos sectores.

● La decisión de *fabricar o comprar* en una determinada actividad o componente es, por tanto, esencial. Esta es la decisión de *desafectación, contratación externa* o *outsourcing*. Hay negocios que actualmente ofrecen las ventajas de la contratación externa (*véase* Ilustración 3.5). Por supuesto, cuanto más contrata en el exterior una organización, más importancia tendrá su capacidad de influir sobre el rendimiento de otras organizaciones de la red de valor, convirtiéndose en una competencia de importancia esencial en sí e, incluso, en una fuente de ventaja comparativa.

● ¿Quiénes pueden ser los *mejores socios* de las diversas partes de la red de valor? ¿Y qué tipo de *relaciones* hay que desarrollar con cada socio? Por ejemplo, ¿debe considerarse

# Agilidad mediante la contratación externa con British Telecom

*Las ventajas que ofrece la contratación externa son amplias.*

British Telecom (BT) promociona sus negocios de contratación externa con el eslogan: «Agilidad mediante la contratación externa».

Muchas organizaciones, tanto del sector público como del sector privado, han revisado sus procesos internos y han descubierto que no tienen los recursos necesarios para satisfacer los crecientes retos que plantean las cambiantes exigencias de sus consumidores [...] se han dirigido a empresas cuyas competencias nucleares suplen los vacíos que hay en su estructura interna. Se deshacen de la gestión de funciones empresariales enteras, como la gestión de nóminas o la formación, logrando así la pericia que necesitan para satisfacer ese nuevo requisito impuesto por las expectativas de sus consumidores, pero a un coste predecible.

BT ofrece a sus clientes la oportunidad de contratar en el exterior sus funciones de tecnología, comunicación e información, ofreciendo «liberarles de la tecnología»:

Invertir en tecnología requiere disponer de un gran conocimiento experto para garantizar que se convierte en motor del negocio, y no en una barrera. A menudo, las organizaciones descubren que no tienen este conocimiento experto. La solución consiste en incorporar esa pericia a la organización, elevando aún más el nivel de inversión, o trasladar la responsabilidad de la gestión de los sistemas de tecnología, comunicaciones e información a otra empresa, como BT, que se especializa en esas habilidades específicas.

BT se especializó en esas habilidades porque en la transición de una organización del sector público a una empresa privada, afirma, consideró que sus competencias nucleares serían la gestión y las funciones de tecnología, comunicación e información, reduciendo sus propios costes y centrándose en una ventaja competitiva y en la atención al consumidor, reorganizando su personal, sus procesos y su tecnología. El resultado es que considera que puede ofrecer:

Un planteamiento totalmente integrado de la infraestructura de tecnología de la información, de sistemas y aplicaciones de software que nos permite gestionar más eficazmente estos sistemas en nombre de nuestros clientes... BT puede asumir toda la responsabilidad operativa, o parte de ella, de los departamentos de TIC de sus clientes. Podemos ofrecer un servicio de comunicaciones particularizado, asumiendo la red existente del consumidor, e incluyendo los servicios de otras empresas proveedoras. Todas las soluciones están particularizadas para satisfacer las necesidades específicas de

cada cliente [...] nuestros servicios permiten incluso transferir los activos, incluyendo los recursos de personal. Compramos los activos a nuestros clientes para satisfacer sus elevadas necesidades tecnológicas. Por ello, obtienen una inyección de capital eliminando sus activos de su balance [...] a continuación, estas organizaciones pueden dedicar el dinero que han ahorrado a productos que benefician a sus competencias nucleares, centrándose en ofrecer servicios de gran calidad a sus clientes.

BT sugiere más ventajas para sus clientes potenciales. Sus servicios:

Benefician en gran medida a las organizaciones que tienen un proceso o servicio específico que depende en gran medida de una tecnología puntera para la que existe poca pericia en la organización. Estos beneficios incluyen:

- Lograr ahorros en costes y costes predecibles, ofreciendo una mayor tranquilidad al haber reducido el riesgo.
- Acceder a fondos que, de otra forma, no estarían disponibles, para proyectos potenciales a gran escala.
- Reducir el riesgo al aprovechar las economías de escala de BT.
- Aumentar la capacidad de llegar a nuevos mercados o nuevas zonas geográficas.
- Aumentar la capacidad de cambiar el negocio en función de los cambios del entorno.
- Aprovechar el acceso a recursos y pericias no disponibles en el seno de la organización.
- Mejorar el acceso a la tecnología, a la innovación y a habilidades técnicas escasas.
- Reducir los costes generales y las relaciones con los proveedores.
- Obtener ganancias de productividad que permitan reducir costes.

*Fuente*: página Web de The Sunday Times Enterprise Network (www.enterprisenetwork.co.uk).

## Preguntas

1. Aparte de los sistemas TIC, ¿qué otras operaciones podrían beneficiarse de la contratación externa? Defina algunas de las ventajas que se podrían obtener.

2. Dadas las ventajas que se muestran en esta ilustración, ¿por qué podría decidir una empresa mantener en su seno sus sistemas TIC u otras operaciones?

a los socios como proveedores o como socios en una alianza? Algunas empresas han considerado que resulta ventajoso estrechar sus relaciones con los proveedores de forma que puedan cooperar cada vez más en cuestiones relativas a la información sobre el mercado, el diseño del producto y las actividades de investigación y desarrollo.

### 3.6.2   Mapas de actividades

Como ya se ha explicado, los directivos suelen encontrar difícil identificar con claridad la capacidad estratégica de su organización. Con demasiada frecuencia destacan capacidades que no son valoradas por los clientes pero que sí son consideradas importantes dentro de la organización, tal vez porque fueron valiosas en el pasado. Destacan cosas que, de hecho, son factores críticos del éxito (características del producto particularmente valoradas por los clientes) como el «buen servicio» o una «fiabilidad en la entrega» cuando, como se ha demostrado, la capacidad estratégica depende de los recursos, los procesos y las actividades que permiten satisfacer estos factores críticos del éxito. Suelen identificar las capacidades desde una perspectiva demasiado general. Todo ello no resulta sorprendente dado que la capacidad estratégica estará probablemente arraigada en un conjunto complejo y ambiguo causalmente de actividades relacionadas (*véase* Sección 3.4.2). Pero para poder ser activo en la gestión de este conjunto de actividades, es importante encontrar la forma de identificarlas y comprenderlas.

Una forma de comprender este diagnóstico es mediante el mapa de actividades. El mapa de actividades intenta mostrar la relación entre las distintas actividades de una organización. En la Ilustración 3.2 se describió la búsqueda, por parte de la dirección de la empresa Plasco, de las capacidades estratégicas utilizando el mapa de actividades. Se pueden utilizar programas informáticos para dibujar este mapa[27]; o se puede hacer de forma más básica, por ejemplo utilizando diagramas de redes, como se muestra en el Cuadro 3.8[28]. Este mapa fue dibujado por grupos de directivos de una organización que trabajaban con un moderador, y que empezaron a dibujar el mapa de las actividades de su organización pegando Post-its® en una pared[29].

El grupo de directivos inició el ejercicio realizando el tipo de análisis de los competidores que se explicó en la Sección 2.4.4 del Capítulo 2. Aquí, el objetivo era identificar, en primer lugar, los *factores críticos del éxito (FCE)* respecto a sus clientes; y segundo, en cuáles de estos factores era mejor esta empresa que los competidores. Esto identificó los FCE de la reputación de la marca, la gama de productos, la innovación, la excelencia del servicio y la fiabilidad en la entrega, y el hecho de que se considerara que la empresa Plasco tenía un éxito sobresaliente en cuanto a su nivel de servicios y a su gama de productos respecto a los competidores fue lo que permitió identificar estos FCE. Los directivos pudieron identificar con relativa facilidad lo que Michael Porter denomina *temas estratégicos de orden superior*[30]. En el caso de Plasco, estos temas consistían en que una gran parte de las ventajas que ofrecía la empresa estaba relacionada con la flexibilidad y la rapidez de respuesta. Pero las razones por las que la organización superaba a sus competidores no surgieron hasta que se «desenvolvieron» estos mismos temas, identificando los recursos y competencias subyacentes. Para ello, un moderador colaboró con los directivos para animarles a seguir preguntándose cuáles eran las actividades de la empresa que «proporcionaban» ventajas a los clientes. El Cuadro 3.8 es tan solo una selección de estas actividades. El mapa final cubría toda una pared en la que se habían pegando cientos de Post-its®, y cada uno representaba una actividad que, de alguna forma, contribuía a la

## Cuadro 3.8　Un mapa del sistema de actividades*

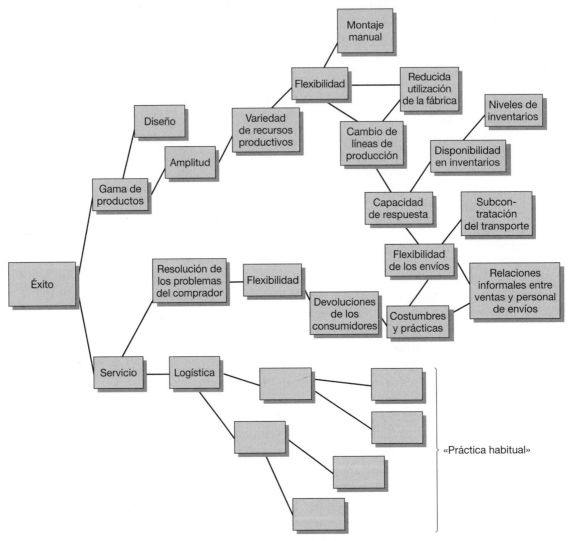

* Fragmento de un mapa de actividades.

capacidad estratégica. Las competencias en las actividades descritas en la Ilustración 3.2 y resumidas en el Cuadro 3.8 surgieron de este proceso de diagnóstico.

Las lecciones generales que se pueden extraer de estos mapas sobre cómo se logra la ventaja competitiva y cuál es la relación entre las competencias y la ventaja competitiva, incluyen:

- *Consistencia*. Fundamentalmente porque las distintas actividades que crean valor para los consumidores deben ser coherentes entre sí. Tienen que empujar en la misma dirección y no ir en contra las unas de las otras.
- *Refuerzo*. Porque las distintas actividades pueden reforzarse entre sí (por ejemplo, en Plasco, el estilo directivo abierto facilitó que se saltaran las reglas).
- *Dificultad de imitación*. Para un competidor resulta más difícil imitar una combinación de este tipo de actividades que imitar una sola. Es una ventaja competitiva más

sólida porque representa un conjunto de actividades relacionadas que se han ido desarrollando a lo largo de los años, que están arraigadas culturalmente, que son complejas y ambiguas causalmente: las conclusiones de la Sección 3.4.3. Si el competidor multinacional de Plasco decidiera intentar competir en función de la misma flexibilidad, no tendría una experiencia comparable de la que partir.

● *Elecciones.* Incluso si fuera posible la imitación, plantearía, en cualquier caso, otro problema a los competidores. Por ejemplo, el competidor internacional de Plasco podría descubrir que ha perjudicado su posición de cara a sus actuales consumidores, a los que quería satisfacer con un sistema de producción en masa más estandarizado.

Estos mapas también pueden resultar útiles para ofrecer información a los directivos sobre lo que pueden hacer para conservar y desarrollar su capacidad estratégica. Esto se analizará en la posterior Sección 3.7.

### 3.6.3    *Benchmarking*[31]

La capacidad estratégica de una organización puede valorarse en términos relativos puesto que hace referencia a la capacidad de igualar y superar el rendimiento de los competidores. Hay distintas formas de comprender el rendimiento relativo. En la Sección 2.4 del Capítulo 2 ya se ha analizado la importancia del análisis de los competidores, incluyendo la comparación de dos organizaciones y cómo las ven los consumidores. Esta sección analiza el valor del *benchmarking,* que en la actualidad es un método muy utilizado para ver todavía mejor la posición relativa de una organización.

### Tipos de *benchmarking*

Hay una serie de distintos planteamientos sobre el *benchmarking,* algunos más útiles que otros.

● *Benchmarking histórico.* Es frecuente que las organizaciones comparen su rendimiento respecto a los años anteriores para identificar cualquier cambio significativo. Sin embargo, el riesgo que se corre cuando solo se hace una comparación histórica es que dé lugar a ser demasiado complacientes, puesto que lo que realmente es importante es la mejora comparada con la de los competidores.

● *Benchmarking en la industria/sector.* El tener una idea sobre el rendimiento estándar puede lograrse fijándose en el rendimiento comparativo de otras organizaciones en el mismo sector industrial, o de proveedores de servicios públicos análogos. Estas normas de la industria comparan el rendimiento de las organizaciones en la misma industria o sector frente a un conjunto de indicadores de rendimiento. La Ilustración 3.6 muestra esa comparación utilizando tablas de clasificación (del estilo a las utilizadas en el sector público del Reino Unido). Algunas organizaciones del sector público han reconocido, de hecho, la existencia de grupos estratégicos para hacer comparaciones con organizaciones parecidas y no con todo el mundo. Así pues, los servicios municipales y la policía diferencian entre «urbano» y «rural» cuando hacen ejercicios de *benchmarking* y crean tablas de clasificación. Las tablas de clasificación de las escuelas reconocen las diferencias entre escuelas públicas y escuelas privadas, etcétera. Aunque tiene sentido comparar cosas parecidas, el riesgo general de las comparaciones dentro de una misma industria (ya sea en el sector público o en el sector privado) es que toda la industria puede estar teniendo un mal rendimiento

# *Benchmarking* de los hospitales británicos

*Se suele recurrir al benchmarking con «normas de la industria» para valorar el rendimiento.*

En 2004 el gobierno laborista británico quería aprobar una política para crear una serie de «fundaciones hospitalarias». Aunque serían hospitales financiados por el Estado y seguirían perteneciendo al Servicio Nacional de Salud, tendrían un mayor grado de independencia para la toma de decisiones y la definición de la estrategia. Era una política polémica a la que incluso muchos laboristas se oponían.

El gobierno había propuesto que, para obtener el status de fundación, el hospital tendría que lograr el «status de tres estrellas» dentro del ejercicio de *benchmarking* realizado por la Comisión para la Mejora de la Salud, que analizaba todos los grandes hospitales en el Reino Unido. Las puntuaciones obtenidas se lograban a partir de un sistema de notas en función de una serie de objetivos y medidas de capacidad clínica y de servicio. Los objetivos incluían:

● Listas de espera: incluyendo el número de pacientes que (a) esperan más de 12 horas en urgencias; (b) pacientes a la espera de ser admitidos en un hospital; y, dentro de estos, (c) pacientes a la espera de un tratamiento contra el cáncer, y (d) pacientes externos esperando a recibir tratamiento.
● El número de pacientes no readmitidos en 28 días tras la cancelación de una operación.
● El cumplimiento de los planes financieros.
● La limpieza del hospital.
● El tiempo total empleado esperando en urgencias.

Además de estos indicadores, se clasificaba a los hospitales en función de otros factores analizados cuando la Comisión visitaba el hospital.

En julio de 2003 se publicaron las «tablas de clasificación» de estos indicadores. El periódico *The Guardian* informaba: «Cuatro de los 29 hospitales del Sistema Nacional de Salud que los ministros están promocionando para alcanzar el status de fundación se vieron obligados a dejar la carrera anoche cuando el Servicio de Inspección decidió que no eran lo suficientemente buenos como para recibir la máxima puntuación de tres estrellas. Sin embargo, el gobierno estaba satisfecho porque 50 hospitales habían mejorado su clasificación durante el año, frente a 35 que habían perdido estrellas y 81 que habían mantenido la misma clasificación». Sin embargo, había muchas críticas al sistema. El periódico *The Guardian*

planteaba preguntas sobre la volatilidad de la clasificación de un año para otro «lo que plantea dudas sobre la teoría que subyace en la política de fundaciones del gobierno».

James Johnson, presidente de la Asociación Médica Británica, afirmaba que la clasificación con estrellas: «[...] mide poco más que la capacidad de un hospital para cumplir los objetivos políticos y no tiene en cuenta correctamente la atención clínica u otros factores. Es muy injusto para el personal que trabaja en hospitales que han recibido una mala clasificación: la confianza que tiene el público en ese personal está siendo minada». El máximo responsable del consorcio de hospitales de Newcastle, que había recibido una mala clasificación por unas listas de espera demasiado largas, señaló que no se le debería penalizar por el número de pacientes adscritos al hospital, algo que queda fuera de su control.

John Reid, el responsable de sanidad del gobierno laborista, afirmó que «el objetivo de este ejercicio no era condenar o avergonzar a aquellos consorcios que no logran una buena nota en un determinado indicador, sino ayudarles a superar sus dificultades y a ofrecer mejores servicios a los pacientes en el futuro». Sin embargo, Liam Fox, el portavoz de Sanidad del Partido Conservador, afirmó: «El sistema de clasificación con estrellas es absurdo y debería abandonarse. La clasificación no tiene relación alguna con la calidad de la atención que se ofrece a los pacientes».

*Fuente:* clasificación del rendimiento del NHS; *The Guardian*, 16 de julio de 2003.

## Preguntas

1. Si usted fuera el máximo responsable de un hospital (por ejemplo, del hospital de Newcastle), ¿a qué daría prioridad para tener una buena clasificación en un ejercicio de *benchmarking*?
2. ¿Qué conclusiones extrae sobre las ventajas e inconvenientes de los ejercicios de *benchmarking* de este tipo? Utilice otros ejemplos para respaldar sus argumentos.
3. ¿En qué se podría basar la comparación para un *benchmarking* de los hospitales frente al «mejor de su clase»?

y perdiendo competitividad frente a otras industrias que pueden satisfacer de distinta manera las necesidades de los consumidores. Así pues, un ejercicio de *benchmarking* debería, tal vez, tener miras más amplias que las de una determinada industria o sector, como se analiza a continuación. Otros riesgo de tomar referencias dentro de una industria es que las delimitaciones de las industrias están desapareciendo debido a la actividad competitiva y a la convergencia de las industrias. Por ejemplo, los supermercados están entrando (paulatinamente) en el sector de la banca comercial y sus ejercicios de *benchmarking* deberían reflejar este hecho (como ocurre cuando la banca comercial tradicional hace un ejercicio de *benchmarking*).

● Benchmarking *respecto al mejor de su clase*. Los inconvenientes de las comparaciones de normas en una misma industria han animado a las organizaciones a buscar comparaciones más generales rastreando las mejores prácticas dondequiera que estén. El potencial de cambio *(benchmarking)* aumenta por las asociaciones entre industrias o sectores. El *benchmarking* respecto al mejor de su clase compara el rendimiento de una organización con el rendimiento del «mejor de su clase», dondequiera que esté. El auténtico poder de este planteamiento no se limita a las comparaciones «más allá de la industria/sector». Está más relacionado con quitarle a los directivos la idea de que las mejoras del rendimiento serán paulatinas debido a cambios incrementales de los recursos o las competencias, pues no constituyen la realidad de muchas organizaciones en el siglo XXI. Las organizaciones tienen que competir con otras organizaciones que logran drásticas mejoras en su rendimiento con determinadas actividades de valor o gracias a cómo relacionan estas actividades entre sí. Pero el ejercicio de *benchmarking* sólo puede proporcionar la «perturbación» que, a su vez, debería animar a los directivos a comprender mejor cómo pueden mejorar sus competencias. Tendrán que observar cómo pueden lograr que las actividades tengan un mejor rendimiento. Por ejemplo, British Airways mejoró el mantenimiento de los aviones, la carga del combustible y el tiempo necesario para que el avión volviera a volar analizando los procesos que se utilizan en las carreras de Fórmula Uno[32]. Un departamento de policía que quería mejorar la forma en que respondía a las llamadas de emergencia estudió las operaciones de un centro de atención telefónica en los sectores de tecnologías de la información y de la banca.

En el caso de las organizaciones de servicios, la cuestión esencial es que la mejora del rendimiento en un sector (sobre todo en cuestiones relativas a la fiabilidad y a la velocidad de respuesta) altera el nivel general de expectativas de los clientes sobre la velocidad de respuesta o la fiabilidad para todas las empresas privadas y organizaciones del sector público. Así pues, el hacer un ejercicio de *benchmarking* de estas cuestiones podría cambiar totalmente el contexto sobre los estándares de rendimiento que tienen que lograr las organizaciones. Por supuesto, las organizaciones pueden considerar que se trata de una cuestión positiva más que de una amenaza. Se puede utilizar el *benchmarking* para identificar oportunidades de superar drásticamente a los proveedores actuales, aunque la organización no sea un competidor en la actualidad, si descubre que es particularmente competente en determinadas actividades o procesos. Esto constituiría un ejemplo de extensión de las competencias nucleares para explotar oportunidades en distintos mercados o ámbitos.

## El valor del *benchmarking*

La importancia del *benchmarking* no se encuentra en la detallada «mecánica» de la comparación, sino en el impacto que pueden tener estas comparaciones sobre los comportamientos. Se puede considerar como un proceso útil de cara a lograr el impulso necesario para realizar mejoras y cambios. Pero también implica riesgos:

- Una de las principales críticas al *benchmarking* es que provoca situaciones en las que se termina consiguiendo *lo que se mide,* y tal vez no fuera eso lo que se buscaba desde un punto de vista estratégico. La mecánica del proceso puede imponerse y ensombrecer el fin del ejercicio, y también puede dar lugar a cambios de comportamiento no intencionados y, sin duda, contraproducentes. Por ejemplo, en el Reino Unido se han analizado las universidades clasificándolas en tablas en función de los resultados de la investigación, la calidad de la enseñanza y el éxito de los licenciados en cuanto a obtención de un puesto de trabajo y salario de partida. Esto ha provocado que el personal docente se vea «obligado» a orientar su investigación a la publicación en determinadas revistas académicas que pueden tener muy poco que ver directamente con la calidad de la educación en la universidad. La cuestión es que, si el criterio de comparación es el equivocado, puede desencadenar una reorientación de las estrategias que no sea precisamente la mejor, en el sentido de que no permita lograr una auténtica mejora del rendimiento.
- Puesto que el *benchmarking* compara los factores productivos (recursos) con los resultados, es importante recordar que *no permitirá identificar la razón de un buen o mal rendimiento* de la organización, puesto que el proceso no compara directamente las competencias. Por ejemplo, es posible que demuestre que una organización no es tan buena en el servicio de atención al cliente como otra; pero no permitirá ver cuáles son las razones. Sin embargo, si está bien dirigido puede animar a los directivos a buscar estas razones y, por tanto, a comprender cómo pueden mejorar sus competencias. Los directivos tienen que observar y comprender qué han hecho las organizaciones con mejor rendimiento y valorar si pueden imitarlo o mejorarlo.

### 3.6.4   Fortalezas y debilidades[33]

Las cuestiones analizadas en las secciones anteriores ofrecen ideas sobre la capacidad estratégica de una organización. Los «mensajes estratégicos» clave, tanto del entorno empresarial (Capítulo 2) como de este capítulo, se pueden resumir en forma de un análisis de debilidades, amenazas, fortalezas y oportunidades (DAFO). El **análisis DAFO** resume las cuestiones clave sobre el entorno empresarial y la capacidad estratégica de una organización que pueden afectar con más probabilidad al desarrollo de la estrategia. También puede resultar útil como punto de partida para generar opciones estratégicas (*véase* Capítulo 7, Sección 7.2.5) y valorar los posibles cursos de acción en el futuro (Capítulo 7, Sección 7.4).

El **análisis DAFO** resume las cuestiones clave sobre el entorno empresarial y la capacidad estratégica de una organización que pueden afectar con más probabilidad al desarrollo de la estrategia.

El objetivo es valorar en qué grado las actuales fortalezas y debilidades son relevantes y capaces de superar los cambios que se están produciendo en el entorno empresarial. Sin embargo, en el contexto de este capítulo, si se quiere comprender la capacidad estratégica de una organización hay que recordar que no se trata de una cuestión absoluta, sino de una cuestión relativa en comparación con sus competidores. Así, el análisis DAFO sólo es realmente útil si es un análisis comparativo, si analiza las debilidades, amenazas, fortalezas y oportunidades respecto a las de los competidores. La Ilustración 3.7 parte de una empresa farmacéutica (Pharmcare). Supone que se han identificado los efectos clave del entorno a partir del tipo de análisis que se explicó en el Capítulo 2. También supone que las principales fortalezas y debilidades han sido identificadas utilizando el tipo de herramientas analíticas que se explicaron en ese capítulo. Se utiliza un mecanismo de puntuación (de +3 a −3) para que los directivos puedan valorar las relaciones entre los efectos del entorno y las fortalezas y debilidades de la empresa. Una puntuación positiva (+) indica que la fortaleza de la empresa va a ayudar a aprovechar o resolver un problema que surja por un cambio en el entorno, o que se compensará una debilidad gracias a dicho cambio. Una puntuación negativa (−) indica que la fortaleza disminuirá por ese cambio o que alguna debilidad impedirá que la organización supere los problemas que genera dicho cambio.

El precio de las acciones de Pharmcare estaba cayendo porque a los inversores les preocupaba que su fuerte posición en el mercado estuviera siendo amenazada. ¿Estaba siendo la dirección demasiado complaciente, incluso arrogante?, se preguntaban. El mercado farmacéutico estaba cambiando porque surgían nuevas formas de hacer negocio gracias a las nuevas tecnologías o a la necesidad de ofrecer medicinas a un coste menor a un mayor número de personas, ya que los políticos siempre estaban intentando encontrar una nueva forma de reducir los enormes costes de la atención sanitaria y a que los pacientes cada vez tienen más información pero, ¿estaba Pharmcare manteniendo el ritmo de todos estos cambios? La revisión estratégica de la posición de la empresa (Ilustración 3.7a) confirmaba que presentaba fortalezas por su personal de ventas flexible, su marca bien conocida y su nuevo departamento de sanidad, pero permitía identificar una gran debilidad en sus competencias en tecnologías de información y comunicación (TIC). Cuando se analizó el impacto de las fuerzas del entorno sobre los competidores (Ilustración 3.7b) se vio que Pharmcare estaba, en efecto, logrando un rendimiento superior al de su competidor tradicional (Empresa W), pero era potencialmente vulnerable al cambio de la dinámica en la estructura de la industria general gracias a competidores en segmentos concretos (Empresa X) y a una nueva combinación de competencias, incluyendo las relativas a las TIC, en una empresa que cada vez se parecía más a Pharmcare (Empresa Y).

En general, un análisis DAFO debería ayudar a centrar el análisis sobre las elecciones futuras y el grado en que la organización es capaz de respaldar estas estrategias. Sin embargo, existen algunos peligros al realizar un análisis DAFO. Los principales son los siguientes:

- Un análisis DAFO puede dar lugar a *listas muy largas* de posibles fortalezas, debilidades, oportunidades y amenazas. Sin embargo, lo que importa es tener claro qué es lo que realmente tiene importancia y qué es lo que tiene menos importancia.
- Existe el peligro de *generalizar demasiado*. Recuerde las lecciones de las Secciones 3.6.1 y 3.6.2. El identificar una explicación general de la capacidad estratégica no permite avanzar mucho en la explicación de las razones de dicha capacidad. Así pues, el análisis DAFO no debe sustituir a un análisis más riguroso y profundo.

## 3.7 GESTIÓN DE LA CAPACIDAD ESTRATÉGICA

La sección anterior se ha ocupado del diagnóstico de la capacidad estratégica. Esta sección se ocupa de lo que pueden hacer los directivos, aparte de ese diagnóstico, para gestionar y mejorar la capacidad estratégica de su organización, ya sea porque son incapaces de alcanzar los requisitos umbral, o porque han identificado posibles fuentes de una ventaja competitiva. Esto se realiza a partir de (a) las limitaciones de la gestión de las capacidades estratégicas; (b) la extensión y la adición de capacidades; (c) la gestión del personal para desarrollar capacidades y (d) la creación de capacidades dinámicas.

**Ilustración 3.7**

# Análisis DAFO en Pharmcare

*El análisis DAFO analiza la relación entre las influencias del entorno y las capacidades estratégicas de una organización respecto a sus competidores.*

## (a) Análisis DAFO en Pharmcare

| | Cambios del entorno (oportunidades y amenazas) | | | | | |
|---|---|---|---|---|---|---|
| | Racionalización de la atención sanitaria | Estructuras de compras complejas y cambiantes | Mayor integración de la atención sanitaria | Pacientes más informados | + | − |
| **Fortalezas** | | | | | | |
| Personal de ventas flexible | +3 | +5 | +2 | +2 | 12 | 0 |
| I+D muy innovador | 0 | 0 | +3 | +3 | +6 | 0 |
| Marca fuerte | +2 | +1 | 0 | −1 | 3 | −1 |
| Departamento de educación sanitaria | +4 | +3 | +4 | +5 | +16 | 0 |
| **Debilidades** | | | | | | |
| Competencias limitadas en biotecnología y genética | 0 | 0 | −4 | −3 | 0 | −7 |
| Ningún lanzamiento inminente de un nuevo producto | 0 | −2 | −2 | −2 | 0 | −6 |
| Débiles competencias en TIC | −2 | −2 | −5 | −5 | 0 | −14 |
| Exceso de dependencia de los productos líderes | −1 | −1 | −3 | −1 | 0 | −6 |
| **Puntuación del impacto del entorno** | +9 | +9 | +9 | +10 | | |
| | −3 | −5 | −14 | −12 | | |

### Preguntas

1. ¿Son los elementos con mayores puntuaciones (+ o −) de las columnas de la derecha de (a) las principales fortalezas y debilidades de la empresa?

2. ¿Con qué facilidad pueden los directivos identificar las fortalezas y debilidades de los competidores?

3. Identifique las ventajas e inconvenientes (aparte de los del texto) de un análisis DAFO como el de la ilustración.

## 3.7.1 Las limitaciones en la gestión de las capacidades estratégicas

Una de las lecciones que surge de la comprensión de las capacidades estratégicas es que, con bastante frecuencia, las bases más valiosas de la capacidad estratégica se encuentran en características de la organización que son muy difíciles de definir o especificar. Esto plantea algunas preguntas difíciles para los directivos. ¿Cómo es posible gestionar directamente algo que no se puede definir con claridad? Por ejemplo, en la ilustración sobre la empresa Plasco, buena parte de las capacidades de la organización se encontraban en actividades que la alta dirección no gestionaba directamente. ¿Deberían intentar gestionar

## (b) Análisis DAFO del competidor

| | Cambios del entorno (oportunidades y amenazas) | | | | |
|---|---|---|---|---|---|
| | Racionalización de la atención sanitaria | Estructuras de compras complejas y cambiantes | Mayor integración de la atención sanitaria | Pacientes más informados | Impacto general |
| **Pharmcare** <br> *Gran empresa farmacéutica, empresa global que preocupa a los inversores porque creen que se está haciendo demasiado arrogante* | +6 <br> El personal de ventas flexible combinado con un nuevo departamento de educación en atención sanitaria que crea sinergias en este campo | +4 <br> El personal de ventas flexible combinado con un nuevo departamento de educación en atención sanitaria que crea sinergias en este campo | –5 <br> Debilidad en TIC, actividad limitada en nuevas tecnologías y exceso de dependencia de un producto, del que se sobreestiman sus fortalezas | –2 <br> El departamento de educación en atención sanitaria se ha visto debilitado por la presión política de los pacientes contra las marcas y a favor de los genéricos y, de nuevo, falta de competencias en TIC | +3 <br> Podría irle mejor teniendo en cuenta que parte de una posición de fortaleza con una adecuación razonable a los cambios |
| **Empresa W** <br> *Gran farmacéutica que está perdiendo terreno en nuevos campos de competencia* | –5 <br> Enfocada a la promoción de ventas tradicional más que a ayudar a los médicos para controlar los costes de los medicamentos | –5 <br> El personal de ventas tradicional no se ve respaldado por el marketing que no es sensible a las diferencias nacionales | +0 <br> Alianzas con fabricantes de equipos, pero se ha hecho poco en las alianzas para mostrar las aplicaciones adicionales de los fármacos y las nuevas técnicas quirúrgicas | –4 <br> Todavía tiene que crear su presencia en Internet y considera que los pacientes son el consumidor, aunque sea un consumidor indirecto | –14 <br> Tiene que modernizarse para seguir teniendo poder en la industria con nuevos modelos de negocio |
| **Empresa X** <br> *Empresa biotecnológica recién creada en el nicho de las vacunas* | +4 <br> Especializada en vacunas que las grandes farmacéuticas consideran que ofrecen márgenes demasiado reducidos | –3 <br> Las vacunas en estos nichos son voluntarias, lo que implica que las empresas recién creadas tienen problemas porque no disponen de grandes equipos de ventas y no tienen alianzas con las grandes farmacéuticas. El Gobierno está a favor de las vacunas en este momento pero, ¿qué ocurrirá en el futuro? | +1 <br> Escasa integración en esta área pero puede que haya más en el futuro | +1 <br> Se está poniendo de moda la prevención de las enfermedades pero es posible que haya miedo a la utilización de las vacunas así como pánicos respecto a nuevas enfermedades: de nuevo, las empresas biotecnológicas pueden fabricar vacunas muy rápidamente | +3 <br> Si el entorno juega a su favor puede convertirse en un juego muy rentable |
| **Empresa Y** <br> *Nueva empresa operativa en el ámbito global en nuevos fármacos y en genéricos biotecnológicos no protegidos por patentes* | +4 <br> El área de los genéricos biotecnológicos es muy importante ya que, aunque los precios son inferiores a los de las versiones patentadas, es un mercado que no está saturado, pero, ¿puede la empresa superar los obstáculos normativos para poner nuevos fármacos en el mercado antes que Pharmcare? | –2 <br> Todavía tiene que desarrollar su personal de ventas a escala mundial pero ya ha hecho los movimientos en la dirección adecuada al haber adquirido equipos de ventas en Estados Unidos | +3 <br> Utilización muy innovadora de Internet para mostrar cómo se ajustan los productos a los procesos sanitarios | +1 <br> Utilización innovadora de Internet pero actualmente solo en mercados locales | +6 <br> Podría convertirse en un importante jugador en el futuro si traslada lo que ha aprendido en el mercado de los genéricos a nuevos fármacos |

Preparado por Jill Shepherd, Simon Fraser University, Vancouver, Canadá.

estas actividades directamente o no? La investigación de Veronique Ambrosini[34] ha analizado esta cuestión respecto a la ambigüedad causal (*véase* Sección 3.4.2). Afirma que es importante comprender lo que pueden hacer los directivos, y lo que no pueden hacer, en función de su comprensión y valoración de las bases de la capacidad estratégica respecto a la ambigüedad causal. Analice los siguientes casos:

● *Se valoran las competencias, pero no se comprenden.* Es posible que los directivos sepan cuáles son las actividades y procesos de la organización que tienen un impacto positivo, y puedan valorar estas actividades y procesos. Pero es posible que no comprendan exactamente de dónde surge este impacto positivo. Por ejemplo, el poder ofrecer valor puede depender de disponer de habilidades locales muy especializadas; o de complejas relaciones en el seno de la organización. Aquí, la lección que hay que extraer es que los directivos deben tener cuidado para no perturbar las bases de estas capacidades mientras que, al mismo tiempo, se aseguran de hacer un seguimiento de las ventajas que se crean para los consumidores.

- *No se valoran las competencias*. En este caso, los directivos conocen las actividades y procesos de la organización, pero no reconocen que tengan un impacto positivo cuando las valoran. Existen auténticos riesgos aquí de que los directivos emprendan acciones equivocadas. Por ejemplo, es posible que recorten varias actividades que crean una ventaja competitiva real o potencial. Esto suele ocurrir en las organizaciones en las que la alta dirección quiere recortar costes sin comprender suficientemente bien cómo se crea el valor. Sería recomendable llegar a comprender las capacidades que crean valor antes de tomar ese tipo de decisiones.

- *Se reconocen, valoran y comprenden las competencias*. Este puede ser el tipo de situación que se alcanzó tras el análisis realizado por Plasco. Aquí, es posible que los directivos tengan capacidad de actuar para fomentar y desarrollar todavía más esas competencias, garantizando, por ejemplo, que las políticas generales de la empresa respaldan y mejoran esas capacidades. El riesgo que se corre es que la alta dirección intente preservar esas capacidades formalizándolas en exceso, o codificándolas, de forma que se conviertan en «rigideces».

### 3.7.2 Extensión y adición de capacidades

Cabe que se den situaciones en las que se puedan tomar decisiones y emprender acciones que permitan el desarrollo de las capacidades estratégicas en el seno de la organización, mediante un desarrollo de las capacidades externas. Por ejemplo:

- *Extensión de las mejores prácticas*. Es posible que la dirección identifique capacidades estratégicas en un área de negocio, tal vez el servicio de atención al consumidor en algunas unidades de negocio regionales de una multinacional, que no existen en otras unidades de negocio. La dirección puede intentar extender estas mejores prácticas a todas las unidades de negocio. Aunque parece bastante evidente, los estudios[35] concluyen que no resulta fácil. Las capacidades que existen en una parte de la organización no se pueden transferir con facilidad a otras partes debido a los problemas relacionados con la gestión del cambio (*véase* Capítulo 10).

- *Adición y cambio de actividades*. ¿Se pueden añadir actividades o alterar las existentes para que refuercen la consecución de los factores críticos del éxito? Por ejemplo, en Plasco, ¿se podrían encontrar formas de responder todavía más deprisa a las necesidades de los consumidores?

- *Extensión de competencias*. Los directivos también pueden encontrar una oportunidad de crear nuevos productos o servicios a partir de las competencias existentes. Por ejemplo, la empresa fabricante de productos químicos creó un mapa de sus actividades para identificar las bases de su ventaja competitiva, y descubrió que no era su pericia en la fabricación de productos químicos lo que realmente importaba, sino más bien sus competencias para satisfacer y atender las necesidades específicas y variadas de sus consumidores. Los directivos empezaron a darse cuenta de que estas competencias podrían permitir desarrollar su organización para convertirla en una empresa de servicios industriales más que en una empresa de fabricación de productos químicos. En efecto, la creación de nuevos negocios a partir de estas competencias es la base para lograr una diversificación relacionada, como se explica en la Sección 6.2.1 del Capítulo 6[36].

- *Desarrollo a partir de «debilidades» aparentes.* La investigación de Danny Miller[37] demostró que las empresas, ante una situación de incapacidad para igualar la capacidad estratégica de sus rivales, pueden desarrollar una ventaja competitiva impulsando lo que históricamente se han considerado recursos o actividades sin valor, por ejemplo, equipos que históricamente no han sido productivos, o negocios con un bajo rendimiento, o clientes con quienes se han tenido relaciones difíciles. Lo lograron reconociendo y relacionando beneficios potenciales en estas áreas con potenciales oportunidades del mercado, y desarrollando y fomentando estos beneficios potenciales mediante la experimentación en una cultura que respaldaba la iniciativa fuera de la estructura principal de la organización.

- *Supresión de actividades*[38]. ¿Se pueden eliminar, contratar en el exterior o reducir los costes de actividades que se realizan en la actualidad pero que no son esenciales para ofrecer valor a los clientes? Esto podría ofrecer una serie de ventajas. Podría reducir los costes de la empresa, ayudar a reducir el precio al cliente y reducir el tiempo empleado por el personal de la organización en actividades que no ofrecen valor al cliente.

- *Elecciones.* ¿Tiene la organización que hacer determinadas elecciones? Por ejemplo, ¿se puede mejorar el sistema de actividades de la organización para beneficiar a los consumidores, volviendo a estructurar la organización de tal forma que se eviten solapamientos o sistemas de actividades incoherentes? Se puede dar el caso, en determinada empresa, de que los consumidores de los distintos segmentos del mercado tengan distintos requisitos y que la empresa esté intentando satisfacerlos mediante la misma unidad de negocio. ¿Podría resultar necesario disponer de distintas unidades de negocio para atender a los distintos tipos de consumidores?

- *Desarrollo de la capacidad externa.* También puede haber una forma de desarrollar las capacidades en el exterior. Por ejemplo, los directivos pueden intentar desarrollar las capacidades creando relaciones externas con otras organizaciones o mediante adquisiciones. Una de las principales razones por las que las empresas realizan alianzas y *joint ventures* (*véase* Capítulo 7, Sección 7.3.3) es para aprender a hacer las cosas de forma distinta. Por ejemplo, Sir George Mathewson del Royal Bank of Scotland[39] ha afirmado que, dada su posición inicial como un «banco relativamente pequeño en la frontera de Europa», el éxito de su crecimiento en Europa y su adquisición de NatWest no hubieran sido posibles de no ser por su alianza con el Banco Santander. Fue una forma importante de que los directivos del banco estuvieran expuestos al contexto europeo. Análogamente, las adquisiciones pueden realizarse para desarrollar nuevas habilidades y competencias (Capítulo 7, Sección 7.3.2).

### 3.7.3   Gestión del personal para desarrollar las capacidades

Una de las lecciones de este capítulo es que la capacidad estratégica suele depender de las actividades cotidianas que realiza el personal de las organizaciones, por lo que es importante desarrollar las capacidades del personal para reconocer la importancia de lo que hace respecto a la capacidad estratégica de la organización.

- Es posible que sea necesario poner en marcha un programa de *desarrollo y formación personalizado*. A menudo, las empresas diseñan programas de formación y desarrollo muy generales. Con fines estratégicos, puede ser importante particularizar la atención en el desarrollo de competencias que pueden ofrecer una ventaja competitiva. Por ejemplo, una empresa de ingeniería, al tiempo que reconocía las habilidades de su personal en cuestiones técnicas de los productos de ingeniería, admitió que los competidores también tenían estas habilidades y que existía la necesidad de desarrollar las habilidades del personal para innovar más en el servicio de valor añadido para el cliente. Por tanto, la empresa alteró su programa de formación y desarrollo para poner el énfasis en esta necesidad.

● Las *políticas de recursos humanos* pueden utilizarse para desarrollar determinadas competencias. Por ejemplo, en la década de los noventa, la consultora KPMG, al darse cuenta de que tenía que desarrollar habilidades de gestión empresarial más generales para sus futuros socios, alteró sus políticas de recursos humanos en cuanto al reclutamiento y a la evaluación, favoreciendo a aquellos individuos que tenían estas aptitudes; y una empresa petrolífera que quería lograr una ventaja competitiva gracias al establecimiento de estrechas relaciones con los consumidores en los mercados industriales del petróleo lo consiguió asegurándose de que los altos directivos de campo que tenían esta aptitud fueran promocionados y enviados a distintas partes del mundo que necesitaban que se produjera este desarrollo de las relaciones.

● En términos más generales, puede ser importante *sensibilizar al personal* sobre la relevancia que tienen las acciones propias del nivel estratégico. Una queja común en las organizaciones es que «nadie valora lo que hago». Una lección de este capítulo es que, aunque no se describa lo que hace la gente en sus actividades cotidianas como algo «estratégico», puede que lo sea. El ayudar a que la gente vea la relación que tiene su trabajo con el marco estratégico general de la organización puede aumentar la probabilidad de su contribución al éxito competitivo y aumentar su motivación para ello.

### 3.7.4    Creación de capacidades dinámicas

Particularmente en condiciones que cambian rápidamente, las empresas de éxito pueden ser aquellas que han desarrollado sus capacidades dinámicas (*véase* Sección 3.4.4) para reajustar continuamente las competencias necesarias. En efecto, su competencia pasa a ser la capacidad de aprender y de desarrollarse. En este contexto, las características de lo que se ha venido a conocer como la *organización que aprende* pueden adquirir una importancia especial. Entre estas características cabe destacar:

● el reconocimiento de la *intuición* de las personas que componen la organización como algo *significativo;*
● la aceptación de que los planteamientos diferentes, incluso las *ideas contrapuestas,* deben ser bienvenidos;
● y que la *experimentación* se convierta en la norma y en parte del proceso de aprendizaje.

Los directivos tienen que analizar cómo pueden proteger y fomentar este tipo de comportamientos. Por ejemplo, es posible que los que tienen más capacidad de contribuir a ese aprendizaje sean los que menos poder tienen en la organización, tal vez se encuentren muy abajo en la jerarquía. Es posible que necesiten la protección de gente con más poder.

Los directivos también tienen que analizar qué *actividades adicionales* resultan útiles para respaldar este aprendizaje, la forma de estructurar la organización (*véase* Capítulo 8) para facilitar el aprendizaje y cuáles son las estrategias que debe aplicar la organización para desarrollar las capacidades dinámicas. Por ejemplo, una organización puede decidir crear unidades de negocio de «capital riesgo» dentro de la propia organización, o proyectos que ofrezcan una base para su personal más adaptable y más innovador.

Las lecciones de la gestión del conocimiento de la organización son relevantes en este contexto. Ya se ha afirmado anteriormente en el capítulo (*véase* Sección 3.5) que los sistemas formales solo tienden a capturar el conocimiento formal de la organización, y que esto es solo una parte de la base necesaria para lograr la capacidad estratégica, sobre todo en condiciones dinámicas. Así pues, los que han analizado el conocimiento de la organización señalan la importancia de crear el tipo de cultura y el tipo de estructura adecuadas para que la organización pueda fomentar el aprendizaje y que se comparta la información. Además, señalan que, cuanto más énfasis se pone en la creación de sistemas formales, más se está limitando e inhibiendo el desarrollo de las capacidades dinámicas.

Ampliando este argumento, Nonaka y Takeuchi[40] afirman que las empresas realmente innovadoras son aquellas que pueden modificar y ampliar el conocimiento de los individuos para crear una *espiral de interacción* entre el conocimiento tácito y el conocimiento explícito, mediante los cuatro procesos que se muestran en el Cuadro 3.9:

- La *socialización* es el proceso de compartir experiencias entre individuos permitiéndoles así adquirir conocimientos tácitos de otros sin un sistema formal o sin utilizar el lenguaje. El modelo de aprendizaje en las industrias artesanales constituye un buen ejemplo.
- La *externalización* es el proceso de articular el conocimiento tácito en conceptos explícitos. Puede resultar muy difícil. Puede requerir una combinación de distintos métodos como la creación de modelos, las metáforas o analogías.
- La *internalización* es el proceso de convertir el conocimiento explícito en conocimiento tácito. Está muy relacionado con el concepto de «aprender haciendo».

Los directivos también tienen que plantearse si existen *peligros en la actual base del éxito competitivo*. Por ejemplo, es posible que las actividades que constituyen la base del éxito se arraiguen tanto en la forma de hacer las cosas en la organización que termine siendo difícil cambiarlas: pueden convertirse en *rigideces nucleares*[41].

La Ilustración 3.8 resume un debate clave entre los autores especializados en las capacidades estratégicas.

---

**Cuadro 3.9**    Procesos de creación de conocimiento

|  | | A | |
|---|---|---|---|
|  | | Conocimiento tácito | Conocimiento explícito |
| **De** | Conocimiento tácito | Socialización (conocimiento empático) | Externalización (conocimiento conceptual) |
|  | Conocimiento tácito | Internalización (conocimiento operacional) | Combinación (conocimiento sistémico) |

*Fuente*: I. Nonaka y H. Takeuchi, *The Knowledge-Creating Company*, Oxford University Press Inc., © 1995. Reproducido con permiso de Oxford University Press.

debate clave

# El planteamiento de la ventaja competitiva basada en el enfoque de los recursos y capacidades: ¿es útil para los directivos?

*Se ha puesto en duda el planteamiento de que la gestión de la capacidad estratégica es esencial para lograr la ventaja competitiva*

Desde principios de la década de los noventa, el planteamiento de la estrategia basado en el enfoque de recursos y capacidades ha alcanzado una gran capacidad de influencia. Hay muchas investigaciones académicas al respecto, y gran parte de esta investigación se ha reflejado en este capítulo, y los directivos cada vez hablan más de la importancia de mejorar las competencias nucleares para lograr una ventaja competitiva. Sin embargo, hay dos académicos estadounidenses que han puesto en duda el valor de este planteamiento[1].

## La crítica

En este contexto, el Capítulo 2 de las observaciones de Priem y Butler es especialmente significativo:

● *El riesgo de una tautología.* La explicación subyacente al enfoque basado en los recursos y capacidades (ERC) es que las características (o capacidades) de los recursos que lideran la ventaja competitiva es que sean valiosos y raros. Y sin embargo, la ventaja competitiva se define en términos de valor y rareza. Esto es una tautología. Otros afirman que el decir que un negocio tiene mejor rendimiento que otro porque tiene recursos superiores o hace algunas cosas mejor que los demás negocios es afirmar lo evidente. Solo puede resultar útil si se puede especificar cuáles son las capacidades que son importantes y por qué son importantes.

● *Falta de concreción.* Sin embargo, lo que se suele escribir sobre el ERC no es muy concreto. Algunos dirían que cuando los directivos hablan de capacidades o de competencias están diciendo lo mismo. «Habilidades de la alta dirección», «innovación» o «cultura de la organización» son expresiones que no significan gran cosa si no se está siendo específico sobre las actividades y los procesos de los que se está hablando. Priem y Butler sugieren que especialmente este es el caso cuando se afirma la importancia del conocimiento tácito para lograr una ventaja competitiva. «Puede que sea cierto desde un punto de vista descriptivo, pero es probable que resulte muy difícil que los profesionales sean capaces de manipular de forma efectiva aquello que, por su propia naturaleza, no se puede conocer» (el problema planteado al inicio de la Sección 3.6.2).

Por consiguiente, según Priem y Butler, «el limitarse a aconsejar a los profesionales que obtengan recursos raros y valiosos para lograr una ventaja competitiva y que, además, esos recursos sean difíciles de imitar y no sustituibles» no resulta muy útil cuando se quiere ofrecer una ayuda práctica.

## La respuesta

Jay Barney[2], uno de los principales exponentes del ERC, reconoce que parte de esta crítica resulta útil. Por ejemplo, acepta

el argumento que afirma que es necesario saber más sobre cómo se utilizan los recursos y cómo se comporta la gente para lograr una ventaja competitiva. Sin embargo, defiende la relevancia del ERC para la dirección porque considera que los directivos tienen que identificar y desarrollar las capacidades más críticas de la empresa.

Otros han intentado ser más específicos. Por ejemplo, Anne Marie Knott[3] estudió el caso de las franquicias como una forma de comprender cómo se pueden gestionar y transferir las capacidades entre organizaciones. Demuestra que las competencias, en forma de actividades y procesos, del vendedor de la franquicia se pueden trasladar al franquiciado sin que las empresas que no tienen el contrato de la franquicia sean capaces de imitar esas actividades y procesos. Concluye que los directivos tienen que ser capaces de identificar estas competencias y crear las formas de transferirlas, y sugiere que, por tanto, la ventaja competitiva se encuentra en las habilidades directivas de los empresarios que venden su franquicia a la hora de ayudar a los que las adquieren a aprender las habilidades necesarias. Es de suponer que Priem y Butler contestarían señalando que el término «habilidades directivas»… ¡No es una categoría específica y no identifica las actividades implicadas!

*Notas:*
1. Priem, R. y Butler, J. E. (2001): «Is the resource-based "view" a useful perspective for strategic management research?». *Academy of Management Review*, vol. 26, n.º 1. Pp. 22-40.
2. Barney, J. (2001): «Is the resource based "view" a useful perspective for strategic management research? Yes». *Academy of Management Review*, vol. 26, n.º 1. Pp. 41-56.
3. Knott, A. M. (2003): «The organizational routines factor market paradox». *Strategic Management Journal*, vol. 24, Special Issue. Pp. 929-943.

## Preguntas

1. ¿Hasta qué punto tiene que ser concreta la identificación de las capacidades estratégicas para que puedan ser gestionadas de cara a lograr una ventaja competitiva?

2. Si fuera posible identificar concretamente las habilidades directivas de los franquiciadores con éxito, (a) ¿podrían transmitirse voluntariamente?, pero (b) ¿sería, por tanto, probable que pudieran imitarse?

# Resumen

- La capacidad estratégica se ocupa de la adecuación y validez de los recursos y las competencias necesarias para que una organización sobreviva y prospere. La ventaja competitiva es lograda por las organizaciones que son capaces de desarrollar capacidades estratégicas más apreciadas por los consumidores y de una forma que los competidores encuentren difícil de imitar.

- Las capacidades estratégicas incluyen recursos, tangibles e intangibles, y competencias, y el modo en que se utilizan y organizan esos recursos. Es necesario que las organizaciones dispongan de esos recursos y competencias al menos a un nivel umbral para poder ser capaces de competir. Si quieren lograr una ventaja competitiva, es necesario que obtengan recursos y competencias que sean tanto valiosos para los consumidores como difíciles de imitar para los competidores (esas competencias se conocen como competencias nucleares).

- La continua mejora de la eficiencia en costes es una capacidad estratégica crucial si la organización quiere seguir prosperando.

- La sostenibilidad de la ventaja competitiva dependerá probablemente de que las capacidades estratégicas sean valiosas para los consumidores, raras, sólidas (es decir, difíciles de imitar) e insustituibles.

- En condiciones dinámicas, es improbable que esas capacidades estratégicas permanezcan estables. En esta situación, adquieren importancia las capacidades dinámicas, es decir, la posibilidad de cambiar continuamente las capacidades estratégicas.

- El análisis de la cadena de valor y de la red de valor de una organización puede constituir un importante punto de partida para comprender cómo se crea valor para el consumidor y para saber cómo se puede desarrollar.

- Se pueden comprender las actividades que sostienen las capacidades estratégicas de una organización dibujando un mapa de actividades.

- El *benchmarking* es una técnica útil para comprender el rendimiento relativo de las organizaciones y poner en duda los supuestos que tienen los directivos sobre el rendimiento de su organización.

- El análisis DAFO puede ser útil para comprender las debilidades, amenazas, fortalezas y oportunidades de una organización.

- Los directivos tienen que reflexionar sobre cómo, y hasta qué punto, pueden gestionar el desarrollo de las capacidades estratégicas de su organización. Pueden conseguirlo extendiendo esas capacidades, gestionando el personal de la organización y, en entornos que cambian rápidamente, creando capacidades dinámicas.

# Lecturas clave recomendadas

- Para comprender el enfoque basado en los recursos de la empresa, uno de los primeros artículos, y muy citado, es el de BARNEY, J. (1991): «Firm resources and sustained competitive advantage». *Journal of Management,* vol. 17. Pp. 99-120. El artículo de TEECE, D. J.; PISANO, G. y SHUEN, A. (1997): «Dynamic capabilities and strategic management». *Strategic Management Journal,* vol. 18, n.º 7, también ofrece un resumen y aborda el concepto de las capacidades dinámicas.

- Los artículos que despertaron el interés en las competencias nucleares en la búsqueda de la ventaja competitiva son de HAMEL, G. y PARLAD, C. K. (1990 y 1993, respectivamente): «The core competence of the corporation». *Harvard Business Review,* vol. 68, n.º 3. Pp. 79-91; y «Strategy as stretch and leverage». *Harvard Business Review,* vol. 71, n.º 2. Pp. 75-84.

- Michael Porter explica cómo dibujar un mapa de lo que él denomina «sistemas de actividades», que puede ser importante para analizar la estrategia competitiva, en el artículo (1996): «What is strategy?». *Harvard Business Review,* nov.-dic.

- Un interesante artículo que analiza la gestión de las capacidades estratégicas y, en particular, cómo se pueden convertir las debilidades aparentes en la base de la ventaja es: MILLER, D. (2003): «An asymmetry-based view of advantage: towards an attainable sustainability». *Strategic Management Journal*, vol. 24, n.º 10. Pp. 961-976.

# Notas

1. El concepto de estrategias basadas en los recursos fue introducido por WERNERFELT, B. (1984): «A resource-based view of the firm». *Strategic Management Journal,* vol. 5, n° 2. Pp. 171-180. Existen ahora muchos libros y artículos que explican y resumen este planteamiento. *Véase,* por ejemplo, el principio de TEECE, D. J.; PISANO, G. y SHUEN, A. (1997): «Dynamic capabilities and strategic management». *Strategic Management Journal,* vol. 18, n° 7. Pp. 509-534; y el artículo de introducción de HOOPES, D.; MADSEN, T.; y WALKER, G. (2003): «Why is there a resource based view?». *Strategic Management Journal* (número especial), vol. 24, n.º 10. Pp. 889-902.

2. Los beneficios extraordinarios, tal y como se han definido aquí, también son conocidos en ocasiones por los economistas como rentas. Para una explicación relacionada con la estrategia, *véase* PERMAN, R. y SCOULAR, J. (1999): *Business Economics.* Oxford University Press. Pp. 67-73.

3. Cada vez se reconoce más la importancia estratégica de los recursos intangibles. *Véase:* CLARKE, T. y CLEGG, S. (2000): *Changing Paradigms: The transformation of management knowledge for the 21st century.* Harper Collins. P. 342 (que destaca la clasificación de los activos intangibles de Arthur Andersen); HALL, R. (1992 y 1993 respectivamente): «The strategic analysis of intangible resources». *Strategic Management Journal,* vol. 13, n.º 2. Pp. 135-144; y «A framework linking intangible resources and capabilities to sustainable competitive advantage». *Strategic Management Journal,* vol. 14, n.º 8. Pp. 607-618.

4. Gary Hamel y C.K. Prahalad fueron los académicos que promovieron la idea de las competencias nucleares. Por ejemplo: HAMEL, G. y PRAHALAD, C.K. (1990): «The core competence of the corporation». *Harvard Business Review,* vol. 68, n.º 3. Pp. 79-91. La idea de impulsar el desarrollo de la estrategia a partir de los recursos y competencias de una organización se analiza en HAMEL, G. y PRAHALAD, C. K. (1989): «Strategic intent». *Harvard Business Review,* vol. 67, n.º 3. Pp. 63-76; y HAMEL, G. y PRAHALAD, C.K. (1993): «Strategy as stretch and leverage». *Harvard Business Review,* vol. 71, n.º 2. Pp. 75-84. *Véase* también HAMEL, G. y HEENE, A., eds. (1994): *Competence-based Competition.* John Wiley.

5. Perman y Scoular analizan las economías de escala y las diferencias entre sectores industriales en las páginas 91-100 de su libro (*véase* Nota 2).

6. CONLEY, P. (1990): *Experience Curves as a Planning Tool,* disponible del Boston Consulting Group. *Véase* también HAX, A. C. y MAJLUF, N. S. (1990): *Strategic Planning: Models and analytical techniques.* En Dyson, R. G., ed. John Wiley.

7. Los encabezados que se utilizan en este capítulo son parecidos, pero no idénticos, a los que se utilizan en la mayoría de los artículos académicos sobre el enfoque de recursos y capacidades (ERC). A veces se conoce como RBV (*Resource-based view)* o VRIN (*Valuable, rare, difficult to imitate and non-substitutable;* valioso, raro y difícil de imitar: nosotros utilizamos «sólido» y *no sustituible),* que fueron identificadas por primera vez por BARNEY, J. (1991): «Firm Resources and Sustained Competitive Advantage». *Journal of Management,* vol. 17. Pp. 99-120.

8. Para una explicación exhaustiva de las «rigideces nucleares», *véase* LEONARD-BARTON, D. (1992): «Core capabilities and core rigidities: a paradox in managing new product development». *Strategic Management Journal,* vol. 13. Pp. 111-125.

9. *Véase* Nota 7.

10. Utilizamos el término «complejidad»; otros utilizan el término «complementariedad». *Véase,* por ejemplo, COOL, K.; COSTA, L. A. y DIERICKX, I. (2002): «Constructing competitive advantage». En Pettigrew, A.; Thomas, H.; y Whittington, R., eds.: *The Handbook of Strategy and Management.* Sage Publications. Pp. 55-71,.

11. Para un análisis más exhaustivo de la dependencia de la trayectoria *véase* el artículo de Teece, Pisano y Shuen (Nota 1).

12. El artículo seminal sobre la ambigüedad causal es el de LIPPMAN, S. y RUMELT, R. (1982): «Uncertain imitability: an analysis of interfirm differences in efficiency under competition». *Bell Journal of Economics,* vol. 13. Pp. 418-438.

13. La distinción e importancia de la ambigüedad característica y la ambigüedad de los vínculos se explica con detalle en KING, A. W. y ZEITHAML, C. P. (2001): «Competencies and firm performance: examining the causal ambiguity paradox». *Strategic Management Journal,* vol. 22. Pp. 75-99.

14. La importancia de la no sustituibilidad y la forma de identificar las posibles bases de la sustitución se analizan en PETERAF, M. A. y BERGEN, M. E. (2003): «Scanning dynamic competitive landscapes: a market and resource-based framework». *Strategic Management Journal,* vol. 24, n.º 10. Pp. 1027-1042.

15. David Teece ha abordado las capacidades dinámicas en el artículo mencionado en la Nota 1. Los distintos autores tienen planteamientos diferentes sobre lo que son las capacidades dinámicas, pero tienden a poner el énfasis en procesos organizativos relativamente formales como el desarrollo de los productos, las alianzas, y la forma de tomar las decisiones en las empresas (por ejemplo, EISENHARDT, K. y MARTIN, J. (2000): «Dynamic capabilities; what are they?». *Strategic Management Journal,* vol. 21. Pp. 1105-1121; ZOLLO, M. y WINTER, S. (2002): «Deliberate learning and the evolution of dynamic capabilities». *Organization Science,* vol. 13, n.º 3. Pp. 339-351). Otro planteamiento distinto es que las capacidades dinámicas son una forma de aprender de la organización (*véase* Sección 11.6.2, Capítulo 11) lo que pone un mayor énfasis en la forma en que se dirige la organización, en la capacidad de su cultura para facilitar o permitir el aprendizaje y la adaptación.

16. Esta es la definición de Teece, Pisano y Shuen; *véase* Nota 1.

17. *Véase* Eisenhardt, K. y Martin, J. (Nota 15).

18. La importancia de analizar y comprender el conocimiento se analiza en NONAKA, I. y TAKEUCHI, H. (1995): *The Knowledge Creating Company.* Oxford University Press; y VON KROGH, V.; ICHIJO, K. y NONAKA, I. (2000): *Enabling Knowledge Creation: How to unlock the mystery of tacit knowledge and release the power of innovation.* Oxford University Press. También hay recopilaciones de artículos sobre el conocimiento organizacional: por ejemplo, el número especial de *Strategic Management Journal,* vol. 17, editado por GRANT, R. y SPENDER, J. C. (1996); y (1998) *Harvard Business Review on Knowledge Management.* HBR Press.

19. *Véase* DRUCKER, P. (1999): *Management Challenges for the 21st Century.* Butterworth-Heinemann.

20. WENGER, E. C. y SNYDER, W. M. (2000): «Communities of practice: the organisational frontier». *Harvard Business Review,* ene-feb; y WENGER, E. C. (1999): *Communities of Practice: Learning, Meaning and Identity.* Cambridge University Press.

21. *Véase* Nota 18.

22. El riesgo de que los sistemas formales para compartir los conocimientos puedan reducir los aspectos sociales del proceso de compartir los conocimientos se muestran en: NEWELL, S.; SCARBROUGH, H. y SWAN, J. (2001): «From global knowledge management to internal electronic fences: contradictory outcomes of intranet development». *British Journal of Management,* vol. 12. Pp. 97-111.

23. Se puede encontrar un análisis exhaustivo del concepto de cadena de valor y de su aplicación en PORTER, M.E. (1985): *Competitive Advantage.* Free Press.

24. Un ejemplo de ampliación del análisis de la cadena de valor, *véase* SHEPHERD, A. (1998): «Understanding and using value chain analysis». En Ambrosini. V., ed.: *Exploring Techniques of Analysis and Evaluation in Strategic Management.* Prentice Hall.

25. TIMMERS, P. (2000): *Electronic Commerce.* John Wiley. Pp. 182-193, ofrece un interesante análisis de cómo se están creando y cambiando las redes de valor por la tecnología de la información.

26. La importancia de las bolsas de beneficios se analiza en GADIESH, O. y GILBERT, J. I. (1998): «Profit pools: a fresh look at strategy». *Harvard Business Review,* may.-jun. Pp. 139-147.

27. Un buen ejemplo de estos sistemas informáticos para analizar las capacidades de la organización se puede encontrar en un artículo de EDEN, C. y ACKERMANN, F. (2000): «Mapping distinctive competencies: a systemic approach». *Journal of the Operational Society,* vol. 51. Pp. 12-20.

28. Para una descripción más detallada de la utilización de estos mapas de redes, *véase* AMBROSINI, V. (2003): *Tacit and Ambiguous Resources as Sources of Competitive Advantage.* Palgrave Macmillan.

29. El artículo de PHYLLIS y JOHNSON, G. (2002): «Facilitating group cognitive mapping of core competencies». En Huff, Anne y Jenkins, Mark, eds.: *Mapping Strategic Knowledge;* explica algunos de los problemas para hacer estos mapas.

30. PORTER, M. explica cómo el dibujo de un mapa de lo que él denomina «sistemas de actividades» puede ser importante para analizar la estrategia competitiva, en su artículo (1996): «What is strategy?». *Harvard Business Review,* nov.-dic.

31. El *benchmarking* se utiliza mucho tanto en el sector privado como en el sector público. CODLING, S. (1998): *Benchmarking Basics.* Gower; es una guía práctica para el *benchmarking. Véase* también HOLLOWAY, J. (1999): *Identifying Best Practices in Benchmarking.* Chartered Institute of Management Accountants. Y, para una revisión de la aplicación del *benchmarking* en el sector público, *véase:* WISNIEWSKI, M. (2001): «Measuring up to the best: a manager's guide to benchmarking». En Johnson, G. y Scholes, K., eds.: *Exploring Public Sector Strategy* (Capítulo 5). Financial Times/Prentice Hall.

32. *Véase* MURDOCH, A. (1997): «Lateral benchmarking, or what Formula One taught an airline». *Management Today,* noviembre. Pp. 64-67.

33. La idea del análisis DAFO como una lista de comprobación de mero sentido común ha sido utilizada durante muchos años: por ejemplo, TILLES, S. (1968): «Making strategy explicit». En Ansoff, I., ed.: *Business Strategy.* Penguin. *Véase* también el capítulo de JACOBS, T.; SHEPHERD, J. y JOHNSON, G. sobre el análisis DAFO en Ambrosini, V., ed. (1998): *Exploring Techniques of Strategy Analysis and Evaluation.* Prentice Hall.

34. *Véase* Nota 28.

35. *Véase* MARITAN, C. A. y BRUSH, T. H.: «Heterogeneity and transferring practices: implementing flow practices in multiple plants». *Strategic Management Journal,* vol. 24, n.º 10. Pp. 945-960.

36. En su artículo de 1990, Hamel y Prahalad (*véase* Nota 4) analizan la extensión de las competencias como base de la diversificación relacionada.

37. *Véase* MILLER, D. (2003): «An asymmetry-based view of advantage: towards an attainable sustainability». *Strategic Management Journal,* vol. 24, n.º 10. Pp. 961-977.

38. Se ofrecen pruebas en el artículo de D. Miller (*véase* Nota 37).

39. De un discurso de Sir George Mathewson en la British Academy of Management en Edimburgo en 2000, que también se mencionaba en el caso de estudio de la 6ª edición de este manual (2002).

40. *Véase* Nota 18.

41. *Véase* Nota 8.

# TRABAJOS

✱ Indica una mayor dificultad.

**3.1**　Utilizando los Cuadros 3.1 y 3.2 identifique los recursos y competencias de una organización con la que esté familiarizado.

**3.2**　Realice un análisis de la capacidad estratégica de una organización con la que esté familiarizado para poder identificar qué capacidades, si es que hay alguna, satisfacen los criterios de (a) valor, (b) rareza, (c) solidez y (d) no sustituibilidad (*véase* Sección 3.4).

**3.3**　Explique cómo la organización que ha analizado en el trabajo anterior obtiene, o no, una ventaja competitiva. ¿Parte de capacidades específicas o de capacidades relacionadas? (Si no ha realizado un análisis de mapa de actividades en 3.2, hágalo aquí).

**3.4**　Utilice los Cuadros 3.6 y 3.7 para hacer un mapa de las actividades de valor claves de una organización de su elección, tanto dentro de la organización como en la red de valor en la que se encuentra.

**3.5✱**　Parta de cualquier industria o servicio público y dibuje un mapa de cómo han cambiado las competencias nucleares a lo largo del tiempo. ¿Por qué se han producido estos cambios? ¿Cómo cambiaron las fortalezas relativas de las distintas empresas o proveedores de servicios durante este periodo? ¿Por qué?

**3.6✱**　A partir de un ejercicio de *benchmarking* que haya visto en una empresa, haga una valoración crítica de las ventajas e inconvenientes del planteamiento adoptado.

**3.7**　Prepare un análisis DAFO para una organización de su elección respecto a sus competidores (*véase* Ilustración 3.7). Explique detenidamente por qué ha elegido cada uno de los factores que ha incluido en el análisis; en concreto, explique su relación con otros análisis que ha realizado en los Capítulos 2 y 3. ¿Qué conclusiones extrae?

## Trabajos de integración

**3.8**　¿Cómo se relaciona el concepto de conocimiento organizacional con (a) la capacidad estratégica (Capítulo 3), (b) la estrategia competitiva (Capítulo 5) y (c) la cultura y el cambio de la cultura (Capítulos 4 y 11)?

**3.9**　¿Qué retos tiene que superar una organización «rígida» para desarrollar sus capacidades estratégicas como una organización «flexible»? Analícelo tanto en términos del desarrollo de las capacidades estratégicas (Capítulos 3 y 9) como de la gestión del cambio estratégico.

| CASO DE EJEMPLO | eBay escucha |
|---|---|

**Jill Shepherd,** Simon Fraser University, Vancouver, Canadá

*Al menos 30 millones de personas vendieron y compraron mercancías en eBay por un valor muy superior a los 20.000 millones de dólares (en 2003): más que el producto interior bruto de muchos países del mundo. Más de 150.000 emprendedores se ganan la vida vendiendo de todo por Internet, desde pastillas para adelgazar y bolsas Kate Spade hasta BMW de 45.000 euros y enormes tornos industriales. De todas las cosas que se venden, se venden más automóviles en eBay que en el concesionario número uno estadounidense, AutoNation. Así pues, ¿qué significa todo esto? «Es una forma totalmente nueva de hacer negocios», afirma Whitman. «Estamos creando algo que no existía antes».*

*No estaba previsto, pero cuando los usuarios empezaron a comprar y vender productos electrónicos, automóviles y equipos industriales, eBay siguió la estela. En la actualidad, eBay tiene 27.000 categorías, incluyendo ocho con ventas brutas superiores a los mil millones de libras esterlinas cada una.*

Fuente: eBay

## El modelo de negocio de eBay

El valor en eBay se crea ofreciendo un mercado mundial virtual para los compradores y vendedores y cobrando una comisión por las transacciones que se producen. El modelo de negocio de eBay se basa en que sus consumidores son su equipo de desarrollo del producto, su personal de ventas y marketing, su departamento de *merchandising* y su departamento de seguridad.

La organización, dirigida por Meg Whitman, fue fundada en 1995, cuando Pierre Omidyar puso en marcha una página Web llamada Auction Web. Su novia quería vender su colección de distribuidores Pez, pero Omidyar tenía una visión más amplia, a saber, ofrecer a los consumidores de a pie la posibilidad de comerciar sin tener que recurrir a las grandes empresas. Incluso quería que los que comerciaban fueran los responsables de crear la comunidad y de decidir cómo se tenía que crear la página Web. Funcionó; enseguida descubrió que se pasaba el día respondiendo a correos electrónicos de compradores y vendedores, y las noches volviendo a escribir el programa de la página para incorporar las sugerencias, que iban desde cómo resolver un problema del programa de software hasta cómo crear una nueva categoría de productos. Cada semana se cuelgan aproximadamente 100.000 mensajes de los consumidores compartiendo trucos, señalando problemas del sistema y presionando a favor de que se produzcan determinados

cambios. Se dice que el director ejecutivo dijo en una ocasión, «el truco consiste en mantenerse al día de lo que quieren los compradores y los vendedores. Tenemos que cambiar continuamente nuestra forma de funcionar. Partimos del principio de que, si hay ruido, lo mejor es escuchar lo que dice». Actualmente, la tecnología permite seguir cada movimiento de cada cliente potencial, ofreciendo una gran cantidad de información.

Estructuralmente, el modelo de negocio se materializa en 5.000 empleados, de los cuales aproximadamente la mitad están dedicados a ofrecer soporte técnico a los clientes y una quinta parte a la tecnología. Un cargo clave en eBay es el de «director de categoría», un concepto que Whitman llevó a eBay de sus días trabajando en el gigante de marketing P&G. Los directores de categorías se responsabilizan de las 23 grandes categorías, así como de las 35.000 subcategorías, desde artículos de colección hasta vestuario deportivo, joyería y relojes, e incluso aviones jet.

Las empresas convencionales pueden gastar mucho dinero en intentar conocer a sus clientes y persuadirles para que den información a la empresa sobre el rendimiento de los productos ofertados, pero en el caso de eBay esta información suele ser gratuita y se ofrece sin necesidad de pedirla. Pero, aún así, algunas de las formas más eficaces de la empresa para conseguir información sobre el usuario no dependen de Internet y no son gratuitas. eBay organiza grupos llamados La Voz del Cliente, que es un programa que consiste en llevar en avión cada pocos meses a un nuevo grupo de aproximadamente diez compradores y vendedores de cualquier parte de Estados Unidos a su sede en San José (California) para analizar a la empresa en profundidad. Se organizan teleconferencias sobre las características y políticas, por muy pequeños que sean los cambios que impliquen. Incluso se organizan seminarios y clases para enseñar a la gente cómo puede aprovechar al máximo la página Web. Los participantes tienden a duplicar su actividad de ventas en eBay tras asistir a estas clases.

La empresa está gobernada tanto desde fuera como desde dentro. El sistema eBay tiene una fuente de control automático ya que los compradores y los vendedores se clasifican mutuamente en cada transacción, creando reglas y normas. Hay un sistema educativo que ofrece clases en todo Estados Unidos sobre cómo vender en eBay. Tanto los compradores como los vendedores se crean reputaciones valiosas, fomentando el buen comportamiento propio y de los demás. Cuando eso no resultó suficiente, eBay creó su propio departamento de policía, el departamento de Confianza y Seguridad, que en la actualidad tiene varios cientos de empleados de eBay en todo el mundo, para vigilar las listas en busca de fraudes y echar a los incumplidores. Este departamento hace de todo, desde patrullar la página en busca de anuncios sospechosos hasta colaborar con las fuerzas del orden para detener a los timadores. eBay también ha desarrollado un software que reconoce los patrones de comportamiento comunes en los anteriores casos de fraude, como el de los vendedores de Rumanía, que recientemente empezaron a vender un importante número de artículos de elevado precio.

## La dirección de eBay

El estilo y el pasado de Meg Whitman han influido mucho en la dirección de eBay. Cuando se incorporó a la empresa en 1998, era más una colección de artilugios, escogidos al azar por su novio con coleta Omidyar, que una empresa relacionada con el mundo de la informática, uno de los factores por los que Omidyar decidió reclutar a Meg. Meg, que antes había trabajado como consultora, asumió muchos de los cargos de la alta dirección, incluyendo la dirección del negocio de Estados Unidos, la dirección de las operaciones internacionales y la vicepresidencia de marketing a los clientes en colaboración con otros consultores. El resultado: eBay se dirige ahora en función de los datos y los indicadores. «Si no lo puedes medir, no lo puedes controlar», afirma Meg. Aunque al principio se podía tocar y ver cómo funcionaba la organización, su tamaño actual requiere que se pueda medir. Los directores de categorías pasan sus días midiendo datos y actuando en función de los mismos dentro de su campo de responsabilidad.

Algunas de las medidas son indicadores estándares de los negocios electrónicos, e incluyen el número de personas que visitan la página, cuántas se registran para convertirse en usuarios, cuánto tiempo permanecen en la página en cada visita, cuánto se tarda en descargar las páginas, etcétera. Un indicador que le gusta mucho a Meg es la «tasa de comisión», el porcentaje de los ingresos respecto al valor de los bienes intercambiados en la página (cuanto mayor, mejor). Mide los días de mayor actividad, determinando cuándo hay que ofrecer listados gratuitos para estimular la oferta de artículos en subasta. El ruido de los foros de debate se utiliza para comprender si la comunidad tiene un sentimiento de «apoyo» o está dispuesta a «destrozar sus iniciativas», en una escala de 1 a 10. Normalmente, eBay está en torno al 3.

Los directores de categorías en eBay, a diferencia de sus homólogos en Procter & Gamble, solo pueden controlar indirectamente sus productos. No tienen inventarios que rellenar cuando los niveles de pasta de dientes o de detergentes disminuyen en las estanterías del supermercado. Ofrecen herramientas para comprar y vender más eficazmente. «Lo que pueden intentar hacer es aumentar el número de pequeñas ganancias en sus categorías; por ejemplo, una ligera subida en las listas de metal desguazado o nuevos demandantes de comics. Para ello, utilizan programas de marketing y *merchandising,* como la mejora de la presentación de los productos de sus usuarios y herramientas para comprar y vender mejor». Por encima de todo esto, el entorno laboral puede ser muy duro y ultracompetitivo, afirman los anteriores empleados de eBay. Solo se introducen cambios después de haber intercambiado diapositivas en PowerPoint en los escalafones más bajos, presentados finalmente a los escalafones ejecutivos y cuando el cambio ha sido aprobado tras un proceso de autorización que incluye a todos los departamentos. Una mejora en la forma de encontrar zapatos requirió un proceso que duró diez meses. Consciente de que el análisis puede significar parálisis, Meg encargó a una serie de consultores (¿a quién si no?) que hicieran un ejercicio de *benchmarking* para ver el ritmo de introducción de cambios en eBay. eBay obtuvo una calificación media respecto a las empresas analizadas.

Con el tiempo, eBay ha mejorado su capacidad para garantizar que la tecnología no gobierna. Hasta finales de la década de los noventa, los apagones en la empresa eran recurrentes, incluyendo uno en 1999 que cerró la página durante 22 horas por problemas de software y falta de copias de seguridad. El anterior director ejecutivo de información de Gateway Inc., Maynard Webb, que se incorporó como presidente de la unidad de tecnología de eBay, emprendió rápidamente acciones para mejorar los sistemas. Ahora, la página solo está desconectada menos de 42 minutos al mes a pesar de tener un volumen de tráfico mucho mayor.

Meg es una líder totalmente dedicada a su empresa. Ha participado en subastas de muebles por un valor superior a 35.000 dólares para entender la experiencia de venta, y se ha convertido en una de las principales vendedoras de los empleados de la empresa, asegurándose de que lo que aprende de su experiencia es escuchado por los demás altos ejecutivos. Meg también es conocida por escuchar atentamente a sus empleados, y espera que los directivos hagan lo mismo. Puesto que el negocio depende de forma absoluta de sus clientes, cualquier movimiento en falso podría provocar revueltas en la comunidad que compone eBay.

Por encima de todo, eBay intenta permanecer alerta y flexible. Casi todas sus nuevas categorías de mayor crecimiento surgieron tras registrar la actividad vendedora en determinada área y ofrecer un sutil impulso en el momento adecuado. Por ejemplo, tras observar unas pocas ventas de automóviles, eBay creó una página Web independiente llamada eBay Motors en 1999, con características especiales, como inspección de los vehículos y envíos. Unos cuatro años más tarde, eBay espera unos ingresos netos de aproximadamente 1.000 millones de dólares en automóviles y componentes, muchos intercambiados por concesionarios profesionales.

El entorno democrático de eBay, aunque suele ser fácilmente aceptado por los clientes puede, no obstante, requerir que algunos se acostumbren. Los nuevos directivos pueden tardar hasta seis meses en comprender la diná-

mica. «Algunos de los conceptos que se aprenden en las facultades de administración de empresas (determinación, fuerza, compromiso) no se pueden aplicar» afirma el anterior ejecutivo de PepsiCo Inc., William C. Cobb, que ahora es vicepresidente ejecutivo a cargo de las operaciones internacionales de eBay. «Aquí estamos escuchando, adaptándonos y posibilitando».

*Fuentes:* Hof, R. D. (2001): «The People's Company». *Business Week, (e-biz),* 3 de diciembre. Pp. 11-17; y «The eBay economy». *Business Week,* 25 de agosto. Pp. 87-90; Lashinsky, A. (2003): «Meg and Machine». *Fortune,* 9 de enero. Pp. 48-55.

### Preguntas

1. ¿Cómo cree que Meg Whitman describiría las capacidades estratégicas de eBay?
2. Haga su propio análisis de las capacidades estratégicas de eBay, por ejemplo, mediante un mapa de actividades (Sección 3.6.2).
3. Ofrezca una explicación propia de las capacidades estratégicas de eBay con un énfasis particular en:
   (a) identificar los vínculos entre las actividades;
   (b) identificar las competencias nucleares.
   ¿Cómo podría eBay gestionar el desarrollo futuro de sus capacidades estratégicas?

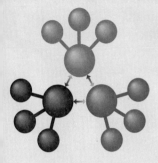

# 4

# Expectativas y propósitos

## Objetivos del aprendizaje

Tras leer este capítulo, usted deberá ser capaz de comprender:

● La importancia del gobierno corporativo, de la cadena de gobierno y de los distintos sistemas de gobierno corporativo en distintos países.

● El significado de las partes interesadas de la organización y cómo sus expectativas afectan a la estrategia.

● Cómo hacer un mapa de las partes interesadas: la importancia del poder y los intereses de esas partes.

● Las cuestiones éticas y su impacto sobre la estrategia.

● Cómo puede la cultura fomentar u obstaculizar el desarrollo de la estrategia.

● Cómo utilizar la red cultural para diagnosticar la cultura.

● Cómo se pueden comunicar los propósitos de la organización.

Fotografía: Digital Vision

Fotografía: Digital Vision

Fotografía: Ella Towers

## 4.1   INTRODUCCIÓN

Los dos capítulos anteriores se han fijado, respectivamente, en la influencia del entorno y los recursos sobre la posición estratégica de una organización. Sin embargo, este análisis no logra reconocer el complejo papel que desempeña el personal de la organización en la evolución de su estrategia. La estrategia también está relacionada con lo que las personas esperan lograr de una organización y, por tanto, la influencia que pueden tener sobre los propósitos de la organización. El Cuadro 4.1 muestra que hay cuatro grandes tipos de expectativas, y cada una afecta a los propósitos de la organización en cierta medida:

● Las expectativas más fundamentales están relacionadas con *a quién debería* servir la organización y *cómo deberían* definirse la dirección y los propósitos de la organización. Este es el ámbito del *gobierno corporativo* y del *marco* institucional en el que se mueve la organización. Esto no solo está relacionado con el poder para influir sobre el propósito de la organización, sino también con los procesos de supervisión de las decisiones y acciones ejecutivas, y con las cuestiones relacionadas con

**Cuadro 4.1**   Expectativas y propósitos

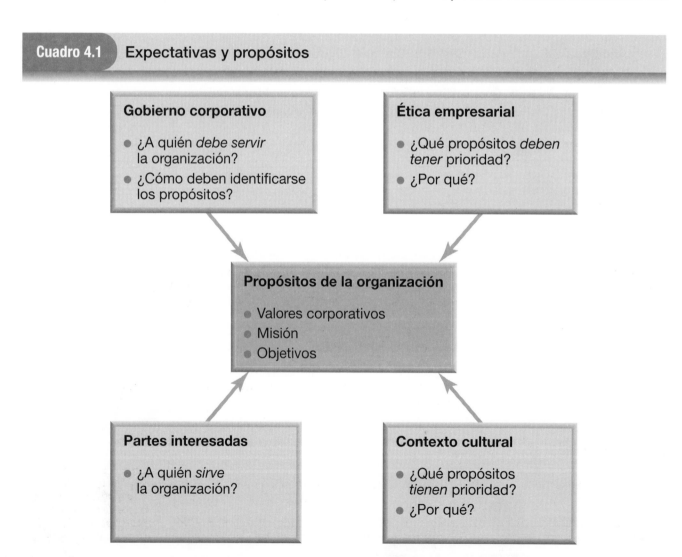

la *responsabilidad*. Así pues, estas son las expectativas *formales* de las organizaciones. Hay importantes diferencias de planteamientos sobre el gobierno corporativo en los distintos países, lo que se analizará en este capítulo. Los escándalos empresariales a principios de la década de 2000, como los de Enron y WorldCom, han puesto el problema del gobierno corporativo como una prioridad en la agenda reguladora de muchos países.

● *A quién* sirve, *de hecho,* la organización, no siempre coincide con a quién debería servir. Esto se debe a que es probable que las expectativas de los individuos y grupos poderosos tengan una mayor influencia sobre los propósitos de la organización que los de los «jugadores» más débiles. Este problema se abordará a través del concepto de las *partes interesadas de la organización*. Las partes interesadas son aquellos individuos o grupos que dependen de la organización para alcanzar sus propias metas y de los que, a su vez, depende la organización. Esto exige que se comprendan tanto el *poder* como los *intereses* de las distintas partes interesadas.

● También hay expectativas sobre *qué propósitos debería* tener la organización. Se trata de una cuestión *ética* relacionada con las expectativas de la sociedad en su conjunto. Desde el punto de vista más general, estas cuestiones hacen referencia al gobierno corporativo, sobre todo en lo que respecta a la responsabilidad de las organizaciones. Desde un punto de vista más particular, la agenda ética también tiene que ver con las expectativas sobre la *responsabilidad social corporativa* hacia las distintas partes interesadas, sobre todo hacia aquellas que tienen un reducido poder formal. También tiene que ver con el *comportamiento de los individuos* en las organizaciones.

● *Cuáles son los propósitos que, de hecho, reciben prioridad* sobre los demás depende de una serie de factores en el *contexto cultural* en el que se encuentra la organización. Esto se debe a que las expectativas también se ven influidas por la historia y experiencia que se «arraigan» en la cultura, como se explicará más adelante. El concepto de *red cultural* se utilizará para comprender cómo puede la cultura influir a diversos «niveles» sobre las expectativas y propósitos de la organización. Aquí se incluirán cuestiones más generales como las *culturas nacionales* y también las expectativas de las diversas *subculturas* dentro de una organización.

## 4.2  GOBIERNO CORPORATIVO[1]

El gobierno corporativo describe a quién tiene que servir la organización y cómo se deben tomar decisiones sobre los propósitos y prioridades de la misma. Esto hace referencia a cómo debería funcionar una organización y a la distribución del poder entre las distintas partes interesadas. Esta sección va a analizar una serie de cuestiones relativas al gobierno corporativo y a las implicaciones para la dirección estratégica. Veremos que hay distintas tradiciones y marcos en distintos países[2].

### 4.2.1  La cadena de gobierno

El **gobierno corporativo** se ha convertido en una cuestión de importancia creciente para las organizaciones por dos razones principales. Primera, la necesidad de separar la propiedad y el control directivo de las organizaciones (que en la actualidad es lo habitual excepto para las empresas muy pequeñas), lo que implica que la mayoría de las organizaciones

El **gobierno corporativo** describe a quién tiene que servir la organización y cómo se deben tomar decisiones sobre los propósitos y prioridades de la misma.

tiene que operar dentro de una jerarquía, o cadena de gobierno. La cadena representa a todos aquellos grupos que tienen una influencia sobre los propósitos de la organización por su participación directa, ya sea en la propiedad o en la dirección de la organización. Aunque los detalles de la cadena variarán en función de cada organización, el Cuadro 4.2 representa una cadena de gobierno típica de una empresa que cotiza en Bolsa en el Reino Unido. Segunda, ha habido una creciente tendencia a que las organizaciones tengan una responsabilidad más visible y/o respondan, no solo a los «propietarios» y «directivos» de la cadena de gobierno, sino también a una serie de partes interesadas, incluyendo a la comunidad en general. Los derechos e influencias de estas otras partes interesadas se analizarán más adelante en esta sección, y con gran detalle en la Sección 4.3.

---

**Cuadro 4.2**    La cadena de gobierno corporativo: estructuras típicas de responsabilidad

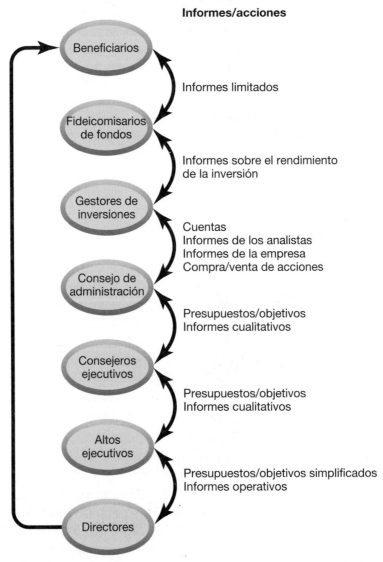

Informes/acciones

- Beneficiarios
  - Informes limitados
- Fideicomisarios de fondos
  - Informes sobre el rendimiento de la inversión
- Gestores de inversiones
  - Cuentas
  - Informes de los analistas
  - Informes de la empresa
  - Compra/venta de acciones
- Consejo de administración
  - Presupuestos/objetivos
  - Informes cualitativos
- Consejeros ejecutivos
  - Presupuestos/objetivos
  - Informes cualitativos
- Altos ejecutivos
  - Presupuestos/objetivos simplificados
  - Informes operativos
- Directores

*Fuente*: adaptado de David Pitt-Watson, Hermes.

La cadena de gobierno resulta útil para comprender cómo pueden verse afectados los propósitos y las estrategias de la organización por los diversos grupos de la cadena. Concretamente, el modelo principal-agente[3] puede resultar útil para explicar cómo opera cada una de estas relaciones en la cadena de la gobierno corporativo. En la cadena más sencilla (por ejemplo, en un pequeño negocio familiar) el consejo es el «agente» directo de los accionistas (el «principal»). Habrá un pequeño número de accionistas en la familia, y algunos familiares serán elegidos como miembros del consejo, y también dirigirán las operaciones cotidianas de la empresa. Los accionistas no ejecutivos (los beneficiarios) controlarán directamente el rendimiento del consejo en cuanto a la obtención de rendimientos financieros. En las organizaciones más grandes, la situación es más complicada puesto que existe la necesidad de contratar a directivos profesionales para que dirijan la organización sin que sean accionistas ni miembros del consejo. Así pues, en la cadena más compleja que se representa en el Cuadro 4.2, hay vínculos adicionales en la cadena puesto que estos directivos son «agentes» del consejo; en efecto, habrá varios niveles de dirección, como se muestra en el gráfico. En las empresas más grandes que cotizan en Bolsa, la cadena también tendrá eslabones adicionales en el lado de los accionistas puesto que ahora hay miles de accionistas individuales. Pero la mayoría de estos beneficiarios no habrá invertido directamente en las empresas (*véase* Cuadro 4.2). La mayoría tendrá inversiones financieras, sobre todo en fondos de pensiones que están invirtiendo en toda una gama de empresas. Estos fondos están controlados por fideicomisos, y la actividad de inversión cotidiana depende de gestores de inversiones. Así pues, es posible que los beneficiarios finales no sepan ni siquiera en qué empresas tienen un interés financiero y tengan poco poder para influir directamente sobre el consejo de la empresa. Las relaciones principal-agente en el lado de los accionistas son, pues, las que se muestran en el cuadro. El consejo representa a los agentes de los gestores de inversión quienes, a su vez, son agentes de los fideicomisos y, finalmente, de los beneficiarios últimos. Resulta interesante que, como se refleja en el gráfico, los beneficiarios del rendimiento de las empresas son los empleados de las empresas cuyas pensiones dependen de un sector privado competitivo y del éxito de la economía. Así pues, la cadena de gobierno es, en teoría, un círculo, que empieza y termina en muchos millones de empleados individuales y de la gente que depende de ellos.

La teoría del principal-agente supone que hay un incentivo para cada uno de estos «agentes» para trabajar diligentemente a favor de los mejores intereses del «principal» en cada punto de esta cadena. Pero, se puede ver en el Cuadro 4.2 que es probable que los ejecutivos y otros directivos que dirigen la estrategia de una organización estén muy alejados de los beneficiarios últimos del rendimiento de la empresa. Así pues, existe una creciente necesidad de control de las actividades de cada «agente» en la cadena para salvaguardar los intereses de los beneficiarios finales. El cuadro destaca la información que normalmente suele tener disponible cada «jugador» de la cadena para evaluar el rendimiento de los demás. Puesto que el poder de cualquier «jugador» estará influido por su acceso a la información, la divulgación de información se ha convertido en un requisito de creciente importancia para los consejeros y directivos (como se analizará más adelante). Esto se debe al hecho de que el agente de cada punto de la cadena estará trabajando a favor de sus propios intereses también, lo que queda reflejado en sus decisiones cotidianas. Los directivos estarán intentando lograr una promoción y/o mayores beneficios, los gestores de inversión querrán lograr mayores primas, etcétera. Esto puede dar lugar a que no se tomen decisiones que favorezcan los mejores intereses del beneficiario último. Por ejemplo, en las economías del tipo de Estados Unidos y el Reino Unido, la forma habitual en que los gestores de inversión influyen sobre los consejos de administración es, sencillamente, mediante sus decisiones sobre compra y venta de acciones. Este proceso, a su vez, se ve influido por los informes de los analistas y de las empresas más que por una implicación en profundidad en las cuestiones estratégicas de la empresa.

La cadena de gobierno ayuda a destacar algunas consideraciones importantes para los directivos cuando reflexionan sobre los propósitos y estrategias de la organización:

- Es probable que surjan *conflictos de interés,* tanto entre los distintos grupos de la cadena de gobierno como entre los gestores o directivos individuales cuando intentan equilibrar estos distintos intereses. Esta cuestión es particularmente relevante en el caso de los consejos de administración en el desempeño de su papel de «agentes», ya que se les han acusado reiteradamente de actuar en función de sus propios intereses a expensas de los accionistas. Esto suele hacerse patente en importantes cuestiones como las fusiones y adquisiciones, y ha dado lugar a importantes desarrollos tanto sobre el papel del consejo como sobre la divulgación de información a otras partes interesadas (*véanse* las secciones posteriores para más detalles).

- Una cuestión importante es la relativa a las *responsabilidades de los directivos respecto a los accionistas.* Una pregunta importante en las grandes empresas que cotizan en Bolsa es la relativa a si los consejeros y directivos deben considerarse responsables *exclusivamente* ante los accionistas y, en ese caso, ante qué accionistas. ¿O deberían tener una responsabilidad más general como «fideicomisos de los activos de la empresa» en nombre de una serie de partes interesadas?[4] En el Reino Unido[5], el principio a seguir es que el consejo de administración también debe ser responsable de las *relaciones* con otras partes interesadas y *tener en cuenta* sus intereses. Esto se analizará con más detalle en la Sección 4.4 cuando estudiemos la postura ética de las organizaciones.

- Esta cuestión de la *responsabilidad ante las partes interesadas* (tanto en la cadena de gobierno como más allá) tiene, a todas luces, una importante influencia sobre los procesos mediante los que se desarrollan las estrategias. Por ejemplo, en las organizaciones del sector público, en las que hay que tener en cuenta de forma *explícita* los intereses de una amplia gama de partes interesadas, el desarrollo de la estrategia suele requerir un importante proceso de consulta a las partes interesadas, lo que implica un relajamiento de los plazos temporales necesarios para adoptar nuevas estrategias. Así pues, los directivos tienen que asegurarse de que planifican con suficiente antelación. Por el contrario, cuando el capital social se divide entre un gran número de accionistas, y/o los gestores de inversión de los grandes accionistas institucionales solo intervienen mediante la compra/venta de acciones, como es el caso habitual en Estados Unidos y el Reino Unido (*véase* más arriba), los directivos tienden a definir los propósitos y las estrategias por su propia cuenta sin consultar demasiado a los accionistas. La Bolsa se convierte en el juez de sus decisiones mediante la oscilación del precio de las acciones. Sin embargo, la Ilustración 4.1 refleja que ha habido una creciente tendencia al activismo de los accionistas[6] exigiendo a los consejos que respondan más abiertamente a la opinión del accionista. Este activismo se ha expresado mediante resoluciones de los accionistas reduciendo, de nuevo, el ritmo al que se pueden realizar cambios estratégicos. Así pues, los que dirigen la estrategia pueden tener que volver a evaluar tanto los plazos temporales como los procesos que utilizan para hacer participar a los accionistas (o, al menos, mantenerles informados).

- *Dentro* de las organizaciones, el modelo del principal-agente se aplica a la forma en que se estructuran los *objetivos, presupuestos y retribuciones.* Esto afectará a la forma en que se comportan los directivos y otras personas y, a su vez, determinará el grado

# El poder de los accionistas en acción

*Se ha acusado a los consejos de administración de promover sus propios intereses en vez de los relativos a los accionistas. Pero, en algunas empresas, los accionistas están contraatacando.*

## Michael Green en ITV

En octubre de 2003, el consejo de Carlton TV retiró su apoyo a su actual presidente, Michael Green, para que no se convirtiera en el presidente de la nueva empresa ITV que se iba a crear a través de la fusión de Carlton con su principal rival Granada. Este movimiento fue inspirado por un grupo de inversores descontentos que poseían importantes intereses tanto en Carlton como en Granada. Afirmaban que era la persona equivocada, al haber perdido aproximadamente 800 millones de libras esterlinas (unos 1.200 millones de euros) en el espectacular fracaso de ITV Digital. Y lo más importante, afirmaban que la nueva empresa necesitaba un presidente independiente que no perteneciera ni a Carlton ni a Granada.

## Retribuciones en GSK

En mayo de 2003 el consejo de GlaxoSmithKline (GSK) sufrió una derrota sin precedentes en la Junta General de Accionistas cuando se rechazaron las recomendaciones del comité sobre retribuciones. El presidente, Sir Christopher Hogg, aceptó remitir la cuestión a una asesoría independiente para garantizar que se seguían las mejores prácticas. La revuelta se inició entre los accionistas institucionales que se oponían a algunas cláusulas de los contratos de retribución de los directivos. Preocupaba especialmente el controvertido «blindaje» del contrato del consejero delegado Jean-Pierre Garnier. La enorme compensación por despido del consejero delegado (estimada en unos 30 millones de euros) se desembolsaría incluso aunque se le obligara a dimitir por mal rendimiento.

## Conrad Black en Hollinger

A pesar de poseer el 73 por ciento de la editorial de periódicos Hollinger International, el canadiense Conrad Black sufrió una derrota humillante en noviembre de 2003. Había fundado la empresa, que incluía periódicos como el *Daily* y el *Sunday Telegraph* (Reino Unido), el *Chicago Sunday Times* (Estados Unidos) y el *Jerusalem Post* (Israel). La campaña para destituirle como consejero delegado fue liderada por Tweedy Browne, un accionista institucional con sede en Nueva York que poseía el 18 por ciento de Hollinger.

La batalla giró en torno a los 154 millones de dólares (unos 134 millones de euros) de comisiones directivas pagadas a Lord Black y a otros ejecutivos. Las cosas se calentaron cuando el auditor (KPMG) de la editorial obligó a la empresa a publicar una advertencia en su informe anual sobre el potencial conflicto entre los intereses de Black en la empresa y los intereses de los demás accionistas.

## BSKyB y los Murdochs

En noviembre de 2003 James Murdoch, el hijo de 30 años de Rupert Murdoch, fue nombrado CEO de BSKyB ejerciendo su padre de presidente. James se convirtió en el CEO más joven de una de las cien primeras empresas del índice FTSE con un margen considerable. El nombramiento fue criticado por muchos accionistas que estaban preocupados por el posible nepotismo y la posibilidad de que una empresa que cotizaba en Bolsa fuera dirigida como una empresa familiar. Los miembros del comité de nombramientos afirmaron que el proceso de nombramiento había sido riguroso y que James Murdoch era el mejor candidato, con un gran historial en Star TV como prueba de ello.

*Fuentes:* adaptado del *BBC e-mail service 2003, FT.com.*

## Preguntas

1. A partir del Cuadro 4.2, haga una lista, para cada uno de los cuatro ejemplos anteriores de los «jugadores» en la cadena de gobierno corporativo, de:

   (a) los pros y los contras de las distintas cuestiones desde sus distintos puntos de vista;

   (b) (y, por tanto) qué resultados hubieran preferido.

2. ¿Qué opinión tiene usted de las ventajas e inconvenientes de permitir que los inversores institucionales tengan tanto poder como el que se describe en los tres primeros ejemplos?

3. ¿Tendría una opinión distinta de las cuestiones en BSkyB si fuera una empresa familiar propiedad de los Murdoch o si la familia Murdoch tuviera una participación mayoritaria?

en que se intentan alcanzar los mejores intereses de los propietarios. Esto ha constituido un área donde ha habido una gran preocupación y en la que se han centrado muchas de las reformas sobre el gobierno corporativo (*véase* más adelante).

En general, el concepto de cadena de gobierno obliga a los consejeros y directivos a reconocer las expectativas de los beneficiarios, a trabajar activamente en su nombre, y a mantenerles informados. Pero el modelo del principal-agente es un recordatorio de que los «agentes» tenderán a trabajar en su propio interés y hay que «animarles» a trabajar en interés del «principal». Esto se puede lograr de dos formas generales. En primer lugar, mediante el «establecimiento» de determinados resultados (como el rendimiento financiero) y utilizando incentivos relacionados con el rendimiento. Alternativamente, se pueden ampliar las normativas y los mecanismos de gobierno corporativo para supervisar más de cerca el comportamiento de los «agentes». Esta última cuestión se analizará a continuación respecto a las reformas sobre gobierno corporativo.

### 4.2.2 Reformas del gobierno corporativo

De lo anterior debería estar claro que la cadena de gobierno suele funcionar de manera imperfecta, debido a la desigual distribución del poder entre los distintos «jugadores» y porque cada «agente» en la cadena intenta alcanzar sus propios intereses. Los muy distintos grados de acceso a la información hacen que estos problemas sean más graves ya que, además, se han visto magnificados y han llegado a la luz pública debido a grandes cambios en la estructura de las economías locales y globales, como las privatizaciones, la creciente importancia de los fondos de pensiones privados, y algunos casos muy notorios de fraude o mal gobierno en empresas globales (como Enron[7] y WorldCom). Así pues, durante los últimos años, muchos gobiernos han sentido la necesidad de ser considerados activos en las reformas de distintas cuestiones relativas al gobierno corporativo. Para ello, han tendido a «patrocinar» comités para asesorarse sobre cuestiones específicas del gobierno corporativo[8]. Inicialmente, se concentraron en los controles financieros internos y en la divulgación externa de la información[9]. Posteriormente, los comités se centraron en ampliar los requisitos de control interno más allá de los meros controles financieros y se fijaron en el papel y la eficacia de los consejeros no ejecutivos[10]. El sector público en el Reino Unido también sigue una agenda análoga y mostró un interés particular en la *gestión de riesgos* de las estrategias de sus organizaciones, un área de tradicional debilidad[11]. Esto tiene que ver con demostrar (anticipadamente) que los riesgos relacionados con cualquier estrategia han sido identificados de forma adecuada y, cuando es posible, se han previsto contingencias para cubrir estos riesgos. En términos más generales, para el sector público en Europa, se han intentado revisar y cambiar las estructuras de gobierno en la UE anticipándose a una gran ampliación de los Estados Miembros[12]. A su vez, estos cambios afectarán el entorno empresarial en el que las empresas europeas y las organizaciones del sector público se desarrollan y aplican sus estrategias.

Así pues, no son pocas las iniciativas para mejorar el marco del gobierno corporativo aunque ha habido críticas al planteamiento de la reformas. En concreto, se ha criticado que las reformas han respondido generalmente a notorios fallos en el gobierno lo que ha dado lugar a una tendencia a concentrarse en las cuestiones equivocadas y/o en soluciones erróneas[13]. Por ejemplo, aunque pueden resultar útiles los cambios introducidos en los comités, lo que realmente importa es el comportamiento en el seno del consejo de administración. La consecuencia importante para los responsables políticos (en el gobierno) es que se necesita un planteamiento más estratégico para la reforma del gobierno corporativo. Concretamente, esto significa que solo hay que fomentar cambios en el gobierno corporativo que promuevan, de forma demostrable, que los consejeros y directivos (como «agentes») se comporten y apliquen estrategias a favor de los «principales» de su cadena de gobierno, como se explicó anteriormente.

La consecuencia para los consejeros y directivos es que tienen que estar familiarizados con estas reformas y ser más activos para intentar fomentar los intereses de los «principales» en la cadena de gobierno. Esto podría requerir grandes cambios de comportamiento para muchos directivos y consejeros, entre los cuales hay muchos que están dedicados a construir grandes imperios, a ascender en la jerarquía y a aumentar sus propias retribuciones financieras, sin tener en cuenta, a menudo, las consecuencias que puede tener su comportamiento sobre los beneficiarios finales del rendimiento de la empresa (Cuadro 4.2). Las siguientes secciones analizarán con más detalle esta agenda de reforma del gobierno corporativo.

### 4.2.3    El papel de los órganos de gobierno

La principal responsabilidad estatutaria del órgano de gobierno  de una organización consiste en asegurarse de que la organización satisface los deseos y propósitos de los «propietarios». En el sector privado, se trata del consejo de administración que trabaja en beneficio de los accionistas. En el sector público, el órgano de gobierno es responsable ante el brazo político del gobierno, posiblemente a través de alguna «agencia» intermediaria como un organismo de financiación. Una pregunta evidente, pero muy ignorada, es «¿cuál es el propósito del consejo y de sus deliberaciones sobre la estrategia?» Hay importantes diferencias entre países en la forma de propiedad de las empresas, que generan diferencias en cuanto al papel, la composición y el *modus operandi* del consejo de administración[14]. A su vez, estas diferencias tienen una considerable influencia en cómo se configuran los propósitos de una organización y en la forma de desarrollar las estrategias.

### Distintas estructuras de propiedad

En el Reino Unido, Estados Unidos y Australia, el capital social de las empresas tiende a estar tan repartido que el poder de los accionistas individuales está limitado, mientras que aumenta el de los intermediarios (como los gestores de fondos de pensiones). En la mayoría de los demás países europeos (por ejemplo, Bélgica, Holanda y Francia), el capital social está menos distribuido y suele estar liderado por una minoría, tal vez la familia fundadora, instituciones financieras u otros intereses que, o bien actúan juntos, o utilizan mecanismos de protección como las acciones preferentes. Los consejos de administración están controlados muy de cerca por estos accionistas particulares. En Japón, el consejo tiende a ser considerado como solo una parte de un proceso de toma de decisiones empresariales en múltiples escalones y, por tanto, suele estar dominado por los ejecutivos de la empresa. Los bancos japoneses tienden a tener una alta participación en las organizaciones, y no se limitan a proveer capital en forma de préstamos. También es probable que exista una compleja red de participaciones cruzadas entre las empresas. Estos dos últimos factores tienden a reducir las presiones a favor de resultados a corto plazo[15] frente al rendimiento a más largo plazo, en marcado contraste con las empresas estadounidenses y británicas.

La comprensión de estas diferencias es particularmente importante cuando se están desarrollando estrategias internacionales en una organización. Plantea importantes preguntas:

- ¿La estructura de gobierno *promoverá u obstaculizará la inversión* necesaria para aplicar la estrategia? Esto puede afectar a la elección de una localización de un nuevo negocio. Por ejemplo, se ha afirmado que una de las razones por las que el Reino Unido recibe inversiones extranjeras por encima de lo que «le corresponde» en la UE es porque las estructuras de propiedad están más abiertas a los nuevos inversores que en otros países.

- ¿Cómo afectará el gobierno corporativo a la *velocidad* a la que se pueden lograr desarrollos? Por ejemplo, esta suele ser una causa que se cita a menudo como barrera o desincentivo para invertir en Japón. El proceso de toma de decisiones es exhaustivo, pero muy lento.

- ¿Qué *relaciones* serán cruciales para aceptar nuevas estrategias? Por ejemplo, en la Europa continental un reducido número de accionistas tendrá un poder considerable y habrá que persuadirle de la necesidad de cambiar las estrategias.

- ¿Cuándo se puede esperar obtener *resultados* de la estrategia? Mientras que en Japón se adoptará un planteamiento a muy largo plazo para la obtención de «resultados», en Estados Unidos y el Reino Unido los inversores institucionales estarán buscando resultados a corto plazo (dividendos y revalorización del precio de las acciones). Esto puede afectar a la secuencia exacta de las actividades y a las tácticas operativas. En efecto, una de las grandes críticas a los consejos estadounidenses y británicos es que esta perspectiva de corto plazo se ve todavía más reforzada por los paquetes de incentivos de los consejeros (sobre todo, con los planes de opciones sobre acciones).

## Cómo funcionan los órganos de gobierno

Estas distintas tradiciones generan distintas estructuras y composiciones en el consejo de administración. En el Reino Unido y en Estados Unidos el consejo único suele incorporar tanto a consejeros ejecutivos como a consejeros no ejecutivos. El consejo de administraciónsupervisa las actividades y los rendimientos de los directivos. Muchas organizaciones han adoptado una estructura de subcomités (por ejemplo, sobre cuestiones de especial relevancia como el desarrollo de la tecnología o el marketing) que permiten tener una participación más directa del consejo en el trabajo de los directivos de la organización.

En otros muchos países europeos (sobre todo en Alemania, Holanda y Francia) predominan los *consejos duales* que, a veces, son un requisito legal. En Alemania, el consejo «superior» o consejo supervisor controla el trabajo del consejo «inferior», que tiene la responsabilidad de la dirección cotidiana de la organización. Es importante destacar que la composición de este consejo supervisor se define a partir de los principios de *cogestión*: la mitad de los miembros son elegidos por los accionistas y la otra mitad por los empleados. Sin embargo, los accionistas mantienen la última palabra con el derecho de veto del presidente. En Francia, el sistema dual sigue siendo opcional más que obligatorio. La principal ventaja potencial de la forma dual de gobierno es el equilibrio con el poder de los directivos, que suele ser una característica de los consejos unitarios dominados por la dirección en Estados Unidos y el Reino Unido, sobre todo cuando los consejeros no ejecutivos son débiles o ineficaces, o cuando no reciben suficiente información. La forma de gobierno europea implica que los propósitos y estrategias de una organización están sujetos a una mayor consulta que en el caso habitual de las empresas estadounidenses y británicas. Por supuesto, esto puede provocar que la toma de decisiones sea más lenta. En Suecia, los empleados ejercen el control mediante los fondos de pensiones que están controlados por ellos mismos.

En Japón, la composición del consejo se inclina en gran medida hacia los miembros ejecutivos. La entrada de ejecutivos en el consejo está controlada por el presidente, que frecuentemente recibe asesoría externa (por ejemplo, de los banqueros) antes de que se promueva a un directivo a consejero. En la cultura empresarial japonesa, un prerrequisito de un buen consejero es una persona que es capaz de seguir promocionando los intereses de los empleados. Así pues, en contraste con el caso alemán, los empleados en Japón tienen poder gracias a las normas culturales (la confianza y las «obligaciones» implícitas de los consejeros) y no a través del marco legal del gobierno corporativo.

En los servicios públicos existe una gran diversidad de estructuras de los órganos de gobierno, pero hay una serie de puntos en común. Los órganos de gobierno suelen ser «representativos» de los accionistas clave, al menos en la práctica, aunque no sea una imposición legal. Esto se aplica concretamente al papel de los empleados y los sindicatos en los órganos de gobierno. En muchos países se ha producido una tendencia a aumentar la proporción de los (denominados) miembros independientes en los órganos de gobierno. Estos miembros independientes son el equivalente más cercano al consejero no ejecutivo en el sector privado.

De nuevo, es importante que los consejeros y directivos comprendan las consecuencias de estos sistemas distintos sobre los procesos de definición de las estrategias en la organización:

- El éxito de la estrategia depende del *contexto* (por ejemplo, del país). Las estrategias que pueden funcionar en un país no tienen por qué funcionar en otro. Esto puede ser un problema particular para las empresas multinacionales o en el caso de las alianzas estratégicas internacionales. Esto quedó particularmente reflejado en el caso de Corus (la siderúrgia angloholandesa) en 2002 cuando el consejo supervisor en Holanda vetó las propuestas británicas para deshacerse del negocio del aluminio de la empresa para financiar las pérdidas en las fábricas siderúrgicas británicas.

- Los *modelos de gobierno más «cerrados»* de Alemania y Japón[16], analizados anteriormente, están siendo sometidos a presiones para cambiar debido a la creciente globalización de los mercados de capitales y a las fusiones y adquisiciones entre países. Así pues, los responsables políticos y los directivos en esos países tienen que analizar si es necesario realizar cambios en el gobierno corporativo para reflejar esta tendencia.

- La *combinación del papel del presidente y del consejero delegado* sigue siendo una considerable diferencia entre las prácticas estadounidenses y las de la mayoría de los demás países. En Estados Unidos es frecuente que este papel esté combinado, algo poco habitual en el Reino Unido, y que está prohibido en la mayoría de los países nórdicos. Los argumentos giran en torno a la necesidad de que el presidente represente de forma activa los intereses de los accionistas y haga un escrutinio de las actividades de los ejecutivos de la empresa. Existen dudas sobre la posibilidad de que esto se pueda producir si estos papeles están combinados y si los CEO se promocionan rutinariamente al puesto de presidente de su propia empresa.

Las distintas tradiciones y marcos de gobierno corporativo en los distintos países tienden a dar lugar a que se establezcan distintas prioridades de muchas de las cuestiones relativas al gobierno corporativo analizadas en esta sección del libro, como se muestra en la valoración que se ofrece en el Cuadro 4.3.

## Cuadro 4.3    Fortalezas y debilidades de los sistemas de gobierno

### Modelo anglosajón (Estados Unidos, Reino Unido, etcétera)

| Fortalezas | Debilidades |
|---|---|
| • Orientación dinámica al mercado | • Volatilidad |
| • Inversión de capital fluida | • Visión a corto plazo |
| • Gran internacionalización | • Estructuras de gobierno inadecuadas |

### Modelo del Rin (Alemania, Suiza, Austria, Holanda)

| Fortalezas | Debilidades |
|---|---|
| • Estrategia industrial a largo plazo | • La internacionalización es más difícil |
| • Inversión de capital muy estable | • Falta de flexibilidad |
| • Procedimientos de gobierno sólidos | • Inversiones inadecuadas en nuevas industrias |

### Modelo latino (Francia, Italia, España)

| Fortalezas | Debilidades |
|---|---|
| • Estrategia industrial a largo plazo orientada por el Estado | • Participación del gobierno (conflictos potenciales entre objetivos económicos y necesidades políticas) |
| • Inversión de capital muy estable (sector público, inversores institucionales, participaciones cruzadas) | • Falta de capital |
| • Coherencia entre metas políticas, económicas y administrativas | • Riesgo de colusión entre ejecutivos, consejeros, políticos y funcionarios |

### Modelo japonés

| Fortalezas | Debilidades |
|---|---|
| • Estrategia industrial a muy largo plazo | • Especulación financiera |
| • Inversión de capital estable | • Secretismo, procedimientos de gobierno a veces corruptos |
| • Gran actividad en el extranjero | • Escasa responsabilidad |

*Fuente*: adaptado de CLARKE, T. y S. CLEGG, S. (2000): *Changing Paradigms: The transformation of management knowledge for the 21st century*. HarperCollins Business, Tabla 6.5. P. 324.

### Cómo influyen los órganos de gobierno en la estrategia

Como se ha analizado anteriormente, la responsabilidad última del éxito o fracaso de la estrategia y de las ventajas que obtienen los propietarios depende del órgano de gobierno (por ejemplo, el consejo) de la organización. Así pues, el consejo de administración se debe ocupar de cómo se gestiona la estrategia en la organización. El consejo tiene dos grandes decisiones que pueden influir en la estrategia:

- La dirección estratégica puede *delegarse* por completo *a la dirección*, y el consejo recibirá y autorizará los planes/decisiones. En esta situación, el papel de «administrador» del consejo exige que haya procesos que garanticen que los propósitos y las estrategias no son «capturadas» por la dirección a expensas de otras partes interesadas, sobre todo, los propietarios.

● El consejo puede *colaborar con la dirección* en el proceso de dirección estratégica. Sin embargo esto plantea muchos problemas prácticos relativos al tiempo y al grado de conocimiento de (sobre todo) los consejeros no ejecutivos para poder desempeñar su papel de esta manera.

En el Capítulo 6 (Sección 6.5) y en el Capítulo 8 (Sección 8.4.1) se analizan con más detalle estos «estilos».

La necesidad de que los consejos de administración participen más claramente, y de que influyan con más claridad en la dirección estratégica de su organización, saltó a la luz pública tras las quiebras de Enron y WorldCom a principios de la década 2000. Hubo un considerable debate sobre si los consejos de las empresas estaban ejerciendo realmente su papel de administradores (como supervisores «independientes» de las actividades de una organización en nombre de los accionistas). Los gobiernos también respondieron introduciendo cambios en el marco del gobierno de las empresas[17] para garantizar que sus consejos desarrollasen estrategias que fueran en interés de sus accionistas y beneficiarios. Las implicaciones de la forma en que los consejeros participan en la estrategia de la organización son importantes:

● Debe ser patente que *operan de forma «independiente» de la dirección* de la empresa. Así pues, se resalta el papel de los consejeros no ejecutivos.

● Deben ser *competentes* para el escrutinio de las actividades de los directivos. Así pues, la experiencia colectiva del consejo, su formación y su información adquieren una importancia crucial.

● Han de tener *tiempo* para desempeñar su papel de forma adecuada. Así pues, la limitación sobre la cantidad de consejos de administración a los que pertenece un individuo se convierte también en una consideración importante.

● Serán las *cuestiones «delicadas»* las que diferenciarán a los consejos[18] eficaces de los ineficaces y las que determinarán el éxito o fracaso de la estrategia. Por ejemplo: el respeto, la confianza, el «enfrentamiento constructivo» entre los miembros del consejo, la fluidez de los cargos, y la responsabilidad individual y colectiva así como la evaluación rigurosa del rendimiento del consejero individual y del consejo en su conjunto.

Pero es importante recordar, del análisis anterior sobre el modelo principal-agente, que el consejo, como «agente», funcionará probablemente a favor de los intereses propios de los consejeros a expensas de los de los accionistas, como han demostrado los escándalos en las grandes empresas. De aquí el énfasis de los gobiernos en ampliar y fortalecer las estructuras de gobierno corporativo (*véase* la Sección 4.2.2 anterior).

### 4.2.4 Derechos de acreedores y prestamistas

Una de las razones por las que el gobierno corporativo varía tanto entre un país y otro deriva de las distintas estructuras financieras de las empresas. Hay distintas «tradiciones» respecto a las ratios de *endeudamiento,* el grado en que la *relación* con los banqueros se considera como una asociación o meramente un contrato entre un comprador/proveedor en un mercado libre. En Estados Unidos y el Reino Unido la participación en el capital es la forma dominante de financiación a largo plazo, y los bancos comerciales ofrecen capital en forma de deuda. Así pues, las relaciones con los banqueros se encuentran en el extremo contractual (consumidor-proveedor) del espectro. Por el contrario, en Japón (y, en menor medida, en Alemania), los bancos han tenido con frecuencia importantes participaciones en el capital y pueden ser parte de la misma empresa matriz, de forma que los principales bancos pueden organizar las actividades de otros bancos. El poder de los prestamistas en estos dos extremos es muy distinto y se ejerce de distinta manera. Los bancos de Estados Unidos y del Reino Unido pueden ejercer su poder a través de la *salida* (es decir, retirando sus fondos) incluso aunque esto provoque la liquidación de la empresa. Los bancos japoneses están más preocupados por dirigir la estrategia a más largo plazo de la organización y en utilizar su poder para hacer oír su voz. Es importante que los directivos comprendan el impacto que tendrán estas distintas estructuras de gobierno sobre los propósitos y estrategias. Por ejemplo, las relaciones contractuales del sistema estadounidense/británico ponen la carga del riesgo financiero en la empresa y, por tanto, limitan el endeudamiento que se considera prudente. Esto significa que se necesita más capital social para financiar los principales desarrollos de la estrategia. También significa que la empresa, en sí, tiene un mayor grado de influencia sobre los propósitos y estrategias, puesto que los bancos no están buscando una participación estratégica en la empresa. Sin embargo, cuando las estrategias empiezan a fallar, las organizaciones empiezan a tener una mayor dependencia del banco como parte interesada clave. Esto ocurre con frecuencia en las pequeñas empresas familiares.

Puesto que, en la mayoría de los países, el acreedor comercial es la parte interesada menos protegida en el proceso comercial, las organizaciones tienen que valorar y/o mitigar su riesgo cuando hacen transacciones con *sus* clientes. Esto afectará, por ejemplo, en cuanto a quién van a «nombrar» como distribuidores. También explica por qué, en la mayoría de las economías, hay un importante sector de servicios que ofrece valoraciones y/o liquidaciones de los riesgos de crédito, particularmente cruciales en la promoción de las exportaciones a las economías en desarrollo.

### 4.2.5    Relaciones con consumidores y clientes

El marco legal de muchos países asume el principio de *caveat emptor*, poniendo la carga del riesgo en el consumidor e inclinando la balanza del poder hacia la empresa. Sin embargo, ha habido algunos movimientos significativos para cambiar esta situación. La legislación para proteger los intereses de los consumidores creció sustancialmente desde la década de los sesenta. En situaciones de monopolio natural, muchos gobiernos crearon organismos «de supervisión» para representar los intereses de los consumidores. En el caso de los servicios públicos privatizados en el Reino Unido y en otras partes, ha quedado reflejado por la creación de la Oficina del Regulador (Oftel, Ofwat, etcétera). Su capacidad normativa se convierte en un sustituto del mercado y ejercen control sobre los precios y servicios a través de un conjunto de objetivos de rendimiento. Esto tiene implicaciones importantes sobre cómo construyen las empresas sus estrategias competitivas en estos sectores regulados.

Incluso cuando no se utiliza un marco legal limitador, se han producido otros intentos de dar más voz y más derechos a los consumidores individuales. En la década de los noventa, la iniciativa *Citizen's Charter Initiative* en los servicios públicos del Reino Unido constituyó uno de los primeros intentos de elevar el nivel de «servicios al consumidor». Este ímpetu se mantuvo en el *Best Value Framework*, que impone la obligación a las organizaciones de servicios públicos de identificar y avanzar hacia los estándares de los mejores proveedores. Resulta crucial que este ejercicio de *benchmarking* tuviera que ir más allá de los servicios públicos (*véase* Sección 3.6.3). Tras la aprobación del *UK Local Government Act* (1999), se amplió este proceso a la comisión auditora, que desarrolló un proceso de Inspección de Gobierno Corporativo[19] de las autoridades municipales con el fin de mejorar los servicios que reciben los ciudadanos en sus municipios. Se define el gobierno corporativo como «... una forma en la que los ayuntamientos lideran, dirigen y controlan sus funciones y se relacionan con sus comunidades y socios». Esta definición tan general habla, fundamentalmente, de una revisión de la dirección estratégica en la organización. No resulta sorprendente que estas revisiones tengan una cobertura bastante amplia, como se puede ver en la Ilustración 4.2. Así pues, el marco de gobierno corporativo más exigente en los servicios públicos está obligando a los directivos y a los políticos a prestar mucha más atención a las necesidades de sus consumidores y comunidades cuando toman decisiones sobre sus propósitos, prioridades y estrategias.

## 4.2.6 Formas de propiedad

El tipo de propiedad puede tener un efecto fundamental sobre los propósitos de una organización y sus estrategias. También se pueden plantear cuestiones sobre si el tipo de propiedad es adecuado para los propósitos estratégicos de una organización.

● *La cotización o no del capital social* es una cuestión que se tienen que plantear las organizaciones privadas. A medida que se van desarrollando y creciendo, muchas organizaciones (por ejemplo, un negocio familiar) pasan de estar en pocas manos privadas a cotizar en Bolsa. Esta decisión se puede tomar porque los propietarios deciden que se necesita aumentar el capital social para financiar el crecimiento del negocio. Los familiares que poseen un negocio tienen que admitir que su papel cambiará. Tendrán que responder ante un grupo de accionistas mucho mayor y ante las instituciones que actúan en nombre de sus accionistas.

● *La venta de todo o parte de la empresa* puede ser recomendada por el consejo de administración de un negocio que tiene la responsabilidad de ofrecer a los accionistas un rendimiento sobre su inversión. Es posible que el consejo llegue a la conclusión de que otra empresa matriz podría lograr mejor este propósito primordial. Por ejemplo, es posible que la empresa no sea capaz de competir porque está limitada al ámbito nacional dentro de unos mercados que cada vez son más globales. Por tanto, la venta del negocio podría tener sentido.

● Si los negocios se convierten en *objetivo de las adquisiciones* es posible que el consejo de administración decida que una oferta de ese tipo es más atractiva para los accionistas que los rendimientos que puede prometer el consejo para el futuro. Las fusiones y adquisiciones tienen un impacto tan fundamental sobre los propósitos y rendimientos de una organización que se han desarrollado medidas específicas de gobierno corporativo (*véase* Sección 4.2.7).

● *La propiedad mutua* ha sido la tradición en algunos sectores, por ejemplo, en las compañías de seguros y los organismos de crédito hipotecario. Los consumidores (por ejemplo, los que tienen cuentas de ahorro y/o hipotecas) son los propietarios de la organización en lugar de los accionistas, y esto tiene evidentemente un gran impacto sobre los propósitos y estrategias. A medida que muchos organismos de crédito hipotecario del Reino Unido se convirtieron en bancos a finales de la década de los noventa, cambiaron su estructura de propiedad emitiendo acciones gratuitas para sus antiguos mutualistas. Esto altera la estructura de gobierno de la organización de forma que se parece más a la de las empresas privadas.

**estrategia en acción**

# Auditorías de gobierno corporativo en el sector público

*El gobierno corporativo también constituye una cuestión clave en el sector público.*

Las auditorías de gobierno corporativo afectan a los ayuntamientos del Reino Unido. Estas auditorías evalúan la forma en que los ayuntamientos lideran, dirigen y controlan sus funciones y se relacionan con sus comunidades y socios. Las auditorías y recomendaciones se publican en la página Web de la comisión de auditoría a la cual puede acceder cualquiera. Los siguientes fragmentos del resumen de una de estas auditorías dan una idea del proceso:

1. «[...] la auditoría anterior concluyó que había debilidades significativas en los procesos directivos y políticos del ayuntamiento [...] esta nueva inspección ha encontrado una situación totalmente distinta».

2. «(El ayuntamiento) ha asumido ahora un fuerte liderazgo [...] para tomar decisiones difíciles y alterar su funcionamiento».

3. «[...] sin embargo, todavía queda mucho trabajo por hacer para que se arraiguen los cambios culturales, los nuevos sistemas y procesos, y se mantenga esta tendencia».

4. «El ayuntamiento ha hecho unos grandes progresos en la gestión de riesgos en el control financiero [...] los recursos se adecúan ahora de forma activa a las prioridades».

5. «(Ha habido) una mejora significativa en los estándares de comportamiento (personal) [...] las partes interesadas han admitido que se han producido auténticos cambios y los concejales muestran una menor predisposición a plantear una batalla política en cada reunión o en los medios de comunicación locales».

6. «El ayuntamiento ha logrado algunos progresos en la mejora de las estructuras y de los procesos. Esto incluye una clarificación de los cargos, ámbitos de decisión y líneas de responsabilidad en la alta dirección y en los cargos políticos».

7. «Los comités de supervisión del ayuntamiento no han logrado todavía definir con eficacia su papel».

8. «En cuanto a la calidad de la provisión del servicio, se han hecho algunos progresos pero se necesitan hacer más antes de que estos esfuerzos afecten a los ciudadanos».

9. «[...] el ayuntamiento ha logrado imponer un planteamiento de gestión de proyectos para resolver las cuestiones difíciles [...] como la gestión del rendimiento, el abastecimiento, las comunicaciones, la planificación integrada y los servicios ofrecidos en Internet».

10. «Los progresos más modestos del ayuntamiento hacen referencia a la atención a la comunidad [...] el ayuntamiento no ha proporcionado todavía el nivel de liderazgo adecuado que se esperaba de un jugador tan clave (en las asociaciones locales)».

11. «El ayuntamiento es consciente de la necesidad de implicar a los ciudadanos todavía más para influir sobre sus decisiones y en una serie de ejercicios de consulta que se han desarrollado [...] pero sigue habiendo un alto nivel de apatía y escepticismo de la ciudadanía respecto al ayuntamiento».

*Fuente*: página Web de la comisión de auditoría del Reino Unido (www.audit-commission.gov.uk).

## Preguntas

1. ¿Cuáles son las diferencias en cuanto al alcance y énfasis entre esta visión del gobierno corporativo en el sector público y lo que se considera normal en el sector privado?

2. ¿Por qué se producen estas diferencias?

● *La privatización* de los organismos del sector público ha sido un fenómeno que se ha producido en muchos países[20]. Históricamente, la mayoría de los organismos del sector público estaban estrechamente controlados por sus «propietarios», el gobierno central o local. Los gobiernos tomaron estas decisiones para que las organizaciones estuvieran sometidas a las fuerzas del mercado, y para lograr el acceso al capital del sector privado. A su vez, los directivos tuvieron más margen en cuanto a las elecciones estratégicas: lo que podían ofrecer en cuanto a productos y servicios; la capacidad para diversificarse, para obtener capital para su expansión, etcétera. En algunos países (por ejemplo, en Irlanda y en Nueva Zelanda), los gobiernos han conservado la propiedad pero han creado empresas propiedad del Estado con una considerable libertad comercial[21].

### 4.2.7    Fusiones y adquisiciones

Las fusiones y adquisiciones suelen dar lugar a drásticos cambios en los propósitos de las organizaciones implicadas con el consiguiente efecto sobre muchas partes interesadas. Por ello, el tema ha atraído una considerable atención y se han creado medidas específicas sobre el gobierno corporativo. El impacto del gobierno corporativo sobre la estrategia, y las diferencias entre Estados Unidos y el Reino Unido y los países de la Europa continental como Alemania, se hacen patentes en el área de las adquisiciones (sobre todo en las ofertas públicas de adquisición hostiles). En Estados Unidos y el Reino Unido, la exposición de los directivos a la amenaza de una adquisición (es decir, un sistema basado en la presión del mercado) se considera como el medio fundamental para garantizar el buen rendimiento de las organizaciones. Por el contrario, en Alemania se utilizan mecanismos institucionales como medio fundamental para influir sobre el rendimiento de las empresas. Entre estos mecanismos se incluye la participación en la propiedad por parte de los bancos, los consejos duales y la cogestión (*véase* Sección 4.2.3 anterior).

Pero en los países en los que las OPA hostiles son comunes, se han planteado dudas respecto a que este sistema basado en el mercado sea, de hecho, el que más favorezca los intereses de los accionistas. La mayoría de las fusiones y adquisiciones no logran ofrecer los beneficios prometidos a los accionistas y, al menos a corto/medio plazo, es probable que provoquen una pérdida del valor de las acciones. La crítica tiende a centrarse en el *conflicto de intereses* en el consejo de administración, entre sus cargos y carreras *personales* (como ejecutivos), y los intereses de los accionistas. Los consejeros pueden intentar una fusión porque ampliaría su imperio, mejoraría su retribución financiera, o porque creen que los analistas esperan que se produzca un crecimiento mediante adquisiciones. A veces, se hace la crítica inversa, en el sentido de que los consejeros ponen medidas defensivas contra las ofertas de adquisición, incluso si favorecen los intereses a más largo plazo de los accionistas y presentan ventajas para otras partes interesadas, como los empleados o los consumidores. Esto plantea difíciles cuestiones éticas para los directivos, como analizaremos más adelante (Sección 4.4.3). Las fusiones y adquisiciones se analizan con más detalle en el Capítulo 7 (Sección 7.3.2).

### 4.3    EXPECTATIVAS DE LAS PARTES INTERESADAS[12]

El marco del gobierno corporativo ofrece los límites y requisitos formales en los que se desarrolla la estrategia. Hace referencia a las relaciones y responsabilidades dentro de la cadena de gobierno que se ha mostrado anteriormente en el Cuadro 4.2. Pero, al mismo tiempo, es importante comprender las expectativas de otros grupos que no pertenecen a la cadena de gobierno corporativo, como los proveedores, los consumidores o las comunidades locales. Para *todos* estos grupos (tanto de dentro como de fuera de la cadena de gobierno) es importante comprender sus expectativas con detalle, cómo pueden diferir las unas de las otras y el grado en que es probable que intenten influir sobre los propósitos y estrategias de una organización. En conjunto, estos grupos se denominan partes interesadas de la organización, y existen tanto fuera como dentro de la misma, como se explica en esta sección.

Las **partes interesadas** son aquellos grupos o individuos que dependen de una organización para alcanzar sus propias metas y de quien depende, a su vez, la organización. Las partes interesadas importantes suelen incluir a las instituciones financieras, a los consumidores, proveedores, accionistas y sindicatos. Dentro de una organización hay pocos individuos que tengan suficiente poder para definir de forma unilateral la estrategia de la organización. Es probable que la influencia solo se logre porque los individuos comparten sus expectativas con otros al formar parte de un grupo de partes interesadas, que pueden ser departamentos, regiones geográficas o distintos niveles de la jerarquía. Los individuos pueden pertenecer a más de un grupo de partes interesadas, y los grupos de partes interesadas se «alinean» de forma distinta en función de la cuestión o estrategia de que se trate.

Las partes interesadas externas pueden dividirse en tres tipos, en función de la naturaleza de su relación con la organización y, por tanto, de cómo pueden influir sobre el éxito o fracaso de determinada estrategia[23]:

- Las partes ineresadas del *entorno del «mercado»* como los proveedores, competidores, distribuidores, accionistas (que se pueden identificar utilizando el modelo de las cinco fuerzas del Capítulo 2 (Cuadro 2.5) y la cadena de gobierno. Estas partes interesadas tienen una relación económica con la organización e influyen en el proceso de creación de valor como «miembros» de la red de valor analizada en el Capítulo 3.
- Las partes interesadas del *entorno sociol-político,* como los responsables políticos, los legisladores, las agencias gubernamentales, que influirán sobre la «legitimidad social» de la estrategia.
- Las partes interesadas del *entorno* tecnológico, como los agentes tecnológicos clave, las agencias de certificación y los propietarios de las tecnologías competitivas, que influyen sobre la difusión de nuevas tecnologías y sobre la adopción de normas en la industria (que se analiza en la Sección 9.5 del Capítulo 9).

Estos tres conjuntos de partes interesadas rara vez tienen la misma importancia en una determinada situación. Por ejemplo, el «grupo tecnológico» es, evidentemente, crucial para las estrategias de introducción de nuevos productos, mientras que el grupo «socio-político» suele tener una influencia especial en el contexto del sector público.

Algunas de estas partes interesadas externas pueden intentar influir sobre la estrategia, mediante sus relaciones con las partes interesadas internas. Por ejemplo, los clientes pueden presionar a los directivos de ventas para que representen sus intereses en el seno de la empresa. Incluso si las partes interesadas externas son pasivas, pueden representar auténticas restricciones al desarrrollo de nuevas estrategias.

Por estas razones, el concepto de partes interesadas es valioso cuando se intenta comprender el contexto político en el que se producen determinados desarrollos estratégicos, como la introducción de un nuevo producto o la ampliación de las actividades a una nueva zona geográfica. En este sentido, también está relacionado con la elección estratégica, como veremos en el Capítulo 7.

Puesto que las expectativas de los grupos de partes interesadas son distintas, es bastante normal que existan conflictos sobre la importancia o necesidad de muchas facetas de la estrategia. En la mayoría de las situaciones será necesario alcanzar un compromiso entre las distintas expectativas que no se pueden satisfacer de manera simultánea.

El Cuadro 4.4 muestra algunas de las expectativas típicas que existen, y cómo pueden entrar en conflicto entre sí. Las grandes organizaciones globales pueden experimentar

---

Las **partes interesadas** son aquellos grupos o individuos que dependen de una organización para alcanzar sus propias metas y de quien depende, a su vez, la organización.

**Cuadro 4.4**   Algunos conflictos de interés comunes entre distintas expectativas

- Para poder crecer, es posible que haya que sacrificar la rentabilidad a corto plazo, la tesorería y los salarios.

- La «visión a corto plazo» puede ser válida para las aspiraciones profesionales de los directivos, pero puede impedir que se invierta en proyectos a largo plazo.

- Cuando los negocios familiares crecen, los propietarios pueden perder el control si tienen que nombrar a directivos profesionales.

- Los nuevos desarrollos pueden requerir más financiación mediante emisión de acciones o préstamos. En cualquier caso, es posible que haya que sacrificar la independencia financiera.

- La cotización en Bolsa de las acciones puede exigir que la dirección sea más abierta y que tenga que dar cuenta de sus actos.

- La eficiencia en costes mediante inversiones en capital puede implicar la pérdida de puestos de trabajo.

- La ampliación en mercados de masas puede acarrear una reducción del nivel de calidad.

- En los servicios públicos, existe un conflicto común entre la provisión masiva y los servicios de especialistas (por ejemplo, odontología preventiva o trasplantes de corazón).

- En las grandes organizaciones multinacionales, pueden existir conflictos debido a las responsabilidades de una división con la empresa y también con el país de acogida.

mayores complicaciones porque se mueven en múltiples ámbitos. Por ejemplo, la división internacional es una parte de la empresa matriz, con todo lo que ello implica en cuanto a las expectativas sobre el comportamiento y el rendimiento. Pero también forma parte de la comunidad local, que tiene distintas expectativas, y estos dos «mundos» no se llevan muy bien[24]. En la sede, se esperará que la división se comporte como «cualquier otra división», incluso si esto puede entrar en conflicto con la capacidad de satisfacer las expectativas locales en cuanto a comportamiento. Por ejemplo, en los últimos años, las tiendas de McDonald's fuera de Estados Unidos han sido el objetivo de las protestas en contra del capitalismo.

### 4.3.1   Mapa de las partes interesadas[25]

El **mapa de las partes interesadas** identifica las expectativas y el poder de las partes interesadas y ayuda a comprender las prioridades políticas. Destaca la importancia de dos cuestiones:

- El interés de cada grupo de partes interesadas para impregnar sus expectativas en los propósitos de la organización y en su elección de determinadas estrategias.
- Si las partes interesadas tienen el poder necesario para conseguirlo (*véase* Sección 4.3.3 más adelante).

El **mapa de las partes interesadas** identifica las expectativas y el poder de las partes interesadas y ayuda a comprender las prioridades políticas.

### Matriz de poder/interés

En el Cuadro 4.5 se puede ver la matriz de poder/interés. Pretende describir el contexto político en el que se va a desarrollar una estrategia individual. Para ello, clasifica a las partes interesadas en función de su poder y el grado en el que pueden mostrar un interés por respaldar u oponerse a determinada estrategia. La matriz indica el tipo de relaciones que pueden establecer normalmente las organizaciones con los grupos de partes interesadas en los distintos cuadrantes. Evidentemente, el que las estrategias sean aceptables para los *jugadores clave* (Segmento D) tiene una importancia primordial. A menudo, las cuestiones más difíciles están relacionadas con las partes interesadas del Segmento C (los accionistas institucionales suelen encontrarse en esta categoría). Aunque es posible que estas partes interesadas puedan ser, por lo general, relativamente pasivas, puede surgir una situación desastrosa cuando no se valora suficientemente su grado de interés y se *trasladan* repentinamente al Segmento D, frustrando la adopción de una nueva estrategia. Se puede afirmar que es parte de la *responsabilidad* de los estrategas o directivos el elevar el grado de interés de las partes interesadas poderosas (como los accionistas institucionales), de forma que puedan cumplir mejor su papel esperado dentro del marco del gobierno corporativo. Esto también puede estar relacionado con cómo se ayuda a los consejeros no ejecutivos para que cumplan su papel mediante, por ejemplo, una buena información.

Análogamente, las organizaciones pueden satisfacer las expectativas de las partes interesadas del Segmento B ofreciendo información, por ejemplo, a los grupos de la comunidad. Estas partes interesadas pueden ser «aliadas» de una importancia crucial para influir sobre las actitudes de las partes interesadas más poderosas, por ejemplo, ejerciendo *presión política*.

El mapa de las partes interesadas puede ayudar a comprender mejor algunas de las siguientes cuestiones:

● Si los *actuales niveles de interés/poder* de las partes interesadas reflejan adecuadamente el marco del gobierno corporativo en el que se mueve la organización, como en los ejemplos anteriores (consejeros no ejecutivos, grupos de la comunidad).

---

**Cuadro 4.5**   **Mapa de las partes interesadas: la matriz de poder/interés**

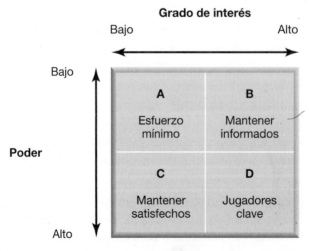

*Fuente*: adaptado de MENDELOW, A. (1991): *Proceedings of the Second International Conference on Information Systems*. Cambridge. MA.

- Quiénes son los principales *bloqueadores* y *facilitadores* de una estrategia y cómo se puede responder, por ejemplo, mediante actividades educativas o de persuasión.

- Si es deseable y/o factible que se *vuelvan a posicionar* algunas partes interesadas. Puede ser necesario para reducir la influencia de un jugador clave o, en algunos casos, para garantizar que habrá más jugadores clave que promoverán la estrategia (esto suele ser esencial en el contexto del sector público).

- *El mantenimiento* del grado de interés o de poder de algunas partes interesadas clave puede ser esencial. Por ejemplo, el «respaldo» público de proveedores o clientes poderosos puede ser esencial para el éxito de una estrategia. Igualmente, puede ser necesario desanimar a algunas partes interesadas en cambiar de posición. Esto es lo que se quiere decir con *hay que mantener satisfechas* a las partes interesadas del Segmento C, y en menor grado, que hay que *mantener informadas* a las del Segmento B. La utilización de *pagos laterales*[26] a las partes interesadas es un medio para garantizar la aceptación de nuevas estrategias que ha sido considerado tradicionalmente como una actividad clave de mantenimiento. Por ejemplo, se puede alcanzar un «acuerdo» con otro departamento para apoyar una de *sus* estrategias si ese departamento acepta no oponerse a *nuestra* estrategia.

Estas circunstancias plantean algunas difíciles cuestiones éticas para los directivos cuando deciden el papel que deberían desempeñar en la actividad política que rodea al cambio estratégico. Por ejemplo, ¿realmente son los directivos intermediarios honrados que ponderan las expectativas en conflicto de las distintas partes interesadas? ¿O tienen que dar explicaciones a una determinada parte interesada (como los accionistas) y, por tanto, su papel consiste en garantizar que sus estrategias sean aceptadas por las demás partes interesadas? ¿O, como muchos autores sugieren, son los directivos el auténtico poder tras el trono, construyendo estrategias para adaptarlas a sus propios propósitos y manipulando las expectativas de las partes interesadas para garantizar que acepten estas estrategias? Estas cuestiones se abordarán en la próxima Sección 4.4.

La Ilustración 4.3a muestra algunas de las cuestiones prácticas de aplicar un mapa de las partes interesadas para comprender el contexto político que rodea a una nueva estrategia y para definir prioridades políticas. El ejemplo hace referencia a un banco alemán con sede en Frankfurt (Alemania) que ofrece servicios de banca empresarial a la sede y a la oficina regional en Toulouse (Francia). Se está analizando el cierre de la oficina en Toulouse para que todos los servicios de banca empresarial se ofrezcan desde Frankfurt. El ejemplo ilustra varias cuestiones.

- Los grupos de partes interesadas *no suelen ser «homogéneos»* sino que incluyen diversos subgrupos que tienen distintas expectativas y poder. En la ilustración, se muestra a los *consumidores* divididos entre los que respaldan abiertamente la estrategia (Consumidor X), los que son activamente hostiles (Consumidor Y) y los que son indiferentes (Consumidor Z). Así pues, cuando se utiliza un mapa de las partes interesadas, es evidente que hay que encontrar el equilibrio entre describir a las partes interesadas con demasiada generalidad (ocultando así las importantes cuestiones relativas a la diversidad) y dividir en exceso, haciendo que la situación sea confusa y difícil de interpretar.

- La mayoría de los grupos de partes interesadas están compuestos por *un gran número de individuos* (como los clientes o los accionistas) y por tanto se puede pensar que el grupo es independiente, en gran medida, de las expectativas individuales dentro del grupo. Con algunas partes interesadas no se da este caso: solo un reducido número de individuos o incluso un único individuo (por ejemplo, el presidente de la empresa o un ministro del gobierno).

## estrategia en acción

# Mapa de las partes interesadas en Tallman GmbH

*El mapa de las partes interesadas puede constituir una útil herramienta para identificar las prioridades políticas de determinados cambios o desarrollos estratégicos.*

Tallman GmbH era un banco alemán que ofrecía tanto servicios de banca comercial como servicios de banca empresarial en Alemania, Benelux y Francia. Preocupaba su pérdida de cuota de mercado en el sector empresarial, que se estaba atendiendo desde dos centros: Frankfurt (para Alemania y Benelux) y Toulouse (para Francia). Se estaba analizando la posibilidad de cerrar las operaciones en Toulouse y atender a todas las empresas clientes desde Frankfurt. Esto provocaría importantes pérdidas de puestos de trabajo en Toulouse, y algunos serían sustituidos en Frankfurt junto con sistemas informáticos muy mejorados.

Los responsables de la empresa dibujaron dos mapas de poder/interés para determinar las posibles reacciones de las partes interesadas a la propuesta de cierre de las operaciones en Toulouse. El Mapa A representa la situación probable y el Mapa B la situación preferida, en la que se obtendría el respaldo necesario para llevar adelante la propuesta.

En el mapa A se puede ver que, salvo el cliente X y el proveedor informático A, las partes interesadas en el recuadro B están actualmente opuestas al cierre de las operaciones en Toulouse. Si Tallman quiere tener la más mínima oportunidad de convencer a estas partes interesadas para que cambien su postura y respalden la iniciativa, tendrá que responder a sus preguntas y, cuando sea posible, aliviar sus temores. Si se superasen estos temores, estas personas podrían convertirse en importantes aliados para influir sobre las partes interesadas más

**Mapa A: La situación probable**

| | |
|---|---|
| **A** | **B** Accionista M (–)<br>Oficina de Toulouse (–)<br>Cliente X (+)<br>Ministro francés (–)<br>Marketing (–)<br>Proveedor informático A (+) |
| **C** Cliente Z<br>Ministro alemán | **D** Cliente Y (+)<br>Oficina de Frankfurt (+)<br>Finanzas corporativas (+) |

**Mapa B: La situación preferida**

| | |
|---|---|
| **A** Ministro francés | **B** Accionista M (–)<br>Oficina de Toulouse (–)<br>Marketing (–)<br>Proveedor informático A (+) |
| **C** Cliente Z<br>Ministro alemán | **D** Cliente X (+)<br>Cliente Y (+)<br>Oficina de Frankfurt (+)<br>Finanzas corporativas (+) |

● Debe diferenciarse entre el *cargo, y el individuo* que actualmente desempeña ese cargo. Resulta útil saber si otro individuo en ese cargo cambiaría de posición. Se pueden cometer importantes errores de juicio si no se presta suficiente atención a esta cuestión. En el ejemplo, se ha concluido que el ministro alemán (Segmento C) es indiferente a la estrategia, es una de sus últimas prioridades. Sin embargo, un cambio de ministro podría alterar esta situación de la noche a la mañana. Aunque sería imposible que el banco elimine estas incertidumbres por completo. Tienen consecuencias en cuanto a las prioridades políticas. Por ejemplo, hay que satisfacer a los funcionarios que están asesorando al ministro, puesto que seguirán en el cargo poderosas de los recuadros C y D. La actitud de respaldo del cliente X podría utilizarse en este intento. El consumidor X era una empresa multinacional con operaciones en toda Europa. No estaba satisfecha con el trato desigual que recibía de Frankfurt y Toulouse.

Las relaciones que tenía Tallman con las partes interesadas del recuadro C eran las más difíciles puesto que, aunque se consideraban partes interesadas relativamente pasivas, sobre todo por su indiferencia ante la estrategia propuesta, podría surgir una situación desastrosa si no se valoraba adecuadamente su grado de interés. Por ejemplo, si se sustituyera al ministro alemán, su sucesor podría oponerse a la estrategia e intentar detener los cambios de forma activa. En este caso, se desplazaría al recuadro D.

Una consideración clave era que la estrategia propuesta fuera aceptable para los actuales jugadores situados en el recuadro D. Preocupaba especialmente el cliente Y (un gran productor francés que solo tenía actividades en Francia y que representaba el 20 por ciento de la facturación proveniente de las empresas en la oficina de Toulouse). El cliente Y se oponía al cierre de las operaciones de Toulouse, y tenía poder para impedir que ocurriera (amenazando, por ejemplo, con cerrar su cuenta). Era evidente que la empresa necesitaba negociar abiertamente con esta parte interesada.

Al comparar las posiciones de las partes interesadas en los mapas A y B, e identificar los cambios y diferencias, Tallman pudo establecer una serie de tácticas para cambiar la postura de determinadas partes interesadas a una postura más positiva y para aumentar el poder de determinadas partes interesadas. Por ejemplo, se podría animar al cliente X a que promulgara la estrategia propuesta y ayudara a Tallman ofreciendo acceso a los medios de comunicación o, incluso, convenciendo al cliente Y de que el cambio le beneficiaría.

Tallman también podría intentar disuadir o impedir que las partes interesadas poderosas cambiaran de postura a una negativa: por ejemplo, a no ser que se emprendieran acciones directas, la presión política del ministro francés podría aumentar el grado de interés del ministro alemán. Este hecho tiene implicaciones para cómo debe abordar la cuestión la empresa en Francia. Se podría emplear tiempo en explicar la estrategia al ministro francés y también al cliente Y para intentar que cambien su postura de una oposición a, al menos, una postura neutral o de apoyo.

## Preguntas

Para comprobar que tiene claro cómo se hace el mapa de las partes interesadas, haga un análisis completo para Tallman GmbH con una estrategia distinta, a saber, atender a todas las empresas clientes desde Toulouse. Asegúrese de seguir los siguientes pasos:

1. Dibuje la situación más probable (Mapa A): recuerde que tiene que tener cuidado volviendo a evaluar el interés y el poder de cada parte interesada respecto a esta nueva estrategia.

2. Dibuje el mapa de la situación preferida (Mapa B).

3. Identifique las diferencias y, por tanto, las prioridades políticas. Recuerde la necesidad de mantener a una parte interesada en su postura «de partida» (si es necesario).

4. Termine haciendo una lista de las acciones que propondría y ofrezca una opinión final sobre el grado de riesgo político de aplicar esta nueva estrategia.

cuando se haya cambiado de ministro y ofrecen una continuidad que puede reducir la incertidumbre. Por supuesto, también es posible que se pueda aumentar el grado de interés del ministro alemán por la presión política de su homólogo francés. Esto tendría implicaciones sobre cómo tiene que gestionar la empresa la cuestión en Francia.

El mapa de las partes interesadas puede dar lugar a mapas «típicos» en el sentido de que el contexto político es común en las organizaciones. En estas circunstancias, los riesgos y prioridades políticas se comprenden bien y los directivos pueden aprender de la experiencia de otros[27].

### 4.3.2   Poder[28]

La sección anterior se ocupó de analizar las expectativas de las partes interesadas y resaltó la importancia del poder. El poder es el mecanismo por el que las expectativas influyen sobre los propósitos y estrategias. Hemos visto que, en la mayoría de las organizaciones, el poder se reparte de forma desigual entre las diversas partes interesadas. Para el propósito de este análisis, el **poder** es la capacidad de los individuos o grupos de persuadir, inducir o coercer a otros para seguir determinados cursos de acción. Este es el mecanismo por el que un conjunto de expectativas dominará el desarrollo estratégico o buscará el compromiso de otros.

Hay muchas fuentes distintas de poder. Por un lado, está el poder que las personas obtienen de su posición en la organización o a través de las estructuras formales de gobierno corporativo. Pero las partes interesadas pueden tener poder por otros medios, tal y como se resume en el Cuadro 4.6. Este cuadro se puede utilizar para comprender el poder que tiene cada parte interesada en influir sobre determinada estrategia (como parte del mapa de las partes interesadas).

El **poder** es la capacidad de los individuos o grupos de persuadir, inducir o coercer a otros para seguir determinados cursos de acción.

---

**Cuadro 4.6    Fuentes e indicadores de poder**

| Fuentes de poder | |
|---|---|
| **Dentro de las organizaciones** | **Para las partes interesadas externas** |
| • Jerarquía (poder formal), por ejemplo, toma de decisiones autocrática | • Control de los recursos estratégicos, por ejemplo, materiales, mano de obra, dinero |
| • Influencias (poder informal), por ejemplo, liderazgo carismático | • Participación en la aplicación de la estrategia, por ejemplo, tiendas de distribución, agentes |
| • Control de los recursos estratégicos, por ejemplo, productos estratégicos | • Posesión de conocimientos o habilidades, por ejemplo, subcontratistas, socios |
| • Posesión de conocimientos y habilidades, por ejemplo, especialistas en informática | • Mediante vínculos internos, por ejemplo, influencia informal |
| • Control del entorno humano, por ejemplo, habilidades de negociación | |
| • Participación en la aplicación de la estrategia, por ejemplo, disfrutando de libertad en la toma de decisiones | |

| Indicadores de poder | |
|---|---|
| **Dentro de las organizaciones** | **Para las partes interesadas externas** |
| • Estatus | • Estatus |
| • Control de los recursos | • Dependencia de los recursos |
| • Representación | • Acuerdos de negociación |
| • Símbolos | • Símbolos |

Es necesario destacar que la importancia relativa de estas fuentes de poder variará con el tiempo. En efecto, los grandes cambios en el entorno empresarial (como la desregulación o la aparición de tecnologías informáticas poderosas y baratas) pueden alterar drásticamente el equilibrio de poder entre las organizaciones y sus partes interesadas. Por ejemplo, el conocimiento que tienen los consumidores de las ofertas de las distintas empresas buscando en Internet ha aumentado considerablemente su poder porque pueden comparar distintas ofertas reduciendo así su tradicional lealtad a determinado proveedor. La desregulación, con la «dotación de poder a los ciudadanos», ha provocado que las organizaciones de servicios públicos tengan que adoptar estrategias más orientadas al consumidor.

Puesto que hay distintas fuentes de poder, resulta útil buscar *indicadores de poder*, que son señales visibles de que las partes interesadas han sido capaces de explotar una o más fuentes de poder de las que se muestran en el Cuadro 4.6. Hay cuatro indicadores útiles del poder: el *status* del individuo o grupo (como la categoría laboral o la reputación); el *control de los recursos* (como el importe del presupuesto). La *representación* de los cargos de poder; y los *símbolos* del poder (como el tamaño de la oficina o la utilización de títulos y nombres)

Es improbable que un solo indicador pueda desvelar por completo la estructura de poder dentro de una empresa. Sin embargo, al fijarse en los cuatro indicadores, puede ser posible comprender qué individuos o grupos parecen tener poder en función de esta serie de medidas. Es necesario recordar que la distribución del poder variará *en función de la estrategia particular que se esté analizando.* Por ejemplo, el departamento de finanzas de la empresa tendrá más poder respecto a aquellos desarrollos que exijan la aportación de nuevo capital o compromisos de ingresos, que en el caso de desarrollos que se financian a sí mismos o que dependen de la autoridad financiera de departamentos o filiales independientes. La Ilustración 4.3b muestra estos indicadores de poder en el banco de la anterior ilustración. El departamento de finanzas era considerado poderoso en función de todos los indicadores mientras que el departamento de marketing era débil en todos ellos. Análogamente, Frankfurt tenía mucho más poder que Toulouse.

Un análisis parecido del poder de las partes interesadas externas también puede resultar útil. Aquí, los indicadores de poder serán ligeramente distintos:

● El *estatus* de una parte interesada externa puede inferirse habitualmente de la velocidad con la que le responde la empresa.

● La *dependencia de los recursos* en cuanto al tamaño relativo de la participación en el capital o en los préstamos, o la proporción de la facturación de la empresa con un único cliente en particular, o la dependencia análoga respecto a los proveedores. El indicador clave podría ser la facilidad con la que se puede prescindir de un proveedor, una fuente de financiación o un consumidor en un breve plazo.

● Los *símbolos* también son pistas valiosas sobre el poder. Por ejemplo, cuando el equipo directivo agasaja a un cliente o a un proveedor, o el cargo que ostenta la persona de la empresa que trata con determinado proveedor.

De nuevo, no hay un único indicador que pueda explicar totalmente el grado de poder que tiene determinada parte interesada externa. La Ilustración 4.3b muestra estos indicadores de poder para el banco de la ilustración anterior. Se puede ver que la única auténtica esperanza de supervivencia de Toulouse consiste en animar al Proveedor A a que «cambie de posición» convenciéndole de las mayores oportunidades en tecnologías de la información que puede ofrecer una operación desde dos centros distintos. Tal vez el Accionista M pudiera resultar útil en este proceso presionando sobre el proveedor.

# Evaluación del poder en Tallman GmbH

*La valoración del poder que tienen las partes interesadas constituye una parte importante del mapa de las partes interesadas.*

Se reconoce que el departamento financiero es poderoso en función de todas las medidas, mientras que el departamento de marketing es débil en todas ellas. Análogamente, las operaciones de Frankfurt tienen mucho más poder que las de Toulouse. Este análisis ofrece datos importantes en el proceso de dibujar el mapa de las partes interesadas, puesto que la importancia estratégica del poder también está relacionada con el hecho de que los individuos o grupos puedan ejercer dicho poder. Esta valoración, por tanto, ayudó a decidir dónde había que ubicar a las distintas partes interesadas en los mapas de poder/interés.

Combinando los resultados de este análisis con el ejercicio de elaboración del mapa de las partes interesadas, se puede ver que la única esperanza real de Toulouse consiste en animar al Proveedor A a que cambie de posición convenciéndole de las mayores oportunidades en cuanto a tecnologías de la información que obtendría si las operaciones se llevaran a cabo desde dos centros distintos. Tal vez el Accionista M podría ayudar en este proceso presionando sobre el proveedor.

## Partes interesadas internas

| Indicadores de poder | Departamento de finanzas | Marketing | Frankfurt | Toulouse |
|---|---|---|---|---|
| **Estatus** | | | | |
| Posición en la jerarquía (proximidad al consejo) | A | B | A | M |
| Salario del director | A | B | A | B |
| Posición media del personal en la jerarquía | A | M | A | B |
| **Control de los recursos** | | | | |
| Número de trabajadores | M | A | M | M |
| Tamaño de empresa análoga | A | B | A | B |
| Presupuesto como porcentaje del total | A | M | A | B |
| **Representación** | | | | |
| Número de consejeros | A | Ninguno | M | Ninguno |
| Consejeros más influyentes | A | Ninguno | M | Ninguno |
| **Símbolos** | | | | |
| Calidad de las instalaciones | A | B | M | M |
| Servicios de apoyo | A | B | A | B |

A = Alto   M = Medio   B = Bajo

## Partes interesadas externas

| Indicadores de poder | Proveedor informático A | Cliente Y | Accionista M |
|---|---|---|---|
| Estatus | M | A | B |
| Dependencia de los recursos | M | A | A |
| Acuerdos de negociación | M | A | B |
| Símbolos | M | A | B |

A = Alto   M = Medio   B = Bajo

## 4.4  ÉTICA EMPRESARIAL Y RESPONSABILIDAD SOCIAL[29]

Las secciones anteriores han analizado las obligaciones formales de las organizaciones impuestas por el marco normativo y el gobierno corporativo, y también las expectativas de aquellas partes interesadas que tienen más interés y más poder. Sin embargo, hasta ahora no se ha analizado demasiado cuáles son las expectativas que tiene la sociedad de las organizaciones y cómo afectan a los propósitos de una organización. Los gobiernos han adoptado cada vez más la perspectiva de que estas expectativas no pueden satisfacerse únicamente mediante el recurso a la normativa[30]. Este es el ámbito de la ética empresarial en el que se pueden distinguir tres niveles:

- A nivel *macro,* hay cuestiones relativas al papel de las empresas y de otras organizaciones en cuanto a la organización nacional e internacional de la sociedad. Las expectativas van desde el extremo de la libertad de empresa y el *laissez faire* hasta el de las organizaciones como agentes activos que conforman la sociedad. También hay importantes cuestiones relativas a las relaciones internacionales y al papel de las empresas en el ámbito internacional. Esta es la primera cuestión: la *postura ética* general de una organización, que hace referencia al *grado* en el que una organización superará sus obligaciones mínimas respecto a sus partes interesadas y al conjunto de la sociedad. Los directivos tienen que comprender los factores que influyen sobre estas expectativas de la sociedad respecto a las organizaciones, sobre todo en lo relativo al papel de inclusión o exclusión que deben tener en cuanto a los intereses de las diversas partes interesadas analizadas en la sección anterior.
- Dentro de este marco macro, *la responsabilidad social de la empresa* hace referencia a las *formas específicas* en que una organización irá más allá de sus obligaciones mínimas definidas por la normativa y el gobierno corporativo, y cómo se van a reconciliar las exigencias conflictivas de las distintas partes interesadas.
- Desde el punto de vista *individual,* hace referencia al comportamiento y a las acciones de los individuos que forman parte de las organizaciones. Es, evidentemente, una cuestión importante para la dirección de las organizaciones, pero aquí solo se va a analizar en tanto en cuanto afecte a la estrategia, y sobre todo en cuanto al papel de los directivos en el proceso de dirección estratégica.

### 4.4.1  La postura ética

El entorno normativo y las estructuras de gobierno corporativo de una organización determinarán las obligaciones mínimas que tiene la organización respecto a sus distintas partes interesadas. La **postura ética** es el *grado* en que una organización superará sus obligaciones mínimas para con sus partes interesadas y la sociedad en su conjunto. Las distintas organizaciones adoptan posturas muy diferentes y es probable que haya una fuerte relación entre la postura ética, el carácter de una organización y cómo se gestiona su estrategia.

La **postura ética** es el grado en que una organización superará sus obligaciones mínimas para con sus partes interesadas y la sociedad en su conjunto.

El Cuadro 4.7 muestra cuatro estereotipos[31] para ilustrar estas diferencias. Representan una lista progresivamente más incluyente de los intereses de las partes interesadas y una mayor gama de criterios para evaluar las estrategias y el rendimiento.

El *primer tipo* representa una postura extrema por la que las organizaciones adoptarán el planteamiento de que la única responsabilidad del negocio son los intereses a corto plazo de los accionistas. Su postura es que es responsabilidad del gobierno prescribir, mediante la legislación y la normativa, las limitaciones que la sociedad decide imponer a los negocios en su búsqueda de la eficiencia económica (es decir, el entorno legal y

| Cuadro 4.7 | Cuatro posibles posturas éticas |

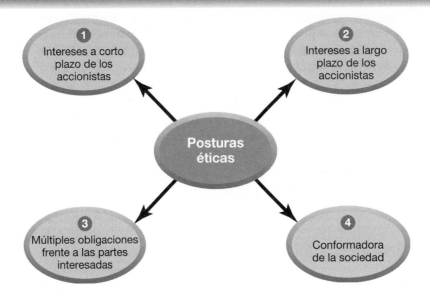

normativo y las estructuras de gobierno corporativo). La organización satisfará estas obligaciones mínimas, pero no más. También se afirma que el esperar que las empresas ejerzan obligaciones sociales puede, en casos extremos, minar la autoridad del gobierno y otorgar a las organizaciones empresariales todavía más poder: por ejemplo, el caso de las multinacionales que operan en países en desarrollo. Aunque la dirección estratégica está dominada por directivos que aplican estrategias en las que los resultados financieros excluyen otro tipo de consideraciones, se ha afirmado[32] que hay algunas acciones «sociales» que se pueden justificar en términos de la mejora de la rentabilidad a corto plazo. Esto puede ocurrir, por ejemplo, si se impusieran obligaciones sociales como requisito previo para obtener un contrato (por ejemplo, si se exige que existan prácticas de igualdad de oportunidades en el empleo a los proveedores del sector público).

El *segundo tipo* de postura ética es parecido al del grupo anterior, pero se ve atemperada por el reconocimiento del *beneficio financiero a largo plazo para el accionista,* derivado de las buenas relaciones con otras partes interesadas. Esta postura ha sido descrita como el *interés propio ilustrado.* La justificación de la acción social es que la *reputación*[33] de la organización es importante para su éxito financiero a largo plazo y existe cierta evidencia empírica que demuestra esta relación[34]. Por ejemplo, el patrocinio de actividades externas, la filantropía empresarial[35] o la provisión de prestaciones de bienestar pueden considerarse como gastos razonables análogos a cualquier otra forma de inversión o gasto en actividades de promoción. Es necesario evitar las prácticas de marketing «turbias» para evitar que se promulguen nuevas leyes en este sentido. La posición de muchos gobiernos es que es este tipo de «argumento empresarial» el que constituye la base por la que intentan influir sobre el comportamiento social de las organizaciones. Este grupo adopta el punto de vista de que las organizaciones no solo tienen responsabilidades hacia sus accionistas sino también en cuanto a sus *relaciones* con otras partes interesadas (frente al concepto de ser responsable *ante* otras partes interesadas). Una consecuencia es que los plazos temporales para el desarrollo de la estrategia pueden alargarse cuando se tienen en cuenta los intereses de estas partes interesadas.

La *tercera postura ética* es que los intereses y expectativas de las partes interesadas (además de simplemente los accionistas) deberían *incorporarse más explícitamente en los propósitos de la organización* y en sus estrategias, más allá de las obligaciones mínimas de la normativa y del gobierno corporativo. Este grupo afirma que el rendimiento de una organización debería medirse de una forma muy diversa y no únicamente en función de factores financieros. Las empresas cuáqueras del siglo XIX constituyen un buen ejemplo: en cierta medida, las actitudes de estas empresas eran más progresistas socialmente que las de otras durante el siglo XX. Algunos autores[36] han descrito esta postura sobre las organizaciones como «un foro para las relaciones entre las partes interesadas» en contraposición al concepto de organizaciones de propiedad privada de los accionistas. Las empresas en esta categoría podrían afirmar que mantienen unidades no rentables para mantener los puestos de trabajo, que evitan fabricar o vender productos «antisociales», que están dispuestas a aceptar reducciones de la rentabilidad por el bien social. Algunas organizaciones de servicios financieros han elegido ofrecer «productos» de inversión socialmente responsable a los inversores. Estos productos solo incluyen inversiones en organizaciones que cumplen unos elevados estándares de responsabilidad social en sus actividades.

Sin embargo, hay cuestiones evidentemente importantes, pero difíciles, en cuanto al equilibrio entre los intereses de las distintas partes interesadas. Por ejemplo, muchas organizaciones del sector público se posicionan correctamente en este grupo, ya que están sometidas a una amplia diversidad de expectativas y las medidas unitarias del rendimiento no suelen ser adecuadas para reflejar esta diversidad. También hay muchas pequeñas empresas familiares que se encuentran en esta categoría por la forma que tienen de trabajar. Intentan encontrar un equilibrio entre su interés propio y el de sus empleados y sus comunidades locales, incluso si esto puede limitar las elecciones estratégicas a las que pueden optar (por ejemplo, el abastecimiento en el extranjero frente a la producción local). Las organizaciones que pertenecen a esta categoría requieren, inevitablemente, más tiempo para desarrollar sus nuevas estrategias, ya que tienen el compromiso de hacer amplias consultas a las partes interesadas y de resolver las difíciles elecciones políticas entre las expectativas conflictivas de las partes interesadas, tal y como se analizó en la Sección 4.3.

*El cuarto y último grupo* representa el extremo *ideológico* del espectro. Las organizaciones tienen propósitos relacionados en cuanto a *cómo se conforma la sociedad,* y las consideraciones financieras se consideran de importancia secundaria o simplemente una limitación. El grado en el que esta postura ética es viable depende claramente de cuestiones relativas a la normativa, el gobierno corporativo y la responsabilidad. Es evidente que es más fácil que una organización no cotizada opere de esta manera, puesto que no tiene que dar cuentas a accionistas externos. Algunos afirman que los grandes logros históricos de los servicios públicos, a la hora de transformar la calidad de vida de millones de personas, se alcanzaron en gran medida porque estaban orientados de esta forma por una «misión», y respaldados por un marco político en el que podían funcionar. En muchos países se ha puesto en duda la legitimidad de esta postura orientada por la misión en los servicios públicos, reafirmándose los derechos de los ciudadanos (como contribuyentes) a esperar el mejor valor demostrable de los servicios públicos. Esto ha limitado gravemente la capacidad de los servicios públicos (sobre todo en el ámbito municipal) para ser activos en la conformación de la sociedad.

Las organizaciones caritativas tienen dilemas análogos y suele ser fundamental para su existencia que presten atención a proteger y mejorar los intereses de determinados grupos de la sociedad, pero también tienen que seguir siendo viables financieramente, lo que puede provocar problemas respecto a su imagen ya que, a veces, se las considera como demasiado comerciales y se piensa que gastan demasiado en actividades de promoción o de administración.

La Ilustración 4.4 describe la visión del presidente de una empresa sobre la postura ética de su compañía.

**Ilustración 4.4**                                        e s t r a t e g i a   e n   a c c i ó n

## Starbucks, ¿el benevolente capitalista?

*¿Se puede combinar la obtención de beneficios con la conciencia social?*

En septiembre de 2003 *The Sunday Times* entrevistó a Howard Schultz, presidente de Starbucks, la cadena multinacional de tiendas de café. Desde sus modestos comienzos en Seattle en 1971, Starbucks (en 2003) tenía 7.000 tiendas y 70.000 empleados en todo el mundo. A continuación se muestran algunos fragmentos en los que Schultz explica la «postura ética» de Starbucks:

Schultz [...] tiene un compromiso con las prácticas de empleo que favorecen al trabajador. Su motivación para crear una empresa centrada en torno al empleado partía de su experiencia tras haber crecido en la pobreza en Nueva York [afirma]: «Una de las cosas que recuerdo de mi infancia era la relación de la autoestima de mi padre con el trato irrespetuoso que recibía por ser un trabajador sin cualificación [...] Esa es la razón por la que quería crear el tipo de empresa que no deja atrás a sus empleados, que valora a la gente independientemente de que haya recibido una buena educación o no, y que da a todo el mundo una oportunidad y un nuevo inicio». Schultz también ha promovido el interés por las cuestiones relativas al comercio justo y [...] está tremendamente orgulloso de las políticas de concienciación social y medioambiental de su empresa, su determinación por integrar sus tiendas en las comunidades locales y, especialmente, su innovador programa de opciones sobre acciones para los empleados. «Cuando creamos ese programa era la primera vez en la historia de Estados Unidos que se creaba un programa de ese tipo para los trabajadores a tiempo parcial, y también lo hemos introducido en el Reino Unido». Schultz afirma que se ve recompensado por la baja tasa de dimisiones de gente que se va a buscar otro empleo. A pesar de esta defensa de las políticas sociales progresistas, todavía hay gente que considera que Starbucks forma parte del imperio del mal, junto con otras multinacionales estadounidenses más agresivas como McDonalds o Wal-Mart. Recibe con regularidad los ataques de los manifestantes antiglobalización y ha recibido críticas de diversos adversarios. El propio Schultz ha sido el objetivo de los activistas a favor del comercio justo y la recepción de Starbucks en Europa ha sido más fría que en ninguna otra parte. Schultz rechaza estas acusaciones: «No me preocupa que Starbucks se convierta en la empresa más rentable del mundo. Es un objetivo muy superficial, lograr la rentabilidad a cualquier coste. No sería un juego de suma cero ni para mí ni para ningún otro empleado de Starbucks. Es muy importante que hagamos algo que no se ha hecho antes, que creemos otro tipo de empresa que cumpla con las cuestiones fiscales [...] y que demuestre su corazón y su conciencia devolviendo a nuestros empleados, a las comunidades a las que atendemos, a las regiones productoras de café y después, retribuyendo a nuestros accionistas».

*Fuente*: el texto ha sido editado y extraído de un artículo publicado inicialmente en el periódico *The Sunday Times*, 14 de septiembre de 2003. P. 3.7.

---

**Preguntas**

1. A partir del Cuadro 4.7, ¿cómo clasificaría el planteamiento que tiene Schultz sobre la postura ética de Starbucks?

2. ¿Tienen el mismo planteamiento las demás partes interesadas de Starbucks?

3. Si existen distintos planteamientos, ¿afectan estas diferencias al éxito o fracaso de las estrategias de Starbucks?

---

### 4.4.2    Responsabilidad social de la empresa[37]

**La responsabilidad social de la empresa** se ocupa de la forma en que una organización supera sus obligaciones mínimas para con sus partes interesadas especificadas en la normativa y en el gobierno corporativo.

Dentro de esta postura ética general, la **responsabilidad social de la empresa** se ocupa de la *forma* en que una organización supera sus obligaciones mínimas para con sus partes interesadas especificadas en la normativa y en el gobierno corporativo*. Esto incluye las consideraciones sobre cómo se deben reconciliar las demandas en conflicto de las distintas partes interesadas. Como se mencionó en la anterior Sección 4.3, el marco legal y normativo no presta la misma atención a los derechos de las distintas partes interesadas. Por

---

* Es necesario destacar que el término «**responsabilidad social de la empresa**» se suele utilizar para incluir *tanto* la postura ética *como* las cuestiones específicas que se analizan en esta sección.

tanto, resulta útil[38] diferenciar entre las partes interesadas contractuales (como los consumidores, proveedores o empleados) que tienen una relación legal con la organización, y las partes interesadas de la comunidad (como las comunidades locales, los consumidores en general, y los grupos de presión), que no reciben la misma protección legal que el primer grupo. Por tanto, las políticas de responsabilidad social de la empresa tendrán una importancia particular para estas partes interesadas en la comunidad.

El Cuadro 4.8 destaca una serie de cuestiones, tanto internas como externas de la organización, y ofrece una lista de comprobación para evaluar las acciones de una organización

---

**Cuadro 4.8    Algunas cuestiones relativas a la responsabilidad social de las empresas**

### ¿Deberían ser las organizaciones responsables de...

#### ASPECTOS INTERNOS

**Prestaciones de bienestar de los empleados**
... ofrecer asistencia médica, ayuda para la financiación de la vivienda, bajas por enfermedad ampliadas, ayuda para familiares dependientes, etcétera?

**Condiciones laborales**
... seguridad laboral, mejora del entorno de trabajo, instalaciones para actividades sociales y deportivas, estándares de seguridad superiores a los legales, formación y desarrollo, etcétera?

**Diseño del puesto de trabajo**
... diseño del puesto de trabajo para ofrecer mayor satisfacción a los trabajadores además de una mera eficiencia económica? ¿Incluiría esto cuestiones relativas al equilibrio entre las necesidades laborales y las familiares?

**Propiedad intelectual**
... respetar el conocimiento privado de los individuos sin reclamar que pase a ser propiedad de la empresa?

#### ASPECTOS EXTERNOS

**Cuestiones medioambientales**
... reducir la contaminación por debajo de los estándares legales si los competidores no lo están haciendo?
... ahorrar energía?

**Productos**
... peligros derivados de un uso descuidado de los productos por parte de los consumidores?

**Mercados y marketing**
... decidir no vender en algunos mercados?
... estándares de publicidad?

**Proveedores**
... relaciones comerciales «justas»?
... incluir a los proveedores en listas negras?

**Empleo**
... discriminación positiva a favor de las minorías?
... mantenimiento de los puestos de trabajo?

**Actividad de la comunidad**
... patrocinar acontecimientos locales y ayudar en las buenas acciones de la comunidad?

**Derechos humanos**
... respetar los derechos humanos respecto a: el trabajo infantil, los derechos de trabajadores y sindicatos, los regímenes políticos opresivos? ¿Tanto directamente como en la elección de los mercados, proveedores y socios?

respecto a su responsabilidad social. Aunque un gran número de empresas ofrece unas líneas directrices sobre algunas o todas estas cuestiones, hay un número significativo que no tiene ningún programa al respecto. La *auditoría social*[39] es una forma de garantizar que se revisan sistemáticamente estas cuestiones relativas a la responsabilidad social de la empresa y ha sido promovida por una serie de organizaciones progresistas. Se puede hacer de diversas formas, desde las auditorías sociales realizadas por organismos externos independientes, hasta las características de la agenda social que en la actualidad son obligatorias en los informes de las empresas (por ejemplo, algunas cuestiones medioambientales), o informes sociales voluntarios realizados por las propias organizaciones. De hecho, han sido las acciones de *irresponsabilidad empresarial* las que han desencadenado los cambios tanto en el marco normativo como en el marco del gobierno corporativo de las organizaciones, como las acciones desencadenadas por las quiebras de Enron y WorldCom a principios de la década de 2000 (analizadas en la Sección 4.2 ).

En un mundo que se globaliza cada vez más, es posible que las empresas tengan que desarrollar un planteamiento de responsabilidad social que tenga elementos universales al tiempo que se puede aplicar a las muy diferentes localizaciones. La Tabla Redonda Caux[40] existe con el propósito de definir y fomentar estándares empresariales que deberían tener una aceptación universal. Puesto que las acciones de las empresas en un país pueden tener un impacto en otros países (por ejemplo, el control de la contaminación o las prácticas comerciales), existe una necesidad creciente de fijarse en el impacto global de las estrategias de una organización. Estos *Principios para los Negocios* incluyen la cuestión mucho más general sobre si las empresas y los gobiernos, en conjunto, deben preocuparse por la sostenibilidad global[41] de sus estrategias en cuanto a su impacto medioambiental (por ejemplo, el calentamiento global) o el agotamiento de los recursos no renovables. A su vez, estos principios han dado lugar a respuestas por parte de los gobiernos que regulan las acciones de las empresas cuando desarrollan sus estrategias; por ejemplo, las nuevas normativas sobre el reciclaje.

### 4.4.3 El papel de los individuos y de los directivos

Del análisis anterior debería haber quedado claro que la ética empresarial, como parte de la dirección estratégica, plantea dilemas difíciles para los individuos y los directivos de las organizaciones. En la Ilustración 4.5 se muestran algunos ejemplos. En estos, se plantean preguntas sobre la responsabilidad de un individuo que cree que la estrategia de su organización no es ética (por ejemplo, en cuanto a sus prácticas comerciales) o no está representando de forma adecuada los intereses legítimos de una o más partes interesadas. ¿Debería este individuo denunciar a la organización; o debería abandonar la empresa alegando incompatibilidad de valores? En la literatura inglesa se denomina *whistleblowing*[42] (delación). El *Public Interest Disclosure Act* (1998) del Reino Unido protege legalmente a los empleados que denuncian a sus empresas.

Los directivos suelen estar en una posición poderosa dentro de las organizaciones para influir sobre las expectativas de otras partes interesadas. Tienen acceso a información y canales de influencia a los que no pueden acceder otras muchas partes interesadas. Dado este poder, se tiene también la responsabilidad ética de comportarse con *integridad*. Puesto que el desarrollo de la estrategia puede ser un proceso muy político, los directivos pueden encontrar auténticas dificultades para imponer y mantener esta posición de integridad. Como hemos visto, existe un conflicto potencial para los directivos entre las estrategias que mejor favorecen sus propios intereses profesionales y las estrategias que favorecen los intereses a más largo plazo de su organización y a sus accionistas. La

# Dilemas éticos

*Los directivos tienen que resolver una serie de dilemas éticos.*

## Objetivos contrapuestos

Imagine que es usted un directivo holandés a cargo de las actividades mineras de su empresa multinacional en Namibia. Emplea fundamentalmente a trabajadores locales a los que paga salarios muy reducidos. Su empresa ofrece el medio de vida a 1.000 familias y es la principal fuente de trabajo de la economía local. No hay otro trabajo aparte de una agricultura de mera subsistencia. Ha descubierto muchos problemas de seguridad en la mina, pero el ingeniero de la empresa le comunica que el coste de mejorar las instalaciones haría que la mina dejara de ser rentable. El cierre de la mina provocaría una gran conmoción política y perjudicaría la reputación de la empresa matriz. Pero si sigue abierta se corre el riesgo de que se produzca un gran desastre.

## Datos sobre el rendimiento

Se le acaba de nombrar director de un colegio que está mejorando ahora tras un gran periodo de mal rendimiento bajo la dirección de su predecesor. Resulta evidente que un importante indicador del rendimiento es el grado de asistencia de los alumnos, que tiene que alcanzar la media nacional (95 por ciento). Acaba de recopilar todos los datos para el informe estadístico periódico y observa, con decepción, que su tasa de asistencia acaba de caer por debajo del nivel objetivo. Al analizar la situación con la subdirectora, esta le dice que, si usted quiere, puede «revisar y corregir» las cifras de asistencia antes de enviarlas.

## Sobornos

Es usted el recién nombrado directivo a cargo de una nueva oficina de ventas en Nueva York inaugurada tras un exhaustivo estudio de mercado de su empresa británica. Tras unos pocos meses descubre que no puede vender ninguno de los productos de la empresa en Nueva York sin una autorización de una obscura autoridad neoyorquina controlada por el sindicato de los electricistas Local 4. Un análisis posterior revela que el sindicato Local 4 tiene relaciones con la Mafia.

Poco después recibe una visita de los representantes de Local 4 que le hacen una oferta. Si la empresa paga una «comisión de asesoría» anual de 12.000 dólares (unos 10.400 euros), con cláusulas de incremento en función del crecimiento de las ventas, recibirá la autorización en seis meses. La alternativa consiste en intentar conseguir la autorización por su cuenta que, según fuentes bien informadas, es improbable que consiga.

La política de la empresa es contraria a los sobornos. Pero es esencial que el proyecto salga adelante, por el bien de los negocios de la empresa en Estados Unidos y por su propio bien. Dadas las ganancias potenciales, 12.000 dólares es una pequeña cuantía y probablemente se aprobaría si se presentase «adecuadamente».

## Racionamiento

El racionamiento es una de las cuestiones más importantes en muchas organizaciones del sector público. Es usted un médico sueco que trabaja en comisión de servicios a cargo de un hospital local en la Nigeria rural. Las instalaciones médicas son malas, sobre todo en lo que respecta a las provisiones de fármacos y sangre. Un autobús que salía de la ciudad ha chocado contra el automóvil de un turista. Además de varias víctimas mortales, hay cuatro supervivientes en estado muy grave. Dos son niños de la localidad (ambos de dos años de edad), uno es un líder anciano y el cuarto es un turista alemán. Todos tienen el mismo grupo sanguíneo y todos necesitan transfusiones. Pero solo hay suficiente sangre para atender a dos pacientes.

---

**Preguntas**

Es usted el «jugador» que afronta cada uno de estos dilemas:

1. ¿Qué opciones tiene en cada caso?

2. Haga una lista de los pros y contras de cada opción para su organización, las partes externas y usted mismo.

3. Explique qué es lo que haría y justifique sus acciones desde un punto de vista ético.

integridad es un ingrediente clave de la gestión profesional y se incluye en el código de conducta de los organismos profesionales como el Chartered Management Institute. Las mejores prácticas se comparten mediante relaciones internacionales entre estos organismos profesionales. Tal vez el mayor reto que deben superar los directivos es el desarrollo de un gran grado de conciencia de su propio comportamiento respecto a las cuestiones planteadas anteriormente[43]. Esto puede ser difícil porque el comportamiento está muy arraigado y viene determinado por creencias subconscientes, un tema clave de la próxima sección relativa a la cultura.

## 4.5 EL CONTEXTO CULTURAL

La Sección 4.3, sobre las expectativas de las partes interesadas, intentaba explicar por qué pueden surgir las diferencias en las expectativas entre las distintas partes interesadas. Sería fácil concluir que estas presiones políticas darían lugar a enormes variaciones en los tipos de estrategia que aplican las organizaciones individuales, incluso en la misma industria o mercado. Pero rara vez es así, como ya se ha observado en el Capítulo 2 cuando se analizaron los grupos estratégicos. En la práctica, hay muchos más puntos en común entre las estrategias de las distintas organizaciones de un mismo sector de lo que cabría esperar. En algunos casos, puede que se considere necesario para proteger los intereses de determinadas partes interesadas, de forma que estos intereses quedan reflejados en la normativa o en el gobierno corporativo (por ejemplo, en las farmacéuticas o en los servicios financieros). Sin embargo, esta uniformidad se explica más a menudo en términos culturales.

**Cultura de la organización** como «los supuestos y creencias básicos, que son compartidos por los miembros de una organización, que operan a nivel inconsciente, y definen una perspectiva de la organización sobre sí misma y de su entorno a partir de las cosas que se dan por sentadas».

Schein define la **cultura de la organización** como «los *supuestos y creencias* básicos, que son compartidos por los miembros de una organización, que operan a nivel inconsciente, y definen una perspectiva de la organización sobre sí misma y de su entorno a partir de las cosas que se dan por sentadas»[44]. Así pues, las expectativas y la estrategia están arraigadas en una «experiencia colectiva» (del grupo y de la organización) y se reflejan en las rutinas que se van acumulando a lo largo del tiempo en la organización. En otras palabras, la cultura son los comportamientos colectivos y las estrategias de una organización que se pueden ver como el resultado de los supuestos, comportamientos y rutinas colectivos que se dan por sentados en la organización. Estas cuestiones que se dan por sentadas se extenderán con el tiempo dentro de un grupo, de modo que las organizaciones pueden terminar siendo «cautivas» de su propia cultura. En la Ilustración 4.6 se puede ver que, en el caso de la empresa editora de un periódico, se da por sentado que la empresa está en el negocio de las «noticias», a pesar del hecho de que la viabilidad financiera de la organización depende, realmente, de su capacidad de vender espacio publicitario. Esto podría dar lugar a algunos difíciles conflictos en cuanto a la estrategia; por ejemplo, sobre el espacio dedicado a las noticias frente al espacio dedicado a los anuncios o, incluso, respecto a la naturaleza de algunos anuncios. Los supuestos y comportamientos de los individuos y de las organizaciones también se ven afectados por los supuestos y comportamientos de las partes del entorno empresarial con las que esos individuos y la organización, en su conjunto, tienen «relaciones». Estas partes se denominan marcos de referencia culturales y se muestran en el Cuadro 4.9[45] y se analizan a continuación. El cuadro también muestra que, normalmente, existen subculturas en las distintas partes de una organización que, a su vez, tienen distintos supuestos, comportamientos y expectativas. Estas pueden ser las diferencias entre las funciones empresariales, las localizaciones geográficas o incluso los distintos grupos informales (tal vez en función de la edad o de la antigüedad en la organización).

**Cuadro 4.9** Marcos de referencia culturales

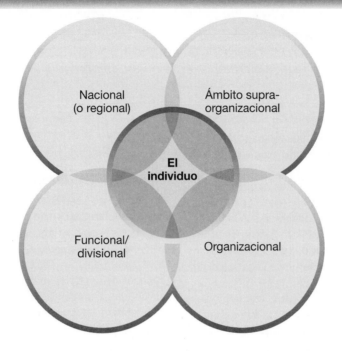

Las próximas secciones identificarán importantes factores y cuestiones en cada marco de referencia cultural y, a continuación, mostrarán cómo se puede *describir* la cultura de la organización como medio para comprender las influencias de la cultura sobre los propósitos y estrategias actuales, y futuras, de la organización.

## 4.5.1 Cultura nacional y regional[46]

El contexto cultural nacional afecta directamente a las expectativas de las partes interesadas. Por ejemplo, Hofstede, Schneider y Barsoux han demostrado cómo las actitudes hacia el trabajo, la autoridad, la igualdad y otra serie de factores importantes difieren entre una localización y otra[47]. A su vez, estas actitudes se han ido conformando por poderosas fuerzas culturales relacionadas con la historia, la religión e, incluso, la meteorología. Las organizaciones que se mueven en el ámbito internacional tienen que superar el problema de los muy diferentes estándares y expectativas de los diversos países en los que actúan[48]. La Ilustración 4.6 muestra que esto puede crear problemas y dificultades en las fusiones entre las empresas francesas y británicas.

Aunque en el Cuadro 4.9 no se muestran por separado (por simplicidad), puede ser necesario identificar importantes culturas *subnacionales* (normalmente, regionales). Por ejemplo, las actitudes respecto a algunas cuestiones relativas al empleo, a las relaciones con los proveedores y, sin duda, a las preferencias de los consumidores pueden variar significativamente en función de las distintas regiones incluso en un país relativamente pequeño y homogéneo como el Reino Unido, y muy marcadamente en otras partes de Europa (por ejemplo, entre la Italia septentrional y la Italia meridional). Suelen existir grandes diferencias también entre el medio rural y el medio urbano. También se están desarrollando cuestiones relativas a la cultura *supranacional* que supera el ámbito de un

# Cultura y estrategia

*La cultura informará y determinará la estrategia. Esto puede fomentar el éxito o provocar dificultades.*

### El negocio de los periódicos es el de las noticias

El equipo directivo de un periódico había pasado la mañana en pequeños grupos analizando los cambios en el entorno empresarial. Se concluyó que había importantes retos que superar, incluyendo los cambios demográficos, los medios electrónicos y el crecimiento de los periódicos gratuitos. Además, más del 70 por ciento de sus ingresos provenía de la venta de espacio publicitario y no de la venta del propio periódico. En efecto, parecía haber tantas amenazas que un grupo decidió que «¡está llegando el fin del mundo!»

Por la tarde se prestó atención a la futura estrategia de la organización. Rápidamente surgieron una serie de propuestas sobre cómo se podía mejorar la cobertura de las noticias y del deporte, y la presentación física del propio periódico. Uno de los miembros más jóvenes del equipo sugirió que se podría plantear una pregunta más fundamental: «¿Estamos realmente en el negocio de las noticias o somos un medio publicitario?». La respuesta de sus compañeros fue un sorprendido silencio.

Así pues, aquella mañana, los directivos fueron capaces de realizar un análisis «racional» que planteaba dudas sobre el papel tradicional del periódico. Pero, esa misma tarde, cuando intentaban averiguar qué es lo que tenían que hacer, el paradigma «el negocio de los periódicos es el de las noticias» centró su atención.

### IKEA

En la primera mitad de 2000 la empresa sueca IKEA era líder en el negocio europeo del mobiliario «desmontado» para el hogar. Tenía presencia en unos treinta países y era famosa por sus productos de alta calidad comercializados a precios reducidos. Se había logrado gracias a la visión de su fundador, Ingvar Kamprad, y a una atención casi obsesiva a cualquier elemento que pudiera elevar los costes, hasta tal punto que la reducción de costes se arraigó en la cultura de la empresa. El propio Kampard conducía un viejo Volvo y compraba frutas y verduras por la tarde, cuando eran más baratas. El personal de Ikea siempre viajaba en clase turista y cogía el autobús, y no taxis. Había carteles pegados en las paredes recordando a los empleados que tenían que apagar las luces, cerrar los grifos y apagar los PC. Había premios para la tienda u oficina que ahorrara más en electricidad.

### Fusiones interfronterizas

Las empresas francesas y británicas tienen un planteamiento distinto de los negocios, fuertemente influido por las distintas culturas nacionales. Esto puede constituir un importante obstáculo a una fusión de éxito salvo que los directivos sean conscientes de estas diferencias y sean capaces de controlar su impacto dentro de las empresas fusionadas. El impacto de la cultura nacional se puede constatar en la forma cotidiana en que funcionan las empresas. Los franceses tienen un mayor compromiso con los planteamientos racionales y analíticos para tomar decisiones, mientras que los británicos tienden a ir directos al grano y a utilizar más su «intuición». Las reuniones en Francia sirven fundamentalmente para aprobar lo que ya ha decidido «el jefe». Los británicos esperan acudir a una reunión para poder influir sobre la decisión que se va a tomar. Por tanto, los participantes en las reuniones tienden a reflejar estos distintos propósitos. En las reuniones de franceses suele haber más gente porque forma parte del proceso de comunicación y educación. En Gran Bretaña, los asistentes a una reunión suelen limitarse a los que tienen «derecho» para influir sobre la decisión.

*Fuentes: Financial Times, 24 de noviembre de 2003;* Senter, A. (1999): «Cross Channel culture club». *Management Today,* febrero. Pp. 73-75.

### Preguntas

1. Para cada uno de los tres ejemplos, haga una lista de las ventajas e inconvenientes de las cuatro culturas empresariales descritas.

2. Imagine que trabaja para una empresa francesa que está analizando la posibilidad de fusionarse con una empresa británica. Redacte un breve informe ejecutivo para su CEO en el que ofrezca una lista de las confrontaciones que pueden surgir y cómo se pueden resolver.

único país. Por ejemplo, los avances hacia el «euroconsumidor», con gustos y preferencias convergentes, tienen una importancia estratégica crucial para muchas organizaciones cuando planifican sus estrategias sobre productos y distribución. En menor medida, los países nórdicos pueden ser considerados como parecidos en muchas dimensiones y distintos de los países europeos «latinos».

## 4.5.2    Ámbito supraorganizacional[49]

La cultura también se conforma por agrupaciones «en función del trabajo», como una industria (o sector) o una profesión. Esta influencia cultural se comprende mejor como la influencia de carácter supraorganizacional. La definición académica formal del **ámbito supraorganizacional** es una comunidad de organizaciones con un «sistema significativo» común en el que las participantes se relacionan con más frecuencia entre sí que con las de fuera de ese ámbito[50]. Las organizaciones que se encuentran dentro de un mismo ámbito tienden a compartir un entorno empresarial con una tecnología dominante, la misma normativa, educación y formación. A su vez, esto puede implicar que tienden a operar en torno a normas y valores comunes. Por ejemplo, hay muchas organizaciones en el ámbito supraorganizacional de la «justicia» (como los abogados, la policía, los tribunales, las cárceles y los servicios de supervisión de la libertad condicional). Aunque, como especialistas, sus responsabilidades son diferentes y también difiere su planteamiento sobre cómo se debe alcanzar la justicia, están todos relacionados en el mismo «sistema político-económico». Todos estos especialistas tienen un compromiso con el concepto de que la justicia es algo bueno por lo que vale la pena luchar y tienen una frecuente relación en este ámbito. Por tanto, el ámbito supraorganizacional está conformado tanto por las organizaciones que se encuentran en él como por los supuestos que todos aceptan. Este conjunto de supuestos compartidos se definirá como la receta.

Una **receta**[51] es un conjunto de supuestos compartidos en el seno de un ámbito supraorganziacional sobre los propósitos de la organización y un «conocimiento compartido» sobre cómo se dirigen las organizaciones. Estas influencias culturales pueden presentar ventajas (por ejemplo, para los clientes) al ofrecer unas normas comunes y una coherencia entre los distintos proveedores individuales. El riesgo es que los directivos terminen «institucionalizados» y no sean capaces de aprender las lecciones que se pueden obtener fuera de su ámbito. Las profesiones, o las patronales, suelen intentar formalizar un ámbito supraorganizacional de forma que la pertenencia a dicho ámbito sea excluyente y regule el comportamiento de los miembros.

Puesto que la cultura dominante varía de un ámbito a otro, el paso de los directivos de un sector a otro puede resultar bastante difícil. Durante la década de los noventa se animó a una serie de directivos del sector privado a que pasaran al sector público en un intento de atraer nuevas culturas y planteamientos. Muchos quedaron sorprendidos ante las dificultades que tenían para ajustar su estilo directivo a las distintas tradiciones y expectativas de su nueva organización (por ejemplo, en las cuestiones relativas a la necesidad de alcanzar un consenso como parte del proceso de toma de decisiones).

La implicación práctica de estos comentarios es que la *legitimidad* es una influencia importante sobre los propósitos y estrategias de una organización. La **legitimidad** hace referencia a la satisfacción de las expectativas dentro de un ámbito supraorganizacional en cuanto a sus supuestos, comportamientos y estrategias. Las estrategias pueden depender de que se tenga legitimidad de diversas maneras. Por ejemplo, mediante las *normativas* (normas de comportamiento), las *expectativas normativas* (lo que la sociedad espera) o,

**Ámbito supraorganizacional** es una comunidad de organizaciones con un «sistema significativo» común en el que los participantes se relacionan con más frecuencia entre sí que con las de fuera de ese ámbito.

Una **receta** es un conjunto de supuestos compartidos en el seno de un ámbito supraorganziacional sobre los propósitos de la organización y un «conocimiento compartido» sobre cómo se dirigen las organizaciones.

La **legitimidad** hace referencia a la satisfacción de las expectativas dentro de un ámbito supraorganizacional en cuanto a sus supuestos, comportamientos y estrategias.

sencillamente, lo que se da por sentado que es adecuado (por ejemplo, la *receta*). A lo largo del tiempo, se tiende a desarrollar un consenso entre los directivos de un mismo ámbito sobre las estrategias que tendrán éxito, de forma que las propias estrategias queden legitimadas. Salirse de la estrategia puede ser arriesgado porque las partes interesadas importantes (como los clientes o los banqueros) pueden no aceptar esta desviación. Por tanto, las organizaciones tienden a imitar las estrategias de las otras. Existirán diferencias en cuanto a las estrategias de las distintas organizaciones, pero siempre dentro de los límites de la legitimidad[52]. Esto se analiza en el Capítulo 5 (Sección 5.3.6). Por supuesto, algunas organizaciones alternativas pueden, de hecho, representar a las futuras estrategias de éxito (por ejemplo, Virgin en los servicios financieros), pero es posible que inicialmente no se vea así; por ejemplo, es posible que los clientes mantengan su lealtad a los proveedores establecidos o que los banqueros se muestren reacios a financiar estos negocios.

### 4.5.3 Cultura organizacional

Resulta útil pensar en la cultura de una organización como cuatro capas[53] (*véase* el Cuadro 4.10):

- Suele ser fácil identificar los *valores* de una organización, suelen estar escritos en las declaraciones sobre la misión, los objetivos o las estrategias de la organización (que se analizarán más adelante en la Sección 4.6). Sin embargo, tienden a ser declaraciones muy vagas, como el «servicio a la comunidad» o la «igualdad de oportunidades en el empleo».
- Las *creencias* son más específicas pero, de nuevo, son cuestiones sobre las que las personas de la organización pueden hablar y expresarse. Pueden incluir una creencia de que la empresa no debería tener relaciones comerciales con determinados países, o que las acciones del personal profesional no deberían ser evaluadas por los directivos.

---

**Cuadro 4.10** | **Cultura en cuatro capas**

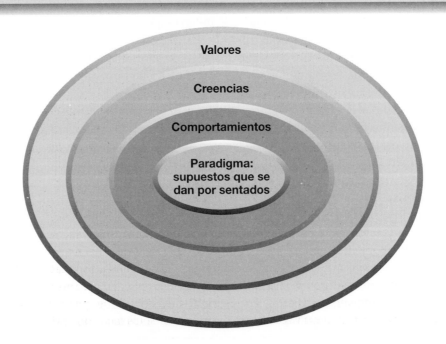

● Los *comportamientos* son la forma cotidiana en que funciona la organización y pueden ser vistos por la gente tanto de dentro como de fuera de la organización. Esto incluye las rutinas de trabajo, cómo se estructura la organización y cómo se controla, y cuestiones más «vagas» en torno a los comportamientos simbólicos.

● Los *supuestos que se dan por sentados* constituyen el centro de la cultura de una organización. Son los aspectos de la vida de la organización que la gente encuentra difíciles de identificar y explicar. Aquí nos vamos a referir a ellos como el paradigma de la organización. El **paradigma** es el conjunto de supuestos que se dan por sentados y que son comunes en una organización. Para que una organización opere eficazmente tiene que existir este conjunto de supuestos generalmente aceptados. Como se ha mencionado anteriormente, estos supuestos representan la *experiencia colectiva* sin la que la gente tendría que «volver a inventar el mundo» para cada distinta situación que surja. La Ilustración 4.6 refleja cómo el paradigma informa y determina la estrategia (en el ejemplo del periódico). Puede dar lugar a estrategias de éxito (IKEA) o limitar el desarrollo de nuevas estrategias (fusiones interfronterizas).

El **paradigma** es el conjunto de supuestos que se dan por sentados y que son comunes en una organización.

A medida que las organizaciones divulgan cada vez más sus muy estudiadas declaraciones públicas sobre sus valores, creencias y propósitos (por ejemplo, en los informes anuales, en las declaraciones de la misión y de los valores, y en los planes de empresa) se corre el riesgo de que estas declaraciones sean consideradas como descripciones precisas y útiles de los comportamientos y del paradigma de la organización. Pero es muy probable que, en el mejor de los casos, solo sea parcialmente cierto y, en el peor, que dé lugar a equívocos. No se está intentando sugerir que haya un engaño organizado. Sencillamente, las declaraciones de los valores y de las creencias suelen ser declaraciones de las aspiraciones de una parte interesada en concreto (el CEO) más que una descripción precisa de la «auténtica» cultura (comportamientos y supuestos sobre «cómo se dirige una organización de este tipo» y «lo que realmente importa aquí»). Por ejemplo, un observador externo de un departamento de policía podría concluir, a partir de sus declaraciones públicas sobre sus propósitos y prioridades, que existe un planteamiento equilibrado entre las distintas facetas del trabajo de los policías: capturar a los delincuentes, evitar el crimen, y mantener buenas relaciones con la comunidad. Sin embargo, un análisis más detallado podría revelar rápidamente que «en términos culturales» existe un «auténtico» trabajo policial (detener a los delincuentes) y un «trabajo inferior» (la prevención del crimen y las relaciones con la comunidad). La Sección 4.5.5 explicará cómo se pueden desvelar estos comportamientos y supuestos y cómo se pueden comprender a partir de la red cultural.

## 4.5.4    Subculturas funcionales y divisionales

Al intentar comprender las relaciones entre la cultura y las estrategias de una organización, puede ser posible identificar algunos aspectos de la cultura que predominan en toda la organización. Sin embargo, como se ha mencionado anteriormente, también pueden existir importantes *subculturas* en el seno de las organizaciones. Estas subculturas pueden estar relacionadas directamente con la estructura de la organización. Por ejemplo, las diferencias entre las divisiones geográficas de una empresa multinacional, o entre los grupos funcionales como finanzas, marketing y operaciones, pueden ser muy poderosas. Las diferencias entre las divisiones pueden ser particularmente evidentes en las organizaciones que han crecido mediante adquisiciones. Además, las distintas divisiones pueden estar aplicando distintos tipos de estrategia y las distintas posiciones en los mercados exigen o fomentan distintas culturas. En efecto, veremos más adelante (Capítulo 10) que una de las características críticas de las organizaciones de éxito es la correcta alineación entre la posición estratégica y la cultura de la organización. Las diferencias entre las funciones empresariales también se pueden relacionar con la distinta naturaleza del trabajo en las distintas funciones. Por ejemplo, el que las tareas sean rutinarias o complejas; que haya ciclos largos o cortos; que se preste más atención hacia dentro que hacia fuera. Así pues, el departamento de ingeniería que está desarrollando nuevas fábricas será muy distinto del departamento de relaciones públicas que tiene que responder al escrutinio externo.

### 4.5.5    La red cultural[54]

Es evidente que es importante intentar comprender la cultura en todos estos niveles, pero no es tarea fácil. Por ejemplo, ya se ha señalado que, incluso cuando la estrategia y los valores de la organización están por escrito, los supuestos subyacentes que pueden constituir el paradigma solo se hacen patentes en la forma en que la gente se comporta en su día a día. Estos comportamientos no solo ofrecen pistas sobre el paradigma, sino que también es probable que refuercen los supuestos dentro de ese paradigma. El concepto de la **red cultural** es una representación de los supuestos que se dan por sentados, o el paradigma, de una organización y de las manifestaciones en la conducta de la cultura de la organización (*véase* Cuadro 4.11). Se trata de los dos óvalos interiores del Cuadro 4.10. La red cultural se puede utilizar para comprender la cultura en cualquiera de los marcos de referencia analizados anteriormente, pero se suele utilizar más a menudo en los niveles de la organización y/o funcional/divisional del Cuadro 4.9[55].

La Ilustración 4.7 muestra una red cultural definida por los directivos de la atención sanitaria del Servicio Nacional de Salud del Reino Unido[56]. Será muy parecida a la de

La **red cultural** es una representación de los supuestos que se dan por sentados, o el paradigma, de una organización y de las manifestaciones en la conducta de la cultura de la organización.

| Cuadro 4.11 | La red cultural |
| --- | --- |

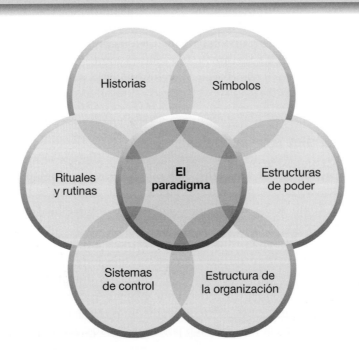

otros muchos sistemas de atención sanitaria estatales de otros países. Sin embargo, debe recordarse que esta es la opinión de los directivos; es posible que los médicos tengan un planteamiento muy distinto.

El Cuadro 4.12 destaca algunas de las preguntas que pueden ayudar a comprender la cultura a través de los elementos de la red cultural:

## Cuadro 4.12    La red cultural: algunas preguntas útiles

**Historias**
- ¿Qué creencias esenciales reflejan las historias?
- ¿Hasta qué punto predominan estas creencias (en los distintos niveles)?
- ¿A qué hacen referencia las historias:
  - a las fortalezas y debilidades?
  - a los éxitos o fracasos?
  - a los conformistas o a los disidentes?
- ¿Quiénes son los héroes y los villanos?
- ¿Cuáles son las normas de las que se desviaron los disidentes?

**Símbolos**
- ¿Hay determinados símbolos que representan a la organización?
- ¿Qué símbolos de status existen?
- ¿Qué lenguaje y qué jerga se utiliza?
- ¿Cuáles son los aspectos de la estrategia que se destacan en la publicidad?

**Rutinas y rituales**
- ¿En qué rutinas se pone el énfasis?
- ¿Qué parecería raro si se cambiara?
- ¿Qué tipo de comportamientos fomentan las rutinas?
- ¿Cuáles son los rituales clave?
- ¿Qué creencias esenciales reflejan?
- ¿En qué ponen el énfasis los programas de formación?
- ¿Con qué facilidad se pueden cambiar los rituales/rutinas?

**Estructuras de poder**
- ¿Cómo se distribuye el poder en la organización?
- ¿Cuáles son las creencias esenciales de los líderes?
- ¿Hasta qué punto se llevan a la práctica estas creencias (idealismo o pragmatismo)?
- ¿Cuáles son los principales obstáculos al cambio?

Historias · Símbolos · El paradigma · Estructuras de poder · Rituales y rutinas · Sistemas de control · Estructura de la organización

**Sistemas de control**
- ¿Qué es lo que se controla/supervisa más de cerca?
- ¿En qué se pone el énfasis, en las recompensas o en los castigos?
- ¿Con qué se relacionan los controles, con la historia o con las actuales estrategias?
- ¿Hay muchos/pocos controles?

**Estructura de la organización**
- ¿Hasta qué punto son las estructuras mecánicas/orgánicas?
- ¿Hasta qué punto son las estructuras planas/jerárquicas?
- ¿Hasta qué punto son las estructuras formales/informales?
- ¿Qué fomentan las estructuras, la colaboración o la competencia?
- ¿Qué tipo de estructura de poder respaldan?

**En general**
- ¿Qué sugieren las respuestas a estas preguntas que son los (cuatro) supuestos fundamentales que constituyen el paradigma?
- ¿Cómo describiría la cultura dominante?
- ¿Con qué facilidad se puede cambiar?

# estrategia en acción

## La red cultural del Servicio Nacional de Salud británico

*Se puede utilizar la red cultural para identificar los comportamientos y los supuestos que se dan por sentados en una organización.*

El gráfico reproduce la red cultural dibujada por los directivos del Servicio Nacional de Salud (NHS) británico.

**Historias**
- Curas
- Villanos (políticos)
- Héroes y heroísmo
- Los promotores de los cambios son unos ilusos
- Abuso de los directivos
- La edad dorada

**Símbolos**
- Terminología
- Batas blancas/uniformes
- Comitivas
- Teléfonos móviles
- Comedor de los médicos
- Grandes instituciones
- «Real»

**Rutinas y rituales**
- Rituales clínicos
- Ceremonias de consultas
- Se infantiliza a los pacientes
  - salas de espera
  - se les mete en la cama
  - se les despierta
- Recorridos de los médicos por las habitaciones
- Se culpa al siguiente nivel

**Paradigma**
- El NHS es «algo bueno»
- Servicio público
- Gratuito en el punto de provisión del servicio
- Valores de los médicos
- Los que proveen el servicio saben qué es lo mejor
- Supremacía de los profesionales
- «Nuestro»

**Poder**
- Fragmentado
  - organismos profesionales
  - médicos
  - médicos jefe
- Redes informales de compañeros de trabajo
- Políticos

**Controles**
- Informes financieros
- Listas de espera
- Casos clínicos
- Responsabilidad profesional

**Estructura organizacional**
- Jerárquica
- Mecánica
- Orden jerárquico de los servicios
- Tribal/funcional

## Rutinas y rituales

Se materializaban, por ejemplo, en rituales en las consultas y para la prescripción de fármacos. Los rituales tenían que ver con lo que los directivos describieron como «infantilizar» a los pacientes, lo que les «ponía en su lugar»: hacerles esperar, meterles en la cama, despertarles, etcétera. La sumisión de los pacientes se enfatizaba todavía más gracias a la elevación de los médicos con los rituales de las ceremonias de consultas y las rondas por las habitaciones. Estas rutinas y rituales enfatizan que son los profesionales los que tienen el control.

## Historias

La mayoría de las historias en los servicios sanitarios tienen que ver con las curas, sobre todo de enfermedades terminales. Los héroes de los servicios sanitarios curan, no atienden. También hay historias de políticos villanos que intentan cambiar el sistema, de los fracasos de los que han intentado imponer cambios y de los actos heroicos de los que han defendido el sistema (con frecuencia, médicos de reconocido prestigio).

## Símbolos

Los símbolos reflejaban las distintas instituciones dentro de la organización, con uniformes para médicos y enfermeras, símbolos distintivos para los médicos, como sus comitivas de personal, y símbolos de status como los teléfonos móviles y los comedores. La importancia del tamaño y el estatuto del hospital quedaba reflejada, cuanto menos, por la utilización del apelativo «Real» en su nombre, considerado como medio clave para garantizar que superará cualquier amenaza de cierre.

## Estructuras de poder

La estructura de poder está fragmentada entre los médicos, las enfermeras y los directivos. Sin embargo, históricamente, los doctores jefe eran los más poderosos y los directivos habían sido considerados, hasta la fecha, como meros «administradores». Al igual que otras muchas organizaciones, también había fuertes redes informales de individuos y grupos que alcanzaban coaliciones en torno a cuestiones específicas para fomentar o resistir determinada opinión.

## Sistemas de control

En los hospitales, la medida clave ha sido el número de «casos clínicos atendidos», es decir, la actividad más que los resultados. El control del personal es ejercido por los profesionales de mayor rango. La tutela de empleados es una característica clave de esta cultura profesional.

## Estructura de la organización

Las estructuras eran jerárquicas y mecánicas. Había un claro orden social entre los servicios, siendo los servicios de «atención» los de menor rango, por ejemplo, el de salud mental. Desde el punto de vista informal había mucha «tribalidad» entre funciones y grupos de profesionales.

## El paradigma

Los supuestos que constituyen el paradigma reflejan la percepción común entre el público del Reino Unido de que el NHS es «algo bueno»: un servicio público que debe ser suministrado con igualdad de trato y gratuito en el punto de provisión. Sin embargo, los valores médicos son esenciales y «los médicos saben qué es lo mejor». Se trata de una organización que intenta curar enfermedades más que prevenirlas. Por ejemplo, una mujer embarazada no está enferma y, sin embargo, las mujeres embarazadas suelen quejarse de que los hospitales las tratan como si estuvieran enfermas. Lo que prima en los hospitales es el sector de los profesionales y no, por ejemplo, la atención que se presta a la comunidad. En general, el NHS pertenece a los que proveen el servicio.

### Preguntas

1. Vuelva a leer la Sección 4.5.5 del texto y asegúrese de que comprende los elementos de la red cultural (utilizando este ejemplo de los directivos del NHS).

2. A partir de todos los detalles que hay en esta red, redacte cuatro declaraciones que, en conjunto, considere que reflejan la cultural del NHS.

3. ¿Cuáles son las implicaciones de este análisis en cuanto a la facilidad o dificultad para desarrollar nuevas estrategias?

- Los *comportamientos rutinarios* de los miembros de la organización, tanto en el interior como frente a las personas ajenas a la organización, constituyen «la forma en que hacemos las cosas aquí» en el día a día. En el mejor de los casos, esto permite lubricar el funcionamiento de la organización y puede ofrecer una competencia distintiva a la organización. Sin embargo, también representan lo que se da por sentado sobre cómo deben hacerse las cosas, lo que puede ser extremadamente difícil de cambiar.

- Los *rituales* de la vida de la organización son las actividades concretas o acontecimientos especiales que utiliza la organización para poner el énfasis en lo que es particularmente importante y refuerza «la forma en que hacemos las cosas aquí». Los ejemplos incluyen los programas de formación, los paneles de entrevistadores, los procedimientos de evaluación y promoción, las conferencias de ventas, etcétera. Un ejemplo extremo, por supuesto, es la formación virtual de los reclutas del ejército para prepararles para la disciplina necesaria en el combate. Sin embargo, los rituales también pueden ser actividades informales, como el tomarse una copa en el bar después del trabajo, o cotillear alrededor de la fotocopiadora. En el Capítulo 10 (*véase* Cuadro 10.8) se ofrece una lista sobre los posible rituales.

- Las *historias* que cuenta el personal de una organización, entre ellos, a las personas de fuera de la organización, a los recién contratados, etcétera, describen el presente y la historia de la organización y también destacan acontecimientos y personalidades importantes. Normalmente, estas historias tienen que ver con éxitos, desastres, héroes, villanos y disidentes (los que se desviaron de la norma). Es un medio para decirle a la gente qué es lo que se considera importante en la organización.

- Los *símbolos*[57], como los logotipos, las oficinas, los vehículos de la empresa y el nombre del cargo, o el lenguaje y la terminología que se suelen utilizar, constituyen una rápida representación de la naturaleza de la organización. Por ejemplo, en organizaciones conservadoras o de larga tradición, es probable que haya símbolos de jerarquía o deferencia relacionados con la disposición formal de la oficina, los distintos privilegios de los distintos niveles directivos, la forma en que la gente se dirige a una u otra persona, etcétera. A su vez, esta formalización puede reflejar dificultades para cambiar las estrategias dentro de un sistema jerárquico. El tipo de lenguaje utilizado en una organización también puede ser particularmente revelador, especialmente en lo que respecta a los consumidores o clientes. Por ejemplo, el director de la agencia de protección del consumidor de Australia describió a sus clientes como «quejicas»; en un gran hospital universitario del Reino Unido, los doctores describieron a los pacientes como «material clínico». Aunque estos ejemplos pueden resultar divertidos, pueden reflejar los supuestos subyacentes sobre los consumidores (o pacientes) que podrían desempeñar un papel significativo en la influencia de la estrategia de una organización.

    Aunque los símbolos se muestran por separado en la red cultural, debe reconocerse que muchos elementos de la red son simbólicos, en cuanto que transmiten mensajes más allá de su propósito funcional. Las rutinas, los sistemas de control y de recompensas, y las estructuras, son simbólicas.

- Las *estructuras de poder* también influirán probablemente sobre los supuestos clave. Los grupos más poderosos de una organización tendrán probablemente una estrecha relación con los supuestos y creencias esenciales. Por ejemplo, aunque una asesoría contable puede ofrecer una amplia gama de servicios, normalmente los individuos o grupos más poderosos serán censores jurados que tendrán un conjunto de supuestos sobre el negocio y su mercado que derivan de la práctica contable.

Debe recordarse que hay muchas fuentes de poder en las organizaciones (*véase* Sección 4.3.3).

- Los *sistemas de control,* los sistemas de evaluación y de recompensa, enfatizan lo que se considera que es importante supervisar en la organización. Por ejemplo, se suele acusar a las organizaciones de los servicios públicos de que suelen prestar más atención a la administración de los fondos que a la calidad del servicio. Esto queda reflejado en sus procedimientos, que se centran más en la contabilización del gasto que en la calidad del servicio. Los sistemas de recompensas tienen una importante influencia sobre los comportamientos, pero también pueden constituir una barrera para el éxito de las nuevas estrategias. Por ejemplo, una organización de la que existen sistemas de primas individuales relacionadas con el volumen podría encontrar difícil promover estrategias que fomenten el trabajo en equipo y que pongan el énfasis en la calidad y no en el volumen.

- Es probable que la *estructura de la organización* refleje las relaciones de poder y cuáles son las relaciones y los cargos importantes. En las estructuras mecánicas formales muy jerárquicas se puede poner el énfasis en que la estrategia es responsabilidad de la alta dirección y todo el resto del personal trabaja «bajo sus órdenes». En las estructuras con un elevado grado de descentralización (como se analizará en el Capítulo 8) puede darse más importancia a la colaboración que a la competencia, etcétera.

- El *paradigma* de una organización engloba y refuerza los comportamientos observados en los demás elementos de la red cultural. La ilustración demuestra que la imagen general del Servicio Nacional de Salud británico tiene una cultura «orientada al productor» dominada por la práctica médica, con una fragmentación del poder histórica, y una división entre las cuestiones médicas de la organización y su dirección como organización. Es una cultura en la que se ha considerado tradicionalmente que la dirección tiene poca importancia relativa.

El «mapa» detallado que ofrece la red cultural es una rica fuente de información sobre la cultura de una organización. Pero, para comprender la influencia de la cultura sobre los propósitos de la organización, es importante ser capaz de describir la cultura que se refleja en esta información. A veces, es posible reflejar la esencia de la cultura de una organización con una sencilla descripción gráfica. Por ejemplo, se podría resumir la red cultural del Servicio Nacional de Salud británico de la Ilustración 4.7 como el «Servicio Nacional para Enfermedades». A veces se puede hacer para definir la cultura dominante de los distintos grupos estratégicos que conforman un sector. Por ejemplo, comparando las redes culturales de las universidades más viejas y más nuevas del Reino Unido, se podrían describir respectivamente como «cerebritos y gurús» y «fábricas de enseñanza». Incluso las redes culturales de las empresas más grandes merecen, a veces, la descripción cultural de «la empresa familiar». Aunque este planteamiento es bastante rudo y poco científico, puede ser muy poderoso cuando refleja lo que los miembros de la organización realmente piensan de la misma, lo que no tiene por qué ser evidente en el análisis de los detallados puntos de la red cultural. Lo importante es que se comprenda que la cultura determina las estrategias, por ejemplo, el «servicio nacional para enfermedades» otorga claramente la prioridad a las estrategias sobre desarrollos espectaculares para curar a los enfermos más que a las estrategias que promueven la salud. Así pues, los que quieren fomentar las estrategias que promueven la salud tienen que comprender que tienen que lograr apoyos en ese contexto cultural y no suponer que los procesos racionales como la planificación y la asignación de los recursos bastarán.

## 4.6   COMUNICACIÓN DE LOS PROPÓSITOS DE LA ORGANIZACIÓN

Las secciones anteriores se han fijado en los factores que influyen sobre los propósitos de una organización: el marco del gobierno corporativo, las relaciones con las partes interesadas, los estándares éticos y la cultura. Esta sección se va a fijar en la forma en que las organizaciones intentan comunicar sus propósitos de forma explícita, por ejemplo, a través de declaraciones sobre los *valores corporativos, la visión, la misión* y los *objetivos* de la organización. En algunas ocasiones, estas declaraciones pueden ser un requisito formal del gobierno corporativo. En otros, pueden ser lo que esperan las partes interesadas de la organización. La Ilustración 4.8 es un ejemplo del departamento de servicios sociales de un ayuntamiento. A pesar de lo anterior, es necesario recordar que estas declaraciones no tienen por qué ser un reflejo exacto de las prioridades de una organización, o de las cuestiones políticas y culturales analizadas anteriormente.

### 4.6.1   Valores corporativos[58]

Los **valores nucleares** de la organización: se trata de «principios» que guían las acciones de una organización.

Cada vez más, las organizaciones se han mostrado dispuestas a desarrollar y comunicar una serie de valores corporativos que definen la forma en que funciona la organización. Particular relevancia tienen los **valores nucleares** de la organización: se trata de «principios» que guían las acciones de una organización. Por ejemplo, los servicios de emergencia, como las ambulancias y los departamento de bomberos, tienen un compromiso esencial de salvar vidas hasta el punto de que interrumpirán una huelga para atender una emergencia en la que hay vidas amenazadas. Algunos autores han afirmado que el éxito de muchas empresas estadounidenses, como Disney, General Electric o 3M, se puede atribuir (al menos en parte) a fuertes valores nucleares[59]. Sin embargo, existen inconvenientes potenciales a las declaraciones públicas de los valores empresariales si una organización demuestra reiteradamente que no los aplica en la práctica. Aunque los *valores nucleares* suelen ser una expresión de la forma en que la organización *se comporta*, hay otros valores corporativos que la organización *aspira* a alcanzar. A no ser que esta distinción esté clara, hay margen para considerables malentendidos y cinismo sobre las declaraciones de los valores corporativos. En muchas organizaciones también hay valores corporativos que son mínimos básicos (*umbral*) que deben «suscribir» todas las partes interesadas. Estos valores pueden ser relativos a, por ejemplo, las cuestiones relacionadas con la responsabilidad social de la empresa que se analizaron en la anterior Sección 4.4.2. Muchas organizaciones del sector público se negarán a tratar con proveedores que no satisfagan estos estándares umbral.

### 4.6.2   Declaraciones de la misión

La **declaración de la misión** es una declaración de la dirección y el propósito general de una organización.

Mientras que los valores corporativos pueden definir el telón de fondo y los límites en los que se desarrolla cada una de las estrategias, la **declaración de la misión** es una declaración de la dirección y el propósito general de una organización. Se puede pensar que es una expresión de su *razón de ser*. Algunas organizaciones utilizan el término «declaración de la visión», algunas incluso tienen una declaración de la misión y una declaración de la visión. Si hay un desacuerdo sustancial dentro de la organización o con las partes interesadas

# Propósitos de la organización del Departamento de Policía de Irlanda del Norte

*Las organizaciones consideran útil publicar una declaración de sus propósitos. Se suele hacer con distintos grados de detalle.*

Como parte de su Plan Policial 2003/04, el Departamento de Policía de Irlanda del Norte (PSNI) destacó su misión, sus objetivos generales y sus prioridades. También informaba sobre los logros de los años anteriores frente a los objetivos e indicadores de cada prioridad. A continuación se muestran algunos fragmentos del informe:

## 1. Declaración de la misión

*Trabajamos cooperativamente para que Irlanda del Norte sea más segura.*
Lograr un servicio de policía eficaz y profesional en asociación con la comunidad, ayudando a garantizar una sociedad justa y segura en la que primen los derechos humanos y las responsabilidades se respeten y equilibren de forma adecuada.

## 2. Objetivos generales

- Fomentar la seguridad y minimizar los disturbios
- Reducir el crimen y el miedo a la criminalidad
- Contribuir a ofrecer un servicio que garantice que se mantiene la confianza del público en el imperio de la ley.

El énfasis en la importancia otorgada a cada área es flexible y está sujeto a cambios para poder satisfacer las necesidades y exigencias de la comunidad local.

## 3. Prioridades (ejemplos)

Prioridades para «reducir el crimen y el miedo a la criminalidad»

- Trabajar en colaboración con otras agencias relevantes para ayudar a reducir la incidencia del crimen, incluyendo el crimen organizado
- Limitar el tráfico ilegal de fármacos y trabajar en colaboración con otras agencias para abordar el problema del mal uso de los fármacos
- Mantener el imperio de la ley, contener la amenaza terrorista y llevar ante la justicia a los delincuentes

## 4. Objetivos para «reducir el crimen y el miedo a la criminalidad» (ejemplos)

- Reducir el número de robos en los domicilios en un 5 por ciento (anual)

- Reducir el número de robos de vehículos en un 5 por ciento (anual)
- Establecer con precisión el número de crímenes e incidentes de naturaleza racista u homofóbica
- Demostrar la contribución policial a la Estrategia para la Seguridad de la Comunidad de Irlanda del Norte
- Registrar el número de accidentes domésticos y de incidentes de violencia doméstica y desarrollar una estrategia para hacer un seguimiento de cómo se resuelven estos incidentes
- Aumentar el número de decomisos de drogas ilegales
- Lograr una tasa de detección de la delincuencia del 55 por ciento

## 5. Indicadores (ejemplos)

- Número de personas acusadas de delitos de terrorismo
- Número de muertos por culpa de la situación de la seguridad
- Número de incidentes con disparos y ataques con bombas
- Número de muertos por ataques paramilitares

*Fuente*: Police Service of Northern Ireland, Policing Plan 2003/04.

## Preguntas

1. ¿Qué utilidad tienen estas distintas declaraciones sobre el propósito para configurar y aplicar la estrategia del PSNI? Al responder a la pregunta, asegúrese de dar una valoración crítica de cada uno de los distintos «niveles» de la declaración para poder determinar:

   (a) qué se pretende conseguir;

   (b) si cree que se ha conseguido;

   (c) cualquier mejora que sugeriría.

2. Ofrezca un comentario del grado en que estos distintos propósitos son coherentes entre sí.

respecto a la misión (o visión), se pueden generar auténticos problemas para determinar cuál es la dirección estratégica de la organización. Aunque las declaraciones de la misión se han generalizado mucho más a principios de la década de 2000, muchas críticas afirman que son enunciados vagos de tintes generales[60]. Sin embargo, puede ser necesario ofrecer estas declaraciones dada la naturaleza política de la dirección estratégica, puesto que, *a ese nivel*, es esencial tener una declaración que la mayoría, o todas, las partes interesadas puedan suscribir. Es necesario poner el énfasis en las cuestiones comunes entre las partes interesadas, y no en las diferencias.

### 4.6.3   Objetivos

Los objetivos son declaraciones de resultados concretos que se quieren conseguir. Los objetivos, tanto desde el punto de vista del conjunto de la empresa como desde la unidad de negocio, suelen expresarse en términos financieros. Pueden ser una expresión de los niveles deseados de ventas o beneficios, tasas de crecimiento, dividendos o cotización de las acciones[61]. Pero las organizaciones también tienen objetivos en función del mercado, que se pueden cuantificar como la cuota de mercado, el servicio al consumidor, la repetición de las compras, etcétera.

Muchos autores[62] han afirmado que los objetivos no son útiles a no ser que se puedan medir y alcanzar, es decir, que sean objetivos cerrados. Aquí no compartimos esta opinión. Puede haber algunos objetivos que son importantes pero que resulta difícil cuantificar o expresar en términos mensurables. Un objetivo como el «ser el líder en tecnología» puede ser muy relevante en el actual entorno tecnológico, pero podría convertirse en un objetivo absurdo si tiene que expresarse de forma mensurable. No obstante, sigue siendo un objetivo válido.

Sin embargo, a veces es necesario disponer de objetivos específicos. Es probable que este sea el caso cuando se necesitan acciones urgentes, como en momentos de crisis o de importantes transiciones, y es esencial que la dirección pueda centrar su atención en un limitado número de requisitos prioritarios. Un ejemplo extremo es el de una situación en que hay que *darle la vuelta a la empresa*. Si la elección es quebrar o sobrevivir, no hay margen para tener controles y requisitos definidos en términos vagos.

Un problema recurrente de los objetivos es que los directivos y los empleados que están «más abajo» de la jerarquía no tienen claro cómo contribuye su trabajo cotidiano a la consecución de los objetivos de los niveles superiores. En principio, esto se podría resolver mediante una «cascada» de los objetivos, definiendo un conjunto de objetivos detallados para cada nivel de la jerarquía. Muchas organizaciones intentan lograrlo en cierta medida.

# ¿Son los directivos meros agentes sin principios?

*¿Se puede confiar en los altos directivos para que dirijan sus organizaciones fomentando los intereses de sus accionistas? ¿Es peor el remedio a la falta de confianza que el problema en sí?*

La Sección 4.2 introdujo la teoría de la agencia, el concepto de que existe una división entre los intereses de los principales (por ejemplo, los accionistas de una empresa) y sus agentes (los directivos que contratan los accionistas para dirigir sus negocios). El profesor de la Harvard Business School, Michael Jensen, uno de los principales exponentes de la teoría de la agencia, advierte que no hay «agentes perfectos» en el mundo real[1]. Nadie puede asumir personalmente los deseos de otra persona de forma que se pueda convertir en el agente perfecto. Ya sea por su propio interés, o tal vez por error, no se puede confiar en los directivos para que maximicen los intereses de los accionistas.

Esta perspectiva de la agencia ofrece una dura advertencia respecto a la estrategia. El exceso de tesorería que podría pagarse a los accionistas directamente se desperdiciará probablemente en adquisiciones que engrandecen a los directivos, en iniciativas indulgentes de investigación y en proyectos de inversión promovidos por los directivos. Desde este punto de vista, gran parte de la estrategia favorece más los intereses de los directivos que los de los accionistas.

Según Michael Jensen, la mejor salvaguarda contra estos problemas de agencia en el mundo directivo es alinear los intereses de los directivos sin ambigüedad alguna con el objetivo de los accionistas de la maximización del valor a largo plazo. Esta alineación debe ser financiera, recurriendo a las opciones sobre acciones y a otros sistemas retributivos relacionados con el rendimiento. Los directivos deberían enriquecerse solo si enriquecen a sus accionistas. Los directivos deberían ser castigados con reducciones retributivas o el despido si fracasan.

Aquí, Jensen advierte contra la teoría *stakeholders*. Para él, la atención de los directivos debería centrarse exclusivamente en la maximización del valor. La teoría de las partes interesadas, al introducir otros intereses como los de los consumidores o los empleados, corre el riesgo de solo conseguir confundir los objetivos directivos. Sin un único objetivo claro, resulta difícil motivar y controlar a los directivos. Además, la maximización del valor a largo plazo también exige tratar adecuadamente a los empleados y a los consumidores.

El problema de esta visión exclusivamente financiera de los directivos y de las organizaciones, según Sumantra Ghoshal, es que es muy fácil que sea contraproducente[2]. Si uno trata a

los directivos como si no confiara en ellos, los directivos se comportarán como si no fueran dignos de confianza. El reto no consiste tanto en proteger el valor ante el posible despilfarro por parte de los directivos, sino en animar a los directivos a que creen valor. La creación de valor en una organización depende de la confianza mutua, y de que haya suficiente margen en el sistema como para permitir la experimentación y que se asuman riesgos. Los directivos, y de hecho todos los empleados, deben recibir ánimos para intercambiar información e intentar innovaciones arriesgadas sin que se preste una continua atención a sus intereses financieros personales. Se podrán fomentar mejor los intereses de los accionistas si los directivos son considerados como creadores de valor y no como acaparadores de valor.

En el mundo real existen pruebas a favor de ambos planteamientos. Un escándalo como el de Enron demuestra que los directivos profesionales como el CEO de Enron, Jeff Skilling pueden, en efecto, financiar proyectos u ocultar pérdidas en contra de los intereses de los accionistas, como esperaría Michael Jensen. Por otra parte, Sumantra Ghoshal podría responder afirmando que los excesos de Enron se debieron, precisamente, a los enormes incentivos financieros ofrecidos a los altos ejecutivos. En vez de alinear los intereses de los directivos a los de los accionistas, estos incentivos ofrecieron a los altos ejecutivos de Enron una buena razón para hacer trampas. Puede que no sea casualidad que Jeff Skilling obtuviera su MBA en la Harvard Business School de Jensen.

*Fuentes:*
1. Jensen, M. C. (2001): «Value maximisation, stakeholder theory and the corporate objective function». *European Financial Management*, vol. 7, n.º 3. Pp. 297-317; Jensen, M. C. y Murphy, K. J. (1990): «CEO Incentives - it's not how much you pay, but how». *Harvard Business Review*, mayo-junio. Pp. 138-149.
2. Ghoshal, S.; Bartlett, C. A. y Moran, P. (1999): «A New Manifesto for Management». *Sloan Management Review*, primavera. Pp. 9-20.

## Pregunta

¿Hasta qué punto debería relacionarse la retribución de los altos directivos con el rendimiento financiero y qué mecanismos alternativos existen para garantizar un comportamiento directivo adecuado con menores efectos secundarios no deseados?

# Resumen

- Las expectativas y propósitos están influidos por cuatro factores principales: el gobierno corporativo, las expectativas de las partes interesadas, la ética empresarial y la cultura.

- Las estructuras de *gobierno corporativo* determinan a quién debe atender la organización y cómo se deben decidir los propósitos y prioridades. El gobierno corporativo se ha hecho más complejo por dos razones principales: primera, la separación de la propiedad del control directivo, y segunda, la creciente tendencia a que las organizaciones tengan una responsabilidad más visible ante una mayor diversidad de partes interesadas.

- Las partes interesadas difieren en cuanto al poder que tienen y al grado de interés activo por las estrategias que está aplicando una organización. Aunque pueden mostrarse de acuerdo con los propósitos generales de una organización, desde un punto de vista más detallado suele haber distintas expectativas entre las diferentes partes interesadas. El *mapa de las partes interesadas* puede ayudar a comprender estas diferencias.

- Los propósitos también se ven influidos por la postura ética adoptada por la organización sobre sus relaciones con la sociedad en general. Esta postura ética puede variar desde una visión estrecha por la que los intereses a corto plazo de los accionistas deben ser los dominantes, hasta la visión de algunas organizaciones que consideran que ayudan a conformar a la sociedad. Dentro de esta postura más general, serán importantes las cuestiones específicas relativas a la *responsabilidad social de la empresa*. También pueden existir *dilemas éticos para los individuos* de las organizaciones si sus valores personales entran en conflicto con los estándares y comportamientos éticos de la organización.

    (El gobierno, las expectativas de los directivos como accionistas y la ética están todas relacionadas con la cuestión de la agencia que es el tema del debate clave de la Ilustración 4.9.)

- Los propósitos están fuertemente influidos por los marcos de referencia culturales en distintos «niveles». Estos marcos de referencia van desde la cultura nacional, hasta el ámbito supraorganizacional y la cultura de la organización y sus subculturas. Todos estos «ámbitos culturales» afectan al hecho de que las estrategias se consideren legítimas.

- La cultura se compone de «capas» de valores, creencias, comportamientos y supuestos que se dan por sentados en las organizaciones. La red cultural es un concepto útil para comprender cómo se relacionan estas dos últimas capas y cómo afectan a la estrategia.

- Los propósitos de la organización se pueden comunicar con distinto grado de detalle, desde las declaraciones generales sobre los valores y la misión de la empresa hasta los objetivos operativos detallados para las diversas partes de la organización.

## Lecturas clave recomendadas

- Tricker, R. L (1999): *International Corporate Governance: Text, cases and readings*, Prentice Hall, sigue siendo el libro más exhaustivo sobre el gobierno corporativo. También resultan útiles Davies, A. (1999): *A Strategic Approach to Corporate Governance*. Gower; Monks, R. y Minow, N., eds.: *Corporate Governance*. Blackwell, 2.ª edición.

- Para más información sobre el concepto de las partes interesadas léase el capítulo de Scholes, K. en Ambrosini, V. con Johnson, G. y Scholes, K., eds. (1998): *Exploring Techniques of Analysis and Evaluation in Strategic Management*. Prentice Hall. Los lectores

deberían están familiarizados con el contexto político de la toma de decisiones estratégicas leyendo Pfeffer, J. (1994): *Managing with Power: Politics and inuence in organisations*. HBS Press; o Buchanan, D. y Badham, R. (1999): *Power, Politics and Organisational change: winning the turf game*. Sage.

- Los lectores pueden ver ideas útiles sobre la ética empresarial leyendo: Werhane, P. y Freeman, R. E. (1999): «Business ethics: the state of the art». *International Journal of Management Research*, vol. 1, n.º 1. Pp. 1.16. Un libro útil sobre la responsabilidad social de la empresa es Frederick, W.; Post, J. y Davis, K. (1992): *Busi-*

*ness and Society: Management, public policy, ethics*. McGraw-Hill, 7.ª edición.

● SCHEIN, E. (1997): *Organisation Culture and Leadership*. Jossey-Bass; y BROWN, A. (1998): *Organisational Culture*. FT/Prentice Hall, son útiles para comprender las relaciones entre la cultura de la organización y la estrategia. La influencia de la cultura nacional sobre la estrategia se puede ver en HOFSTEDE, G. (2001): *Culture's Consequences*. Sage, 2.ª edición; y SCHNEIDER, S. y BARSOUX, J. L.

(2003): *Managing Across Cultures*. Financial Times/Prentice Hall, 2.ª edición.

● Se puede encontrar una explicación exhaustiva de la red cultural en el capítulo de JOHNSON, G. (1998): «Mapping and re-mapping organisational culture». En V. Ambrosini con Johnson, G. y Scholes, K., eds. (1998): *Exploring Techniques of Analysis and Evaluation in Strategic Management*. Prentice Hall.

# Notas

1. Las referencias generales útiles sobre el gobierno corporativo son: DAVIES, A. (1999): *A Strategic Approach to Corporate Governance*, Gower; MONKS, R. y Minow, N., eds (2002): *Corporate Governance*. Blackwell, 2.ª edición; y TRICKER, R.I. (1999): *International Corporate Governance: Text, cases and readings*. Prentice Hall (que sigue siendo el libro más exhaustivo sobre este tema). Asimismo, (2002): *Harvard Business Review on Corporate Governance*. HBS Press, es una recopilación de ocho artículos publicados en la revista durante la década de los noventa. CIMA, *Corporate Governance: History, Practice and Future*, 2000, es una guía para los directivos profesionales. Aquellos interesados en una actualización anual de la investigación pueden encontrarla en «Corporate governance digest». *Business Horizons* (normalmente en el número de mayo).

2. Estas diferencias entre países se analizan en los libros generales (*véase* Nota 1) y también en: CLARKE, T. y CLEGG, S. (2000): Capítulo 5. *Changing Paradigms: The transformation of management knowledge in the 21st century*. HarperCollins.

3. El modelo principal-agente parte de la teoría de la agencia que se desarrolló en la economía de las organizaciones y que en la actualidad se utiliza ampliamente en el campo directivo tal y como se describe aquí. Dos referencias útiles son: EISENHARDT, K. (1989): «Agency theory: An assessment and review». *Academy of Management Review*, vol. 14, n.º 1. Pp. 57-74; LAFFONT, J. y MARTIMORT, D. (2002): *The Theory of Incentives: The Principal-Agent Model*. Princeton University Press.

4. La cuestión de a quién deben rendir cuenta los directivos de las empresas se analiza en CHARKHAM, J. (1994): *Keeping Good Company: A study of corporate governance in ve countries*. Clarendon Press; y KAY, J. (1997): «The stakeholder corporation». En Kelley, G. Kelly, D. y Gamble, A. (eds.): *Stakeholder Capitalism*. Macmillan.

5. Este principio fue establecido por el Comité Hampel sobre Gobierno Corporativo, 1997.

6. Una interesante revisión de las cuestiones planteadas por los accionistas activos puede encontrarse en GRAVES, S.; REHBIEN, K. y WADDOCK, S. (1988-1998): «Fad and fashion in shareholder activism: the landscape of shareholder resolutions, 1988-1998». *Business and Society Review*, vol. 106, n.º 4. Pp. 293-314.

7. Para una revisión de la quiebra de Enron *véase*: THOMAS, C.W. (2002): «The rise and fall of Enron». *Journal of Accountancy*, vol. 193, n.º 4. Pp. 41-47. Una valoración de las lecciones estratégicas más generales se puede encontrar en: WHITTINGTON, R. *et al.*(2003): «Taking strategy seriously: responsibility and reform for an important social practice». *Journal of Management Enquiry*, vol. 12, n.º 4. Pp. 396-409.

8. La contribución de cada uno de estos informes se resume con claridad en VINTEN, G. (2000): «Corporate Governance: the need

to know». *Industrial and Commercial Training*, vol. 32, n.º 5. Pp. 173-178.

9. Los informes Treadway (1987) y COSO (1992) en Estados Unidos y los informes Cadbury (1992 y 1996) en el Reino Unido.

10. Por ejemplo, en el Reino Unido los informes Hampel (1998), Turnbull (1999) y Higgs (2003).

11. La importancia de la gestión de riesgos del sector público fue analizada en (julio de 2000): «Supporting innovation: managing risk in government departments». *Report by the Comptroller and Auditor General*The Stationery Ofce.

11. *Libro Blanco sobre el gobierno*. Comisión Europea, julio 2001.

13. NORBURN, D.; BOYD, B.; FOX, M. y MUTH, M. (2000): «International corporate governance reform». *European Business Journal*, vol.12, n.º 3. Pp. 116-133.

14. *Véase* Nota 2 y Charkham, J. (Nota 3).

15. La visión a corto plazo en la tradición panamericana se contrasta con el modelo del Rin más típico de Alemania, Suiza, Benelux y los países europeos nórdicos en ALBERT, M.: «The Rhine model of capitalism: an investigation». En Nicoll, W.; Norburn, D. y Schoenberg, R., eds. (1995): *Perspectives on European Business*. Whurr Publishers.

16. *Véase*: FLIASTER, A. y MARR, R. (2001): «Change of the insider-oriented corporate governance in Japan and Germany: between Americanisation and tradition». *Journal of Change Management*, vol. 1, n.º 3. Pp. 242-256.

17. En Estados Unidos, el Sabanes-Oxley Act (2002). En el Reino Unido, HIGGS, D. (2003): «Review of the role and effectiveness of non-executive directors».UK Department of Trade and Industry.

18. *Véase* Norburn *et al.* (Nota 13); SONNENFELD, J. (2003): «What makes great boards great». *Harvard Business Review*, vol. 80, n.º 9. Pp. 106-113.

19. *Véase* (2001): *Changing Gear: Best Value Annual Statement*. UK Audit Commission.

20. La privatización de los servicios públicos se analiza en JACKSON, P. y PRICE, C. (1994): Capítulo 3. *Privatisation and Regulation: A review of the issues*. Longman.

21. DOYLE, E. (2001): «Implications of ownership for strategy: the example of commercial semi-state bodies in Ireland» (Capítulo 10). Johnson, G. y Scholes, K., eds. (2001): *Exploring Public Sector Strategy*. Financial Times/Prentice Hall.

22. Sigue mereciendo la pena leer los primeros escritos sobre las partes interesadas. Por ejemplo, el trabajo seminal de CYERT, R. M. y MARCH, J. G. (1964): *A Behavioural Theory of the Firm*. Prentice Hall; MITROFF, I.I. (1983): *Stakeholder of the Organisational Mind*. Jossey-Bass; FREEMAN, R. E. (1984): *Strategic Management: A stakeholder approach*. Pitman.

23. Se pueden ver detalles sobre cómo se relacionan estos tres grupos de las organizaciones en: CUMMINGS, J. y DOH, J. (2000):

«Identifying who matters: mapping key players in multiple environmentsc. *California Management Review,* vol. 42, n.º 2 (2000). Pp. 83-104.

24. KOSTOVA, T. y ZAHEER, S. (1999): «Organisational legitimacy under conditions of complexity: the case of the multinational enterprise». *Academy of Management Review,* vol. 24, n.º 1. Pp. 64-81.

25. Este planteamiento del mapa de las partes interesadas ha sido adaptado de MENDELOW, A. (1991): *Proceedings of 2nd International Conference on Information Systems.* Cambridge, MA. *Véase* también el capítulo de SCHOLES, K. (1998): «Stakeholder analysis». En Ambrosini, V. con Johnson, G. y Scholes, K., eds.: *Exploring Techniques of Analysis and Evaluation in Strategic Management.* Prentice Hall. Para una explicación en el sector público *véase* SCHOLES, K. (2001): «Stakeholder mapping: a practical tool for public sector managers» (Capítulo 9). En Johnson, G. y Scholes, K., eds. (2001): *Exploring Public Sector Strategy.* Financial Times/Prentice Hall; y BRYSON, J.; CUNNINGHAM, G. y LOKKESMOE, K. (2002): «What to do when stakeholders matter: the case of problem formulation for the African American men project of Hennepin County, Minnesota». *Public Administration Review,* vol. 62, n.º 5. Pp. 568-584.

26. *Véase* Cyert y March (nota 22 anterior).

27. Scholes, K., en Ambrosini (1998) y Scholes, K., en Johnson y Scholes, eds. (2001) (Nota 25) describen 9 mapas típicos de las partes interesadas y las implicaciones políticas de cada mapa.

28. PFEFFER, J. (1994): *Managing with Power: Politics and inuence in organisations.* HBS Press (sobre todo la Parte II. Pp. 69-165); CLEGG, S.R. (1989): *Framework of Power.* Sage Publications; BUCHANAN, D. y BADHAM, R. (1999): *Power, Politics and Organisational Change: Winning the turf game.* Sage; y HARDY, C., ed. (1995): *Power and Politics in Organisations.* Ashgate; ofrecen un útil análisis de la relación entre poder y estrategia.

29. Hay un prolífico flujo de literatura sobre ética empresarial. Los lectores pueden ver ideas útiles en el campo leyendo: WERHANE, P. y FREEMAN, R. E. (1999): «Business Ethics: the state of the art». *International Journal of Management Research,* vol. 1, n.º 1 marzo. Pp. 1-16. Se trata de un útil resumen de las recientes publicaciones en ética empresarial. Los directivos profesionales pueden consultar: KELLEY, B. (1999): *Ethics at Work.* Gower; que abarca muchas de las cuestiones de esta sección e incluye las líneas directrices sobre dirección y ética del Institute of Management.

30. *Véase,* por ejemplo, el planteamiento del gobierno británico sobre estas cuestiones en: «Business and society: corporate social responsibility report». *Department for Trade and Industry.* El Departamento de Comercio e Industria también tiene una página Web dedicada a la promoción de la responsabilidad social de la empresa: www.societyandbusiness.gov.uk. La Unión Europea también ha publicado un libro verde sobre estas cuestiones (2001): «Promoting a European framework for corporate social responsibility». *Libro Verde de la Unión Europea.*

31. Algunos autores proponen más categorías. Por ejemplo, Marcus (citado en JONES, M. (1999): «The institutional determinants of social responsibility». *Journal of Business Ethics,* vol. 20, n.º 2. Pp. 163-179) surgiere cinco categorías: estrecho, financiero, utilitario, justicia social y armonía social.

32. *Véase* MCWILLIAMS, A. y SEIGEL, D.: «Corporate social responsibility: a theory of the rm perspective». *Academy of Management Review,* vol. 26. Pp. 117-127.

33. *Véase* MACLEOD, S. (2001): «Why worry about CSR». *Strategic Communication Management,* ago./sept. Pp. 8-9.

34. SCHNIETZ, K. y EPSTEIN, M. (2002): «Does a reputation for corporate social responsibility pay off?». *Social Issues in Management Conference Papers.* Academy of Management Proceedings, 08967911. Este artículo demuestra que las 500 empresas Fortune que también estaban en el índice Domini Social Index tuvieron mejor rendimiento que otras empresas en cuanto a rendimiento de las acciones.

35. *Véase* PORTER, M. y KRAMER, M. (2002): «The competitive advantage of corporate philanthropy». *Harvard Business Review,* vol. 80, n.º 12. Pp. 56-68.

36. HUMMELS, H. (1998): «Organizing ethics: a stakeholder debate». *Journal of Business Ethics,* vol. 17, n.º 13. Pp. 1403-1419.

37. Dos libros útiles sobre la responsabilidad social de la empresa son: FREDERICK, W.; J. POST, J. y DAVIS, K.: *Business and Society: Management, public policy, ethics.* McGraw-Hill, 7.ª edición; ALLEN, B. (2003): *Getting to Grips with Corporate Social Responsibility: A compendium of CSR experience with contributions from a wide range of business gurus.* Kingshall Solutions. *Véase* también: COOK, S.: «Who cares wins». *Management Today,* enero. Pp. 40-47.

38. Charkham, J. (1992): «Corporate governance lessons from abroad». *European Business Journal,* vol. 4, n.º 2. Pp. 8-16.

39. WILSON, A. (1999): «Social reporting: developing theory and current practice». En Bennett, M. y James, P., eds.: *Sustainable Measures - Evaluation and Reporting of Environmental and Social Performance.* Greenleaf Publishing; GRAY, R.: «Thirty years of social accounting, reporting and auditing: what (if anything) have we learnt?». *Business Ethics: A European Review,* vol. 10, n.º 1. Pp. 9-15; CLUTTERBUCK, D.: «Corporate responsibility audit» (Capítulo 11). En Ambrosini, V. con Johnson, G. y Scholes, K., eds: *Exploring Techniques of Analysis and Evaluation in Strategic Management.* Prentice Hall.

40. Los detalles sobre la Tabla Redonda Caux pueden verse en su página Web: www.cauxroundtable.org.

41. Por ejemplo, *véase:* SHRIVASTAVA, P. (1995): «The role of corporations in achieving ecological sustainability». *Academy of Management Review,* vol. 20, n.º 4. Pp. 936-960.

42. *Véase* MIETHE, T.D (1999): *Tough Choices in Exposing Fraud, Waste, and Abuse on the Job.* Westview Press; VINTEN, G. (1994): *Whistleblowing. Subversion or Corporate Citizenship?* Paul Chapman; LARMER, R. (1992): «Whistleblowing and employee loyalty». *Journal of Business Ethics,* vol. 11, n.º 2. Pp. 125-128.

43. BANAJI, M.; BAZEMAN, M. y CHUGH, D.: «How (UN)ethical are you?». *Harvard Business Review,* vol. 81, n.º 12. Pp. 56-64.

44. Esta definición de la cultura se ha adoptado de SCHEIN, E. (1997): *Organisational Culture and Leadership.* Jossey-Bass, 2.ª edición. P. 6.

45. Una clasificación parecida se utiliza en el Capítulo 3 de SCHNEIDER, S. y BARSOUX, J.E. (2003): *Managing Across Cultures.* Financial Times/Prentice Hall.

46. Uno de los primeros trabajos sobre la influencia de la cultura nacional fue el de Hofstede, G. Este libro está actualizado: HOFSTEDE, G. (2001): *Culture's Consequences.* Sage, 2.ª edición. Otra cobertura exhaustiva de este tema se puede encontrar en MEAD, R. (1994): *International Management: Cross-cultural dimensions.* Blackwell.

47. *Véase* Schneider y Barsoux (Nota 45), se explican las diferencias entre culturas nacionales, sobre todo en los Capítulos 4 y 5; JACKSON, T. (2000): «Management ethics and corporate policy: a cross-cultural comparison». *Journal of Management Studies,* vol. 37, n.º 3. Pp. 349-370; analiza cómo afecta la cultura nacional a la ética directiva y ofrece un útil vínculo con la Sección 4.4 de este manual.

48. *Véase* LEWIS, R. (2000): *When Cultures Collide: Managing successfully across cultures.* Brealey, 2.ª edición; una guía práctica

para los directivos. Ofrece ideas sobre estas distintas culturas nacionales, las convenciones empresariales y los estilos de liderazgo. BUGGY, C. (1999): «Empathy is the key to cultural communication». *Professional Manager,* vol. 8, n.º 1; afirma que la comprensión de las diferencias culturales es esencial para el éxito.

49. Una útil revisión de la investigación sobre este tema es: DACIN, T.; GOODSTEIN, J. y SCOTT, R. (2002): «Institutional theory and institutional change: introduction to the special research forum». *Academy of Management Journal,* vol. 45, n.º 1 (2002). Pp. 45-57.

50. Esta definición se ha adoptado de SCOTT, W. (1995): *Institutions and Organizations.* Sage.

51. El término «receta» fue introducido en referencia a las *industrias* por SPENDER, J. (1989): *Industry Recipes: The nature and sources of management judgement.* Blackwell. Hemos ampliado su aplicación al *ámbito supraorganizacional.* La idea fundamental es que los comportamientos parten de un conjunto colectivo de normas y valores que permanece invariable.

52. DEEPHOUSE, D. (1999): «To be different or to be the same?: It's a question (and theory) of strategic balance». *Strategic Management Journal,* vol. 20, n.º 2. Pp. 147-166.

53. SCHEIN, E. (1997): *Organisation Culture and Leadership.* Jossey-Bass, 2.ª edición; y BROWN, A. (1998); *Organisational Culture.* FT/Prentice Hall; resultan útiles para comprender la relación entre la cultura de la organización y la estrategia. CARTRIGHT, S.; COOPER, C. y EARLEY, C. (2001): *Handbook of Organisational Culture (and Climate).* Wiley; también tiene mucho material sobre este tema.

54. Una explicación más exhaustiva de la red cultural se puede encontrar en JOHNSON, G. (1987): *Strategic Change and the Management Process;* y JOHNSON, G. (1992): «Managing strategic change: strategy, culture and action». *Long Range Planning,* vol. 25, Blackwell, n.º 1. Pp. 28-36.

55. Una explicación práctica del mapa de la red cultural puede encontrarse en JOHNSON, G. (1998): «Mapping and re-mapping organisational culture». En Ambrosini, V. con Johnson, G. y Scholes, K., eds. (1998): *Exploring Techniques of Analysis and Evaluation in Strategic Management.* Prentice Hall.

56. Un detallado ejemplo del sector público del mapa de la red cultural puede encontrarse en JOHNSON, G. (2001): «Mapping and re-mapping organisational culture: a local government example» (Capítulo 17). En Johnson, G. y Scholes, K., eds.: *Exploring Public Sector Strategy.* Financial Times/Prentice Hall, 2001.

57. La relevancia del simbolismo de la organización se explica en JOHNSON, G. (1990): «Managing strategic change: the role of symbolic action». *British Journal of Management*, vol. 1, n.º 4. Pp. 183-200.

58. LENCIONI, P. (2002): «Make your values mean something». *Harvard Business Review,* vol. 80, n.º 7. Pp. 113-117.

59. *Véase* COLLINS, J. y PORRAS, J. (2002): *Built to Last: Successful habits of visionary companies.* Harper Business.

60. Por ejemplo, *véase* BARTKUS, B.; GLASSMAN, M. y McAFEE, B. (2000): «Mission statements: are they smoke and mirrors?». *Business Horizons,* vol. 43, n.º 6. Pp. 23-28.

61. La comunicación eficaz con la comunidad inversora es esencial tal y como se analiza en: HUTTON, A. (2001): «Four rules». *Harvard Business Review,* vol. 79, n.º 5. Pp. 125-132.

62. Por ejemplo, ANSOFF, I. (1968): *Corporate Strategy.* Penguin. Pp. 44; afirmaba que los objetivos deben ser precisos y mensurables.

## TRABAJOS

✳ Indica una mayor dificultad.

**4.1✳** Para una organización de su elección, dibuje un mapa de la cadena de gobierno en el que se identifique a todos los agentes clave hasta los beneficiarios del buen (o mal) rendimiento de la organización. ¿Hasta qué punto cree usted que los directivos:

(a) son conscientes de las expectativas de los beneficiarios?
(b) intentan alcanzar de forma activa los intereses de los beneficiarios?
(c) les mantienen informados?

¿Cómo cambiaría cualquiera de estos aspectos de las operaciones de la organización? ¿Por qué?

**4.2✳** Ofrezca una crítica de las distintas tradiciones de gobierno corporativo en el Reino Unido/Estados Unidos, Alemania y Japón en cuanto a su propia opinión de sus fortalezas y debilidades. ¿Hay algún sistema que sea mejor que cualquiera de estos? ¿Por qué?

**4.3** Elija cualquier organización que no tenga un consejo dual (o el equivalente del sector público)

(a) ¿sería mejor tener un consejo dual? ¿Por qué?
(b) ¿qué tendría que hacer para pasar a un sistema de consejo dual?
(c) ¿es posible su implantación?

**4.4✳** Escriba un ensayo explicando cómo podría beneficiar a los accionistas o a otras partes interesadas el cambio de propiedad de una organización con la que esté familiarizado (sector público o privado).

**4.5** A partir de la Ilustración 4.3 como ejemplo de partida, identifique y dibuje un mapa de las partes interesadas del Manchester United, u otra organización que elija respecto a:

(a) las estrategias actuales;
(b) una serie de distintas estrategias futuras de su elección.
(c) ¿Cuáles son las implicaciones de su análisis para la dirección?

**4.6** Para una organización de su elección, y partiendo del Cuadro 4.7, defina la postura general de la organización sobre las cuestiones éticas.

**4.7✳** Identifique las cuestiones clave relativas a la responsabilidad social de la empresa que causan especial preocupación en una industria o servicio público de su elección (parta del Cuadro 4.8). Compare el planteamiento de dos o más organizaciones de esa industria, y explique la relación con su posición competitiva.

**4.8** Utilice las preguntas del Cuadro 4.12 para dibujar la red cultural de una organización de su elección.

**4.9✳** Utilizando una serie de ejemplos de los anteriores, evalúe críticamente la afirmación de que «solo se puede analizar la cultura de forma útil mediante los síntomas que desvela la forma de operar de la organización». Para hacer este trabajo utilice como referencia el libro de Schein de las lecturas recomendadas.

### Trabajos de integración

**4.10** Utilizando ejemplos concretos, explique cómo los cambios de gobierno corporativo y de las expectativas sobre la responsabilidad social de la empresa están obligando a las organizaciones a desarrollar nuevas competencias (Capítulo 3) y también están creando dilemas en cuanto a cómo ofrecer valor a los accionistas (Capítulo 7).

**4.11** Utilizando ejemplos, analice la afirmación de que «es posible que sea necesario cambiar a modelos empresariales de comercio electrónico para lograr una ventaja competitiva en un entorno empresarial cambiante, pero este cambio resulta difícil debido a la cultura de la organización». Utilice como referencia los Capítulos 2, 5, 9 y 10 en su respuesta.

**CASO DE EJEMPLO**

# Manchester United, marca de gloria y esperanza

**Bob Perry**, University of Wolverhampton Business School

## Cree una marca como Beckham

La «Beckham-mania» llegó a España en el verano de 2003 con la llegada del futbolista más conocido del mundo. La ceremonia del examen médico y de la posterior firma del contrato de David Beckham atrajo a los medios de comunicación de todo el mundo, incluyendo a la televisión japonesa, que la retransmitió en horario de máxima audiencia. El anterior equipo de Beckham había aceptado previamente una oferta de 30 millones de libras esterlinas (unos 45 millones de euros) del Fútbol Club Barcelona, pero el jugador había elegido por el contrario al máximo rival, el Real Madrid.

Con una presencia continua en los medios, algunos consideraban que Beckham estaba demasiado interesado en su propia promoción. Cuando el directivo del United Sir Alex Ferguson no le eligió para jugar en algunos partidos esenciales, empezó a parecer que Beckham podría abandonar el club que había respaldado desde niño y en el que había jugado desde el colegio. Beckham no intervino en las negociaciones United/Barcelona, y se rumoreaba que había firmado un precontrato con el Real Madrid. Sin duda, su agente, la empresa SFX, habría negociado este precontrato en su nombre. SFX representaba a Beckham como capitán de la selección inglesa, personaje famoso y la mayor «marca» del fútbol, conectando a distintas audiencias del mundo deportivo, la moda y el estilo. Ya que no hay muchos clubes que se pueden permitir el status y el poderío financiero para comprarle, y con la determinación de Beckham de ir al Real Madrid, solo había un comprador «aceptable». El Real Madrid logró reducir el precio a un máximo de 25 millones de libras y, siguiendo la política del club, Beckham aceptó renunciar al 50 por ciento de sus derechos de imagen y de sus nuevos acuerdos de patrocinio personal. (Incluso para él, un contrato a cuatro años por valor de 18 millones de libras representaba un recorte salarial.)

Barcelona había estimado que la «marca» Beckham aportaría al club unos ingresos anuales adicionales de 18 millones de libras. Beckham pertenecía ahora al Real Madrid y enseguida empezaron a maximizar el rendimiento de su última adquisición. Los ingresos por publicidad de la ceremonia de la firma del contrato ascendieron, por sí solos, a 2 millones de libras esterlinas, y las compras anticipadas de la camiseta número 23 de Beckham ascendieron a otros 2 millones de libras. La capacidad de Beckham de vender más artículos de *merchandising* que ningún otro futbolista, especialmente en Oriente, no tenía parangón. El Real Madrid esperaba lograr entrar en el mercado asiático con la ayuda de Beckham y los analistas consideraban que el desembolso por contratar a Beckham podría recuperarse en unos pocos años.

Fotografía: Getty Images

## Manchester United: super club

El equipo campeón de la liga inglesa Manchester United era conocido por su visión empresarial pero, ¿les habían ganado esta vez? Parecían contentos con el acuerdo; la contratación de Beckham no les había costado ningún traspaso y habían sacado unos cuantos buenos años de servicio. Sir Alex Ferguson era responsable de todas las cuestiones futbolísticas y, una vez que había decidido que había que vender a Beckham, la junta directiva le respaldó. Al preguntársele sobre las pérdidas por ventas de *merchandising* gracias a Beckham un portavoz señaló que eran las camisetas de Van Nistelrooy, y no las de Beckham, las que más se vendían en el club. Además, el presidente del club dejó claro que los contratos de los jugadores se hacían únicamente en función de razones futbolísticas; el utilizar a los jugadores para explotar determinados mercados sería «un engaño para los seguidores».

Este caso de estudio pretende servir de base para un debate en el aula y no pretende ser una evaluación de prácticas directivas buenas o malas.

Es posible que el club hubiera perdido a un elemento de su marca, pero seguía teniendo una buena plantilla de jugadores. Además, sus impresionantes credenciales financieros convertían al Manchester en el club de fútbol más grande del mundo (generando 100 millones de libras esterlinas de ingresos «antes de que la pelota se ponga en juego»). El rendimiento financiero reflejaba un rápido crecimiento y una creciente rentabilidad para sus accionistas (*véase* Figura 1).

En el máximo del mercado bursátil en marzo de 2000, cuando las acciones del club cotizaban a 402p, la capitalización del mercado había alcanzado la cifra «mágica» de los 1.000 millones de libras esterlinas. Inevitablemente, con el enfriamiento de los mercados la capitalización cayó pero, en octubre de 2003, las acciones alcanzaron el máximo de los dos últimos años cotizando a 200p tras publicarse un aumento de los beneficios antes de impuestos del 22 por ciento. Los accionistas recibieron un mayor dividendo básico por duodécimo año consecutivo y un dividendo especial gracias, en parte, a los buenos resultados de explotación.

Este impresionante rendimiento financiero se produjo en un entorno de recesión en la industria del fútbol. La facturación en el año 2003 había alcanzado una cifra récord de 173 millones de libras esterlinas, lo que significaba que el club casi había duplicado su tamaño en un periodo de cinco años. El balance, sin endeudamiento alguno, ofrecía una cifra positiva de tesorería de 28,6 millones de libras, y United había invertido más de 4 millones de libras en proyectos de capital.

Desde la perspectiva del juego, la retribución de los jugadores era importante y, aunque los costes de la nómina habían aumentado en 8,7 millones de libras durante el año, seguían representando únicamente un 46 por ciento de la facturación. El club había dejado clara su intención de utilizar los beneficios de las ventas de los jugadores para fortalecer la plantilla todavía más en el futuro.

Manchester United tenía unas bases que muchos otros clubes aspiraban a lograr, y una marca única con la que negociar (Tabla 1).

## La transformación del Manchester United

La base de United como marca global, más que como un pequeño club de fútbol provincial inglés, se debe a la historia del club, en parte de gloria y en parte trágica. En 1958 el desastre aéreo en Munich estremeció al mundo del fútbol. El accidente provocó la muerte y heridas a varios de los mejores jugadores del club y del país. Con jugadores prestados, jóvenes y supervivientes del accidente, el United demostró una firme determinación para seguir compitiendo al máximo nivel del fútbol internacional, atrayendo así a muchos

**Tabla 1    Rendimiento financiero del Manchester United**

| | 2002 (£m) | 2003 (£m) | Incremento anual (%) | Incremento quinquenal (%) |
|---|---|---|---|---|
| Facturación del grupo | 146,1 | 173 | 18 | 97 |
| Beneficio antes de impuestos | 32,3 | 39,3 | 22 | 41 |
| Beneficio por acción | 9,6p | 11,5p | 20 | |
| Dividendo básico por acción | 2,1p | 2,5p | 19 | |
| Dividendo especial por acción | 1,0p | 1,5p | 50 | |
| Ratio salarios/ facturación (%) | 48 | 46 | 12 | |
| **Análisis de la facturación:*** (%) | | | | |
| Días de partidos | 38 | 41 | | |
| Medios de comunicación | 36 | 32 | | |
| Comercial | 26 | 27 | | |
| | **100** | **100** | | |

\*  (Cierre de ejercicio a 31 de julio)

\*  Los días de partidos incluyen los ingresos generados de los partidos «en casa» en la liga, la copa y las competiciones europeas.

Los medios de comunicación incluyen los ingresos de televisión que aumentan a medida que se avanza por la Liga de Campeones de la UEFA. También incluye los partidos de *pay per view* y los ingresos de la página Web interactiva del MU.

Comercial incluye todas las demás fuentes de ingresos como merchandising, patrocinios e ingresos de catering y de conferencias.

*Fuente:* toda la información se ha extraído de los Informes Anuales de Manchester United plc.

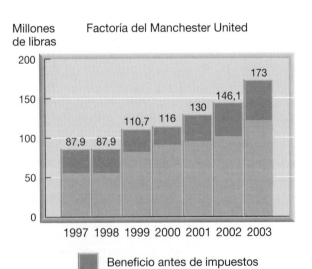

**Figura 1  Crecimiento anual del Manchester United.**

admiradores, muchos de regiones muy distantes de Manchester. United fue uno de los primeros clubes ingleses que atrajo a seguidores de otras zonas geográficas, y su nombre, y parte de su historia, fueron conocidos en todos los países con interés en el fútbol. Los equipos compuestos por jugadores con un gran sentido del fútbol aumentaron el atractivo del United y el éxito en el terreno de juego alcanzó un nuevo nivel cuando se convirtieron en el primer equipo inglés que ganó la Copa de Europa en 1968.

En los despachos también se empezó a reconocer el valor financiero de la marca. En 1989 el accionista mayoritario Martin Edwards estaba dispuesto a aceptar una oferta de diez millones de libras, pero el acuerdo no prosperó. Dos años más tarde, el club salió a Bolsa a un precio de 32p por acción y con una capitalización de 40 millones de libras. Las nuevas emisiones de acciones se produjeron en 1994 y en 1997 (Edwards redujo su participación en el club vendiendo algunas acciones por 71 millones de libras). En 1997, el club Manchester United era el más rico del mundo, superando la facturación de los demás con cierta distancia, y la riqueza de Edwards creció de la misma manera.[1]

En septiembre de 1998 la junta directiva estaba dispuesta a aceptar una oferta de 623 millones de libras de la empresa televisiva BskyB pero, cuando se «filtró» la noticia de estas negociaciones, se produjo una revuelta entre los seguidores. Les preocupaba que pasar a manos de una empresa mediática arruinara el club tal y como lo habían conocido y amado durante generaciones. En abril de 1999, el gobierno bloqueó el plan alegando cuestiones de interés público.

## El nuevo espíritu

Siguieron presentándose nuevas posibilidades lucrativas. Empezó a especularse sobre la posibilidad de crear una superliga europea en la que participarían los principales clubes y, sin duda, el Manchester United. Si los clubes abandonaban sus ligas nacionales se produciría, evidentemente, una amenaza, no solo a la calidad de las ligas nacionales sino también para la UEFA (el organismo europeo para la regulación del fútbol en Europa), que siempre había organizado la Copa de la UEFA y la Liga de Campeones. La UEFA logró evitar el desarrollo de esta propuesta ofreciendo grandes concesiones a los clubes duplicando la participación en la Liga de Campeones a 32 clubes. El que hubiera más partidos significaba que se lograrían más ingresos y la UEFA generaba ahora 330 millones de libras para los clubes más ricos de Europa.

Se creó un grupo de clubes denominado G14[2] para respaldar un ultimátum de secesión, presionando colectivamente para obtener más concesiones de la UEFA. Los clubes pensaban que podrían ganar más con los derechos televisivos en toda Europa sin la UEFA, con la que estaban descontentos por tener que ceder a jugadores clave para partidos internacionales. United recibía información de primera mano porque su presidente se había convertido en el vicepresidente del G14.

Las cuentas financieras de United para 2003 revelaban que competir en la Liga de Campeones de la UEFA permitía ingresar 28 millones de libras esterlinas, frente a los 8,5 millones de la Copa nacional.

Algunos estaban descontentos con la forma en que había evolucionado un juego que tradicionalmente pertenecía a las clases trabajadoras. Los espectadores eran ahora ricos empresarios que observaban tranquilamente sentados. Anteriormente los seguidores habían sido hombres erguidos, de pie, cantando.

A la vanguardia del cambio se encontraba el club United con un planteamiento más empresarial y una creciente lista de socios comerciales y empresas patrocinadoras. El club United ya no representaba a Manchester de la misma manera, algunos seguidores viajaban desde todos los puntos del país para ver los partidos en casa y el club pertenecía a grandes empresas. Además, el continuo cambio de las camisetas provocó las quejas de algunos padres de jóvenes seguidores que se sentían obligados a comprar las camisetas y gastaban importantes cantidades de dinero (un programa de televisión reveló en una ocasión que las camisetas llevaban un margen de hasta el 200 por ciento). Las ventas de camisetas eran, sin embargo, un negocio muy lucrativo y, gracias a su contrato con Nike, United podía esperar vender hasta 2,5 millones de camisetas al año en todo el mundo.

A pesar de las quejas de los tradicionalistas, el United no mostró ningún signo de cambio de dirección. El anterior presidente de la ropa deportiva *Umbro International*, Peter Kenyon se incorporó a la junta directiva en 1997 con la misión de ampliar la base de seguidores del United. La lógica comercial era impecable: cuantos más seguidores, mayor potencial para vender artículos del club, por lo que se puso en marcha una campaña de marketing de la marca.

Como si quisieran demostrar que también tenían un lado humano, en el año 2000 el United estableció una asociación para recaudar un millón de libras para Unicef, el fondo de las Naciones Unidas para la infancia. Se consideraba que esto se ajustaba al espíritu del Manchester United e intentaba llegar a los «niños globales» y se realizaron visitas de jugadores y directivos a algunas de las comunidades más pobres del mundo (en Mongolia, Brasil y Uganda, el United descubrió a familias que vivían con menos de 200 libras al año). También se ofreció el uso de las instalaciones del club en el impresionante centro de formación para niños de la localidad y grupos de minusválidos.

En agosto de 2000 Kenyon sustituyó a Edwards como presidente del club. Edwards no siempre estaba de acuerdo con el director deportivo Sir Alex Ferguson y no tenía respaldo de los seguidores por sus intentos de vender el club. Kenyon prometió un cambio de estilo, más orientado a las personas y más comunicativo, y supo explotar su lealtad al club desde su infancia y el haber sido un seguidor de toda la vida. La estrategia de Kenyon giraba en torno a:

● El éxito en el terreno de juego.
● El desarrollo de los de derechos mediáticos tanto en cuanto a contenidos como a propiedad.
● El desarrollo de la marca internacional.
● Lograr que más seguidores se convirtieran en clientes (*véase* Figura 2).

## United en el nuevo siglo

Bajo la continua dirección de Sir Alex Ferguson, el club logró sobresalientes éxitos en el campo en la copa británica, la primera división de la liga inglesa y la Liga de Campeones. El estadio del club desde 1910, el famoso Old Trafford, había aumentado su capacidad, gracias a las inversiones de capital, hasta los 67.500 espectadores (el mayor estadio de Gran Bretaña) y desarrolló un museo del club. A pesar de que siempre se agotaban las entradas y de que había una lista de espera para comprar entradas para los partidos de la liga, el club intentó «congelar» el precio de las entradas y, de los veinte clubes de la primera división, solo seis cobraban menos. En el estadio se celebraban los partidos de la liga, las finales europeas, partidos internacionales, conciertos de música y también se ubicaba en el estadio el museo. Se convirtió en una atracción turística a la que llegaban turistas desde Escandinavia, Australia y China.

A pesar de los mayores ingresos del estadio Old Trafford, United depende menos de sus ingresos de taquilla. El *merchandising* y las demás actividades se han ampliado rápidamente extendiéndose a más de 1.500 artículos en la tienda de Internet y en cientos de tiendas en todo el mundo (en marzo de 2000 se abrió en el corazón de Asia una tienda de 15.000 pies cuadrados y un cibercafé). Se podían hacer pedidos por correo y el acuerdo alcanzado con BSkyB permitió la puesta en marcha del canal de televisión vía satélite del Manchester United (MUTV). En octubre de 2000 se inauguró una película: otro artículo de la cartera junto con las tarjetas de crédito de la compañía de seguros Manchester United Insurance, las cuentas de ahorro, las instalaciones hoteleras y de ocio, y la celebración de bodas en el terreno de juego. En agosto de 2003 se inauguró el cine *The Red Cinema* en la cercana ribera del Salford.

El análisis de datos utilizando el Sistema de Gestión de Relaciones con los Clientes del Manchester United permitió definir el perfil de compra de más de 1,9 millones de socios británicos. Se fijó el objetivo de lograr una base de datos de 3,5 millones de seguidores antes del año 2006. Esto tan solo representaba la punta del iceberg: una encuesta calculaba que los seguidores del Manchester ascendían a 40 millones de personas en todo el mundo y esta cifra no dejaba de crecer. Para las organizaciones que querían asociarse con el club, el patrocinio no era barato. *Vodafone* pagó 30 millones de libras por un acuerdo a cuatro años por el privilegio de figurar en las camisetas.

---

*«Los clubes de fútbol son marcas de marketing, no equipos de fútbol…. Ya no se trata de tener buenos resultados en el terreno de juego sino más bien de vender todo el merchandising posible».*

Un portavoz del Real Madrid cuando se traspasó a Beckham

*«Al fin y al cabo, los jugadores famosos vienen y van».*

Un directivo del Manchester United cuando se traspasó a Beckham

*«Es fácil dirigir a un equipo de fútbol; todo lo que hay que hacer para obtener beneficios año tras año son tres cosas: desarrollar el equipo, desarrollar el estadio y, si su empresa cotiza en Bolsa, pagar un dividendo. Si puede hacer estas tres cosas, año tras año, la vida es bella».*

El anterior Director Financiero del Manchester

*«El fútbol solía ser una cuestión de gloria, romance, lealtad y un juego nacional, ahora es mera explotación y empresas multinacionales. Pero eso es, exactamente, lo que representa en la actualidad el Manchester United».*

Un periodista

*«Luchamos para garantizar que los accionistas, los seguidores leales, los clientes y los socios comerciales clave, por igual, se beneficien de nuestro rendimiento».*

Fragmento del Informe Anual del Manchester United plc

Figura 2  Algunas citas interesantes.

El tirón de marketing del United, sobre todo en lo que se conoce como los «nuevos medios», prosiguió. Los planes para las inversiones futuras estaban muy avanzados en cuanto a tecnologías de los nuevos medios, sobre todo de Internet y el potencial de la telefonía móvil. La estrategia del United ha consistido en lograr sólidas asociaciones empresariales y en asegurarse los beneficios de la nueva tecnología. La página Web oficial se inauguró en agosto de 1998, registrando inicialmente un modesto número de visitas al mes. Para cuando se volvió a inaugurar en julio de 2002, estaba alcanzando la sorprendente cifra de 600.000 visitas individuales al mes. Se dice que el club estaba analizando la posibilidad de retransmitir los partidos por todo el globo utilizando como plataforma su página Web.

Los primeros años del nuevo siglo representan una recesión para el fútbol. Menos popular entre los inversores, las empresas de televisión consideraban que habían pagado en exceso por la cobertura de los partidos y querían volver a negociar acuerdos menos generosos. Entretanto, los jugadores más conocidos y sus agentes seguían presionando para obtener importantes retribuciones financieras personales cuando anteriormente habían sido los traspasos entre clubes los que habían dado lugar a la circulación de dinero en el juego. Algunos clubes estaban atravesando dificultades financieras por haber gastado una peligrosa proporción de su facturación en costes de los jugadores para poder competir con los grandes clubes como el United.

Estas crecientes diferencias financieras entre unos pocos grandes clubes y el resto desanimaban a los equipos más pequeños de la liga inglesa, muchos de los cuales estaban luchando por sobrevivir. El presidente de un club comentaba:

> «Algunos partidos sufren modificaciones de horario con muy poca anticipación solo para satisfacer las necesidades de las cadenas de televisión vía satélite y sus audiencias exclusivas. Hay una gran falta de respeto a los clubes más pequeños. La diferencia entre los que tienen y los que no es demasiado grande. El Manchester United se vende ahora como un equipo nacional, lo que le ha alejado de sus raíces y de su comunidad local. El fútbol debería ser una historia de amor, de lo contrario, es solo un negocio. Los grandes clubes se han olvidado de sus raíces y se están aislando».

También preocupaba que no se estaba enviando suficiente dinero a los colegios y a los equipos juveniles de donde tendría que venir la siguiente generación de jugadores.

A pesar de estas preocupaciones, y del peligroso estado de las finanzas de algunos clubes, el Manchester United parecía hacerse más fuerte, exhibiendo una sorprendente capacidad de negociación. Un acuerdo a largo plazo con Nike en 2002 garantizaba 303 millones de libras a lo largo de 13 años en una asociación al 50 por ciento por la que se venderían uniformes en más de 60 países de todo el mundo. United también anunció una alianza de marketing exclusiva con el equipo de béisbol más rico del mundo, los New York Yankees. Este acuerdo hacía referencia a un sistema para compartir la información sobre el mercado, patrocinios conjuntos y programas promocionales y venta de artículos. El United utiliza ahora la enorme red de *merchandising* de los Yankees para acceder al difícil mercado estadounidense (el United admite que sus jugadores son adorados en Kuala Lumpur pero son unos totales desconocidos en Estados Unidos). En enero de 2003 se anunció que se retransmitirían en diferido los partidos del United en la cadena del club Yankees, que ofrecía un acceso a 5 millones de neoyorquinos (a cambio, los Yankees accedieron a Europa y al Extremo Oriente). La participación del United en un campeonato de verano en Estados Unidos en 2003 fue retransmitida en vivo por el canal MUTV, creando así una base de seguidores estadounidenses y relaciones de asociación en Estados Unidos.

En abril de 2003 Kenyon anunció que el club quería desarrollar y controlar sus propios derechos mediáticos recuperando el contenido de los acuerdos de televisión negociados de forma colectiva.

Sobre el terreno, los jugadores seguían disfrutando de las mejores instalaciones de entrenamiento que se puedan comprar en el multimillonario Centro de Entrenamiento Trafford, Carrington, que cubre más de 70 acres. Potencialmente, también podían disfrutar de enormes salarios. Seis de los diez individuos con mayores ingresos del Reino Unido según el *Sunday Times* en 2002 estaban en la nómina del Manchester United. El club estaba en la mejor situación para pagar el máximo importe en traspasos[3] y sueldos, al tiempo que mantenía los costes de explotación en el tope de seguridad del 50 por ciento de los ingresos. El primer equipo estaba compuesto por compras caras y jugadores que habían avanzado gracias a la política juvenil del club, y la edad media de los jugadores era de unos juveniles 25 años.

El United, como otros, se sintió aliviado cuando la aprobación de los planes para modificar todavía más el sistema de traspasos en virtud de la legislación de la Unión Europea planteó unas exigencias modestas. La Comisión Europea había expresado su preocupación porque el sistema de traspasos que vinculaba a los jugadores a los clubes limitaba la libertad de movimiento de los jugadores, y de aquí la necesidad de ciertas reformas. Los dos organismos reguladores líderes del juego, la UEFA/FIFA, respondieron diseñando un plan que incluía un nuevo tipo de contrato para los jugadores, que protegía la «caza furtiva» de los jugadores por otros clubes y compensaba a los clubes por fomentar el desarrollo de jóvenes jugadores. El United podría seguir adquiriendo nuevos jugadores y mantenerles en el club.

Una normativa de la Asociación Inglesa de Fútbol que prohibía contratar a jugadores con menos de 16 años a no ser que vivieran a una distancia de 90 minutos en coche del club podría haber incluido un obstáculo. Sin embargo, el United empezó a desarrollar relaciones con otros clubes del país incluyendo el Walsall en Inglaterra y el Newport en Gales, ambos de la primera división. Además, el United tenía relaciones con una serie de clubes que aportaban jugadores desde Australia, Bélgica, Noruega, Irlanda y Suecia.

## Factores que afectan al futuro del United

Los analistas financieros consideran que el club solo ha explotado los flujos de ingresos más evidentes y más lucrativos pero que quedan todavía áreas por explotar, sobre todo en países que han llegado tarde al mundo del fútbol, como Estados Unidos. En China se estima que hay 20 millones de clientes potenciales acostumbrados a ver el fútbol inglés por televisión, y la marca United tiene una «tasa de reconocimiento del nombre» del 79 por ciento. El reto consiste en convertir este potencial en flujos de ingresos.

En diciembre de 2002 Edwards dejó de ser el presidente, pero la mayor sorpresa fue la dimisión de Peter Kenyon en septiembre de 2003. Se rumoreaba que Kenyon había sido captado gracias a un enorme paquete financiero por el equipo rival de la primera división Chelsea. Financiado con la fortuna personal del nuevo propietario Roman Abramovich, el Chelsea gastó 100 millones de libras en traspasos para mejorar la competitividad del equipo. Ahora también parecía querer emular el éxito financieros del United y necesitaba los talentos directivos de Kenyon.

En la actualidad hay varias preguntas clave relativas al futuro del United:

- ¿Se resentirían las actividades comerciales del United por la salida de Kenyon?
- ¿Por cuánto tiempo seguirá el ya mayor Sir Alex como directivo? Y, ¿mantendrá el equipo el mismo éxito tras su jubilación?
- ¿Qué riesgo se corría de que los predadores se fijaran en la excelente posición de tesorería del United y buscaran la propiedad con la posible intención de diluir el actual énfasis de la inversión en el lado del juego del negocio?

El frenético ritmo de cambio en las industrias globales del deporte, el ocio y el entretenimiento se mantuvo durante la década de los noventa. Tal vez el Manchester United haya personalizado este cambio más que nadie. Mientras que otros clubes luchaban por sobrevivir, el United mantenía una impresionante trayectoria tanto dentro como fuera del terreno de juego. Ahora, en una nueva década, y tras haber perdido incluso a figuras clave, el club se encuentra en una mejor posición que otros para equilibrar sus responsabilidades como club de fútbol y como organización con responsabilidades ante los accionistas pero, ¿está el club encontrando el equilibrio adecuado?

## Notas

1. En 2002 el *Sunday Times* publicó una lista de las 53 personas que más ingresos tenían en la industria del fútbol del Reino Unido, siendo Edwards el que más ganaba de lejos, gracias a nuevas ventas de acciones.
2. El grupo de clubes más poderosos de Europa, el G14 incluía inicialmente (por orden de mayor a menor facturación) a: Manchester United (Inglaterra); Real Madrid (España); Bayern de Munich (Alemania); Juventus (Italia); Barcelona (España); AC Milan, Internazionale (ambos de Italia); Liverpool (Inglaterra); Borussia Dortmund (Alemania); Paris St-Germain (Francia); PSV Eindhoven, Ajax (ambos de Holanda); Marseilles (Francia) y Oporto (Portugal). Arsenal, Bayer Leverkusen, Olympique Lyonnais y Valencia se incorporaron al grupo en septiembre de 2002.
3. Juan Sebastian Veron (28 millones de libras), Ruud van Nistelrooy (19 millones de libras) y Rio Ferdinand (30 millones de libras) fueron las compras más importantes en 2001 y 2002.

*Fuentes*: Conn, D (2000): «Europe's richest clubs launch power play». *Independent*, 14 de septiembre; Curry, S. (2000): «Netting a billion». *Sunday Times*, 12 de marzo; Hawkey, I. (2000): «Transfers face shake-up». *Sunday Times*, 29 de octubre; Hunt, J. (2003): «He knows the score but still sold Beckham». *Sunday Express*, 6 de julio; Otway, G. (1999): «Gold Trafford expanding to cash in on the dream». *Sunday Times*, 30 de mayo; Rich, T. (2003): «Real cash in by beaming Beckham's medical to Japan». *Independent*, 1 de julio; Rich, T. (2003): «Why £25m for David Beckham plc could be a Real steal». *Independent*, 19 de junio; Rowley, J. (2000):«Can Man U save the world?» *Sunday Times*, 6 de agosto; Walker, M. (2003): «Real take half of Beckham's private deals». *Guardian*, 19 de junio; White, J. (2003): «Transfer tied up "weeks ago"». *Guardian*, 19 de junio; Soccer investor weekly (diversos números); informes financieros anuales de la empresa; otros datos de la empresa (incluyendo www.manutd.com); datos de la industria, por ejemplo, el análisis del fútbol de Deloitte y Touche (www.deloitte.co.uk); medios de comunicación, económico-financieros y deportivos; *Without Walls*, Channel 4, 1995 y *Panorama*, BBC, diciembre de 1997.

### Preguntas

1. ¿Cree usted que los diversos aspectos de gobierno corporativo analizados en la sección 4.2 son adecuados para un equipo de fútbol? ¿Qué cambios de gobierno corporativo querría ver?

2. A partir de la Sección 4.3.1 y del Cuadro 4.5, dibuje el mapa de las partes interesadas para cualquier desarrollo de la estrategia que pueda estar analizando la junta directiva (por ejemplo, «la formación de una superliga europea entre los grandes clubes»). ¿Cómo utilizaría este análisis si fuera usted:

   (a) un miembro de la ejecutiva que quiere apoyar esta estrategia?

   (b) un opositor a esta estrategia?

3. A partir del Cuadro 4.7 decida qué postura ética cree usted que describe mejor al Manchester United en la actualidad y cómo querría ver al club. Justifique su postura.

4. A partir de la Sección 4.5.3 decida cuáles cree que son las características culturales clave del Manchester United en cuanto a valores, creencias y supuestos que se dan por sentado: (a) antes de 1990, y (b) en la actualidad.

   ¿Cuáles son las consecuencias de estos cambios sobre las estrategias actuales y futuras?

# Las implicaciones de la complejidad: la «idea de negocio»

La dirección estratégica implica aceptar la incertidumbre, los cambios y la complejidad. Esto resulta evidente en nuestro análisis en los tres capítulos anteriores en los que se han revisado muchas de las fuerzas que afectan a las estrategias de las organizaciones, desde las tendencias del macroentorno, hasta las fuerzas de la competencia, las capacidades internas, la cultura de la organización y las influencias de las partes interesadas. Estas distintas fuerzas no tienden a actuar individualmente sobre las organizaciones; probablemente sean interdependientes. También pueden ejercer una influencia en distintas direcciones. Es posible que los accionistas exijan un aumento de los beneficios año tras año, que el gobierno esté exigiendo que se aumente el gasto en la protección del medio ambiente, que las presiones competitivas exijan fuertes inversiones en fábricas más eficientes y que se preste más atención al servicio al cliente, mientras que las capacidades de la organización se fundamentan históricamente en su excelencia técnica. Evidentemente, se trata de un problema complejo. Qué es lo que hacen las organizaciones (sobre todo las de éxito) y sus directivos para resolver esta complejidad es el tema que vamos a abordar en este comentario.

Este comentario va a aplicar los tres prismas del diseño, la experiencia y las ideas, introducidos en la Sección 1.5.3 del Capítulo 1 y en el Comentario a la Parte I, para analizar esta cuestión clave. Para ello, primero se revisa brevemente el concepto de «idea de negocio» presentado en la introducción a la Parte II. Después se analiza qué es lo que tiene que decir cada uno de los tres prismas sobre dicho concepto. Finalmente, se extraen conclusiones a partir de los tres prismas en conjunto para intentar comprender qué es lo que pueden hacer los directivos ante tal complejidad.

## La idea de negocio

En la introducción a esta parte del libro, se introdujo la idea de negocio[1] como un modelo de por qué puede tener éxito una organización (*véase* el Cuadro II.i en la página 62). El punto clave es que algunas organizaciones han encontrado la forma de reconciliar la complejidad de las distintas fuerzas que deben afrontar, de forma que se conviertan en círculos de alimentación positiva que permiten alcanzar el éxito. Por utilizar un ejemplo, el Cuadro II.ii es una representación de la idea de negocio de Kindercare. Su idea empresarial permitió sostener su crecimiento y su éxito como centro de guarderías en Estados Unidos.[2] El cuadro muestra cómo se construyó Kindercare en torno al concepto de «servicios de guarderías innovadores». Un servicio de guarderías más innovador puede ofrecer más satisfacción al profesorado, lo que permite mantener a un personal motivado y, a su vez, ofrecer un servicio de guarderías más innovador. También da a los padres una buena sensación, por lo que están dispuestos a pagar más por los servicios. A su vez, esto permite obtener el tipo de ingresos

**Cuadro II.ii    La idea de negocio en Kindercare**

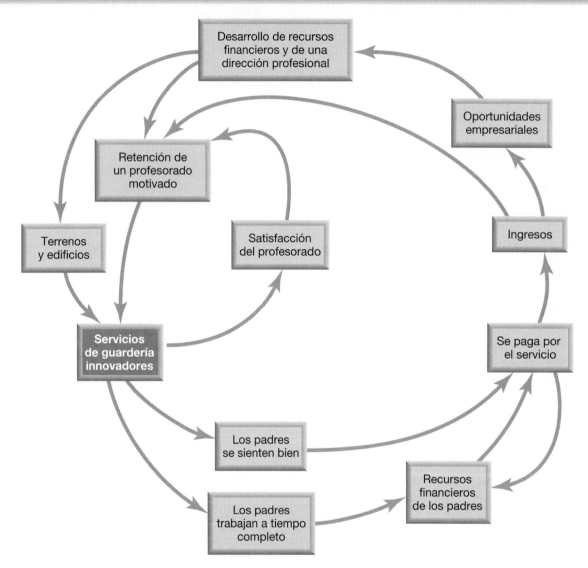

*Fuente*: preparado por Michel Bougon, Bryant College, Smithfield, Estados Unidos.

que permitirán contratar servicios directivos profesionales en el centro, liberando así a los profesores para que se concentren en la enseñanza y en más innovaciones, así como fondos para adquirir terrenos y edificios. Las organizaciones con menos éxito no estarán recibiendo una retroalimentación tan positiva. Las distintas fuerzas estarán tirando en direcciones opuestas en vez de reforzarse mutuamente.

Sin embargo, tal y como se presenta, no es más que una descripción de por qué tiene éxito un negocio. No explica *cómo* surge esta idea de un negocio que se refuerza a sí mismo; y, como ampliación a lo anterior, qué es lo que pueden hacer los directivos al respecto, si es que pueden hacer algo. Los distintos prismas se van a utilizar ahora para analizar estas cuestiones.

# Complejidad y diseño

Los Capítulos 2, 3 y 4 han explicado que el mundo de la organización es, en efecto, un espacio complejo, pero han presentado conceptos y marcos que pueden utilizar los directivos para analizar esta complejidad. El prisma del diseño sugiere que este análisis también permite a los directivos ir un poco más lejos. Sugiere que esta comprensión analítica permite a los directivos hacerse una idea suficientemente clara como para buscar una posición de forma deliberada y dirigir a su organización de tal manera que pueda aprovechar las oportunidades del entorno, superar las amenazas, crear o desarrollar capacidades y gestionar de forma activa los intereses e influencias a veces contrapuestos de las partes interesadas.

La mayoría de los marcos analizados en estos capítulos podría, por ejemplo, utilizarse para obtener datos, derivados de los análisis, para tomar decisiones estratégicas más o menos formalizadas, e incorporarlas a un ejercicio de planificación empresarial o a un seminario sobre estrategia, por ejemplo. En efecto, se puede utilizar la secuencia de los capítulos como una forma lógica para hacer este ejercicio. El prisma del diseño de la dirección estratégica considera que este complejo mundo de la organización es suficientemente estable, predecible, o al menos discernible, para que este análisis sea útil para los propósitos del diseño de la estrategia.

El prisma del diseño sugiere, por tanto, que los directivos pueden y deben analizar y planificar la integración de las distintas fuerzas representadas por la idea de negocio. Un punto de partida para este análisis puede ser el histórico. A lo largo del tiempo, todas las organizaciones deben haber desarrollado una idea de negocio que explica su éxito actual o pasado. Así pues, el análisis de esta idea de negocio podría resultar muy útil para comprender la base del éxito que existe (o ha existido), pero también para comprender cómo se puede crecer a partir de ahí. La reflexión sobre los sistemas puede ayudar en este análisis. Se podrán desagregar los elementos de la idea de negocio de forma sistemática y analítica, como se ha hecho en el Cuadro II.ii. Esto podría hacerse utilizando gran parte del análisis de los Capítulos 2, 3 y 4: por ejemplo, para identificar las capacidades de la organización, los motores clave del entorno, las partes interesadas clave y sus influencias, y las características de la cultura de la organización.

A continuación, los directivos podrían plantearse preguntas del tipo:

- ¿Cuáles son los elementos centrales de la idea de negocio que hay que proteger y defender?
- ¿Qué forma parte de la idea de negocio que resulta difícil que las otras organizaciones lo copien y, por tanto, ofrece una diferenciación y puede servir de base para una ventaja competitiva?
- ¿Es probable que la idea de negocio sea relevante en el futuro, por ejemplo, en función de los escenarios que se han definido?
- ¿Cuáles son las fortalezas y debilidades de la actual idea de negocio?
- ¿Se puede ampliar la idea de negocio, por ejemplo, como punto de partida de nuevas direcciones estratégicas (por ejemplo, para entrar en nuevos mercados) o nuevos métodos de desarrollo de la estrategia como las adquisiciones (*véase* Capítulo 7)?
- En caso negativo, ¿es posible concebir otros ciclos de refuerzo mutuo desarrollados a partir de la actual idea de negocio, o su ampliación, que se podrían adecuar a los retos y oportunidades del futuro? Esto implicaría diseñar nuevas actividades y procesos complementarios pero que se añaden a los que ya existen.

Al analizar la complejidad de integrar las distintas fuerzas e influencias sobre la estrategia a través de este prisma, se puede aplicar la idea de negocio; en efecto, se convierte en una herramienta de planificación. Se podría utilizar como parte de un proceso de planificación estratégica, en un taller de estrategia para los directivos o, en efecto, como un proyecto a desarrollar por los alumnos.

## Complejidad y experiencia

El segundo prisma, el de la estrategia como experiencia, parte de un punto de vista distinto, poniendo el énfasis en las influencias de la experiencia personal de los individuos, de la cultura de las organizaciones y de las normas institucionales que debe cumplir la organización.

Se inicia el análisis con los directivos como individuos, y es importante comprender que tienen que simplificar la complejidad que les rodea: no es posible que intenten trabajar como si tuvieran un «conocimiento perfecto». Es importante comprender el efecto de estos *procesos de simplificación*. La investigación demuestra que, incluso si los directivos tienen una gran comprensión de su entorno, por ejemplo, es improbable que esa compleja comprensión les permita abordar todas las situaciones y todas las decisiones. Utilizarán parte de ese conocimiento[3]. Esto es lo que se conoce como *atención selectiva*: seleccionar, a partir de una comprensión total, las partes del conocimiento que parecen más relevantes. Los directivos también utilizan *ejemplos* y *prototipos* para poder comprender, por ejemplo, la competencia. Es habitual que los directivos mencionen a un competidor dominante más que una lista de características competitivas: «Competimos con los japoneses...» o «el servicio de Singapore Airlines…» son frases que resumen un complejo conjunto de características. Con el tiempo, esta representación parcial de la realidad puede petrificarse. Los japoneses se convierten en un competidor genérico; Singapore Airlines *es* la competencia. El riesgo es que la «parte» de la información que se utiliza con más frecuencia se convierta en la única información utilizada, y que se seleccionen los estímulos del entorno para ajustarse a estas representaciones dominantes de la realidad. Se asume la información que se ajusta al hecho de que Singapore Airlines es el principal competidor, mientras que la información contraria a esta idea se rechaza. A veces, esta distorsión puede provocar graves errores ya que los directivos no son capaces de ver indicadores cruciales porque están, en efecto, filtrando el entorno en busca de cuestiones y acontecimientos que les son familiares o que pueden reconocer con facilidad[4]. Los directivos también tienden a exagerar su propia influencia (o la de su organización) o su control de los acontecimientos (lo que se conoce como el «error de la atribución»), reducen el papel de la suerte y exageran las capacidades de su organización al tiempo que reducen o minimizan el potencial de los competidores[5].

Desde el punto de vista del prisma de la experiencia, pues, se puede pensar en la idea de negocio como un modelo mental sobre la organización. Como tal, es útil porque ofrece a los directivos una forma rápida de comprender la complejidad, pero también es potencialmente peligroso porque existen pruebas de que estos modelos mentales terminan petrificados, empiezan a dictar cómo se comprenden los nuevos factores y a generar sesgos en las respuestas ante dichos factores.

Se puede reafirmar gran parte de lo anterior desde el punto de vista de la cultura de la organización. También existe una forma organizativa de hacer las cosas que se ajusta a la idea de negocio. La idea de negocio puede haber surgido en la cabeza de un emprendedor y haberse desarrollado a lo largo de muchos años mediante prueba y error, a medida que el emprendedor hacía crecer su negocio y experimentaba éxitos y fracasos. Algunas iniciativas funcionaban; otras no. Determinadas habilidades resultaron ser importantes; otras no. Surgieron oportunidades que se adecuaban a las habilidades del negocio, y se aprovecharon otras oportunidades no se adecuaban tanto y se dejaron pasar. La forma en que se fue materializando la idea de negocio fue incorporándose paulatinamente a los procesos de la organización y a sus rutinas, y el personal aprendió a aglutinarse en torno a estos procesos y rutinas. La integración de las distintas fuerzas e influencias sobre la estrategia no se desarrolló mediante un diseño, sino a través de la experiencia de los individuos y de los grupos de personas que trabajaban juntas, creando paulatinamente una cultura, reforzada por el éxito. El paradigma y la red cultural de la organización (*véase* Capítulo 4) son, en efecto, la idea de negocio en la forma en que se da por sentada. ¿Cuáles son las consecuencias?

Primera, la idea de negocio y el potencial de *desviación estratégica*. La idea de negocio arraigada culturalmente se convierte en la solución predeterminada a las circunstancias que van surgiendo. Sin embargo, puede que llegue un momento (y algunos afirman que llegará) en que la idea de negocio sea cada vez menos relevante para el entorno. Esto es lo que se definió en el Capítulo 1, Sección 1.5.3, como desviación estratégica. Esto se debe a que la idea de negocio se ha convertido en una rutina tal que da lugar a una miopía. Para proseguir con el ejemplo anterior, los sistemas de la organización están tan acostumbrados a comprender y competir con Singapore Airlines, y a educar a las principales partes interesadas (accionistas, analistas, personal, la prensa) en cuanto a que esto es lo que realmente importa, que se corre el riesgo de que otras fuerzas clave sean ignoradas o pasadas por alto.

Segunda, *la importancia de poner en duda y cuestionar*. El arraigo de esta «idea de negocio cultural» significa que resulta muy difícil cambiar. Si se están desarrollando eficazmente las estrategias debe haber, por tanto, un medio de cuestionar o poner en duda lo que se da por sentado. El prisma de la experiencia sugiere que el principal papel de los marcos de análisis descritos en los Capítulos 2, 3 y 4 es, precisamente, este. Puede ser al menos tan importante sacar a la luz los supuestos de los que parten los directivos como el realizar un detenido análisis económico, porque es probable que estos supuestos estén dictando las decisiones estratégicas. En efecto, hay autores[6] que afirman que los debates sobre la estrategia entre los directivos deberían tratar, en gran medida, de identificar estos supuestos y utilizar la agenda que se extrae de esta identificación en el debate.

Sin embargo, aquí hay *un reto y una paradoja*. El hecho de que se dé por sentado lo que implica la idea de negocio ayuda a explicar por qué algunas organizaciones logran una ventaja competitiva que las demás encuentran difícil imitar. La imitación de las bases de la ventaja resulta difícil porque esas bases son difíciles de identificar, precisamente porque están arraigadas en la cultura (*véase* Sección 3) en forma de rutinas, sistemas de control, etcétera.

- El *reto* es el que se planteó en el debate clave al final del Capítulo 3 (Ilustración 3.8). ¿Realmente se puede concebir que rutinas muy arraigadas, que se dan por sentadas, tal vez rutinas cotidianas que constituyen las bases del éxito, se pueden analizar con facilidad? Las personas ajenas a la organización tendrían dificultades para identificarlas; pero también los altos directivos, ya que es improbable que participen en esas actividades. Por ejemplo, aunque el tipo de mapa de las capacidades descrito en la Ilustración 3.2 logró un grado de detalle mucho mayor que el que se ha mostrado en este libro, los directivos necesitaron dos días para hacerlo, y lo consiguieron en una cultura de apertura y confianza.

- La *paradoja* es la siguiente: si una de las razones por las que las competencias arraigadas en la cultura de una organización ofrecen ventajas es que resultan naturales para la organización en cuestión y son difíciles para las demás ¿El intentar dirigir estas competencias no plantea el riesgo de que se pierda esa ventaja? Al intentar dirigir estas competencias se puede tratar de simplificarlas; codificarlas potencialmente. En este sentido, son más visibles internamente, pero se puede también afirmar que no serán competencias que se dan por sentadas, serán menos complejas, tendrán una menor ambigüedad causal, y serán más visibles y potencialmente más imitables por otras organizaciones[7].

El mensaje del prisma de la experiencia es que si se recurre al análisis de la planificación para comprender la complejidad, se pueden subestimar los problemas de intentar aplicar la idea de negocio. El desvelar y dudar de los elementos que se dan por sentados en la idea de negocio puede ser una forma importante de comprender la situación estratégica en la que se encuentra la organización, y de deliberar sobre cómo se debe avanzar hacia adelante. Sin embargo, hay que admitir que no será fácil hacerlo. Los ejecutivos que quieran intentarlo deberán invertir mucho tiempo, no solo su propio tiempo y el de otros altos ejecutivos, sino también el de las personas cuya vida cotidiana consiste en realizar esos procesos en la organización.

## Complejidad e ideas

Mientras que el prisma de la experiencia pone el énfasis en el arraigo de la idea de negocio en la cultura de la organización, y por tanto en la uniformidad y conformidad, el prisma de las ideas ayuda a explicar la innovación y cómo surgen las nuevas ideas de negocio. Pone el énfasis en la importancia de la variedad y la diversidad en los distintos niveles dentro y fuera de las organizaciones, como fuente de innovación y de nuevas ideas.

Primero, desde el punto de vista del personal de las organizaciones, por cada idea de negocio de éxito hubo probablemente muchas otras ideas que fracasaron. Las ideas que tuvieron éxito fueron las que resultaron más atractivas para las condiciones del entorno, para los compradores en el mercado, los inversores, las comunidades, los empleados potenciales y actuales, etcétera. Sin embargo, por cada emprendedor de éxito hay muchos que han fracasado. En el mercado de los viajes en avión baratos, easyJet y Ryanair han tenido éxito, pero otras empresas no. Igual que las empresas compiten con otras empresas, una idea de negocio compite con las ideas de negocio de los competidores; algunos sobreviven y otros no. Este es el planteamiento de la «ecología poblacional»[8] que estudia la estrategia en cuanto a nacimientos y defunciones en las poblaciones de empresas, y que tiende a poner mucho menos el énfasis en la centralidad, influencia y control de los directivos seguidores de la escuela de pensamiento del diseño.

La importancia del comportamiento de prueba y error, con un énfasis particular en la importancia de las copias imperfectas, también queda destacada por el prisma de las ideas. Recuerde la visión institucionalista descrita en el Comentario a la Parte I y en el Capítulo 4 (Sección 4.5). Una idea de negocio de éxito, evidente en la estrategia de una organización, tenderá a ser imitada por otros. Sin embargo, no se imitará de forma perfecta. Las organizaciones tendrán un concepto imperfecto de los elementos de la idea de negocio de los competidores. Copiarán partes de la estrategia de las organizaciones de éxito y sumarán sus propias dimensiones en función de su propia idea de negocio. El resultado puede ser el éxito o el fracaso. Se puede afirmar que esto es justamente lo que ocurrió con el éxito de Virgin Air. Richard Branson copió los conceptos básicos de los vuelos intercontinentales pero añadió su propia versión. El punto importante que hay que comprender es que, mediante estas copias imperfectas, las ideas se vuelven a combinar continuamente para producir nuevas ideas; y es así como se pueden desarrollar las estrategias innovadoras de éxito. Aquí se encuentra una explicación de cómo terminan perdiendo organizaciones de éxito y terminan siendo adelantadas por otras. Sin embargo, la explicación no parte tanto de las capacidades de diseño de los directivos como de los resultados de una copia imperfecta y de la variedad resultante de nuevas ideas de negocio que terminan dando lugar a una estrategia ganadora[9].

Otro nivel en el que el prisma de las ideas arroja luz sobre la idea de negocio es dentro de la propia organización. Aunque las organizaciones son culturas que reflejan una idea de negocio en torno a la que se aglutina la gente, también habrá elementos de diversidad y variedad. Habrá algunos individuos o grupos dentro de la organización que tendrán formas distintas de hacer las cosas o que verán las cosas de otra manera. O tendrán redes con otras personas ajenas a su organización. Esto explica por qué las nuevas ideas, o las enmiendas de la idea de negocio dominante, se desarrollan dentro de una organización. Esto podría producirse en los niveles inferiores de la organización. La rutina de aceptar la devolución de bienes de los grandes minoristas en la empresa de la Ilustración 3.2 no partió de la cumbre de la organización, sino de un joven directivo de línea que, a su vez, estaba intentando satisfacer el problema de un comprador de un minorista. Las conclusiones extraídas de los estudios de las innovaciones estratégicas ponen el énfasis en la importancia de esta variedad y diversidad de ideas dentro de las organizaciones más que en la dependencia de una planificación estratégica de arriba abajo[10].

Aquí hay varias lecciones que pueden aprender los directivos.

- *La «espada de doble filo».* Cualquier organización de éxito tendrá una «idea de negocio» que se ha desarrollado con ese éxito y que, a su vez, lo respalda. Pero es una «espada de doble filo». Puede terminar tan arraigada que se convierta en una restricción al cambio y a la innovación de la organización. El prisma de las ideas muestra que los directivos tienen que trabajar de forma activa para crear el contexto que permita que exista variedad y diversidad, de forma que se pueda evitar este contratiempo. Para ello, los directivos tienen que reconocer algunas de las lecciones que ya se han sugerido en el Comentario a la Parte I. Estas lecciones incluyen:
- *Tolerar las desviaciones.* Hay que reconocer que la innovación puede provenir de cualquier parte de la organización y es probable que se deba, al menos inicialmente, a una desviación de las normas existentes. Esto probablemente significará que se producirán desviaciones de los círculos de retroalimentación aparentemente positivos que pueden haber representado a la idea de negocio de éxito en el pasado. Este fenómeno no resulta cómodo, y el prisma de la experiencia sugiere que probablemente tendrá que afrontar cierta oposición. El director estratégico que busca la innovación tendrá probablemente que ser tolerante con estas desviaciones y permitir el tipo de flexibilidad que las tolera y facilita.
- *Visión y reglas sencillas.* El prisma de las ideas sugiere que la creación de esta flexibilidad no se verá ayudada por una prescripción o especificación detallada de la idea de negocio, como sugiere el prisma del diseño. Por el contrario, es necesario crear una visión general de la organización, de lo que hace y de lo que intenta conseguir. También es posible que ayude el desarrollo de unas pocas «reglas sencillas» que son necesarias para crear la coherencia en la organización pero que deben ser suficientemente flexibles como para permitir y fomentar la variedad y la diversidad. Y algunos dirían que estas reglas tienen que ser suficientemente ambiguas como para crear el tipo de «tensión de adaptación» necesaria para la innovación (*véase* la página 45 en el Comentario a la Parte I).
- *Cambio continuo.* En el caso de los directivos de las organizaciones que dependen de la innovación también es importante aceptar que el conocimiento y la comprensión de sus bases del éxito nunca serán perfectos, y que no pueden lograr ventajas intentando que ese conocimiento sea perfecto. Por el contrario, la ventaja consiste en transformar continuamente lo que tienen más deprisa que sus competidores.

El punto clave es que el prisma de las ideas arroja luz sobre las fuentes y bases de la variedad y de la diversidad y, por tanto, sobre la innovación y el cambio de las ideas de negocio de las organizaciones, y sugiere formas en que los directivos pueden fomentar este proceso.

## Nuestra visión

El comentario a esta parte ha abordado un reto importante que tienen que superar los directores estratégicos: la integración de las distintas influencias y fuerzas sobre el desarrollo de la estrategia, que aquí hemos definido como la «idea de negocio». Se acepta que las organizaciones de éxito han encontrado la forma de integrar estas fuerzas de tal forma que logran cierta retroalimentación positiva como la que se muestra en el Cuadro II.ii. Sin embargo, lo que muestran los prismas es que se puede ver de distintas maneras. Afirmamos que estas distintas maneras no son incompatibles sino complementarias.

El prisma de la experiencia reconoce que la complejidad de la idea de negocio de una organización se habrá desarrollado probablemente a lo largo del tiempo a través de la experiencia de la gente, de su experimentación y de un arraigo paulatino en la cultura. Representa la base del éxito de la organización; pero también contiene potencialmente la semilla del fracaso, porque termina estando tan arraigada que no se puede cambiar con facilidad. En este sentido, ofrece una explicación de la desviación estratégica y de la paradoja de *Icarus*[11].

El prisma del diseño afirma que estas complejas interrelaciones que se refuerzan entre sí se pueden comprender, analizar y planificar. Nosotros diríamos que eso puede resultar más problemático de lo que algunos seguidores de este planteamiento están dispuestos a admitir. Sin embargo, esto no significa que las herramientas de análisis sean inútiles, porque también ofrecen una base sobre la que los directivos pueden cuestionar y poner en duda las cosas que se dan por sentadas, y ayudar así a la dirección a gestionar el desarrollo de la idea de negocio o, al menos, a cuestionarla.

El prisma de las ideas sugiere que no se trata meramente de una dirección de arriba a abajo. Habrá variedad dentro y entre las ideas de negocio. Las copias imperfectas y las desviaciones de la idea de negocio arrojarán nuevas ideas. El reto consiste en que los directivos acepten que no pueden esperar controlarlo todo; que ellos mismos son una de las fuerzas que seleccionan nuevas ideas; pero que pueden y deben cultivar los efectos potencialmente positivos de la imperfección y de la desviación dentro y fuera de sus organizaciones en la forma en que diseñan y controlan sus organizaciones.

Brown y Eisenhardt[12] afirman que las organizaciones afrontan potencialmente dos problemas opuestos. Algunos directivos y algunas organizaciones pueden estar demasiado atados a una visión del futuro (lo denominan la Trampa de la Previsión) debido a su experiencia o a un plan detallado que da lugar a una rigidez de planteamientos. En el caso de otros directivos u organizaciones, es posible que no se preste suficiente atención a las fuerzas que afectarán al futuro, lo que dará lugar a que no se tenga ningún planteamiento sobre qué es lo que puede ocurrir; y, por tanto, se generará el caos. Sugieren que los directivos tienen que evitar caer en cualquiera de estas trampas y aceptar la inevitable ambigüedad e incertidumbre de la complejidad que les rodea. Las conclusiones que alcanzan son las siguientes:

● *Una idea de negocio que se adapta.* En vez de intentar identificar un futuro definitivo, los directivos deben tener una visión general del entorno de su organización, lo suficientemente general como para acomodar los distintos futuros posibles, y una visión sobre la identidad de su organización que pueden ajustar a medida que se vaya desvelando el futuro. Desde el punto de vista de la idea de negocio, esto sugiere que, en efecto, es importante tener un planteamiento sobre cómo se relacionan e integran las distintas fuerzas, internas y externas, que afectan a la organización, pero no una visión que sea demasiado rígida. En vez de considerar que la idea de negocio es un sistema fijo, es necesario considerar que es un sistema que se va adaptando.

● *Escrutinio constante.* Los directivos evitan hacer grandes ejercicios en una única ocasión para analizar su entorno y los posibles futuros. Se debe estar prestando una atención «continua pero superficial» al futuro. En otras palabras, los directivos deben mantenerse continuamente en contacto con su entorno y con la manera en que está cambiando; y deben poner en duda los supuestos sobre este futuro que hay en sus organizaciones. Pero no debe suponer que esa atención pueda traducirse en un ejercicio analítico puntual. Debe ser un proceso continuado.

- *Experimentación*. El futuro se podrá comprender a través de las acciones, a medida que se va trabajando. Las organizaciones deben intentar poner a prueba nuevas ideas y ver si funcionan, aprendiendo sobre el futuro a medida que va cambiando; así pues, el fomento de la variedad de la organización, que permite que surjan estas ideas, es importante.

## Notas

1. Para una explicación exhaustiva de la idea de negocio *véase* Van der Heijden, K. (2004): *Scenarios: The Art of Strategic Conversation*. Wiley.
2. Este ejemplo se ha adaptado de Bougon, M. G. y Komocar, J. (1990): «Directing strategic change: a dynamic holistic approach», en A. Huff (ed.), *Managing Strategic Thought*. Wiley.
3. Para una revisión de estas cuestiones *véase* la introducción a Dutton, J., Walton, E. y Abrahamson, E. (1989): «Important dimensions of strategic issues: separating the wheat from the chaff», *Journal of Management Studies*, vol. 26, n.º 4. Pp. 380-395.
4. *Véase* Tversky, A. y Kahnemann, D. (1975): «Judgements under uncertainty: heuristics and biases», *Science*, vol. 185. Pp. 1124-1131.
5. *Véase* Lovallo, D. y Kahneman, D. (2003): «Delusions of success», *Harvard Business Review*, vol. 81, n.º 7. Pp. 56-64.
6. Este es el planteamiento adoptado por Eden, C. y Ackerman, F. (1998): *Making Strategy: The journey of strategy*. Sage Publications.
7. Este argumento es parecido al adoptado por Barney, J. B. (1986): «Organizational culture: can it be a source of sustained competitive advantage?», *Academy of Management Review*, vol. 11, n.º 3 Pp. 656-665.
8. El planteamiento de la ecología poblacional se puede encontrar en Hannan, M. T. y Freeman, J. (1988): *Organizational Ecology*. Harvard University Press. Para un ejemplo de las ideas estratégicas que se pueden derivar de la perspectiva de la ecología poblacional, *véase* Silverman, B. S., Nickerson, J. A. y Freeman, J. (1997): «Protability, transactional assignment and organizational mortality in the US trucking Industry», *Strategic Management Journal*, vol. 18 (special issue). Pp. 31-52.
9. Las copias imperfectas o «mutaciones» se explican en Weeks, J. y Galunic, C. (2003): «A theory of the cultural evolution of the rm: the intra-organizational ecology of memes», *Organization Studies*, vol. 24, n.º 8. Pp. 1309-1352.
10. *Véase* Brown, S. L. y Eisenhardt, K. M. (1998): *Competing on the Edge*. Harvard Business School Press.
11. *Véase* Miller, D. (1990): *The Icarus Paradox*. HarperCollins.
12. *Véase* la nota 10.

# Parte III

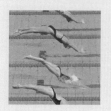

## La elección estratégica

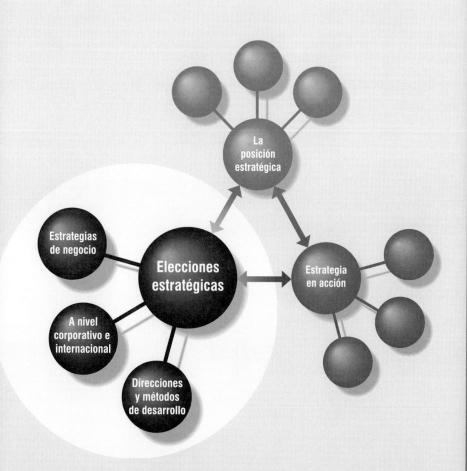

**EN ESTA PARTE SE EXPLICAN:**

● Las bases de las estrategias competitivas en el ámbito de la unidad de negocio: el reloj estratégico.

● Otras bases de la elección estratégica, incluyendo la teoría de juegos y las estrategias en condiciones de hipercompetencia.

● Las estrategias a nivel corporativo, en cuanto al producto y al alcance geográfico.

● Los razonamientos alternativos de las empresas matrices cuando gestionan las carteras para crear valor.

● Las opciones estratégicas, en cuanto a las direcciones y métodos de desarrollo.

● La evaluación de las estrategias para ver si son ajustadas, aceptables y factibles.

# Introducción a la Parte III

La elección estratégica se ocupa de las decisiones sobre el futuro de una organización y de la forma en que hay que responder a las muchas presiones e influencias analizadas en la Parte II de este libro. A su vez, el análisis de las estrategias futuras debe tener en cuenta la necesidad de trasladar la estrategia a la acción lo que, a su vez, puede constituir una restricción significativa para la elección estratégica.

El Capítulo 1 (Sección 1.1.2) explicaba los distintos niveles de la estrategia y de las decisiones estratégicas. Aquí nos ocupamos de la estrategia a nivel corporativo y de la unidad de negocio. En estos dos niveles los directivos tienen que tomar decisiones sobre cómo deben satisfacer las expectativas contrapuestas de distintas partes interesadas. Por ejemplo:

- Los directivos de las unidades de negocio deben tomar decisiones sobre cómo deben satisfacer las necesidades de los clientes o usuarios, de tal manera que satisfagan las expectativas económicas de las partes interesadas, como por ejemplo los accionistas o, en el caso del sector público, el gobierno. Al tomar estas decisiones probablemente tengan que actuar en un entorno de competencia, por lo que la búsqueda de una ventaja competitiva adquiere una importancia crucial.
- Los directivos también tienen que tomar decisiones sobre el alcance de las actividades de su organización. Esto incluye las decisiones sobre los negocios que merece la pena tener en su cartera y cómo pueden añadir más valor a esos negocios en comparación con otras empresas que podrían intentar tenerlos. ¿Y dónde tienen que operar desde el punto de vista geográfico? ¿En su mercado nacional o deben desarrollarse en el ámbito internacional?
- A su vez, los directivos tienen que tomar decisiones sobre cómo van a aplicar sus estrategias en cuanto a los productos y los mercados que pueden desarrollar. ¿Tiene sentido lanzar nuevos productos, entrar en nuevos mercados? Y ¿cómo debe hacerse, mediante un desarrollo orgánico, mediante alianzas, o mediante fusiones y adquisiciones?

Por tanto, hay temas comunes en la elección estratégica que hay que tener en cuenta para *satisfacer las expectativas* de las partes interesadas y *crear valor* en el contexto de la *competencia* actual o potencial, y en las decisiones sobre los productos y el alcance de los mercados.

El reto general, que es el objeto de estudio del conjunto de la Parte III, es el grado en el que estos distintos niveles de la elección estratégica son coherentes entre sí. Por ejemplo, la estrategia competitiva en el ámbito de la unidad de negocio intenta alcanzar una ventaja competitiva de forma que la organización pueda ofrecer valor a los clientes y lograr unos beneficios superiores a los medios. ¿Cómo se puede, por tanto, mejorar esta creación de valor desde el punto de vista corporativo?

El análisis de la elección estratégica se ha dividido en tres capítulos, como se muestra en el Cuadro III.i.

El Capítulo 5 se ocupa de la estrategia competitiva o a nivel de la unidad de negocio. ¿Cómo pueden competir con éxito las unidades de negocio en los mercados de forma que satisfagan las necesidades de los clientes (o usuarios) y creen valor para las partes interesadas de las que una puede muy bien ser la empresa matriz? Esto se analiza primero mediante un examen de las opciones generales en función de las bases de las estrategias competitivas: se trata de opciones fundamentales disponibles que pueden permitir alcanzar la

**Cuadro III.i** La elección estratégica

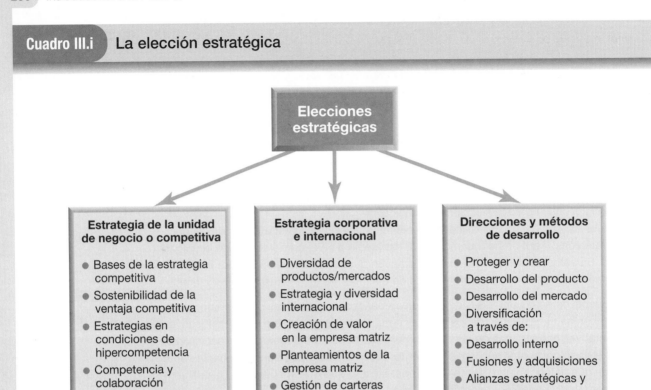

ventaja competitiva en los mercados. También se plantean preguntas, a partir de lo expuesto en el Capítulo 3, sobre el grado en que es posible lograr una ventaja competitiva sostenible y cuándo tiene sentido elegir una estrategia de colaboración más que una estrategia competitiva. El capítulo también analiza las implicaciones de entornos turbulentos, de rápidos cambios, «hipercompetitivos», sobre las opciones de la estrategia competitiva. A continuación se analiza la contribución de la teoría de juegos a la forma de reflexionar sobre la estrategia competitiva.

El Capítulo 6 se ocupa de la estrategia internacional y corporativa. Primero se analiza el grado de diversidad de la empresa, tanto en lo relativo a productos como a diversidad internacional. En particular, se analiza el grado y la naturaleza de esta diversidad en función de las motivaciones de la diversidad y de los efectos sobre el rendimiento. En segundo lugar, se plantea la pregunta de cómo pueden las empresas matrices, que gestionan múltiples unidades de negocio, crear o destruir el valor existente en esas unidades de negocio. Se analizan tanto los distintos planteamientos sobre el papel de la empresa matriz, como las distintas lógicas para gestionar la cartera de negocios dentro de una gran corporación.

El Capítulo 7 se ocupa de las elecciones sobre la dirección estratégica y el método de desarrollo. Esto incluye consideraciones sobre cómo se puede construir la dirección del desarrollo estratégico en torno a las oportunidades de los mercados; los desarrollos de productos y servicios; los desarrollos de competencias, y diversas combinaciones de estos tres parámetros. También se explican los métodos de desarrollo, tanto a partir del desarrollo interno como mediante alianzas estratégicas, adquisiciones y fusiones. A continuación, el capítulo pasa a analizar algunas estrategias que pueden tener más éxito que otras. Para ello introduce los conceptos de «ajuste» de la estrategia, su aceptabilidad y su factibilidad:

- *El ajuste* de la estrategia constituye un criterio general que se ocupa de saber si la opción estratégica es adecuada a las circunstancias en las que se encuentra la organización: la posición estratégica tal y como se analizó en la Parte II.

- La *aceptabilidad* hace referencia a los resultados esperados en cuanto a rendimiento (ya sea rentabilidad o riesgo) de una opción estratégica, y el grado en que estos resultados se ajustan a las expectativas.

- La *factibilidad* se ocupa de saber si la estrategia puede funcionar en la práctica y, por tanto, de las cuestiones prácticas relativas a la obtención de recursos y a la capacidad estratégica.

En el marco de estos conceptos también se analizan los distintos planteamientos para evaluar opciones estratégicas.

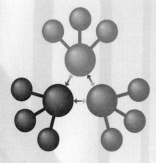

# 5

# Estrategia en el ámbito de la unidad de negocio

## Objetivos del aprendizaje

Tras leer este capítulo, usted debería ser capaz de explicar:

● Cómo identificar a las unidades estratégicas de negocio (UEN) en las organizaciones.

● Distintas bases para lograr la ventaja competitiva en términos de «trayectorias» en el reloj estratégico:

— estrategias en función del precio;

— estrategias de diferenciación;

— estrategias híbridas y de segmentación.

● Los factores que afectan a la sostenibilidad de la ventaja competitiva.

● Las relaciones entre competencia y colaboración.

● Los principios de la teoría de juegos respecto a la estrategia competitiva.

Fotografía: Getty Images

Fotografía: Corbis

Fotografía: Digital Vision

## 5.1   INTRODUCCIÓN

Este capítulo se centra en las estrategias competitivas de las organizaciones y en las elecciones que se pueden adoptar para obtener una ventaja competitiva. Las cuestiones equivalentes en los servicios públicos son las elecciones que permiten ofrecer el mejor valor en la provisión del servicio. Los tres capítulos anteriores han revisado las muchas fuerzas del entorno empresarial, las capacidades internas de las organizaciones y las expectativas e influencias de las partes interesadas. Todas estas son influencias potencialmente importantes para desarrollar la estrategia en el ámbito de la unidad de negocio.

Es importante recordar que la estrategia competitiva en una organización se crea en las unidades de negocio independientes de la organización. La mayoría de las organizaciones tienen una serie de unidades de negocio, que compiten en distintos mercados, en los que los consumidores o clientes tienen necesidades distintas y requieren productos o servicios diferentes. Así pues, para comprender la estrategia en el ámbito de la unidad de negocio, es importante ser capaz de identificar a las UEN de una organización. El capítulo empieza con esta cuestión. Sin embargo, es necesario recordar que una UEN es una parte de una organización para los propósitos de definición de la estrategia, y que es posible que la organización no esté estructurada en función de estas UEN. El Cuadro 5.1 muestra pues los tres elementos principales que constituyen la estrategia en el ámbito de la unidad de negocio y que ofrecen la estructura del resto del capítulo:

● Primero está la cuestión de las *bases* generales *de la competencia* «disponibles» para las UEN. Estas bases incluyen las estrategias en función de los precios, las estrategias de diferenciación, las estrategias híbridas y las estrategias de segmentación.

## Cuadro 5.1   Estrategias en el ámbito de la unidad de negocio

- Las últimas secciones se fijan en la forma de *lograr una ventaja competitiva*. Esto parte de la Sección 5.4 con cuestiones relativas a la *sostenibilidad de la estrategia a lo largo del tiempo*. Sin embargo, en un mundo de incertidumbre que cambia rápidamente, la sostenibilidad de la ventaja competitiva puede resultar problemática. La idea de la *hipercompetencia* (introducida en el Capítulo 2, Sección 2.3.2) se revisa en la Sección 5.5 al analizar las lecciones que se pueden extraer para la elección estratégica. En la Sección 5.6 también se analizan las ventajas potenciales de las estrategias de *cooperación* con los competidores, y en la Sección 5.7 se analizan la dinámica de la competencia y la interdependencia de las acciones de los competidores *(teoría de juegos)*.
- El tercer elemento del Cuadro 5.1 son las elecciones detalladas sobre las direcciones y los métodos de desarrollo, dentro de las opciones más generales analizadas. Esto se estudia con detalle en el Capítulo 7 que se fija en las opciones de la dirección de desarrollo, como los nuevos productos o nuevos mercados, y en los métodos, como las adquisiciones o las alianzas estratégicas.

## 5.2  IDENTIFICACIÓN DE LAS UNIDADES ESTRATÉGICAS DE NEGOCIO

Una **unidad estratégica de negocio** es una parte de la organización para la que existe un mercado externo diferenciado de bienes y servicios que se distingue del de otra UEN. Como se ha mencionado anteriormente, la identificación de las unidades estratégicas de negocio de una organización es esencial para el desarrollo de la estrategia en el ámbito de estas unidades, puesto que estas estrategias variarán de una UEN a otra. Hay dos inconvenientes opuestos que hay que evitar:

- Si cada producto y cada sucursal geográfica se consideran como una UEN independiente, tal inmensa variedad de estrategias competitivas en una única organización provocará una falta de atención e ineficiencias. Esto haría que el desarrollo de la estrategia a nivel corporativo (*véase* Capítulo 6) fuera casi imposible.
- Por otra parte, el concepto de UEN es importante para reflejar adecuadamente la diversidad de productos y mercados que, de hecho, existe.

Hay dos criterios generales que pueden ayudar a evitar estos inconvenientes y, por tanto, a identificar a las UEN, y que resultan útiles cuando se están desarrollando estrategias en el ámbito de la unidad de negocio.

- Los *criterios externos* para identificar a las UEN se centran en la naturaleza del mercado de las distintas partes de la organización. Dos partes de una organización solo deben ser consideradas como integrantes de la misma UEN si se dirigen al mismo *tipo de cliente,* a través de los mismos tipos de *canales* y con *competidores* parecidos. Por ejemplo, una «unidad» que particulariza los productos/servicios a las necesidades específicas locales no puede pertenecer a la misma UEN que otra que ofrece productos o servicios homogéneos en el ámbito global. Tampoco las unidades que ofrecen los mismos productos a un grupo de clientes mediante distintos canales exclusivos (tiendas al por menor o pedidos por correo/Internet).
- Los *criterios internos* para identificar a las UEN se centran en la naturaleza de la capacidad estratégica de una organización: sus recursos y competencias. Dos partes de una organización solo deben ser consideradas como integrantes de la misma UEN si

*Tienda de ropa-Ritani.*

Una **unidad estratégica de negocio** es una parte de la organización para la que existe un mercado externo diferenciado de bienes y servicios que se distingue del de otra UEN.

tienen productos/servicios parecidos que utilizan tecnologías parecidas y que comparten un conjunto análogo de recursos y competencias. Esto suele significar que la estructura de costes de las «unidades» será parecida. Así, en una empresa como Kodak, las unidades que ofrecen productos que utilizan carretes no pertenecen a la misma UEN que las que ofrecen productos de fotografía digital, incluso si se dirigen a los mismos clientes a través de los mismos canales.

La identificación de las UEN afecta a las elecciones sobre las estrategias competitivas genéricas (*véase* Sección 5.3); a las cuestiones a nivel corporativo sobre las relaciones entre UEN (Capítulo 6) y a las cuestiones relativas al diseño de la organización (Capítulo 8)[1]. Estas decisiones también se toman en el sector público. La frecuente «reagrupación» de las actividades en los ministerios del gobierno central muestra la dificultad de estos juicios de valor. Por ejemplo en el Reino Unido, a lo largo de las últimas décadas, «Educación» se ha unido a «Ciencia», después a «Empleo» y después a «Habilidades». Es importante revisar la definición de UEN a medida que cambia el entorno empresarial y/o las capacidades de la organización. Por ejemplo, el desarrollo de la telefonía móvil ha creado nuevas UEN para las empresas de telecomunicaciones, muchas de las cuales han sido reflotadas como empresas independientes.

## 5.3  BASES DE LA VENTAJA COMPETITIVA: EL «RELOJ ESTRATÉGICO»

La **estrategia competitiva**, las bases a partir de las cuales una unidad de negocio puede lograr una ventaja competitiva en su mercado.

Esta sección revisa distintas formas en las que los directivos de una organización pueden reflexionar sobre la **estrategia competitiva**, las bases a partir de las cuales una unidad de negocio puede lograr una ventaja competitiva en su mercado. En el caso de las organizaciones de servicios públicos, lo que preocupa es una cuestión equivalente: las bases sobre las que las organizaciones deciden sustentar la calidad de sus servicios dentro de los presupuestos aprobados, es decir, cómo ofrecer el «mejor valor» posible.

Porter[2] fue pionero en este campo cuando propuso que había tres estrategias «genéricas» distintas que podían utilizar las organizaciones para lograr una ventaja competitiva. Eran las siguientes: «liderazgo en costes», «diferenciación» y «segmentación». Durante los veinte años siguientes hubo un gran debate sobre qué significaban exactamente estas categorías. En concreto, muchos confundían el «liderazgo en costes» de Porter con unos precios reducidos. Para eliminar de este libro estas confusiones del análisis vamos a utilizar las estrategias genéricas para «competir en el mercado» análogas a las utilizadas por Bowman y D'Aveni[3]. Estas estrategias parten del principio de que las organizaciones logran la ventaja competitiva ofreciendo a sus clientes lo que quieren o necesitan, mejor o más eficazmente que los competidores. Es un punto de partida con el que Porter se mostraría de acuerdo, y el reloj estratégico (Cuadro 5.2) engloba las categorías de Porter de diferenciación y segmentación junto con el precio, como se analiza en las próximas secciones.

Suponiendo que hay una serie de proveedores, los clientes elegirán la oferta que van a aceptar en función de su percepción del valor que obtienen por su dinero. Se trata de una combinación del precio y de las ventajas del producto/servicio percibidos por el cliente en cada oferta. Puesto que las posiciones en el «reloj estratégico» representan distintas posiciones en el mercado donde los clientes (o clientes potenciales) tienen distintos «requisitos» en cuanto al valor que obtienen por su dinero, también representan un conjunto de estrategias genéricas para lograr una ventaja competitiva. La Ilustración 5.1 muestra un ejemplo en el contexto de la historia de las empresas automovilísticas japonesas en el mercado europeo del automóvil. El análisis de cada una de estas estrategias también destacará la importancia de los costes de una organización, sobre todo respecto

**Cuadro 5.2**  El reloj estratégico: opciones de la estrategia competitiva

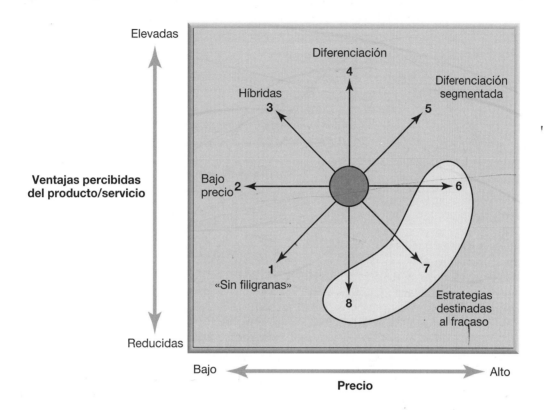

*Necesidades/riesgos*

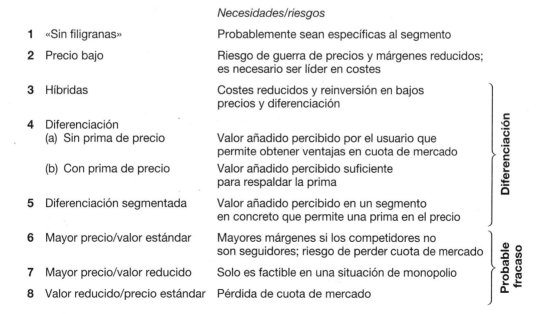

| | | | |
|---|---|---|---|
| **1** | «Sin filigranas» | Probablemente sean específicas al segmento | |
| **2** | Precio bajo | Riesgo de guerra de precios y márgenes reducidos; es necesario ser líder en costes | |
| **3** | Híbridas | Costes reducidos y reinversión en bajos precios y diferenciación | Diferenciación |
| **4** | Diferenciación<br>(a) Sin prima de precio | Valor añadido percibido por el usuario que permite obtener ventajas en cuota de mercado | Diferenciación |
| | (b) Con prima de precio | Valor añadido percibido suficiente para respaldar la prima | Diferenciación |
| **5** | Diferenciación segmentada | Valor añadido percibido en un segmento en concreto que permite una prima en el precio | Diferenciación |
| **6** | Mayor precio/valor estándar | Mayores márgenes si los competidores no son seguidores; riesgo de perder cuota de mercado | Probable fracaso |
| **7** | Mayor precio/valor reducido | Solo es factible en una situación de monopolio | Probable fracaso |
| **8** | Valor reducido/precio estándar | Pérdida de cuota de mercado | Probable fracaso |

*Nota:* El reloj estratégico se ha adaptado del trabajo de Cliff Bowman (*véase* FAULKNER, D. y BOWMAN, D. (1995): *The Essence of Competitive Strategy.* Prentice Hall). Sin embargo, Bowman utiliza la dimensión «valor de uso percibido».

**Ilustración 5.1**                    e s t r a t e g i a   e n   a c c i ó n

# Estrategias competitivas de las empresas automovilísticas japonesas en Europa

*El reloj estratégico ayuda a explicar las bases de la estrategia competitiva así como a comprender cómo pueden cambiar a lo largo del tiempo.*

### Trayectoria 1

Durante la década de los sesenta y principios de los setenta, los fabricantes japoneses de automóviles entraron en el mercado europeo dirigiéndose al sector de bajo coste y bajo valor añadido, que pensaban que no sería defendido por los fabricantes europeos. Sus productos «sin filigranas» eran considerados baratos, y se compraban sin tener muchas expectativas sobre las características de valor añadido. El volumen de ventas que se obtuvo, y la experiencia lograda gracias a esta estrategia de entrada en el mercado, ofreció una cabeza de puente a Europa para desarrollar otras estrategias más rentables.

### Trayectoria 2

A finales de la década de los setenta y principios de los ochenta, la mejor calidad y fiabilidad de sus productos cambió la percepción de sus automóviles, que pasaron a ser considerados tan buenos como los de sus competidores europeos. Sin embargo, los automóviles japoneses seguían vendiéndose a precios más baratos que los de los rivales, lo que permitió aumentar el volumen de ventas todavía más.

### Trayectoria 3

Tras sus primeros éxitos, los japoneses siguieron avanzando en su posición al final de la década de los ochenta produciendo automóviles con precios competitivos, que eran más fiables y de mejor calidad que los de sus rivales. Los competidores siguieron a los japoneses e intentaron mantener su posición mejorando la calidad y reduciendo los precios relativos de sus propios automóviles.

### Trayectoria 4

A mediados de la década de los noventa los principales fabricantes japoneses, igual que otras empresas fabricantes de automóviles, estaban intentando encontrar la manera de diferenciar sus productos ofreciendo características adicionales como *airbag*, aire acondicionado y garantías a más largo plazo. Durante gran parte de este periodo, el plazo para introducir estas innovaciones era inferior para los japoneses que para la mayoría de sus competidores. Sin embargo, en 2000, los competidores estaban alcanzando a los japoneses y era más difícil mantener una diferenciación sostenible.

### Trayectoria 5

El modelo Lexus de Toyota, que tiene una imagen independiente del resto de su gama y no utiliza el nombre Toyota, está compitiendo en el segmento de mercado de automóviles de lujo con fabricantes como Jaguar y Mercedes. Puesto que, como nuevo entrante, no tenía el «pedigrí» de sus competidores, las campañas publicitarias intentaban persuadir a los compradores de que no deberían intentar comprar coches en función del nombre, sino de sus características.

### Trayectoria 8

A pesar de tener elevados niveles de productividad del trabajo, Nissan padeció una reducción de las ventas y pérdidas financieras en Europa debido a la feroz competencia en precios. No se consideraba que su gama de productos fuese suficientemente atractiva como para mantener la cuota de mercado o venderse con rentabilidad. En marzo de 1999, Renault adquirió una participación de control en Nissan e inició un programa de desarrollo de productos. Un resultado de éxito fue el nuevo Micra, que tuvo un lanzamiento de éxito a principios de 2003.

*Fuente:* actualizado del original preparado por Jacobs, T., Bristol Business School.

---

### Preguntas

1. ¿Por qué los nuevos entrantes de una industria suelen utilizar la trayectoria 1 del reloj estratégico?

2. ¿Por qué no reaccionaron los entonces líderes del mercado al «crecimiento» japonés en las trayectorias 2 y 3 del reloj?

3. ¿Sería factible entrar en el mercado por la trayectoria 5 y después pasar a otras posiciones?

4. Nissan estaba intentando resolver su posición en la trayectoria 8. ¿A qué punto del reloj estratégico estaba dirigiéndose Nissan?

a los competidores. Pero como se verá en el análisis posterior, el coste es una consideración estratégica de todas las estrategias del reloj, no solo de las que ponen el énfasis en un precio reducido.

Puesto que las estrategias giran en torno al «planteamiento del mercado», es importante comprender cuáles son los factores críticos del éxito en cada posición del reloj. Los clientes en las posiciones 1 y 2 se preocupan especialmente por el precio, pero solo si las ventajas del producto/servicio satisfacen sus requisitos umbral tal y como se analiza en el Capítulo 2 (Sección 2.4.3). Esto suele significar que los clientes ponen el énfasis en la funcionalidad más que en el servicio o en cuestiones más estéticas, como el diseño o el envoltorio. Por el contrario, los clientes en la posición 5 del reloj exigen un producto o servicio particularizado, y están dispuestos a pagar una prima en el precio por ese «privilegio». Por supuesto, en cualquier mercado en particular es improbable que el volumen de demanda se distribuya de forma uniforme entre las distintas posiciones del reloj. En los mercados de bienes más primarios, la demanda se centra sustancialmente en las posiciones 1 y 2. Muchos servicios públicos también son de este tipo. Otros mercados tienen una demanda significativa en las posiciones 4 y 5. Históricamente, los servicios profesionales eran de este tipo. Sin embargo los mercados cambian a lo largo del tiempo. Los mercados de bienes de consumo pueden desarrollar nichos de valor añadido que pueden crecer rápidamente a medida que aumenta la renta disponible. Por ejemplo, esto ha ocurrido en el mercado de las bebidas con las cervezas de primera calidad y especializadas (*véase* el caso de ejemplo al final del Capítulo 2) y en muchos sectores del comercio al por menor. Los mercados particularizados pueden parecerse más a los mercados de bienes de consumo, sobre todo cuando la tecnología de la información puede desmitificar y estandarizar el contenido profesional del producto, como en el caso de los servicios financieros (como se verá en el Capítulo 9).

Así pues, el reloj estratégico es un concepto importante para ayudar a los directivos a comprender los requisitos cambiantes de sus mercados y las elecciones que pueden hacer sobre su posición y su ventaja competitiva. Cada posición en el reloj se va a analizar ahora con más detalle.

## 5.3.1 Estrategias en función del precio (trayectorias 1 y 2)

La trayectoria 1 es la **estrategia «sin filigranas»**, que combina un precio reducido con bajas ventajas específicas en el producto/servicio, y una atención a un segmento del mercado sensible al precio. Estos segmentos pueden existir por diversas razones:

- Los productos o servicios son *commodities*. Los clientes no perciben o valoran las diferencias en las ofertas de los distintos proveedores. Así pues, el precio se convierte en la cuestión competitiva clave. Los alimentos básicos (sobre todo en las economías en desarrollo) constituyen un buen ejemplo.

- Puede que haya *clientes sensibles al precio* que no se pueden permitir, o no se quieren permitir, el comprar bienes de mejor calidad. Las cadenas de supermercados Aldi y Netto en Europa siguen esta estrategia. Sus tiendas son básicas, sus mercancías tienen una gama relativamente limitada y pocos productos de lujo o con pocas especialidades, y sus precios son muy bajos. En los servicios públicos, muchas de las decisiones las toman los que aportan la financiación, independientemente de lo que podría preferir el usuario. Al trabajar con presupuestos reducidos, pueden decidir financiar únicamente una provisión básica (por ejemplo en gafas subsidiadas o en servicios de odontología subsidiados).

- Los compradores tienen *un elevado poder y/o reducidos costes de cambio*, por lo que resulta difícil crear la lealtad del cliente, por ejemplo, en la venta de gasolina. Así pues, los proveedores tienen que intentar lograr la lealtad de otra manera, como con tarjetas de cliente preferente.

La **estrategia «sin filigranas»**, que combina un precio reducido con bajas ventajas específicas en el producto/servicio, y una atención a un segmento del mercado sensible al precio.

- Cuando hay un *reducido número de proveedores con cuotas de mercado parecidas*. Así pues, la estructura de costes es similar y se imitan rápidamente las nuevas características del producto/servicio. El precio se convierte en el arma competitiva clave.

- Cuando los principales proveedores están compitiendo en otras variables distintas al precio, el segmento del precio reducido puede ser una oportunidad para las empresas más pequeñas que quieren *evitar a los grandes competidores*. Un bufete de abogados de ámbito regional puede intentar aumentar su volumen de negocio de esta manera. O un nuevo entrante puede intentar entrar en el mercado a través de la trayectoria 1 y utilizarlo como cabeza de puente para aumentar su volumen antes de pasar a otras estrategias.

La **estrategia de precio reducido**, intenta lograr un precio inferior al de los competidores al tiempo que intenta mantener ventajas percibidas similares para el producto o servicio a las que ofrecen los competidores.

La Ilustración 5.2 muestra un ejemplo de la estrategia sin filigranas de una empresa. La trayectoria 2, la **estrategia de precio reducido**, intenta lograr un precio inferior al de los competidores al tiempo que intenta mantener ventajas percibidas similares para el producto o servicio a las que ofrecen los competidores. En el sector público, el «precio» de un servicio para el gobierno como proveedor de fondos se reduce, en esencia, a los costes unitarios de la organización que recibe el presupuesto. Aquí la expectativa puede ser, en efecto, que se obtengan ganancias anuales en eficiencia y que estas se logren sin pérdida de las ventajas percibidas.

Si una unidad de negocio intenta lograr una ventaja competitiva a través de una estrategia de precios reducidos, tiene dos elecciones básicas. La primera consiste en intentar identificar y centrarse en un segmento de mercado que no es atractivo para los competidores y, así, evitar las presiones competitivas que puedan erosionar su precio. Una situación más complicada es cuando la competencia se produce en función del precio. Suele ser un caso común en el sector público y en los mercados de *commodities*. Hay varios inconvenientes potenciales cuando se compite en precios:

- *Reducción de márgenes*. Aunque se pueden lograr ventajas tácticas mediante la reducción del precio, es probable que este movimiento sea seguido por los competidores.

- Esto puede provocar una *incapacidad para reinvertir* en el desarrollo del producto o servicio dando lugar a una pérdida de la ventaja percibida del producto. En el sector público, esto puede dar lugar a una tendencia a terminar siendo el «proveedor de último recurso» que solo atiende a aquellas partes de la comunidad que no se pueden permitir adquirir mejores servicios en el sector privado. Esta ha sido una de las principales preocupaciones de los que trabajan en el sector público para proveer viviendas.

- Así pues evidentemente, a largo plazo, la estrategia de precios reducidos no se puede aplicar si no se tiene una *base de costes reducidos*. Sin embargo, los costes reducidos, de por sí, no constituyen una base para una ventaja. Los directivos suelen aplicar estrategias de costes reducidos que no les ofrecen una ventaja competitiva. El reto clave consiste en saber cómo se pueden reducir los costes de forma que los demás no puedan equipararse y, por tanto, de forma que la estrategia de precios reducidos pueda ofrecer una ventaja sostenible. La evidencia empírica demuestra que es difícil lograrlo, pero en la Sección 5.4.1, más adelante, se analizan algunas formas en que se puede conseguir.

La **estrategia de diferenciación** general que intenta ofrecer productos o servicios que ofrecen ventajas distintas de las de los competidores, y que son muy valoradas por los clientes.

## 5.3.2    Estrategias de diferenciación (trayectoria 4)

La siguiente opción es una **estrategia de diferenciación** general que intenta ofrecer productos o servicios que ofrecen ventajas distintas de las de los competidores, y que son muy valoradas por los clientes[4]. El objetivo consiste en lograr una ventaja competitiva ofreciendo mejores productos o servicios al mismo precio, o aumentando los márgenes elevando

# La estrategia «sin filigranas» de easyJet

*La reducción de costes desde distintos puntos puede ofrecer la base de una estrategia «sin filigranas» de éxito.*

Creada en 1995, easyJet se consideró como la joven recién llegada a la industria europea del transporte aéreo, y se esperaba que fracasase rápidamente. Pero a mediados de la década de 2000, esta compañía aérea con sede en Luton había hecho mucho más que meramente sobrevivir. Partiendo de seis aviones alquilados que cubrían un único trayecto, en 2003 tenía 74 aviones en el aire cubriendo 105 trayectos a 38 aeropuertos y transportando a más de 20 millones de pasajeros al año.

Más allá de la superficial reducción de costes cosméticos de easyJet, por la que no se ofrecen bebidas gratuitas durante el vuelo ni distintas clases turista, de negocio o de primera, se encontraba la filosofía de ahorro de costes en todos los ámbitos de la empresa. El informe anual 2002/03 volvía a reafirmar este modelo de negocio de la compañía aérea:

«Nuestro compromiso general es con la seguridad y el servicio al cliente, arraigado en una fuerte y dinámica cultura que puede acomodarse a nuestra tasa de crecimiento continuo. El modelo de negocio es:

- Densa red de punto a punto
  - Unir los principales aeropuertos con las principales fuentes de pasajeros.
  - Una elevada frecuencia.
  - Atractiva para los turistas y los hombres de negocios
- Marca fuerte y visible
  - Un nivel extremadamente elevado de conocimiento de la marca por los clientes.
  - Respaldado por una publicidad eficaz e innovadora.
- Tarifas dinámicas
  - Sencilla estructura tarifaria; cuanto antes reserve, menos paga.
  - Pretende ser la tarifa más baja en ese trayecto.
  - En función de la demanda, con un sistema de gestión de rendimientos exclusivo.
- Cien por cien de ventas directas
  - easyJet no paga comisiones a intermediarios.
  - Más del noventa por ciento de las ventas se hace *on line*.
- Flota muy utilizada
  - Una gran flota moderna, eficiente y relativamente respetuosa con el medio ambiente.

- La introducción del avión Airbus A319, combinada con la jubilación de la «vieja generación» de aviones Boeing 737, dará lugar a una flota de dos tipos de «nueva tecnología», aumentando la homogeneidad y reduciendo la complejidad.
  - Los elevados niveles de utilización de los activos reducen los costes unitarios.
- Incremento de la escala
  - La clave para sostener elevados niveles de crecimiento es poder aumentar la escala de las operaciones.
  - Esto también reduce el coste marginal del crecimiento paulatino.
  - El incremento de la escala aporta valiosas economías».

A pesar de un impresionante resultado financiero (96 millones de libras en beneficios de unos ingresos de 932 millones de libras, unos 144 millones de euros de unos ingresos de 1.400 millones de euros), el informe también reconoce que la empresa ha tenido que seguir esforzándose:

«Nuestra principal prioridad sigue siendo aumentar la frecuencia en los trayectos existentes, puesto que de este modo se logran ahorros en las operaciones, y aumenta el atractivo del servicio de easyJet para los clientes, sobre todo en el sector de los hombres de negocios. También es la trayectoria menos arriesgada hacia el crecimiento y en el año anterior a septiembre de 2003 representó aproximadamente las dos terceras partes del crecimiento neto de la capacidad.

Nuestra segunda prioridad consiste en añadir vuelos entre destinos actuales, lo que se conoce como unir los puntos, que permite aprovechar las sinergias de las operaciones existentes y las relaciones con los clientes en cada destino.

Nuestra tercera prioridad consiste en añadir nuevos destinos a la red. Estas dos últimas representaron, en conjunto, la otra tercera parte del crecimiento neto de la capacidad en 2003».

*Fuente*: informe anual de easyJet 2002/03.

## Preguntas

1. Lea las secciones 5.3.1 y 5.4.1 e identifique las bases de la estrategia sin filigranas de easyJet.
2. ¿Con qué facilidad podrían las compañías aéreas más grandes, como BA, imitar esta estrategia?

ligeramente el precio. En los servicios públicos, el equivalente es la consecución de un status de «centros de excelencia», que podría atraer una mayor financiación del gobierno (por ejemplo, las universidades intentan demostrar que tienen mejores resultados en la investigación o en la docencia que otras universidades).

El grado en el que el planteamiento de la diferenciación tendrá éxito dependerá, probablemente, de una serie de factores:

● ¿Ha identificado claramente la organización *quién es el cliente estratégico*? No siempre resulta evidente, como se analizó en la Sección 2.4.3 del Capítulo 2. Por ejemplo, en el caso de un periódico, ¿quién es el cliente, el lector del periódico, el que contrata publicidad, o ambos? Es probable que tengan necesidades distintas y que estén buscando distintas ventajas. Las organizaciones del sector público tienen que resolver una cuestión análoga. Puede ser muy importante que ofrezcan ventajas percibidas pero, ¿a quién? ¿Al usuario del servicio o al proveedor de fondos? Se trata de preguntas difíciles de responder, pero puede resultar útil recurrir al concepto del cliente estratégico. El grado en el que la organización comprende *qué es lo que valora* el cliente estratégico puede darse por sentado, peligrosamente, por los directivos. Esto es un recordatorio de la importancia de identificar los factores críticos del éxito (Capítulo 2, Sección 2.4.2).

● Es importante tener claro *quiénes son los competidores*. Por ejemplo, ¿está compitiendo el negocio con una amplia gama de competidores o con una gama mucho más reducida, tal vez dentro de un determinado segmento del mercado? En este último caso, una estrategia de diferenciación segmentada puede ser más adecuada (la posición 5 en el reloj, *véase* Sección 5.3.4 más adelante). En el caso de una diferenciación general, es probable que el negocio se tenga que concentrar en tipos de diferenciación valorados comúnmente por los clientes en ese mercado. Por ejemplo, en el mercado de los automóviles de consumo de masas, la fiabilidad es un requisito clave del cliente (un factor crítico del éxito) y los fabricantes que son capaces de demostrar un gran grado de fiabilidad tienen ventaja sobre los demás.

Algunos de los problemas para identificar las bases adecuadas de la diferenciación se reflejan en la Ilustración 5.3.

### 5.3.3    La estrategia híbrida (trayectoria 3)

*Una **estrategia híbrida** intenta conseguir simultáneamente la diferenciación y un precio inferior al de los competidores.*

Una **estrategia híbrida** intenta conseguir simultáneamente la diferenciación y un precio inferior al de los competidores. Aquí, el éxito de la estrategia depende de la capacidad de ofrecer mayores prestaciones para los clientes junto con precios reducidos, al tiempo que se logran márgenes suficientes para invertir, mantener y desarrollar las bases de la diferenciación[5]. Se puede afirmar que, si se quiere lograr la diferenciación, no debería ser necesario ofrecer un precio inferior, puesto que sería posible obtener un precio al menos igual al de la competencia o superior. Sin embargo, la estrategia híbrida puede presentar ventajas por diversas circunstancias:

● Si se pueden obtener *volúmenes superiores* a los de los competidores, es posible que los márgenes sigan siendo mejores gracias a los menores costes.

● Si una organización tiene claras cuáles son *las actividades que permiten una diferenciación* (es decir, competencias nucleares potenciales), puede que sea posible reducir los costes de otras actividades. IKEA reconoció que podía lograr un producto de alta calidad, pero con un coste reducido, al tiempo que se concentraba en lograr la diferenciación en función de su marketing, su gama de productos, su logística y las operaciones de sus tiendas. Además, las reducidas expectativas de los clientes sobre el nivel de servicios permiten una reducción de costes porque los clientes están dispuestos a transportar y construir ellos mismos los productos (*véase* Ilustración 5.4).

# ¿Las formas de las galletas son una ventaja competitiva?

*Para definir una estrategia competitiva, los ejecutivos han de tener cuidado con las fuentes espurias de la ventaja competitiva.*

Los altos ejecutivos de una empresa internacional de fabricación de alimentos estaban tomando parte en un seminario sobre estrategia, que analizaba las bases de la ventaja competitiva de sus unidades estratégicas de negocio. Se planteó la cuestión de la ventaja competitiva en función de las necesidades percibidas del cliente y uno de los ejecutivos, el director de control de calidad de un negocio de fabricación de galletas, comentó lo siguiente:

> Estoy totalmente de acuerdo. En nuestro negocio sabemos qué es lo que quieren los clientes y lo que tenemos que invertir para ofrecerlo. Nuestros análisis demuestran que a los clientes les importan mucho las formas en el borde de las galletas. Les gusta que las formas sean regulares y nítidas. Acabamos de invertir un millón de libras esterlinas en equipos que permitirán hacer estas formas desperdiciando muy poco. Somos los líderes en este campo.

En el debate posterior se hizo patente que había al menos tres grandes fallos en lo que había dicho el directivo. Primero, el punto de referencia para analizar su estrategia había sido el usuario final, el consumidor. De hecho, la empresa consideraba que los supermercados eran sus «competidores» porque estos supermercados vendían sus propias marcas blancas. Y sin embargo si los principales supermercados, que controlaban el 50 por ciento de la distribución de las galletas no ofrecían el producto, nunca llegaría hasta el consumidor. Aunque los consumidores eran, por supuesto, muy importantes, el cliente estratégico era el supermercado; pero la unidad de negocio no tenía ninguna estrategia clara para obtener una ventaja competitiva respecto a los supermercados.

Segundo, se hizo evidente que la identificación de la necesidad del cliente había partido de una encuesta en la que había determinadas características predefinidas de las galletas, y una de ellas era las «formas regulares». Los

compañeros del directivo de control de calidad pensaban que el hecho de que «los consumidores hubieran marcado unas pocas casillas con las ideas de los chicos del departamento de I+D» era una base espuria sobre la que construir una estrategia, y menos aún sobre la que invertir importantes cantidades de capital.

Tercero, cuando se le presionó, el directivo tuvo que admitir que no había nada que impidiese que un competidor comprara unos equipos parecidos y lograra exactamente la misma calidad de las formas en el borde de las galletas. Si esto fuera una ventaja competitiva, lo cual resultaba muy dudoso, hubiera sido fácil imitarla.

## Preguntas

Este ejemplo ilustra tres fallos comunes en las estrategias de diferenciación:

(a) Se estima de forma incorrecta el valor que se obtiene por el dinero centrándose en el cliente (o «parte interesada») equivocado.

(b) Se hace un análisis inadecuado para identificar las ventajas.

(c) Es fácil imitar las supuestas fuentes de la diferenciación.

Teniendo presentes estos fallos identificados en la definición de la diferenciación en la ilustración:

1. ¿Cuáles hubieran sido bases sostenibles de la diferenciación para este negocio de fabricación de galletas?

2. ¿Superan estos fallos las bases de la diferenciación explicadas en la posterior Ilustración 5.5 sobre la industria vitivinícola australiana?

● Como *estrategia de entrada* en un mercado con competidores establecidos. Se suele utilizar cuando se desarrolla una estrategia global. Las organizaciones buscan el «talón de Aquiles»[6] de la cartera de negocios de un competidor; tal vez unas operaciones mal gestionadas en determinada zona geográfica del mundo, y entran en ese mercado con un producto superior y, si es necesario, con un precio inferior. El objetivo es lograr cuota de mercado, desviar la atención del competidor, y establecer

**Ilustración 5.4**

# La estrategia híbrida de IKEA

*La combinación de la percepción de un precio reducido con un valor añadido percibido puede ser una estrategia de mucho éxito pero requiere reflexionar mucho en términos innovadores.*

Desde su creación en 1953, IKEA ha crecido hasta convertirse en una red global de tiendas de gran éxito, pero ha conservado el mismo concepto minorista: «ofrecer una amplia gama de mobiliario de buen diseño y funcionalidad a precios tan reducidos que la mayoría de la gente se puede permitir comprarlos».

La oferta de productos era claramente distinta. Los productos eran sencillos, de diseño escandinavo de alta calidad. También se ofrecían desmontados en paquetes que los clientes podrían transportar y montar ellos mismos, ahorrando así el, a menudo, largo plazo de entrega de otras tiendas. Las enormes tiendas a las afueras de la ciudad ofrecen otros servicios como cafetería, restaurantes, sillas de ruedas y servicios de guardería vigilados. Los clientes esperan encontrar muebles de calidad y buen estilo disponibles a precios razonables. IKEA satisface esta expectativa animando a los clientes a crear valor ellos mismos asumiendo algunas de las tareas que tradicionalmente ha desempeñado el fabricante y el vendedor, como por ejemplo el montaje y la entrega del producto. Por supuesto, esto también permitirá reducir los costes, igual que el hecho de que se ofrezca a los clientes metros, lápices y papel cuando acuden a las tiendas. Así, se reduce el número de personal de ventas necesario.

Para poder ofrecer productos de bajo coste pero, sin embargo, de gran calidad, IKEA tiene oficinas de compra en todo el mundo con el propósito principal de identificar a potenciales proveedores. Los diseñadores de la sede revisan a continuación a los distintos proveedores potenciales para decidir cuáles ofrecerán los distintos productos, con el objetivo general de identificar diseños de bajo coste y facilidad de montaje. Siempre se elige a los proveedores más baratos frente a los proveedores tradicionales, de forma que se puede contratar a un fabricante de camisetas para fabricar fundas para los asientos. Aunque el proceso para convertirse en proveedores de IKEA no es sencillo merece la pena porque, una vez que se forma parte del sistema IKEA, los proveedores logran acceder a los mercados globales y reciben asistencia técnica, equipos en régimen de *leasing* y asesoría sobre cómo lograr que la producción tenga estándares de primera calidad mundial. Pero IKEA siempre ha tenido un planteamiento frugal. En sus primeros años se trasladó a Dinamarca para evitar la fuerte imposición sueca. En efecto, la filosofía general de mantener reducidos los costes afecta a toda la empresa, y está arraigada en su cultura (*véase* Ilustración 4.6).

*Fuente:* datos de la empresa; *Financial Times,* 24 de noviembre de 2003.

---

**Preguntas**

1. ¿En qué otras empresas puede pensar que apliquen una estrategia híbrida?

2. ¿Por qué es posible que los negocios encuentren difícil aplicar una estrategia híbrida y cómo se pueden superar estas dificultades?

---

una plataforma de partida desde la que avanzar a continuación. Sin embargo, cuando se sigue semejante estrategia, es importante asegurarse de que (a) los costes generales son tales que se pueden sostener márgenes reducidos, y (b) se ha definido una clara estrategia de seguimiento una vez lograda la entrada.

### 5.3.4   Diferenciación segmentada (trayectoria 5)

Una **estrategia de diferenciación segmentada** intenta ofrecer unas elevadas ventajas percibidas del producto/servicio, justificando una sustancial prima en el precio, normalmente dirigiendo el producto a un selecto segmento del mercado (nicho). En muchos mercados, se

Una **estrategia de diferenciación segmentada** intenta ofrecer unas elevadas ventajas percibidas del producto/servicio, justificando una sustancial prima en el precio, normalmente dirigiendo el producto a un selecto segmento del mercado (nicho).

describen como productos de primera y suelen tener una fuerte marca. Por ejemplo en el mercado de las bebidas alcohólicas, las cervezas de primera calidad, los güisquis de malta y los vinos de determinadas bodegas compiten para convencer a los clientes de que su producto está suficientemente diferenciado del de los competidores para «justificar» precios significativamente superiores. En los servicios públicos, los centros de excelencia nacional o internacional (como un museo especializado) obtienen unos niveles de financiación significativamente superiores a los de los proveedores más generalistas. Sin embargo, la diferenciación segmentada plantea algunas cuestiones importantes:

- Es posible tener que *elegir* entre una estrategia segmentada (posición 5) y la diferenciación general (posición 4) si se quiere que aumenten las ventas. Esta elección puede adquirir proporciones globales, porque los directivos tienen que tomar decisiones en los mercados que son cada vez más globales. El crecimiento se puede conseguir dirigiendo las nuevas ventas a los mismos nichos en más países/mercados (es decir, manteniendo la posición 5 del reloj estratégico en todos los mercados) en vez de ampliar el atractivo en un único país/mercado (es decir, pasar de la posición 5 a la posición 4 del reloj estratégico).

- Aplicar una estrategia segmentada puede ser difícil cuando solo es una *parte* de la estrategia general de una organización, una situación muy frecuente. Por ejemplo, en un centro comercial se intenta vender una amplia gama de productos en una sola instalación. Para ello, se puede intentar atraer a una amplia gama de distintos tipos de clientes. Así pues, una estrategia segmentada para determinada gama de bienes puede tener problemas porque el propio centro, la disposición y el mobiliario, la decoración, el ambiente, y el personal, pueden no ajustarse a las necesidades del grupo objetivo de clientes para esa gama de bienes. Estas cuestiones prácticas imponen restricciones al grado de diversidad de la posición que puede mantener una organización. Se trata de una cuestión importante para la estrategia corporativa que se analizará en el Capítulo 6.

- Las estrategias segmentadas *pueden entrar en conflicto con las expectativas de las partes interesadas*. Por ejemplo, un servicio de bibliotecas públicas podría probablemente operar con una mayor eficiencia en costes si se retirara de las partes de la comunidad con menor demanda y pusiera más recursos en las bibliotecas más populares. También podría descubrir que concentrar sus esfuerzos de desarrollo en servicios informáticos de información en Internet tendría un gran éxito entre algunas partes de la comunidad. Sin embargo, el grado en que estas estrategias se considerarían ajustadas al objetivo general del servicio público de bibliotecas sería objeto de un acalorado debate, sobre todo respecto al propósito de inclusión social.

- Los *nuevos negocios* suelen empezar de forma muy segmentada, por ejemplo, los nuevos servicios médicos «punteros» en los hospitales. Sin embargo, es posible que resulte difícil encontrar la manera de que crezcan estos nuevos negocios. El pasar de la trayectoria 5 a la trayectoria 4 implicará una reducción del precio y, por tanto, el coste, al tiempo que se mantienen las características de la diferenciación. Por otra parte, el mantener un planteamiento muy segmentado (trayectoria 5) puede no resultar fácil porque los usuarios no están dispuestos a pagar el precio o, en el sector público, a ofrecer financiación para estos proyectos.

- La *situación del mercado* puede cambiar, de forma que se pueden erosionar las diferencias entre segmentos, lo que deja a la organización vulnerable a una competencia mucho más general. Los clientes pueden no estar dispuestos a pagar una prima en el precio a medida que van mejorando las características de las ofertas «normales». O puede que el mercado se segmente todavía más por unas ofertas más diferenciadas de los competidores. Algunas veces, estos cambios se producen de manera simultánea. Por ejemplo, algunas de las ofertas de menús generales de los restaurantes de «más clase» se han visto afectadas por el aumento de la calidad en otras partes y por la aparición de restaurantes de «nicho» especializados en determinadas comidas étnicas o por tipo de comida (por ejemplo, marisquerías o restaurantes vegetarianos).

### 5.3.5    Estrategias destinadas al fracaso (trayectorias 6, 7 y 8)

Una **estrategia destinada al fracaso** es una estrategia que no ofrece suficiente valor percibido en cuanto a características del producto, precio, o ambas variables. Por ejemplo, las estrategias sugeridas por las trayectorias 6, 7 y 8 están, probablemente, destinadas a fracasar. La trayectoria 6 sugiere aumentar el precio sin aumentar las prestaciones del producto/servicio para el cliente. Por supuesto, esta es precisamente la estrategia de la que se acusa a las organizaciones que operan en régimen de monopolio. Sin embargo, salvo que la organización esté protegida por la ley, o que existan elevadas barreras a la entrada, es probable que los competidores erosionen la cuota de mercado. La trayectoria 7 es una ampliación todavía más desastrosa que la trayectoria 6, ya que implica la reducción de las prestaciones del producto/servicio al tiempo que se aumenta el precio relativo. La trayectoria 8, la reducción de las prestaciones manteniendo el precio, también es peligrosa, aunque algunas empresas han intentado aplicarla. Existe un gran riesgo de que los competidores aumenten sustancialmente su cuota. Aunque la lógica de las trayectorias 6, 7 y 8 puede sugerir una retirada del mercado, muchos proveedores de servicios públicos las siguen porque no hay ningún mecanismo de mercado para castigar una mala relación del valor que se ofrece por el dinero que se paga y/o no hay una voluntad política de cerrar el servicio.

Se puede afirmar que hay otra fuente de fracasos, y es que un negocio no tenga claro cuál es su estrategia genérica fundamental, de forma que termina «posicionado a la mitad», una receta para el fracaso.

Una **estrategia destinada al fracaso** es una estrategia que no ofrece suficiente valor percibido en cuanto a características del producto, precio, o ambas variables.

## 5.4    SOSTENIBILIDAD DE LA VENTAJA COMPETITIVA

Si se van a tomar en serio las lecciones extraídas respecto a la búsqueda de una ventaja competitiva, tal y como se han analizado en la Sección 5.3 anterior, resulta importante la cuestión relativa a la sostenibilidad. ¿Es posible lograr una ventaja competitiva de forma que se pueda mantener a lo largo del tiempo? Puede que haya algunas situaciones en que es posible esta sostenibilidad, al menos durante cierto periodo de tiempo, lo que vamos a abordar en esta sección. Por el contrario, la próxima Sección 5.5 se centrará en la estrategia competitiva en aquellas situaciones en las que no es posible la sostenibilidad o, al menos, resulta extremadamente difícil conseguirla.

Gran parte de lo que sigue a continuación parte del anterior análisis del Capítulo 3 (Sección 3.3.2) sobre la solidez de las competencias nucleares.

### 5.4.1    Sostenibilidad de la ventaja en función del precio

La ventaja competitiva mediante precios reducidos se puede sostener de distintas maneras (*véase* Cuadro 5.3):

- Una organización que aplica estrategias de precios reducidos puede estar dispuesta a aceptar el (anteriormente mencionado) *margen reducido*, bien porque pueda vender más volumen que los competidores o bien porque pueda subsidiar a esa unidad de negocio con otras actividades de su cartera (*véase* Capítulo 6 para un mayor análisis de las estrategias de carteras).

**Cuadro 5.3**   Sostenibilidad de la ventaja competitiva

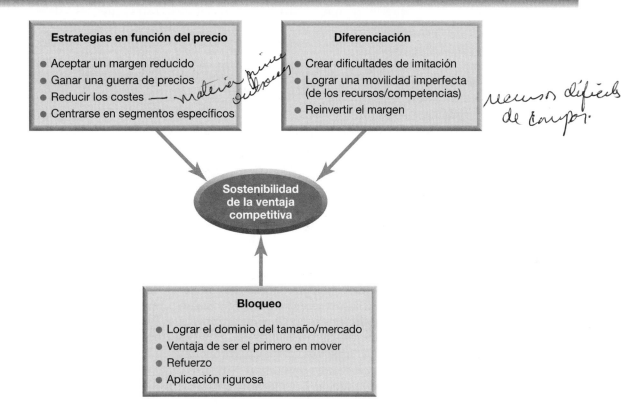

**Estrategias en función del precio**

- Aceptar un margen reducido
- Ganar una guerra de precios
- Reducir los costes
- Centrarse en segmentos específicos

*materia prima outsource* (manuscrito)

**Diferenciación**

- Crear dificultades de imitación
- Lograr una movilidad imperfecta (de los recursos/competencias)
- Reinvertir el margen

*recursos difíciles de comprar* (manuscrito)

**Sostenibilidad de la ventaja competitiva**

**Bloqueo**

- Lograr el dominio del tamaño/mercado
- Ventaja de ser el primero en mover
- Refuerzo
- Aplicación rigurosa

- Una organización puede estar dispuesta a mantener y ganar una *guerra de precios*[7] con sus competidores, bien porque tenga una menor estructura de costes (*véase* más adelante) o porque tenga «más capacidad» para financiar pérdidas a corto y medio plazo, con el objetivo de sacar del mercado a los competidores a largo plazo. Se ha acusado a los supermercados de aplicar este tipo de estrategias. Las guerras de precios son más comunes a medida que los clientes utilizan Internet para comparar los precios de los distintos proveedores.

- Una organización obtiene ventajas en costes mediante *capacidades específicas a la organización*, reduciendo los costes en toda la cadena de valor.[8] Porter comenta, respecto al liderazgo en costes, que «el proveedor de bajo coste de su industria... debe encontrar y explotar todas las fuentes de la ventaja en costes»[9] (*véase* Capítulo 3, Sección 3.3 y Cuadro 3.3). Por ejemplo, se puede lograr una ventaja en costes porque un negocio es capaz de obtener las materias primas a precios inferiores de los que pagan los competidores, porque produce con más eficiencia, porque se encuentra en una zona donde los costes laborales son reducidos, o porque sus costes de distribución ofrecen ventajas. O es posible que se puedan reducir sustancialmente los costes de las actividades contratando en el exterior su provisión. Por supuesto, si se aplica este planteamiento, es importante que las áreas operativas elegidas ofrezcan realmente ventajas en costes para respaldar las auténticas ventajas en precios respecto a la competencia. También es importante que sea difícil que los competidores puedan imitar estas ventajas, tal y como se analizó en el Capítulo 3. Todo esto exige tener un planteamiento en el que la innovación (en la reducción de costes) se considere esencial para la supervivencia. Un ejemplo internacional es el de McDonald's; otro ejemplo es el de easyJet (*véase* Ilustración 5.2).

● *El centrarse en segmentos del mercado* donde el precio es bajo es una estrategia particularmente valorada por los clientes. Aquí, un ejemplo es el del éxito de los fabricantes de marcas blancas para los supermercados. Pueden mantener reducidos los precios porque pueden evitar los elevados costes generales y de marketing de los fabricantes con grandes marcas. Sin embargo, solo pueden hacerlo concentrándose en ese producto y ese segmento de mercado. Pero existen auténticos riesgos de las estrategias de precios reducidos. Por ejemplo, los clientes empiezan a *asociar un precio reducido con escasas prestaciones del producto/servicio* por lo que la pretendida estrategia de la trayectoria 2 termina cayendo, por defecto, a la trayectoria 1.

### 5.4.2 Sostenibilidad de la ventaja en función de la diferenciación

Los directivos suelen afirmar que la diferenciación es esencial para la estrategia de su organización, pero simplemente significa eso, «ser diferente», lo que no es suficiente. El objeto de esta sección es conocer cómo se sostiene una ventaja gracias a la diferenciación. No tiene sentido esforzarse por ser diferente si los clientes no valoran esas diferencias o los competidores las pueden imitar con facilidad. Por ejemplo, la inversión en equipos productivos punteros del fabricante de galletas de la Ilustración 5.3, incluso si hubiera estado satisfaciendo realmente una necesidad importante del cliente, podría ser imitada fácilmente por los competidores, que podrían hacer la misma inversión. O una asesoría contable que ofrece unas auditorías relativamente estandarizadas encontrará difícil diferenciar sus servicios variando sus procedimientos de auditoría. Incluso si puede introducir variaciones en los procedimientos, es probable que sean copiados rápidamente por los demás. No se pretende decir que esas acciones no sean importantes. Puede que estas mejoras sean esenciales para competir con eficacia, pero eso no significa lo mismo que una *diferenciación sostenible*.

Las condiciones para sostener una ventaja mediante la diferenciación[10] incluyen las siguientes (*véase* Cuadro 5.3 e Ilustración 5.5):

● *Creación de dificultades a la imitación.* La Sección 3.3 del Capítulo 3 analiza los factores que pueden dificultar la imitación de las estrategias.
● *La movilidad imperfecta* de los recursos y/o competencias que están sosteniendo la diferenciación es otra de las razones por las que es posible sostener la ventaja. Depende de que los recursos y competencias de la organización sean *comerciables* o no. Por ejemplo, una empresa farmacéutica puede lograr grandes ventajas al disponer de excelentes científicos investigadores, o un club de fútbol puede tener a jugadores estrella, pero estos activos valiosos pueden ser adquiridos por sus competidores: son comerciables. Por otra parte, algunas bases de las ventajas, son difíciles de comprar por lo que la movilidad imperfecta será más probable. Por ejemplo:

— Un competidor pueden encontrar difícil obtener muchos de los *activos intangibles* como la marca, la imagen o la reputación. Incluso si el competidor compra la empresa para utilizar la marca, es posible que la reputación de la marca no se transfiera tan rápidamente a la nueva propiedad.
— Los *costes de cambiar de proveedor* son los costes, reales o percibidos, que tiene que asumir un comprador por cambiar de fuente de provisión de un producto o servicio. Es posible que el comprador dependa del proveedor para determinados componentes, servicios o habilidades, o que las ventajas de cambiar de proveedor no merezcan la pena dados los costes o los riesgos.
— La *coespecialización* también puede ayudar a lograr una movilidad imperfecta: por ejemplo, si los recursos o competencias de una organización están íntimamente relacionados con la organización del comprador. Sería el caso, por ejemplo, si hubiera toda una parte de la cadena de valor de la organización, tal vez la distribución o la fabricación, que fuese realizada por otra organización.

# Diferenciación en la industria vitivinícola: una historia de éxito australiano, pero los franceses contraatacan

*Una diferenciación de éxito tiene que partir de lo que valoran los clientes.*

En el año 2001 había acabado el tradicional dominio de los vinos franceses en el Reino Unido, destacando por primera vez las ventas de los vinos australianos. Las ventas de vinos australianos representaban el 19,5 por ciento de las ventas de vino en el Reino Unido en términos de valor (un incremento del 25 por ciento respecto a 1999), mientras que los vinos franceses mostraban un declive continuo. Y, para los vinos con un precio superior a 5 libras esterlinas (unos 7,5 euros), los vinos australianos ya habían superado a los vinos franceses. Se atribuía el éxito de los vinos australianos en los comercios minoristas a diversos factores. La calidad era estable comparada con la de los vinos franceses, que podrían cambiar en función del año y del lugar de origen. Además, mientras que los franceses siempre habían destacado la importancia de la zona de producción del vino dentro de Francia, Australia había logrado crear una «marca» del país en su conjunto como región vitivinícola, y después se había concentrado en el tipo de uva, Shiraz o Chardonnay, por ejemplo. Esto limitaba la confusión de los detalles sobre el origen de las bodegas y los nombres de las distintas denominaciones de origen que muchos clientes encontraban difícil de asimilar sobre los vinos franceses. El asunto preocupaba tanto en Francia que, en 2001, el gobierno francés nombró un comité de seis expertos para analizar el problema. Las propuestas del comité (que Francia debería luchar en dos frentes, mejorando la calidad de sus vinos con denominación de origen y creando toda una nueva gama de vinos genéricos de calidad) chocó a los puristas. El objetivo era fortalecer y complementar, no abandonar ni debilitar, el sistema de Denominación de Origen Controlado. No obstante, las propuestas representaban un cambio radical, no solo en el etiquetado del vino francés, sino también en la mitología oficial francesa sobre el vino.

El sistema de Denominación de Origen Controlado (DOC) es la expresión legal de los «pagos». Cada cultivador individual es el custodio del pago y de sus tradiciones. Pero la misma denominación puede producir al mismo tiempo resulados maravillosos y terribles, de aquí la impredecibilidad del vino francés, que tiene un gran encanto para el *connoisseur,* pero saca de quicio al invitado a una cena que espera traer un vino que valga lo que ha costado. El planteamiento del Nuevo Mundo para la producción de vino de todo tipo de calidades, sin embargo, se debe al consumidor y no al terreno. Los fabricantes de vinos australianos de calidad media basan su producto en una variedad de uva muy popular, como la uva Chardonnay, en vez de en un único tipo de viñedo. La empresa decide el estilo, la calidad y el sabor del vino que quiere, en función de la demanda del consumidor, y adquiere la uva que necesita, donde sea que la encuentre, para elaborar un producto estándar y fiable. Es precisamente este planteamiento, la elaboración de los denominados *vins de cepage* (vinos en función de la variedad de uva), lo que proponía el comité francés. Se crearía media docena de nuevas marcas, fácilmente identificadas, para rivalizar con los nombres de Jacob's Creeks y Rosemounts de Australia.

*Fuentes:* Adaptado del *Financial Times,* 11 de febrero y 3/4 de marzo de 2001; *Independent,* 4 de agosto de 2003.

## Preguntas

1. ¿Cuáles son las razones del éxito de los vinos autralianos? ¿Son sostenibles (véase Sección 5.4.2)?
2. ¿Qué más aconsejaría a los productores franceses de vino para contrarrestar el éxito australiano?

● Una organización que es capaz de lograr y sostener una *posición en costes reducidos* puede tener márgenes mejores que los competidores que se pueden reinvertir en productos o servicios diferenciados. Por ejemplo, Kellogg's o Mars pueden ser los fabricantes de menor coste de sus mercados, pero reinvierten sus beneficios en la creación de la marca y en la diferenciación del producto y el servicio. Análogamente, existe el peligro de que la búsqueda de reducciones de costes, de por sí, dé lugar a una incapacidad para sostener una estrategia de diferenciación. Por ejemplo, muchas organizaciones públicas y privadas contratan en el exterior sus sistemas informáticos por cuestiones relativas a la eficiencia en costes. Esto significa que no hay nadie en la organización que esté adoptando el planteamiento estratégico de cómo se podría transformar la estrategia competitiva de la organización mediante las tecnologías de la información, en vez de intentar ser, simplemente, más eficientes (*véase* Sección 9.3 en el Capítulo 9 para un análisis exhaustivo de esta cuestión).

### 5.4.3  El modelo delta y el bloqueo

El **bloqueo** se produce cuando una organización logra una posición exclusiva en su industria; se convierte en la norma de la industria.

Hax y Wilde[11] han presentado otro planteamiento para reflexionar sobre la sostenibilidad, ya sea para estrategias en función del precio o para estrategias en función de la diferenciación: la idea del «bloqueo». El **bloqueo** se produce cuando una organización logra una posición exclusiva en su industria; se convierte en la norma de la industria. Por ejemplo, IBM, Microsoft y Pentium (Intel) se convirtieron todas en la norma de su industria, pero no eran necesariamente los mejores productos. Por ejemplo, desde un punto de vista técnico, muchos afirman que Apple Macintosh tenía un sistema operativo mejor que el de Microsoft, pero esto no impidió que Microsoft se convirtiera en la norma de la industria al alcanzar una posición de bloqueo. El bloqueo significa que las demás empresas se tienen que conformar o adaptar a esa norma para poder prosperar. La «arquitectura» de la industria se construye en torno a este jugador dominante. Por ejemplo, las aplicaciones de software de otras empresas programadoras se escriben en torno a la norma de Microsoft para los procesadores Pentium, haciendo muy difícil que otras organizaciones puedan entrar en el mercado. En el sector público en el Reino Unido, se hace referencia a la «norma del oro», con lo que se quiere decir que se trata de una organización ejemplar, que fija el «modelo de negocio» para el sector, y que sirve para comparar las actividades y el rendimiento de las demás. Si las demás organizaciones deciden ofrecer servicios significativamente distintos, corren el riesgo de perder su credibilidad.

La consecución de un bloqueo probablemente dependerá de una serie de factores (*véase* Cuadro 5.3):

● *Dominio del tamaño o del mercado.* Es improbable que otras organizaciones intenten adaptarse a esas normas salvo que piensen que la organización que las promueve es la que domina en su mercado.

● Es probable que esas normas se definan en las *primeras etapas del ciclo de vida de los mercados.* Es más probable que la búsqueda exclusiva de un bloqueo por parte de los *primeros en mover* tenga más éxito en la volatilidad de los mercados en crecimiento que en mercados más maduros. Este fue el caso de Microsoft e Intel. Análogamente, se produjo el mismo fenómeno en el caso de Sky sobre sus rivales. Sky, con el apoyo financiero de The News Corporation, fue capaz de invertir fuertemente en tecnología, sosteniendo importantes pérdidas durante muchos años, para lograr su objetivo. Con esto no se quiere decir que tuviera un producto mejor. Pero lo que sí tenía era una dirección y unos inversores con un único objetivo y el compromiso de entrar más deprisa en el mercado para lograr su dominio.

● Una vez alcanzada esta posición, se puede *reforzar a sí misma* y aumentar. Cuando una o más empresas respaldan la norma hay más que siguen la estela. Después, los demás se ven obligados a hacerlo, y el ciclo se refuerza.

● Es probable que haya una fuerte *insistencia en preservar* la posición de bloqueo. Los rivales serán atacados con fiereza; la insistencia sobre el cumplimiento de la norma será estricta. Esto, por supuesto, puede provocar problemas, como descubrió Microsoft ante los tribunales estadounidenses cuando se consideró que estaba actuando en contra de los intereses del mercado.

La Ilustración 5.6 muestra cómo dos empresas decidieron conseguir y mantener una posición de bloqueo en su industria.

# Bloqueo de Dolby y Visa

*El convertirse en la norma de la industria exige tener una marca fuerte, estrechas relaciones con otras empresas, y estar dispuesto a proteger la marca*

### Dolby

Dolby era la empresa creadora de tecnologías especializadas de audio cuyo nombre aparece en los créditos de las películas en la mayoría de los cines. Dolby estaba en unas pocas manos privadas y a mediados de la década de 2000 los beneficios eran «considerados sustanciales». La mayor parte del volumen de negocios de Dolby provenía de la venta de licencias relacionadas con las tecnologías de audio a aproximadamente 500 empresas fabricantes de bienes de consumo, incluyendo a la mayoría de los grandes fabricantes japoneses de productos electrónicos. En los últimos 20 años, estos negocios han vendido aproximadamente 800 millones de productos que utilizan las ideas de audio de Dolby. Su valor para las empresas mucho más grandes se inició cuando Dolby las proveyó con su propia tecnología, respaldada por una fuerte marca y una protección mediante patentes. La tercera parte de los ingresos de Dolby provenía de fabricar sistemas utilizados en los estudios de producción y en los cines como parte de la maquinaria de proyección. Dolby afirmaba que esto ofrecía «la capacidad de seguir las tendencias en las áreas como las películas o la creación de contenidos en vídeo» y para recoger ideas relevantes para el lado del consumidor del negocio. A medida que estas relaciones fueron teniendo éxito y se fueron estableciendo, empezaron a ser utilizadas por otras empresas, por lo que Dolby se convirtió en un medio para obtener tecnologías relacionadas.

### Visa

A finales de 2003, MasterCard International interpuso una demanda legal en Estados Unidos en un intento de bloquear la aplicación del programa de Visa denominado «comisión por liquidación del servicio». Esta comisión de liquidación imponía multas prohibitivas y coercitivas a los cien principales emisores de tarjetas Visa si hacían un cambio en la estrategia de marca y reducían su volumen de débito con Visa. «Las intenciones de Visa son claras: en vez de desarrollar programas y soluciones de valor añadido que beneficien a los emisores, comerciantes y consumidores, intenta bloquear su posición dominante del débito en

comercios penalizando a los miembros que quieren cambiar de marca» afirmaba el abogado de MasterCard. «Visa está cambiando las reglas en mitad de la cadena y abusando de su poder con los miembros, lo que hace que sea imposible para ellos cambiar de marca. Es como si se le dijera a los pasajeros de un avión, a mitad de trayecto, que si quieren volar con cualquier otra compañía en cualquier momento durante los próximos diez años, tendrán que pagar una enorme comisión para poder bajar del avión. No es más que un mal disimulado esfuerzo de bloquear a la competencia y aferrarse a un negocio que pueden perder», siguió explicando el abogado de MasterCard. «Este sistema que intenta, de forma injusta, reducir la libertad de elección de los emisores de tarjetas de débito, no parte de una preocupación por una dedicación legítima de la marca y, al minar la competencia, terminará perjudicando a los consumidores. Las instituciones financieras que emiten tarjetas MasterCard y Visa han de tener la libertad de tomar decisiones sobre la marca en función de sus propios juicios sobre la fortaleza de la marca, la calidad del servicio y otros factores competitivos que benefician a los titulares de las tarjetas. Por el contrario, el sistema de Visa impone multas prohibitivas y falsas barreras de salida que limitan gravemente las opciones de los emisores» concluyó el abogado.

*Fuente:* adaptado del *Financial Times,* 6 de febrero de 2001; *Business Wire,* 18 de septiembre de 2003.

### Preguntas

1. Utilizando las listas de comprobación de las secciones 5.4.2 (sobre la sostenibilidad de la diferenciación) y 5.4.3 (sobre el bloqueo), identifique las formas en que Dolby y Visa tratan de mantener su ventaja competitiva.

2. ¿Qué podían hacer sus competidores para minar la posición de «bloqueo» de Dolby y Visa?

### 5.5    ESTRATEGIA COMPETITIVA EN CONDICIONES DE HIPERCOMPETENCIA[12]

Como se dejó claro en la Sección 2.3.2 del Capítulo 2, muchas organizaciones, tanto del sector público como del sector privado, se encuentran en entornos empresariales turbulentos, inciertos, de rápidos cambios, y con crecientes niveles de competencia. Este tipo de entornos se conoce como *hipercompetitivo*. En los entornos que se mueven más despacio, la estrategia competitiva se puede ocupar fundamentalmente de crear y sostener ventajas competitivas que son difíciles de imitar, tal y como se analizó en la anterior Sección 5.4. Sin embargo, en los entornos hipercompetitivos, las organizaciones tienen que reconocer que la ventaja será temporal. La ventaja competitiva estará relacionada con la capacidad de la organización para cambiar, con su velocidad, flexibilidad, innovación, y con los cambios del mercado. Esta sección resalta el tipo de movimientos que probablemente realizarán los competidores y la forma de responder (*véase* Cuadro 5.4).

#### 5.5.1    Reposicionamiento

Una estrategia para superar estas presiones competitivas consiste en cambiar de posición dentro del reloj estratégico (Cuadro 5.2). Por ejemplo, una organización que se encuentre en las posiciones 1 o 2 puede intentar evitar a los competidores mediante la creación de cierto grado de diferenciación sin aumentar el precio (es decir, un movimiento a la posición 3 del reloj estratégico). Cuando se imite este movimiento será necesario encontrar nuevas fuentes de diferenciación. Así pues, la agilidad es esencial.

---

**Cuadro 5.4**    Estrategias competitivas en condiciones de hipercompetencia

## 5.5.2 Superación de los movimientos de los competidores en el mercado

Hay una serie de movimientos estratégicos en el mercado que pueden funcionar en los entornos que cambian más despacio, pero que se pueden minar intencionadamente en situaciones hipercompetitivas:

- *Bloqueo de las ventajas de ser el primero en mover.* Es posible que un competidor intente lograr una ventaja por *ser el primero en mover* (tal vez mediante un intento de lograr una posición de «bloqueo» como se ha mencionado en la anterior Sección 5.4.3). Es importante que las organizaciones sean conscientes de la importancia de no permitir que un competidor establezca un producto o diseño dominante antes de reaccionar. Muchas organizaciones han aprendido cómo se puede lograr una ventaja sobre el primero en mover. En vez de sacar al mercado una imitación del producto, pueden sacar al mercado un producto con características mejoradas, intentando diferenciar el producto aún más, y logrando así saltarse o aventajar al primero en mover. También puede que ataquen a un determinado segmento, erosionando el poder de mercado del primero en mover. O pueden aplicar una estrategia «sin filigranas» para capturar un segmento inferior del mercado con un producto más barato antes de pasar al principal mercado del primero que ha movido.
- *Imitar los movimientos en cuanto a producto/mercado de los competidores.* Los competidores pueden intentar lograr obtener una ventaja desarrollando nuevos productos o entrando en nuevos mercados. Esto se analiza con más detalle en el Capítulo 7 (Sección 7.2). De hecho, estos movimientos pueden imitarse con relativa facilidad. El competidor se encuentra a continuación exactamente con los mismos problemas para mantener la ventaja que los que tenía en el producto/mercado inicial.

## 5.5.3 Superación de las barreras de los competidores

Los competidores también pueden intentar mantener su ventaja creando barreras para impedir que otras organizaciones puedan entrar con éxito en sus dominios. Pero, en situaciones de hipercompetencia, estas barreras también se pueden superar con más facilidad:

- *Por los ciclos de vida más cortos.* El Capítulo 3 (Sección 3.3) y la anterior Sección 5.4.2 explicaban cómo pueden intentar las organizaciones construir una ventaja competitiva mediante la solidez de sus recursos y competencias. Sin embargo, en los mercados en los que los adelantos tecnológicos son rápidos, estas ventajas pueden tener una breve duración porque el conocimiento queda desfasado rápidamente y se acortan los ciclos de vida del producto. Así pues, aunque puede ser difícil superar la ventaja de un competidor, la ventaja no será muy duradera.
- *Minar los bastiones de los competidores.* Los competidores pueden intentar dominar determinadas áreas (por ejemplo, una zona geográfica o un segmento del mercado). Sin embargo, se pueden minar estos bastiones. Por ejemplo, las ventajas de las economías de escala obtenidas en un área pueden ser minadas por otro competidor que utiliza las economías de escala de su propio territorio de origen para entrar en un mercado. Este fenómeno es cada vez más frecuente a medida que se globalizan los mercados. Esto también se aplica a algunas áreas de provisión de servicios públicos, como la educación, que es vulnerable a una oferta de formación a través de Internet/tecnologías de la información de los competidores internacionales, los cuales han amortizado los costes del desarrollo de los materiales gracias a las ventas en sus mercados de origen. Los entrantes en los bastiones también pueden estar dispuestos a pagar por entrar, ya sea con un precio reducido, o incluso ofreciendo los servicios

gratuitamente durante cierto periodo de tiempo. Cuando los competidores han construido sus bastiones controlando los canales de distribución, los entrantes también pueden superar la barrera, por ejemplo, utilizando distintos canales de distribución como la venta por correo o la venta por Internet, en vez de hacerlo a través de los comercios minoristas. La adquisición también puede ser un camino para entrar en un bastión.

● *Contrarrestando la fortaleza financiera de los competidores.* Algunos competidores pueden disponer de importantes recursos excedentes (lo que a veces se denomina como *bolsillos grandes*) que pueden utilizar para sostener una intensa guerra competitiva (como se mencionó en la anterior Sección 5.4.1). El alcance global también puede permitir mover los recursos a donde sean necesarios, ya sea para defender los intereses de la propia empresa o para atacar a la competencia. Así pues, las organizaciones tienen que encontrar la manera de superar las ventajas de fortaleza financiera de los competidores. Por ejemplo, las empresas más pequeñas pueden *evitar la competencia directa* concentrándose en nichos de mercado. También pueden *fusionarse o crear alianzas* para competir con las empresas más grandes. Por ejemplo, las organizaciones minoristas como SPAR son una forma de agrupar a los pequeños minoristas para combatir el poder de los grandes minoristas.

### 5.5.4 Ingredientes de las estrategias hipercompetitivas de éxito

Las secciones anteriores han dado ejemplos de cómo se pueden superar las bases tradicionales de la ventaja competitiva en situaciones hipercompetitivas. En resumen, el argumento[13] es que los directivos se tienen que replantear su perspectiva de la estrategia en el ámbito de la unidad de negocio. Se afirma que puede que ya no sea posible planificar posiciones sostenibles de ventaja competitiva. En efecto, la planificación de una sostenibilidad a largo plazo destruirá la ventaja competitiva porque ralentizará la respuesta. En un entorno hipercompetitivo, la competencia aumenta la velocidad de la hipercompetencia y hace que sea más difícil ganar. Sin embargo, es posible que no haya otra alternativa. Los directivos tienen que aprender a hacer las cosas más deprisa que sus competidores. Así, surgen algunos principios importantes:

● Una organización tiene que estar preparada *para evitar la imitación de los demás compitiendo de nuevas formas.* El sostenimiento de las ventajas anteriores puede distraer de desarrollar nuevas ventajas. La voluntad de devorar la base del propio éxito de una organización podría resultar crucial.

● Es posible que *no sea aconsejable atacar las debilidades de los competidores,* porque aprenden cómo se perciben sus fortalezas y debilidades y construyen sus estrategias en consecuencia.

● *Una serie de movimientos más pequeños puede ser más eficaz que un único gran cambio.* Esto se debe a que la dirección a más largo plazo no es tan fácilmente perceptible por los competidores, y los movimientos más pequeños pueden ofrecer más flexibilidad y una serie de *ventajas temporales.*

● *La perturbación del status quo es un comportamiento estratégico, no una travesura.* La capacidad de «romper el molde» constantemente podría ser una competencia nuclear.

● *La posibilidad de predecir es peligrosa.* Así pues la sorpresa, el ser impredecible, y la aparente irracionalidad pueden ser importantes. Si los competidores pueden identificar un patrón de comportamiento en una organización podrán predecir los próximos movimientos competitivos, y aprender rápidamente a imitar o a aventajar a la organización. Como mínimo, los directivos tienen que aprender formas de parecer impredecibles para el mundo externo mientras que, internamente, reflexionan detenidamente sobre las estrategias.

- *También puede resultar útil enviar señales equívocas sobre las intenciones estratégicas.* A este respecto, el estratega puede aplicar las lecciones de la teoría de juegos (*véase* Sección 5.7 más adelante) para señalar movimientos que los competidores pueden esperar pero que no son los movimientos sorpresa que, de hecho, se van a producir.

## 5.6 COMPETENCIA Y COLABORACIÓN[14]

Hasta ahora, el énfasis en el análisis de la estrategia en el ámbito de la unidad de negocio se ha puesto en la competencia y en la ventaja competitiva. Sin embargo, el concepto del ámbito supraorganizacional (*véase* Capítulo 4, Sección 4.5.2) es un recordatorio de que no siempre se puede lograr una ventaja únicamente mediante la competencia. El Capítulo 7 (Sección 7.3.3) también analiza la importancia de las alianzas estratégicas. La colaboración entre organizaciones puede ser un ingrediente esencial para lograr una ventaja o evitar la competencia. Además, las organizaciones pueden competir simultáneamente en algunos mercados y colaborar en otros.

Por lo general, la colaboración entre competidores potenciales, o entre compradores y vendedores, ofrecerá ventajas probablemente cuando los costes combinados de las transacciones de compraventa (como la negociación o la redacción) sean inferiores, mediante la colaboración, al coste de operar por separado. Esta colaboración también ayuda a crear costes de cambiar de proveedor. Esto se puede ilustrar brevemente retomando el marco de las cinco fuerzas de la Sección 2.3.1. Por ejemplo (*véase* Cuadro 5.5):

- *Colaboración para aumentar el poder de venta.* Los fabricantes de componentes pueden crear relaciones más estrechas con los clientes, por ejemplo, en la industria aeroespacial. Esto puede resultar útil en las actividades de investigación y desarrollo, para reducir los artículos en inventario y para planificar conjuntamente el diseño de nuevos productos. Resulta crucial que la colaboración sea utilizada por el comprador para garantizar unos elevados niveles de calidad del producto en una industria en la que el fallo de un producto suele tener consecuencias catastróficas.

## Cuadro 5.5    Competencia y colaboración

Esto significa que el lograr un *status* de proveedor acreditado es muy difícil, lo que permite aumentar el poder de venta cuando se ha alcanzado dicho *status*.

● *Colaboración para aumentar el poder de compra.* Muchas organizaciones son capaces ahora de vincular a sus proveedores en sus sistemas de planificación de recursos de la empresa (tal y como se analiza en la Sección 8.3.2). En efecto, muchos fabricantes han buscado activamente a proveedores que son capaces de colaborar de esta manera y, en muchas ocasiones, lo han convertido en un requisito esencial para convertirse en proveedor acreditado. Durante muchos años el poder y la rentabilidad de las empresas farmacéuticas se vio respaldado por la naturaleza fragmentada de sus clientes, fundamentalmente los médicos individuales. Pero ahora muchos gobiernos han promovido, o exigido, una colaboración entre los médicos y las agencias centralizadas del gobierno especializadas en fármacos, lo que ha dado lugar a un poder de compra más coordinado.

● *Colaboración para crear barreras de entrada o para evitar la sustitución.* Ante la amenaza de entrada o de productos sustitutivos, las organizaciones de una industria pueden colaborar para invertir en investigación y desarrollo o en marketing. Por ejemplo, se han creado asociaciones empresariales para promover las características generales de una industria, como las normas de seguridad o las especificaciones técnicas, para acelerar la innovación y evitar la posibilidad de sustitución. Estos esfuerzos para evitar la entrada pueden verse frustrados por los esfuerzos de colaboración de otras organizaciones que quieren entrar.

● *Colaboración para lograr la entrada y el poder competitivo.* Las organizaciones que se quieren desarrollar más allá de sus límites tradicionales (por ejemplo, mediante una ampliación geográfica) pueden necesitar colaborar con otras organizaciones para lograr la entrada en nuevos territorios. La única forma de lograr un conocimiento sobre el mercado local puede consistir en colaborar con operadores locales. En efecto, en algunas partes del mundo, los gobiernos exigen a los entrantes que colaboren de esta manera. La colaboración también puede presentar ventajas para desarrollar infraestructuras necesarias, como los canales de distribución, los sistemas de información o las actividades de investigación y desarrollo. También puede ser necesario por razones culturales: es posible que los clientes prefieran tratar con directivos locales más que con directivos extranjeros.

● *Colaboración para compartir el trabajo con los clientes.* Una tendencia importante en los servicios públicos es el movimiento hacia una mayor *coproducción* con los clientes[15]. Por ejemplo, en el Reino Unido hay una tendencia creciente para que sean los individuos los que calculen personalmente su impuesto sobre la renta. Las razones son variadas, pero incluyen la eficiencia en costes, la mejora de la calidad/fiabilidad, o una mayor «propiedad/responsabilidad» de los clientes. El comercio electrónico permite que haya más organizaciones que asuman este planteamiento. Por ejemplo, se pueden diseñar las páginas Web para ayudar a los clientes en el autoservicio (el carrito de la compra virtual es un ejemplo) o permitirles diseñar/particularizar un producto o servicio según sus propias especificaciones (por ejemplo, cuando se compra en Internet un nuevo PC o una nueva decoración o mobiliario para una habitación).

● En el sector público, *la colaboración puede ser un requisito* para lograr un mayor apalancamiento de la inversión pública, elevar los estándares generales del sector o resolver cuestiones sociales que afectan a varios campos profesionales (como las drogas o la seguridad). La diferencia clave con el sector privado es que se considera que el compartir el conocimiento o divulgar las mejores prácticas son una obligación (o, al menos, se definen como un requisito). Esto puede ser difícil para los directivos en la era del sector público con una orientación de mercado que valora su rendimiento mediante la comparación con puntos de referencia *(benchmarking)* y los listados de clasificación publicados. La colaboración con los competidores no parece tan fácil como suena. La Ilustración 5.7 analiza la colaboración entre el sector público/privado en una industria.

# Colaboración entre el mundo de la empresa y la universidad en las industrias de la cultura y la creatividad

*La colaboración entre el sector público y el privado puede ofrecer ventajas a ambas partes.*

En 2003, el gobierno del Reino Unido creó un comité (el Comité Lambert) para que informara sobre la colaboración entre el mundo de la empresa y la universidad en el Reino Unido, e hiciera propuestas sobre cómo se podía mejorar esta colaboración. La primera etapa consistía en buscar ideas de entre una amplia gama de partes interesadas. A continuación se ofrece un fragmento de la Junta de Investigación en Artes y Humanidades (JIAH) que ha respaldado el trabajo fundamental para una serie de industrias de la cultura y la creatividad.

Estamos en las primeras etapas del análisis de una serie de asociaciones y posibles intervenciones estratégicas (véase más adelante). En colaboración con el Departamento de Cultura, Medios de Comunicación y Deportes (DCMCD) y otros, se ha creado un Foro de Educación Superior/Industrias Creativas. Este grupo intentará juntar el lado de la oferta y el lado de la demanda de esta relación para fomentar vínculos más fuertes y nuevas actividades.

### Industrias de la cultura y de la creatividad: un papel para las agrupaciones creativas

Muchas industrias han desarrollado vínculos con empresas en las industrias de la cultura y de la creatividad... sin embargo, muchas de las empresas en las industrias de la creatividad son pequeñas y medianas empresas (PYME) [...] el desarrollo orgánico de los últimos años ha dado lugar a la creación de una serie de «agrupaciones creativas» en las que las instituciones de educación superior regionales o locales se juntan con empresas para generar nuevas ideas, productos y procesos. Existen ejemplos por todo el país, incluyendo Escocia, Sheffield, Londres, Bristol y Nottingham. Estas agrupaciones creativas respaldadas por empresas emprendedoras y servicios de apoyo podrían ofrecer la base para dar apoyo a actividades individuales emprendedoras a pequeña escala.

### Colaboración con las Agencias de Desarrollo Regional (ADR)

Tanto los Consejos de Investigación como las ADR son canales para sus respectivas comunidades, y ya se han puesto en marcha los trabajos para identificar la forma de colaborar para catalizar nuevas ideas y facilitar y fomentar la creación de agrupaciones en el sector, como las agrupaciones creativas.

### Implicación de los profesionales y funcionarios en las instituciones de educación superior

Muchos modelos tradicionales de la relación entre las instituciones de educación superior y las empresas describen un proceso lineal en el que el conocimiento se traspasa a la industria. Sin embargo, se puede afirmar que, cada vez más, la transferencia del conocimiento no es un proceso, sino una interacción que depende del acceso a la gente, a la información, a los datos y a las infraestructuras. En las artes creativas y el espectáculo, el concepto de pluriempleo no es infrecuente. Los individuos pueden tener trabajos de investigación a tiempo parcial, o de docencia, junto con otras formas de empleo por cuenta ajena o autónomo, incluyendo los espectáculos artísticos. Además, no es infrecuente que las empresas y otras organizaciones del sector no privado ofrezcan conferencias y clases magistrales como profesores invitados.

### Ampliación de la definición de la transferencia de conocimiento en una economía del conocimiento

Cada vez más, hay un gran número de personas que están vendiendo sus conocimientos, pericias y experiencias mediante medios de empleo no convencionales. Sin embargo, al buscar pruebas de transferencia de conocimientos del mundo académico al empresarial, se tiende a prestar atención al número de patentes, asociaciones y empresas creadas. Se trata, sin duda, de indicadores importantes sobre el rendimiento industrial, pero se obtendría una perspectiva más amplia si se buscaran pruebas más generales sobre patrones de empleo y empleo autónomo.

### El mapa de este nuevo paisaje

Los organismos como la JIAH tienen como papel ofrecer un entorno que permita liberar y desarrollar las ideas y la creatividad de la comunidad académica. Al colaborar con organismos análogos en otros sectores, como las ADR, el objetivo es encontrar la forma de mejorar los vínculos entre el mundo académico y la sociedad y la economía en general.

*Fuente*: Respuesta de la JIAH al Comité Lambert, ukonline.gov.uk website, 2003 © Crown Copyright 2003.

### Preguntas

1. Revise la Sección 5.6 e identifique las ventajas potenciales de la colaboración entre el mundo de la empresa y la universidad para una serie de partes interesadas importantes.

2. ¿Cuáles son los riesgos de la colaboración para cada una de estas partes interesadas frente a «trabajar por su cuenta»?

## 5.7    TEORÍA DE JUEGOS

La **teoría de juegos** se ocupa de las interrelaciones entre los movimientos competitivos de un conjunto de competidores.

Los orígenes de la teoría de juegos se remontan al estudio de la guerra. La **teoría de juegos** se ocupa de las interrelaciones entre los movimientos competitivos de un conjunto de competidores. La idea central es que el estratega tiene que anticipar la reacción de los competidores. Para ello, se parte de tres supuestos esenciales. Primero, que un competidor se comportará racionalmente y siempre intentará ganar en beneficio propio. Segundo, que el competidor tiene una relación de interdependencia con los demás competidores. Así, todos los competidores se ven afectados por lo que hacen los demás; el movimiento de un competidor generará la respuesta de otro competidor, y el resultado de la elección de un competidor depende de las elecciones que haya tomado otro. Tercero, en mayor o menor medida, los competidores son conscientes de las interdependencias que existen y del tipo de movimientos que pueden dar los competidores. Se puede afirmar que este es especialmente el caso dentro de los grupos estratégicos (*véase* Sección 2.4.1) en los que los competidores siguen estrategias parecidas o tienen características similares, o donde los competidores están dirigiéndose al mismo segmento del mercado.

Hay dos principios clave que guían el desarrollo de las estrategias de éxito en la competencia, y que se derivan de estos supuestos:

- Los estrategas, como los teóricos de los juegos, tienen que ponerse en la situación del competidor o competidores. Así, podrán adoptar una visión informada y racional sobre lo que es posible que haga el competidor y elegir su mejor curso de acción a raíz de esta información.
- Para ello, es importante identificar si existe una estrategia que podría ser aplicada por un competidor que provocaría que la organización del estratega fuera dominada en el mercado. Si existe esta estrategia, la prioridad consiste en dar los pasos necesarios para suprimirla.

Estos principios parecen bastante sencillos, pero la teoría de juegos que parte de estos principios es muy compleja y elaborada. Los lectores que quieran más detalle pueden hacerlo por su cuenta[16]. La aplicación práctica de la teoría de juegos puede tener importantes efectos. Por partir de un ejemplo espectacular, muchas de las subastas gubernamentales en todo el mundo para las licencias de telefonía móvil de tercera generación, a principios de la década de 2000, partieron de los principios de la teoría de juegos. En el Reino Unido, la subasta permitió obtener unos ingresos de 22.000 millones de libras esterlinas tras más de cien rondas de pujas[17]. En las próximas secciones se explican e ilustran los supuestos básicos y principios rectores de la teoría de juegos, para que el lector pueda ver su valor para desarrollar una estrategia competitiva.

### 5.7.1    Juegos simultáneos

Un juego simultáneo es aquel en el que los jugadores implicados (por ejemplo, competidores) tienen que tomar decisiones en el mismo momento. Tal vez el ejemplo más famoso de la teoría de juegos de un juego simultáneo sea el del dilema del prisionero, que se representa en el Cuadro 5.6. Se suele explicar a partir de individuos, pero aquí lo haremos con empresas, que tienen que elegir si van a cooperar o no. Suponga, por ejemplo, que dos empresas dominan un mercado y tienen que decidir si quieren aumentar su cuota de mercado aumentando sustancialmente sus gastos en marketing. Tal vez sepan que el rendimiento de ese gasto elevado no compensará sus costes. Por tanto, el curso de acción lógico sería que ambas partes mantengan el gasto en marketing en su actual nivel reducido

| Cuadro 5.6 | Un «dilema del prisionero» |
|---|---|

**Competidor A**

|  |  | Gasto elevado en marketing | Gasto reducido en marketing |
|---|---|---|---|
| **Competidor B** | Gasto elevado en marketing | B = 5   A = 5 | B = 12   A = 2 |
|  | Gasto reducido en marketing | B = 2   A = 12 | B = 9   A = 9 |

para mantener sus cuotas actuales: en cierto sentido, alcanzar una colusión tácita para mantener la situación tal y como está en beneficio mutuo. Si los dos jugadores eligen esta estrategia, el resultado para cada empresa se representa en el cuadrante inferior derecho del Cuadro 5.6. Sin embargo, es probable que uno u otro competidor tengan la tentación de intentar robar cuota al otro. Cada uno sabe que si uno solo gasta más en marketing, obtendrá unos rendimientos sustanciales. Esto queda representado en el cuadrante superior derecho y el cuadrante inferior izquierdo. El peligro, por supuesto, es que sabiéndolo, ambas partes decidan gastar mucho en marketing para asegurarse de que el otro no obtiene la ventaja. El resultado se encuentra en el cuadrante superior izquierdo que representa un resultado mucho peor para ambas empresas que el que hubieran obtenido si ambas hubieran decidido mantener su gasto en marketing en el nivel actual. Por tanto, el modelo del dilema del prisionero sugiere que los incentivos de ambas partes (en este caso, gastar mucho en marketing) pueden dar lugar a un resultado que es mucho peor para las dos partes.

En la práctica, este resultado de «perder y perder» no es muy probable si hay un número limitado de competidores, como veremos más adelante. Pero se produce algo muy parecido cuando hay muchos competidores luchando por su posición en un mercado fragmentado. En este caso, aunque puede que lo más lógico para todos los competidores sea mantener los precios a un nivel relativamente elevado, nadie espera que los demás lo hagan, lo que da lugar a guerras de precios.

No obstante, el ejemplo del dilema del prisionero ilustra algunos principios importantes. Es muy posible que el resultado final sea inferior al que se podría alcanzar de forma lógica: pero es la *estrategia dominante*. La **estrategia dominante** es aquella que supera a todas las demás estrategias independientemente de lo que hagan los rivales, por lo que tiene sentido aplicarla si existe. En el ejemplo del dilema del prisionero, sería mucho mejor que existiera una cooperación entre ambas partes. Sin embargo, el hecho es que, si cualquiera de los competidores rompe el acuerdo, el otro padecerá graves consecuencias negativas. Por tanto, la estrategia dominante consiste en gastar mucho en marketing.

En el ejemplo anterior, los competidores eran iguales, y partieron de la misma posición. Sin embargo, es bastante probable que no sea el caso. Los competidores tendrán distintos recursos y competencias. Suponga, por ejemplo, que dos competidores (Innova y Dolla en el mercado de los programas informáticos de juegos) tienen que tomar una decisión sobre su inversión en investigación y desarrollo. Suponga también que Innova tiene una estrategia dominante pero Dolla no. Si una organización no tiene una estrategia dominante, es importante identificar si tiene una **estrategia dominada**, es decir, una estrategia competitiva que, si la aplica un competidor, obtendrá mejores resultados.

La **estrategia dominante** es aquella que supera a todas las demás estrategias independientemente de lo que hagan los rivales, por lo que tiene sentido aplicarla si existe.

Una **estrategia dominada**, es decir, una estrategia competitiva que, si la aplica un competidor, obtendrá mejores resultados.

El **equilibrio** es aquella situación en la que cada competidor intenta conseguir la mejor solución estratégica posible para él mismo, dada la respuesta del otro.

Si existe esta estrategia dominada, el objetivo debería consistir en intentar eliminar la posibilidad de que se produzca esa situación. Y, si no hay ninguna estrategia dominante ni una estrategia dominada, es necesario buscar un equilibrio. En la teoría de juegos, el **equilibrio** es aquella situación en la que cada competidor intenta conseguir la mejor solución estratégica posible para él mismo, dada la respuesta del otro. Aquí es útil utilizar un ejemplo.

Innova es conocida por disponer de diseñadores muy innovadores, pero carece de la financiación necesaria para invertir mucho en un rápido desarrollo de los productos. Dolla tiene una fuerte posición financiera, pero una debilidad relativa en investigación y diseño. Respecto a la elección crucial de invertir mucho en investigación y diseño o no hacerlo, una gran inversión reduciría el tiempo necesario para el desarrollo pero daría lugar a considerables costes. Estas elecciones se pueden ver con el tipo de matriz que se muestra en el Cuadro 5.7.

Cada uno de los competidores considera probablemente que el peor resultado es que ambos inviertan mucho: Innova porque su posición financiera es débil y podría constituir una alternativa arriesgada; Dolla porque si puede aumentar su financiación, Innova tiene más posibilidades de ganar dadas sus capacidades de diseño. Esto se representa por un resultado reducido (Cuadrante D) en el Cuadro 5.7.

Innova tiene una estrategia dominante, que es mantener reducida su inversión. Si Dolla mantiene reducida la inversión, Innova obtiene un mejor resultado invirtiendo también poco (Cuadrante A). Por otra parte, si Dolla opta por un elevado nivel de inversión, Innova tendrá problemas, pero no tantos si mantiene reducida su inversión como si la aumenta (el Cuadrante B es mejor para Innova que el Cuadrante D).

Dolla, por otra parte, no tiene una estrategia dominante. Sin embargo, sabe que Innova sí la tiene y, probablemente, espera que Innova mantendrá reducida la inversión. Dolla también sabe que si decide mantener reducida la inversión va a perder, independientemente de que Innova adopte la misma estrategia o decida elevar la inversión (Cuadrantes A y C). Así pues, no tiene sentido que Dolla decida mantener reducida la inversión; es una *estrategia dominada*. Con estos conocimientos, lo más probable es que Dolla opte por un elevado nivel de inversión.

Esto no es lo que quiere Innova, pero lo mejor que puede hacer es aplicar su estrategia dominante de mantener reducida la inversión que le permite obtener el resultado menos

**Cuadro 5.7**    **Un juego de movimiento simultáneo**

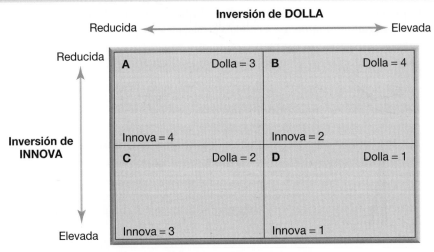

*Fuente:* adaptado de Dixit, A. y Nalebuff, B. (1991): *Thinking Strategically.* W. W. Norton.

malo posible, la solución de *equilibrio* (Cuadrante B). No da lugar a un resultado elevado, pero Innova solo puede obtener un resultado elevado si Dolla mantiene reducida la inversión. Por supuesto, la tentación sería imitar a Dolla, pero ello daría lugar a un resultado aún peor.

## 5.7.2   Juegos secuenciales

En los juegos simultáneos analizados hasta ahora, los competidores estaban tomando decisiones o haciendo movimientos al mismo tiempo sin saber lo que estaba haciendo el otro. Sin embargo no suele ser el caso, puesto que las decisiones estratégicas pueden muy bien ser secuenciales, de forma que una de las partes hace un movimiento, y luego lo hace la otra. En este caso, hay que pensar de distinta manera. El principio rector aquí es que hay que *pensar hacia adelante y razonar hacia atrás*. En otras palabras, hay que empezar pensando en la secuencia de movimientos que pueden hacer los competidores a partir de un supuesto razonable sobre el resultado que desea obtener el competidor. A partir de ahí, hay que decidir cuáles son los movimientos más ventajosos que se pueden hacer. En efecto, puesto que Innova no estaba satisfecha con el resultado del juego simultáneo descrito anteriormente, puede ser útil analizar el problema como un juego secuencial. El Cuadro 5.8 muestra posibles movimientos de forma secuencial desde el punto de vista de Innova.

Si Innova decide mantener reducida la inversión, sabe que lo más probable es que Dolla responda elevando la inversión y obtenga una ventaja (Resultado C). Sin embargo, si Innova mueve primero y hace una inversión elevada, coloca a Dolla en una difícil posición. Si Dolla también eleva la inversión, termina con un resultado reducido, como Innova (Resultado A). En esta situación, siempre que, por supuesto, el estratega de Dolla esté especializado en teoría de juegos, Dolla rechazaría esa estrategia por ser una *estrategia dominada* y optaría por una inversión reducida (con el Resultado B). En este juego (secuencial), este es el *equilibrio*.

---

**Cuadro 5.8**   **Un juego de movimientos secuenciales**

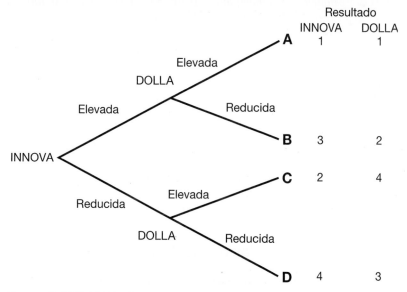

*Fuente:* adaptado de Dixit, A. y Nalebuff, B. (1991): *Thinking Strategically.* W. W. Norton.

Al analizar estas distintas lógicas del juego, Innova terminará dándose cuenta de que, si espera a que Dolla mueva, lo más probable es que pierda; si mueve primero y hace una inversión elevada, tiene una posibilidad de ganar el juego competitivo. Por supuesto, también hay riesgos aquí, y no solo los riesgos financieros para Innova. También existe el riesgo de que Dolla no crea que Innova va a elevar realmente la inversión, por lo que Innova tiene que darse cuenta de la importancia de ser creíble en su movimiento. Si parece dudar en su decisión, tal vez retrasándola, o no haciendo una inversión suficientemente elevada, es muy probable que Dolla también eleve la inversión y ambas pierdan (Resultado A). Por supuesto, si hay alguna manera de que Innova parezca creíble en la decisión de elevar la inversión aunque, de hecho, mantenga una inversión reducida, persuadiendo así a Dolla para que también mantenga una inversión reducida, Innova lograría aplicar su *estrategia dominante* (Resultado D). Así pues, la teoría de juegos también trata de los faroles y contra-faroles de los que hay que extraer algunas lecciones estratégicas importantes, en particular, la importancia de:

● Identificar las estrategias dominante y dominada;
● determinar el momento de cada movimiento estratégico;
● ponderar detenidamente los riesgos;
● lograr la credibilidad y el compromiso: por ejemplo, en esta ilustración, Innova no puede alcanzar sus resultados deseados salvo que tenga una reputación de mantener sus decisiones.

### 5.7.3   Juegos repetidos[18]

Los ejemplos anteriores terminaron con un resultado subóptimo para ambas partes. Pero si solo hubiera dos competidores implicados, esto sería improbable porque, con el tiempo, aprenderían a asegurarse un resultado mejor. En los juegos repetidos, los competidores juegan repetidamente y se ha demostrado que, en este caso, es mucho más probable que el resultado de equilibrio favorezca la cooperación o acomodo de los mejores intereses de ambas partes. No se debe necesariamente a una colusión explícita, sino a que aprenden a alcanzar ese equilibrio mediante la experiencia. Sin embargo, la existencia o no de una cooperación implícita dependerá de una serie de factores. Entre estos, cabe destacar:

● El *número de competidores* en un mercado. Si es reducido, es más probable que se produzca una cooperación. Cuanto mayor sea el número de competidores, más probable es que haya alguno que rompa las reglas.
● Si hay *competidores pequeños* que compiten con grandes competidores, es muy posible que los pequeños competidores tengan unas ganancias desproporcionadas si rompen las reglas. Los competidores más grandes no se verán demasiado perjudicados y estarán dispuestos a tolerarlo.
● Cuando hay *importantes diferencias entre las organizaciones,* por ejemplo, en cuanto a estructuras de costes, calidad, cuotas de mercado, etcétera, es menos probable que se alcance una cooperación, aunque solo sea porque las bases de la competencia son distintas.
● Si hay una *falta de transparencia* sobre las bases de la competencia en el mercado la cooperación, de nuevo, será difícil. Por ejemplo, es difícil una cooperación implícita en precios en situaciones de ofertas competitivas para obtener un contrato.

### 5.7.4   Cambio de las reglas del juego

Otra lección que hay que extraer de la teoría de juegos es que, al pensar en la lógica del juego, el competidor puede descubrir que, sencillamente, no es capaz de competir eficazmente con las reglas que existen. Esto será especialmente importante si el competidor tiene que eliminar una estrategia dominada. Por ejemplo, un competidor puede descubrir que los competidores siempre están luchando en precios y que su estructura de costes es tal que no puede esperar competir eficazmente. O, como en el caso de los ejemplos que hemos dado aquí, que la competencia siempre parece desenvolverse en torno a un elevado gasto en marketing o a una elevada inversión en investigación y desarrollo; y estas son batallas que no puede ganar. El planteamiento alternativo para un competidor que decide que no puede ganar en este tipo de competencia consiste en intentar cambiar las reglas del juego. Por ejemplo, en un mercado dominado por estrategias en función del precio, un competidor puede intentar alterar las reglas del juego hacia:

- *Bases de diferenciación* a partir de una mejor identificación de lo que valoran los clientes (*véase* Sección 5.3.2).
- Lograr que *la fijación de precios sea más transparente,* por ejemplo, intentando que sea obligatorio en la industria publicar la lista de precios. Internet está logrando que la información sobre precios sea mucho más transparente, tanto para los clientes como para los competidores. Por ello, es posible que así se evite la competencia en precios, pero los principios de la teoría de juegos sugieren que una mayor transparencia fomentará probablemente un comportamiento cooperativo entre los competidores.
- *Crear incentivos para la lealtad del cliente.* El aumento de la utilización de tarjetas de cliente preferente en el sector minorista es un buen ejemplo. Los principios de la diferenciación sugieren que puede tratarse de una estrategia débil porque los competidores pueden imitarlo y lo imitarán. Sin embargo, la presión de la competencia a través del precio se reduce para todos los competidores.

La teoría de juegos depende, por supuesto, de los principios sobre la racionalidad; y es posible que los competidores no siempre se comporten de forma racional. Sin embargo, ofrecen una forma útil de reflexionar en la lógica de los mercados competitivos interactivos y, en concreto, cuándo tiene sentido competir, en función de qué variables, y cuándo tiene sentido cooperar.

Un tema subyacente a este capítulo es la búsqueda de una ventaja competitiva y la necesidad de diferenciarse y, por tanto, de tener estrategias de diferenciación. El debate clave de la Ilustración 5.8 vuelve a analizar esta cuestión y revisa el grado en que la diferenciación ofrece una ventaja competitiva.

## Ilustración 5.8

# ¿Ser distintos o iguales?

*¿Pueden ser contraproducentes las estrategias de diferenciación, haciendo que una organización parezca peligrosamente excéntrica en vez de ofrecer una ventaja competitiva?*

Este capítulo ha introducido el valor potencial de las estrategias de diferenciación, por las que una organización destaca su exclusividad. Esto es coherente también con el argumento del enfoque basado en los recursos (Capítulo 3) a favor de la exclusividad y no imitación de los recursos de una organización. Pero, ¿hasta qué punto debe impulsar una organización su exclusividad, especialmente si existe el peligro de que se la empiece a considerar como una organización excéntrica?

El consultor Philipp Natterman de McKinsey & Co. defiende enérgicamente la diferenciación[1]. Ha hecho un estudio de la relación entre la rentabilidad y la diferenciación (en cuanto a precios y características del producto) durante un largo periodo de tiempo tanto para la industria de los PC como para la de los teléfonos móviles. Concluye que, a medida que disminuye la diferenciación a lo largo del tiempo, también se reducen los márgenes de beneficios de la industria. Natterman culpa a las técnicas directivas como la comparación con puntos de referencia *(benchmarking)* (Capítulo 3), que tienden a fomentar la convergencia de las «mejores prácticas» de la industria. El problema de las mejores prácticas es que pueden convertirse con facilidad en prácticas estándar. No se obtiene ninguna ventaja competitiva por seguir al rebaño.

Sin embargo, los «teóricos institucionalistas» como Paul DiMaggio y Water Powell señalan que hay algunas ventajas en tener el mismo comportamiento que el rebaño.[2] Piensan que las industrias son «ámbitos supraorganizacionales» en los que deben relacionarse todo tipo de agentes: clientes, proveedores, empleados y legisladores. La capacidad de estos agentes de relacionarse entre sí de forma eficaz depende de tener legitimidad según los demás agentes del ámbito. Con el tiempo, las industrias desarrollan normas institucionalizadas sobre lo que se considera un comportamiento legítimo, que es un comportamiento que tiene sentido que todo el mundo tenga. Es más fácil para los clientes y para los proveedores hacer negocios con organizaciones que son más o menos iguales que las demás de la industria. Resulta tranquilizador para los potenciales empleados y para los legisladores de la industria que las organizaciones no parezcan demasiado excéntricas. Especialmente cuando hay un elevado grado de incertidumbre sobre los determinantes del rendimiento (por ejemplo, en las industrias que dependen de los conocimientos), puede resultar mejor ser legítimo que distinto. En tanto que los clientes, proveedores, empleados y legisladores valoran la conformidad, la conformidad tiene valor de por sí. El quedar «desarraigado» puede salir muy caro.

Esta apreciación institucionalista de la conformidad hace que se entiendan muchos comportamientos estratégicos. Por ejemplo, las oleadas de fusiones en algunas industrias parecen

una moda repentina por la que las organizaciones se lanzan desesperadamente a hacer adquisiciones por el simple temor a quedar atrás. Análogamente, muchas iniciativas directivas, como las reingenierías de los procesos empresariales, el comercio electrónico o la contratación externa, son tanto el producto de modas como de un riguroso análisis objetivo. Sin embargo, la idea de la teoría institucionalista es que el seguir la moda no tiene por qué ser necesariamente malo.

Así pues, la teoría institucional y el enfoque basado en los recursos parecen tener perspectivas opuestas sobre el valor de la diferenciación. David Deephouse ha analizado esta aparente elección excluyente entre la diferenciación y la conformidad en la industria bancaria estadounidense, y ha descubierto una relación curvilínea entre la diferenciación y el rendimiento financiero[3]. Una gran conformidad dio lugar a un menor rendimiento; una diferenciación moderada estaba relacionada con una mejora del rendimiento; la diferenciación extrema parecía perjudicar el rendimiento.

Deephouse concluye a favor de un «equilibrio» entre la diferenciación y la conformidad. También sugiere que el valor de la diferenciación depende del grado en el que los agentes clave de la industria (clientes, proveedores, empleados, etcétera) han convergido hacia normas institucionalizadas sobre la estrategia adecuada. Parece que las estrategias pueden ser demasiado diferenciadas, pero el grado de «demasiada diferenciación»depende del tipo de industria en el que se encuentre la organización.

*Fuentes:*

1. NATTERMAN, P. M. (2000): «Best practice does not equal best strategy». *McKinsey Quarterly,* n.º 2 . Pp. 22-31.
2. DiMAGGIO, P. y POWELL, W. (1983): «The iron cage revisited: Institutional isomorphism and collective rationality in organizational fields». *American Sociological Review,* vol. 48. Pp. 147-160.
3. DEEPHOUSE, D. (1999): «To be different or to be the same? It's a question (and theory) of strategic balance». *Strategic Management Journal,* vol. 20. Pp. 147-166.

### Preguntas

1. ¿Hasta qué punto compiten (a) las universidades, (b) los fabricantes de automóviles, siendo distintos o iguales?

2. Dada la naturaleza de sus industrias, y los agentes clave que hay en ellas, ¿qué razones tendrían estas organizaciones para adoptar los planteamientos de la conformidad o la diferenciación?

# Resumen

- La estrategia en el ámbito de la unidad del negocio trata de competir mejor o, en los servicios públicos, de proveer los servicios con mayor valor. Las organizaciones están compuestas por una serie de unidades estratégicas de negocio (UEN), por lo que es necesario desarrollar estrategias en el ámbito de la unidad de negocios para cada una de estas UEN. Así pues, la identificación de las UEN de una organización es un prerrequisito importante para desarrollar las elecciones estratégicas de la unidad de negocio.

- Las opciones genéricas (en el mercado) de las estrategias para lograr una ventaja competitiva incluyen:

  — Una *estrategia «sin filigranas»*, que combina un precio reducido y un valor añadido percibido reducido.

  — Una *estrategia de precios reducidos* por la que se ofrece un precio inferior al de los competidores con un valor añadido análogo al del producto o servicio de los competidores.

  — Una *estrategia de diferenciación,* que intenta ofrecer productos o servicios que son únicos o distintos de los de los competidores.

  — Una *estrategia híbrida,* que intenta lograr simultáneamente una diferenciación y unos precios inferiores a los de los competidores.

  — Una *estrategia de diferenciación segmentada,* que intenta ofrecer un elevado valor añadido justificando una sustancial prima en el precio.

- La sostenibilidad de las bases de la ventaja competitiva exigirá probablemente un conjunto relacionado de competencias de la organización que los competidores encuentran difícil imitar y/o la capacidad de lograr una posición de «bloqueo» para convertirse en la «norma de la industria» reconocida por proveedores y compradores.

- En condiciones de hipercompetencia, es difícil lograr una ventaja competitiva sostenible. La velocidad, la flexibilidad, la innovación y el estar dispuesto a cambiar las estrategias de éxito son bases importantes para el éxito competitivo. En esta situación, las competencias de la organización necesarias para tener éxito se encontrarán probablemente en las culturas y estructuras de la organización.

- Las estrategias de colaboración pueden ofrecer alternativas a las estrategias competitivas o pueden aplicarse en paralelo.

- La teoría de juegos ofrece una base para reflexionar sobre los movimientos estratégicos de los competidores de tal forma que se puedan evitar o contrarrestar.

## Lecturas clave recomendadas

- Las bases del debate sobre las estrategias competitivas genéricas se pueden encontrar en la obra de Michael Porter, que incluye *Competitive Strategy* (1980) y *Competitive Advantage* (1985), ambas publicadas por Free Press. Se recomiendan ambas obras para los lectores que quieren comprender los antecedentes de los análisis de las Secciones 5.3 y 5.4 de este capítulo sobre la estrategia competitiva y la ventaja competitiva.

- La hipercompetencia, y las estrategias en estas circunstancias, se explican en D'Aveni, R. (1995): *Hypercompetitive Rivalries: Competing in highly dynamic environments.* Free Press.

- Un manual útil sobre las estrategias de colaboración es: Doz, Y. y Hamel, G. (1998): *Alliance Advantage: The art of creating value through partnering.* Harvard Business School Press.

- Se ha escrito mucho sobre la teoría de juegos, pero gran parte puede resultar inaccesible para el lector profano. Una excepción es el libro de Dixit, A. K. y Nalebuff, B. J. (1991): *Thinking Strategically.* W. W. Norton.

# Notas

1. Para un análisis detallado sobre cómo pueden las estructuras de la organización «abordar» la combinación de UENs de una organización, *véase*: GOOLD, M. and CAMPBELL, A. (2002): *Designing Effective Organisations: How to create structured networks*. Jossey Bass; EISENHARDT, K. y BROWN, S. (1999): «Patching». *Harvard Business Review*, vol. 77, n.º 3. P. 72.

2. PORTER, M. (1985): *Competitive Advantage*. Free Press.

3. FAULKNER, D. y BOWMAN, C. (1995): *The Essence of Competitive Strategy*. Prentice Hall. Se utiliza un marco similar en D'AVENI, R. (1995): *Hypercompetitive Rivalries: Competing in highly dynamic environments*. Free Press.

4. SHARP, B. y DAWES, J. (2001): «What is differentiation and how does it work?». *Journal of Marketing Management*, vol. 17, n.º 7/8. Pp. 739-759 revisa la relación entre diferenciación y rentabilidad.

5. *Véase*, por ejemplo: MILLER, D. (1992): «The generic strategy trap». *Journal of Business Strategy*, vol. 13, n.º 1. Pp. 37-42; y HILL, C. W. L. (1998): «Differentiation versus low cost or differentiation and low cost: a contingency framework». *Academy of Management Review*, vol. 13, n.º 3. Pp. 401-412.

6. *Véase* G. HAMEL, G. y PRAHALAD, C. K. (1985): «Do you really have a global strategy?». *Harvard Business Review*, vol. 63, n.º 4. Pp. 139-148.

7. Para un análisis detallado de las guerras de precios, *véase*: RAO, A.; BERGEN, M. y DAVIS, S. (2000): «How to fight a price war» *Harvard Business Review*, vol. 78, n.º 2. Pp. 107-115.

8. Las ventajas en costes se analizan en: GRANT, R. (2002): *Contemporary Strategy Análisis*. Blackwell, 4.ª edición. Capítulo 8.

9. Estas citas sobre las tres ventajas competitivas de PORTER (1985) se han extraído de su libro *Competitive Advantage*. Free Press. Pp. 12-15.

10. Se ha escrito mucho sobre la cuestión de la sostenibilidad de la ventaja competitiva. Para una de las primeras contribuciones, *véase* PRAHALAD, C. K. y HAMEL, G. (mayo-junio, 1990): «The core competence of the corporation» *Harvard Business Review*. Véase también COLLIS, D. y MONTGOMERY, C. (julio-agosto, 1995): «Competing on resources: strategy in the 1990s». *Harvard Business Review*.

11. El modelo Delta se explica e ilustra con más detalle en HAX, A.C. y WILDE II, D. L. (1999): «The Delta Model». *Sloan Management Review*, vol. 40, n.º 2. Pp. 11-28.

12. Esta sección parte del trabajo de D'AVENI, R. (1995): *Hypercompetitive Rivalries: Competing in highly dynamic environments*. Free Press. Para los lectores que quieran ahondar más en el tema, hay una edición especial de *Organization Science* (1996). Vol. 7, n.º 3.

13. Esta es la conclusión radical alcanzada por D'AVENI (*véase* Nota 12).

14. Los siguientes libros son útiles para las estrategias de colaboración: DOZ, Y. y HAMEL, G. (1998): *Alliance Advantage: The art of creating value through partnering*. Harvard Business School Press; HUXHAM, C., ed. (1996): *Creating Collaborative Advantage*. Sage Publications; y FAULKNER, D. (1995): *Strategic Alliances: Co-operating to compete*. McGraw-Hill.

15. *Véase*: BRUDNEY, J. y ENGLAND, R. (1983): «Towards a definition of the co-production concept». *Public Administration Review*, vol. 43, n.º 10. Pp. 59-65; y ALFORD, J. (1998): «A public management road less travelled: clients as co-producers of public services». *Australian Journal of Public Administration*, vol. 57, n.º 4. Pp. 128-137.

16. Para lecturas sobre la teoría de juegos, *véase*: DIXIT, A. K. y NALEBUFF, B. J. (1991): *Thinking Strategically*. W.W. Norton; BRANDENBURGER, A. y NALEBUFF, B. (1997): *Co-opetition*. Profile Books; y McMILLAN, J. (1992): *Games, Strategies and Managers*. Oxford University Press.

17. Un especialista en el campo del diseño de las subastas es Paul Klemperer de la Oxford University. Al material relacionado con este tema se puede acceder en su página Web: www.nuff.ox.ac.uk/economics/people/klemperer.htm.

18. Para comprender mejor los juegos repetidos, *véase* AXELROD, R. (1990): *The Evolution of Cooperation*. Penguin.

## TRABAJOS

✱ Indica una mayor dificultad.

**5.1** Partiendo del Cuadro 5.2, el reloj estratégico, identifique ejemplos de organizaciones que siguen las trayectorias estratégicas 1 a 5. Si encuentra difícil determinar claramente qué trayectorias está siguiendo, apunte las razones y analice si las organizaciones tienen una clara estrategia competitiva.

**5.2✱** Michael Porter afirma que un negocio tiene que tener una clara estrategia competitiva. Analice si una organización de su elección tiene una clara estrategia competitiva.

**5.3** Acaban de nombrarle asistente personal del CEO de una importante empresa manufacturera, y se le pide que explique qué significa la «diferenciación» y por qué es importante. Redacte un breve informe respondiendo a estas preguntas.

**5.4✱** ¿Hasta qué punto son adecuadas las bases de la ventaja competitiva explicadas en la Sección 5.3 para analizar las estrategias de las organizaciones del sector público? Ilustre sus argumentos haciendo referencia a una organización del sector público de su elección.

**5.5** Aplicando las lecciones extraídas de la Sección 5.4, analice la sostenibilidad de las estrategias de una organización de su elección.

**5.6** Analice el planteamiento de que las condiciones de hipercompetencia y las estrategias hipercompetitivas son únicamente relevantes en unas pocas industrias o sectores.

**5.7✱** Elija una industria o sector que cada vez sea más competitivo (por ejemplo, los servicios financieros o la ropa de moda). ¿Cómo se pueden aplicar los principios de las estrategias hipercompetitivas a esa industria?

**5.8** A partir de la Sección 5.6 (sobre estrategias de colaboración) redacte un informe para el CEO de un negocio en un mercado competitivo (por ejemplo, en las farmacéuticas o la Fórmula Uno) explicando cuándo y de qué manera tiene sentido cooperar en vez de seguir una competencia directa.

**5.9✱** Lea las lecturas claves sobre la teoría de juegos (Dixit y Nalebuff). ¿Hasta qué punto y cómo considera que la teoría de juegos es un planteamiento útil para desarrollar una estrategia competitiva en las organizaciones?

## Trabajos de integración

**5.10** Utilice ejemplos para mostrar cómo pueden las organizaciones desarrollar competencias nucleares (Capítulo 3) para lograr una ventaja competitiva, ya sea mediante una estrategia de precios reducidos o mediante una estrategia de diferenciación. Explique cómo puede determinado competidor ser capaz de minar esta ventaja utilizando las tecnologías de la información para destruir las competencias nucleares (Capítulo 9).

**5.11** Revise la Sección 5.4.3 y el Cuadro 5.3. Si la consecución de un «bloqueo» fuera la base de una estrategia internacional (Capítulo 6), explique cómo puede influir sobre las elecciones en cuanto a la dirección y los métodos de la estrategia de desarrollo (Capítulo 7).

# Madonna: ¿sigue siendo la reina del pop?

Phyl Johnson, Graduate School of Business, University of Strathclyde

La industria de la música está llena de estrellas de un solo éxito y breves carreras. Las estrellas del pop que permanecen en la cumbre durante décadas son muy pocas. Madonna es una de ellas; la cuestión es, tras veinte años en la cima, ¿cuánto más puede durar?

Descrita por la revista Billboard Magazine como la mujer de negocios más inteligente del mundo del espectáculo, Madonna, Louise Ciccone, inició su carrera musical en 1983 con el single de éxito *Holiday* y, en 2003 disfrutó de nuevo de un éxito razonable en las listas por su álbum *American Life*. Entretanto, había tenido un éxito considerable en las listas con sus singles y sus álbumes, había agotado las entradas de sus giras mundiales, había protagonizado seis películas, recibido 18 premios musicales, había sido la imagen de distintos tipos de productos, desde Pepsi y Max Factor hasta The Gap, y se había convertido en escritora de libros infantiles de éxito mundial.

La base del éxito empresarial de Madonna es su capacidad de mantener su reinado como «reina del pop» desde 1983. Con muchos otros, Phil Quattro, el presidente de Warner Brothers, ha afirmado que «siempre se las arregla para aterrizar en la cúspide de lo que denominamos música contemporánea; todo artista reconocido tiene el dilema de cómo tiene que mantener su importancia y su relevancia. Madonna nunca fracasa cuando tiene que ser relevante». La habilidad camaleónica de Madonna para cambiar su imagen, su estilo musical, y seguir alcanzando importantes ventas ha sido la característica clave de su éxito.

El primer estilo pop de Madonna estaba dirigido a chicas jóvenes del estilo «quiero y no puedo». La imagen que ofrecía en los éxitos como *Holiday* y *Lucky Star* en 1983 fue recogida por Macy's, la cadena de tiendas de ropa estadounidense. Produjo una gama de ropa con el estilo de Madonna que las madres estaban encantadas de comprar para sus hijas. Un año más tarde, en 1984, Madonna realizó su primer cambio de imagen y, al hacerlo, ofreció la primera pista de la inteligencia que había detrás de su imagen mediática. En el vídeo para su éxito *Material Girl,* reprodujo deliberadamente la imagen glamurosa y sensual de Marilyn Monroe al tiempo que se burlaba del creciente materialismo de finales de la década de los ochenta y de los hombres que la perseguían. Los analistas de los medios Sam y Diana Kirschner comentaron que, con este tipo de envoltorio, Madonna permitía que las compañías discográficas pudieran acaparar la comerciable «imagen de Marilyn» para una

Fotografía: Corbis

nueva legión de fans, mientras que también se permitía que sus fans iniciales de chicas que ahora estaban creciendo recibieran su mensaje más crítico. El tema del galanteo con la controversia manteniendo la comerciabilidad ha sido una constante en su carrera, ligeramente reducida en los últimos años.

Los siguientes cambios de imagen de Madonna fueron más radicales. Primero atacó a la Iglesia Católica en su vídeo de 1989 *Like a Prayer* en el que, vestida de rojo como una «pecadora», besaba a un santo de color que se podía interpretar fácilmente como la figura de Jesús. Su imagen era cada vez más sexual al tiempo que mantenía una postura de crítica social: por ejemplo, su destacada ilustración de la representación de los iconos de la Iglesia Católica siempre en personas blancas. En este punto de su carrera, Madonna asumió pleno control de su imagen con el acuerdo de 60 millones de dólares (unos 52 millones de euros) con Time-Warner que creó su compañía discográfica Maverick. En 1991, publicó su libro erótico titulado *Sex* que únicamente mostraba fotografías suyas en poses eróticas. En su gira *Girlie*, sus singles *Erotica* y *Justify my Love*, y

| Discos | Año | Imagen | Audiencia objetivo |
| --- | --- | --- | --- |
| *Lucky Star* | 1982 | Pop desvergonzada | Chicas jóvenes «quiero-y-no-puedo», entre la música disco que está desapareciendo y la emergente «escena de club» |
| *Like a Virgin* *Like a Prayer* | 1984 | Inicialmente una imagen glamurosa de Marilyn, después se convierte en santa y pecadora | Fans más adultos, y rebeldes, más audiencia femenina crítica y más adoración de los hombres |
| *Vogue* *Erotica* *Bedtime* *Stories* | 1990 1992 1994 | Estrella del porno erótico, sadomasoquista, control sexual, más Minnelli en *Cabaret* que Monroe | Peculiar combinación de audiencias: imagen de bar de gays, mujeres de los noventa que asumen el control de su propia vida, pura excitación sexual de los hombres |
| *Something to Remember Evita* | 1995 | Imagen más suave, baladas preparando la imagen glamourosa del papel en la película *Evita* | La audiencia objetivo más amplia, utilizando a la posible audiencia cinematográfica así como a los fans de toda la vida. La imagen más convencional. Max Factor utilizó posteriormente esta combinación de Marilyn y Eva Peron para comercializar su imagen glamourosa |
| *Ray of Light* | 1998 | Madre Tierra, misticismo oriental, música *dance-fusion* | Generación de bares de los noventa, nueva legión de fans más los fans iniciales que ahora son treintañeras desesperadas por seguir la moda |
| *Music* | 2000 | Acid rock, irrespetuosa Miss USA/vaquera, británica relajada | Se las arregla para apelar a los jóvenes que van de bares y a los británicos treintañeros |
| *American Life* | 2003 | Imagen militarista Che Guevara Anticonsumismo del sueño americano | Sin una audiencia clara y dependiendo de la que ya tiene |

su película *In bed with Madonna* representaban escenas de fantasías sadomasoquistas y lésbicas. Aunque se trate probablemente de un periodo de su carrera que preferiría olvidar, Madonna ha conseguido mucho más que simplemente sobrevivir a ese periodo. De hecho, ha logrado toda una nueva generación de fans que no solo respetan su valor artístico, sino que tampoco dejan pasar por alto el hecho de que Madonna tenía un mensaje coherente: su sexualidad le pertenecía a ella sola y no necesitaba un protector masculino. Utilizó la historia de amor que tenían los medios con ella y la notoriedad que obtuvo cuando la cadena MTV prohibió la retransmisión del vídeo de *Justify my Love,* para promocionar el mensaje de que la libertad y la sexualidad de las mujeres es tan importante y aceptable como la de los hombres.

Cambiando de tercio en 1996, Madonna se centró finalmente con el papel protagonista en la película *Evita* por el que había estado luchando durante más de cinco años. Venció ante otros pesos pesados para el papel, incluyendo a Meryl Streep y a Elaine Page, que tenían ambas un pasa-

do más aceptable que el de Madonna. Y aún así, logró la transición de su imagen, desde el erotismo hasta la imagen de una persona beata como Eva Peron, y logró la aclamación de la crítica. Otro voto de confianza de la «convencionalidad» provino de Max Factor que, en 1999, la contrató para relanzar la campaña diseñada en torno al glamour. Procter & Gamble (propietaria de la gama de maquillaje Max Factor) afirmó de Madonna que era «lo más cercano que hay en los noventa a una estrella de Hollywood a la vieja usanza... es una mujer de verdad».

Con muchas filtraciones antes de su publicación, el muy esperado álbum de Madonna *Ray of Light* fue publicado en 1998. Las emisoras de radio de todo el mundo estaban desesperadas por conseguir el álbum, que se había definido como su viaje musical de más éxito hasta la fecha. En un movimiento inteligente, Madonna se había unido al pionero tecno William Orbit para escribir y producir el álbum. Fue un enorme éxito, que permitió que Madonna entrara en el ámbito tecno de gran fama, que no es precisamente el terreno más natural para una estrella del pop de principios de los ochenta. Madonna asumió una imagen «espiritual/madre tierra» e inició una tendencia hacia todo lo oriental en la moda y en la música. Es posible que esta fase sea más que una imagen, porque coincide con el momento de la vida de Madonna en que empezó a creer en la tradición Kabbalah del culto espiritual oriental.

En 2001 se reveló su siguiente imagen con la publicación de su álbum *Music*. Su estilo había cambiado de nuevo al de «acid rock». Al casarse con el director cinematográfico británico Guy Ritchie, la «American Pie» por excelencia se ha convertido en toda una chica británica, ganándose incluso el cariñoso apelativo de «Madge» en la prensa británica.

Sin embargo, en 2003 algunos comentaristas estaban sugiriendo que un interesante giro de los acontecimientos hacía pensar que tal vez la «ácida» Madonna, la «audaz» Madonna estaba empezando a pensar en *formar parte*, más que en *derrotar*, a la sociedad convencional. Todavía recuperándose del fracaso de su película *Swept Away* (dirigida por su marido), Madonna sacó su nueva imagen inspirada en el Che Guevara. En vez de maximizar el potencial de esta imagen por su simbología política y social durante la Guerra del Golfo, en abril de 2003 retiró su imagen militarista y el vídeo del álbum *American Life*. Su comunicado de prensa expresaba su deseo de ser sensible y de no querer ofender dado el combate armado en Irak. A continuación pasó a su ficción infantil, inspirada en el culto Kabbalah, en el verano de 2003. *The English Roses*, basado en los temas de la compasión y la amistad, se convirtió inmediatamente en un *bestseller*. En la prensa se preguntaban, «¿se ha ablandado Madonna? »

Los hechos posteriores sugerirían que no, que Madonna no se había ablandado y que, tras un lapsus temporal, es sin duda una chica material de corazón. A finales de 2003 había borrado la imagen militar de la memoria colectiva occidental con un gran perfil en la campaña publicitaria de The Gap, la tienda de ropa, en la que bailaba acompañada por el rapero Missy Elliot con un remix retrospectivo de su canción de los ochenta, *Get into the Grove*. Aquí, Madonna estaba apelando a las «treintañeras» que recordaban la canción desde su primera publicación para que compraran va-

queros alegremente para ellas y sus hijas adolescentes, al tiempo que también compraban el CD (de venta en las tiendas) para compartirlo con sus hijas y la copia del libro *The English Roses* (que también se promocionaba en las tiendas de The Gap) para, tal vez, el miembro más joven de la familia. Madonna se las estaba arreglando para apelar a todas las generaciones desde una sola tienda. Pero Madonna la rebelde seguía viva para una nueva generación de fans musicales. Tras besuquearse con Britney Spears y Christina Aguilera en vivo en la ceremonia de entrega de premios musicales de la cadena MTV en otoño de 2003, y protagonizar fuertes escenas de tintes lésbicos en el nuevo vídeo de Britney, Madge volvía a las portadas por las razones aceptables relacionadas con la venta de discos. Sin embargo, la pregunta interesante que todo el mundo se planteaba era si una Madonna más mansa podía vender discos a una generación de fans más jóvenes que no conocen su pasado rebelde y para los que un beso con Britney no sorprende lo más mínimo.

*Fuentes*: «Bennett takes the reins at Maverick», *Billboard Magazine*, 7 de agosto de 1999; «Warner Bros expects Madonna to light up international markets», *Billboard Magazine*, 21 de febrero de 1998; «Maverick builds on early success», *Billboard Magazine*, 12 de noviembre de 1994; Jardine, A.,«Max Factor strikes gold with Madonna», *Marketing*, vol. 29 (1999), pp. 14-15; Kirschner, S. y Kirschner, D. «MTV, adolescence and Madonna: a discourse analysis», en *Perspectives on Psychology and the Media*, American Psychological Association, Washington, DC, 1997; «Warner to buy out maverick co-founder», *Los Angeles Times*, 2 de marzo de 1999; «Why Madonna is back in Vogue», *New Statesman*, 18 de septiembre de 2000; «Madonna & Microsoft», *The Financial Times*, 28 de noviembre de 2000.

---

### Preguntas

1. Describa y explique la estrategia que aplica Madonna en cuanto a la explicación de la estrategia competitiva dada en el Capítulo 5.

2. ¿Por qué ha logrado un éxito sostenido en las dos últimas décadas?

3. ¿Qué podría amenazar la sostenibilidad de su éxito?

# 6

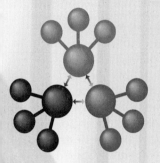

# Estrategia en el ámbito corporativo y estrategia internacional

## Objetivos del aprendizaje

Tras leer este capítulo, usted debe ser capaz de:

● Comprender por qué las organizaciones aumentan su diversidad geográfica y de productos.

● Comprender lo que se entiende por diversificación relacionada y no relacionada.

● Explicar los factores que las organizaciones analizan cuando comparan el atractivo de distintos mercados y las localizaciones geográficas de los elementos de su cadena de valor en el ámbito internacional.

● Comprender la diferencia entre estrategias globales y estrategias en múltiples países.

● Explicar cómo pueden afectar al rendimiento los distintos grados de diversidad geográfica y de productos.

● Explicar los distintos planteamientos sobre la creación de valor de las empresas matrices.

● Explicar los distintos marcos para gestionar las carteras de negocios.

Fotografía: Jeffrey Taberner

Fotografía: Jeffrey Taberner

Fotografía: Jeffrey Taberner

Fotografía: Getty Images

## 6.1 INTRODUCCIÓN

El Capítulo 5 se centraba en cómo se podría crear valor cuando las unidades de negocio se relacionan con los clientes en sus mercados. Sin embargo, muchas organizaciones incluyen varias unidades de este tipo y actúan en diversos mercados. Este capítulo se ocupa de los retos que tienen que superar los directivos en estas circunstancias.

En este contexto, hay dos puntos esenciales en el capítulo. El primero hace referencia a las decisiones estratégicas sobre el *alcance de la organización*. Como sugiere el Cuadro 6.1, las decisiones sobre el alcance de la organización hacen referencia a la *variedad de productos* (y a los mercados de sus productos) y a la *diversidad geográfica o internacional* de la cartera de negocios de la empresa. Se trata de decisiones importantes porque tienen implicaciones significativas sobre cómo se debe gestionar ese alcance y esa diversidad para crear valor más allá del valor existente en el ámbito de las unidades de negocio. Por tanto, este es el segundo punto central del capítulo: ¿cómo se *añade valor* (o se destruye) a nivel corporativo frente al ámbito de la unidad de negocio de las organizaciones? Esto exige comprender los distintos *papeles de la matriz* a nivel corporativo y cómo se puede intentar *gestionar la cartera* de negocios.

Por tanto, la atención de este capítulo se centra en el ámbito corporativo, frente a las estrategias en el ámbito de la unidad de negocio. Aquí, el planteamiento es que cualquier cosa por encima del ámbito de la unidad de negocio representa una actividad corporativa y es, por tanto, objeto de análisis en este capítulo. El Cuadro 6.2 presenta una estructura simplificada de una empresa con múltiples unidades de negocio. Muestra una serie de unidades de negocio agrupadas en divisiones por encima de las cuales se encuentra la sede corporativa. Por encima de las unidades de negocio los directivos suelen ofrecer servicios y, muy probablemente, líneas directrices estratégicas para las unidades de negocio, así como funciones de control y coordinación de las actividades de las distintas unidades.

## Cuadro 6.1    Cuestiones en el ámbito corporativo

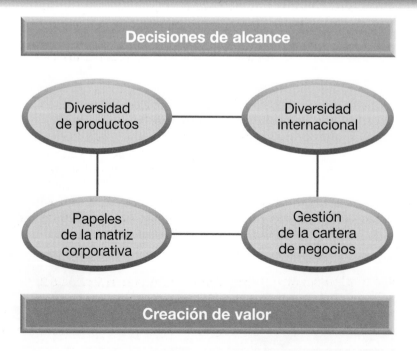

**Cuadro 6.2**   La organización con múltiples unidades de negocio

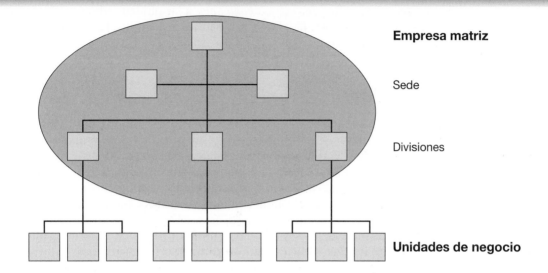

Empresa matriz

Sede

Divisiones

Unidades de negocio

Los directivos también tomarán decisiones que pueden afectar a muchas unidades de negocio; por ejemplo, en qué unidad se va a invertir y en cuál no; y, a veces, en qué unidad se va a desinvertir. En todos estos papeles hay, al menos en teoría, una búsqueda de añadir valor al creado en el ámbito de la unidad de negocio.

En este capítulo nos vamos a referir a estos niveles de dirección por encima del ámbito de la unidad de negocio como la **empresa matriz**. Así pues, la sede corporativa de la empresa, o las divisiones dentro de una gran empresa, que se responsabilizan de distintas unidades de negocio, están actuando en el papel de empresa matriz. Por supuesto, es posible que haya partes de la sede que mantengan relaciones directas con los clientes: el centro de asistencia telefónica, o el departamento de servicio de atención al cliente en una organización comercial; o un equipo especial contra el crimen o una unidad especializada de helicópteros en un departamento de policía, por ejemplo. Pero, cuando este es el caso, se aplican las mismas elecciones analizadas en el Capítulo 5 respecto al desarrollo de la estrategia en el ámbito de la unidad de negocio que se relaciona con el cliente. Este capítulo solo se ocupa de la estrategia a nivel corporativo y, por tanto, del papel de la empresa matriz.

Este análisis no solo se ocupa de las grandes empresas. Incluso las pequeñas empresas pueden estar compuestas por una serie de unidades de negocio. Por ejemplo, un albañil puede estar trabajando al mismo tiempo para el ayuntamiento, para las empresas industriales de la zona y para los propietarios de viviendas particulares. No solo se trata de distintos segmentos del mercado, sino que la forma de trabajar y las capacidades necesarias para tener éxito competitivo en cada uno de estos segmentos también serán distintas. Además, el propietario de este tipo de negocio tiene que tomar decisiones sobre el grado de inversión y de actividad que va a desarrollar en cada segmento. Las organizaciones del sector público, como los ayuntamientos o los centros de salud, también ofrecen distintos servicios, lo que se corresponde con las unidades de negocio de las organizaciones comerciales. Así pues, la estrategia a nivel corporativo también es relevante para estas organizaciones.

El análisis de la estrategia a nivel corporativo en este capítulo se inicia en la Sección 6.2 analizando las cuestiones relativas al alcance de la *variedad de productos/mercados* en cuanto al grado de relación o ausencia de relación de los elementos de la cartera, y los consiguientes efectos sobre el rendimiento de toda la empresa. La Sección 6.3 analiza a

La **empresa matriz** hace referencia a los niveles directivos por encima de las unidades de negocio y que, por tanto, no tienen una relación directa con los compradores o los competidores.

continuación el alcance en cuanto a la *diversidad internacional* de las organizaciones; y, de nuevo, los efectos que ello tiene sobre el rendimiento. En el contexto de estos análisis sobre el alcance, la Sección 6.4 pasa a plantearse la pregunta de cómo puede la empresa matriz ser capaz, o no, de *crear* o *añadir valor* a las unidades de negocio en sus distintos *papeles de empresa matriz*. Finalmente, la Sección 6.5 explica la lógica de las distintas formas de *gestionar las carteras de negocios* dentro de organizaciones diversificadas.

## 6.2  VARIEDAD DE PRODUCTOS/MERCADOS

Una cuestión subyacente a cómo puede, o no, añadir valor la matriz al creado por sus unidades de negocio, es el grado y la naturaleza de la diversidad de los productos y servicios que ofrece. Por tanto, lo que nos preocupa aquí es la naturaleza de la estrategia de diversificación que se está aplicando. La **diversificación** se define normalmente como una estrategia que lleva a la organización a nuevos mercados y productos o servicios y que, por tanto, aumenta la variedad que debe supervisar la matriz. Se puede optar por la diversificación por distintas razones, y algunas permitirán crear más valor que otras. Tres razones potenciales de la diversificación para crear valor son las siguientes:

> La **diversificación** se define normalmente como una estrategia que lleva a la organización a nuevos mercados y productos o servicios.

Primero, pueden existir ganancias de eficiencia al aplicar los actuales recursos o capacidades de la organización a nuevos mercados y productos o servicios. Se suelen definir como *economías de alcance*, en contraste con las economías de escala[1]. Si una organización tiene recursos o capacidades infrautilizados que no puede cerrar o de los que no puede deshacerse cediéndolos a otros usuarios potenciales, puede tener sentido utilizar estos recursos o capacidades mediante la diversificación hacia una nueva actividad. En otras palabras, se pueden ganar economías ampliando el alcance de las actividades de una organización. Por ejemplo, muchas universidades tienen importantes recursos en cuanto a residencias para estudiantes, que tienen que habitarse durante el curso académico pero que no se utilizan durante las vacaciones. Estas residencias se utilizan más eficientemente cuando las universidades amplían el alcance de sus actividades y ofrecen conferencias y actividades de turismo durante los periodos vacacionales. De la misma manera, las empresas de televisión por cable pueden lograr economías de alcance si utilizan sus redes, que son muy caras pero tienen también una elevada capacidad, para ofrecer asimismo servicios de telefonía. Las economías de alcance pueden afectar tanto a los recursos tangibles, como las residencias de estudiantes o las redes de cable, como a las capacidades y recursos intangibles, como las habilidades o las marcas. Algunas veces, estas ventajas del alcance se conocen como ventajas de las **sinergias**[2], con lo que se quiere hacer referencia a las ventajas que se pueden obtener de las actividades o procesos que se complementan entre sí de tal forma que el efecto combinado es mayor que la suma de las partes. La Ilustración 6.1 muestra cómo una empresa francesa, Zodiac, se ha diversificado siguiendo este planteamiento.

> Las **sinergias** hacen referencia a las ventajas que se pueden obtener de las actividades o procesos que se complementan entre sí de tal forma que el efecto combinado es mayor que la suma de las partes.

En segundo lugar, también se pueden lograr ganancias al aplicar las *capacidades directivas de la corporación* a nuevos mercados y productos y servicios. En cierto sentido, esto amplía el argumento anterior, pero destaca las habilidades que se pueden menospreciar con facilidad. Desde el punto de vista de la matriz, los directivos pueden desarrollar una capacidad para dirigir una serie de distintos productos y servicios que, aunque no comparten los recursos en el ámbito de las unidades operativas, sí que dependen de habilidades generales directivas parecidas. Prahalad y Bettis han descrito este conjunto de habilidades corporativas como la «lógica de dirección general dominante» o, para mayor brevedad, «lógica dominante»[3]. Los directivos de la empresa pueden añadir más valor a las unidades de negocio que se distinguen entre sí desde el punto de vista operativo (utilizando distintas tecnologías, canales de distribución o marcas, por ejemplo) siempre que requieran habilidades directivas similares de la matriz. El gran conglomerado francés

# Zodiac: diversificaciones inflables

*Una organización puede intentar beneficiarse de las sinergias creando una cartera de negocios mediante una diversificación relacionada.*

La empresa Zodiac fue creada cerca de París, Francia, en 1896 por Maurice Mallet, justo después de su primer vuelo en globoaerostático. Durante 40 años, Zodiac fabricó únicamente dirigibles. En 1987 el zepelín alemán Hindenburg se estrelló cerca de Nueva York, lo que detuvo repentinamente el desarrollo de este mercado. Debido a la extinción de su actividad tradicional, Zodiac decidió aprovechar su experiencia técnica y pasó de los dirigibles a los globos. Esta diversificación resultó en un gran éxito: en 2004, con más de un millón de unidades vendidas en cincuenta años, el globo dinghy de goma de Zodiac (con un precio de unos 10.000 euros) era extremadamente popular en todo el mundo.

Sin embargo, debido a la creciente competencia, especialmente de los fabricantes italianos, Zodiac diversificó sus intereses empresariales. En 1978 adquirió Aerazyrm, una empresa especializada en paracaídas, pero también en chalecos salvavidas y en balsas inflables. Estos productos tenían fuertes sinergias técnicas y de mercado con los barcos de goma, y sus principales clientes eran los fabricantes de aviones. Zodiac confirmó este movimiento a un nuevo mercado en 1987 cuando adquirió Air Cruisers, un fabricante de toboganes inflables para los aviones. Por ello, Zodiac se convirtió en un proveedor clave de Boeing, McDonnel Douglas y Airbus. Zodiac fortaleció esta posición mediante la adquisición de los dos principales fabricantes de asientos para aviones: Sicma Aero Seats de Francia y Weber Aircraft de Estados Unidos. En 1997, Zodiac también adquirió, por 150 millones de euros, la empresa MAG Aerospace, la líder mundial de los sistemas de sumidero de desperdicios en vacío. Finalmente, en 1999, Zodiac adquirió Intertechnique, uno de los jugadores clave en los componentes activos para aviones (circulación de combustible, sistemas hidráulicos, sistemas de oxígeno y ayuda vital, energía eléctrica, controles de vuelo y dispositivos luminosos, sistemas de control, etcétera). Al combinar estas competencias con su pericia tradicional en los productos inflables, Zodiac puso en marcha una nueva unidad de negocio: los airbags para la industria del automóvil.

Paralelamente a estas diversificaciones, Zodiac fortaleció su posición en los barcos inflables adquiriendo a varios competidores: Bombard-L'Angevinière en 1980, Sevylor en 1981, Hurricane y Metzeler en 1987.

Finalmente, Zodiac desarrolló un negocio de piscinas. La primera línea de productos, en el año 1981, partía de la tecnología de estructuras inflables y, posteriormente, Zodiac pasó (de nuevo, mediante adquisiciones) a las piscinas alzadas sobre el terreno, a las piscinas modulares enterradas, a las depuradoras y sistemas de limpieza, a los artículos inflables de playa y a los colchones de aire.

En 2003, las ventas totales del grupo Zodiac alcanzaron los 1 460 millones de euros, con un beneficio neto de 115 millones de euros. Zodiac era una empresa muy internacionalizada, con una fuerte presencia en Estados Unidos. Cotizaba en la Bolsa de París y eran frecuentes los rumores de una adquisición por parte de poderosos grupos estadounidenses. Sin embargo, la familia del fundador, los inversores institucionales, la dirección y los empleados tenían, en conjunto, el 55 por ciento de las acciones.

Más allá de los negocios de ocio y marinos, los productos para la aviación representaban casi el 75 por ciento de la facturación total del grupo. Zodiac tenía una cuota de mercado del 40 por ciento del mercado mundial de algunos equipos para la industria aérea: por ejemplo, los sistemas de energía eléctrica del nuevo Airbus A380 eran productos de Zodiac. En 2004, Zodiac llegó incluso a Marte: las sondas Spirit y Opportunity, enviadas por la NASA a Marte, estaban equipadas con equipos de Zodiac, desarrollados por su filial estadounidense Pioneer Aerospace.

Preparado por Frédéric Fréry, ESCP-EAP European School of Management.

## Preguntas

1. ¿Cuáles fueron las bases de las sinergias subyacentes en cada una de las diversificaciones de Zodiac?
2. ¿Cuáles son las ventajas y peligros potenciales de este tipo de diversificación?

LVMH creado por Bernard Arnault incluye una amplia variedad de negocios, desde el champán, los perfumes y la moda hasta los medios financieros, que comparten muy pocos recursos o capacidades operativas, pero que todos necesitan que se fomenten sus marcas individuales y las habilidades idiosincrásicas de su personal creativo. Arnault es capaz de crear valor para las empresas especializadas que ha adquirido al añadir sus habilidades de dirección empresarial a las unidades de negocio, fomentando así las ventajas operativas de las que ya disponen.

Por último, al disponer de una amplia gama de productos o servicios se puede aumentar el poder de mercado. Con una gama diversa de productos o servicios, una organización se puede permitir subsidiar un producto con los excedentes obtenidos en otro, de una forma que tal vez los competidores no puedan igualar. Esto puede ofrecer a una organización una ventaja competitiva en el producto subsidiado, y el efecto a largo plazo puede ser la salida de los demás competidores del mercado, dejando a la organización en una situación de monopolio de la que puede extraer unos buenos beneficios. Aunque puede ser beneficioso para las organizaciones, tal vez no sea tan bueno para los consumidores. Esta fue la razón por la que la Comisión Europea se negó a admitir la adquisición por 43.000 millones de dólares (37.000 millones de euros) de la empresa fabricante de controles electrónicos Honeywell por parte de General Electric en 2001. General Electric podría haber juntado sus motores jet con los sistemas electrónicos de aviación de Honeywell en un paquete más barato que el que podían ofrecer sus rivales fabricantes de motores jet United Technologies y Rolls-Royce. Puesto que los fabricantes de aviones y las compañías aéreas están eligiendo cada vez más el paquete más barato, la Comisión Europea temía que United Technologies y Rolls-Royce terminaran quedando fuera del negocio dejando a General Electric en una posición que le permitiera subir de nuevo sus precios sin temor a la competencia.

Hay otras razones que se suelen dar para la diversificación, pero que crean valor de forma menos obvia y, a veces, favorecen más los intereses de los directivos que los de los accionistas.

Las organizaciones se suelen *diversificar para responder a los cambios del entorno*. Algunas veces se puede justificar para, por lo menos, defender el valor existente, por ejemplo, cuando los mercados y las tecnologías están convergiendo. Así, Microsoft ha invertido enormemente para desarrollar su paquete de juegos electrónicos para la consola XBox (500 millones de dólares, 415 millones de euros, tan solo en marketing), porque considera que consolas de videojuegos cada vez más sofisticadas pueden terminar afectando a su dominio tradicional de los equipos informáticos[5]. Sin embargo, algunas veces la diversificación fuera de los mercados en declive hacia mercados en crecimiento está más motivada por el hecho de que los directivos de la empresa matriz quieren salvar su puesto de trabajo. Cuando, durante la década de los ochenta, las compañías petrolíferas estadounidenses respondieron al declive del crecimiento adquiriendo nuevos negocios en áreas de alta tecnología como la informática, estaban alejándose mucho de la lógica dominante y terminaron destruyendo mucho valor. En este caso, hubiera sido más rentable para los accionistas que los directivos hubieran dejado que el negocio petrolífero cayera siguiendo su curso, incluso si esto significaba que hubiese menos puestos de trabajo para ellos.

Las organizaciones pueden *diversificarse para repartir los riesgos* entre distintos tipos de negocios. La teoría financiera convencional es muy escéptica sobre el riesgo como determinante de la diversificación. Afirma que los inversores pueden diversificar más eficazmente invirtiendo en una cartera diversificada de empresas. Aunque los directivos pueden buscar la seguridad de una diversa gama de negocios, los inversores no necesitan que cada una de las empresas en las que invierten esté también diversificada; preferirían que los directivos se concentraran en dirigir sus actividades principales de la mejor forma posible. Sin embargo, cabe que esta lógica no sea aplicable a las empresas no cotizadas, donde los propietarios tienen una gran proporción de sus activos vinculados al negocio y no pueden diversificar su inversión con facilidad. Para estas empresas, puede tener sentido diversificar los riesgos entre una serie de actividades distintas, de forma que si una parte tiene problemas, no peligre toda la empresa.

A veces, las organizaciones diversifican debido a las *expectativas de las partes interesadas poderosas,* incluyendo a los altos directivos. Bajo la presión de los analistas de Wall Street para que se obtenga un continuo crecimiento de los ingresos, a finales de la década de los noventa la empresa energética estadounidense Enron se diversificó más allá de sus intereses iniciales en la energía para adentrarse en actividades en la comercialización de *commodities* como los productos petroquímicos, el aluminio e incluso el cable de banda ancha[6]. Aunque estaban satisfaciendo a los analistas a corto plazo, esta estrategia infló la cotización de las acciones y permitió a la alta dirección quedarse en su puesto, mientras que vendían a título privado sus acciones a unas cotizaciones supravaloradas. Sin embargo, enseguida se descubrió que muy poca de esta diversificación había sido rentable y, en 2001, Enron cayó en el mayor colapso de la historia.

Para poder decidir si estas razones tienen sentido y fomentan el rendimiento de la organización, es importante tener claro cuáles son las distintas formas de diversificación, sobre todo en cuanto al grado de relación (o falta de relación) de las unidades de negocio de una cartera. Las siguientes secciones analizan la diversificación relacionada y no relacionada.

## 6.2.1 Diversificación relacionada

La **diversificación relacionada** se puede definir como un desarrollo de la estrategia más allá de los productos y mercados actuales, pero dentro de las capacidades o red de valor de la organización (*véanse* Secciones 3.4 y 3.6.1). Por ejemplo, Procter & Gamble y Unilever son empresas diversificadas, pero casi todos sus intereses se encuentran en bienes de consumo de rápido movimiento distribuidos a minoristas y, cada vez más, en crear marcas globales en ese campo. Por tanto, se benefician de las capacidades de investigación y desarrollo, de la creación de relaciones con minoristas poderosos y del desarrollo de una marca global.

Partiendo del concepto de la red de valor, una forma de pensar en las distintas formas de diversificación relacionada es la que se muestra en el Cuadro 6.3:

- La **integración vertical** describe la integración, ya sea hacia atrás o hacia delante, en actividades adyacentes de la red de valor. La **integración hacia atrás** hace referencia al desarrollo de actividades relacionadas con los factores productivos necesarios para las actividades actuales de la empresa (es decir, están más atrás dentro del sistema de valor). Por ejemplo, las materias primas, la maquinaria y la mano de obra son factores productivos importantes para una empresa manufacturera, por lo que la adquisición de un fabricante de componentes por parte de un fabricante de automóviles se consideraría una diversificación relacionada mediante una integración hacia atrás. La **integración hacia delante** hace referencia al desarrollo de actividades relacionadas con los productos de una empresa (es decir, están delante en el sistema de valor), como el transporte, la distribución, las reparaciones y el mantenimiento.
- La **integración horizontal** es el desarrollo en actividades que son complementarias a las actuales. Por ejemplo, muchas organizaciones se han dado cuenta de que hay oportunidades en otros mercados para explotar las capacidades estratégicas de la organización, como las oportunidades de desplazar a los actuales proveedores como nuevo entrante. Así, la Automobile Association (AA) fue fundada en el Reino Unido por miembros de asociaciones de motoristas y se amplió para ofrecer servicios de asistencia en carretera en caso de avería. A medida que este mercado fue atacado por las empresas especializadas en estos servicios, la AA se extendió a nuevos mercados explotando su pericia en un servicio de respuesta rápida ante una crisis. Puso en marcha un servicio para el hogar para emergencias en electricidad y fontanería, un

La **diversificación relacionada** se puede definir como un desarrollo de la estrategia más allá de los productos y mercados actuales, pero dentro de las capacidades o red de valor de la organización.

La **integración vertical** describe la integración, ya sea hacia atrás o hacia adelante, en actividades adyacentes de la red de valor.

La **integración hacia atrás** hace referencia al desarrollo de actividades relacionadas con los factores productivos necesarios para las actividades actuales de la empresa.

La **integración hacia adelante** hace referencia al desarrollo de actividades relacionadas con los productos de una empresa.

La **integración horizontal** es el desarrollo en actividades que son complementarias a las actuales.

**Cuadro 6.3** Opciones de diversificación relacionada para un fabricante

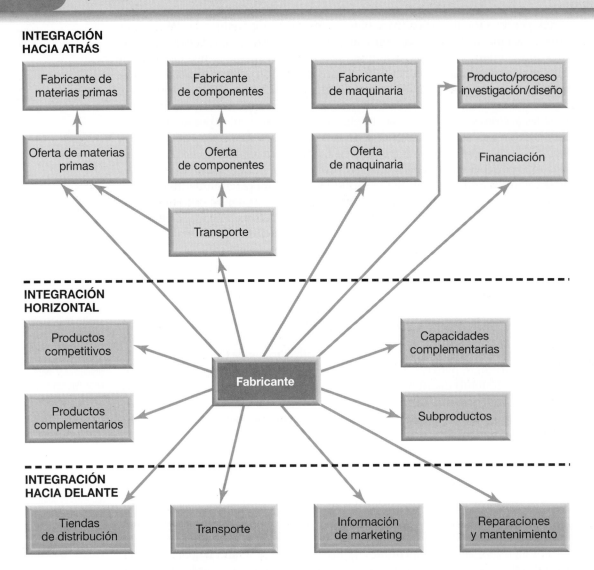

desarrollo en el que fueron pioneras las organizaciones de motoristas en Australia. Otras organizaciones han visto oportunidades de diversificarse en lo que consideran productos y servicios complementarios (de nuevo, revise la Ilustración 6.1 para ver un ejemplo).

Se está haciendo patente que la identificación de las fuentes de la relación, en cuanto a la red de valor y a las capacidades estratégicas, tiene una importancia estratégica. Para continuar con el ejemplo anterior: ¿qué resulta más útil, concebir la diversificación relacionada de Unilever en cuanto a movimientos en productos y mercados dentro de la red de valor de la industria de bienes de consumo de rápido movimiento, o hacerlo en cuanto a movimientos en empresas en los que las competencias como el marketing, el desarrollo de una marca global, y las actividades de I+D son cruciales? En el caso de Unilever, es posible que vayan de la mano, pero puede que no sea así para otras organizaciones. Por ejemplo, a finales de la década de los noventa algunos fabricantes de automóviles empezaron a integrarse hacia delante en las reparaciones y el mantenimiento siguiendo la lógica de la red de valor, pero rápidamente se dieron cuenta de que hacían falta unas capacidades bastante distintas y empezaron a retirarse de estos negocios. En efecto, puede haber muchos casos de grandes empresas que eligen desagregarse para crear empresas más enfocadas en torno a capacidades más relacionadas; una tendencia que parece haber mejorado los beneficios, el patrimonio neto, y haber reducido el riesgo de una OPA hostil[7]. Esto también ha planteado preguntas sobre qué es lo que se quiere decir por sinergias y ventajas de las sinergias. Los directivos suelen exagerarlas para intentar justificar su alcance o las nuevas adquisiciones. Las sinergias suelen ser más difíciles de identificar, y más caras de aprovechar en la práctica, de lo que los directivos suelen admitir[8].

La «propiedad» de más actividades de valor dentro del sistema de valor, mediante la integración vertical u horizontal no ofrece, por tanto, una garantía de mejorar el rendimiento de la organización, ni de ofrecer más valor por el dinero que pagan los consumidores o clientes. Sin embargo, se ha puesto un creciente énfasis en mejorar el rendimiento dentro del sistema de valor mediante relaciones externas, y la gestión de las relaciones con las diversas partes de las cadenas de provisión y distribución, en vez de diversificar en esas empresas. Se puede afirmar que la capacidad de gestionar estas relaciones correctamente puede considerarse, en sí, como una competencia nuclear en el ámbito del negocio o de la empresa matriz. Incluiría la necesidad de garantizar que se están produciendo innovaciones y mejoras del valor que se obtiene por el dinero dentro de las organizaciones en el sistema de valor del que depende la organización, como los proveedores y los distribuidores.

La diversificación relacionada se suele considerar mejor que la diversificación no relacionada, sobre todo porque es probable que permita llegar a economías de alcance. Sin embargo, merece la pena analizar las razones por las que pueden surgir problemas en la diversificación relacionada. Algunas ya se han planteado. Otras incluyen:

- El tiempo y el coste de la alta dirección a nivel corporativo para intentar garantizar que los beneficios de la relación se materializan, compartiéndose o transfiriéndose entre las unidades de negocio;
- la dificultad de los directivos de las unidades de negocio para compartir los recursos con otras unidades o para adaptarse a las políticas de la empresa, especialmente cuando los incentivos y recompensas dependen, fundamentalmente, del rendimiento de su unidad.

En resumen, una afirmación tan sencilla como que la «diversidad es importante» debe ser puesta en duda[9]. Aunque se ha demostrado que puede tener efectos positivos sobre el rendimiento (*véase* Sección 6.3.3) hay que reflexionar con más detenimiento sobre qué se quiere decir exactamente al hablar de diversificación relacionada, y qué es lo que da lugar a las ventajas en cuanto a rendimiento. La conclusión final es que lo que realmente importa es la relación con la capacidad estratégica.

## 6.2.2 Diversificación no relacionada

Si la diversificación relacionada implica el desarrollo dentro de las capacidades actuales o del actual sistema de valor, la **diversificación no relacionada** es el desarrollo de productos o servicios más allá de las capacidades actuales o de la red de valor. La diversificación no relacionada se suele describir como una «estrategia de conglomerado». Puesto que no existen economías de alcance evidentes entre los distintos negocios, pero sí que existe el coste evidente de la sede, la cotización de las acciones de las empresas con diversificación no relacionada suele sufrir lo que se conoce como el «descuento del conglomerado»; en otras palabras, una menor cotización que la que hubiera tenido el conjunto de los negocios individuales por su cuenta. En 2003, el conglomerado francés Vivendi-Universal,

La **diversificación no relacionada** es el desarrollo de productos o servicios más allá de las capacidades actuales o de la red de valor.

con intereses que iban desde los servicios de agua, electricidad y gas (*utilities*) hasta la telefonía móvil y los medios de comunicación, cotizaba con un descuento estimado de entre el 15 y el 20 por ciento. Naturalmente, los accionistas presionaban a la dirección para que dividiera el conglomerado en partes independientes con una mayor valoración.

Sin embargo, se pueden exagerar los argumentos en contra de los conglomerados y, sin duda, existen situaciones en las que puede merecer la pena disfrutar de una diversificación no relacionada:

- Los conglomerados pueden tener éxito *explotando la lógica dominante*. Como en el caso de Berkshire Hathaway, un inversor habilidoso como Warren Buffet, el denominado Oráculo de Omaha, y uno de los hombres más ricos del mundo, puede ser capaz de añadir valor a negocios independientes dentro de esta lógica dominante[10]. Berkshire Hathaway incluye negocios en distintas áreas de las manufacturas, los seguros, la distribución y el comercio minorista, pero Buffet se centra en negocios maduros que puede comprender y en cuyos directivos puede confiar. Durante la expansión de los negocios electrónicos a finales de la década de los noventa, Buffet evitó deliberadamente los negocios de alta tecnología porque sabía que estaban fuera de su lógica dominante (*véase* Ilustración 6.2).

- Los conglomerados pueden ser *eficaces en países con mercados subdesarrollados*. Pueden funcionar eficazmente como mercados internos de capitales y talentos directivos cuando los mercados externos de capitales y trabajo aún no funcionan bien. Por ejemplo, los conglomerados coreanos (los *chaebols*) han tenido éxito, en parte, porque son capaces de obtener fuentes de inversión y de desarrollar a los directivos de una forma que las empresas independientes de Corea del Sur no pueden conseguir. Además, la fuerte cohesión cultural de los directivos en estos *chaebols* reduce los costes de coordinación y supervisión que serían necesarios en un conglomerado occidental, donde se confiará menos en los directivos[11].

Es importante reconocer también que la diferencia entre diversificación relacionada y no relacionada suele ser cuestión de grados. Como en el caso de Berkshire Hathaway, aunque hay muy pocas relaciones operativas entre los negocios que componen el conglomerado, existe una relación en cuanto a la similitud de las necesidades de la matriz (*véase* Sección 6.4.4). Como en el caso de los fabricantes de automóviles que se diversificaron hacia delante a los negocios, aparentemente relacionados, de las reparaciones y el mantenimiento, las relaciones pueden resultar mucho menos sustanciales de lo que parecían a primera vista. La borrosa delimitación entre la diversificación relacionada y la no relacionada será importante cuando se analicen las consecuencias de la diversificación sobre el rendimiento, como se plantea en el debate clave de la Ilustración 6.8 al final del capítulo.

### 6.2.3 Diversificación y rendimiento

Puesto que la mayoría de las grandes empresas está diversificada en la actualidad, y también porque la diversificación puede redundar en el propio interés de los directivos, muchos académicos y responsables políticos han intentado determinar si las empresas diversificadas tienen realmente un rendimiento mejor que el de las empresas no diversificadas. Al fin y al cabo, resultaría muy preocupante descubrir que las grandes empresas solo se diversifican para repartir los riesgos que asumen los directivos, para salvaguardar sus puestos de trabajo en empresas en declive, o para mantener una imagen de crecimiento, como en el caso de Enron.

Las primeras investigaciones[12] sugerían que las empresas que se desarrollaban mediante una *diversificación relacionada* tenían un mejor rendimiento que las que seguían especializadas, y también que aquellas que se habían desarrollado mediante una *diversificación*

# Berkshire Hathaway Inc.

*Un gestor de carteras puede intentar gestionar un conjunto muy diverso de unidades de negocio en nombre de sus accionistas.*

El presidente de Berkshire Hathaway, Warren Buffett, es uno de los hombres más ricos del mundo, y Charles Munger es el vicepresidente. Los negocios en la cartera son muy diversos. Hay compañías de seguros, incluyendo a GEICO, la sexta mayor compañía de seguros de automóviles de Estados Unidos, fabricantes de alfombras, de productos de construcción, de ropa y de calzado. Hay empresas de servicios (formación de personal para buques y aviones), minoristas de mobiliario para el hogar y joyería, un periódico diario y un dominical, y el mayor vendedor directo de productos para el hogar de Estados Unidos.

El informe anual de Berkshire Hathaway (2002) ofrece una idea de la razón de ser de la empresa y de su dirección. Warren Buffett explica cómo dirige la empresa con su vicepresidente.

Charlie Munger y yo pensamos que nuestros accionistas son nuestros socios propietarios y, nosotros, somos socios directivos (dada la magnitud de nuestra participación también somos, para bien o para mal, los socios con el control). No consideramos que la empresa sea la propietaria última de los activos de los negocios sino que, por el contrario, consideramos que la empresa es un mero medio por el que nuestros accionistas poseen los activos [...] Nuestra meta económica a largo plazo [...] consiste en maximizar la tasa anual media de plusvalía de Berkshire en el valor intrínseco de sus negocios, medido por acción. No medimos la significatividad económica o el rendimiento de Berkshire por su tamaño; lo medimos por la evolución de sus acciones.

Nuestra preferencia sería alcanzar nuestra meta poseyendo directamente un grupo diversificado de negocios que generan liquidez y que obtienen de forma consistente rendimientos del capital superiores a la media. Nuestra segunda elección consiste en poseer partes de negocios parecidos mediante, fundamentalmente, la adquisición de acciones ordinarias a través de nuestras filiales de seguros [...] Charlie y yo estamos interesados únicamente en adquisiciones que creemos que elevarán el valor intrínseco, por acción, de las acciones de Berkshire.

Independientemente del precio, no tenemos ningún interés en vender ninguno de los buenos negocios que posee Berkshire».

«También somos muy reacios a vender negocios bajo par, siempre que esperemos que generen, al menos, cierta liquidez y siempre que estemos satisfechos con sus directivos y con las relaciones laborales [...] El comportamiento directivo consistente en deshacerse de los negocios menos prometedores continuamente no es nuestro estilo. Preferiríamos que nuestros resultados generales padezcan un poco antes que tener este tipo de comportamiento».

Buffett explica a continuación cómo dirigen los negocios subsidiarios:

«[...] delegamos casi hasta el punto de abdicación: aunque Berkshire tiene aproximadametne 45 000 empleados, tan solo 12 están en la sede [...] Charlie y yo casi solo nos ocupamos de la asignación de capitales y de cuidar y animar a nuestros directivos clave. La mayoría prefiere que les dejemos dirigir solos sus negocios y eso es, precisamente, lo que solemos hacer. Así, están a cargo de todas las direcciones operativas y de remitir el exceso de liquidez a la sede. Al remitírnoslo, no tienen la distracción de las diversas tentaciones que tendrían que superar si fueran responsables de emplear el efectivo excedentario generado en sus negocios. Además, Charlie y yo disponemos de una gama de oportunidades mucho mayor para invertir estos fondos de las que dispone cualquiera de nuestros directivos en su propia industria».

## Preguntas

1. ¿En qué sentido se ajusta Berkshire Hathaway (y no se ajusta) al arquetipo del gestor de carteras que se describe en la Sección 6.4.2?
2. Partiendo de la lista de comprobación que se explica en la Sección 6.4, sugiera cómo y de qué manera podría añadir más valor, o no, Berkshire Hathaway para sus accionistas.

*no relacionada*. Estas conclusiones fueron puestas en duda posteriormente[13]. En los trabajos de investigación sobre la diversificación y el rendimiento desde entonces, la conclusión más general es que la relación entre diversificación y rendimiento tiene una forma de U invertida[14], como en el Cuadro 6.4. En otras palabras, las empresas con una diversificación relacionada y limitada tienen, de media, un mejor rendimiento que las empresas no diversificadas y que las empresas muy diversificadas, o conglomerados. Es buena cierta diversificación, pero no demasiada.

Sin embargo se trata de medias, y algunos académicos han encontrado excepciones:

● Los conglomerados en las economías en desarrollo suelen tener un buen rendimiento, lo que indica una capacidad de los mercados internos de capitales y trabajo para funcionar mejor que los externos[15].

● Los conglomerados han tendido a mejorar su rendimiento desde principios de la década de los setenta, lo que indica un potencial de mejora de las habilidades directivas para gestionar una diversificación no relacionada[16].

● Los conglomerados pueden tener un buen rendimiento durante breves periodos de tiempo, pero tienden después a decaer y a desmoronarse, sobre todo cuando se jubila la generación de altos directivos que los creó[17].

En general, pues, parece que la diversificación relacionada y limitada es buena para el rendimiento. Sin embargo, la defensa de la diversificación no relacionada es mucho más ambigua y es necesario plantear con rigor esas estrategias.

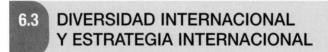

## 6.3 DIVERSIDAD INTERNACIONAL Y ESTRATEGIA INTERNACIONAL

La Sección 6.2 ha analizado la diversidad de una organización en cuanto a sus productos o servicios. Esta sección se ocupa de la diversidad internacional de una organización. Las razones por las que las organizaciones pueden intentar una estrategia de diversificación internacional se revisarán en esta sección. Después se analizarán las dos dimensiones de

**Cuadro 6.4** Diversidad y rendimiento

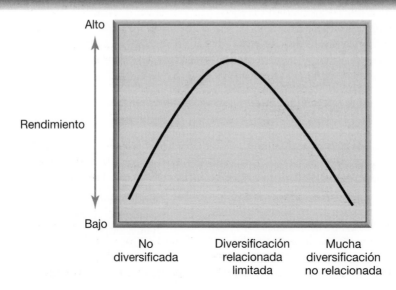

la diversidad internacional. La primera hace referencia a los mercados en los que una organización ofrece sus productos y/o servicios. La segunda tiene que ver con la localización de las actividades que añaden valor a una organización, lo que se produce, por ejemplo, cuando una organización crea instalaciones productivas en un país extranjero. A continuación se analizan las consecuencias en cuanto a los distintos tipos generales de estrategia internacional, y en cuanto a las implicaciones sobre el rendimiento.

## 6.3.1  Razones para la diversidad internacional

Hay muchas razones por las que las organizaciones aplican una estrategia de internacionalización. Primera, pueden existir razones relacionadas con los mercados:

- La *globalización de los mercados y de la competencia* puede considerarse tanto una causa como una consecuencia de la internacionalización de las organizaciones individuales. Existen pruebas de que se produce una homogenización en algunos mercados; por ejemplo, el éxito internacional de productos de consumo como la Sony PlayStation y el alcance mundial de fabricantes de ropa deportiva como Nike y Adidas-Solomon. La globalización, por tanto, no solo tiene que ver con factores contextuales como la homogenización mundial de la demanda, sino también con la *adopción de estrategias globales* por las que se integran y coordinan estrechamente las actividades en distintos países, y se considera que todo el mundo es una posible zona de operaciones (*véase* Sección 6.5.6 para un análisis más detallado). Las empresas como Boeing no solo ofrecen sus productos a escala global, sino que están preparadas y dispuestas a explotar las ventajas únicas relacionadas con determinados países y localizaciones de cualquier parte del mundo.

- Las empresas que actúan como proveedoras de empresas industriales pueden seguir a sus clientes cuando estos internacionalizan sus operaciones. Cuando BMW creó unas instalaciones productivas en Spartanburg, Carolina del Sur (EE UU) por ejemplo, siguió adquiriendo los sistemas de transmisión a sus proveedores instalados en Alemania. Igualmente, es posible que sea necesario que las organizaciones tengan presencia en el mercado original de clientes globales (es decir, organizaciones con un alcance global como Boeing) para poder tener acceso o credibilidad, en las divisiones o filiales globales.

- Al ampliar su mercado a escala internacional, una empresa puede *superar las limitaciones de su mercado original*. Un ejemplo de esta búsqueda de la expansión internacional es el del banco francés BNP Paribas, que aceleró su búsqueda de posibles adquisiciones en Estados Unidos cuando llegó a la conclusión de que el sector bancario francés estaba a punto de alcanzar la madurez. A menudo, son estas organizaciones con unos mercados originales reducidos los que lideran la internacionalización (como se puede ver en el caso de ejemplo al final del Capítulo 3 sobre la industria cervecera europea donde Heineken (Holanda), Carlsberg (Dinamarca) y Guinness (Irlanda) son las empresas más internacionalizadas).

- También pueden existir oportunidades para *explotar las diferencias entre países y regiones geográficas*. Por ejemplo[18]:

  — La explotación de las *diferencias culturales*. El éxito de las cadenas de restaurantes de comida rápida de origen estadounidense en la década de los noventa explotaba, en concreto, la popularidad general de la cultura estadounidense en aquel momento, al igual que las empresas francesas que han aprovechado la cultura nacional relacionada con la cocina francesa, los vinos y los perfumes.

  — Las *diferencias administrativas* permiten que las empresas aprovechen, por ejemplo, los diferenciales en los tipos impositivos. La News Corporation ha ubicado muchas de sus adquisiciones estadounidenses en empresas *holding* en las Islas Caimán, recogiendo los beneficios fiscales de su expansión en Estados Unidos.

— No siempre tiene sentido disfrutar de un alcance global. La explotación de las *diferencias geográficas específicas* puede resultar útil en ocasiones. La empresa de telefonía Cable & Wireless se ha centrado en explotar las diferencias regionales y las especificidades regionales en pequeños países de todo el mundo.

— La *explotación de factores económicos específicos*. Estos podrían incluir, por ejemplo, el trabajo o los costes de capital. Una parte significativa del éxito de Embraer, el fabricante brasileño de jets regionales, han sido los costes laborales, que en 2002 eran la mitad de los de su principal rival, la empresa canadiense Bombardier.

El mensaje implícito es que las organizaciones pueden buscar y explotar las diferencias de la misma manera que pueden buscar y explotar el alcance global.

Las estrategias de internacionalización también se pueden aplicar para construir y *aprovechar las capacidades estratégicas*:

● Al internacionalizarse, las empresas son capaces de *aumentar el tamaño de su mercado* de forma que pueden *explotar sus capacidades estratégicas*. Por ejemplo, el minorista *on line* estadounidense Amazon.com y el vendedor de café Starbucks fueron capaces de lograr rápidamente una fuerte posición competitiva en países como el Reino Unido aprovechando sus actuales capacidades estratégicas en este nuevo mercado.

● La *internacionalización de las actividades que añaden valor* permite a una organización acceder y desarrollar los recursos y capacidades de forma que no son posibles en su país «de origen», mejorando así su ventaja competitiva y su posición competitiva. Para poder mejorar la eficiencia en costes, General Electric, por ejemplo, emplea a una mano de obra de más de 11 000 personas en la India que realizan actividades administrativas como el análisis de los riesgos de crédito y de las reclamaciones a las compañías de seguro para servicios que se ofrecen en otros países de todo el mundo.

● Las empresas también pueden intentar *mejorar su base de conocimientos* entrando en mercados que tienen una importancia estratégica como fuente de innovaciones industriales; por ejemplo, en EE UU para el software, en Alemania para los equipos de control industrial, y en el Reino Unido para la música.

También pueden existir ventajas económicas en las estrategias de internacionalización:

● La diversificación internacional permite a las empresas aprovechar las *economías de escala* ampliando el tamaño de los mercados a los que atienden. La oportunidad para explotar las economías de escala será probablemente mayor en los mercados caracterizados por necesidades y *gustos de los consumidores homogéneos* en diversos países. En estos mercados, se pueden desarrollar y producir productos en instalaciones manufactureras centralizadas sin necesidad de una adaptación sustancial a la demanda local.

● *La estabilización de los beneficios en los distintos mercados*. Por ejemplo, en la industria del automóvil, la presencia de Toyota en los tres grandes «mercados» (Norteamérica, Europa y Asia/Pacífico) permite a la empresa equilibrar las ventas reducidas en un mercado debido a condiciones económicas estancadas con las ventas en otro mercado en el que hay tasas de crecimiento económico más positivas. Y la recuperación en los mercados asiáticos en los primeros años de este siglo permitió a empresas como Canon, Sony y Matsushita Electric ampliar la producción de teléfonos móviles, cámaras digitales y televisores de pantalla plana a pesar del continuo estancamiento en Europa.

La Ilustración 6.3 explica alguna de las razones por las que Deutsche Post aumentó su diversidad internacional tras 1997.

# La creciente diversidad internacional de Deutsche Post

*La globalización de los mercados y los cambios normativos y políticos se encuentran entre las razones de la diversificación internacional de una organización.*

La internacionalización de Deutsche Post está estrechamente relacionada con las oportunidades y presiones derivadas de la desregulación de los mercados nacionales e internacionales y la correspondiente globalización del transporte y la logística. El punto de partida fue la reforma «revolucionaria» del sistema postal alemán en 1990. La «Ley sobre la Estructura de Correos y Telecomunicaciones» mantenía el *status* de Deutsche Post como una empresa pública, pero pretendía preparar a la empresa para una privatización paulatina (la empresa salió a Bolsa en 2000 con una venta inicial del 29 por ciento del capital). En los siguientes años, la empresa atravesó un periodo de consolidación y reestructuración que vio la integración del anterior servicio de Correos de la Alemania del Este. En 1997, el año en que se produjo la liberalización del mercado postal alemán, la empresa había puesto en marcha los cimientos para un periodo de rápida expansión internacional.

La posterior globalización de las actividades de Deutsche Post se debió, en gran parte, a las exigencias de un creciente número de empresas clientes que requerían un único proveedor de servicios integrados de logística y de envíos nacionales e internacionales. Durante los siguientes cinco años, Deutsche Post respondió adquiriendo empresas clave en el mercado del transporte y de la logística internacional, destacando Danzas y DHL, con el objetivo de «convertirse en el proveedor global líder de los servicios de logística y servicios Express». Esta expansión internacional permitió a Deutsche Post (rebautizada como Deutsche Post World Net (DPWN) para destacar sus ambiciones globales) lograr, por ejemplo, un importante contrato con la empresa alemana BMW para el transporte, almacenaje y entrega de vehículos a sus concesionarios asiáticos. Como parte de su denominado programa «START», DPWN puso en marcha, en 2003, un programa diseñado para armonizar sus estructuras de productos y ventas, creando redes integradas y poniendo en marcha una gestión de procesos en todo el grupo para poder materializar las ventajas de las economías de escala derivadas de sus operaciones globales. Al mismo tiempo, DPWN empezó a aplicar su eslogan «una marca: una cara

para nuestros clientes» haciendo que su marca DHL se convirtiera en la «cara pública» global con la expectativa de que este «nombre familiar y de gran reputación nos ayude a seguir desarrollando nuestros servicios globalizados».

La desregulación y los mayores cambios políticos, reflejados en la supresión de las restricciones al comercio, siguieron liderando la expansión internacional. La incorporación de China a la Organización Mundial del Comercio aumentó el potencial de crecimiento de su mercado postal internacional. Por ello, DPWN reforzó su compromiso con este mercado de creciente importancia y se vio recompensada con una tasa de crecimiento del 35 por ciento en el periodo comprendido entre 2002 y 2004 y, mediante una *joint venture* con Sinotrans, obtuvo una cuota de mercado del 40 por ciento en los servicios Express interfronterizos chinos. DPWN también quería aprovechar los cambios normativos más cerca de su mercado originario. Con su filial Deutsche Post Global Mail (Reino Unido) obtuvo una licencia a largo plazo para la entrega de correo sin límites de la agencia reguladora británica «Postcomm», con la que DPWN vio oportunidades de crecimiento en el Reino Unido y con la que siguió aumentando su presencia en el mercado postal británico mediante la adquisición del operador postal Speedmail.

*Fuentes*: www.dpwn.de/en_de/press/news; DPWN Informe Anual 2002.

Preparado por Michael Mayer, Universidad de Edimburgo.

## Preguntas

1. Evalúe los riesgos políticos relacionados con la estrategia de DPWN.
2. ¿Hasta qué punto pueden ser un factor relevante las cuestiones culturales en el posterior intento de DPWN de convertirse en una empresa global integrada?

### 6.3.2 Selección y entrada en un mercado

El proceso de entrar en un mercado exige que una organización elija mercados nacionales rentables y atractivos e identifique el método de entrada más adecuado. La selección de los mercados nacionales requiere tener en cuenta los aspectos macroeconómicos, las cuestiones competitivas y las condiciones de los mercados que ya se han analizado en el Capítulo 2. Por ello, los países se pueden comparar inicialmente en función de las dimensiones identificadas en el marco PESTEL (*véase* Sección 2.2.1 en el Capítulo 2) antes de analizar las condiciones específicas al mercado y a la industria (Secciones 2.3 y 2.4 en el Capítulo 2).

Algunos factores que requieren una atención particular para comparar el atractivo de los mercados nacionales son las siguientes:

- Las *condiciones macroeconómicas,* reflejadas por indicadores como el PIB en los niveles de renta disponible, que ayudan a estimar el tamaño potencial del mercado. Las empresas también tienen que ser conscientes de la estabilidad de la divisa del país, que puede afectar a su flujo de ingresos.
- El *entorno político* puede crear oportunidades significativas para las organizaciones. Es frecuente que las agencias de desarrollo regional del Reino Unido ofrezcan incentivos a la inversión de los inversores extranjeros. Por ejemplo, Scottish Enterprise ofreció un subsidio para atraer en 2003 la ceremonia de entrega de premios de la cadena MTV a la capital escocesa Edimburgo. Del mismo modo los cambios políticos y normativos pueden crear oportunidades para la expansión internacional, como en el caso de Deutsche Post (*véase* la Ilustración 6.3).
- La *infraestructura* de los mercados nacionales también será un factor importante para evaluar el atractivo de los mercados nacionales, sobre todo respecto a:
  - *la infraestructura actual de transportes y comunicaciones;*
  - la disponibilidad de los recursos locales necesarios, como el que se disponga de una mano de obra con una cualificación adecuada;
  - *las barreras arancelarias y no arancelarias al comercio:* un factor clave para decidir si se va a exportar o si se va a producir en el mercado local. Cuanto mayores sean estas barreras, más atractiva será la producción local.

- La similitud de las *normas culturales y de las estructuras sociales* con las del país de origen de la organización pueden ofrecer un indicador del tipo de cambios necesarios para los productos, procesos y procedimientos.
- La magnitud de *los riesgos legales y políticos* que puede tener que afrontar una organización cuando tiene actividades en un país. En términos generales, los riesgos políticos hacen referencia al efecto que pueden tener los acontecimientos sociales y políticos sobre la rentabilidad de las actividades de la empresa y sobre la seguridad de sus inversiones. Los principales tipos de riesgos políticos incluyen[19]:
  - El *riesgo país* se deriva de las políticas y decisiones de los gobiernos de acogida, incluyendo cambios en las leyes fiscales y en las restricciones para emplear a expatriados y, en ocasiones cada vez menos frecuentes, la expropiación de las inversiones de una organización.
  - Notablemente, los riesgos pueden surgir, no solo de la intervención gubernamental, sino también de la ausencia de controles y normativas eficaces[20]. Por ejemplo, Microsoft ha tenido que invertir en continuados esfuerzos para garantizar la *protección de su propiedad intelectual* a raíz de la piratería de productos en China, mientras que la falta de una legislación coherente y de una aplicación eficaz de la ley ha provocado graves problemas financieros y contractuales para las empresas canadienses de prospección petrolífera en Rusia. Análogamente, la *corrupción* sigue siendo un grave problema en diversos países, con frecuentes efectos negativos sobre la inversión extranjera directa.

— Los *riesgos internacionales* están relacionados con los acontecimientos en la economía política internacional e incluyen los efectos de las sanciones económicas. Por ejemplo, los intereses estratégicos estadounidenses han tenido un efecto importante sobre la construcción y ubicación de oleoductos en la región del Caspio[21].

— Los *riesgos sobre la seguridad* de los empleados, debidos a disturbios civiles, crímenes violentos y la amenaza de secuestros son una preocupación para las organizaciones con actividades en países tan diversos como Sudáfrica, Rusia y Yemen.

Una vez elegido determinado mercado nacional para entrar, la organización tiene que elegir qué actividades de las que añaden valor, si es que hay alguna, se van a ubicar en ese mercado. Los métodos de entrada difieren en cuanto al volumen de recursos comprometidos en un determinado mercado y al grado de actividades operativas de una organización en determinada localización. Los principales métodos de entrada son: la exportación, acuerdos contractuales mediante licencias y franquicias, *joint ventures* y alianzas, y la inversión extranjera directa que puede implicar la adquisición de empresas ya establecidas (el camino elegido por BNP Paribas) así como nuevas inversiones, y el desarrollo de instalaciones «desde la nada». Estos métodos alternativos se explican con más detalle en la Sección 7.3 del Capítulo 7, pero las ventajas e inconvenientes específicos de las entradas internacionales se resumen en el Cuadro 6.5.

La internacionalización lleva a las organizaciones a nuevos territorios a menudo desconocidos, lo que exige que los directivos aprendan nuevas formas de hacer negocios: las prácticas directivas adecuadas en el país de origen pueden requerir una adaptación y una modificación en otras partes[22]. La internacionalización se considera, por tanto, como un proceso secuencial por el que las empresas aumentan paulatinamente su compromiso con los mercados en los que acaban de entrar, acumulando conocimientos y aumentando sus capacidades a medida que avanzan. Por consiguiente, la **expansión internacional en etapas** sugiere que las empresas utilizan inicialmente métodos de entrada que las permiten maximizar la adquisición de conocimientos al tiempo que se minimiza la exposición de sus activos. Una vez tomada la decisión inicial de entrar en un mercado, pueden aumentar secuencialmente su exposición y, por tanto, su compromiso con determinado mercado a lo largo del tiempo. Un ejemplo es la entrada del fabricante de automóviles BMW en el mercado estadounidense. Tras un largo periodo exportando de Alemania a Estados Unidos, BMW creó una fábrica en Spartanburg, Carolina del Sur, para fortalecer su posición competitiva en el mercado estadounidense de importancia estratégica. Esta entrada secuencial en el mercado permite a las empresas aumentar paulatinamente su comprensión del mercado local al tiempo que limita su exposición económica[23].

Frente a esta internacionalización paulatina utilizada por muchas grandes empresas ya establecidas, existe evidencia empírica de que algunas pequeñas empresas se están internacionalizando rápidamente en las primeras etapas de su desarrollo utilizando múltiples métodos de entrada en diversos países. Para las empresas como la fabricante de sistemas médicos Heartware International[24], con sede en Estados Unidos pero con desarrollo de productos en Holanda y ventas en Estados Unidos, el Reino Unido, Italia, España y Brasil, el énfasis no se ha puesto tanto en la acumulación paulatina de competencia internacional sino más bien en su capacidad de entrar en los mercados extranjeros en una etapa en que todavía son empresas novatas. Así pues, tienen que resolver simultáneamente el proceso de internacionalización y de desarrollar sus infraestructuras y estrategias cuando suelen carecer de los conocimientos y experiencias que normalmente se espera que posean[25].

La **expansión internacional en etapas** sugiere que las empresas utilizan inicialmente métodos de entrada que les permiten maximizar la adquisición de conocimientos al tiempo que se minimiza la exposición de sus activos.

### 6.3.3   La red de valor internacional

Como resulta evidente del análisis anterior, la internacionalización hace referencia a mucho más que el mero desarrollo de nuevos mercados. También incluye decisiones sobre la *localización de elementos de la cadena de valor de una organización* (*véase* Sección 3.6.1 del

## Cuadro 6.5   Métodos de entrada en los mercados: ventajas e inconvenientes

### Exportaciones

**Ventajas**

- No se requieren instalaciones productivas en el país de acogida.
- Se pueden explotar las economías de escala.
- El uso de Internet permite que pequeñas empresas sin experiencia logren acceder a los mercados internacionales.

**Inconvenientes**

- No permite a la empresa aprovechar las ventajas de la localización en el país de acogida.
- Limita las oportunidades de obtener conocimientos sobre los mercados y competidores locales.
- Puede crear dependencia de los intermediarios para la exportación.
- Exposición a las barreras comerciales como los aranceles y cuotas de importación.
- Se incurre en costes de transporte.
- Puede limitar la capacidad de responder rápidamente a las demandas de los clientes.

### Joint ventures y alianzas

**Ventajas**

- El riesgo de la inversión se comparte con el socio.
- Combinación de recursos y know-how complementarios.
- Puede ser una condición gubernamental para entrar en el mercado.

**Inconvenientes**

- Dificultad para identificar al socio adecuado y para alcanzar un acuerdo sobre las condiciones contractuales.
- Gestionar las relaciones con el socio extranjero.
- Pérdida de ventaja competitiva mediante la imitación.
- Limita la capacidad de integrar y coordinar las actividades entre las fronteras nacionales.

### Licencias

**Ventajas**

- Ingresos acordados por contrato mediante la venta de los derechos de producción y marketing.
- Limita la exposición económica y financiera.

**Inconvenientes**

- Dificultad para identificar al socio adecuado y para alcanzar un acuerdo sobre las condiciones contractuales.
- Pérdida de ventaja competitiva mediante la imitación.
- Limita el aprovechamiento de las ventajas de la localización en el país de acogida.

### Inversión directa en el extranjero

**Ventajas**

- Pleno control de los recursos y de las capacidades.
- Facilita la integración y la coordinación de las actividades entre las fronteras nacionales.
- Las adquisiciones permiten una rápida entrada en el mercado.
- Las nuevas inversiones permiten el desarrollo de instalaciones con tecnologías punteras y pueden atraer el respaldo financiero del gobierno de acogida.

**Inconvenientes**

- Inversión sustancial y compromiso con el país de acogida lo que provoca una exposición económica y financiera.
- La adquisición puede generar problemas de integración y coordinación.
- Las nuevas inversiones pueden requerir tiempo y son menos predecibles en cuanto a costes.

Capítulo 3). Como ha explicado Bruce Kogut, una organización puede mejorar la configuración de su cadena y red de valor[26] mediante esta internacionalización. Puede hacerlo explotando selectivamente las diferencias entre países y localizando cada elemento de la cadena de valor en aquel país o región donde se pueda realizar con más eficacia y eficiencia. Esto se puede lograr tanto mediante la inversión directa en el extranjero y las *joint ventures* como mediante un **abastecimiento global** comprando servicios y componentes de los proveedores más adecuados de todo el mundo, independientemente de su localización. Por ejemplo, en el Reino Unido, el Servicio Nacional de Salud ha estado contratando personal médico en el extranjero para compensar la falta de capacidades y habilidades nacionales.

> Un **abastecimiento global** consiste en la compra de servicios y componentes de los proveedores más adecuados de todo el mundo, independientemente de su localización.

Se pueden identificar distintas ventajas de las localizaciones:

- Aunque las *ventajas en costes* parten de una combinación de factores, desde los costes de transportes y comunicaciones hasta los impuestos y los incentivos a la inversión, los costes laborales suelen ser un elemento crucial en la decisión de la localización. Las empresas estadounidenses y europeas, por ejemplo, están trasladando cada vez más las operaciones de programación informática a la India, donde el coste de los programadores para una empresa estadounidense es aproximadamente la cuarta parte de lo que tendría que pagar a un trabajador con habilidades análogas en Estados Unidos. Sin embargo, estas ventajas en costes no son estáticas. Las estimaciones sugieren que en aproximadamente quince años el coste de emplear a los altos ingenieros de software será el mismo en la India que en Estados Unidos. Las empresas indias del sector de la tecnología de la información ya han empezado a trasladar trabajo a localizaciones con costes todavía más reducidos, como China, y algunos predicen que las filiales de las empresas indias terminarán controlando hasta el 40 por ciento de las exportaciones de los servicios informáticos chinos.

- La existencia de *capacidades exclusivas* puede permitir a una organización mejorar su ventaja competitiva. Una razón por la que Accenture localizó una oficina de desarrollo de software que se estaba expandiendo rápidamente en la ciudad china de Dalian era que la comunicación con potenciales empresas multinacionales japonesas y coreanas, que operaban en la región, era relativamente más fácil que si se hubiera elegido una localización equivalente en la India o en las Filipinas. Las organizaciones también pueden intentar explotar las ventajas relacionadas con las capacidades científicas y tecnológicas específicas. Por ejemplo, Boeing localizó su mayor centro de ingeniería fuera de Estados Unidos en Moscú para poder acceder a los conocimientos rusos en áreas como la aerodinámica. Las organizaciones como Boeing están, por tanto, aumentando cada vez más su capacidad de forma selectiva para explotar las ventajas de la localización con vistas a construir y mejorar sus actuales capacidades estratégicas. Dicho de otra manera, la internacionalización trata cada vez más, no de explotar las capacidades existentes en nuevos mercados nacionales, sino de desarrollar capacidades estratégicas aprovechando las capacidades que existen en otras partes del mundo.

- Las *características de las localizaciones nacionales* pueden permitir a las organizaciones desarrollar ofertas de productos diferenciadas dirigidas a los distintos segmentos del mercado. El fabricante estadounidense de guitarras Gibson, por ejemplo, complementa sus productos fabricados en Estados Unidos con alternativas similares pero de menor coste fabricadas en Corea del Sur con la marca Epiphone. El competidor de Gibson, Fender, ofrece análogamente alternativas más baratas a sus productos estadounidenses, fabricadas en México.

Por supuesto, una de las consecuencias de que las organizaciones intenten explotar las ventajas de la localización disponibles en distintos países es que pueden terminar creando complejas redes de relaciones intra e inter organizativas. Por ejemplo, Boeing ha desarrollado una red global de actividades de I+D mediante sus filiales y asociaciones con otras organizaciones (*véase* Ilustración 6.4). También es útil el ejemplo del modelo

e s t r a t e g i a   e n   a c c i ó n

# La red global de I+D de Boeing

*Las organizaciones pueden intentar explotar las ventajas de las distintas localizaciones en todo el mundo.*

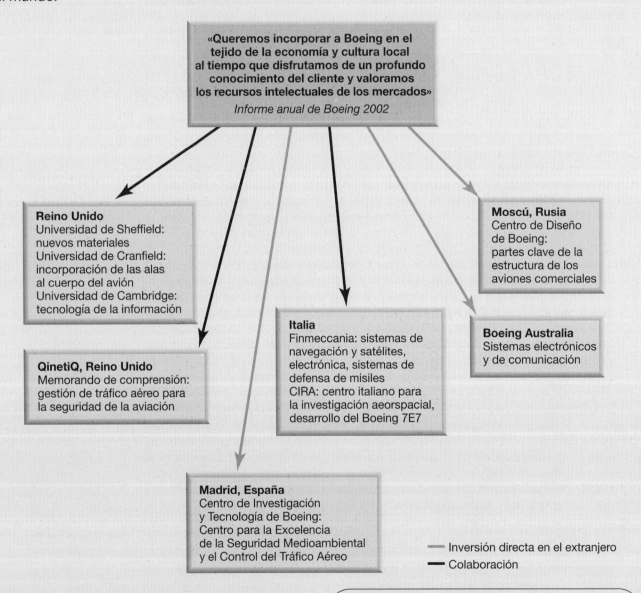

**«Queremos incorporar a Boeing en el tejido de la economía y cultura local al tiempo que disfrutamos de un profundo conocimiento del cliente y valoramos los recursos intelectuales de los mercados»**
*Informe anual de Boeing 2002*

**Reino Unido**
Universidad de Sheffield: nuevos materiales
Universidad de Cranfield: incorporación de las alas al cuerpo del avión
Universidad de Cambridge: tecnología de la información

**QinetiQ, Reino Unido**
Memorando de comprensión: gestión de tráfico aéreo para la seguridad de la aviación

**Italia**
Finmeccania: sistemas de navegación y satélites, electrónica, sistemas de defensa de misiles
CIRA: centro italiano para la investigación aeorspacial, desarrollo del Boeing 7E7

**Moscú, Rusia**
Centro de Diseño de Boeing: partes clave de la estructura de los aviones comerciales

**Boeing Australia**
Sistemas electrónicos y de comunicación

**Madrid, España**
Centro de Investigación y Tecnología de Boeing: Centro para la Excelencia de la Seguridad Medioambiental y el Control del Tráfico Aéreo

—— Inversión directa en el extranjero
—— Colaboración

**Preguntas**

1. ¿Qué puede estar motivando la internacionalización de las actividades de I+D de Boeing?

2. ¿Qué retos puede afrontar Boeing según internacionaliza sus actividades de I+D?

*Fuente*: boeing.com, Informe anual de Boeing 2002, Aviation International News Online.

Preparado por Michael Mayer, Universidad de Edimburgo.

Pontiac Le Mans de General Motors, cuyo diseño, desarrollo y producción se produjo en muy distintas localizaciones disponibles para la empresa estadounidense. El automóvil fue diseñado en la filial alemana de la empresa, Opel, mientras que el desarrollo de la estrategia publicitaria fue contratado en el exterior a una agencia localizada en el Reino Unido, aprovechando el talento creativo disponible ahí. Muchos de los componentes más complejos fueron fabricados en países como Japón, explotando las sofisticadas capacidades tecnológicas y manufactureras, mientras que el automóvil en sí se ensambló en Corea del Sur, una localización donde se dispone de mano de obra cualificada pero a costes reducidos. Por tanto, para poder beneficiarse de la dispersión internacional de actividades clave que añaden valor, la organización tiene que desarrollar la capacidad de coordinar eficazmente estas redes de relaciones. Cada decisión de inversión internacional debe evaluarse, por tanto, detenidamente, no solo en cuanto a las ventajas específicas de la localización, sino también respecto a las implicaciones más generales sobre cuestiones directivas y de organización. Los mayores costes de coordinación y control, por ejemplo, pueden ser mayores que otros posibles ahorros de costes (*véase* también la Sección 8.3 en el Capítulo 8).

## 6.3.4   Estrategias internacionales

A medida que aumenta la diversidad internacional de las organizaciones, estas tienen que resolver dos preguntas clave. La primera se puede resumir en el denominado **dilema global-local**, que guarda relación con el grado en el que los productos y servicios se pueden estandarizar en los distintos países, o si es necesario adaptarlos para satisfacer los requisitos de determinados mercados nacionales. Para los autores como Levitt[27], el éxito de McDonald's en los Campos Elíseos de París y la omnipresencia de Coca-Cola y Pepsi-Cola, demuestran la convergencia global de los gustos y necesidades de los clientes, que exige la provisión de productos estandarizados con un énfasis en la competencia en costes a escala mundial. Sin embargo, puede que las cosas no sean tan sencillas como sugieren estos ejemplos evidentes, como se analiza a continuación.

El denominado **dilema global-local** hace referencia al grado en que los productos y servicios se pueden estandarizar en los distintos países o si es necesario adaptarlos para satisfacer los requisitos de determinados mercados nacionales.

La segunda gran pregunta estratégica a la que tienen que responder es si concentran sus *activos y capacidades productivas* en un limitado conjunto de localizaciones, sobre todo en su lugar de origen, o hasta qué punto se descentralizan y se distribuyen internacionalmente. El grado en que se concentran los activos y capacidades productivas de una organización dependerá, por un lado, del grado en que la organización pueda explotar las economías de escala que puede alcanzar mediante la centralización, del modo en que aprovecha las ventajas de la localización de su lugar de origen o, por otra parte, cómo intenta lograr el acceso a las ventajas de la localización disponibles en los países de todo el mundo (*véase* Sección 6.3.3).

A la vista de estas dos grandes preguntas estratégicas, se distinguen dos estrategias internacionales genéricas, al menos, desde un punto de vista teórico.

- En una **estrategia multipaís** la mayoría, si no todas, de las actividades que añaden valor se localizan en mercados nacionales individuales atendidos por la organización, y los productos y/o servicios se adaptan a los requisitos locales particulares. Históricamente, esta estrategia se ha relacionado con empresas como General Motors, que, mediante su filial alemana Opel, desarrolla y produce automóviles muy adaptados al mercado europeo, y sustancialmente distintos de los ofrecidos en su país de origen, Estados Unidos. Sin embargo, cada vez más General Motors ha intentado explotar sus economías de escala y ha reforzado los vínculos entre sus filiales nacionales. Se está alejando de la estrategia multipaís para dirigirse más hacia un planteamiento más complejo de competencia en el mercado internacional.

- En una **estrategia global** se desarrollan productos estándar que se desarrollan y producen en localizaciones centralizadas. Con un mayor énfasis en la explotación de

Una **estrategia multipaís** es una estrategia en la que la mayoría, si no todas, las actividades que añaden valor se localizan en mercados nacionales individuales atendidos por la organización y los productos y/o servicios se adaptan a los requisitos locales particulares.

Una **estrategia global** es aquella en la que se desarrollan productos estándar con economías de escala que se producen en un conjunto reducido de localizaciones.

las economías de escala, las actividades que añaden valor suelen concentrarse en un conjunto más limitado de localizaciones que en el caso de la estrategia multipaís. Esta estrategia se ha asociado tradicionalmente con empresas como Boeing con sus capacidades productivas y de I+D en Estados Unidos. Como se analizó en la Sección 6.3.4 y se mostró en la Ilustración 6.4, Boeing está, sin embargo, aumentando cada vez más su «alcance» global y su base de conocimientos, localizando sus capacidades de I+D en una creciente gama de países, al tiempo que sigue manteniendo estrechos vínculos y una gran integración de sus dispersas actividades, con vistas a mantener su coherencia y su atención estratégicas.

En la práctica, pues, las organizaciones no suelen encontrarse casi nunca en una de las categorías básicas de estrategias puramente globales o puramente nacionales. Por el contrario, intentan desarrollar su propia manera especial de equilibrar, por un lado, las tensiones entre la estandarización y la adaptación de los productos y/o servicios y, por el otro, la explotación de las oportunidades que ofrecen las características exclusivas de cada localización, y las economías de escala. Los requisitos de adaptación pueden ser mínimos, como el ajuste de los teclados nacionales adecuados en los portátiles, o más sustancial, como el desarrollo de las versiones de software en distintos idiomas. Las diferencias entre países pueden ser muy importantes, no obstante, lo que exigirá que se ofrezcan productos significativamente distintos. El éxito de los turismos deportivos en Estados Unidos, por ejemplo, no se reproducirá probablemente en los mercados europeos dadas las distintas condiciones culturales y sociales, así como las distintas redes de carreteras. Sin duda, en mayor o menor medida, la mayoría de las grandes organizaciones multinacionales tiene que particularizar su producto o servicio a las necesidades locales. El reto consiste en identificar qué partes de la oferta se pueden estandarizar de forma global y cuáles se deben particularizar al mercado local. La Ilustración 6.5 muestra que Hindustan Lever ha adaptado sus productos y servicios a las condiciones locales de los mercados rurales indios. Este equilibrio entre la respuesta a las necesidades locales y las ventajas de la escala global también puede dar lugar a complejos retos para la organización de las multinacionales, una cuestión que se analiza en el Capítulo 8 (Sección 8.3).

### 6.3.5    Diversidad internacional y rendimiento

Al igual que la diversidad de productos/servicios analizada en la Sección 6.2.3, la relación entre la diversificación internacional y el rendimiento ha sido objeto de muchos análisis. Algunas de las principales conclusiones son las siguientes:

- Aunque las ventajas potenciales del rendimiento gracias a la internacionalización son sustanciales, en tanto en cuanto permiten a las empresas materializar las economías de escala y de alcance y aprovechar las ventajas de las localizaciones de todos los países del mundo, la combinación de las diversas localizaciones y las distintas unidades de negocio da lugar a un grado de complejidad por encima del cual no se obtienen ventajas y los costes empiezan a superar a los beneficios[28]. Por tanto, la conclusión de los análisis sugiere, de nuevo, una relación en forma de U invertida entre la diversificación internacional y el rendimiento (de forma similar a las conclusiones sobre la diversificación de productos/servicios del Cuadro 6.4 y explicados en la anterior Sección 6.2.3) donde los niveles moderados de diversidad internacional son los que mejores resultados ofrecen[29].
- Una serie de estudios sugiere que, al contrario que en el caso de las empresas en el sector manufacturero, los reducidos niveles de diversidad internacional no acarrean un mejor rendimiento en el caso de las empresas de servicios. Primero, las operaciones de las empresas extranjeras siguen más reguladas y restringidas en muchos países; segundo, debido a la naturaleza intangible de los servicios, suelen ser más sensibles a las diferencias culturales y requieren un mayor grado de adaptación que

# Innovación estratégica en Hindustan Lever Ltd

*Las grandes multinacionales pueden seguir teniendo que particularizar sus productos y servicios a las necesidades de los mercados locales.*

Unilever es una de las mayores empresas fabricantes de producos de consumo del mundo. Pretende comercializar sus marcas a escala global y respaldarlas con actividades de investigación y desarrollo punteras (*véase* Ilustración 6.7). Sin embargo, sabe perfectamente que los mercados difieren y que, para ser global, tiene que estar dispuesta a adaptarse a las condiciones de los mercados locales. También sabe que, para tener un alcance global, tiene que ser capaz de comercializar sus productos tanto en las zonas ricas como en las zonas pobres. En efecto, estima que en 2010 la mitad de sus ventas se realizará en el mundo en desarrollo, un aumento de más del 30 por ciento respecto a la cifra de 2000.

En las zonas rurales de la India, Hindustan Lever se dispone a comercializar los bienes con las marcas de Unilever de forma que se adecuen a las condiciones locales.

Gran parte de los esfuerzos se orientan hacia la comercialización de estas marcas en mercados o *haats* locales, donde los representantes de Unilever venden los productos desde camiones utilizando altavoces para explicar la oferta de la marca. Los ejecutivos locales afirman que, aunque sean pobres, «no tienen una inclinación natural a quedarse con versiones de usar y tirar de un buen producto, si las empresas que fabrican el buen producto se toman la molestia de explicar la diferencia».

Para ayudar a desarrollar las habilidades para lograrlo, los directivos en formación de Lever en la India empiezan su carrera pasando semanas viviendo en pueblos rurales donde comen, duermen y hablan con sus habitantes. «Cuando has pasado tiempo con los consumidores, te das cuenta de que quieren lo mismo que tú. Quieren tener una buena calidad de vida».

Los mismos ejecutivos han innovado todavía más en la forma de comercializar los bienes. Han desarrollado modelos de ventas directas donde las mujeres, que pertenecen a grupos de autoayuda para gestionar operaciones de microcréditos, venden los productos de Lever de forma que aumenten sus ahorros colectivos. En los lugares donde no es frecuente ver la televisión, los ejecutivos de marketing de Hindustan Lever han organizado miles de exposiciones en mercados comerciales y de ganado, recurriendo al folklore rural. El objetivo aquí no es únicamente el fomento de las marcas Lever, sino explicar la importancia de lavarse con más frecuencia y de tener una mejor higiene. En efecto, el personal de ventas acude a los festivales religiosos y utiliza luz ultravioleta para iluminar las manos de la gente y demostrar los peligros de los gérmenes y la suciedad.

Pero no se particulariza únicamente la forma de comercializar los bienes en la India rural. El desarrollo de los productos también es distinto. Por ejemplo, las mujeres indias se sienten muy orgullosas del cuidado de su cabello, y consideran que es un lujo. Sin embargo, tienden a utilizar el mismo jabón para lavarse el cuerpo que para lavarse el pelo. Así, Lever ha centrado sus esfuerzos de investigación y desarrollo para encontrar un jabón de bajo coste que se pueda utilizar para el cuerpo y para el pelo, y que se vende en las pequeñas ciudades y las zonas rurales.

En palabras de Keki Dadiseth, director de Hindustan Lever: «Todo el mundo quiere comprar productos de marca. Y hay mucha más gente pobre en el mundo que gente rica. Así pues, para ser un negocio global... hay que participar en todos los segmentos».

*Fuente:* BALU, R. (2001): «Strategic innovation: Hindustan Lever Ltd», *FastCompany.com* (www.fastcompany.com/magazine). Número 47, junio.

## Preguntas

1. ¿Qué retos tiene que superar una multinacional como Unilever para desarrollar marcas globales al tiempo que sigue fomentando su capacidad de respuesta en el ámbito local?

2. ¿En qué ejemplos de particularización local de las marcas globales puede pensar?

3. Se ha criticado a las multinacionales por comercializar marcas más caras en las zonas más pobres de los países en desarrollo. ¿Qué opinión tiene de las cuestiones éticas relacionadas con las actividades de Hindustan Lever?

los productos manufacturados, lo que puede dar lugar a mayores costes iniciales respecto al aprendizaje; tercero, la simultaneidad de la producción y el consumo exige una significativa presencia local y reduce el alcance de la explotación de las economías de escala en la producción, frente al caso de las empresas manufactureras[30].

● Una cuestión importante que hay que tener en cuenta es la relación entre la diversificación internacional y la diversificación de los productos/servicios. En comparación con las empresas con una única unidad de negocios, se ha sugerido que las empresas con productos diversificados tienen más probabilidades de aprovechar la expansión internacional porque ya han desarrollado las habilidades y estructuras necesarias para gestionar la diversidad interna[31]. En el otro extremo del espectro, existe un consenso generalizado en cuanto a que las empresas que tienen un alto grado de diversificación, tanto en términos de productos como en cuanto a alcance internacional, tendrán que asumir probablemente costes de coordinación y control excesivos, lo que da lugar a un peor rendimiento. Puesto que muchas empresas no han alcanzado todavía los niveles de internacionalización en los que los efectos negativos superan a las posibles ganancias[32], y dado el actual escepticismo respecto a elevados grados de diversificación de productos, muchas empresas están optando actualmente por reducir su diversidad de productos al tiempo que se centran en su alcance internacional; por ejemplo, *véase* la Ilustración 6.7 sobre Unilever.

## 6.4  CREACIÓN DE VALOR Y EMPRESA MATRIZ

En una importante empresa multinacional, el director financiero afirmó que ninguno de los negocios de su cartera de los que se había retirado la inversión habían tenido mejores resultados por su propia cuenta o con otra empresa matriz. Lo que pretendía decir era que no se debía dar por sentado que las actividades de la empresa matriz añaden valor. Si no se tiene claro cómo añade valor a sus unidades de negocio, se corre el peligro de que la matriz sea meramente un coste para las unidades de negocio y, por tanto, que reduzca o destruya el valor creado por dichas unidades. El papel de cualquier empresa matriz consiste en garantizar que añade valor y no que lo destruye.

En efecto, la forma en que las empresas matriz crean valor es esencial, no solo para el rendimiento de las empresas, sino también para su supervivencia. Los inversores y los inversores potenciales están buscando continuamente la forma de lograr mejores rendimientos. Para ello, tienen que hacer elecciones entre las distintas empresas en función de muchas de las cuestiones que se analizan en este capítulo. En este sentido, existe una competencia entre las empresas matriz para poseer distintos negocios.

### 6.4.1  Actividades de las empresas matriz que añaden y destruyen valor[33]

Hay quien afirma que la empresa matriz debería, en efecto, ser capaz de añadir valor, y hay quien afirma que, por lo general, no lo consigue. A continuación se resumen estas dos opiniones contrapuestas.

#### Las actividades que añaden valor

Un papel principal es el de *prever* la función y las expectativas generales que la organización; o, por utilizar la terminología de Hamel y Prahalad[34], de definir con claridad la *intención estratégica* a nivel corporativo. Esta claridad es importante por tres razones fundamentales.

- *Enfoque:* porque, cuando no se tiene esta claridad, es probable que la empresa matriz emprenda actividades y asuma costes que no tienen nada que ver con añadir valor a sus unidades de negocio y, por tanto, que constituyan meramente un coste que reduce el valor.
- *Claridad para las partes interesadas externas:* porque los directivos de la corporación tienen que dejar claro a las partes interesadas externas para qué sirve la organización en su conjunto. De lo contrario, los inversores (que, en el caso de las organizaciones del sector público podría ser el gobierno) terminarán confundidos sobre, por ejemplo, por qué hay determinados negocios en la cartera o cómo puede añadir valor la empresa matriz a estos negocios, lo que afectará al precio de las acciones o a las decisiones de inversión.
- *Claridad sobre las unidades de negocio:* internamente, si los directivos de las unidades de negocio no son capaces de comprender para qué sirve la empresa matriz sentirán, de forma inevitable, que la sede de la corporación es poco más que una carga, o que los ejecutivos de la corporación no tienen clara la dirección. En cualquier caso, es probable que pierdan su motivación. También querrán saber si su negocio se considera esencial para las ambiciones de la corporación o no. Si no lo tienen claro, es improbable que dirijan el negocio de forma que puedan avanzar hacia la consecución de las ambiciones generales de la corporación. En efecto, las decisiones estratégicas en el ámbito de la unidad de negocio podrían ir contra la estrategia corporativa. Por supuesto, también ocurre lo contrario. Cuando a nivel corporativo hay claridad, se sientan las bases sobre las que se pueden tomar elecciones estratégicas en el ámbito de la unidad de negocio. También ayudan a definir claras *expectativas* y *estándares* de forma que las unidades de negocio saben qué es lo que se espera de ellas.

Un segundo papel es el de *intervenir* en las unidades de negocio para mejorar el rendimiento y para desarrollar la estrategia de la unidad de negocio. Por ejemplo:

- Controlando regularmente el *rendimiento* y a sus directivos frente a los estándares establecidos;
- emprendiendo acciones para *mejorar el rendimiento en el ámbito de la unidad de negocio,* por ejemplo, sustituyendo a los directivos, vendiendo negocios u organizando la reestructuración de las divisiones o negocios que tienen un mal rendimiento;
- buscando de forma activa *el desarrollo y la puesta en duda de las ambiciones estratégicas* de la unidad de negocio. Esto podría, por ejemplo, ayudar a internacionalizar un negocio tradicionalmente nacional;
- *formando y animando* al personal y a los directivos de las unidades de negocio;
- ayudando a *desarrollar las capacidades estratégicas* de la unidad de negocio;
- logrando *sinergias* entre las unidades de negocio y fomentando *la coordinación y colaboración* entre ellas, lo que podría dar lugar a productos o servicios que una única unidad no podría ofrecer.

En tercer lugar, la empresa matriz debe ser capaz de ofrecer *servicios y recursos centrales* para ayudar a las unidades de negocio:

- *Inversiones,* sobre todo durante las primeras etapas de los nuevos negocios.
- *Ventajas de escala* gracias a que se comparten los recursos, sobre todo cuando se utilizan infraestructuras, servicios de apoyo y otros servicios generales.
- *Capacidades directivas transferibles* que se pueden utilizar en las distintas unidades de negocio. En una multinacional como Shell o Unilever esto incluirá el traslado de directivos entre las unidades de negocio por todo el mundo para que tengan experiencia de los distintos mercados y operaciones internacionales.

La empresa matriz también puede tener una *pericia* propia que puede resultar útil para las unidades de negocio. Por ejemplo:

- Aportar *pericia y servicios* no disponibles en las unidades más pequeñas; por ejemplo, personal y servicios financieros, gestión de bienes inmuebles y de infraestructuras informáticas. Algunas de las empresas matrices de mayor éxito tienen competencias en el análisis de mercados, o análisis de costes, que ayudan a reevaluar el papel y el futuro de las divisiones o subsidiarias. Los recursos humanos, el desarrollo directivo y la planificación de la sucesión pueden ser formas en que la empresa matriz puede añadir valor.
- *La creación de conocimientos y el compartir los procesos* pueden ayudar a fomentar el aprendizaje y la innovación. Por ejemplo, los sistemas de gestión de conocimientos centralizados son un lugar común en las grandes empresas (pero *véase* la Sección 3.5 en el Capítulo 3).
- *El apalancamiento,* por ejemplo para acceder a los mercados o en la cadena de abastecimiento, combinando el poder adquisitivo de las unidades de negocio.
- Habilidades en la *intermediación* entre relaciones o colaboraciones externas y para acceder a las *redes externas.*

Los defensores de las ventajas de las empresas con múltiples unidades de negocio afirmarán que la alternativa a las empresas matriz que desempeñan estos papeles es que las unidades de negocio dependan de las fuerzas del mercado y, por supuesto, de los mecanismos de los mercados financieros. Sin embargo, afirman que resultaría ineficiente. Normalmente, dado el mal rendimiento de una empresa, los mercados financieros han hecho poco más que reducir la cotización de las acciones y han esperado a que se produzca una adquisición con la esperanza de que se logren mejoras cuando llegue un nuevo equipo directivo. Así pues, dada esta realidad, los costes de lograr estas ventajas deberían ser menores cuando se tiene una estructura corporativa, y las eficiencias serán mucho mayores. Al fin y al cabo, la empresa matriz debería tener un acceso inmediato a la información interna de los negocios y disfrutar de la cooperación de los directivos en las unidades de negocio para tomar acciones, puesto que los directivos trabajan para la corporación.

## Actividades que destruyen valor[35]

Sin embargo, hay argumentos en contra. Se afirma que la empresa matriz tiende a destruir valor y que los negocios estarían mejor controlados por los mecanismos de los mercados financieros. Aquí, el argumento es que, a veces, los importantes costes financieros de la sede no se ven compensados por las ventajas que ofrece la empresa matriz. Además, la empresa matriz también puede crear deseconomías. Más concretamente:

- Las empresas matriz pueden añadir costes con sistemas y jerarquías que retrasan la toma de decisiones, creando una *niebla burocrática* y ralentizando la capacidad de respuesta al mercado. Esto se debe, entre otras cosas, a que puede haber varios niveles de la empresa matriz por encima de la unidad de negocio, y cada uno de estos niveles tendrá ejecutivos que influyan sobre la toma de decisiones respecto a las unidades de negocio.
- Las empresas matriz pueden proteger a los ejecutivos de las unidades de negocio de las realidades de los mercados financieros ofreciéndoles una *red de seguridad financiera* que implica que los ejecutivos no responden realmente por el rendimiento de sus negocios.
- En vez de tener una visión general clara de lo que se está intentando alcanzar, la *diversidad y el tamaño* de algunas grandes empresas hace que sea muy difícil saber a qué se dedican.

- Las jerarquías de las empresas ofrecen un *incentivo para las ambiciones de los directivos*. Los directivos aspiran a estar en lo alto del escalafón, en vez de intentar desarrollar su papel de crear valor en el ámbito de la unidad de negocio. La sede se considera más como un medio para crear un imperio en el que los ejecutivos quieren hacer crecer el número de negocios y el tamaño de la corporación por una mera ambición personal.

Los analistas y los comentaristas siguen planteando preguntas sobre el grado en que las empresas matriz realmente añaden valor[36]. Un ejemplo de las preguntas planteadas sobre las capacidades de añadir valor de la empresa France Telecom como empresa matriz aparece en la Ilustración 6.6. Tanto en las organizaciones del sector público como en las del sector privado, se plantean preguntas análogas sobre las capacidades de añadir valor de las empresas matriz. En el Reino Unido se ha puesto muy en duda el grado en que tiene sentido que los ayuntamientos controlen muchos servicios que, históricamente, había en sus carteras. Por ejemplo, los colegios se gestionaban tradicionalmente en el Reino Unido a través de autoridades locales de educación que asignaban los fondos gubernamentales y ofrecían determinados servicios. Sin embargo, tanto el gobierno central como muchos directores de colegios y organismos reguladores empezaron a cuestionarse el papel de este nivel directivo a la hora de añadir valor. El gobierno central, que quería mejorar la calidad de la educación, empezó a centralizar su política educativa; y los propios colegios querían tener más flexibilidad para tomar decisiones. El resultado fue que muchos colegios optaron por salir del ámbito de control de las autoridades locales para recibir financiación directamente del gobierno central.

Por tanto, hay dudas sobre las ventajas de las empresas diversificadas, como se muestra en el debate clave de la Ilustración 6.8. El planteamiento de este capítulo es que, en efecto, existe un riesgo real de que la empresa matriz destruya valor, pero que no es un riesgo inevitable. Si las empresas matriz disponen de información sobre las unidades de negocio, de forma que puedan ofrecer el tipo de ventajas que se han identificado anteriormente, una empresa matriz bien gestionada debería ser capaz de añadir valor. Por tanto, la cuestión real no es tanto si la unidad de negocio debe tener una empresa matriz o ser independiente, sino más bien si la estrategia corporativa de la empresa matriz fomenta la creación de valor en el ámbito de la unidad de negocio; y, a su vez, qué tipo de empresa matriz es adecuado a qué tipo de unidad de negocio y viceversa Recordando estas cuestiones, y en el contexto de la naturaleza internacional y diversificada de muchas grandes organizaciones, a continuación pasamos a abordar un tema subyacente en este capítulo: ¿cuál es la razón de ser estratégica de la empresa matriz? ¿Para qué sirve? ¿Qué papel considera que tiene en cuanto a la creación de valor? ¿De qué forma puede añadir valor a sus unidades de negocio? El siguiente análisis considera tres razones de ser de las empresas matriz[37] que se resumen en el Cuadro 6.6.

## 6.4.2 Gestora de carteras

La **gestora de carteras** es, en efecto, una empresa matriz que actúa como agente en nombre de los mercados financieros y de los accionistas con vistas a aumentar el valor obtenido en los diversos negocios de forma más eficiente o eficaz que la que se podría conseguir en los mercados financieros. Su papel consiste en identificar y adquirir activos o negocios infravalorados y mejorarlos. Lo puede conseguir mediante, por ejemplo, adquisiciones de otra empresa, desinversiones en los negocios con bajo rendimiento y fomentando la mejora del rendimiento en aquellos negocios que tengan potencial. Estas empresas no están tan preocupadas por la relación (*véanse* Secciones 6.2.1 y 6.2.2) entre las unidades de negocio de la cartera y tal vez solo desempeñan un papel limitado dentro de esas unidades de negocio. Por ejemplo, pueden ser organizaciones adeptas a identificar

La **gestora de carteras** es, en efecto, una empresa matriz que actúa como agente en nombre de los mercados financieros y de los accionistas.

## Ilustración 6.6                    estrategia en acción

# Cifras erróneas en France Telecom

*Una cuestión clave sobre la estrategia corporativa es el papel de la empresa matriz en la cuestión de añadir valor.*

Michel Bon se convirtió en el CEO de la empresa pública France Telecom en 1995. Dos años más tarde, el gobierno francés sacó a Bolsa el 45 por ciento de lo que hasta entonces había sido un departamento del Ministerio de Telecomunicaciones. Más de 4 millones de personas, entre ellos, el 70 por ciento de los 22.000 empleados de la empresa, compraron acciones a un precio inicial de 32,8 euros. En marzo de 2000, el precio de las acciones alcanzó un máximo de 219 euros. En la cúspide de la burbuja de Internet, France Telecom estaba multiplicando sus adquisiciones internacionales con una ambiciosa estrategia de expansión. Más de 70.000 millones de euros se dedicaron a adquisiciones en Europa, Estados Unidos, Asia y América Latina.

Dos años más tarde, en junio de 2002, el precio de las acciones había caído a 8,6 euros. France Telecom anunció una pérdida histórica de 8.280 millones de euros con una facturación global de 43.000 millones de euros. Las deudas superaban los 61.000 millones de euros, el equivalente de una cuarta parte del presupuesto del gobierno francés.

A los inversores les preocupaban las consecuencias de cuatro operaciones extremadamente arriesgadas:

- Para poder asumir una participación del 18,3 por ciento en NTL (un operador de cable que tenía que lograr una licencia de telefonía de tercera generación en el Reino Unido) France Telecom había gastado 4.580 millones de euros. Por desgracia, NTL no había logrado la licencia y France Telecom estaba intentando vender sus acciones, que no valían absolutamente nada, a cualquier posible comprador.

- Los gobiernos francés y alemán habían obligado a sus operadores nacionales, France Telecom y Deutsche Telekom, a firmar un acuerdo de no agresión. Sin embargo, Deutsche Telekom rompió esta alianza en 1999, obligando a France Telecom a asumir una participación del 28,5 por ciento en MobilCom. MobilCom, el operador de telefonía móvil alemán más pequeño, había pagado la suma desorbitada de 8 400 millones de euros (sin inversiones en infraestructuras) para obtener una licencia de tercera generación en Alemania. En 2002 se declaró en bancarrota.

- En Estados Unidos, France Telecom había invertido 4 800 millones de euros en noviembre de 2000 para adquirir Equant, una empresa que ofrecía servicios de telecomunicaciones a grandes empresas. El objetivo era hacer una fusión de Equant con la filial de France Telecom Global One. Sin embargo, la fusión resultó problemática y Equant sumó otros 2 000 millones de euros a la deuda de France Telecom.

- La adquisición más ambiciosa había sido la del operador británico de telefonía móvil Orange, adquirido a Vodafone por 43 200 millones de euros en agosto de 2000, y que salió a Bolsa en París y Londres en febrero de 2001. En 2002 Orange era líder en los mercados de telefonía móvil de Francia y Gran Bretaña, con más de 40 millones de abonados, pero su valor de mercado había caído hasta 33 500 millones de euros. France Telecom se había comprometido a pagar a Vodafone un precio por acción de 130 euros, mientras que el valor actual solo ascendía a 30.

oportunidades de reestructuración de negocios, o a intervenir si el rendimiento está cayendo en esas unidades. O puede que desinviertan de sus negocios. Para ello, puede que dispongan de especialistas en la sede que se trasladan a los negocios durante periodos de tiempo limitados.

Las empresas matriz que actúan como gestoras de carteras intentan mantener reducido el coste de la sede; por ejemplo, teniendo poco personal en la sede con pocos servicios centrales, dejando en paz a las unidades de negocio de forma que sean sus propios directivos los que tengan un elevado grado de autonomía, pero fijando claros objetivos financieros con grandes recompensas si se alcanzan y la expectativa de recibir una recompensa reducida, o perder el puesto, si no se alcanzan los objetivos.

Los analistas no se mostraban de acuerdo sobre la responsabilidad que tenía Michel Bon. Casi todos los operadores habían padecido fuertes pérdidas en 2001, tras la explosión de la burbuja de Internet: 21.800 millones de euros para Vodafone, 7.500 para KPN, 3.500 para Deutsche Telekom, 2.800 para BT y la quiebra de WorldCom. Además, France Telecom había sido obligada por su accionista mayoritario (el gobierno francés) a pagar sus adquisiciones en efectivo y no con capital social, para evitar una «creciente privatización». También era posible que algunas de estas adquisiciones terminaran siendo rentables, especialmente en el caso de Orange y Equant, pero France Telecom no había conseguido convertirse en una líder mundial como Vodafone (que había adquirido Mannesmann en Alemania, AirTouch en Estados Unidos y Japan Telecom en Japón).

Incluso aunque France Telecom se vio obligada a vender algunas de sus inversiones más rentables para reducir su deuda (por ejemplo, su participación en el fabricante de chips ST Microeletronics, en la cadena de televisión francesa TDF o en el operador de móviles italianos Wind), los bancos y los analistas financieros seguían confiando en su futuro, siempre que estuviera respaldada por el gobierno francés. A finales de 2001 France Telecom puso en circulación un bono al 4,5 por ciento por 2.500 millones de euros, que se vendió en tan solo 48 horas, por un total de 5.000 millones de euros.

En septiembre de 2002, France Telecom anunció que su deuda había alcanzado los 70 000 millones de euros: siete veces la deuda de Eurotunnel, un nuevo récord mundial. Incluso aunque su beneficio de explotación era excelente (uno de los mayores de la industria, gracias a los teléfonos móviles y a la banda ancha de Internet) dada su carga financiera, la empresa padecía una pérdida semestral de 12.200 millones de euros. Su patrimonio neto había pasado de 21.000 millones de euros a menos 440 millones de euros en tan solo seis meses. Michel Bon se vio obligado a dimitir pero el gobierno francés (que anunció una ampliación de capital de 15.000 millones de euros) ha confirmado que siempre había apoyado la estrategia durante los últimos siete años.

En septiembre de 2003, tras un radical plan de recorte de costes, el nuevo CEO Thierry Breton decidió volver a comprar todas las acciones de Orange (la filial más rentable), vender todas las operaciones en Argentina y El Salvador, y anunció el primer beneficio neto en dos años (2 500 millones de euros en el primer semestre de 2003). La ampliación de capital de 1.000 millones de euros había reducido la deuda a menos de 50.000 millones y la participación del gobierno al 50,01 por ciento. El precio de la acción estaba por encima de los 20 euros.

*Fuentes*: *Les Echos*, 2 de septiembre de 2003 y 16 de septiembre de 2002; BRAFMAN, N. y FONTAINE, G. (2002): «Le rêve brisé de France Telecom», *Capital*, n.º 128, mayo. Pp. 38-42; GADAULT, T. (2002): «France Telecom: pourquoi Bon a raison». *L'Expansion*, n.º 662, abril. Pp.126-129.

Preparado por Frédéric Fréry, ESCP-EAP European School of Management.

### Preguntas

1. ¿Cuál cree que era la estrategia de expansión de Michel Bon?
2. ¿Cuál debería ser la estrategia futura de France Telecom?

Estas empresas matriz podrían, por supuesto, gestionar un número bastante elevado de estos negocios porque no están interviniendo directamente en las estrategias sobre los productos/mercados de esos negocios. Por el contrario, fijan objetivos financieros, hacen evaluaciones desde la sede sobre el bienestar y las perspectivas futuras de estos negocios, e invierten o desinvierten.

Desde el punto de vista internacional, el papel de la empresa matriz como gestora de carteras sería compatible con una estrategia en la que solo se explotan las relaciones financieras entre los mercados: se deja a los negocios de los distintos países a su libre albedrío en todos los demás aspectos. Es, en efecto, una forma extremada de estrategia internacional en múltiples países (*véase* Sección 6.7).

| Cuadro 6.6 | Las matrices como gestoras de carteras, gestoras de sinergias y promotoras de desarrollo |
|---|---|

| | Gestoras de carteras | Gestoras de sinergias | Promotoras de desarrollo |
|---|---|---|---|
| **Lógica** | • «Agente» de los mercados financieros <br> • Creación de valor limitado en las UEN | • La consecución de ventajas sinérgicas | • Se pueden utilizar las competencias nucleares para crear valor en las UEN |
| **Requisitos estratégicos** | • Identificación y adquisición de activos infravalorados <br> • Desinversión rápida de las UEN con mal rendimiento y de las que tienen buen rendimiento con una prima <br> • Reducido papel estratégico en el ámbito de las UEN | • Se comparten las actividades/recursos o se transfieren habilidades/competencias para mejorar la ventaja competitiva de las UEN <br> • Identificación de las bases adecuadas para compartir y transferir <br> • Identificación de las ventajas que superan los costes | • Las UEN no alcanzan su potencial (una oportunidad para la matriz) <br> • La matriz tiene claros y relevantes recursos o capacidades para mejorar el potencial de las UEN <br> • La cartera se adecua a la pericia de la matriz |
| **Requisitos de la organización** | • UEN autónomas <br> • Reducido personal en la sede con costes bajos <br> • Incentivos en función de los resultados de la UEN | • Colaboración de las UEN <br> • El personal corporativo actúa como medio de integración <br> • Se supera la resistencia de las UEN a transferir o compartir <br> • Incentivos dependientes de los resultados corporativos | • Los directivos corporativos comprenden las UEN («idea suficiente») <br> • Vínculos eficaces de control y estructurales de la matriz con las UEN <br> • Las UEN pueden ser autónomas a no ser que sea necesaria una cooperación <br> • Incentivos en función del rendimiento de las UEN |

Una situación paralela en el sector público es que la empresa matriz estaría actuando en nombre del gobierno en la asignación de los recursos financieros. Por ejemplo, el Higher Education Funding Council en el Reino Unido es responsable, en nombre del gobierno, de la asignación de fondos de investigación a las universidades de Inglaterra y Gales. Define los criterios y los procedimientos para evaluar las actividades de investigación de las universidades y asigna los fondos en función de las calificaciones que se obtienen. Pero no interviene en las propias universidades respecto a las estrategias que van a decidir aplicar.

Algunos afirman que los días del gestor de carteras han desaparecido. Sin duda, no es un planteamiento popular entre los analistas financieros porque estos analistas y los inversores prefieren analizar ellos mismos las oportunidades que presentan los negocios con bajo rendimiento. En la actualidad existen muchas menos grandes empresas que aplican este planteamiento de las que solía haber. Sin embargo, sigue habiendo algunas y tienen éxito. La Ilustración 6.2 incluye una descripción de este planteamiento de la empresa matriz aplicado por Warren Buffet en Berkshire Hathaway.

## 6.4.3    Gestora de sinergias

Se suele considerar que las sinergias son la razón de ser de la empresa matriz. En efecto, suele ser una de las razones por las que los directivos corporativos optan por la diversificación internacional o de productos/servicios (*véanse* Secciones 6.2 y 6.3)[38]. Desde el punto de vista de la empresa matriz, la *lógica* es que *se puede mejorar el valor entre las unidades de negocio* de diversas maneras[39]:

La **gestora de sinergias:** una empresa matriz que busca aumentar el valor de las unidades de negico gestionando las sinergias existentes entre ellas.

- *Se pueden compartir los recursos o actividades:* por ejemplo, se pueden utilizar sistemas de distribución comunes para las distintas unidades de negocio; se pueden compartir las oficinas en el extranjero entre unidades de negocio más pequeñas que actúan en distintas zonas geográficas; una marca común puede ofrecer valor a distintos productos de distintos negocios.
- Puede que existan *habilidades o competencias* comunes entre los negocios. Por ejemplo, puede que haya diversos productos o tecnologías dentro de un mismo negocio de productos industriales; pero las capacidades que añaden valor de los servicios ofrecidos a los clientes industriales pueden ser un nexo de unión de estos negocios. Si es así, las habilidades y competencias aprendidas en un negocio pueden ser compartidas por otro, mejorando de este modo el rendimiento. O puede que exista cierta pericia en, por ejemplo, marketing o investigación, que es transferible a otros negocios de la cartera que tienen menos capacidades de este tipo, mejorando de nuevo su rendimiento.

Sin embargo, los problemas para conseguir materializar estas ventajas de las sinergias son parecidos a los problemas para aprovechar las ventajas de la diversificación relacionada (*véanse* Secciones 6.3.1 y 6.3.2). Concretamente:

- *Costes excesivos:* las ventajas de que se compartan o transfieran las habilidades tienen que ser superiores a los costes de esta integración, ya sean financieros o en cuanto a costes de oportunidad. Con frecuencia, no se logran esas ventajas.
- *Superación del interés propio:* los directivos de las unidades de negocio tienen que estar dispuestos a cooperar en esta transferencia y a compartir; y hay razones por las que pueden no querer hacerlo, aunque solo sea porque al compartir tienen que distraer su atención de las cuestiones principales que se producen en sus propios negocios. Además, para que los directivos de las distintas unidades de negocio colaboren para materializar estas ventajas de las sinergias, es necesario particularizar las recompensas para fomentar que estén dispuestos a compartir. El problema es que las recompensas de los directivos de las unidades de negocio suelen estar vinculadas al rendimiento de la unidad, mientras que, con esta estrategia, se les pide que cooperen para compartir actividades entre negocios. El directivo de la unidad de negocio responderá preguntando, «¿y yo qué salgo ganando?» Y puede concluir que, tal vez, muy poco.

Otros problemas incluyen:

- La *ilusión de que existen sinergias:* las habilidades o competencias en las que se supone que existen sinergias pueden no existir realmente o, si existen, puede que no añadan valor. No es extraño que los directivos afirmen, ya sea en la unidad de negocio o a nivel corporativo, que existen determinadas competencias, que son importantes y que es útil compartirlas, cuando lo que hay es poco más que un mito heredado en el negocio, o cuestiones que no son realmente valoradas por los clientes.
- *Compatibilidad entre los sistemas y la cultura de las unidades de negocio:* es posible que se haya adquirido un negocio con la lógica de aprovechar las sinergias para descubrir que los dos negocios son bastante distintos en términos culturales, de forma que resulta demasiado problemático intentar que compartan actividades.

● *Cambios en las condiciones locales:* por ejemplo, las universidades en Estados Unidos, el Reino Unido y Australia han intentado internacionalizar sus actividades, sobre todo en los mercados asiáticos. Al hacerlo, encuentran muchas dificultades para conciliar sus propios planteamientos sobre la educación y la docencia con la normativa de los mercados locales.

● *Determinación:* finalmente, la empresa matriz tiene que determinar si se pueden alcanzar esas sinergias. Como mínimo, es necesario que el personal de la sede actúe como integrador y, por tanto, que comprenda suficientemente bien los negocios para poder integrarlos. La empresa matriz también tendrá que estar preparada para intervenir en los negocios en cuanto a su control y dirección estratégica para garantizar que se pueden recoger las sinergias potenciales. Sin embargo, esto plantea a su vez dudas sobre si esta comprensión detallada de los negocios y esta influencia directiva directa de la sede de la empresa tiene sentido desde otros planteamientos. Estas cuestiones se analizan en la Sección 8.3 del Capítulo 8.

El concepto de sinergia ya no se da tanto por sentado. Se ha observado que las ventajas de las sinergias no son tan fáciles de aprovechar como podría parecer. Sin embargo, sigue siendo un tema dominante en la estrategia corporativa, como se ejemplifica en la Ilustración 6.1 sobre Zodiac.

### 6.4.4    Promotora de desarrollo[40]

**La matriz promotora de desarrollo** intenta utilizar sus propias competencias como matriz para añadir valor a los negocios y construir pericias en la matriz que sean adecuadas para una cartera de negocios.

**La matriz promotora de desarrollo** intenta utilizar sus propias competencias como matriz para añadir valor a los negocios. Aquí, por tanto, la cuestión no es tanto si puede ayudar a crear o desarrollar ventajas entre las unidades de negocios, o transferir capacidades entre estas unidades, como en el caso de la gestión de las sinergias. Por el contrario, la matriz promotora tiene que tener claro cuáles son los recursos o capacidades relevantes que tiene como matriz para aumentar el potencial de las unidades de negocio. Suponga, por ejemplo, que la empresa matriz tiene mucha experiencia en globalizar negocios que operan en el ámbito nacional; o que tiene una marca valiosa que puede mejorar la imagen o el rendimiento de un negocio; o tal vez tiene habilidades especializadas en gestión financiera, marketing de marcas o investigación y desarrollo. Si existen estas competencias en la empresa matriz, los directivos corporativos tienen que identificar a continuación una *oportunidad para la matriz:* un negocio o negocios que no están alcanzando su potencial pero que podrían mejorar si se aplicasen las competencias de la matriz; por ejemplo, un negocio que pudiera beneficiarse de ser más global, de un mayor desarrollo de la marca, o de servicios de apoyo en I+D centrales.

Las competencias que tendrán las empresas matriz serán distintas. Royal Dutch Shell afirma que no importa únicamente su enorme fortaleza financiera, sino también su capacidad de negociar con los gobiernos, así como de desarrollar a ejecutivos de gran calibre con movilidad internacional que pueden trabajar en casi cualquier parte del mundo dentro del marco corporativo de Shell. Estas competencias son especialmente valiosas para permitir que los negocios se desarrollen a escala global. 3M tiene una obsesión por fomentar una orientación a la innovación en sus negocios. Intenta garantizar una cultura corporativa en torno a esta innovación, fijar claros objetivos de innovación para sus negocios y elevar la posición del personal técnico que se ocupa de la innovación. Unilever ha intentado prestar cada vez más atención a desarrollar sus pericias principales en la comercialización de la oferta de marcas globales de esta empresa de bienes de consumo, con instalaciones punteras de investigación y desarrollo para respaldar su pericia. Considerará que así es como puede añadir más valor a sus negocios, lo que ha afectado significativamente a cómo se ha ido conformando la corporación a lo largo de los años (*véase* Ilustración 6.7).

Sin embargo, dirigir una organización de esta manera plantea algunos retos. Por ejemplo:

- *Identificación de las capacidades de la matriz:* el gran reto para la empresa matriz es estar segura de cómo puede añadir valor a sus unidades de negocio. Si las capacidades para añadir valor de la matriz se identifican incorrectamente, en vez de beneficiar a los negocios, serán sometidos a interferencias de la sede de forma contraproducente. Es necesario que se tengan buenas pruebas de que se dispone de estas capacidades que añaden valor.

- *Enfoque:* si la empresa matriz identifica que tiene capacidades que añaden valor de forma concreta y limitada, la implicación es que no debe intentar ofrecer servicios de ninguna otra manera, o, si lo hace, que sea a un coste mínimo. Por ejemplo, algunas empresas matrices han decidido contratar en el exterior una gran cantidad de servicios que fueron considerados antaño como un papel tradicional de la sede: servicios de asesoría legal, servicios de gestión de nóminas, formación y desarrollo, etcétera. Una empresa que siguió este curso de acción afirmó que, al reducir el personal de la sede de esta manera en más de un 50 por ciento, pudo ahorrar más del 60 por ciento de los costes de la sede. Igualmente significativo fue que pudo prestar atención y tiempo directivo de los ejecutivos a las actividades que realmente añadían valor y que se distinguían de las funciones meramente administrativas. El aplicar la misma lógica en el sector público puede crear un dilema. Por un lado, al mantener estos servicios centrales en el sector público se garantiza el control político sobre los fines sociales; por ejemplo, se garantiza una cobertura del servicio a todos los sectores de la comunidad. Por el otro, una empresa del sector privado podría ser una mejor empresa matriz en tanto en cuanto podría tener más habilidades para ofrecer el servicio o para proveerlo con más eficiencia.

- *El problema de las «joyas de la corona»:* la empresa matriz puede darse cuenta de que hay algunas unidades de negocio de su cartera donde puede añadir poco valor. Esto puede ayudar a identificar negocios que no deberían formar parte de la cartera de la corporación. Sin embargo, sería desagradable descubrir que estas unidades de negocio son las que tienen un mayor rendimiento, tienen éxito por sí mismas y no requieren las competencias de la matriz. La matriz podría afirmar que hay otros negocios en la cartera que podrían aprender de esas unidades; pero esta es la lógica de la gestión de sinergias y no de la matriz promotora de desarrollo. La pregunta que se tiene que plantear la matriz es cómo puede añadir valor a *esos* negocios. La lógica del planteamiento de esta matriz es que, puesto que la sede no puede añadir valor, es un coste y por lo tanto destruye valor; así pues, la matriz debería desinvertir este negocio, obteniendo una prima por él, e invertir en un negocio donde pueda añadir valor. Por muy lógico que parezca, es improbable que se promueva esta alternativa, aunque solo sea porque los ejecutivos de la sede podrían ser criticados por sus propios accionistas por vender las «joyas de la corona».

- *Papel combinado de la matriz:* a su vez, esto plantea la pregunta de si la matriz puede adoptar distintos planteamientos sobre su papel. Por ejemplo, ¿podría actuar simultáneamente como una matriz desarrolladora para algunos negocios con un planteamiento de independencia, casi de cartera, para aquellos otros en los que no puede añadir más valor? ¿O podría ser al mismo tiempo una matriz promotora y una gestora de sinergias? Los riesgos, por supuesto, son que si se confunden los papeles de la matriz, si la sede no tiene claro lo que quiere conseguir, los directivos de las unidades de negocio no tendrán claro su papel en la corporación y aumentará el coste de la sede. Un planteamiento múltiple también plantea la cuestión relativa a los múltiples estilos de control de los organismos corporativos (*véase* Sección 6.5 más adelante) y, en concreto, si es factible este planteamiento.

● *«Idea suficiente»:* si se va a aplicar la lógica de la matriz promotora, los ejecutivos de la matriz también tienen que tener una «idea suficiente»: una comprensión suficiente de los negocios dentro de la cartera para saber dónde puede añadir valor y dónde no: esta cuestión se analizará en la Sección 6.5.3 respecto a la lógica de las carteras.

Los tres papeles de la matriz se pueden analizar en cuanto al papel de añadir valor de las matrices sugerido en la anterior Sección 6.4.1. El Cuadro 6.7 identifica cómo pueden diferir los principales papeles de añadir valor de las matrices respecto al análisis de las Secciones 6.4.2-4 (aunque es necesario destacar que también pueden desempeñarse otros papeles para añadir valor).

Evidentemente, gran parte de lo anterior también tiene implicaciones sobre cómo se organiza y gestiona una corporación con múltiples unidades de negocio. En concreto, hay implicaciones en cuanto a la forma en que la matriz se relaciona e intenta ejercer

**Cuadro 6.7   Potencial para añadir valor por parte de la matriz**

| Actividades que añaden valor (*véase* Sección 6.4.1) | Gestora de carteras | Gestora de sinergias | Promotora de desarrollo |
|---|---|---|---|
| **Visión** | | | |
| Desarrollo de la misión/intención estratégica | | ● | ● |
| Clara imagen externa | | ● | ● |
| Definición de expectativas/estándares | ● | | |
| **Intervención** | | | |
| Control del rendimiento | ● | | |
| Mejora de los negocios y del rendimiento | | | ● |
| Puesta en duda/desarrollo de estrategias | | ● | ● |
| **Formación y promoción** | | | |
| Desarrollo de las capacidades estratégicas | | ● | |
| Consecución de sinergias | | ● | |
| **Servicios centrales** | | | |
| Inversión | ● | ● | ● |
| Ventajas de escala | | ● | |
| Transferencia de capacidades directivas | | ● | |
| **Pericia** | | | |
| Pericia especializada | | | ● |
| Compartir conocimiento | | ● | |
| Apalancamiento | | ● | |
| Intermediación | | ● | |

más o menos control sobre las unidades de negocio. Gran parte de estas cuestiones han sido analizadas anteriormente. Es probable que una empresa matriz que ejerce como gestora de carteras ejerza un control estratégico mínimo, dejando la estrategia del ámbito de las unidades de negocio a los directivos de los negocios, y ejerciendo el control mediante objetivos financieros más claros y difíciles de alcanzar. Por otra parte, la gestora de sinergias y la matriz promotora pueden intervenir mucho en los negocios para aprovechar las sinergias entre las distintas unidades o aportar las ventajas que puede ofrecer la matriz. Lo que sería muy contraproducente es que los medios de control no sean coherentes con la lógica de la matriz. Por ejemplo, si el gestor de carteras tiene una cartera diversa e intenta intervenir en las estrategias de los negocios, lo más probable es que se acabe en desastre. Análogamente, si un gestor de sinergias quiere hacer transferencias entre unidades de negocio sin comprender bien esos negocios y participando en la estrategia de esos negocios, podría provocar el caos. En el Capítulo 8 (Sección 8.3.2) se analiza con más detalle esta cuestión relativa al control de la matriz.

## 6.5  GESTIÓN DE LA CARTERA CORPORATIVA

El análisis de la Sección 6.4 se centró en la razón de ser de la empresa matriz y en su planteamiento sobre la gestión de una organización con múltiples unidades de negocio. Es necesario ser consciente de que cada uno de estos planteamientos tiene implicaciones en cuanto al número y la naturaleza de las unidades de negocio en el grupo; o viceversa, el número y la naturaleza de las unidades de negocio tendrá implicaciones sobre el planteamiento que puede adoptar la empresa matriz. Partamos de dos ejemplos: una empresa matriz que se comporta como gestora de carteras puede ser capaz de gestionar un conjunto de negocios muy diversos sin ningún parecido particular entre ellos, limitándose fundamentalmente a definir objetivos financieros, mientras que una gestora de sinergias necesita comprender bien los negocios y, por tanto, solo podrá ocuparse de un número limitado de negocios relacionados entre sí. La inversa de este argumento también es importante; el grado de diversidad de la cartera de negocios de una empresa debe servir para determinar el papel desempeñado por la empresa matriz. Por ejemplo, no tendría sentido que los directivos de una cartera muy diversificada intenten adoptar el planteamiento de gestor de sinergias a no ser, por supuesto, que elijan cambiar radicalmente de cartera.

Esta sección aborda los modelos que pueden utilizar los directivos para comprender la naturaleza y diversidad de las unidades de negocio dentro de la cartera, o de los negocios que pueden querer añadir dados los distintos planteamientos descritos anteriormente.

Se han desarrollado diversas herramientas para ayudar a los directivos a elegir las unidades de negocio que van a tener en una cartera. Cada herramienta presta más o menos atención a uno de los siguientes tres criterios:

- El *equilibrio* de la cartera, por ejemplo, respecto a sus mercados y a las necesidades de la corporación;
- El *atractivo* de las unidades de negocio de la cartera en cuanto a su rentabilidad actual o potencial y a su tasa de crecimiento; y
- El grado de *ajuste* que tienen las unidades de negocio entre sí en cuanto a las sinergias potenciales o a la capacidad de la matriz para gestionarlas.

### 6.5.1   La matriz de crecimiento/participación (o BCG)[41]

Una de las formas más frecuentes y más antiguas de concebir el equilibrio de una cartera de negocios es respecto a la relación entre la cuota y el crecimiento del mercado identificada por el Boston Consulting Group (BCG). El Cuadro 6.8 representa este planteamiento

**Cuadro 6.8**    La matriz de crecimiento/participación (o BCG)

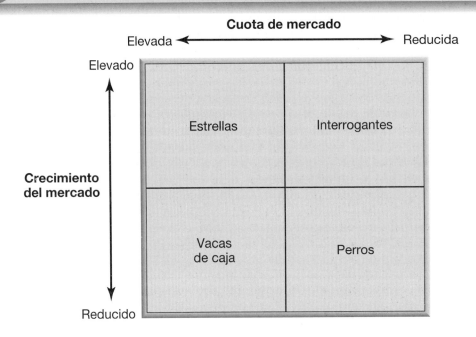

**Cuota de mercado**

Elevada ←——————————→ Reducida

Elevado

Crecimiento
del mercado

Reducido

| Estrellas | Interrogantes |
| Vacas de caja | Perros |

y muestra los términos que se suelen utilizar para referirse a los tipos de negocios en esta cartera.

Una **estrella** es una unidad de negocio que disfruta de una elevada cuota de mercado en un mercado en crecimiento.

- Un negocio **estrella** es una unidad de negocio que disfruta de una elevada cuota de mercado en un mercado en crecimiento. Es posible que la unidad de negocio esté gastando mucho para conseguir esa cuota, pero las ventajas de la curva de experiencia (*véase* la página 122 y el Cuadro 3.4) deberían implicar que los costes se van reduciendo con el tiempo y, es de esperar, que a una tasa mayor que la de los competidores.

Un **interrogante** (o niño problemático) es una unidad de negocio en un mercado creciente pero sin una cuota de mercado elevada.

- Un negocio **interrogante** (o niño problemático) es una unidad de negocio en un mercado creciente pero sin una cuota de mercado elevada. Puede ser necesario gastar mucho para aumentar la cuota de mercado pero, en ese caso, es improbable que la unidad de negocio esté consiguiendo suficientes ventajas de las reducciones de costes para compensar estas inversiones.

Una **vaca de caja** es una unidad de negocio con una elevada cuota de mercado en un mercado maduro.

- Un negocio **vaca de caja** es una unidad de negocio con una elevada cuota de mercado en un mercado maduro. Puesto que el crecimiento es reducido y las condiciones del mercado son más estables, no será tan necesario hacer elevadas inversiones en marketing. Pero una alta cuota de mercado relativa implica que la unidad de negocio debería ser capaz de mantener sus costes unitarios por debajo de los de los competidores. La vaca de caja debería ser capaz de generar fondos (por ejemplo, para financiar los negocios estrellas o interrogantes).

Los **perros son unidades** de negocio con una reducida cuota en mercados estáticos o en declive.

- Los **negocios perro** son unidades de negocio con una reducida cuota en mercados estáticos o en declive y, por tanto, constituyen la peor combinación posible. Pueden estar detrayendo liquidez y estar utilizando una cantidad desproporcionada de tiempo y recursos de la empresa.

La matriz de crecimiento/participación permite analizar las unidades de negocio respecto a su (a) cuota de mercado (segmentos) y (b) la tasa de crecimiento de ese mercado y, en este sentido, respecto a la etapa de desarrollo en el ciclo de vida de ese mercado. Por tanto, es una forma de analizar el equilibrio y el desarrollo de una cartera.

Se afirma que la tasa de crecimiento del mercado es importante para una unidad de negocio que intenta dominar un mercado porque puede ser más fácil lograr el dominio cuando el mercado todavía se encuentra en una etapa de crecimiento. Así pues, los negocios «estrella» son particularmente atractivos. Pero si todos los competidores en la etapa de crecimiento están intentando ganar cuota de mercado, la competencia será muy dura. Así pues, será necesario invertir en esa unidad de negocio para poder obtener cuota y el dominio del mercado. Además, es probable que esa unidad de negocio tenga que fijar unos precios reducidos o invertir importantes cantidades en ventas y publicidad, o ambas cosas a la vez. Estas unidades de negocio se conocen como «interrogantes» o «niños problemáticos». Tienen potencial, pero pueden absorber toda la inversión y es probable que ofrezcan márgenes reducidos al intentar vencer a la competencia y ganar cuota de mercado. La inversión aquí corre un elevado riesgo a no ser que esta actividad con unos márgenes potenciales reducidos sea financiada con productos que obtienen unos mayores niveles de beneficio. Es probable que estos beneficios superiores se logren con productos que tienen una elevada cuota en mercados más maduros y estables. Aquí es donde es probable que la competencia sea menos dura, y que una cuota elevada haya dado lugar a ventajas gracias a la curva de experiencia. Por supuesto, también se puede producir el caso contrario; si un negocio en un mercado maduro no tiene una cuota elevada, será muy difícil quitarle cuota a los competidores. Todo esto lleva a la idea de que es necesario encontrar una combinación equilibrada de unidades de negocio en una cartera.

Algunas empresas pueden adoptar un planteamiento distinto. Por ejemplo, si la aspiración de la empresa es lograr un elevado crecimiento de los ingresos y el negocio puede invertir para lograr dicho crecimiento, es posible que la empresa matriz esté dispuesta a apoyar a más estrellas e interrogantes que otra que tiene una tesorería más estable y que se quiera concentrar en mantener o crear sus vacas de caja.

Es posible que existan relaciones entre los negocios de esta cartera en lo que respecta a sinergias percibidas; pero esta no es necesariamente la razón para tener estos negocios. La idea es que las empresas matriz sabrán identificar oportunidades de inversión acordes a esta matriz. Puede que se preocupen menos por gestionar los negocios en sí; así pues, en este sentido, también correspondería al planteamiento de gestora de carteras. Si una empresa matriz considera que tiene un planteamiento más activo, podría plantearse si no es más adecuado aplicar un planteamiento de cartera, algo que se analizará más adelante.

La matriz del BCG también se puede utilizar para valorar el equilibrio entre la cartera de actividades internacionales de una empresa de forma análoga. Aquí, los directivos querrán identificar mercados geográficos que pueden ofrecer un equilibrio sensato entre oportunidades de crecimiento y una presencia en mercados maduros con una elevada cuota para obtener tesorería, pero tienden a alejarse de aquellos países en los que tienen una reducida cuota de mercado en mercados estáticos o en declive.

Sin embargo, es necesario tomar ciertas precauciones cuando se utiliza la matriz del BCG:

● Pueden existir dificultades prácticas a la hora de decidir qué significa exactamente «alto» y «bajo» (en cuanto a crecimiento y cuota) en cada situación particular.

● El análisis debe aplicarse a las *unidades estratégicas de negocio* y no a los productos o a los mercados generales (que pueden incluir muchos segmentos del mercado).

● En muchas organizaciones, el recurso crítico que hay que planificar y equilibrar no es el efectivo, sino la capacidad innovadora, compuesta por el tiempo y la energía creativa de los directivos, diseñadores, ingenieros, etcétera, de la organización. Los *interrogantes* y las *estrellas* requieren disponer de grandes cantidades de este tipo de recursos.

● La posición de los *perros* suele malentenderse. Sin duda, puede que haya algunas unidades de negocio que deban ser eliminadas de inmediato. Sin embargo, es posible que otros perros tengan un lugar útil en la cartera. Pueden ser necesarios para completar la gama de productos y ofrecer una presencia creíble en el mercado. Se pueden conservar por cuestiones defensivas, para mantener alejados a los competidores. También es posible que se puedan revitalizar.

- No se sabe mucho sobre las implicaciones de esta estrategia en cuanto a comportamiento. ¿Cómo debe la dirección central motivar a los directivos de las *vacas de caja* que ven cómo sus excedentes ganados con mucho esfuerzo se invierten en otros negocios? Pueden producirse dificultades políticas si se toma la decisión de suprimir a los «perros» si han sido creados por gente con poder en la organización. En efecto, tal vez el factor único que hace que sea difícil crear y gestionar una cartera equilibrada en la práctica sean los celos que surgen entre las distintas unidades estratégicas de negocio.

Además de estas limitaciones generales del modelo, hay tres cuestiones que tienen una relevancia particular cuando se utiliza en un contexto internacional.

- El modelo no tiene en cuenta que sea necesario recurrir a distintos mecanismos de entrada en un mercado; es decir, en algunos países la oportunidad de tener la plena propiedad puede estar limitada.
- No se tienen en cuenta los distintos grados de riesgo económico y político: los países que tienen unas tasas de crecimiento potencial muy atractivas (como China) pueden acarrear también elevados niveles de riesgo.
- En el caso de las empresas con diversos productos, el modelo no tiene en cuenta que se comparta el uso de los recursos, por ejemplo, las instalaciones de distribución y ventas[42].

### 6.5.2   Equilibrio en una cartera en el sector público

Los distintos servicios ofrecidos por las organizaciones del sector público también se pueden analizar en cuanto al equilibrio de una cartera, como se muestra en el Cuadro 6.9. Aquí, lo primero que hay que valorar es (a) la «capacidad de atender eficazmente» de la organización, ofreciendo un buen valor percibido con los recursos de que dispone, y (b) el atractivo político de sus servicios en cuanto al grado en que pueden lograr el respaldo público y de las partes interesadas para obtener financiación[43]. No todos los servicios serán «estrellas» del sector público en este sentido. Algunos pueden ser servicios que son necesarios desde un punto de vista político o porque existe una necesidad pública, pero para los que existen recursos limitados: la «patata caliente política». En muchos sentidos, aquí es donde se encuentra el Servicio Nacional de Salud del Reino Unido. Análogamente, esta es una cuestión que suelen olvidar los directivos del sector público cuando revisan sus carteras de actividades; un proveedor de servicios públicos puede verse obligado a ofrecer los servicios y descubrir que tiene recursos «bloqueados» para ello. Hay más servicios que un proveedor del sector público puede haber estado proveyendo eficazmente durante muchos años, pero para los que existe poco apoyo del público o tienen escaso atractivo para atraer financiación: son los denominados «vellocinos de oro» en la matriz. Los servicios que van «al cajón del olvido» son el equivalente de los perros en la matriz del BCG; no tienen ni respaldo político (o público), ni suficientes recursos. En una revisión de la cartera del sector público, son el tipo de servicios que, si es posible, hay que suprimir.

En las organizaciones del sector público puede surgir otro problema para los directivos. Pueden encontrar difícil desarrollar servicios con un auténtico potencial de crecimiento, o generar excedentes para reinvertir, porque puede que este no sea el mandato que han recibido del gobierno. Puede que se espere que gestionen servicios que no pueden ganar dinero, pero que son necesidades públicas. Además, si se intenta desarrollar servicios que pueden crecer y ganar dinero, es posible que se privaticen o que se ofrezcan a una empresa privada. Es posible que se considere legítimo que la concejalía de cultura de un ayuntamiento se encargue de gestionar los parques públicos y las zonas de juego

**Cuadro 6.9**    La cartera de negocios en el sector público

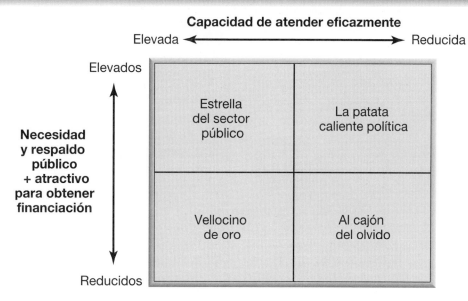

*Fuente*: Montanari, J. R. y Bracker, J. S. (1986): *Strategic Management Journal*, vol. 7, n.º 3, reproducido con autorización de John Wiley & Sons Ltd.

infantil, pero que el desarrollo de pistas de tenis cubiertas y de piscinas cubiertas con un beneficio potencial se considere una actividad inadecuada. Por tanto, la definición de qué constituye una cartera adecuada de actividades exige tener claridad sobre los propósitos y aspiraciones de la organización.

### 6.5.3    La matriz de política direccional

Otra forma de analizar una cartera de negocios es utilizando la matriz de política direccional[44], que clasifica a las unidades de negocio entre las que tienen buenas perspectivas y las que no tienen unas perspectivas tan buenas. A veces se denomina la matriz de atractivo, porque ofrece una forma de analizar una cartera de unidades de negocio prestando atención al atractivo tanto del entorno de las UEN como de su posición competitiva. Concretamente, la **matriz de política direccional** clasifica las unidades de negocio en función de (a) el atractivo del mercado en el que se encuentran, y (b) la fortaleza competitiva de la UEN en dicho mercado. Cada unidad de negocio se encuentra en la matriz en función de una serie de indicadores de atractivo y fortaleza. En el Cuadro 6.10(a) se muestran los factores que se suelen tener en cuenta. Sin embargo, no debe considerarse que están preestablecidos. Los factores deben ser aquellos que son más relevantes para la organización y su mercado: por ejemplo, como se identificó con los análisis PESTEL o de las cinco fuerzas, en el caso del atractivo, y mediante el análisis de los competidores para identificar las fortalezas de la unidad de negocio. Algunos analistas también pueden decidir mostrar gráficamente el tamaño del mercado para la actividad de determinada unidad de negocio, e incluso la cuota de mercado de dicha unidad, como se muestra en el Cuadro 6.10(b). Por ejemplo, los directivos de una empresa con la cartera que se muestra en el Cuadro 6.10(b) se mostraron preocupados porque tenían cuotas relativamente reducidas en el mercado más grande y más atractivo mientras que su principal fortaleza se encontraba en un mercado que solo tiene un atractivo medio y en mercados más pequeños con escaso atractivo a largo plazo.

La **matriz de política direccional** clasifica las unidades de negocio en función de (a) el atractivo del mercado en el que se encuentran, y (b) la fortaleza competitiva de la UEN en dicho mercado.

**Cuadro 6.10a** Indicadores de la fortaleza de la UEN y del atractivo del mercado

| Indicadores de la fortaleza de la UEN frente a la competencia | Indicadores del atractivo del mercado |
|---|---|
| • Cuota de mercado | • Tamaño del mercado |
| • Personal de ventas | • Tasas de crecimiento del mercado |
| • Marketing | • Ciclos |
| • I+D | • Estructura competitiva |
| • Fabricación | • Barreras de entrada |
| • Distribución | • Rentabilidad de la industria |
| • Recursos financieros | • Tecnología |
| • Competencias directivas | • Inflación |
| • Posición competitiva en cuanto a, por ejemplo, imagen, amplitud de la gama de productos, calidad/fiabilidad, servicio de atención al cliente | • Normativa |
| | • Disponibilidad de mano de obra |
| | • Cuestiones sociales |
| | • Cuestiones medioambientales |
| | • Cuestiones políticas |
| | • Cuestiones legales |

**Cuadro 6.10b** Matriz de atractivo/fortaleza de la UEN

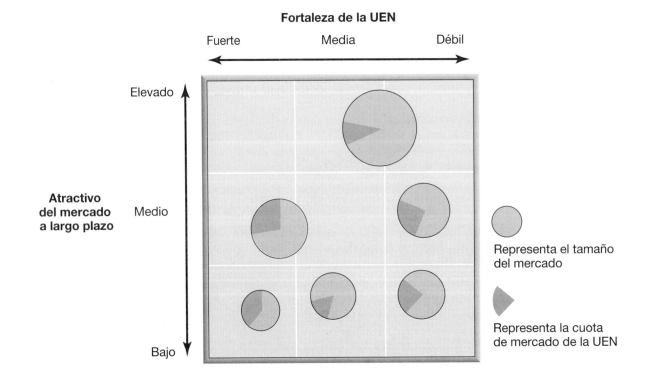

La matriz también ofrece una forma de analizar cuáles son las estrategias corporativas adecuadas dada la posición de las unidades de negocio, tal y como se muestra en el Cuadro 6.10(c). Sugiere que los negocios con el mayor potencial de crecimiento y la mayor fortaleza son aquellos en los que hay que invertir para tener crecimiento; y que se debe desinvertir o cosechar en los que son más débiles y se encuentran en los mercados menos atractivos (es decir, utilizarse para obtener el mayor volumen de tesorería posible antes de desinvertir o liquidar el negocio). Las decisiones más difíciles son para los negocios que se encuentran en el medio; en el ejemplo del Cuadro 6.10(b) hay varios. La utilidad de la matriz en este sentido es que ayuda a los directivos a identificar las razones por las que estos negocios tienen esas posiciones en la matriz, y pueden plantearse preguntas sobre si es posible hacer crecer sus negocios. Además, si hay que hacer elecciones de inversión entre los negocios, se puede ver cuál es el que más probabilidades ofrece de lograr un rendimiento de la inversión.

La matriz de política direccional también se puede utilizar para analizar y comparar oportunidades de inversión internacionales. Aquí, la matriz se centra en la posición competitiva de una empresa en el mismo producto en distintos mercados nacionales (*véase* Cuadro 6.10(d)). Además de las consideraciones habituales como el tamaño del mercado, el crecimiento y las condiciones competitivas, la valoración del mercado nacional tiene que incluir la consideración de la existencia de barreras arancelarias y no arancelarias al comercio, las normativas gubernamentales como los controles de precios y los requisitos de contenido local, así como la estabilidad política y económica del país[45]. Aunque el modelo logra así superar algunas de las limitaciones de la matriz del BCG para la planificación de la cartera internacional, sigue sin tener en cuenta las posibles relaciones de recursos entre grupos de productos en las organizaciones que tienen una diversificación internacional y de productos/servicios.

Esta lógica de la cartera trata, en esencia, de comprender la fortaleza relativa de un negocio en el contexto de sus mercados, de forma que se podrán tomar decisiones sobre la inversión, la adquisición y la desinversión. Por tanto, supone que la empresa matriz comprende los negocios, sus estrategias y las bases de su éxito. Aunque en esta matriz hay poco que ver con la diversificación relacionada, la implicación es que los negocios deben

**Cuadro 6.10c   Líneas directrices estratégicas a partir de la matriz de política direccional**

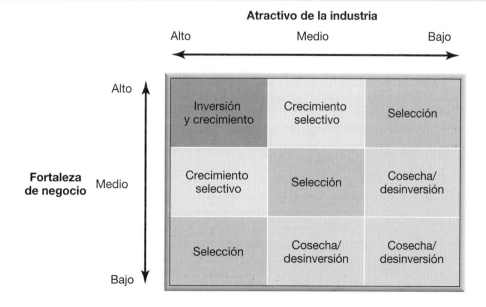

**Cuadro 6.10d**    Oportunidades de inversión internacional en función de la matriz de política direccional

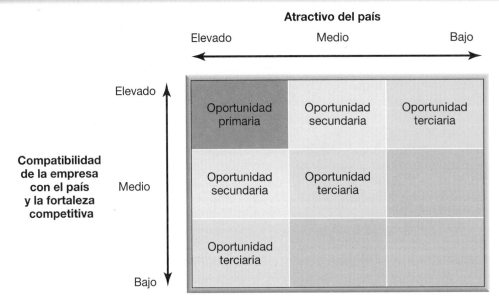

*Fuente*: Harrel, G. D. y Kiefer, R. D. (1993): «Multinational market portfolio in global strategy development». *Internacional Marketing Review* 10(1); Phillips, C., Duole, I. y Lowe, R. (1994): *Internacional Marketing Strategy*. Routledge. Pp. 137-138.

estar relacionados en cierta medida, o de lo contrario se estaría esperando que la empresa matriz comprenda una variedad de negocios demasiado amplia.

Hasta ahora, el análisis se ha centrado en la lógica de las carteras en cuanto a su equilibrio y a su atractivo. La tercera lógica tiene que ver con el «ajuste». Las reflexiones sobre el ajuste han girado en torno a dos conceptos: la tutela y las capacidades.

### 6.5.4    La matriz de tutela

Al decidir sobre si el papel de la empresa matriz es adecuado y si la combinación de unidades de negocio se ajusta bien a la empresa matriz, puede resultar útil la *matriz de tutela* (o diagrama de cartera de Ashridge), desarrollada por Michael Goold y Andrew Campbell[46]. Esta matriz parte de las ideas explicadas en la anterior Sección 6.4.4 sobre el papel de la empresa matriz como *promotora de desarrollo*. Sugiere que las corporaciones deben intentar construir carteras que se ajusten bien a las habilidades de tutela de la sede de la empresa y que la sede de la empresa debe, a su vez, construir habilidades de tutela adecuadas a su cartera. Al jugar con estos dos principios, las empresas deberían ser capaces de avanzar hacia un mayor ajuste en las dos dimensiones (*véase* Cuadro 6.11):

● El grado en que la empresa matriz tiene una *idea* suficiente sobre los negocios en la cartera. En efecto, se trata del ajuste entre los *factores críticos de éxito* de las unidades de negocio (*véase* Capítulo 2, Sección 2.4.4) y las capacidades (en cuanto a competencias y recursos) y características de la empresa matriz.

● El ajuste entre las *oportunidades de tutela* de las unidades de negocio (*véase* más adelante) y las capacidades y características de la matriz. Así pues, esta cuestión aborda cómo se pueden *beneficiar* los negocios de la empresa matriz.

La lógica de utilizar estas dos dimensiones del ajuste es la siguiente. Si los factores críticos de éxito de la unidad de negocio se ajustan mal a las características y capacidades de

**Cuadro 6.11** La matriz de tutela: el diagrama de cartera de Ashridge

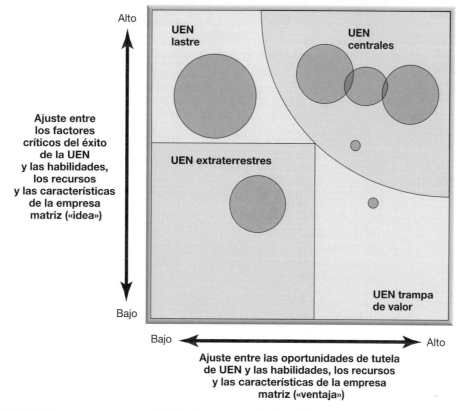

*Fuente*: adaptado de Goold, M., Campbell, A. y Alexander, M. (1994): *Corporate Level Strategy*. Wiley.

la empresa matriz, los directivos de la matriz probablemente no comprendan bien el negocio y lo perjudiquen involuntariamente. Así pues, la primera medida del ajuste consiste en evitar los problemas. Por ejemplo, cuando BAT, una tabacalera, adquirió Eagle Star, una empresa de servicios financieros en la década de los noventa, el ajuste de los factores críticos de éxito era muy escaso: los factores críticos de éxito de los seguros no se ajustaban bien con las habilidades y características de los directivos de BAT. Los resultados fueron problemáticos. BAT animó a Eagle Star a ganar cuota de mercado (una estrategia normal en la industria del tabaco) con la consecuencia de que Eagle Star asumió riesgos inadecuados en los seguros, incurriendo en unas grandes pérdidas pocos años después. La falta de ajuste fue, en parte, la causa de estas pérdidas posteriores. El ajuste entre los factores críticos de éxito de un negocio y las características de la matriz es, por tanto, un factor relacionado con la reducción del riesgo. Un elevado ajuste implica que hay pocos riesgos de que se produzcan problemas. Un reducido ajuste implica que hay un elevado riesgo de que se produzcan problemas.

El ajuste entre las oportunidades de tutela de los negocios y las características de la matriz tiene que ver con las ventajas y las oportunidades. Un ajuste elevado significa que hay un elevado potencial de valor añadido. Un ajuste reducido significa que hay poco potencial. Una «oportunidad de tutela» es una oportunidad para que el negocio mejore aquello que se puede explotar mejor con la ayuda de la empresa matriz. Por ejemplo, es posible que el negocio tenga que recortar costes y que la empresa matriz pueda ayudarlo con su experiencia; este negocio puede tener que expandirse en Asia y sería útil la ayuda de la empresa matriz con unos buenos contactos en Asia; es posible que el negocio necesite mejorar sus habilidades de marketing y podría recibir la ayuda de la empresa matriz con fuertes habilidades de marketing, por ejemplo.

El Cuadro 6.11 muestra una posible imagen de la cartera resultante.

- Las unidades de negocio *centrales* son aquellas en las que puede añadir valor la empresa matriz sin correr el riesgo de perjudicarlas. Deben encontrarse en el núcleo de la estrategia futura.
- Las unidades de negocio *lastre* son aquellas que la empresa matriz comprendería pero que no puede hacer gran cosa por ellas. Probablemente tendrían el mismo éxito si fueran empresas independientes. Si forman parte de la futura estrategia corporativa, deben gestionarse con muy poca intervención y asumir pocos costes de la burocracia corporativa.
- Las unidades de negocio *trampa de valor* son peligrosas. Parecen atractivas porque existen oportunidades para que la empresa matriz añada valor. Pero son decepcionantemente atractivas, porque existe un gran peligro de que las atenciones de la matriz provoquen más daños que beneficios. Las unidades de negocio trampa de valor solo deben incluirse en la estrategia futura si se pueden trasladar a unidades centrales. Además, probablemente sea necesario realizar algunos ajustes en las habilidades, recursos o características de la matriz.
- Las unidades de negocio *extraterrestres* constituyen claramente una falta de ajuste. Ofrecen pocas oportunidades para añadir valor y no se complementan bien con el comportamiento habitual de la matriz. La salida es la mejor estrategia.

Este planteamiento para analizar las carteras corporativas pone, por tanto, el énfasis en preguntarse cómo puede la matriz beneficiar a las unidades de negocio, y esto da lugar a una serie de retos.

- *Valor o coste para la empresa matriz.* Si la empresa matriz no está mejorando el rendimiento de las unidades de negocio, ¿cuál es su papel? La sede tiene que desempeñar un papel en cuanto a las cuestiones puramente corporativas, como el negociar con las instituciones financieras y con los gobiernos. Pero si su papel se limita a esto, el coste de realizar estas funciones debería ser reducido para la unidad de negocio. Una sede de gran tamaño y elevados costes que no hacen gran cosa para mejorar las estrategias de sus unidades de negocio, pueden constituir una elevada carga para estas unidades, minando así su ventaja competitiva potencial en el mercado y reduciendo pues el rendimiento general para los accionistas.
- *Comprensión de la creación de valor en el ámbito de la unidad de negocio.* En la última década, más o menos, ha surgido un patrón general que sugiere que las organizaciones de todo el mundo están intentando que la responsabilidad de las decisiones estratégicas se encuentre cada vez más cerca de los mercados. Hay un intento de garantizar que las competencias específicas de las unidades de negocio se dirigen al desarrollo de estrategias competitivas de éxito. La tendencia hacia la desregulación y la privatización de los servicios públicos y de las autoridades gubernamentales, que está aumentando en todo el mundo, proviene de un razonamiento análogo. El objetivo es que la responsabilidad del desarrollo de la capacidad estratégica y de la consecución de la ventaja competitiva en los mercados se encuentre en el ámbito de la unidad de negocio, en los directivos que tienen un contacto más directo con los mercados. Por tanto, cada vez más se considera que el papel de la matriz es el de facilitar, interviniendo lo menos posible.
- *Comprensión de la creación de valor a nivel corporativo.* Si la empresa matriz quiere mejorar las estrategias de las unidades de negocio, ha de tener claro cómo y dónde puede añadir valor. También debe evitar asumir papeles que no mejoran las estrategias en el ámbito de las unidades de negocio. Por ejemplo, la empresa matriz puede imponer una elaborada planificación estratégica diseñada más para ofrecer información a la sede que para ayudar al desarrollo estratégico de las unidades; puede mantener una

gran cantidad de personal en la sede que duplica el papel de los ejecutivos en las unidades de negocio; o puede imponer exigencias sobre la estrategia de la unidad de negocio que no son razonables en función de la estrategia competitiva en ese ámbito.

● *Idea suficiente.* Si la empresa matriz quiere, de verdad, mejorar las estrategias de las unidades de negocio, tiene que analizar a cuántas unidades de negocio puede ayudar realmente. Para ello, es necesario que la empresa tenga una idea suficiente de la naturaleza de estas unidades, por lo que su número no puede ser muy elevado salvo que sean negocios muy parecidos en cuanto a tecnología, productos o capacidades; o que estén en mercados similares.

● *Revisión de la cartera.* La empresa matriz también tiene que valorar qué negocios son los que deben incluirse en la cartera dadas las anteriores consideraciones. La Ilustración 6.7 muestra cómo revisó Unilever su papel como empresa matriz y, por consiguiente, su cartera.

El concepto de ajuste tiene también relevancia en el sector público. La implicación es que los directivos del sector público deben controlar de forma directa únicamente aquellos servicios y actividades que se ajustan a los servicios y actividades para los que tienen una especial pericia directiva. Los demás servicios deberían ser contratados en el exterior o constituirse como agentes independientes. Aunque la contratación externa, la privatización y la constitución de agencias independientes dependen tanto del dogma político como del análisis de la estrategia a nivel corporativo, la tendencia va en este sentido.

## 6.5.5 El papel de la matriz en una cartera internacional

Como han destacado Chris Bartlett y Sumantra Ghoshal, la complejidad de las estrategias aplicadas por organizaciones como Boeing y General Motors puede dar lugar a redes de filiales muy diferenciadas con una gran gama de distintos papeles estratégicos. Las filiales podrán desempeñar papeles distintos en función de los recursos y capacidades locales disponibles y de la importancia estratégica de su entorno local (*véase* Cuadro 6.12)[47].

---

**Cuadro 6.12** El papel de las filiales en las empresas multinacionales

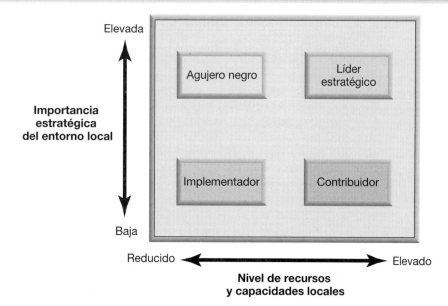

*Fuente*: Bartlett, C. A. y Ghoshal, S. (1989): *Managing Across Borders: The Transnational Solution.* Boston: The Harvard Business School Press. Pp. 105-111.

estrategia en acción

# La tutela de Unilever

*Si el papel de la matriz es añadir valor a las unidades de negocio, tiene que tener claro cómo puede hacerlo y en qué negocios.*

Unilever, la empresa fabricante de bienes de consumo, que fabrica productos alimenticios, detergentes y productos de aseo personal, ha creado habilidades, recursos y características que hace que sea una eficaz empresa matriz para determinados tipos de negocios, pero no tan eficaz para otros.

Unilever se desarrolló como una organización descentralizada, que tradicionalmente ha dependido mucho de los directivos regionales o del país. Tenía una fuerte base tecnológica y unos laboratorios de investigación centralizados; una fuerte atención al marketing, que partía de las habilidades de desarrollo de productos y de creación de marcas para los mercados de consumo masivo; y un proceso de gestión de recursos humanos poco habitual, que controla los progresos de 20 000 directivos, de los cuales una gran proporción trabaja fuera de su país de origen.

Estas habilidades, recursos y características se ajustaban bien a las oportunidades de tutela y a los factores críticos del éxito de los principales negocios de Unilever. Los negocios de productos alimenticios han sido tradicionalmente negocios locales o regionales que pueden aprovechar el conocimiento de los productos y mercados en todo el mundo. También pueden aprovechar los laboratorios de investigación centrales y el talento directivo central de Unilever sin perder su atención local. Los negocios de detergentes y de productos de aseo personal también se benefician de la cobertura global de Unilever, de su investigación central, su talento directivo y sus políticas centrales, pero no tanto como los alimentos. Los negocios de productos de aseo personal y de detergentes, que ahora se llaman Hogar y Aseo Personal (HAP), son menos locales y más globales. Esto significa que parte del comportamiento de tutela de Unilever, como el sesgo a favor de la descentralización, tiene algunos efectos secundarios negativos. Además, el planteamiento de Unilever de compartir el *know-how* entre fronteras mediante grupos de trabajo implica que se pierden algunas ventajas de la gestión centralizada del conocimiento.

La elección que ha hecho históricamente Unilever entre centralización y localización se ajusta mejor al negocio de los alimentos que a los negocios HAP, lo que da lugar a distintas posiciones en la matriz de tutela. Dadas estas diferencias, Unilever dividió la empresa en dos divisiones: alimentos y HAP. El propósito de la reorganización consistía en permitir que HAP se centralizara más. Sin embargo, puesto que tanto alimentos como HAP son cada vez más globales y menos locales, incluso la división de alimentos tiene que prestar más atención a las marcas internacionales y centralizarse más. Así pues, hay quien

afirma que se puede justificar el mantener juntas ambas divisiones: los alimentos podrían aprender de HAP cómo hacerse más globales mientras que HAP aprende de alimentos cómo mantener la capacidad de respuesta a los requisitos locales.

Esta tendencia a centrarse más en esos negocios y productos que se ajustan mejor a la combinación exclusiva de Unilever de centralización y localización ha perdurado durante los últimos 25 años. Los negocios como las plantaciones de té y las granjas de animales fueron vendidas en la década de los ochenta. Estos negocios tenían factores críticos de éxito que eran muy distintos de los negocios centrales de alimentos y detergentes y no se ajustaban bien al sesgo de marketing hacia el consumidor de Unilever. Además, se beneficiaba muy poco del alcance global de Unilever, de sus instalaciones de investigación centralizadas y de su grupo de directivos de productos.

En la década de los noventa Unilever también salió del grupo de productos químicos especializados. Este negocio se había mantenido debido a ciertas sinergias en el campo de la investigación. Sin embargo, sus factores críticos de éxito (optimización de plantas, venta de tecnología, servicios de tecnología y fabricación global) eran muy distintos de los de los alimentos con marca y, al igual que las plantaciones de té y las granjas de animales, ganaba muy poco de las fortalezas exclusivas de Unilever.

Se han hecho importantes adquisiciones en el área de los principales productos. Best Foods, una empresa que fabrica alimentos con sede en Estados Unidos, ha aumentado drásticamente la presencia de Unilever en Estados Unidos y en todo el mundo. Además, Unilever ha anunciado su intención de centrarse en unos pocos cientos de marcas internacionales, deshaciéndose de muchas de sus marcas locales.

Preparado por Andrew Campbell, Ashridge Strategic Management Centre.

## Preguntas

1. ¿Cómo pueden diferir los resultados de este ejercicio de configuración de la matriz de tutela de un ejercicio de análisis de carteras utilizando la matriz de crecimiento/participación?

2. ¿Cuáles son las ventajas e inconvenientes de mantener en 2000 dos divisiones en la empresa? ¿Debería Unilever analizar la posibilidad de desagregar los negocios?

- Los **líderes estratégicos** son filiales que no solo tienen recursos y capacidades valiosas pero que también están localizados en países que son esenciales para el éxito competitivo debido a, por ejemplo, el tamaño del mercado local o la accesibilidad a tecnologías clave.
- Los **contribuidores** son filiales con valiosos recursos internos pero localizadas en países con una menor significatividad estratégica que pueden, no obstante, desempeñar un papel clave para el éxito competitivo de una organización multinacional. La filial australiana de la empresa de telecomunicaciones sueca Ericsson desempeñó este papel en el desarrollo de importantes sistemas para el desarrollo de la empresa.
- Aunque no contribuyen sustancialmente a la mejora de la ventaja competitiva de la empresa, los *implementadores* son importantes en tanto en cuanto ayudan a generar recursos financieros vitales.
- Los **agujeros negros** son filiales localizadas en países que son cruciales para el éxito competitivo pero que tienen un reducido nivel de recursos o capacidades. Esta es la posición en la que se han encontrado durante mucho tiempo en Japón las filiales de las empresas europeas y estadounidenses. Las posibilidades para salir de esta posición poco atractiva incluyen el desarrollo de alianzas y el desarrollo de determinados recursos y capacidades clave[48].

De nuevo, esto está relacionado, por supuesto, con el modo en que se controlan y gestionan estas filiales, lo que se analiza en la Sección 8.3 del Capítulo 8.

### 6.5.6    Tendencias en la gestión de carteras

La tendencia en el pensamiento de la dirección ha ido alejándose de centrarse únicamente en los criterios sobre el equilibrio y el atractivo (es decir, las anteriores Secciones 6.5.1 y 6.5.3) para centrarse más en el criterio del ajuste (es decir, la anterior Sección 6.5.4). En otras palabras, el reto de la empresa matriz es cada vez más justificar cómo logra que una cartera de negocios obtenga un valor superior a la suma de sus partes dado el ajuste sinergético entre los negocios, el ajuste entre las necesidades de los negocios y las competencias de la matriz, o ambos ajustes. Muchas empresas se diversificaron en las décadas de 1970 y 1980 para entrar en negocios más atractivos y equilibrar sus carteras. La mayoría de estas iniciativas fracasaron, y desde la década de 1990 se ha producido un periodo de desagregación, ventas, y rupturas de las carteras que tenían, en el mejor de los casos, una relación espuria. Las empresas matriz han intentado poner una mayor atención en las tecnologías con mercados que podían comprender y que ofrecían más posibilidades de lograr este tipo de ajuste.

La creciente sofisticación de los mercados de capitales ha fomentado, a su vez, esta tendencia. Como se explicó al principio de este capítulo, los accionistas ya no necesitan que los directivos corporativos de los grandes conglomerados actúen en su nombre para equilibrar los beneficios con una cartera de negocios, porque pueden equilibrar sus rendimientos ellos mismos invirtiendo en una selección de empresas con distintos perfiles de beneficios. Además, los accionistas pueden pasar su dinero entre distintos sectores atractivos, como la atención sanitaria o las tecnologías emergentes, con más facilidad que las empresas matriz. El argumento es que las empresas matriz deben dejar de hacer aquellas tareas que los accionistas pueden hacer más fácilmente por sí mismos y centrarse en crear un valor adicional aplicando su pericia directiva.

En el sector público se ha producido una tendencia paralela, con una creciente presión política de los gobiernos a poner en duda qué es lo que pueden ofrecer los grandes organismos, a menudo burocráticos, para una provisión más local de los servicios. Aquí, los principales determinantes han sido la combinación del deseo de reducir los costes del gobierno central y la exigencia de que la provisión de servicios rinda cuentas en el ámbito local.

El debate sobre la naturaleza y las ventajas de las corporaciones como un todo subyace en este planteamiento y en las cuestiones propuestas en este capítulo. Este es el tema del debate clave del final del capítulo en la Ilustración 6.8.

Los **líderes estratégicos** son filiales que no solo tienen recursos y capacidades valiosas pero que también están localizados en países que son esenciales para el éxito competitivo.

Los **contribuidores** son filiales con valiosos recursos internos pero localizados en países con una menor significatividad estratégica, que pueden, no obstante, desempeñar un papel clave para el éxito competitivo de una organización multinacional.

Los **agujeros negros** son filiales localizadas en países que son cruciales para el éxito competitivo pero que tienen un reducido nivel de recursos o capacidades.

# ¿Para qué se necesitan realmente las estrategias corporativas?

*¿Necesitamos realmente a las empresas multinacionales y diversificadas?*

El concepto de estrategia corporativa supone que las corporaciones poseen y controlan negocios en una gama de mercados o países. Pero el economista especialista en «costes de transacción» Oliver Williamson considera que estas corporaciones diversificadas solo deberían existir cuando existen «fallos del mercado»[1]. Si los mercados funcionan bien, no hay necesidad de que se coordinen las unidades de negocio utilizando jerarquías directivas. Las unidades de negocio podrían ser independientes, coordinándose entre sí, cuando fuera necesario, mediante sencillas transacciones en el mercado. La «mano invisible» del mercado podría sustituir a la «mano visible» de los directivos de la sede empresarial. No existiría una «estrategia corporativa».

Los fallos de mercado que justifican la existencia de una corporación se producen por dos motivos:

- *Racionalidad limitada:* la gente no puede saber todo lo que está ocurriendo en el mercado, por lo que es imposible que las transacciones del mercado sean perfectamente racionales. La información, por ejemplo, sobre la calidad y los costes, puede ser, a veces, mejor dentro del marco de la corporación.
- *Oportunismo:* los negocios independientes que realizan transacciones entre sí pueden comportarse de forma oportunista, por ejemplo, engañando con sus promesas sobre entrega o calidad. Estos engaños pueden ser perseguidos y castigados con más facilidad dentro de una jerarquía corporativa.

Según Williamson, solo se deben incluir actividades en una corporación cuando los «costes de transacción» de superar la racionalidad limitada (obtener información) y el oportunismo (protegerse de los engaños) son menores dentro de la jerarquía corporativa de lo que serían recurriendo a las transacciones en los mercados.

Esta comparación de los costes de transacción en los mercados y en las jerarquías tiene poderosas implicaciones sobre las tendencias en cuanto a la diversificación geográfica y de productos:

- La mejora de los mercados de capitales puede reducir las ventajas relativas de la información en los conglomerados cuando gestionan un conjunto de negocios no relacionados. A medida que los mercados mejoran su obtención de información habrá una menor necesidad de recurrir a conglomerados, lo que podría explicar el reciente declive de los conglomerados en muchas economías.

- La mejora de la protección de los derechos de propiedad intelectual en el ámbito internacional puede aumentar los incentivos para que las empresas multinacionales vendan licencias de sus tecnologías a empresas extranjeras, en vez de intentar hacerlo todo ellas mismas. Si mejora la perspectiva de recaudar los royalties, disminuyen las ventajas de que las multinacionales lo hagan todo ellas mismas.

Así pues, el que haya menos fallos de mercado también significa que el alcance geográfico y de productos será menor.

El punto de vista de los «costes de transacción» de Williamson impone una fuerte carga a las corporaciones para que justifiquen su existencia. Hay dos defensas posibles. La primera, que es difícil intercambiar conocimientos en el mercado. Los compradores solo pueden conocer el valor del nuevo conocimiento cuando ya lo han comprado. Los compañeros de las unidades de negocio de una misma corporación pueden transferir mejor el conocimiento que las empresas independientes en un mercado abierto[2]. Segunda, las corporaciones no solo existen para minimizar los costes de información y los engaños, sino también para maximizar el valor de los recursos combinados. El agrupar a gente creativa en una empresa colectiva mejora el intercambio de conocimientos, la innovación y la motivación. Las corporaciones crean valor además de minimizar los costes[3].

*Notas:*

1. WILLIAMSON, O.E. (1998): «Strategy research: governance and competence perspectives». *Strategic Management Journal*, vol. 12. Pp. 75-94.
2. KOGUT, B. y ZANDER, U. (1996): «What firms do? Coordination, identity and learning». *Organization Science*, vol. 7, n.º 5. Pp. 502-519.
3. GHOSHAL, S., BARTLETT, C. y MORAN, P. (1999): «A new manifesto for management». *Sloan Management Review*, Spring. Pp. 9-20.

## Pregunta

Analice una multinacional diversificada como Cadbury Schweppes o Unilever: ¿qué tipo de conocimiento, difícil de obtener en el mercado, puede transferir entre productos y filiales en países, y qué probabilidades hay de que ese conocimiento tenga una mayor o menor importancia en el futuro?

# Resumen

- Muchas corporaciones tienen varias, a veces muchas, unidades de negocio. Las decisiones y actividades por encima de las unidades de negocio pertenecen al ámbito de lo que en este capítulo hemos denominado la empresa matriz.

- La estrategia corporativa tiene que ver con las decisiones de la empresa matriz sobre (a) el alcance internacional de la gama de productos; y (b) cómo intenta añadir valor al creado por las unidades de negocio.

- La diversidad de productos se suele considerar en función de una diversificación relacionada y no relacionada. Cada vez más se analiza esta relación en función de la relación de las capacidades estratégicas.

- Las ventajas de tener una escala y un alcance internacional se pueden lograr mediante una cuidadosa selección de (a) los mercados en los que se va a entrar en el ámbito internacional, (b) los elementos de la cadena de valor de la organización que se pueden localizar en las distintas partes del mundo y (c) el grado en que los productos y servicios o activos son estándares o particularizados a los mercados locales.

- Tanto respecto al alcance internacional como al alcance de la gama de productos, el rendimiento empeora si las organizaciones se diversifican demasiado.

- Las empresas matriz pueden intentar añadir valor adoptando distintos papeles: el de gestor de carteras, el de gestor de sinergias y el de matriz promotora de desarrollo.

- Existen varios modelos de cartera para ayudar a las empresas matriz a dirigir sus carteras de negocios, los más comunes son: la matriz del BCG, la matriz de política direccional, la matriz de tutela y los modelos relativos a las organizaciones del sector público y a las organizaciones con una diversificación internacional.

# Lecturas clave recomendadas

- El capítulo de Goold, M. y Luchs, G. (2003): «Why diversify: four decades of management thinking», en D. O. Faulkner y A. Campbell (eds), *The Oxford Handbook of Strategy*, vol. 2, Oxford University Press. Pp. 18-42, es un análisis útil sobre la diversificación. El reto de crear y dirigir organizaciones diversificadas es también el centro de atención del artículo de Goold, M. y Campbell, A. (1998): «Desperately seeking synergy», *Harvard Business Review*, vol. 76, n.º 2. Pp. 131145.

- Un artículo seminal y galardonado sobre el desarrollo de las empresas multinacionales es el de Kogut, B. y Zander, U. (1993): «Knowledge of the firm and the evolutionary theory of the multinational enterprise», *Journal of International Business Studies*, vol. 24, n.º 4. Pp. 625-645.

- Un artículo que ofrece una descripción equilibrada de la evidencia empírica sobre la integración económica internacional y la globalización es: Ghemawat, P. (2003): «Semiglobalization and international business strategy», *Journal of International Business Studies*, vol. 34, n.º 2. Pp. 138-152.

- El tema relativo a la tutela se abarca con detalle, con muchos ejemplos, en Goold, M., Campbell, A. y Alexander, M. (1994): *Corporate Level Strategy*. Wiley.

- Un resumen de los distintos análisis de cartera, sus ventajas y limitaciones, aparece en Faulkner, D. (1998): «Portfolio matrices», en V. Ambrosini (ed.) con G. Johnson y K. Scholes, *Exploring Techniques of Analysis and Evaluation in Strategic Management*. Prentice Hall.

# Notas

1. Sobre las economías de alcance, *véase* TEECE, D. J. (1982): «Towards an economic theory of the multi-product firm», *Journal of Economic Behavior and Organization*, vol. 3. Pp. 39-63.

2. *Véase* CAMPBELL, A. y LUCHS, K. (1992): *Strategic Synergy*. Butterworth/Heinemann.

3. *Véase* PRAHALAD, C.K. y BETTIS, R. (1986): «The dominant logic: a new link between diversity and performance», *Strategic Management Journal*, vol. 6, n.º 1. Pp. 485-501; BETTIS, R. y PRAHALAD, C. K. (1995): «The dominant logic: retrospective and extension», *Strategic Management Journal*, vol. 16, n.º 1. Pp. 5-15.

4. *Véase* COHEN, L. (2001): «How United Technologies lawyers outmaneuvred GE», *Wall Street Journal*, 2 de julio.

5. *Véase* SCHILLING, M. A. (2003): «Technological leapfrogging: lessons from the U.S. video games console industry», *California Management Review*, vol. 45, n.º 3. Pp. 6-33.

6. FUSARO, P. C. y MILLER, R. M. (2002): *What Went Wrong at Enron*, Wiley, es una buena descripción de la situación que se produjo en Enron a finales de la década de 1990.

7. Se analiza correctamente en COMMENT, P. y JARRELL, G. (1995): «Corporate focus and stock returns», *Journal of Financial Economics*, vol. 37. Pp. 67-87; y MARKIDES, C. C. (1995): *Diversification, Refocusing and Economic Performance*, MIT Press.

8. GOOLD, M. y CAMPBELL, A. (1998): «Desperately seeking synergy», *Harvard Business Review*, vol. 76, n.º 2. Pp. 131-145.

9. Esta cuestión se plantea en el análisis de las sinergias de Campbell y Luchs (*véase* la nota 2).

10. *Véase* SERWER, A. (2002): «The oracle of everything», *Fortune*, 11 de noviembre.

11. *Véase* MARKIDES, C. (2002): «Corporate strategy: the role of the centre», en A. Pettigrew, H. Thomas y R. Whittington (eds), *Handbook of Strategy and Management*, Sage.

12. Aquí, el estudio clásico es el de RUMELT, R. P. (1974): *Strategy, Structure and Economic Performance*. Harvard University Press.

13. MONTGOMERY, C. A. (1982): «The measurement of firm diversification: some new empirical evidence», *Academy of Management Journal*, vol. 25, n.º 2. Pp. 299-307; y BETTIS, R. A. (1981): «Performance differences in related and unrelated diversified firms», *Strategic Management Journal*, vol. 2. Pp. 379-393.

14. PALICH, L. E., CARDINAL, L. B. y MILLER, C. (2000): «Curvilinearity in the diversification-performance linkage: an examination of over three decades of research», *Strategic Management Journal*, vol. 21. Pp. 155-174.

15. KHANNA, T. y PALEPU, K. (2000): «The future of business groups in emerging markets: long-run evidence from Chile», *Academy of Management Journal*, vol. 43, n.º 3. Pp. 268-285.

16. GRANT, R., JAMMINE, A. y THOMAS, H. (1988): «Diversity, diversification and profitability among British manufacturing companies, 1972-1984», *Strategic Management Journal*, vol. 17. Pp. 109-122.

17. WHITTINGTON, R. y MAYER, M. (2000): *The European Corporation: Strategy, Structure and Social Science*. Oxford University Press.

18. Para una explicación más detallada, *véase* GHEMAWAT, P. (2003): «The forgotten strategy», *Harvard Business Review*, noviembre. Pp. 76-84.

19. Este análisis parte de BURMESTER, B. (2000): «Political risk in international business», en M. Tayeb (ed.), *International Business*. Prentice Hall. Pp. 247-272.

20. *Véase* BERGARA, M. E., HENISZ, W. J. y SPILLER, P. T. (1998): «Political institutions and electric utility investment: a cross-national analysis», *California Management Review*, vol. 40, n.º 2. Pp. 18-35.

21. IMLE, J. (1999): «Multinationals and the new world of energy development: A corporate perspective», *Journal of International Affairs*, vol. 53, n.º 1. Pp. 263-280.

22. *Véase* LU, J.W. y BEAMISH, P.W. (2001): «Internationalisation and performance of SMEs», *Strategic Management Journal*, vol. 22. Pp. 565-586; y NEWMAN, K. L. y NOLLEN, S. D. (1996): «Culture and congruence: the fit between management practices and national culture», *Journal of International Business Studies*, vol. 27, n.º 4. Pp. 753-779.

23. Para un análisis detallado del papel del aprendizaje y de la experiencia en la entrada en los mercados, *véase*: GUILLÉN, M. F. (2003): «Experience, imitation, and the sequence of foreign entry: wholly owned and joint-venture manufacturing by South Korean firms and business groups in China, 1987-1995», *Journal of International Business Studies*, vol. 83. Pp. 185-198; y ERRAMILLI, M. K. (1991): «The experience factor in foreign market entry modes by service firms», *Journal of International Business Studies*, vol. 22, n.º 3. Pp. 479-501.

24. HISRICH, R. D. (1997): *Cases in International Entrepreneurship*. Irwin.

25. JONES, M. V. (1999): «The internationalization of small high-technology firms», *Journal of International Marketing*, vol. 7. Pp. 15-41. *Véase* también OVIATT, B. M. y McDOUGALL, P. P. (1994): «Toward a theory of new international ventures», *Journal of International Business Studies*, vol. 25. Pp. 45-64.

26. KOGUT, B. (1985): «Designing global strategies: comparative and competitive value added chains», *Sloan Management Review*, vol. 27. Pp. 15-28.

27. LEVITT, T. (1983): «The globalization of markets», *Harvard Business Review*, vol. 61. Pp. 92-102.

28. Una revisión útil de la dimensión internacional es: HITT, M. y HOSKISSON, R. E. (1997): «International diversification: effects on innovation and firm performance in product-diversified firms», *Academy of Management Journal*, vol. 40, n.º 4. Pp. 767-798.

29. *Véase* GOMES, L. y RAMASWAMY, K. (1999): «An empirical examination of the form of the relationship between multinationality and performance», *Journal of International Business Studies*, vol. 30. Pp. 173-188; GERINGER, J., TALLMAN, S. y OLSEN, D. M. (2000): «Product and international diversification among Japanese multinational firms», *Strategic Management Journal*, vol. 21. Pp. 51-80.

30. *Véase* CAPAR, N. y KOTABE, M. (2003): «The relationship between international diversification and performance in service firms», *Journal of International Business Studies*, vol. 34. Pp. 345-355; CONTRACTOR, F. J., KUNDU, S. K. y HSU, C. (2003): «A three-stage theory of international expansion: the link between multinationality and performance in the service sector», *Journal of International Business Studies*, vol. 34. Pp. 5-18.

31. HITT, M. y HOSKISSON, R. (1997): «International diversification: effects on innovation and firm performance», *Academy of Management Journal*, vol. 40, n.º 4. Pp. 767-798.

32. TALLMAN, S. y LI, J. (1996): «Effects of international diversity and product diversity on the performance of multinational firms», *Academy of Management Journal*, vol. 39. Pp. 179-196.

33. Los primeros capítulos de GOOLD, M. y LUCHS, K. S. (1996): *Managing the Multibusiness Company*. Routledge, ofrecen una buena introducción a las teorías que subyacen a las capacidades de añadir valor de las empresas con múltiples productos.

34. Para un análisis del papel de la claridad de la misión, *véase* CAMPBELL, A., DEVINE, M. y YOUNG, D. (1990): *A Sense of Mission*. Hutchinson Business. Sin embargo, HAMEL, G. y PRAHALAD, C. K. (1994) afirman en el Capítulo 6 de su libro *Competing for the Future*, Harvard Business School Press, que las declaraciones de la misión tienen un impacto insuficiente sobre la competencia de la claridad de la «intención estratégica». Es más probable que sea una declaración breve pero clara si se centra más en la claridad de la dirección estratégica (ellos utilizan el término «destino») que en cómo se va a lograr la dirección estraté-

gica. *Véase* también HAMEL y PRAHALAD (1989) sobre la intención estratégica en *Harvard Business Review*, vol. 67, n.º 3. Pp. 63-76.

35. GOOLD, M., CAMPBELL, A. y ALEXANDER, M. (1994): *Corporate Level Strategy*. Wiley, aborda las capacidades que añaden y destruyen valor de las empresas matriz.

36. La magnitud y los medios de las capacidades que añaden valor de las empresas matriz es el tema que se aborda en GOOLD, M., CAMPBELL, A. y ALEXANDER, M. (*véase* la nota 35).

37. Los dos primeros planteamientos analizados aquí parten del artículo de PORTER, M. (1987): «From competitive advantage to corporate strategy», *Harvard Business Review*, vol. 65, n.º 3. Pp. 43-59.

38. *Véase* CAMPBELL, A. y LUCHS, K. (1992): *Strategic Synergy*. Butterworth/Heinemann.

39. Aquí se han combinado los planteamientos de «gestor de sinergias» y de «transferencia de habilidades» descritos por PORTER (*véase* la nota 37).

40. El planteamiento de la promotora de desarrollo se explica exhaustivamente en GOOLD, CAMPBELL y ALEXANDER (*véase* la nota 35).

41. Para un análisis más detallado sobre la aplicación de la matriz de crecimiento/participación, *véase* HAX, A. C. y MAJLUF, N. S. (1990) en R. G. Dyson (ed.), *Strategic Planning: Models and analytical techniques*. Wiley; y FAULKNER, D. (1998): «Portfolio matrices»; en V. Ambrosini (ed.), *Exploring Techniques of Analysis and Evaluation in Strategic Management*. Prentice Hall; para explicaciones de las fuentes de la matriz del BCG *véase* HENDERSON, B. D. (1979): *Henderson on Corporate Strategy*. Abt Books.

42. *Véase* WIND, Y. y DOUGLAS, S. (1981): «International portfolio analysis and strategy», *Journal of International Business Studies*, vol. 12. Pp. 69-82; ALBAUM, G., STRANDSKOV, J., DUERR, E. y DOUD, L. (1989): *International Marketing and Export Management*. Addison-Wesley.

43. Para una explicación más detallada de esta matriz *véase* MONTANARI, J. R. y BRACKER, J. S. (1986): «The strategic management process at the public planning unit level», *Strategic Management Journal*, vol. 7, n.º 3. Pp. 251-266.

44. *Véase* HAX, A. y MAJLUF, N. (1990): «The use of the industry attractiveness-business strength matrix in strategic planning», en R. Dyson (ed.), *Strategic Planning: Models and analytical techniques*. Wiley.

45. ALBAUM, G., STRANDSKOV, J., DUERR, E. y DOWD, L. (1989): *International Marketing and Export Management*. Addison-Wesley.

46. El análisis en esta sección parte de GOOLD, M., CAMPBELL, A. y ALEXANDER, M. (1994): *Corporate Level Strategy*. Wiley, que ofrece una excelente base para comprender las cuestiones del papel de la empresa matriz.

47 BARTLETT, C.A. y GHOSHAL, S. (1989): *Managing Across Borders: The Transnational Solution*, The Harvard Business School Press. Pp. 105-111; RUGMAN, A.M. y VERBEKE, A. (2003): «Extending the theory of the multinational enterprise: internalization and strategic management perspectives», *Journal of International Business Studies*, vol. 34. Pp. 125-137.

48 Para un análisis más exhaustivo del papel de las filiales de las empresas multinacionales, *véase*: BIRKINSHAW, J. (2000): *Entrepreneurship and the Global Firm*, Sage.

## TRABAJOS

✱ Indica una mayor dificultad.

**6.1** Muchas matrices afirman que buscan sinergias entre los negocios de sus carteras. ¿Cree usted que es una aspiración realista? ¿Qué relación encuentra con el debate sobre la diversificación relacionada y no relacionada de la Sección 6.2? Ofrezca ejemplos de organizaciones con las que está familiarizado para respaldar sus argumentos.

**6.2** Respecto a los factores identificados en la Sección 6.3.2, compare el atractivo del mercado de Francia, Japón y Rusia para (a) una empresa india de desarrollo de software o (b) una cadena de supermercados con sede en el Reino Unido.

**6.3** Identifique el planteamiento de empresa matriz de distintas corporaciones con múltiples unidades de negocio, como, por ejemplo:

(a) Virgin
(b) The News Corporation

**6.4✱** Elija una serie de empresas con carteras de unidades de negocio (por ejemplo, Virgin, o The News Corporation). Identifique y explique el papel de la empresa matriz y cómo fomenta o podría fomentar las estrategias de las unidades de negocio.

**6.5✱** Busque el informe anual de una gran corporación con múltiples unidades de negocio y aplique las distintas técnicas de análisis de carteras para comprender y explicar la lógica de la combinación de negocios. ¿Qué planteamiento de cartera es más adecuado dado el planteamiento que cree usted que aplica la empresa matriz?

**6.6** Utilizando los conceptos y marcos de este capítulo, evalúe la estrategia corporativa y/o internacional de:

(a) El grupo Virgin
(b) The News Corporation

### Trabajos de integración

**6.7** A veces se afirma que la estrategia internacional tiene tanto que ver con la estructura de la organización (Capítulo 8) como con el propósito y la lógica estratégica. ¿Hasta qué punto cree que es cierto?

**6.8** Utilizando ejemplos, analice la afirmación según la cual «la diversificación de las organizaciones favorece más los intereses de los directos que de los accionistas» (Capítulo 4). Este es, especialmente, el caso cuando la diversificación se produce mediante una fusión o una adquisición (Capítulo 7).

**CASO DE EJEMPLO**

# El grupo Virgin

Aidan McQuade, Strathclyde University Graduate School of Busines

## Introducción

El grupo Virgin es una de las mayores empresas privadas del Reino Unido, con una facturación anual estimada en unos 5.000 millones de libras (7.200 millones de euros)[1] al año en 2002. El negocio más conocido de Virgin era Virgin Atlantic, que se había desarrollado hasta convertirse en una de las principales fuerzas en el negocio del transporte aéreo internacional. Sin embargo, en 2002, el grupo incluía a más de 200 negocios en tres continentes e incluía servicios financieros, aviones, trenes, cines y tiendas de música. (La Figura 1 indica el alcance de las actividades del grupo.) Su nombre se reconocía de inmediato. Según una encuesta realizada en 1996, el 96 por ciento de los consumidores británicos conocía la marca Virgin y el 95 por ciento era capaz de identificar a Richard Branson como el miembro fundador del grupo Virgin. La investigación también demostró que el nombre Virgin se relacionaba con palabras como «diversión», «innovación», «atrevimiento», y «éxito». La imagen y personalidad del fundador, Richard Branson, estaban muy reconocidas: en los anuncios de 1997 «Piensa diferente» de Apple Computers, Branson aparecía junto con Einstein y Gandhi como un «conformador del siglo XX»; una encuesta a estudiantes en 2000 concluyó que

Fotografía: Corbis

Branson era su principal modelo a seguir. El afán de notoriedad de Branson le ha llevado a proezas tan diversas como actuar como artista invitado en un episodio de la serie estadounidense «Friends», hasta intentar dar la vuelta al mundo sin escalas en globo.

## Orígenes y propiedad

Virgin se fundó en 1970 como una empresa discográfica de venta por correo y se desarrolló como una empresa

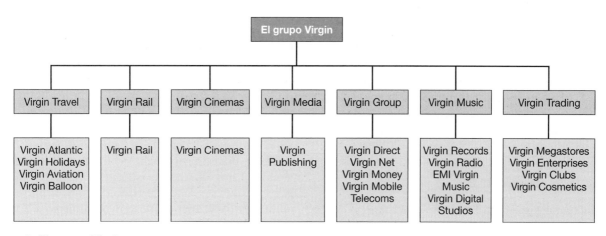

**Figura 1  El grupo Virgin.**

Este caso se basa en el original de Urmilla Lawson.

privada en la venta y producción de música. En 1986 salió a Bolsa con una facturación de 250 millones de libras esterlinas (359 millones de euros). Sin embargo, Branson se cansó de las obligaciones que acarreaba cotizar en Bolsa. El cumplimiento de la normativa sobre las empresas cotizadas y las exigencias de informar a los accionistas eran caras y requerían mucho tiempo, y a Branson no le gustaba tener que hacer presentaciones a los profesionales de la City que, según él, no comprendían el negocio. La presión para obtener beneficios a corto plazo, especialmente cuando empezó a caer la cotización, fue la gota que colmó el vaso: Branson decidió dejar de cotizar y volvió a comprar las acciones al precio de oferta inicial, que valoraban a la empresa en 240 millones de libras (344,4 millones de euros).

Virgin había crecido deprisa, siendo rentable, entrando y acaparando una cuota significativa de los nuevos mercados sin caer en las trampas tradicionales de las típicas multinacionales. Había una escasa jerarquía directiva y una burocracia corporativa mínima. No había un «grupo» como tal; no se consolidaban los resultados financieros para el análisis externo ni, según afirmaba Virgin, tampoco para uso interno. Las operaciones financieras se dirigían desde Ginebra.

En 2001 Branson describió el grupo Virgin como «una empresa de capital riesgo con marca»[2], e invertía en una serie de marcas y negocios para ampliarlas a costa de los beneficios. La utilización de socios ofrecía flexibilidad y limitaba los riesgos. Cada negocio estaba «cercado» de forma que los prestamistas de una empresa no tenían ningún derecho sobre los activos de otra, incluso si la empresa quebraba.

Cada negocio o grupo de negocios dirigía sus propias actividades pero estaban relacionados entre sí mediante cierta propiedad compartida y valores compartidos. Algunos afirman que la estructura de propiedad de Virgin permite al grupo asumir un planteamiento a largo plazo, libre de la fijación de los inversores con el rendimiento a corto plazo. Branson afirmaba que, a medida que expandía el grupo, prefería sacrificar los beneficios a corto plazo por obtener un crecimiento a largo plazo y aumentar el valor del capital de los diversos negocios. Otros afirman que la financiación mediante una propiedad pura reducía la capacidad de crecer del grupo.

## Estructura corporativa

La estructura del grupo Virgin era tan opaca que no estaba clara cuál era su auténtica posición financiera. Puesto que era una empresa no cotizada, la compleja estructura del grupo, y la no disponibilidad de cuentas consolidadas hacían muy difícil calcular unas cifras precisas de la facturación y los beneficios conjuntos del grupo. Las empresas

pertenecientes al grupo no compartían ni siquiera el mismo año fiscal.

Virgin ha sido descrita como una organización *keiretsu*: una estructura de unidades autónomas con escasas relaciones gestionadas por equipos independientes que utilizan un nombre común. La filosofía de Branson era que, si un negocio alcanzaba determinado tamaño, desagregaría un nuevo negocio del existente. Branson afirmaba que, puesto que Virgin es un grupo compuesto totalmente por empresas no cotizado, la dirección del grupo es fundamentalmente distinta de la de las empresas que cotizan en Bolsa, que tienen que mantener a los accionistas, a las partes interesadas y a los analistas contentos, y que tienen que prestar atención a los objetivos a corto plazo de elevados beneficios y buenos dividendos. Afirma que la ventaja de un conglomerado no cotizado es que los propietarios pueden ignorar los objetivos a corto plazo para concentrarse en los beneficios a largo plazo, e invierte con este fin. En 2003, sin embargo, parece que Branson volvió a reflexionar sobre las ventajas relativas de las empresas que cotizan en Bolsa. En diciembre se produjo una oferta pública de venta de acciones de su compañía aérea australiana de bajo coste, Virgin Blue, valorada, en el momento de la oferta, en 983 millones de libras esterlinas (1.400 millones de euros). El dinero se utilizó, en parte, para financiar la expansión de Virgin en Norteamérica. En enero de 2004 también hubo rumores sobre la salida a Bolsa de Virgin Mobile, con un valor estimado de aproximadamente 1.000 millones de libras (1.420 millones de euros) durante ese año.

## Estilo directivo

Históricamente, el grupo Virgin ha sido controlado fundamentalmente por Branson y sus lugartenientes de confianza, muchos de los cuales llevan con el más de veinte años. El planteamiento directivo consiste en mantener una toma de decisiones descentralizada, manteniendo reducidos los costes de la sede, y poniendo el énfasis en una toma de decisiones en los negocios autónomos y en su responsabilidad por su propio desarrollo.

Con negocios en una amplia variedad de industrias y mercados, el planteamiento era de no intervención. Hasta que no se necesitaba para cerrar grandes tratos o definir la estrategia, Branson gobernaba delegando a los directivos y dándoles carta blanca para utilizar su iniciativa. Sin embargo, cuando se trataba de marketing o de la promoción, asumía un papel más participativo. Respecto a la financiación del grupo y de sus acuerdos, el estilo operativo de Branson se reflejaba en su autobiografía: «a principios de la década de 1970 me pasaba el tiempo lidiando con los bancos, los proveedores y los acreedores para enfrentarles entre sí y seguir siendo solvente. Ahora lidio con negocios más grandes en vez de con bancos. Es, tan solo, una cuestión de escalas».

Dentro de las unidades de negocio, Branson adoptó su propio estilo personal de dirección, enorgulleciéndose de hacer participar activamente a los empleados y de buscar sus ideas de forma que se pudiera añadir valor para los clientes. Los empleados seguían siendo responsables de su rendimiento y los sistemas de gestión de recursos humanos aplicados mantenían el compromiso del personal mediante opciones sobre acciones, primas y participación en beneficios y, cuando era posible, promociones desde dentro[3].

## Planteamiento corporativo

Se eligió el nombre Virgin para representar la idea de que la empresa es virgen en todos los negocios en los que entra. El planteamiento de expansión de Virgin «parte de una agresiva estrategia de diversificación externa... alimentada por la necesidad constante de Richard Branson de tener un planteamiento creativo con nuevos retos»[4]. Para él, «la marca es el activo más importante que tenemos; nuestro objetivo último es que se convierta en una marca reconocida a escala global. Eso significa que tenemos que tener una serie de negocios centrales con potencial global».

La expansión de Virgin en nuevos mercados se ha producido mediante una serie de *joint ventures* por las que Virgin aporta la marca y el socio aporta la mayoría del capital. Por ejemplo, la participación de Virgin en Virgin Direct requirió un desembolso inicial del grupo de tan solo 15 millones de libras (21,5 millones de euros) mientras que su socio, AMP, puso 450 millones de libras (645,8 millones de euros) en la *joint venture*. El paso del grupo Virgin a la ropa y a la cosmética requirió un desembolso inicial de tan solo 1.000 libras (1.475 euros) mientras que su socio, Victory Corporation, invirtió 20 millones de libras (28,7 millones de euros). Con Virgin Mobile, Virgin creó un negocio en la industria inalámbrica creando asociaciones con operadores existentes para vender servicios móviles utilizando la marca Virgin. Las competencias del proveedor se encontraban en la gestión de redes, y no en las marcas. Virgin se dispuso a diferenciarse ofreciendo servicios innovadores como el alquiler gratuito de la línea, sin comisiones mensuales y con ofertas prepago más baratas. Aunque no operaba su propia red, Virgin obtuvo un premio como el mejor operador inalámbrico del Reino Unido.

Aunque no todos los negocios de Virgin son *joint ventures*, algunos comentaristas afirman que Virgin se había convertido en una marca de respaldo que no siempre podía ofrecer una auténtica pericia a los negocios con los que se asociaba. Sin embargo, Will Whitehorn, Director de Asuntos Corporativos de Virgin, afirmaba «en Virgin sabemos lo que significa la marca y, cuando ponemos nuestra marca en algo, estamos haciendo una promesa». Así pues, antes de entrar en un nuevo mercado, se analiza en profundidad para decidir si Virgin puede ofrecer algo realmente distinto. El objetivo consiste en extender la marca a un coste reducido en determinadas áreas donde se puede utilizar su reputación para revolucionar un mercado estático. A partir de un conjunto de atributos y valores, más que de un sector del mercado, se trata de ser la oferta preferida por los consumidores. Y todo ello queda respaldado por sus relaciones públicas y sus habilidades de marketing; su experiencia en nuevos negocios; y su comprensión de las oportunidades presentes en los mercados «institucionalizados». Virgin considera que un mercado está «institucionalizado» cuando está dominado por unos pocos competidores que no ofrecen un buen valor a los clientes porque, o bien son ineficientes, o bien se preocupan más por lo que hacen los demás; y Virgin considera que no le va mal cuando identifica complacencia en el mercado y ofrece más por menos.

Branson y su equipo de desarrollo de negocios revisan aproximadamente unas 50 propuestas por semana, y un día cualquiera hay aproximadamente cuatro proyectos sometidos a análisis. Los buenos proyectos son los que se ajustan a la marca Virgin, pueden responder a los métodos de Virgin, ofrecen una atractiva relación de riesgo y rendimiento y tienen un equipo directivo capacitado.

## Rendimiento corporativo

En 2003 Virgin había atacado, con distintos resultados, una industria establecida tras otra, desde la de British Airways hasta la de Coca-Cola y los ferrocarriles, en un intento por revolucionar «los sectores complacientes y poco dinámicos». Virgin Atlantic fue un gran éxito y Branson describía a la empresa como un negocio nuclear que nunca vendería. Virgin Blue, una compañía aérea de bajo coste creada como una *joint venture* con una empresa de logística australiana, Patrick, también había constituido un éxito. Algunos analistas consideran que este éxito no se puede sostener dada la naturaleza cíclica de la industria del transporte aéreo y la perspectiva de una mayor competencia con la desregulación. En efecto, otras inversiones de Virgin en el transporte aéreo eran más problemáticas. La compañía aérea, con sede en Bruselas, Virgin Express, se vio abrumada por las pérdidas en los primeros momentos hasta que se logró su reestructuración. Sin embargo, a principios de 2003 un informe del Parlamento belga destacaba la venta aparentemente irregular de hangares de Sabena a Virgin Express en 1996, un acuerdo que contribuyó a la retirada de la licencia de Sabena. Aunque en 2003 Virgin Express tenía beneficios, habían caído en el tercer trimestre hasta 1,7 millones de euros desde los 4,5 millones de euros en el mismo periodo del año anterior. Virgin Express culpaba de esto a lo que describió como una ayuda «ilegal» del gobierno a los competidores de bajo coste.

En 2000, Branson se deshizo de su línea de ropa con pérdidas en el Reino Unido, Virgin Clothing. En 2003 consolidó Virgin Cola y Virgin Vodka en un único negocio, Virgin Drinks. El problema más conocido era Virgin Trains, cuyas líneas Cross Country y West Coast estaban en el puesto número 23 y 24 de 25 franquicias de operadores ferroviarios, según la revisión de la Strategic Rail Authority en 2000. En 2003 Virgin West Coast era la operadora número 20 en puntualidad de 26, llegando a tiempo el 73,5 por ciento de sus trenes. Virgin Cross Country era la operadora menos puntual del país. A finales de 2000 Virgin Rail no logró obtener la franquicia de la principal línea East Coast. La pérdida de pasajeros en 2001, tras accidentes ferroviarios y de perturbación del tráfico ferroviario nacional debido a la actualización de emergencia de las vías, no ayudó en nada a las perspectivas del negocio.

Se estimaba que Virgin tenía que duplicar el número de pasajeros y gastar 750 millones de libras esterlinas (1 080 millones de euros) en nuevos vagones y mejoras del servicio. Una inversión de 2.200 millones de libras (3.170 millones de euros) pretendía resolver este problema adquiriendo 75 nuevos trenes de alta velocidad. En 2002 Virgin Rail obtuvo beneficios, aunque había recibido su último subsidio público de 56,5 millones de libras (81 millones de euros) en 2001. En 2002 pagó su primera prima de 4,2 millones de libras (6 millones de euros) teniendo que pagar 1.350 millones de libras (1.940 millones de euros) al gobierno británico durante los nueve años siguientes.

## Expansión internacional

El inicio del siglo XXI asistió a una nueva expansión de Virgin en las telecomunicaciones en Europa, mientras que Branson afirmaba que tenía intereses en expandir los servicios financieros y anunciaba, en 2002, planes para un programa de inversiones de mil millones de dólares (788 millones de euros) en Estados Unidos. La expansión estadounidense dependía de la salida parcial a Bolsa de muchos negocios existentes y del éxito de una *joint venture* con Sprint, el cuarto mayor operador de telefonía móvil de Estados Unidos. La salida a Bolsa de Virgin Blue era la primera de las ofertas públicas de ventas anticipadas. El recurso a la Bolsa, aunque en esta ocasión se trataba de empresas individuales y no de todo el grupo, vino acompañado de rumores que afirmaban que se debía a una crisis de liquidez del grupo, según algunos periodistas[5]. Branson lo negó. La venta de parte de algunos negocios para financiar nuevos negocios y los negocios existentes era una historia conocida en Virgin: había vendido sus cines en Irlanda y en el Reino Unido, había vendido Virgin Music,

un 49 por ciento de Virgin Atlantic a Singapore Airlines y, en 2001, vendió Virgin Sun, un negocio de venta de paquetes de vacaciones a destinos cercanos, a First Choice, una gran rival de su negocio, por 5,9 millones de libras (8,5 millones de euros).

En una entrevista en 2001 Branson se mostró claro sobre estas ventas. «Sospecho que todos los años vendemos aproximadamente cinco empresas en un país cualquiera, pero las sustituimos con otras cinco. No compramos empresas, las creamos desde la nada. La forma en que conseguimos hacer crecer empresas es vendiendo aquellas que ya hemos creado y hecho crecer a lo largo de los años». También afirmó que, si sus expectativas se confirmaban, Virgin compraría y vendería empresas más activamente que antes.

Sin embargo, según Branson, una de las empresas que no se vendería nunca era Virgin Atlantic. A pesar de que el 49 por ciento del capital de la empresa pertenecía a Singapore Airlines, el resto no se vendería. «Es una empresa clave. Nunca la venderemos. Hay algunos negocios que siempre se conservan, que nunca se venden, y ese es uno de ellos».

## El reto del futuro

Para muchos comentaristas, los resultados contradictorios de Virgin destacan el riesgo inherente a su planteamiento: «la mayor amenaza es que... la marca Virgin, su activo más preciado, termine relacionándose con el fracaso»[6]. Este punto fue destacado por un comentarista[7] que afirmó que «un cliente que disfrutó de un agradable masaje en un vuelo con Virgin Atlantic puede mostrarse predispuesto a beber Virgin Cola o a pernoctar en un hotel Virgin[8], pero un cliente que ha tenido una mala experiencia con una de las líneas de productos podría negarse a probar cualquier otra». Por ejemplo, en el Reino Unido, la tensión entre la excelente reputación de la compañía aérea y la pésima reputación de las compañías ferroviarias sigue sin haberse resuelto en 2004. Dada la incursión de Branson en productos y servicios tan diversos, cada vez a escala más global, algunos críticos afirman que este riesgo es cada vez mayor. Sin embargo, Virgin afirma que su investigación indica que la gente que ha tenido una mala experiencia culpa a esa empresa de Virgin en particular, pero está dispuesta a utilizar otros productos o servicios Virgin dada la propia diversidad de la marca.

También había cuestiones relacionadas directamente con el propio Branson. Era tan conocido y estaba tan relacionado con la marca Virgin, que también existía el riesgo de que pudiera minar el valor de Virgin si algunas de sus aventuras personales de gran notoriedad terminara en un fracaso espectacular. Y, ¿qué pasará con Virgin y la marca «después de Branson»?

# Notas

1. Tipos de cambio en enero de 2004.
2. HAWKINS, R. (2001): «Executive of Virgin Group outlines corporate strategy». *Knight Rider/Tribune Business News*, 29 de julio.
3. C. VIGNALI, C. (2001): «Virgin Cola». *British Food Journal*, vol. 103, n.º 2. Pp. 131-139.
4. *ibid.*
5. HAWKINS, R. (2001): «Branson in new dash for cash». *Sunday Business*, 29 de julio; RAYNER, A. (2002): «Virgin in push to open up US aviation market». *The Times*, 5 de junio.
6. *The Times*, 1998, citado en *Vignali*, 2001.
7. WELLS, M. (2000): «Red Baron». *Forbes Magazine*, vol. 166, n.º 1.
8. En 2004 Virgin ya no tenía hoteles.

*Fuentes*: *The Economist*, «Cross his heart», 5 de octubre de 2002; «Virgin on the ridiculous», 29 de mayo de 2003; «Virgin Rail: tilting too far», 12 de julio de 2001; McCOSKER, P. (2000): «Stretching the brand: a review of the Virgin Group». *European Case Clearing House*; «Virgin push to open up US aviation market», *The Times*, 5 de junio de 2002; «Branson plans $1 bn US expansion», *The Times*, 30 de abril de 2002; «Branson eyes 31bn float for Virgin Mobile», *Obser-ver*, 18 de enero de 2004; «Virgin Flies High with Brand Extensions», *Strategic Direction*, vol. 18, n.º 10 (octubre de 2002); «Virgin shapes kangaroo strategy», *South China Morning Post*, 28 de junio de 2002.

## Preguntas

1. ¿Cuál es el planteamiento corporativo del grupo Virgin?
2. ¿Hay relaciones de naturaleza estratégica entre los negocios de la cartera de Virgin?
3. ¿Añade valor el grupo Virgin, como empresa matriz, a sus negocios? En caso afirmativo, ¿cómo?
4. ¿Cuáles son las principales cuestiones que tiene que resolver el grupo Virgin y cómo se deben abordar?

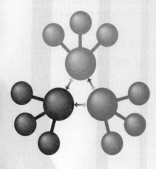

# 7

# Direcciones y métodos de desarrollo

## Objetivos del aprendizaje

Tras leer este capítulo, usted debe ser capaz de entender y explicar:

- Las diversas direcciones de la estrategia de desarrollo por las que puede optar una organización.

- Los tres métodos de desarrollo (interno, adquisiciones y alianzas).

- Las distintas formas de alianzas estratégicas y las condiciones para que tengan éxito.

- Los tres criterios de éxito de las opciones estratégicas: ajuste, aceptabilidad y factibilidad.

- Cómo se pueden utilizar distintas técnicas para evaluar las opciones estratégicas.

Fotografía: Digital Vision

Fotografía: Bosch

Fotografía: Digital Vision

## 7.1  INTRODUCCIÓN

El Capítulo 5 se ocupaba de las cuestiones generales relacionadas con las opciones estratégicas en el ámbito de la unidad de negocio. Dentro de este «marco» general, había una serie de opciones concretas relativas a la *dirección* (por ejemplo, nuevos productos, nuevos mercados) y al *método* (por ejemplo, desarrollo interno, fusiones/adquisiciones, alianzas) para desarrollar las estrategias de una organización, como se mostró en el Cuadro 5.1. La primera parte de este capítulo se fija en las direcciones de desarrollo de una organización: fundamentalmente, en cuanto a las opciones estratégicas relativas a la cobertura del mercado y a las características de los productos. Pero, independientemente de cuál sea la estrategia general y la dirección del desarrollo, habrá distintos *métodos* para aplicar la estrategia. Por ejemplo, la organización podría intentar desarrollarse recurriendo únicamente a sus propios esfuerzos (desarrollo *interno*); o mediante *alianzas estratégicas* con una o más organizaciones, o mediante la *adquisición* de otra organización. La parte central del capítulo analizará la cuestión relativa a los métodos de desarrollo.

También debería estar claro, de la Parte II de este libro, que la supervivencia y el éxito de las estrategias de las organizaciones dependen de la capacidad de responder a las presiones competitivas del entorno empresarial (Capítulo 2), de la capacidad estratégica (Capítulo 3) y del contexto cultural y político (Capítulo 4). Estas tres presiones dan lugar a razones para intentar aplicar unas estrategias y otras no:

- *Razones relacionadas con el entorno:* ajuste de las nuevas estrategias a un entorno empresarial que cambia.
- *Razones relacionadas con la capacidad:* extender y explotar los recursos y competencias de una organización.
- *Razones relacionadas con las expectativas:* satisfacer las expectativas creadas por el contexto político y cultural.

Estas razones se utilizarán para describir y explicar tanto las direcciones como los métodos de desarrollo que suelen observarse en las organizaciones. En particular, la identificación de las direcciones de desarrollo (Sección 7.2) parte de muchos de los análisis detallados de la Parte II de este libro. Además, estas razones se utilizarán en la última parte del capítulo para introducir los *criterios de éxito* con los que juzgar las estrategias. El objetivo de esta última parte del capítulo consiste en ayudar a los lectores a comprender estos criterios y algunas de las técnicas que se pueden utilizar para valorar las opciones estratégicas.

## 7.2  DIRECCIONES DE DESARROLLO DE LA ESTRATEGIA

Las **direcciones de desarrollo** son las opciones estratégicas de que dispone una organización en cuanto a productos y cobertura del mercado.

La identificación de las posibles direcciones de desarrollo parte de comprender la posición estratégica de una organización, como se analiza en la Parte II de este libro. Esta sección utiliza un planteamiento fundamental (*véase* Cuadro 7.1) que es una adaptación de la matriz producto/mercado de Ansoff[1] utilizada para identificar las direcciones de desarrollo estratégico. La Sección 7.2.5 revisará brevemente otras formas de generar estas opciones. Las **direcciones de desarrollo** son las opciones estratégicas de que dispone una organización en cuanto a productos y cobertura del mercado, teniendo en cuenta la capacidad estratégica de la organización y las expectativas de las partes interesadas. Aunque esta sección analizará por separado las direcciones que se presentan en los cuatro recuadros del Cuadro 7.1, debe recordarse que, en la práctica, se aplica una combinación de estas direcciones de desarrollo si las organizaciones quieren poder desarrollarse con

| Cuadro 7.1 | Direcciones de desarrollo de la estrategia |

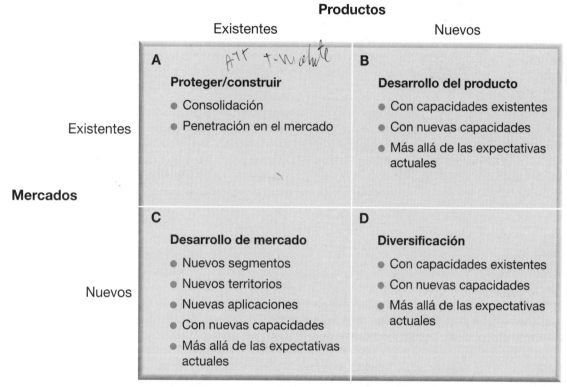

**Productos**

|  | Existentes | Nuevos |
|---|---|---|
| **Existentes** | **A**<br>**Proteger/construir**<br>● Consolidación<br>● Penetración en el mercado | **B**<br>**Desarrollo del producto**<br>● Con capacidades existentes<br>● Con nuevas capacidades<br>● Más allá de las expectativas actuales |
| **Nuevos** | **C**<br>**Desarrollo de mercado**<br>● Nuevos segmentos<br>● Nuevos territorios<br>● Nuevas aplicaciones<br>● Con nuevas capacidades<br>● Más allá de las expectativas actuales | **D**<br>**Diversificación**<br>● Con capacidades existentes<br>● Con nuevas capacidades<br>● Más allá de las expectativas actuales |

**Mercados**

*Fuente*: Adaptado de Ansoff, H. (1988): *Corporate Strategy*, Penguin, Capítulo 6. (La matriz de Ansoff se ha desarrollado posteriormente, véase referencia 1.)

éxito en el futuro. Por ejemplo, el desarrollo en nuevos mercados suele exigir también realizar algunos cambios en los productos. La Ilustración 7.1 destaca esta cuestión. Muchos de los puntos que se analizan en esta sección se resumen en el Cuadro 7.5, más adelante en este capítulo, que se utilizará para analizar los criterios del éxito en la Sección 7.4.

## 7.2.1 Protección y creación a partir de la situación actual

El Recuadro A del Cuadro 7.1 representa las estrategias que tratan de proteger o crear a partir de la posición actual de una organización. Dentro de esta categoría general hay una serie de opciones.

### Consolidación

La **consolidación** se produce cuando las organizaciones protegen y fortalecen su posición en los mercados actuales con los productos actuales. Puesto que es probable que la situación del mercado cambie (por ejemplo, mediante un mejor rendimiento de los competidores o por la llegada de nuevos entrantes), la consolidación no significa quedarse donde se está. En efecto, puede exigir una considerable reestructuración e innovación para mejorar el valor de los productos y servicios de la organización. A su vez, esto requerirá prestar atención a cómo pueden adaptarse y desarrollarse los recursos y competencias de la organización para mantener la posición competitiva de la misma:

La **consolidación** se produce cuando las organizaciones protegen y fortalecen su posición en los mercados actuales con los productos actuales.

# Roseville Enterprises se encuentra con el mundo real

*Las pequeñas empresas pueden necesitar nuevas direcciones de desarrollo para sobrevivir.*

A primera vista, Roseville Enterprises, con sede en Leeds (Reino Unido) tenía un grado de seguridad en sus negocios que sería la envidia de muchos propietarios de pequeñas empresas. Roseville se creó en 1986, inicialmente como un taller para ciegos. En 2003 seguía siendo propiedad del ayuntamiento de Leeds. Era una de las cien empresas del Reino Unido clasificadas como empresas respaldadas, y recibió una subvención de unas 300.000 libras para ayudar a los minusválidos desempleados a conseguir y conservar un empleo (aproximadamente el 75 por ciento de los empleados de Roseville eran minusválidos). A pesar de pertenecer al sector público, tenía que lograr beneficios para sobrevivir y en 2001/2 el beneficio de explotación ascendió a 400.000 libras con una facturación de 11,5 millones de libras (unos 16 millones de euros). Sin embargo, aproximadamente el 80 por ciento del trabajo provenía de un contrato con el ayuntamiento de Leeds para la renovación de puertas y ventanas en 70.000 viviendas de protección oficial. Este contrato tenía vigor hasta 2008. Además, dada la durabilidad de sus productos, no requerían ninguna sustitución ni ningún mantenimiento como requerían los productos a los que sustituían. Un negocio «normal» hubiera resuelto esta situación reduciendo su tamaño, pero Roseville consideraba que tenía una auténtica obligación con sus trabajadores, de los cuales muchos tendrían dificultades para encontrar otro empleo. Así, la empresa tenía que desarrollar nuevos flujos de ingresos para sustituir esta pérdida potencial de unos 9 millones de libras. Una posibilidad consistía en ofrecer un servicio de sustitución de ventanas a los 34.000 empleados del Ayuntamiento de Leeds. La empresa reconocía que los costes tenían que disminuir si quería competir más abiertamente en el mercado. También había algunas incertidumbres sobre los beneficios comerciales que podrían reducir el nivel de subsidios que recibiría en el futuro. A pesar de su dependencia de un único contrato, Roseville ya

había ampliado su gama de actividades. En 1994 puso en marcha un servicio de remodelación de PC para utilizar la fábrica en momentos de baja actividad. Esto se desarrolló en un negocio de retirada de PC obsoletos para el ayuntamiento, los hospitales y la Universidad de Leeds. Los PC retirados eran ofrecidos a organizaciones caritativas y a grupos de personas marginadas. También desarrolló una gama de muebles de pino. Otra área de crecimiento había sido la contratación de servicios de limpieza y de lavandería, limpiando unos 35.000 artículos por semana como parte de los contratos con las residencias municipales, los servicios de ambulancias y los restaurantes.

Pero si Roseville no conseguía desarrollar estos flujos de ingresos estaba condenada a padecer pérdidas financieras. Por ello, también había que tener en cuenta la alternativa de animar a algunos de sus trabajadores a entrar en el mercado de trabajo normal. En efecto, podía decidir actuar como un «puente» para los minusválidos, de forma que pudieran aumentar sus competencias y su confianza para entrar en el mercado de trabajo «real». En 2003 había carencias de habilidades en el mercado por lo que tal vez Roseville podría enviar trabajadores a los fabricantes privados de ventanas aunque, ¿no eran estos sus competidores?

*Fuente:* adaptado de *The Sunday Times*, 9 de febrero de 2003.

## Preguntas

1. A partir del Cuadro 7.1 clasifique los distintos desarrollos mencionados anteriormente en el caso de Roseville.

2. ¿Cuál es su negocio?

3. ¿Cómo influye su respuesta a la pregunta anterior sobre su opinión sobre la adecuación de cada una de estas direcciones de desarrollo?

● La consolidación puede exigir una reestructuración mediante una *reducción del tamaño o la salida de algunas actividades.* Por ejemplo:

— El concepto del *ciclo de vida del producto* (*véase* Cuadro 2.6) es un recordatorio de que la demanda de cualquier producto o servicio tiene una vida finita. Incluso cuando la demanda sigue siendo fuerte, la capacidad de competir con rentabilidad variará en las distintas etapas del ciclo de vida. Puede resultar esencial saber cuándo hay que salir de determinados mercados.

— En algunos mercados, el *valor* de los productos o activos de una empresa está sujeto a cambios a lo largo del tiempo, y una cuestión clave puede ser la sabia adquisición y retirada de estos productos, activos o negocios. Esto es particularmente importante para las empresas que están en mercados sujetos a la *especulación,* como la energía, las materias primas, los terrenos o las propiedades inmobiliarias.

— La empresa tiene graves *desventajas competitivas,* por ejemplo, es incapaz de lograr los recursos o alcanzar los niveles de competencia de los líderes del mercado en general o de los nichos o segmentos del mercado.

— Siempre es necesario asignar *prioridades* a las actividades. Así pues, la reducción del tamaño o la salida de algunas actividades libera recursos para otras. Un buen ejemplo de esta política es el cambio de la gama de servicios que ofrecen los gobiernos locales.

— Las *expectativas* de las partes interesadas dominantes pueden ser una razón para reducir el tamaño o retirarse. Por ejemplo, el objetivo de un pequeño emprendedor puede ser «ganar un millón» y después jubilarse. Esto daría lugar a una preferencia por aquellas estrategias que hacen que la empresa alcance una posición atractiva para la venta, en vez de estar guiada por consideraciones de más largo plazo relativas a la viabilidad o al crecimiento.

● La consolidación también puede hacer referencia al *mantenimiento de la cuota* en los mercados actuales. La relación entre el rendimiento y la cuota de mercado relativa se destaca en la curva de la experiencia (*véase* Capítulo 3, Sección 3.3). Las organizaciones que tienen una cuota elevada disfrutan de una serie de ventajas respecto a sus competidores. Por ejemplo, la rotación de activos, las ratios compras/ventas y las ratios I+D/ventas se beneficiarán probablemente de las economías de escala. La mayor capacidad de gastar en I+D significa que las organizaciones con una cuota mayor son más capaces de desarrollar estrategias de mayor precio/mayor calidad que los competidores con una cuota menor, y este fenómeno se retroalimenta. Además, la capacidad de invertir en una mejor calidad del servicio, de crear y mantener marcas y/o de asumir unos mayores gastos de marketing pueden aportar ventajas reales a las empresas con una cuota elevada que sus competidores no son capaces de reproducir. Sin embargo, debe recordarse que una elevada cuota de mercado y un gran tamaño no son siempre lo mismo. Hay grandes empresas que no dominan los mercados en los que operan, como Sainsbury en el sector de los supermercados en el Reino Unido. También hay pequeñas empresas que dominan segmentos del mercado, como Dolby en los sistemas de sonido (Ilustración 5.6) o Pure Digital en las radios digitales (Ilustración 9.7). Una consecuencia es que la obtención y el mantenimiento de una cuota de mercado durante la fase de crecimiento del ciclo de vida del producto es importante puesto que puede dar lugar a ventajas en la etapa de madurez.

## Penetración en el mercado

Dentro de la categoría general de proteger y crear la posición de una organización, puede haber oportunidades para la **penetración en el mercado**, que se produce cuando una organización gana cuota de mercado. El análisis anterior es relevante para esta dirección puesto que, por ejemplo, las competencias para mantener y mejorar la calidad con la innovación, o para aumentar la actividad de marketing, pueden constituir medios para lograr la penetración en el mercado. También son relevantes los argumentos respecto a si es deseable a largo plazo obtener una cuota de mercado dominante. Sin embargo, es

La **penetración en el mercado** se produce cuando una organización gana cuota de mercado.

necesario destacar que la facilidad con la que una organización puede aplicar una política de penetración puede depender de:

● *La tasa de crecimiento del mercado*. Cuando el mercado general está creciendo, o se puede impulsar su crecimiento, resulta más fácil que las organizaciones con una reducida cuota, o incluso los nuevos entrantes, ganen cuota de mercado. Esto se debe a que el nivel absoluto de ventas de las organizaciones establecidas puede seguir creciendo y, en algunos casos, estas empresas no serán capaces o no estarán dispuestas a satisfacer la nueva demanda. La penetración de las importaciones en algunas industrias se ha producido por esta vía. Por el contrario, la penetración en mercados estáticos puede ser mucho más difícil. En los mercados en declive, pueden surgir oportunidades de ganar cuota mediante la adquisición de empresas que fracasan (o de las que quieren salir del mercado). Algunas empresas han utilizado esta vía para crecer rápidamente. Por ejemplo, en la siderurgia, LNM avanzó rápidamente a principios de la década de 2000 para convertirse en el número dos de Europa mediante adquisiciones de las fábricas estatales de Europa del Este.

● Puede haber *cuestiones relativas a los recursos* que fomentan o impiden la penetración en el mercado. La creación de la cuota de mercado puede ser un proceso muy caro para los negocios con una posición débil. Es probable que haya que sacrificar los beneficios a corto plazo, sobre todo cuando se está intentando construir una cuota a partir de un nivel muy reducido. Las empresas de comercio electrónico como Amazon que querían quitar cuota de mercado a los comercios tradicionales tuvieron que esperar siete años antes de obtener un beneficio.

● Algunas veces, la *complacencia de los líderes del mercado* permite que los competidores con cuotas menores les alcancen porque no son considerados como competidores serios (es decir, no se considera que sean como los actuales competidores). Pero el crecimiento y el desarrollo de los mercados «vuelve a definir» lo que se considera un agente creíble. Las ampliaciones de Virgin al transporte aéreo y a los servicios financieros constituyan buenos ejemplos (*véase* el caso de ejemplo al final del Capítulo 6). Además, un competidor con una cuota reducida puede ganarse una buena reputación en un segmento del mercado que presenta pocos intereses para el líder del mercado, y utilizar este segmento para penetrar en el mercado general. El desarrollo de las compañías aéreas de bajo coste, como easyJet (Ilustración 5.2) y Ryanair, ilustran este proceso.

### 7.2.2 Desarrollo de producto

El **desarrollo de producto** se produce cuando las organizaciones ofrecen productos modificados o nuevos productos en los mercados existentes.

Los cambios en el entorno empresarial pueden generar una demanda de nuevos productos o servicios a costa de los productos actuales. El **desarrollo de producto** se produce cuando las organizaciones ofrecen productos modificados o nuevos productos en los mercados existentes. Como mínimo, puede ser necesario desarrollar productos para sobrevivir, pero también puede constituir una importante oportunidad. A veces, se puede lograr *con las capacidades existentes*. Por ejemplo:

● Los comerciantes tienden a seguir las *necesidades cambiantes* de sus clientes introduciendo nuevas líneas de productos; y los servicios públicos cambian el patrón de los servicios suministrados a medida que cambian las necesidades de sus comunidades.

● Cuando los *ciclos de vida del producto son cortos*, como ocurre en la electrónica de consumo y en el software, el desarrollo de productos es un requisito esencial de la estrategia de una organización. La ventaja de una organización puede encontrarse en los procesos de creación e integración de conocimientos, tal y como se analizaron en la Sección 3.5 del Capítulo 3.

- Es posible que una organización haya desarrollado una *competencia nuclear* en el análisis de mercados que pueda explotar. Con la aparición de tecnologías de información baratas y poderosas, las organizaciones con una buena capacidad para explotar datos[2] pueden obtener una ventaja por esta vía, como se analiza en la Sección 9.3. El éxito en el desarrollo de productos exige una información de gran calidad sobre el cambio de las necesidades de los clientes y creatividad para saber cómo satisfacer mejor esas necesidades.

Sin embargo, es posible que el desarrollo de productos requiera el *desarrollo de nuevas capacidades:*

- Puede que haya una necesidad de responder a un *cambio de énfasis* entre los clientes relativo a la importancia de las características del producto/servicio. Esto puede deberse a que los clientes han adquirido más experiencia a la hora de apreciar el valor que reciben por su dinero; por ejemplo, mediante la repetición de las compras, porque han aparecido nuevas opciones en el mercado, o porque Internet hace que las comparaciones y la búsqueda de productos sean mucho más fáciles.
- Los *factores críticos del éxito* (FCE, *véase* Sección 2.4.3) pueden cambiar si los anteriores FCE son satisfechos por muchos proveedores. La competencia pasa a centrarse en la satisfacción de nuevos FCE y obtendrán una ventaja aquellas organizaciones competentes para satisfacer estas otras facetas de la experiencia del cliente. Por ejemplo, puede que la funcionalidad de un producto se convierta en un requisito umbral (que deben satisfacer todos los proveedores) y que otros factores, como la calidad de la información ofrecida al cliente, la claridad de las facturas, la facilidad de los métodos de pago, etcétera, se conviertan en FCE. Muchos bienes de consumo duradero, como los televisores, las lavadoras o las cocinas se encuentran, en la actualidad, en mercados de este tipo.

A pesar del atractivo del desarrollo de productos, puede que no siempre sea acorde a las *expectativas* y puede plantear dilemas incómodos para las organizaciones:

- Mientras que los nuevos productos pueden ser vitales para el futuro de la organización, el proceso de crear una amplia línea de productos es *caro, arriesgado* y potencialmente *no rentable,* porque la mayoría de las ideas sobre nuevos productos nunca llega al mercado; y, de las que llegan, relativamente pocas tienen éxito. El desarrollo de productos puede exigir un elevado gasto en I+D. Aunque las empresas con una elevada cuota de mercado pueden aumentar sus beneficios gracias a unos elevados niveles de gasto en I+D, las empresas que se encuentran en una posición débil en el mercado y que tienen elevados gastos pueden padecer porque, realmente, no se pueden permitir ese nivel de inversión. La rentabilidad puede disminuir debido a tasas excesivas de introducción de nuevos productos porque las organizaciones tienen que luchar para aprender nuevas competencias necesarias para limar los problemas de producción, formar al personal de venta, educar a los consumidores y crear nuevos canales.
- Es posible que sea necesario desarrollar nuevos productos porque *las consecuencias de no desarrollarlos* serían inaceptables. Es posible que el rendimiento sea tan malo respecto al de los competidores u otros proveedores que la organización sea el objetivo de las adquisiciones de las organizaciones que tienen competencias nucleares en la *reestructuración de empresas.*

## 7.2.3  Desarrollo del mercado

Normalmente, las organizaciones seleccionarán su cobertura del mercado. Esto puede dar lugar a una situación en la que no hay más oportunidades dentro de los actuales segmentos del mercado. En estas circunstancias, una organización puede pasar a **desarrollar**

El **desarrollo de mercados** ofrece los productos actuales en nuevos mercados.

**el mercado,** ofreciendo los productos actuales en nuevos mercados. Tanto las cuestiones relativas a la *capacidad* como a *los mercados* pueden impulsar el desarrollo de una organización en nuevos mercados. Por ejemplo:

- El que se puedan explotar los productos en otros *segmentos del mercado* donde existen factores críticos de éxito parecidos. Por ejemplo, esta fue una de las razones que permitió que los proveedores de servicios públicos tuvieran «libertad comercial» para encontrar a clientes de pago para complementar los fondos públicos que recibían.
- El desarrollo de *nuevas aplicaciones* para los productos existentes. Por ejemplo, los fabricantes de acero inoxidable han descubierto paulatinamente nuevas aplicaciones para los productos existentes, que se utilizaban inicialmente como cubertería y artículos de mesa. En la actualidad, las aplicaciones incluyen a la industria aeroespacial, los tubos de escape de los automóviles, los barriles de cerveza, y muchas aplicaciones en la industria química.
- El alcance *geográfico,* ya sea nacional o internacional, en nuevos mercados. Los Capítulos 2 y 6 analizaban muchas industrias en las que hay crecientes presiones financieras y/o de los mercados a favor de la globalización, a las que las empresas tienen que saber cómo responder y tener las capacidades necesarias para ello (el lector puede revisar si quiere la amplia sección sobre la estrategia internacional en el Capítulo 6, Sección 6.3). La Ilustración 7.2 muestra un ejemplo. No es inhabitual que sean las organizaciones con pequeños mercados nacionales las «líderes» de la globalización (como se puede ver en el caso de ejemplo del final del Capítulo 2 sobre la industria cervecera europea, donde Heineken (Holanda), Interbrew (Bélgica), Carlsberg (Dinamarca) y Guinness (Irlanda) eran las empresas más globalizadas).

En realidad, el desarrollo de mercados suele requerir cierto grado de desarrollo de productos y de desarrollo de capacidades. Por ejemplo, un fabricante de productos alimenticios de marca en un mercado de alta calidad puede entrar en el mercado de los supermercados mediante la venta de marcas blancas a los supermercados. Esto requerirá el desarrollo de nuevas capacidades en (por ejemplo) la venta a clientes clave.

Las organizaciones pueden tener algunas dificultades en cuanto a credibilidad y expectativas cuando intentan entrar en nuevos mercados o segmentos del mercado. Un especialista puede no ser considerado como un proveedor creíble en el mercado «de masas». La inversa puede ser aún más problemática cuando un proveedor del mercado de masas intenta desarrollar sus ventas en nichos especializados. Por ejemplo, algunas empresas de ingeniería que venden maquinaria a empresas manufactureras han intentado desarrollar un papel de asesores aconsejando sobre cuestiones de ingeniería y/o producción en competencia con consultoras independientes. Han descubierto que tienen dificultades para competir a las mismas tarifas que las consultoras independientes, porque sus clientes les consideran ingenieros y no consultores, y suponen que el servicio de asesoría es parte del paquete incluido en la compra de la maquinaria.

### 7.2.4   Diversificación[3]

La **diversificación** se define como una estrategia que aleja a la organización de sus mercados y productos actuales.

La **diversificación** se define como una estrategia que aleja a la organización de sus mercados y productos actuales (es decir, el Recuadro D del Cuadro 7.1). La diversificación aumentará la diversidad que debe supervisar la sede; en el Capítulo 6 se analizaron diversas formas de diversificación relacionada y no relacionada, y las razones por las que tiene sentido esta diversificación en función de la estrategia corporativa. Incluso las organizaciones más pequeñas (con una única UEN) pueden encontrarse en una situación en la que la diversificación puede constituir una auténtica opción o, incluso, una necesidad. Las razones de la diversificación, las ventajas y desventajas de la diversificación, y el impacto sobre el rendimiento, fueron analizadas en la Sección 6.2 del Capítulo 6, por lo que no repetiremos aquí los argumentos.

Debe recordarse que si una única UEN se diversifica, es probable que cree un nuevo conjunto de retos directivos análogos a los que tienen que superar las sedes de las grandes organizaciones (como se analizó en el Capítulo 6). Por tanto, la diversificación puede provocar una disminución del rendimiento si la organización no tiene las capacidades de tutela necesarias para gestionar un conjunto de operaciones más diversificadas.

## 7.2.5 La matriz DAFO

El análisis de esta sección se ha centrado, hasta ahora, en una versión de la matriz de Ansoff (Cuadro 7.1) como marco para «generar» opciones sobre la dirección de desarrollo de la estrategia. Para ello, se han hecho muchas referencias a las ideas que se deben tener sobre la posición estratégica de una organización (a partir de los marcos presentados en la Parte II este libro). Una forma complementaria de generar opciones a partir de estos conocimientos sobre la posición estratégica de una organización es lo que se conoce como la matriz DAFO y se muestra en el Cuadro 7.2. Parte directamente de la información sobre la posición estratégica que se resume en un análisis DAFO (*véase* la Sección 3.6.4 y la Ilustración 3.8 en el Capítulo 3). Cada cuadrante de la matriz DAFO se utiliza para identificar opciones que ofrecen una combinación distinta de los factores internos (fortalezas y debilidades) y externos (oportunidades y amenazas). Por ejemplo, el cuadrante superior izquierdo debería mostrar una lista de las opciones que utilizan las fortalezas de la organización para aprovechar las oportunidades del entorno empresarial. Un ejemplo viene dado por la ampliación de las ventas a mercados geográficos vecinos en los que se espera que la demanda crezca rápidamente. Por el contrario, el cuadrante inferior derecho debería mostrar una lista de las opciones que minimizan las debilidades al tiempo que evitan las amenazas. Un ejemplo podría ser el evitar a los principales competidores centrándose en actividades en nichos especializados del mercado a los que la organización puede atender con éxito. En este sentido, la matriz DAFO no solo ayuda a generar opciones estratégicas sino que también estima hasta qué punto son adecuadas, como se analizará más adelante en la Sección 7.4.1.

---

**Cuadro 7.2** **La matriz DAFO**

| | Factores internos | |
|---|---|---|
| | **Fortalezas (F)** | **Debilidades (D)** |
| **Factores externos** **Oportunidades (O)** | **Opciones estratégicas FO** Aquí se generan opciones que utilizan las fortalezas para aprovechar las oportunidades | **Opciones estratégicas DO** Aquí se generan opciones que aprovechan las oportunidades porque se superan las debilidades |
| **Amenazas (A)** | **Opciones estratégicas FA** Aquí se generan opciones que utilizan las fortalezas para evitar las amenazas | **Opciones estratégicas DA** Aquí se generan opciones que minimizan las debilidades y evitan las amenazas |

## 7.3  MÉTODOS DE DESARROLLO ESTRATÉGICO

La sección anterior de este capítulo ha revisado las direcciones en las que se pueden desarrollar las organizaciones. Sin embargo, para cualquiera de estas direcciones hay distintos *métodos de desarrollo*. Un **método de desarrollo** es un *medio* para aplicar cualquiera de las direcciones estratégicas. Estos métodos se pueden dividir en tres tipos: desarrollo interno, adquisición (o liquidación) y desarrollo conjunto (o alianzas). Muchas de las cuestiones que se van a analizar en esta sección se resumen más adelante en este capítulo en el Cuadro 7.5 que se utilizará para analizar los criterios de éxito en la Sección 7.4.

> Un **método de desarrollo** es un medio para aplicar cualquiera de las direcciones estratégicas.

### 7.3.1  Desarrollo interno

> El **desarrollo interno** se produce cuando se desarrollan las estrategias partiendo y desarrollando las propias capacidades de una organización.

El **desarrollo interno** se produce cuando se desarrollan las estrategias partiendo y desarrollando las propias capacidades de una organización. Para muchas organizaciones, el desarrollo interno (que, a veces, se denomina «desarrollo orgánico») ha sido el principal método de desarrollo estratégico, lo que se debe a algunas razones imperiosas derivadas de las *capacidades*:

- En el caso de productos que tienen un diseño o un método de fabricación *muy técnico,* los negocios pueden decidir que van a desarrollar ellos mismos los nuevos productos, puesto que se considera que el proceso de desarrollo es la mejor forma de adquirir las capacidades necesarias para competir con éxito en el mercado. En efecto, se ha visto anteriormente que estas competencias pueden dar lugar a más nuevos productos y crear nuevas oportunidades de mercado.

- Se puede aplicar un argumento parecido al desarrollo de *nuevos mercados* mediante una participación directa. Por ejemplo, muchos fabricantes deciden evitar el recurso a los agentes, porque consideran que la participación directa que consiguen disponiendo de su propio personal de ventas es una ventaja para comprender mejor el mercado. Puede que este conocimiento del mercado sea una competencia nuclear para crear ventajas competitivas respecto a otras organizaciones que están más alejadas de sus clientes.

- Aunque el *coste* final de desarrollar internamente nuevas actividades puede ser superior al de adquirir otras empresas, *el reparto del coste a lo largo del tiempo* puede ser más favorable y realista. Esto contrasta con las adquisiciones, que pueden exigir un importante gasto en un momento determinado. Esta es una fuerte motivación para el desarrollo interno en las pequeñas empresas y en muchos servicios públicos que puede que no dispongan de los recursos necesarios para realizar importantes inversiones de una sola vez. El menor ritmo de cambio derivado del desarrollo interno también pueden minimizar la perturbación de otras actividades.

Es posible que también haya cuestiones relativas al *entorno* empresarial que crearían una preferencia a favor del desarrollo interno:

- Es posible que una organización *no tenga elección* sobre cómo se desarrollan los nuevos negocios. En muchos casos, los que están abriendo nuevos caminos pueden no encontrarse en una posición que les permita desarrollarse mediante adquisiciones o con desarrollos conjuntos puesto que son los únicos en ese campo.

- Este problema no se limita a esas situaciones extremas. Las organizaciones que quieren desarrollarse mediante adquisiciones pueden ser incapaces de encontrar una empresa adecuada para adquirir. Por ejemplo, esta es una dificultad que encuentran las empresas extranjeras que quieren entrar en el mercado de Japón.

El desarrollo interno también puede evitar los problemas políticos y culturales, que suelen ser traumáticos, que surgen de la integración posterior a la adquisición al tener que conjugar distintas tradiciones y *expectativas* incompatibles de las dos organizaciones.

## 7.3.2    Fusiones y adquisiciones[4]

La **adquisición** se produce cuando las estrategias de desarrollo consisten en asumir la propiedad de otra organización. Existe una enorme actividad de fusiones y adquisiciones a escala mundial. Globalmente, el número de adquisiciones culminadas se triplicó entre 1991 y 2001. Estas adquisiciones no se limitaron a adquisiciones *dentro* de los países: por ejemplo, en 1998 se produjeron 3.000 adquisiciones[5] *interfronterizas* en Europa, valoradas en 220.000 millones de dólares (190.000 millones de euros), (lo que representa el 45 por ciento del valor total de las fusiones y adquisiciones europeas). Pero los acuerdos mundiales cayeron rápidamente tras 2000 (disminuyendo casi un 30 por ciento en 2002 hasta aproximadamente 25.000 acuerdos). En 2002, Estados Unidos mostró su menor nivel de adquisiciones desde 1994. No obstante, los acuerdos mundiales en 2002 fueron valorados en 1,2 billones de dólares (aproximadamente un billón de euros). El desarrollo mediante adquisiciones tiende a producirse por oleadas[6], y también a ser selectivo en cuanto a sectores industriales. Por ejemplo, en el Reino Unido, la década de los noventa fue testigo de una oleada de fusiones en las organizaciones de servicios profesionales, como los bufetes de abogados, las agencias inmobiliarias, las asesorías contables y los servicios financieros. Esta oleada fue seguida de otra de fusiones en los sectores de las farmacéuticas, la electricidad y la tecnología de la información. En 2000, el 25 por ciento de las adquisiciones en las que se vieron implicadas empresas británicas se produjo en el sector de la tecnología de la información, alcanzando casi 900 acuerdos[7].

Análogamente, los desarrollos internacionales mediante adquisiciones han sido críticamente importantes en algunas industrias, como los periódicos y los medios de comunicación, alimentos y bebidas, muchos sectores de la industria del ocio y, a finales de la década de los noventa, en el sector de las telecomunicaciones. A principios de la década de 2000, los sectores más activos a escala mundial eran sanidad, energía, y servicios financieros. La actividad global en fusiones estuvo dominada por Norteamérica, (aproximadamente el 42 por ciento del valor mundial total en 2002) y Europa Occidental (37 por ciento). Esto contrasta fuertemente con Japón (4 por ciento). Dentro de Europa, el Reino Unido sigue mostrando el mayor volumen de actividad (12 por ciento del valor mundial en 2002), frente a Francia (6 por ciento) y Alemania (5 por ciento). Estas diferencias entre países constituyen un recordatorio de las distintas estructuras de propiedad y gobierno corporativo en las distintas partes del mundo (como se analiza en la Sección 4.2 del Capítulo 4).

### Razones para las fusiones y adquisiciones[8]

Hay muchas razones distintas para optar por un desarrollo mediante fusiones o adquisiciones. Se pueden agrupar bajo tres encabezamientos como razones *del entorno, de la capacidad estratégica y de las expectativas* que se han utilizado anteriormente en este libro para analizar la posición estratégica de una organización. La necesidad de mantenerse al día con los cambios del *entorno* puede predominar en el planteamiento de las adquisiciones:

- Una razón imperiosa para desarrollarse mediante adquisiciones es la *velocidad* a la que permite que la empresa entre en un nuevo producto o mercado. En algunos casos, el producto o mercado está cambiando tan rápidamente que la adquisición se convierte en la única manera de entrar en el mercado con éxito, puesto que el proceso de desarrollo interno es demasiado lento. Esta sigue siendo una de las principales razones en muchos negocios de comercio electrónico.

La **adquisición** se produce cuando las estrategias de desarrollo consisten en asumir la propiedad de otra organización.

● La *situación competitiva* puede influir para que una empresa opte por la adquisición. En los mercados estáticos en los que las cuotas de mercado de las empresas son razonablemente estables, puede resultar muy difícil que una nueva empresa entre en el mercado, puesto que su presencia podría generar un exceso de capacidad. Si, sin embargo, la nueva empresa entra mediante una adquisición, se reduce el riesgo de que la competencia reaccione. En algunos casos, el motivo de la adquisición es la consolidación de la industria mediante el cierre de la empresa adquirida para recuperar un mejor equilibrio entre la oferta y la demanda. Evidentemente, es más probable que este fenómeno se produzca en aquellas industrias en las que hay reducidos niveles de concentración.

● La *desregulación* fue una de las principales fuerzas motrices para el recurso a fusiones y adquisiciones en muchas industrias como las de las telecomunicaciones, la electricidad y otras *utilities*. Esto se debía a que la normativa (o el proceso/tipo de desregulación) creaba un grado de fragmentación considerado subóptimo. Así pues, era una oportunidad, para las organizaciones que querían adquirir a otras, de racionalizar la provisión y/o intentar obtener otras ventajas (por ejemplo, mediante la creación de empresas «multiservicios» que ofrecían electricidad, gas, telecomunicaciones y otros servicios a sus clientes).

Es posible que las adquisiciones se vean motivadas por *cuestiones financieras*. Si el valor de las acciones o la ratio precio/beneficios de una empresa son elevados, la motivación puede ser la identificación y adquisición de una empresa con una cotización reducida o una baja ratio precio/beneficios. En efecto, este es uno de los principales estímulos para las empresas más oportunistas. Un ejemplo extremo es el de la adquisición para la liquidación de los activos, donde la motivación principal consiste en obtener un beneficio a corto plazo mediante la compra de activos infravalorados y su venta.

Puede que también haya *razones de capacidad:*

● Una adquisición puede ofrecer la oportunidad de *explotar las competencias nucleares de una organización* en un nuevo campo, por ejemplo, mediante la expansión global. Por el contrario, también puede ser un medio para resolver un problema de *falta de recursos o competencias* para competir con éxito. Por ejemplo, es posible que una empresa sea adquirida por su pericia en actividades de I+D, o por sus conocimientos en un determinado sistema de producción o proceso empresarial.

● *La eficiencia en costes* es una de las razones que se pueden dar para las adquisiciones y/o, en el sector público, para fusionar unidades o racionalizar la provisión (eliminando duplicaciones u obteniendo ventajas de escala).

● El *aprendizaje* puede ser una motivación importante. Por ejemplo, una empresa madura puede haber recorrido una gran parte de la curva de experiencia y haber alcanzando eficiencias o pericias que sería muy difícil igualar rápidamente mediante un desarrollo interno. La necesaria innovación y el necesario aprendizaje de la organización serían demasiado lentos.

La adquisición también puede deberse a las *expectativas* de las partes interesadas clave:

● Los inversores institucionales pueden esperar ver un *crecimiento continuado* y las adquisiciones pueden constituir una forma rápida de ofrecer este crecimiento. Pero existen importantes peligros de que el crecimiento mediante las adquisiciones dé lugar a una destrucción del valor en vez de a una creación del mismo, por algunas de las razones analizadas en el Capítulo 6. Por ejemplo, la empresa matriz no tiene una idea suficiente de los negocios que ha adquirido e, involuntariamente, destruye valor. Es evidente que este fenómeno tiene más probabilidades de producirse cuando las adquisiciones son un método para obtener una diversificación.

- El crecimiento mediante las adquisiciones también puede ser muy atractivo para los *altos ejecutivos ambiciosos* porque acelera el crecimiento de la empresa. A su vez, esto puede aumentar su propia importancia, ofrecerles mejores trayectorias profesionales y mayores recompensas pecuniarias.
- Hay algunas partes interesadas cuyas motivaciones son *la especulación* más que el desarrollo estratégico. Promueven las adquisiciones que pueden dar lugar a un aumento a corto plazo de la cotización de las acciones. Otras partes interesadas suelen evitar a los especuladores puesto que la ganancia a corto plazo puede destruir las perspectivas a más largo plazo.

La Ilustración 7.2 muestra los planes de adquisición de una empresa como parte de su estrategia de desarrollo en el mercado internacional.

## Adquisiciones y rendimiento financiero

Muchas de las conclusiones sobre el impacto de las adquisiciones sobre el rendimiento financiero[9] actúan como un recordatorio de que la adquisición no es un camino fácil o garantizado para mejorar el rendimiento financiero. En efecto, en la mayoría de los casos dan lugar a un mal rendimiento o, incluso, a graves dificultades financieras. El error más común es pagar demasiado por una empresa, posiblemente debido a una falta de experiencia en las adquisiciones o a una mala asesoría financiera (por ejemplo, del banco de inversión). Una adquisición incluirá probablemente malos recursos y malas competencias además de los que han motivado la adquisición. Por esta razón, muchos compradores intentan adquirir productos o procesos más que toda la empresa, si es posible. En el mejor de los casos, lo más probable es que la empresa compradora necesite bastante tiempo para obtener cualquier ventaja financiera de su adquisición, si es que obtiene alguna. Hasta el 70 por ciento de las adquisiciones terminan ofreciendo unos rendimientos inferiores a los accionistas de las dos organizaciones. Muchos estudios confirman la importancia de los factores no económicos para determinar el rendimiento posterior a la adquisición. Estos factores se analizarán en la próxima sección.

## Cómo lograr que funcionen las adquisiciones[10]

Es necesario recordar que la aplicación detallada de la agenda tras una fusión o adquisición variará considerablemente en función de la dirección estratégica para la que se está aplicando ese método de desarrollo[11]. No obstante, hay una serie de cuestiones recurrentes que pueden dar lugar al éxito o fracaso de una adquisición/fusión y que, por tanto, hay que tener bajo control:

- El comprador puede encontrar difícil *añadir valor* a sus adquisiciones (las cuestiones relacionadas con la empresa matriz que se analizaron en el Capítulo 6). Será necesario tomar decisiones sobre determinados papeles clave (tras la fusión). Los directivos intermedios también tienen que ser implicados rápidamente para suprimir las incertidumbres internas y garantizar que no se pierden de vista las cuestiones externas (por ejemplo, respecto al servicio a los clientes).
- La incapacidad de *integrar a la nueva empresa* en las actividades de la antigua significa que las ventajas esperadas de las sinergias, que suelen ser las razones que se dan para las adquisiciones, no se materializan. Es inevitable que haya que tomar decisiones sobre el mantenimiento o el despido de los ejecutivos de la empresa adquirida.
- Cuando la razón de la adquisición/fusión fue el *aprendizaje de la organización* mediante la transferencia de conocimiento, puede resultar difícil saber exactamente cuál es el conocimiento que se va a transferir. Los propios directivos de la organización adquirida pueden no tener claro cuáles son las razones de su éxito (o fracaso).

**Ilustración 7.2**                    e s t r a t e g i a   e n   a c c i ó n

# General Electric se centra en Europa

*La globalización puede ser esencial para las organizaciones con elevadas cuotas de mercado en su mercado de origen. ¿Podrían las adquisiciones constituir la forma rápida de globalizarse?*

En octubre de 2003 Jeff Immelt, el presidente y CEO de General Electric, el gigante conglomerado estadounidense (cuyas ventas anuales de unos 130.000 millones de dólares, unos 115.000 millones de euros, provenían de motores de aviones, servicios financieros, iluminación, locomotoras, instrumentos médicos, plásticos, televisores, y mucho más) hizo una oferta de 5.700 millones de libras esterlinas por Amersham, una empresa británica del sector sanitario. Amersham proveía los productos químicos utilizados en rayos X y en otras formas de obtención de imágenes médicas y tenía una facturación de aproximadamente 1.000 millones de libras (unos 1.500 millones de euros) anuales. Tan solo el día anterior se había concluido la adquisición de la empresa finlandesa Instrumentarium, una empresa de instrumentos médicos. GE ya tenía una fuerte presencia en Europa (sobre todo en el Reino Unido) en sus negocios más «maduros», que se remontaba a la década de los treinta. El Reino Unido era el tercer mercado más grande de GE detrás de Estados Unidos y Japón, y empleaba a 15.000 personas en el Reino Unido, obteniendo unas ventas de 5.000 millones de dólares. Pero Immelt quería expandirse más rápidamente en Europa que en Estados Unidos. Una sección del informe anual se titulaba «somos pequeños dónde deberíamos ser grandes». La lógica partía del hecho de que, en la mayoría de los sectores, GE tenía en Europa la mitad de la cuota de mercado que tenía en Estados Unidos. Además, la ampliación del mercado y la convergencia normativa entre los países europeos se consideraban factores favorables.

Pero, al ampliar sus operaciones en Europa, GE tenía un ojo puesto en los sectores más atractivos, de aquí su interés por la atención sanitaria. Antes de convertirse en el presidente de GE, Immelt solía dirigir las operaciones médicas de GE. Tenía una opinión sobre la atención sanitaria muy parecida a la de Sir William Castell, el consejero delegado de Amersham durante catorce años. El plan era combinar Amersham con GE Medical Systems (que fabrica los equipos médicos de escaneo MRI y CT) para crear GE Healthcare (con una facturación estimada de 13.000 millones de dólares). Se esperaba capitalizar la emergencia de la «medicina personalizada»: terapias que quieren aprovechar el mayor conocimiento genético de las

enfermedades (por ejemplo, *véase* la Ilustración 2.4 en el Capítulo 2). A pesar del hecho de que Amersham solo tenía una tercera parte del tamaño de GE Medical Systems, el negocio sería dirigido por Castell. En un movimiento poco habitual, también se le iba a nombrar vicepresidente del Consejo de GE.

Los accionistas de Amersham tampoco iban a quedar decepcionados por la oferta de acciones de GE que cotizaban a 800p (12 euros), los analistas habían valorado Amersham a 720p y los rivales potenciales, como Siemens o Philips, tendrían muchos problemas para igualar la oferta. La disponibilidad de GE a pagar este precio reflejaba probablemente la necesidad de mantener en movimiento la maquinaria de generación de beneficios de GE, dada la debilidad de su economía de origen. Se pensaba que el sector sanitario podía ofrecer beneficios más saludables que otros negocios más maduros. No era probable que Amersham constituyera el último movimiento de GE en el sector sanitario o en Europa. Poco antes de las adquisiciones de Amersham e Instrumentarium, GE había hecho adquisiciones europeas en los servicios financieros adquiriendo la empresa de préstamos First National por 848 millones de libras a Abbey National en el Reino Unido y también había anunciado planes para adquirir instalaciones eólicas en el mar de Irlanda. Para que las operaciones de GE en Europa igualaran (proporcionalmente) a las de Estados Unidos, sería necesario aumentar las ventas anuales en 25.000 millones de dólares: una diferencia equivalente a comprar a 30 Amershams.

*Fuente:* adaptado de *The Sunday Times*, 12 de octubre de 2003.

---

**Preguntas**

1. ¿Por qué había decidido GE desarrollarse en Europa?
2. Revise la Sección 7.3.2 y explique las ventajas e inconvenientes del desarrollo en el mercado mediante adquisiciones.
3. ¿Cómo podría GE evitar algunos de estos inconvenientes?

● El rendimiento inferior al esperado suele derivarse de problemas de *ajuste cultural*. Este problema es especialmente acuciante en el caso de adquisiciones entre países[12] (*véase* la Ilustración 4.6 en el Capítulo 4). Este choque de culturas puede deberse sencillamente a que los modelos empresariales y/o las rutinas de las organizaciones son demasiado distintos en cada una de las organizaciones.

### 7.3.3 Alianzas estratégicas[13]

Una **alianza estratégica** se produce cuando dos o más organizaciones comparten recursos y actividades para aplicar determinada estrategia. Este tipo de desarrollo conjunto de las nuevas estrategias está adquiriendo cada vez más popularidad. Esto se debe a que las organizaciones no siempre pueden resolver los problemas derivados de unos entornos cada vez más complejos (como la globalización)[14] utilizando exclusivamente sus recursos y competencias internos. Es posible que tengan la necesidad de obtener materiales, habilidades, innovación, recursos financieros o acceso a los mercados y reconozcan que es más fácil obtenerlos mediante la cooperación que con la propiedad. Muchas empresas utilizan las alianzas en hasta el 25 por ciento de sus actividades, y las primeras 500 empresas globales tienen, de media, sesenta alianzas cada una[15]. A pesar de este hecho, aproximadamente la mitad de las alianzas fracasan. Las alianzas varían considerablemente en cuanto a su complejidad, desde sencillas alianzas con dos socios que fabrican conjuntamente un producto hasta alianzas con múltiples socios que ofrecen complejos productos y soluciones[16].

> Una **alianza estratégica** se produce cuando dos o más organizaciones comparten recursos y actividades para practicar una determinada estrategia.

#### Motivaciones de las alianzas [17]

Hay muchos motivos precisos para realizar una alianza, pero tienden a encontrarse en tres grandes categorías:

● La necesidad de alcanzar una *masa crítica,* que se puede lograr mediante las alianzas al crear asociaciones con, o bien competidores, o bien proveedores de productos complementarios. Esto puede permitir reducir costes y hacer una mejor oferta al cliente.
● La *coespecialización*, que permite a cada socio concentrarse en las actividades que mejor se ajustan a sus capacidades. Por ejemplo, se utilizan las alianzas para entrar en nuevos mercados geográficos donde una organización necesita obtener conocimientos locales en distribución, marketing y servicio al cliente. Análogamente, es muy común hacer alianzas con organizaciones de otras partes de la cadena de valor (por ejemplo, con proveedores o distribuidores).
● *El aprendizaje* de los socios y el desarrollo de competencias que se pueden explotar mejor. Por ejemplo, los primeros pasos en el sector del comercio electrónico se pueden dar con un socio que ya tiene experiencia en el desarrollo de páginas Web. Sin embargo, la intención a más largo plazo puede ser realizar esas actividades en el seno de la propia organización.

Las alianzas estratégicas también son importantes en el sector público[18], como medio de resolver determinadas cuestiones sociales. Por ejemplo, la Ilustración 7.3 muestra cómo se resolvió el problema del abuso de drogas mediante acuerdos de colaboración entre las distintas agencias implicadas (sanitarias, policiales, asuntos sociales y educación). En el Reino Unido también ha habido muchas asociaciones entre el sector público y el privado; por ejemplo, se creó la Iniciativa de Financiación Pública para permitir que las organizaciones del sector público obtuvieran ventajas mediante asociaciones para el desarrollo y el mantenimiento de bienes de capital, fundamentalmente, bienes inmuebles.

# Estrategia antidroga en el Reino Unido

*La capacidad de coordinar las actividades de distintas agencias del sector público y del voluntariado puede ser clave para el éxito de las estrategias de promoción del bienestar social.*

A mediados de la década de 2000, Gran Bretaña, como la mayoría de los países occidentales, tenía crecientes problemas sociales debido al mal uso de las drogas. La estrategia del gobierno para abordar esta cuestión (publicada por primera vez en 1998) tenía cuatro objetivos:

1. Es necesario ayudar a la juventud a rechazar las drogas para que pueda alcanzar todo su potencial en la sociedad.

2. Es necesario proteger a las comunidades del comportamiento criminal y antisocial relacionado con las drogas.

3. El tratamiento debe permitir que la gente que tiene un problema con las drogas lo supere y pueda vivir una vida sana alejada del crimen.

4. Dificultar la disponibilidad de drogas ilegales en las calles.

Pero la cuestión práctica consistía en saber cómo organizarse para alcanzar estos objetivos, ya que las responsabilidades estaban repartidas entre distintas «agencias»:

- El *sistema sanitario* era responsable del diagnóstico y el tratamiento de los pacientes por abuso de drogas.

- La *justicia penal* (policía, prisiones, sistemas de libertad condicional y aduanas) eran responsables de la aplicación de la ley y de la rehabilitación de los delincuentes.

- Los *servicios sociales* eran responsables de la asistencia social y de la protección de los drogadictos y de sus familias.

- *Educación* era responsable de la educación sobre el uso de drogas.

- El *sector del voluntariado* (fundamentalmente organizaciones caritativas) ofrecía servicios junto, y en asociación, con muchas de estas agencias del sector público, servicios de información, asesoría y apoyo.

Se crearon las siguientes estructuras y procesos para fomentar y apoyar la colaboración necesaria para limitar o reducir el problema de la droga:

- En el ámbito ministerial, el gobierno central creó un subcomité del gabinete dedicado a esta cuestión en el que se incluían los ministros de los principales departamentos «implicados».

- Inicialmente, Keith Hellawell, el exdirector del departamento de policía de West Yorkshire, fue nombrado «responsable de drogas» a tiempo completo para supervisar los esfuerzos e informar al comité. Pero se suprimió este cargo a principios de la década de 2000.

- En el ámbito local, se crearon *Equipos de Acción sobre Drogas* compuestos por funcionarios y miembros de las organizaciones del sector del voluntariado. Ofrecían consejos e informaban para la definición de las estrategias y acciones en el ámbito local.

El planteamiento general para resolver el problema de las drogas quedaba reflejado en un comentario del departamento de policía de South Yorkshire:

«Cada vez que arrestamos a un traficante creamos, simplemente, un vacío, una oportunidad para que otra persona ocupe su lugar. La única oportunidad realista que tenemos de avanzar a largo plazo en este problema es trabajar en asociación para cambiar la cultura y las actitudes de la sociedad, reduciendo así la demanda. Solo lo podremos conseguir mediante una mejor educación y ofreciendo servicios de tratamiento para los que están padeciendo el problema».

*Fuente:* adaptado de la UK Anti-Drug Co-ordination Unit. South Yorkshire Police.

---

### Preguntas

1. ¿Cuáles son las alternativas para aplicar la estrategia antidroga aparte de este planteamiento sobre las alianzas?

2. Compare las ventajas e inconvenientes de estos planteamientos.

## Tipos de alianzas

Hay diversos tipos de alianzas estratégicas (*véase* Cuadro 7.3). Algunas alianzas pueden ser relaciones formalizadas entre organizaciones. En el otro extremo, puede haber acuerdos de cooperación flexibles y redes informales entre las organizaciones, sin que haya participación en la propiedad:

● *Las joint ventures* son acuerdos por los que las organizaciones siguen siendo independientes pero crean una nueva asociación que pertenece a las dos matrices. La *joint venture* suele ser uno de los medios preferidos para los negocios de colaboración en China. Las empresas locales ofrecen mano de obra y entrada a los mercados; las empresas occidentales ofrecen tecnología, experiencia directiva y financiación. Los *consorcios* pueden implicar a dos o más organizaciones en una *joint venture*, y normalmente estarán más centrados en un proyecto o negocio en particular. Los ejemplos incluyen grandes proyectos de ingeniería civil, o importantes proyectos aeroespaciales, como el Airbus europeo. También pueden existir entre organizaciones del sector público donde los servicios (como el transporte público) cruzan las delimitaciones administrativas.

● En el otro extremo, las *redes* son acuerdos por los que dos o más organizaciones colaboran juntas con relaciones formales que permiten ventajas mutuas. Se han creado redes en la industria del transporte aéreo (como la red «One World«), fundamentalmente con fines de marketing pero también con cierta participación en el capital entre (algunos) socios de la alianza. También pueden surgir *alianzas oportunistas* en torno a determinados negocios o proyectos.

● Existen muchos acuerdos intermedios. Uno es el de *franquicias*, y tal vez los ejemplos más conocidos son los de Coca-Cola y McDonald's. Aquí, el franquiciado realiza determinadas actividades como producción, distribución o ventas, mientras que

---

**Cuadro 7.3**    **Tipos de alianzas estratégicas**

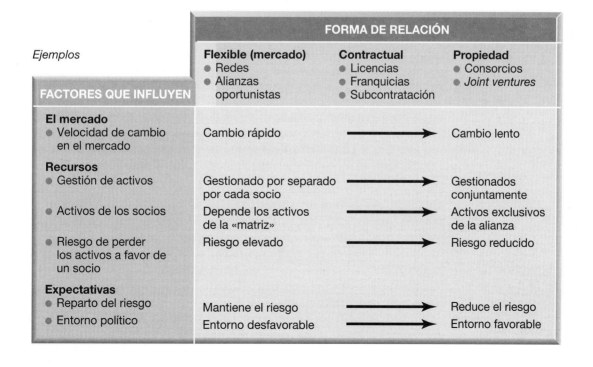

| | FORMA DE RELACIÓN | | |
|---|---|---|---|
| *Ejemplos* | **Flexible (mercado)**<br>● Redes<br>● Alianzas oportunistas | **Contractual**<br>● Licencias<br>● Franquicias<br>● Subcontratación | **Propiedad**<br>● Consorcios<br>● *Joint ventures* |
| **FACTORES QUE INFLUYEN** | | | |
| **El mercado**<br>● Velocidad de cambio en el mercado | Cambio rápido ⟶ | | Cambio lento |
| **Recursos**<br>● Gestión de activos | Gestionado por separado por cada socio ⟶ | | Gestionados conjuntamente |
| ● Activos de los socios | Depende los activos de la «matriz» ⟶ | | Activos exclusivos de la alianza |
| ● Riesgo de perder los activos a favor de un socio | Riesgo elevado ⟶ | | Riesgo reducido |
| **Expectativas**<br>● Reparto del riesgo | Mantiene el riesgo ⟶ | | Reduce el riesgo |
| ● Entorno político | Entorno desfavorable ⟶ | | Entorno favorable |

el franquiciador es responsable de la marca, del marketing y, probablemente, de la formación. Las *licencias* son frecuentes en las industrias con una fuerte base científica donde, por ejemplo, se concede el derecho a fabricar un producto patentado a cambio de una comisión. En el caso de la *subcontratación*, la empresa decide subcontratar determinados servicios o partes de un proceso: por ejemplo, en los servicios públicos es cada vez más frecuente que se subcontrate (contratación externa) la responsabilidad de la recogida de basuras, la limpieza y los servicios de tecnología de la información a empresas privadas. Todos estos acuerdos intermedios tendrán, probablemente, una naturaleza contractual pero es improbable que impliquen una propiedad.

- Algunas partes de las organizaciones de los servicios públicos utilizan al cliente (o empresario) en una *coproducción*[19]. La coproducción también es posible en el sector privado gracias a las modernas tecnologías de la información. Muchas empresas de comercio electrónico están intentando pasar más allá de la particularización de los productos/servicios (que supone un conocimiento previo de las necesidades del cliente) a la personalización[20] por la que el cliente «diseña» el producto/servicio *online*.

### Factores que influyen sobre los tipos de alianzas

El Cuadro 7.3 muestra los factores que pueden influir sobre los tipos de alianzas:

- La *velocidad de cambio del mercado* exigirá que los movimientos estratégicos se hagan deprisa. Así pues, será más adecuada una alianza oportunista que una *joint venture*, que requeriría demasiado tiempo.
- Una cuestión importante sobre la *capacidad estratégica* es cómo se van a gestionar los recursos. Si la estrategia requiere que existan recursos independientes con dedicación exclusiva, la *joint venture* será la forma más adecuada. Por el contrario, muchas estrategias pueden respaldarse con los recursos actuales de los socios lo que favorecerá probablemente una relación contractual más flexible.
- Algunas organizaciones se encontrarán en situaciones en que hay *expectativas* que harán que las alianzas sean el método de desarrollo preferido. Algunas partes interesadas pueden preferir las alianzas como medio de compartir el riesgo financiero. Muchos negocios del sector público exigen o «prefieren» las alianzas, a menudo con el sector privado[21]. Así pues, las alianzas se ajustan más al entorno político.

### Ingredientes de una alianza de éxito[22]

Aunque las organizaciones pueden ver muchas de las ventajas de las alianzas (destacadas anteriormente), no resulta necesariamente fácil que funcionen. El éxito de las alianzas depende de cómo se gestionen y de cómo fomenten los socios la evolución de la asociación. Por ejemplo, es probable que los siguientes puntos sean importantes:

- Un claro *propósito estratégico* de la alianza, junto con el *respaldo de la alta dirección*, son cuestiones importantes puesto que las alianzas exigen una amplia gama de relaciones que hay que construir y mantener. Esto puede crear obstáculos culturales y políticos que los altos directivos deben ayudar a superar.
- La *compatibilidad* en el ámbito operativo exige esfuerzos de los socios para lograr fuertes relaciones personales en los niveles más bajos y no solo entre los altos directivos. En las asociaciones entre distintos países, será necesario superar las diferencias culturales nacionales (*véase* la Ilustración 4.6 en el Capítulo 4).
- La definición y el cumplimiento de las *expectativas sobre el rendimiento*. Esto exige que se esté dispuesto a intercambiar información sobre el rendimiento. Esto incluye

claras *metas, acuerdos organizativos y de gobierno,* sobre las actividades que se producen entre los socios o que les unen. Sin embargo, también puede ser importante que la alianza se mantenga *simple y flexible,* y que se permita que la alianza *evolucione y cambie,* en vez de definirla de forma rígida desde el principio.

● Probablemente el ingrediente más importante del éxito, y una importante causa del fracaso, sea la *confianza.* Pero la confianza tiene dos elementos independientes. La confianza puede *depender de las competencias* en el sentido de que cada socio confía en que el otro tenga los recursos y competencias necesarios para cumplir su parte de la alianza. Y la confianza también depende del *carácter* que hace referencia a si los socios pueden confiar en las motivaciones del otro y son compatibles en cuanto a sus actitudes sobre la honradez, la franqueza, la discreción y la consistencia en su comportamiento.

## 7.4  CRITERIOS DE ÉXITO

Esta sección del capítulo se fija en por qué algunas estrategias tienen más éxito que otras, introduciendo el concepto de los **criterios de éxito** que permiten evaluar las opciones estratégicas[23]. Hay tres principales *criterios del éxito:*

Los **criterios de éxito** permiten evaluar la probabilidad de éxito de las opciones estratégicas.

● El ajuste de la estrategia hace referencia a si la estrategia es adecuada a las circunstancias en las que se encuentra la organización; la *posición estratégica* tal y como se analizó en la Parte II de este libro
● *La aceptabilidad* hace referencia a los *resultados esperados* (como el *rendimiento* o el *riesgo*) de una estrategia y el grado en que estos resultados son acordes con las *expectativas* de las partes interesadas.
● *La factibilidad* hace referencia a si la estrategia puede funcionar en la práctica. La valoración de la factibilidad de una estrategia requiere poner el énfasis en los detalles prácticos de la *capacidad estratégica*.

A continuación analizaremos cada uno de estos criterios con más detalle.

### 7.4.1  El ajuste de la estrategia

El ajuste hace referencia a si la estrategia es adecuada dadas las circunstancias en las que se encuentra la organización: la posición estratégica. Esto está relacionado con los análisis de la Parte II de este libro. Exige una valoración general del grado en que las nuevas estrategias se ajustan a las tendencias y cambios futuros del *entorno*, explotan la *capacidad estratégica* de una organización y satisfacen las *expectativas* de las partes interesadas. Cada uno de estos factores se aborda con más detalle en los otros dos criterios de éxito. El ajuste se puede analizar en función de la *racionalidad* de una estrategia y de si «tiene sentido» respecto a la posición estratégica de la organización. Así pues, los conceptos y marcos ya analizados en los Capítulos 2 y 4 pueden ser útiles para comprender el ajuste de la estrategia. En el Cuadro 7.4 se muestran algunos ejemplos.

Los análisis en las anteriores Secciones 7.2 y 7.3 sobre las direcciones y métodos del desarrollo se ocupaban no solo de comprender cuáles eran las direcciones y métodos disponibles, sino también de explicar algunas de las razones por las que se pueden preferir unas frente a otras. Así pues, los diversos ejemplos de esas secciones ilustraban por qué se puede considerar que las estrategias son *ajustadas* desde el punto de vista del entorno, la capacidad y las expectativas. El Cuadro 7.5 resume estas cuestiones de las secciones anteriores y ofrece una lista de comprobación de las razones habituales por las que se consideran ajustadas determinadas direcciones o métodos de desarrollo.

| Cuadro 7.4 | Comprensión del ajuste de las opciones estratégicas utilizando los conceptos sobre la posición estratégica |
|---|---|

| Concepto | Cuadros Ilustraciones | Ayuda a comprender | Las estrategias ajustadas deben abordar (ejemplos) |
|---|---|---|---|
| **PESTEL** | Cuadro 2.2 Ilustración 2.1 | Oportunidades de crecimiento/ declive Cambios en la estructura de la industria | Convergencia de la industria (¿mediante la integración vertical?) |
| **Escenarios** | Ilustración 2.3 | Grado de incertidumbre/riesgo | Necesidad de planes de contingencia |
| **5 fuerzas** | Cuadro 2.5 Ilustración 2.5 | Fuerzas competitivas | Desarrollo de barreras para los nuevos entrantes |
| **Grupos estratégicos** | Ilustración 2.7 | Atractivo de los grupos Barreras a la movilidad Espacios estratégicos | Necesidad de reposicionarse en un grupo más atractivo |
| **Competencias nucleares** | Cuadro 3.1 | Estándares umbral de la industria Bases de la ventaja competitiva | Suprime las debilidades Explota las fortalezas |
| **Cadena de valor** | Cuadros 3.6 y 3.7 | Oportunidades de integración vertical o contratación externa | Cómo se logra la integración vertical (por ejemplo, fusiones o alianzas) |
| **Mapa de las partes interesadas** | Cuadro 4.5 Ilustración 4.4 a y b | Aceptabilidad de las estrategias para las partes interesadas Poder e interés | Cómo se verá afectada cada parte interesada. Cómo se puede abordar esta situación política (poder/interés) |
| **Red cultural** | Cuadro 4.11 Ilustración 4.7 | Aceptabilidad «real» Impacto sobre la factibilidad | Cómo se puede «abordar» el choque cultural en una fusión o alianza |

La Sección 7.2.5 introdujo la matriz DAFO como método para identificar opciones estratégicas directamente del análisis DAFO. Así pues, esta matriz también ofrece una valoración del ajuste «justificando» las opciones en función del grado en que se ajustan a la posición estratégica de la organización.

También es importante comprender por qué puede que las estrategias *no se ajusten* (sobre todo si los directivos las prefieren). Por ejemplo:

● Una elección *sesgada* en tanto en cuanto no aborda adecuadamente los (3) factores anteriores sobre la posición estratégica de una organización. Por ejemplo, el deseo de buscar oportunidades de mercado sin las competencias o la financiación necesarias, o la ejecución de una estrategia contra los deseos de una parte interesada poderosa, constituyen ejemplos de esta situación.

● Lo importante es el ajuste *relativo* de las opciones. Puede que haya opciones «disponibles» que son *más ajustadas* para una organización. Hay algunos marcos útiles que pueden ayudar a comprender mejor el ajuste relativo de las distintas opciones estratégicas:

— La *jerarquización* de las opciones estratégicas en función de un conjunto de factores relativos a la posición estratégica de una organización (como se muestra en el Cuadro 7.6). *Véase* la Ilustración 7.4 para ver un ejemplo detallado.

| Cuadro 7.5 | Algunos ejemplos del ajuste |
| --- | --- |

| Opción estratégica | Por qué puede ser adecuada esta opción en términos de: | | |
| --- | --- | --- | --- |
| | Entorno | Capacidad | Expectativas |
| **Direcciones** | | | |
| Consolidación | Retirada de mercados en declive Venta de activos valiosos (especulación) Mantenimiento de la cuota de mercado | Crear fortalezas mediante la continua inversión e innovación | Mejores rendimientos a bajo riesgo explotando las estrategias actuales |
| Penetración en el mercado | Ganar cuota de mercado para obtener una ventaja | Explotar recursos y competencias superiores | |
| Desarrollo de producto | Explotar el conocimiento de las necesidades del cliente | Explotar la I+D | Mejores rendimientos con riesgo intermedio explotando las fortalezas actuales o el conocimiento del mercado |
| Desarrollo de mercado | Los mercados actuales están saturados Nuevas oportunidades de: expansión geográfica, entrada en nuevos mercados o nuevas aplicaciones | Explotar los productos actuales | |
| Diversificación | Los mercados actuales están saturados o en declive | Explotar competencias nucleares en nuevos ámbitos | Mejores rendimientos con mayor riesgo «explotando los activos» |
| **Métodos** | | | |
| Desarrollo interno | Primero en el mercado No hay socios o adquisiciones «disponibles» | Aprendizaje y desarrollo de competencias Reparto de los costes a lo largo del tiempo | Facilidad cultural/política |
| Fusión/adquisición | Velocidad Oferta/demanda Ratios precio/beneficios | Adquisición de competencias Economías de escala | Rendimientos: crecimiento o cotización de la acción Problemas de choque cultural |
| Desarrollo conjunto | Velocidad Norma de la industria | Competencias complementarias Aprendizaje de los socios | «Necesario» para entrar Reduce el riesgo Está de moda |

— Los *árboles de decisión,* que también valoran las opciones estratégicas en función de una lista de factores clave (del Cuadro 7.4). Sin embargo, surgen opciones mejores a través de la introducción paulatina de requisitos que hay que satisfacer (como crecimiento, inversión o diversidad). *Véase* la Ilustración 7.5.

— Los *escenarios,* que intentan ajustar las opciones específicas a la gama de posibles situaciones futuras y resultan particularmente útiles cuando hay un elevado grado de incertidumbre (como se analizó en la Sección 2.2.4, *véase* la Ilustración 2.3). Las opciones adecuadas son aquellas que se ajustan a los diversos escenarios, de forma que es necesario «mantener abiertas» varias opciones, tal vez bajo planes de contingencia.

**Ilustración 7.4** | estrategia en acción

# Jerarquización de opciones: Churchill Pottery

*La jerarquización puede resultar útil partiendo de un análisis DAFO y comparando las opciones estratégicas frente a los factores estratégicos clave del análisis DAFO.*

En la década de los noventa Churchill Pottery, con sede en Stoke-on-Trent, Reino Unido, fue una de las protagonistas de la serie de la BBC llamada *Troubleshooter*, al que se invitaba a equipos de directivos de una serie de empresas a analizar el desarrollo estratégico de sus organizaciones con Sir John Harvey-Jones (expresidente de ICI). Como otras muchas empresas manufactureras tradicionales de esa época, Churchill estaba sometida a crecientes presiones de las importaciones más baratas a sus mercados tradicionales, y estaba analizando la posibilidad de «ascender» en el mercado sacando una nueva gama dirigida al extremo del mercado más consciente del diseño. El siguiente ejercicio de jerarquización fue realizado por un grupo de participantes en un programa directivo que había visto el vídeo sobre Churchill Pottery.

Los resultados de esta jerarquización son interesantes. Primero, se destacaba la necesidad de hacer *algo*. Segundo, se consideraban no ajustados unos cambios radicales de la estrategia, como los movimientos hacia el comercio minorista o una diversificación. No resuelven el problema del negocio central, no se ajustan a las capacidades de Churchill y no se ajustan culturalmente. Esto deja en primera línea a los desarrollos relacionados, como cabría esperar en una empresa manufacturera tradicional como Churchill. Las elecciones se limitaban a importantes inversiones para reducir los costes y para respaldar una interpretación del mercado como si fuera de *commodities* (Opciones 2 y 5) o un ataque mediante un mayor «valor añadido» en los crecientes segmentos del mercado más «selecto». La empresa eligió esto último con cierto éxito, aunque es de suponer que con cierta ayuda de la enorme publicidad televisiva lograda con la aparición en la serie *Troubleshooter*.

*Fuente*: basado en la serie *Troubleshooter* de la BBC.

## Preguntas

1. ¿Se ha clasificado mejor a la opción 4 porque:
   (a) tiene el mayor número de flechas?
   (b) tiene el menor número de cruces?
   (c) una combinación de ambas?
   (d) otras razones?
   Justifique su respuesta.

2. Haga una lista de las principales fortalezas y limitaciones del análisis de jerarquización.

## Ejercicio de jerarquización

| Opciones estratégicas | Propiedad de la familia | Fondos para invertir | Importaciones a bajo precio | Falta de habilidades en marketing/diseño | Reducida automatización | Gusto de los consumidores (diseño) | Clasificación |
|---|---|---|---|---|---|---|---|
| 1. No hacer nada | ✓ | ? | ✗ | ? | ✗ | ✗ | C |
| 2. Consolidarse en los actuales segmentos (inversión/automatización) | ✓ | ✗ | ✓ | ? | ✓ | ? | B |
| 3. Ampliar las ventas en el extranjero (Europa) | ✗ | ✗ | ✗ | ✗ | ✗ | ? | C |
| 4. Lanzar una gama «selecta» | ✓ | ✓ | ✓ | ✗ | ? | ✓ | A |
| 5. Ampliar la producción de «marca propia» (a la industria hotelera/del catering) | ✓ | ✓ | ✓ | ? | ✗ | ? | B |
| 6. Abrir tiendas | ✗ | ✗ | ? | ✗ | ? | ? | C |
| 7. Diversificar | ✗ | ✗ | ? | ? | ? | ✓ | C |

Cabecera superior: **Factores estratégicos clave**

✓ = favorable; ✗ = desfavorable; ? = incertidumbre o irrelevante.

A = más ajustado; B = posible; C = no ajustado.

# Un árbol de decisión estratégica de un bufete de abogados

*Los árboles de decisión evalúan las opciones futuras eliminando paulatinamente otras opciones a medida que se introducen criterios adicionales en la evaluación.*

La mayor parte del trabajo de un bufete de abogados consistía en hacer los papeles para la transmisión de bienes inmuebles, un área en la que los beneficios habían disminuido significativamente. Por tanto, tenía que analizar una serie de nuevas estrategias para el futuro. Partiendo de un árbol de decisión estratégica, fue capaz de eliminar determinadas opciones identificando unos pocos criterios clave que tenían que cumplir los futuros desarrollos, como criterios de crecimiento, inversión (en oficinas, sistemas informáticos o adquisiciones) y diversificación (por ejemplo, en asuntos matrimoniales que, a su vez, acarrean trabajos relacionados con la transmisión de bienes inmuebles cuando las familias se «reorganizan»).

El análisis del árbol de decisión revela que los socios de la empresa querían que el crecimiento fuera una característica importante de las estrategias futuras, por lo que las Opciones 1-4 recibieron una calificación superior a las Opciones 5-8. Como segundo paso, la necesidad de que las estrategias requirieran una inversión reducida clasificó a las Opciones 3 y 4 por encima de las Opciones 1 y 2.

Los socios eran conscientes de que esta técnica tenía limitaciones en tanto que la elección de cada rama del árbol tiende a ser muy simplista. La respuesta «sí» o «no» a la diversificación no tiene en cuenta la amplia gama de alternativas que pueden existir entre estos dos extremos, por ejemplo, *adaptar el «estilo» al servicio de gestión inmobiliaria* (que podía ser una variante importante de las Opciones 6 u 8). No obstante, como punto de partida para la evaluación, el árbol de decisión ofrece un marco útil.

## Preguntas

1. Intente invertir la secuencia de los tres parámetros (a diversificación, inversión y crecimiento) y vuelva a dibujar el árbol de decisión. ¿Siguen surgiendo las mismas ocho opciones?

2. Añada un cuarto parámetro al árbol de decisión. Este nuevo parámetro es el desarrollo mediante métodos internos o adquisiciones. Haga una lista con sus 16 opciones de la columna de la derecha.

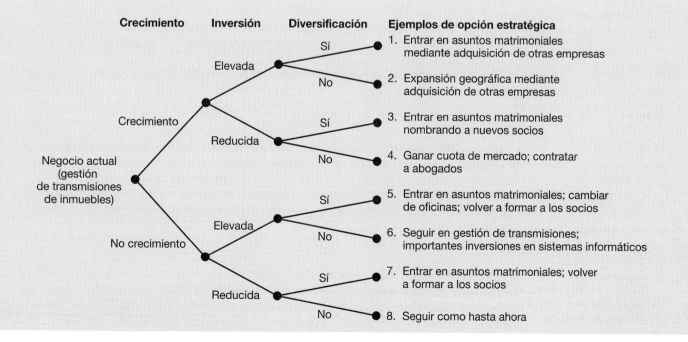

| Crecimiento | Inversión | Diversificación | Ejemplos de opción estratégica |
|---|---|---|---|

1. Entrar en asuntos matrimoniales mediante adquisición de otras empresas
2. Expansión geográfica mediante adquisición de otras empresas
3. Entrar en asuntos matrimoniales nombrando a nuevos socios
4. Ganar cuota de mercado; contratar a abogados
5. Entrar en asuntos matrimoniales; cambiar de oficinas; volver a formar a los socios
6. Seguir en gestión de transmisiones; importantes inversiones en sistemas informáticos
7. Entrar en asuntos matrimoniales; volver a formar a los socios
8. Seguir como hasta ahora

### Cuadro 7.6    Comprensión del ajuste relativo de las opciones estratégicas

| Método | Capacidad |
|---|---|
| Jerarquización | • Se evalúan las opciones en función de factores clave del entorno, los recursos y las expectativas<br>• Se asigna una puntuación (clasificación) a cada opción |
| Árboles de decisión | • Se «eliminan» las opciones introduciendo paulatinamente más requisitos a satisfacer |
| Escenarios | • Se ajustan las opciones a los distintos escenarios futuros |

● Los elementos de la estrategia no son *coherentes desde el punto de vista interno*. La *estrategia competitiva* (como precios reducidos o diferenciación), la dirección de desarrollo (como el desarrollo de productos o la diversificación) y el *método* de desarrollo (interno, adquisiciones o alianzas) tienen que ser coherentes. Es improbable que las estrategias tengan éxito si estos tres elementos no constituyen un «paquete» homogéneo. Puesto que es probable que las organizaciones estén desarrollando y cambiando elementos de la estrategia de forma paulatina a lo largo del tiempo, es bastante probable que las estrategias terminen siendo incoherentes desde el punto de vista interno, lo que dará lugar a un declive del rendimiento.

Por ejemplo, un fabricante de bienes de consumo duradero competía como si fueran *commodities* (la posición 1 del reloj estratégico; Cuadro 5.2). Quería aumentar su cuota de mercado en su mercado original (*penetración del mercado*), lograr economías de escala y deshacerse de la amenaza de bienes importados más baratos. Pretendía lograrlo mediante la *adquisición* de empresas con una cuota menor. Esta estrategia estaba funcionando bien hasta que ya no quedaron empresas más pequeñas que adquirir y la amenaza de las importaciones más baratas seguía siendo significativa, a no ser que se pudiera reducir todavía más los costes. Por consiguiente, el *método* de ganar cuota de mercado tenía que cambiar a esfuerzos *internos* para quitar clientes a los competidores, y aplicar un importante programa de reducción de costes que partía de racionalizar la utilización de las instalaciones productivas que el fabricante había heredado de sus adquisiciones. Así pues, la búsqueda de la coherencia interna es un proceso continuo y no un proceso que se realiza en una única ocasión.

### 7.4.2    Aceptabilidad estratégica

La **aceptabilidad** hace referencia a los resultados esperados de una estrategia.

La **aceptabilidad** hace referencia a los resultados esperados de una estrategia. Puede ser de tres grandes tipos: *rendimiento, riesgo* y *reacciones de las partes interesadas*. El Cuadro 7.7 resume algunos marcos que pueden ser útiles para comprender la aceptabilidad de las estrategias junto con algunas de sus limitaciones. En general, resulta útil utilizar más de un planteamiento para hacerse una idea de la aceptabilidad de una determinada estrategia.

### Rendimiento

El **rendimiento** son los beneficios que esperan recibir las partes interesadas de la estrategia.

El **rendimiento** viene dado por los beneficios que esperan recibir las partes interesadas de la estrategia. Así pues, es probable que la valoración de los rendimientos financieros y no financieros que se deriven probablemente de las estrategias concretas pueda constituir un criterio clave de la aceptabilidad de una estrategia, al menos, para algunas partes

| Cuadro 7.7 | Algunos criterios para comprender la aceptabilidad de las opciones estratégicas |
|---|---|

| Criterios | Se utiliza para comprender | Ejemplos | Limitaciones |
|---|---|---|---|
| **Rendimiento** | | | |
| Rentabilidad | Rendimiento financiero de la inversión | Rendimiento del capital Periodo de recuperación Flujos de caja descontados | Se aplica a proyectos independientes Sólo para los costes/beneficios tangibles |
| Coste-beneficio | Mayores costes/beneficios (incluyendo intangibles) | Principales proyectos de infraestructuras | Dificultades de cuantificación |
| Opciones reales | Secuencia de decisiones | Análisis de las opciones reales | Cuantificación |
| Análisis del valor para los accionistas | Impacto de las nuevas estrategias sobre el valor para los accionistas | Fusiones/adquisiciones | Los detalles técnicos suelen ser difíciles |
| **Riesgo** Ratios financieras | Solidez de la estrategia | Análisis del umbral de rentabilidad Impacto sobre la liquidez | |
| Análisis de sensibilidad | Comprobación de los supuestos/la solidez | Análisis de «¿qué pasa si...?» | Se contrastan los factores por separado |
| **Reacciones de las partes interesadas** | Dimensión política de la estrategia | Mapa de las partes interesadas Teoría de juegos | Fundamentalmente cualitativo |

interesadas. Hay una serie de distintos planteamientos para comprender el rendimiento. Esta sección analiza brevemente tres planteamientos. Es importante recordar que no hay ningún estándar absoluto sobre lo que constituye un rendimiento bueno o malo. Variará en función de la industria, el país y también de las distintas partes interesadas. También hay un debate sobre cuáles son las medidas que ofrecen la mejor valoración del rendimiento, como se verá más adelante.

### Análisis de la rentabilidad[24]

El análisis financiero tradicional ha sido muy utilizado para valorar la aceptabilidad de las estrategias. Tres de los planteamientos más utilizados son los siguientes (*véase* el Cuadro 7.8):

● La estimación del *rendimiento del capital empleado* en determinado momento tras la aplicación de la estrategia (por ejemplo, la nueva estrategia ofrece un rendimiento del capital empleado del 15 por ciento en el tercer año). Esto se muestra en el Cuadro 7.8(a).
● El *periodo de recuperación* cuando es necesaria una importante inversión de capital para respaldar al nuevo negocio. En el Cuadro 7.8(b), se calcula el periodo de recuperación calculando el momento en el que el flujo de caja acumulado neto es igual a cero; en el ejemplo, tres años y medio.
  La cuestión consiste en saber si se considera que es un resultado adecuado y si la organización está dispuesta a esperar tanto tiempo para obtener un rendimiento. Esto variará en función de la industria. Los grandes proyectos del sector público, como la construcción de un puente, pueden requerir un periodo de recuperación de hasta 60 años.

**Cuadro 7.8** Valoración de la rentabilidad

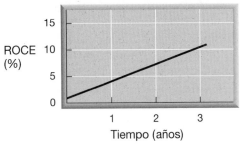

**(a) Rendimiento del capital empleado**

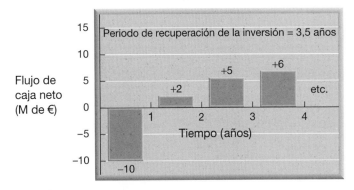

**(b) Periodo de recuperación de la inversión**

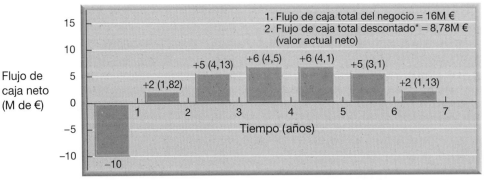

* Utilizando una tasa de descuento del 10 por ciento.
Las cifras entre paréntesis están descontadas al 10 por ciento anual.

**(c) Flujo de caja descontado**

● *El flujo de caja descontado* es una técnica de evaluación de inversiones muy utilizada y constituye, fundamentalmente, una ampliación del análisis de periodo de recuperación. Cuando se han valorado los flujos de caja netos de cada uno de los años (*véase* el Cuadro 7.8c), se descuentan progresivamente para reflejar el hecho de que los fondos generados en los primeros años tienen más valor que los generados en los periodos (años) posteriores. En el ejemplo, la tasa de descuento del 10 por ciento refleja el valor otorgado al dinero bloqueado en el negocio. Así pues, el flujo de caja neto del proyecto en el año 2, de 2 millones de euros, se descuenta hasta 1,82 millones de euros, por ejemplo. El valor actual neto (VAN) del proyecto se calcula a continuación sumando los flujos de caja anuales descontados (después de impuestos) durante la vida anticipada del proyecto. Este método es particularmente útil para comparar las ventajas financieras de estrategias que tienen distintos patrones de inversiones y rendimientos.

Aunque la valoración del rendimiento se puede hacer utilizando uno o más de estos métodos financieros, es importante reconocer que algunos de los supuestos implícitos limitarán, inevitablemente, su aplicación. En particular, no hay que dejarse engañar por la aparente pulcritud o minuciosidad de estos planteamientos: la mayoría de estos métodos fueron desarrollados con el objetivo de evaluar inversiones de capital y, por tanto, se centran en proyectos independientes donde es fácil prever los costes y los flujos de tesorería (por ejemplo, un minorista que abre una nueva tienda). Estos supuestos son válidos en muchos desarrollos estratégicos. La forma exacta en que puede desarrollarse una estrategia, y los flujos de costes y de ingresos, tienden a clarificarse a medida que se avanza en la puesta en práctica, más que cuando se está diseñando la estrategia. Y los desarrollos estratégicos tampoco se pueden aislar de las actividades actuales del negocio para estimar con precisión los costes e ingresos estimados.

Además, las valoraciones financieras tienden a centrarse en los costes y beneficios directos *tangibles,* y no evalúan la estrategia en su contexto más general. Por ejemplo, el lanzamiento de un nuevo producto puede parecer poco rentable como proyecto aislado, pero puede tener sentido estratégico si permite que el mercado acepte otros productos de la cartera de la empresa. O, a la inversa, se suelen subestimar los costes intangibles de perder la *atención estratégica* por culpa de los nuevos negocios. Sin duda, Sir George Mathewson, presidente del Royal Bank of Scotland, tuvo en cuenta estas cuestiones cuando aplicó su planteamiento para el desarrollo con éxito del banco, incluyendo la adquisición del banco mucho mayor NatWest en 2000.

En un intento de superar algunas de estas deficiencias, se han desarrollado otros planteamientos para valorar el rendimiento.

## Coste-beneficio[25]

En muchas situaciones el beneficio es una medida demasiado estrecha del rendimiento, sobre todo cuando las ventajas intangibles son una consideración importante, como se ha mencionado anteriormente. Suele ser el caso de los grandes proyectos de infraestructuras públicas, como la ubicación de un aeropuerto o un proyecto de construcción de un sistema de alcantarillado, como se muestra en la Ilustración 7.6, o en las organizaciones con programas de innovación a largo plazo (por ejemplo, las farmacéuticas o la industria aerospacial). El concepto *coste-beneficio* sugiere que se puede asignar un valor pecuniario a todos los costes y beneficios de una estrategia, incluyendo los rendimientos tangibles o intangibles para las personas y las organizaciones distintas a las que «patrocina» el proyecto o la estrategia.

Aunque la valoración pecuniaria en la práctica suele ser difícil, se puede hacer y, a pesar de las dificultades, el análisis coste-beneficio es un planteamiento valioso si se comprenden sus limitaciones. Su principal ventaja es que obliga a la gente a ser explícita sobre los distintos factores que deben influir sobre la elección estratégica. Así pues, incluso si la gente no se pone de acuerdo en el valor que se debe asignar a determinados costes o beneficios, al menos son capaces de defender sus argumentos en función de unos factores comunes y los que toman la decisión pueden comparar la validez de los distintos argumentos.

## Opciones reales[26]

Los planteamientos anteriores tienden a suponer cierto grado de claridad sobre los resultados de una opción estratégica. Puede que sea aceptable en el caso de empresas maduras de lento crecimiento, pero hay muchas situaciones en que los costes y beneficios exactos de determinadas estrategias tienden a clarificarse únicamente a medida que se va

# Proyecto de construcción de alcantarillado

*La inversión en elementos de infraestructuras (como las alcantarillas) suele exigir un análisis de los costes y beneficios generales del proyecto.*

Las empresas británicas de suministro de agua eran monopolios que ofrecían agua y sistemas de alcantarillado. Una de sus prioridades era la inversión en nuevos sistemas de alcantarillado para satisfacer los crecientes estándares exigidos por la ley. Solían utilizar el análisis coste-beneficio para evaluar los proyectos. Las cifras que se muestran a continuación son un análisis real.

| Coste/Beneficio | Millones de libras | Millones de libras |
|---|---|---|
| **Beneficios** | | |
| Multiplicador/beneficios de vinculación | | 0,9 |
| Prevención de inundaciones | | 2,5 |
| Menor interrupción del tráfico | | 7,2 |
| Ventajas del servicio | | 4,6 |
| Beneficio de la inversión | | 23,6 |
| Fomento de visitantes | | 4,0 |
| Total beneficios | | 42,8 |
| **Costes** | | |
| Costes de construcción | 18,2 | |
| *Menos*: coste laboral no cualificado | (4,7) | |
| Coste de oportunidad de la construcción | (13,5) | |
| **Valor actual de los beneficios netos (VAN)** | 29,3 | |
| **Tasa interna de rentabilidad real (TIR)** | 15% | |

*Nota*: cifras descontadas a una tasa de descuento real del 5 por ciento en cuarenta años.

## Beneficios

Los beneficios se derivan fundamentalmente de una menor utilización de los ríos como sumideros cuando las alcantarillas se saturan. También hay beneficios económicos derivados de la construcción. Los siguientes beneficios están cuantificados en la tabla:

● El beneficio del multiplicador para la economía local del mayor gasto de los que están empleados en el proyecto.
● El beneficio de vinculación para la economía local por las compras a empresas locales, incluyendo el efecto multiplicador de ese gasto.
● Menor riesgo de inundaciones por saturación o colapso de los sistemas antiguos; la probabilidad de que se produzca una inundación se puede cuantificar utilizando

los registros históricos, y el coste de los daños de una inundación mediante una valoración detallada de las propiedades que podrían quedar dañadas.
● Menor interrupción del tráfico por las inundaciones y los cierres de carreteras para reparar los sistemas de alcantarillado antiguos; las estadísticas sobre los costes de los retrasos de los usuarios, los flujos de tráfico en las carreteras afectadas y la frecuencia anterior de cierre de carreteras puede utilizarse para cuantificar los ahorros.
● Un mayor valor de los servicios de los ríos (por ejemplo, para pesca y paseos en barca) que se puede medir mediante encuestas que pregunten a los visitantes cuál es el valor que tienen para ellos estos servicios del río o fijándose en el efecto sobre la demanda de las tarifas cobradas en otros lugares.
● El mayor valor de los alquileres y la venta de espacio se puede medir consultando a constructores y observando los efectos en otras localidades.
● Mayor número de visitantes al río derivado de una menor contaminación.

## Costes de construcción

Es un coste neto del coste de la mano de obra no cualificada. La utilización de mano de obra no cualificada no es una carga para la economía, por lo que se debe deducir su coste para calcular el coste de oportunidad.

## Beneficios netos

Una vez terminada la difícil tarea de cuantificar los costes y los beneficios, las técnicas estándar de descuento se pueden utilizar para calcular el valor actual neto y la tasa interna de rendimiento, y se puede proseguir con el análisis al igual que en los proyectos convencionales.

*Fuente*: Owen, G., anteriormente en la Sheffield Business School.

### Preguntas
1. ¿Cree usted que la lista de beneficios es adecuada?
2. ¿Con qué facilidad, o dificultad, puede asignar un valor pecuniario a estos beneficios?

avanzando en la aplicación de la estrategia. En estas circunstancias, los planteamientos tradicionales de los flujos de caja descontados analizados anteriormente tenderán a infravalorar un «proyecto» porque no tienen en cuenta el valor de la flexibilidad en el proceso de toma de decisiones. Luehrman[27] afirma que este valor adicional surge porque «la ejecución de una estrategia casi siempre implica tomar una secuencia de decisiones. Algunas acciones se emprenden de inmediato, mientras que otras se posponen delibera-damente... la estrategia define el marco en el que se tomarán las decisiones en el futuro pero, al mismo tiempo, deja margen para aprender de los avances continuos y discrecio-nalidad para actuar en función de lo que se ha aprendido». Así pues, se puede utilizar la flexibilidad para ampliar, extender, reducir, diferir o cerrar un proyecto. Esto sugiere que una estrategia debe ser considerada como una *serie* de opciones «reales», es decir, elec-ciones de la dirección en determinados momentos del tiempo a medida que la estrategia va cogiendo forma, como resultado de las elecciones realizadas anteriormente. La venta-ja de este planteamiento es que puede proporcionar una mayor comprensión del rendi-miento estratégico y financiero y del riesgo de una estrategia analizando cada paso (op-ción) por separado, a medida que se «produce». Por ejemplo, el valor que surgirá de la inversión en una tecnología que crea una «plataforma» de la que pueden surgir varias mejoras de productos o procesos no está claro al principio. Sin embargo, a medida que se va desarrollando el proyecto, se va aprendiendo sobre las direcciones en que debe avanzarse o, incluso, si es necesario acabar antes. Esta filosofía está incorporada en el planteamiento de etapa-portal de los grandes proyectos de I+D (como se analiza en la Sección 9.5.4 del Capítulo 9). El grado de volatilidad en torno a una estrategia cambiará a lo largo del tiempo debido a esta aplicación parcial (es decir, los pasos (opciones) ante-riores). Así pues, la valoración estratégica y la valoración financiera están más relaciona-das entre sí de lo que suele ser habitual. Las opciones reales constituyen un puente entre el planteamiento más o menos rígido de los flujos de caja descontados y los plantea-mientos intuitivos (como el de los escenarios, analizado anteriormente).

El Cuadro 7.9 muestra que los elevados grados de volatilidad deberían tener dos efec-tos. En primer lugar, retrasar las decisiones todo lo que sea posible porque (en segundo lugar) el paso del tiempo clarificará cuáles serán los rendimientos esperados, incluso has-ta el punto de que lo que aparentemente son estrategias desfavorables pueden resultar viables más adelante (la categoría «tal vez invertir luego» en el cuadro). Esto puede ayu-dar a decidir si hay que aplicar una estrategia o no, y si se debe aplicar de inmediato o posponerse hasta más tarde.

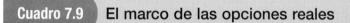

## Cuadro 7.9  El marco de las opciones reales

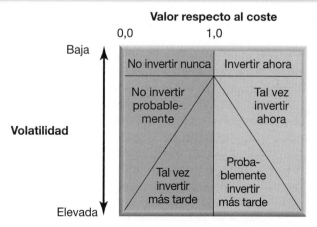

*Fuente*: adaptado de Luehrman, T. A. (1998): «Strategy as a portfolio of real options». *Harvard Business Review*, septiembre-octubre. P. 3.

### *Análisis del valor para los accionistas*[28]

Durante muchos años ha habido intentos de resolver muchas de las limitaciones y críticas de los análisis financieros tradicionales. Las medidas contables con datos históricos (como el beneficio de explotación) ignoran por completo el coste del capital y, por tanto, pueden ofrecer señales equivocadas sobre el valor que se está creando o destruyendo. Esto puede dar una visión totalmente equivocada sobre la aceptabilidad de determinadas opciones estratégicas. Otra razón de estos intentos era la continua preocupación sobre la necesidad de que los directivos de las empresas presten atención a su principal responsabilidad legal, a saber, la creación de valor y beneficios para los accionistas. Además, las progresivas oleadas de fusiones y adquisiciones hicieron que tanto los asaltantes como las víctimas, por igual, se fijaran en cómo estaban creando las estrategias corporativas, o no, valor para los accionistas. Juntos, estos factores dieron lugar al *análisis del valor para los accionistas*, el campo de estudio liderado inicialmente por Rappaport. Posteriormente, se amplió en lo que se conoce como la «gestión del valor de los accionistas» (*véase* Sección 9.3, Capítulo 9). Una serie de empresas bien conocidas en todo el mundo afirma ahora que han dado pasos para gestionar este valor. Entre estas empresas cabe destacar a Coca-Cola, Cadbury Schweppes, Lufthansa, Reuters y Telstra.

La medida más utilizada del valor para los accionistas son los rendimientos totales, que, en un año cualquiera, son iguales al aumento del precio de la acción a lo largo del año más los dividendos por acción obtenidos en el año, dividido por el precio de la acción a principios de año. Esto se puede utilizar para valorar la aceptabilidad financiera de estrategias concretas. De forma más general, las empresas orientadas al valor utilizan esta medida para fijarse a sí mismas objetivos globales de rendimiento (por ejemplo, obtener unos rendimientos totales para los accionistas del 20 por ciento todos los años, o que los rendimientos totales para los accionistas de la empresa se encuentren en el cuartil superior de un grupo de empresas homólogas, o que se duplique el valor del negocio en cuatro años). También utilizan esta medida para recompensar a los directivos (normalmente, a la alta dirección) por el rendimiento que el negocio ha conseguido ofrecer a sus propietarios. Si se utiliza eficazmente, los objetivos sobre el rendimiento total para los accionistas permiten alinear los intereses de propietarios y directivos.

Aunque el análisis del valor para los accionistas ha hecho mucho para avanzar en la superación de los inconvenientes de los análisis financieros tradicionales, no logra suprimir muchas de las incertidumbres inherentes a las elecciones estratégicas. También ha sido criticado por poner un énfasis excesivo en los rendimientos a corto plazo[29]. No obstante, la idea de valorar una estrategia puede servir para dar un mayor realismo y claridad a lo que, de lo contrario, son vagas estrategias. Es una forma importante de solapar las estrategias empresariales y financieras que se analizan con más detalle en la Sección 9.4.

### Riesgo

El rendimiento probable de determinada estrategia es un aspecto importante de la aceptabilidad de dicha estratégica. Sin embargo, otro aspecto de la aceptabilidad es el *riesgo* que asume una organización al aplicar determinada estrategia. El **riesgo** hace referencia a la probabilidad y a las consecuencias del fracaso de la estrategia. Este riesgo puede ser particularmente elevado para las organizaciones con importantes programas a largo plazo de innovación o en las que existen elevados niveles de incertidumbre sobre las cuestiones clave del entorno Ha habido un movimiento progresivo para incorporar la valoración *formal* del riesgo en los planes de empresa habituales, así como en la valoración de las inversiones de los grandes proyectos. Resulta importante que se incluyan otros riesgos distintos del impacto financiero inmediato, como el «riesgo a la imagen corporativa o de marca» o «el riesgo de perderse una oportunidad». El riesgo debe ser considerado como una oportunidad tanto como una amenaza. Este cambio ha sido importante en el sector

El **riesgo** se refiere a la probabilidad y a las consecuencias del fracaso de la estrategia.

público en el Reino Unido y en las industrias donde hay una gran preocupación de la opinión pública sobre los nuevos avances, como en el caso de los organismos modificados genéticamente[30]. Este planteamiento de la valoración de riesgos percibe el riesgo de forma bastante general como «... algo que ocurre y que puede tener un impacto sobre la consecución de los objetivos y que probablemente afectará a la provisión del servicio a los ciudadanos»[31]. Así pues, el comprender correctamente la posición estratégica de una organización (Parte II de este libro) es esencial para una buena valoración del riesgo. Pero también es necesario tener la capacidad de gestionar los riesgos. Algunos de los siguientes conceptos se pueden utilizar para evaluar detenidamente los riesgos.

### Ratios financieras[32]

Aunque la valoración de riesgos debería ir más allá de las cifras financieras, estas cifras suelen *ser* importantes. La estimación de cómo pueden cambiar las ratios financieras clave si se adopta determinada estrategia puede ofrecer útiles ideas sobre el riesgo. Desde el punto de vista más general, la valoración de cómo cambiará la *estructura del capital* de la empresa es una buena medida general del riesgo. Por ejemplo, las estrategias que requieren un aumento de la deuda a largo plazo aumentarán el apalancamiento de la empresa y, por tanto, su riesgo financiero.

Desde un punto de vista más específico, es importante, a la hora de valorar opciones, tener en cuenta el efecto probable sobre la *liquidez* de la organización. Por ejemplo, un pequeño minorista que quiera crecer rápidamente puede sentirse tentado de financiar sus costes corrientes retrasando los pagos a proveedores y aumentando su descubierto en los bancos. Esta menor liquidez aumenta el riesgo financiero del negocio. El grado en que este mayor riesgo amenaza la supervivencia depende de la probabilidad de que los acreedores o los bancos exijan que se les pague; una cuestión que debe, sin duda, analizarse con cuidado.

### Análisis de sensibilidad[33]

El análisis de sensibilidad se conoce a veces como el análisis de *¿qué ocurriría si..?* Permite poner en duda cada uno de los supuestos importantes subyacentes a determinada estrategia. En particular, intenta estimar la sensibilidad del rendimiento o resultado previsto (por ejemplo, el beneficio) a cada uno de estos supuestos. Por ejemplo, los supuestos clave que subyacen a una estrategia pueden ser que la demanda del mercado crecerá un 5 por ciento anual, o que no se producirán huelgas en la empresa, o que determinadas máquinas muy caras superarán al 90 por ciento de su capacidad. El análisis de sensibilidad se plantea cuál sería el efecto sobre el rendimiento (en este caso, la rentabilidad) si, por ejemplo, la demanda solo creciera un 1 por ciento, o un 10 por ciento. ¿Alteraría cualquiera de estos extremos la decisión de aplicar determinada estrategia? Se puede aplicar un proceso análogo para otros supuestos clave. Esto puede ayudar a desarrollar una imagen más clara de los riesgos de tomar determinadas decisiones estratégicas, y del grado de confianza que pueden tener los directivos en determinada decisión. En la Ilustración 7.7 se muestra cómo se puede utilizar este análisis de sensibilidad.

### Reacciones de las partes interesadas

En el Capítulo 4, se presentó el *mapa de las partes interesadas* (Cuadro 4.5) como una forma de comprender el contexto político y de asignar prioridades en la «agenda política» de una organización. Por tanto, el mapa de las partes interesadas puede resultar útil para comprender las probables reacciones de las partes interesadas a las nuevas estrategias, la capacidad de gestionar esas reacciones y, por tanto, la aceptabilidad de la estrategia.

Hay muchas situaciones en las que la valoración de las reacciones de las partes interesadas puede resultar crucial. Por ejemplo:

**Ilustración 7.7**                    estrategia en acción

## Análisis de sensibilidad

*El análisis de sensibilidad constituye una técnica útil para valorar hasta qué punto el éxito de una determinada estrategia depende de los supuestos clave subyacentes.*

En 2004, la empresa Dunsmore Chemical era una empresa que solo fabricaba un producto y que se encontraba en un mercado maduro y relativamente estable. Tenía la intención de utilizar su situación actual como vaca de caja para generar fondos para una nueva actividad con un producto relacionado. Las estimaciones reflejaban que la empresa tenía que generar una liquidez de 4 millones de libras (unos 6 millones de euros) (de 2004) entre 2005 y el año 2010 para que fuera posible la nueva actividad.

Aunque los resultados esperados de la empresa eran que obtendría un *cash-flow* de 9,5 millones de libras (la *base*) durante el periodo relevante, la dirección quería saber cuáles serían los efectos posibles de tres factores clave:

- Un posible aumento de los *costes de producción* (mano de obra, gastos generales y materiales) que podría ser del 3 por ciento anual como máximo, en términos reales.

- *Utilización de la capacidad productiva*, que podría llegar a reducirse hasta un 25 por ciento debido a relaciones laborales difíciles y al envejecimiento de la maquinaria.

- *Niveles de precios*, que podrían verse afectados por la amenaza de entrada de un gran competidor. Esto podría reducir los precios un 3 por ciento anual en términos reales.

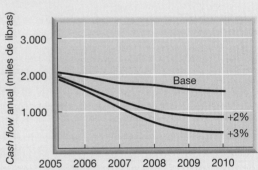

**(a) Sensibilidad del *cash flow* a los cambios en los costes de producción**

Se decidió utilizar un análisis de sensibilidad para valorar el posible efecto de cada uno de estos factores sobre la capacidad de la empresa de generar 4 millones de libras esterlinas. Los resultados se reflejan en los gráficos.

A partir de este análisis, la dirección llegó a la conclusión de que su objetivo de lograr 4 millones de libras podría alcanzarse con una *utilización de la capacidad productiva* del 60 por ciento, que se conseguiría sin ninguna duda. El aumento de los *costes de producción* del 3 por ciento anual seguiría permitiendo a la empresa alcanzar sus objetivos. Por el contrario, una reducción del 3 por ciento anual de los

- Una nueva estrategia puede exigir una importante emisión de *nuevas acciones*, lo que puede ser una estrategia inaceptable para los grupos de accionistas con poder, puesto que diluiría su poder de voto.
- Los planes de *fusión* con otras empresas, o de *comerciar* con nuevos países, pueden ser inaceptables para sindicatos, gobiernos, o algunos clientes.
- Una estrategia de desarrollo del mercado puede exigir la supresión de algunos *canales* (como los mayoristas), por lo que se corre el riesgo de que una reacción negativa ponga en peligro el éxito de la estrategia.
- Los cambios en la estrategia competitiva en mercados estáticos pueden alterar el *status quo* hasta tal punto que los competidores se verán forzados a tomar represalias de tal forma que todo el mundo saldrá perjudicado, por lo que se minarán los supuestos sobre los que se había determinado la aceptabilidad de la estrategia. El ejemplo más común de esta situación es una guerra de precios.

Puesto que una cuestión importante puede ser cuáles serán las probables reacciones de los competidores a determinados cambios estratégicos, la *teoría de juegos* podría resultar útil para comprender los riesgos (*véase* Capítulo 5, Sección 5.7). Tanto los gobiernos como las empresas de telecomunicaciones utilizaron la teoría de juegos para hacer las

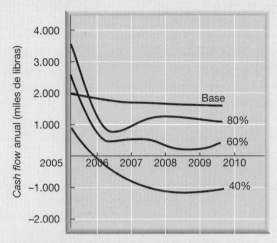

**(b) Sensibilidad del *cash flow* a los cambios en la utilización de la capacidad productiva**

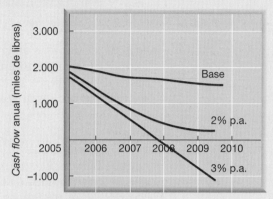

**(c) Sensibilidad del *cash flow* ante reducciones de los precios reales**

*precios* haría que se quedara 2 millones de libras por debajo de su objetivo.

La dirección concluyó, a partir de este análisis, que el factor clave que debía tener en cuenta era el posible efecto de un nuevo competidor y el margen de maniobra que tenía para proteger sus precios si aparecía esta nueva competencia. Por ello, desarrollaron una estrategia de marketing agresivo para desincentivar a los posibles entrantes.

---

**Preguntas**

¿Qué tendría que hacer la empresa si sus campañas de marketing no lograran detener el deterioro real de los precios:

(a) intentar aumentar el volumen de ventas/la utilización de la capacidad?
(b) reducir los costes unitarios de producción?
(c) otra estrategia?

---

*Fuente:* el cálculo para los análisis de sensibilidad utiliza los programas informáticos utilizados en el caso de estudio Doman de Peter Jones (Sheffield Business School).

---

pujas por las licencias de la telefonía móvil de tercera generación en Europa a principios de la década de 2000. Los «ganadores» fueron los gobiernos, que ingresaron gracias a las licencias 22.000 millones de libras (33.000 millones de euros) tan solo en el Reino Unido.

## 7.4.3    Factibilidad estratégica

La **factibilidad** intenta determinar si la organización tiene los recursos y competencias necesarias para aplicar la estrategia. Se pueden utilizar diversos planteamientos para analizar la factibilidad de la estrategia.

> La **factibilidad** intenta determinar si la organización tiene los recursos y competencias necesarias para aplicar la estrategia.

### Factibilidad financiera

Una forma útil de valorar la factibilidad financiera es la *previsión de los flujos de fondos,* que intenta identificar qué fondos se necesitan para una estrategia cualquiera y las probables fuentes de dichos fondos, como se muestra en la Ilustración 7.8.

Debe recordarse que la previsión de flujos de fondos está sujeta a dificultades y a los errores de cualquier método de previsión. Sin embargo, debe destacar si es probable que la estrategia propuesta sea viable en términos financieros, así como los *plazos temporales* de las necesidades de nueva financiación. Se puede realizar normalmente utilizando una hoja de cálculo. Esta cuestión relativa a la financiación de los desarrollos estratégicos es un importante nexo de unión entre las estrategias empresariales y las estrategias financieras y se analiza con más detalle en la Sección 9.4.

La factibilidad financiera también se puede determinar mediante el análisis del umbral de rentabilidad[34], que es un sencillo planteamiento muy utilizado para valorar la factibilidad de alcanzar los objetivos de rendimiento (por ejemplo, de beneficios) y, como tal, combina una valoración paralela de la aceptabilidad. También ofrece una valoración del riesgo de las diversas estrategias, sobre todo cuando las distintas opciones estratégicas acarrean estructuras de costes notablemente distintas.

### Disponibilidad de recursos[35]

Aunque la factibilidad financiera es importante, se puede lograr una mayor comprensión de la factibilidad de las estrategias *concretas* identificando los recursos y competencias necesarios para dicha estrategia. Por ejemplo, la expansión geográfica en el mercado de origen puede depender de manera crítica del marketing y la distribución, junto con la tesorería necesaria para financiar el aumento de los bienes en inventario. Por el contrario, una estrategia distinta consistente en desarrollar nuevos productos para venderlos a los clientes actuales dependerá de las habilidades de ingeniería, de la capacidad de la maquinaria y de la reputación de la empresa sobre la calidad de sus nuevos productos.

La valoración de la disponibilidad de recursos puede utilizarse para evaluar dos cosas (tal y como se muestra en el Cuadro 7.10). Primera, el grado en que las capacidades actuales de la organización (los recursos y competencias) tienen que cambiar para alcanzar o mantener los requisitos *umbral* de la estrategia. Segundo, cómo se pueden desarrollar los recursos únicos y/o competencias nucleares para sostener la ventaja competitiva. Lo que se está intentando valorar es si es *factible* hacer estos cambios en cuanto a escala, calidad de los recursos o plazos temporales del cambio.

La próxima sección del libro (Capítulos 8 a 10) se fijará en las cuestiones prácticas de trasladar la estrategia a la acción. En la práctica, la aplicación de las estrategias puede plantear cuestiones que pueden hacer que las organizaciones se vuelvan a plantear si determinadas opciones estratégicas son, de hecho, factibles. Esto puede dar lugar a una reestructuración o, incluso, al abandono de opciones estratégicas.

---

**Cuadro 7.10**    Análisis de la disponibilidad de los recursos: algunas preguntas clave

**Para permanecer en el negocio**

- ¿Carecemos de los recursos necesarios?
- ¿Estamos operando por debajo del mínimo requerido en alguna actividad?

**Para competir con éxito**

- ¿Qué recursos únicos tenemos ya?
- ¿Qué competencias nucleares poseemos?
- Si trabajáramos mejor, ¿obtendríamos nuevas competencias nucleares?
- ¿Qué nuevos recursos o actividades serían únicos o podrían ser competencias nucleares?

# Análisis de flujos de fondos: un ejemplo

*Un análisis de flujos de fondos puede ser utilizado para determinar si una estrategia propuesta es factible en términos financieros. Para ello, realiza una previsión de los fondos que serán necesarios para aplicar la estrategia, y las posibles fuentes de financiación.*

Kentex Plc. (un minorista británico de material eléctrico) estaba analizando la posibilidad de aplicar una estrategia de expansión que, a corto plazo, implicaría abrir nuevas tiendas en la República de Irlanda). Para evaluar la viabilidad financiera de esta propuesta y determinar los fondos necesarios, y la fuente de los mismos, la empresa decidió emprender un análisis de flujos de fondos.

## Etapa 1: identificación de las fuentes

Se estimaba que la apertura de las nuevas tiendas incrementaría los ingresos provenientes de las ventas de los actuales 30 millones de libras esterlinas a 31,65 millones anuales durante los tres próximos años. Se esperaba que esto generase fondos provenientes de las actividades que alcanzarían los 15 millones durante los tres años. Esta era pues la estimación de los beneficios futuros, descontada la depreciación, y representaba el flujo real de fondos para la empresa durante el periodo de tres años.

## Etapa 2: identificación de las aplicaciones

Las nuevas tiendas tendrían unos costes asociados. En primer lugar, Kentex decidió que compraría las tiendas, en vez de alquilarlas, por lo que existiría un coste directo derivado de la inversión de capital necesaria para comprar y arreglar las tiendas. Se preveía que este coste ascendería a 13,25 millones de libras. Además, había que tener en cuenta el incremento del activo circulante para cubrir los *stocks*. Este cálculo no se hizo para cada partida por separado (aumento de *stocks*, aumento de deudores, etcétera) sino que se hizo una estimación a partir de un sencillo prorrateo. Sobre el nivel de ventas anterior, de 30 millones de libras,

los activos circulantes ascendían a 10 millones, por lo que el aumento de las ventas esperado de 1,65 millones requeriría unos activos adicionales de 0,55 millones. Los impuestos y los dividendos se estimaban en 1,2 y 0,5 millones de libras respectivamente.

## Etapa 3: identificación y financiación del déficit

Estos cálculos mostraban un déficit por importe de 0,5 millones de libras. La empresa terminó su análisis buscando fuentes alternativas de financiación. Aunque podía lograr fondos emitiendo nuevas acciones, decidió pedir un préstamo a corto plazo de 0,65 millones. Es necesario señalar que esta opción generaría, a su vez, un coste de 0,15 millones en concepto de intereses de la deuda, durante el periodo de tres años, suponiendo un tipo de interés simple del 7,5 por ciento anual, por lo que quedaba un ingreso neto de 0,5 millones.

### Preguntas

1. ¿Qué elementos de este cálculo tienen más probabilidades de incluir errores?

2. ¿Cuáles son las consecuencias de su respuesta a la pregunta 1 en términos de la presentación del análisis a los agentes que deben tomar la decisión final?

3. ¿Cómo puede influir la incertidumbre en la gestión en la fase de aplicación, si se obtiene la autorización?

| Fuentes | Libras | Aplicaciones | Libras |
|---|---|---|---|
| Fondos generados en las operaciones | 15.000.000 | Nuevos activos fijos | 13.250.000 |
| | | Activo circulante adicional | 550.000 |
| | | Impuestos | 1.200.000 |
| | | Dividendos | 500.000 |
| **Subtotal** | **15.000.000** | **Subtotal** | **15.500.000** |

*Nota*: La necesidad de financiación derivada de la diferencia entre fuentes de fondos y aplicaciones es de 500.000 libras esterlinas.

**Ilustración 7.9**                                      d e b a t e    c l a v e

# ¿Fusiones a lo loco?

*Las fusiones y adquisiciones implican enormes cantidades de dinero pero, ¿se está gastando con sensatez?*

Este capítulo ha introducido la importancia de las fusiones y de las adquisiciones como método de desarrollo, pero también ha señalado algunos retos. Ha habido algunos fracasos espectaculares. Cuando en 2001 la empresa mediática Time Warner se fusionó con la empresa de Internet AOL, las acciones de Time Warner tenían una capitalización total de 90.000 millones de dólares (78.000 millones de euros). Tan solo tres años más tarde, el patrimonio de los inversores de Time Warner en la empresa fusionada tan solo ascendía a 36.000 millones de dólares, una pérdida de más de 50.000 millones de dólares (en el mismo periodo, la capitalización de las empresas mediáticas había disminuido una media del 16 por ciento).

El profesor Michael Porter del Harvard Business School ha sido uno de los críticos prominentes de las fusiones y adquisiciones, señalando que la mitad de todas las empresas adquiridas se vuelven a vender al cabo de unos pocos años[1]. La figura muestra el rendimiento agregado en dólares (es decir, la variación de la cotización de las acciones derivada del anuncio de la adquisición) de empresas compradoras en Estados Unidos entre 1996 y 2001[2]. En 2000, los accionistas de las empresas compradoras perdieron, en total, más de 150.000 millones de dólares. Los autores de este estudio calculan que, en el periodo comprendido entre 1991 y 2001, los accionistas de las empresas compradoras perdieron más de siete dólares por cada 100 dólares gastados en adquisiciones.

Una interpretación de estas importantes pérdidas es que las fusiones y adquisiciones representan un continuo desperdicio de dinero de los directivos a quienes no les importan los intereses de los inversores. Por tanto, podría resultar adecuado dificultar las fusiones y adquisiciones aprobando una legislación que ayude a las empresas objetivo a resistirse o rechazar las ofertas hostiles. Si la ley limitara las ofertas hostiles, se podría reducir el número de adquisiciones que constituyen una pérdida de dinero.

Sin embargo, hay algunos inconvenientes a la restricción de las fusiones y de las adquisiciones[3]. Incluso si las empresas compradoras no suelen conseguir aumentar el valor de la empresa para sus accionistas, puede mejorar la rentabilidad del sistema en su conjunto de, al menos, dos formas:

● La amenaza de ser objeto de una adquisición si no satisfacen a sus accionistas ayuda a que los directivos se mantengan centrados en el rendimiento. En 2004, la empresa de cable estadounidense Comcast hizo una OPA hostil para adquirir Disney, atacando el mal rendimiento de su presidente y CEO Michael Eisner.
● Las fusiones y adquisiciones pueden ser una forma eficaz de reestructurar las empresas en industrias estancadas. La

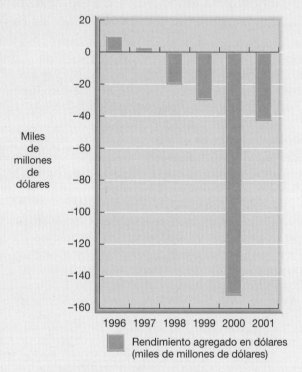

Miles de millones de dólares

■ Rendimiento agregado en dólares (miles de millones de dólares)

ausencia de OPA hostiles en Japón suele considerarse la causa por la que, desde principios de la década de los noventa, la reestructuración de la industria japonesa ha sido muy lenta.

*Fuentes*:
1. PORTER, M. (1987): «From competitive advantage to corporate strategy» *Harvard Business Review*, mayo-junio. Pp. 43-60.
2. MOELLER, S. B.; SCHLINGMAN, F. P. y STULZ, R. M.: Wealth destruction on a massive scale? *A study of acquiring firm returns in the recent merger wave.* Http://www.cob.ohio-state.edu/n/dice/papers/2003/ y *Journal of Finance*, 2004.
3. «Hostile bids are back again: who should rejoice?». *The Economist*, 21 de febrero de 2004.

## Pregunta

En el caso de una reciente fusión o adquisición importante, revise la cotización de las acciones de las empresas implicadas (utilizando, por ejemplo, www.bigcharts.com), durante varias semanas antes y después del anuncio. ¿Qué sugieren las oscilaciones de la cotización sobre las ventajas del acuerdo?

# Resumen

- Una opción estratégica tiene tres elementos: la *estrategia competitiva* genérica (analizada en el Capítulo 5), la *dirección* de desarrollo y el *método* de desarrollo. Estos tres elementos deben ser compatibles entre sí.

- Las direcciones de desarrollo se pueden identificar en cuatro categorías generales utilizando la matriz de Ansoff revisada: *proteger* y *construir* (los productos actuales en los mercados actuales); *desarrollo del mercado* (con productos existentes); *desarrollo de productos* (para los mercados actuales); y *diversificación* (fuera de los productos y mercados actuales). Las *competencias* de una organización, y las *expectativas,* tanto de dentro como de fuera de la organización, también crearán (o limitarán las) direcciones de desarrollo. La matriz DAFO es una forma complementaria de generar opciones que se derivan directamente del análisis DAFO de la posición estratégica de una organización.

- Hay tres *métodos* generales de desarrollo de la estrategia:

  - El desarrollo interno tiene la gran ventaja de crear competencias en la organización gracias al aprendizaje. Sin embargo, puede dar lugar a que se estiren demasiado los recursos y a una pérdida de las ventajas de la especialización.

  - Las fusiones y adquisiciones pueden ofrecer ventajas en cuanto a rapidez y a la capacidad de adquirir competencias que no se tienen «en casa». Sin embargo, la historia de las adquisiciones no es buena, en gran parte debido a las diferencias culturales y a un fracaso por parte de la «matriz» en comprender (e influir) en los negocios que ha adquirido (*véase* el debate clave en la Ilustración 7.9).

  - Las alianzas estratégicas tienen muchas formas distintas. Las alianzas de más éxito parecen ser aquellas en las que los socios tienen actitudes positivas para gestionar y desarrollar la asociación. En concreto, cuando hay confianza entre los socios.

- El éxito o fracaso de las estrategias está relacionado con tres *criterios principales sobre el éxito*:

  - El ajuste hace referencia a si las estrategias se adecúan a las circunstancias de la organización: la posición estratégica, tal y como se analizó en la Parte II de este libro. Trata de la *racionalidad* de una estrategia.

  - La aceptabilidad de una estrategia hace referencia a tres cuestiones: el *rendimiento* esperado de la estrategia, el nivel de riesgo y la probable *reacción de las partes interesadas.*

  - La factibilidad hace referencia a si la organización tiene los recursos y competencias necesarios para aplicar la estrategia. La factibilidad también se analiza a medida que se aplica la estrategia. Por tanto, puede ser necesario reformar las estrategias a medida que se van aplicando.

  Hay una serie de técnicas analíticas que ayudan a evaluar las opciones estratégicas en función de estos tres criterios.

# Lecturas clave recomendadas

- Un libro exhaustivo sobre las fusiones y adquisiciones es el de GAUGHAN, P. (2000): *Mergers, Acquisitions and Corporate Restructurings*, 2.ª edición. Wiley.

- Un libro útil sobre las alianzas estratégicas es DOZ, Y. y HAMEL, G. (1998): *Alliance Advantage*. Harvard Business School Press.

- Un libro complementario que analiza las técnicas con más detalle es AMBROSINI, V. con JOHNSON, G. y SCHOLES, K. (eds) (1998): *Ex-* *ploring Techniques of Analysis and Evaluation in Strategic Management*. Prentice Hall.

- Un texto útil sobre el análisis financiero, tanto para el análisis estratégico como para la evaluación de las estrategias, es: GRUNDY, A. N. con JOHNSON, G. y SCHOLES, K. (1998): *Exploring Strategic Financial Management*, Prentice Hall.

# Notas

1. Este gráfico es una ampliación de la matriz producto/mercado: *véase* ANSOFF, H. (1998): *Corporate Strategy* Penguin,Capítulo 6. La matriz de Ansoff se desarrolló posteriormente tal y como se muestra a continuación:

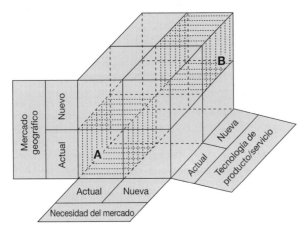

*Fuente*: ANSOFF, H. (1988): *The New Corporate Strategy*. Wiley.

2. La explotación de datos se analiza en: GATES, B. (1999): *Business @ the Speed of Thought*. Penguin. Pp. 225-233. Para más detalles, *véase:* CARMEN, C. y LEWIS. C. (2002): «A basic primer on data mining». *Information Systems Management,* vol. 19, n.º 4. Pp. 56-60; y HALL, J. y OWEN, P. (2001): «Mining the store». *Journal of Business Strategy,* vol. 22, n.º 2. Pp. 24-27.

3. Las notas sobre la diversificación se pueden encontrar en la Sección 6.2 del Capítulo 6.

4. Un libro exhaustivo sobre las fusiones y adquisiciones es: GAUGHAN, P. (2000): *Mergers, Acquisitions and Corporate Restructurings*. Wiley, 2ª edición. Un buen análisis de las cuestiones prácticas se puede encontrar en: CAREY, D. (2000): «Making mergers succeed». *Harvard Business Review,* vol. 78, n.º 3. Pp. 145-154.

5. SCHOENBERG, R. y REEVES, R. (1999): «What determines acquisition activity within an industry? ». *European Management Journal,* vol. 17, n.º 1. Pp. 93-98.

6. MULLER-STEWENS, G. (2000): «Catching the right wave». *European Business Forum,* número 4, invierno. P. 67; ilustra las principales oleadas de fusiones durante los últimos 100 años. Gaughan (Nota 4) describe las cinco principales oleadas de fusiones en Estados Unidos.

7. *The Sunday Times,* 7 de enero de 2001 (principales acuerdos en 2000).

8. Se pueden encontrar análisis útiles sobre las razones y problemas de las fusiones y adquisiciones en HASPESLAGH, P. (2000): «Maintaining momentum in mergers». *European Business Forum,* número 4, invierno. Pp. 53-56; SAVILL, B. y WRIGHT, P.: «Success factors in acquisitions». *European Business Forum,* número 4, invierno. Pp. 29-33; SCHOENBERG, R. (2003): «Mergers and acquisitions: motives, value creation and implementation» (Capítulo 21). *The Oxford Handbook of Corporate Strategy.* Oxford University Press; SCHOENBERG, R. (2001): «Knowledge transfer and resource sharing as value creation mechanisms in inbound continental European acquisitions». *Journal of Euromarketin*g, vol. 10, n.º 1. Pp. 99-114; LARSSON, R. y FINKELSTEIN, S. (1999): «Integrating strategic, organisational and human resource perspectives on mergers and acquisitions: a case study survey of synergy realisation». *Organisation Science,* vol. 10, n.º 1. Pp. 1-26. Una guía

práctica para los directivos es: GALPÓN, T. y HERNDON, M. (2000): *The Complete Guide to Mergers and Acquisitions.* Jossey-Bass.

9. Por ejemplo, *véase:* ZEY, M. y SWENSON, T. (2001): «The transformation and survival of Fortune 500 industrial corporations through mergers and acquisitions. 1981-1995». *Sociological Quarterly,* vol. 42, n.º 3. Pp. 461-486.

10. *Véase* CAREY, D. (Nota 4); BIRKINSHAW, J.; BRESMAN, H. y HAKANSON, L. (2000): «Managing the post-acquisition integration process: how the human integration and task integration processes interact to foster value creation». *Journal of Management Studies,* vol. 37, n.º 3. Pp. 395-425; Haspeslagh, y Savill y Wright (Nota 8); SCHOENBERG, R. (2000): «The influence of cultural compatibility within cross-border acquisitions: a review». *Advances in Mergers and Acquisitions,* vol. 1. Pp. 43-59; GREGORY, A. (1997): «An examination of the long term performance of UK acquiring firms». *Journal of Business Finance and Accounting,* vol. 24. Pp. 971-1002.

11. BOWER, J. (2001): «Not all M&As are alike». *Harvard Business Review,* vol. 79, n.º 3. Pp. 93-101.

12. *Véase* CHILD, J.; FAULKNER, D. y PITKETHLY, R. (2003): *The Management of International Acquisitions,* Oxford University Press.

13. Libros útiles sobre las alianzas estratégicas son: DOZ, Y. y HAMEL, G. (1998): *Alliance Advantage: The art of creating value through partnering*. Harvard Business School Press. Para un detallado análisis teórico *véase* DOZ, Y.; FAULKNER, D. y DE ROND, M. (2001): *Co-operative Strategies: Economic, Business and Organisational Issues,* Oxford University Press. Una guía práctica para los directivos es: RIGSBEE, E. (2000): *Developing Strategic Alliances.* Crisp. *Véase* también ERNST, D. y HALEVY, T. (2000): «When to think alliance». *McKinsey Quarterly,* n.º 4. Pp. 46-55.

14. Para un análisis de las cuestiones especiales de las alianzas estratégicas globales, *véase* YIP, G. (2003): *Total Global Strategy II.* FT/Prentice Hall, 2.ª edición. Pp. 82-85.

15. DYER, J.; KALE, P. y SINGH, H. (2001): «How to make strategic alliances work». *Sloan Management Review,* vol. 42, n.º 4. Pp. 37-43M; y ERNST, D. (2002): «Give alliances their due». *McKinsey Quarterly,* n.º 3. Pp. 4-5.

16. Doz y Hamel (Nota 13). P. 6.

17. *Véase* Doz y Hamel (Nota 13), Capítulos 1 y 2; Ernst y Halevy (Nota 13); KOZA, M. y LEWIN, A. (1998): «The co-evolution of strategic alliances». *Organisation Science,* vol. 9, n.º 3. Pp. 255-264.

18. KELLY, G. (2000): «Providing public services». *New Economy,* vol. 7, n.º 3. Pp. 132-137.

19. *Véase* ALFORD, J. (1998): «A public management road less travelled: clients as co-producers of public services». *Australian Journal of Public Administration,* vol. 57, n.º 4. Pp. 128-137.

20. *Véase* WIND, J. y MAHAJAN, V. (2001): *Digital Marketing: Global strategies from the worlds leading experts*. Wiley.

21. HILL, S. (2001): «Public sector partnerships and public/voluntary sector partnerships: the Scottish experience» (Capítulo 12). En Johnson, G. y Scholes, K., eds.: *Exploring Public Sector Strategy.* Financial Times/Prentice Hall. BUTLER, R. y GILL, J. (2001): «Formation and control of public-private partnerships: a stakeholder approach» (Capítulo 11). En Johnson, G. y Scholes, K., eds.: *Exploring Public Sector Strategy.* Financial Times/Prentice Hall.

22. *Véase* Doz y Hamel (Nota 13); PIETRAS, T. y STORMER, C.: «Making strategic alliances work». *Business and Economic Review,* vol. 47, n.º 4. Pp. 9-12; KAPLAN, N. y HURD, J. (2002): «Realising the promise of partnerships». *Journal of Business Strategy,* vol. 23, n.º 3. Pp. 38-42; PARKHE, A. (2001): «Interfirm diversity in global alliances ». *Business Horizons,* vol. 44, n.º 6. Pp. 2-4.

23. Para un libro complementario que analice estas técnicas con más detalle, *véase* AMBROSINI, V. con JOHNSON, G. y SCHOLES, K., eds. (1998): *Exploring Techniques of Analysis and Evaluation in Strategic Management.* Prentice Hall.

24. Un libro útil sobre el análisis financiero, tanto para el análisis estratégico como para la evaluación de estrategias, es: GRUNDY, A. N. con JOHNSON, G. y SCHOLES, K. (1998): *Exploring Strategic Financial Management.* Prentice Hall.

25. El análisis coste-beneficio se analiza en WILLIAMS, A. y GIARDINA, E. (1993): *Efficiency in the Public Sector: The theory and practice of cost-benefit analysis.* Edward Elgar (a pesar de lo que dice el título, también se analiza el sector privado). Un ejemplo detallado en la industria del suministro de agua se puede encontrar en: POEW, N. (2002): «Water companies» service performance and environmental trade-off». *Journal of Environmental Planning and Management,* vol. 45, n.° 3. Pp. 363-379.

26. La evaluación de las opciones reales se puede perder en las matemáticas, por lo que los lectores que quieran saber más sobre cómo se hace un análisis de opciones reales pueden consultar una de las siguientes lecturas: COPELAND, T. (2001): «The real options approach to capital allocation». *Strategic Finance,* vol. 83, n.° 4. Pp. 33-37. COPELAND, T.; KOLLER, T. y MURRIN, J. (2000): *Valuation: Measuring and managing the value of companies.* Wiley, 3ª edición; COPELAND, T. y ANTIKAROV, V. (2001): *Real Options: A practitioners guide.* Texere Publishing; TRIGEORGIS, L. (2002): *Managerial Flexibility and Strategy in Resource Allocation.* MIT Press; BOER, P. (2002): *The Real Options Solution: Finding total value in a high risk world.* Wiley.

27. LUEHRMAN, T. (1998): «Strategy as a portfolio of real options ». *Harvard Business Review,* vol. 76, n.° 5. Pp. 89-99.

28. El principal defensor del análisis del valor de los accionistas es RAPPAPORT, A. (1998): *Creating Shareholder Value: The new standard for business performance.* Free Press, 2.ª edición. *Véase* también el capítulo de MILLS, R.: «Understanding and using shareholder value analysis» (Capítulo 15). En Ambrosini, V., con Johnson, G. y Scholes, K., eds. (*véase* Nota 23).

29. KENNEDY, A. (2000): *The End of Shareholder Value.* Perseus Publishing.

30. LEVIDOW, L. y Carr, S. (2000): «UK: precautionary commercialisation ». *Journal of Risk Research,* vol. 3, n.° 3. Pp. 261-270.

31. *Véase:* «Supporting innovation: managing risk in government departments ». *Report of the Comptroller and Auditor General, The Stationery Office,* agosto de 2000.

32. *Véase* HORNGREN, C.; BHIMANI, A.; DATAR, S. y FOSTER, G. (2002): Capítulo 19. *Management and Cost Accounting.* FT/Prentice Hall.

33. Para los lectores interesados en los detalles del análisis de sensibilidad, *véase* SATELLI, A.; CHAN, K. y SCOUT, M., eds. (2000): *Sensitivity Analysis.* Wiley. Se pueden encontrar descripciones más breves en: Horngren, C. *et al.* (Nota 32). Pp. 233-234. Las hojas de cálculo son ideales para los análisis de sensibilidad.

34. El análisis del umbral de rentabilidad (punto muerto) se analiza en la mayoría de los manuales de contabilidad. *Véase,* por ejemplo, HORNGREN *et al.* (Nota 32). Pp. 229-232.

35. Refleja la idea de las estrategias en función de los recursos analizada en el Capítulo 3. *Véase* ese capítulo para las referencias.

## TRABAJOS

✳ **Indica una mayor dificultad.**

**7.1** Identifique posibles estrategias de desarrollo en cuanto a su combinación de la *dirección* y del *método* para una organización de su elección.

**7.2✳** A partir de las secciones 7.3.2 y 6.4 (Capítulo 6) y utilizando ejemplos adicionales de su propia elección, haga una crítica del argumento a favor de las sinergias como justificantes de una adquisición.

**7.3** Redacte un breve análisis (de un párrafo) para un alto directivo que le ha pedido que le justifique si la empresa debe desarrollarse, o no, mediante fusiones y adquisiciones. Redacte un análisis similar para un alto directivo de un hospital que está analizando la posibilidad de fusionarse con otros hospitales.

**7.4** Las alianzas estratégicas no sobrevivirán a largo plazo si se consideran sencillamente como formas de cubrir los vacíos de recursos o competencias básicas de las organizaciones. Analice esta cuestión en relación con cualquier alianza que haya sido analizada recientemente en la prensa.

**7.5** Realice un análisis de jerarquización de las elecciones disponibles para una organización de su elección de forma parecida al análisis de la Ilustración 7.4.

**7.6✳** Teniendo presente sus respuestas a las preguntas de la Ilustración 7.6:

    (a)   ¿Qué piensa de la validez general del análisis coste-beneficio?

    (b)   ¿Cómo se podría mejorar este análisis?

**7.7** Partiendo de la Ilustración 7.7 como ejemplo, ¿qué parámetros considera que son los más importantes para realizar un análisis de sensibilidad en una organización de su elección?

**7.8✳** Partiendo de ejemplos de las respuestas a los trabajos anteriores, haga una valoración crítica de la siguiente afirmación: «La elección estratégica es, en última instancia, una cuestión muy subjetiva. Es peligroso pensar que las técnicas analíticas conseguirán cambiar realmente este hecho». Revise el comentario al final de la Parte III de este libro.

## Trabajos de integración

**7.9** Explique cómo pueden diferir los criterios sobre el éxito (*véase* Sección 7.4) entre organizaciones del sector público y del sector privado. Muestre la relación, tanto con la naturaleza del entorno empresarial (Capítulo 2) como con las expectativas de las partes interesadas (Capítulo 4).

**7.10** En referencia al Cuadro 7.1 elija ejemplos que expliquen por qué es necesario que las organizaciones que quieren aplicar una dirección de desarrollo estratégico mediante el desarrollo de los mercados internacionales tienen que comprender su entorno empresarial (Capítulo 2), tienen que cambiar sus capacidades (Capítulo 3) y tienen que analizar cómo van a lograr una ventaja competitiva (Capítulo 5). Haga también referencia a la Sección 6.3 del Capítulo 6 en su respuesta.

# Tesco tiene pensado ganar todavía más

Susanna Voyle

Tras una entrevista con Sir Terry Leahy, el CEO de Tesco, en septiembre de 2003, un artículo del *Financial Times* explicaba cómo había logrado la empresa dominar el sector de los supermercados en el Reino Unido y describía las estrategias que podía aplicar en el futuro una organización de éxito como esta:

Las cifras hablan por sí mismas. El año pasado, Tesco vendió 57.855 toneladas de su propio pan, 14 millones de cepillos de dientes y jabón suficiente para que se lavasen 26 millones de personas de la cabeza a los pies.

Más de 1.600 camiones recorren todos los puntos del Reino Unido todos los días para abastecer a sus más de 800 tiendas, mientras que 1.000 furgonetas distribuyen los pedidos realizados por Internet.

Y su mercado de origen es solo el principio. Tesco ha avanzado en otros diez países y, la semana que viene, Sir Terry Leahy, el CEO del Grupo, viajará a China para ver si puede encontrar la forma de que se convierta en el país número 11.

Tiene más de 307.000 empleados en todo el mundo, de los cuales 227.000 están en el Reino Unido, lo que le convierte, de lejos, en el mayor empleador del sector privado del Reino Unido.

Como si todo eso no fuera suficiente, esta semana el grupo ha subido el listón. Sir Terry ha anunciado unos resultados semestrales muy por encima de las previsiones de la City, dejando a muchos observadores tan boquiabiertos que no encuentran superlativos suficientes. Pero, a continuación, afirmó que no era suficiente.

En vez de hablar de Tesco como una mera fuerza en el sector de los supermercados, Sir Terry posicionó al grupo como parte del sector minorista en general, dispuesto a luchar contra todos y contra cualquiera.

Aunque el grupo tiene aproximadamente el 20 por ciento del sector de los supermercados, solo tiene el 5 por ciento de las ventas en productos no alimenticios, y tiene como objetivo atacar a los rivales más selectos con precios superiores. «Nuestra cuota del total del mercado minorista es solo del 12,3 por ciento, y queda mucho que conseguir» afirma Tesco en sus declaraciones.

Sir Terry admite que ha tomado una decisión consciente de reposicionar el grupo. «Hemos utilizado esa cifra para indicar que vemos oportunidades en el sector minorista general», afirmó.

El atractivo de los productos no alimenticios es fácil de comprender. Para un negocio maduro con márgenes reducidos, como los supermercados, los departamentos de salud y belleza, libros y ocio, productos electrónicos y ropa ofrecen nuevos mercados con mayores márgenes.

El Grupo ya ha aumentado su escala en mercados de masas. Vende más CD de los cien de mayores ventas que nadie, con tan solo algo más del 16 por ciento del mercado. Vende más libros de Harry Potter que nadie.

A pesar del éxito evidente, Sir Terry siente claramente que queda mucho camino por delante. Para comprender por qué, y por

Fotografía: Alamy

qué es tan importante lograr ese crecimiento, hay que saber cómo llegó Tesco a su destacada posición.

La magnitud de la historia de Tesco es todavía más sorprendente cuando se conoce la transformación que ha hecho el grupo. Empezó siendo una cadena de supermercados de productos de consumo masivo a precios baratos que paulatinamente se fue reinventando a sí misma. Utilizando la terminología de los altos ejecutivos de Tesco, en la actualidad es un minorista «a lo grande», con más formatos que los demás: desde los hipermercados hasta las tiendas abiertas las 24 horas del día; y con gamas más amplias, desde la marca alegre y barata Value hasta la más selecta Finest.

El camino no siempre ha sido fácil. Hubo un gran problema diez años atrás, cuando el grupo estaba sufriendo con la caída de las ventas, el lento crecimiento de los beneficios y la preocupación de los inversores porque estaba cayendo la cotización de las acciones a medida que surgía en el Reino Unido una nueva raza de supermercados provenientes de la Europa Continental (supermercados de descuento).

Esas dificultades dieron lugar a los tres grandes avances que se convirtieron en las piedras angulares del nuevo Grupo Tesco, una redefinición del marketing, la gama de productos Value y el programa de lealtad Clubcard. El crecimiento ha sido bastante homogéneo desde entonces y, en 1995, Tesco adquirió Sainsbury y se convirtió en el líder del mercado. Nunca ha tenido que echar la vista atrás.

En la actualidad, la estrategia de Tesco es clara, fomentando el crecimiento desde cuatro áreas: los principales supermercados en el Reino Unido, los productos no alimenticios, la expansión internacional, y otros servicios como los servicios financieros, las empresas «punto.com» y los paquetes de telecomunicaciones. En esencia, Tesco está utilizando sus estables y fuertes actividades nucleares para mantener el negocio en movimiento mientras forja nuevas y más arriesgadas áreas de crecimiento. El seguir avanzando en el sector de los productos no alimenticios será la siguiente fase.

Pero, realmente, todo lo anterior no es más que aprovechar el tiempo hasta que el negocio británico alcance su madurez total, porque Sir Terry espera que, para entonces, el negocio internacional esté tan bien establecido que pueda convertirse en el principal motor del crecimiento.

Así pues, ¿quién saldrá perdiendo si Tesco, junto con Asda, termina convirtiéndose en un minorista general? Las víctimas evidentes serán los pequeños comercios independientes: las tiendas de barrio y las pequeñas librerías.

Pero los temores sobre el crecimiento de los supermercados han afectado a la cotización de muchos de los más grandes especialistas: Dixons en productos eléctricos y electrónicos, Boots en el sector de la salud y la belleza, y HMB en ocio, por ejemplo. Según los más agoreros, todos afrontan una larga muerte lenta, a pesar de que afirmen que el avanzar por la cadena de la calidad les protegerá.

Los minoristas más generales también están teniendo problemas. Woolworths está perdiendo cuota de mercado en todas las categorías. WH Smith también tiene problemas. Pero no todo el mundo está de acuerdo en la visión apocalíptica de los efectos del crecimiento de los supermercados. Desde el otro lado del Canal, donde han convivido con los hipermercados desde hace décadas, el CEO de Kesa Electricals, el negocio desafectado de Kingfisher este año, minimiza la histeria británica sobre el tema.

Jean-Noel Labroue afirma que a Gran Bretaña solo le preocupa la amenaza a los especialistas porque no ha convivido con el fenómeno el tiempo suficiente para saber que sus cuotas de mercado se estabilizarán de forma natural tras unos pocos años. «Hace casi cuarenta años surgieron dos conceptos minoristas en Francia: Castorama y Darty», afirma, haciendo referencia a la mayor cadena de hipermercados del país y a la cadena líder en productos electrónicos que forma parte de ese grupo. «Ahora seguimos los dos aquí y, cuando va a un gran centro comercial, descubre que siempre que hay un Carrefour suele haber un Darty también. Hay espacio para los dos».

Los hipermercados franceses tienen entre el 20 y el 25 por ciento del mercado de los productos electrónicos, una cuota que creció rápidamente pero que lleva cierto tiempo estable.

Y tiene una advertencia para los supermercados británicos: «Los alimentos son los que realmente atraen al tráfico de clientes», afirma. «Si se olvidan de cuál es realmente su negocio... tendrán graves dificultades».

Así que no hubo ningún cambio de estrategia de Tesco esta semana. Pero sí un cambio de tono y del tipo de lenguaje utilizado. Y el momento en que se ha producido este movimiento es fascinante, justo antes de la sentencia esperada del gobierno sobre la batalla de la oferta por adquirir Safeway, que se espera que se anunciará la semana que viene.

Se espera que se dé luz verde a la puja de Wm Morrison Supermarkets bloqueando a los rivales más grandes, Tesco, Asda y Sainsbury.

Justo hace un par de meses, cuando el resultado sobre la situación de Safeway no era tan seguro, Tesco no habría sido tan triunfalista. En el sector de los supermercados el consenso era que, salvo un desastroso acontecimiento imprevisto, lo único que podía sacar a Tesco de la carrera era un acuerdo de Asda para comprar Safeway. Se sabe que Asda ha defendido enérgicamente su causa ante la Comisión de la Competencia porque era la única cadena que podía pararle los pies al gigante Tesco. Sin embargo, parece que su defensa ha sido ignorada por la Comisión, que está más preocupada por la posibilidad de que se cree un duopolio todopoderoso si autoriza la puja de Asda.

Mucha gente cree que el movimiento de Wal-Marts en el Reino Unido no pretendía únicamente garantizar un buen crecimiento europeo. Era también un intento de minar a Tesco en su mercado nacional para disminuir su amenaza internacional.

Así pues, con el crecimiento récord y suprimida la amenaza de Asda, el grupo Tesco puede sentirse satisfecho. Sin embargo, Sir Terry, no está complacido. Sabe que, a pesar de su éxito, sería muy fácil que Tesco tropezara. «Hay todo tipo de peligros que nos acechan. Los clientes votan todos los días, y en este mercado se castiga muy deprisa si se da el paso equivocado. El tamaño no es ninguna protección, y el pasado no es una guía útil para el futuro».

*Fuente: Financial Times, 20 de septiembre de 2003, p. M3.*

## Preguntas

1. Partiendo del Cuadro 7.2 identifique las direcciones de desarrollo disponibles para Tesco. Evalúe la adecuación relativa de cada una de estas opciones jerarquizándolas (utilice como ejemplo la Ilustración 7.4).

2. Para cada una de las cuatro direcciones de desarrollo de su clasificación, compare los méritos relativos de cada método de desarrollo (interno, adquisición o alianza estratégica).

3. Complete su evaluación de las opciones que ahora parecen más ajustadas aplicando los criterios de aceptabilidad y factibilidad (véase Sección 7.4).

4. Si fuera usted el CEO de Tesco, ¿qué opciones preferiría? Explique por qué pueden ser distintas de sus opciones favoritas.

# Selección de la estrategia

El tema de los capítulos de la Parte III ha sido las «opciones estratégicas». Los capítulos han analizado el tipo de opciones estratégicas que tienen las organizaciones y la evidencia empírica sobre cuál es la que lleva al éxito. Sin embargo, se ha hecho poca referencia a *cómo* se elige entre las distintas opciones. ¿Cómo termina una determinada estrategia siendo la que se aplica en una organización? Este comentario tiene como objeto esta pregunta y utiliza los tres prismas para ofrecer explicaciones de lo que se podría denominar, por tanto, la *selección de la estrategia*.

## El prisma del diseño sobre la selección de la estrategia

Los que parten de un planteamiento muy racional sobre la dirección estratégica tienden a ver la selección estratégica de forma lineal de arriba a abajo. Los objetivos de la organización, cuantificados cuando es posible, se utilizan como puntos de referencia para valorar las opciones (por ejemplo, para saber si es probable que las estrategias permitan alcanzar objetivos predeterminados sobre el rendimiento del capital o la cuota de mercado). Las opciones se definen de forma explícita y se defienden en función de un análisis del entorno (Capítulo 2) y de las capacidades de la organización (Capítulo 3). A continuación se valoran de forma sistemática analizando los méritos relativos de estas opciones recurriendo, por ejemplo, a criterios como el ajuste de la opción, su factibilidad y su aceptabilidad, tal y como se ha explicado en el Capítulo 7 (Sección 7.4). La estrategia que mejor satisface estos criterios y que tiene más probabilidades de alcanzar los objetivos especificados es la que se elige. Aquí, por tanto, la selección de la estrategia se hace de forma totalmente racional. También se tiende a hacer el supuesto de que es la alta dirección la que hace la selección, o los cargos nombrados para ello, por ejemplo, consultores o especialistas en planificación estratégica.

Esta perspectiva resulta atractiva. Es lógica, analítica y debería ofrecer respuestas racionales e informadas. Sin embargo, los problemas analizados hasta ahora en los comentarios siguen estando presentes. Los directivos no tienen información perfecta, no pueden conocer el futuro, los objetivos suelen ser ambiguos porque hay múltiples partes interesadas, y los propios directivos no son analistas objetivos. Probablemente sea más realista considerar que la selección de la estrategia desde el punto de vista del prisma del diseño se hace de una forma más moderada.

No se debería considerar que la planificación formal y los análisis y evaluaciones sistemáticas de las estrategias son procesos exclusivos para seleccionar las estrategias, sino que son herramientas valiosas. Así pues, la cuestión crítica para los directivos estratégicos consiste en garantizar que las actividades de planificación y evaluación de una organización ayudan a seleccionar las estrategias. Por ejemplo, el *análisis de sensibilidad* (Sección 7.4.2) es una técnica útil para permitir a los que toman las decisiones comprender los riesgos e incertidumbres sobre las estrategias específicas, pero no permite seleccionar las estrategias en lugar de las personas que tienen que toman las decisiones. Los sistemas de planificación formal utilizados adecuadamente pueden resultar útiles. Pueden ayudar a implicar al agente de la organización para reflexionar sobre la estrategia y, por tanto, actúan como un medio para *elevar el nivel del debate* entre un grupo más variado de personas con capacidad para tomar decisiones, o personas que pueden influir sobre las decisiones sobre cuál será la estrategia que se seguirá al final. La *planificación de escenarios* no solo fomenta la reflexión sobre los futuros inciertos, sino también el que se pongan en duda las ideas preconcebidas que puede tener la gente sobre cuál es la estrategia que tiene que seguir la organización en el futuro. La *teoría sobre las opciones* (Sección 7.4.2) ofrece un medio para evaluar y supervisar las opciones estratégicas a medida que se van desarrollando, y permite, literalmente, que las organizaciones mantengan abiertas las opciones. La *teoría de juegos* (Sección 5.7) obliga al personal a ponerse en el lugar de los competidores y a pensar en las opciones desde el punto de vista de dichos competidores además del suyo propio, lo que, de nuevo, vuelve a poner en duda las ideas preconcebidas sobre la estrategia a seguir. Los *talleres sobre la estrategia* (*véase* la Sección 11.3.2 del Capítulo 11) emplean las herramientas de análisis de las estrategias y pueden cumplir un papel análogo, y permitir que la gente contribuya a la calidad de la reflexión sobre las estrategias futuras.

Gran parte de lo que se ha analizado en los Capítulos 5, 6 y 7 son, pues, conceptos, modelos y herramientas que permiten y fomentan una reflexión analítica y racional. Sin embargo, no afectan únicamente a la planificación de arriba a abajo de la estrategia. Tienen que ver también con enriquecer las discusiones y el debate sobre la estrategia de las organizaciones y, por tanto, sobre la reflexión estratégica y el aprendizaje. Sin embargo, si se adopta esta perspectiva moderada sobre la contribución de estos planteamientos, sigue quedando abierta la pregunta de cómo se seleccionan, de hecho, las estrategias. Así pues, resulta útil ver distintas explicaciones de este proceso.

## La selección de la estrategia y la experiencia

El prisma de la experiencia analiza las organizaciones desde la perspectiva de la experiencia individual y colectiva. Da más importancia a los juicios de valor individuales y a la influencia de la cultura de la organización, y considera que los procesos políticos son una forma de reconciliar estas diferencias.

### Selección mediante la práctica: la perspectiva de la lógica incremental

Si la selección no tiene lugar como parte de un proceso de planificación formal, o mediante determinadas herramientas de evaluación, no significa necesariamente que haya una ausencia de racionalidad. Los directivos de las organizaciones saben suficientemente bien que es imposible planificarlo todo desde el principio. La selección de la estrategia suele producirse «sobre la marcha». Por ejemplo, un minorista introduce una nueva gama de productos y hace un seguimiento de su éxito. Si tienen éxito, se ofrecen en otras tiendas; si no tienen éxito, se retiran. Los negocios de comercio electrónico no intentan planificar, de entrada, todos los posibles desarrollos. Sería imposible en el mundo turbulento en el que se mueven. Pero los directivos de estos negocios pueden, por ejemplo, buscar oportunidades de adquisición de nuevas empresas recién creadas con el propósito muy racional de desarrollar nuevas opciones para el futuro. La sede de una empresa multinacional puede hacer un seguimiento de las iniciativas locales para buscar aquellas que pueden triunfar en el ámbito internacional. Una vez localizadas las iniciativas locales, se pueden probar en una región geográfica más amplia para ver la aceptabilidad general de la innovación, con las modificaciones necesarias para las distintas circunstancias locales. Si tiene éxito, se podrá adoptar la innovación en el ámbito internacional. La selección de estas estrategias no es necesariamente el resultado de un proceso detallado de planificación formal, sino de la experimentación y del aprendizaje mediante la práctica. Lo que funciona se sigue desarrollando; lo que no funciona, se abandona. Sin embargo, es un planteamiento intencional y bien analizado, que corresponde a lo que se denomina en el Capítulo 11 un *incrementalismo lógico*[1]. Además, es posible que se estén utilizando herramientas analíticas como parte del proceso de selección en cualquiera de las etapas del proceso de experimentación, como una forma de comprobar *por qué* puede valer la pena aplicar o desarrollar determinada estrategia. Por supuesto, también es posible que una estrategia desarrollada de esta manera pueda incorporarse al final a un plan estratégico formal, que es una declaración de la dirección futura de la organización.

## El papel de los procesos culturales y políticos

Los estudios que han hecho un seguimiento sobre cómo se toman determinadas decisiones estratégicas en las organizaciones[2] demuestran que los procesos políticos y culturales también desempeñan una parte importante en la selección de la estrategia. Asimismo, demuestran que es difícil distinguir la selección como un proceso único tal y como se produce en la práctica (*véase* el Cuadro III.ii). La selección tiene que considerarse como parte de un proceso interactivo que se basa mucho más en la experiencia y en los procesos culturales y políticos de las organizaciones.

El ser *consciente* de las cuestiones estratégicas no es necesariamente un proceso analítico; por el contrario, la gente tiene «intuiciones» derivadas de su experiencia anterior y de la sabiduría recibida. Esta concienciación se «incuba» a medida que los diversos estímulos ayudan a hacerse una imagen del grado en que las circunstancias se desviaron de lo que se espera normalmente, tal vez en cuanto a medidas internas del rendimiento como la facturación o los beneficios, o tal vez por la reacción de los clientes a la calidad y al precio de los servicios o productos. Esta acumulación de estímulos termina alcanzando un punto en el que ya no se puede ignorar un problema. Normalmente, el *punto desencadenante* se alcanza

**Cuadro III.ii** Fases de la toma de decisiones estratégicas

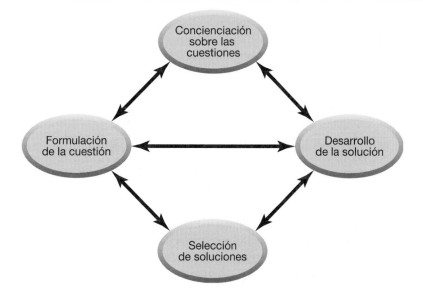

cuando los sistemas formales de información de la organización destacan el problema: una desviación del presupuesto termina siendo innegable, o una serie de áreas de ventas incurre continuamente en una disminución del volumen de ventas. Sin embargo, es posible que en esta etapa las cuestiones no estén todavía bien definidas.

*La formulación de las cuestiones* requiere recopilar información, pero no siempre de una forma muy estructurada y objetiva. La información se puede recopilar de forma verbal e informal, complementada, tal vez, con análisis más formales. Sin embargo, la interpretación de esta información exige recurrir mucho a la *experiencia,* individual y colectiva, y a los supuestos que conforman el paradigma. El papel de la información generada mediante los análisis suele consistir en racionalizar a posteriori, o legitimar, las opiniones que tienen los directivos de la situación.

Mediante *discusiones y debates* se puede intentar alcanzar una perspectiva de la organización sobre el problema a abordar. Se va, por tanto, creando una perspectiva respecto a la experiencia individual y colectiva, contribuyendo a los distintos planteamientos mediante procesos políticos de negociación. También es posible que estos procesos de formulación de las cuestiones desencadenen un problema distinto. Por tanto, el proceso tiende a ser iterativo.

Al *desarrollar soluciones,* los directivos suelen «buscar» soluciones conocidas, existentes o probadas; o esperar a que surjan posibles soluciones, partiendo de su experiencia. Los directivos suelen partir de una idea bastante vaga sobre la posible solución, y la refinan reciclándola mediante rutinas de selección (*véase* más adelante) volviendo a la identificación del problema o mediante más rutinas de búsqueda. El proceso se basa, de nuevo, en el debate y la discusión y en la sabiduría y experiencia colectivas de los directivos.

El proceso de desarrollar soluciones, por tanto, se solapa con los procesos de *selección de soluciones*. Se van reduciendo una serie de soluciones potenciales hasta que surge una o más. No es el análisis formal el que desempeña el papel principal, sino los juicios de valor, y las negociaciones. También es necesario recordar que el proceso puede estar teniendo lugar entre los niveles directivos inferiores, por lo que puede ser necesario tener que remitir las posibles soluciones a un nivel jerárquico superior; en efecto, otra forma de elegir entre las distintas posibilidades puede ser la obtención de la *autorización*.

Por tanto, los estudios de cómo se toman las decisiones estratégicas sugieren que surgen como un *resultado* de la experiencia directiva en un contexto cultural, político y social, incluso aunque existan procedimientos formales de planificación. Y, en este proceso, la experiencia individual y colectiva de los directivos desempeña un papel importante.

En cierto sentido, queda reflejado en las distintas formas en las que muchas organizaciones se plantean ahora el desarrollo de la estrategia. Por ejemplo, se ha producido un crecimiento sustancial de los *talleres sobre la estrategia* (*véase* la Sección 11.3.2 del Capítulo 11). Aunque estos talleres pueden utilizar el tipo de técnicas de análisis y planificación que se describen en este libro, un taller de éxito desarrolla un análisis de las cuestiones mediante discusiones y debates cara a cara, aprovechando y reflejando las distintas experiencias, intereses y perspectivas.

### Mimetismo e institucionalización de las estrategias

Los investigadores que analizan los patrones de las estrategias aplicadas por las organizaciones añaden una dimensión distinta a la anterior. Señalan que existe una gran similitud de las estrategias de las distintas organizaciones dentro de un mismo ámbito supraorganizacional (*véase* Sección 4.5.2); las estrategias terminan institucionalizándose. Por ejemplo, las empresas de servicios profesionales, como los bufetes de abogados y las asesorías contables, aplican estrategias parecidas; los minoristas también aplican estrategias similares, y las universidades, etcétera. Así pues, surgen las siguientes observaciones.

Primera, puede deberse a que la experiencia individual y colectiva de los directivos en las organizaciones tiende a provenir de ese ámbito supraorganizacional; tienen una experiencia común, compiten entre sí siguiendo el mismo tipo de «regla» y, por tanto, aplican estrategias parecidas.[3] Segunda, puede tener mucho sentido que una organización imite las estrategias de otra; así pues, se desarrolla una especie de «ortodoxia» de la estrategia. Tercera, el mimetismo puede que no esté tan relacionado con la imitación del éxito como con la búsqueda de la «legitimidad». Las universidades intentan mostrar una excelencia en la investigación porque todo el mundo acepta que es lo que tienen que hacer las universidades. Las principales empresas de asesoría contable han intentado desarrollarse, todas, a escala global. Sin duda, hay razones económicas para ello, pero también existe el temor de que, si no se hace, no se tomará en serio a la organización como un «jugador importante».

Otra explicación de estos parecidos de las estrategias que se aplican en las distintas organizaciones es que la lógica estratégica sigue modas. Por ejemplo, en la década de los ochenta se ponía el énfasis en la competencia a partir de la identificación de mercados adecuados en los que competir. Este énfasis era el resultado de una ortodoxia en el marketing de aquel momento y también del muy influyente trabajo de Michael Porter sobre las fuerzas competitivas del mercado. A partir de la década de los noventa, el énfasis se trasladó a la importancia de las capacidades estratégicas sobre las que construir una ventaja competitiva. En la década de los ochenta todo el mundo estaba convencido de la validez del primer análisis; desde la década de los noventa todo el mundo está convencido de la validez del nuevo análisis.

Todo esto sugiere que existe una tendencia en las organizaciones a conformarse, a seguir la estrategia aplicada por los demás, especialmente si tiene éxito; esta selección de la estrategia depende pues del mimetismo y de la legitimidad de las organizaciones. Por supuesto, los que participan en la dirección estratégica de las organizaciones pueden utilizar la retórica de la estrategia competitiva y la diferenciación, y utilizar herramientas de análisis y de evaluación como parte de esa retórica[4]. Pero, al final, la estrategia elegida se habrá seleccionado en función de la conformidad.

## El prisma de las ideas: ¿selección o evolución de la estrategia?

Gran parte de lo que se ha dicho hasta ahora sugiere una fuerte influencia de las fuerzas a favor de la conformidad. Como señalan los investigadores de la teoría institucional, la innovación no es frecuente; sí lo es la similitud. Y hay poca evidencia de que el diseño de las estrategias siguiendo una planificación formal pueda dar lugar a la innovación. Cuando esto ocurre, ¿cómo se seleccionan pues las estrategias más innovadoras? La discusión anterior que describía la experimentación y el incrementalismo lógico constituye un buen punto de partida. Analizando el desarrollo de la estrategia tanto desde el prisma de la experiencia como desde el prisma de las ideas, hay un menor énfasis en la selección en un determinado momento o, igualmente, en la evaluación formal, y más énfasis en la emergencia de «ideas estratégicas» desde dentro de la organización, más que como una estrategia planificada desde la cumbre.

Así pues, hay que plantearse la pregunta de cómo se convierten las «ideas estratégicas» en estrategias de la organización. Por supuesto, es posible que en cualquier organización haya muy pocas ideas estratégicas de este tipo que terminen adquiriendo forma de estrategia coherente de la organización, o incluso de parte de esa estrategia. Por cada idea que se convierte en parte de la estrategia, puede que haya muchas otras que no lo consigan. Sin embargo, esto es lo que sugiere el prisma de las ideas (y la teoría evolucionista), dado su énfasis en la importancia de la variedad. La variedad dará lugar a la innovación; pero no todas las ideas innovadoras fructificarán. Los teóricos especialistas en la teoría evolucionista[5] parten de los conceptos de *selección y retención* para explicar cómo se pueden adoptar estas ideas estratégicas en las organizaciones. Algunas de estas ideas son parecidas a las explicadas con los otros prismas, pero otras no.

La selección puede realizarse a través de lo que Weeks y Galunic[6] denominan función, ajuste y forma.

- Por *función* quieren decir que se percibe que una idea estratégica tiene una ventaja funcional. Por ejemplo:

  — Partiendo de lo más evidente, ¿responde a las *necesidades de las fuerzas del mercado*? La estrategia se desarrollará y prosperará dependiendo de que sea relevante para las necesidades del cliente. Por supuesto, es un planteamiento convencional sobre el éxito estratégico relacionado con la estrategia competitiva (*véase* Capítulo 5).

  — Por supuesto, una variante de lo anterior es que se termine adoptando porque los directivos de la organización *perciben* que tiene esas ventajas funcionales, independientemente de que las tenga realmente o no.

  — O es posible que tenga la función de favorecer los *intereses de los individuos* de la organización; por ejemplo, avanzando hacia sus fines políticos o sus ambiciones profesionales.

- Por *ajuste* quieren decir que una idea estratégica tendrá probablemente más éxito al competir con otras ideas estratégicas si se *alinea con ideas estratégicas de éxito*. Esto podría producirse en dos niveles. Igual que señalan los teóricos institucionalistas, se podría adoptar una idea porque se considera que tiene sentido en relación con lo que están haciendo otras organizaciones. O es posible que se ajuste a la cultura y a la experiencia de la propia organización. Por ejemplo, una empresa manufacturera puede considerarse a sí misma como una experta en este campo y, por tanto, aplicará una estrategia de diversificación mediante una integración hacia atrás o hacia adelante mediante adquisiciones. Puede que no sea tanto la lógica económica como el ajuste percibido a los conocimientos y formas de hacer de la organización. Por supuesto, también puede darse el caso contrario. En organizaciones bien establecidas, a menudo de éxito, puede ser difícil que se acepten nuevas ideas porque no parecen deseables en función de «la forma en que hacemos las cosas aquí».

- Por *forma* quieren decir que algunas ideas estratégicas, por su propia naturaleza, son *más o menos atractivas que otras.* Por ejemplo, parece que las ideas que son más esencialmente altruistas tienden a divulgarse y a adoptarse más[7]. En este sentido, la teoría de la complejidad destaca la necesidad de que reciban suficiente apoyo o «retroalimentación positiva»; algunas ideas tendrán más probabilidades de lograr este apoyo que otras. Por ejemplo, la idea de un nuevo producto en una empresa científica intensiva en investigación recibió un amplio respaldo porque respondía a las cuestiones «verdes». Los científicos se vieron atraídos por la idea de que su investigación se aplicara con buenos fines. Y los altos directivos, que también eran científicos por formación, admitieron que también era una idea atractiva porque, a diferencia de lo que solía ser habitual en su negocio, su aplicación y sus ventajas potenciales eran el tipo de cosas que interesaban a sus compañeros en otras divisiones, a sus amigos y a sus familiares. La idea sobre el nuevo producto sobrevivió a pesar de las fuertes pruebas que demostraban su falta de viabilidad comercial. Por supuesto, con el tiempo, esta retroalimentación positiva a este nivel no sería, probablemente, suficiente para que la idea perviviera porque entraría en los mecanismos de selección del mercado; pero el atractivo emocional había permitido a la idea avanzar dentro de la organización.

Al igual que los procesos de selección, existen procesos de retención. «La *retención* se produce cuando se conservan determinadas variaciones, se imitan o se reproducen de alguna otra manera»[8], lo que da lugar a su repetición futura. Esto puede depender de una serie de condiciones y procesos:

- Es improbable que una innovación, en cualquier nivel, encuentre inicialmente un amplio respaldo; por tanto, puede que lo importante sea que exista un *respaldo inicial suficiente*. El grado en que esto se produzca dependerá probablemente, al menos inicialmente, del papel de las *comunidades de intereses* (grupos con intereses similares) para la promoción de las ideas e iniciativas. Este podría ser el caso, por ejemplo, de la comunidad científica del ejemplo anterior. En el mercado, puede adoptar la forma de un nicho del mercado. Para el emprendedor innovador, puede ser el respaldo recibido de un socio capitalista que aporta capital riesgo. Para el científico innovador en el laboratorio de I+D, puede ser un apoyo suficiente de un alto directivo que defiende la idea frente a las objeciones de otros altos directivos.

- Sin embargo, independientemente del nivel, la idea de la retención sugiere que puede haber *una lucha por la supervivencia;* así pues, es posible que el conflicto sea inevitable en la organización o en el mercado, entre individuos o entre ideas. La retención depende de la supervivencia en ese conflicto.

- Hay muchos procesos en las organizaciones que pueden dar lugar a la réplica *de actividades* a medida que se van desarrollando, de forma que terminan siendo rutinas y, por tanto, se retienen. Estas actividades varían desde los procedimientos formales (por ejemplo, la descripción de un puesto de trabajo), los sistemas de control y de contabilidad, los sistemas de gestión de la información, la estructura de la organización, hasta la normalización formal o informal de la rutinas de trabajo, y la incorporación de estas actividades y rutinas a la cultura de la organización.

- La retención también dependerá del grado en que la nueva idea o actividad está *legitimada*. Por ejemplo, la forma de hacer las cosas según la idea estratégica emergente termina considerándose como la forma «correcta» de hacer las cosas, o la mejor práctica, en una organización. La excelencia en la atención al cliente, donde existe, puede terminar siendo replicada en la actualidad mediante un sistema de formación formal. Pero sus orígenes provinieron, con frecuencia, de nuevas prácticas que fueron seleccionadas por las fuerzas del mercado y que terminaron siendo consideradas como la forma de hacer las cosas.

- La retención también dependerá del grado en que la *estrategia emergente pase a ser propiedad* de gente poderosa o influyente. El caso más evidente es el de los altos ejecutivos, pero también podrían ser partes interesadas importantes, o los que tienen una fuerte influencia sobre la replicación de actividades en la organización; así que, por ejemplo, podría tratarse de ejecutivos de ventas influyentes cuando alcanzan acuerdos con sus clientes.

¿Cuál es, de todas estas cosas, el papel de los altos directivos a los que tradicionalmente se ha considerado como planificadores y seleccionadores de la estrategia? Recuerde que en el prisma de las ideas subyace la observación de que la innovación dependerá probablemente de la variedad y de que las ideas emergerán en vez de ser planificadas desde la cumbre. Así, si la organización quiere ser innovadora, es importante fomentar esa variedad. Los directivos tienen que reconocer que, aunque los procesos de selección formal son importantes (por ejemplo, la evaluación financiera y de los proyectos) hay tres factores que hay que recordar:

- Hay que tener cuidado para que estos sistemas formales no inhiban prematuramente las iniciativas o desanimen la necesaria variedad de ideas que subyace en esas iniciativas.
- Si se han aprendido las lecciones sobre las «reglas sencillas» (*véase* el comentario a la Parte I), es importante que los criterios de los procedimientos de selección pongan el énfasis en esta reglas, pero que no haya demasiadas.
- Es necesario reconocer el papel y la relevancia de los procesos más informales. Por ejemplo, las ideas y su selección y retención pueden depender del grado en que son atractivas y defendidas por una comunidad de intereses. Estas comunidades de intereses serán probablemente grupos sociales, y no meramente formales, en una organización. Es necesario reconocer su importancia y preservación.

## Nuestra opinión

Al igual que en el comentario a la Parte II, nuestra opinión es que estos distintos prismas arrojan luz y ofrecen líneas directrices sobre la cuestión de la selección de la estrategia de formas útiles y distintas, pero complementarias.

Es importante ser realistas sobre cómo se desarrollan las estrategias y cómo se seleccionan. Lo normal es que las opciones estratégicas dependan, o estén muy influidas, por la experiencia, la cultura y los procesos políticos. Esto sugiere que las estrategias deben ser consideradas como estrategias emergentes más que como estrategias seleccionadas deliberadamente en determinado momento. También sugiere que la fuerte influencia de la experiencia y de la cultura de la organización pueden dar lugar a problemas relacionados con la desviación estratégica (*véase* Sección 1.5.1). Esta explicación también dificulta la explicación de cómo surgen las estrategias más innovadoras, y aquí es donde resultan útiles las explicaciones derivadas de la teoría de la complejidad y de la evolucionista, puesto que centran la atención en la generación de ideas y consideran que los procesos políticos culturales son mecanismos de selección y retención. Los procesos formales de planificación y evaluación pueden también desempeñar un papel importante. No solo constituyen otro mecanismo de selección, sino que son una forma de plantear preguntas analíticas, evaluadoras, que ponen en duda lo que se da por sentado, desempeñando así el papel de cambiar la mentalidad de las personas, y no se limitan únicamente a planificar.

### Notas

1. *Véase* Quinn, J. B. (1980): *Strategic Change: Logical Incrementalism*. Irwin.
2. Esta sección recopila trabajos de varios investigadores. Para un análisis exhaustivo del problema de la concentración y de las etapas de diagnóstico del proceso de toma de decisiones, *véase* Lyles, M. A. (1981): «Formulating strategic problems: empirical analysis and model development», *Strategic Management Journal*, vol. 2, n.º 1. Pp. 61-75; Mintzberg, H., Raisinghani, O. y Theoret, A. (1976):«The structure of unstructured decision processes», *Administrative Science Quarterly*, vol. 21, n.º 2. Pp. 246-275; y Fahey, L. M. (1981): «On strategic management decision processes», *Strategic Management Journal*, vol. 2, n.º 1. Pp. 43-60.
3. La descripción clásica de la institucionalización es de DiMaggio, P. y Powell, W. (1983): «The iron cage revisited: institutional isomorphism and collective rationality in organizational fields», *American Sociological Review*, vol. 48. Pp. 147-160.
4. *Véase* Barry, D. y Elmes, M. (1997): «Strategy retold: toward a narrative view of strategic discourse», *Academy of Management Review*, vol. 22, n.º 2. Pp. 429-452.
5. *Véase*, por ejemplo, el Capítulo 2 de *Organizations Evolving by Howard Aldrich* (Sage, 1999).
6. La selección y retención de ideas estratégicas (o «memes») se analiza en Weeks, J. y Galunic, C. (2003): «A theory of the cultural evolution of the firm: the intra-organizational ecology of memes», *Organization Studies*, vol. 24, n.º 8 Pp. 1309-1352.
7. El papel del altruismo y otras bases de atracción se analiza en Blackmore, S. (1999): *The Meme Machine*. Oxford University Press, 1999.
8. *Véase* Aldrich, p. 30 (nota 5 anterior).

# Parte IV

## La estrategia puesta en acción

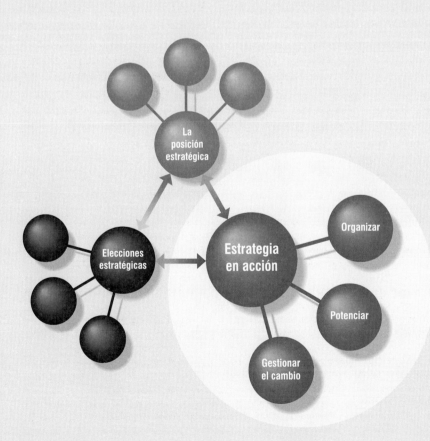

# Introducción a la Parte IV

La comprensión de la posición estratégica de la organización y el análisis de las opciones estratégicas disponibles no servirán de mucho si no se pueden transformar las estrategias preferidas en acciones de la organización. Esta acción se materializa en los procesos y relaciones cotidianos que existen en las organizaciones y que hay que gestionar si se quiere que la acción estratégica sea acorde con la estrategia buscada. Como mínimo, es probable que esto requiera que se reflexione sobre la forma en que se ha diseñado la organización en cuanto a su estructura, pero también en cuanto a cómo se relaciona la gente en el trabajo desde un punto de vista de unas relaciones más informales. Estos procesos se encontrarán muy probablemente en las áreas de recursos o funciones de la organización; por tanto, es importante cómo se relacionen estas áreas de recursos o funciones con la estrategia general. El desarrollo de una nueva estrategia también puede exigir un cambio estratégico significativo para la organización. Este cambio no se produce sencillamente porque se considere deseable; se produce si los miembros de la organización pueden aplicarlo y llevarlo a la práctica. La Parte IV se ocupa de las cuestiones esenciales que trasladan la estrategia a la acción y de las dificultades y métodos para gestionar el cambio estratégico. Este análisis incluye una serie de cuestiones relacionadas:

- El Capítulo 8 trata de cómo hay que *organizarse* para tener éxito. Analiza tres vertientes diferentes de este tema y cómo pueden contribuir al éxito de la estrategia. Estas vertientes se pueden definir como las estructuras de la organización, los procesos de la organización y la gestión de las relaciones. El capítulo revisa los distintos tipos de estructuras de una organización y sus ventajas e inconvenientes. Los procesos de organización hacen referencia a las distintas formas de «control» dentro de las organizaciones, desde la supervisión directa y la planificación central hasta el autocontrol y la motivación de los empleados. La sección sobre las relaciones se fija en la cuestión importante relativa a la centralización o delegación de las decisiones, tanto estratégicas como operativas. También se ocupa de las delimitaciones de una organización y cómo hay que crear y mantener relaciones externas. Así pues, incluye cuestiones como la creación de redes, la contratación externa y las alianzas. Al analizar estos temas, el capítulo destaca la importancia de estos diversos elementos y cómo se relacionan entre sí para crear configuraciones que se ajustan bien a las estrategias de la organización y permiten que se cree una organización de éxito.

- El Capítulo 9 se fija en la relación entre la estrategia general de una organización y las estrategias en cuatro áreas de recursos clave: personal, información, finanzas y tecnología. Las dos preguntas a las que se intenta responder en el capítulo son las siguientes. Primera, si las distintas áreas de recursos de una organización son capaces de *posibilitar* que se ejecuten con éxito las estrategias. Por ejemplo, si la gestión de la información es adecuada para respaldar un movimiento hacia las actividades de comercio electrónico. O si las competencias del personal y la cultura de la organización son acordes con las nuevas estrategias, tal vez, una alianza estratégica en un nuevo país. La segunda pregunta intenta averiguar si las estrategias de una organización se están definiendo para capitalizar las pericias en determinada área de recursos. Por ejemplo, es posible que la organización tenga acceso a fondos a los cuales no tienen acceso los competidores. O tal vez haya desarrollado nuevas tecnologías que podrían transformar las características del producto o reducir el coste de los procesos operativos. Es importante que el éxito o fracaso de las estrategias también dependa de cómo se integran entre sí estas áreas de recursos independientes, por ejemplo, para respaldar el lanzamiento de un nuevo producto.

● El Capítulo 10 analiza con más detalle cómo se puede gestionar el cambio estratégico. Esto se hace de distintas maneras. Primera, reconociendo que es importante ajustarse a las necesidades específicas de una organización para poder dirigir el cambio. Por tanto, es importante comprender el contexto en el que se produce el cambio y las barreras que existen dentro de la organización a los distintos cambios. Segundo, el capítulo analiza los distintos planteamientos para dirigir el cambio, incluyendo los estilos de dirección y los papeles que pueden desempeñar los directivos y otros individuos a la hora de gestionar el cambio estratégico. Finalmente, considerando una serie de apoyos que pueden ser utilizados para ayudar a dirigir el cambio de las organizaciones. Se analizan los apoyos específicos para hacer una reestructuración urgente. Después se analizan otros apoyos, incluyendo los cambios de las rutinas de las organizaciones, la gestión de los procesos políticos y simbólicos, la importancia de la comunicación, y otras tácticas específicas para dirigir el cambio.

# 8

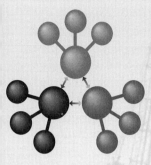

# Organizarse para lograr el éxito

## Objetivos del aprendizaje

Tras leer este capítulo usted debería ser capaz de comprender:

- Los principales retos organizativos para alcanzar el éxito, como garantizar el control, gestionar el conocimiento, superar los problemas derivados del cambio y responder a la globalización.

- Los principales tipos de estructuras organizativas y sus fortalezas y debilidades.

- Los procesos organizativos más importantes (como los sistemas de planificación y los objetivos de rendimiento) y las circunstancias en que son más adecuados.

- Cómo se pueden gestionar las relaciones internas y externas de forma que se fomente u obstaculice el éxito.

- Cómo las tres vertientes de la estructura, los procesos y las relaciones deben reforzarse entre sí en las configuraciones de la organización.

- Las implicaciones que tienen las configuraciones en el cambio y el rendimiento de la organización.

Fotografía: Digital Vision

Fotografía: Dorling Kindersley

Fotografía: Digital Vision

## 8.1　INTRODUCCIÓN

Tal vez el recurso más importante de una organización sean las personas. Así pues, el papel que desempeñan los individuos, los procesos por los que se relacionan, y las relaciones que se crean son cruciales para el éxito de la estrategia. Todas éstas son cuestiones relacionadas con el «diseño de la organización». En el mundo actual están cambiando los planteamientos sobre el diseño de las organizaciones. Tradicionalmente, los científicos de la dirección han puesto el énfasis en las estructuras y procesos formales[1]. Estos planteamientos formales se ajustan a una visión de arriba a abajo, de órdenes y control, de la estrategia, por la que los directivos de la cúspide toman decisiones y el resto de la organización se limita a aplicarlas. Sin embargo, en un mundo en el que el conocimiento clave está en manos de los empleados de todos los niveles de la organización, y donde el cambio es constante, tal vez no sea suficiente seguir dependiendo de estas estructuras formales de arriba a abajo.

Un mundo de rápidos movimientos, intensivo en conocimientos, plantea dos cuestiones para las organizaciones. Primera, el concepto estático de la estructura formal es cada vez menos adecuado. Las organizaciones tienen que reorganizarse continuamente en respuesta al cambio de las condiciones. Por esta razón, algunos autores sugieren que deberíamos utilizar el *verbo* «organizar» más que el *nombre* «organización»[2]. Segunda, para aprovechar el conocimiento valioso que se encuentra en todos los ámbitos de la organización es necesario disponer de algo más que de jerarquías formales de arriba a abajo. Las relaciones y procesos informales son esenciales para generar y compartir conocimientos profundos que en la actualidad suelen ser fundamentales para obtener una ventaja competitiva.

Este capítulo asumen el nuevo planteamientos del diseño de la organización poniendo el énfasis en el cambio e incluyendo los procesos y relaciones informales junto con los formales. La idea importante aquí es que las estructuras y ~~procesos formales~~ deben alinearse con los procesos y relaciones informales en *configuraciones* coherentes. La **configuración** de una organización se compone de estructuras, procesos y relaciones que la organización utiliza para funcionar[3], como se muestra en el Cuadro 8.1. Es esencial, para el éxito de la organización, configurarla de forma que estos elementos se ajusten adecuadamente entre sí y con los retos estratégicos clave.

El Cuadro 8.1 muestra tres elementos de la configuración de una organización, que se unen entre sí creando un «círculo virtuoso» coherente. Estos tres elementos ofrecen la estructura de las primeras partes del capítulo, que abordan:

- El *diseño estructural* (que describe los papeles, responsabilidades y relaciones jerárquicas) en las organizaciones. El diseño estructural puede influir profundamente sobre las fuentes de la ventaja de una organización, sobre todo en lo que respecta a la gestión del conocimiento; si se fracasa en el ajuste adecuado de las estructuras, se puede minar la aplicación de la estrategia. Pero una buena estructura no basta para alcanzar el éxito.
- Los *procesos* que respaldan y guían a los individuos de dentro y fuera de una organización. Estos procesos también pueden tener una importante influencia sobre el éxito o el fracaso, definiendo cómo se crean y controlan las estrategias y la forma en que los directivos y otros empleados se relacionan entre sí y ponen la estrategia en acción.
- Las *relaciones* que conectan a los individuos tanto de dentro como de fuera de la organización, en concreto:

La **configuración** de una organización se compone de estructuras, procesos y relaciones que la organización utiliza para funcionar.

---

**Cuadro 8.1**    Configuraciones de la organización: estructura, procesos y relaciones

— las relaciones entre las unidades de la organización y la sede (esto está relacionado con los análisis del Capítulo 5 sobre el papel de la empresa matriz);

— las relaciones fuera de la empresa, incluyendo cuestiones como la contratación externa (que se planteó en el Capítulo 3) y las alianzas estratégicas (analizadas en el Capítulo 7).

Las diversas estructuras, procesos y relaciones se analizarán a la luz de los tres retos clave que tienen que superar las organizaciones en el siglo XXI:

● El *ritmo de cambio* y los mayores niveles de *incertidumbre* en el entorno empresarial, como se analizó en el Capítulo 2. Por ello, las organizaciones deben disponer de diseños flexibles y tener habilidades para reorganizarse.

● La importancia de la *creación de conocimientos* y de *compartir el conocimiento* como ingrediente fundamental del éxito estratégico, como se analizó en el Capítulo 3. Los diseños de las organizaciones tienen que fomentar la concentración de la pericia y animar a la gente a compartir su conocimiento.

● El aumento de la *globalización* tal y como se analizó en el Capítulo 2. El organizarse en un mundo que se está globalizando plantea muchos retos: comunicarse entre una mayor variedad de zonas geográficas, coordinar una mayor diversidad y crear relaciones entre diversas culturas, por citar algunos ejemplos. La globalización también ayuda a que se reconozca más que hay distintas formas de organizarse en las distintas partes del mundo.

Tras analizar cada uno de estos elementos por separado, el capítulo analizará cómo se pueden ajustar entre sí las estructuras, procesos y relaciones en configuraciones coherentes, y algunas de las implicaciones en cuanto al cambio y al rendimiento.

**8.2    TIPOS DE ESTRUCTURAS**

Los directivos suelen empezar a describir a su organización dibujando un organigrama, un mapa de su estructura formal. Estos organigramas definen los «niveles» y papeles en una organización. Son importantes para los directivos, no solo porque describen quién es responsable de qué. Las estructuras formales importan en, al menos, otras dos formas. Primera, la estructura de la jerarquía afecta a los patrones de comunicación y al intercambio de conocimientos: los individuos tienden a no hablar demasiado con otros individuos que están en niveles superiores o inferiores de la jerarquía, o en distintas partes de la organización. Segunda, el tipo de posiciones estructurales en la cúspide sugiere el tipo de habilidades necesarias para avanzar en la organización: una estructura en la que haya especialistas funcionales, de marketing o de producción por ejemplo, en la cúspide, indica la importancia que tienen en el éxito las disciplinas funcionales especializadas más que la experiencia empresarial general. En definitiva, las estructuras formales pueden decir mucho sobre el papel del conocimiento y las habilidades en una organización.

Este capítulo parte de una revisión de siete tipos básicos de estructuras: funcional, multidivisional, *holding*, matricial, transnacional, de equipos y de proyectos. En términos generales, las tres primeras tienden a poner el énfasis en una dimensión estructural sobre otra, por ejemplo, la especialización funcional o las unidades de negocio. Las cuatro últimas tienden a combinar las dimensiones estructurales de forma más equilibrada, por ejemplo, intentando asignar la misma importancia a las unidades de productos y a las unidades geográficas. Sin embargo, ninguna de estas estructuras constituye una solución universal a los retos de organizarse. Más bien, la estructura adecuada depende de los retos concretos que tiene que superar cada organización.

Los investigadores proponen una amplia variedad de retos importantes que conforman la estructura de la organización, incluyendo el tamaño de la organización, el grado de diversificación y el tipo de tecnología.[4] Este capítulo se centrará, en concreto, en cómo se ajustan los siete tipos estructurales al problema tradicional del control y a los tres nuevos retos dados por el cambio, el conocimiento y la globalización. Esto implica que el primer paso del diseño de la organización consiste en decidir cuáles son los retos clave que tiene que superar la organización. Como veremos más adelante, el planteamiento de la configuración destaca que, cualquiera que sea la estructura elegida, deberá alinearse con los procesos y relaciones existentes.

### 8.2.1  La estructura funcional

La **estructura funcional** divide las responsabilidades en función de los principales papeles en la organización, como producción, investigación y ventas.

Cuando una organización supera a un nivel muy básico de tamaño y de complejidad, tiene que empezar a dividir las responsabilidades. Un tipo de estructura fundamental es la **estructura funcional**, que divide las responsabilidades en función de los principales papeles en la organización, como producción, investigación y ventas. El Cuadro 8.2 representa un organigrama típico de este tipo de empresa. Esta estructura suele encontrarse en las empresas más pequeñas, o en empresas con una gama de productos reducida y no variada. Además, dentro de la estructura multidivisional (*véase* más adelante), las propias divisiones pueden dividirse en departamentos funcionales (como en la Ilustración 8.1).

El Cuadro 8.2 también resume las ventajas e inconvenientes potenciales de una estructura funcional. Hay ventajas en tanto en cuanto los altos directivos tienen una participación directa en las operaciones lo que permite un mayor control operativo desde la cúspide. La estructura funcional ofrece una clara definición de los papeles y tareas, aumentando así las líneas de responsabilidad. Los departamentos funcionales también ofrecen una concentración de la pericia, y fomentan así el desarrollo del conocimiento en las áreas de especialidades funcionales.

**Cuadro 8.2**    Una estructura funcional

Ventajas

- El director general está en contacto con todas las operaciones
- Reduce/simplifica los mecanismos de control
- Clara definición de responsabilidades
- Especialistas en los niveles directivos intermedios y superiores

Inconvenientes

- Los altos directivos se ven abrumados por cuestiones rutinarias
- Los altos directivos terminan ignorando las cuestiones estratégicas
- Dificultad para gestionar la diversidad
- Dificultad para coordinar las funciones
- Fracaso en la adaptación

Sin embargo, también existen inconvenientes, sobre todo a medida que las organizaciones se hacen más grandes o más diversificadas. Tal vez la principal preocupación en un mundo de rápidos movimientos es que los altos directivos se concentran en sus responsabilidades funcionales, y terminan abrumados por las operaciones rutinarias y demasiado preocupados por intereses funcionales muy particulares. Por ello, encuentran difícil adoptar una visión estratégica de la organización en su conjunto o responder rápidamente de forma coordinada. Las organizaciones funcionales pueden ser inflexibles. Los departamentos funcionales independientes también tienden a ser introspectivos (los denominados «silos funcionales»), lo que dificulta la integración del conocimiento de los distintos especialistas funcionales. Finalmente, al estar centralizadas en torno a funciones particulares, las estructuras funcionales no son buenas para las organizaciones con una gran diversidad geográfica o de productos. Por ejemplo, el departamento central de marketing puede intentar imponer un planteamiento uniforme en la publicidad, independientemente de las diversas necesidades de las distintas unidades estratégicas de negocio que tiene la organización en todo el mundo (observe que, en la Ilustración 8.1, Electrolux introduce una estructura funcional únicamente en sus negocios europeos).

## 8.2.2  La estructura multidivisional

La **estructura multidivisional** está constituida por divisiones separadas definidas en función de los productos, servicios o áreas geográficas (*véase* Cuadro 8.3). La creación de divisiones suele surgir como un intento para superar los problemas que tienen las estructuras funcionales en condiciones de diversidad y que se han mencionado anteriormente.[5] Cada división puede responder a los requisitos específicos de su estrategia del producto/mercado, utilizando su propio conjunto de departamentos funcionales. En muchos servicios

La **estructura multidivisional** está constituida por divisiones separadas definidas en función de los productos, servicios o áreas geográficas.

**Ilustración 8.1**                    e s t r a t e g i a   e n   a c c i ó n

# Electrolux Home Products Europe

*Las estructuras funcionales pueden ayudar a fomentar la uniformidad y sencillez en un negocio.*

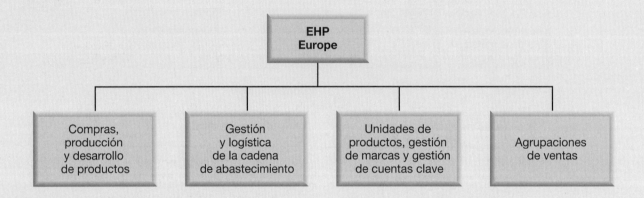

En enero de 2001, Electrolux Home Products Europe rediseñó por completo su estructura como parte de su estrategia competitiva en Europa. La multinacional sueca fabricaba una serie de bienes de consumo duradero (como cocinas y neveras) y había crecido durante varias décadas a través de adquisiciones hasta convertirse en un jugador dominante en Europa. Pero el mercado en Europa era muy competitivo y la empresa tenía que encontrar la manera de capitalizar su tamaño, tanto para reducir los costes como para mejorar los estándares de los productos y servicios. Su solución consistió en sustituir la estructura geográfica (resultante de las adquisiciones) por una nueva estructura funcional para toda Europa. En el gráfico se muestra la nueva estructura.

La dirección explicó la razón de ser de la reestructuración: «la reestructuración de EHP Europa forma parte de un programa para garantizar un crecimiento rentable a medida que la organización impone una mayor simplicidad en sus negocios, al tiempo que se reducen las dependencias en la organización y se crea una mayor atención a las áreas en las que es necesario un mayor esfuerzo para superar los retos más difíciles en el mercado».

Los departamentos funcionales funcionarán de la siguiente manera:

- **Compras, producción y desarrollo de productos** es el brazo manufacturero del negocio. También se incluía el desarrollo del producto y las compras para ofrecer un «flujo continuado» desde el aprovisionamiento hasta los productos acabados. Se consideraba que era esencial

para mantener el flujo de productos innovadores y rentables.

- La división de **Gestión y logística de la cadena de abastecimiento** era responsable de hacer llegar los productos al cliente y de relacionar las previsiones de ventas con la producción en las fábricas.

- La división de **Unidades de productos, gestión de marcas y gestión de cuentas clave** era responsable de las actividades de marketing para respaldar los productos y marcas. También incluía la gestión de cuentas clave, los servicios y los componentes.

- Las **divisiones de ventas** se agrupaban geográficamente en siete agrupaciones que incluían a diversos países cada una.

Las tres primeras divisiones se gestionaban como centros de costes mientras que las agrupaciones de ventas se centraban en los ingresos de las ventas.

*Fuente*: adaptado de *The Electrolux Executive*, diciembre de 2000.

## Preguntas

1. Compare las ventajas e inconvenientes de una estructura funcional (arriba) con las estructuras alternativas como divisiones geográficas o por productos.

2. ¿Por qué cree usted que Electrolux ha elegido esta estructura en concreto?

**Cuadro 8.3**    **Una estrucutra multidivisional**

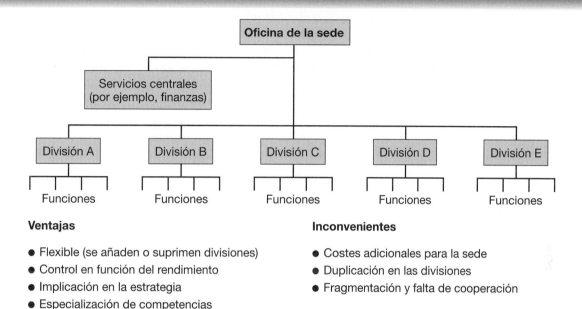

**Ventajas**

- Flexible (se añaden o suprimen divisiones)
- Control en función del rendimiento
- Implicación en la estrategia
- Especialización de competencias
- Formación en planteamientos estratégicos

**Inconvenientes**

- Costes adicionales para la sede
- Duplicación en las divisiones
- Fragmentación y falta de cooperación

públicos se produce la situación análoga cuando se estructuran las organizaciones en torno a departamentos de servicios como ocio, servicios sociales y educación.

Las estructuras multidivisionales ofrecen varias ventajas potenciales. Son flexibles en tanto en cuanto las organizaciones pueden añadir, cerrar o fusionar divisiones a medida que cambien las circunstancias. Como unidades de negocio autónomas, es posible controlar las divisiones a distancia haciendo un seguimiento de su rendimiento. Los directivos de las divisiones tienen una mayor implicación personal en las estrategias de sus propias divisiones. Las divisiones geográficas (por ejemplo, la división europea o la división norteamericana) ofrecen una forma de resolver los problemas derivados del ámbito internacional. También pueden obtenerse ventajas por la especialización dentro de la división, lo que permite que las competencias se desarrollen con una atención más clara hacia un determinado grupo de productos, una determinada tecnología o determinado grupo de clientes. La responsabilidad directiva de todo el negocio de la división ofrece una buena formación para tener un planteamiento estratégico cuando los directivos esperan alcanzar un cargo en la junta directiva.

Sin embargo, las estructuras en función de divisiones también plantean tres grandes tipos de inconvenientes. Primero, las divisiones pueden terminar tan especializadas y siendo tan autónomas que son, de facto, negocios independientes, pero que tienen que asumir los costes de la sede corporativa. Así pues, podría tener más sentido dividir la empresa en negocios independientes, un fenómeno que se produce con frecuencia. Paradójicamente, el segundo tipo de problemas se puede producir por todo lo contrario. Las divisiones han creado sus propias «sedes corporativas» sin tener todas las habilidades de tutela necesarias para añadir valor a sus unidades de negocio. Por ejemplo, es posible que la división presente debilidades en áreas funcionales como finanzas, marketing, recursos humanos o tecnologías de la información. El resultado es que las unidades de negocio tienen que asumir el coste de la sede de la división pero no reciben un apoyo tan bueno como el que recibirían si la «auténtica» sede corporativa, que sí dispone de estas habilidades, respaldara a las unidades de negocio. Aquí, la solución podría ser una reversión, de forma que las unidades de negocio respondan directamente ante la sede corporativa. Finalmente, la creación de divisiones tiende a reducir la cooperación y obstaculizar el que se compartan los conocimientos entre las unidades de negocio: las divisiones pueden, literalmente, dividir. La pericia queda fragmentada y los objetivos de rendimiento de las divisiones ofrecen pocos incentivos para colaborar con otras divisiones. El Cuadro 8.3 resume estas ventajas e inconvenientes potenciales de la estructura multidivisional.

Las grandes y complejas empresas con múltiples divisiones suelen tener un segundo nivel de subdivisiones dentro de sus principales divisiones. El tratamiento de las unidades estratégicas de negocio más pequeñas como subdivisiones dentro de una división mayor reduce el número de unidades con las que tiene que tratar directamente la sede. Las subdivisiones también pueden ayudar a las organizaciones complejas a responder a presiones contradictorias. Por ejemplo, una organización podría tener subdivisiones geográficas dentro de un conjunto de divisiones de productos globales.

### 8.2.3   La estructura de empresa *holding*

Una **empresa *holding*** es una empresa de inversión que tiene participaciones en diversas operaciones empresariales independientes.

Una **empresa *holding*** es una empresa de inversión que tiene participaciones en diversas operaciones empresariales independientes. Estas empresas subsidiarias pueden operar de forma independiente, tener a otros accionistas y mantener los nombres originales de sus empresas. Esto se ajusta al papel de la empresa matriz gestora de carteras que se mencionó en el Capítulo 5, por el que la empresa matriz limita las decisiones a la compra y venta de subsidiarias con una escasa participación en su estrategia de productos o de mercados.

Las empresas *holding* son extremadamente flexibles, con la capacidad de aportar socios externos como aliados, y de comprar y vender sus subsidiarias en función de cómo cambien las condiciones. Sin embargo, son difíciles de controlar, debido al estilo directivo de no participación y a los derechos de los accionistas externos. Es muy difícil compartir conocimientos entre subsidiarias muy autónomas. Puesto que estas subsidiarias son autónomas, y suelen moverse en áreas no relacionadas entre sí, existen pocas posibilidades de aprovechar sinergias. Por estas razones, las empresas *holding* ya no son la opción preferida en las economías occidentales. Las empresas *holding* tradicionales como Lonhro y el conglomerado angloamericano Hanson plc se deshicieron durante la década de los noventa.

Sin embargo, en muchas economías emergentes, como la India, Rusia y Sudamérica, las empresas *holding* siguen desempeñando un papel prominente[6]. Ahí donde los mercados de capitales y los mercados de trabajo de altos directivos no funcionan bien, las empresas *holding* sirven para suplir estos vacíos. Las subsidiarias pueden obtener capitales para la inversión y talentos directivos de la empresa *holding* de una forma que no pueden conseguir en el mercado abierto. Por tanto, en las economías emergentes, las empresas *holding* pueden añadir valor superando los fallos de los mercados externos de capitales y de trabajo.

Una **estructura matricial** combina distintas dimensiones estructurales de forma simultánea, por ejemplo, divisiones de productos y territorios geográficos o divisiones de productos y especialidades funcionales.

### 8.2.4   La estructura matricial

Una **estructura matricial** combina distintas dimensiones estructurales de forma simultánea, por ejemplo, divisiones de productos y territorios geográficos o divisiones de productos y especialidades funcionales. El Cuadro 8.4 ofrece ejemplos de esta estructura.

**Cuadro 8.4**    Dos ejemplos de estructuras matriciales

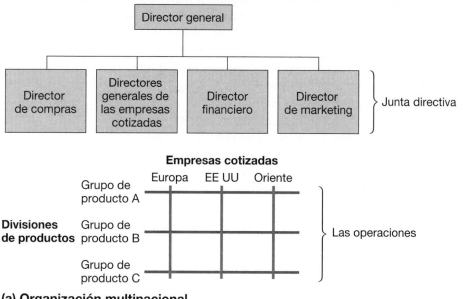

**(a) Organización multinacional**

**(b) Un colegio**

**Ventajas**

- Integra el conocimiento
- Flexible
- Permite dimensiones duales

**Inconvenientes**

- Periodo largo para tomar decisiones
- Puestos de trabajo y responsabilidades de tareas poco claros
- Responsabilidades de costes y beneficios poco claras
- Alto grado de conflicto

La estructura matricial tiene varias ventajas. Son eficaces para gestionar los conocimientos porque permiten que las distintas áreas de conocimiento se integren entre las delimitaciones de la organización. En concreto, en las organizaciones de servicios profesionales, la organización matricial puede resultar útil para aplicar determinadas especialidades de conocimientos a los distintos segmentos geográficos o de mercado. Por ejemplo, para atender a determinado cliente, una empresa de consultoría puede utilizar a personas de grupos pertenecientes a determinadas especialidades de conocimientos (por ejemplo, estrategia o diseño de la organización) y a otras personas formando equipos en función de los mercados en particular (sectores industriales o regiones geográficas). El Cuadro 8.4 muestra cómo puede combinar un colegio los conocimientos independientes de las distintas áreas temáticas para crear programas de estudio particularizados a los distintos grupos de edades. Las organizaciones matriciales son flexibles, porque permiten combinar distintas dimensiones de la organización. Son particularmente atractivas para las organizaciones que tienen operaciones globales, gracias a la posible combinación de las dimensiones locales y globales. Por ejemplo, una empresa global puede preferir las divisiones definidas geográficamente como unidades operativas para el marketing local (dado su especializado conocimiento local de los clientes). Pero, al mismo tiempo, es posible que quiera seguir manteniendo divisiones globales por productos, que son responsables de la coordinación mundial del desarrollo y la fabricación de los productos, aprovechando las economías de escala y la especialización.

Sin embargo, puesto que la estructura matricial sustituye las líneas formales de autoridad con relaciones (dentro de la matriz), suelen aparecer problemas. En concreto, normalmente hará falta *más tiempo para tomar decisiones* debido a las negociaciones entre los directivos de las distintas dimensiones. También pueden producirse *conflictos* porque el personal tiene que rendir cuentas ante directivos de dos dimensiones estructurales. En definitiva, es difícil ejercer el control en las organizaciones matriciales.

Al igual que con cualquier estructura, pero particularmente en el caso de la estructura matricial, la cuestión crítica en la práctica es la forma en que opera (es decir, los procesos y las relaciones). Por ejemplo, un «brazo» de la matriz puede tener que *decidir sobre* algunos parámetros clave (como los volúmenes de producción) con los que debe operar otro «brazo» de la matriz (por ejemplo, cuando se hacen ajustes locales). Otra cuestión práctica hace referencia a la implicación en la estrategia por parte de los empleados. Esto puede exigir el «nombramiento» de personal especializado para algunos productos o grupos de clientes y no para otros. Por ejemplo, el departamento de tecnología de la información puede nombrar a individuos para que den un apoyo especial a determinadas divisiones de primera línea. Puede que se ubiquen físicamente en esas divisiones y tengan que dar cuentas en dos ámbitos distintos (al director de tecnología de la información y al director de la división). Tal vez el ingrediente clave de una estructura matricial de éxito sea que los altos directivos sepan apoyar las relaciones de colaboración (dentro de la matriz) y no se pierdan en la ambigüedad que puede generar la estructura matricial. Por esta razón, Bartlett y Ghoshal describen la matriz como una estructura que requiere «una determinada mentalidad» además de una estructura formal[7].

### 8.2.5  La estructura transnacional

La **estructura transnacional**
es un sistema de dirección
internacional que es
particularmente eficaz para
explotar el conocimiento entre
fronteras.

La **estructura transnacional** es un sistema de dirección internacional que es particularmente eficaz para explotar el conocimiento entre fronteras. La estructura transnacional intenta obtener lo mejor de las dos estrategias internacionales extremas, la estrategia multipaís y la estrategia global (*véase* Capítulo 5). Como se puede ver en el Cuadro 8.5, una estrategia global se verá normalmente respaldada por divisiones globales de productos (por ejemplo, una división mundial de coches y una división mundial de camiones); una estrategia en múltiples países se vería respaldada por filiales subsidiarias con una gran autonomía en cuanto al diseño, la fabricación y el marketing para todos los productos (por ejemplo, AutoCorp UK Ltd sería responsable de los coches y los camiones). En el cuadro, las divisiones internacionales hacen referencia a divisiones independientes creadas paralelamente a las estructuras de los principales negocios del país de origen, como solía ser el caso de las corporaciones estadounidenses cuando empezaron a internacionalizarse en las décadas de los

| Cuadro 8.5 | Estructuras multinacionales |

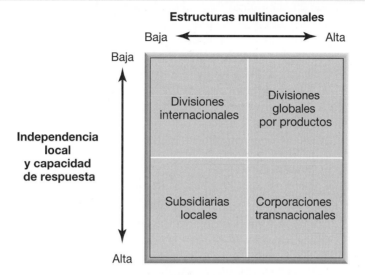

**Estructuras multinacionales**

Baja ⟷ Alta

|  | Baja |  |
|---|---|---|
| **Independencia local y capacidad de respuesta** | Divisiones internacionales | Divisiones globales por productos |
|  | Subsidiarias locales | Corporaciones transnacionales |
|  | Alta |  |

*Fuente*: adaptado de BARTLETT, C. y GHOSHAL, S. (1998) *Managing Across Borders: The transnational corporation*, 2.ª edición, Random House.

cincuenta y los sesenta (por ejemplo, AutoCorp North America tenía divisiones locales de coches y camiones, mientras que los negocios en el extranjero dependían, todos, de la División Internacional de Autocorp). Sin embargo, la estructura transnacional intenta alcanzar tanto una elevada respuesta a las condiciones locales como una gran coordinación global.

Tal y como la describen Bartlett y Ghoshal, la estructura transnacional es como una estructura matricial pero tiene dos características específicas: primera, responde concretamente al reto de la globalización; segunda, tiende a tener responsabilidades mejor definidas en las intersecciones de las dimensiones[8]. La estructura transnacional tiene, en concreto, las siguientes características:

- Cada unidad nacional opera de forma independiente, pero constituye una fuente de ideas y de capacidades para la corporación. Por ejemplo, en Unilever, el centro de innovaciones mundial para los productos de cuidado del cabello se encuentra en Francia[9].
- Las unidades nacionales obtienen mayores economías de escala mediante la especialización en la corporación o, al menos, de grandes regiones. Unilever en Europa ha sustituido sus redes de pequeñas unidades nacionales fabricantes de productos alimenticios por unas pocas grandes fábricas especializadas que exportan sus productos a otros países europeos.
- La sede corporativa gestiona esta red global estableciendo primero el papel de cada unidad de negocio, respaldando los sistemas, relaciones y cultura después para que la red de unidades de negocio opere con eficacia. Unilever ha creado un sistema de «foros» que reúne a los directivos de todos los ámbitos internacionales para ayudarles a compartir experiencias y a coordinar sus necesidades.

El éxito de una corporación transnacional depende de la habilidad *simultánea* para lograr competencias globales, la capacidad de respuesta a las necesidades locales e innovación y aprendizaje en toda la organización. Esto requiere tener claras las delimitaciones, las relaciones y los papeles que tienen que desempeñar los distintos directivos. Por ejemplo:

- Los que tienen la responsabilidad de los *productos o negocios globales* tienen la responsabilidad suprema de fomentar la competitividad global de la empresa, lo que cruza tanto las fronteras nacionales como las delimitaciones funcionales. Tienen que ser el *estratega del producto/mercado*, el *arquitecto* de los recursos y competencias del negocio, y el *motor de la innovación de productos,* así como el *coordinador* de las transacciones transnacionales.
- Los directivos de los *países o territorios* tienen potencialmente una responsabilidad dual con otras partes de la transnacional. Primero, deben actuar como un *sensor* de las necesidades locales e informar de estas a los responsables, en el ámbito internacional, de los nuevos productos o servicios. Segundo, deben intentar *crear* competencias únicas: es decir, convertirse en un centro de excelencia que les permita *contribuir* al conjunto de la empresa, por ejemplo, en las manufacturas o en las actividades de investigación y desarrollo.
- Los directivos de las funciones, como las de finanzas y tecnología de la información, tienen una gran responsabilidad en cuanto a garantizar la innovación y el aprendizaje mundial en las distintas partes de la organización. Esto exige la capacidad de reconocer y divulgar las mejores prácticas de la organización. Así pues, deben ser capaces de *escanear* la organización, y *polinizar estas mejores prácticas* al tiempo que *promueven* las innovaciones.
- La cuestión crítica es el papel desempeñado por los *directivos de la corporación*, que son vitales para que la corporación transnacional pueda integrar estos otros papeles y responsabilidades. No solo son los *líderes* sino que también son los que *identifican los talentos* en los distintos negocios, países y funciones, facilitando las relaciones entre estos. Por ejemplo, deben fomentar los procesos de innovación y de creación de conocimientos. Son responsables del *desarrollo* de un fuerte centro directivo en la organización.

La estructura transnacional plantea algunos inconvenientes. Es muy exigente con los directivos en cuanto a su disponibilidad a trabajar, no solo en su área de responsabilidades inmediatas, sino también por el bien del conjunto de la corporación transnacional. La difusa definición de las responsabilidades también plantea complejidades y problemas de control análogos a los de la organización matricial. El gigante de la ingeniería suizo-sueco ABB solía constituir un modelo de corporación transnacional durante la década de los noventa pero, en 1998, la empresa procedió a una reestructuración con líneas de divisiones por productos más claras[10]. Al fortalecer las divisiones de producto frente a los directivos de país se pretendía reducir el factor político interno y simplificar la coordinación internacional.

### 8.2.6    Estructura por equipos[11]

Una **estructura por equipos** intenta combinar la coordinación horizontal y vertical estructurando al personal en equipos multifuncionales.

Otra forma de intentar integrar el conocimiento de forma flexible es utilizando estructuras por equipos. Una **estructura por equipos** intenta combinar la coordinación horizontal y vertical estructurando al personal en equipos multifuncionales, que suelen crearse en torno a los procesos empresariales. Por ejemplo, una empresa de sistemas de información puede tener equipos de desarrollo, equipos de productos y equipos de aplicaciones que, respectivamente, son responsables de: (a) el desarrollo de nuevos productos, (b) servicios y apoyo a los productos estándar, y (c) particularizar los productos a los clientes (o grupos de clientes). Cada uno de estos equipos tendrá una combinación de especialistas, de forma que puedan tener una visión general de las cuestiones. Al juntar a todos estos especialistas se obtienen importantes ventajas en cuanto a la posibilidad de compartir conocimientos y de desarrollar conocimientos. La Ilustración 8.2 muestra un ejemplo de estructura por equipos.

**Ilustración 8.2**                    e s t r a t e g i a   e n   a c c i ó n

# Estructuras por equipos en Saab Training Systems

*Puede ser necesario hacer un cambio de estructura para mejorar el rendimiento competitivo.*

En la década de los noventa Saab Training Systems era una empresa de alta tecnología que operaba en la industria de la defensa. Era una subsidiaria que pertenecía al cien por cien a la empresa sueca Saab. En 1997 la empresa tenía 260 empleados y una facturación de aproximadamente 52 millones de libras esterlinas (unos 78 millones de euros). Vendía equipos controlados por ordenadores para la formación militar; por ejemplo, simuladores con láser. El mercado se caracterizaba porque las negociaciones con los clientes eran largas, complejas y muy políticas, por una fuerte competencia global y por un exceso de capacidad, ya que se estaban reduciendo los presupuestos de defensa debido al «dividendo de la paz». Este elevado grado de incertidumbre y esta necesidad de disponer de flexibilidad habían obligado a la empresa a reaccionar. Evitó las alianzas externas, comunes en la industria, y se centró en explotar su competencia nuclear en la simulación con láser. Pero también tenían que acelerar rápidamente los plazos tanto de desarrollo como de producción, para que los nuevos productos se comercializaran más deprisa, y después tenía que reducir los plazos de entrega.

La empresa decidió abandonar su estructura funcional tradicional a favor de una estructura más flexible en función de equipos, y una forma más empresarial de hacer negocios. Antes de que se produjeran estos cambios, la empresa se organizaba en funciones (producción, desarrollo, marketing y compras). Cada función tenía su propia jerarquía interna. Esta estructura creaba problemas de coordinación y comunicación entre funciones. En la nueva estructura, se crearon 40 equipos que tenían que informar directamente al equipo de la alta dirección. Los tamaños de los equipos variaban de 6 a 8. Si se hacían más grandes se dividían. Los equipos se definieron en torno a procesos empresariales. Había cinco *equipos empresariales* que realizaban contratos con los clientes y supervisaban estos contratos. Cada equipo era responsable de uno o más productos y mercados geográficos. Cuando se firmaba un contrato se convertía en un «proyecto» al que se asignaban otros equipos: un *equipo de entregas* (que planificaba la producción y probaba los productos antes de su envío); un *equipo de compras* (responsable del abastecimiento de materiales y componentes); y un *equipo de aplicaciones* (que adaptaba los productos «estándar» de la empresa a las necesidades de determinados clientes). Finalmente, se asignaba la producción a uno de los 14 *equipos de productos* (que también eran responsables del desarrollo de productos). Además de estos equipos de «primera línea» había funciones centrales como recursos humanos y finanzas.

La coordinación de los diversos equipos que participaban en el pedido de un cliente era muy importante porque la combinación concreta de equipos asignados a ese pedido era temporal. Se deshacía en cuanto se entregaba el pedido al cliente. Además, los equipos de productos trabajaban en más de un proyecto a la vez. La responsabilidad de la coordinación de cualquier proyecto era compartida entre el equipo empresarial (responsabilidad comercial) y los equipos de entregas (planificación de la producción).

*Fuente*: adaptado de MULLERN, T. «Integrating the team-based structure in the business process», en A. Pettigrew y E. Fenton (eds.), *The Innovating Organisation*, Sage, 2000, Capítulo 8.

**Preguntas**

1. ¿Por qué no se ajustaba la estructura funcional a la estrategia de la empresa?
2. ¿En qué ayudaba la estructura por equipos?
3. ¿Qué problemas podría generar este planteamiento?

---

Las estructuras por equipos también pueden ayudar a las organizaciones a responder con flexibilidad a los diversos clientes. Por ejemplo, en el departamento de una universidad se pueden crear distintos equipos de profesores y administrativos que pueden respaldar, por separado, a los estudiantes de licenciatura y a los alumnos de postgrado. Sin embargo, muchos profesores están excesivamente vinculados con su área de conocimiento. En muchos servicios públicos existe la preocupación de que las estructuras tradicionales (en departamentos u organizaciones profesionales independientes, como servicios sociales, sanidad y educación) obstaculicen la capacidad de resolver las principales cuestiones estratégicas que preocupan a la sociedad. Por ejemplo, la salud mental exige una atención profesional de cada una de estas áreas. Así pues, se pueden crear equipos que *cruzan las delimitaciones* (diagonales) para abordar estas cuestiones importantes. Otro ejemplo es el problema de las drogas (que afecta a la policía, a los servicios sociales y a los servicios sanitarios). Los pequeños *equipos autónomos* suelen tener una gran motivación y ser muy adaptables y, por tanto, pueden ofrecer productos o servicios con más valor que una organización tradicional con una rígida división del trabajo y muchos controles formales. Sin embargo, la complejidad de una organización que trabaja con muchos equipos pequeños puede plantear problemas en cuanto al control o al crecimiento de la organización si esta quiere, por ejemplo, pasar al ámbito global.

### 8.2.7    Estructuras por proyectos[12]

Una **estructura por proyectos** es aquella en la que se crean equipos para realizar determinados trabajos (por ejemplo, contratos internos o externos) y después se disuelven.

Para algunas organizaciones, los equipos se construyen en torno a proyectos que tienen una vida limitada. Una **estructura por proyectos** es aquella en la que se crean equipos para realizar determinados trabajos (por ejemplo, contratos internos o externos) y después se disuelven. Esto puede ser muy adecuado para las organizaciones que ofrecen bienes o servicios muy grandes, caros o duraderos (ingeniería civil, sistemas de información) o que organizan acontecimientos concretos, como conferencias, eventos deportivos o incluso programas de desarrollo directivo. La estructura de la organización es un conjunto de equipos de proyectos que cambia continuamente, creados, dirigidos y reagrupados por un pequeño grupo corporativo. Muchas organizaciones utilizan estos equipos de una forma más particularizada para complementar la estructura «principal». Por ejemplo, se crean *equipos de trabajo* para avanzar en nuevos elementos de la estrategia o para ofrecer un impulso cuando la estructura habitual de la organización no resulta eficaz.

La estructura por proyectos puede ser muy flexible, creándose y disolviéndose proyectos según sea necesario. Puesto que los equipos de proyectos deben tener unas tareas bien definidas que deben realizar durante un determinado periodo, las líneas de responsabilidad y los controles son claros. Puesto que normalmente se crearán equipos con miembros de distintos departamentos de la empresa, los proyectos pueden permitir un intercambio eficaz del conocimiento. Los proyectos también pueden aunar a personas de distintos ámbitos internacionales y, puesto que la duración de los proyectos puede ser reducida, los equipos de proyectos estarán más dispuestos a trabajar en otras partes del mundo durante cierto periodo de tiempo. Sin embargo, también tienen inconvenientes. Sin un fuerte programa directivo que ofrezca un control estratégico general, las organizaciones tienden a que proliferen los proyectos con una escasa coordinación. La continua disolución de los equipos de los proyectos también puede obstaculizar la acumulación de conocimientos con el tiempo o entre las distintas especialidades.

Por lo general, las estructuras por equipos y por proyectos han adquirido una mayor importancia debido a su inherente flexibilidad. Esta flexibilidad puede ser vital en un mundo que cambia rápidamente y en el que el conocimiento y las competencias individuales deben utilizarse e integrarse rápidamente y de formas novedosas.

### 8.2.8    Elección de estructuras

Al principio de este capítulo destacamos los retos que crean en la actualidad el control, el cambio, el conocimiento y la globalización para el diseño de la organización. De nuestro análisis hasta ahora, debería quedar claro que la estructura funcional, multidivisional, *holding*, matricial, transnacional, por equipos y por proyectos tienen sus propias ventajas e inconvenientes respecto a estos cuatro retos. Los encargados del diseño de la organización deben, por tanto, elegir las estructuras en función de los retos estratégicos que tienen que superar.

El Cuadro 8.6 resume cómo responden estas 7 estructuras básicas a los retos del control, el cambio, el conocimiento y la globalización introducidos al inicio del capítulo. Ninguna de las estructuras supera plenamente todos los retos. Los encargados del diseño de la organización tendrán que elegir. Si buscan un mayor control, y les preocupa menos la flexibilidad ante el cambio o el alcance global, es posible que prefieran una estructura funcional. Si quieren fomentar el conocimiento y la flexibilidad a escala global, tendrán que optar por la estructura matricial o la transnacional. La elección de la estructura dependerá de los retos estratégicos que tiene que superar la organización.

En realidad, pocas organizaciones adoptarán una estructura que se ajuste a uno de los tipos estructurales puros analizados anteriormente. Las estructuras suelen mezclar distintos tipos (*véase* Sección 8.5 más adelante) y buscan estructuras personalizadas a la particular combinación de retos que debe superar la organización. Goold y Campbell ofrecen *nueve pruebas del diseño* para analizar las soluciones estructurales personalizadas concretas[13]. Las primeras cuatro pruebas ponen el énfasis en los objetivos y restricciones clave de la organización:

- *La prueba de la ventaja en el mercado*: permite poner a prueba el ajuste a la estrategia del mercado, que es fundamental, siguiendo el principio clásico de Alfred Chandler por el que la «estructura sigue a la estrategia»[14]. Por ejemplo, si la coordinación entre dos pasos del proceso de producción es importante para obtener una ventaja en el mercado, probablemente deban incluirse en la misma unidad estructural.

- *La prueba de la ventaja de la matriz*: el diseño de la estructura debe ajustarse al papel de «matriz» de la sede corporativa (*véase* Capítulo 5). Por ejemplo, si la sede quiere añadir valor como un gestor de sinergias, debe diseñar una estructura que sitúe en la sede las especialidades integradoras importantes, como marketing o investigación.

- *La prueba del personal*: el diseño de la estructura debe ajustarse al personal disponible. Es peligroso cambiar radicalmente de una estructura funcional a una estructura multidivisional si, como es probable, la organización no dispone de los directivos con competencias para gestionar unidades de negocio descentralizadas.

- *La prueba de la factibilidad*: es una categoría «cajón de sastre», que indica que la estructura debe ajustarse a las limitaciones legales, de las partes interesadas, de los sindicatos o de otro tipo. Por ejemplo, tras los escándalos relativos a unos análisis de

## Cuadro 8.6 Comparación de estructuras

| Reto | Funcional | Multidivisional | Holding | Matricial | Transnacional | Por equipos | Por proyectos |
|---|---|---|---|---|---|---|---|
| Control | ★★★ | ★★ | ★ | ★ | ★★ | ★ | ★★ |
| Cambio | ★ | ★★ | ★★★ | ★★★ | ★★★ | ★★ | ★★★ |
| Conocimientos | ★★ | ★ | ★ | ★★★ | ★★★ | ★★★ | ★★ |
| Globalización | ★ | ★★ | ★★ | ★★★ | ★★★ | ★ | ★★ |

★ Las estrellas indican el tipo de capacidades para superar cada reto; tres estrellas indican mucha capacidad; dos estrellas indican una capacidad media y una estrella indica una capacidad deficiente.

solvencia sesgados, los bancos de inversión han sido obligados por las autoridades financieras a separar sus departamentos de análisis e investigación de los departamentos que toman las decisiones sobre las inversiones.

Goold y Campbell proponen a continuación cinco pruebas que parten de unos buenos principios generales sobre el diseño:

- *La prueba de las culturas especializadas*: esta prueba refleja el valor de juntar a los especialistas, de forma que puedan desarrollar su pericia en estrecha colaboración. Una estructura fracasará si rompe las culturas especialistas importantes.
- *La prueba de los vínculos difíciles*: esta prueba se plantea si la estructura propuesta crea vínculos entre las partes de la organización que son importantes pero que, probablemente, tengan relaciones tensas. Por ejemplo, una descentralización extrema entre las unidades de negocio rentables desde el punto de vista contable tensará probablemente las relaciones con el departamento central de investigación y desarrollo. Salvo que se creen mecanismos de compensación, es probable que este tipo de estructura fracase.
- *La prueba de la jerarquía redundante*: es necesario comprobar cualquier diseño de la estructura para ver si tiene demasiados niveles de dirección, lo que provocaría bloqueos y gastos innecesarios. La supresión de niveles en respuesta a las jerarquías redundantes ha sido una tendencia estructural importante en los últimos años.
- *La prueba de la responsabilidad*: esta prueba destaca la importancia de que existan claras líneas de responsabilidad, garantizando el control y el compromiso de los directivos en toda la estructura. Debido a que existen varias líneas de responsabilidad, las estructuras matriciales suelen ser acusadas de no tener un claro sistema de responsabilidades.
- *La prueba de la flexibilidad*: en un mundo en movimiento continuo, una prueba importante es el grado en que el diseño permitirá cambiar en el futuro. Por ejemplo, se deben especificar los dominios de las divisiones con suficiente generalidad como para permitir a sus directivos aprovechar las nuevas oportunidades según van surgiendo. Utilizando la terminología de Kathleen Eisenhardt, las estructuras también deberían tener suficiente «modularidad» (es decir, «estandarización») para permitir poner «parches» fácilmente de una parte de la organización en otra según cambien las necesidades del mercado[15].

Las nueve pruebas de Goold y Campbell ofrecen una comprobación rigurosa para determinar cuáles son las estructuras eficaces. Pero incluso si el diseño de la estructura pasa estas pruebas, seguirá siendo necesario que la estructura se ajuste a los otros elementos de la configuración de la organización, sus procesos y relaciones. Cada unos de esos elementos tiene que reforzar a los otros dos. En las siguientes dos secciones se introducen los procesos y las relaciones.

## 8.3 PROCESOS

La estructura es un ingrediente clave para organizarse para el éxito. Pero, dentro de cualquier estructura, lo que hace que las organizaciones funcionen son los procesos, formales e informales, de la organización[16]. Estos procesos se pueden concebir como controles de las operaciones de la organización y pueden, por tanto, fomentar u obstaculizar el paso de la estrategia a la acción.

**Cuadro 8.7**  Tipos de procesos de control

|  | Factores productivos | Productos |
| --- | --- | --- |
| **Directos** | Supervisión directa<br>Procesos de planificación | Objetivos<br>de rendimiento |
| **Indirectos** | Procesos culturales<br>Autocontrol | Mercados internos |

Los procesos de control se pueden subdividir de dos formas. Primero, tienden a poner el énfasis sobre el control de los factores productivos o el control de los productos. Los procesos de control de los factores productivos se ocupan de los recursos consumidos en la estrategia, especialmente de los recursos financieros y de recursos humanos. Los procesos de control de los productos se centran en garantizar resultados satisfactorios, por ejemplo, el cumplimiento de los objetivos o el logro de mayor competitividad en el mercado. La segunda subdivisión es entre controles directos y controles indirectos. Los controles directos consisten en una supervisión de cerca. Los controles indirectos son menos participativos, y establecen las condiciones que permiten alcanzar los comportamientos deseados de forma semiautomática. En el Cuadro 8.7 se resume cómo destacan cada uno de los procesos que vamos a analizar los controles de los factores productivos o de los productos, y los controles directos o indirectos.

Las organizaciones suelen utilizar una mezcla de estos procesos de control, pero unos dominarán sobre otros en función de los retos estratégicos. De nuevo, las capacidades para resolver los problemas relacionados con el cambio, el conocimiento y la globalización son importantes. Como veremos, las medidas de los factores productivos tienden a requerir que los controladores tengan un elevado conocimiento de lo que se supone que tiene que hacer lo que se está controlando. En muchas organizaciones intensivas en conocimientos, especialmente en las que generan innovaciones y cambios, los controladores pocas veces tienen un conocimiento exhaustivo de lo que están haciendo los expertos a los que emplean, y tienden a utilizar más los controles de producto. Al menos pueden saber cuándo ha logrado una unidad alcanzar sus objetivos de ingresos o de rentabilidad. El control directo exige una gran presencia física de la dirección, aunque en la actualidad las tecnologías de la información pueden permitir sustituir esta presencia durante la supervisión. Por esta razón, es posible que las organizaciones globales recurran a controles indirectos de sus subsidiarias dispersas geográficamente. Por otra parte, los procesos de control directo pueden ser muy eficaces para las pequeñas organizaciones con un único lugar de trabajo.

## 8.3.1 Supervisión directa

La **supervisión directa** es el control directo de las decisiones estratégicas por uno o unos pocos individuos, que normalmente se centra en el esfuerzo que aplican los empleados. Es un proceso dominante en las organizaciones pequeñas. También puede existir en organizaciones más grandes donde se están produciendo pocos cambios y si la complejidad

La **supervisión directa** es el control directo de las decisiones estratégicas por uno o unos pocos individuos.

del negocio no es excesiva para que un reducido número de directivos controle la estrategia *en detalle* desde la sede. Suele ser el caso en las empresas familiares y en algunas partes del sector público con un historial de participación política «directa» (a menudo, cuando un único partido político ha dominado durante un largo periodo).

La supervisión directa exige que los controladores comprendan perfectamente qué es lo que hay que hacer en los puestos de trabajo que están supervisando. Deben ser capaces de corregir errores, pero sin impedir que se produzcan experimentos innovadores. La supervisión directa es más fácil de aplicar cuando solo hay un lugar de trabajo aunque, en la actualidad, es posible el control a distancia (por ejemplo, de las estrategias de intermediación en la banca) gracias a los medios electrónicos. La supervisión directa también puede ser eficaz durante una *crisis*, cuando un control autocrático mediante una supervisión directa puede resultar necesario para lograr rápidos resultados. El nombramiento de administradores de empresas en dificultades financieras, nombrados por los acreedores, constituye un buen ejemplo.

### 8.3.2   Procesos de planificación

Los **procesos de planificación** constituyen el control administrativo arquetípico, y permiten aplicar con éxito las estrategias gracias a los procesos que planifican y controlan la asignación de recursos y supervisan su utilización.

Los **procesos de planificación** constituyen el control administrativo arquetípico, y permiten aplicar con éxito las estrategias gracias a los procesos que planifican y controlan la asignación de recursos y supervisan su utilización. Se presta atención al control de los factores productivos de la organización, sobre todo de los financieros. El plan abarcará a todas las partes de la organización y mostrará claramente, en términos financieros, el nivel de recursos asignados a cada área (independientemente de que se trate de funciones, divisiones o unidades de negocio). También mostrará de forma detallada cómo se debe utilizar el recurso. Normalmente, la planificación adoptará la forma de un *presupuesto*. Por ejemplo, la función de marketing puede recibir 5 millones de euros pero tendrá que demostrar cómo se han gastado; por ejemplo, qué proporción se ha gastado en personal, en publicidad, en ferias, etcétera. Estas partidas de costes serán revisadas con regularidad para contrastar el gasto real con el presupuestado.

Una ventaja de este planteamiento de la planificación del control estratégico es la capacidad de supervisar la aplicación de la estrategia (las ventajas e inconvenientes de la planificación se analizarán con más detalle en el Capítulo 11). La forma exacta en que la planificación puede respaldar a la estrategia varía:

- La planificación se puede conseguir mediante la *estandarización de los procesos de trabajo (como las características del producto o servicio)*. Algunas veces, estos procesos de trabajo se someten a un riguroso proceso de evaluación y revisión; por ejemplo, para satisfacer las normas de calidad auditadas por organismos externos (como la norma ISO 9000). En muchas organizaciones de servicios esta «rutinización» se ha logrado mediante sistemas informáticos que reducen la necesidad de habilidades para la provisión del servicio y permiten obtener significativas reducciones de costes. Esto puede ofrecer una ventaja competitiva cuando las organizaciones se están posicionando en un precio reducido con productos o servicios básicos. Por ejemplo, el coste de las transacciones de la banca por Internet es inferior al de las transacciones realizadas en las sucursales.

- Los sistemas de planificación de los recursos de la empresa (*Enterprise resource planning*; ERP)[17], suministrados por especialistas de software como SAP u Oracle, utilizan tecnologías informáticas sofisticadas para lograr un control basado en la planificación. Estos sistemas intentan integrar todas las operaciones del negocio, incluyendo personal, finanzas, producción, almacenes, etcétera. Estos sistemas empezaron utilizando sistemas EPOS (*Electronic Point of Sale*; punto de venta electrónica) en las tiendas, vinculándolas al sistema de control de inventarios. Se pueden obtener mayores ventajas si estos sistemas se extienden en el sistema de valor más allá de la propia organización para utilizarlos en las cadenas de aprovisionamiento y de distribución; por ejemplo, para hacer pedidos automáticos de provisiones evitando así una «ruptura de *stocks*». Las operaciones de comercio electrónico están llevando aún más lejos esta capacidad integradora (lo que se analiza con más detalle en el Capítulo 9). La Ilustración 8.3 muestra un ejemplo de planificación de recursos de la empresa.

● Los planteamientos de planificación centralizada suelen utilizar una *fórmula* para controlar la asignación de recursos dentro de una organización. Por ejemplo, en los servicios públicos se pueden asignar los presupuestos en función del número de individuos (por ejemplo, el número de pacientes en el caso de los médicos).

Los procesos de planificación funcionan mejor en condiciones sencillas y estables, donde el presupuesto o la fórmula se aplican de la misma manera a todas las unidades de la organización, y donde los supuestos se mantendrán durante toda la vigencia del presupuesto o de la fórmula. Cuando las necesidades de las unidades de negocio son distintas, lo más probable es que los presupuestos o fórmulas estándar favorezcan a unas unidades y perjudiquen a otras. Así, en el Reino Unido algunos críticos afirman que el Gobierno no debería tratar a todos los hospitales y universidades de la misma manera: cada uno tiene sus propios retos y oportunidades. Además, los presupuestos y fórmulas pueden ser inflexibles cuando el cambio de las circunstancias contradice a los supuestos iniciales. Las organizaciones se pueden ver injustamente penalizadas por cambios adversos en las circunstancias, cuando no reciben los recursos necesarios para aprovechar las oportunidades que no se habían previsto en el presupuesto inicial.

Dado el peligro de la falta de sensibilidad a las variadas necesidades de la organización, o los posibles cambios en las circunstancias, suele ser útil implicar a los más directamente afectados en la planificación de *abajo a arriba*. En la Sección 8.3.2, más adelante, veremos que, en estas situaciones, la planificación de «abajo a arriba» desde las unidades de negocio es un proceso importante, pero siguiendo las líneas directrices de la sede (*véase* Cuadro 8.8). Para que este planteamiento funcione, tienen que existir procesos de *reconciliación* para garantizar que la suma total de los planes de las unidades de negocio puede recibir los recursos necesarios. Esto se puede resolver mediante procesos de negociación y, es de esperar, revisando algunas de las políticas y líneas directrices de la sede, que deben ser modificables (en mayor o menor medida) mediante estos procesos de planificación. Es posible que sean necesarias varias iteraciones de este proceso, como se muestra en el Cuadro 8.8. El peligro de la planificación de abajo a arriba es que los planes de las unidades de negocio individuales no tienen en cuenta los posibles cruces de delimitaciones de la estrategia; por ejemplo, la necesidad de invertir en una infraestructura integradora como sistemas informáticos comunes.

### 8.3.3  Autocontrol y motivación personal

Dados los rápidos cambios, la creciente complejidad y la necesidad de explotar los conocimientos, la motivación de los empleados es cada vez más importante para la consecución de un buen rendimiento. Con estas presiones, la promoción del autocontrol y de la motivación personal puede ser un medio eficaz de control, que influye sobre la calidad de la contribución de los empleados sin necesidad de una intervención directa.

estrategia en acción

# Enterprise resource planning (ERP) en Bharat Petroleum

*Los sistemas ERP eran el centro de la transformación estratégica de Bharat Petroleum cuando se preparaba para la desregulación de la industria india del petróleo.*

Bharat Petroleum es una de las tres primeras empresas de refinería y distribución de petróleo de la India. Tiene 4.854 gasolineras, unos 1.000 distribuidores de kerosene, y 1.828 distribuidores de gas líquido (*liquid petroleum gas*; LPG) repartidos por todo el vasto territorio de la India. Ante la desregulación de sus mercados, y una posible privatización parcial, Bharat Petroleum inició un proceso de integración de la empresa mediante la aplicación de un sistema SAP R/3 ERP. El objetivo era lograr el control de las operaciones de la empresa mediante una mejor información en áreas como los inventarios y el envío de productos, para respaldar el mejor servicio al cliente y ofrecerle mayor satisfacción. El nuevo sistema tenía que englobar a 200 instalaciones que incluían una amplia gama de procesos, desde la contabilidad financiera hasta la administración de personal, la gestión de la calidad, el mantenimiento, la gestión de las fábricas y las ventas. El director financiero estimaba un ahorro de costes de 5 millones de libras esterlinas (7,5 millones de euros) al año.

La puesta en marcha de un sistema ERP no se concebía sencillamente como un proyecto de sistemas de información. Se construyó sobre un anterior proceso de reestructuración y supresión de niveles en la empresa por el que se habían creado seis nuevas unidades estratégicas de negocio. La puesta en marcha del sistema ERP se denominó proyecto ENTRANS como abreviatura de Transformación de la Empresa, (*Enterprise Transformation*). El director del equipo del proyecto no era un especialista en sistemas informáticos, sino un profesional de recursos humanos. Tan solo diez miembros del equipo del proyecto, compuesto por sesenta personas, eran especialistas en sistemas informáticos. El grupo responsable del proyecto, que se reunía al menos una vez al mes, supervisaba todo el proceso, estando representados los seis responsables de las seis unidades estratégicas de negocio y los responsables de Finanzas, Recursos Humanos y Tecnología de la Información. El responsable de Tecnología de la Información de Bharat Petroleum comentó: «la característica especial de la puesta en marcha de un sistema ERP en Bharat Petroleum es que, desde su concepción, ha sido una iniciativa empresarial. Nosotros (Tecnología de la Información) sólo hemos desempeñado el necesario papel de catalizador».

La puesta en marcha se realizó con la ayuda de PriceWaterhouseCoopers, 24 consultores de SAP, un equipo del setenta consultores propios cualificados por SAP y seis promotores del cambio con dedicación exclusiva. Todos los usuarios participaron en los programas de formación, centrados en mejorar el «aprendizaje de la organización», y en los Programas de Liderazgo Visionario y de Planificación. El presidente de Bharat Petroleum declaró que no se reduciría la plantilla como resultado directo de la aplicación del sistema ERP, incluso aunque entre las ventajas del sistema figuraban unos menores costes de personal.

La puesta en marcha estaba prevista para un periodo de 24 meses, con pilotos seleccionados detenidamente en función de la proximidad al equipo del proyecto (con sede en Mumbai), de la relevancia de los procesos implicados y de la preparación del negocio y de los sistemas informáticos. Se produjeron muchos problemas iniciales. Los procesos informales no estaban siempre incorporados por completo en el nuevo sistema de SAP, lo que acarreaba extrañas consecuencias. Sin embargo, los directivos de las fábricas consideraban que la formalización de los procesos del sistema ERP sí que terminó contribuyendo en gran medida a aumentar la disciplina del personal. En el año posterior a la finalización de la puesta en marcha, Bharat Petroleum logró un crecimiento de las ventas del 24 por ciento. La propia SAP calificó a Bharat Petroleum en el cuartil superior de la puesta en marcha del sistema ERP de SAP.

*Fuente*: TELTUMBDE, A.; TRIPATHY, A. y SAHU, A. (2002):«Bharat Petrolem Corporation Limited», *Vikalpa*, vol. 27, n.º 3. Pp. 45-58.

## Preguntas

1. ¿Qué importancia tiene el hecho de que la puesta en marcha del sistema ERP no fuera responsabilidad de un experto en sistemas de información?

2. ¿Qué posibles peligros puede haber en la formalización e incorporación de procesos empresariales detallados en un sistema ERP?

3. ¿Qué debe hacer una empresa como Bharat Petroleum con el importante equipo de consultores y promotores propios especializados una vez culminado el proyecto de puesta en marcha del sistema?

**Cuadro 8.8**    Planificación empresarial de «abajo a arriba»

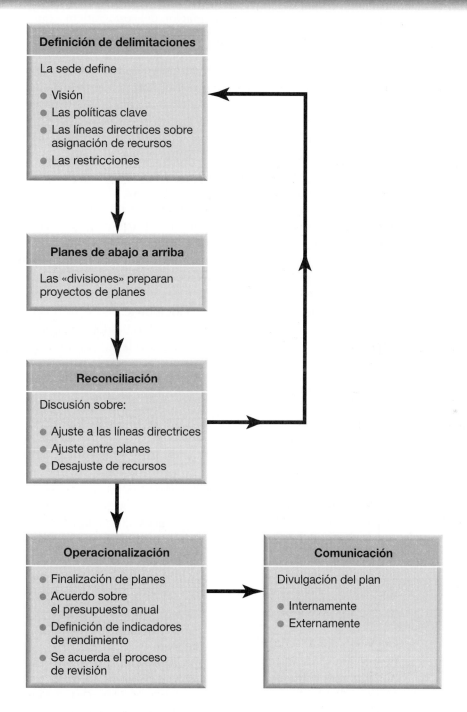

**Definición de delimitaciones**

La sede define

● Visión
● Las políticas clave
● Las líneas directrices sobre asignación de recursos
● Las restricciones

**Planes de abajo a arriba**

Las «divisiones» preparan proyectos de planes

**Reconciliación**

Discusión sobre:

● Ajuste a las líneas directrices
● Ajuste entre planes
● Desajuste de recursos

**Operacionalización**

● Finalización de planes
● Acuerdo sobre el presupuesto anual
● Definición de indicadores de rendimiento
● Se acuerda el proceso de revisión

**Comunicación**

Divulgación del plan

● Internamente
● Externamente

En primer lugar, los procesos de **autocontrol** logran la integración del conocimiento y la coordinación de las actividades mediante una interacción directa de los individuos, sin necesidad de supervisión.[18] La contribución de los directivos a este proceso consiste en garantizar que los individuos disponen de los *canales* necesarios para relacionarse entre sí (tal vez mediante la mejora de la infraestructura de comunicaciones y de tecnología de

Los procesos de **autocontrol** logran la integración del conocimiento y la coordinación de las actividades mediante una interacción directa de los individuos, sin necesidad de supervisión.

la información), y que los procesos sociales que crean estas relaciones se *regulan* adecuadamente para evitar las rigideces mencionadas en la Sección 8.3.2 anterior. Así pues, los directivos tienen que dar forma al *contexto*[19] en el que trabajan los demás, sobre todo para garantizar que la creación e integración del conocimiento funciona correctamente. Para que los individuos puedan tener más voz en la forma en que realizan su trabajo y alcanzan las metas de la organización, es necesario que tengan un *apoyo* adecuado en cuanto a la forma de asignarles recursos. Uno de estos recursos clave será probablemente la información y, como se verá en el Capítulo 9, la estrategia de tecnología de la información en la organización es un ingrediente crítico en este proceso de respaldar a los individuos.

En segundo lugar, el *tipo de líderes y de estilo de liderazgo* influye fuertemente sobre la motivación personal. Es importante la credibilidad de los líderes, que se puede lograr de distintas maneras. Por ejemplo, la credibilidad puede surgir del hecho de ser un miembro de un grupo de colegas, como modelo profesional a seguir. Esta es la razón por la que hay tantos líderes en los departamentos u organizaciones de servicios profesionales que siguen realizando su propio trabajo profesional al tiempo que supervisan el trabajo de los demás. La credibilidad también se puede lograr conformando un contexto favorable en el que los individuos puedan trabajar y relacionarse entre sí. Finalmente, la credibilidad puede surgir de la forma en que los líderes se relacionan con el entorno empresarial, (por ejemplo, logrando pedidos o un buen presupuesto de financiación). Estos tres papeles del liderazgo (el de modelo profesional, el de apoyar a los individuos y el de obtener recursos) han sido denominados el papel de afilador, pensador y localizador[20], respectivamente, y son especialmente importantes en las organizaciones basadas en los conocimientos.

### 8.3.4  Procesos culturales

Los **procesos culturales** se ocupan de la cultura de la organización y de la *estandarización de las normas* (como se analizó en el Capítulo 4). El control es indirecto, está internalizado a medida que los empleados van formando parte de la cultura. El control se ejerce mediante la participación de los empleados, ya que la cultura define las normas de lo que se considera un esfuerzo y una iniaiativa adecuados.

Los procesos culturales son particularmente importantes en las organizaciones que se encuentran en entornos complejos y dinámicos. El fomento de la innovación es crucial para la supervivencia y el éxito en estas circunstancias, pero no de forma burocratizada. Las culturas de colaboración pueden fomentar «comunidades de prácticas» en las que los profesionales expertos, de dentro e, incluso, de fuera de la organización, comparten su conocimiento para por propia iniciativa generar soluciones innovadoras a los problemas.[21] Estas comunidades informales, creadas espontáneamente, van desde los ingenieros de las fotocopiadoras de Xerox que intercambiaban información sobre los problemas y soluciones durante el desayuno, hasta las redes de programadores que han respaldado el desarrollo del *freeware* Linux a escala internacional a través de Internet.

Los procesos culturales también pueden ser importantes *entre* organizaciones en su planteamiento de competencia y colaboración. La Ilustración 8.4 muestra la importancia que tienen incluso en las industrias más dinámicas y de más alta tecnología.

Sin embargo, como se vio en el Capítulo 4, los procesos culturales también pueden crear *rigideces* si la organización tiene que cambiar la estrategia[22]. La resistencia al cambio puede estar «legitimada» por las normas culturales. Por ejemplo, los planes para eliminar la necesidad de habilidades en la provisión del servicio mediante la creación de rutinas (sistemas informáticos) y la utilización de personal «no profesional» puede ser una estra-

Los **procesos culturales** se ocupan de la cultura de la organización y de la estandarización de las normas.

**Ilustración 8.4**   e s t r a t e g i a   e n   a c c i ó n

# Redes en Silicon Alley

*Muchas grandes ciudades internacionales están desarrollando nuevos distritos mediáticos, en los que las grandes empresas y un gran número de pequeñas empresas y de emprendedores colaboran eficazmente a través de densas redes sociales.*

Con la expansión de Internet en la década de los noventa, Nueva York desarrolló un distrito industrial rival de Silicon Valley, de la Costa Oeste, el denominado distrito de Silicon Alley. Silicon Alley surgió como una extensión de Broadway que se extiende desde el Flatiron District hasta el SoHo, pasando por Greenwich Village. Estas áreas estaban llenas de jóvenes creativos atraídos por la universidad de Nueva York y el espacio relativamente barato de las viejas fábricas. Durante la década de los noventa, estos creadores empezaron a experimentar con las nuevas tecnologías mediáticas como los CD-ROM, los boletines de noticias electrónicos y la World Wide Web. Próximos a las enormes industrias de la publicidad y las editoriales de Nueva York, empezaron a forjar relaciones, no solo entre ellos mismos, sino también con las grandes corporaciones.

Los nuevos negocios mediáticos intercambiaban información utilizando redes locales. Por ejemplo, Echo (East Coast Hang Out), un boletín de noticias electrónico que se convirtió en una comunidad virtual de 3.500 miembros, organiza reuniones en los bares locales. Otros organizadores de reuniones en vivo incluían el Silicon Alley Jewish Center y Webgirls, una asociación de mujeres en los nuevos medios. La New York New Media Association (NYNMA) creció hasta tener 8.000 miembros, juntando a emprendedores, consultores, socios capitalistas, músicos, profesionales de artes gráficas y abogados. La NYNMA organiza fiestas de la cerveza para que los profesionales de los nuevos medios se reunan y ayuden a los recién llegados a entrar en la industria.

También empezaron a participar las grandes empresas. Una coalición de grandes empresas como McGraw-Hill, Time Warner, Forbes, e IBM promovieron la idea de un nuevo centro mediático, ofreciendo espacio de oficina subsidiado, equipos e instalaciones de investigación para las nuevas empresas. El gigante multinacional de las telecomunicaciones Ericsson creó un Cyberlab, que permitía a los participantes conectarse a redes y recursos de la empresa. La ambición de Ericsson era animar a las empresas de Silicon Alley a aplicar sus tecnologías para poder convertirlas en las normas de la industria.

En el punto álgido de la expansión de Internet, Silicon Alley tenía 4.000 empresas y 138.000 trabajadores. Pero después explotó la burbuja, y muchas de las empresas quebraron. Silicon Alley respondió en un modo característico de las redes. La empresa de consultoría thehiredguns.com organizó mensualmente «fiestas de formularios rosa» (por el color de los formularios de las notificaciones de despido), donde los trabajadores despedidos podían reunirse en redes para crear nuevos negocios y encontrar nuevas oportunidades de trabajo.

*Fuentes*: INDERGAARD, M. (2003): «The webs they weave: Malaysia's multimedia super-corridor and New York City's Silicon Alley». *Urban Studies*, vol. 40, n.º 2. Pp. 379-401; *Business Week*, 7 de marzo de 2002.

**Preguntas**

1. ¿Por qué es tan importante la relación personal y la proximidad geográfica, incluso en industrias como los nuevos medios donde las comunicaciones electrónicas prevalecen?

2. ¿Qué pueden sacar las grandes empresas de crear redes con pequeñas y nuevas empresas de los nuevos medios que no pueden conseguir por sí mismas?

tegia lógica para mejorar el valor que se ofrece a los clientes, pero tendrá que superar probablemente la oposición del personal profesional. Los procesos culturales pueden operar contra estos cambios. Sin embargo, no tiene por qué ser así. Puesto que estos profesionales estarán probablemente influidos por el comportamiento de su grupo de colegas en otras organizaciones, es posible que acepten la necesidad del cambio si ven que funciona con éxito en otras partes. Es por este tipo de razones por lo que muchas organizaciones comprometen recursos significativos para mantener sus *redes profesionales*, tanto dentro como entre organizaciones, como método para mantener el contacto con las mejores prácticas.

La *formación y el desarrollo* son otra forma que tienen las organizaciones para invertir en el mantenimiento de los procesos culturales dentro de una organización. Ofrece un conjunto común de puntos de referencia (normas) para que la gente contraste su propio trabajo y sus propias prioridades, y un lenguaje común con el que comunicarse con otras partes de la organización.

### 8.3.5    Procesos de definición de objetivos de rendimiento

Los **objetivos de rendimiento** se centran en el resultado que obtiene una organización (o una parte de una organización) como la calidad de los productos, los precios o los beneficios.

Los **objetivos de rendimiento** se centran en el *resultado* que obtiene una organización (o una parte de una organización) como la calidad de los productos, los ingresos o los beneficios. Estos objetivos se suelen denominar Indicadores Clave del Rendimiento (ICR). El rendimiento de una organización se juzga, ya sea interna o externamente, por su capacidad de alcanzar estos objetivos. Sin embargo, dentro de determinados límites, la organización tiene libertad para decidir cómo se van a alcanzar estos objetivos. Este planteamiento puede ser especialmente adecuado en determinadas situaciones:

- *En las grandes empresas*, las sedes pueden elegir los objetivos de rendimiento para controlar a sus unidades de negocio sin tener que participar directamente en los detalles de cómo se alcanzan estos objetivos. Estos objetivos suelen caer en cascada por la organización como objetivos más específicos para las subunidades, funciones e, incluso, los individuos.
- *En los mercados regulados*, como los servicios públicos privatizados en el Reino Unido y en otras partes, las autoridades reguladoras nombradas por el Gobierno ejercen cada vez más un control mediante indicadores de rendimiento acordados, como niveles de calidad de servicio, como un medio para garantizar un rendimiento «competitivo»[23].
- *En los servicios públicos*, donde el control de los recursos ha sido el planteamiento dominante históricamente, los gobiernos están intentando trasladar los procesos de control hacia los resultados (como la calidad del servicio) y, todavía más importante, hacia el resultado final (por ejemplo, las tasas de mortalidad de los pacientes en los servicios sanitarios, como se ha visto anteriormente en la Ilustración 4.7).

Muchos directivos encuentran difícil desarrollar un conjunto de objetivos útil. Una razón es que cualquier conjunto concreto de indicadores probablemente ofrecerá únicamente una visión parcial de la situación general. Además, algunos indicadores importantes (como la satisfacción del cliente) tienden a ser ignorados porque son difíciles de medir, lo que hace que se preste atención a datos que se pueden recopilar fácilmente, como las ratios financieras. Recientemente, se ha utilizado *el cuadro de mando*[24] para ampliar el alcance de los indicadores de rendimiento. El **cuadro de mando integral** combina medidas cualitativas y cuantitativas, tiene en cuenta las expectativas de las distintas partes interesadas y relaciona la valoración del rendimiento con la elección de estrategia (como se muestra en el Cuadro 8.9 y en la Ilustración 8.5). Es importante que el rendimiento no solo esté relacionado con los resultados a corto plazo sino también con la forma en que se gestionan los procesos, por ejemplo, los procesos de innovación y de aprendizaje que son cruciales para el éxito a largo plazo.

El Cuadro 8.9 es un ejemplo de un cuadro de mando integral para una pequeña empresa de reciente creación que ofrece herramientas estándar y equipos de iluminación

| Cuadro 8.9 | El cuadro de mando integral: un ejemplo |

| Perspectiva financiera | |
| --- | --- |
| **FCE\*** | **Indicadores** |
| Supervivencia | Tesorería |

| Perspectiva de cliente | |
| --- | --- |
| **FCE\*** | **Indicadores** |
| Servicio al cliente (productos estándar) | • Plazos de entrega<br>• Plazos de respuesta en mantenimiento |

| Perspectiva financiera | |
| --- | --- |
| **FCE\*** | **Indicadores** |
| Desarrollo de sistemas informáticos<br>• Características<br>• Costes | Rendimiento por libra invertida (respecto a los competidores) |

| Perspectiva de innovación y aprendizaje | |
| --- | --- |
| **FCE\*** | **Indicadores** |
| Liderazgo en servicio | • Velocidad el mercado (nuevos estándares)<br>• Velocidad de imitación (solidez) |

\* FCE = Factores críticos del éxito

para la industria de ingeniería. El planteamiento financiero del director-propietario se limitaba a sobrevivir durante el periodo inicial, requiriendo un flujo de tesorería positivo (tras las inversores iniciales en fábricas, inventarios e instalaciones). La estrategia consistía en competir en función del servicio al cliente, tanto en la entrega inicial como en el mantenimiento posterior. Esto exigía disponer de competencias nucleares de procesamiento de los pedidos y en la programación del mantenimiento que se lograba con los sistemas informáticos de la empresa. Estas competencias nucleares podrían ser imitadas por lo que, a su vez, la capacidad de mejorar estos servicios continuamente era crítica para el éxito.

## 8.3.6    Procesos de mercado[25]

Los **procesos de mercado** son la forma dominante en que las organizaciones se relacionan con los proveedores externos, los distribuidores y los competidores en las economías capitalistas. No es sorprendente que los directivos (e, incluso, los políticos) hayan intentado recurrir a los *mercados internos* para controlar sus propias organizaciones[26]. Los procesos de mercado implican un sistema con cierta formalización para «contratar» los recursos o factores productivos de otras partes de la organización y para proveer a otras partes de la organización. El control se centra en los resultados, por ejemplo, los ingresos obtenidos en una competencia para conseguir contratos. El control es indirecto: en vez de aceptar unos objetivos detallados sobre el rendimiento, definidos externamente, las unidades tienen que conseguir únicamente mantenerse en unos mercados competitivos.

Los mercados internos se pueden utilizar de diversas maneras. Pueden consistir en *pujas competitivas*, tal vez mediante la creación de un banco de inversión interno en la sede,

Los **procesos de mercado** implican un sistema con cierta formalización para «contratar» los recursos.

**Ilustración 8.5**                              e s t r a t e g i a   e n   a c c i ó n

# El cuadro de mando integral: Philips Electronics

*El cuadro de mando integral intenta reflejar la interdependencia de distintos factores relativos al rendimiento que, en conjunto, determinarán el éxito o el fracaso.*

Philips Electronics, con más de 250.000 empleados en 150 países, utiliza un cuadro de mando integral para gestionar su variada línea de productos y sus diversas divisiones en todo el mundo. La empresa ha identificado cuatro factores críticos del éxito (FCE) para el conjunto de la organización:

● competencias (conocimiento, tecnología, liderazgo y trabajo en equipo);

● procesos (determinantes del rendimiento);

● clientes (proposiciones de valor);

● finanzas (valor, crecimiento y productividad).

Philips utiliza estos criterios del cuadro de mando integral en cuatro niveles: la revisión de la estrategia; la revisión de las operaciones; la unidad de negocios y el empleado individual. Los criterios en uno de los ámbitos superiores se trasladarán en cascada hacia abajo, en criterios más detallados adecuados para cada uno de los ámbitos. Esto ayuda a los empleados a comprender cómo se relacionan sus actividades cotidianas con los objetivos empresariales últimos. Por ejemplo, en el ámbito de la unidad de negocio cada equipo directivo determina cuáles son los factores críticos del éxito locales y acuerda unos indicadores para cada uno de ellos. A continuación se fijan objetivos para cada indicador a partir de la diferencia entre el rendimiento actual y el rendimiento deseado para el año actual y para de dos a cuatro años en el futuro. Estos objetivos se derivan de un análisis del mercado y del mejor rendimiento a escala mundial. Los objetivos deben ser específicos, mensurables, ambiciosos, realistas y fijados para distintos plazos de tiempo.

Los ejemplos de los indicadores en el ámbito de la unidad de negocio incluyen:

**Financieros**
Beneficio económico
Ingresos de las operaciones
Fondo de maniobra
Tesorería derivada de
   las actividades
Rotación de inventarios

**Clientes**
Clasificación en las encuestas
   a los clientes
Cuota de mercado
Tasa de repetición de compras
Quejas
Índice de marcas

**Procesos**
Reducción porcentual
   de la duración de los ciclos
   de los procesos
Número de cambios
   de ingeniería
Utilización de la capacidad
Plazos de respuesta a los pedidos
Capacidad de los procesos

**Competencias**
Competencia como líder
Porcentaje de la facturación
   de productos patentados
Días de formación por empleado
Participación del equipo
   de mejora de la calidad

*Fuente*: GUMBUS, A. y LYONS, B. (2002): «The balanced scorecard at Philips Electronics». *Strategic Finance*, noviembre. Pp. 45-49.

**Preguntas**

1. Imagine que es el CEO de Philips Electronics y dibuje una tabla que muestra las distintas formas de aprovechar el cuadro de mando integral para dirigir su organización.

2. Imagine que es un empleado de Philips Electronics y haga una lista de los pros y contras del cuadro de mando integral en lo que a usted respecta.

3. ¿Qué posibles inconvenientes o peligros puede presentar esta técnica para las organizaciones?

para que los recursos «asignados desde arriba» respalden a determinados productos o servicios. Además, se puede establecer una relación cliente-proveedor entre un departamento central de servicios, como formación o tecnología de la información, y las unidades operativas. En la práctica, sin embargo, los mercados internos no suelen ser totalmente libres, siendo frecuentes algunas intervenciones directas. Por ejemplo, las sedes pueden fijar reglas sobre *precios de transferencia* entre unidades de negocio internas para evitar una fijación de precios contractuales explotadores, o insistir en que se alcancen *acuerdos sobre el nivel de servicios* para garantizar un servicio adecuado por un proveedor interno esencial, como tecnología de la información, para las diversas unidades que dependen de dicho proveedor.

Los mercados internos funcionan bien cuando la complejidad o los rápidos cambios hacen impracticables los controles detallados directos o de los factores productivos. Pero también pueden crear problemas. Primero, pueden aumentar la negociación entre unidades, consumiendo importante tiempo de la dirección. Segundo, pueden crear una nueva burocracia que supervisa todas las transferencias internas de recursos entre unidades. Tercero, un exceso de celo en el uso de los mecanismos del mercado puede dar lugar a una competencia incorrecta y a un espíritu de contratos normalizados, que puede destruir las culturas de colaboración y de relaciones. Todas estas son quejas contra los mercados internos y los hospitales semiautónomos en régimen de fundación introducidos en el Servicio Nacional de Salud del Reino Unido. Por otra parte, sus defensores afirman que estos procesos del mercado liberan a un servicio sanitario, con una tradicional centralización excesiva, para que innove y responda a las necesidades locales, mientras que las disciplinas del mercado mantienen el control general.

## 8.4 RELACIONES

Un aspecto clave de la configuración de la organización es la capacidad para integrar el conocimiento y las actividades de las distintas partes de una organización (tanto horizontal como verticalmente) con otras organizaciones (sobre todo, dentro de la cadena de valor, como se analiza en el Capítulo 3). Las estructuras y los procesos constituyen una parte importante, como se ha analizado en las secciones anteriores. Sin embargo, también existen cuestiones básicas respecto a cómo se crean y mantienen relaciones, tanto internas como externas, sobre todo de forma que sean suficientemente fluidas como para reaccionar ante un entorno de incertidumbre. Esta sección analiza las siguientes cuestiones (*véase* Cuadro 8.10):

- Relaciones internas, especialmente en relación a la responsabilidad y a la autoridad de las decisiones operativas y estratégicas en el seno de la organización.
- Relaciones externas, por ejemplo, mediante la contratación externa, las alianzas, las redes y el mundo virtual.

**Cuadro 8.10    Relaciones internas y externas**

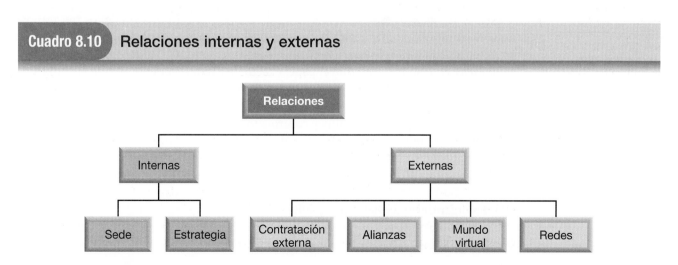

### 8.4.1  Relaciones internas

#### Relaciones con la sede

Uno de los importantes debates continuados, tanto en las organizaciones del sector público[27] como en las organizaciones del sector privado, tiene que ver con la *delegación* de la autoridad. La **delegación de la autoridad** hace referencia al grado en que la sede de una organización delega la toma de decisiones en las unidades y directivos que están por debajo en la jerarquía.

La delegación es particularmente eficaz cuando hay conocimientos importantes dispersos en toda la organización y cuando es importante el grado de respuesta a las necesidades cambiantes en los distintos segmentos del cliente. En estas condiciones, es posible que los altos directivos estén demasiado lejos de la «línea del frente» para comprender realmente cuáles son los recursos y las oportunidades de la organización. En mercados de rápido movimiento, suele ser mejor que la autoridad para la toma de decisiones esté *cerca de la acción*, en vez de imponer las decisiones desde arriba a través de jerarquías remotas y lentas. La Ilustración 8.6 muestra cómo el grupo mediático alemán Bertelsmann ha ido abordando estas cuestiones.

A pesar de estas razones por las que puede tener sentido una mayor delegación, puede convertirse en una «moda» y en una primera reacción a la anterior época de centralización excesiva. Para evitar este riesgo, es necesario tener en cuenta que la elección entre centralización y delegación es un *continuo* desde una estructura muy centralizada hasta una estructura con un gran grado de delegación, y no una elección entre blanco y negro.

#### Relación con la estrategia

La Sección 6.4 analizaba la cuestión de si es adecuado y de qué manera puede añadir valor la empresa matriz a sus unidades de negocio o departamentos. Un determinante importante para organizarse para el éxito es tener claridad sobre cómo se deben *dividir* las responsabilidades de la toma de decisiones estratégicas entre la sede y las unidades de negocio. Goold y Campbell[28] ofrecen tres estilos de estrategia que describen las formas típicas de dividir estas responsabilidades. Los procesos organizativos, y las diversas relaciones, son distintos en cada caso.

#### Planificación estratégica

El **estilo de planificación estratégica** (Cuadro 8.11) es el más centralizado de los tres estilos. Aquí, la planificación estratégica hace referencia, no a la planificación en general, sino a un determinado estilo de relación entre la sede y las unidades de negocio. La sede es el *planificador general* que prescribe el papel exacto de los departamentos y de las unidades de negocio, cuyo papel se limita a la aplicación operativa del plan. En su forma más extrema, este estilo prevé que la sede añada valor de las formas que se destacaban en el Cuadro 6.7. La sede orquesta, coordina y controla todas las actividades de las unidades de negocio mediante una aplicación continua de los sistemas de control y planificación formal (como se analizó en la anterior Sección 8.3.2) que se muestran en el Cuadro 8.11. La sede también gestiona directamente la infraestructura y ofrece muchos servicios corporativos. Esta es la burocracia clásica, con la que están familiarizados muchos directivos de las grandes organizaciones del sector público.

El estilo de planificación estratégica se ajusta bien al papel de gestor de sinergias o de matriz promotora de desarrollo que adoptan las sedes corporativas, como se analizó en la

La **delegación de la autoridad** hace referencia al grado en que la sede de una organización delega la toma de decisiones en las unidades y directivos que están por debajo en la jerarquía.

El **estilo de planificación estratégica** es aquel en que la sede es el planificador general que prescribe el papel exacto de los departamentos y de las unidades de negocio.

**Ilustración 8.6** · e s t r a t e g i a   e n   a c c i ó n

# Bertelsmann delega con su nueva estrategia

*La reevaluación de la audaz estrategia de publicación* online *del gigante mediático alemán también ha implicado una mayor delegación de la toma de decisiones a sus divisiones.*

En 2002, el Dr. Thomas Middelhoff, el audaz e innovador presidente y CEO del grupo mediático alemán Bertelsmann, fue obligado a dimitir presionado por los accionistas de la familia. Su sustituto, Gunther Thielen, inició una retirada estratégica reduciendo el control de la sede.

El grupo Bertelsmann se componía, principalmente, de: RTL, la cadena de televisión más grande de Europa; Random House, la mayor editorial del mundo; Gruner & Jahr, la mayor editora de revistas de Europa; BMG, una empresa líder en la industria de la música; arvato, que opera en el sector de los servicios mediáticos; y DirectGroup, del sector de la distribución mediante clubes e Internet. Thomas Middelhoff había ampliado mucho la empresa, incluyendo la adquisición de RTL, desde que fue nombrado presidente y CEO en 1998. El principal impulso estratégico fue la transformación del tradicional conglomerado alemán en un gigante mediático integrado de alcance global. Los contenidos eran compartidos por las distintas partes del grupo; se podían divulgar los mismos contenidos mediante distintos canales de distribución dentro del grupo. Middelhoff había controlado el negocio mediante tres divisiones (contenidos, servicios mediáticos y relación directa con el consumidor) y había creado el cargo de Director General de Operaciones para que se responsabilizara directamente de esas tres divisiones. Middelhoff también tenía un «consejo ejecutivo corporativo» que también tenía una responsabilidad directa de las tres divisiones, y una «oficina del presidente» de 15 miembros para respaldar sus iniciativas desde la sede. Por desgracia, la estrategia de Middelhoff se vio abrumada por los

problemas generados por la acumulación de deudas y las dificultades que atravesaban algunas de las nuevas actividades online.

El nuevo presidente y CEO, Gunther Thielen, revirtió gran parte de la estrategia de Middelhoff. Afirmó que se había acabado el periodo de grandes adquisiciones, y que el futuro estaba en la innovación y el crecimiento orgánico. Empezó a desinvertir, a reducir costes y a reorganizar. Se suprimió el cargo de director general de operaciones, así como el consejo ejecutivo corporativo y la «oficina del presidente». Se dividieron las tres divisiones en seis, en función de los principales negocios. Thielen declaró que fomentaría la descentralización «para garantizar que nuestras divisiones empresariales tengan la máxima autonomía creativa y la máxima libertad en la toma de decisiones posibles».

*Fuentes*: www.bertelsmann.com; *Financial Times*, 23 de agosto de 2002; *Financial Times*, 21 de noviembre de 2003.

**Preguntas**

1. Explique cómo se ajustaba la centralización a la estrategia de Thomas Middelhoff y cómo se ajusta la delegación a la estrategia de Gunther Theilen.

2. ¿Qué posibles inconvenientes o problemas puede crear el estilo de delegación de Gunther Theilen en Bertelsmann?

Sección 6.4. Es particularmente adecuado cuando los directivos de la sede tienen un conocimiento preciso de cada unidad de negocio y cuando las estrategias de las unidades de negocio tienen una magnitud o una sensibilidad que pueden trasladarse al conjunto de la corporación. Cuando las sedes no tienen un conocimiento detallado del trabajo de las unidades de negocio, el estilo de planificación estratégica puede ser perjudicial. Los directivos de la sede pueden estar impidiendo el desarrollo de áreas de negocio que no comprenden o dirigiéndolas en direcciones inadecuadas. También hay costes burocráticos de la centralización, y pueden afectar negativamente a la motivación de los directivos de las unidades de negocio que pueden considerar que tienen un escaso compromiso

| Cuadro 8.11 | Planificación estratégica |

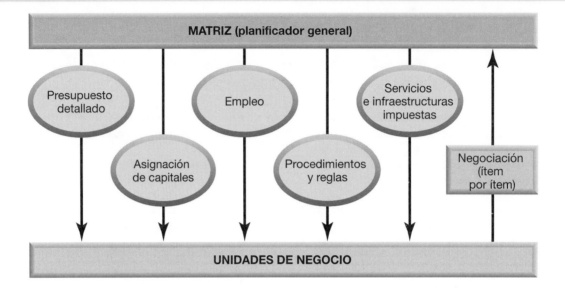

personal con las estrategias que se imponen desde arriba. Goold y Campbell, y otros, concluyen que hay muchas organizaciones del sector privado que están abandonando este estilo[29].

## Control financiero

En el **control financiero** el papel de las sedes se limita a fijar objetivos financieros, asignar recursos, evaluar el rendimiento e intervenir cuando el rendimiento no es el esperado.

El **control financiero** (Cuadro 8.12) es la forma más extrema de delegación, disolviendo a la organización en unidades de negocio muy autónomas. La relación entre la sede y las unidades de negocio es la de una empresa matriz que actúa como *accionista o banquero* de dichas unidades. Como sugiere el propio nombre, la relación es financiera, y se presta poca atención a la estrategia concreta de producto/mercado de las unidades de negocio, incluso hasta el punto de que pueden competir abiertamente entre sí siempre que logren buenos resultados financieros. Incluso pueden tener la autoridad para obtener fondos de fuera de la empresa. Este estilo se suele gestionar típicamente recurriendo a una estructura de empresa *holding*, como se analizó en la Sección 8.2.3, y es adecuada para el papel de gestor de carteras o de reestructuración, como se analizó en la Sección 6.4.

Con el control financiero, el papel de la sede se limita a fijar objetivos financieros, asignar recursos, evaluar el rendimiento e intervenir cuando el rendimiento no es el esperado. Es importante destacar que estas intervenciones se materializarán en un cambio de los directivos de las unidades de negocio, y no en una imposición de cambios de la estrategia. Así pues, los procesos dominantes son los objetivos de rendimiento, como se analizó en la anterior Sección 8.3.5. Los directivos de las unidades de negocio son responsables directamente de la consecución de estos objetivos.

En el sector público, esta delegación extrema es muy infrecuente por cuestiones relacionadas con la responsabilidad política: el responsable último es el Ministro. Sin embargo, en el sector privado, el estilo puede ser adecuado para las organizaciones que se encuentran en mercados estables con tecnologías maduras y en las que el tiempo que transcurre entre las decisiones directivas y las consecuencias financieras es reducido: por ejemplo, en organizaciones que comercian con *commodities* o productos básicos. También es un estilo adecuado

**Cuadro 8.12**  Control financiero

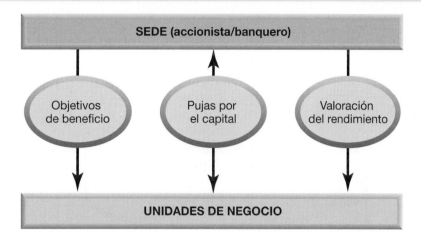

cuando la diversidad de las unidades de negocio es muy elevada, puesto que los otros dos estilos exigen que haya cierta relación entre las unidades de negocio. Uno de los grandes problemas del control financiero puede ser el predominio de una perspectiva a corto plazo. Nadie es responsable del fomento de la innovación ni del aprendizaje de la organización. Las unidades de negocio se centran en satisfacer exigentes objetivos a corto plazo, definidos por una sede que no tiene los recursos o las competencias para fomentar la creación de conocimientos y gestionar los procesos de integración. Por tanto, el desarrollo de competencias solo se puede producir realmente mediante adquisiciones y ventas.

## Control estratégico

El **control estratégico** (Cuadro 8.13) se encuentra entre los dos extremos de la planificación estratégica y del control financiero, y es el estilo más común. La relación entre la sede y las unidades de negocio es una relación en la que la empresa matriz se comporta como un *conformador estratégico*, que influye sobre el *comportamiento* de las unidades de negocio[30] y conforma el *contexto* en el que deben actuar los directivos. Al igual que la planificación estratégica, es un estilo que se ajusta bien al papel de matriz gestora de sinergias o promotora de desarrollo, como se analizó en la Sección 6.4. Sin embargo, al otorgar una mayor discrecionalidad a los niveles inferiores de la jerarquía, es un estilo más adecuado cuando la sede tiene pocos conocimientos sobre las actividades de las unidades de negocio y es improbable que las estrategias de las unidades de negocio tengan un efecto importante sobre el conjunto de la corporación. A partir del Cuadro 6.7, la sede esperaría añadir valor mediante:

- La definición y configuración de la estrategia *general* de la organización.
- La decisión sobre el *equilibrio* de actividades y el papel de cada unidad de negocio.
- La definición y el control de las *políticas* de la organización (sobre empleo, cobertura de mercados, relaciones entre unidades, etcétera).
- El fomento del *aprendizaje de la organización* entre las unidades de negocio.
- La definición de estándares y la valoración del *rendimiento* de las distintas unidades de negocio y la intervención para mejorar el rendimiento (es decir, los procesos de definición de objetivos de rendimiento analizados en la anterior Sección 8.3.5).

En el **control estratégico** la relación entre la sede y las unidades de negocio es una relación en la que la empresa matriz se comporta como un conformador estratégico, que influye sobre el comportamiento de las unidades de negocio y conforma el contexto en el que deben actuar los directivos.

**Cuadro 8.13**    Control estratégico

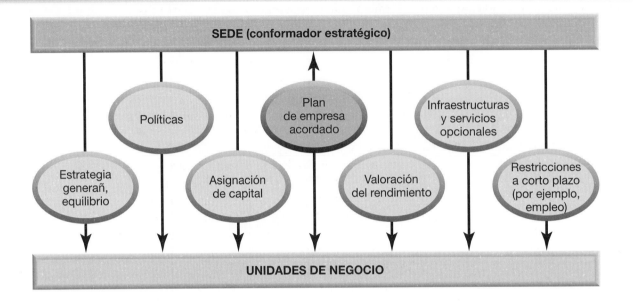

Sin embargo, la sede no desempeña estos papeles mediante un plan general impuesto. Por el contrario, el control estratégico parte de los procesos para acordar las estrategias con las unidades de negocio (mediante sus propios planes de empresa), pero dentro de las limitaciones y las líneas directrices de la sede. Tal vez el mayor riesgo de este estilo es que la sede intenta formar la estrategia de esta forma sin tener claro cuál es la «lógica corporativa» o sin tener las competencias para añadir valor de esta manera.

### 8.4.2    Relaciones externas

Las organizaciones también tienen importantes relaciones fuera, por ejemplo con los clientes, los proveedores, los subcontratistas y los aliados. Esta sección va a analizar cuatro relaciones importantes, que han experimentado importantes cambios en los últimos años.

### Contratación externa

En el Capítulo 3 se presentó la contratación externa* (desafectación u *outsourcing*), como una cuestión importante sobre la capacidad estratégica que se deriva del concepto de la cadena de valor. La contratación externa se produce cuando las organizaciones deciden adquirir servicios o productos que anteriormente se producían en la propia organización.

---

\* *Nota del traductor:* Se prefiere traducir el término *outsourcing* por «contratación externa» frente a «desafectación» porque este último término tiene más la evidente connotación de «desafectar» activos previamente «afectos» a la actividad empresarial; sin embargo, la opción de *outsourcing* no implica necesariamente una «desafectación de activos», sino tan solo la contratación a un tercero de determinada actividad, sin que conlleve forzosamente una liquidación de activos. De hecho, al explicar esta opción, se ofrece como ventaja la liberación de activos para otras actividades, afirmándose pues implícitamente que no se liquidan esos activos, no se venden y, por tanto, no se desafectan.

Por ejemplo, la gestión de nóminas, la fabricación de componentes, los servicios informáticos y la formación son ejemplos comunes de actividades que se contratan en el exterior. Se han definido dos principios importantes para guiar la búsqueda de actividades candidatas para la contratación externa: primero, que el proveedor externo pueda ofrecer más valor que el suministro interno; segundo, normalmente no se contratan en el exterior las actividades relacionadas con las competencias nucleares puesto que son estas actividades las que subyacen, de forma crítica, a la ventaja competitiva de la organización.

Muchos directivos aceptan estos principios sobre la contratación externa, pero no prestan suficiente atención a las consecuencias que tiene la contratación externa para la organización. Por ejemplo, la contratación externa exige que los directivos sean mucho más competentes para mantener el rendimiento mediante la gestión de las *relaciones* con los proveedores (o distribuidores) que mediante los sistemas de control dentro de su propia organización. Estas relaciones pueden requerir mucha atención. Por ejemplo, será necesario educar a los proveedores o distribuidores sobre las estrategias de la organización, sus prioridades y estándares, y sobre cómo afecta su trabajo al rendimiento final del producto o servicio. Es necesario motivarles para que ofrezcan un rendimiento coherente con estos estándares. De la Sección 8.3 debería estar claro que hay distintos procesos para conseguirlo. Por un lado, se puede «incorporar» a los proveedores mediante los sistemas de planificación de recursos de la empresa. Es posible, y deseable, cuando los requisitos que se imponen al proveedor están claros y es improbable que cambien rápidamente. Por otro lado, se pueden mantener las relaciones mediante procesos y normas culturales, por ejemplo, colaborando con proveedores que conocen bien la empresa y se ajustan bien a sus normas culturales. Esto es importante cuando los proveedores están añadiendo un factor creativo al producto o servicio (como los diseñadores) ya que es necesario que la relación de doble sentido sea mucho más fluida. Entre estos dos extremos, se puede recurrir a los mecanismos del mercado si se considera que resulta adecuado tener un planteamiento contractual en la relación; por ejemplo, para proyectos únicos o cuando hay una amplia gama de posibles proveedores.

La Ilustración 8.7 muestra cómo se dividió el sistema ferroviario británico (que había sido dirigido por una única empresa, British Rail, que gestionaba los ferrocarriles con un «planteamiento de control y órdenes») entre pequeñas empresas especializadas que se responsabilizaban, de forma independiente, de las infraestructuras (Railtrack), de la provisión del servicio (empresas operadoras de trenes) y empresas responsables de la maquinaria (ROSCO). Se ha culpado a este sistema de la desastrosa situación en 2000-2004 (*véase* Ilustración 8.7).

## Alianzas estratégicas

Este aspecto de las relaciones con otras organizaciones (o con otras partes de la misma organización) surgió en el Capítulo 7 cuando se analizaban las alianzas estratégicas. Los problemas de la organización son parecidos a los que se producen con la contratación externa, excepto que una alianza estratégica presta mucha más atención a las relaciones de la alianza (frente a la naturaleza contractual de muchas relaciones entre proveedor-cliente). Los lectores pueden revisar el Cuadro 7.3, que muestra el espectro de tipos de alianzas estratégicas, desde las meramente contractuales a las puramente relacionales. Para la organización, la cuestión realmente importante consiste en encontrar el equilibrio entre las mejores fuentes de conocimientos especializados (que sugeriría que haya muchos miembros en la alianza) y las competencias para integrar estas vertientes de conocimientos

estrategia en acción

# Los ferrocarriles británicos en crisis

*A veces, el sistema de «ordeno y mando» es la mejor manera de proveer un servicio fiable.*

En enero de 2004 el Gobierno británico anunció una revisión urgente de la forma en que funcionaban los ferrocarriles británicos. El objetivo era imponer cambios que alteraran radicalmente la calidad del servicio, estancado en niveles inaceptables. La ley Railways Act de 1993 había privatizado a la anterior empresa pública British Rail que había gestionado un servicio nacional integrado. Los principales cambios de la privatización fueron que se dividieron las responsabilidades de las distintas partes del sistema ferroviario de la forma que se describe a continuación. Era una mentalidad que estaba muy «de moda» en el sector público en aquella época.

Pero, en otoño de 2000, el sistema ferroviario británico casi alcanzó un punto «crítico». Las consecuencias de un accidente mortal, causado por el mal mantenimiento de las vías y las peores lluvias otoñales de los últimos 400 años, crearon el caos. Muchos sugirieron que era el resultado inevitable de la privatización y de la forma en que el anterior sistema de «ordeno y mando» había sido sustituido por un «cuasi mercado» en el que más de cien proveedores de servicios distintos se relacionaban mediante contratos legales, indicadores de rendimiento y pagos compensatorios. Se consideraba imposible superar una crisis cuando la dirección, la propiedad y la operación de una industria se dividían entre numerosas empresas e instituciones que no cooperaban entre sí y que tenían relaciones contractuales.

En efecto, para un observador externo resultaba difícil comprender cuál era la estructura de la industria. En el momento de la privatización se dividieron las funciones que antes habían estado integradas en:

- *Railtrack*: propietaria y responsable de las infraestructuras y de la gestión directa de 14 grandes estaciones.
- Empresas operadoras de trenes (*Train operating companies*; TOC): 28 empresas que gestionaban los trenes bajo licencias renovables.
- Empresas responsables de la maquinaria (*Rolling stock companies*; ROSCO): propietarias de los trenes que alquilaban en régimen de leasing a las TOC.
- *Empresas de mantenimiento*: que realizaban la mayor parte del mantenimiento de las vías mediante contratos con Railtrack.
- También había diversos organismos reguladores: La Oficina de Regulación de los Ferrocarriles (*Office of Rail Regulation*; ORR), que regulaba las actividades de Railtrack y de las TOC, y los Ejecutivos de Transporte de Pasajeros (*Passenger Transport Executives*; PTE) (en siete grandes estaciones urbanas) que especificaban el nivel del servicio y ofrecían subsidios.
- Las primeras críticas del sistema fragmentado llevaron al Gobierno a crear la Autoridad Estratégica de los Ferrocarriles (*Strategic Rail Authority* SRA) para centrar la atención y la dirección de los ferrocarriles británicos y asumir la función de conceder las licencias.

Esta crisis de 2000 provocó el cierre de Railtrack como empresa privada y su reaparición como «Network Rail», una fundación (es decir, con estatus de organización caritativa). Pero el rendimiento del servicio no mejoró. En 2004 tanto los expertos como la prensa reconocieron la necesidad de realizar más cambios. Por ejemplo, David Begg, Presidente de la Comisión para el Transporte Integrado, escribió:

[...] La revisión no pretende lograr una paulatina re-nacionalización. Ni tampoco es un preludio para que los ministros o los funcionarios dirijan los ferrocarriles. No quieren, y no lo harían demasiado bien... Lo que debe buscar la revisión del Gobierno es la sencillez, la claridad y el rendimiento. Tenemos que romper algunas de las barreras artificiales que crearon la privatización y el régimen legalista que obstaculiza la cooperación. En la cúspide necesitamos una estructura simplificada que unifique el marco contractual, operativo, de seguridad y normativo. En la base necesitamos integrar las operaciones, de forma que el operador del tren pueda tener voz sobre las vías que recorre su tren, sobre las señales que comunican y sobre los programas de mantenimiento e inversión.

En julio de 2004 el Gobierno anunció su intención de cerrar la SRA.

*Fuentes*: The Times, 30 de noviembre de 2000; *Financial Times*, 20 de enero de 2004.

## Preguntas

1. ¿Qué problemas crea una estructura de «cuasi mercado»?
2. ¿Cuáles eran los principales cambios estructurales necesarios en 2004 para lograr mejoras significativas del rendimiento del servicio?

especializados y crear un producto o servicio que ofrece el máximo valor posible a los clientes. Cuantos más miembros haya en una alianza, más compleja será esta tarea de integración y más esfuerzo habrá que poner en los ingredientes, como la confianza, que se necesita para que la alianza tenga éxito (como se analizó en la Sección 7.3.3). Esto se analizará más adelante cuando se estudien las redes y la capacidad de algunas organizaciones para lograr una posición nodal en una red de múltiples socios.

## Redes[31]

La contratación externa, las alianzas y el entorno virtual son casos particulares de una tendencia general a recurrir a las relaciones en red fuera de los límites de la organización. Juntas, estas opciones implican que algunas organizaciones dependen de sus redes internas y externas para garantizar el éxito. Así pues, la *cooperación* se ha convertido en una cuestión clave para organizarse para el éxito. Otras redes importantes incluyen:

- *El teletrabajo*, por el que la gente realiza su trabajo de manera *independiente* pero sigue conectada a recursos clave de la empresa (como bases de datos y asesoría de especialistas) y a sus compañeros, proveedores y clientes mediante infraestructuras informáticas y de telecomunicaciones. Puesto que la explotación de Internet sigue siendo una importante cuestión estratégica para muchas organizaciones (*véase* Capítulo 9), será esencial encontrar nuevas formas de organizarse. Internet permite deshacerse de muchas estructuras formales y sustituirlas por redes que funcionan correctamente y que están respaldadas por estas infraestructuras informáticas.

- *Las federaciones* de expertos que se reúnen voluntariamente para integrar sus pericias y crear productos o servicios. En la industria del ocio, se juntan músicos, actores y otros artistas creativos, y también se juntan recurriendo a procesos más formales como los agentes y los contratos. Algunas organizaciones viven de mantener bases de datos de recursos (personas) en red y facilitando, posiblemente, el contacto social mediante la organización de acontecimientos en la red.

- La *ventanilla única* constituye una solución al problema de coordinar a los distintos miembros de una red, de forma que el cliente recibe un servicio global coherente. Estas organizaciones que ofrecen una ventanilla única ofrecen una presencia física que permite canalizar todas las peticiones del cliente (*véase* Cuadro 8.14). La función de este tipo de organización es crear un paquete completo de productos o servicios utilizando a los diversos miembros de la red. Un contratista «intermediario» (por ejemplo, en obras de ingeniería civil) puede aplicar este sistema, utilizando su propia pericia para la gestión de proyectos y gestionar una red de proveedores pero sin realizar por sí mismo los trabajos concretos. Con el crecimiento del comercio electrónico, este tipo de organización puede, de hecho, ser *virtual* en tanto en cuanto los clientes entran por un «portal» (por ejemplo, un sitio Web) pero los servicios o productos físicos que se integran en el producto o servicio para el cliente están dispersos (en términos físicos). La cuestión crítica es que el cliente sienta que es todo un conjunto único y satisface sus necesidades a través de un único portal.

- En una *red de servicios*, el cliente puede acceder a todos los servicios de la red a través de cualquiera de sus miembros. No es fácil crear una red de servicios que funcione bien, puesto que exige que todos los miembros de la red dispongan de toda la información, estén capacitados y estén dispuestos a «vender» los productos de otros y a colaborar. Por encima de todo, exige *confianza y respeto* entre los miembros de la

**Cuadro 8.14**    Servicio global: cómo alisar la red

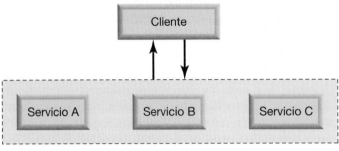

**(a) Ventanilla única**

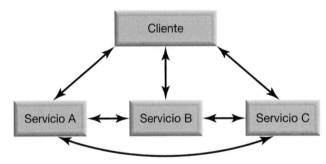

**(b) Red de servicios**

red. Algunas redes de servicios también ofrecen una ventanilla única. Por ejemplo, Best Western es una red internacional de hoteles independientes donde los clientes reciben información o hacen reservas en cualquier hotel de la red o en puntos centrales de reservas. Estos puntos tienen la clara ventaja de animar a los turistas a «reservar» su próximo destino con Best Western.

Como se puede ver, la coordinación en la red es una actividad crucial. También puede estar bien recompensada. Las organizaciones que alcanzan una *posición nodal* en la red, conectando muchos nodos de la red, tienen potencialmente un gran valor.[32] Para lograr una posición nodal, las organizaciones tienen que tener tres fortalezas:

- *Una visión convincente* que legitime la necesidad de la red y atraiga a los socios. En el sector público, puede ser la visión de los políticos que crean a continuación la red para proveer, por ejemplo, servicios relacionados con las drogas, la criminalidad y los desórdenes públicos, la marginación social, etcétera.
- *Recursos únicos o competencias nucleares* para crear y mantener la posición nodal, como un sistema de propiedad exclusiva, como el que se considera en las tecnologías del vídeo VHS o el sistema operativo informático Windows.
- *Habilidades de trabajo en red* para sostener y desarrollar la red.

### La organización virtual[33]

La ampliación lógica de las redes, la contratación externa y las alianzas sería una organización en la que se minimizan los recursos y actividades realizadas en la propia organización y casi todos los recursos y actividades están fuera de la misma. Estas denominadas

**organizaciones virtuales** se constituyen por asociaciones, colaboraciones y redes, y no mediante una estructura formal o una proximidad física de las personas. La cuestión importante es que esta organización parece «real» para los clientes y satisface sus necesidades de la misma manera que las demás. Se ha afirmado[34] que estas formas extremas de contratación externa darán probablemente lugar a graves debilidades estratégicas a largo plazo, ya que las organizaciones quedan desprovistas de competencias nucleares y no pueden aprender de las actividades que se realizan. Esta es una consideración importante en la actualidad en muchas industrias como la ingeniería civil, las editoriales y las agencias de viajes especializadas, que son muy dependientes de las actividades contratadas en el exterior de sus negocios que, hasta ahora, se consideraban esenciales. La preocupación es que las mejoras a corto plazo se hagan a expensas de garantizar la capacidad de innovar. El peligro del entorno «virtual» es que la creación de conocimientos y la innovación sólo se producen dentro de «agrupaciones» de especialistas representados por las actividades de socios independientes. No hay nadie que tenga la competencia o autoridad para integrar estas bolsas de conocimientos.

> Las **organizaciones virtuales** se constituyen por asociaciones, colaboraciones y redes, y no mediante una estructura formal o una proximidad física de las personas.

## 8.5  CONFIGURACIONES

Este capítulo ha tratado, hasta ahora, la estructura, los procesos y las relaciones por separado. Pero en el Cuadro 8.1, al inicio de este capítulo, se ofrecía un recordatorio de que la organización de éxito no se logra mediante estructuras, procesos y relaciones independientes, sino en la forma en que todas estas estructuras, procesos y relaciones funcionan de manera coherente. Esta interdependencia se refleja en la *configuración* de la organización.

La investigación de Andrew Pettigrew, Richard Whittington y sus compañeros[35] respalda el planteamiento de que la integración de los elementos clave de la organización en una configuración coherente es crítica para el éxito. Por ejemplo, una organización no funcionará bien si intenta combinar una cultura burocrática con una estructura fluida de proyectos y unas grandes redes externas. En cierta medida, se pueden diseñar estas configuraciones. Sin embargo, estas configuraciones *surgen* a lo largo del tiempo a medida que la organización encuentra la manera de ajustarse al contexto en el que opera. Esta última sección se va a fijar en las siguientes cuestiones sobre las configuraciones y la estrategia:

- Configuraciones estereotípicas;
- Refuerzo de ciclos e implicaciones para el cambio;
- Resolución de los dilemas de las configuraciones.

### 8.5.1  Configuraciones estereotípicas

Puesto que las estructuras, procesos y relaciones funcionan mejor cuando tienen un buen ajuste mutuo, las organizaciones suelen tender a un limitado conjunto de configuraciones. Mintzberg sugiere que hay seis estereotipos puros de configuraciones, y cada uno se ajusta a determinados factores de la situación relacionados con el entorno o la naturaleza de la propia organización. Cada uno de estos estereotipos tiene distintas combinaciones de estructuras, procesos y relaciones que se refuerzan entre sí, tal y como se resume en el Cuadro 8.15.

## Cuadro 8.15   Las seis configuraciones de la organización de Mintzberg

| | Factores contingentes | | Parámetros del diseño | | |
|---|---|---|---|---|---|
| Configuración | Entorno | Características internas | Estructura típica | Procesos clave | Relaciones típicas |
| **Simple** | Simple/dinámico Hostil | Pequeña Joven Tareas sencillas | Control del CEO | Supervisión directa | Centralizadas |
| **Burocracia maquinal** | Simple/estático | Vieja Grande Tareas reguladas Control tecnocrático | Funcional | Sistemas de planificación | Centralizadas Planificación estratégica |
| **Burocracia profesional** | Complejo/estático | Sistemas simples Control profesional | Funcional | Procesos culturales Autocontrol | Delegación |
| **Divisional** | Simple/estático Diversidad | Vieja Muy grande Tareas divisibles Control en niveles intermedios A menudo joven | Multidivisional | Objetivos de rendimiento Mercados | Delegación Control estrágico o financiero |
| **Adhocracia** | Complejo/dinámico | Tareas complejas Control de los expertos | Proyectos | Procesos culturales Autocontrol | Delegación Redes y alianzas |
| **Misionaria** | Simple/estático | Edad media A menudo en forma de «enclaves» Sistemas sencillos Control ideológico | Equipos | Procesos culturales | Redes |

*Fuente*: adaptado de MINTZBERG, H. (1979): *The Structuring of Organizations*, Prentice Hall.

- La configuración *simple* no tiene por qué tener una estructura formal, sino que estará dominada por el fundador o el CEO. La organización se dirige bajo la visión y la personalidad del CEO, fundamentalmente por supervisión directa y relaciones personales. Esta combinación funciona bien en pequeñas organizaciones empresariales donde la flexibilidad ante las cambiantes circunstancias es crítica para lograr el éxito.

- La *burocracia maquinal* suele estar estructurada en torno a departamentos funcionales. Utiliza estrictos sistemas de planificación para normalizar las rutinas laborales. La burocracia maquinal tiende a la centralización. Esta configuración es muy adecuada para las organizaciones que fabrican productos o servicios primarios donde los costes son críticos (por ejemplo, los servicios postales).

- La *burocracia profesional* es burocrática porque estandariza los conocimientos y competencias nucleares, pero está menos centralizada que la burocracia maquinal. Los procesos culturales, como la formación y el autocontrol mediante la responsabilidad profesional, mantienen los estándares, al tiempo que permiten suficiente discrecionalidad para reaccionar ante las necesidades particulares de los clientes o consumidores. Los hospitales suelen adoptar esta configuración.

- La configuración *divisional* combina una estructura multidivisional con las relaciones en las que se ha delegado la autoridad a los directivos generales de las divisiones. Las divisiones se controlan mediante procesos de definición de objetivos y se relacionan normalmente con la sede mediante relaciones de control estratégico o financiero. Se recurrirá a procesos de mercado entre las divisiones si mantienen una relación de cliente-proveedor. Esta configuración funciona mejor para las grandes organizaciones o las organizaciones diversificadas.

- La *adhocracia* se encuentra en organizaciones que se mueven en un entorno de continuas innovaciones y cambios. Es una buena configuración para ofrecer soluciones *ad hoc* a problemas concretos. Las organizaciones con una configuración adhocrática utilizan estructuras por proyectos y tienen muchas relaciones dentro y fuera de la organización. Recurren a los procesos culturales y al autocontrol para mantener la coherencia. Las consultorías suelen recurrir a esta configuración.

- Las organizaciones *misionarias* recurren más a los procesos culturales que a las estructuras formales, aunque suele haber una amplia utilización de los equipos. Son importantes las redes entre personas que comparten la misma ideología dentro y fuera de la organización. Muchas organizaciones del sector del voluntariado se configuran de esta manera.

Aunque hay pocas organizaciones que se ajustan perfectamente a uno de estos estereotipos, se pueden utilizar para reflexionar sobre cómo se ajusta la configuración a la situación y hasta qué punto se ajustan entre sí los parámetros de la estructura, los procesos y las relaciones. Un mal rendimiento puede deberse a una configuración inadecuada a la situación, o a una falta de coherencia entre la estructura, los procesos y las relaciones.

## 8.5.2 Ciclos que se refuerzan entre sí

La Parte II de este libro introdujo la *idea de negocio* como una explicación de cómo se relacionan y refuerzan entre sí los elementos de la posición estratégica de una organización (entorno, recursos y expectativas). Esta idea de un ciclo de factores relacionados que se refuerzan mutuamente también resulta útil aquí. Aunque se puede pensar en la configuración de una organización como algo que «sigue» a la estrategia, ya sea de forma planificada o de forma gradual, en realidad la relación también se produce en el sentido opuesto: es decir, las organizaciones que recurren a determinadas configuraciones tienden a buscar estrategias que se ajusten mejor a esa configuración y «rechazan» aquellas que exijan cambiar la configuración. Además, el hecho de que es posible identificar un limitado número de estereotipos para las configuraciones de la organización, como se ha descrito anteriormente, es un recordatorio de que los distintos elementos independientes de la organización (la estructura, los procesos y las relaciones) no son variables independientes: tienden a darse en determinadas combinaciones. En efecto, las configuraciones que se encuentran en el mundo real tienden a ser muy *coherentes, sólidas y difíciles de cambiar*.[36] La explicación recurre a todas las cuestiones que se han analizado anteriormente.

Los **ciclos que se refuerzan entre sí** surgen de la *relación dinámica* entre los distintos factores del entorno, la configuración y los elementos de la estrategia. Los ciclos que se refuerzan entre sí tienden a mantener el *status quo*. El Cuadro 8.16 muestra dos ejemplos de los estereotipos de la anterior Sección 8.5.1. La burocracia maquinal es una configuración que suele adoptarse en condiciones estables del entorno y puede ayudar a alcanzar una posición de liderazgo en costes. Esto puede respaldar el posicionamiento de

Los **ciclos que se refuerzan entre sí** surgen de la relación dinámica entre los distintos factores del entorno, la configuración y los elementos de la estrategia, que tienden a preservar el *status quo*.

**Cuadro 8.16**    Ciclos que se refuerzan entre sí: dos ejemplos

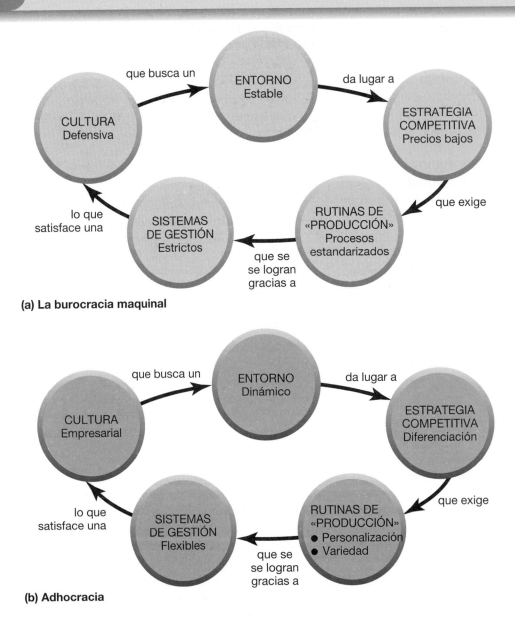

**(a) La burocracia maquinal**

**(b) Adhocracia**

«precios bajos» (o eficiencia en costes en los servicios públicos), lo que requiere procesos de trabajo estandarizados que, a su vez, se vean respaldados correctamente por una cultura defensiva. Esta cultura *busca* partes estables del entorno de forma que todo el ciclo se perpetúa a sí mismo. Se puede producir un círculo de refuerzos parecido con la adhocracia, como se muestra en el mismo cuadro.

Nada de esto tiene por qué constituir un problema para una organización; de hecho, el ajuste de estas diversas cuestiones de la organización puede constituir una fuente de gran fortaleza para la organización. Sin embargo, la interdependencia de estos elementos también puede provocar una *desviación estratégica*. Si tan solo se cambia uno de los factores se puede romper un círculo virtuoso de refuerzo y dar lugar a un declive del rendimiento. Los círculos virtuosos se pueden convertir en círculos viciosos. Sólo se podrán alcanzar mayores niveles de rendimiento cuando todos los factores se realinean en un nuevo ciclo de refuerzo mutuo.

Las implicaciones de estos círculos de refuerzo mutuo se reflejan en la *curva J de cambio y rendimiento* [37]. La forma de la curva J describe una trayectoria típica del rendimiento durante el cambio de la configuración. Al principio del proceso de cambio, el rendimiento disminuye por debajo del punto de partida porque el cambio de algunos factores perturba el ciclo de refuerzo inicial (la parte más baja de la J). Los directivos tienen que volver a combinar todos los factores en un nuevo ciclo de refuerzo antes de que el rendimiento pueda empezar a subir por la curva J por encima del nivel inicial. En otras palabras, lo normal es que las cosas empeoren antes de que empiecen a mejorar.

Un ejemplo de esta curva J de cambio y rendimiento es el que se produjo en la década de los noventa en BP. El CEO Bob Horton inició importantes cambios en la estrategia, la estructura y las relaciones. Así pues, la empresa se concentró estratégicamente en su negocio central del petróleo, subcontratando muchos servicios no esenciales y suprimiendo niveles en la estructura. Lo que Horton no fue capaz de hacer fue cambiar los procesos culturales para ajustarlos a estos cambios estratégicos, estructurales y de las relaciones. Tanto la moral de los empleados como el rendimiento disminuyeron y Horton se vio obligado a dimitir. Cuando su sucesor puso en marcha los necesarios cambios culturales, el rendimiento de BP superó los niveles iniciales anteriores a los primeros cambios puestos en marcha por Horton[38]. Dados los riesgos de subestimar el grado de cambio necesario, no es sorprendente que los líderes de las organizaciones tengan que tener mucho valor y mucha perseverancia para romper los antiguos ciclos de refuerzo y construir unos nuevos. La gestión del cambio se analizará con más detalle en el Capítulo 10.

## 8.5.3 Dilemas de las configuraciones

Un tema central de este capítulo, y sobre todo del análisis de las configuraciones, es que organizarse para el éxito exige ajustar una serie de elementos clave entre sí y con los retos estratégicos y las circunstancias clave. En la práctica, suele ser difícil encontrar un ajuste perfecto en todas estas dimensiones, y puede ser necesario hacer importantes elecciones entre la optimización de un elemento y la optimización de otro. El capítulo concluye analizando algunos de estos dilemas prácticos (que a veces se conocen como *dualidades*)[39] y las formas de resolver estos dilemas.

El Cuadro 8.17 resume algunos de los dilemas para organizarse. Suele ser necesario disponer de jerarquías para garantizar el control y la acción, pero no se ajustan bien a las redes que fomentan el intercambio de conocimientos y la innovación. Las líneas de responsabilidad verticales fomentan un rendimiento máximo de los subordinados, pero pueden llevar a los directivos a intentar maximizar sus intereses personales a costa de las relaciones horizontales. La delegación de poder a los empleados en los niveles inferiores de la organización da margen para tener iniciativa, pero en el largo plazo puede provocar incoherencias. Es posible que sea necesario un sistema centralizado para lograr la estandarización, pero esto puede producirse a costa de la iniciativa y de la flexibilidad que fomenta la delegación de poder. El aplicar las mejores prácticas en un determinado elemento de la organización, por ejemplo, en los controles financieros, puede, de hecho, ser perjudicial si no se ajusta a las necesidades del conjunto de la organización.

**Cuadro 8.17** Algunos dilemas al organizarse para el éxito

Los directivos deben ser conscientes de que cualquier diseño de la organización presentará dilemas de este tipo y que es improbable que se puedan optimizar todas las dimensiones. Sin embargo, pueden gestionar estos dilemas de tres formas:

● *Subdividiendo* la organización, de forma que una parte de la organización se organiza de forma óptima según una vertiente de estos dilemas mientras que el resto responde a otra. Así, por ejemplo, IBM creó el PC en una nueva división especializada, que se mantenía al margen de las actividades principales tradicionales que estaban dominadas por los principios de la jerarquía y las líneas de responsabilidad verticales, muy antagonistas con las innovaciones radicales[40].

● *Combinando* los distintos principios de organización al mismo tiempo, por ejemplo, las redes y las jerarquías tradicionales. La dirección simultánea según principios contradictorios es, evidentemente, una tarea muy exigente. Sin embargo, se ha afirmado que las organizaciones como ABB y Unilever son, en la actualidad» organizaciones de múltiples divisiones en red», que combinan los principios de redes que ponen el énfasis en la integración horizontal con estructuras divisionales que garantizan las líneas de responsabilidades verticales[41].

● *Reorganizándose* con frecuencia, de forma que ninguna vertiente del dilema pueda asentarse en exceso. La tasa de reorganización de las grandes empresas británicas ha aumentado en la última década, de una vez cada cuatro años a una vez cada tres años[42]. Dado este ritmo de reorganización, muchas organizaciones son como péndulos, que oscilan continuamente entre la centralización y la delegación de la autoridad, por ejemplo, sin quedarse fijas en ninguno de los extremos.

Un último dilema que surge de la interrelación de las configuraciones hace referencia a cuáles son los elementos que determinan a los demás. El grado en que los elementos estructurales dependen de los elementos estratégicos es el tema del debate clave de la Ilustración 8.8.

# ¿Sigue la estructura a la estrategia?

*Un mensaje clave de este capítulo es que la estructura y la estrategia deberían tener un buen ajuste mutuo. Pero, ¿quién determina a quién?*

Alfred Chandler, profesor de Historia Económica en el Harvard Business School, propone una de las reglas fundamentales de la dirección estratégica: «salvo que la estructura se derive de la estrategia, se producirán ineficiencias»[43]. Esta secuencia lógica se ajusta al prisma del «diseño» de la estrategia, pero supone que la estructura está muy subordinada a la estrategia: es fácil determinar la estructura una vez tomadas las grandes decisiones estratégicas. Pero algunos autores advierten que esto subestima de forma peligrosa el papel de la estructura, algunas veces la estrategia sigue a la estructura

La regla de Chandler se basa en la experiencia histórica de empresas como General Motors, Exxon y DuPont. Por ejemplo, DuPont era inicialmente una empresa que fabricaba explosivos. Durante la Primera Guerra Mundial, sin embargo, la empresa se anticipó a los tiempos de paz diversificando deliberadamente sus actividades de los explosivos a los nuevos mercados civiles como los plásticos y las pinturas. No obstante, el final de la guerra provocó una crisis en DuPont. Todos sus nuevos negocios estaban perdiendo dinero; solo los explosivos seguían siendo rentables. El problema no era la estrategia de diversificación, sino la estructura que estaba utilizando la empresa para dirigir los nuevos negocios civiles. DuPont había mantenido su vieja estructura funcional, de forma que la responsabilidad de la producción y el marketing de todos los nuevos negocios se centralizaba en los directivos de las funciones. No podían resolver los problemas derivados de la mayor diversidad. La solución no consistía en abandonar la estrategia de diversificación; se trataba más bien de adoptar una nueva estructura con divisiones descentralizadas para cada uno de los negocios independientes. DuPont tiene un gran éxito en la actualidad con una variante de esta estructura multidivisional.

Hall y Saias aceptan la importancia de la estrategia para la estructura, pero advierten de que la causalidad se puede producir en el sentido inverso[44]. La estructura actual de una organización determina en gran medida el tipo de oportunidades estratégicas que verá la dirección y que será capaz de aprovechar. Por ejemplo, resulta fácil que una empresa con una estructura descentralizada multidivisional haga adquisiciones y desinversiones: todo lo que tiene que hacer es añadir o eliminar divisiones, con pocas consecuencias para el resto del negocio. Por otra parte, puede ser muy difícil que los altos directivos de una organización descentralizada multidivisional vean oportunidades de innovación y para compartir los conocimientos entre las operaciones de las divisiones: están demasiado alejados del negocio real. En otras palabras, las estructuras conforman las estrategias.

Amburgey y Dacin han contrastado el efecto relativo de la estructura y la estrategia entre sí, analizando los cambios estratégicos y estructurales de más de 200 corporaciones estadounidenses durante más de 30 años[45]. Concluyen que los movimientos hacia las estructuras descentralizadas eran seguidos, a menudo, por movimientos hacia estrategias con una mayor diversificación: aquí, la estructura estaba determinando a la estrategia. Sin embargo, por lo general, era dos veces más probable que una mayor diversificación fuera seguida por una descentralización estructural que lo contrario. En otras palabras, la estructura sí sigue a la estrategia, pero solo en la mayoría de las ocasiones.

Henry Mintzberg concluye que «la estructura sigue a la estrategia de la misma manera que el pie izquierdo sigue al derecho»[46]. En otras palabras, la estrategia y la estructura están relacionadas entre sí de forma recíproca, y no en un único sentido. Mintzberg advierte que un planteamiento sencillo del «diseño» de la estrategia y la estructura puede llevar a equívocos. No siempre es fácil definir la estructura después de haber tomado las grandes decisiones estratégicas. Los estrategas tienen que comprobar que las estructuras actuales no están limitando el tipo de estrategias que están analizando.

## Pregunta

Hall y Saias sugieren que las estructuras de las organizaciones pueden influir sobre el tipo de estrategias que aplicarán los equipos directivos. ¿Qué tipos de organizaciones pueden ser particularmente susceptibles a las limitaciones estructurales en sus estrategias?

# Resumen

- La organización para el éxito está relacionada con la configuración de una organización. Esta configuración tiene tres elementos relacionados entre sí: estructuras, procesos y relaciones.

- La organización para lograr el éxito significa que hay que responder a los retos clave que tiene que superar la organización. Este capítulo ha puesto el énfasis en el control, el cambio, el conocimiento y la globalización.

- Hay muchos *tipos estructurales* (como estructuras funcionales, por divisiones, matriciales). Cada tipo estructural tiene sus propias ventajas e inconvenientes y responde de distinta manera a los retos del control, el cambio, el conocimiento y la globalización.

- Hay una gama de distintos *procesos* de la organización que facilitan la estrategia. Estos procesos se pueden centrar en los factores productivos o en los resultados, y pueden ser directos o indirectos.

- Las relaciones también son importantes para el éxito. Desde el punto de vista interno, las cuestiones clave son la *centralización frente a la delegación de poder* y el *estilo de la estrategia*. Desde el punto de vista externo, hay que hacer elecciones respecto a la contratación externa, las alianzas, el entorno virtual y las redes, que pueden fomentar u obstaculizar el éxito.

- Los distintos elementos de la organización se agrupan para constituir una configuración coherente de la organización. Las configuraciones estereotípicas de Mintzberg muestran una relación común entre la situación de la organización y los tres elementos constituidos por la estructura, los procesos y las relaciones. Pero no es fácil diseñar una configuración coherente y suele requerir superar ciertos dilemas.

- El valor de las configuraciones se encuentra en los ciclos de refuerzo que pueden crear. Pero estos ciclos de refuerzo también plantean retos para imponer cambios.

# Lecturas clave recomendadas

- Una revisión exhaustiva de las cuestiones sobre la estructura en la economía moderna es la de PETTIGREW, A. y FENTON, E. eds. (2000): *The Innovating Organisation*. Sage.

- GOOLD, M. y CAMPBELL, A. (2002): *Designing Effective Organisations*. Jossey-Bass, ofrece una guía práctica sobre las cuestiones del diseño de la organización y, en concreto, las nueve pruebas de la organización eficaz.

- Para un análisis de las cuestiones relativas a las estructuras en el contexto del sector público, *véase*: SCHOLES, K. (2001): «Strategy and structure in the public sector», en G. Johnson y K. Scholes (eds), *Exploring Public Sector Strategy*, Financial Times/Prentice Hall, Capítulo 13.

- Las configuraciones de la organización se analizan exhaustivamente en MINTZBERG, H. (1979): *The Structuring of Organizations*, Prentice Hall. La cuestión relacionada con la complementariedad de la organización se analiza en A. Pettigrew, R. Whittington, L. Melin, C. Sanchez-Runde, F. van den Bosch, W. Ruigrok y T. Numagami (eds), *Innovative Forms of Organizing*, Sage, 2003.

- Las configuraciones de las multinacionales se analizan en BARTLETT, C. y GHOSHAL, S. (1998): *Managing Across Borders: The transnational corporation*, 2.ª edición, Random House Business Books, y YIP, G. (2002): *Total Global Strategy II*, Prentice Hall.

# Notas

1. Algunos de estos escritos iniciales se encuentran en PUGH, D. (1984): *Organisation Theory*, Penguin.

2. Este argumento se analiza en FENTON, E. y PETTIGREW, A. (2000): «Theoretical perspectives on new forms of organising», en A. Pettigrew y E. Fenton (eds): *The Innovating Organisation*. Sage, Capítulo 1, y también en WHITTINGTON, R. y MELIN, L. (2003): «The challenge of organi-

zing/strategizing», en A. Pettigrew, R. Whittington, L. Melin, C. Sanchez-Runde, F. van den Bosch, W. Ruigrok y T. Numagami (eds), *Innovative Forms of Organizing*. Sage.

3. Esta idea de la configuración es parecida a la de la Arquitectura Estratégica, tal y como se analiza en HAMEL, G. y PRAHALAD, C. K. (1994): *Competing for the Future*, Harvard Business School Press. Capítulo 10,

y sus complementariedades, como se analiza en WHITTINGTON, R.; PETTIGREW, A.; PECK, S.; FENTON, E. y CONYON, M. (1999): «Change and complementarities in the new competitive landscape», *Organization Science*, vol. 10, n.º 5. Pp. 583-600.

4. El planteamiento de que las organizaciones deben ajustar sus estructuras a los retos clave («contingencias») se asocia con la larga tradición de investigación en la teoría contingente: *véase* DONALDSON, L. (2001): *The Contingency Theory of Organizations*. Sage, o WHITTINGTON, R. (2003): «Organisational structure», en *The Oxford Handbook of Strategy*, volumen II, Oxford University Press. Capítulo 28, para encontrar resúmenes al respecto.

5. Este planteamiento de las divisiones en respuesta a la diversidad se adelantó inicialmente en CHANDLER, A. D. (1962): *Strategy and Structure*, MIT Press. *Véase* WHITTINGTON, R. y MAYER, M. (2000): *The European Corporation: Strategy, Structure and Social Science*. Oxford University Press, para un resumen del argumento de Chandler y sobre el éxito de las organizaciones con divisiones en la Europa contemporánea.

6. KHANNA, T. y PALEPU, K. (1999): «The Right Way to Restructure Conglomerates in Emerging Markets». *Harvard Business Review*, julio-agosto. Pp. 125-134.

7. Las estructuras matriciales se analizan en BARTLETT, C. y GHOSHAL, S. (1990): «Matrix management: not a structure, more a frame of mind», *Harvard Business Review*, vol. 68, n.º 4. Pp. 138-145.

8. BARTLETT, C. y GHOSHAL, S. (1998): *Managing Across Borders: the Transnational Solution*, 2ª edición. Random House.

9. Para ver los antecedentes de Unilever, que adoptó algunos elementos importantes de la estructura transnacional, *véase* PETTIGREW, A. y WHITTINGTON, R. (2003): «Complementarities in action: organizational change and performance in BP and Unilever 1985-2002», en A. Pettigrew, R. Whittington, L. Melin, C. Sanchez-Runde, F. van den Bosch, W. Ruigrok y T. Numagami (eds.), *Innovating Forms of Organizing*. Sage.

10. Para un análisis de ABB como modelo de transnacional, *véase* BARTLETT, C. y GHOSHAL, S. en la nota anterior; sobre la posterior subdivisión de ABB, *véase* RUIGOK, W.; ACHTENHAGEN, L.; WAGNER, M. y RÜEGSTÜRM, J. (2000): «ABB: beyond the global matrix, toward the network multidivisional organisation», en A. Pettigrew y E. Fenton (eds), *The Innovating Organisation*. Sage. Capítulo 4.

11. MULLERN, T. (2000): «Integrating the team-based structure in the business process: the case of Saab Training Systems», en A. Pettigrew y E. Fenton (eds), *The Innovating Organisation*. Sage. Capítulo 8.

12. *Véase* la nota 7, p. 238.

13. GOOLD, M. y CAMPBELL, A. (2002): *Designing Effective Organisations*, Jossey-Bass. *Véase* también GOOLD, M. y CAMPBELL, A. (2002): «Do you have a well-designed organisation?», *Harvard Business Review*, vol. 80, n.º 3. Pp. 117-224.

14. CHANDLER, A. D. (1962): *Strategy and Structure: Chapters in the History of American Enterprise*. MIT Press.

15. Esta práctica de «parchear» partes de la organización entre sí en función de los cambios de las necesidades del mercado se describe en EISENHARDT, K. y BROWN, S. (1999): «Patching: restitching business portfolios in dynamic markets», *Harvard Business Review*, vol. 25, n.º 3. Pp. 72-80.

16. Por ejemplo, este es el tema del libro de PETTIGREW y FENTON; *véase* la nota 2.

17. Para los lectores que quieran saber más sobre el sistema ERP son útiles las siguientes referencias: BINGI, P.; SHARMA, M. y GODLA, J. (1999): «Critical issues affecting an ERP implementation». *Information Systems Management*, vol. 16, n.º 3. Pp. 7-14; GROSSMAN, T. y WALSH, J. (2004): «Avoiding the pitfalls of ERP system implementation». *Information Systems Management*, vol. 21, n.º 2. Pp. 38-42.

18. MINTZBERG, H. (1979): *The Structuring of Organizations*. Prentice Hall.

19. La idea de los altos directivos como «conformadores del contexto» se analiza en GHOSHAL, S. y BARTLETT, C. (1994): «Linking organisational context and managerial action: the dimensions of the quality of management». *Strategic Management Journal*, vol. 15. Pp. 91-112; BARTLETT, C. y GHOSHAL, S. (1994): «Changing the role of top management: beyond strategy to purpose», *Harvard Business Review*, vol. 72, n.º 6. Pp. 79-88.

20. Esta descripción de los tres papeles en las organizaciones de servicios profesionales fue introducida inicialmente por: MAISTER, D. H. (1982): «Balancing the professional service organisation». *Sloan Management Review*, vol. 24, n.º 1.

21. WENGER, E. C. y SNYDER, W. M. (2000): «Communities of practice: the organizational frontier». *Harvard Business Review*, vol. 78, n.º 1. Pp. 139-146.

22. Por ejemplo, LEONARD-BARTON, D. (1992): «Core capabilities and core rigidities: a paradox in managing new product development». *Strategic Management Journal*, vol. 13. Pp. 111-125.

23. HELM, D. y JENKINSON, T. (1999): Competition in Regulated Industries, Clarendon Press, ofrece una serie de casos de estudio detallados sobre las consecuencias competitivas de la desregulación. *Véase* también LOMI, A. y LARSEN, E. (1999): «Learning without experience: strategic implications of deregulation and competition in the international electricity industry». *European Management Journal*, vol. 17, n.º 2. Pp. 151-164.

24. *Véase* KAPLAN, R. y NORTON, D. (1992): «The balanced scorecard: measures that drive performance», *Harvard Business Review*, vol. 70, n.º 1. Pp. 71-79; para un reciente avance, *véase* KAPLAN, R. y NORTON, D. (2000): «Having trouble with your strategy? Then map it». *Harvard Business Review*, vol. 78, n.º 5. Pp. 167-176.

25. Los mecanismos de mercado de diversos tipos fueron introducidos en muchas grandes organizaciones, sobre todo en anteriores monopolios administrados en el sector público en muchos países: *véase* HELM y JENKINSON (nota 23).

26. Las empresas como Royal Dutch Shell han estado experimentando con los mercados internos para estimular la innovación. *Véase* HAMEL, G. (1999): «Bringing Silicon Valley inside». *Harvard Business Review*, vol. 77, n.º 5. Pp. 70-84.

27. Para un análisis de estas cuestiones en el contexto del sector público *véase*: SCHOLES, K. (2001): «Strategy and structure in the public sector», en G. Johnson y K. Scholes (eds), Exploring Public Sector Strategy, Financial Times/Prentice Hall. Capítulo 13; y FORBES, T.: «Devolution and control within the UK public sector: National Health Service Trusts», *ibid*. Capítulo 16.

28. GOOLD, M. y Campbell, A. (1987): *Strategies and Styles*, Blackwell.

29. *Véase* GOOLD, M.; CAMPBELL, A. y Lucks, K. (1993): «Strategics and styles revisited: strategic planning and financial control». *Long Range Planning*, vol. 26, n.º 6. Pp. 49-61; y GRANT, R. (2003): «Strategic planning in a turbulent environment: evidence from the oil majors». *Strategic Management Journal*, vol. 24, n.º 6. Pp. 491-517.

30. BARTLETT, C. y GHOSHAL, S. (1994): «Changing the role of top management: beyond strategy to purpose». *Harvard Business Review*, vol. 72, n.º 6. Pp. 79-88.

31. *Véase* RUIGROK, W.; ACHTENHAGEN, L.; WAGNER, M. y RUEGG-STURM, J. (2000): «ABB: beyond the global matrix towards the network organisation», en A. Pettigrew y E. Fenton (eds), *The Innovating Organisation*. Sage. Capítulo 4. También JARILLO, J. C. (1993): *Strategic Networks: Creating the borderless organisation*. Butterworth-Heinemann.

32. DOZ, Y. y HAMEL, G. (1998): *Alliance Advantage*, Harvard Business School Press. Pp. 235.

33. Las organizaciones virtuales y el uso extensivo de la subcontratación han sido ampliamente tratadas. Por ejemplo, DAVIDOW, W. y MALONE, M. (1992): *The Virtual Corporation*. Harper Business. Para una vision escéptica, *véase* CHESBOROUGH, H. y TEECE, D. (2002): «Organising for

innovation: when is virtual virtuous?», *Harvard Business Review,* vol. 80, n.º 2. Pp. 127-136.

34. *Véase* Jarillo, nota 31.

35. *Véase* Pettigrew y Fenton - nota 3. Un resumen del proyecto de investigación (INNFORM) puede encontrarse en A. Pettigrew, R. Whittington, L. Melin, C. Sanchez-Runde, F. van den Bosch, W. Ruigrok y T. Numagami (eds), *Innovating Forms of Organizing.* Sage, 2003.

36. La idea de las configuraciones de cohesión se analiza en Miller, D. (1990): «Organisational configurations: cohesion, change and prediction». *Human Relations*, vol. 43, n.º 8. Pp. 771-789. Para el concepto relacionado de las complementariedades, *véase* Whittington, R.; Pettigrew, A.; Peck, S.; Fenton, E. y Conyon, M. (1999): «Change and complementarities in the new competitive landscape». *Organization Science*, vol. 10, n.º 5. Pp. 583-600.

37. Whittington, R.; Pettigrew, A.; Peck, S.; Fenton, E. y Conyon, M. (1999): «Change and complementarities in the new competitive landscape». *Organization Science*, vol. 10, n.º 5. Pp. 583-600.

38. Para una breve descripción de las configuraciones de BP y Unilever *véase* Pettigrew, A. y Whittington, R. (2001): «How to join-up change». *People Management*, vol. 7, n.º 20. Pp. 52-55; para una descripción más detallada, *véase* Pettigrew, A. y Whittington, R. (2003): «Complementarities in action: organizational change and performance in BP and Unilever 1985-2002», en A. Pettigrew, R. Whittington, L. Melin, C. Sanchez-Runde, F. van den Bosch, W. Ruigrok y T. Numagami (eds.), *Innovating Forms of Organizing*. Sage.

39. Pettigrew, A. y Fenton, E. (2000): «Complexities and dualities in innovative forms of organising», en A. Pettigrew y E. Fenton (eds.), *The Innovating Organisation*. Sage. Capítulo 10.

40. Burgelman, R. A. (1985): «Managing the new venture division: implications for strategic management». *Strategic Management Journal*, vol. 6, n.º 1. Pp. 39-54.

41. *Véase* Whittington y Mayer en la nota 5 y Ruigrok *et al.,* en las notas 10 y 22.

42. Whittington, R. y Mayer, M. (2002): *Organising for Success: A Report on Knowledge.* CIPD.

43. Chandler, A. (1962): *Strategy and Structure: Chapters in the History of American Enterprise*. MIT Press. P. 314.

44. Hall, D. J. y Saias, M. A. (1980): «Strategy follows structure!». *Strategic Management Journal*, vol. 1, n.º 2. Pp. 149-163.

45. Amburgey, T. y Dacin, T. (1994): «As the left foot follows the right? The dynamics of strategic and structural change». *Academy of Management Journal*, vol. 37, n.º 6. Pp. 1427-1452.

46. Mintzberg, H. (1990): «The Design School: reconsidering the basic premises of strategic management». *Strategic Management Journal*, vol. 11. Pp. 171-195.

## TRABAJOS

✻ Indica una mayor dificultad.

**8.1**  Dibuje organigramas para una serie de organizaciones con las que esté familiarizado y/o de los casos de estudio del libro. ¿Por qué tienen esta estructura?

**8.2**  En referencia a la Sección 8.2.2 sobre la estructura multidivisional, analice las ventajas de crear divisiones aplicando distintos criterios (como el producto, las zonas geográficas y la tecnología). Hágalo para una organización con la que esté familiarizado o con una organización que figure en los casos.

**8.3✻**  A partir de la Ilustración 8.3, redacte un breve informe ejecutivo al CEO de una organización multidivisional que explique cómo puede resultar útil el cuadro de mando integral como proceso directivo para controlar y supervisar el rendimiento de las divisiones. Asegúrese de presentar su crítica tanto de las ventajas como de los inconvenientes de este planteamiento.

**8.4✻**  Haga una valoración crítica de la importancia de las relaciones sede/división para sustentar el desarrollo estratégico de las organizaciones (*véanse* los Cuadros 8.11 a 8.13). Ilustre su respuesta describiendo (y justificando) la relación que considera más adecuada para las siguientes organizaciones:

    (a)   la BBC (Caso de ejemplo al final de este capítulo)

    (b)   Bertelsmann (Ilustración 8.6)

    (c)   Electrolux (Ilustración 8.1)

    (d)   una organización de su elección.

**8.5✻**  A partir de los Cuadros 8.11 a 8.13, elija una organización con la que esté familiarizado y analice las siguientes dos situaciones: (i) mayor centralización, (ii) mayor delegación de poder. En cada caso, explique y justifique:

    (a)   ejemplos de las circunstancias en que recomendaría cada cambio;

    (b)   cómo permitiría el cambio que la organización mejorase su rendimiento;

    (c)   cualquier peligro potencial del cambio y cómo se puede evitar.

**8.6**  A partir del Cuadro 8.15, explique cuál de las configuraciones de la organización de Mintzberg se ajusta mejor a la situación de cada una de las organizaciones del trabajo 8.4. ¿Hasta qué punto es la configuración actual de la organización acorde con esta expectativa, y cuáles son las consecuencias de cualquier desajuste?

**8.7✻**  A partir de los elementos de la organización para el éxito (estructuras, procesos y relaciones), compare la diferencia clave que espera encontrar en una organización que se encuentra en un entorno relativamente sencillo/estático y en otra organización que se mueve en un entorno complejo/dinámico (*véase* Cuadro 8.16).

### Trabajos de integración

**8.8**  En el caso de una empresa con una diversificación relacionada (Capítulo 6), ¿qué elementos de la organización (estructura, procesos y relaciones) deben ser más eficaces para preservar el conocimiento de la organización (Capítulo 3) y cuáles son menos eficaces?

**8.9**  ¿Cómo pueden las distintas partes interesadas (Capítulo 4), por ejemplo, los accionistas y los directivos, evaluar las distintas estructuras de la organización, sobre todo respecto a sus prioridades políticas e intereses?

## CASO DE EJEMPLO

# Construcción de una nueva BBC

En abril de 2000, Greg Dyke, el nuevo director-general de la BBC, anunció una importante reorganización de una de las radio-televisiones más famosa del mundo. Su propuesta de suprimir niveles directivos fue recibida con entusiasmo por muchos empleados, periodistas y creativos de la organización. Sin embargo, cuatro años más tarde Greg Dyke se vio obligado a dimitir, después de que una dudosa noticia de la BBC desencadenara una serie de acontecimientos que culminaron en el suicidio del científico contratado por el Gobierno, Dr. David Kelly. Puesto que seguía gozando de popularidad en el seno de la organización, la dimisión de Dyke provocó demostraciones de apoyo dentro de la BBC, pero algunos afirmaron que había que culpar, en parte, a la anterior reorganización por los acontecimientos que provocaron su caída.

La BBC fue creada en 1922 como una radio pública y, más tarde, como televisión. Es independiente del Gobierno y está dirigida por una junta de gobernadores. Al principio del mandato de Dyke, la BBC tenía unos ingresos de unos 2.000 millones de libras (unos 3.000 millones de euros) de los pagos de la licencia de unos 22 millones de hogares en el Reino Unido. Así, la BBC seguía siendo una de las pocas grandes cadenas de todo el mundo que no ponía anuncios en medio de los programas, aunque sí que derivó unos ingresos comerciales de casi 100 millones de libras de la venta de los derechos de los programas y de productos con su marca en todo el mundo. En el Reino Unido, y en otras partes del mundo hasta cierto punto, la BBC se consideraba más como una institución que como una empresa. Sus retransmisiones llegaban a más de 50 millones de personas en el Reino Unido todas las semanas y a casi 300 millones en todo el mundo. Tenía una reputación global de diversidad, profundidad y calidad de sus programas, sobre todo en películas, documentales y noticias.

No es sorprendente que una institución tan prominente esté siempre bajo el escrutinio público, no solo en cuanto a sus producciones sino también en cuanto a cómo se financia y dirige. El nombramiento de Greg Dyke como director-general, que combina el papel de CEO y editor jefe sorprendió a mucha gente. No se ajustaba a la «imagen de la marca» de la mayoría de sus predecesores. Tenía experiencia en la televisión comercial y más conocimientos «de la calle». Como muchos nuevos líderes, sus primeros pasos para dejar su marca en la BBC consistieron en revisar la estructura y los procesos directivos, que fue lo que anunció en abril de 2000 y publicó en su *Building One BBC*.

Fotografía: BBC

## Estructura anterior a 2000

La estructura de John Birt para la BBC partió de los principios adoptados en muchas partes del sector público en aquel momento. Birt creó un mercado interno separando las responsabilidades directivas en divisiones que cubrían las tres principales facetas de la retransmisión: los recursos (como los estudios, los equipos para exteriores, etcétera) la producción de programas y la retransmisión de programas (*véase* Figura 1).

Cada una de estas divisiones tenía su propia «sede», varias unidades de negocio[1] y comerciaban entre sí en un mercado interno y también con terceros fuera de la BBC. Por ejemplo, los que retransmitían programas contrataban servicios internos y también de productoras externas. Los productores de programas alquilaban infraestructuras de los recursos de la BBC pero también utilizaban estudios y equipos externos. Vendían sus programas tanto internamente como a otras cadenas. La división de Recursos de la BBC alquilaba sus recursos externamente así como a los productores de programas de la BBC. Este diseño de la estructura pretendía aportar cierta «disciplina de mercado» a la organización y garantizar que cada una de estas grandes áreas ofrecía un buen valor en comparación con sus competidores. En este mercado interno de la BBC, John Birt consideraba que el papel de la sede era el de regulador del mercado, definiendo las «reglas» y los sistemas y procedimientos para gestionar este mercado interno. Esto incluía

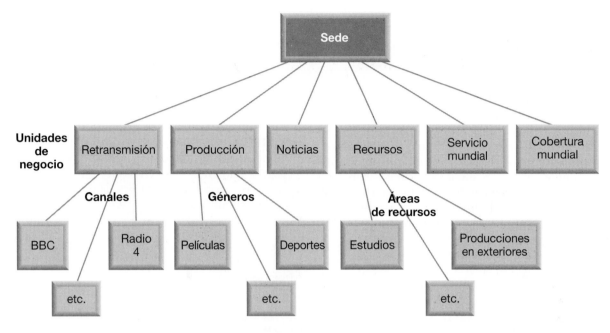

**Figura 1  La estructura de John Birt (anterior a 2000; simplificada)**

objetivos y precios de transferencia entre los «clientes» y los «proveedores». Pero la mayoría de las cosas que normalmente están centralizadas en otras organizaciones estaban aquí delegadas y duplicadas, como la gestión financiera. Es significativo que, dada la naturaleza rápida de las noticias, ese área de las actividades de la BBC quedaba excluida de este mercado interno y tanto producción como retransmisión se gestionaban como una única unidad. En efecto, las noticias en directo se retransmitían en el momento de ser producidas.

## Nuevas metas para el futuro: cómo construir una nueva BBC (Building One BBC)

Al presentar su *Building One BBC*, Greg Dyke explicó el por qué de los cambios estructurales:

> Nuestro objetivo es que la BBC sea una organización en que la gente trabaja colaborando, disfrutando de su trabajo y estando unida e inspirada por un propósito común: crear grandes programas de televisión y excelentes servicios *online*. Si la BBC quiere ser un imán para los mejores talentos del Reino Unido, tiene que ser un lugar de trabajo creativo y excitante.
> [...] la gente se siente orgullosa de trabajar para la BBC, pero quiere ver cambios. Cree que la BBC ha dado pasos importantes hacia la obtención de una fuerte posición en la era digital, pero cree que tiene demasiados niveles directivos y procesos caros, y que se pasa demasiado tiempo negociando dentro de la propia BBC. Por ello, como organización, nos movemos, sencillamente, demasiado despacio. La gente también comenta que hay

una cultura de división y de orientación interna, más que hacia a la audiencia.

A continuación ofrecía una lista de cinco metas que tenían que resolver los cambios:

- *Poner primero a la audiencia, la creatividad y la producción de programas en el centro de la BBC.* Esto se consideraba como la única manera que tenía la BBC para ganar y mantener a la audiencia en la era digital, en la que los consumidores tienen una gran variedad para elegir.

- *Con el tiempo, aumentar la proporción de la financiación que la BBC gastaba en programas del 76 al 85 por ciento.* Dicho de otra manera, reducir los gastos generales de dirección del 24 al 15 por ciento.

- *Crear una cultura de colaboración en la que la gente trabaja junta para hacer grandes programas.* La consecuencia es que la estructura actual daba lugar a una cultura de división.

- *Cambiar la forma en que funciona la organización para que podamos tomar decisiones rápidamente y actuar con decisión, al tiempo que mantenemos suficientes controles y equilibrios para evitar errores perniciosos.* Esto contrastaba con la forma en que el mundo digital estaba dando lugar a nuevos competidores que actuaban con decisión (como Microsoft o AOL).

- *Garantizar que la BBC esta adecuadamente equipada con las habilidades que necesita para competir con eficacia en el mundo digital.* Se necesitaban nuevas habilidades para la creación de marca en los distintos medios, la distribución, los portales y la gestión de derechos.

## Los cambios de Greg Dyke

*Building One BBC* pasaba a explicar a continuación los nueve cambios que permitirían alcanzar estas metas:

● *Se introduciría una estructura más plana* por la que desaparecerían las sedes de BBC Broadcast y BBC Production acercando la programación y los canales a la sede de la BBC y permitiendo una reducción sustancial de los costes generales. Esta estructura se dibujó simbólicamente como una flor (*véase* Figura 2). Se suprimió un nivel de la alta dirección, de forma que en el futuro habría 17 directores que informarían directamente al director-general.

● *Se crearía un equipo directivo más amplio* en el que el número de personas de programación y retransmisión en el comité ejecutivo [2] aumentaría de 4 a 9. Los 50-60 directivos de más alto rango se unirían a los anteriores en el grupo de liderazgo. El objetivo era aumentar la importancia estratégica de las cuestiones de programación y retransmisión y tener una mayor propiedad sobre las estrategias de la BBC.

● *BBC Production sería sustituida* por tres divisiones de programación: Películas, Ocio e Infantil; Hechos y aprendizaje; y Deportes. Estas divisiones informarían directamente al director-general y estarían representadas en el comité ejecutivo.

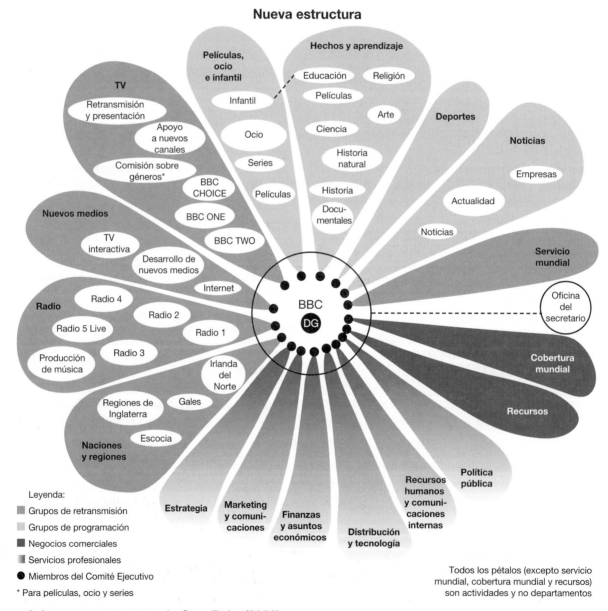

**Figura 2  La nueva estructura de Greg Dyke (2000)**

- *La programación y producción de Deportes, Infantil y Educación[3] se reintegraría para crear una única división de la BBC para cada área*. Anteriormente solo se había integrado así a Noticias. La razón de este cambio era que Deportes era muy parecido a Noticias al tener una gran proporción de cobertura en directo. Infantil y Educación eran dos segmentos del mercado en los que una dirección integrada de todos los productos de esos segmentos podría ser beneficiosa y dar a los directivos una «capacidad en distintos medios». Por ejemplo, Deportes dirigiría el servicio de deportes *online* así como la retransmisión de acontecimientos deportivos.

- Se utilizaron argumentos análogos para justificar la *reintegración de la producción y compra de música en radio* (para Radios 1, 2, y 3).

- En toda la corporación *se introduciría un proceso de encargos con mayor colaboración, con sistemas de garantía en la mayoría de las áreas*. Esto significaba que los encargados de retransmisión y de producción de programas trabajarían con más colaboración entre ellos para planificar sus actividades durante un periodo de tiempo razonable, como una temporada o un año. Era un intento de suprimir lo peor del comportamiento de competencia interna que había generado el mercado interno.

- *Se crearía una nueva división de* Medios de Noticias. Se unirían BBC Online y la televisión interactiva, así como los desarrollos de «cielos azules». Se trataba de una respuesta a la fusión de tecnologías y del deseo de garantizar que la BBC dispusiera de una visión integrada sobre las nuevas tecnologías y, todavía más importante, que desarrollara y aplicara una estrategia coherente y no una estrategia fragmentada.

- *La duplicación de las funciones centrales y de apoyo se eliminaría (por ejemplo, marketing, estrategia, finanzas y recursos humanos)*. Si las divisiones necesitaban apoyos recurrirían a los recursos de la sede.

- *Se simplificarían los intercambios internos* con una reducción de las unidades de negocio de 190 a, aproximadamente, 40. Esto simplificaría y reduciría los costes de las transacciones financieras internas entre los clientes y proveedores internos en el mercado interno.

## La BBC y el suicidio de David Kelly

Los años posteriores a la reorganización de Greg Dyke fueron prósperos para la BBC, aumentando los ingresos a 2.700 millones de libras (unos 4.100 millones de euros) en 2003. Y, entonces, se produjo la crisis tras el controvertido informe del periodista de la BBC Andrew Gilligan sobre los comentarios del científico Dr. David Kelly sobre el papel del gobierno en la Guerra de Irak de 2003.

La investigación oficial de Lord Hutton de las circunstancias de la muerte de David Kelly se debió, no solo al triste suicidio del científico del Gobierno, sino también a las graves consecuencias de la afirmación de Andrew Gilligan de que el Gobierno había llevado a la guerra al Reino Unido sabiendo que su justificación era falsa. Cuando entregó su informe a principios de 2004, Lord Hutton se mostró muy crítico, tanto con la noticia publicada por Andrew Gilligan como con la respuesta de la BBC ante las acusaciones gubernamentales de falta de exactitud. Se descubrió que Greg Dyke no había leído el informe de Andrew Gilligan hasta transcurrido un mes desde su retransmisión a pesar de que la BBC lo defendía a ultranza. Parecía que los procedimientos del comité editor de noticias no eran muy eficientes, y que se habían ignorado las señales de advertencia sobre la profesionalidad de Gilligan. Una parte del equipo de noticias de la BBC había pasado a preocuparse en exceso por la retransmisión de noticias sensacionalistas. La revista *The Economist* comentaba:

> No se puede esperar que el Sr. Dyke sepa todo lo que ocurre en el imperio de 3.400 noticias de la BBC. Además, es un ejecutivo de la televisión, no un periodista experimentado. Pero la complacencia, junto con la ingenuidad, no eran precisamente lo que necesitaba la BBC en ese momento... Con un tamaño diez veces superior al de un periódico de gran tirada, el equipo de noticias de la BBC es demasiado grande para que la alta dirección esté encima de la edición.

### Notas

1. Por ejemplo, Retransmisión de Programas incluía diversos canales de televisión y cadenas de radio.
2. El Comité Ejecutivo tenía 18 miembros.
3. Las dos últimas son unidades de Películas, Educación e Infantil y Hechos y aprendizaje, respectivamente.

*Fuentes*: Informes anuales BBC; *Building One BBC*, abril 2000 (con autorización); *The Economist*, 20 de septiembre de 2003.

> **Pregunta**
>
> 1. ¿Cuáles cree que eran las ventajas e inconvenientes de la estructura de John Birt? ¿Por qué había excepciones dentro de la estructura de los mercados internos (sobre todo en Noticias)?
>
> 2. Analice cómo ha cambiado el papel de la sede entre John Birt y Greg Dyke y compare con los estereotipos de Goold y Campbell.
>
> 3. ¿Cómo modificó Greg Dyke el mercado interno, y por qué? ¿Por qué no eligió desmantelar por completo este mercado interno?
>
> 4. ¿En qué sentido puede haber contribuido la reorganización de Greg Dyke a la secuencia de acontecimientos que dieron lugar a su dimisión?

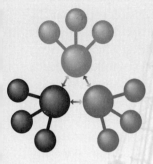

# 9

# Potenciar el éxito

## Objetivos del aprendizaje

Tras leer este capítulo, usted debería ser capaz de:

- Explicar por qué son importantes las cuestiones relativas a la gestión de recursos para potenciar el éxito estratégico.

- Describir cómo la gestión del personal puede permitir aplicar estrategias de éxito. Esto incluye el desarrollo de las competencias de los individuos, la gestión de su comportamiento y el disponer de las estructuras y procesos adecuados.

- Explicar cómo el acceso y procesamiento de información puede potenciar el éxito gracias a la creación o destrucción de capacidades, la creación de nuevos modelos de negocio y el cambio de los procesos directivos.

- Comprender cómo la gestión de las finanzas puede potenciar el éxito estratégico mediante: el desarrollo de estrategias para crear valor financiero; la cobertura de las necesidades de financiación de las distintas estrategias y la consecución de la satisfacción de las diferentes expectativas financieras de las partes interesadas.

- Describir cómo puede la tecnología: cambiar las fuerzas competitivas de una organización; afectar a la capacidad estratégica e influir sobre los procesos directivos.

- Comprender por qué es necesario integrar la diversidad de recursos y competencias entre las distintas áreas de recursos para potenciar el éxito de una estrategia.

Fotografía: Freefoto.com

Fotografía: Digital Vision

## 9.1   INTRODUCCIÓN

Puesto que hay muy pocos individuos en la cima de las organizaciones, su experiencia y contribución al éxito estratégico viene de «abajo». Operarán en partes de la organización donde su trabajo cotidiano está dominado por cuestiones sobre la función, el departamento, la división o el equipo de un proyecto. De los análisis anteriores de este libro debería estar claro que, en todas las organizaciones, excepto en las muy pequeñas, este tipo de *especialización* suele ser un factor clave que sustenta el éxito. Esta especialización puede estar reflejada en las estructuras formales de la organización, tal y como se analizaron en el Capítulo 8, o puede estar relacionada con las distintas contribuciones que hacen los individuos en los equipos. En cualquier caso, los directivos y el personal de los niveles inferiores de la organización pueden controlar recursos, actividades y procesos empresariales que son cruciales para *potenciar* el éxito estratégico. También es probable que sean los que más conocimientos tienen sobre los cambios de las partes del entorno empresarial con las que se relacionan. Por ejemplo, los especialistas en recursos humanos deben comprender cómo funcionan los mercados de trabajo, los directivos financieros deben comprender cómo funcionan los mercados financieros, los de marketing deben comprender a los clientes, etcétera. Así pues, muchas de las cuestiones en estas partes de una organización también serán estratégicas. De hecho, con el continuado avance hacia estructuras más planas y la adopción de nuevas formas de organización (como las redes y los equipos de proyectos) se encuentra más «responsabilidad» sobre la estrategia en los niveles inferiores, como se analizó en el Capítulo 8. Así pues, ahora hay más directivos que tienen la responsabilidad de integrar los recursos para poder aplicar las estrategias, tal vez en su división o en su zona geográfica. Así, ellos también tienen que comprender cómo contribuyen las capacidades en distintas áreas de recursos al éxito general de las estrategias de la organización, y tienen que ser capaces de gestionar esos recursos (como los individuos, la información, etcétera) de forma *estratégica*. Los esfuerzos, decisiones y prioridades de todos estos directivos en las partes del negocio son cruciales para el éxito o fracaso de las estrategias generales, como se verá en el Capítulo 11.

El objetivo de este capítulo es ayudar a los lectores a comprender mejor el papel crucial que desempeñan los directivos e individuos de las distintas partes de una organización para *potenciar* el éxito de las estrategias. El capítulo se va a centrar en cuatro áreas de recursos clave: personal, información, finanzas y tecnología, y en las formas en que pueden posibilitar el éxito estratégico. En cada caso se analizarán dos cuestiones relacionadas (*véase* el Cuadro 9.1):

- ¿Son las distintas áreas de recursos capaces de *potenciar el* éxito de las estrategias empresariales generales? Esto incluirá la necesidad de que los que gestionan los recursos comprendan la estrategia empresarial y puedan cambiar de forma pertinente las capacidades y los comportamientos.

Pero también...

- ¿Se están conformando las estrategias empresariales de la organización para *capitalizar la experiencia* de cada área de recursos? Esto exige que los altos directivos comprendan las estrategias que pueden surgir de las fortalezas en cada área de recursos en concreto. El planteamiento de la estrategia basado en los recursos, introducido en el Capítulo 3 es particularmente relevante en este sentido.

Así pues, en resumen, el **potenciar el éxito** hace referencia a la relación de doble sentido entre las estrategias empresariales generales y las estrategias en las distintas áreas de

**Potenciar el éxito** hace referencia a la relación de doble sentido entre las estrategias empresariales generales y las estrategias en las distintas áreas de recursos como personal, información, finanzas y tecnología.

**Cuadro 9.1**    Potenciar el éxito estratégico

recursos como personal, información, finanzas y tecnología. Por utilizar un ejemplo con el que ilustrar este punto, muchas organizaciones al inicio del siglo XXI están preocupadas por si pudieran estar «perdiendo el tren» en cuanto a la aplicación de las tecnologías informáticas y la explotación de la información en su negocio. Evidentemente, preocupa saber cómo se puede «incorporar» al negocio la capacidad de procesamiento de información para mejorar la competitividad de las estrategias actuales. Pero, para comprender adecuadamente esta relación entre la información y la estrategia empresarial, también es importante preguntarse cómo se puede transformar todo el proceso empresarial utilizando las tecnologías informáticas. El peligro de plantearse solo la primera pregunta es que la estrategia avanza como un conjunto de ajustes a una idea empresarial antigua, para hacer las cosas un poco mejor, un poco más baratas y un poco más deprisa. No plantea la pregunta radical sobre cómo se tiene que cambiar la idea empresarial para capitalizar las nuevas capacidades que ofrecen las tecnologías de la información. Estas preguntas de doble sentido también se pueden aplicar a las otras áreas de recursos, como se verá más adelante. El Capítulo 11 también analizará cómo deben reflejar los procesos de gestión del cambio estas preguntas de doble sentido.

## 9.2 GESTIÓN DE PERSONAL[1]

El conocimiento y la experiencia de los individuos pueden constituir factores clave para potenciar el éxito de las estrategias. Pero también pueden obstaculizar una adopción con éxito de nuevas estrategias. Así pues, las cuestiones relacionadas con el personal son una preocupación central y una responsabilidad de la mayoría de los directivos en las organizaciones, y no se confinan a la función especializada en recursos humanos. En efecto, aunque los sistemas y estructuras formales de recursos humanos pueden tener una importancia vital para respaldar el éxito de las estrategias, es muy posible que puedan obstaculizar la aplicación de la estrategia si no se han particularizado a los tipos de estrategias que se

| Cuadro 9.2 | Estrategia y personal |

están aplicando. Además, la relación entre los individuos y las estrategias de éxito va más allá de la agenda tradicional de la función de recursos humanos y está relacionada tanto con los comportamientos como con las competencias. La capacidad de cambiar los comportamientos puede ser el ingrediente clave para el éxito. La creación de un ambiente en el que los individuos intenten alcanzar el éxito, y la motivación de los individuos, desempeñan papeles cruciales para cualquier directivo y son una parte central de su participación en la estrategia de la organización. Resulta útil reflexionar sobre las cuestiones de la estrategia relativas al personal como cuestiones relacionadas con tres aspectos (*véase* el Cuadro 9.2):

- El personal como un *recurso* (que está relacionado con el Capítulo 3);
- El personal y su comportamiento (que está relacionado con el Capítulo 4);
- La necesidad de organizar al personal (que está relacionado con el Capítulo 8).

### 9.2.1    El personal como un recurso[2]

Un mensaje importante del Capítulo 3 de este libro es que disponer de recursos (incluyendo al personal) no garantiza el éxito estratégico. La capacidad estratégica se ocupa de cómo se utilizan, gestionan y controlan estos recursos y, en el caso de los individuos, cómo se motivan para crear competencias en aquellas actividades y procesos empresariales necesarios para que funcione el negocio. Es una agenda difícil en un mundo que cambia rápidamente, puesto que los estándares de rendimiento están aumentando continuamente. Una gran parte de esta faceta «difícil» de la gestión de recursos humanos está relacionada con estas cuestiones sobre la gestión del rendimiento. Así pues, las actividades tradicionales de recursos humanos pueden ayudar a potenciar estrategias de éxito de las siguientes maneras:

- Las *auditorías* para valorar los requisitos de recursos humanos para respaldar las estrategias y/o identificar competencias nucleares basadas en el personal sobre las que construir estrategias futuras.

- La *definición de objetivos y la evaluación del rendimiento* de los individuos y equipos. La mayoría de las organizaciones esperará que sean los directivos de línea los que realicen estas tareas, normalmente en el contexto de un programa de evaluación diseñado desde la sede. Esto mejora las oportunidades de que las evaluaciones estén vinculadas a la estrategia. Además, ha habido una tendencia hacia las denominadas evaluaciones de 360 grados. Estas evaluaciones valoran el rendimiento de un individuo desde múltiples perspectivas, no solo desde la del directivo de línea sino también desde las demás partes la organización a las que afecta el trabajo del individuo y/o de su equipo. Es un intento de evaluar el impacto total del trabajo de un empleado sobre el éxito de la estrategia.

- En muchas organizaciones, la planificación de *recompensas* ha tenido que reconocer la realidad de una mayor necesidad de un trabajo en equipo para poder aplicar la estrategia. Los incentivos demasiado orientados al individuo (muy frecuentes para el personal de ventas) pueden minar el trabajo en equipo. Pero los incentivos al equipo tienden a complementar los incentivos individuales en vez de sustituirlos.

- El *reclutamiento* es un método clave para mejorar la capacidad estratégica en muchas organizaciones. Por ejemplo, muchas organizaciones del sector público han tenido que reclutar a personal con habilidades de marketing y de tecnologías de la información al intentar acercarse a sus clientes y explotar las nuevas tecnologías de la información. Análogamente, la planificación de las *reducciones de plantilla* y la *reasignación laboral* es importante para todas aquellas organizaciones que estén atravesando cambios. La *planificación de la sucesión* ha tenido que volver a centrarse, de preparar a los individuos para desempeñar determinados cargos en una jerarquía a asegurarse, sencillamente, de que existe un grupo suficientemente grande de individuos con talento para satisfacer las futuras necesidades de liderazgo.

- La existencia de *individuos competentes* únicos en una organización, como un cirujano especialista en un hospital, un abogado criminalista o un académico de reconocido prestigio en una universidad, no constituirá una fuente sólida de ventaja comparativa a largo plazo puesto que esos individuos pueden abandonar la organización, jubilarse o fallecer. Así pues, para sostener la excelencia, una gran preocupación debe ser averiguar cómo se puede *difundir el conocimiento* de esos individuos en toda la organización, por ejemplo, utilizando al experto en un papel de mentor o mediante la «codificación» de sus conocimientos en rutinas laborales. Sin embargo, estos procesos de difusión del conocimiento pueden también educar a los competidores (por ejemplo, cuando los empleados cambian de organización). Así pues, es necesario alimentar continuamente la innovación y la creatividad en la organización.

- En el ámbito de la *formación y el desarrollo* se ha producido una reducción de la utilización de programas formales y más entrenamiento y formación mediante mentores para sostener un desarrollo personal. Se trata de habilidades importantes que deben tener los individuos si las estrategias de la organización están cambiando y desarrollándose continuamente.

Para poder poner en marcha y ejecutar las estrategias de recursos humanos en estas tareas, los directivos y los profesionales de recursos humanos tienen que estar familiarizados con las estrategias de la organización, con cómo pueden cambiar en el futuro, y con las consecuencias sobre las competencias del personal. La Ilustración 9.1 refleja el intento de muchas empresas de conseguir el ajuste mediante planteamientos formalizados sobre la gestión del rendimiento, que recurren a los sistemas informáticos para conseguirlo. Pero muchos afirman que puede ser mejor ir más lejos y esperar que sean los *propios* empleados los que comprendan y «gestionen» estas cuestiones. Si no ocurre todo esto, es probable que las estrategias empresariales fracasen porque las estrategias de recursos humanos y/o las competencias de los individuos «no se ajustan» a la estrategia empresarial.

Sin embargo, no basta con limitarse a ajustar los procesos de gestión del rendimiento para respaldar las estrategias de cambio. Los directivos tienen que ser capaces y estar dispuestos a prever un futuro en el que las estrategias de rendimiento de la organización se transforman explotando las capacidades de gestión del rendimiento de la organización mejor que sus competidores. Por ejemplo, la capacidad de utilizar mentores y entrenadores podría ofrecer un entorno que atraerá a personas creativas a quienes les gusta superar retos y aprender. A su vez, esto crea una mano de obra que es mucho más capaz que los competidores de «pensar de forma alternativa» y crear características innovadoras de los productos y nuevas formas de competir en el mercado. Esto exigirá que se disponga de estructuras y procesos organizativos que respalden estos comportamientos, como se mencionó en el Capítulo 8 y se analiza con más detalle a continuación.

### 9.2.2 Personal y comportamiento[3]

Los individuos no son como los demás recursos. Afectan a la estrategia, tanto a través de sus competencias (Sección 9.2.1) como a través de sus comportamientos, como se analizó en el Capítulo 4. El Capítulo 10 también destacará que muchos de los problemas de la gestión del cambio se deben a que no se entienden los comportamientos, no se tienen en cuenta o no se intentan cambiar. Esta faceta *soft* de la gestión de los recursos humanos hace referencia al comportamiento del personal, tanto desde el punto de vista individual como desde el colectivo. Es una faceta que se suele menospreciar a favor de las cuestiones más *hard* que se han analizado en la sección anterior. Así pues, el comportamiento del personal es un área en el que las acciones cotidianas de los directivos individuales pueden contribuir significativamente a potenciar el éxito de la estrategia empresarial. Es necesario que los directivos tengan clara la relación entre sus acciones y las estrategias de la organización. Por ejemplo:

● Considerando que su papel es el de «*conformadores del contexto*»[4] orientados al personal, y no el de «planificadores generales» con una orientación analítica. Para ello, será necesario que comprendan cómo pueden estas facetas más *soft* de la estrategia fomentar u obstaculizar el éxito estratégico, como se analizó en el Capítulo 4 (en concreto, en la red cultural (Cuadro 4.11) y en el mapa de las partes interesadas (Cuadro 4.5)).
● Comprendiendo *la relación entre los comportamientos y las opciones estratégicas*. Esta es una cuestión crucial si los directivos quieren asignar prioridades a sus esfuerzos para gestionar los comportamientos de la organización. Por ejemplo, puesto que los comportamientos (cultura) pueden convertirse en un obstáculo, será necesario tomar determinados tipos de decisiones estratégicas para cambiar la cultura (los comportamientos), (como se analizó en el Capítulo 4). Sin embargo, puede tener más sentido no aplicar esas estrategias en concreto sino concentrarse en estrategias que son particularmente adecuadas a la cultura de una organización. En efecto, es posible

# Sistemas de gestión del rendimiento

*Una forma de alinear las estrategias empresariales y las estrategias de recursos humanos es recurriendo a la gestión del rendimiento.*

Fundada en 1997 y con sede en California, Saba era un proveedor líder de soluciones de gestión y desarrollo de capital humano, diseñadas para mejorar el rendimiento de la organización mediante la aplicación de un sistema de gestión informática para hacer ajustes, desarrollar y gestionar al personal. Las publicaciones de la empresa explicaron cómo ayudan sus productos a los directivos para hacer una evaluación del rendimiento:

Con mucha más solidez que los productos de evaluación básica de los empleados, Saba Enterprise Performance ofrece profundas capacidades de evaluación de los empleados junto con un sistema de apoyo a las iniciativas estratégicas, a la alineación de las metas, a los planes de acción de los empleados y a la gestión de las competencias. Saba Enterprise Performance respalda las estrategias y metas de una organización al ayudar a comunicar y alinear las actividades del personal con sus objetivos. Además, reduce los costes asociados con las evaluaciones del rendimiento. También va más allá de las soluciones de gestión del rendimiento gracias a su fuerte integración con el sistema Saba Enterprise Learning, el sistema de gestión líder de la industria para el desarrollo y la gestión del personal. La ejecución de la estrategia empresarial y la mejora del rendimiento de la mano de obra son algunas de las ventajas clave que ofrecen las ricas características incluidas en el sistema de Saba Enterprise Performance.

Las características innovadoras de esta versión incluyen:

### Gestión de iniciativas

Saba Enterprise Performance ayuda a las organizaciones a ejecutar su estrategia empresarial permitiendo que el personal se centre en las iniciativas estratégicas, como la respuesta ante nuevos competidores, el lanzamiento de un producto o la inversión en una nueva línea de negocio. Cuando se identifica una iniciativa, las organizaciones pueden definir con rapidez las metas correspondientes y las competencias necesarias, y asignar y seleccionar miembros de distintas funciones a los equipos, al tiempo que se mantiene la visibilidad sobre todo el proceso de la iniciativa.

### Alineación de objetivos

Saba Enterprise Performance permite una visibilidad de arriba a abajo para que los ejecutivos comprendan, en tiempo real, cómo está funcionando la organización. Saba Enterprise Performance está diseñado para notificar de forma activa al personal de las tendencias o excepciones, como la no consecución a tiempo de los objetivos. También permite que los individuos vean el efecto de sus propios objetivos y cómo contribuyen a los objetivos estratégicos de la organización. Además, el producto incluye un Plan de Acción temporal que respalda las metas asignadas, la consecución de las metas anteriores y las actividades de

aprendizaje necesarias. Los objetivos en el Plan de Acción son prescriptivos y pueden estar basados en el papel de la persona o en la iniciativa estratégica.

### Evaluación del rendimiento

Saba Enterprise Performance ofrece poderosas capacidades de evaluación del rendimiento diseñadas para aumentar la productividad de los individuos y del conjunto de la organización. Estas evaluaciones se pueden aplicar en toda la cadena ampliada de proveedores, clientes y aliados, permitiendo que la dirección evalúe correctamente el rendimiento del personal y pueda sugerir mejoras. Utilizando el sistema Saba Enterprise Performance, las organizaciones pueden mejorar la calidad y eficacia en su proceso de revisión del rendimiento midiendo el rendimiento respecto a determinados criterios definidos y revisando la información proporcionada por el usuario. Por ejemplo, las evaluaciones con múltiples evaluadores ayudan a las organizaciones a hacer crecer sus talentos al proporcionar a los individuos una evaluación de 360 grados sobre sus competencias, evaluación realizada por sus directivos, colegas, clientes y los informes directos.

### Aprendizaje de la empresa

A diferencia de los sistemas de gestión del rendimiento que no ofrecen aplicaciones de aprendizaje para ayudar a los individuos a alcanzar sus metas, el sistema Saba Enterprise Performance puede integrarse sin interrupción con el sistema Saba Enterprise Learning en la nueva plataforma Saba 5. Juntos, el sistema Saba Enterprise Performance y el sistema Saba Enterprise Learning ayudan a las organizaciones a orientar los recursos de aprendizaje hacia las metas de la organización y en las competencias, y maximizar el rendimiento de la inversión en los esfuerzos de aprendizaje. Utilizando ambas soluciones Saba, las organizaciones pueden planificar y crear planes de desarrollo personalizados para satisfacer las necesidades individuales, y permiten lograr un aprendizaje diseñado para reducir los vacíos de competencias y mejorar el rendimiento individual.

*Fuente: Business Wire Philadelphia, 8 de octubre de 2003.*

### Preguntas

1. ¿Cuáles son las ventajas de sistematizar la gestión del rendimiento de las formas que se describen en la ilustración?

2. ¿Qué riesgos e inconvenientes existen?

3. Ofrezca ejemplos de organizaciones en las que cree que el sistema de Saba sería particularmente adecuado o particularmente inadecuado. Justifique su respuesta.

que existan algunas estrategias en las que la cultura de la organización ofrece una ventaja única respecto a otras organizaciones.

- Siendo realistas sobre la *dificultad y los plazos temporales* necesarios para cambiar los comportamientos. El cambio de la cultura es un largo proceso consistente en cambiar los comportamientos. Es improbable que las herramientas más *hard* del cambio (estructura de los sistemas) consigan cambiar algo si se utilizan por sí solas, como se verá en el Capítulo 10.

- Siendo capaces de variar su *estilo* de gestión del cambio en función de las distintas circunstancias, como se analizará en el Capítulo 10. Así pues, son importantes las habilidades de liderazgo de relaciones de un directivo, con las partes interesadas internas y externas. Además, los *equipos* de la organización deben ser capaces de aplicar distintos estilos de forma simultánea. Por tanto, la capacidad de un directivo para crear y mantener equipos con distintas personalidades es tan importante como la combinación de competencias en esos equipos[5].

La Ilustración 9.2 muestra la importancia del comportamiento del personal de primera línea, sobre todo, en las organizaciones de servicios. En este ejemplo, su comportamiento era evidentemente inadecuado respecto a la estrategia empresarial declarada de «atención al cliente». Así pues, la estrategia que se buscaba y la estrategia actual (la real) no eran las mismas (esta cuestión se analizará con más detalle en el Capítulo 11). Las políticas de la empresa pueden desempeñar un papel para que los comportamientos de primera línea sean acordes con la estrategia, aunque puede que no sea suficiente. En esencia, serán las acciones cotidianas de los directivos las que conformarán y cambiarán el comportamiento del personal de primera línea. Pero las políticas y marcos de recursos humanos pueden ayudar con estas cuestiones más soft. Por ejemplo, en el sector de la alta tecnología, la capacidad del personal y de los directivos para crear redes internas y externas de contactos personales puede ser crucial para mantenerse a la vanguardia del conocimiento. Estos comportamientos pueden ser respaldados por las actividades de recursos humanos del lado *hard*, como las actividades de los mentores y las recompensas[6].

### 9.2.3 Organización del personal[7]

El Capítulo 8 se ocupaba de las cuestiones relacionadas con la organización para el éxito destacando cómo están cambiando las prioridades de esta agenda en el siglo XXI. No se pretende repetir aquí con detalle lo que se dijo allí, sino destacar algunas de las implicaciones de cómo puede el personal potenciar el éxito estratégico en el mundo moderno.

#### La función de recursos humanos

Hay una serie de consideraciones importantes respecto a la función de recursos humanos en las organizaciones. La pregunta más difícil es si es necesario realmente disponer de una función especializada en recursos humanos o, al menos, si su cobertura de funciones tradicionales son adecuadas. En principio (y, en la práctica, para muchas organizaciones) se puede gestionar estratégicamente el personal sin disponer de una función especializada en recursos humanos. Es posible que los lectores esperen que en un mundo de rápidos movimientos se produzca una tendencia a alejarse de los equipos especializados en recursos humanos. Esto puede tener sentido en muchos aspectos (por ejemplo, la desaparición de los sistemas de retribución en función de niveles o grados a medida que se globalizan las organizaciones) para reflejar la mayor diversidad de los mercados laborales.

# Relaciones con los clientes en KLM: una compañía aérea fiable

*Es necesario alinear las acciones del personal al atender a los clientes con la estrategia de una organización.*

El vuelo del puente aéreo KL1481 tenía que salir de Ámsterdam con destino a Glasgow a las 19h55 del 25 de noviembre de 2003. Cuando se acercaba la hora de embarcar, se informó a los pasajeros de que no era posible, aunque no se les dio ninguna explicación del por qué. Posteriormente, descubrieron que el vuelo había sido desviado a Leeds. Sin embargo, fueron informados de que habría otro avión que saldría a las 21h30. El avión llegó a las 21h00 y a las 21h20 empezaron a embarcar. Tardaron 30 minutos. A las 22h00 el piloto anunció que el avión tenía problemas con los frenos hidráulicos. Explicó por el megáfono: «Hemos tenido un mal día, cinco de nuestros aviones han tenido fallos, así que nos faltan aviones». Los pasajeros se preguntaban cuál era la calidad de los estándares de mantenimiento de KLM. Pocos minutos más tarde se les dijo que no había ningún avión de repuesto y que tendrían que quedarse en Ámsterdam a pasar la noche.

Cuando desembarcaron se hizo evidente que habría más problemas. Se pidió a los pasajeros que fueran a una ventanilla de transferencias donde se les informaría de qué es lo que iba a pasar a continuación. Cuando llegaron a la ventanilla sólo había cinco asistentes de tierra de KLM y se crearon largas colas. No se hizo ningún anuncio sobre lo que ocurriría al día siguiente. Uno de los empleados de la compañía dijo que iban a llegar más empleados pronto, por lo que la gente del final de las colas se desplazó a nuevas colas. Llegaron nuevos empleados pero no pudieron atender a los pasajeros porque los monitores no funcionaban. Así, mientras que la gente hacía cola, había numerosos empleados de la compañía sin hacer nada y manteniendo discusiones cada vez más acaloradas con los pasajeros. Un pasajero terminó afirmando: «¡Ni que fuera culpa mía!» Al final llegó un supervisor. Tampoco comunicó nada a los pasajeros ni habló con ellos. Se fue al cabo de un cuarto de hora. Se supo, aunque nunca fue anunciado oficialmente, que KLM no había fletado otro avión para Glasgow, sino que estaba llenando asientos vacíos en diversos vuelos con destino a Escocia.

Pasada la medianoche los últimos pasajeros fueron a los hoteles de los alrededores del aeropuerto. Los pasajeros murmuraban que nunca volverían a volar con KLM.

El director de gestión de relaciones con los clientes de KLM, comentó:

Lamentamos los problemas que han tenido nuestros pasajeros en este vuelo en concreto.

En este caso, hemos aprendido que, a pesar de que se pueden producir problemas técnicos en nuestro negocio, tanto en los aviones como en los sistemas informáticos, el número de personal de tierra no ha sido suficiente para satisfacer las necesidades de nuestros clientes en este momento en concreto. Por consiguiente, la actitud de nuestro personal hacia los clientes no siempre ha sido adecuada y no se ha gestionado correctamente la comunicación.

Aprendemos todos los días de las experiencias negativas de nuestros pasajeros y transformamos esta información en conocimientos y acciones para impedir que vuelvan a ocurrir a otros pasajeros. Nuestros productos y servicios en todos los puntos de contacto con los clientes, como, por ejemplo, las reservas, la asistencia en tierra, los vuelos en tránsito y los vuelos interiores se supervisan con regularidad y se miden con una serie de herramientas estándar de medición y de encuestas. El proceso que subyace a este flujo de información se organiza de forma que se notifica la causa del problema, se solicita una corrección y se pone en práctica haciendo un seguimiento de la situación mediante encuestas regulares.

## Preguntas

1. ¿De qué manera eran adecuadas, o no, las políticas y sistemas de recursos humanos de KLM para poder cumplir con la promesa de ser una compañía aérea fiable?

2. ¿Cómo afectó el comportamiento del personal de primera línea a la provisión real del servicio?

3. ¿Qué se puede cambiar para mejorar la consistencia de la provisión del servicio?

Pero, en otros aspectos, puede ocurrir lo contrario. Por ejemplo, un gran problema de las organizaciones con una gran delegación de autoridad es que las unidades con autoridad delegada no consiguen comprender y aplicar el desarrollo de competencias (mediante formación, mentores, etcétera) que se ajuste a las estrategias empresariales generales. Esto puede deberse a que los directivos de ese nivel no están familiarizados con las estrategias de la corporación, están demasiado ocupados y no disponen de conocimientos profesionales sobre recursos humanos.

Si se considera que la función de recursos humanos ofrece valor en este sentido, habrá que tener claras las expectativas sobre su papel para que sea coherente con el análisis anterior. Hay cuatro papeles generales que puede desempeñar la función de recursos humanos para potenciar el éxito de las estrategias empresariales[8]:

● Como *proveedor de servicios* (por ejemplo, realizando las actividades rutinarias de reclutamiento y de formación) de los directivos de línea que tienen la responsabilidad estratégica de las cuestiones relativas a los recursos humanos.

● Como regulador que «fija las reglas» que deben seguir los directivos de línea, por ejemplo, en cuanto a retribución y promociones.

● Como *asesor* en cuestiones de estrategia de recursos humanos para los directivos de línea, garantizando que las políticas y prácticas de recursos humanos son acordes con las mejores prácticas de la organización.

● Como *agente del cambio* que hace que la organización avance.

El determinante del papel más adecuado de la función de recursos humanos es el contexto de la organización. El tipo de personal, la naturaleza de la estrategia y la estructura general de la organización son importantes. Por ejemplo, algunas facetas de la estrategia de recursos humanos tienen que controlarse desde la sede, porque son cruciales para aplicar las estrategias de toda la corporación, mientras que otras facetas se pueden delegar puesto que tienen que interpretarse de distinta manera en las diferentes partes de la organización.

### Directivos intermedios (de línea)

Se ha mencionado anteriormente que ha habido un significativo movimiento para que los directivos de línea participen en la gestión directa de las cuestiones relativas al personal. Esto ofrece la clara ventaja de que los directivos tienen una mayor propiedad de las decisiones y más oportunidades para combinar las cuestiones relativas al personal con las estrategias empresariales. Pero también plantea riesgos, algunos de los cuales ya se han mencionado anteriormente. La investigación[9] confirma el temor de que las circunstancias que rodean a los directivos de línea no permiten que hagan un buen trabajo en las cuestiones de gestión de recursos humanos y, de aquí, el riesgo de que el éxito estratégico no se promueva tanto como debería:

● Hay dudas respecto al realismo de esperar que los directivos de línea sean *profesionales competentes en recursos humanos*. Si los recursos humanos no se gestionan bien, se tiene la receta perfecta para la mediocridad. Esta misma preocupación se puede aplicar igualmente a otras áreas como la gestión de la información (*véase* la Sección 9.3 más adelante).

● Las *presiones a corto plazo* para satisfacer los objetivos no ayudan a los directivos de línea a adoptar una visión más estratégica de las cuestiones relativas al personal. La reducción del tamaño empresarial y la supresión de niveles han provocado que muchos directivos estén demasiado ocupados.

- Los sindicatos y las asociaciones profesionales tienden a *resistirse a la dispersión de la responsabilidad* de las estrategias de recursos humanos. Desde el punto de vista del sindicato, es mucho más fácil negociar con una única autoridad centralizada. Las asociaciones profesionales pueden adoptar el mismo planteamiento.
- Los directivos pueden carecer de los *incentivos* para asumir más actividades formales de recursos humanos, ya sea directamente en cuanto a su cargo o retribución o indirectamente por su valoración de las competencias que les hacen ser más valiosos fuera de la empresa.
- Se ha criticado que los directivos intermedios son como «porteros» que mantienen el *statu quo* y bloquean el cambio estratégico mientras que, en realidad, su participación activa en los programas de cambio es crucial. Se ha sugerido que es mejor pensar en su papel directivo como el del *relevo del cambio*[10] o un *intermediario*, como se analiza en el Capítulo 10 (Sección 10.3.2).

A pesar de estas preocupaciones, es importante reconocer la influencia crucial de los directivos intermedios en el comportamiento y rendimiento cotidiano de los individuos que trabajan en la organización. La implicación para los altos directivos es que no deben saltarse a los directivos intermedios en el proceso de desarrollo de la estrategia, o de lo contrario los cambios no se materializarán en el trabajo del personal de la organización.

## Estructuras y procesos

Es posible que el personal no pueda potenciar el éxito estratégico debido a que las estructuras y papeles tradicionales no se ajustan bien a las estrategias futuras. Además, a medida que cambian las circunstancias y las estrategias, es posible que las organizaciones tengan que cambiar los procesos y relaciones que se analizaron en el Capítulo 8. Por ejemplo, el desarrollo de nuevas características del producto puede exigir un trabajo con una mayor colaboración entre departamentos independientes y con los proveedores o distribuidores. Este cambio de comportamiento puede verse respaldado por una reducción de los objetivos definidos en función de los departamentos, y mediante la creación de un presupuesto de desarrollo interdepartamental. En términos más generales, el movimiento hacia las estructuras con delegación de poder puede exigir que el personal mejore sus habilidades de relaciones directivas para poder mantener el «negocio» de «clientes» internos que ahora tienen la elección de proveerse acudiendo a un proveedor ajeno a la empresa. Es necesario pasar más tiempo con los directivos de las divisiones operativas para poder comprender mejor sus necesidades y mejorar los niveles de servicio al nivel máximo que pueda ofrecer un proveedor externo.

Otro reto consiste en decidir si algunas cuestiones de recursos humanos (por ejemplo, el reclutamiento o la formación) deben mantenerse en el seno de la organización o adquirirse de proveedores especializados (por ejemplo, consultores). Las agencias externas tendrán la ventaja de una experiencia más general y de mayores conocimientos sobre las mejores prácticas, pero el inconveniente de no estar familiarizadas con las circunstancias concretas de las organizaciones individuales.

## 9.2.4 Implicaciones para los directivos

En el Cuadro 9.3 se agrupan en resumen las diversas cuestiones independientes sobre la relación entre las estrategias empresariales y el personal. Este modelo tiene importantes implicaciones tanto para los directivos como para los responsables de las estrategias de

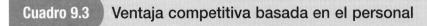

**Cuadro 9.3**   Ventaja competitiva basada en el personal

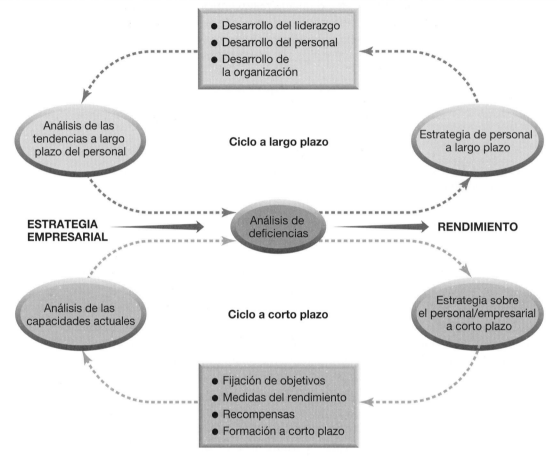

*Fuente*: adaptado de GRATTON, L.; HOPE HAILEY, V.; STILES, P. y TRUSS, C. (1999): *Strategic Human Resource Management*, Oxford University Press. P. 185.

recursos humanos en las organizaciones respecto a cómo logra la organización obtener una ventaja competitiva gracias a su personal:

- Tiene que haber actividades que garanticen el *mantenimiento* de la competitividad. Se trata de garantizar que la gente sea capaz de respaldar las estrategias de una organización a corto plazo: por ejemplo, en la fijación de objetivos, la valoración del rendimiento, las recompensas y la formación.

- Simultáneamente, debe haber actividades que ofrezcan *una plataforma en la que se puedan construir nuevas estrategias* a más largo plazo: por ejemplo, liderazgo, cultura, competencias y desarrollo de la organización. La gestión de estas cuestiones a más largo plazo puede crear oportunidades para realizar significativas *transformaciones* en la estrategia y en la competitividad.

- Estos dos «ciclos» de actividades deben estar *relacionados entre sí*. La consecución de las metas a corto plazo no debe hacerse a costa de la capacidad a más largo plazo. Por ejemplo, la utilización de sistemas de recompensas como principal herramienta para estimular el éxito a corto plazo (por ejemplo, mediante programas de primas individuales) puede poner en compromiso la capacidad de realizar intervenciones estratégicas más radicales, como la creación de nuevos cargos y relaciones para permitir una organización más innovadora. También es importante relacionar estas actividades con una estrategia en concreto. Así, se posibilitan los procesos de retroalimentación y redirección de las cuestiones relacionadas con el negocio y con el personal.

● Las organizaciones que son *competentes en la gestión de estos procesos* lograrán probablemente una ventaja competitiva. Las demás corren el riesgo de fracasar a la hora de aplicar estrategias empresariales de éxito por una o más de las siguientes razones:

— Las *estrategias de recursos humanos* no son acordes con la estrategia empresarial general.

— Las *competencias y/o comportamientos de los individuos* no son acordes, o bien con las estrategias de recursos humanos, o bien con las estrategias empresariales, o a ambas.

— Las *estrategias empresariales* no logran capitalizar las fortalezas de las capacidades de una organización (Capítulo 3) y/o de la cultura (comportamientos) (Capítulo 4).

## 9.3 GESTIÓN DE LA INFORMACIÓN[11]

A principios del siglo XXI, la creación de conocimientos y la gestión de la información son cuestiones que predominan entre los directivos como fuentes potenciales de una mayor competitividad, como se analiza en el Capítulo 3 y en la introducción de este capítulo. Dentro de esta agenda más general, las consideraciones se han centrado, naturalmente, en las nuevas tecnologías de la información y en el grado en que pueden transformar la competitividad. Pero existe el peligro que se sugirió en la introducción de este capítulo. Los sistemas de información y de tecnologías informáticas empiezan a tener su propia agenda, desconectada de las estrategias de la organización. Desde un punto de vista estratégico, se trata de saber hasta qué punto las mejoras de las capacidades de procesamiento de información (mediante los sistemas de información y las tecnologías informáticas) pueden mejorar y ayudar a la forma de crear conocimientos y compartirlos tanto dentro como fuera de la organización. El Capítulo 3 destacó el hecho importante de que no todo este conocimiento podrá ser capturado por los sistemas formales. En efecto, el conocimiento tácito incorporado en las organizaciones es difícil de capturar y, sin embargo, suele constituir la base sobre la que se construye la ventaja competitiva. En esta sección se reflejará este hecho, analizando las tres principales relaciones entre la información, los desarrollos de las tecnologías informáticas y la estrategia (*véase* el Cuadro 9.4):

● la información y la *capacidad estratégica*, sobre todo respecto al efecto de las evoluciones de las tecnologías informáticas y de los sistemas de información sobre las competencias nucleares (como se analiza en el Capítulo 3);

● la información y el cambio de los *modelos de negocio* en las industrias y sectores;

● la información y los *procesos de gestión/estructuras* (como se analiza en el Capítulo 8).

### 9.3.1 Información y capacidad estratégica

En el Capítulo 3 se analizó el concepto de capacidad estratégica y la forma en que puede depender de las competencias de la organización. Las estrategias relativas a la información pueden tener una profunda influencia en la creación y destrucción de competencias nucleares que sustentan la ventaja competitiva (*véase* la Ilustración 9.3). Esto se va a

**Cuadro 9.4**    Estrategia e información

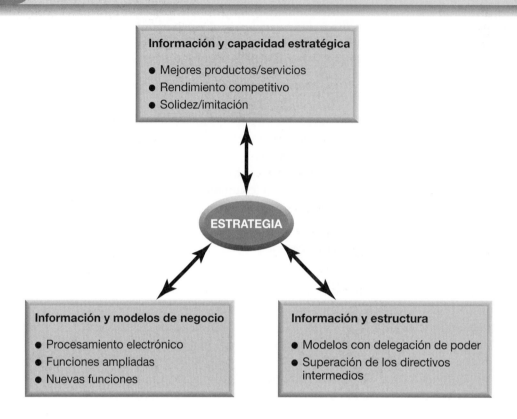

demostrar fijándonos en ejemplos de cómo puede afectar la información y las tecnologías informáticas a tres «elementos» importantes de una competencia nuclear, como se describió en el Capítulo 3, a saber: garantizar que los productos/servicios *son valiosos para los clientes, superan a los de los competidores* y contribuyen a la *solidez* de las competencias (respecto a la imitación).

Al leer las siguientes secciones debe recordar que la mayor disponibilidad de información también acelerará el aprendizaje de los competidores, por lo que las ventajas obtenidas mediante la experiencia pueden tener una menor duración que hasta ahora. Esto significa, inevitablemente, que las organizaciones tienen que revisar y volver a definir con más frecuencia las bases de la competencia, como se analizó en los Capítulos 2 y 5. A su vez, esto creará mayores exigencias de información para la organización.

### Información y características de los productos/servicios

Las mayores capacidades de las tecnologías informáticas ya están potenciando que las organizaciones ofrezcan características de los productos/servicios que son valoradas por los clientes:

- *Menores precios* (gracias a unos costes reducidos), sobre todo cuando el producto es información en sí, como en los servicios financieros.
- Mejor *información antes de hacer la compra* (por ejemplo, navegando por Internet, y en los foros de los clientes).

# Dabs.com ataca a los comercios más selectos

*El comercio electrónico permite a las pequeñas empresas competir con las principales marcas de su sector.*

En octubre de 2003, Dabs.com obtuvo el Premio del Comercio Electrónico de *The Sunday Times* para empresas con menos de 250 empleados. Dabs.com era un comerciante de productos electrónicos con sede en Bolton, Reino Unido, que se constituyó en 1987 como un proveedor de productos por correo. Pero, poco después de poner en marcha su sitio web en 2000, se deshizo de su equipo de ventas por teléfono y se convirtió en un minorista *online* al cien por cien. En tres años las ventas se triplicaron hasta alcanzar 151 millones de libras (unos 200 millones de euros), financiadas con sus propios beneficios y sin aumentar la plantilla de 230 trabajadores. La empresa quería mantener este rápido crecimiento a expensas de los comercios con más renombre (como Dixons) y mediante una expansión a los principales mercados *online* de la Europa continental. Era un gran reto. Las compras *online* solo representaban el 5 por ciento del mercado y recibían condiciones mucho menos generosas de los fabricantes, a los que les preocupaba alimentar una importante guerra de precios en sus productos.

Pero Dabs consideraba que su modelo de comercio electrónico presentaba ventajas que los comerciantes tradicionales tendrían dificultades para imitar. Su sitio web permitía cambiar los precios casi de inmediato para reflejar las condiciones del mercado. El sitio también permitía la «descarga» de imágenes de vídeo para ofrecer al comprador potencial demostraciones del producto. Esta ventaja era bien vista por los fabricantes, porque garantizaba que el producto siempre se presentaba de la misma manera en vez de depender del estado de ánimo del vendedor de una tienda. En 2004 Dabs avanzó un paso más con la puesta en marcha de su canal de televisión propio sobre tecnología en la Sky Network. Los fabricantes financiarían la programación y los consumidores podrían hacer pedidos a través de sus televisores. Esto daba acceso a una mayor gama de clientes que tenían televisión por cable o televisión vía satélite pero

no Internet. Los búscadores (como Google) también constituían un importante factor de crecimiento, representando aproximadamente el 25 por ciento de la facturación de Dabs. Estos buscadores utilizaban un modelo de «pago por clic».

Los planes para la expansión europea incluían un objetivo de cien millones de euros de ventas, tan sólo en Francia, en los próximos tres años. Los riesgos eran superiores a los de la expansión en el Reino Unido, pero los costes de puesta en marcha eran una pequeña parte del equivalente para el desarrollo de una tienda tradicional de «cemento y ladrillos». Tal vez la mayor sorpresa para los observadores del impresionante crecimiento de Dabs fue que, por primera vez, abrió una tienda tradicional, en el aeropuerto de Liverpool. Puesto que la concienciación sobre el nombre de la marca era crucial, la empresa afirmó que la tienda estaba diseñada para cumplir este objetivo. Todos los años pasan por el aeropuerto de Liverpool 4,5 millones de personas. Dabs tenía previsto abrir cinco tiendas más que tenían que recuperar sus inversiones, atraer a los pasajeros y, más importante, darles un incentivo para comprar online.

*Fuente: The Sunday Times*, 12 de octubre de 2003.

## Preguntas

1. Redacte una lista con las ventajas e inconvenientes de las compras online frente a las compras en una tienda tradicional desde la perspectiva del consumidor.

2. ¿Qué está haciendo Dabs para aumentar las ventajas y reducir los inconvenientes en comparación con lo que hacen las tiendas tradicionales?

3. ¿Qué más podría hacer?

---

● *Procesos de compra más fáciles y más rápidos* (por ejemplo, con pedidos *online*) y mejor entrega. Esto puede permitir que los clientes se acerquen más a un *just-in-time* en sus propios procesos de negocio.

● *Plazos de desarrollo más cortos* de nuevas características. A su vez, esto puede ofrecer a los compradores una ventaja con *sus* clientes.

● *Mayor fiabilidad del producto o servicio* y mejor diagnóstico, (por ejemplo, en la mecánica de los automóviles).

● *Productos o servicios personalizados* que se ofrecen cada vez más sin una prima en el precio (por ejemplo, la configuración personalizada de un PC en función del comprador).

● *Mejor servicio posventa* al disponer de mejores sistemas de información (por ejemplo, servicios de recordatorios automáticos).

La importancia estratégica de esta lista es que, si los clientes valoran algunas o todas estas mejores características, y si los competidores aprenden rápidamente a ofrecerlas explotando la información y las tecnologías informáticas, aumentarán rápidamente los requisitos umbral necesarios para sobrevivir en un mercado. Así pues, los proveedores que no logren satisfacer estos requisitos superiores se quedarán fuera del mercado.

### Información y rendimiento competitivo

El Capítulo 3 recordaba a los lectores que la competitividad y los estándares de rendimiento no solo están establecidos dentro de una determinada industria o sector. Las expectativas que tienen los clientes sobre los estándares del servicio, por ejemplo, sobre la velocidad o la fiabilidad, se convierten en puntos de referencia universales que afectan a todas las industrias y a los servicios públicos. Así pues, por ejemplo, los proveedores de servicios públicos se ven «obligados» a desarrollar sitios web porque se han elevado las expectativas del público general debido a sus relaciones en el sector privado.

Una de las implicaciones más importantes de la revolución informática para las organizaciones que fabrican y distribuyen productos físicos es que, en el futuro, es más probable que su ventaja competitiva se logre mediante el rendimiento del servicio (por ejemplo, la velocidad y fiabilidad de la entrega o el mantenimiento) que en las características del producto *per se*. Así pues, es necesario que los directivos piensen en su negocio, no como una empresa que fabrica productos con servicios de apoyo, sino como una empresa de servicios que provee un producto. Esto constituye un profundo cambio de mentalidad para algunos directivos cuando tienen que analizar cuáles son las competencias más cruciales para obtener un rendimiento competitivo. Su capacidad de procesar información y de aumentar el conocimiento del mercado es mucho más importante que antaño.

Paradójicamente, se pueden aprender lecciones opuestas de la elevada tasa de mortalidad de las empresas «punto.com» de principios de la década de 2000. No basta con tener competencia en la gestión de la información. La capacidad logística, tanto en las cadenas de abastecimiento como de distribución, también es un requisito esencial, sobre todo para las empresas que tienen productos tangibles. Puesto que estas empresas suelen necesitar instalaciones físicas, este fenómeno ha venido a llamarse como la necesidad de tener «ladrillos y ratones» (*bricks and clicks*»)[12].

Otra implicación de la mayor capacidad de procesar información es que, al menos durante cierto periodo de tiempo, las organizaciones que son capaces de utilizar esta capacidad para crear un conocimiento del mercado mucho más detallado podrán lograr una ventaja competitiva. Este conocimiento se deriva de las competencias en el análisis de las sutiles diferencias entre las necesidades de los clientes de las distintas partes del mercado, y de la creación de características del producto o servicio para satisfacer esas necesidades (como se mencionó en los Capítulos 2 y 5). La mayoría de las organizaciones dispone en la actualidad de ingentes cantidades de datos primarios sobre estas cuestiones, y de la capacidad de procesamiento informático para analizar los datos (que constituyen ingredientes necesarios). Pero no tienen una buena capacidad para realizar el proceso de explotación de datos, que sirve para convertir los datos en conocimiento del mercado. La **explotación de datos**[13] es el proceso de identificar tendencias, patrones y relaciones entre los datos para poder informar y mejorar el rendimiento competitivo. Por ejemplo, la creación de un historial de compras de un cliente individual como punto de partida para hacer ofertas promocionales individualizadas (como están haciendo en la actualidad muchos sitios web); identificar compras relacionadas (por ejemplo, los lectores de determinados periódicos o revistas tienen patrones de compras de bienes o servicios parecidos); o, sencillamente, identificar los determinantes subyacentes de la demanda (como los factores demográficos, como se analizó en el Capítulo 2). La explotación de datos también puede ayudar en el análisis de la rentabilidad para crear las prioridades para retener a los clientes. En los servicios financieros, la explotación de datos también puede ayudar a hacer el análisis de solvencia de los prestatarios, las previsiones de bajas vegetativas de los clientes y la detección del fraude.

La **explotación de datos** es el proceso de identificar tendencias, patrones y relaciones entre los datos para poder informar y mejorar el rendimiento competitivo.

## Información y solidez

El Capítulo 3 (Sección 3.4.3) ofrecía una serie de razones por las que los recursos y las competencias podían tener solidez. La capacidad de procesamiento de información puede tener una influencia en cualquiera de estos factores, cambiando así la vulnerabilidad de una organización a la imitación de sus competencias nucleares.

- Primero, un recurso o una competencia puede ser raro. Cuando los costes de las infraestructuras informáticas eran elevados, solía ser la razón por la que las organizaciones más grandes obtenían una ventaja sobre las demás gracias a sus infraestructuras informáticas y a sus competencias. Las demás no se podían permitir los costes del capital. Por lo general, esto ya no es así. Las tecnologías informáticas son omnipresentes en la actualidad, incluso en las empresas más pequeñas. Sin embargo, la información en sí puede ser rara, ya sea sobre el producto, los procesos o los mercados.
- También es posible que sea difícil imitar las competencias nucleares porque son complejas. Aquí, la situación ha avanzado. El dominio del *hardware* y el *software* estándar, necesario para crear sistemas de información, solía ser complejo; ya no lo es. Las actuales áreas de complejidad se encuentran más en las actividades de explotación de datos (analizadas anteriormente) y en las actividades que sustentan la velocidad de reacción al mercado. La gestión de las relaciones en la red de valor (*véase* el Capítulo 3, Sección 3.6.1) es un área donde la «gestión de las relaciones electrónicas»[14] con los clientes puede ser particularmente importante (es decir, la unión de todas las rutas de que dispone el cliente para relacionarse con una empresa).
- Las competencias nucleares pueden ser sólidas debido a la *ambigüedad causal*: los competidores encuentran difícil comprender las razones por las que la organización tiene éxito. Esto se debe a que las competencias se encuentran integradas en la forma en que la organización funciona, y no son explícitas. Muchas empresas que desarrollan tecnologías informáticas (sobre todo, sistemas inteligentes) intentan codificar el conocimiento tácito de las organizaciones para que sea un conocimiento explícito. Por ejemplo, las líneas de asistencia telefónica utilizan todas las preguntas de los clientes y sus soluciones para construir progresivamente el conocimiento sobre qué puede fallar en un producto y cómo se resuelve. Esta capacidad de codificar lo que anteriormente era un conocimiento tácito suprime las barreras de la imitación y mina las competencias nucleares. Por supuesto, es difícil codificar ciertos tipos de conocimientos de la organización (como la intuición y la experiencia, que

son conocimientos compartidos mediante las relaciones entre muchas partes de una organización), la «forma de hacer las cosas». Como se mencionó en la introducción a esta sección, existe el riesgo de terminar dependiendo demasiado de los sistemas e ignorando el conocimiento tácito porque, sencillamente, es difícil codificarlo e incorporarlo al sistema. Pero esta es precisamente la razón por la que es difícil imitar este conocimiento y puede ser crucial para la ventaja competitiva.

## Información y estrategia competitiva

El papel estratégico de la información en las organizaciones tendrá que ser diferente en función de la forma en que la organización ha posicionado sus productos o servicios en el mercado (como se describió en el reloj estratégico en el Capítulo 5 —Cuadro 5.2). La competencia en la gestión de información también puede constituir la plataforma para nuevas bases de competencia mediante la creación de distintas características del producto/servicio. Puesto que las grandes organizaciones tenderán a tener una serie de unidades estratégicas de negocio que aplicarán distintas estrategias, tiene que haber una capacidad de procesar la información para respaldar a todas las UEN de distinta manera. El papel de la información para potenciar la existencia de distintas estrategias competitivas podría ser el siguiente:

- *Rutinización* (posiciones 1 y 2 del reloj estratégico), donde el papel de la información, normalmente mediante sistemas informáticos, consiste en reducir drásticamente el coste de las transacciones con los clientes, los proveedores o los canales. Por ejemplo, llevando al cliente hacia el autoservicio (por ejemplo, cuando los sitios web sustituyen a las ventas cara a cara).
- *Personalización en masa* (posición 3 del reloj estratégico), por la que los sistemas de información pueden crear más características del producto que son valoradas (como se ha analizado anteriormente) al mismo precio o a un precio inferior. Este es el principal campo de batalla en muchos sectores en la actualidad, como el sector de la electrónica de consumo.
- *Personalización* (posiciones 4 y 5 del reloj estratégico), por la que la información se puede ofrecer a los clientes (por ejemplo, en los sitios web) con anticipación a cualquier contacto telefónico o cara a cara, que se reserva para asesorar a los clientes potenciales que tienen mucho más conocimiento.
- *Los retrasados en informática*, que no valoran las características que pueden ofrecer los sistemas informáticos y que seguirán constituyendo una parte significativa del mercado en muchos sectores. Esto ofrece una oportunidad a los proveedores que son especialmente buenos en ofrecer información de forma más tradicional, por ejemplo, mediante un servicio personal cara a cara.

### 9.3.2    Información y el cambio de los modelos de negocio

El efecto de la capacidad de procesamiento de información sobre las competencias para realizar actividades y procesos empresariales (como se ha ilustrado anteriormente) está transformando la forma en que las organizaciones construyen sus relaciones con los demás agentes de su red de valor (como se analizó en la Sección 3.6.1). Esto hace referencia al cambio de los modelos de negocio[15], tanto del sector público como en el sector privado. Un **modelo de negocio** describe la estructura del producto, servicio y flujo de información y el papel de los agentes participantes. Esto incluye las ventajas potenciales y

Un **modelo de negocio** describe la estructura del producto, servicio y flujo de información y el papel de los agentes participantes.

fuentes de ingresos de cada una de las partes. El marco de la cadena de valor que se analizó en la Sección 3.6.1 puede utilizarse para identificar muchos modelos de negocio tradicionales. Por ejemplo, la cadena de abastecimiento lineal para los fabricantes de componentes, hasta los ensambladores del producto final, los distribuidores primarios, los minoristas y, finalmente, el consumidor. Incluso en este caso, en el que el producto «fluye» de forma lineal por la cadena, existe información y otros servicios en muchas ramas de la cadena. Por ejemplo, es posible que el estudio de mercado y los servicios posventa sean actividades realizadas por otras partes de fuera de esta cadena lineal. El Cuadro 9.5 muestra cómo están surgiendo modelos de comercio electrónico de los modelos de negocio tradicionales a partir del grado de *innovación* de los planteamientos tradicionales y de la *complejidad* (fundamentalmente, el grado de integración de las actividades). Se puede ver que las tecnologías informáticas están teniendo efectos de tres formas fundamentales:

● *Sustituyendo procesos físicos o en papel por procesos electrónicos.* Por ejemplo, las *tiendas electrónicas* desplazan el marketing y el «escaparate» al sitio web. El *abastecimiento electrónico* desplaza las ofertas de provisión, la negociación y los procesos de compras a los sitios web. En ambos casos, las ventajas vienen dadas por la reducción de costes y la mayor posibilidad de elección. Un *centro comercial electrónico* va un poco más allá al crear una serie de tiendas electrónicas con un denominador común, como una marca.

● Al *ampliar significativamente las funciones* que pueden ofrecer los modelos de negocio tradicionales. Por ejemplo, la adquisición o venta mediante *subastas electrónicas* es un sistema fácil y barato, y puede permitir reducir significativamente los costes de adquisición o aumentar los ingresos. Los *servicios de confianza* (como el veto o la certificación de un cliente o un proveedor) amplían el tipo de servicios de información a los que podrán acceder los miembros de asociaciones de comercio. Otras funciones de la información en la cadena de valor se proveen más eficazmente, o más eficientemente, mediante *servicios especializados de la cadena de valor* (como los

## Cuadro 9.5   Nuevos modelos de negocio

**Grado de innovación**

| Grado de integración | Igual que antes | Ampliado | Nuevo |
|---|---|---|---|
| Función única | Tiendas electrónicas<br><br>Abastecimiento electrónico | Subastas electrónicas<br><br>Servicios de la cadena de valor (por ejemplo, sistemas de pago, logística)<br><br>Servicios de confianza | Intermediación de la información (por ejemplo, motores de búsqueda) |
| Funciones integradas | Centros comerciales electrónicos | Mercado con terceros (por ejemplo, inclusión de sitios web) | Comunidades virtuales<br><br>Plataformas de colaboración<br><br>Integrador de la cadena de valor |

*Fuente*: adaptado de Timmers, P. (2000): *Electronic Comerce*. Wiley. Capítulo 3.

pagos o la logística). Algunas organizaciones consideran que obtienen ventajas al contratar a especialistas para realizar una serie de actividades de la cadena de valor, integrando *mercados con terceros* en los que se pueden ofrecer por Internet servicios de marketing, creación de marcas, sistemas de pago, logística, etcétera. Puede considerarse como un camino complementario para llegar al mercado.

● Modelos que constituyen una *transformación* en tanto en cuanto el negocio solo se puede llevar a cabo de forma electrónica. Así pues, se puede afirmar que las dos categorías anteriores son poco más que la explotación de las tecnologías informáticas para posibilitar las mejoras de eficiencia y eficacia del procesamiento de la información dentro de los «antiguos» modelos de negocio. Tal vez el ejemplo más conocido de los cambios de transformación es el papel de *intermediarios de la información* de empresas como Yahoo! o Google con sus motores de búsqueda. Se pueden sostener *comunidades virtuales* con las tecnologías informáticas, como intenta lograr Amazon al reunir a autores, lectores y editores en su sitio web. A veces, las tecnologías informáticas pueden ofrecer una *plataforma de colaboración*, al permitir, por ejemplo, que los clientes y proveedores colaboren en el diseño del producto utilizando herramientas de diseño informáticas especializadas. Se puede posibilitar la *integración de la cadena de valor* si se pueden juntar actividades independientes utilizando flujos de información más rápidos y más fiables. Por ejemplo, el personal de ventas puede negociar con los clientes los requisitos del producto utilizando información «en tiempo real» sobre la capacidad de producción y la programación de la producción y también información «directa» sobre estos mismos aspectos de la cadena de provisión. Algunas veces, la integración permite que los clientes alteren sus especificaciones y plazos de entrega, reconfigurando automáticamente los requisitos en el resto de la cadena.

Desde un punto de vista estratégico, las cuestiones importantes sobre estos modelos empresariales de comercio electrónico vienen dadas por el grado en que son capaces de crear un mayor valor para los clientes. Al lograrlo, amenazan la posición de algunas organizaciones y ofrecen oportunidades a otras, incluyendo a los nuevos entrantes. Por ejemplo, el éxito de Dell Computers[16] (*véase* la Ilustración 1.1) fue su capacidad para actuar más deprisa y con más flexibilidad que los competidores. Esto fue posible gracias a su «selección» del modelo de negocio: venta directa y fabricación personalizada reduciendo así el número de intermediarios en la cadena de valor. Pero no se puede afirmar que las tecnologías informáticas siempre permitirán eliminar intermediarios. Algunos intermediarios perderán su razón de ser porque los clientes son capaces de recopilar información con más libertad y de «hablar» directamente con los potenciales proveedores. Al mismo tiempo, surgirán nuevos intermediarios si pueden añadir valor o reducir costes. Muchos de los papeles analizados anteriormente tienen este potencial, como los mercados con terceros, las comunidades virtuales o la intermediación de información.

La Ilustración 9.4 utiliza el marco de las cinco fuerzas del Capítulo 2 (Cuadro 2.5) para resumir algunos de los efectos de este cambio de los modelos de negocio sobre la posición competitiva de las organizaciones.

### 9.3.3 Información y estructura

El Capítulo 8 se ocupaba de la organización para crear y sostener estrategias de éxito. Las mejoras de la capacidad de procesamiento de la información están haciendo una contribución significativa para mejorar la forma de organizarse. Pero es necesario que la

# La tecnología de la información y las cinco fuerzas competitivas

*La tecnología de la información puede transformar las fuerzas competitivas de una industria.*

En el Capítulo 2 se introdujo el marco de las cinco fuerzas como una forma de dibujar el mapa de las fuerzas competitivas de una industria.

## Nuevos entrantes

Se pueden crear barreras a la entrada debido a la inversión inicial necesaria para funcionar y competir, aunque esta barrera no deja de disminuir. Es más importante el hecho de que las empresas que ya están en el mercado tienen vínculos cerrados con los proveedores y/o clientes en sus sistemas individuales, creando una inercia contra el cambio. Se pueden reducir las barreras por una serie de razones que se mencionan más adelante, como es el hecho de que el cliente tenga más información de forma que se reduzca su lealtad a determinado proveedor.

## Poder de los proveedores

Una importante amenaza para muchas organizaciones es que sus proveedores sean capaces de integrarse hacia adelante utilizando tecnologías informáticas y asumir alguna o todas las funciones realizadas por la organización. Esto constituye una amenaza especial para los intermediarios (como los agentes de viajes) donde las tecnologías informáticas están aumentando el número de empresas que tratan directamente con el cliente final. Pero es posible que los proveedores tengan poder sin necesidad de una integración hacia adelante, sobre todo cuando poseen la «plataforma tecnológica» sobre la que se construyen las operaciones y sistemas del negocio. El sistema operativo Windows de Microsoft sigue siendo muy poderoso en este sentido.

## Poder de los compradores

Se ha afirmado que uno de los efectos sociales más importantes de Internet es que da poder a los consumidores al ofrecerles un fácil acceso a la información del mercado y, por tanto, al permitir que tengan más conocimientos y más capacidad para discernir. Se puede decir lo mismo de las transacciones entre empresas, siendo la subastas electrónicas el ejemplo evidente.

## Sustitutivos

Las tecnologías informáticas están afectando a los tres niveles de sustitución. Están creando una sustitución directa de producto por producto (por ejemplo, en la banca, las sucursales y la banca por Internet). Pero también sustituye la necesidad de determinados productos y servicios, ya que los consumidores son capaces de realizarlos por sí mismos utilizando paquetes de software (por ejemplo, algunos servicios legales) o satisfacer la necesidad de distinta manera (por ejemplo, las teleconferencias que permiten sustituir los viajes de negocio). Desde el punto de vista de la sustitución genérica, el hardware, el software y los servicios informáticos están capturando un creciente porcentaje del gasto de los consumidores, a costa de los sectores cuyos productos/servicios resultan menos atractivos.

## Rivalidad competitiva

A medida que los consumidores tienen más conocimientos sobre las ofertas de los distintos proveedores, los mercados se aproximan más a mercados de *commodities*, en el sentido de que los consumidores consideran que las ofertas son muy parecidas. Por supuesto, las tecnologías informáticas pueden ayudar a los proveedores a diferenciar sus productos de los de los competidores, sobre todo en lo que respecta a la mejora del servicio. Pero el software y los sistemas informáticos también están al alcance de la mano de los competidores, por lo que pueden igualar la oferta muy deprisa. Así pues, las tecnologías informáticas están alimentando la hipercompetencia, como se analizó en los Capítulos 2 y 5.

### Preguntas

1. Elija una organización con la que esté familiarizado (o una de los casos de estudio de este manual) y analice cómo afectará la tecnología informática a cada una de las cinco fuerzas de su industria.
2. ¿Cuáles son las consecuencias para las estrategias futuras de la organización?

gestión de la información se ajuste al planteamiento de la organización, y viceversa. Unos pocos ejemplos ayudan a ilustrar esta cuestión:

- Las organizaciones configuradas como una burocracia centralizada (próximas a la *planificación estratégica* de Goold y Campbell; *véase* el Cuadro 8.11) deben tener unos procesos empresariales rutinizados, que reduzcan los costes al tiempo que mantengan los niveles de calidad umbral. Ya se ha señalado en el capítulo anterior que las organizaciones que compiten con estrategias de precios reducidos (posiciones 1 o 2 del reloj estratégico, Cuadro 5.2) pueden considerar que es adecuada la configuración burocrática centralizada. Como se ha mencionado anteriormente, las tecnologías informáticas pueden facilitar esta reducción de costes mediante la rutinización al tiempo que también permiten una coordinación bastante compleja.

- En la sede de las organizaciones con una gran delegación de poder (próximas al *control financiero* de Goold y Campbell; Cuadro 8.12) preocupa menos la compleja coordinación y más la disponibilidad de información precisa y a tiempo sobre el rendimiento de las unidades de negocio respecto a los objetivos definidos. Esta es la cuestión esencial de la relación entre la sede y las unidades de negocio.

- En el punto intermedio del *control estratégico* (*véase* el Cuadro 8.13), la información puede resultar útil de diversas maneras. Primero, la planificación empresarial de abajo a arriba desde las unidades de negocio será probablemente importante si la sede tiene que ser capaz de coordinar y reconciliar estos planes. Es necesario disponer de información fiable de gran calidad para respaldar estos procesos. Segundo, es posible que haya partes de la organización que tienen relaciones de clientes-proveedor entre sí, tal vez en un mercado interno. Esto también exige disponer de información de gran calidad. Finalmente, es necesario disponer de información sobre el rendimiento de las unidades de negocio y de la sede.

- Una mejor información puede ayudar a los directivos y a las partes interesadas externas a sobrepasar a algunos de los **porteros** tradicionales que obtuvieron su poder gracias al control de la información. En las organizaciones ha habido muchos directivos intermedios cuyo papel consistía en pasar información entre la primera línea y la alta dirección. Los sistemas informáticos pueden crear una comunicación directa entre la cumbre y la base de la organización, por lo que muchos CEO están introduciendo su propio sitio web con este fin. (Se recuerda a los lectores que los directivos intermedios desempeñan otros papeles importantes en la estrategia de su organización, además de ser los porteros de la información (*véase* la anterior Sección 9.2.3).) Se puede decir lo mismo de la superación de los sindicatos como medios para transmitir la información a los empleados. Igualmente, fuera de la organización, los vendedores han dejado de ser la principal ruta que utilizan los clientes para conocer el producto o, incluso, hacer un pedido. Su papel pasará más de «cerrar tratos» a asesorar y a gestionar las relaciones. En el sector público, los políticos están siendo capaces de mantener una comunicación de doble sentido con sus comunidades, en vez de tener que recurrir a sus directivos como medio de transmisión y filtrado de la información. Ya se están produciendo consecuencias importantes en el funcionamiento de todos los procesos políticos y de provisión de servicios.

En resumen, las tecnologías informáticas están creando un mundo con un menor número de «porteros» y, por tanto, están creando estructuras más planas, con una comunicación más directa de la estrategia de, y hacia, la primera línea, y con una relación más directa con niveles mucho más inferiores de la organización (y con las partes interesadas externas). Pero esta relación recibe la información de una base de datos común y está

Los **porteros** son individuos o grupos que obtienen poder de su control de la información.

«regulada» por las normas o líneas directrices que existen en estos sistemas de información. También es un mundo en el que los que toman las decisiones clave tienen mucho mejor información sobre el efecto de las estrategias anteriores y de las influencias externas gracias a la acumulación de conocimientos de la primera línea sobre las cuestiones cotidianas, como las solicitudes de los clientes (por ejemplo, en las líneas de atención telefónica).

### 9.3.4   Consecuencias para los directivos[17]

De los análisis anteriores se derivan dos principales consecuencias para los directivos y para los que tienen la responsabilidad de la estrategia de la información en las organizaciones:

- Los directivos tienen que ser conscientes de que la capacidad de procesamiento de la información puede transformar la organización, y no solo afinar los procesos y estrategias actuales. Tienen que alejarse de la visión de la gestión de la información como una función de respaldo y ponerla a la par con otras funciones empresariales.
- Los directivos responsables de la información tienen que comprender *todo el potencial de las tecnologías informáticas* dados sus conocimientos profesionales y sus redes externas (es decir, tienen que convertirse en puntos de referencia para la empresa). También tienen que comprender las limitaciones de las tecnologías informáticas; por ejemplo, no pueden sustituir a determinados tipos de conocimiento (como la intuición). Y tampoco pueden sustituir el hecho de que se compartan conocimientos mediante contactos sociales. Es necesario que participen en las estrategias empresariales, y que tengan credibilidad en esta toma de decisiones, como parte del equipo directivo, (y no que se sienten en segunda fila sin intervenir), y tienen que poder ver las nuevas oportunidades empresariales que puede ofrecer la tecnología informática. También han de tener habilidades para influir, de forma que puedan educar y persuadir a los altos directivos sobre estas oportunidades.

## 9.4   GESTIÓN DE LAS FINANZAS[18]

Las finanzas, y la forma de gestionarlas, pueden constituir un determinante clave del éxito estratégico. Desde el punto de vista del accionista, lo que importa es la capacidad de generar tesorería puesto que esto determina la capacidad de pagar dividendos a corto plazo y de invertir para el futuro (lo que, a su vez, debe permitir un flujo futuro de pagos de dividendos). El equivalente en el sector público es la necesidad de ofrecer el máximo valor posible dentro de las limitaciones financieras. Sin embargo, como se ha destacado en secciones anteriores de este capítulo, el éxito estratégico (que, en este caso, se posibilita gracias a una buena gestión financiera), no se puede lograr mediante un conjunto de «reglas» y prioridades que se aplican de la misma manera a todas las organizaciones en todo momento. La relación entre el éxito financiero y el éxito estratégico dependerá del contexto. No obstante, hay tres grandes cuestiones que tienen que resolver todas las organizaciones (*véase* el Cuadro 9.6):

- *Gestión para crear valor*, ya sea para los accionistas o para garantizar el mejor aprovechamiento del dinero público, lo que constituye una importante consideración y responsabilidad de los directivos.

**Cuadro 9.6**　Estrategia y finanzas

- *Financiación* de las estrategias de desarrollo, que, evidentemente, también es importante: en concreto, que la naturaleza de la financiación sea adecuada al tipo de estrategia, y viceversa. Esto hace referencia al equilibrio entre los riesgos financieros y empresariales.
- Las *expectativas financieras* de las partes interesadas variarán, ya sea entre las distintas partes interesadas y respecto a las distintas estrategias. Esto debe afectar a los directivos tanto en cuanto a la estrategia de desarrollo como a su aplicación.

### 9.4.1　Gestión para crear valor[19]

A lo largo de este libro un tema recurrente ha sido que el éxito a largo plazo de las estrategias depende del grado en que pueden ofrecer el mejor valor en opinión de las principales partes interesadas. Dos ejemplos son la competitividad en el mercado (es decir, el valor para los clientes) y la capacidad de ofrecer valor a los accionistas (por el rendimiento que reciben en forma de dividendos y de variación de la cotización de las acciones; *véase* la Sección 7.4.2). En los mercados competitivos, es probable que estas dos cuestiones estén estrechamente relacionadas a largo plazo, puesto que el rendimiento que reciben los accionistas depende del éxito en el mercado. Sin embargo, esta relación general entre competitividad y valor para los accionistas requiere un análisis con más detalle. El valor para los accionistas depende de la capacidad de la organización para generar tesorería a largo plazo lo que, a su vez, depende de la forma en que se gestione una amplia serie de factores. Es importante que los directivos comprendan qué significa la «gestión para crear valor» y cómo se puede conseguir[20]. La **gestión para crear valor** implica la maximización de la capacidad de una organización para generar flujos de tesorería a largo plazo. Como se muestra en el Cuadro 9.7, la creación de valor depende de tres cuestiones fundamentales: los fondos provenientes de las actividades, la inversión (o venta) de activos y los costes financieros.

> La **gestión para obtener valor** implica la maximización de la capacidad de una organización para generar flujos de tesorería a largo plazo.

● Los *fondos provenientes de las actividades* son, evidentemente, uno de los principales factores que contribuyen a la creación del valor. A largo plazo, esto hace referencia al grado en que la organización obtiene rentabilidad. Esto viene determinado por:

— Los ingresos provenientes de las ventas: que dependen del volumen de ventas y de los precios que puede mantener la organización en sus mercados.

— Los costes de «producción» y de las ventas, que dependen de elementos fijos y variables.

— Los costes generales o indirectos.

● *Inversión en activos*: también es importante el grado en que se aprovechan al máximo los activos y el fondo de maniobra. Algunas organizaciones han desarrollado competencias para mantener un volumen de negocios muy superior con los mismos activos que los demás. Esto afecta a la creación de valor de la siguiente manera:

— Los costes de la inversión de capital o, en algunos casos, de la venta de activos sobrantes.

— La gestión de los elementos del fondo de maniobra, como los artículos en inventario, los deudores y los acreedores, aumentarán o reducirán el valor para los accionistas.

● Los *costes financieros*: la combinación de los elementos del capital del negocio, entre deuda (que requiere el pago de intereses) y capital social, que determina el coste del capital (y, también, el riesgo financiero).

---

**Cuadro 9.7**    **Los determinantes de la creación de valor**

**DETERMINANTES**

| | Determinantes del valor (mayor valor para los accionistas) | Determinantes de los costes (menor valor para los accionistas |
|---|---|---|
| **Actividades** | Ingresos < Volumen de ventas / Precios | Costes operativos < Costes directos / Costes generales |
| **Inversión** | Venta de activos fijos<br>Reducción de activo circulante<br>● Inventarios<br>● Deudores | Inversión de capital (activo fijo)<br>Reducción del pasivo circulante<br>● Acreedores |
| **Financiación** | | Coste del capital < Fondos propios / Préstamos |

Las cuestiones en el sector público son muy parecidas. El problema de la mayoría de los directivos del sector público es que sus responsabilidades financieras suelen estar confinadas a la gestión de su presupuesto (es decir, a los pagos por las actividades). Normalmente lo harán sin tener un gran conocimiento del resto de las cuestiones financieras, que serán gestionadas desde la función financiera central. Existe una verdadera necesidad de que los directivos estén mucho más familiarizados con el efecto que tienen sus decisiones cotidianas de gestión sobre la salud financiera general de la organización; por ejemplo, la utilización del activo fijo o el incurrir en deudas fallidas.

## Determinantes clave del valor y de los costes

En este libro no se pretende analizar las cuestiones detalladas relativas a la gestión de cada uno de los elementos independientes que se muestran en el Cuadro 9.7. Desde el punto de vista de la estrategia empresarial, la cuestión crítica consiste en comprender cuáles son los **determinantes clave del valor y de los costes**. Se trata de factores que tienen una influencia primordial sobre la capacidad de una organización para generar tesorería. El concepto de la cadena de valor (Sección 3.6.1) es importante para ayudar a los directivos a comprender dónde y cómo pueden crear valor en la organización y en la red de valor general. Es importante el hecho de que es probable que la creación de valor y los costes se repartan *de forma desigual* entre las actividades de la cadena de valor y de la red de valor. Así pues, hay algunas actividades que son más cruciales para crear valor (o costes) que otras. Sin embargo, dependerán del tipo de negocio y de las circunstancias en que se encuentre, como se verá más adelante. El análisis financiero puede mejorar la comprensión de la significatividad de este hecho al cuantificar los *determinantes del valor* (que determinan la entrada de efectivo) y los *determinantes de los costes* (que determinan la salida de efectivo).

Algunos ejemplos permiten ilustrar la importancia de la identificación de estos determinantes clave del valor y de los costes:

> Los **determinantes clave del valor y de los costes** son factores que tienen una influencia primordial sobre la capacidad de una organización para generar efectivo.

- Las *fuentes de financiación* suelen tener una importancia primordial por dos razones. El coste del capital es un determinante clave de los costes y dependerá de la fuente. Así pues, las salidas relativas de efectivo que se derivarán de la financiación mediante préstamos en vez de mediante capital social constituirán una importante consideración estratégica. Sin embargo, el capital social y el endeudamiento también suponen distintos niveles de riesgo. Así pues, el grado de apalancamiento de una organización también debe depender de los riesgos financieros y empresariales. Esto se analizará con más detalle en la Sección 9.4.3 más adelante.
- Las inversiones de *capital* pueden implicar una importante salida de efectivo que puede destruir valor para los accionistas salvo que contribuya a mejorar los ingresos o a reducir los costes en otros elementos del Cuadro 9.7. En principio, los argumentos empresariales a favor de las inversiones en bienes de capital deben valorar esta cuestión antes de aprobar la inversión. Normalmente, los argumentos a favor de estas inversiones hacen referencia a unas *mejores características del producto* que permiten aumentar las ventas y/o ofrecer mejores precios; o a *menores costes* (por ejemplo, gracias a una mayor productividad del trabajo) o a un *menor fondo de maniobra* (por ejemplo, reduciendo los artículos inventariados al aligerar la producción o la distribución). Las nuevas inversiones de capital aumentan la *intensidad de capital* del negocio, lo que afectará tanto a la rotación del activo fijo como a la ratio de costes fijos y variables y, por tanto, a la importancia relativa del volumen de ventas.

- La *estructura de costes* particular del negocio varía considerablemente en función del sector y, por tanto, también varía la importancia relativa de las distintas partidas de costes. Como se ha mencionado anteriormente, la creación de valor y los costes se reparten de forma desigual entre las actividades de la cadena de valor. Por ejemplo, las organizaciones de servicios suelen tener una mayor intensidad en trabajo que las manufacturas, lo que destaca la importancia de los niveles salariales. A los minoristas les preocupa la rotación de inventarios y el volumen de ventas por metro cuadrado, que reflejan dos principales determinantes de sus costes.

- Algunas veces, los determinantes fundamentales de los costes o del valor están *fuera de la organización* (en la cadena de abastecimiento o en la cadena de distribución). La consecuencia estratégica es que las organizaciones tienen que ser competentes para mantener el rendimiento de los proveedores o distribuidores clave. Esto significa que deben disponer de la capacidad para seleccionar, motivar y «controlar» a los proveedores y a los distribuidores. También puede significar que hay que volver a analizar si se puede realizar cualquiera de estas actividades dentro de la organización, si tienen tal importancia crítica para la creación de costes y de valor. Esto se analizó en los Capítulos 3 y 8 (*outsourcing*). Puesto que el precio de los proveedores constituye el coste de los compradores, también pueden producirse desigualdades en la creación de valor para los accionistas que logran las distintas organizaciones en la red de valor. Puede deberse al *poder de negociación* relativo de proveedores y compradores (como se analiza en el modelo de las cinco fuerzas; Sección 2.3.1). Por ejemplo, una empresa manufacturera que tiene que hacer frente simultáneamente a una escasez de oferta de una materia prima y a poderosos distribuidores de su producto encontrará difícil sostener la creación de valor para los accionistas. Puesto que los costes de abastecimiento o los precios de los productos pueden venir fijados por otros, la creación de valor para los accionistas tendrá que centrarse en gestionar los costes de las actividades que realiza la empresa y/o en otros elementos de los que se ha hablado anteriormente (el coste de capital y los costes de la inversión).

- El *tipo de estrategia* que se está aplicando también es importante puesto que altera la «combinación» de coste y valor necesaria para sostener un producto o servicio competitivo. Es posible que la organización consiga diferenciarse con éxito de sus competidores mediante un gasto adicional en determinadas áreas (por ejemplo, en la publicidad). Siempre que este gasto dé lugar a un valor añadido (posiblemente a través de los precios) o a reducciones relativas de los costes en otras partidas (por ejemplo, en los costes de producción gracias a un mayor volumen de ventas), puede constituir un coste que se puede defender.

- Los principales determinantes del coste y del valor pueden cambiar *con el tiempo*. Por ejemplo, durante la introducción de un nuevo producto, el factor clave puede consistir en lograr un *volumen de ventas*; una vez alcanzado, es posible que *los costes unitarios y los precios* sean más importantes; durante el declive, la mejora de los flujos de tesorería mediante la *reducción de los inventarios y de los deudores* puede resultar esencial para introducir la nueva generación de productos.

En general, el mensaje es que los directivos se pueden beneficiar considerablemente de comprender con exactitud cuáles son los procesos que crean valor dentro de sus organizaciones y del conjunto de la red de valor; puede ayudarles a tener un planteamiento más estratégico sobre la forma de asignar prioridades a sus esfuerzos para mejorar el rendimiento. La Ilustración 9.5 muestra cómo puede conseguirlo una organización.

estrategia en acción

# Gestión del valor para los accionistas en Cadbury Schweppes plc: el viaje continúa

*Las empresas están recurriendo a la «gestión para crear valor» como una plataforma para mejorar su rendimiento.*

En 1996, Cadbury Schweppes fijó un objetivo empresarial explícito para lograr un mayor rendimiento para sus accionistas. Desde entonces y hasta el año 2000 se produjo un continuo impulso en toda la empresa para incorporar las disciplinas financieras, estratégicas y operativas clave necesarias para tener un negocio orientado al valor. Estos desarrollos produjeron significativas mejoras del rendimiento para los accionistas. Sin embargo, el equipo directivo concluyó que era necesario encontrar y explotar nuevas oportunidades de crecimiento rentable para poder sostener y ampliar este éxito.

En el centro de su búsqueda para lograr un crecimiento rentable se encontraba la creencia de que la gestión para obtener valor es «en un 20 por ciento una cuestión de cifras y en un 80 por ciento una cuestión de individuos».Bob Stack, el Director de Recursos Humanos del Grupo, y su equipo, fueron esenciales para la creación y puesta en marcha de una serie de programas diseñados para mejorar el rendimiento al aumentar la comprensión, la capacidad y la motivación de los 200 directivos superiores de la organización. Sus programas clave incluían:

- «Desbloqueo del Buen Crecimiento», que ayudaba a los directivos a desarrollar ideas intuitivas profundas sobre los consumidores y sobre cómo las innovaciones orientadas hacia el consumidor podrían ayudar a Cadbury a atender con más eficacia a esos consumidores.

- Se creó una «Academia de Ventas y Marketing». Educaba a los directivos para utilizar herramientas y técnicas coherentes, orientadas hacia el valor, para mejorar y elevar la capacidad comercial. Fijó algunos estándares comunes de rendimiento para todo el negocio.

- Se redactó una declaración del «Propósito y Valor de Cadbury» que se divulgó ampliamente. Así se fijaba un claro marco de la intención estratégica de la empresa y de cómo quería hacer negocio. Esto incluía un nuevo diseño de la imagen y de los materiales de comunicación de la empresa para alinear estos materiales con el propósito central de «trabajar para crear marcas que la gente adora».

Había dos iniciativas adicionales de la organización que constituían partes esenciales de todo el paquete. Una era la transición sin perturbaciones a un nuevo CEO, y la transición a una estructura más global de la organización. Esta reorganización se debió, en parte, a la necesidad de integrar una serie de adquisiciones de empresas, incluyendo la de la empresa de pastelería Adams, un negocio global con sede en Estados Unidos. También dio lugar a una iniciativa global de costes y eficiencia, «Combustible para el Crecimiento», que se creó para explotar el crecimiento y las ventajas de las sinergias derivadas de la conversión en una organización más global.

El trabajo de Cadbury es un excelente ejemplo de la «utilización de la estructura y los recursos humanos para definir el comportamiento». El crecimiento aumentó una media del 14 por ciento en el periodo 2000-2003; y el rendimiento total obtenido por los accionistas fue significativamente superior al de la media de las empresas del índice FTSE 100.

Preparado por el Profesor John Barbour, Corporate Value Improvement Ltd.

## Preguntas

1. Si la gestión para la obtención de valor es, en efecto, «un 20 por ciento una cuestión de cifras y un 80 por ciento una cuestión de individuos», ¿por qué hay muchas empresas que centran sus esfuerzos en el análisis de datos para gestionar la organización para crear valor?

2. ¿Por qué no hay más empresas que utilizan a sus funciones de Recursos Humanos como determinantes clave del negocio?

3. ¿Cómo se debe analizar la gestión para crear valor en el contexto de los imperativos y responsabilidades más generales de la organización?

## 9.4.2    Financiación del desarrollo de la estrategia[21]

En todas las organizaciones, los directivos tienen que decidir cómo se van a financiar las organizaciones y cómo se van a respaldar los desarrollos estratégicos. Estas decisiones dependerán de la propiedad (por ejemplo, si el negocio pertenece a unas pocas manos privadas o, por el contrario, cotiza en Bolsa) y de los objetivos generales de la organización. Por ejemplo, habrá distintas necesidades financieras en un negocio que está buscando un rápido crecimiento mediante adquisiciones o desarrollo de nuevos productos que en otra organización que está buscando consolidar su rendimiento anterior. Esta sección utiliza la matriz de crecimiento/participación (*véase* el Cuadro 6.8) para ilustrar cómo pueden variar las estrategias financieras en función de las distintas «fases» de desarrollo de una unidad de negocio; *véase* el Cuadro 9.8.

Esto es únicamente un ejemplo de cómo tienen que ajustarse las estrategias financieras y empresariales y hace referencia a las relaciones entre el riesgo financiero y el rendimiento financiero que obtienen los inversores. Cuanto mayor sea el riesgo de los accionistas, mayor rendimiento exigirán estos inversores. Por tanto, desde el punto de vista de una organización, la cuestión importante consiste en saber cómo hay que equilibrar el riesgo empresarial y el riesgo financiero de la organización. La deuda acarrea un mayor riesgo financiero que el capital social puesto que impone la obligación de pagar intereses. Por regla general, cuanto mayor sea el riesgo empresarial menor debería ser el riesgo financiero que asume la organización, por lo que la matriz de crecimiento/participación es una forma conveniente para ilustrar esta cuestión:

- Los *negocios interrogantes* (o *niños problemáticos*)[22] constituyen, evidentemente, un elevado riesgo empresarial. Se encuentran al inicio de su ciclo de vida y no se han establecido todavía en sus mercados; además, es probable que requieran importantes

---

**Cuadro 9.8**    Financiación de estrategias en distintas situaciones

| CRECIMIENTO (Estrellas) | | LANZAMIENTO (Interrogantes) | |
|---|---|---|---|
| Riesgo empresarial: | Elevado | Riesgo empresarial: | *Muy elevado* |
| Los riesgos financieros tienen que ser: | *Reducidos* | Los riesgos financieros tienen que ser: | Muy *reducidos* |
| Financiado mediante: | *Capital social* | Financiado mediante: | *Capital social (capital riesgo)* |
| Dividendos: | *Nominales* | Dividendos: | *Cero* |
| **MADUREZ (Vacas de caja)** | | **DECLIVE (Perros)** | |
| Riesgo empresarial: | *Medio* | Riesgo empresarial: | *Reducido* |
| Los riesgos financieros tienen que ser: | *Medios* | Los riesgos financieros tienen que ser: | *Elevados* |
| Financiado mediante: | *Capital social y deuda (reinversión de beneficios)* | Financiado mediante: | *Deuda* |
| Dividendos: | *Elevados* | Dividendos: | *Total* |

*Fuente*: adaptado de WARD, K. (1993): *Corporate Financial Strategy*. Butterworth/Heinemann. Capítulo 2.

inversiones. Por tanto, los que quieren invertir en estos negocios tienen que comprender la naturaleza del riesgo y querer obtener elevados rendimientos. Una empresa independiente que se encuentra en esta situación puede, por ejemplo, buscar financiación para el crecimiento de especialistas en este tipo de inversiones, como las empresas de capital riesgo, que logran compensar este riesgo disponiendo de una cartera de este tipo de inversiones. La expansión y explosión de la burbuja de las «punto.com» a finales de la década de los noventa demostró que se pueden cometer importantes errores, tanto por parte de los inversores como de las empresas de reciente creación. Las principales lecciones que extrajeron los inversores fueron que hay que analizar cada negocio en función de sus propios méritos y definir plazos temporales realistas para obtener rendimientos de la inversión. Las lecciones que extrajeron las empresas es que tienen que ser realistas sobre sus requisitos de inversión y los periodos de devolución y no dejarse llevar por la tendencia a hacer un gasto excesivo a corto plazo (por ejemplo, en marketing) en un intento por ofrece resultados a corto plazo que no son sostenibles. Muchas empresas recién creadas también desconfían de las empresas de capital riesgo porque temen perder el control de su empresa y/o información importante que terminará filtrada a sus competidores. Por estas razones, ha aumentado el recurso a inversores individuales (también denominados «ángeles empresariales»).

- En el caso de los negocios *estrella*, el grado de riesgo empresarial sigue siendo elevado en estas situaciones de gran crecimiento, a pesar de que se están obteniendo cuotas de mercado relativamente elevadas. Aquí, la posición en el mercado sigue siendo volátil y probablemente muy competitiva. Es posible que una empresa haya sido financiada inicialmente recurriendo al capital riesgo pero, a medida que crece y se va estableciendo, tiene que buscar otro tipo de financiación. Puesto que el principal atractivo para los inversores es el producto o el concepto empresarial, y la posibilidad de obtener beneficios en el futuro, es probable que sea más adecuado recurrir al capital social; una empresa puede intentar lograr este capital social saliendo a Bolsa.

- Las empresas que se mueven en mercados maduros con cuotas elevadas (*vacas de caja*) deberían estar generando excedentes regulares y sustanciales. Aquí, el riesgo empresarial es menor y la oportunidad de invertir los beneficios es mayor y, en el caso de una cartera de negocios, la empresa puede estar buscando reciclar estos excedentes en sus negocios de crecimiento. En esta situación, puede tener sentido obtener una financiación mediante deuda así como mediante capital social, puesto que se pueden utilizar unos ingresos probados para atender el servicio de esta deuda y, en cualquier caso, el rendimiento de los prestamistas será probablemente inferior al que esperarán los que aportan capital social. (Puesto que el interés de la deuda debe devolverse, el riesgo financiero del propio negocio es mayor que en el caso de una financiación mediante capital social, por lo que es razonable que la empresa espere que el coste de la deuda sea inferior al del capital social). Siempre que esta mayor deuda (*endeudamiento* o *apalancamiento financiero*) no dé lugar a un nivel de riesgo inaceptable, esta deuda más barata aumentará, de hecho, los beneficios residuales logrados por una empresa en esta situación. El peligro es que la organización se extienda en exceso, asuma demasiada deuda, aumente su riesgo financiero y padezca una caída en sus mercados siendo incapaz de atender el pago de la deuda.

- Si un negocio está en declive, si constituye, en efecto, un *perro*, será difícil atraer financiación en forma de capital social. Sin embargo, puede ser posible endeudarse utilizando activos del negocio como garantía. En esta etapa, es probable que el énfasis del negocio se encuentre en la reducción de costes, pero es muy posible que los flujos de tesorería de estos negocios sean elevados. Estos negocios pueden constituir inversiones de un riesgo relativamente reducido.

La Ilustración 9.6 muestra que las fuentes de financiación tienen que ajustarse a las distintas circunstancias.

---

**Ilustración 9.6**                                    estrategia en acción

# Las empresas de alta tecnología luchan por obtener financiación

*La combinación de fuentes de financiación de un negocio debe reflejar la naturaleza del «ciclo de vida» de la industria.*

### Telecomunicaciones

A principios de 2001 los mercados bursátiles de todo el mundo se «deshicieron» de las acciones tecnológicas. Algunas empresas vieron como sus cotizaciones cayeron un 90 por ciento respecto al año anterior. Las empresas que más problemas tuvieron fueron los operadores más pequeños, como Kingston Communications, Atlantic y Redstone Telecom del sector de las telecomunicaciones y muchas de las empresas «punto.com». Estas empresas más pequeñas encontraban difícil, o imposible, lograr financiación mediante endeudamiento para compensar esta drástica caída de su cotización y para inyectar la muy necesitada liquidez para financiar los desarrollos en sus sectores de gran competencia. Estos desarrollos eran cruciales para sus estrategias futuras e incluían la construcción de infraestructuras (como de cables de fibra óptica) y la creación de la marca.

Los presidentes de estas empresas más pequeñas estaban intentando tranquilizar a los potenciales inversores de que no iban a llevar sus negocios más allá de sus capacidades. Habían estado reconfigurando sus negocios para reducir los costes generales. Pero la mayoría de las empresas estaba sufriendo el radical cambio de actitud de sus financiadores a medida que las condiciones del mercado cambiaban. En particular, se sentían especialmente nerviosos sobre el elevado nivel de endeudamiento de las empresas, lo que planteaba dudas sobre la posibilidad de devolver los intereses de sus deudas. Pero los propietarios de las empresas más pequeñas querían proteger ante todo su independencia y estaban intentando evitar ser absorbidas por las grandes empresas de telecomunicaciones como British Telecom. Así pues, el ritmo de desarrollo de estas empresas dependía de la financiación disponible, hasta el punto, incluso, de que estos avances tenían que ofrecer flujos de tesorería positiva antes de poder ampliar todavía más los servicios.

### Juegos para PC

A mediados de la década de 2000, el desarrollo de los juegos informáticos se había convertido en una gran industria

internacional, dominada por empresas de Gran Bretaña, Estados Unidos y Japón. Pero al inicio de esa industria (a finales de la década de los ochenta) estaba fundamentalmente en manos de individuos que escribían los programas en su propia habitación, era una industria artesanal. En aquella época, sólo hacían falta 6.000 euros para desarrollar un juego y sólo hacían falta un par de personas, un programador y un artista. A principios de la década de 2000, había más de 300 empresas de juegos, tan solo en el Reino Unido. Sin embargo, en 2004 costaba más de 3 millones de euros desarrollar un juego, necesitando equipos de hasta 30 o más programadores, artistas, ingenieros de sonido y productores. Es evidente que ello tuvo un gran efecto sobre la estructura de la industria y sobre cómo se financiaban las empresas programadoras de juegos. Las empresas tenían que ser grandes para poder sobrevivir. Muchos de los fundadores de empresas estaban optando por venderlas a grandes empresas o por salir a Bolsa. El Departamento de Comercio e Industria del Reino Unido publicó un informe en 2002 en el que se concluía que el sector financiero y los organismos públicos no habían logrado comprender la importancia del sector de los juegos y sus necesidades de financiación. Algunas empresas, como Rock Star, habían nacido en Gran Bretaña pero se habían trasladado a Estados Unidos.

*Fuentes*: adaptado de *The Sunday Times*, 18 de marzo de 2001; *The Sunday Times*, 12 de octubre de 2003.

---

**Preguntas**

1. A partir de la Sección 9.4.2 y del Cuadro 9.8, explique por qué muchas empresas terminaron teniendo las dificultades financieras que se han descrito.

2. Si estuviera dirigiendo una de estas empresas, ¿cómo garantizaría que hubiera un mejor ajuste entre la estrategia de la empresa y su financiación?

El Cuadro 9.8 también muestra que es posible que haya que cambiar la política de dividendos en función de la naturaleza del negocio. En la fase de lanzamiento, los inversores pueden estar preocupados fundamentalmente por la posibilidad de que el potencial de crecimiento y de generación de efectivo esté limitado por los pagos de dividendos. Este puede seguir siendo el caso durante la etapa de crecimiento, aunque será necesario distribuir algunos dividendos. Durante la etapa de madurez, los flujos de tesorería del negocio deben ser muy positivos; las oportunidades para reinvertir y crear todavía más valor pueden verse limitadas, por lo que los accionistas pueden recibir el mayor valor posible a través de la distribución de dividendos. Durante la etapa de declive, el argumento a favor de distribuir dividendos a los accionistas es todavía más importante.

Desde el punto de vista de las sedes de las empresas *diversificadas* puede haber un problema para desarrollar una estrategia financiera para una cartera con una combinación de negocios con distintas tasas de crecimiento y cuotas de mercado altas o bajas. La organización tiene que analizar su posición riesgo/rendimiento *general*. Por ejemplo, las organizaciones que han buscado elevar su crecimiento mediante una estrategia adquisitiva de diversificación han tenido problemas porque la comunidad inversora puede percibirlas como organizaciones de elevado riesgo (empresarial) y no han sido capaces de poner en marcha estrategias financieras adecuadas; puede que tengan problemas para endeudarse, y los que ofrecen una financiación mediante participación en el capital pueden esperar elevados rendimientos. Por ello, o bien no han sido capaces o no han estado dispuestas a atraer inversiones en forma de capital social y han buscado financiar el crecimiento recurriendo al endeudamiento, confiando en aumentar continuamente sus flujos de tesorería para financiar ese endeudamiento. Una caída del crecimiento implica que no se puede atender el pago de la deuda lo que puede llevar a la bancarrota. El punto crucial es que la estrategia financiera de los grandes conglomerados debe estar definida en función de la naturaleza de la estrategia de cartera. Por ejemplo:

- Una empresa orientada a una cartera de *inversiones de elevado crecimiento y elevado riesgo* en industrias emergentes tendrá que tener más capital social y menos deuda, como suele ser frecuente en las empresas financiadas por empresas de capital riesgo.
- Una empresa que se centra en una cartera de *vacas de caja en industrias maduras* con flujos de tesorería demostrados necesitará justo lo contrario: más deuda y menos capital.
- Una empresa que busca desarrollar *negocios innovadores y nuevos negocios* puede actuar como su propia empresa de capital riesgo, aceptando un riesgo empresarial elevado e intentando compensar ese riesgo fomentando ideas nuevas e innovadoras. Si lo hace así, tendrá que analizar si tiene algún papel que desempeñar cuando sus negocios maduren o si debe venderlos a otras organizaciones, aunque sólo sea para conseguir capital para nuevas inversiones.

Finalmente, debe recordarse que, aunque el análisis de esta sección se ha centrado en el ajuste entre la financiación y la estrategia, lo contrario también debe ser una consideración clave. Esto hace referencia a cómo pueden surgir desarrollos estratégicos derivados de las circunstancias financieras de la organización. En este libro ya se han ofrecido una serie de ejemplos al respecto:

- La *propiedad* de una organización; en concreto, si pertenece a unas pocas manos particulares, o si cotiza en Bolsa, o si es una organización caritativa o una organización del sector público, afectará a las fuentes y cantidades de financiación disponible. Ya se ha visto antes (Capítulo 4) que una razón frecuente para alterar la forma de propiedad es abrirse a nuevas fuentes de financiación. Dada la tendencia de los inversores a buscar un rendimiento a corto plazo en las empresas que cotizan en Bolsa, las empresas en manos particulares pueden ofrecer un entorno de menos presión para las inversiones que requieran largos periodos de recuperación de la inversión. Sin embargo, la propiedad puede ser realmente una limitación al desarrollo estratégico al dictar el entorno de financiación en el que se desarrollará, *de hecho*, la estrategia.

● Aunque las *motivaciones* potenciales de una adquisición variarán (como se destacó en el Capítulo 7), a menudo, el factor determinante puede ser financiero más que estratégico; por ejemplo, la necesidad de reinvertir los fondos excedentes y de demostrar un crecimiento continuo para mantener la cotización. Así pues, la organización puede verse arrastrada a «alianzas impropias» creando todo tipo de problemas estratégicos (como el choque cultural) debido a esta preocupación financiera a más corto plazo. El resultado a más largo plazo es una caída del rendimiento y la destrucción del valor para los accionistas.

## 9.4.3    Las expectativas financieras de las partes interesadas

La Sección 9.4.1 analizó cómo pueden las estrategias empresariales crear o destruir valor para los accionistas de un negocio. El equivalente en el sector público es el grado en que los políticos (como propietarios o responsables del dinero público) considerarán que se ha gastado bien el dinero público. Pero se vio en el Capítulo 4 que los propietarios no son los únicos que tienen intereses en una organización. Así pues, las demás partes interesadas tendrán expectativas financieras sobre la organización. La cuestión consiste en saber hasta qué punto las estrategias empresariales deben tener en cuenta estas expectativas y cómo se deben ajustar para crear valor para los propietarios. Por ejemplo:

● El Capítulo 4 destacó que los *inversores institucionales*, como los gestores de los fondos de pensiones, suelen representar los intereses de los beneficiarios reales del rendimiento de una empresa. Este es el concepto de la cadena de gobierno. Así pues, la estrategia está muy influida por las expectativas financieras de estos intermediarios que pueden convertirse en agentes clave de grandes cambios estratégicos, como las fusiones o las adquisiciones. Existe la continua preocupación de que los directivos estén distorsionando las estrategias a largo plazo de sus empresas para reaccionar a las presiones a más corto plazo ejercidas por los analistas bursátiles y los inversores institucionales[23].

● Los *banqueros* y otros proveedores de préstamos con interés están preocupados por los *riesgos* asociados a sus préstamos y a la competencia con que se gestionan. Un buen historial en la gestión de riesgos puede ser considerado (en sí) como una razón para que los banqueros inviertan más en algunas empresas y no en otras. El riesgo también dependerá de la estructura de capital de la empresa, sobre todo de su ratio de endeudamiento (o deuda sobre fondos propios), que determina la solvencia de la empresa y la sensibilidad de esta solvencia a las variaciones en sus beneficios. La cobertura de intereses es otra medida que relaciona los intereses con el beneficio.

● Los *proveedores* y los *empleados* estarán probablemente preocupados por obtener buenos precios pero también por la *liquidez* de la empresa, que es una medida de su capacidad para cumplir con sus compromisos a corto plazo con sus acreedores y para pagar sus salarios. Los banqueros compartirán esta preocupación porque el deterioro de la posición de liquidez puede exigir una corrección con préstamos adicionales aumentando el perfil de riesgo anterior. De nuevo, un buen historial en este área puede ser una competencia para mantener buenas relaciones con los proveedores, lo que permitirá acceder a descuentos o a una mejora del crédito.

- La *comunidad* se preocupará por los puestos de trabajo pero también por los costes sociales de las estrategias de la organización, como la contaminación o el marketing. Estas cuestiones no se suelen tener en cuenta en los análisis financieros tradicionales, pero es una cuestión que preocupa cada vez más. En el Capítulo 5 (Sección 5.4) se analizaron las cuestiones relacionadas con la ética empresarial. Si no se presta la debida atención a estas cuestiones se puede generar una debilidad estratégica.
- A los *clientes* les preocupa tener productos o servicios que ofrezcan el mejor valor posible. Esta valoración no suele aparecer en los análisis financieros tradicionales, pero cabe deducir que las empresas que sobreviven con rentabilidad en un entorno competitivo deben estar ofreciendo un buen valor. Sin embargo, como se ha mencionado anteriormente, la generación de costes y la creación de valor tienden a distribuirse de forma desigual entre las diversas actividades y entre los diversos «jugadores» de la cadena de valor. Los «ganadores» y «perdedores» en un momento dado dependerán de las circunstancias que alteran el poder de negociación entre compradores y proveedores de la cadena (como se analizó en el modelo de las cinco fuerzas; Sección 2.3.1). Las industrias de bienes primarios (como el petróleo, el acero o el vidrio) lo muestran muy claramente en la forma en que oscilan los precios en función de las condiciones del mercado (oferta/demanda). A su vez, esto crea importantes oscilaciones del valor creado para los accionistas entre los puntos álgidos y más bajos de la demanda. Cuando no ha habido presiones competitivas, como en muchos servicios públicos, se han intentado desarrollar indicadores del rendimiento más relacionados con el máximo valor posible. Sin embargo, muchos sistemas de gestión de la información no están diseñados para tener un análisis tan detallado de las actividades independientes que crean valor, lo que dificulta este proceso. En el Reino Unido, a finales de la década de los noventa, se puso énfasis político en este proceso mediante la *Best Value Initiative* que definía una serie de indicadores de rendimiento y fijaba estándares para constituir puntos de referencia del mejor rendimiento (más allá del propio sector público).

En general, los directivos tienen que ser conscientes del impacto financiero sobre las diversas partes interesadas que tienen las estrategias que están aplicando o que prevén aplicar. También tienen que entender cómo posibilitan estas expectativas el éxito de algunas estrategias mientras que limitan la capacidad de la organización para tener éxito con otras estrategias.

## 9.5 GESTIÓN DE LA TECNOLOGÍA[24]

Esta sección trata de la relación entre la tecnología y el éxito estratégico. Como en las secciones anteriores de este capítulo, es importante empezar con una advertencia. Es fácil que las organizaciones se distraigan por el desarrollo de la tecnología sin relacionarlo con su estrategia general y sin preguntarse cómo se puede gestionar la creación y compartir los conocimientos sobre la tecnología en la organización. Una cuestión crucial es cómo puede ofrecer este proceso una ventaja competitiva. Como se mencionó en el Capítulo 3, es fácil que los competidores compren la misma tecnología, por lo que no tiene por qué constituir una fuente de ventaja. Donde se pueden crear ventajas es en la forma en que se explota la tecnología.

Los avances tecnológicos pueden adoptar diversas formas, y cada una puede ofrecer a las organizaciones ventajas de forma distinta, como se muestra en el Cuadro 9.9. Como el resto de las cuestiones de este capítulo, la relación entre la estrategia empresarial y la tecnología *dependerá probablemente del contexto*[25]. Así pues, los factores como el tamaño de la empresa, el sector industrial y el tipo de productos darán forma a la relación. Sin embargo, resulta útil identificar una serie de distintos desarrollos tecnológicos en los que las implicaciones estratégicas difieren. Se llaman **trayectorias tecnológicas**[26]:

> Las **trayectorias tecnológicas** identifican los principales factores que afectan a los desarrollos tecnológicos.

- *Desarrollos dominados por el proveedor*, como en la agricultura, con los desarrollos en cuanto a maquinaria, fertilizantes y pesticidas. La cuestión estratégica para un productor agrícola es el rápido aprendizaje sobre cómo pueden transformar estas nuevas tecnologías los procesos empresariales en «su» parte de la red de valor. La capitalización de estos adelantos liderados por el proveedor sigue siendo un reto actual para las organizaciones en muchos sectores diferentes para explotar los desarrollos informáticos en hardware y software (como se analizó en la anterior Sección 9.3).
- *Desarrollos intensivos en escala*, como complejos sistemas manufactureros en el sector de los automóviles y otros sectores, donde la ventaja se obtiene de las economías de escala y del aprendizaje derivado de dicha escala, como se analizó en el Capítulo 3. Aquí, el reto estratégico consiste en garantizar un aprendizaje incremental y que las mejores prácticas se divulguen por toda la organización.
- *Desarrollos intensivos en información*, como los servicios financieros, en la venta al por menor o en el turismo, donde la explotación de las tecnologías informáticas es una cuestión estratégica central. Esto ya se ha analizado en la anterior Sección 9.3.
- *Desarrollos científicos*, que siguen siendo importantes en muchos sectores como en la industria farmacéutica, la industria electrónica, los materiales y la ingeniería. Los

## Cuadro 9.9    Ventaja estratégica abasada en el desarrollo tecnológico

| Mecanismo | Ventaja estratégica | Ejemplos |
|---|---|---|
| **Novedad del producto o servicio** | Ofrecer algo que nadie más puede ofrecer | Introducir el primer… Walkman®, boligrafo, cámara, lavavajillas… del mundo |
| **Novedad del proceso** | Ofrecerlo de una forma que los demás no pueden imitar: más deprisa, menor coste, mayor personalización, etcétera | El proceso de vidrio de Pilkington, el proceso del acero de Bessemer, la banca por Internet, la venta de libros online, etcétera |
| **Complejidad** | Ofrecer algo que los demás encuentran difícil dominar | Rolls-Royce y los motores de los aviones; maquinaria y metalurgia complejas |
| **Protección legal de la propiedad intelectual** | Ofrecer algo que los demás no pueden ofrecer salvo que paguen una licencia o comisión | Los medicamentos de Blockbuster como Zantac®, Viagra®, etcétera |
| **Solidez del diseño** | Ofrecer algo que proporciona una plataforma sobre la que se pueden construir otras variaciones o generaciones | Boeing 737: más de 30 años de diseño que se sigue adaptando y configurando para satisfacer a distintos usuarios |
| **Volver a definir las reglas** | Ofrecer algo que representa un producto o proceso totalmente nuevo que hace que el antiguo sea obsoleto | Máquinas de escribir y programas informáticos de procesamiento de textos Hielo y neveras Lámparas de aceite o gas y electricidad |

*Fuente*: versión abreviada de Tidd, J.; Bessant, J. y Pavitt, K. (2001): *Managing Innovation: Integrating technological, market and organisational change*, 2.ª edición. Wiley.

retos estratégicos consisten en supervisar la investigación académica, desarrollar productos y adquirir los recursos para lograr una escala de producción comercial. Otro reto es el de la evaluación y gestión del riesgo.

Teniendo presentes estos comentarios a título de introducción sobre los tipos desarrollos tecnológicos, esta sección del capítulo se va a fijar ahora en las siguientes cuestiones sobre la relación entre la estrategia empresarial y la tecnología y cómo puede la tecnología potenciar el éxito estratégico (*véase* el Cuadro 9.10):

- cómo cambia la tecnología la *situación competitiva*;
- la tecnología y la *capacidad estratégica*;
- la *organización* de la tecnología para lograr una ventaja.

### 9.5.1   La tecnología y la situación competitiva

En el Capítulo 2 se utilizó el modelo de las cinco fuerzas como una lista de comprobación para comprender las fuerzas competitivas en una industria y cómo pueden determinar la posición competitiva de las distintas organizaciones. La tecnología puede tener un efecto significativo sobre estas fuerzas (sobre todo en las industrias que se están globalizando[27]) y esto debería influir en cómo se desarrollan las estrategias de cada organización en el futuro, como ilustran los siguientes ejemplos:

- Las *barreras a la entrada* de los nuevos entrantes potenciales pueden limitarse reduciendo las economías de escala, por ejemplo en las editoriales, o los requisitos de

**Cuadro 9.10**   **Estrategia y tecnología**

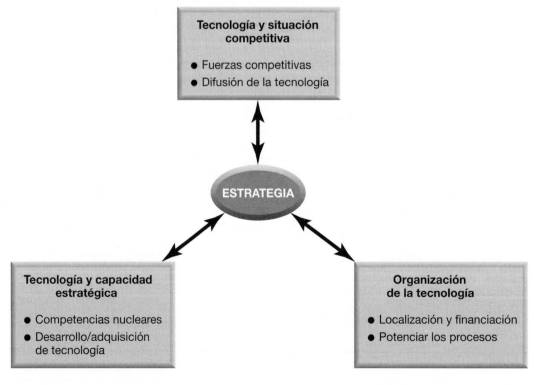

capital para constituir una empresa, por ejemplo, en la informática. En algunos casos se pueden elevar las barreras cuando es más difícil dominar la tecnología y los productos son más complejos, por ejemplo, en la industria aeroespacial.

- La tecnología puede fomentar la *sustitución* en distintos niveles. Los nuevos productos pueden desplazar a los antiguos, por ejemplo, los DVD al vídeo. Puede desplazarse la necesidad, por ejemplo, recurriendo a la videoconferencia en vez de viajar para tener una reunión. O los adelantos tecnológicos en otros sectores pueden «robar» la demanda de los consumidores mediante una gama de productos atractivos, por ejemplo, los productos electrónicos están detrayendo gasto de los consumidores en bienes de consumo duradero para el hogar, como las cocinas o las alfombras. Algunas veces, la tecnología puede detener la sustitución, por ejemplo, al vincular la utilización de un producto con otro: el «debate» sobre el éxito de Microsoft al incluir los adelantos del software en el sistema operativo Windows.

- El *poder relativo de los proveedores y los compradores* también puede verse alterado por la tecnología. El ejemplo de Microsoft sirve también aquí puesto que las cuestiones planteadas en los tribunales afectaban al grado en que Microsoft (como proveedor de la mayoría de las empresas y hogares) tenía un nivel de poder injustificadamente elevado sobre sus clientes. Pero los adelantos tecnológicos pueden favorecer a los compradores al liberarles de una única fuente de provisión. Esto suele ocurrir cuando las especificaciones y estándares internacionales se fijan mediante un acuerdo (por ejemplo, en el acero).

- Puede aumentar la *rivalidad competitiva* entre las organizaciones mediante este proceso de especificaciones generales o puede disminuir si una empresa desarrolla un nuevo producto o proceso que puede patentar. El nivel de rivalidad competitiva en los productos farmacéuticos genéricos es muy diferente del que existe entre los productos farmacéuticos con patente.

Las cuestiones estratégicas planteadas para las organizaciones individuales a través de estos ejemplos son dobles. Primero, algunas organizaciones pueden ser líderes tecnológicos e intentar obtener una ventaja de alguna de las formas que se acaban de destacar. Segundo, muchas otras organizaciones pueden tener que evaluar el probable efecto que tendrá sobre su posición competitiva el adelanto tecnológico liderado por los competidores actuales o potenciales.

## 9.5.2    La difusión de la innovación[28]

Puesto que los desarrollos tecnológicos pueden ser caros, su atractivo comercial puede depender del grado y del ritmo en que el mercado adopta los nuevos productos, o de la mejora del rendimiento de los productos actuales. Esto es lo que se suele denominar **difusión** de las innovaciones. La difusión depende de una serie de factores que tienen que ver con dos cuestiones principales: la *naturaleza* de la innovación y los *procesos* para llevar esta innovación al mercado. Evidentemente, se trata de cuestiones que deberían crear un fuerte vínculo entre la estrategia empresarial y las estrategias relativas a la tecnología. La investigación sobre el ritmo de difusión se centra en dos conjuntos de cuestiones que determinan el ritmo de difusión:

**La difusión** es el grado y el ritmo al que se adoptará probablemente un nuevo producto en el mercado.

- *Cuestiones por el lado de la oferta* relativas a las características del producto como:
  — *El grado de mejora* del rendimiento por encima del de los productos actuales (desde la perspectiva del cliente), para ofrecer un incentivo suficiente para cambiar;

por ejemplo, si la aparición de televisores de pantalla plana fomentará una sustitución más rápida de los televisores.

— *La compatibilidad* con otros factores, por ejemplo, los televisores de pantalla plana serán más atractivos cuando las cadenas de televisión emitan siempre en ese formato.

— La *complejidad* puede desanimar la actualización del producto. Esta complejidad puede estar en el propio producto o en los métodos de marketing que se utilizan para comercializarlo (por ejemplo, estructuras de precios excesivamente complejas como en los teléfonos móviles o en muchos productos financieros).

— La *experimentación*: la capacidad de probar el producto antes de tomar una decisión final, ya sea directamente o gracias a información disponible sobre la experiencia de otros clientes. Esta es la razón por la que el marketing de los nuevos productos suele utilizar a clientes satisfechos y/o el patrocinio de determinados modelos sociales como famosos del mundo del deporte o de la música.

— *Gestión de relaciones*: la facilidad con la que se puede obtener información, hacer un pedido y recibir ayuda. Esto tiene que ver con la elección del modelo de negocio que se describió en la anterior Sección 9.3.2.

● *Cuestiones por el lado de la demanda*: procesos que existen en los mercados que llevan a la adopción de nuevos productos o de nuevas características de los productos:

— La *concienciación del mercado* es un requisito básico. Muchos productos con un gran potencial fracasan porque el consumidor no es consciente de su existencia, sobre todo cuando el esfuerzo de promoción del fabricante se ha limitado a «empujar» la promoción de sus intermediarios (por ejemplo, de los distribuidores).

— La *observabilidad* (por parte de los potenciales usuarios) de las ventajas del producto o servicio. Es un importante determinante para que se promueva la adopción del producto; por ejemplo, mediante la creación de un efecto de «moda». En el caso de algunos productos puede ser difícil si las ventajas son intangibles o no se obtienen de inmediato (por ejemplo, en las inversiones financieras). Los intermediarios (como los distribuidores) también tienen que ser conscientes de que ellos también obtienen ventajas. Estas ventajas se pueden observar si ven a *sus* competidores obtener una ventaja comercial con el nuevo producto.

— Los clientes son *diferentes entre sí*, y varían, desde los innovadores (los primeros que adoptan un nuevo producto) hasta los retardados (los últimos en adoptarlo). Además, la probabilidad y el grado de adopción de los grupos más lentos depende de la respuesta de los grupos más rápidos. Esto exige tener un planteamiento sofisticado para el lanzamiento del nuevo producto, sobre todo cuando una empresa está introduciendo una nueva generación del producto y quiere simultáneamente obtener nuevos clientes al tiempo que hace que sus clientes actuales se pasen paulatinamente del antiguo producto o servicio al nuevo.

La importancia práctica de los diversos factores que se han mostrado anteriormente constituye una lista de comprobación del ajuste de las estrategias de tecnología (para la mejora de los productos/servicios) a las condiciones del mercado en los que competirán los nuevos productos o los productos con mejoras. Esta integración de los dos conjuntos de conocimientos tiene una importancia crítica para el éxito comercial de los desarrollos tecnológicos. Por ejemplo, el directivo que esté redactando los «argumentos comerciales positivos» para obtener los fondos necesarios para mejorar determinadas características del producto tendrá que abordar muchas de las cuestiones que se han mencionado anteriormente. Empezará demostrando que las características mejoradas pueden ser *suficientemente valoradas por los clientes* para cambiar de proveedor o actualizar el producto. También puede abordar las cuestiones relativas a la *compatibilidad* con otros equipos que utiliza el consumidor o el distribuidor de este producto. En otras palabras, como mínimo, es esencial que el producto o servicio se ajuste a los requisitos umbral tanto de los consumidores como de los intermediarios. Por ello, puede ser necesario hacer considerables esfuerzos para suavizar algunas de sus preocupaciones respecto a la posibilidad de cambiarse al nuevo producto. Es más probable que se adapte el nuevo producto si se ajusta a los *factores críticos del éxito* de los consumidores e intermediarios (*véase* el Capítulo 2, Sección 2.4.3). El plan de marketing abordará cómo se pueden *comunicar* estas características y quiénes serán las *audiencias objetivo* iniciales. A continuación abordará cómo se van a «*desarrollar*» las adopciones iniciales para una mayor aceptación en el mercado[29].

Una última observación crucial sobre la difusión es que la demanda tiende a no aumentar de forma estable. Puede producirse un lento proceso de adopción y después alcanzarse un **punto de inflexión** a partir del cual la demanda del producto o servicio se dispara o cae, a veces drásticamente[30]. Este fenómeno se observa también en la sanidad con el avance de una epidemia. Es igualmente relevante para la caída de la demanda como para su crecimiento, lo que resulta interesante para muchas organizaciones del sector público, por ejemplo, en cuanto a la reducción de la criminalidad. Parece que hay una combinación de tres factores que generan la adopción en el punto de inflexión: la influencia de unas *pocas personas importantes* (por ejemplo, famosos que adoptan el producto al inicio de su lanzamiento); un *mensaje* memorable (normalmente, sobre sus ventajas) y pequeños cambios en el *contexto* (normalmente, en el entorno empresarial). La Ilustración 9.7 muestra cómo se produjo la difusión de la tecnología en un sector.

**El punto de inflexión** es aquel a partir del cual la demanda del producto o servicio se dispara o cae, a veces drásticamente.

## 9.5.3    Tecnología y capacidad estratégica

### Competencias nucleares

El Capítulo 3 destacó la importancia de identificar las competencias nucleares como punto de partida de la ventaja competitiva de una organización. Como se mencionó en la introducción a esta sección, suele ser fácil imitar la tecnología en sí y, por tanto, no suele constituir un recurso único o una competencia nuclear. Por supuesto, hay excepciones, en las que los adelantos tecnológicos han sido patentados. Sin embargo, desde un punto de vista estratégico, la importancia de la tecnología reside en el potencial de crear y destruir competencias nucleares (como se ha visto en el caso de las tecnologías informáticas de la anterior Sección 9.3.1). Así pues, si la tecnología va a potenciar el éxito, hay algunas implicaciones importantes en cuanto a las estrategias empresariales y tecnológicas:

● Puede ser innecesariamente arriesgado e inadecuado vincular los futuros desarrollos a una *única tecnología* que la organización ha conseguido dominar. Así pues, permitir que las futuras opciones estratégicas estén dominadas por las oportunidades (de desarrollo del mercado o de nuevas aplicaciones o de diversificación) basándose únicamente en esa tecnología podría ser imprudente. Por ejemplo, el acero inoxidable fue el material milagroso de la década de los ochenta, sustituyendo a otros materiales en muchas aplicaciones industriales y para el consumidor. Pero, a su vez, ha sido sustituido en algunas aplicaciones por los desarrollos de los polímeros, la cerámica y los materiales compuestos.

**Ilustración 9.7**                    e s t r a t e g i a   e n   a c c i ó n

# La radio digital Evoke-1 de Pure Digital

*La adopción de nuevos productos depende de la oferta y la demanda.*

En julio de 2002 Imagination Technologies, una pequeña empresa de ingenieros y científicos, sacó al mercado la primera radio digital del Reino Unido por menos de 100 libras (150 euros), la radio Evoke-1, a través de su subsidiaria Pure Digital. Algo bastante impresionante para una empresa que nunca había estado en el mundo de la radio. En efecto, normalmente se limitaba a innovar en tecnologías, que después vendía a otros para que las fabricasen, comercializasen y distribuyesen (cuestiones que consideraba como muy arriesgadas). Lo más sorprendente fue que se vendieron más de 40.000 unidades de la radio Evoke durante la temporada navideña, un volumen de ventas superior al que logra la mayoría de los modelos de radio en toda su existencia. A mediados de 2003 todavía había una carencia de este modelo de radios y John Lewis de Oxford Street en Londres afirmó que tenía 3.000 pedidos pendientes.

La radiotransmisión digital utiliza el espectro de radio con más eficiencia, lo que permite enviar más datos. Esto permite tener una señal más fuerte, y potencialmente más emisoras. La tecnología ofrece la posibilidad de combinar texto, imágenes y otros servicios interactivos con el audio. En 2003, había 50 emisoras digitales en el Reino Unido, incluyendo las versiones digitales de las emisoras habituales, y la cobertura de la población era del 85 por ciento, y no dejaba de crecer. La radio analógica en el Reino Unido (el sistema antiguo) pasará al sistema digital en algún momento tras el año 2010. A principios de 2003 la Oficina de Desarrollo de la Radio Digital esperaba que el número de propietarios de radios digitales aumentara hasta medio millón al final del año, y se volviera a duplicar de nuevo en el año 2004.

Aunque era un importante cambio de planteamiento, el Sr. Yassaie, que dirigía la empresa, afirmó que habría sido una locura no haberse adentrado en el mundo de la radio digital. Primero, la empresa disponía de tal grado de pericia en unas pocas áreas clave de tecnología que se podían desarrollar los productos a una velocidad muy superior. Así pues, cuando decidió sacar al mercado un producto por menos de 100 libras, sólo hicieron falta 18 meses para que estuviera

disponible en el mercado, un plazo de tiempo muy inferior al que hubiera necesitado cualquier otra empresa. Segundo, no hacía falta ser un visionario para darse cuenta de que el mercado de las radios digitales en el Reino Unido iba a crecer, aunque se supiese que iba a crecer desde cero. «Normalmente se crea una tecnología, y no hay contenidos para ella», afirmaba el Sr. Yassaie. «En el caso de la radio digital, ya había entre 30 y 40 emisoras, pero nadie tenía un receptor a un precio razonable para escuchar esas emisoras». Pero la empresa no podrá disfrutar ella sola del mercado digital. Una serie de competidores con una fuerte orientación hacia el consumidor, incluyendo a las empresas Bush, Goodmans y Alba, tenía prevista el lanzamiento de productos rivales a la radio Evoke en 2003. La propia Pure Digital estaba ampliando su gama y sacando la radio digital portátil. Para la temporada navideña de 2003 puso en marcha una amplia campaña publicitaria en la radio mediante una promoción conjunta con la emisora Classic FM, la emisora especializada en música clásica muy popular en el Reino Unido. Pero si quería seguir siendo competitiva, la empresa tenía que hacer algo sobre sus procesos de producción: el periodo de entrega de tres meses que necesitaban los fabricantes chinos contribuía a la escasez de oferta del modelo. El tener listas de espera en John Lewis puede resultar muy halagador, pero, antes o después, la paciencia de los consumidores se agotaría.

*Fuente*: extractos del servicio de noticias por correo electrónico de la BBC, 25 de marzo de 2003.

---

**Preguntas**

Vuelva a leer la Sección 9.5.2 y:

1. Explique las razones por las que la radio Evoke-1 ha tenido tanto éxito.

2. Piense en un nuevo producto o servicio que haya fracasado y explique por qué no fue adoptado por el mercado.

---

● Se pueden encontrar competencias nucleares en procesos de *vinculación de tecnologías* en vez de en las propias tecnologías. En efecto, muchos adelantos en las manufacturas están relacionados con la incorporación de procesos informáticos de control a las tecnologías que utilizan las fábricas y la maquinaria, y no en limitarse a sobresalir en una u otra tecnología.

- Las *capacidades dinámicas* (como se analizó en el Capítulo 3) pueden ser importantes en un mundo competitivo que cambia rápidamente. Los frutos de cualquier adelanto concreto tendrán probablemente una duración inferior a la que han tenido hasta ahora. Así pues, es necesario sustentar la ventaja competitiva con unos procesos que garantizan un flujo continuo de mejoras y con la capacidad de llevar estas mejoras con rapidez al mercado. Esto puede dar lugar a ventajas de ser el primero en mover. Sin embargo, también existe evidencia empírica de que, en algunas circunstancias, las ventajas comerciales de los desarrollos tecnológicos pueden ser obtenidas por los seguidores, y no por los pioneros[31]. En cualquier caso, es probable que la forma en que se organizan los desarrollos tecnológicos tenga una importancia estratégica, lo que se analizará más adelante en la Sección 9.5.4.

## Desarrollo o adquisición de la tecnología

Una decisión estratégica importante para muchas organizaciones consiste en decidir si se debe desarrollar la tecnología «en casa» o adquirirla en el exterior. Puede constituir un determinante clave del éxito o el fracaso de las estrategias. Se trata de una cuestión compleja dado que hay muchas variables distintas que pueden afectar a estas decisiones[32]. Sin embargo, para ilustrar la relación entre las estrategias empresariales y las estrategias tecnológicas, resultan útiles unos pocos principios generales (*véase* el Cuadro 9.11):

- El *desarrollo en casa* puede verse favorecido si la tecnología es clave para la ventaja competitiva y si la organización tiene expectativas de obtener ventajas por ser el primero en mover. Esto es factible si la organización ya tiene conocimientos, tanto de la tecnología, como de las oportunidades de mercado y la complejidad no es excesiva y se encuentra dentro de los campos del conocimiento de la organización. También es importante que la organización esté dispuesta a asumir riesgos comerciales y financieros.
- Es probable que las *alianzas* sean adecuadas en el caso de tecnologías «umbral» y no en el caso de tecnologías que permiten lograr una ventaja competitiva. Por ejemplo, el fabricante de bebidas de marca puede buscar a un socio para mejorar los procesos de embotellado y distribución. Se trata de actividades importantes, pero la ventaja competitiva depende del propio producto y del mantenimiento de la reputación de

### Cuadro 9.11  Desarrollo o adquisición de la tecnología

| Método | Factores que influyen | | | | | |
|---|---|---|---|---|---|---|
| | Importancia de la tecnología | Conocimiento y reputación anterior | Complejidad | Disponibilidad a asumir riesgos | Deseo de ser el líder o el seguidor | Velocidad |
| En casa | Clave | Elevados | Baja/media | Alta | Líder | Lenta |
| Alianzas | Umbral | Reducidos | Alta | Media | Seguidor | Media |
| Adquisición | Clave o umbral | Muy reducidos | Alta | Baja | Seguidor | Alta |

*Fuente*: adaptado de Tidd, J.; Bessant, J. y Pavitt, K. (2001): *Managing Innovation: Integrating technological, market and organisational change*, 2.ª edición. Wiley.

la marca. Las alianzas también pueden resultar adecuadas cuando hay una intención de ser un seguidor y de imitar, más que ser un líder. Este sería particularmente el caso cuando la complejidad del producto o el conocimiento del mercado están por encima de los conocimientos actuales, de forma que el aprendizaje de la organización es un objetivo importante. Las alianzas también ayudan a limitar el riesgo financiero.

- La *adquisición de derechos* puede resultar particularmente adecuada si la velocidad es importante y no hay tiempo para aprender. También pueden ser esencial si el grado de complejidad, tanto de la tecnología como de la aplicación en el mercado, está por encima de los conocimientos actuales de la organización, y cuando la credibilidad de la tecnología es esencial para tener éxito como negocio, por lo que tiene importancia la fuente de la tecnología. Así pues, la producción bajo licencia de una tecnología ya establecida puede tener más posibilidades de éxito que el desarrollo de una alternativa. Las organizaciones que compran tecnología tienen que comprender bien cuáles son las necesidades tecnológicas de sus líneas de productos, la capacidad de identificar y evaluar adecuadamente las tecnologías externas, y la competencia para negociar un contrato adecuado con los propietarios de los derechos de la tecnología[33].

La elección entre el desarrollo en casa, las alianzas y las adquisiciones también dependerá del ciclo de vida de la tecnología[34] ya que las empresas pasarán de fijarse en cuestiones relativas a la funcionalidad del producto y a la cuota de mercado a fijarse en la definición de los estándares de calidad de la industria y en conseguir nuevos desarrollos tecnológicos. Los supervivientes a largo plazo tiene que utilizar todos estos métodos para avanzar por el ciclo de vida de la tecnologías.

La Ilustración 9.8 muestra el caso de una empresa que se desarrolló mediante una combinación de estos procesos.

### 9.5.4  Organización para el desarrollo de la tecnología

#### La localización y la financiación del desarrollo tecnológico

Hay un importante debate en muchas organizaciones de gran tamaño sobre quién tiene que pensar en el desarrollo tecnológico dentro de la organización y quién debe financiarlo[35]. Esta parte del debate estratégico más general sobre las responsabilidades estratégicas puede dividirse entre las sedes y las divisiones/departamentos de una organización, tal y como se analizó en la Sección 6.4 y se amplió en la Sección 8.4. Las decisiones a este respecto pueden ser importantes para posibilitar el éxito estratégico gracias a la tecnología.

El Cuadro 9.12 muestra que hay distintas combinaciones que pueden servir para las distintas facetas del desarrollo tecnológico. Por ejemplo, en un extremo, se pueden valorar y financiar las tecnologías desde la sede mientras que, en el otro, es mejor realizar y financiar localmente la mejora de los productos y la mejora de los procesos. Entre estos dos extremos, la comercialización de las nuevas tecnologías suele hacerse mejor en el ámbito local pero financiándola desde la sede, lo que permitirá que los demás aprendan y se beneficien de los primeros movimientos. La experimentación con nuevas tecnologías puede mantenerse en la sede pero ser financiada por las divisiones que ven el potencial comercial en su campo de actuación.

Estos mismos principios pueden llevar a concluir que se puede contratar en el exterior parte del desarrollo tecnológico[36] cuando los conocimientos tecnológicos son

## estrategia en acción

# Merck y el desarrollo de un nuevo fármaco

*El desarrollo de nuevas tecnologías y productos, y su comercialización, no siempre se pueden hacer de forma independiente.*

A continuación se transcribe un artículo del *Financial Times* de diciembre de 2003 que intentaba explicar las razones por las que una importante empresa farmacéutica estaba atravesando dificultades financieras.

Merck siempre se ha sentido orgullosa de su reputación como empresa innovadora y científica. Pero, para muchos inversores y analistas, esta cultura fuertemente asentada, del grupo farmacéutico estadounidense se ha convertido en una pesada carga. Mientras que la mayoría de las demás empresas de la industria no ha dejado de alcanzar acuerdos para seguir creciendo, Merck se ha aferrado a su profunda creencia de que un grupo farmacéutico debe respaldar a sus propios científicos para producir nuevos y atractivos productos que generarán ingresos [...] Tras una serie de noticias desalentadoras a lo largo de los dos últimos años, la impresión de que el modelo de Merck se ha estancado se ha intensificado en las últimas semanas cuando ha detenido la comercialización dos de los cuatro productos que tenía en las últimas etapas de pruebas clínicas: la sustancia «p», también llamada aprepitante, para la depresión, y después el producto MK-767 para la diabetes. La cotización de las acciones ha caído un 25 por ciento en el último año, un periodo en el que las acciones de muchas farmacéuticas se han recuperado tras un miserable 2002. Puesto que el fármaco de mayores ventas de Merck, el tratamiento contra el colesterol Zocor, perderá su protección bajo la patente estadounidense en 2006, la presión se centra ahora en explicar de dónde va a provenir el crecimiento a medio plazo. Se han reavivado las especulaciones sobre una posible fusión o adquisición [...] pero este importante cambio de la estrategia requerirá, sin embargo, que un nuevo CEO sustituya a Raymond Gilmartin, que siempre se ha opuesto a una gran fusión [...] «las fusiones y adquisiciones perturban el proceso de investigación» afirmó en una entrevista anterior a los dos fracasos en las últimas etapas. «No veo ningún cambio fundamental en la capacidad de innovar de la industria».

Para otros observadores, los problemas de Merck se deben a su rechazo a alcanzar pequeños acuerdos con la industria de la biotecnología para aprovechar la ingente cantidad de innovaciones que se están produciendo fuera de la empresa. Se ha puesto demasiado énfasis en los científicos de la propia empresa, afirman. «Merck no está dispuesta a arriesgarse y a asociarse con otras empresas», afirma Matthew Emmens, un anterior ejecutivo de la empresa que ahora es CEO de Shire Pharmaceuticals en el Reino Unido. «Y, en mi opinión, esta es la razón por la que ha disminuido el rendimiento de la empresa». El Sr. Gilmartin admite que éste era un problema en Merck, pero afirma que la cultura ha cambiado significativamente desde finales de la década de los noventa al volver a analizar su planteamiento sobre las licencias de productos. «Es cierto que teníamos una reputación de ser de difícil acceso y de no hacer mucho fuera de la empresa», afirmaba. «Pero hemos realizado un cambio paulatino en nuestras relaciones con el mundo exterior». Mientras que Merck solo alcanzó diez acuerdos con empresas de biotecnología en 1999, según el Sr. Gilmartin, alcanzó 48 acuerdos el año pasado. Aproximadamente la tercera parte de las ventas proviene en la actualidad de productos que se han vendido bajo licencia. Tampoco está todo el mundo preparado para deshacerse del modelo de Merck. El plan para despedir a 4.400 empleados ha convencido a algunos inversores de que la empresa tiene un planteamiento realista sobre sus perspectivas a corto plazo. Y, con el crecimiento de las presiones sobre los precios en Estados Unidos y en Europa, especialmente para los fármacos «genéricos» que difieren muy poco de los productos actuales, el énfasis de Merck en nuevos fármacos innovadores tiene a muchos defensores. «Merck merece tener prestigio por seguir buscando fármacos novedosos, aunque tengan un mayor riesgo», afirma Timothy Anderson, analista de Prudential Securities.

*Fuente*: *Financial Times* 4 de diciembre de 2003.

### Pregunta

Lea la Sección 9.5.3. ¿Cuáles son las ventajas e inconvenientes del modelo de Merck para el desarrollo de la tecnología, teniendo en cuenta los factores que se muestran en el Cuadro 9.11?

---

inadecuados tanto en las divisiones como en la sede pero el desarrollo tecnológico es crucial para garantizar el negocio actual y futuro. Además, en las distintas etapas de desarrollo se puede avanzar de distintas maneras: por ejemplo, se puede realizar en la organización la investigación inicial y la generación de ideas mientras que se puede recurrir a organizaciones externas para desarrollar prototipos y/o hacer pruebas de marketing[37].

## Cuadro 9.12   Financiación y localización de I+D

**Localizado en**

|  |  | Sede | División |
|---|---|---|---|
| **Financiado por** | Sede | Valoración de nuevas tecnologías | Comercialización de nuevas tecnologías |
|  | División | Desarrollo experimental de nuevas tecnologías | Mejoras incrementales de productos o procesos |

*Fuente*: adaptado de Tidd, J.; Bessant, J. y Pavitt, K. (2001): *Managing Innovation: Integrating technological, market and organisational change*, 2.ª edición. Wiley.

Algunas veces, la pericia tecnológica de una organización puede ser superior a la que puede explotar con sus actividades actuales, lo que da lugar al análisis de la posibilidad de desagregar la actividad de I+D (por completo o parcialmente) para poder explotar nuevas oportunidades comerciales (vendiendo licencias de la tecnología a terceros).

### Potenciar los procesos

El Capítulo 8 destacó la importancia de los procesos de la organización para potenciar el éxito de las estrategias. Esto es particularmente cierto en el desarrollo tecnológico, en el que existe el riesgo real de que la competencia de la organización en tecnología no pueda ser explotada comercialmente. Puesto que suele ser difícil gestionar estos procesos, pueden constituir competencias nucleares que sostienen la ventaja competitiva, como se mencionó anteriormente. Algunos de los siguientes procesos pueden tener una importancia crucial para potenciar el éxito mediante la tecnología:

- *Análisis del entorno empresarial* (tanto de los desarrollos tecnológicos como de los del mercado) e identificación de oportunidades para lograr una ventaja y superar las potenciales amenazas del negocio actual. En relación con esto hay que destacar la capacidad de seleccionar proyectos o desarrollos que tienen un buen ajuste estratégico con el negocio. Pero no es tan fácil como parece. Puede implicar que haya que dar preferencia a las tecnologías de transformación, lo cual puede constituir un importante reto tanto en lo que respecta a las competencias como a la cultura de la organización.

- *Asignación adecuada de los recursos para los desarrollos*, pero no de forma excesivamente generosa, para poder garantizar que se obtiene un buen rendimiento de la inversión. Esto es mucho más fácil de ver en retrospectiva que anticipadamente, pero es más fácil si se recurre a la experiencia anterior, a un buen *benchmarking* y si se está dispuesto a aplicar los planteamientos adecuados de la evaluación de inversiones[38]. Esto también incluye la capacidad de supervisar y revisar los proyectos a lo largo de las distintas etapas; en la actualidad, muchas organizaciones utilizan con buenos resultados los **procesos etapa-portal** (*stage-gate processes*)[39]. Se trata de un proceso de revisión estructurado para valorar los progresos para alcanzar las características de rendimiento del producto durante el proceso de desarrollo y garantizar que

Los **procesos etapa-portal** (*stage-gate processes*) son procesos de revisión estructurados para valorar los progresos para alcanzar las características de rendimiento del producto durante el proceso de desarrollo y garantizar que se ajustan a los datos del mercado.

se ajustan a los datos del mercado. Estos procesos también incluyen la capacidad de cancelar o acelerar los proyectos, para aprender tanto de los éxitos como de los fracasos, y divulgar los resultados y las mejores prácticas.

Por supuesto, detrás de estos procesos hay un conjunto de actividades mucho más detalladas que determinarán su éxito o fracaso. Estas actividades van desde las previsiones, la valoración de los conceptos y el análisis de las opciones, hasta la comunicación, la negociación y la motivación.

## Implicaciones para los directivos[40]

Las secciones precedentes pretendían destacar la importancia de «alinear» las estrategias empresariales y tecnológicas en las organizaciones como forma de potenciar el éxito estratégico. Las organizaciones de éxito serán aquellas en las que existe un fuerte compromiso con la innovación de la alta dirección y una visión empresarial que parte de la comprensión de la relación entre la estrategia empresarial y la tecnología.

Es necesario que exista un ambiente creativo en el que se fomenta la innovación, hay una gran comunicación y existe una cultura de aprendizaje en la organización. Las estructuras y los procesos deben facilitar la creación de este entorno y ofrecer un compromiso con el desarrollo individual y del equipo. En concreto, debe respaldar a los individuos clave que promueven y facilitan la explotación de la tecnología para tener éxito.

## 9.6 INTEGRACIÓN DE RECURSOS

Las secciones anteriores han analizado cómo deben las distintas áreas de recursos respaldar a las estrategias de una organización y cómo pueden ofrecer también la base sobre la que crear nuevas estrategias. Sin embargo, hay una tercera cuestión que solo ha aparecido parcialmente al analizar las distintas áreas de recursos. Como se analizó en el Capítulo 3, la mayoría de las estrategias de las organizaciones no solo exigen que existan competencias en las distintas áreas de recursos, sino que también exigen que exista la capacidad de agrupar una serie de recursos y competencias, tanto de dentro de la organización como de la red general de valor. Por ejemplo, el Cuadro 9.13 muestra algunos de los recursos y actividades que hay que integrar en una organización que quiere lograr una ventaja competitiva sacando al mercado productos más deprisa que sus competidores. Puede ser una cuestión muy compleja y, por tanto, puede constituir la base de una ventaja competitiva. La competencia en el lanzamiento de nuevos productos exige que exista la capacidad de integrar y coordinar las actividades independientes de I+D, manufactura, etcétera, cada una de las cuales, a su vez, requiere agrupar una compleja combinación de recursos. No basta con poseer estos recursos o tener competencias en las actividades independientes, es la capacidad de agrupar todas estas actividades y recursos de forma eficaz y rápida la que determina el éxito o el fracaso de la estrategia.

La conclusión del conjunto del capítulo es la misma que para las distintas áreas de recursos. El desarrollo de los sistemas ha hecho importantes contribuciones al rendimiento de muchas organizaciones, por ejemplo, la forma en que la planificación de los recursos de la empresa (ERP) ha ayudado a integrar los recursos, como se analizó en la Sección 8.3.2 (*véase* también la Ilustración 8.3). Sin embargo, no basta con analizar la gestión de recursos y su integración como una cuestión relativa a los sistemas y procedimientos

| Cuadro 9.13 | Integración de recursos en el lanzamiento de un nuevo producto |

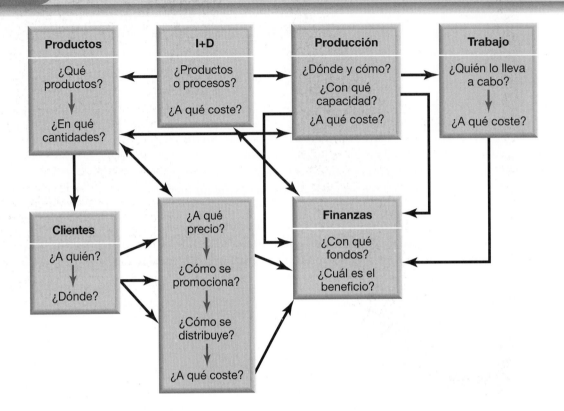

de las funciones empresariales de una organización. Se ha visto anteriormente que, aunque estos sistemas y procedimientos pueden tener una importancia vital en todas las áreas de recursos, pueden frenar el cambio estratégico y no lograr, en sí, la integración de los recursos. La integración también se deriva del comportamiento de los individuos y de «la forma en que se hacen las cosas» en la organización. Esto constituirá probablemente una ventaja potencial, puesto que este conocimiento incorporado será difícil de imitar. Sin embargo, también puede constituir el talón de Aquiles de una organización porque los directivos encuentran difícil poner en duda y alterar estos conocimientos y comportamientos de la organización, y no consiguen responder a los cambios del entorno. Esta lección se destaca en distintas partes del libro y es el tema del debate clave de la Ilustración 9.9.

**Ilustración 9.4**                                    d e b a t e   c l a v e

# Recursos o revolución

*¿Hasta dónde puede llegar una organización más allá de sus recursos iniciales al definir su estrategia?*

Este capítulo pone el énfasis en la importancia de los recursos para respaldar la estrategia de una organización. Para el gurú de la estrategia Gary Hamel, presidente de la empresa internacional de consultoría Strategos, esta dependencia de los recursos puede terminar siendo, con facilidad, demasiado cauta. De la misma manera que Dorothy Leonard-Barton advierte contra las «rigideces nucleares» (*véase* el Capítulo 3), Hamel considera que los recursos y mercados actuales pueden igualmente atrapar a las organizaciones en un conservadurismo fatal. La presencia actual, el mero hecho de estar en un mercado, vale cada vez menos. Hamel destaca, por el contrario, la importancia de las «revoluciones» estratégicas que crean nuevos mercados y nuevos modelos de negocio[1, 2]. En la actualidad nos encontramos en una época en que solo debemos circunscribirnos a las limitaciones de nuestra imaginación.

Para Hamel, la supervivencia en el mundo contemporáneo de rápidos cambios tecnológicos, variaciones en los mercados y competencia global exige una continua innovación revolucionaria. Esta innovación rara vez surge de los procesos tradicionales de la estrategia que ponen el énfasis en el «ajuste» de los recursos a los mercados. En su trabajo anterior con CK Prahalad, Hamel destaca la «extensión» sobre el «ajuste» y ahora destaca a los «revolucionarios» frente a los «planificadores».

Como ejemplo, Hamel cita a Pierre Omidyar, que fundó en 1995 lo que rápidamente se convirtió en el primer sitio web mundial de subastas por Internet, eBay. El punto de partida de Omidyar no fue el ajuste de los recursos a los mercados, sino el deseo de ayudar a su novia a vender su colección de dispensadores de caramelos Pez. Empezó él solo al tiempo que seguía en su trabajo habitual durante el día, y no tenía ninguno de los recursos de una casa de subastas tradicional. En vez de ajustarse al mercado, estaba creando un nuevo tipo de mercado. Los procesos tradicionales de la estrategia nunca hubieran permitido que surgiera eBay.

Sin embargo, un recordatorio de la importancia de los recursos proviene de otro de los ejemplos de revolución de Hamel, Enron. Enron es una empresa a la que aplaude Hamel por su capacidad revolucionaria de crear y comerciar en los mercados del gas, la electricidad, el cable de banda ancha y *commodities*. Pero fue la falta de adecuación de recursos únicos y difíciles de imitar la que contribuyó al fracaso final de Enron. En los mercados competitivos que había creado Enron, en los que comerciaba, Enron tenía

pocas fuentes de ventaja sostenible[3]. El resultado fueron unas pérdidas que llevaron a la mayor quiebra de la historia empresarial de la época. Aquí, los recursos sí tuvieron importancia.

Hamel señala una verdad importante sobre los recursos existentes: pueden constituir una limitación. Sin embargo, al mismo tiempo, parece esencial incluir una fuerte base de recursos para sostener el éxito. Incluso en eBay, Omidyar trajo rápidamente a Meg Whitman, con un MBA de Harvard, como CEO, quien invirtió de inmediato en recursos de infraestructuras necesarios para entrar en el siglo XXI. Parece que el concepto de David Teece de «capacidades dinámicas»[4], la capacidad de desarrollar y cambiar las competencias (*véase* el Capítulo 3), ofrece un puente esencial entre las restricciones de los recursos actuales y la ilimitada, pero tampoco respaldada, imaginación de los revolucionarios de Gary Hamel.

*Notas:*

1. HAMEL, G. (2000): *Leading the Revolution*. Harvard Business School Press.
2. HAMEL, G. y PRAHALAD, C. K. (1994): *Competing for the Future*. Harvard Business School Press.
3. CHATTERJEE, S. (2003): «Enron's incremental descent into bankruptcy: a strategic and organisational analysis». *Long Range Planning*, vol. 36, n.º 2. Pp. 133-149.
4. TEECE, D.; PISANO, G. y SHUEN, A. (1997): «Dynamic capabilities and strategic management». *Strategic Management Journal*, vol. 18, n.º 7. Pp. 509-533.

## Preguntas

En su libro *Leading the Revolution*, Gary Hamel señala que la actual moda de las cafeterías en Estados Unidos fue creada por Starbucks, una pequeña empresa cafetera fundada en 1971, que solo abrió su primera de más de 7.500 cafeterías en 1984. Hamel se pregunta, ¿por qué no surgió esta moda de las cafeterías de la mano de la multinacional multimillonaria Nestlé, propietaria de Nescafé, la marca de café de mayores ventas de todo el mundo?

1. Compare los recursos de Nestlé y Starbucks a finales de la década de los ochenta y a principios de la de 1990 (*véase* www.nestle.com y www.starbucks.com, y la Ilustración 4.4). ¿Por qué no fue Nestlé la líder de la creación de la moda de las cafeterías?

2. ¿Qué implicaciones tiene el fracaso de Nestlé para otras potentes empresas de la industria en sus actuales mercados?

# Resumen

- Los directivos y los individuos que están *por debajo de los altos directivos* de las organizaciones suelen controlar recursos, actividades y procesos empresariales que son cruciales para potenciar el éxito estratégico. También es probable que sean los que tienen más conocimientos sobre los cambios en las distintas partes del entorno empresarial con el que mantienen relaciones. Así pues, la comprensión de la relación entre la gestión de los recursos y el éxito estratégico es importante. Se trata de una relación de doble sentido. La gestión de los recursos respalda a las estrategias empresariales de una organización. El desarrollo de recursos únicos y de competencias nucleares en distintas partes de la organización puede ofrecer el «trampolín» desde el que se desarrollarán las nuevas estrategias empresariales.

- El *lado hard* de la gestión de recursos (los sistemas y procedimientos) tiene una importancia vital para potenciar el éxito. Pero, en todas las áreas de recursos, la cuestión crítica es cómo contribuyen estos sistemas a la creación e integración de conocimientos. Solo se puede capturar una parte de este conocimiento en los sistemas. En efecto, es más probable que se pueda lograr una ventaja competitiva a partir de conocimientos que no se pueden codificar, puesto que serán más difíciles de imitar para los competidores.

- La comprensión de la forma en que *el personal* puede potenciar el éxito hace referencia tanto a los sistemas y procedimientos formales como al comportamiento informal de los individuos. También es importante la forma en que se organiza el personal para lograr el éxito: las estructuras y procesos analizados en el Capítulo 8.

- La *información* es un recurso clave que está recibiendo una atención particular en la actualidad debido a los continuos y rápidos avances de las tecnologías de la información. Esta mayor capacidad de acceder y procesar información puede crear o destruir competencias nucleares de una organización, por lo que es crucial para la ventaja competitiva. Las tecnologías de la información también están dando lugar a nuevos modelos de negocio, por lo que se están volviendo a configurar las «redes de valor» tradicionales. Se trata de una grave amenaza para algunas organizaciones y de una oportunidad para otras. El cambio de la capacidad para acceder y procesar información también tiene importantes implicaciones para las estructuras y procesos dentro de las organizaciones y entre organizaciones.

- Las *finanzas* constituyen un recurso de importancia crucial en todas las organizaciones. Por tanto, es particularmente importante comprender cómo pueden aportar valor financiero las estrategias empresariales, si es que pueden aportar algo, para los accionistas o los propietarios. La mayoría de los desarrollos estratégicos requieren financiación lo que, a su vez, genera riesgos. Así pues, el tipo de financiación necesaria dependerá de la estrategia. Las demás partes interesadas, además de los propietarios, tienen expectativas financieras que también influirán sobre las estrategias empresariales de una organización.

- El último área de recursos que se analiza en este capítulo es la del desarrollo de la *tecnología*. Esto afectará a las fuerzas competitivas de una organización y también a su capacidad estratégica. Así pues, la forma en que se desarrolla la tecnología, se explota, se organiza y se financia, influirá sobre el éxito o el fracaso de la estrategia.

- Las organizaciones tienen que ser capaces de *integrar los recursos y competencias de las distintas áreas de recursos* para respaldar las estrategias actuales o para desarrollar nuevas estrategias. No basta con tener una capacidad en las distintas áreas de recursos.

# Lecturas clave recomendadas

- Buenos libros de referencias generales sobre la gestión de recursos humanos: MULLINS, L. (2002): *Management and Organisational Behaviour*, 6.ª edición, FT/Prentice Hall; WATSON, T. (2002): *Organising and Managing Work*, FT/Prentice Hall.

- Buenas referencias generales sobre la gestión de la información: WARD, J. y PEPPARD, J. (2002): *Strategic Planning for Information Systems*, 3.ª edición, Wiley, y CHAFFEY, D. (2004): *e-Business and e-Commerce Management*, 2.ª edición, FT/Prentice Hall.

- GRUNDY, T. (con G. Johnson y K. Scholes), *Exploring Strategic Financial Management*, Prentice Hall, 1998, y WARD, K. (1993): *Corporate Financial Strategy*, Butterworth/Heinemann, analizan la relación entre estrategias empresariales y financieras.

- La relación entre tecnología y estrategia se revisa exhaustivamente en: TIDD, J. BESSANT, J. y PAVITT, K. (2001): *Managing Innovation: Integrating technological, market and organisational change*, 2.ª edición, Wiley.

# Notas

1. Buenos libros de referencias generales sobre la gestión de recursos humanos: MULLINS, V. (2002): *Management and Organisational Behaviour*, 6.ª edición, FT/Prentice Hall; WATSON, T. (2002): *Organising and Managing Work*, FT/Prentice Hall. Dos artículos útiles son: PFEFFER, J. y VEIGA, J. (1999): «Putting people first for organisational success», *Academy of Management Executive*, vol. 13, n.º 2. Pp. 37-50 y BECKER, B. y HUSELID, M. (1999): «Overview: Strategic human resource management in five leading firms». *Human Resource Management*, vol. 38, n.º 4. Pp. 287-301.

2. *Véase* MULLINS (capítulos 19, 20 y 21); WATSON (capítulos 6 y 11) (nota 1).

3. *Véase* MULLINS (capítulos 4, 13 y 14); WATSON (capítulos 4, 8 y 10) (nota 1).

4. BARTLETT, C. y GHOSHAL, S. (2002): «Building competitive advantage through people». *Sloan Management Review*, vol. 43, n.º 2. Pp. 34-41.

5. El trabajo seminal sobre esta cuestión de los equipos equilibrados fue: BELBIN, R. (1981): *Management Teams: Why they succeed or fail*, Heinemann.

6. *Véase*: COLLINS, C. y CLARK, K. (2003): «Strategic human resource practices, top management team social networks and firm performance: the role of human resource practices in creating organisational competitive advantage». *Academy of Management Journal*, vol. 46, n.º 6. Pp. 740-751.

7. *Véase* MULLINS (capítulos 6, 15 y 16); WATSON (capítulo 7) (nota 1).

8. STOREY, J. (1992): *Developments in the Management of Human Resources*, Blackwell, utilizó esta clasificación de los papeles de las funciones de recursos humanos. ULRICH, D. (1997): *Human Resource Champion*, Harvard Business School Press, presenta una clasificación ligeramente distinta a partir de dos dimensiones: el cambio frente a la conservación y el personal frente a los procesos.

9. Por ejemplo, la reducción del tamaño empresarial crea problemas en este sentido. *Véase* THOMAS, R. y DUNKERLEY, D. (1999): «Careering downwards? Middle managers» experience in the downsized organisation», *British Journal of Management*, vol. 10. Pp. 157-169.

10. BALOGUN, J. y HOPE HAILEY, V. (con G. Johnson y K. Scholes), *Exploring Strategic Change*, Prentice Hall. Pp. 218.

11. Una buena referencia general sobre la gestión de la información es: WARD, J. y PEPPARD, J. (2002): *Strategic Planning for Information Systems*, 3.ª edición, Wiley. Dos libros que se han utilizado como punto de partida sobre la gestión de la información y el poder de las tecnologías informáticas son: TIMMERS, P. (2000): *Electronic Commerce*, Wiley, y CHAFFEY, D. (2004): *e-Business and e-Commerce Management*, 2.ª edición, FT/Prentice Hall. Los lectores también pueden encontrar útiles las siguientes referencias: PRAHALAD, C. y KRISHNAN, M. (2002): «The dynamic synchronisation of strategy and information techology», *Sloan Management Review*, vol. 43, n.º 4. Pp. 24-31; GA-

TES, B. (1999): *Business@the Speed of Thought*. Penguin; PORTER, M. (2001): «Strategy and the internet», *Harvard Business Review*, vol. 79, n.º 2. Pp. 63-78; BROWN, J. y HAGEL, J. (2003):«Does IT matter?», *Harvard Business Review*, vol. 81, n.º 7. Pp. 109-112; CARR, G. (2003): «IT doesn't matter», *Harvard Business Review*, vol. 81, n.º 5. Pp. 41-50.

12. *Véase* PRAHALAD y KRISHNAN (nota 11).

13. Los detalles de cómo se hace una explotación de datos se analizan en: CARMEN, C. y LEWIS, B. (2002): «A basic primer on data mining». *Information Systems Management*, vol. 19, n.º 4. Pp. 56-60 y HALL, J. y OWEN, P. (2001): «Mining the store», *Journal of Business Strategy*, vol. 22, n.º 2. Pp. 24-27.

14. La necesidad de agrupar los distintos puntos de relación con los clientes (como los vendedores, los sitios web, los centros de asistencia telefónica) se analizan en: *Customer Essentials*, CBR Special Report, 1999. Pp. 7-20.

15. *Véase* TIMMERS (nota 11), Capítulo 3.

16. *Véase*: KRAEMER, K.; DEDRICK, J. y YAMASHIRO, S. (2000): «Refining and extending the business model with information technology: Dell Computer Corporation», *Information Society*, vol. 16, n.º 1. Pp. 5-26. Dell Computers también es el tema de la Ilustración 1.1 del Capítulo 1 de este libro.

17. Los lectores encontrarán útil el siguiente artículo: RIFKIN, G. y KURTZMAN, J. (2002): «Is your e-business plan radical enough», *Sloan Management Review*, vol. 43, n.º 3. Pp. 91-95.

18. Los lectores pueden querer consultar uno o más manuales de finanzas. Por ejemplo: SAMUELS, J. y WILKES, F. (1998): *Financial Management and Decision Making*. Thomson, o GLAUTIER, M. y UNDERDOWN, B. (2000): *Accounting Theory and Practice*, 7.ª edición, Pearson Education.

19. El trabajo seminal sobre la gestión del valor para los accionistas se ha actualizado: RAPPAPORT, A. (1998): *Creating Shareholder Value*, 2.ª edición, Free Press. GRUNDY, T. (1998): (con G. JOHNSON y K. SCHOLES), *Exploring Strategic Financial Management*, Prentice Hall, capítulo 2, también es una referencia útil sobre la gestión para crear valor.

20. MARTIN, J. y PETTY, W. (2001): «Value based management». *Baylor Business Review*, vol. 19, n.º 1. Pp. 2-3 revisa brevemente estos argumentos.

21. Para los lectores que quieran seguir el análisis de esta sección, *véase* WARD, K. (1993): *Corporate Financial Strategy*, Butterworth/Heinemann; y T. Grundy y K. Ward (eds), *Developing Financial Strategies: A comprehensive model in strategic business finance*, Kogan Page, 1996.

22. Ha habido una gran cantidad de investigación y publicaciones sobre la financiación de esta etapa de puesta en marcha. Por ejemplo: CHAMPION, D. (2000): «A stealthier way to raise money», *Harvard Business Review*, vol. 78, n.º 5. Pp. 18-19; MILLS, Q. (2001): «Who's to blame for the bubble?». *Harvard Business Review*, vol. 79, n.º 5. Pp. 22-

23; Van Auken, H. (2001): «Financing small technology-based companies: the relationship between familiarity with capital and ability to price and negotiate investment». *Journal of Small Business Management*, vol. 39, n.º 3. Pp. 240-258; Van Osnabrugge, M. y Robinson, R. (2001): «The influence of a venture capitalist's source of funds». *Venture Capital*, vol. 3, n.º 1. Pp. 25-39.

23. *Véase*: Kennedy, A. (2000): *The End of Shareholder Value: Corporations at the crossroads*, Perseus Publishing, y Collingwood, H. (2001): «The earnings game», *Harvard Business Review*, vol. 79, n.º 6. Pp. 65-72.

24. La principal fuente de esta sección es: Tidd, J.; Bessant, J. y Pavitt, K. (2001): *Managing Innovation: Integrating technological, market and organisational change*, 2.ª edición, Wiley.

25. Collinson, S. (2001): «Developing and deploying knowledge for innovation: British and Japanese corporations compared». *International Journal of Innovation Management*, vol. 5, n.º 1. Pp. 73-103. Este artículo muestra cómo las cuestiones contextuales, como la cultura, el poder y la motivación tienen una influencia primordial sobre los procesos de innovación.

26. Pavitt, K. (1990): «What we know about the strategic management of technology». *California Management Review*, vol. 32. Pp. 17-26.

27. Se puede encontrar una útil comparación internacional de las estrategias de I+D en: Roberts, E. (2001): «Benchmarking global strategic management of technology». *Research Technology Management*, vol. 44, n.º 2. Pp. 25-36.

28. Hay una serie de útiles fuentes respecto a la difusión de la tecnología y/o la adopción de nuevos productos: Rogers, E. (1995): *Diffusion of Innovations*, Free Press; Kim, C. y Mauborgne, R. (2000): «Knowing a winning business idea when you see one». *Harvard Business Review*, vol. 78, n.º 5. Pp. 129-138 y Cummings, J. y Doh, J. (2000): «Identifying who matters: mapping key players in multiple environments». *California Management Review*, vol. 42, n.º 2. Pp. 83-104.

29. Cummings y Doh, nota 28.

30. Gladwell, M. (2000): *The Tipping Point*, Abacus.

31. Boulding, W. y Christen, M. (2001): «First mover disadvantage». *Harvard Business Review*, vol. 79, n.º 9. Pp. 20-21.

32. *Véase* Tidd *et al.* (nota 24) pág. 222, y Tidd, J. y Trewhella, M. (1997): «Organisational and technological antecedents for knowledge acquisition», *R&D Management*, vol. 27, n.º 4. Pp. 359-375.

33. Por ejemplo, *véase*: Slowinski, G.; Stanton, S.; Tao, J.; Miller, W. y McConnell, D. (2002): «Acquiring external technology». *Research Technology Management*, vol. 43, n.º 5. Pp. 29-35.

34. Roberts, E. y Lui, W. (2001): «Ally or acquire? How technology leaders decide». *Sloan Management Review*, vol. 43, n.º 1. Pp. 26-34.

35. Buderi, R. (2000): «Funding central research». *Research Technology Management*, vol. 43, n.º 4. Pp. 18-25 ofrece algunos ejemplos útiles, como Siemens, NEC, Hewlett-Packard e IBM.

36. *Véase*: Kimzey, C. y Kurokawa, S. (2002): «Technology outsourcing in the US and Japan». *Research Technology Management*, vol. 45, n.º 4. Pp. 36-42.

37. Kessler, E. y Bierly, P. (2000): «Internal vs. external learning in product development». *R&D Management*, vol. 30, n.º 3. Pp. 213-223.

38. Lloyd, A. (2001): «Technology, innovation and competitive advantage; making a business process perspective part of investment appraisal». *International Journal of Innovation Management*, vol. 5, n.º 3. Pp. 351-376.

39. El proceso etapa-portal se analiza en: Thomas, R. (1993): *New Product Development: Managing and forecasting for strategic success*, Wiley; Cooper, R.; Edgett, S.; Kleinschmidt, J. y Elko, J. (2002): «Optimising the stage-gate process: what best practice companies do». *Research Technology Management*, vol. 45, n.º 5. Pp. 21-26 y vol. 45, n.º 6 (2002). Pp. 43-49.

40. *Véase* Tidd *et al.* (nota 24). P. 306.

## TRABAJOS

✱ Indica una mayor dificultad.

**9.1** Elija un desarrollo estratégico de una organización con la que esté familiarizado y haga una lista de los principales cambios de recursos humanos que serán necesarios para potenciar el éxito (recurra al Cuadro 9.2 como lista de comprobación).

**9.2✱** Redacte un informe ejecutivo para su CEO sobre si hay que cerrar, o no, la función de recursos humanos y delegar el trabajo a los directivos (de línea) intermedios. Centre sus argumentos en los efectos que tendrá sobre el rendimiento estratégico de la organización.

**9.3✱** (a) Elija una organización que esté trasladando su estrategia competitiva genérica de precios reducidos a diferenciación. Describa cómo tienen que cambiar las estrategias relativas a la información para respaldar esta nueva estrategia.

(b) Elija una organización que esté intentando realizar el cambio opuesto (de diferenciación a precios reducidos) y haga el mismo análisis.

**9.4** Encuentre ejemplos de todos los modelos empresariales destacados en el Cuadro 9.5. Explique en qué sectores cree que es más probable que tenga un impacto especial cada uno de los modelos. ¿Por qué?

**9.5** A partir del Cuadro 9.7, ofrezca todas las razones que pueda sobre por qué pueden estar destruyendo valor para los accionistas organizaciones rentables (con ejemplos). Repita el ejercicio para organizaciones con una escasa rentabilidad y que, sin embargo, crean valor para los accionistas (con ejemplos).

**9.6✱** Redacte un informe ejecutivo sobre cómo hay que relacionar las fuentes de financiación a la naturaleza de la industria y al tipo de estrategias que está aplicando la organización.

**9.7** Elija una industria o sector con el que esté familiarizado y describa la forma en que se han difundido las nuevas tecnologías y productos en el mercado (revise la Sección 9.5.2). ¿Quiénes han ganado y quiénes han perdido? ¿Por qué?

**9.8✱** A partir del Cuadro 9.11, redacte un informe en el que asesore a su CEO sobre cómo debe adquirir tecnología su organización. Recuerde que debe justificar sus conclusiones.

**9.9** En relación al ejemplo del lanzamiento del nuevo producto del Cuadro 9.13. Si estuviera a cargo del proyecto de lanzamiento, identifique de qué manera garantizaría la integración entre las distintas áreas de recursos. Recuerde que tiene que identificar formas *hard* y *soft* para lograr esta integración.

### Trabajos de integración

**9.10** Partiendo de ejemplos, analice la afirmación según la cual «las tecnologías de la información se consideran al servicio de las actuales estrategias y modelos de negocio, más que como una forma de revolucionar la forma de hacer negocio de la organización y de lograr una ventaja competitiva». Apoye su respuesta con referencias a la cadena de valor (Capítulo 3) y a la cultura (Capítulo 4).

**9.11** El conocimiento de una organización se encuentra disperso entre las principales áreas de recursos analizadas en este capítulo. Así pues, ¿cómo logra la organización integrar este conocimiento y obtener una ventaja competitiva a partir del mismo? Recurra a los Capítulos 3 y 4 para respaldar su respuesta.

## CASO DE EJEMPLO

# NHS Direct: un servicio que se mueve y desarrolla rápidamente

**Alex Murdock,** London South Bank University

*«NHS Direct Online gana uno de los primeros premios a la atención sanitaria electrónica en Europa, al permitir que los ciudadanos gestionen su propia salud y bienestar»*[7]

Cuando el Sr. Bob Gann se levantó para recibir este galardón en 2003, debió pensar que nunca se le hubiera ocurrido que su pasado como bibliotecario le iba a llevar a estar en una situación clave en la provisión de los Servicios Sanitarios del Reino Unido. Como Director de NHS Direct Online era una persona clave en el desarrollo del concepto inicial de NHS Direct.

NHS Direct ofrece a los individuos, desde su hogar o desde su lugar de trabajo, consejos y ayuda por teléfono respecto a cuestiones de salud. También tiene servicios por Internet y ha empezado a cubrir emergencias fuera del horario laboral. El modelo inicial de línea de asistencia telefónica se ha ampliado y el servicio tiene grandes ambiciones.

Todos los meses NHS Direct y NHS Direct Online reciben medio millón de llamadas telefónicas y visitas *online* respectivamente. Este volumen hace que sea probablemente el mayor servicio de asistencia sanitaria electrónica del mundo.

El servicio ha crecido, tanto en alcance como en complejidad. Hay diferencias tanto en cuanto a las actividades como al gobierno del servicio en Inglaterra, Gales y Escocia. El servicio tiene que relacionarse en un entorno cada vez más diverso con (en el caso de Inglaterra) unas 22 organizaciones asociadas.

Sin embargo, el servicio tiene que funcionar homogéneamente a escala nacional en cuanto a políticas, redes, sistemas, rendimiento y planificación. El Gobierno lo considera una «marca» nacional, y contribuye a otros desarrollos del NHS. La delegación de poder a Gales y Escocia ha implicado que se han producido variaciones en cuanto al desarrollo del servicio.

## La introducción de NHS Direct[1]

NHS Direct representa el primer paso de un proceso que pretendía volver a configurar de forma radical la provisión de los servicios sanitarios y la información sobre la salud. Ofrecía tanto oportunidades como retos a todos los agentes

Fotografía: Getty Images

del sector sanitario. El Gobierno británico esperaba que NHS Direct fuera muy utilizado y tuviera una gran reputación como portal de «24 × 7» al servicio nacional de salud desde el hogar de los propios individuos.

El ritmo de crecimiento del servicio ha preocupado a una serie de médicos. Los médicos de cabecera de las áreas piloto comentaron que les preocupaba el hecho de que NHS Direct estuviera elevando su volumen de trabajo al aconsejar a los pacientes que acudieran a su médico de cabecera para obtener más información. A los médicos también les preocupaba que se detrajese a enfermeras de la atención directa en los hospitales. En las revistas médicas profesionales se acusaba a NHS Direct de ser «el lavado de cara», «un parásito y destructor del NHS» y fruto del «dogma político». Una crítica común es que se estaba utilizando para enmascarar la falta de médicos.

El servicio telefónico se proveía desde un centro de atención telefónica que empleaba a enfermeras experimentadas. El centro de atención telefónica de NHS Direct había logrado reclutar a enfermeras que tenían una amplia experiencia tanto en los hospitales como en la asistencia a la comunidad. Aproximadamente el 60 por ciento de las enfermeras trabajaba a tiempo parcial para el servicio, combinando a menudo su trabajo en otras partes del NHS. La flexibilidad del horario y, en su caso, la disponibilidad de una guardería en el lugar de trabajo también tenían un efecto positivo para el reclutamiento de personal. Se desarrolló un marco de competencia nacional junto con una rotación planificada de personal entre los centros de atención telefónica y los centros de asistencia directa.

Preocupaba que la expansión prevista pudiera afectar negativamente a otros empleadores de enfermeros (tanto dentro como fuera del NHS). Los incentivos ofrecidos para atraer a las enfermeras a NHS Direct podrían ser insuficientes para retenerlas, sobre todo si su imagen se convertía en la de «teletrabajadoras que siguen el protocolo» en vez de ser consideradas como profesionales sanitarias. También se planteaban preguntas sobre cómo se iba a mantener actualizado al personal de NHS Direct de los adelantos en los hospitales y en los centros comunitarios.

NHS Direct tenía el respaldo de una importante cantidad de tecnología, incluyendo una amplia utilización de software de diagnóstico, que sugería a las enfermeras que proveían el servicio que planteasen preguntas concretas a las personas que llamaban y posibles diagnósticos recomendando la atención adecuada.

## El *National Health Service* y NHS Direct: tamaño, financiación y previsiones de crecimiento

El *National Health Service* (NHS) del Reino Unido es una de las mayores organizaciones del sector público en Europa. En septiembre de 2002 empleaba a más de 1,2 millones de trabajadores entre los servicios de los NHS Hospital y los Community Health Services. De éstos, 603.000 era personal con cualificación clínica del NHS, incluyendo a 103.350 doctores, 367.520 enfermeras cualificadas, matronas y personal de visitas en el hogar (incluyendo a las enfermeras en prácticas), 116.598 científicos cualificados, terapeutas y técnicos y 15.609 empleados cualificados para las ambulancias. Los planes gubernamentales prevén un incremento del personal técnico hasta el año 2006.

El NHS gastó en todo el Reino Unido más de 65.000 millones de libras (unos 100.000 millones de euros) en 2002-2003, convirtiéndolo en la segunda partida de mayor gasto público después de la seguridad social. De los 65.400 millones de libras asignadas al NHS del Reino Unido en 2002-2003, el NHS en Inglaterra recibió 53.400 millones. El servicio sanitario en Gales recibió 3.400 millones, y el NHS en Escocia recibió 6.700 millones. El incremento significaba que el presupuesto del NHS era superior al de 1999-2000 en

25.000 millones de libras. Además, se preveía que el gasto del NHS aumentaría a más de 100.000 millones en 2007-2008 (*véase* la Figura 1).

El gasto del NHS representaba aproximadamente el 6,6 por ciento de la renta nacional y se preveía que aumentara convergiendo así al porcentaje (superior) del PIB que se gasta en salud en la mayoría de los demás países europeos.

Los costes unitarios de NHS Direct eran objeto de comparación a los de otros servicios del NHS. En mayo de 2000 el Royal College of Nursing informó que una llamada a NHS Direct costaba ocho libras (unos 12 euros), mientras que la atención en urgencias costaba 42. El coste por visita al médico de cabecera ascendía a 10,55 libras.

Sin embargo, posteriormente (en 2001) un estudio llevado a cabo por una universidad volvió a estimar los costes de una llamada a NHS Direct y se hizo un cálculo del efecto que tenía la utilización de NHS Direct sobre los demás

**Gasto total del NHS**
Miles de millones de libras, Reino Unido

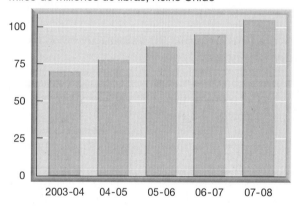

*Fuente:* HM Treasury.

**Sanidad como porcentaje del PIB**
% PIB, Reino Unido

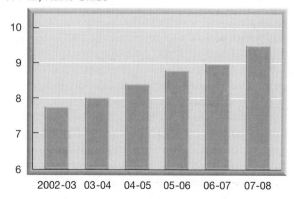

*Fuente:* HM Treasury.

**Figura 1 Gasto estimado del NHS y porcentaje del Producto Interior Bruto (PIB)[2].**

Figura 2  NHS Direct (Inglaterra): costes y aplicación de diversos servicios de atención primaria[3].

| | Coste sin llamar a NHS Direct | Coste incluyendo la llamada a NHS Direct | Utilización sin la asesoría de NHS Direct | Utilización con asesoría de NHS Direct |
|---|---|---|---|---|
| Automedicación | | £ 15,11 | 17% | 35% |
| Médico de cabecera en horario laboral | £ 15,70 | £ 30,81 | 29% | 19% |
| Médico de cabecera fuera del horario laboral (urgencias) | £ 22,66 | £ 37,77 | 22% | 15% |
| Atención hospitalaria de accidentes y emergencias | £ 64,96 | £ 80,77 | 3% | 3% |
| Ambulancias | £ 141,54 | £ 156,65 | 8% | 8% |

servicios sanitarios. Este estudio sugería que NHS Direct ahorraba aproximadamente el 45 por ciento de los gastos de explotación mediante un reducido recurso a otros servicios. En 2000-2001 los gastos de explotación de NHS Direct en Inglaterra fueron estimados en 80 millones de libras.

## NHS Direct: puesta en marcha y relaciones entre servicios

En general, se considera que la puesta en marcha de NHS Direct fue un éxito. Se han publicado investigaciones de diversos organismos británicos, incluyendo a la National Audit Office y al Public Accounts Committee del Parlamento. Estos informes han alabado el servicio. El Informe del Public Accounts Committee afirmaba:

> NHS Direct se ha convertido rápidamente en el mayor proveedor mundial de asistencia sanitaria telefónica y está siendo muy bien recibido por el público. Tiene un buen historial de seguridad, con muy pocos acontecimientos adversos registrados. Los distintos Departamentos deberían analizar las lecciones más generales que podrían extraer de la introducción con éxito de este significativo e innovador servicio[4].

La importancia de la relación con otras facetas del NHS y los diversos servicios se muestra en la siguiente Figura 3 que muestra que NHS Direct funciona como un portal a diversos servicios. El concepto de selección, por el que se clasifica a las personas que llaman en función de la gravedad y de la urgencia, lleva tiempo siendo utilizado en la asistencia sanitaria y ha sido utilizado tanto en los servicios de emergencias como en los servicios de accidentes y, cada vez más, en los centros de asistencia primaria.

La idea inicial de que NHS Direct tendría un impacto significativo para reducir la demanda de médicos de familia, servicios de urgencias y servicios de ambulancias no se ha materializado por completo. Hasta ahora, la demanda de ambulancias y servicios de emergencias no se ha reducido significativamente. La anterior Figura 2 sugiere que el principal impacto puede estar en los servicios de los médicos de familia.

Sin embargo, el Public Accounts Committee destacó el reto de la integración del servicio con otros servicios del NHS. Advirtió al Departamento de Salud que debía definir una clara dirección estratégica para el servicio para evitar que se convirtiera en la víctima de su propio éxito intentando hacer demasiadas cosas de una sola vez. Se consideraba que las personas que llamaban tenían que esperar demasiado tiempo al teléfono y que el servicio tenía que mejorar tanto su capacidad como su competencia técnica.

Inicialmente se creó una Autoridad Sanitaria Especial para supervisar la parte inglesa de NHS Direct. Las autoridades sanitarias estratégicas gestionan la provisión de los servicios sanitarios locales, desarrollan las estrategias sanitarias y garantizan que las prioridades sanitarias nacionales se trasladan a los planes locales. En abril de 2004 se creó una Autoridad Sanitaria Especial para proveer todos los servicios de NHS Direct. La Autoridad Sanitaria Especial de NHS Direct está colaborando con los Consorcios de Atención Primaria para garantizar que se proveen los servicios relevantes en el ámbito local. Las Autoridades Sanitarias Estratégicas están ayudando a los Consorcios a crear asociaciones para subcontratar servicios de NHS Direct. El Gobierno británico tiene grandes ambiciones sobre el futuro éxito del servicio. En el documento por el cual se creó la Autoridad, se hacía la siguiente afirmación:

> NHS Direct es un excelente ejemplo del nuevo NHS modernizado, centrado en las necesidades de los pacientes. En cinco años, ha pasado de ser un pequeño programa piloto a constituir un servicio nacional único[5].

## NHS Direct Online

El crecimiento del servicio por Internet ha sido especialmente significativo. En la Figura 4 se muestra el incremento del acceso a este servicio online.

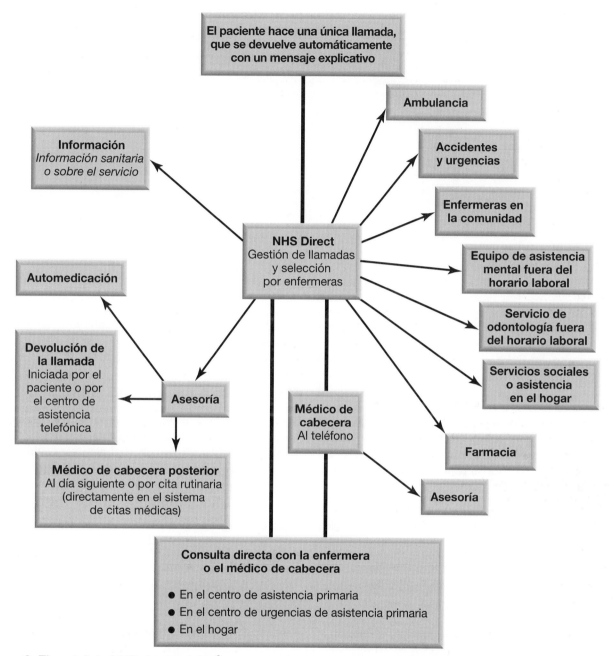

Figura 3  El portal de NHS de  servicios[6].

NHS Direct Online constituye un elemento del nuevo Servicio Nacional de Conocimientos del NHS. NHS Direct Online está dirigido fundamentalmente a los pacientes y al público, mientras que la Biblioteca Sanitaria Nacional electrónica está dirigida a los profesionales del sector sanitario.

Los usuarios de los servicios online no son necesariamente los mismos que los que utilizan el servicio de NHS Direct. Lo más probable es que el servicio sea utilizado por usuarios más sofisticados y con mayores conocimientos informáticos. Es bastante probable (aunque NHS Direct no ofrece ningún dato) que el grupo de usuarios incluya a profesionales que participan en la provisión del servicio y a los servicios educativos y de promoción de la salud.

## La ampliación del servicio y la capacidad de superar los retos

El Reino Unido es una sociedad multicultural y plurilingüe. NHS Direct (al menos en Inglaterra) ha demostrado su capacidad de llegar a los usuarios cuyo idioma materno

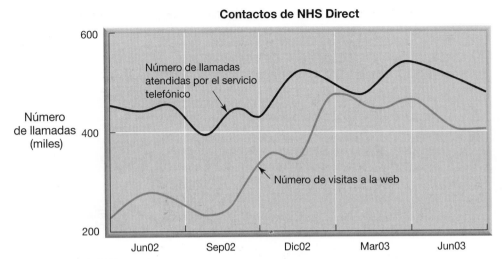

**Contactos de NHS Direct**

*Fuente:* Health Intelligence Unit, junio de 2003.

**Figura 4  Crecimiento de los servicios telefónicos y por Internet[7].**

no es el inglés mediante la creación de servicios lingüísticos especializados. La Figura 5 muestra los diez idiomas más utilizados. En Gales, el servicios se ofrece en gaélico aunque la utilización de este servicio es relativamente reducida, representando únicamente el 1,5 por ciento del total de llamadas.

La experiencia de los años anteriores en una serie de pánicos sanitarios sobre enfermedades infecciosas y otros riesgos para el público en general no se ha perdido en NHS Direct. Constituye parte de su papel como fuente de información, asesoría y para tranquilizar a los que llaman. Se

considera como una función nacional y local del servicio. La Figura 6 muestra el número y el tipo de alertas que ha atendido el servicio en un periodo de tres meses.

## El desarrollo futuro de NHS Direct

El éxito del servicio ha llevado al Departamento de Salud a proyectar un ambicioso programa para la futura expansión del servicio. La Figura 7 muestra el plan para aumentar la capacidad de aquí al año 2007 para atender 1,3 millones de llamadas al mes (en Inglaterra).

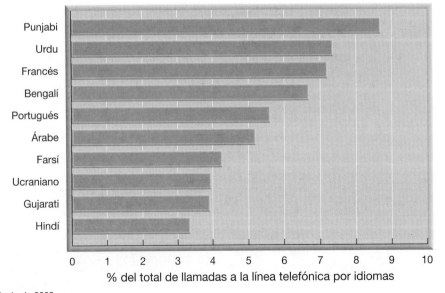

**10 principales idiomas en Language Line**

*Fuente:* Language Line, junio de 2003.

**Figura 5  NHS Direct y la oferta idiomática (Inglaterra)[8].**

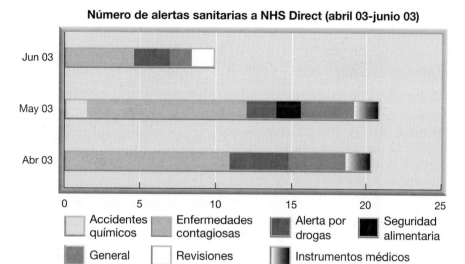

**Número de alertas sanitarias a NHS Direct (abril 03-junio 03)**

*Fuente:* Health Intelligence Unit, junio de 2003.

**Figura 6  NHS Direct: alertas sanitarias[9].**

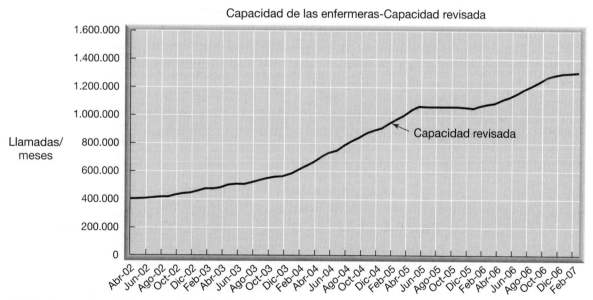

**Figura 7  El desarrollo de la capacidad futura[10].**

La revisión del servicio en Inglaterra por parte de la National Audit Office también se centró en abordar tres áreas clave:

● Capacidad: para satisfacer las nuevas demandas, el servicio tendrá que desarrollar nuevas estrategias de recursos humanos, redes para solventar la variación de la demanda en los distintos centros y ser capaz de justificar la necesidad de más financiación.

● Seguridad: mantener, o incluso mejorar, el actual historial de seguridad al tiempo que se amplían los servicios.

● Integración: crear relaciones con otros proveedores de asistencia sanitaria para evitar la duplicación y las ineficiencias y promover la colaboración. Esto implicará la necesidad de desarrollar nuevos sistemas informáticos y estrategias de comunicación.

Desde abril de 2004, los consorcios de atención primaria (los organismos encargados de la provisión de asistencia sanitaria fuera de los hospitales en Inglaterra) reciben financiación para contratar servicios de NHS Direct de una nueva autoridad sanitaria especial. Se prevé que la financiación de NHS Direct en Inglaterra aumente hasta 182 millones de libras en 2005/6.

## Variaciones en el desarrollo nacional

Se han producido variaciones en el desarrollo del servicio en el Reino Unido. En concreto, hacen referencia a las diferencias tanto en el gobierno como en la forma en que se desarrolla el propio servicio. La mayor delegación de autoridad en el Reino Unido, con la Asamblea Nacional en Gales y el Parlamento independiente de Escocia, ha creado la posibilidad de distintos desarrollos del servicio.

### Gales

En Gales, el servicio se gestiona desde una única autoridad sanitaria (Swansea) para todo el territorio de Gales. La mayor parte del servicio consiste en ofrecer consejos para recibir atención sanitaria en el hogar, lo que sugiere que el servicio está aconsejando más esta opción a los que llaman por teléfono que el servicio en Inglaterra. El servicio también ha desarrollado un significativo papel en la atención odontológica. El servicio NHS Direct ha sido utilizado por más del 10 por ciento de la población en Gales en 2002. Este porcentaje es elevado. El servicio también ha promulgado relaciones con organizaciones del sector del voluntariado, como los Samaritanos (prevención del suicidio) y la línea de atención telefónica infantil (contra el abuso de menores).

El servicio también ha sido muy consciente de las prioridades del plan sanitario de Gales y ha intentado integrar sus estrategias con las de este plan. El hecho de que el servicio dependa directamente de una única autoridad sanitaria puede haber fomentado esta integración.

### Escocia

En Escocia, el patrón de desarrollo del servicio muestra ciertas variaciones. Ha adoptado un nombre distinto: NHS24. Podría considerarse que se trata de un alejamiento de la imagen que quiere promulgar el Gobierno británico desarrollando una «marca» del servicio que, sin duda, implica la utilización del mismo nombre. También ha integrado el servicio a la provisión actual recurriendo al uso de algunas instalaciones (al contrario que Gales). Uno de los principales focos de atención ha sido la estrecha colaboración con las agencias sanitarias y con los médicos, predominando en el servicio el papel de las enfermeras.

El desarrollo del servicio también ha implicado una estrecha asociación entre cuatro agencias:

● NHS24 gestiona los sistemas y emplea al personal;
● CAPGemini ofrece asesoría estratégica;

● BT Consultancy contribuye a la asesoría de sistemas y a su provisión;
● AXA provee los sistemas informáticos de selección, es decir, la gestión de prioridades.

Además, Escocia ha sido pionera en la ampliación del servicio a una nueva área, la de las solicitudes de ambulancia con baja prioridad (conocidas como llamadas de la Categoría C). El hecho de que solo haya un servicio de ambulancias para toda Escocia implica que es más fácil de desarrollar este sistema que en cualquier otra parte del Reino Unido. El servicio de ambulancias en Escocia reenvía las solicitudes que no se consideran demasiado graves o de vida o muerte (las de la Categoría C) al NHS24. Esto exige una estrecha colaboración entre los dos servicios y el desarrollo de un elevado grado de confianza y de comprensión mutua. Otras agencias de Escocia, como la policía, siguen de cerca el modelo de NHS24 y existe la posibilidad de que se produzca una mayor integración de los servicios.

Tanto Gales como Escocia han realizado evaluaciones de sus servicios. Sin embargo, la evaluación de Escocia ha recurrido a expertos médicos y a académicos independientes, mientras que la de Gales ha sido realizada por la Comisión para la Mejora de la Salud, una agencia gubernamental. Es muy probable que las evaluaciones se realicen de forma ligeramente distinta. El equipo de evaluación escocés ha empezado a publicar una revista para, por ejemplo, promocionar las actividades de evaluación.

## ¿Y el futuro?

NHS Direct ha sido, sin duda, un éxito hasta ahora. Sin embargo, un directivo ha dado la señal de alarma, como se cita en un artículo de *Primary Care* en junio de 2003. Señalaba:

> NHS Direct ha logrado un crecimiento de su capacidad del 20 por ciento con el mismo número de trabajadores. Y todavía habrá más. Pero, al ser un servicio de asistencia telefónica, la demanda se produce cuando se produce. Por tanto, cuando tenemos la capacidad ofrecemos un buen servicio pero, cuando no hay capacidad, es muy fácil cruzar la línea, así que va a ser un gran reto[11].

A medida que el servicio se amplía a nuevas áreas como la odontología, la gestión de las citas de los pacientes y la asistencia de urgencias, cada vez va a ser más difícil ofrecer un servicio rápido, seguro e integrado, tal y como plantean los principales informes gubernamentales. El cada vez más complejo y rápido entorno tecnológico en el que ha elegido estar no siempre permite la consolidación y la reflexión.

## Notas

1. El autor ha recurrido como fuente a J. Munro *et al.*, «Evaluation of NHS Direct first wave sites», 2nd interim report to Dept of Health, marzo de 2000.
2. De fuentes de HM Treasury publicadas en *The Guardian*, octubre de 2003.
3. De National Audit Office Report, *NHS Direct in England*, enero de 2002 HC 505.
4. 40th Report of Public Accounts Committee of House of Commons, *NHS Direct in England*, 2002.
5. Material de reclutamiento de NHS Direct.
6. Gráfico extraído del 40th Report of Public Accounts Committee, ibid.
7. NHS Direct Quarterly Stakeholder Report, julio de 2003.
8. Ibid.
9. Ibid.
10. *Developing NHS Direct*, Dept of Health, abril de 2003.
11. *Primary Care*, junio de 2003.

## Preguntas

1. ¿Cuáles son las implicaciones para los recursos humanos de la mayor ampliación de los servicios de NHS Direct?

2. ¿Cuáles son las principales ventajas y dificultades de ampliar el «modelo de negocio» de NHS Direct a nuevas áreas como los servicios de urgencias?

3. Desde la perspectiva del Gobierno (el contribuyente), ¿cuáles son los argumentos a favor y en contra de NHS Direct como buena inversión financiera?

4. ¿Cómo se pueden gestionar las actuales diferencias de la provisión de servicio y del gobierno entre las distintas partes del Reino Unido?

5. ¿Qué cuestiones promoverán u obstaculizarán la difusión de la tecnología de la información en el NHS tal y como muestra el desarrollo de NHS Direct Online?

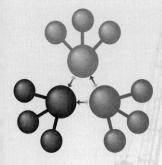

# 10

# Gestión del cambio estratégico

## Objetivos del aprendizaje

Tras leer este capítulo, usted debería ser capaz de:

● Comprender las diferencias del alcance del cambio estratégico.

● Explicar cómo pueden afectar las distintas facetas del contexto de la organización al diseño de los programas de cambio estratégico.

● Hacer un análisis de fuerzas para identificar las fuerzas que bloquean y promueven el cambio.

● Explicar el papel de los distintos agentes del cambio y los principales estilos de gestión del cambio que pueden utilizarse.

● Explicar los pasos necesarios de una estrategia de reestructuración.

● Explicar cómo se pueden utilizar distintas palancas para influir sobre el cambio estratégico, incluyendo la gestión de las rutinas de la organización, de los procesos políticos y simbólicos, de las formas de comunicación y de otras tácticas del cambio.

● Comprender las consecuencias no intencionadas que pueden derivarse de los programas de cambio.

Fotografía: Corbis

Fotografía: Corbis

Fotografía: Freefoto.com

## 10.1  INTRODUCCIÓN

Este capítulo analiza los procesos y tareas directivas necesarios para cambiar las estrategias. Los Capítulos 8 y 9 ya han analizado importantes cuestiones relacionadas con la estructuración de la organización y el papel de potenciar actividades y procesos para poner en marcha cambios estratégicos. Sin embargo, el diseño de una estructura y de procesos para aplicar la estrategia no significa, en sí, que los individuos la hagan realidad. De hecho, en la mayoría de lo que se ha escrito hay un supuesto implícito sobre la tendencia hacia la *inercia* y la *resistencia al cambio*[1]; la gente tiende a aferrarse a la forma actual de hacer las cosas y a las creencias actuales sobre lo que tiene sentido. Como se explicó en el Capítulo 1 (Sección 1.5.1), esto suele dar lugar a una *desviación estratégica*[2]. El análisis del «prisma de la experiencia» en los comentarios a las distintas partes del libro y en las explicaciones del desarrollo de las estrategias en el Capítulo 11 también destaca la misma tendencia. Por tanto, la gestión del cambio estratégico plantea un gran reto a los directivos.

El supuesto en gran parte de lo que se ha escrito sobre el tema del cambio estratégico también es que se produce de *arriba a abajo*; los altos directivos deciden la estrategia, planifican cómo se va a llevar a la práctica y, después, de alguna manera, realizan los cambios necesarios. Por supuesto, es uno de los principales papeles de los altos directivos el influir sobre la dirección estratégica de la organización. Sin embargo, no es realista suponer que lo pueden controlar todo. El Capítulo 11 (Sección 11.4) deja claro que las estrategias suelen surgir de niveles inferiores de la organización y que, sin duda, hay otros muchos individuos en la organización (directivos intermedios y sus subordinados) que desempeñan un papel esencial en la gestión del cambio. Este capítulo tiene en cuenta este hecho para explicar cómo se puede dirigir el cambio estratégico.

Para que el cambio tenga éxito es necesario que *esté relacionado con los aspectos estratégicos y operativos* cotidianos de la organización. Esto pone el énfasis en la importancia de traducir el cambio estratégico en planes de recursos detallados, tareas clave, y en la forma en que se dirige la organización a través de los procesos de control (Capítulo 9), pero también de cómo se comunica el cambio a través de las actividades cotidianas de la organización, tal y como se analiza en este capítulo.

El planteamiento para gestionar el cambio estratégico también *dependerá del contexto*. Los directivos tienen que tener en cuenta cómo pueden equilibrar los distintos planteamientos para gestionar el cambio estratégico en función de las circunstancias en las que se encuentran, así como para intentar crear el tipo de contexto que promoverá el cambio en la organización.

Estos temas ofrecen el telón de fondo para el contenido de este capítulo. El Cuadro 10.1 ofrece la estructura del capítulo. La Sección 10.2 empieza explicando cuestiones importantes que hay que tener en cuenta para hacer el *diagnóstico de la situación* en la que se encuentra la organización cuando se embarca en un cambio estratégico, en función de los *tipos de cambios* necesarios, la variedad de *factores culturales y contextuales* que hay que tener en cuenta y las *fuerzas que bloquean o promueven el cambio*. La Sección 10.3 analiza a continuación la gestión del cambio estratégico en función de los *estilos directivos* y los papeles desempeñados por los *líderes estratégicos* y otros *agentes del cambio* para gestionar el cambio estratégico. La Sección 10.4 prosigue con un análisis más detallado de los medios que se pueden utilizar para *gestionar el cambio*. Primero se analizan los pasos que se suelen dar para una rápida *«estrategia de reestructuración»*. A continuación se revisan las

**Cuadro 10.1**  Elementos clave para la gestion del cambio estratégico

*palancas para el cambio* incluyendo cambios en la *estructura y el control*, las *rutinas y símbolos* de la organización, así como el papel de la *actividad política*, las distintas formas de *comunicación* y las *tácticas* más específicas para gestionar el cambio. Finalmente, la Sección 10.5 considera algunos *inconvenientes* que se ha identificado que se producen con frecuencia en los programas de cambio de las organizaciones.

## 10.2  DIAGNÓSTICO DE LA SITUACIÓN DE CAMBIO

Es importante recordar que, al gestionar el cambio estratégico, gran parte de lo que se ha escrito en los capítulos anteriores de este libro suele considerarse como un precursor esencial para identificar la necesidad y la dirección del cambio estratégico. No se va a repetir aquí con detalle, pero es importante recordar la necesidad de comprender:

- Por qué es necesario el cambio estratégico (analizado en los Capítulos 2, 3 y 4).
- La base de la estrategia en cuanto al propósito estratégico, tal vez incorporado en la forma de un claro enunciado de la intención estratégica, y las bases de la ventaja competitiva (analizadas en los Capítulos 5 y 6).

- Las direcciones y métodos concretos del desarrollo de la estrategia (analizados en el Capítulo 7).
- Los cambios de las estructuras, procesos, relaciones, recursos y actividades necesarios para llevar la reflexión estratégica a la acción (analizados en los Capítulos 8 y 9).

Sin embargo, también es necesario comprender la magnitud del reto que hay que superar cuando se trata de efectuar un cambio estratégico. Para ello, resulta útil analizar el *tipo* de cambio necesario, el *contexto* general en el que se va a producir el cambio y los *bloqueos* específicos que existen ante el cambio, y qué fuerzas pueden existir que *facilitarán* el proceso de cambio.

### 10.2.1    Tipos de cambio estratégico

Existe un peligro cuando se piensa que solo hay una forma, o solo hay una buena forma, de cambiar la estrategia de la organización. No es así. Como se sugirió en el análisis del Capítulo 1 sobre la desviación estratégica (Sección 1.5.1), lo normal es que el desarrollo de la estrategia se produzca de forma *incremental*. Parte de la estrategia anterior; es un desarrollo *adaptativo* con tan solo cambios ocasionales que implican una *transformación radical*[3]. (El Capítulo 11 lo explica con más detalle.) Balogun y Hope Hailey[4] desarrollan todavía más esto para identificar cuatro tipos de cambio estratégico (*véase* el Cuadro 10.2), que tienen implicaciones sobre cómo se puede gestionar el cambio.

Se puede afirmar que es bueno que la *naturaleza del cambio* de una organización sea *incremental*. Así, puede partir de las habilidades, rutinas y creencias de los miembros de la organización, de forma que el cambio es eficiente y probablemente logrará su compromiso. Un planteamiento de *big bang* puede resultar necesario en determinadas circunstancias. Por ejemplo, si una organización se encuentra en medio de una crisis tiene que cambiar de dirección muy deprisa. En cuanto al *alcance* del proceso de cambio se trata de saber si se puede producir dentro del paradigma actual (es decir, de las creencias y supuestos actuales de la organización, *véase* el Capítulo 4, Sección 4.5.5). Se puede considerar como un *realineamiento* de la estrategia más que como un cambio fundamental de la dirección estratégica. ¿O es necesario cambiar el paradigma? Este sería más bien el caso

| Cuadro 10.2 | Tipos de cambio |

|  | **Alcance del cambio** | |
|---|---|---|
|  | Realineación | Transformación |
| Paulatino | Adaptación | Evolución |
| Big Bang | Reconstrucción | Revolución |

**Naturaleza del cambio** (etiqueta a la izquierda de las filas Paulatino / Big Bang)

*Fuente*: adaptado de Balogun, J. y Hope Hailey, V. (1999): *Exploring Strategic Change*, Prentice Hall.

del cambio radical. La combinación de estas dos dimensiones muestra que hay cuatro tipos de cambio estratégico:

- La *adaptación* es el cambio que se puede acomodar dentro del paradigma actual y se produce de forma incremental. Es la forma de cambio más frecuente en las organizaciones.
- La *reconstrucción* es el tipo de cambio que puede ser muy rápido y puede generar importantes alteraciones en una organización, pero no cambia el paradigma de forma fundamental. Podría tratarse de una situación de reestructuración, donde son necesarios importantes cambios estructurales, o de un importante programa de reducción de costes para resolver el declive del rendimiento financiero, o el cambio de las condiciones del mercado. Esto se analiza en la Sección 10.4.1 de este capítulo.
- La *evolución* es un cambio de la estrategia que requiere un cambio del paradigma, pero a lo largo del tiempo. Es posible que los directivos anticipen la necesidad de un cambio radical, tal vez utilizando el tipo de técnicas analíticas estudiadas anteriormente en este libro. Así podrán encontrarse en la situación de cambio evolucionario planificado, con tiempo suficiente para llevarlo a cabo. Otra forma de explicar la evolución es pensando en las organizaciones como «sistemas que aprenden», que ajustan continuamente sus estrategias a medida que cambia su entorno. Esto ha dado lugar al concepto de la *organización que aprende*, que se analiza en la Sección 11.6.2 del Capítulo 11 y en el comentario a la Parte IV.
- La *revolución* es un cambio que exige un rápido e importante cambio estratégico y del paradigma. Puede producirse en situaciones en que la estrategia ha estado tan limitada por el paradigma existente y las formas habituales de hacer las cosas en la organización que, incluso cuando las presiones competitivas o del entorno exigen un cambio fundamental, la organización no ha sido capaz de reaccionar. Este fenómeno puede haberse producido durante muchos años (*véase* el análisis de la desviación estratégica en la Sección 1.5.1 del Capítulo 1) dando lugar a una situación en que la presión a favor del cambio es extrema; por ejemplo, una adquisición que amenaza la propia existencia de la empresa.

Por tanto, resulta útil tener una idea del tipo de cambio que se necesita. El tipo de análisis cultural que se explicó en la Sección 4.5.5 del Capítulo 4 puede resultar útil aquí para analizar una cuestión central. Se trata de saber si se puede acomodar el cambio necesario a la cultura tal y como existe; o si también será necesario un cambio significativo en este sentido. Por ejemplo, un comerciante puede vender productos nuevos sin que sea necesario realizar cambios fundamentales en los supuestos y en las creencias de una organización. Por otra parte, algunos cambios de la estrategia, incluso aunque no adopten la forma de drásticos cambios en los productos, pueden requerir cambios fundamentales de los supuestos centrales de la organización. Por ejemplo, el cambio de una orientación a la producción en una empresa manufacturera a un espíritu de servicio y atención al cliente puede no exigir un cambio visible en la empresa en cuanto a los productos, pero significará probablemente que se produce un significativo cambio cultural (*véase* la Sección 10.2.3).

## 10.2.2 La importancia del contexto

No hay una «fórmula» correcta para la gestión del cambio. El éxito en cualquier intento de gestionar el cambio dependerá del contexto más general en el que se produce ese cambio. Vamos a utilizar un ejemplo evidente. La gestión del cambio en una empresa pequeña, tal vez relativamente nueva, donde hay un equipo motivado que impulsa el cambio, será muy diferente de la gestión del cambio en una gran corporación, o tal vez en una organización del sector público con un largo historial, donde existen rutinas establecidas, estructuras formales y, tal vez, una gran oposición al cambio. Los contextos son totalmente distintos, y el planteamiento para gestionar el cambio tendrá que ser, por tanto, distinto[5].

Balogun y Hope Hailey[6] parten de esta idea para destacar una serie de características importantes del contexto que hay que tener en cuenta al diseñar los programas de cambio. Una de estas características es, sin duda, el alcance del cambio necesario, que ya se ha analizado en la anterior Sección 10.2.1. El Cuadro 10.3 también resume otras características. Por tanto, resulta útil analizar estas características del contexto antes de embarcarse en un programa de cambios. La Ilustración 10.1 ofrece un ejemplo de empresas rusas en un contexto en el que se ha demostrado que su comprensión fue muy importante.

Considere algunos ejemplos de cómo las características del contexto que se han mostrado en el Cuadro 10.3 pueden requerir distintos planteamientos sobre el cambio:

- El *tiempo* disponible para hacer cambios puede ser muy distinto. Por ejemplo, una empresa que está asistiendo a una caída inmediata de la facturación o de los beneficios debido a rápidos cambios en sus mercados tiene un contexto para el cambio muy diferente del de una empresa en el que la dirección considera que la necesidad del cambio será patente en el futuro, tal vez dentro de algunos años, y tiene tiempo suficiente para planificar detenidamente el cambio como un proceso incremental en etapas.

**Cuadro 10.3** Características del contexto que afectan a los programas de cambio estratégico

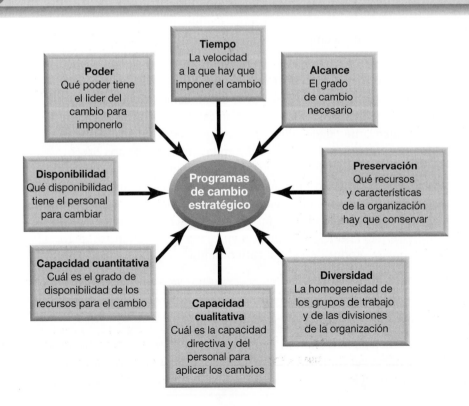

# El cambio del contexto para los negocios europeos en empresas rusas

*Los occidentales que tienen alianzas con empresas de otras partes del mundo suelen fracasar a la hora de comprender el contexto cultural.*

El reto que tienen que superar las empresas rusas en la transición de una economía de planificación central con unidades de producción controladas por el Estado a una economía de mercado tiene un alcance enorme. Las empresas rusas han buscado con frecuencia en Occidente una inyección de capital y alianzas para lograr esta transición. Los directivos occidentales tienen que tener presente el contexto ruso para participar en estas alianzas.

Tal vez sea paradójico que en una economía que antaño estaba planificada centralmente los directivos rusos tiendan a no tomarse demasiado en serio el concepto de planes a largo plazo. Los horizontes temporales pueden ser muy reducidos; es muy probable que un directivo ruso piense en horizontes temporales de días o de semanas. Además, el concepto de planes quinquenales tiene, en sí, connotaciones de planificación central y de promesas incumplidas por el pasado comunista.

Los directivos rusos también tienden a poner el énfasis en la continuidad y en la tradición más que los occidentales. Tienen una orientación hacia la historia y hacia la preservación de lo que tienen, más que de la necesidad de realizar cambios. De la mano de lo anterior viene el énfasis sobre la conformidad. No son muy proclives a la reflexión independiente o a la franqueza, al considerar que ese comportamiento puede potencialmente ser antisocial y promover el conflicto. También se desconfía del cambio, lo que se puede explicar, al menos, como resultado de su aversión al riesgo y a la incertidumbre.

Los directivos de Rusia se han preocupado tradicionalmente por el desarrollo y mantenimiento de reglas y procedimientos, más que por la dirección del cambio. En concreto, el papel de los altos directivos se ejerce de arriba a abajo, con un estilo directivo en el que se espera un elevado grado de claridad y se evita la ambigüedad. Se espera un control burocrático formal más que una retroalimentación. La experiencia y capacidad de gestión del cambio son limitadas. El grado en que hay

recursos disponibles para efectuar los cambios también puede depender de si se puede obtener inversión externa, a menudo, de Occidente. Sin embargo, es posible que se considere que los directivos occidentales sólo tienen ese papel; el de inversores más que el de agentes o modelos del cambio.

También existen diferencias en cuanto a los supuestos culturales de rusos y occidentales, tanto sobre el negocio como desde el punto de vista del individuo. En los negocios sigue habiendo desconfianza sobre la primacía de los beneficios y de las fuerzas del mercado; y también del énfasis occidental en la eficiencia, la profesionalidad y la modernidad. Los rusos tienden a poner el énfasis en el azar, el destino y la fe.

Todo esto puede plantear problemas para los directivos occidentales que pueden estar intentando cambiar el sistema, introducir una orientación de mercado, una reflexión estratégica a más largo plazo, establecer los sistemas occidentales de control y de retroalimentación, y estilos directivos más participativos.

*Fuente:* adaptado de Miichailova, S. (2000): «Contrasts in culture: Russian and western perspectives on organisational change». *Academy of Management Executive*, vol. 145, n.º 4. Pp. 99-111.

## Preguntas

1. Partiendo del análisis del contexto en la Sección 10.2.2 identifique las cuestiones clave del contexto que hay que tener en cuenta para influir en el cambio de las empresas rusas.

2. ¿Qué problemas cree usted que pueden tener los directivos occidentales?

3. Lea el resto del capítulo y sugiera el planteamiento del cambio que pueden aplicar los directivos occidentales, teniendo presente el contexto ruso.

- Independientemente de la significatividad del cambio, es posible que sea necesiario preservar ciertas características de la organización, sobre todo las relacionadas con las competencias sobre las que se basará el cambio. Suponga, por ejemplo, que una empresa informática de rápido crecimiento tiene que organizarse de una manera más formal debido a su crecimiento. Este cambio podría importunar a los expertos técnicos que están acostumbrados a acceder con facilidad a la alta dirección, pero podría ser vital para preservar su pericia y su motivación.

- Se puede facilitar el cambio si existe una *diversidad* en cuanto a la experiencia, los planteamientos y las opiniones dentro de la organización: pero, suponga que una organización ha aplicado una estrategia durante muchas décadas, lo que da lugar a una forma muy homogénea de ver el mundo. El cambio podría perturbar esta visión. Así pues, puede ser importante valorar la naturaleza y el grado de diversidad para poder aprovecharla y construir a partir de ella.

- ¿Hasta qué punto hay experiencia o *capacidad* cualitativa para gestionar el cambio en la organización? Es posible que una organización disponga de directivos que han realizado cambios con eficacia en el pasado, o una mano de obra que está acostumbrada a aceptar cambios en sus prácticas laborales, mientras que otras organizaciones tienen poca experiencia en lo que a cambios se refiere.

- ¿Tiene la organización la *capacidad* cuantitativa de cambiar en cuanto a los recursos disponibles? El cambio puede ser muy caro, no solo en términos financieros, sino también en lo que respecta al tiempo de los directivos.

- En algunas organizaciones puede que exista una *disponibilidad* a cambiar en toda la organización. En otras, es posible que haya una resistencia generalizada o bolsas de resistencia en algunas partes de la organización y disponibilidad a cambiar en otras.

- ¿Hay alguien en la organización que tenga el *poder* de imponer los cambios? Con demasiada frecuencia se supone que el CEO tiene ese poder, pero, si se produce resistencia en los niveles inferiores, o tal vez entre las partes interesadas externas, es posible que no tenga dicho poder. También es posible que el CEO piense que son otros los que tienen el poder para efectuar los cambios en la organización cuando, realmente, no lo tienen.

Juntando todo lo anterior, surgen las siguientes preguntas:

- ¿Tiene la organización en cuestión la capacidad cualitativa y cuantitativa, la disponibilidad y las estructuras de poder necesarias para lograr el alcance del cambio necesario? Por ejemplo, en un estudio de los intentos de dirigir el cambio en los hospitales[7] se concluyó que las estructuras de la organización y de gobierno impedían que hubiera una autoridad clara que pudiera dirigir el cambio. Esto, junto con las restricciones de recursos, significaba que las grandes iniciativas de cambios de una sola vez no tenían muchas posibilidades de tener éxito.

- ¿Cómo informa el contexto a las opciones sobre los medios para gestionar el cambio? Estas opciones sobre los medios se revisarán más adelante en el capítulo.

- ¿Es necesario cambiar el contexto antes de poder efectuar el propio cambio estratégico? Por ejemplo, es posible que haya que introducir una nueva dirección con experiencia en la gestión de cambios para aumentar la capacidad y la disponibilidad al cambio y que la organización alcance el punto en el que está preparada para aplicar un programa de cambio estratégico más significativo. O que sea necesario incorporar personal a la organización con una mayor diversidad de experiencia que sea acorde con la futura dirección estratégica.

- O tal vez sea necesario reconocer que, en algunos contextos, es necesario gestionar el cambio por etapas. Los investigadores del estudio sobre los hospitales concluyeron que el cambio tendía a realizarse mediante una serie de pequeñas iniciativas que lograban progresos limitados, después se asentaban estos progresos, y más adelante se proseguía con una nueva iniciativa.

### 10.2.3 Aplicación de la red cultural para diagnosticar el contexto de la organización

El Capítulo 4 introdujo la idea de la red cultural (*véase* la Sección 4.5.5 del Capítulo 4) tanto como un concepto útil para explicar la cultura de la organización, o como una herramienta de diagnóstico para comprender la cultura de una determinada organización. También se puede utilizar para analizar los problemas y requisitos del cambio estratégico. Suele resultar útil en este sentido, aunque sólo sea porque tiene en cuenta tanto las facetas más *soft* de la cultura, como los símbolos de la organización y la «forma rutinaria en que hacemos las cosas aquí», como los procesos políticos y las facetas más *hard* de la organización, como las estructuras y los sistemas de control. También se puede utilizar la red cultural para analizar la cultura actual de una organización y las diferencias que habría que aplicar si se quiere que la estrategia futura deseada tenga éxito.

La Ilustración 10.2 muestra las redes culturales realizadas en un taller de cambio estratégico por los directivos de los departamentos de servicios técnicos de un ayuntamiento del Reino Unido[8]. La conclusión de este análisis fue que la cultura actual de la organización no se ajustaba bien a la estrategia futura deseada. En efecto, los departamentos tenían sus propias estrategias, y cada una reflejaba los elevados estándares profesionales que tanto valoraban los técnicos, pero no siempre se ponía el énfasis en las necesidades de los usuarios del servicio. Esto no era compatible con la estrategia que estaba intentando desarrollar el máximo responsable. Quería una estrategia que resolviera cuestiones locales clave que cruzaban los límites de los departamentos y, por tanto, exigían cooperación entre los mismos. Sin embargo, la organización descrita en la Ilustración 10.2 no era únicamente departamental y funcional, sino que el énfasis en las funciones se mantenía y legitimaba por la perspectiva profesional, protegida por los poderosos directores de los departamentos. Aunque estos directores participaron en los debates sobre la estrategia general del ayuntamiento y estaban de acuerdo con la lógica de la estrategia, en sus propios departamentos se centraban en mantener los estándares de servicio que estaban muy influidos por las normas profesionales y los procedimientos establecidos. La estrategia solo estaba sobre el papel, mientras que se mantenían las estrategias de los departamentos que dependían de una cultura muy bien establecida y de individuos poderosos dedicados a su preservación.

Los directivos que realizaron el análisis se dieron cuenta de que no era realista creer que se podría aplicar un significativo cambio estratégico si no se producían importantes cambios en muchas facetas de la organización, reflejadas en su red cultural. Sin embargo, podrían utilizar su análisis de la red cultural actual y de la red cultural futura necesaria para informar su debates sobre los cambios que se necesitaban. Aquí puede resultar útil recurrir al análisis de las fuerzas que se analizará en la próxima sección.

### 10.2.4 Análisis de fuerzas

El **análisis de fuerzas** ofrece una visión inicial de los problemas que hay que resolver para poder hacer cambios, e identificar las fuerzas a favor y en contra del cambio. Permite plantear algunas preguntas clave:

El **análisis de fuerzas** ofrece una visión inicial de los problemas que hay que resolver para poder hacer cambios, e identificar las fuerzas a favor y en contra del cambio.

# Comprensión del contexto cultural para aplicar cambios en un ayuntamiento

*Se puede utilizar la red cultural para comprender la actual cultura de la organización y la cultura futura deseada.*

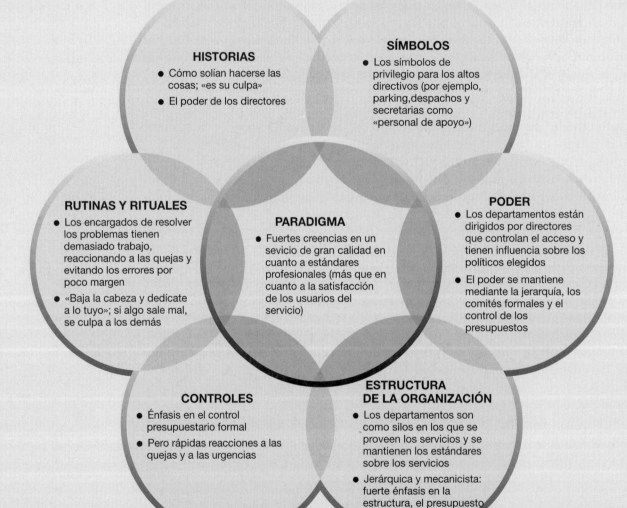

**HISTORIAS**
- Cómo solían hacerse las cosas; «es su culpa»
- El poder de los directores

**SÍMBOLOS**
- Los símbolos de privilegio para los altos directivos (por ejemplo, parking,despachos y secretarias como «personal de apoyo»)

**RUTINAS Y RITUALES**
- Los encargados de resolver los problemas tienen demasiado trabajo, reaccionando a las quejas y evitando los errores por poco margen
- «Baja la cabeza y dedícate a lo tuyo»; si algo sale mal, se culpa a los demás

**PARADIGMA**
- Fuertes creencias en un sevicio de gran calidad en cuanto a estándares profesionales (más que en cuanto a la satisfacción de los usuarios del servicio)

**PODER**
- Los departamentos están dirigidos por directores que controlan el acceso y tienen influencia sobre los políticos elegidos
- El poder se mantiene mediante la jerarquía, los comités formales y el control de los presupuestos

**CONTROLES**
- Énfasis en el control presupuestario formal
- Pero rápidas reacciones a las quejas y a las urgencias

**ESTRUCTURA DE LA ORGANIZACIÓN**
- Los departamentos son como silos en los que se proveen los servicios y se mantienen los estándares sobre los servicios
- Jerárquica y mecanicista: fuerte énfasis en la estructura, el presupuesto y la burocracia

**Figura 1  Servicios técnicos: en la actualidad.**

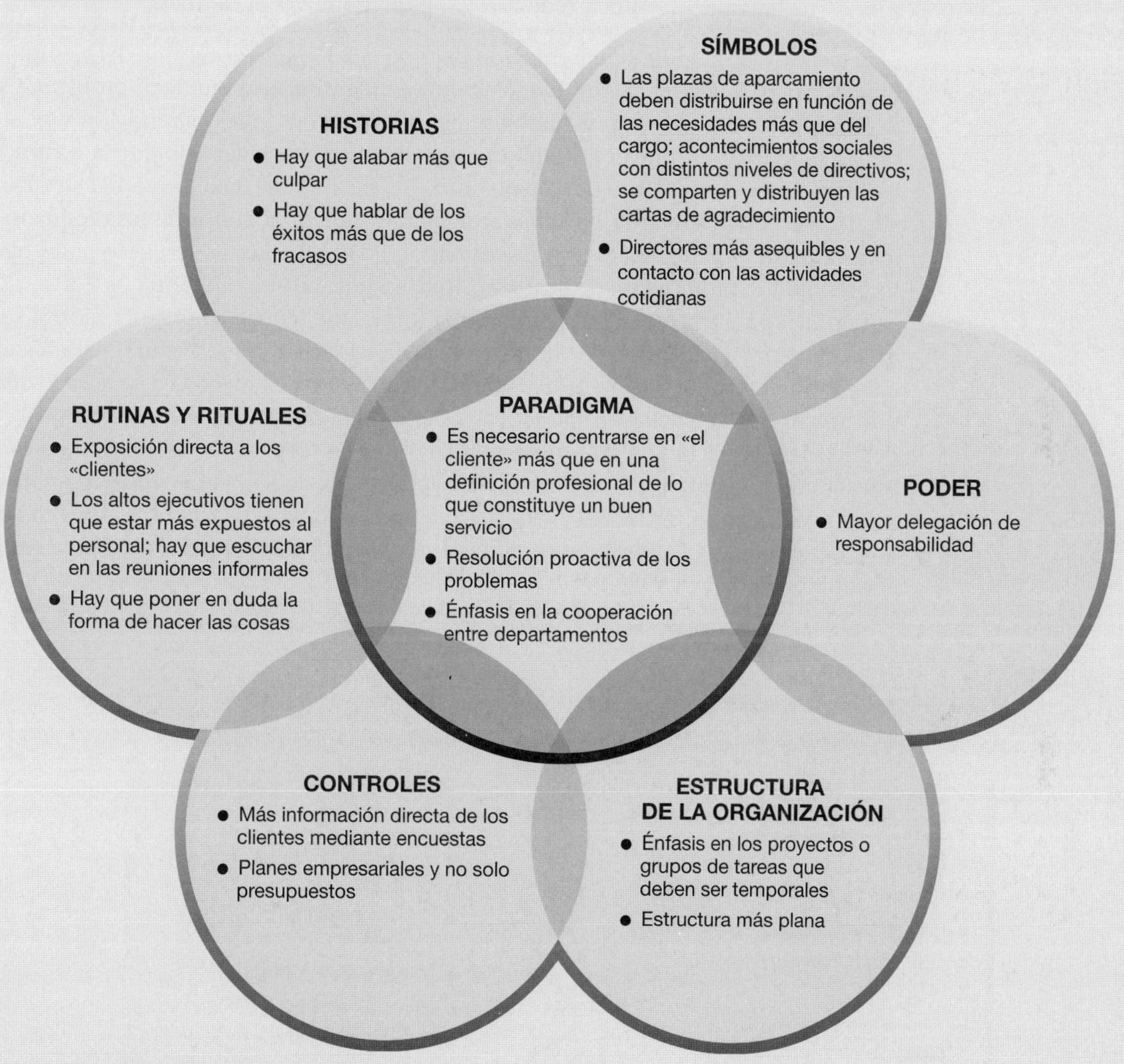

**HISTORIAS**
- Hay que alabar más que culpar
- Hay que hablar de los éxitos más que de los fracasos

**SÍMBOLOS**
- Las plazas de aparcamiento deben distribuirse en función de las necesidades más que del cargo; acontecimientos sociales con distintos niveles de directivos; se comparten y distribuyen las cartas de agradecimiento
- Directores más asequibles y en contacto con las actividades cotidianas

**RUTINAS Y RITUALES**
- Exposición directa a los «clientes»
- Los altos ejecutivos tienen que estar más expuestos al personal; hay que escuchar en las reuniones informales
- Hay que poner en duda la forma de hacer las cosas

**PARADIGMA**
- Es necesario centrarse en «el cliente» más que en una definición profesional de lo que constituye un buen servicio
- Resolución proactiva de los problemas
- Énfasis en la cooperación entre departamentos

**PODER**
- Mayor delegación de responsabilidad

**CONTROLES**
- Más información directa de los clientes mediante encuestas
- Planes empresariales y no solo presupuestos

**ESTRUCTURA DE LA ORGANIZACIÓN**
- Énfasis en los proyectos o grupos de tareas que deben ser temporales
- Estructura más plana

**Figura 2  Servicios técnicos: en el futuro.**

*Fuente:* adaptado de JOHNSON, G. (2001): «Mapping and re-mapping organisational culture: a local government example», en G. Johnson y K. Scholes (eds), *Exploring Public Sector Strategy*. Prentice Hall.

---

**Preguntas**

1. ¿Cómo puede un directivo utilizar la red cultural para facilitar la gestión del cambio?

2. ¿Cuáles serán probablemente los principales problemas para aplicar los cambios que se muestran en la red futura?

- ¿Qué facetas de la situación actual pueden ayudar a cambiar en la dirección deseada y cómo se pueden reforzar?
- ¿Qué facetas de la situación actual podrían bloquear el cambio, y cómo se pueden superar?
- ¿Qué hay que introducir o desarrollar para promover el cambio?

El Cuadro 10.4 es una representación del tipo de bloqueos al cambio del ejemplo de la Ilustración 10.2, Figura 1. Aunque los bloqueos identificados plantean problemas significativos, el análisis de fuerzas también identificó facetas de la organización y de su cultura que podrían promover el cambio. Estos directivos consideraron que la dedicación a un buen servicio, el espíritu de trabajo duro, y la flexibilidad para proveer el servicio eran cuestiones potencialmente positivas si se podían superar algunos de los bloqueos. Además, la naturaleza de delegación de responsabilidad en algunos servicios (a las oficinas locales) podría promoverse de forma positiva en una cultura diferente.

También puede resultar útil pensar en la forma que tendría la organización si se aplicara una estrategia distinta, y también se puede recurrir a la red cultural para hacer este ejercicio (*véase* la Ilustración 10.2, Figura 2). Esto ayudará a identificar qué es lo que hay que añadir o introducir para poder cambiar. Normalmente, de estos ejercicios de diagnóstico de la situación del cambio se concluye que las rutinas, los sistemas de control, las estructuras, los símbolos y las relaciones de poder o de dependencia pueden ser bloqueos o promotores importantes del cambio. La definición de qué factores constituyen un bloqueo y de cuáles promueven el cambio es una buena base de diagnóstico para gestionar el cambio.

---

**Cuadro 10.4**   **Análisis de fuerzas**

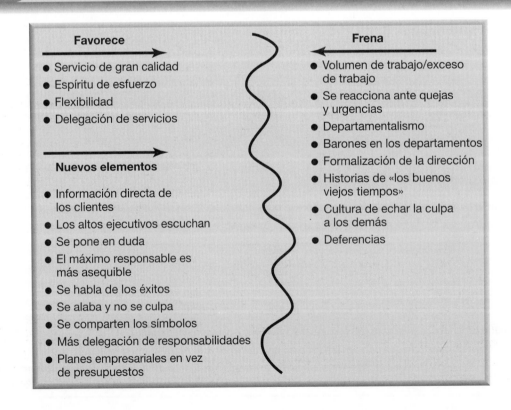

**Favorece**

- Servicio de gran calidad
- Espíritu de esfuerzo
- Flexibilidad
- Delegación de servicios

**Nuevos elementos**

- Información directa de los clientes
- Los altos ejecutivos escuchan
- Se pone en duda
- El máximo responsable es más asequible
- Se habla de los éxitos
- Se alaba y no se culpa
- Se comparten los símbolos
- Más delegación de responsabilidades
- Planes empresariales en vez de presupuestos

**Frena**

- Volumen de trabajo/exceso de trabajo
- Se reacciona ante quejas y urgencias
- Departamentalismo
- Barones en los departamentos
- Formalización de la dirección
- Historias de «los buenos viejos tiempos»
- Cultura de echar la culpa a los demás
- Deferencias

Los cambios de la estructura, el diseño y los sistemas de control de las organizaciones ya se han revisado en el Capítulo 8. En las dos secciones siguientes (10.3 y 10.4), se analizan distintos estilos y papeles del proceso de cambio y otras palancas para dirigir el cambio.

## 10.3  GESTIÓN DEL CAMBIO: ESTILOS Y PAPELES

Esta sección del capítulo se ocupa del papel que desempeñan los individuos para gestionar el cambio estratégico; y cómo lo hacen. Parte del análisis de los distintos *estilos de gestión del cambio* que se pueden utilizar. A continuación analiza el papel de los *líderes estratégicos* en el cambio estratégico; el papel de los *directivos intermedios* en la aplicación de los cambios; y la influencia de *terceros externos* como los asesores y las *partes interesadas* externas.

### 10.3.1  Estilos para gestionar el cambio

Quienquiera que esté en la posición para gestionar el cambio tendrá que analizar el estilo que quiere adoptar. Los distintos estilos serán más o menos adecuados en función del contexto de la organización. En el Cuadro 10.5 se resumen estos estilos[9].

- La **educación y la comunicación** consisten en una explicación de las razones y de los medios que se van a utilizar para efectuar el cambio estratégico. Puede resultar un medio adecuado si existe un problema en la dirección del cambio debido a la desinformación o a la falta de información y si hay suficiente tiempo para invertir o persuadir a los individuos y darles la oportunidad de asimilar la información. Sin embargo, plantea problemas. Puede ser muy ingenuo suponer que un argumento razonado permitirá superar años de supuestos implícitos sobre lo que «realmente importa», especialmente si hay una falta de confianza mutua y de respeto entre los directivos y los empleados. También puede ser problemático el recurso a procesos de comunicación de arriba a abajo. Es probable que el cambio sea más eficaz si los que se van a ver afectados por los cambios participan en su desarrollo y planificación.

- La **colaboración** o *participación* en el proceso de cambio se produce cuando los que se van a ver afectados por el cambio estratégico participan en la definición de la agenda del cambio; por ejemplo, en la identificación de las cuestiones estratégicas, en el proceso de toma de decisiones estratégicas, en la definición de las prioridades, en la planificación del cambio estratégico o en la traducción de la estrategia definida a los aspectos rutinarios de la vida de la organización. Esta participación fomenta una actitud más positiva ante el cambio; los individuos considerarán que las restricciones de la organización son menos significativas[10] y es probable que consideren que tienen una mayor propiedad y un mayor compromiso con una decisión o con el proceso del cambio. Por tanto, puede ser una forma de aumentar la disponibilidad y la capacidad de cambiar. Sin embargo, existe el riesgo inevitable de que las soluciones que surjan partan de la cultura existente, por lo que cualquiera que ponga en marcha este tipo de proceso tiene que mantener la capacidad de intervenir en el mismo.

- La **intervención** es la coordinación y la autoridad sobre los procesos de cambio por parte de un agente del cambio que delega determinados elementos de estos procesos. Por ejemplo, es posible que determinadas etapas del cambio, como la

La **educación y la comunicación** consisten en una explicación de las razones y de los medios que se van a utilizar para efectuar el cambio estratégico.

La **colaboración** o *participación* en el proceso de cambio se produce cuando los que se van a ver afectados por el cambio estratégico participan en la definición de la agenda del cambio.

La **intervención** es la coordinación y la autoridad sobre los procesos del cambio por parte de un agente del cambio que delega elementos de estos procesos.

## Cuadro 10.5  Estilos en la gestión del cambio estratégico

| Estilo | Medios / contexto | Ventajas | Problemas | Circunstancias de eficacia |
|---|---|---|---|---|
| Educación y comunicación | La información a los distintos grupos supone una internalización de la lógica estratégica y confianza de la alta dirección | Se supera la falta de información (o la desinformación) | Requiere mucho tiempo La dirección o los progresos pueden no estar claros | Cambio incremental o cambio radical horizontal a largo plazo |
| Colaboración/ participación | Participación en la redacción de la agenda de la estrategia y/o en la resolución de las cuestiones estratégicas en grupos o equipos de trabajo | Mayor propiedad de una decisión o un proceso Puede mejorar la calidad de las decisiones | Requiere mucho tiempo Soluciones/ resultados dentro del paradigma existente | |
| Intervención | El agente del cambio mantiene la coordinación/ control: delega determinados elementos del cambio | Los procesos están guiados/ controlados pero hay participación | Riesgo de manipulación percibida | Cambio incremental o radical sin crisis |
| Dirección | Recurso a la autoridad para definir la dirección y los medios del cambio | Claridad y velocidad | Riesgo de que no se acepte y de que la estrategia esté mal concebida | Cambio radical |
| Coacción/edicto | Utilización explícita del poder mediante edictos | Puede resultar útil en situaciones de crisis o de confusión | Tiene menos éxito salvo que sea una situación de crisis | Crisis, rápido cambio radical o cambio de las culturas autocráticas establecidas |

generación de ideas, la recopilación de datos, la planificación detallada, el desarrollo de las razones del cambio, o la identificación de los factores críticos del éxito, se deleguen a equipos de proyectos o de tareas (*véase* la Sección 11.3.2 en el Capítulo 11). Estos equipos no asumirán toda la responsabilidad del proceso de cambio, pero participarán en él y verán que su trabajo lo fomenta. El promotor del cambio garantiza la supervisión de los progresos y que se vea que se están produciendo cambios[11]. Aquí una ventaja es que se hace participar a los miembros de la organización, no sólo para generar ideas, sino también en la *aplicación parcial* de las soluciones. Por ejemplo, se puede delegar la responsabilidad de coordinar o supervisar la aplicación de determinados aspectos del cambio estratégico a los que han tenido la idea correspondiente. Es probable que esta participación permita que exista un mayor compromiso con el cambio.

● La **dirección** implica la utilización de la autoridad directiva personal para definir una clara estrategia futura y cómo se producirá el cambio. Se trata, fundamentalmente, de una gestión del cambio estratégico de arriba a abajo. Se puede relacionar con una clara visión o intención estratégica desarrollada por un individuo que es considerado

La **dirección** implica la utilización de la autoridad directiva personal para definir una clara estrategia futura y cómo se producirá el cambio.

un líder dentro de la organización. Pero también se puede ver acompañada de una claridad análoga en cuanto al tipo de factores críticos de éxito y de prioridades analizadas en el Capítulo 9.

- En su forma más extrema, el estilo directivo se convierte en una **coacción**, lo que implica la imposición del cambio con la publicación de edictos sobre el cambio. Se trata de una aplicación explícita del poder y puede ser necesaria si la organización está, por ejemplo, en una situación de crisis.

**La coacción** implica la imposición del cambio con la publicación de edictos sobre el cambio.

Hay algunas observaciones generales que se pueden hacer sobre lo adecuado de estos distintos estilos en los distintos contextos (*véase* la Sección 10.2.2):

- Las distintas etapas de un proceso de cambio pueden requerir distintos estilos para gestionar el cambio. Es vital tener una clara dirección para motivar el deseo o crear la disponibilidad de cambiar, mientras que la participación o la intervención pueden resultar más útiles para lograr un mayor compromiso en toda la organización, y desarrollar las *capacidades* de identificar los bloqueos del cambio para poder planificar y aplicar programas de acción concretos.

- En cuanto al *tiempo y al alcance*, los estilos participativos serán probablemente más adecuados para los cambios incrementales mientras que, cuando es necesario realizar un cambio radical, el planteamiento directivo puede ser más adecuado. También merece la pena señalar que, incluso cuando la alta dirección cree que tiene un planteamiento participativo, sus subordinados pueden considerar que es un estilo directivo que, de hecho, pueden preferir[12].

- En las organizaciones con *estructuras de poder* jerárquicas será frecuente encontrar un estilo directivo y puede ser difícil alejarse de este estilo, aunque solo sea porque es lo que esperan los individuos. Por otra parte, en las estructuras de poder más «planas» (o si la organización se corresponde con una organización del tipo de la adhocracia, la red o la organización que aprende, como se describe en otras partes de este libro), es probable que la colaboración y la participación no solo sean deseables sino que también sean inevitables. Por supuesto, esto puede plantear dificultades si no hay un acuerdo sobre lo que es necesario; y algunas organizaciones han concluido que aquí también suele ser necesario recurrir a una dirección más autoritaria.

- Los distintos estilos se ajustan a la personalidad de los distintos directivos. Sin embargo, estas observaciones sugieren que los que tienen una mayor *capacidad* para llevar el cambio pueden tener la capacidad de adoptar distintos estilos en distintas situaciones. En efecto, se ha demostrado que así es cuando se analiza la eficacia de los líderes estratégicos (*véase* la Sección 10.3.2).

- Los estilos para gestionar el cambio no son mutuamente excluyentes en un programa de cambios. En mayor o menor medida habrá una *diversidad* de puntos de vista sobre el cambio dentro de la organización y entre sus distintas partes interesadas. Para algunas partes interesadas podrá ser más adecuado recurrir a un estilo de educación y de comunicación, como en el caso de las instituciones financieras; la participación puede resultar más adecuada para los grupos de la organización en que es necesario que haya una *capacidad y una disponibilidad* para efectuar los cambios; aunque, en aquellas partes de la organización donde sea necesario que el cambio se produzca muy deprisa, el *tiempo* exigirá que se aplique un estilo directivo.

La Ilustración 10.3 refleja la aplicación de los distintos estilos en distintos contextos.

**Ilustración 10.3**                    e s t r a t e g i a   e n   a c c i ó n

# Estilos de gestión del cambio

*Los ejecutivos utilizan distintos estilos para dirigir el cambio.*

### Se parte de la verdad

Carly Fiorina es presidenta y CEO de Hewlet-Packard en Palo Alto, California:

> Recuerdo mi primera reunión con 700 altos ejecutivos cuando estábamos realizando una autoevaluación muy realista... No se puede partir de una interpretación personal de lo que falla y culpar a los individuos; para motivarles para cambiar, hay que ponerles un espejo delante... Escribí los comentarios que habían hecho estos mismos directivos dos años antes sobre la empresa, incluyendo su comentario de que HP era una empresa demasiado lenta y con falta de decisión. También escribí los comentarios de los clientes sobre nuestra empresa, tanto buenos como malos. Al confrontarles con estos hechos irrefutables de lo que habían dicho sobre sí mismos y de lo que nos habían dicho los clientes, los directivos aceptaron la verdad.
>
> Una vez que se conoce la verdad, la gente tiene que tener metas ambiciosas. Para superar esa incómoda distancia entre la verdad y la meta hay que definir medidas muy al alcance de la mano, paso a paso. Se hace camino al andar y a lo largo del camino, hay que recordarle a la gente lo mucho que ya ha avanzado y lo muy cerca que está de alcanzar su meta. Y, entonces, es cuando se ve un destello en sus ojos.

### Hay que definir distintos niveles de incentivos[1]

*Lui Chuanzhi es presidente del Legend Group de Pekín:*

> Nuestro equipo ejecutivo tiene que tener una sensación de propiedad en la empresa. Muchas empresas propiedad del Estado en China tienen que superar un reto muy especial. No pueden ofrecer acciones a sus altos ejecutivos. Pero recurrimos a un planteamiento poco tradicional; reformamos nuestra estructura de propiedad para hacer que Legend fuera una empresa mixta, lo que nos permitió ofrecer acciones a todos los miembros de nuestro equipo directivo. Además, los altos ejecutivos quieren ser reconocidos, por lo que les dimos la oportunidad de poder hablar con los medios...
>
> Los directivos intermedios quieren ascender a la alta dirección, por lo que se crecen ante la adversidad, ante las oportunidades para mostrar y refinar sus talentos. Definimos estándares de rendimiento muy elevados para nuestros directivos intermedios, y les dejamos participar en los procesos estratégicos, en el diseño de su propio trabajo, y en la toma de decisiones, así como en su ejecución. Si logran buenos resultados reciben una buena recompensa.
>
> Los empleados de línea necesitan tener una sensación de estabilidad. Si asumen responsabilidades y son concienzudos, obtienen una prima preestablecida. También vinculamos el rendimiento del equipo al rendimiento de la empresa o de la

unidad de negocio, y el rendimiento individual al rendimiento del equipo.

### Se crece a partir de los que tienen una influencia clave[2]

William Bratton era el comisario de Nueva York responsable de la campaña de tolerancia cero para reducir la criminalidad en la ciudad.

Bratton cree que «cuando se alcanza una masa crítica de personas que ponen su energía y sus creencias en algo, la conversión a otra idea se contagia como una epidemia, haciendo que los cambios fundamentales se produzcan muy deprisa». Esto implica que hay que enfrentar a los directivos con los problemas operativos concretos para que no se puedan evadir de la realidad. Pone estos problemas «en el ojo del huracán». Por ejemplo, reúne a los jefes y, con tan solo una notificación previa de dos días, les exige que respondan a las preguntas de sus superiores sobre los resultados en su distrito y sobre cómo contribuyen las operaciones en el mismo a la estrategia general del cuerpo de policía. El objetivo es introducir una «cultura de rendimiento» de forma que no se admiten los fracasos. Sin embargo, «estas reuniones permiten que los que han tenido éxito sean reconocidos, tanto por lograr mejorar... como por ayudar (a sus compañeros)». El efecto es que se permite que se aplauda el éxito pero se deja muy claro que no se tolerará un mal rendimiento.

1. «Moving mountains». *Harvard Business Review*, enero de 2003. Pp. 41-47.
2. KIM, W. C. y MAUBORGNE, R. (2003): «Tipping point leadership», *Harvard Business Review*. Pp. 60-69.

---

### Preguntas

Lea la Sección 10.3.1 del texto y el Cuadro 10.5, y responda a las siguientes preguntas para cada uno de los tres ejemplos anteriores.

1. ¿Se ajusta el estilo a la situación? ¿En qué situación no sería adecuado?

2. ¿Qué problemas puede plantear cada estilo?

3. En estos ejemplos solo se menciona a algunas partes interesadas de forma explícita. ¿Significa esto que el estilo tiene que ser el mismo para todas las partes interesadas de la organización?

## 10.3.2    Los distintos papeles para gestionar el cambio

Cuando se analiza el cambio estratégico, se pone con demasiada frecuencia un excesivo énfasis en los individuos que se encuentran en la cúspide de la organización. Resulta útil pensar en los *agentes del cambio* en términos más amplios. Un «**agente del cambio**» es un individuo o un grupo que ayuda a aplicar cambios estratégicos en una organización. Por ejemplo, el creador de una estrategia puede ser, o no, también el agente del cambio. Puede que tenga que recurrir a otros individuos para que asuman el liderazgo de llevar a la práctica los cambios estratégicos. También es posible que un directivo intermedio sea también un agente del cambio en determinado contexto. O tal vez haya un grupo de agentes del cambio dentro de la organización y otros de fuera, como consultores, que tienen a todo un equipo trabajando en un proyecto, junto con los directivos de la propia organización. Así pues, el agente del cambio no tiene por qué corresponderse necesariamente con un único individuo.

Un «**agente del cambio**» es un individuo o un grupo que ayuda a aplicar cambios estratégicos en una organización.

### Liderazgo estratégico

Sin embargo, la gestión del cambio suele estar directamente relacionada con el papel de un líder estratégico. El **liderazgo** es el proceso de influir en una organización (o sobre un grupo de una organización) respecto a sus esfuerzos para alcanzar un objetivo o una meta[13]. En esta definición, el líder no tiene porque ser necesariamente una persona del ápice de la organización, sino más bien una persona que tiene una posición desde la que puede ejercer una influencia. A menudo, se clasifican de dos maneras:

El **liderazgo** es el proceso de influir en una organización (o sobre un grupo de una organización) respecto a sus esfuerzos para alcanzar un objetivo o una meta.

- *Líderes carismáticos*, que se ocupan fundamentalmente de crear una visión de la organización y animar a la gente a alcanzarla y que, por tanto, suelen estar relacionados con la dirección del cambio. La evidencia empírica sugiere que estos líderes tienen un efecto particularmente beneficioso sobre el rendimiento cuando la gente que trabaja para ellos considera que la organización se encuentra en una situación de incertidumbre[14].
- *Líderes instrumentales o transaccionales*[15], que se centran más en el diseño de sistemas y en el control de las actividades de la organización, y que es más probable que sean asociados con la mejora de la situación actual.

Sin embargo, resulta útil recurrir a un conjunto más específico de planteamientos para comprender cómo pueden gestionar los líderes la estrategia y el cambio. La evidencia empírica concluye que prestan más atención a algunas facetas de la dirección estratégica que a otras. Esto se refleja en el Cuadro 10.6. En cierto sentido, estos distintos planteamientos corresponden a los distintos estilos de gestión del cambio analizados en la sección anterior del capítulo. Los planteamientos son distintos. Los líderes carismáticos asumen una responsabilidad personal en la búsqueda de oportunidades futuras y en el desarrollo de la estrategia general (el *planteamiento de la estrategia*) o en el *cambio estratégico* y en la continua reinvención de la organización. Otros se centran en el desarrollo de los individuos que pueden asumir la responsabilidad de la estrategia en las relaciones con el mercado (el *planteamiento de los activos humanos*) o en determinada área de *pericia* que será una fuente de ventaja competitiva. El líder transaccional se centra en el desarrollo, la comunicación y la supervisión de un conjunto de *controles* para garantizar un comportamiento uniforme en la organización y estándares uniformes (el denominado planteamiento de control). Sin duda, se presta una atención distinta al cambio estratégico en cada uno de estos planteamientos, pero solo se puede aplicar uno de ellos.

| Cuadro 10.6 | Planteamientos del liderazgo estratégico |

| | Estrategia | Activos humanos | Pericia | Control | Cambio |
|---|---|---|---|---|---|
| **Centro de atención** | Análisis estratégico y formulación de la estrategia | Desarrollo de personal | Divulgación de la pericia como fuente de ventaja competitiva | Definición de procedimientos y medidas de control | Cambio continuo |
| **Comportamiento indicativo** | Análisis de los mercados, cambios tecnológicos, etcétera | Reclutamiento de las personas adecuadas; creación de una cultura coherente | Cultivo y mejora de las áreas de pericia mediante los sistemas y los procedimientos | Supervisión del rendimiento comparándolo con los controles para garantizar un rendimiento uniforme y predecible | Comunicación y motivación mediante discursos, reuniones, etcétera |
| **Papel de otros directivos** | Actividades cotidianas | Delegación del desarrollo de la estrategia | Inversión en las áreas de pericia y gestión de las mismas | Se garantiza un rendimiento uniforme contrastado con las medidas de control | Agentes del cambio; apertura al cambio |
| **Implicaciones para la gestión del cambio** | Delegada | Equipamiento/ desarrollo de los individuos capaces de gestionar la estrategia del ámbito local | Cambio en línea con el planteamiento de la pericia | Cambio estrechamente supervisado y controlado | El cambio es central para el planteamiento |

*Fuente:* adaptado de FARKAS, C. M. y WETLAUFER, S. (mayo-junio de 1996): «The Ways Chief Executives Lead». *Harvard Business Review*. Pp. 110-123.

Ante la necesidad de cambiar, cada uno de los planteamientos tiene implicaciones sobre cómo pueden los líderes estratégicos gestionar los cambios, como se muestra en el Cuadro 10.6. El líder estratégico que asume la responsabilidad personal de la formulación de la estrategia, puede delegar la responsabilidad de la gestión de determinados procesos del cambio, mientras que para otro líder para el que el cambio es *la esencia de su* planteamiento considerará que la gestión del cambio es de su propia responsabilidad. El líder estratégico que se centra en controlar determinada área de pericia puede intentar gestionar el cambio mediante los mecanismos de control o a partir de esa pericia. El planteamiento de los activos humanos puede implicar una participación exhaustiva, incluso el propio liderazgo del cambio, de los directivos locales. En efecto, aquí, el líder estratégico es más un promotor del cambio generado desde abajo, que fomenta el debate estratégico, partiendo de una diversidad de opiniones, y sintetizando una dirección estratégica clara a partir de ese debate.

Existe un debate en torno a la cuestión de si los planteamientos descritos anteriormente dependen, o no, de la personalidad de los líderes estratégicos individuales. Lo ideal es ser capaz de particularizar el planteamiento del liderazgo estratégico al contexto. Existe cierta evidencia empírica[16] que demuestra que los líderes estratégicos de más éxito son los que son capaces de hacer precisamente esto. En efecto, cuando se trata de gestionar el cambio, parece que surjan problemas si los líderes no son capaces de este ajuste. Al fin y al cabo, algunos planteamientos están más relacionados con la creación de la estrategia, o con el control, que con la propia gestión del cambio, y es posible que haya planteamientos del cambio que no se ajusten a las necesidades concretas del contexto del cambio.

## Directivos intermedios

El planteamiento de arriba a abajo para dirigir la estrategia y el cambio estratégico considera que los directivos intermedios son los que aplican la estrategia en la práctica. Su papel consiste en llevar a la práctica la orientación definida por la alta dirección asegurándose de que se asignan y controlan adecuadamente los recursos, se supervisa el rendimiento y el comportamiento del personal, y, cuando es necesario, se explica la estrategia a los subordinados. Los que parten de este planteamiento suelen tender a considerar que los directivos intermedios no son tanto promotores de la estrategia como fuentes de bloqueo para el éxito de la misma. En efecto, se considera que esta es una razón por la que se reducen los números y los niveles directivos, de forma que se pueda acelerar la comunicación entre la alta dirección y los miembros de la organización, y que se reduzcan los potenciales bloqueos y filtros.

Sin embargo, Steve Floyd y Bill Wooldridge han concluido que los directivos intermedios pueden ofrecer, y ofrecen, una auténtica ventaja, tanto para el desarrollo como para la puesta en práctica de la estrategia, especialmente cuando las organizaciones se hacen más grandes, más complejas, y, sin embargo, reducen sus estructuras jerárquicas[17]. La mayor participación de los directivos intermedios en la dirección estratégica se ha analizado en el Capítulo 9 (Sección 9.2.4). En el contexto de gestionar el cambio estratégico es importante poner el énfasis en cinco papeles importantes que desempeñan estos directivos intermedios:

● El primero es el papel sistemático de *aplicación y control*: refleja la idea del cambio de arriba a abajo en el que ejercen de monitores de dicho cambio.
● El segundo es el de «*traductores*» de la estrategia cuando ha sido definida por niveles directivos superiores. La alta dirección puede definir una dirección estratégica; pero cómo se aplica en los contextos concretos (por ejemplo, en una región para el caso de una multinacional o un departamento funcional) puede, intencionadamente o no, estar en manos de los directivos intermedios. Si se quieren evitar las malas interpretaciones de la estrategia deliberada, es vital que los directivos intermedios comprendan la estrategia y tengan una sensación de propiedad de la misma.
● Análogamente, es probable que los directivos intermedios participen en la *reinterpretación y el ajuste* de las respuestas estratégicas a medida que se van produciendo acontecimientos (por ejemplo, en cuanto a las relaciones con los clientes, los proveedores, el personal, etcétera); un papel vital para el que están especialmente cualificados porque tienen un contacto cotidiano con esas facetas de la organización y de su entorno.
● Por tanto, constituyen un *puente relevante* crucial entre la alta dirección y los miembros de la organización de los niveles inferiores. Al estar en contacto con la rutinas cotidianas de la organización, que pueden fácilmente convertirse en bloqueos del cambio, y con el clima para el cambio que también puede impulsarlo u obstaculizarlo, se encuentran en una posición que permite traducir las iniciativas del cambio en una forma o mensaje relevante en el ámbito local. (*Véase* el debate clave en la Ilustración 10.8.)
● También están en una posición de *consejeros* de niveles directivos superiores asesorando sobre lo que serán probablemente los bloqueos en la organización y los

requisitos que habrá de satisfacer para aplicar los cambios; un ejemplo es el de los directivos de los servicios técnicos que se mostró en la Ilustración 10.2.

Por tanto, los directivos intermedios contribuyen sustancialmente, tanto a galvanizar el compromiso con la estrategia y el proceso de cambio, como a bloquearlo. Esta participación podría ayudar a conseguir un compromiso positivo. La ausencia de este compromiso puede dar lugar a graves bloqueos y a una fuerte oposición. La participación de la dirección intermedia en el desarrollo de la estrategia, en su planificación y en la puesta en marcha de los programas del cambio estratégico, así como la información sobre cómo se está efectuando este cambio estratégico, son, por tanto, muy importantes.

### Agentes externos

Aunque los directivos actuales tienen que desempeñar papeles importantes, los «agentes externos» también son importantes en el proceso de cambio. Los agentes externos pueden ser muy diversos.

- Se puede contratar a un *nuevo CEO* para aumentar la capacidad de cambiar. Es especialmente el caso en situaciones de reestructuración (*véase* la Sección 10.4.1 más adelante). Esta persona cambiará el contexto del cambio al aportar una perspectiva fresca a la organización, sin estar limitada por las restricciones del pasado, o por las rutinas cotidianas y la forma de hacer las cosas que pueden prevenir el cambio estratégico. Los nuevos CEO *híbridos* parecen tener un éxito particular. Se trata de CEO que no pertenecen a la cultura principal de la organización, pero que tienen experiencia y un éxito demostrable en la misma industria o, incluso, en la misma empresa. Por ejemplo, puede que sea un agente del cambio que ha tenido éxito en una empresa competidora o en alguna otra parte de un gran conglomerado.
- La incorporación o llegada de un *nuevo equipo directivo de fuera de la organización* también puede aumentar la diversidad de ideas, opiniones y supuestos que pueden ayudar a romper las barreras culturales al cambio; y pueden ayudar a aumentar la experiencia y la capacidad para aplicar cambios. El éxito de la incorporación de agentes externos a los cargos ejecutivos intermedios y superiores dependerá probablemente, sin embargo, del *respaldo explícito demostrable* que reciban del CEO. Sin este respaldo, es posible que se considere que no tienen autoridad e influencia. Sin embargo, con este respaldo pueden ayudar a galvanizar el cambio en la organización.
- En los procesos de cambio se suele recurrir a *consultores*. Esto puede ayudar a formular la estrategia o planificar el proceso de cambio. Sin embargo, cada vez se recurre más a los consultores como promotores del proceso de cambio: por ejemplo, con una capacidad de coordinación, como planificadores de proyectos de los programas de cambio, como promotores de los equipos de proyectos que aplican los cambios, u organizando talleres de estrategia para desarrollar la estrategia y planificar los medios de aplicación del cambio estratégico. El valor de los consultores es triple. Primero, no acarrean el bagage cultural de la organización y pueden, por tanto, aportar una visión objetiva al proceso. Segundo, a consecuencia de lo anterior, pueden plantear preguntas y realizar análisis que ponen en duda los supuestos que se dan por sentado y la forma de hacer las cosas en la organización. Tercero, constituyen una señal simbólica de la importancia del proceso de cambio, aunque solo sea porque pueden cobrar unos honorarios muy elevados.
- Hay que recordar también que es muy probable que haya agentes de una influencia clave fuera de la organización en su *red de partes interesadas*. El Gobierno, los

inversores, los clientes, los proveedores y los analistas empresariales tienen todos el potencial de actuar como agentes del cambio en las organizaciones.

## 10.4 PALANCAS PARA GESTIONAR EL CAMBIO ESTRATÉGICO

Hasta ahora, este capítulo se ha centrado en las diferencias en el tipo de cambio necesario, en la importancia de comprender otras facetas del contexto del cambio y de los estilos y papeles directivos para llevar el cambio a la práctica. El resto del capítulo analiza las distintas «palancas» que se pueden utilizar para gestionar el cambio estratégico. Merece la pena destacar que muchas de estas palancas se corresponden con los elementos de la red cultural. La implicación es que las fuerzas que actúan para incorporar y proteger la forma actual de hacer las cosas y el paradigma actual (*véase* la Sección 5.5.5) también pueden constituir palancas para cambiar la forma de hacer las cosas.

### 10.4.1 Reestructuración: gestión de una rápida reconstrucción de la estrategia

Como se explicó en la Sección 10.2.1, el cambio estratégico puede ser de distintos tipos. Aunque muchos programas de cambio requieren cambios culturales y tienen que ser cambios radicales, hay situaciones en que el énfasis debe ponerse en una rápida reconstrucción ya que, de lo contrario, tendría que cerrarse el negocio, se entraría en un declive terminal o la organización sería objeto de una adquisición. Este cambio se suele denominar **estrategia de reestructuración**, por la que se pone el énfasis en la rapidez del cambio y en una rápida reducción de costes y/o generación de ingresos. Los directivos tienen que ser capaces de asignar prioridades para lograr mejoras rápidas y significativas. Algunos de los principales elementos de las estrategias de reestructuración son los siguientes[18]:

> La **estrategia de reestructuración** pone el énfasis en la rapidez del cambio y en una rápida reducción de costes y/o generación de ingresos.

- *Estabilización en una situación de crisis*. Aquí, el objetivo consiste en recuperar el control en una posición de deterioro. Es probable que se preste atención a corto plazo a la reducción de costes y/o al aumento de los ingresos, lo que suele requerir dar algunos de los pasos identificados en el Cuadro 10.7. No hay nada novedoso en estos pasos: muchos se pueden defender como buenas prácticas directivas. La diferencia es la velocidad con la que se aplican, y la atención directiva que se presta a estos pasos. Los estudios[19] concluyen que las estrategias de reestructuración de más éxito se centran más en la reducción de los costes directos de explotación y en las ganancias de productividad, mientras que los planteamientos menos eficaces prestan más atención a la reducción de los costes generales.

  Sin embargo, con demasiada frecuencia se considera que las reestructuraciones no son más que ejercicios para la reducción de costes cuando, de hecho, una consideración importante es la alineación general de las causas del declive y de sus soluciones. Por ejemplo, en una situación en la que el declive se debe fundamentalmente a los cambios del entorno externo podría ser ingenuo esperar que una mera reducción de costes pudiera dar lugar a un renovado crecimiento. Son importantes otros elementos de las estrategias de reestructuración.

- *Cambios directivos*. Suele ser necesario hacer cambios en la dirección, sobre todo en los niveles superiores. Esto suele incluir la introducción de un nuevo presidente o

**Cuadro 10.7**   Reestructuración: generación de ingresos y reducción de costes

| Aumento de los ingresos | Reducción de los costes |
|---|---|
| • Garantizar un marketing mix particularizado a los segmentos clave del mercado. | • Reducir los costes laborales y reducir los costes de la alta dirección. |
| • Revisar la estrategia de precios para maximizar los ingresos. | • Centrarse en las mejoras de productividad. |
| • Orientar las actividades de la organización hacia las necesidades de los clientes y de los sectores y mercados objetivo. | • Reducir los costes de marketing que no están centrados en los mercados objetivo. |
| • Exportar nuevas oportunidades para la obtención de ingresos relacionados con el mercado objetivo | • Reforzar los controles financieros. |
| • Invertir los fondos de la reducción de costes en nuevas áreas de crecimiento. | • Reforzar los controles sobre las salidas de efectivo. |
| | • Establecer un sistema de pujas competitivas para los proveedores; diferir el pago a los acreedores; acelerar el pago de los deudores. |
| | • Reducir los inventarios. |
| | • Suprimir los productos y servicios no rentables. |

de un nuevo CEO, así como cambios en la junta directiva, sobre todo en marketing, ventas y finanzas, por tres razones fundamentales. Primero, porque la antigua dirección puede muy bien ser la misma que estaba a cargo cuando se produjeron los problemas y puede que las principales partes interesadas consideren que es la culpable. Segundo, porque puede ser necesario incorporar directivos con experiencia en reestructuraciones. Tercero, porque, puesto que es probable que la nueva dirección provenga de fuera de la organización, puede aportar planteamientos muy distintos a la forma en que la organización ha funcionado en el pasado. También parece que estas situaciones son más adecuadas para los planteamientos directivos del cambio (*véase* la Sección 10.3.1).

● *Obtención del apoyo de las partes interesadas.* Es probable que, a medida que se va produciendo el declive se ofrezca información de peor calidad a las partes interesadas clave. En una situación de reestructuración es esencial que las partes interesadas clave, tal vez los bancos o grupos de accionistas clave, así como los empleados, reciban una clara información de la situación actual y de las mejoras que se van a realizar. También es probable que una clara evaluación del poder de los distintos grupos de partes interesadas (*véase* la Sección 4.3.1 del Capítulo 4) tenga una importancia vital en la gestión de la reestructuración.

● *Clarificación de los mercados objetivo.* El éxito de cualquier reestructuración depende de forma fundamental de que se tenga claro cuáles son los mercados o segmentos del mercado objetivo que tienen más probabilidades de generar liquidez y de que aumenten los beneficios de forma que se puedan centrar las actividades generadoras de ingresos en esos segmentos clave del mercado. En efecto, es posible que la razón por la que la organización tiene problemas es porque no se tuvo claro esto desde el principio. Por consiguiente, la estrategia de reestructuración, al tiempo que implica una reducción de costes, también puede exigir que el negocio vuelva a definir y reorientar sus actividades en el mercado. También hay evidencia empírica de que una estrategia de reestructuración de éxito exije acercarse mucho más a los clientes y mejorar el flujo de información de marketing, especialmente para los niveles superiores de la dirección.

● *Nueva orientación*. La clarificación del mercado objetivo también ofrecerá probablemente la oportunidad de deshacerse de productos y servicios que no están destinados a esos mercados, que absorben tiempo directivo a cambio de un rendimiento reducido, o que no logran una contribución financiera suficiente. También pueden producirse oportunidades de contratar en el exterior actividades periféricas.

● *Reestructuración financiera*. Es posible que haya que cambiar la estructura financiera de la organización. Esto suele afectar a la estructura actual del capital, a la obtención de financiación adicional o a la renegociación con los acreedores, especialmente con los bancos.

● *Asignación de prioridades a las áreas críticas de mejora*. Todo lo anterior exige que se tenga la capacidad de asignar prioridades a aquellas cuestiones que permiten mejoras rápidas y significativas.

Un comentario más general sobre las estrategias de reestructuración de éxito, frente a las que tienen menos éxito, es que se tiende a centrar la atención en lograr hacerlo bien en los actuales negocios, y no en buscar nuevas oportunidades en mercados distintos o en nuevos negocios que los directivos no comprenden bien.

La Ilustración 10.4 describe la reestructuración de Cisco entre 2001 y 2003.

## 10.4.2    Puesta en duda de lo que se da por sentado

Como ya se ha explicado, uno de los principales retos para lograr el cambio estratégico puede ser la necesidad de cambiar una mentalidad muy establecida o los supuestos que se dan por sentados: el paradigma. Hay distintas opiniones de cómo se puede conseguir.

Están los que creen que basta con suficientes pruebas, tal vez en forma de un detenido análisis estratégico, para poner en duda y, por tanto, cambiar el paradigma. Sin embargo, la evidencia empírica afirma que los supuestos que llevan mucho tiempo establecidos son muy resistentes al cambio. La gente encontrará la manera de poner en duda ese análisis, de volver a configurarlo y a reinterpretarlo para ajustarlo al paradigma existente. Puede ser necesario ser muy persistente para superar esta inercia. Un CEO, que disponía de claras pruebas de que estaba cayendo la demanda del mercado del principal producto de su empresa, tuvo que enfrentarse a la persistente negación de su equipo directivo. Pasó seis meses luchando continuamente contra sus planes de expansión a la luz de estas pruebas antes de que lograra que aceptaran que era necesario disponer de una estrategia que dependiera menos de ese producto.

Otros afirman que estas cosas que se dan por sentadas deben ser puestas en duda desvelando de forma analítica qué es exactamente lo que la gente da por sentado, sacándolo a la luz y debatiéndolo. Por ejemplo, se puede conseguir mediante talleres para la alta dirección, en donde se ponga en duda de forma sistemática los supuestos de los demás y la sabiduría popular de la empresa[20]. La idea es que, al conseguir que estos supuestos sean más visibles, será más fácil ponerlos en duda. En efecto, este tipo de talleres de estrategia son cada vez más frecuentes como instrumento de cambio (*véase* la Sección 11.3.2 en el Capítulo 11).

Otros afirman que es necesario acercar a los directivos a la realidad de los cambios de las circunstancias antes de que puedan superar su forma actual de ver las cosas. Por ejemplo, la planificación de escenarios se defiende como una forma de superar los sesgos

**Ilustración 10.4**                    e s t r a t e g i a   e n   a c c i ó n

# Reestructuración de Cisco

*Las estrategias de reestructuración suelen poner el énfasis en la velocidad del cambio y en una rápida reducción de costes y generación de ingresos.*

En marzo de 2001 Cisco anunció el despido de 8.500 trabajadores (el 18 por ciento de la plantilla) debido a una importante caída del mercado. Además, se estaban produciendo cambios en casi todas las facetas del negocio. *Business Week* (24 de noviembre de 2003) lo explicaba de la siguiente manera:

### Ingeniería

Durante la expansión, los ingenieros se dejaban inspirar por sus «musas» [...] En 2001, Cisco ha centralizado la atención de los ingenieros y de los altos ejecutivos en definir la hoja de ruta tecnológica [...] Desde entonces, Cisco ha reducido su línea de productos un 27 por ciento hasta 24.000 modelos para centrarse en los que tienen más éxito. Esto ha ayudado a obtener economías de escala por valor de cientos de millones de dólares.

### Operaciones

Cisco ha seguido comprando componentes [...] «tenían montañas de productos en inventario que estaban obsoletos. [El responsable de finanzas Larry Carter] recomendó un rápido movimiento para dar de baja componentes con un valor de aproximadamente 2.000 millones de dólares: el 20 por ciento de los beneficios acumulados por la empresa desde que se creó en 1984».

Hasta ahora, cada unidad podía elegir a sus propios proveedores y fabricantes. En la actualidad, un comité supervisa todas estas decisiones... [el resultado]... Cisco se ha deshecho de 3.000 revendedores y de 800 proveedores para reducir sus asociaciones y lograr así reducir sus costes. Cisco ha reducido el número de proveedores y fabricantes y la productividad está aumentando [en 2003]. ... la contratación externa de la producción ha aumentando del 45 al 90 por ciento en 2003 para reducir los costes... Las ventas por trabajador han crecido un 24 por ciento hasta alcanzar 548.000 dólares [en 2003].

La empresa también ha empezado «a jugar duro con los proveedores para mantener sus altos beneficios. El CEO de una de las empresas proveedoras ha afirmado que Cisco quería aumentar el plazo de pagos a 90 días en vez de los habituales 30 (y) que ampliaran la garantía de sus productos de uno a tres años». Se dijo al proveedor que si no aceptaba estas condiciones se daría orden a los directivos de Cisco para que no utilicen sus productos.

### Adquisiciones

«Cisco lleva tiempo siendo un comprador impulsivo, incluso de empresas de reciente creación sin ningún historial y sin beneficios. Ahora se centra en empresas ya establecidas que pueden contribuir a los beneficios. Los directivos intermedios que tenían autorización para invertir hasta diez

millones de dólares en una empresa de reciente creación prometedora vieron cómo se cerraba la chequera. Resultado: las adquisiciones se derrumbaron desde las 23 de 2000 a dos en 2001. Y [...] Linksys, que había sido adquirida por Cisco en marzo (de 2003). contribuyó a los beneficios desde el primer día».

### Cultura

«La antigua Cisco era conocida por su cultura de *carpe diem*, con una escasa coordinación de la planificación. Ahora se pone el énfasis en el trabajo en equipo. Los resultados: los altos ejecutivos están colaborando, en parte debido a las nuevas políticas de retribución que vinculan el 30 por ciento de sus primas anuales a su capacidad de colaborar con sus compañeros».

### Estrategia de crecimiento

«Cisco se centraba casi exclusivamente en la tecnología de redes. Ahora se está dedicando a seis nuevos mercados, incluyendo el de la seguridad y el de las redes telefónicas. Más del 50 por ciento de su presupuesto de 3.300 millones de dólares en I+D para 2002 está destinado a los mercados emergentes».

En noviembre de 2003, cuando Cisco anunció sus resultados trimestrales, su cuota de mercado en el negocio de los equipos de comunicaciones había aumentado hasta el 16 por ciento desde el 10 por ciento de 2001. La empresa había ganado 3.600 millones de dólares [...]» 1.000 millones de dólares más que el máximo anterior en 2000. Y sin ninguna deuda a largo plazo y 19.700 millones de dólares en efectivo e inversiones. El balance de Cisco es de los mejores de la industria tecnológica».

*Fuente: Business Week, 24 de noviembre de 2003.*

---

**Preguntas**

1. ¿Cuáles de los elementos de las estrategias de reestructuración identificados en la Sección 10.4.1 se encuentran en la reestructuración de Cisco?

2. ¿Cuáles de estos elementos considera como los más importantes en la reestructuración de Cisco y por qué?

3. A medida que Cisco recuperaba una posición saludable, ¿deberían relajarse o desestimarse algunas de las medidas de la reestructuración? Si la respuesta es afirmativa, ¿por qué?

individuales y los supuestos culturales al hacer que la gente vea posibles futuros distintos y sus consecuencias para sus organizaciones[21]. Hay todavía otros que afirman que la alta dirección suele estar demasiado lejos de la realidad de sus organizaciones y tiene que afrontar esta realidad. Es posible que no hablen casi nunca directamente con los clientes ni que experimenten por sí mismos los servicios que ofrecen sus propias empresas. Un alto ejecutivo de una empresa ferroviaria explicaba que, antes, los altos ejecutivos de la organización siempre viajaban en primera clase o en automóviles con chofer. Casi ninguno había viajado jamás en un vagón de segunda atiborrado de gente. Introdujo una política por la que todos los altos ejecutivos tenían que viajar en segunda siempre que fuera posible.

Independientemente del mecanismo, es probable que sea necesario que la gente responsable de la dirección del cambio vea la realidad desde las circunstancias que se afrontan y que ponga en duda lo que da por sentado; una lección evidente viene dada por los distintos estilos adoptados por los ejecutivos que se muestran en la Ilustración 10.3.

### 10.4.3 Cambios en las rutinas de la organización

**Las rutinas** son «la forma en la que hacemos las cosas aquí»[22], que tienden a persistir con el tiempo y que marcan el comportamiento de los individuos. Como se ha visto en los análisis de los Capítulos 3 y 5, es posible que una organización sea especialmente buena en realizar sus actividades de determinada manera consiguiendo así una auténtica ventaja competitiva. Sin embargo, las rutinas bien establecidas también pueden constituir importantes bloqueos al cambio; como señala Dorothy Leonard-Barton[23], pueden convertirse en *rigideces nucleares*. Los directivos pueden cometer el error de suponer que porque han identificado una estrategia que exige cambios operativos de las prácticas de trabajo y han explicado cuáles son esos cambios, se producirán forzosamente. Pueden descubrir que la razón por la que se retrasan los cambios, o por la que no se producen, tiene que ver con la persistente influencia de rutinas que existen desde hace mucho tiempo en la organización. No es realista suponer que porque se explica la estrategia a los individuos, incluso si se muestran de acuerdo con ella, cambiarán la forma de hacer las cosas, una forma que han aplicado tal vez durante muchos años.

Si se adopta un planteamiento planificado de arriba a abajo, es importante identificar los factores críticos del éxito y las competencias que sustentan estos factores. Para ello, se puede llevar la planificación de la puesta en marcha de la estrategia deliberada a los niveles operativos, y es probable que estos requieran cambios en las rutinas de la organización. Es en este nivel en el que los cambios de la estrategia adquieren realmente significado para los individuos en su vida cotidiana en la organización. Además, como se ha mencionado anteriormente, las rutinas tienen un fuerte vínculo con las cuestiones que se dan por sentado del paradigma, por lo que el cambio de las rutinas puede tener como efecto el que se pongan en duda supuestos y creencias muy arraigadas en la organización. Sin embargo, hay distintas opiniones a este respecto. Richard Pascale afirma: «Es más fácil conseguir pensar mejor mediante la acción que pensar en la forma de actuar mejor»[24]; en otras palabras, es más fácil cambiar el comportamiento y cambiar así los supuestos que se dan por sentado que intentar cambiar los supuestos se dan por sentado como forma de cambiar el comportamiento. Si se acepta este consejo, habrá que aceptar que el estilo de cambio utilizado (*véase* la anterior Sección 10.3.3) tendrá que tener este hecho en cuenta; que la educación y la comunicación para convencer a la gente de que tiene que cambiar pueden tener menos poder que la participación de los individuos en las actividades que llevan el cambio a la práctica; y que el cambio de las rutinas para cambiar

**Las rutinas** son «la forma en que hacemos las cosas aquí» que tienden a persistir con el tiempo y que marcan el comportamiento de los individuos.

los comportamientos puede ayudar, en sí, a cambiar las creencias y los supuestos de los individuos.

Incluso cuando no se ha planificado el cambio con detalle, los agentes del cambio pueden intentar cambiar las rutinas como medio para cambiar la estrategia. Pueden empezar por *ampliar* tentativamente la forma actual de hacer las cosas de manera que apenas haya una diferencia discernible. Cuando se ha aceptado este cambio pueden ir un paso más allá y «doblegar las reglas del juego». Esto podría generar una oposición, pero una *ampliación* y un *cambio de reglas* de forma persistente terminarán logrando suficiente respaldo de las distintas partes interesadas de forma que se acepten las nuevas rutinas. Cuando se logra poner en duda suficientemente el status quo, los agentes del cambio pueden *subvertir* activamente la forma actual de hacer las cosas de forma que se deje claro el cambio fundamental respecto a lo que se hacía antes. Este puede ser el planteamiento adoptado por los directivos intermedios cuando intentan arrastrar con ellos tanto a los altos directivos como a sus subordinados, ya que ambos grupos pueden oponerse al cambio. Se trata de un proceso incremental, experimental, que probablemente tenga que dar pasos hacia atrás y requiera mucha persistencia y saber hacer político[25].

La lección general es que los cambios de las rutinas pueden parecer cosas mundanas, pero pueden tener un impacto significativo. La Ilustración 10.5 ofrece algunos ejemplos de rutinas relacionadas con el cambio estratégico.

### 10.4.4    Procesos simbólicos[26]

Las palancas del cambio no siempre tienen una naturaleza abierta y formal: pueden también tener una naturaleza simbólica. El Capítulo 4 (Sección 4.5.5) explicaba que los actos y artefactos simbólicos de una organización ayudan a mantener el paradigma, y cómo se puede analizar su relación con la cultura y la estrategia. Aquí, lo importante es su papel para gestionar el cambio.

**Los símbolos** son objetos, acontecimientos, actos o individuos que expresan más que su contenido intrínseco. Pueden ser cosas cotidianas que tienen no obstante un significado especial en el contexto de determinada situación o determinada organización. Se dice que el cambio de los símbolos puede ayudar a reconfigurar las creencias y las expectativas porque se hace patente el significado del cambio en las experiencias cotidianas de la gente en sus organizaciones. Esta es una de las razones por la que los cambios de las rutinas (que se han analizado anteriormente) son importantes, pero otros aspectos cotidianos o «mundanos» incluyen las historias que cuenta la gente, los símbolos del *status* como los automóviles y el tamaño del despacho, el tipo de lenguaje y de tecnología que se utiliza, y los rituales de la organización. Veamos algunos ejemplos.

> **Los símbolos** son objetos, acontecimientos, actos o individuos que expresan más que su contenido intrínseco.

- Muchos *rituales*[27] de las organizaciones tratan de forma implícita de aplicar o consolidar cambios. El Cuadro 10.8 identifica y ofrece ejemplos de estos rituales y sugiere el papel que pueden desempeñar en los procesos de cambio[28]. Se pueden introducir nuevos rituales o eliminar rituales antiguos señalando o reforzando así el cambio.

- También tienen significatividad simbólica los *sistemas y procesos* analizados en otras partes de este capítulo y en el Capítulo 8. Los sistemas de recompensas, los sistemas de información y de control, las estructuras de la organización que reflejan las relaciones de responsabilidad y el estatus también tienen una naturaleza simbólica. Por ejemplo, los cambios que se han producido en el sector de la banca, de los procedimientos contables manuales a los sistemas informáticos, no sólo indican la era del

## Cuadro 10.8  Rituales de la organización y cambio de la cultura

| Tipos de rituales | Papel | Ejemplos |
| --- | --- | --- |
| Ritos de paso | Consolidan y promueven el papel social y la interacción | Programas de introducción<br>Programas de formación |
| Ritos de mejora | Reconocimiento de los esfuerzos que benefician a la organización<br>También motivan a los demás | Ceremonias de entrega de premios<br>Promociones |
| Ritos de renovación | Se garantiza que se está haciendo algo<br>Se centra la atención en determinadas cuestiones | Nombramiento de consultores<br>Equipos de proyectos |
| Ritos de integración | Se fomenta un compromiso compartido<br>Se reafirma la corrección de las normas | Fiestas navideñas |
| Ritos de reducción de conflictos | Se reducen los conflictos y las agresiones | Comités de negociación |
| Ritos de degradación | Reconocimiento público de los problemas<br>Se disuelven/ debilitan los papeles sociales o políticos | Despido de altos ejecutivos<br>Degradación o «vaciado del cargo» |
| Ritos que dan sentido | Se comparten las interpretaciones y se da sentido a lo que ocurre | Rumores<br>Encuestas para evaluar las nuevas prácticas |
| Ritos de puesta en duda | «Arrojar el guante» | Distinto comportamiento del nuevo CEO |
| Ritos contra la puesta en duda | Oposición a la nueva forma de hacer las cosas | Quejas<br>Huelga de celo |

cambio tecnológico, sino que también destacan que la principal responsabilidad del personal es el trato con los clientes y no el papeleo.

● Los cambios de *los aspectos físicos* del entorno laboral constituyen un poderoso símbolo del cambio. Aquí es típico un cambio de localización de la sede, una recolocación del personal, cambios de los uniformes y alteraciones de las oficinas o del espacio de oficinas.

● Tal vez el símbolo más poderoso de todos respecto al cambio sea el *comportamiento de los propios agentes del cambio*, sobre todo el de los líderes estratégicos. Su comportamiento, su lenguaje, las historias que se cuentan sobre ellos pueden ofrecer poderosas señales de la necesidad de un cambio y del comportamiento adecuado respecto a la gestión del cambio. Una vez anunciada la necesidad del cambio, es vital que el comportamiento visible de los agentes del cambio sea acorde con esos cambios porque, para la mayoría de los individuos de una organización, su vida en la organización es un mundo de comportamientos y de acciones, no de abstracciones.

● Para aplicar el cambio también, es importante el *lenguaje* que utilizan los agentes del cambio[29]. Ya sea conscientemente o no, los agentes del cambio pueden utilizar cierto lenguaje y ciertas metáforas para organizarlo. Algunos ejemplos aparecen en la Ilustración 10.5. En este sentido, el lenguaje no se ocupa únicamente de comunicar hechos e información. Por supuesto, también existe el peligro de que los agentes del cambio no sean conscientes del poder del lenguaje que utilizan y, al tiempo que promueven el cambio, usen un lenguaje que indique que siguen adheridos al *statu quo,* o un rechazo personal al cambio. Los que participan en la aplicación de los cambios tienen que reflexionar sobre el lenguaje que utilizan.

● También se pueden utilizar las *historias* en cierta medida. Un ejemplo es el recurso a los boletines de noticias en los periódicos de la organización. Sin embargo, hay ejemplos más útiles. Un CEO afirmaba que la forma más eficaz de divulgar una historia en su empresa era hacer que su secretaria dejara una carpeta dirigida a su persona y con un sello de «estrictamente confidencial» encima de la fotocopiadora durante diez minutos: «el contenido habrá sido comunicado a toda la empresa en menos de media hora».

Hay que hacer un matiz importante a la idea de que la manipulación de los símbolos puede constituir una útil palanca para gestionar el cambio. La significatividad y el significado de los símbolos dependen de cómo se interpreten. Así pues, es posible que la intención del agente del cambio al utilizar las palancas simbólicas no se interprete como se pretendía (véanse los ejemplos de la Ilustración 10.5). Así pues, aunque los cambios simbólicos son importantes, resulta difícil predecir su efecto.

La Ilustración 10.5 ofrece algunos ejemplos de estas señalizaciones simbólicas del cambio.

### 10.4.5    Poder y procesos políticos[30]

Para poder cambiar es necesario tener el poderoso apoyo de un individuo o de un grupo que combine tanto poder como interés, como se describió en el Capítulo 4 (*véase* la Sección 4.3.3). Puede tratarse del CEO, de un poderoso miembro del consejo o de un agente externo con influencias. Para lograrlo, es posible que sea necesaria una reconfiguración de las *estructuras de poder*, sobre todo si es necesario hacer un cambio radical.

El Capítulo 4 analizó la importancia de comprender el contexto político dentro y alrededor de la organización. Cuando se comprende esta importancia, también hay que analizar la forma de aplicar la estrategia dentro de este contexto político. El Cuadro 10.9 nuestra algunos de los mecanismos relacionados con el poder que se pueden utilizar para cambiar o para crear el contexto del cambio (*véase* la Sección 10.2.2). La manipulación de los *recursos de la organización*, la relación con los *grupos y élites de partes interesadas* poderosas, la actividad respecto a los *subsistemas* de la organización y, de nuevo, la *actividad simbólica* pueden utilizarse para: (a) crear una base de poder; (b) fomentar el apoyo o superar la oposición; y (c) lograr el compromiso con la estrategia o el curso de acción.

● La adquisición de *recursos* adicionales, o ser identificado con áreas de recursos o de pericia importantes, y la capacidad de quitar o asignar estos recursos, pueden ser herramientas valiosas para superar la oposición o para persuadir a otros para que acepten el cambio y crear así una disponibilidad al cambio.

● La asociación con *grupos de partes interesadas* poderosas, o con sus defensores, puede ayudar a crear una base de poder. Esto puede ser necesario cuando el agente del cambio no tiene una fuerte base de poder personal de la que partir. Análogamente, la asociación con un agente del cambio que es respetado o que tiene un éxito visible puede ayudar a un directivo a superar la oposición al cambio. En efecto, los agentes del cambio que afrontan una oposición al cambio pueden deliberadamente confrontarse y ganar a alguien que es muy respetado en el mismo grupo que se opone al cambio.

● Puede ser necesario *suprimir a individuos o a grupos* que se oponen al cambio. Quiénes son variará: desde individuos poderosos en posiciones ejecutivas a redes

# Cambios de rutinas y símbolos

*Los cambios de las rutinas y símbolos de la organización pueden constituir una poderosa señal y un fuerte estímulo del cambio.*

## Cambios de rutinas

- Solo se puede promocionar un fármaco en su salida al mercado recurriendo a mensajes que se sustentan en datos clínicos, por lo que la forma de realizar las pruebas clínicas en las empresas farmacéuticas tiene una importancia estratégica. El planteamiento tradicional ha consistido en hacer una exhaustiva recopilación de datos con un protocolo de investigación científica y después redactar un informe que explique por qué se han recopilado estos datos: un proceso muy caro y que requiere mucho tiempo. Algunas empresas han cambiado sus procedimientos para garantizar que las pruebas científicas cumplen las necesidades normativas y médicas. Han creado declaraciones ideales de los beneficios del fármaco y han redactado un borrador del informe que quieren tener. Solo en ese momento han creado los protocolos de investigación y los formularios de recopilación de datos especificando los datos que necesitan obtener con las pruebas para respaldar sus afirmaciones.

- En una empresa comercial con una estrategia declarada de atención al cliente el CEO, al visitar las tiendas, tendía a ignorar de igual manera al personal y a los clientes: solo parecía interesado por la información financiera que podía darle el director de la tienda. No fue consciente de su comportamiento hasta que se le indicó; y su cambio de comportamiento posterior, insistiendo en hablar con el personal y con sus clientes en cada visita, se convirtió en una «historia» que se divulgó por toda la empresa, dando un sustancial respaldo a la dirección estratégica de la misma.

## Lenguaje que pone en duda y cuestiona

- El CEO de una empresa comercial que afrontaba una crisis se dirigió a su consejo: «Sugiero que piensen que son un toro ante un dilema: el matadero o la plaza de toros. Yo ya me he decidido, ¿y ustedes?»

- En otra empresa, el CEO describía la amenaza de una adquisición en términos belicistas: «Somos un objetivo: tienen a sus pistoleros (bancos comerciales, consultores, etcétera) preparados. No esperen cortesía alguna: no esperen un duelo entre caballeros; es una situación de fuego a discreción».

## Objetos físicos como símbolos del cambio

- En una empresa textil de Escocia, los equipos relacionados con «la vieja forma de hacer las cosas» fueron trasladados al patio trasero y desmontados físicamente delante de los trabajadores.

- La enfermera-jefe de una unidad de recuperación de pacientes que habían superado enfermedades graves decidió que si las enfermeras llevaban ropa de calle en vez de uniformes de enfermeras indicarían a los pacientes que estaban en el camino de la recuperación y de una vida normal; y a las enfermeras que su tarea era la rehabilitación. Sin embargo, la decisión también acarreaba otras consecuencias para las enfermeras. Reducía su distinción entre enfermeras y otro personal no profesional. Las enfermeras preferían llevar uniforme. Aunque reconocían que los uniformes eran una señal de la debilidad médica de los pacientes, reforzaba su estatus profesional e independiente.

*Fuentes*: M. G. Pratt y E. Rafaeli, «The role of symbols in fragmented organisations: an illustration from organisational dress», presentado en la Academy of Management Meeting, Atlanta, GA, 1993 y «Organisational dress as a symbol of multi-layered social idealities», *Academy of Management Journal*, vol. 40, n.º 4 (1997). Pp. 862-898.

### Preguntas

Para una organización con la que esté familiarizado:

1. Identifique al menos cinco rutinas, símbolos o rituales importantes de la organización.

2. ¿De qué forma se podrían alterar para respaldar una estrategia distinta? Sea explícito sobre la relación de los símbolos con la nueva estrategia.

3. ¿Por qué suelen los agentes del cambio ignorar estas palancas potenciales del cambio?

| Cuadro 10.9 | Mecanismos políticos en las organizaciones |
|---|---|

| Áreas de actividad | Mecanismos | | | | Problemas clave |
| | Recursos | Élites | Subsistemas | Simbólico | |
|---|---|---|---|---|---|
| **Creación de la base de poder** | Control de los recursos<br><br>Adquisición/ identificación de la pericia<br><br>Adquisición de recursos adicionales | Patrocinio por una élite<br><br>Asociación con una élite | Creación de alianzas<br><br>Creación de equipos | A partir de la legitimidad | Tiempo necesario para crear la base de poder<br><br>Dualidad de ideas percibidas<br><br>Las élites actuales lo perciben como una amenaza |
| **Superación de la oposición** | Retirada de recursos<br><br>Utilización de la «contra-inteligencia» | Eliminación o división de las élites<br><br>Asociación con el agente del cambio<br><br>Asociación con un agente externo respetado | Fomento del impulso a favor del cambio<br><br>Patrocinio/ recompensa de los agentes del cambio | Atacar o suprimir la legitimidad<br><br>Fomentar la confusión, el conflicto y la puesta en duda | Partir de una base de poder demasiado baja<br><br>Potencialmente destructivos: necesidad de una rápida reconstrucción |
| **Consecución del cumplimiento** | Otorgar recursos | Eliminar a las elites opositoras<br><br>Necesidad de un «héroe del cambio» visible | Aplicación parcial y colaboración<br><br>Aplicación de «discípulos»<br><br>Apoyo a los «jóvenes delfines» | Aplauso/ recompensa<br><br>Tranquilizar<br><br>Confirmación simbólica | Conversión de los órganos de la organización<br><br>Volver atrás |

informales dentro de la organización y, a veces, a partes interesadas externas con una gran influencia, o incluso niveles completos de resistencia, tal vez altos ejecutivos en una función o servicio amenazado.

- La creación de *alianzas* y *redes* de contactos y simpatizantes, aunque no tengan poder, puede resultar importante para superar la oposición de grupos más poderosos. Es difícil intentar convencer a toda la organización para que acepte el cambio; es probable que haya partes de la organización, o individuos, que muestren mayor simpatía al cambio que otros. El agente del cambio puede concentrarse para desarrollar en aquellos el impulso, creando un equipo de defensores de sus actividades y creencias. También puede intentar marginar a los que se oponen al cambio. Sin embargo, existe el peligro de que los grupos poderosos de la organización consideren que la creación de este equipo, o los actos de marginación, constituyen una amenaza a su propio poder, lo que puede provocar una mayor oposición al cambio. Un análisis del poder y de los intereses, parecido al mapa de las partes interesadas que se describió en el Capítulo 4 puede, por tanto, resultar útil para identificar las bases de las alianzas y la posible oposición política.

- Para conseguir poder, el directivo puede intentar identificarse inicialmente con los mismos *símbolos* que mantienen y refuerzan el paradigma: intentará trabajar dentro de las estructuras de comités, que se le identifique con los rituales o con las historias de la organización, etcétera. Por otra parte, al suprimir la oposición al cambio, la supresión, la puesta en duda o la alteración de los rituales y los simbólos puede ser un medio muy poderoso para lograr que se ponga en duda lo que se da por sentado.

Son inevitables los aspectos políticos de la dirección en general, y del cambio en particular; y las lecciones que se extraen de la vida de la organización son tan importantes para el directivo como lo son, y siempre lo han sido, para el príncipe medieval o el político moderno (*véase* la Ilustración 10.6).

Sin embargo, los aspectos políticos de la dirección también son difíciles y, potencialmente, peligrosos. El Cuadro 10.9 también resume algunos de los problemas. Para superar la oposición, el principal problema puede ser, sencillamente, la falta de poder para ser capaz de desarrollar esta actividad. El intento de superar la resistencia desde una base de poder reducida puede resultar muy problemático. También hay un segundo gran peligro: al romper el status quo, el proceso se hace tan destructivo y se tarda tanto tiempo que la organización no logra recuperarse. Si hay que llevar a cabo este proceso, la sustitución por un nuevo conjunto de creencias y la aplicación de una nueva estrategia son tareas vitales que tienen que culminarse con celeridad. Además, como ya se ha comentado, al aplicar el cambio el principal problema será probablemente mover a toda la organización por el cambio. Una cosa es cambiar el compromiso de unos pocos altos ejecutivos en la cúspide de la organización; otra cosa muy distinta es convencer a todas las áreas de la organización para que acepten un cambio significativo.

## 10.4.6   Comunicación y supervisión del cambio

Los directivos que tienen que realizar cambios suelen subestimar en gran medida el grado en que los miembros de la organización comprenden la necesidad del cambio, lo que pretende conseguir, o qué es lo que implican los cambios. Algunos de los puntos importantes que hay que destacar son los siguientes.

- Se afirma que una comunicación eficaz es el factor más importante para superar la oposición al cambio[31]. En concreto, una comunicación abierta que fomenta la confianza, es importante en momentos de cambio.
- La importancia de la claridad de la *visión* y de la *intención estratégica*, explicada en los Capítulos 4 y 6 tiene, por tanto, que volverse a enfatizar. Las razones de un cambio de la dirección estratégica pueden ser complejas y, por tanto, la propia estrategia puede implicar ideas complejas. Sin embargo, para poder ser eficaz es importante que el propósito estratégico del cambio esté claro.
- Hay que hacer *elecciones de los medios* que se van a utilizar para comunicar la estrategia y los elementos del programa de cambio estratégico[32]. El Cuadro 10.10 resume algunas de estas opciones y su probable eficacia en las distintas situaciones. Las distintas opciones de medios van desde la comunicación cara a cara, hasta boletines rutinarios en los tablones de anuncios y circulares enviadas a todos los miembros de la organización. El grado de eficacia de estos distintos medios de comunicación dependerá del grado en que la naturaleza del cambio es rutinaria o compleja. Para comunicar un complejo conjunto de cambios, sería inadecuado recurrir a boletines y circulares estándares sin ninguna posibilidad de retroalimentación o interacción. En situaciones de cambio estratégico, los miembros de la organización que no han participado en el desarrollo de la estrategia pueden considerar que los efectos del cambio son una ruptura de la rutina, incluso si los altos ejecutivos consideran que

# Maquiavelo y los procesos políticos

*«… No hay nada más difícil de realizar, con un éxito más dudoso, y más peligroso, que iniciar un cambio…»*

Nicolas Maquiavelo, un consejero de la Corte en la Florencia del siglo XVI, escribió sobre la posesión de *poder* y la utilización de *habilidades políticas.* En vez de defender un único planteamiento, afirmaba que era necesario cambiar de táctica en función de la situación; en ocasiones la indulgencia, en otras, un planteamiento brutal basado en el miedo. Su reflexión sobre el uso deliberado del «miedo» y del «amor» como instrumentos políticos recibió el nombre de «maquiavélico».

Aunque la principal preocupación de Maquiavelo era la habilidad de estadista de un príncipe, muchos consideran que sus lecciones son relevantes para los actuales directivos que realizan cambios. Entre las situaciones que analizaba cabe destacar las siguientes:

## Sucesión

Aquí, el reto consiste en cambiar las cosas suficientemente de forma que, al final, los miembros de la organización sean leales al sucesor y a su dirección estratégica y no a la memoria del líder anterior. Una situación difícil, en la que Maquiavelo planteaba los siguientes puntos: hay que cambiar las cosas, pero no demasiado y no demasiado deprisa; hay que mantener las instituciones de los predecesores y paulatinamente ir realizando cambios a medida que se van desenvolviendo los acontecimientos. Desde el punto de vista del estilo personal, si se es un sucesor natural, «no hay necesidad de recurrir al miedo, basta con no ofender, con ser persistente, y uno irá ganándose el aprecio de forma gradual».

## Fusiones

Una de las advertencias más descarnadas de Maquiavelo es que los líderes deben desconfiar de las antiguas alianzas (por ejemplo, anteriores a una fusión). No pueden satisfacer todas las expectativas de quienes las crearon pero, igualmente, no pueden ser muy duros con aquellos con los que tienen contraída una deuda. Por ello, Maquiavelo afirma que hay que «desconfiar de sus amigos». En cuanto a la nueva población que antaño tenía su propia forma de hacer las cosas, para poder llevarles a una nueva forma de trabajar (una nueva cultura) solo hay dos caminos políticos a seguir. Primero, hay que deshacerse de las viejas formas (la antigua cultura) rápidamente y sin contemplaciones: «Quienquiera que reciba una ciudad acostumbrada a su (propia) libertad y no la destruye puede esperar ser destruido». Segundo, hay que estar presente y ser muy visible.

## Conquista/adquisición

Mientras que en una fusión ha habido un acuerdo negociado con la esperanza de que mejoren todas las partes implicadas, una adquisición (sobre todo una adquisición hostil) se realiza pensando en la ventaja de una población sobre otra. Maquiavelo considera que el nuevo líder es un conquistador. Si el líder tiene dudas, debe ocultarlas. Sugiere la imitación. Hay que imitar la forma en que los otros han estado ejecutando las tareas anteriormente de forma sobresaliente: «si su propia habilidad fracasa… al menos tendrá un aire de grandeza». En esta situación, el líder tiene enemigos automáticos (los que prosperaron en el orden anterior) que probablemente se opondrán al cambio, defenderán sin gran convicción en el mejor de los casos y probablemente no sean de confianza. Maquiavelo afirma que hay dos planteamientos para lograr el acatamiento: la fuerza o la persuasión. Afirma que los que optan por esta última siempre terminan teniendo problemas, mientras que los que recurren a la fuerza «rara vez están en peligro». Sugiere que los líderes que pueden sobrevivir a los «tiempos peligrosos» de una adquisición «empezarán a ser venerados y, si han destruido enérgicamente a los que envidiaban sus habilidades, seguirán siendo poderosos, estando seguros, siendo respetados y… felices».

Preparado por Phyl Johnson, University of Strathclyde.
*Fuente:* MAQUIAVELO, N., *The Prince.* Pengion Classics. 1999.

## Preguntas

1. ¿Hasta que punto está usted de acuerdo con los consejos de Maquiavelo respecto a las organizaciones del siglo XXI? Si no está de acuerdo, ¿qué aconsejaría en las situaciones mostradas?

2. ¿Cómo se pueden utilizar los mecanismos políticos que se muestran en el Cuadro 10.9 para aplicar estas líneas directrices?

**Cuadro 10.10**    Comunicación eficaz e ineficaz del cambio

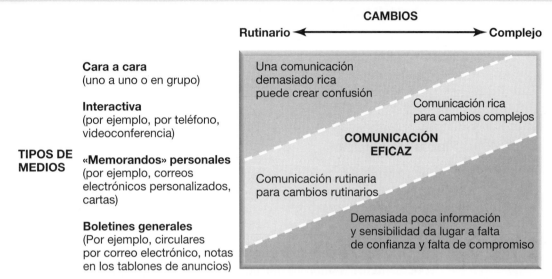

*Fuente*: adaptado de LENGEL, R. H. y DAFT, R. L. (1998): «The selection of communication media as an executive skill». *Academy of Management Executive*, vol. 2, n.º 3. Pp. 225-232.

se trata de rutinas. Así pues, la comunicación que ofrece la posibilidad de interacción y de participación probablemente será muy deseables.

● La *participación* de los miembros de la organización en el proceso de desarrollo de la estrategia o en la planificación del cambio estratégico es también, en sí, un medio de comunicación que puede ser muy eficaz. Se puede utilizar a los participantes para divulgar información en cascada sobre el programa de cambios en toda la organización, convirtiéndose así en agentes del proceso de cambio. Este constituye un elemento importante del estilo de *intervención* descrito en la Sección 10.3.3 anterior.

● Es necesario que la comunicación se considere como un proceso de doble sentido. La *retroalimentación* sobre esta comunicación es importante. Sobre todo si los cambios que se van a introducir son difíciles de comprender o constituyen una amenaza, o si tiene una importancia crítica el que los cambios se apliquen de forma correcta. No es frecuente que se haya pensado en los cambios de forma que tengan significado o que puedan ser aplicados en los niveles inferiores de la organización. Además, es posible que el propósito de los cambios no se comprenda bien o se malinterprete en estos niveles.

● Los aspectos emocionales de la comunicación son especialmente importantes para el agente del cambio, porque las emociones pueden introducir con mucha facilidad respuestas positivas o negativas. La investigación en este campo[33] sugiere que es importante utilizar los mensajes, símbolos (*véase* la Sección 10.4.5) y el lenguaje (términos como «peligro» o «riesgos») adecuados para describir la situación negativa que hay que cambiar, y un lenguaje positivo relacionado con el placer y el progreso para describir el futuro deseado.

● Los ejecutivos están acostumbrados a *supervisar* el rendimiento de todo tipo de actividades de la organización. Sin embargo, con demasiada frecuencia, los programas de cambio, aunque son fundamentales para el futuro de la organización, no son objeto del mismo seguimiento. Algunos investigadores han observado que esta supervisión tiene una importancia primordial en los programas de cambio que han analizado. Afirman que no es realista cambiar los valores nucleares y que parece ser mucho más eficaz el seguir de cerca los cambios necesarios del comportamiento y amenazar con sanciones si no se aplican[34].

### 10.4.7   Tácticas del cambio

También hay algunas tácticas más específicas del cambio que se pueden utilizar para facilitar el proceso de cambio.

#### Plazos temporales

La importancia del tiempo suele despreciarse al reflexionar sobre el cambio estratégico. Pero la elección del momento adecuado para promocionar el cambio en la práctica es vital. Por ejemplo:

- Cuanto mayor sea el grado de cambio necesario, más útil será recurrir a una *crisis* real o percibida. Si los miembros de la organización consideran que hay un riesgo mayor por mantener el *statu quo* que por cambiarlo, será más probable que lo quieran cambiar. Por ejemplo, la dirección de una empresa amenazada por una adquisición puede ser capaz de utilizar esta amenaza como catalizador de un cambio estratégico radical. En efecto, se afirma que algunos CEO intentan magnificar los problemas para lograr que haya una sensación de crisis y poder galvanizar el cambio.
- También pueden existir *intervalos de oportunidad* en los procesos de cambio. Por ejemplo, el periodo posterior a la adquisición de una empresa puede permitir a los nuevos propietarios realizar cambios más significativos de lo que normalmente es posible. El nombramiento de un nuevo CEO, la introducción de un nuevo producto de gran éxito, o la aparición de una gran amenaza competitiva en la escena pueden también ofrecer estas oportunidades. Sin embargo, estos intervalos de oportunidad pueden ser de breve duración; y el agente del cambio puede tener que tomar acciones decisivas durante estos periodos.
- También es importante que los responsables del cambio no transmitan mensajes contradictorios sobre el momento del cambio. Por ejemplo, si consideran que es necesario un rápido cambio, deben evitar mantener los procedimientos y señales que sugieran largos horizontes temporales como el mantener los mismos procedimientos de control y de recompensas o las mismas prácticas de trabajo que han existido durante años. Así pues, puede ser importante la *señalización simbólica de los plazos temporales*.
- Puesto que los cambios suelen alterar los nervios, puede ser importante elegir el momento para fomentar el cambio de forma que se eviten miedos y nerviosismos innecesarios. Por ejemplo, si es necesario reducir el personal o eliminar cargos directivos (*véase* más adelante), puede tener sentido hacerlo antes y no durante el programa de cambio. Así, el programa de cambio se verá como una mejora potencial en el futuro más que como la causa de estas pérdidas.

#### Pérdidas de puestos de trabajo y supresión de niveles

Los programas de cambios suelen asociarse con pérdidas de puestos de trabajo, desde el cierre de unidades de la organización, con cientos o miles de puestos de trabajo perdidos, hasta la supresión de algunos cargos directivos. Como se ha indicado anteriormente, la elección del momento de estas reducciones de puestos de trabajo en relación con el programa de cambios puede ser importante. Hay otras consideraciones que pueden afectar al programa de cambio:

- La elección táctica de dónde se van a perder puestos de trabajo debido al programa de cambio puede ser importante. Por ejemplo, es posible que existan niveles directivos o individuos particulares que son reconocidos en la organización como *opositores* al cambio. Su eliminación puede implicar una forma poderosa de indicar la firmeza e intención del cambio. La supresión de un nivel directivo también puede ofrecer oportunidades percibidas por los directivos inferiores. Como afirmaba un CEO: «Si tengo que perder a personal, elegiré a los niveles más altos posibles. Son los que más suelen oponerse a los cambios; y ofrecen maravillosos incentivos para sus subordinados».
- También puede ser importante evitar una pérdida «continua» de puestos de trabajo. Si el programa de cambio se relaciona continuamente con una amenaza a la seguridad tendrá menos probabilidades de tener éxito. El mismo CEO proseguía: «Es mejor recortar rápida y drásticamente que ir podando lentamente a lo largo del tiempo».
- Sin embargo, también es importante que, si se van a perder puestos de trabajo, haya un planteamiento visible, responsable y de atención a los que pierden su trabajo. No solo hay razones éticas para ello, sino que también se ofrece una señal táctica, a los que se quedan, de que la organización se preocupa por sus empleados. En la actualidad hay muchas empresas que han logrado recolocar con éxito a sus trabajadores, ofrecerles servicios de asesoría, acuerdos de contratación externa, instalaciones para su formación, etcétera.

## Ventajas visibles a corto plazo

La puesta en práctica de la estrategia dentro de un programa de cambio exigirá realizar muchas acciones y tareas detalladas. Es importante que algunas de estas tareas sean visibles y tengan un éxito temprano. Esto podría adoptar la forma, por ejemplo, de una cadena de tiendas que desarrolla rápidamente un nuevo concepto de tiendas y demuestra su éxito en el mercado; la eficaz ruptura de las viejas formas y la demostración de formas mejores; la rapidez de las decisiones deshaciéndose de comités e introduciendo responsabilidades laborales claramente definidas; etcétera. En sí, puede que no sean aspectos especialmente relevantes de la nueva estrategia, pero pueden ser indicadores visibles de un nuevo planteamiento asociado con dicha estrategia. La demostración de estas ventajas galvanizará, por tanto, el compromiso con la estrategia.

Una de las razones de la incapacidad de cambiar es que no haya recursos disponibles para el cambio. Esto se puede superar si es posible identificar «puntos calientes» en los que concentrar los esfuerzos y los recursos. Por ejemplo, William Bratton (*véase* la Ilustración 10.3), el famoso responsable de la política de Tolerancia Cero del Departamento de Policía de Nueva York, inició el proceso centrándose en los esfuerzos contra los crímenes relacionados con las drogas. Se estimaba que estos crímenes representaban o eran la causa de entre el 50 y el 70 por ciento de todos los crímenes, pero sólo tenían el 5 por ciento de los recursos del Departamento de Policía de Nueva York. El éxito en este campo supuso la rotación de policías de otras áreas y la obtención de los recursos necesarios para el funcionamiento de este área[35].

La Ilustración 10.7 explica cómo un nuevo CEO de la empresa textil Pringle, que llevaba tiempo teniendo muchos problemas, utilizó tácticas y cambios simbólicos alineados con estrategia para el negocio para galvanizar el cambio.

Por tanto, hay diversas palancas del cambio que pueden utilizar los agentes del cambio. Su elección dependerá del contexto en el que se encuentren (*véase* la Sección 10.2.2) y de sus habilidades y estilos (*véase* la Sección 10.3.1). Partiendo de los extremos, si es necesario superar la oposición para lograr resultados rápidamente, el énfasis puede estar en lograr el cumplimiento del programa de cambio en el comportamiento. Por otra parte, si es necesario, y hay tiempo, para «ganar apoyos», será necesario centrarse en cambiar los valores de los individuos y poner un mayor énfasis en su participación para cambiar la cultura de la organización. La elección de las palancas adecuadas para gestionar el cambio estratégico, en vez de la aplicación de una fórmula predeterminada, tiene una importancia crítica.

## 10.5 POTENCIALES FALLOS DE LOS PROGRAMAS DE CAMBIO

Se puede aprender mucho de comprender qué es lo que ha ido mal en los programas de cambio. Un exhaustivo estudio de Lloyd Harris y Emannuel Ogbonna[36] identifica una serie de resultados involuntarios de los programas de cambio:

- *La ritualización del cambio y el «exceso de iniciativas»*: los agentes del cambio pueden reconocer que el cambio no es un proceso que se produce de una sola vez; que es posible que sea necesario una serie continua de actividades, tal vez año tras año. Sin embargo, existe el riesgo de que los programas de cambio terminen siendo considerados por los individuos de la organización como un ritual con muy poco significado.
- *Procesos de cambio secuestrados*: otro peligro es que los esfuerzos bien intencionados por cambiar generen la oportunidad para que otros individuos de la organización los secuestren con fines distintos. Por ejemplo, en una compañía de seguros la introducción de sistemas telefónicos informatizados con la intención de mejorar el servicio al cliente se convirtió en un vehículo para reducir el número de empleados que resolvían las peticiones de los clientes. El resultado fue que no se logró mejorar el servicio y que los trabajadores fueron muy escépticos sobre esa iniciativa y sobre las futuras iniciativas de cambios.
- *Erosión*: aquí, la intención inicial del programa de cambio termina erosionada paulatinamente por otros acontecimientos que se están produciendo en la organización. Por ejemplo, es difícil mantener el ímpetu de un programa de cambio en una situación en la que hay una elevada rotación del personal o en la que los sistemas de recompensas no son acordes con el cambio pretendido. El propósito del cambio queda enmascarado por los acontecimientos o por las actividades que no son acordes con las intenciones del programa de cambio.
- *Reinvención*: aquí, el cambio pretendido termina siendo reinterpretado a través de la cultura anterior. Por ejemplo, una cadena de tiendas de ropa intentó crear una cultura orientada al cliente en una organización que tenía una larga tradición de orientación al producto. Sin embargo, se reinventó el cambio de forma que el «servicio al cliente» se tradujo en un «servicio de calidad» que era aceptable para los que

**Ilustración 10.7**                        e s t r a t e g i a   e n   a c c i ó n

# Tácticas del cambio estratégico en Pringle

*Para lograr el cambio estratégico puede ser importante asegurarse de que las acciones a corto plazo indican las intenciones a largo plazo.*

Pringle, la vieja empresa fabricante de ropa de punto de cachemira, había atravesado una dura década de pérdidas y había asistido a una reducción de su plantilla de más de 2.000 trabajadores a principios de la década de los noventa a 180 en 2000; como resultado de tipos de cambio adversos, un pésimo movimiento al mercado de masas de ropa deportiva y el declive de la calidad de los productos. En 2000 la empresa fue adquirida por Fang Brothers, con sede en Hong Kong, por tan solo 6 millones de dólares (unos 9 millones de euros). Los nuevos propietarios contrataron a Kim Winser, una alta ejecutiva de Marks & Spencer, como CEO.

Como nueva CEO decidió que la gama de productos de Pringle era demasiado diversa y padecía un mal diseño; pretendía reposicionar la gama alejándola de su imagen madura y aburrida hacia una imagen de marca de diseño de moda. Se trataba de un gran reto pero la actual situación, aunque de proporciones críticas, ofrecía no obstante una oportunidad. Su llegada, junto con la situación de la empresa, garantizaban que todo el mundo sabía que era necesario un cambio radical.

Decidió lanzar la gama de moda de ropa de punto en tan solo doce semanas, un objetivo que nunca se había logrado anteriormente, y que posteriormente fue reducido a nueve. Era esencial, afirmaba, para poder presentar la nueva línea en la próxima feria comercial italiana.

La mayoría de la plantilla que quedaba esperaba que se cerrase la fábrica, desplazando tal vez la producción a Oriente. Por el contrario, confirmó que la fabricación permanecería en Hawick, en Escocia. Reforzó todavía más el vínculo escocés creando la marca «Pringle Scotland» para los productos de moda y explicó: «He añadido al nombre Escocia porque en muchos países del mundo es, sin duda, un nombre positivo: la gente confía en la cachemira escocesa».

Se contrató a nuevos jóvenes diseñadores; y se trasladó la función de diseño de Escocia a Londres. También trasladó la sede de la empresa del prestigioso Savile Row de Londres a un nuevo edificio, más moderno.

Otros dejaron la empresa. Se canceló el contrato con el actual director de fabricación y no se renovó el contrato de

Nick Faldo, el jugador de golf, que había sido la cara de Pringle durante casi veinte años: por el contrario, los productos se mostraron en modelos jóvenes y de moda.

El proceso de cambio fue ayudado por la visita de la Princesa Real a la fábrica de Hawick y, más o menos al mismo tiempo, los jerséis de nuevo diseño fueron publicitados por David Beckham, la estrella del fútbol internacional.

Se alcanzó el objetivo de la feria italiana, se rescindió el contrato a la sexta parte de las tiendas minoristas existentes y se contrató a cadenas comerciales, como Harvey Nichols y Selfridges. A finales de 2000 estaban aumentando las ventas, había aumentado la plantilla y se estaban haciendo inversiones en nueva maquinaria para la fábrica de Hawick y, en 2001, las ventas habían aumentado un 30 por ciento respecto al año anterior.

En 2003 los analistas estaban hablando del nuevo éxito de Pringle. Tras consolidar su posición en el Reino Unido se estaban poniendo en marcha planes para una expansión en Estados Unidos y Hong Kong. Y se contrató a Sophie Dahl como la «nueva cara» para la publicidad de Pringle.

*Fuentes:* adaptado de *Trouble at the Top*, BBC2, 28 de febrero de 2001; *Financial Times*, 24/25 de febrero de 2001; y «Pringle look goes with a swing». *Brand Strategy*, abril de 2003.

**Preguntas**

1. Respecto a la Sección 10.4.7, identifique las tácticas utilizadas por Kim Winser.

2. ¿De qué forma se ajustan las tácticas a corto plazo con la estrategia a más largo plazo?

3. Partiendo de los contextos y conceptos del resto del capítulo, analice la forma en que Kim Winser puede gestionar el cambio estratégico en Pringle.

seguían siendo leales a la antigua orientación al producto y que no requería ningún cambio de comportamiento o de sus supuestos.

● *El cambio de la torre de marfil*: aquí, los defensores del cambio (tal vez altos ejecutivos) no son vistos por los demás en la organización como individuos que comprendan la realidad de los cambios, que tengan en cuenta las necesidades del mercado o las opiniones de los individuos de la organización. Están alejados de la realidad y, por tanto, no tienen credibilidad.

● *Falta de atención a los símbolos del cambio*: los agentes del cambio no consiguen relacionar los grandes mensajes del cambio con los aspectos cotidianos y simbólicos de la organización. Aquí se pueden producir dos resultados. Primero, los individuos de la organización consideran, de nuevo, que los cambios están alejados de su realidad. Segundo, puesto que los agentes del cambio no comprenden el poder del cambio simbólico, pueden estar enviando involuntariamente señales con los mensajes equivocados. Harris y Ogbonna ofrecen el ejemplo de una empresa familiar que quería atraer a una dirección profesional pero, al incorporar a un nuevo CEO, envió involuntariamente la señal de que la anterior dirección dominada por la familia no era profesional, disminuyendo así la lealtad a la familia y a la empresa.

● *Esfuerzos sin coordinar y sin controlar*: aquí, las prácticas introducidas en las organizaciones, por ejemplo, en cuanto a sistemas o iniciativas de cambio, no son acordes con las intenciones del cambio tal y como las interpretan los individuos de la organización que, por tanto, consideran que se producen incoherencias.

● *Cumplimiento en el comportamiento*: finalmente, existe el peligro de que la gente parezca cumplir los cambios definidos en el programa de cambios sin que realmente los estén «asumiendo». Los agentes del cambio pueden pensar que se están produciendo estos cambios cuando lo que realmente están viendo es un cumplimiento superficial cuando el agente del cambio se encuentra presente.

La conclusión general es que los programas de cambio son difíciles y complejos. Pero hay algunas implicaciones directivas más concretas:

● *Supervisión del cambio.* Es improbable que se pueda planificar el cambio de forma tan detallada de arriba a abajo que se pueda aplicar siguiendo esos detalles concretos sin que algunos aspectos del programa no se produzcan de la forma que pretendían los defensores del cambio. Esto destaca la necesidad de prestar especial atención a la supervisión del cambio[37] a medida que se va produciendo y a la necesidad de tener suficiente flexibilidad para cambiar el énfasis y las tácticas del programa de cambio a medida que se va desarrollando.

● *Comprensión de la cultura.* No se deben subestimar las fuerzas de la inercia. Hay una gran probabilidad de que los programas de cambio vayan en contra del poder de las culturas existentes. Así pues, el respaldo de los programas de cambio con la comprensión de la cultura existente y de sus probables efectos es vital (*véase* la Sección 10.2.3).

● *Participación de los individuos.* Es probable que se obtengan ventajas haciendo participar a los individuos de toda la organización en los momentos de cambio, en vez de considerarles como meros receptores de los cambios.

● *Un gran reto.* Los agentes del cambio tienen que desconfiar de sus propias capacidades de lograr los cambios en las organizaciones. Sencillamente, puede resultar mucho más difícil de lo que un agente del cambio optimista puede pensar.

Muchos de estos problemas y retos de la gestión del cambio estratégico se reflejan en la Ilustración 10.8, el debate clave de este capítulo.

**Ilustración 10.8**

# d e b a t e   c l a v e

# La gestión del cambio de arriba a abajo

*El cambio estratégico siempre ha sido considerado como responsabilidad de la alta dirección: ¿hasta qué punto, y cómo pueden los altos directivos gestionar los cambios?*

John Kotter, un profesor de la Harvard Business School, es una de las autoridades de mayor reconocimiento mundial sobre liderazgo y cambios. En 1995 publicó un artículo en la *Harvard Business Review*[1] sobre los problemas del cambio estratégico radical. Afirmaba que los problemas de los cambios estratégicos se debían a los altos ejecutivos que no lograban identificar la secuencia necesaria para dirigir estos cambios. Sus «ocho pasos para transformar su organización» son:

1. Crear el sentido de *urgencia* a partir de las realidades competitivas y del mercado, con una clara discusión sobre las crisis potenciales o las principales oportunidades.
2. Crear una poderosa *coalición directriz*: es probable que incluya a altos ejecutivos, pero también a otras partes interesadas clave; y animar a este grupo a que colabore como un equipo.
3. Creación de una clara *visión* para dirigir el esfuerzo del cambio y desarrollar claras estrategias para conseguirlo.
4. *Comunicar* la visión, utilizando múltiples vehículos de comunicación, y asegurarse de que el comportamiento de la coalición directriz es acorde con la visión.
5. *Delegar* poder a otros para que actúen en función de la visión: que supriman los obstáculos al cambio, y cambien los sistemas o estructuras que minan la visión; fomenten la aceptación de riesgos y de ideas, actividades y acciones no tradicionales.
6. Planificar y crear *ventajas a corto plazo*: la transformación estratégica puede llevar años, pero la gente tiene que ver resultados rápidamente.
7. Consolidar las mejoras y avanzar en los cambios: cuando se ha logrado la credibilidad del cambio hay que cambiar más estructuras, sistemas y políticas y promocionar a los que aplican la visión: reforzar el proceso de cambio.
8. *Institucionalizar los nuevos planteamientos*: a medida que se produce el cambio y se asienta, hay que demostrar que ha ayudado a mejorar el rendimiento y garantizar que la próxima generación de altos directivos personifica esta nueva visión.

Sin embargo, en su artículo publicado en el *Academy of Management Journal*, Julia Balogun y Gerry Johnson[2] ponen en duda el grado en que los altos directivos pueden gestionar realmente el cambio siguiendo un planteamiento de arriba a abajo. Analizan los progresos de una iniciativa de cambio de la alta dirección a lo largo del tiempo desde el punto de vista de cómo fue comprendida e interpretada por los directivos intermedios. Concluyen que, aunque la alta dirección creía que estaba dejando clara cuál era la estrategia pretendida, el cambio se produjo realmente de la siguiente manera:

- Los directivos intermedios interpretaron las iniciativas de cambios a partir de sus propios *modelos mentales* respecto a sus *responsabilidades y condiciones locales* mediante conversaciones con sus homólogos, y en función de los rumores y las respuestas locales a las iniciativas de arriba a abajo.
- Los altos directivos no podían esperar comprender o intervenir en esta dinámica de una forma concreta. Estaban, inevitablemente, demasiado alejados.
- Por tanto, no es posible que los altos directivos influyan directamente en la forma en que los directivos intermedios interpretan la nueva intención estratégica y las iniciativas del cambio, sobre todo en grandes organizaciones con una gran dispersión geográfica o muy descentralizadas.
- La realidad es que estos directivos intermedios crean, de hecho, un cambio desde el ámbito local que es distinto de la mera aplicación del cambio tal y como se ha dictado desde arriba.
- Concluyen que los altos directivos tienen que aceptar que esta interpretación es inevitable y tienen que poner un mayor énfasis en:
  — Dejar clara la *visión general* aceptando que se interpretará de distintas maneras.
  — Prestar atención a la comprensión de los «procesos de traducción» en la dirección intermedia.
  — *Supervisar los resultados del cambio* y responder mucho más a las iniciativas de cambio que provienen de los niveles inferiores.
  — Estar preparados para *ajustar la intención estratégica* a la estrategia emergente.

*Notas:*
1. Kotter, J. (1995): «Leading change: why transformation efforts fail». *Harvard Business Review*. Pp. 59-67.
2. Balogun, J. y Johnson, G. (2004): «Organizational restructuring and middle manager sensemaking». *Academy of Management Journal*, agosto.

### Preguntas

1. ¿Cuáles son los problemas relacionados con las visiones de arriba a abajo y de abajo a arriba sobre la gestión del cambio?
2. Si usted fuera un alto ejecutivo, ¿qué planteamiento adoptaría y en qué situaciones?
3. ¿Son irreconciliables estos dos planteamientos?

*(Puede ver las perspectivas de la dirección de la estrategia en los comentarios a las lecturas recomendadas.)*

# Resumen

Un tema recurrente en este capítulo han sido los planteamientos, estilos y medios de cambio que tienen que ser particularizados al contexto de dicho cambio. Teniendo presente esta cuestión general, este capítulo ha puesto el énfasis a continuación en una serie de puntos clave para la gestión del cambio estratégico:

● Hay distintos *tipos de cambio estratégico* que se pueden concebir en términos de su *alcance* (el grado en que requieren que se cambie el paradigma o no) y de la *naturaleza* en cuanto a si se pueden aplicar mediante cambios incrementales o requieren una inmediata acción urgente (el planteamiento del *big bang*). Es probable que sea necesario recurrir a distintos planteamientos y medios para gestionar el cambio en función de los distintos tipos de cambio.

● También es importante diagnosticar cuestiones más generales del contexto de la organización, como los *recursos y habilidades que hay que conservar*, el grado de *homogeneidad o diversidad* en la organización, la *capacidad cualitativa, la capacidad cuantitativa y la disponibilidad* a cambiar y el *poder* necesario para que se produzca el cambio.

● La *red cultural* y el *análisis de fuerzas* son útiles como un medio de identificar los bloqueos del cambio y las potenciales palancas del cambio.

● La gestión del cambio estratégico implicará probablemente distintos papeles en el proceso de cambio incluyendo los de los líderes estratégicos, los directivos intermedios y los agentes externos.

● Es probable que sea necesario recurrir a distintos *estilos* de gestión del cambio estratégico en función de los distintos contextos y de la participación e interés de los distintos grupos.

● Las *estrategias de reestructuración* exigen que se preste atención a la velocidad del cambio.

● Las palancas para gestionar el cambio estratégico deben analizarse en función del tipo de cambio y del contexto del cambio. Estas palancas incluyen la *puesta en duda del paradigma*, que este se haga patente, que se cambien las *rutinas y símbolos*, así como la importancia de los *procesos políticos, la comunicación* y otras *tácticas* de cambio.

# Lecturas clave recomendadas

● BALOGUN, J., HOPE HAILEY, V. (2004): (con G. Johnson y K. Scholes), Exploring Strategic Change, *Prentice Hall*, 2.ª edición, amplía muchas ideas de este capítulo. En concreto, pone el énfasis en la importancia de particularizar los programas de cambio en función del contexto de la organización y analiza con más detalle muchas de las palancas del cambio que se han revisado en este capítulo.

● Para un análisis de los estilos de gestión del cambio estratégico, *véase* DUNPHY, D. y STACE, D. (1993): «The strategic management of corporate change». *Human Relations*, vol. 46, n.º 8. Pp. 905-920.

● Para un análisis de un liderazgo estratégico eficaz, *véase* GOLEMAN, D. (2000): «Leadership that gets results». *Harvard Business Review*, marzo-abril. Pp. 78-90, y FARKAS, C. M. y WETLAUFER, S. (1996): «The ways chief executive officers lead». *Harvard Business Review*, mayo-junio. Pp. 110-121.

● En muchos sentidos, el libro más interesante sobre dirección política sigue siendo *El Príncipe* de Nicolás Maquiavelo, escrito en el siglo XVI (disponible en inglés en Penguin Books, 2003). También constituye la base del libro sobre dirección de GRIFFIN, G. (1991): *Machiavelli on Management: Playing and winning the corporate power game*, Praeger.

● El artículo de KOTTER, J. (1995): «Leading change: why transformation efforts fail». *Harvard Business Review*, marzo-abril. Pp. 59-67 (*véase* también la Ilustración 10.8) ofrece una visión útil de cómo son los programas de cambio.

● El estudio de los programas de cambio de HARRIS, L. C. y OGBONNA, E. (2002): «The unintended consequences of culture interventions: a study of unexpected outcomes». *British Journal of Management*, vol. 13, n.º 1 (2002). Pp. 31-49 ofrece importantes ideas sobre los problemas de la gestión del cambio en las organizaciones.

# Notas

1. Muchos libros y artículos sobre el cambio estratégico parten de la idea de que la situación actual de la organización probablemente será de inercia o de oposición al cambio; por tanto, existe la necesidad de «descongelar» esta situación. El predominio de esta idea se remonta a la obra de LEWIN, K.; *véase* «Group decision and social change», en E. E. Maccoby, T. M. Newcomb y E. I. Hartley (eds), *Readings in Social Psychology*, Holt, Reinhart and Winston. Pp. 197-211.

2. Para una explicación de la desviación estratégica *véase* también «Rethinking incrementalism». *Strategic Management Journal*, vol. 9, (1988). Pp. 75-91.

3. *Véase* ROMANELLI, E. y TUSHMAN, M. L. (1994): «Organisational transformation as punctuated equilibrium: an empirical test». *Academy of Management Journal*, vol. 37, n.º 5. Pp. 1141-1161.

4. *Exploring Strategic Change* de BALOGUN, J. y HOPE HAILEY, V. (2004): 2.ª edición, Prentice Hall es un libro complementario de éste; esta parte del capítulo parte de su Capítulo 3 sobre el contexto del cambio estratégico.

5. Para un ejemplo interesante de cómo afectan los distintos contextos a la receptividad del cambio, *véase* NEWTON, J.; GRAHAM, J.; MCLOUGHLIN, K. y MOORE, A. (2003): «Receptivity to change in a general medical practice». *British Journal of Management*, vol. 14, n.º 2. Pp. 143-153.

6. *Véase* la nota 3 anterior.

7. *Véase* DENIS, J. L.; LAMOTHE, L. y LANGLEY, A. (2001): «The dynamics of collective change leadership and strategic change in pluralistic organizations». *The Academy of Management Journal*, vol. 44, n.º 4. Pp. 809-837.

8. Los planteamientos sobre cómo se utiliza la red cultural para los fines destacados aquí se analizan con detalle en el capítulo, «Mapping and re-mapping organisational culture», en V. Ambrosini con G. Johnson y K. Scholes (eds), *Exploring Techniques of Analysis and Evaluation in Strategic Management*, Prentice Hall, 1998, y en un capítulo análogo en G. Johnson y K. Scholes (eds), *Exploring Public Sector Strategy*, Prentice Hall, 2000.

9. Se puede encontrar un análisis de los distintos estilos en DUNPHY, D. y STACE, D. (1993): «The strategic management of corporate change». *Human Relations*, vol. 46, n.º 8. Pp. 905-920. Para un marco alternativo *véase* CALDWELL, R. (2003): «Models of change agency: a fourfold classification». *British Journal of Management*, vol. 14, n.º 2. Pp. 131-142.

10. Para la evidencia empírica sobre los efectos de la participación en los procesos de desarrollo de la estrategia *véase*: COLLIER, N.; FISHWICK, F. y FLOYD, S. W. (2004): «Managerial involvement and perceptions of strategy process». *Long Range Planning*, vol. 37. Pp. 67-83.

11. El estilo de intervención se analiza con más detalle en NUTT, P. C. (1987): «Identifying and appraising how managers install strategy». *Strategic Management Journal*, vol. 8, n.º 1. Pp. 1-14.

12. Se ofrece una evidencia empírica en DUNPHY, D. y STACE, D. (*véase* la nota 9).

13. Esta definición del liderazgo parte de la ofrecida por STODGILL, R. M. (1950): «Leadership, membership and organization». *Psychological Bulletin*, vol. 47. Pp. 1-14. Para un análisis más reciente y exhaustivo del liderazgo, *véase* YUKL, G. A. (2001): *Leadership in Organizations*, 5.ª edición, Prentice Hall.

14. Para esta evidencia empírica *véase* WALDMAN, D. A.; RAMIREZ, G. G.; HOUSE, R. J. y PURANAM, P. (2001): «Does leadership matter? CEO leadership attributes and profitability under conditions of perceived environmental uncertainty». *Academy of Management Journal*, vol. 44, n.º 1. Pp. 134-143.

15. Para explicaciones más detalladas sobre la distinción entre liderazgo carismático, instrumental y transaccional, *véase* KETS DE VRIES, M.

F. R. (1994): «The leadership mystique». *Academy of Management Executive*, vol. 8, n.º 3. Pp. 73-89, y el artículo de WALDMAN *et al.* (nota 14).

16. El análisis de los distintos planteamientos de los líderes estratégicos y la evidencia empírica sobre la eficacia de la adopción de los distintos planteamientos se puede ver en GOLEMAN, D. (2000): «Leadership that gets results». *Harvard Business Review*, marzo-abril. Pp. 78-90, y FARKAS, C. M. y WETLAUFER, S. (1996): «The ways chief executive officers lead». *Harvard Business Review*, mayo-junio. Pp. 110-112.

17. *Véase* FLOYD, S. y WOOLDRIDGE, W. (1996): *The Strategic Middle Manager: How to create and sustain competitive advantage*, Jossey-Bass.

18. La estrategia de reestructuración se explica con más detalle en LOVETT, D. y SLATTER, S. (1999): *Corporate Turnaround*, Penguin Books, y GRINYER, P.; MAYES, D. y MCKIERNAN, P. (1990): «The Sharpbenders: achieving a sustained improvement in performance». *Long Range Planning*, vol. 23, n.º 1. Pp. 116-125. *Véase* también BARKER, V. L. y DUHAIME, I. M. (1997): «Strategic change in the turnaround process: theory and empirical evidence». *Strategic Management Journal*, vol. 18, n.º 1. Pp. 13-38.

19. *Véase* el estudio «Sharpbenders» (nota 18).

20. Para un ejemplo de este planteamiento *véase* MEZIAS, J. M.; GRINYER, P. y GUTH, W. D. (2001): «Changing collective cognition: a process model for strategic change». *Long Range Planning*, vol. 34. Pp. 71-95.

21. Para un análisis del contexto psicológico, de los fallos de pensamiento y del efecto que tienen sobre los directivos cuando están analizando el futuro *véase* VAN DER HEIJDEN, K.; BRADFIELD, R.; BURT, G.; CAIRNS, G. y WRIGHT, G. (2002): *The Sixth Sense: Accelerating organisational learning with scenarios*, John Wiley, capítulo 2.

22. DEAL, T. y KENNEDY, A. hacen referencia a «la forma en que hacemos las cosas aquí» en *Corporate Cultures: The rights and rituals of corporate life*, Addison-Wesley, 1984. Sin embargo, las rutinas también son el centro de atención de los debates de los investigadores que parten del enfoque basado en los recursos (*véase* el Capítulo 3) porque son las bases de las competencias de la organización. *Véase*, por ejemplo, KNOTT, A. M. (2003): «The organizational routines factor market paradox». *Strategic Management Journal*, vol. 24. Pp. 929-943.

23. Para una explicación detallada de las «rigideces nucleares» *véase* LEONARD-BARTON, D. (1992): «Core capabilities and core rigidities: a paradox in managing new product development». *Strategic Management Journal*, vol. 13. Pp. 111-125.

24. Esta cita se encuentra en la página 135 de PASCALE, R.; MILLEMANNN, M. y GIOJA, L. (1997): «Changing the way we change». *Harvard Business Review*, noviembre-diciembre. Pp. 127-139.

25. Para una explicación más detallada de estos procesos *véase* JOHNSON, G.; SMITH, S. y CODLING, B. (2000): «Micro processes of institutional change in the context of privatization». *Academy of Management Review*, Special Topic Forum, vol. 25, n.º 3. Pp. 572-580.

26. Para un mayor análisis de este tema, *véase* JOHNSON, G. (1990): «Managing strategic change: the role of symbolic action». *British Journal of Management*, vol. 1, n.º 4. Pp. 183-200.

27. Para un análisis del papel de los rituales en el cambio *véase* SIMS, D.; FINEMAN, S. y Gabriel, Y. (1993): *Organizing and Organizations: An introduction*. Sage.

28. *Véase* TRICE, H. M. y Beyer, J. M. (1984): «Studying organisational cultures through rites and ceremonials». *Academy of Management Review*, vol. 9, n.º 4. Pp. 653-669; TRICE, H. M. y BEYER, J. M. (1985): «Using six organisational rites to change culture», en R. H. Kilman, M. J. Saxton, R. Serpa and associates (eds.), *Gaining Control of the Corporate Culture*, Jossey-Bass.

29. La importancia del lenguaje utilizado por los líderes de la corporación ha sido destacada por una serie de autores, pero, en concreto, por PONDY, L. R. (1978): «Leadership is a language game», en M. W. McCall, Jr y M. M. Lombardo (eds), *Leadership: Where else can we go?*, Duke University Press. *Véase* también CONGER, J. A. y KANUNGO, R. (1987): «Toward a behavioural theory of charismatic leadership in organizational settings». *Academy of Management Review*, vol. 12, n.º 4. Pp. 637-647.

30. Este análisis parte de las observaciones sobre el papel de las actividades políticas en las organizaciones y, en concreto, MINTZBERG, H. (1983): *Power in and around Organisations*, Prentice Hall, y PFEFFER, J. (1981): *Power in Organisations*, Pitman. Para una explicación más detallada de las distintas formas de explicar el poder en las organizaciones, *véase* CLEGG, S. R. (1989): *Frameworks of Power*. Sage.

31. *Véase* SCHWEIGER, D. M. y DENISI, A. S. (1991): «Communication with employees following a merger: a longitudinal field experiment». *Academy of Management Journal*, vol. 34. Pp. 110-135.

32. *Véase* LENGEL, R. H. y DAFT, R. L. (1988): «The selection of communication media as an executive skill». *Academy of Management Executive*, vol. 2, n.º 3. Pp. 225-232.

33. *Véase* FOX, S. y AMICHAI-HAMBURGER, Y. (2001): «The power of emotional appeals in promoting organizational change programs». *Academy of Management Executive*, vol. 15, n.º 4. Pp. 84-95.

34. La investigación de OGBONNA, E. y WILKINSON, B. (2003): en una gran cadena de supermercados británica concluyó que la supervisión directa y el control directivo, más que las variaciones de los valores de la cultura, eran las responsables del cambio. *Véase* «The false promise of organizational culture change: a case study of middle managers in grocery retailing». *Journal of Management Studies*, vol. 40, n.º 5. Pp. 1151-1178.

35. Para un análisis más detallado de este planteamiento de BRATTON y de otros agentes del cambio *véase* KIM, W. C. y MAUBORGNE, R. (2003): «Tipping point leadership». *Harvard Business Review*, abril. Pp. 60-69.

36. Las observaciones y ejemplos que se muestran aquí parten en gran medida de HARRIS, L. C. y OGBONNA, E. (2002): «The unintended consequences of culture interventions: a study of unexpected outcomes». *British Journal of Management*, vol. 13, n.º 1. Pp. 31-49.

37. La supervisión de los programas del cambio se analiza con más detalle en GRATTON, L.; HOPE HAILEY, V.; STILES, P. y TRUSS, C. (1999): *Strategic Human Resource Management*. Oxford University Press.

## TRABAJOS

✱ Indica una mayor dificultad.

**10.1**   A partir de las secciones 10.2.1 y 10.2.2, evalúe las dimensiones contextuales clave de una organización (por ejemplo, la organización del caso de ejemplo sobre la Compagnie des Services Pétroliers) y analice cómo deberían influir sobre el diseño de un programa de cambio estratégico.

**10.2**✱ Dibuje la red cultural y haga un análisis de fuerzas para identificar los bloqueos y los promotores del cambio de una organización (por ejemplo, de una organización que haya considerado que requería un cambio de dirección estratégica en alguno de los trabajos anteriores). Vuelva a dibujar la red para representar aquello a lo que debería aspirar la organización dada la nueva estrategia. Utilizando las redes culturales y el análisis de fuerzas, identifique los aspectos del cambio que puede gestionar el agente del cambio, y cómo debería hacerlo.

**10.3**   Identifique y explique los estilos de dirección del cambio (Sección 10.3.1 y Cuadro 10.5) y los planteamientos del liderazgo estratégico (Sección 10.3.2 y Cuadro 10.6) empleados por distintos agentes del cambio (por ejemplo, Kim Winser en la Ilustración 10.8).

**10.4**   A partir del Cuadro 10.8, ofrezca ejemplos de cambios de rituales que pueden constituir una señal del cambio en una organización con la que esté familiarizado.

**10.5**✱ Analice un proceso de cambio estratégico en el que haya participado o que haya observado. Dibuje un mapa de los pasos del proceso de cambio identificando:

(a)  los nuevos rituales introducidos o los viejos rituales desestimados, y el efecto de estos cambios;
(b)  los medios de comunicación utilizados por los agentes del cambio, y su eficacia.

**10.6**✱ En el contexto de la gestión del cambio estratégico de una gran empresa o de una organización del sector público, ¿hasta qué punto, y por qué, está de acuerdo con el argumento de Richard Pascale según el cual es más fácil actuar y encontrar una nueva forma de pensar que pensar en una nueva forma de actuar mejor? (Las referencias de las notas 23 a 27 serán útiles aquí.)

**10.7**✱ Hay una serie de libros de reconocidos altos ejecutivos que han gestionado importantes cambios en sus organizaciones. Lea uno de estos libros y haga una lista de las palancas y mecanismos de cambio utilizados por el agente del cambio, utilizando los planteamientos que se destacan en este capítulo. ¿Qué eficacia cree que tuvieron en el contexto en el que se encontraba dicho agente del cambio, y qué otros mecanismos podría haber utilizado?

### Trabajos de integración

**10.8**   Analice las relaciones de poder en una organización (Sección 4.3) y, en concreto, la matriz de poder/intereses (Cuadro 4.5) que puede resultar útil para comprender los bloqueos del cambio y la forma de gestionar el cambio en una organización del sector público (por ejemplo, en una universidad).

**10.9**   ¿Cuáles son las principales cuestiones que tiene que resolver la empresa matriz de una organización diversificada con una estrategia internacional multipaís (*véase* el Capítulo 6) que quiere cambiar a una cartera más relacionada? Analícelo en función de (a) las capacidades estratégicas que puede necesitar la empresa matriz (Capítulos 4 y 6), (b) las implicaciones para la organización y el control de las subsidiarias (Capítulo 8), (c) los probables bloqueos a este cambio y (d) cómo se pueden superar (Capítulo 10).

**CASO DE EJEMPLO**

# La Compagnie des Services Pétroliers (CSP)

Frédéric Fréry y Hervé Laroche, ESCH-EAP European School of Management

En 2004 la Compagnie des Services Pétroliers (CSP) era una empresa petrolífera francesa con aproximadamente 3.500 empleados y una facturación de 500 millones de euros. Se había fundado en la década de los 50 y tenía su sede en París.

## Actividades de CSP

De las ventas de CSP, el 75 por ciento provenía de los estudios de prospección petrolífera. Estos estudios ayudaban a localizar y valorar reservas de hidrocarburos, tanto en tierra como en el mar. Desde 1997, CSP también había desarrollado actividades industriales: diseñaba y fabricaba equipos muy especializados necesarios para la realización de los estudios. Las ventas de equipos representaban el 25 por ciento de la facturación de CSP.

### Tecnología

La realización del estudio tenía dos fases: (1) recopilación de datos, mediante un elevado número de mediciones *in situ;* esta fase requería herramientas especializadas y un gran número de empleados (aproximadamente un centenar de personas en cada ubicación); (2) procesamiento de los datos, para poder dibujar los mapas y gráficos que interpretarían los expertos en exploraciones petrolíferas; esta fase requería instrumentos informáticos especializados y poderosos (hardware y software).

### Mercado y competencia

Los clientes eran fundamentalmente empresas petrolíferas. El mercado era global y CSP tenía instalaciones en casi todas las partes del mundo, mediante una red de sucursales locales que se utilizaban como campos base para las misiones *in situ.* Con una cuota de mercado del 20 por ciento, CSP era la única empresa francesa en esta industria. Sus dos principales competidores eran estadounidenses, y cada uno tenía también aproximadamente el 20 por ciento del mercado. Los demás competidores eran mucho más pequeños y solían estar especializados en una región.

### Estructura

CSP se organizaba en torno a cuatro grandes departamentos: Servicios, Equipos, Investigación y Desarrollo, y Administración. Cada uno de estos departamentos era dirigido por un CEO adjunto. El departamento de Servicios se encargaba de todas las actividades para la realización y la venta de los estudios, gestionaba la red de sucursales locales y disponía de varios laboratorios informáticos. También tenía la responsabilidad de dos embarcaciones especializadas que eran utilizadas en las mediciones marítimas.

El departamento de Equipos incluía subsidiarias que realizaban el diseño, la manufactura y la venta de una amplia gama de instrumentos electrónicos y electromecánicos utilizados en los estudios de campo. Estos equipos se vendían dentro de CSP al Departamento de Servicios, pero también a los competidores. Se trataba de una actividad industrial.

### Personal

CSP empleaba a una elevada proporción de directivos e ingenieros: aproximadamente 1.000 de los 3.500 empleados. Entre los empleados no directivos, los técnicos constituían la gran mayoría. Aproximadamente la tercera parte de la plantilla estaba compuesta por «prospectores», es decir, empleados dedicados a los estudios in situ, normalmente en lugares remotos. Además, CSP empleaba temporalmente a mano de obra local no cualificada durante las misiones de campo.

### Altos ejecutivos

De los nueve miembros del comité ejecutivo, seis eran licenciados de la facultad de ingeniería francesa de mayor prestigio, la Ecole Polytechnique. Casi todos ellos habían trabajado fundamentalmente en la empresa durante su carrera profesional, empezando como «prospectores». El CEO y el director general adjunto (que había sido designado como el próximo CEO) tenían experiencia externa, uno en el Ministerio de Industria y el otro en una empresa petrolífera.

## Logros de CSP

La sede de CSP no llamaba en nada la atención: arquitectura normal, oficinas clásicas, diseño interior mínimo, etcétera. Incluso las oficinas de los altos ejecutivos eran neutras y funcionales. Los únicos carteles en las paredes eran enormes mapas del mundo. La discreción era una virtud muy respetada en CSP. Sin embargo, la empresa se sentía orgullosa de ser la única empresa no estadounidense de su industria. También se vanagloriaba de ser la única empresa independiente de su sector: todos sus principales competidores eran parte de grandes grupos integrados que ofrecían toda una gama de servicios en la exploración y explotación petrolífera. CSP también se enorgullecía de haber sobrevivido a las crisis que periódicamente afectaban a la industria.

Los altos ejecutivos de CSP admitían con gusto que este éxito se debía a la excelencia técnica de la empresa, sobre todo de sus «prospectores» y directivos de misiones. Gracias a la elevada capacidad humana y técnica para la adaptación (y a una disponibilidad de recursos especial) CSP se especializaba en las áreas difíciles (terrenos abruptos, grandes bosques, etcétera). Por el contrario, los competidores estadounidenses parecían más eficientes en las áreas en que su organización y sus procedimientos se podían aplicar con más facilidad. «Siempre que haya que conducir un camión en una planicie o en un desierto, por ejemplo, en Egipto, el sistema estadounidense totalmente automatizado funciona a la perfección» afirmó un alto ejecutivo.

La audacia y la disponibilidad de recursos técnicos, la creencia en la virtud de la acción rápida y local, el desprecio de la jerarquía, y la preferencia de relaciones humanas directas y de convivencia, constituían lo que se conocía como el «espíritu del prospector». Este espíritu surgía «en el campo» durante las «misiones». También se utilizaba la experiencia de campo para seleccionar a jóvenes ingenieros y técnicos: por un lado, permitía eliminar a los que no estaban realmente atraídos por el trabajo y, por el otro, permitía la identificación de grandes potenciales. «El perfil clave en CSP», explicaba un alto ejecutivo, «es el del líder de la misión que es una persona capaz de adaptarse a 20 pros («prospectores») franceses y 200 trabajadores gaboneses en Gabón. Si sobrevive, es muy bueno... No todo el mundo sobrevive». En este sentido, según sus altos ejecutivos, CSP se diferenciaba de nuevo de sus grandes competidores: «los cerebros estadounidenses no están en el campo. En el campo sólo hay subalternos».

Los altos ejecutivos reconocen la calidad y dedicación de sus empleados en el campo. Están sometidos a condiciones laborales muy duras, y aceptan tener una gran disponibilidad: «Un pro que está un lunes en el campo en Indonesia se le dice: el martes estarás en Alaska. Se sube a un avión y se va a Alaska... Otro que está de vacaciones se le dice: lo siento, tienes que estar ahí de inmediato. Hace las maletas y va ahí. A veces gruñe, pero va. La empresa le debe mucho a estas personas, que suelen estar muy vinculadas a la empresa».

Los salarios son relativamente bajos, pero la carrera profesional está garantizada: tras una serie de años en el campo, los prospectores reciben una oferta de un puesto sedentario y trabajan en la sede. Evidentemente, algunos pueden convertirse en altos ejecutivos. Muy pocos prospectores dejan la empresa: no hay un mercado de trabajo para estos ingenieros y técnicos muy especializados.

Probablemente sea esta relación especial entre la empresa y sus empleados la que explica que CSP pueda mantener una infraestructura administrativa muy reducida. Se denigran los procedimientos y la jerarquía. La confianza, construida a lo largo de años, permite una gran descentralización, a pesar de la gran dispersión geográfica: «El personal es simultáneamente muy autónomo y está perfectamente relacionado entre sí. El director ejecutivo de la sucursal de Singapur, dada su formación, dado su futuro, está realmente vinculado a la sede, no a su entorno, a sus clientes o a sus subcontratistas de Singapur. Es necesario disponer de gente así para gestionar grandes operaciones».

## Preocupación por el futuro

Sin embargo, al inicio del nuevo milenio algunos cambios del entorno y de la industria empezaron a crear tensiones y a plantear preguntas. Las pérdidas repetidas de algunas actividades (en concreto, en los estudios marítimos) planteaban continuamente la cuestión de la necesidad de volver a definir la cartera de negocios. Según algunos altos ejecutivos, la respuesta era evidente: «Hacemos cualquier actividad de nuestra industria en cualquier parte del mundo. Y nos aferramos a ello. Sin duda, no es el método más rentable. Pero la experiencia ha demostrado que es el planteamiento más seguro si uno se quiere quedar en este negocio. Si cada vez que una actividad pierde dinero la paramos, dentro de diez años no nos quedará nada, porque todo es cíclico. Lo que hace falta es una integral positiva en el ciclo de vida (es decir, durante todo el ciclo de vida el beneficio medio debe ser positivo). Si tiene más productos, será capaz de mitigar estos ciclos y lograr cierta regularidad en su beneficio».

Por el contrario, CSP analizó la posibilidad de diversificarse para ampliar su cartera de negocios. Se estaban haciendo algunas pruebas de las tecnologías utilizadas por el

Departamento de Equipos y por el Departamento de Servicios. De nuevo, la reacción a estas posibles diversificaciones era contradictoria. «Estamos poniendo a prueba toda una serie de ideas, pero se tarda demasiado tiempo», afirmó el CEO. «De acuerdo, podríamos adquirir a un competidor. Pero, en nuestra industria, una OPA hostil es imposible. En nuestro negocio las personas son clave y, si las personas no están de acuerdo, se van a otra parte y a usted no le queda más que una oficina vacía. Es realmente necesario que los individuos compartan nuestros objetivos».

Algunos ejecutivos estaban encantados con esta opinión: «Es mucho más sensato vender nuestros servicios en México que vender calcetines en Singapur». Para otros, sobre todo entre los ejecutivos más jóvenes, los altos directivos de CSP eran culturalmente incapaces de analizar la posibilidad de una diversificación fuera de la industria petrolífera. «¿Es sensato cuando los futuros CEO de la empresa son personas que se han pasado las tres cuartas partes de su carrera en la empresa? ¿Gente que no ha visto nada más? ¿Gente totalmente sumergida en el petróleo? ¿La gente que se ha formado en los servicios petrolíferos del Ministerio de Industria tiene el perfil adecuado para emprender importantes diversificaciones? Tampoco son financieros: son todos ingenieros. Por tanto, estamos siempre en la misma rueda».

Incluso en las actividades nucleares de CSP se estaban llevando a cabo significativos cambios. Aunque desde hacía años la faceta clave de los negocios de CSP habían sido las mediciones *in situ*, el procesamiento de datos estaba adquiriendo mayor importancia: por las inversiones que requería (tanto en hardware como en software), porque era absolutamente necesario competir en este nivel (las empresas petrolíferas estaban firmando ahora contratos separados para el procesamiento de datos), debido a la constante evolución de los métodos y de los instrumentos y, finalmente, porque era necesario contratar a analistas informáticos muy cualificados aunque, tradicionalmente, CSP había recurrido a antiguos prospectores reconvertidos en expertos informáticos.

Además, debido al alcance global del negocio, y porque CSP cotizaba ahora en la Bolsa de París, la sede requería competencias elevadas en contabilidad, finanzas, impuestos y asuntos jurídicos. El responsable financiero consideraba que era una necesidad acuciante. Preocupaba menos a otros miembros del comité ejecutivo.

La primera indicación de estos cambios fue la dificultad de contratar (o retener) a estos especialistas. Inmediatamente pedían salarios superiores a los de los antiguos prospectores que desempeñaban el mismo cargo. También tenían un menor compromiso y una menor lealtad hacia la empresa. La oferta de una larga y progresiva carrera no era suficiente para retenerles. En el Departamento de Servicios, los jóvenes ingenieros y los jóvenes técnicos mostraban la misma tendencia.

La última preocupación era la falta de potenciales altos ejecutivos, fundamentalmente gente capaz de renovar al comité actual y, sobre todo, de dirigir el desarrollo estratégico. ¿Seguía siendo posible recurrir únicamente a la promoción interna para elegir a los directivos y a los altos ejecutivos?

Según uno de los altos ejecutivos, el futuro era preocupante: «Al fin y al cabo, nuestro Departamento de Servicios emplea fundamentalmente a antiguos prospectores. Y, entre los supuestos que damos por sentado, siempre se garantizaba la recolocación de los prospectores. Esto es algo que no vamos a poder hacer en el futuro. No encontraremos un puesto de trabajo para todos los prospectores en la sede. Sin duda, la experiencia de campo es un añadido positivo, pero una experiencia de campo sin ninguna adaptación externa o pericia externa es una vía muerta». Otro alto ejecutivo también advertía: «El principal riesgo es tener a jóvenes directivos en formación y a viejos veteranos, y nada en medio».

Entre los altos ejecutivos no había ningún consenso respecto a estas cuestiones. Según uno de ellos, con la debida atención y una utilización inteligente de la evolución demográfica, sería posible garantizar un resultado positivo al tiempo que se mantenían los valores esenciales de la empresa. Para otros, era necesario preparar de forma activa un cambio mucho más profundo.

## Dos programas de cambio en juego

Cuando las ventas y los beneficios alcanzaron el mínimo en el ciclo de vida de la industria, la cotización de las acciones de CSP se derrumbó. Convencido de que había que hacer algo, el responsable de finanzas decidió nombrar a una consultora especializada en la gestión del cambio.

Para diagnosticar la situación, los consultores dibujaron la red cultural de CSP. Según este diagnóstico, afirmaron que el contexto de CSP era profundamente desfavorable para el cambio: supuestos, rutinas y procedimientos que se dan por sentado, bloqueando los cambios necesarios, exponiendo a CSP a una desviación estratégica mortal. Durante la presentación final al Comité, recomendaron un programa de cambio de transformación radical utilizando una serie de palancas:

- Detener el rito de pasar «por el campo» para los recién llegados.
- Contratar a menos ingenieros y a más directivos e informáticos.
- Crear una jerarquía más explícita y utilizar más un organigrama estructurado.
- Diversificar el perfil de los miembros del Comité, por ejemplo, nombrando a un responsable de información y sustituyendo al actual Consejero encargado de recursos humanos (un antiguo prospector) por un directivo profesional de recursos humanos, preferiblemente una mujer.

- Nombrar a un responsable de finanzas (que no fuera un antiguo prospector sino alguien con un MBA) como director general adjunto. Se trataría del principal agente del cambio.
- Sustituir el nombre de la empresa por una marca actualizada que fuera moderna y menos dependiente de los servicios petrolíferos.

Los consultores también recomendaron dos direcciones estratégicas que pretendían forzar una reconstrucción de la cultura de la empresa:

- Transformar el Departamento de Equipos en una empresa independiente con una estructura directiva exclusiva y procedimientos totalmente rediseñados.
- Analizar la posibilidad de alcanzar alianzas con los competidores (o, posiblemente, una adquisición) y/o asociaciones con empresas petrolíferas y fabricantes de software/hardware.

Aunque algunos miembros del Comité consideraban que estas recomendaciones eran sensatas y útiles, otros afirmaron que los consultores no habían sido capaces de comprender el auténtico significado de los valores de CSP. El director general adjunto, en concreto, se oponía enérgicamente a una transformación radical. Explicó que una evolución (o, como mucho, una adaptación) sería preferible, y que el principal aspecto del programa de cambio era una detenida planificación temporal: la caída de las cotizaciones ofrecía un buen intervalo de oportunidad para evoluciones paulatinas. Afirmaba que la experiencia «en el campo» era el mecanismo de integración más poderoso de la empresa. La supresión de este rito expondría a CSP a un muy elevado riesgo de disolución: los empleados ya no aceptarían los salarios ni las condiciones laborales; se reduciría la pericia técnica. La adopción de un planteamiento «estadounidense» (con estructuras jerárquicas, procedimientos formales y limitada participación *in situ*) acabaría con la diferenciación de CSP. ¿Qué sería de la ventaja competitiva de CSP ante sus poderosos competidores sin su espíritu único y sin sus rutinas directivas implícitas? Según

este directivo, los logros de CSP se arraigaban en el compromiso de sus empleados. Estaba de acuerdo en recurrir a algunos procesos simbólicos para facilitar la evolución de la cultura, por ejemplo, el adoptar un nuevo nombre o el nombrar a un responsable de información. También propuso dividir el Departamento de Servicios en un Departamento de Operaciones, que realizaría todas las mediciones de campo, y un Departamento de Informática, totalmente dedicado al procesamiento de datos. Esta nueva organización permitiría mantener las especificidades del espíritu del prospector (y, por consiguiente, la «forma de CSP») al tiempo que se modificaba la dirección de los analistas informáticos, los contables y los financieros, buscando un planteamiento más orientado al mercado. Para diversificar el origen nacional de la mano de obra y aumentar la flexibilidad de la gestión de recursos humanos, el responsable financiero también propuso contratar a prospectores en las sucursales locales de CSP utilizando contratos locales, en vez de contratarlos desde la sede con contratos franceses.

### Preguntas

1. ¿Cuál es su propio diagnóstico de la situación de CSP? Dibuje el mapa de la actual red cultural de CSP.
2. Para poder ajustarse a las nuevas condiciones del entorno, ¿cuál podría ser la red cultural futura de CSP?
3. ¿Cuáles son los pros y contras del programa de cambio de los consultores? ¿Qué problemas cree usted que tendrá CSP con este programa y cómo puede intentar superarlos?
4. ¿Cuáles son los pros y contras del programa de cambio del director general adjunto?
5. Haga sus propias recomendaciones sobre lo que cree que se debe hacer.

# Estrategia en acción

En el Capítulo 1 se presentó un marco para este libro (*véase* el Cuadro 1.3). La estructura posterior del libro ha partido de dicho modelo. Las distintas partes del libro han analizado cómo se puede comprender la *posición estratégica* de la organización (Parte II), cuáles son las *opciones estratégicas* disponibles (Parte III) y, en esta parte (Parte IV), cómo pueden las organizaciones trasladar la *estrategia a la acción*. En el Capítulo 1 se explicaba que, aunque estos temas se analizaban por separado y de forma secuencial en el libro, se trata más bien de una división artificial. Éste es el tema que se analiza en este comentario.

Este comentario se centra en la Parte IV del libro y, por tanto, trata de revisar los capítulos relacionados con cómo *organizar, potenciar y gestionar* el cambio a través de los tres prismas del diseño, la experiencia y las ideas. Sin embargo, al revisar estas cuestiones, la pregunta que hay que tener presente es si el paso de la *estrategia a la acción* puede verse, o debe verse, como algo independiente o como el resultado de otros aspectos de la dirección estratégica. La comprensión de la posición estratégica de una organización, en tanto en cuanto trata de interpretar las cuestiones del entorno, las capacidades de la organización, o las expectativas de las partes interesadas, puede muy bien producirse durante las actividades cotidianas de la dirección, así como mediante un análisis formal. Análogamente, la elección estratégica se puede producir mediante la acción, cuando la gente hace pruebas y experimenta.

## Diseño de la acción estratégica

Para algunos directivos el planteamiento lógico de gestión de la estrategia es el de una visión lineal y secuencial. La visión del diseño de la estrategia incorpora esta visión lineal. La aplicación práctica de la estrategia se considera como una ampliación del proceso de planificación; está relacionada con la *planificación de la puesta en práctica* de la estrategia. Primero se formula una estrategia y después se aplica. El énfasis se pone en comprender correctamente la *lógica* de la estrategia y después en *persuadir* a los individuos de esa lógica; en diseñar *estructuras y sistemas de control* adecuados para la estrategia, utilizándolos como mecanismos de cambio; en aportar los *recursos* necesarios; en planificar *los plazos temporales y las secuencias* de los cambios requeridos. También es necesario que existan sistemas de retroalimentación y mecanismos *de control* para poder refinar, modificar, etcétera, las estrategias pero, no obstante, sigue habiendo una secuencia lineal. Es un concepto de la dirección estratégica que parte de la idea de que la reflexión precede a la acción en la organización.

Hay supuestos implícitos sobre quién hace todo esto. Hay individuos que son responsables de la formulación de la estrategia, y se suele considerar que se trata de la alta dirección. Definen cómo debería ser la estrategia mediante un detenido análisis del contexto interno y externo de su organización, evalúan detenidamente las opciones estratégicas y después las trasladan a planes de aplicación. Otros directivos de menor rango se encargan de aplicar estos planes.

Gran parte de lo que se analizó en los Capítulos 8, 9 y 10 puede considerarse como la base de este planteamiento. El Capítulo 9 se ocupaba de cómo organizarse. El prisma del diseño sugeriría que la «estructura sigue a la estrategia». En efecto, existe evidencia empírica de que las estructuras de las organizaciones han cambiado tras importantes variaciones de las estrategias de las organizaciones. Por ejemplo, Alfred Chandler ha demostrado que las estructuras multidivisionales se crean tras el desarrollo de empresas que fabrican múltiples productos[1]. Es necesario diseñar sistemas de control para supervisar el progreso de la aplicación de la estrategia. Es probable que estos sistemas incluyan sistemas financieros como presupuestos, sistemas de recompensas y otras formas de garantizar que el comportamiento de los miembros de la organización se ajusta a la estrategia. Así pues, es necesario que se centren en medidas que son vitales para el funcionamiento de la estrategia. Como se muestra en la sección 8.5, Capítulo 8, sobre la *configuración*, la estructura y los sistemas de control de la organización tienen que ser, por tanto, adecuados para que la estrategia funcione. Si no lo son, la eficacia de la estrategia se verá perjudicada.

Una lección que se puede extraer del Capítulo 9 es que lo que está ocurriendo dentro de las principales áreas de recursos debe corresponderse a la estrategia general. Así pues, las estrategias para áreas como finanzas, tecnología, recursos humanos e información deben ajustarse al plan general. Y las prioridades y tareas clave que se realizan en estas áreas, así como el comportamiento de los individuos, deben ser acordes a la estrategia general.

El Capítulo 10 ofrece marcos que se pueden utilizar para diseñar un programa de cambio estratégico. Este diseño presupone que existe un diseñador, el agente del cambio, que reflexionará detenidamente sobre cuál es el estilo de dirección del cambio y cuáles son las palancas para dirigir el cambio que resultan más adecuadas y tendrán un mayor efecto en cada contexto concreto de la organización[2]. Después, los demás, el resto de la organización, serán objeto de este programa de cambio.

En resumen, todo esto es lo que se ha explicado en los capítulos anteriores de este libro y tiene mucho sentido. Sin todo ello, una organización, y sus miembros, se encontrarían en una situación de confusión sin ninguna dirección clara, sin ninguna forma de saber si están teniendo éxito y, con mucha probabilidad, con un grupo de accionistas desencantado y un personal desmotivado. Es evidente que es importante que la dirección estratégica sea clara y que haya un ajuste entre la estrategia general y las actividades cotidianas. Sin embargo, se pueden extraer otras lecciones de las relaciones entre el desarrollo de las estrategias y las acciones de la organización. Los capítulos y comentarios anteriores ya han planteado algunas de estas cuestiones, pero la utilización de los prismas de la experiencia y de las ideas para ver algunas de las cuestiones de la Parte IV de este libro puede ayudar a destacar su importancia y a ofrecer nuevas ideas.

## Acción estratégica y experiencia

A lo largo de este libro se ha intentado explicar la dirección estratégica, tanto en cuanto a los conceptos y marcos como respecto a los comportamientos y supuestos relacionados con la experiencia individual, la cultura de la organización y la institucionalización. Esto destaca una cuestión que es evidente cuando se afirma, pero que se suele ignorar con demasiada facilidad. En última instancia, el éxito del paso de la estrategia a la acción depende del grado de compromiso de los individuos con la estrategia. Esto plantea retos significativos.

## Inercia estratégica

El primer reto hace referencia al problema de la inercia y de la desviación estratégica. El Capítulo 1 (sección 1.5.3) planteó inicialmente este problema y el análisis del prisma de la experiencia en los comentarios a las Partes I, II y III ha seguido destacándolo. Existe un riesgo muy real de que los individuos de las organizaciones terminen siendo cautivos de su experiencia colectiva arraigada en el éxito anterior y en las normas institucionales y de la organización. Los Capítulos de la Parte IV han planteado otros problemas relacionados con este.

El Capítulo 8 ha señalado que las organizaciones pueden terminar siendo cautivas de sus estructuras y sistemas. Algunas organizaciones, como las asesorías contables, las universidades, las grandes burocracias del sector público e, incluso, algunas empresas de comercio electrónico en el nuevo milenio, están definidas tanto por la *forma* en que se organizan como por lo que hacen. En cierto sentido, en estas organizaciones no es tanto la estructura la que sigue a la estrategia, como la «estrategia la que sigue a la estructura»[3]; aplican estrategias restringidas o informadas por sus estructuras y sistemas. Este es el tema central del debate clave del Capítulo 8 (Ilustración 8.8). Análogamente, el Capítulo 9 ha señalado que las organizaciones pueden estar cautivas por su herencia de recursos[4]; o por los supuestos de los individuos sobre cuáles son las prioridades de recursos que realmente tienen importancia. Una empresa de alta tecnología termina fijándose en la tecnología como la fuerza motriz de su negocio; un CEO con un historial financiero se centra en las cuestiones financieras en detrimento de otras cuestiones más generales; la función de recursos humanos crea sistemas «punteros» de recursos humanos sin asegurarse de que sean compatibles con la dirección estratégica de la organización. La explicación sobre cómo se desarrollan las estrategias en las organizaciones, que se ofrecerá en el próximo Capítulo 11, destaca una cuestión análoga: es muy posible que las rutinas de asignación de recursos (sección 11.4.2) o la cultura (sección 11.4.3) sean las que determinan la estrategia, en vez de ser al contrario.

El análisis del cambio estratégico (Capítulo 10) utiliza este prisma y pone el énfasis en el reto de superar esta inercia: en efecto, gran parte del análisis de las necesidades de cambiar, y del contexto del cambio, sugerido en la sección 10.2, trata de definir la naturaleza y la magnitud de la inercia. Por ejemplo, la oposición al cambio ¿se debe más a una inercia pasiva de la cultura existente, o es más bien una oposición más activa y tal vez política? El resto de dicho capítulo sugiere que la dirección del cambio trata de encontrar la forma de superar esta oposición.

Muchos de los marcos para diseñar los programas del cambio parten de la postura de que la ruptura de la inercia cultural y la superación de la oposición al cambio son requisitos clave para poder trasladar la estrategia a la acción. Algunos afirman que es necesario «descongelar» la organización antes de poder aplicar una nueva estrategia[5]; y que esto implica poner en duda el paradigma predominante de forma que se puedan reducir las restricciones de la inercia para aplicar la nueva estrategia. Por tanto, la organización tendrá que aplicar procesos de cambio en los que se utilizan los mecanismos analizados en esta parte del libro.

- Un cambio en el entorno de la organización (una nueva tecnología, cambios en los gustos de los clientes, o la entrada de nuevos competidores que provocan un deterioro de la posición en el mercado) puede actuar como mecanismo de *descongelación*. Sin embargo, si no existe una clara y potente fuerza externa para cambiar, hay otras formas de lograr este proceso de descongelación. Los directivos pueden destacar, incluso exagerar, las señales externas de problemas o amenazas, realizar cambios estructurales, poner en marcha distintos sistemas de control, eliminar sistemas de dirección de larga tradición, o pasar recursos a distintas prioridades como forma de señalizar que se está cambiando la forma actual de hacer las cosas.
- Pueden desarrollar una situación de *flujo* en la organización, en la que surgen planteamientos distintos sobre las causas y los remedios de los problemas. Es probable que sea un momento de gran actividad política. Y también es probable que surja una defensa de las delimitaciones y de las inversiones en los recursos, tal vez controlada por los departamentos funcionales.

- El camino hacia adelante se puede definir mediante una dirección estratégica planificada que viene desde arriba. O es posible que los individuos, o los grupos de las distintas partes de la organización, empiecen a intentar aplicar nuevas formas de hacer las cosas: un proceso de *experimentación*. Esto puede deberse a que un agente del cambio está deliberadamente utilizando un cambio de estilo de participación o intervención (*véase* la Sección 10.3.1 del Capítulo 10) o tal vez porque los individuos de un departamento consideran que pueden beneficiarse potencialmente de un cambio estructural en la organización. El resultado puede ser que hay un mayor compromiso con la nueva dirección estratégica. También puede significar que los directivos están intentando fomentar el aprendizaje de la nueva estrategia con estos experimentos, y refinar así la estrategia que han planificado.

- Los miembros de la organización, ante la nueva estrategia, pueden exigir una «red de seguridad» para el futuro. Es posible que sea necesario un nuevo proceso de *congelación* para confirmar la validez de la nueva estrategia en la organización, por lo que los directivos tendrán que buscar la manera de señalizarlo: por ejemplo, cambiando las estructuras de la organización (*véase* el Capítulo 8), invirtiendo en áreas de recursos centrales para esa estrategia (Capítulo 9), cambiando las rutinas cotidianas (Sección 10.4.4) o mediante una señalización simbólica del cambio de la estrategia (*véase* la Sección 10.4.5).

Así pues, aquí, todo el énfasis de la gestión del cambio estratégico se pone en cómo pueden utilizar los directivos los tipos de procesos que se han analizado en la Parte IV del libro para superar la inevitable inercia que existe.

## La experiencia de los directivos intermedios

El importante papel de la dirección intermedia se analizó en los Capítulos 9 y 10. Imagine una situación en la que la alta dirección de una organización está intentando desarrollar una nueva dirección estratégica. Si adopta literalmente el planteamiento del diseño, podría suponer que puede planificar la aplicación de la estrategia de forma que caiga en cascada por toda la organización. Considerará que los directivos intermedios son parte de esta cascada, responsables de hacer lo que ordena el plan y de supervisar los progresos. Sin embargo, se puede ver desde otra óptica. Si se considera que la estrategia viene desde abajo hasta la cumbre de la organización, es inevitable que los que se encuentran por debajo de la alta dirección interpreten cualquier dirección estratégica prevista en función de su experiencia actual, tanto individual como colectiva: traducirán la intención estratégica en función de su propia experiencia[6]. En efecto, tienen que hacerlo para poder aplicar la nueva estrategia, puesto que es imposible que un plan estratégico diseñado de arriba a abajo pueda cubrir todos los detalles de las operaciones de cualquier organización. Tiene que trasladarse a la acción dentro de la organización; y, normalmente, por los directivos responsables de las áreas de recursos de la organización. Esto constituye el tema central del debate clave (Ilustración 10.8) del Capítulo 10. Si se admite que es así, se obtiene una visión distinta de la idea del paso de la estrategia a la acción.

- *La alta dirección no puede planificarlo todo.* Muchos líderes estratégicos reconocen que el significado y la relevancia de las estrategias decididas en el ápice se interpretarán de distinta manera, en mayor o menor medida, dentro de la organización, y que estas interpretaciones afectarán a la acción. Por tanto, adoptan planteamientos para gestionar la estrategia y los estilos del cambio estratégico que tienen en cuenta este fenómeno de forma explícita (*véase* la Sección 10.3 del Capítulo 10). Pueden recurrir a subordinados clave que creen que se ceñirán estrictamente a su planteamiento sobre lo que están intentando conseguir; o pueden hacer participar a los subordinados en el desarrollo de la estrategia para que se ciñan a la misma. O puede que decidan ser muy claros sobre la intención estratégica general y sobre unas sencillas reglas (como sugiere el prisma de las ideas), y estén dispuestos a ser flexibles en cuanto a la interpretación en los niveles inferiores.

- *Organización para la participación*. En efecto, una segunda lección es que puede ser importante que los intérpretes de la estrategia (fundamentalmente, los directivos intermedios) participen en el desarrollo de las estrategias. Si no participan, deben estar en una posición de poder interpretar esos planes desde una perspectiva distinta a la de los individuos que los formularon. Se puede decir que esto explica los intentos de aplanar las jerarquías de las organizaciones y deshacerse de niveles directivos que interpretan de distinta manera la intención estratégica.

- *Relación con las realidades de la organización*. Cuanto más crean los directivos que su papel consiste en planificar con detalle la aplicación, más tendrán que encontrar la manera de relacionar la dirección estratégica deseada con las realidades cotidianas de los individuos de la organización. Es necesario que construyan un puente entre sus intenciones y la experiencia de los que aplicarán esas intenciones en la práctica. Esta es la razón por la que es tan importante asegurarse de que las rutinas y procesos operativos de la organización, los sistemas de control cotidianos, y los sistemas de recursos humanos sean acordes con la estrategia buscada. De nuevo, es improbable que la alta dirección pueda hacerlo todo; por tanto, es vital que los directivos intermedios participen y tengan un compromiso con estas estrategias para que puedan realizar este proceso de traducción a la práctica.

Sin embargo, por muy deseable que sea todo esto, también hay que admitir que es improbable que se produzca una aplicación práctica perfecta. Lo que pretende el ápice de la organización rara vez se materializa por completo, o de la forma en que se concibió inicialmente. Esta imperfección hace que el análisis se traslade al prisma de las ideas.

# Acción estratégica e ideas

## Énfasis en las actividades de la organización

El prisma de las ideas acepta las imperfecciones de los sistemas de la organización y destaca la importancia de la diversidad y de la variedad. Al partir de las teorías evolucionistas y de la complejidad, considera que las estrategias emergen de los patrones de orden de dicha variedad. Aquí, la división entre la formulación de la estrategia y su aplicación desaparece. Se considera que las estrategias se desarrollan a partir de las ideas que surgen de dentro y de fuera de la organización. Pueden surgir porque los individuos se relacionan con un entorno cambiante que, a su vez, promueve nuevas ideas; o pueden surgir porque ideas distintas, incluso disidentes, empiezan a ser atractivas. Estas ideas pueden ser absorbidas o racionalizadas a posteriori y en los planes estratégicos, pero no provienen del proceso de planificación. Las propias ideas surgen y se crean en las actividades cotidianas y en las relaciones sociales de la organización y del mundo que rodea a las organizaciones. Las estrategias emergen, y el potencial de cambio estratégico proviene de lo que hacen todos los individuos de la organización, y no solo de lo que hacen los que se encuentran en el ápice.

Esto plantea preguntas sobre las cuestiones planteadas en esta parte del libro y sobre algunas de las ideas de los prismas del diseño y de la experiencia.

- El énfasis aquí se encuentra en la *importancia de las relaciones* dentro de la organización y entre las organizaciones. Cuanto más extensas sean estas relaciones, mayor será la innovación y el número de ideas que surgirán. Aunque las estructuras y los sistemas de las organizaciones son indispensables, tienden a crear barreras y fronteras y, por tanto, reducen estas relaciones. El prisma de las ideas sugiere que esta es una de las razones por las que surge la inercia y la oposición a las nuevas ideas y a las nuevas estrategias.

- El potencial de nuevas ideas, de innovación y de cambios ya se encuentra en las organizaciones. *Es necesario liberar las ideas.* En vez de considerar que los niveles inferiores de la organización constituyen bloqueos para las nuevas estrategias, deben ser considerados como una fuente potencial de innovación[7]. Son los sistemas formalizados (derivados del planteamiento del diseño) y la experiencia incorporada en la cultura los que constituyen obstáculos.

- *Fomento de la innovación*: por tanto, los altos directivos tienen distintas opciones. Pueden bloquear las ideas, tal vez porque consideren que no se ajustan a su experiencia de la actual idea de negocio (*véase* el comentario a la Parte II), o puede que fomenten la variedad y toleren a los inconformistas. Puede que promuevan lo que parece a primera vista un inconformismo, o que exijan que haya conformidad. Pueden crear rígidas jerarquías para garantizar la conformidad, o crear las condiciones que fomentan nuevas ideas y tolerar las aparentes ineficiencias y el fracaso de las nuevas ideas. Pueden crear sistemas de control que se ocupan únicamente de medir la variación frente a los planes y presupuestos, o pueden supervisar qué es lo que ocurre con las ideas, cuándo tienen éxito y cuándo fracasan, para ayudar a que la organización aprenda.

- El prisma de las ideas destaca las *limitaciones de la planificación formal*: el concepto de que la estrategia planificada se puede aplicar de forma tan precisa y prescriptiva que se reproducirá con exactitud en la acción de la organización no es un concepto realista. Estas intenciones planificadas serán interpretadas de distinta manera por los individuos de la organización; se trata de *copias imperfectas* y, aunque el prisma del diseño lo considera ineficiente, el prisma de las ideas lo considera como una fuente de nuevas ideas y de originalidad.

- Sin embargo, se reconoce la *necesidad de reglas y líneas directrices*. Sin estas, se produciría el caos. Los que reflexionan sobre la dirección de la estrategia deben reconocer la importancia de la claridad del propósito estratégico general, o intención estratégica, y deben ofrecer algunos principios directrices clave, sobre los que construir los sistemas de medición y de supervisión. Sin embargo, deben evitar que sean tan prescriptivos y limitadores que impidan la interacción, el compartir, la puesta en duda, y un comportamiento innovador.

- Las organizaciones en *entornos particularmente dinámicos* están aprendiendo estas lecciones porque las fuerzas del entorno están cambiando tan deprisa que la forma tradicional de organizar y la cultura no se materializan de la misma manera que en los entornos más estables. Aquí, no es necesario disponer de mecanismos de *descongelación* porque la organización se encuentra en una situación de continuo cambio.

Todo esto refleja el tipo de argumentos defendidos por los que promueven la idea de la *organización que aprende,* que se analiza en la sección 11.6.2 del Capítulo 11: la organización tiene que ser capaz de una continua regeneración a partir de la diversidad de conocimientos, experiencias y habilidades de los individuos con una cultura que fomenta la puesta en duda mutua en torno a la visión o el propósito compartido.

## Una nota sobre el cambio estratégico

El prisma de las ideas (o, más concretamente, el campo de la teoría de la complejidad sobre la que se basa) también ofrece dos ópticas de los procesos de cambio. Se trata de la óptica del «borde del caos» y lo que se conoce técnicamente como una «visión de estructuras disipadoras». Cada una tiene una perspectiva ligeramente distinta sobre el margen que tienen los directivos para dirigir el cambio.

El concepto del *borde del caos*[8] está relacionado con el de la tensión adaptativa (*véase* el Cuadro I.ii) que se explicó en el comentario a la Parte I: la innovación (o el cambio) «se producirá probablemente cuando la organización nunca termine de estabilizarse en un equilibrio o estado fijo» (página 53). La volatilidad resultante da lugar a nuevas ideas mientras que se minimizan las fuerzas que fomentan la inercia de la organización. Los sistemas en el borde del caos parecen adaptarse continuamente, reorganizándose una y otra vez para garantizar la compatibilidad con un entorno que no deja de cambiar. «Siempre se pueden explorar los patrones del orden disponibles y probarlos... hay que evitar quedarse atascado en un estado del orden que está condenado a ser obsoleto antes o después»[9]. El papel de la dirección aquí consiste en crear el contexto o las condiciones del cambio.

Mientras que el concepto del borde del caos sugiere una situación de cambio continuo (o, al menos, de volatilidad) la *perspectiva de las estructuras disipadoras* ofrece una explicación del cambio más episódica. La investigación inicial sobre las estructuras disipadoras fue realizada en el campo de la física y de la química física[10] y pretende explicar la aparición del orden en sistemas aparentemente caóticos. De nuevo, la condición necesaria para este cambio es un estado inestable y no un estado estable. En estos estados inestables cualquier sistema, incluyendo una organización, es vulnerable a las señales que tendrían un impacto muy limitado si estuvieran en un estado de equilibrio. Los procesos de retroalimentación positiva (tal vez en el mercado o dentro de la organización) pueden transformar estos pequeños cambios en «gigantescas oleadas que rompen las estructuras»[11]. Por ejemplo, se dice que cuando Greg Dyke sustituyó a John Birt como CEO de la BBC (*véase* el caso de ejemplo del Capítulo 8) ese desencadenante liberó una enorme creatividad y entusiasmo que no habían sido capaces de expresarse. Normalmente, lo que sigue a estos importantes episodios de cambio son condiciones más estables.

Robert MacIntosh y Donald MacLean[12] adoptan una perspectiva de estructuras disipadoras sobre el cambio estratégico. Utilizan esta perspectiva como medio para comprender cómo se producen los cambios y para sugerir el papel que pueden desempeñar los directivos antes y durante el proceso de cambio. Afirman que los cambios implican la creación de condiciones de suficiente desequilibrio (por ejemplo, mediante el recurso a sencillas reglas; *véase* la página 53) y el fomento y la gestión de procesos de retroalimentación positiva y negativa durante estos episodios del cambio. Su énfasis, pues, se encuentra no solo en que los directivos sean capaces de crear un contexto para el cambio, sino también de utilizar el tipo de palancas del cambio descritas en la Sección 10.4 para promover, guiar y dirigir el cambio.

# Nuestra visión

Como en los dos comentarios anteriores, afirmamos que estos prismas no son mutuamente excluyentes.

Desde un punto de vista extremo, el prisma del diseño pone, en efecto, demasiado énfasis en la dirección de arriba a abajo: altos ejecutivos que lo saben todo y que definen la estrategia, y la idea de que la estrategia puede ser preconcebida desde el ápice. Sin embargo, es necesario que haya una dirección estratégica y que se preste atención a la reflexión a través de la estructuración de las organizaciones, a la gestión de las áreas de recursos clave, o al papel de los directivos para fomentar el cambio. Incluso si las ideas de los otros prismas se cumplen, es necesario dirigir la energía del cambio y hacerlo de forma significativa. En todos estos sentidos, el prisma del diseño tiene mucho que ofrecer.

Sin embargo, la importancia de la experiencia individual y de la cultura de la organización es, sin duda, central. El prisma de la experiencia ofrece, por tanto, lecciones e ideas importantes para dirigir las cuestiones cotidianas de la estrategia. Sin embargo, hace mucho más que esto. Explica las barreras al cambio, ofrece ideas sobre cómo suprimir esas barreras, o superarlas, y, por tanto, sobre cómo se puede gestionar el cambio.

El prisma de las ideas destaca el potencial de las nuevas ideas y de la innovación, pero también destaca la relevancia de los otros prismas. Sin duda, los individuos están cautivos dentro de su propia experiencia y de sus propias culturas, pero también son diferentes. Constituyen una fuente de potencial variedad, y el reto consiste en liberar la energía de dicha variedad. Sin embargo, el prisma de las ideas también destaca la importancia de la claridad de la dirección general y la importancia de unas reglas suficientes. La innovación no surge en las organizaciones de una individualidad anárquica y descontrolada, sino del equilibrio entre la diversidad y variedad y de una dirección y control mínimos necesarios.

Nuestro argumento es que la comprensión del proceso de pasar la estrategia a la acción exige utilizar los tres prismas, y no que uno sea más importante que otro.

## Notas

1. La evidencia de que la «estructura sigue a la estrategia» surgió en los estudios históricos del desarrollo de la estrategia y de las estructuras de las organizaciones de CHANDLER, A. D. (1962): *Strategy and Structure*, MIT Press.
2. *Exploring Strategic Change* de BALOGUN, J. y HOPE HAILEY, V. (Prentice Hall, 2004) reconoce de forma específica este planteamiento del diseño sobre el cambio.
3. Para un análisis y evidencia empírica de que la estrategia puede seguir a la estructura *véase* HALL, D. y SAIAS, M. A. (1980): Strategy follows structure. Strategic Management Journal, vol. 1, n.º 2. Pp. 149-163.
4. Para una exposición del planteamiento de la «dependencia de los recursos» *véase* PFEFFER, J. y SALANCIK, G. R. (1978): *The External Control of Organisations: A resource dependence perspective*. Harper and Row.
5. El modelo de descongelación del cambio es muy utilizado. Tiene sus orígenes en la obra de LEWIN, K. (1958): «Group decision and social change», en E. E. Maccoby, T. M. Newcomb y E. L. Hartley (eds), *Readings in Social Psychology*, Holt, Reinhart and Winston. Pp. 197-211; pero, por ejemplo, *véase* también ISABELLA, L. A. (1990): «Evolving interpretations as a change unfolds: how managers construe key organisational events». *Academy of Management Journal*, vol. 33, n.º 1. Pp. 7-41 que utiliza este modelo para explicar el cambio.
6. Para una explicación y un ejemplo del papel de los directivos intermedios para traducir la intención estratégica, *véase* BALOGUN, J. y JOHNSON, G. (2004): «Organizational restructuring and middle manager sensemaking». *Academy of Management Journal*, vol. 47, n.º 4. Pp. 523-549.
7. Este tema de las estrategias y el cambio que se desarrollan desde dentro de la organización, y de las estructuras formales que pueden potencialmente inhibir el cambio estratégico, se analiza en TSOUKAS, H. y CHIA, R. (2002): «On organizational becoming: rethinking organizational change». *Organization Science*, vol. 13, n.º 5. Pp. 567-582.
8. *Véase* BROWN, S. L. y EISENHARDT, K. M. (1997): «The art of continuous change: linking complexity theory and time-paced evolution in relentlessly shifting organizations». *Administrative Science Quarterly*, vol. 42. Pp. 1-34 y *Competing on the Edge: Strategy as Structured Chaos*. Harvard Business School Press.
9. Esta es una cita de Brian Goodwin en COVENEY, P. y HIGHELD, R. (1995): *Frontiers of Complexity*. Faber and Faber.
10. Por ejemplo, *véase* JANTSCH, E. (1980): *The Self-Organising Universe*, George Braziller Publishers, y PRIGOGINE, I. y STENGERS, I. (1984): *Order out of Chaos: Mans new dialogue with nature*. Bantam.
11. *Véase* PRIGOGINE y STENGERS, nota 10. P xvii.
12. *Véase* MACINTOSH, R. y MACLEAN, D. (1999): «Conditioned emergence: a dissipative structures approach to transformation». *Strategic Management Journal*, vol. 20 n.º 4. Pp. 297-316.

# Parte V

## Cómo se desarrolla la estrategia

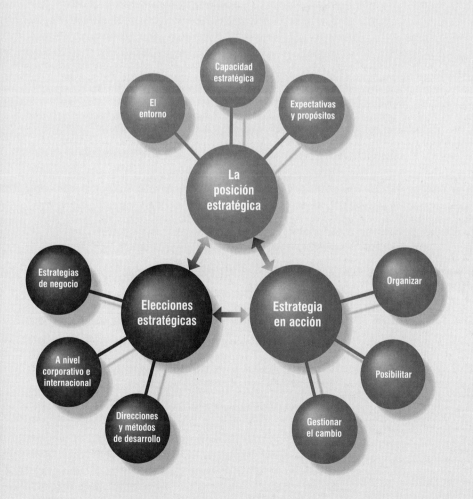

# Introducción a la Parte V

Hasta ahora, en este libro ha habido capítulos sobre la comprensión de la *posición estraté-gica*, cómo se toman *elecciones estratégicas* y cómo se traslada la *estrategia a la acción*. En conjunto, han ofrecido conceptos, marcos y herramientas útiles para reflexionar sobre los problemas de la dirección estratégica. Sin embargo, las estrategias aplicadas por las organizaciones no se derivan únicamente de la reflexión de los directivos sobre las cuestiones estratégicas y del cuidadoso diseño de estrategias para sus organizaciones. Así pues, es importante comprender mejor cómo se producen las estrategias y la dirección estratégica.

El Capítulo 11 aborda esta cuestión. Ofrece distintas explicaciones de cómo se desarro-llan las estrategias en las organizaciones. Primero analiza las distintas explicaciones sobre cómo surgen las estrategias de forma intencionada, deliberada. Esto representa, tal vez, la forma convencional de analizar el desarrollo de las estrategias. Sin embargo, la segunda par-te del capítulo analiza otras explicaciones de cómo se desarrollan las estrategias de forma menos intencionada, más emergente, en las organizaciones. Bajo estos dos encabezados de *intencionada* y *emergente* se analizan las distintas explicaciones del desarrollo de la es-trategia. No son mutuamente excluyentes y, en efecto, el capítulo refleja que muchas de es-tas explicaciones se pueden estar produciendo al mismo tiempo en las organizaciones. El argumento subyacente es que, para que los conceptos, marcos y herramientas introducidos en el resto del libro sean útiles, deben comprenderse y aplicarse en el contexto del desarrollo real de las estrategias en las organizaciones. Así pues, este capítulo ayuda al lector a aplicar lo que se ha abarcado en el resto del libro.

En muchos sentidos, el capítulo también desarrolla, los argumentos que se han hecho en los comentarios a las distintas partes del libro hasta ahora. Estos comentarios han plantea-do continuamente la pregunta de cómo se puede comprender el desarrollo de la estrategia, no solo como un *diseño*, sino también como el producto de la *experiencia y de las ideas*. Así pues, se puede considerar que el Capítulo 11 también está relacionado con los comentarios. En efecto, se vuelve a recurrir a los tres prismas en el breve comentario al final del Capítulo 11 para reevaluar los procesos de desarrollo de las estrategias.

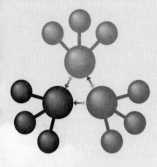

# 11

# Comprensión del desarrollo de la estrategia

## Objetivos del aprendizaje

Tras leer este capítulo, usted debería ser capaz de:

- Explicar lo que se quiere decir por desarrollo intencionado y emergente de la estrategia.

- Explicar los procesos intencionados del desarrollo de la estrategia en las organizaciones como:
    — los sistemas de planificación estratégica;
    — los equipos de proyectos y los talleres sobre estrategia;
    — el papel de los consultores especializados en estrategias;
    — las estrategias impuestas desde el exterior.

- Explicar los procesos emergentes del desarrollo de la estrategia como:
    — el incrementalismo lógico;
    — las rutinas de asignación de recursos;
    — los procesos culturales;
    — la política de la organización.

- Analizar cómo se pueden encontrar distintos procesos de desarrollo de la estrategia *en múltiples formas* y en *distintos contextos*.

- Explicar algunas de las cuestiones que tienen que resolver los directivos cuando desarrollan la estrategia, incluyendo:
    — el peligro de la *desviación estratégica*;
    — el desarrollo de la *organización que aprende*;
    — el desarrollo de la estrategia en *situaciones complejas y de incertidumbre*.

Fotografía: Corbis

Fotografía: Corbis

Fotografía: Freefoto.com

## 11.1 INTRODUCCIÓN

Es importante diferenciar entre los conceptos e ideas que ayudan a explicar qué son las estrategias y los procesos por los que surgen las estrategias en las organizaciones. La mayor parte de este libro se ha ocupado hasta ahora de explicar qué son las estrategias y cómo se pueden analizar. Este capítulo ofrece explicaciones sobre cómo se materializan las estrategias en las organizaciones.

La próxima sección de este capítulo (11.2) ofrece un telón de fondo de las distintas explicaciones sobre cómo se desarrollan las estrategias en las organizaciones. En concreto, analiza la diferencia entre *estrategia intencionada*, tal y como se ha concebido o planificado deliberadamente en las organizaciones, y la *emergencia de la estrategia* de otras maneras en las organizaciones. El planteamiento ortodoxo es que las estrategias de las organizaciones son *intencionadas*. En la Sección 11.3 se ofrecen explicaciones de los procesos del desarrollo de las estrategias intencionadas. Estas implicaciones incluyen la *planificación estratégica, los talleres sobre estrategia, los equipos de proyectos de estrategias, el liderazgo estratégico, los consultores especializados en estrategia* y *la estrategia impuesta desde fuera*. Sin embargo, la evidencia empírica afirma que, a menudo, las estrategias de las organizaciones no se desarrollan tanto siguiendo un gran plan sino que emergen de la organización. Este es el concepto de *estrategia emergente*. De nuevo, hay distintas explicaciones y se analizarán en la Sección 11.4. Esta sección se inicia con el análisis de lo que se ha venido a llamar *incrementalismo lógico*. A continuación describe cómo pueden las estrategias ser el resultado de los *procesos de asignación de recursos* en las organizaciones. A continuación se analiza la influencia de los *procesos culturales y de los procesos políticos* de las organizaciones.

La Sección 11.5 del capítulo afirma que, de hecho, no debe considerarse que estas distintas explicaciones del desarrollo de las estrategias sean independientes o mutuamente excluyentes. En efecto, es probable que puedan estar todas presentes en las organizaciones al mismo tiempo, o en distintos momentos con distinta importancia. Así pues, esta sección del capítulo analiza *múltiples procesos de desarrollo de la estrategia* y cómo pueden depender del contexto.

La sección final del capítulo (11.6) parte de esta revisión de los procesos para plantear algunas *implicaciones para la dirección del desarrollo de la estrategia*, incluyendo:

- Cómo se pueden utilizar los procesos de desarrollo de la estrategia para explicar el fenómeno de la *desviación estratégica* (explicado brevemente en el Capítulo 1) y los retos que plantea para los directivos.
- El reto de desarrollar lo que se ha venido a conocer como la *organización que aprende*.
- Cómo se pueden ajustar los distintos planteamientos del desarrollo de la estrategia a los entornos *estables, dinámicos o complejos*.

El Cuadro 11.1 resume el contenido de este capítulo.

## 11.2 ESTRATEGIAS INTENCIONADAS Y EMERGENTES

En la Ilustración 10.2 del capítulo anterior, y en el análisis de las Secciones 10.2.3 y 10.2.4, se destacaron algunos problemas del cambio estratégico en un departamento de un ayuntamiento. El máximo responsable tenía un claro plan intencionado. Partía del

**Cuadro 11.1** Procesos de desarrollo de la estrategia

**Procesos de desarrollo intencionado de la estrategia**
- Planificación estratégica
- Equipos de proyectos y talleres sobre la estrategia
- Consultores especializados en estrategia
- Estrategias impuestas desde fuera

**Procesos de desarrollo emergente de la estrategia**
- Incrementalismo lógico
- Rutinas de asignación de recursos
- Procesos culturales
- Procesos políticos

**Retos e implicaciones**
- Desviación estratégica
- La organización que aprende
- Condiciones complejas y de incertidumbre
- Dirección de los procesos de desarrollo de la estrategia

análisis de las necesidades de la comunidad, había sido analizado con otros altos funcionarios y con los concejales electos, y estaba expresado en un documento formal que expicaba con detalle la estrategia intencionada. No había falta de reflexión en todo ello; se había hecho de forma sistemática y se habían argumentado y documentado correctamente las explicaciones. La estrategia intencionada implicaba dar prioridad a una serie de cuestiones locales y a ofrecer unos servicios coordinados para resolver cuestiones sociales acuciantes. Sin embargo, no era la estrategia que se estaba aplicando en la organización. A pesar de que la mayoría de los altos responsables afirmaba estar de acuerdo con la estrategia intencionada, en la práctica persistía un conjunto de servicios fragmentados que partían de las distintas prioridades de cada departamento, como siempre había sido.

No es un caso infrecuente: la existencia de una estrategia intencionada en la cumbre que difiere de la estrategia que se está llevando a cabo en la práctica (o *estrategia realizada*) que surge de la organización. Es un patrón bastante común que requiere explicaciones adicionales.

Normalmente, la estrategia se define como si fuera a ser desarrollada por los directivos de forma intencionada, planificada. La **estrategia intencionada** es una expresión de la dirección estratégica deseada, formulada o planificada deliberadamente por los directivos. La consecuencia es que la puesta en práctica de esta estrategia intencionada también está planificada en cuanto a la asignación de recursos, los sistemas de control, la estructura de

La **estrategia intencionada** es una expresión de la dirección estratégica deseada, formulada o planificada deliberadamente por los directivos.

**Cuadro 11.2**    Trayectorias de desarrollo de la estrategia

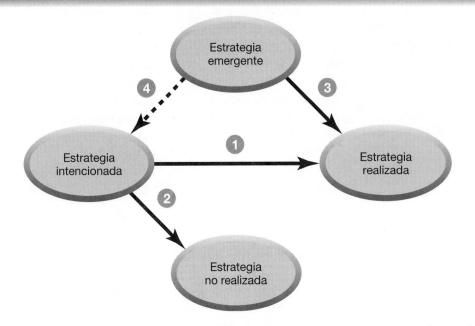

la organización, etcétera (*véase* la trayectoria 1 en el Cuadro 11.2)[1]. La Sección 11.3 analiza con más detalle los procesos que se suelen seguir para el desarrollo de las estrategias intencionadas.

Sin embargo, en muchas organizaciones, el intento de formular estrategias intencionadas detalladas termina derivando, en gran parte, en la trayectoria 2 del Cuadro 11.2 y no se realiza nunca; no se lleva a la práctica o solo se lleva a la práctica parcialmente. Puede deberse a todo tipo de razones. Los planes no son aplicables, el entorno cambia una vez definido el plan y los directivos deciden que la estrategia, tal y como ha sido planificada, no debe llevarse a la práctica, o los individuos de la organización, o las partes interesadas influyentes, no aplican el plan. (*Véase* también el análisis de los inconvenientes de los sistemas de planificación en la próxima Sección 11.3.)

Como se ha ilustrado anteriormente, también es posible que la estrategia intencionada, aunque existe en forma de algún tipo de plan, no es la **estrategia realizada**: es decir, la estrategia que se está aplicando en la práctica en la organización. Si se define la estrategia como la dirección a largo plazo de la organización, que se desarrolla a lo largo del tiempo, será más bien una estrategia *emergente* (trayectoria 3 en el Cuadro 11.2) que una estrategia planificada a priori. La **estrategia emergente** surge de las rutinas, actividades y procesos cotidianos de la organización que, a primera vista, pueden no estar directamente relacionados con el desarrollo de la estrategia pero pueden, no obstante, desempeñar un papel importante. Estos procesos se explican en la Sección 11.4.

También hay que destacar que si existen planes estratégicos puede que no desempeñen el papel de formular las estrategias (trayectoria 2) sino el útil papel de supervisar el progreso o la eficiencia de la estrategia que emerge (trayectoria 4 en el Cuadro 11.2). Esto se analiza con más detalle en la Sección 11.3.1 más adelante, sobre los sistemas de planificación estratégica. En efecto, estos planes pueden lograr poco más que recopilar las opiniones y la «sabiduría» que han surgido en la organización a lo largo del tiempo. Esto

La **estrategia realizada** es la estrategia que se está aplicando en la práctica en la organización.

La **estrategia emergente** surge de las rutinas, actividades y procesos cotidianos de la organización que, a primera vista, pueden no estar directamente relacionados con el desarrollo de la estrategia pero pueden, no obstante, desempeñar un papel importante.

también puede resultar útil aunque, una queja común de los CEO es que los sistemas de planificación de sus organizaciones han degenerado en poco más que una racionalización a posterior del devenir de la organización.

Si se analizan los patrones históricos del desarrollo de la estrategia de las organizaciones, surge un patrón que se ha venido a llamar el desarrollo paulatino o gradual de la estrategia. Normalmente, las estrategias no varían en grandes cambios de dirección. Suelen cambiar construyendo y modificando lo que se ha hecho anteriormente. Las decisiones anteriores tienden a influir sobre las decisiones futuras, lo que da lugar al tipo de patrón que se describe en el Cuadro 11.3. Una estrategia aparentemente coherente puede desarrollarse en una organización a partir de una serie de movimientos estratégicos, y cada uno de ellos tiene sentido en el contexto de los movimientos anteriores. Tal vez el lanzamiento de un producto, o una decisión sobre una importante inversión, marquen una dirección estratégica que, en sí, marca las decisiones sobre el siguiente movimiento estratégico; tal vez, una adquisición. Esto, a su vez, ayuda a consolidar esa dirección estratégica y, con el tiempo, se va conformando el planteamiento estratégico general de la organización. A medida que pasa el tiempo, cada movimiento depende de este patrón de desarrollo de la estrategia y, a su vez, lo refuerza.

En muchos sentidos, esto es de esperar. Sería extraño y poco funcional que una organización cambiara su estrategia continuamente y de forma profunda. Además, si se ha embarcado en una dirección estratégica general, es de esperar que las decisiones estratégicas sean acordes a dicha dirección. Así pues, este patrón es coherente con la visión del desarrollo de la estrategia como un proceso voluntario, analizado y deliberado. Sin embargo, también se puede explicar el mismo patrón como una aplicación continua de lo familiar: las organizaciones toman continuamente las decisiones en función de sus orígenes, y no analizando el futuro[2]. Se puede afirmar que esta es la razón por la que muchas empresas terminaron tan diversificadas como estaban en la década de 1980 y a principios de la década de 1990. Una vez que habían dado los primeros pasos de adquisiciones, cada

---

**Cuadro 11.3**    Dirección de la estrategia a partir de las decisiones anteriores

**Decisiones estratégicas**

- Lanzamiento de un producto
- Adquisición
- Desinversión
- Expansión en el extranjero

**Las estrategias evolucionan e informan a las decisiones estratégicas que, a su vez, consolidan la dirección estratégica**

**Dirección estratégica en evolución**

adquisición de éxito se justificaba con los mismos argumentos. Con demasiada frecuencia, el resultado fue un exceso de diversificación y conglomerados casi imposibles de gestionar que se justificaban, no obstante, en los informes anuales y en los comunicados de prensa como una diversificación derivada de las sinergias.

Para comprender este patrón gradual del desarrollo de la estrategia es necesario, por tanto, tener una mayor comprensión de las distintas explicaciones de los procesos de desarrollo intencional y emergente de la estrategia.

## 11.3 DESARROLLO INTENCIONAL DE LA ESTRATEGIA

### 11.3.1   Sistemas de planificación estratégica

Los sistemas formalizados de **planificación estratégica** pueden adoptar la forma de procedimientos sistematizados, paso a paso, cronológicos, que implican a las distintas partes de la organización.

A menudo, el desarrollo de la estrategia se iguala a sistemas formalizados de **planificación estratégica**[3]. Estos sistemas pueden adoptar la forma de procedimientos sistematizados, paso a paso, cronológicos, que implican a las distintas partes de la organización. Por ejemplo, en un estudio sobre los sistemas de planificación estratégica de las grandes empresas petrolíferas, Rob Grant[4] destacó las siguientes etapas del ciclo:

- El punto de partida del ciclo suele ser un conjunto de supuestos o líneas directrices sobre el entorno externo (por ejemplo, los niveles de precios y las condiciones de la oferta y la demanda) y también de las prioridades, líneas directrices y expectativas generales planteadas por la sede.
- Esto viene seguido de planes estratégicos diseñados en las distintas divisiones o unidades de negocio. Así pues, los planes estratégicos van de las unidades de negocio a la sede, y los ejecutivos de la sede analizan estos planes con las unidades de negocio en reuniones cara a cara. A partir de estas discusiones, las unidades de negocio revisan sus planes para volver a discutirlos.
- El plan de la corporación es el resultado de la agregación de los planes de las unidades de negocio. Esta coordinación puede ser llevada a cabo por un departamento de planificación de la sede que tiene, en efecto, el papel de coordinador. El consejo de administración aprobará a continuación el plan de la corporación.
- Es probable que a continuación se establezca una serie de objetivos estratégicos y financieros clave para que se pueda hacer una supervisión del rendimiento de los negocios y de las prioridades estratégicas clave en función de lo establecido en el plan.

Aunque estos pasos, resumidos en el Cuadro 11.4, son frecuentes, es probable que se produzcan diferencias entre las distintas organizaciones. Por ejemplo, Grant concluyó que algunas empresas petrolíferas eran mucho más formales y estaban mucho más regularizadas que otras (por ejemplo, Elf Aquitaine y ENI), recurriendo más a los informes por escrito y a las presentaciones formales, y a ciclos de planificación más fijos, con menos flexibilidad y más objetivos específicos relacionados con los planes formales. En las empresas con más informalidad/flexibilidad (BP, Texaco y Exxon), las empresas ponían un mayor énfasis en objetivos financieros más generales. Los departamentos de planificación de la sede también desempeñaban distintos papeles. En algunas organizaciones, actúan fundamentalmente como coordinadores de los distintos planes de las unidades de negocio (por ejemplo, Amoco y ENI). En otras (por ejemplo, Shell) era más probable que actuaran como consultores internos. La Ilustración 11.1 ofrece ejemplos de los ciclos de planificación de Shell y ENI.

**Cuadro 11.4** Un ciclo de planificación estratégica

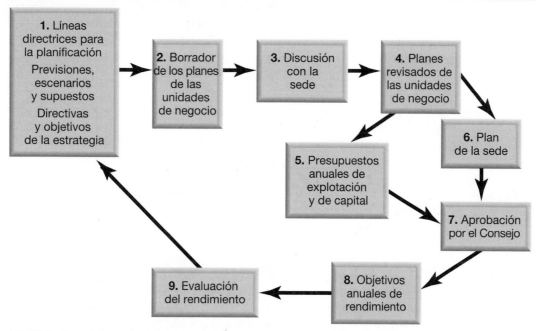

*Fuente:* de Grant, R. (2003): «Strategic Planning in a Turbulent Environment», *Strategic Management Journal*, vol. 24. Pp. 499.

Es importante destacar que es posible que las grandes decisiones estratégicas no se tomen, en sí, como resultado directo o en estos procesos de planificación. Por ejemplo, las decisiones sobre la estrategia competitiva en un plan estratégico de una unidad del negocio se tomarán, muy probablemente, en las reuniones directivas dominadas, tal vez, por el CEO y, tal vez, influidas por cualquiera de los procesos (por ejemplo, la política de organización) como se explicará en la Sección 11.4 más adelante. A continuación se incorporarán estas precisiones al plan formal.

No obstante, el sistema de planificación estratégica puede tener muchas aplicaciones. Primero, puede desempeñar, en efecto, un papel importante en la *determinación de la estrategia* futura de la organización. Por ejemplo, puede:

● Proporcionar un medio estructurado para *analizar y reflexionar* sobre complejos problemas estratégicos.

● Animar a los directivos a *poner en duda y cuestionar* la sabiduría derivada de lo que se da por sentado.

● Animar una *visión a más largo plazo* de la estrategia de la que se tendría en caso contrario. Los horizontes de la planificación varían, por supuesto. En una empresa que fabrica bienes de consumo de rápido movimiento, los planes de tres a cinco años resultarán adecuados. En las empresas que tienen que tener un horizonte temporal muy largo para la inversión de capital, como las de la industria petrolífera, los horizontes de planificación pueden ser de hasta 15 años (en Exxon) o 20 (en Shell). Sin embargo, en algunas empresas petrolíferas los horizontes de planificación también pueden ser de tan solo 4-5 años[5].

● Ofrecer un medio de coordinación, por ejemplo, agrupando las estrategias de las diversas unidades de negocio en una estrategia corporativa global.

**Ilustración 11.1**                              e s t r a t e g i a   e n   a c c i ó n

# Planificación estratégica en Shell y ENI

*El papel de los sistemas de planificación estratégica puede variar en las distintas empresas.*

## Shell

La planificación estratégica de Shell parte de (a) planes a 20 años cada 4-5 años a partir del proceso de planificación de escenarios y (b) planes anuales de las unidades de negocio con horizontes temporales a 5-10 años. El objetivo es mejorar las estrategias de las unidades de negocio y coordinar la estrategia de las actividades multinationales.

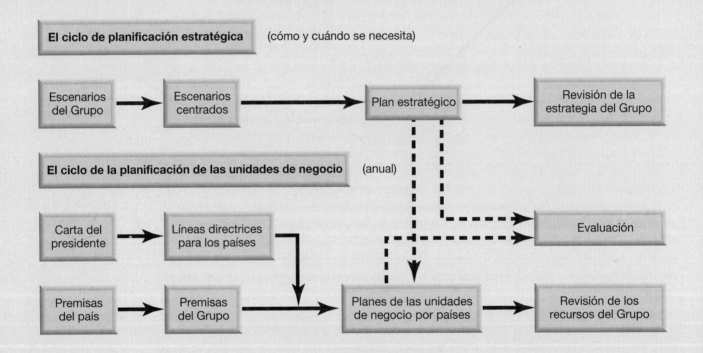

El sistema de planificación también puede facilitar el paso de la estrategia intenciona-da a la acción de la organización mediante:

- La *comunicación* de la estrategia intencionada de la sede.
- La *provisión de objetivos o puntos de referencia estratégicos acordados* para poder revisar el rendimiento y los progresos.
- Garantizando la *coordinación de los recursos* necesarios para aplicar la estrategia en la práctica.

## ENI

ENI tiene un ciclo de planificación anual con un horizonte temporal a cuatro años que abarca a cada unidad de negocio, a cada sector, y al conjunto del Grupo. El primer año del plan constituye la base del presupuesto anual y de los objetivos de rendimiento. El énfasis se pone en el control de la sede central sobre las unidades de negocio y se las presiona para lograr mayores eficiencias.

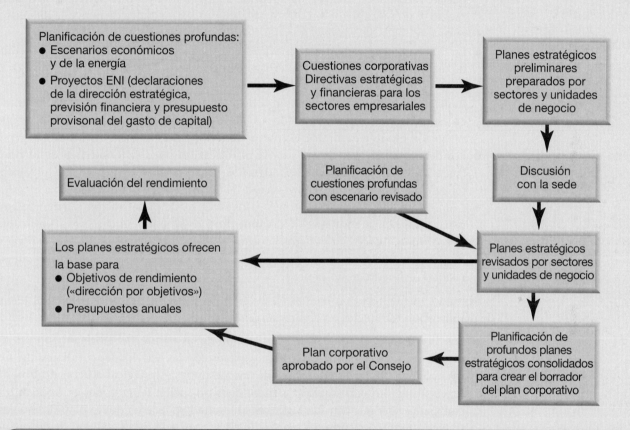

<hr />

### Preguntas

1. Explique las principales diferencias entre los dos sistemas de planificación.
2. ¿Qué otros procesos de desarrollo de la estrategia se encontrarán probablemente en una gran empresa petrolífera?

<hr />

Un sistema de planificación también puede desempeñar un papel psicológico. Puede:

● Constituir una forma de *implicar a los individuos* en el desarrollo de la estrategia y ayudar así tal vez a crear un sentido de *propiedad* de la estrategia.

● Proporcionar una *sensación de seguridad* y de lógica en la organización y, en concreto, entre la alta dirección que cree que *debería* determinar de forma activa la estrategia futura y ejercer el control sobre el destino de la organización.

Sin embargo, Henry Mintzberg ha cuestionado el grado en que la planificación puede ofrecer estas ventajas, afirmando que existen peligros en la forma en que se han utilizado los sistemas formales de planificación estratégica[6].

Primero, hay problemas relacionados con una mala interpretación de *los objetivos de los sistemas de planificación*:

- Existe el peligro de que se termine pensando que la estrategia es *el plan*. Los directivos pueden considerar que están aplicando la estrategia cuando lo que están haciendo es aplicar el proceso de planificación. Por supuesto, la estrategia no es lo mismo que «el plan»: la estrategia es la dirección a largo plazo que está siguiendo la organización, y no únicamente un documento escrito. Esto destaca de nuevo la diferencia entre estrategias *intencionadas y realizadas* (*véase* la Sección 2.4.1 más adelante).

- En muchas organizaciones se confunden los *procesos presupuestarios* y los procesos de planificación estratégica; se termina considerando que ambos son lo mismo. El resultado es que la planificación se reduce a la generación de unas previsiones financieras más que a una reflexión sobre el tipo de cuestiones que se han analizado en este libro. Por supuesto, puede ser importante incorporar el resultado de la planificación estratégica al proceso presupuestario; pero son cosas distintas.

- Los defensores de las ventajas de la planificación pueden terminar obsesionados con la búsqueda de una *estrategia indudablemente acertada*. Es improbable que se obtenga esa estrategia «adecuada» a partir de un proceso de planificación.

- Como se ha señalado anteriormente, los sistemas de planificación pueden desempeñar un papel para interpretar, documentar y *registrar las estrategias realizadas*. Esto puede, sin embargo, ser peligroso porque puede dar la impresión de que la organización tiene un planteamiento sistemático y activo del desarrollo de la estrategia cuando realmente no lo tiene.

Segundo, puede haber problemas en el diseño y la puesta en práctica de los sistemas de planificación estratégica en algunas organizaciones:

- Los directivos responsables de la aplicación de las estrategias, normalmente los directivos de línea, pueden estar tan ocupados con las actividades cotidianas del negocio que *ceden la responsabilidad* de las cuestiones estratégicas a los consultores o especialistas. Sin embargo, estos individuos no suelen tener poder en la organización para lograr que ocurran las cosas. El resultado puede ser que la planificación estratégica termina siendo un *ejercicio intelectual* alejado de la realidad de las operaciones. Como afirmó el General William Sherman en 1869, en el marco de la Guerra Civil estadounidense: «Sé que existen muchos hombres buenos que creen honradamente que uno puede, con la ayuda de la ciencia moderna, sentarse cómodamente en su oficina y, con cifras y símbolos algebraicos, dominar el gran juego de la guerra. Creo que es un error insidioso y muy peligroso»[7].

- Existe el peligro de que el proceso de planificación estratégica sea tan abrumador que los individuos o grupos solo pueden contribuir en parte y *sin comprender el conjunto*. Esto resulta particularmente problemático en las empresas muy grandes. Un ejecutivo, al asumir el cargo de director de marketing de una gran empresa multinacional de bienes de consumo, fue instruido por su superior: «Nos ocupamos de la planificación corporativa durante las dos primeras semanas de abril, y después seguimos con nuestro trabajo».

- La planificación estratégica puede terminar adoptando un planteamiento excesivamente detallado, concentrándose en un análisis exhaustivo que, aunque parece riguroso, puede pasar por alto las grandes cuestiones estratégicas que tiene que resolver la organización. Por ejemplo, no es infrecuente encontrar a empresas que dispongan de ingentes cantidades de información sobre sus mercados pero que tengan muy poco claro cuál es la importancia estratégica de esa información. El resultado puede ser una *sobrecarga de información* sin una clara conclusión.

● Los sistemas rígidos y muy formalizados de planificación, especialmente si están vinculados a mecanismos de control estricto y muy detallados, pueden dar lugar a una organización jerárquica e inflexible con la consiguiente *rigidez de las ideas y el bloqueo de la capacidad de innovación*.

Finalmente, los sistemas de planificación estratégica pueden no lograr la *propiedad* de la estrategia:

● La estrategia resultante de las deliberaciones del departamento de planificación de la corporación, o de un equipo de altos directivos, puede no ser considerada como *propiedad* del resto de la organización. En un caso extremo, un compañero estaba analizando la estrategia de la empresa con el director de planificación. Se le dijo que existía un plan estratégico, pero que estaba cerrado bajo llave en el cajón de la mesa del despacho del ejecutivo. ¡Solo podían verlo el planificador y unos pocos altos directivos!

● Los planificadores pueden terminar creyendo que la estrategia planificada desde la sede determina lo que está ocurriendo en la organización. Pero, de hecho, lo que hacen los individuos y la experiencia a la que recurren pueden desempeñar un papel mucho más significativo. Para que los sistemas de planificación formal sean útiles, sus responsables tienen que recurrir a esta experiencia y hacer participar a los individuos de toda la organización si no quieren que la planificación esté *alejada de la realidad de la organización*.

La evidencia empírica sobre el grado en que la búsqueda de un planteamiento sistematizado da lugar a que las organizaciones obtengan un mejor rendimiento es equívoca[8], aunque solo sea porque resulta difícil aislar la planificación formal como el efecto dominante o determinante del rendimiento. Sin duda, se ha reducido la utilización de departamentos de planificación formal en la sede. Por ejemplo, un estudio sobre la planificación corporativa en la industria petrolífera concluyó que, entre 1990 y 1996, el personal de planificación de la sede se había reducido de 48 a 3 en BP, 42 a 17 en Exxon, 38 a 12 en Mobil y 49 a 17 en Shell[9]. En la industria petrolífera, como en otras industrias, se ha producido un cambio a favor de que sean los directivos de línea los que asuman la responsabilidad de la planificación y del desarrollo de la estrategia. Esto se ha visto acompañado de una mayor informalidad del proceso de planificación y de un mayor énfasis en las discusiones sobre ciertas cuestiones clave, a diferencia de los detalles en los planes. Esto va de la mano de un creciente énfasis en una planificación que intenta definir con claridad la dirección estratégica general en vez de definir detallados programas de acción.

## 11.3.2 Equipos de proyectos y talleres sobre estrategia

Puesto que se ha admitido que no es realista encontrar un proceso de planificación puramente de arriba a abajo por el cual el resto de la organización se limita sencillamente a aplicar los planes definidos en la cumbre, los talleres sobre estrategia han ganado en popularidad. Estos talleres suelen adoptar la forma de intensivas sesiones de trabajo durante unos pocos días, tal vez en un lugar distinto al lugar de trabajo habitual, en los que participan grupos de ejecutivos que analizan la estrategia de la organización. Se pueden utilizar herramientas y técnicas analíticas, así como la experiencia de los participantes, para desarrollar recomendaciones estratégicas para los altos ejecutivos.

Un taller sobre estrategia puede estar dirigido al equipo de la alta dirección de la organización, tal vez a los consejeros. Puede estar organizado para otro nivel de dirección, tal vez los jefes de departamentos o de funciones de una organización. O, de nuevo, puede estar compuesto por distintos niveles directivos y el personal de toda la organización. En efecto, las organizaciones pueden crear *equipos de proyectos* para abordar cuestiones particulares con la intención específica implicar a grupos de directivos o del personal familiarizado con estas cuestiones. Por tanto, el objetivo es delegar la responsabilidad al tiempo que se accede a las distintas pericias.

La configuración de estos equipos de proyectos y estos talleres diferirá probablemente en función de su objetivo. Entre los objetivos cabe destacar:

- *Reconocer o crear una estrategia intencionada para la organización.* En efecto, aquí, el taller sobre la estrategia puede desempeñar el papel de planificación estratégica y puede realizar, encargar o recibir informes de análisis exhaustivos. Este tipo de taller probablemente incluirá a todo o casi todo el equipo de la alta dirección de la organización.

- *Poner en duda los supuestos* subyacentes a la estrategia actual: analizar su actual relevancia. De nuevo, podría estar compuesto por el equipo de la alta dirección; pero también puede incluir a otros, como agentes externos (por ejemplo, consultores) o niveles directivos inferiores. Esta puesta en duda de la estrategia actual puede realizarse con más o menos formalidad. Sin duda, existen métodos sistemáticos para poner en duda y cuestionar estos supuestos[10].

- *Planificar la aplicación de la estrategia*, es decir, traducir la estrategia intencionada en la cumbre en estrategias aplicables en los escalafones inferiores de la organización. Es posible que la alta dirección sea consciente de que lo más probable es que ellos mismos no sean capaces de identificar todas las cuestiones relevantes de la aplicación de la estrategia, por lo que pueden implicar a otros niveles directivos para llevarla a la práctica.

- *Analizar los bloqueos al cambio estratégico* y cómo se pueden superar. De nuevo, es probable que haya que implicar a la gente de toda la organización y, en concreto, a los que tienen la responsabilidad concreta de superar las principales barreras al cambio. Y, de nuevo, es posible que haya que implicar a agentes externos, tal vez a facilitadores cualificados en la dirección del cambio estratégico.

- *Realizar análisis estratégicos.* Por ejemplo, el tipo de análisis de competencias analizado en el Capítulo 3[11]; o, tal vez, el análisis de la cultura de la organización utilizando las redes culturales, como se explicó en el Capítulo 10[12].

- *Supervisar los progresos de la estrategia*: puede ser importante para la alta dirección tener retroalimentación sobre el desarrollo de la estrategia en la organización. De nuevo, los talleres sobre la estrategia se pueden utilizar con este fin y pueden implicar a múltiples niveles de la organización.

- *Para generar nuevas ideas y soluciones.* Cada vez más se está admitiendo que si se fomenta la innovación es posible que sea necesario que los individuos de la organización se alejen de sus rutinas laborales y tengan la oportunidad de explicitar y discutir ideas que pueden tener pero que, normalmente, no salen a la superficie.

Por tanto, hay muchas razones para utilizar los talleres sobre la estrategia y los equipos de proyectos. En la Ilustración 11.2 se muestra un ejemplo de una serie de talleres con distintos objetivos pero relacionados entre sí.

# Talleres sobre la estrategia en ESB Power Generation

*Los talleres sobre la estrategia pueden tener diversos fines relacionados con el desarrollo de la estrategia y el cambio estratégico.*

El director ejecutivo de ESB Power Generation, responsable de la dirección de las centrales de generación de energía en Irlanda, estaba preocupado por la posibilidad de que la desregulación prevista y la posible futura privatización significaran inevitablemente que el negocio iba a afrontar un futuro muy diferente. Habría presiones para reducir la cuota de mercado así como los costes, el negocio podría encontrarse en una situación competitiva por primera vez en su historia. Era necesario analizar la estrategia futura del negocio y decidió hacerlo mediante una serie de talleres sobre estrategia en los que participaran distintos escalafones de la organización.

## Taller para la alta dirección

El proceso se inició con un taller de dos días de duración para la alta dirección en el que se abordaron una serie de cuestiones:

- ¿Cuáles podrían ser las fuerzas clave del macroentorno que afectan al negocio en los próximos cinco años? Sin duda, la desregulación, pero podría adoptar distintas formas. También se identificaron las nuevas tecnologías y el coste de las materias primas como principales incógnitas que tendrían un impacto significativo.
- ¿Qué forma podría adoptar la competencia futura? Era menos probable que fuera local y más probable que proviniera de la entrada de otras empresas de generación de energía de otros países de la Unión Europea.
- Así pues, ¿cuáles podrían ser los futuros escenarios posibles?
- ¿Qué ventaja competitiva podría tener el negocio sobre los posibles nuevos entrantes y sobre qué capacidades estratégicas se podrían construir estas ventajas? Dados los distintos tipos de plantas de generación de energía que tenía ESB en Irlanda, una ventaja que debería tener era la flexibilidad de la oferta en el mercado comparada con la de los competidores potenciales.

¿Cuáles serán las opciones estratégicas para competir en un entorno desregulado? La estrategia tendría que cambiar significativamente con independencia del escenario que surgiera, y habría que poner más énfasis en las ventajas diferenciales que tenía y podría desarrollar la empresa.

## Talleres para los directivos intermedios

El siguiente nivel de talleres amplió la discusión a los directivos que informaban a la alta dirección, junto con especialistas de otras funciones. Estos individuos revisaron las deliberaciones de la alta dirección utilizando el mismo proceso para poder ver si alcanzaban conclusiones análogas. El director ejecutivo confirmó que el proceso también intentaba garantizar que estos individuos vieran la necesidad del cambio para asegurarse de que «participaran» en una estrategia muy distinta a la anterior.

Se organizaron dos talleres en los que los participantes respaldaron la estrategia de la alta dirección. También analizaron qué es lo que implicaba una estrategia que pusiera el énfasis en la flexibilidad en cuanto a las prioridades operativas de las diversas funciones empresariales.

## Participación de toda la organización para la planificación del cambio

Todavía quedaba por resolver el problema del cambio estratégico. El paso de una empresa energética del sector público a una estrategia competitiva de diferenciación a partir de la flexibilidad exigiría realizar cambios en toda la organización, de arriba a abajo. Se decidió que se analizarían estos cambios en talleres para reflexionar sobre cuál era el cambio cultural necesario. El objetivo era garantizar que no solo los recursos físicos, sino también los recursos humanos de la organización y la forma de relacionarse con los consumidores y entre sí, permitiran alcanzar la flexibilidad necesaria. Se organizaron distintos talleres para todos los escalafones, desde los altos ejecutivos hasta los supervisores de las unidades de producción, para analizar qué significaba exactamente una cultura de flexibilidad, cuáles eran en concreto los cambios necesarios y cuáles las prioridades para la acción.

### Preguntas

1. ¿Qué marcos de análisis pueden haber utilizado los distintos talleres para abordar estas cuestiones?
2. Si usted fuera un consultor contratado para moderar los talleres, ¿qué problemas potenciales prevé para los talleres de los distintos escalafones?
3. ¿Qué ventajas (o inconvenientes) pueden tener estos talleres comparados con otros planteamientos de desarrollo de la estrategia para este tipo de organizaciones?

Se dice que, aunque la eficacia de estos talleres depende de la calidad de los datos y del análisis de dichos datos, el éxito también depende del grado en que la alta dirección apoya estos talleres, aunque solo sea garantizando que los participantes pueden sacar a la superficie temas importantes con confianza y que pueden tener «conversaciones sinceras»[13] sobre estas cuestiones. Por supuesto, la eficacia de los talleres y los equipos de proyectos también depende de las capacidades de los participantes para solventar los sesgos personales y las prioridades políticas que existirán en estas cuestiones[14].

### 11.3.3    Consultores especializados en estrategia

Los consultores externos suelen ser utilizados para el desarrollo de la estrategia en las organizaciones. Existen grandes empresas de consultoría especializadas en estrategia, como McKinsey y Bain. La mayoría de las grandes empresas de consultoría general también tiene departamentos para ofrecer servicios de desarrollo de la estrategia y de análisis. También hay empresas de consultoría más pequeñas especializadas en la estrategia.

Las razones por las que las organizaciones recurren a estas consultorías son muy diversas. Puede ser que los ejecutivos consideren que necesitan una opinión externa más objetiva sobre las cuestiones relacionadas con la estrategia de sus organizaciones. Esto puede deberse a la necesidad de superar los desacuerdos internos de la organización. Los consultores externos también desempeñan un papel simbólico puesto que se suele considerar que su participación (y su coste) indican la importancia del trabajo que están haciendo y de sus conclusiones.

Los consultores desempeñan distintos papeles en el desarrollo de la estrategia de las organizaciones[15]:

- *Analizan, definen las prioridades y crean opciones.* Es posible que los ejecutivos hayan identificado las cuestiones estratégicas pero puede haber tantas, o tanto desacuerdo sobre ellas, que la organización no tiene claro cómo tiene que avanzar. Los consultores pueden analizar estas cuestiones con una perspectiva fresca y aportar una visión externa que ayuda a determinar las prioridades o a generar opciones para que los ejecutivos las analicen. Por supuesto, esto puede implicar la puesta en duda de las ideas preconcebidas de los ejecutivos sobre las cuestiones estratégicas.
- *Vehículo para divulgar el conocimiento.* Los consultores desempeñan un papel para divulgar las opiniones, las ideas y las conclusiones extraídas de sus análisis en las organizaciones mediante reuniones y debates y divulgando el conocimiento y las mejores prácticas entre sus clientes[16].
- *Promoción de las decisiones estratégicas.* Al hacer todo lo anterior, los propios consultores pueden estar haciendo elecciones estratégicas. Pueden desempeñar un poderoso papel para influir sobre las decisiones que terminará tomando la organización. Por supuesto, aquí se corre el riesgo, y se ha criticado a una serie de grandes consultoras en el pasado, por influir indebidamente en las decisiones que ha tomado el cliente y que le han acarreado problemas. Por ejemplo, *Business Week* publicó en portada un análisis en el que se criticaba el papel de la empresa de consultoría McKinsey en empresas como Enron y Swissair. «En el Grupo Swissair, McKinsey aconsejó un gran cambio de estrategia que llevó a la compañía aérea, que hasta entonces había sido respetada, a gastar casi 2.000 millones de dólares (2.300 millones de euros) para adquirir participaciones en muchas pequeñas compañías aéreas europeas con problemas. La idea era que Swissair ampliara sus servicios aéreos ofreciendo de todo, desde mantenimiento hasta comida, para otras compañías aéreas,

como medio para aumentar sus ingresos y beneficios. La estrategia resultó contraproducente provocando ingentes pérdidas y una solicitud de declaración de bancarrota (en octubre de 2001)»[17].

● *Aplicación del cambio estratégico.* Los consultores desempeñan un papel significativo
en la planificación de proyectos, en el entrenamiento y en la formación que suelen
venir relacionados con los cambios estratégicos. Es un área que ha asistido a un considerable crecimiento aunque solo sea porque los consultores han sido criticados
por dejar a las organizaciones con informes de consultoría que recomendaban ciertas estrategias pero no asumían una gran responsabilidad respecto a su aplicación
en la práctica.

### 11.3.4 Estrategias impuestas desde fuera

Es posible que se produzcan situaciones en las que los directivos se encuentran ante lo
que consideran una imposición de la estrategia por poderosas partes interesadas externas. Por ejemplo, el Gobierno puede imponer un determinado curso o dirección estratégica en el sector público, o imponer una exhaustiva normativa para una industria; o puede decidir desregular o privatizar un sector o una organización que actualmente se
encuentra en el sector público. Los negocios del sector privado también pueden ser objeto de estas direcciones estratégicas impuestas o tener importantes restricciones sobre sus
opciones. Una empresa multinacional que intenta desarrollar sus actividades en algunas
partes del mundo puede estar sometida a requisitos gubernamentales para hacerlo de determinada manera, tal vez mediante *joint ventures* o alianzas locales. Una unidad de negocio de una organización con múltiples divisiones puede considerar que la dirección
estratégica corporativa general de su empresa matriz es como una estrategia impuesta.

Aunque es posible que una estrategia impuesta no sea desarrollada por los directivos
de la organización en cuestión, es posible que la estrategia haya sido «diseñada» en otra
parte. En efecto, se puede afirmar que esta estrategia impuesta es una forma de obligar deliberadamente a que se produzca un cambio estratégico en áreas en las que los propios directivos se han mostrado reacios o incapaces para aplicar este cambio. Cada vez más, los
Gobiernos han estado haciendo exactamente esto mediante programas de desregulación
o privatización de empresas estatales. En el sector público británico, se empezó a utilizar
un planteamiento de una intervención más directa a principios de la década de 2000. Las
denominadas «medidas especiales» se aplicaron en colegios y hospitales que se consideraba que tenían un excesivo mal rendimiento, enviándose a directivos especializados
para reestructurar las organizaciones con problemas.

## 11.4 DESARROLLO EMERGENTE DE LA ESTRATEGIA

La Sección 11.2 explicaba que las estrategias pueden ser intencionadas o emergentes. Hay
muchos estudios que demuestran que las estrategias realizadas en las organizaciones se
describen mejor como estrategias emergentes. En otras palabras, en vez de pensar que las
estrategias se derivan de planes e intenciones de arriba a abajo, es posible que surjan
como el resultado de las actividades y procesos que se producen en la organización y que
dan lugar a decisiones que se convierten en la dirección a largo plazo (la estrategia) de una
organización[18]. Estas decisiones acumuladas pueden describirse posteriormente de manera más formal, por ejemplo, en los informes anuales y en los planes estratégicos, como

la estrategia de la organización. En esta sección se explican los procesos que se producen en la organización y que pueden explicar este desarrollo emergente de la estrategia.

### 11.4.1    Incrementalismo lógico

En un estudio sobre las principales empresas multinacionales, Quinn[19] concluyó que los procesos de desarrollo de la estrategia que había observado se describían mejor como un *incrementalismo lógico*. El **incrementalismo lógico** es el desarrollo de la estrategia mediante la experimentación y el «aprendizaje de los compromisos parciales más que a partir de formulaciones globales de estrategias totales»[20]. Quinn observó una serie de procesos que caracterizaban este desarrollo:

El **incrementalismo lógico** es el desarrollo de la estrategia mediante la experimentación y el «aprendizaje de los compromisos parciales más que a partir de formulaciones globales de estrategias totales».

- Los directivos tienen *una visión generalizada, más que concreta*, de a dónde quieren que vaya la organización en el futuro, e intentan llegar a esta posición de forma incremental. Hay cierta *renuencia a especificar objetivos precisos* demasiado pronto, porque podría agarrotar las ideas e impedir la experimentación. Por tanto, los objetivos pueden tener una naturaleza bastante general.
- Los directivos eficaces son conscientes de que no pueden evitar la incertidumbre del entorno intentando «saber» cómo va a cambiar. Por el contrario, intentan ser sensibles a las señales del entorno mediante un *análisis constante* y poniendo a prueba los cambios de la estrategia en pasos de pequeña escala.
- Lo hacen intentando garantizar el éxito y el desarrollo de un fuerte negocio central, flexible y seguro, partiendo de la experiencia que tienen en ese negocio para informar las decisiones sobre su desarrollo *y experimentar* con negocios «laterales». Por tanto, el compromiso con las opciones estratégicas puede ser a título tentativo en las primeras etapas del desarrollo de la estrategia.
- No se puede esperar que estos experimentos sean responsabilidad única de la alta dirección. Surgen de lo que Quinn describe como «subsistemas» en la organización. Con esto hace referencia a grupos de personas implicadas en, por ejemplo, el desarrollo del producto, el posicionamiento del producto, la diversificación, las relaciones externas, etcétera.
- Los altos directivos pueden utilizar a continuación una combinación de procesos políticos y sociales *formales e informales* (*véase* la Sección 11.4.4 más adelante) para agrupar un patrón emergente de estrategias de estos subsistemas.

Dadas las inevitables incertidumbres en todo esto, no es posible predecir los resultados finales exactos en cuanto a una estrategia general para la organización. No obstante, Quinn afirma que el incrementalismo lógico puede ser una «práctica ejecutiva proactiva, consciente y con un fin determinado», para mejorar la información disponible con la que tomar decisiones y lograr que los individuos se identifiquen psicológicamente con el desarrollo de la estrategia. En cierto sentido, pues, Quinn está describiendo procesos que constituyen un puente entre la intención y la emergencia en tanto en cuanto son deliberados e intencionados pero dependen de los procesos sociales de la organización para percibir el entorno y de los experimentos en los subsistemas para probar nuevas ideas. Aunque esto no da lugar a una clara estrategia intencionada concreta o detallada, si aceptamos el argumento de Quinn, se trata, no obstante, de un proceso deliberado.

Este planteamiento de cómo se construye la estrategia es parecido a las prescripciones que suelen dar los propios directivos sobre cómo surgen las estrategias en sus organizaciones. La Ilustración 11.3 ofrece algunos ejemplos de directivos que explican el proceso de desarrollo de la estrategia en sus organizaciones tal y como lo ven. Consideran que su

# Una visión incremental de la dirección estratégica

*Los directivos suelen considerar que su trabajo consiste en dirigir adaptándose, cambiando continuamente la estrategia para ajustarse al entorno, al tiempo que mantienen la eficiencia y la satisfacción de las partes interesadas.*

- «Hay una sencilla analogía. Para avanzar cuando se anda hay que crear un desequilibrio, primero hay que echarse hacia delante y no se sabe lo que va a pasar. Afortunadamente, se pone un pie delante y se recupera el equilibrio. Pues bien, eso es exactamente lo que estamos haciendo todo el tiempo, así que nunca resulta cómodo»[1].

- «El entorno cambia muy deprisa. Puedes definir una dirección estratégica un día y casi seguro que algo ocurrirá al siguiente. No tenemos un proceso de planificación bianual para un entorno estable, sino un proceso muy dinámico que tiene que responder a lo inesperado»[1].

- «Empiezo con discusiones generales con gente de dentro y de fuera de la empresa. A partir de estas discusiones termina surgiendo un patrón. Es como hacer un puzzle. Al principio surgen unas vagas líneas generales que parecen como la vela de un barco en un puzzle. Y, de repente, el resto del puzzle empieza a tomar forma. Uno se pregunta cómo es posible que no lo haya visto desde el principio»[2].

- «La auténtica fortaleza de la empresa es ser capaz de seguir estas excursiones periféricas hacia donde sea [...] hay que probar todas estas direcciones; son como pequeños tentáculos que salen, probando el agua»[3].

- «No nos hemos quedado quietos en el pasado y no puedo ver por qué, en nuestra situación actual, deberíamos quedarnos quietos en el futuro; pero lo que realmente quiero decir es que hay una trayectoria de evolución más que una revolución. Algunas empresas logran una fórmula de éxito y se aferran a ella rígidamente porque eso es lo que saben; por ejemplo, [la empresa X] no se adaptó realmente al cambio, así que tuvieron que recurrir a lo que constituyó una revolución. Esperamos haber cambiado

paulatinamente y eso es lo que creo que tenemos que hacer. Siempre estamos buscando un nuevo comienzo sin irnos por la tangente»[3].

- «La analogía del ajedrez resulta útil aquí. El objetivo del ajedrez está claro: lograr la victoria capturando al rey del contrario. La mayoría de los jugadores empieza con un movimiento estratégico que supone una respuesta del contrario. Si se produce esta respuesta, el siguiente movimiento se produce de forma automática, en función de la anterior estrategia ganadora. Sin embargo, la belleza del ajedrez es la impredecibilidad de los movimientos del contrario. Intentar predecir el resultado de una partida de ajedrez es imposible y, por tanto, los jugadores se limitan a trabajar con posibilidades y probabilidades de los movimientos que no están muy por delante»[4].

*Fuentes:*
1. Citas de entrevistas realizadas por A. Bailey como parte de un proyecto patrocinado por el Economic and Social Research Council (Subvención n.º: R000235100).
2. Fragmento de QUINN, J. B. (1980): *Strategies for Change*, Irwin.
3. Fragmentos de JOHNSON, G. (1987): *Strategic Change and the Management Process*, Blackwell.
4. De un directivo en un curso de un MBA.

### Preguntas

1. En relación a estas explicaciones del desarrollo de la estrategia, ¿cuáles son las principales ventajas de desarrollar las estrategias de forma paulatina?

2. ¿Está condenado el desarrollo paulatino de la estrategia a la desviación estratégica (véase la Sección 11.6.1)? ¿Cómo se podría evitar?

papel como «estrategas» es una búsqueda continua, proactiva, de una meta estratégica, superando los movimientos competitivos y adaptándose a su entorno, sin crear demasiadas perturbaciones de forma que se pueda mantener la eficiencia y el rendimiento.

Se puede afirmar que si las estrategias se desarrollan de esta manera, se logran considerables ventajas. La puesta a prueba continua y la aplicación paulatina de la estrategia ofrece una mejor calidad de la información para tomar decisiones y permite establecer una mejor secuencia de los elementos de las grandes decisiones. Puesto que el cambio será paulatino, aumenta la posibilidad de crear y desarrollar un compromiso con el cambio en toda la organización. Puesto que las distintas partes, o «subsistemas», de la organización están en una continua situación de interacción, los directivos de cada subsistema pueden aprender los unos de los otros sobre la viabilidad de determinado curso de acción. Estos procesos también tienen en cuenta la naturaleza política de la vida de las organizaciones, puesto que unos cambios más pequeños provocarán probablemente un menor grado de oposición que el que provocan los grandes cambios. Además, la formulación de la estrategia de esta manera significa que las implicaciones que tiene la estrategia están sometidas continuamente a pruebas. Este reajuste continuo tiene sentido si el entorno es una influencia que cambia continuamente.

## 11.4.2   Rutinas de asignación de recursos

La **explicación de Bower-Burgelman** es que la estrategia se desarrolla como el resultado de las rutinas de asignación de recursos de las organizaciones.

Las estrategias también pueden emerger en las organizaciones mediante las rutinas y los sistemas más formalizados de la propia organización. Esto se conoce a veces como la **explicación de Bower-Burgelman** del desarrollo de la estrategia, nombre que se debe a los profesores estadounidenses (Joe Bower y Robert Burgelman[21]) que identificaron procesos análogos en sus distintos estudios, al igual que los han identificado otros autores posteriormente[22].

Todas las organizaciones tienen sistemas y rutinas para realizar las actividades de sus negocios. Entre estas se encuentran los procesos de toma de decisiones cotidianas sobre la asignación de recursos entre los distintos negocios. La explicación de Bower-Burgelman es que la estrategia se desarrolla como el resultado de estas rutinas de asignación de recursos en las organizaciones. Por ejemplo, es posible que un directivo de una organización quiera realizar un proyecto y hará una propuesta para ello. Esta propuesta puede adoptar la forma de una defensa argumentada respaldada por un conjunto de previsiones y medidas financieras. Al hacer su propuesta, el directivo estará compitiendo con otras propuestas que solicitan los recursos disponibles. Los procedimientos para decidir entre las propuestas competidoras incluirán medidas y referencias financieras, la defensa argumentada de los distintos directivos, y el grado en que los que toman la decisión consideran que el proyecto se ajusta a la estrategia existente y satisface las necesidades de sus propios objetivos y metas financieras. La cuestión es que, aunque el contexto en el que se toman las decisiones puede haber sido definido en la cima, gran parte de la resolución sobre cuáles son las propuestas que siguen adelante y cuáles no se produce en un nivel muy inferior del que convencionalmente se considera «estratégico». Se trata mucho más de un conjunto de actividades cotidianas o mensuales. Sin embargo, los efectos acumulados de estas decisiones guiarán la estrategia de una organización. Por ejemplo, si todas las nuevas propuestas de desarrollo de un nuevo producto se rechazan a favor del desarrollo de nuevos mercados, el resultado será una estrategia de desarrollo de mercados en las distintas unidades de negocio y una falta de énfasis en el desarrollo de productos. O tal vez las propuestas que se hacen (y el rendimiento final) respaldan un tipo de desarrollo del producto que parece ser siempre mejor al de las propuestas a favor de otro tipo. En esta situación, la estrategia general de la empresa empezará a centrarse en ese tipo de producto puesto que los recursos tienden a asignarse cada vez más en ese sentido. En efecto, lo que se está produciendo es un mercado interno de ideas, muy parecido al que sugeriría el prisma de las ideas.

Sin embargo, es posible que este proceso de asignación de recursos no favorezca necesariamente la dirección estratégica actual. El caso sobre Intel al final de este capítulo lo deja muy claro. En la década de 1980 la alta dirección de la empresa consideraba que Intel era una empresa fabricante de memoria, que se encontraba en el negocio de las memorias DRAM (*Dynamic Random Access Memories*). Su gran cambio estratégico para convertirse en una empresa fabricante de microprocesadores en aquel momento no provino de un mandato de la alta dirección, sino de un proceso de asignación de recursos interno muy parecido al descrito anteriormente[23].

## 11.4.3    Procesos culturales

La importancia de la cultura ha sido analizada en otras partes del libro. Se puede entender la cultura de la organización en cuanto a lo que se da por sentado en la organización. Esto incluye los supuestos y creencias básicas que son compartidas por los miembros de una organización, lo que, en este libro, se ha denominado el paradigma (*véase* el Capítulo 4, Sección 4.5). También incluye la forma que se da por sentada de hacer las cosas, y las estructuras que se encuentran en los círculos externos de la red cultural. Lo importante que hay que destacar aquí es que estas cosas que se dan por sentado definen o, al menos, guían, como ven los individuos de la organización a la misma y a su entorno. También tienden a limitar lo que se considera como actividades y comportamientos adecuados. En el Capítulo 4 (Sección 4.5.3) se dieron algunos ejemplos, así como en la Sección 10.2 del Capítulo 10. Es importante darse cuenta del impacto que tienen sobre la emergencia y el desarrollo incremental de la estrategia, y de las consecuencias potenciales. Así pues, la **explicación cultural del desarrollo de la estrategia** es que se produce como el resultado de los supuestos y comportamientos que se dan por sentados en la organización.

El patrón observado del desarrollo incremental de la estrategia en las organizaciones se puede explicar en términos de, por ejemplo, un incrementalismo lógico deliberado (*véase* la Sección 11.4.1 anterior). Sin embargo, también se puede explicar como el resultado de la influencia de la cultura de la organización[24]. La influencia del paradigma y de «la forma en que hacemos las cosas aquí» implicará, probablemente, que, ante las fuerzas a favor del cambio, tal vez debido a cambios en el entorno, los directivos intentan minimizar el grado de ambigüedad e incertidumbre que tienen que resolver, definiendo la situación en términos de aquello con lo que están familiarizados. No se trata necesariamente de un proceso consciente; en efecto, se puede afirmar que es un proceso perfectamente natural para poder comprender las cuestiones a partir de la experiencia anterior y de aquello con lo que uno está familiarizado.

El Cuadro 11.5 muestra cómo se puede producir[25]. La línea superior sugiere que la cultura de la organización está determinando la estrategia y cómo se lleva a la práctica; pero este es un patrón que se refuerza a sí mismo. Ante un estímulo para actuar, como la caída del rendimiento, los directivos intentan mejorar primero la eficacia y eficiencia de la estrategia actual. Esto se puede hacer endureciendo los controles y mejorando las formas aceptadas de actuar. Si no se obtienen resultados, puede producirse un cambio de estrategia, pero un cambio acorde a la cultura existente. Por ejemplo, los directivos pueden intentar ampliar el mercado de sus negocios, pero suponiendo que será un mercado parecido al actual y, por tanto, se dispondrán a dirigir el nuevo negocio de una forma muy parecida a la que están acostumbrados. Alternativamente, como se muestra en la Ilustración 11.4, incluso cuando los directivos son conscientes, desde un punto de vista intelectual, que tienen que cambiar, y saben, incluso, cómo tienen que cambiar desde un punto de vista tecnológico, se encuentran limitados por las rutinas, supuestos o procesos políticos que se dan por sentado (*véase* la Sección 11.4.4). Lo que se está produciendo es una aplicación predominante de aquello que es familiar, y un intento de evitar o reducir la incertidumbre o la ambigüedad. Es probable que esto siga produciéndose hasta que se produzcan unas pruebas dramáticas de la inutilidad del paradigma y de sus rutinas.

La **explicación cultural del desarrollo de la estrategia** es que se produce como el resultado de los supuestos y comportamientos que se dan por sentados en la organización.

| Cuadro 11.5 | La dinámica del cambio de paradigma |

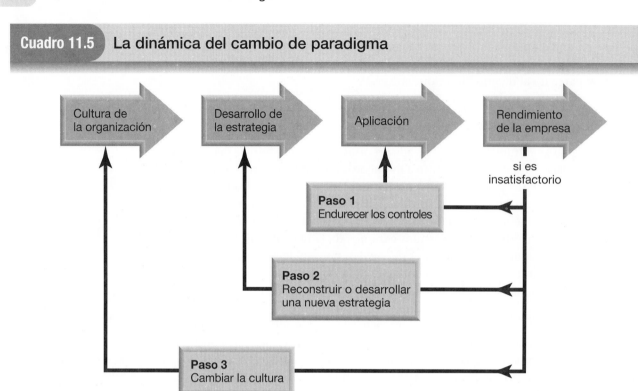

*Fuente:* adaptado de GRINYER, P. y SPENDER, J. C. (1979): *Turnaround: Managerial recipes for strategic success,* Associated Business Press. P. 203.

Como se ha observado anteriormente, esta es también una explicación del desarrollo incremental de la estrategia. En efecto, es posible que el cambio de la estrategia dentro de la cultura tenga sentido: al fin y al cabo, incorpora la experiencia de los individuos en la organización y permite que el cambio se produzca dentro de lo que se conoce y con lo que se está familiarizado. Sin embargo, el resultado de los procesos de este tipo puede ser una estrategia que no se ajusta al cambio en el entorno. Por el contrario, puede ser una adaptación acorde a la experiencia incorporada en la cultura de la organización. No obstante, las fuerzas del entorno tendrán un efecto sobre el rendimiento. Con el tiempo, es posible que esto dé lugar al tipo de **desviación estratégica** que se identificó en el Capítulo 1 y que se mostró en el Cuadro 1.4 como un gran reto estratégico en el que la estrategia de la organización pierde paulatinamente relevancia en función de las fuerzas que existen en su entorno. Incluso las empresas de mayor éxito pueden terminar desviándose de esta manera. En efecto, existe una tendencia a que los negocios se conviertan en las víctimas de sus propios éxitos anteriores de esta manera, una tendencia que Danny Miller ha denominado la paradoja de Ícaro[26].

La **desviación estratégica** constituye un gran reto estratégico en el que la estrategia de la organización pierde paulatinamente relevancia en función de las fuerzas que existen en su entorno.

### 11.4.4    Política de la organización

El **planteamiento político** del desarrollo de la estrategia es que las estrategias se desarrollan como el resultado de procesos de negociación entre grupos de intereses (o partes interesadas) poderosos, internos o externos.

Los directivos suelen sugerir que la estrategia que se aplica en su organización es realmente el resultado de la negociación y del poder político entre importantes ejecutivos. Estos ejecutivos están intentando continuamente situarse de tal forma que sus opiniones prevalezcan o de forma que puedan controlar los recursos de la organización necesarios para el éxito futuro. El **planteamiento político**[27] del desarrollo de la estrategia es, pues, que las estrategias se desarrollan como el resultado de procesos de negociación entre grupos

# El cambio tecnológico y la inercia de la organización en la industria informática

*El «talón de Aquiles» de una organización se suele encontrar en las rutinas y procesos que constituyeron la base del éxito anterior.*

En una industria innovadora, tecnológicamente compleja y de rápidos movimientos, dominada por pequeñas empresas con transferencias bien desarrolladas de comunicaciones y tecnología, la incapacidad de una empresa para mantener el ritmo de las innovaciones en los procesos manufactureros la sacó del mercado.

Kasper Instruments fabricaba equipos de alineación fotolitográfica, utilizados para fabricar semiconductores. Su fabricación requería transferir pequeños patrones complejos a la superficie de una oblea de material semiconductor como el silicio. Este proceso de transferencia, denominado litografía, exigía que solo se expusieran determinadas áreas de la oblea a la luz, utilizando máscaras para proporcionar la protección adecuada.

Los alineadores de contacto fueron el primer tipo de máscara que se utilizaron comercialmente y, como sugiere su propio nombre, se ponían en contacto con las obleas. La posición de Kasper Instruments como líder de la industria se debía a su pericia en la técnica de alineamiento por contacto. Sin embargo, a medida que avanzó la tecnología, se pudieron utilizar máscaras de proximidad que no tenían que hacer contacto con la oblea de forma que se reducía el riesgo de dañarla. La tecnología en la industria se había desarrollado incrementalmente hasta que se desarrolló un proceso bastante diferente de alineación mediante rayos de electrones que recurría a un rayo para escribir directamente sobre la oblea. Sin embargo, el líder de la industria no fue capaz de hacer la transición tecnológica; en el paso de los alineadores de contacto a los alineadores por proximidad Kasper Instruments perdió su posición de líder de la industria ante Canon, y terminó viéndose obligada a abandonar el mercado.

El cambio tecnológico que tenía que realizar Kasper para mantenerse a la altura de Canon e introducir una técnica de alineación por proximidad más eficiente era, en términos tecnológicos, relativamente menor; y la alta dirección de Kasper era muy consciente de la necesidad de cambiar. Sin embargo, parecía incapaz de estar a la altura del reto de Canon, negándose a aceptar la obsolescencia de su propio conocimiento experto en la técnica de contacto. Mientras Kasper se aferraba continuamente al pasado, intentando modificar su propia técnica de producción para incluir algunos de los elementos de los procedimientos innovadores de Canon, sin éxito, su cuota de mercado se iba mermando. Cuando los ingenieros de Kasper obtuvieron un alineador por proximidad de Canon para desmontarlo con vistas a fabricar su propio modelo, lo descartaron considerándolo una mera copia de su (muy distinto) alineador de contacto.

Lo que parecía un pequeño desarrollo incremental de la tecnología exigía que Kasper volviera a reflexionar por completo sobre su forma de hacer negocio, desde sus procesos de producción hasta sus estrategias de ventas y de marketing. En su incapacidad de traducir su comprensión técnica de la necesidad de cambiar en una variación de sus procesos rutinarios existentes en la organización no se encuentra sola. En la historia de los cambios tecnológicos de esta industria cada innovación ha sido un presagio de mal agüero para el líder de la industria.

Preparado por Phyl Johnson, Graduate Business School, University of Strathclyde.

*Fuente*: adaptado de HENDERSON, R. y CLARK, K. (1990): «Architectural innovation: the reconfiguration of existing product technology and the failure of established firms». *Administrative Science Quarterly*, vol. 35. Pp. 9-30.

## Preguntas

1. ¿Qué procesos de dirección estratégica descritos en este capítulo podrían haber ayudado a evitar los problemas de Kasper?

2. ¿Serían adecuados estos procesos para las organizaciones que se encuentran en entornos menos innovadores o con menos cambios?

de intereses (o partes interesadas) poderosos, internos o externos. Este es el mundo de las batallas en la sala del Consejo que se ve en las películas y series televisivas. La Ilustración 11.5 muestra cómo pueden influir los intereses de las distintas partes interesadas, y la protección de sus intereses, en el desarrollo de la estrategia.

La actividad política suele considerarse una influencia negativa pero inevitable en el desarrollo de la estrategia, que se interpone en el análisis exhaustivo y la reflexión racional. La perspectiva política de la dirección estratégica sugiere que los procesos analíticos y racionales que se suelen relacionar con el desarrollo de la estrategia (*véase* la Sección 11.3.1 anterior) pueden no ser tan objetivos y desapasionados como podría parecer. Los objetivos definidos podrían reflejar las ambiciones de individuos con poder. La información utilizada en el debate estratégico no siempre es políticamente neutra. Por el contrario, se da o quita importancia a la información y a los datos para obtener una fuente de poder para los que controlan aquello que se considera importante. En efecto, un directivo puede ejercer poder sobre otro porque dicho directivo controla importantes fuentes de información. Los individuos o grupos poderosos también pueden influir mucho sobre la identificación de las cuestiones clave y de las estrategias que se eligen al final. Se pueden adoptar distintas perspectivas, no solo porque reflejan las presiones competitivas o del entorno, por ejemplo, sino también porque tienen implicaciones sobre el *status* o la influencia de las distintas partes interesadas.

No es sorprendente que, al plantearse los problemas estratégicos, los individuos de la organización intenten proteger sus opiniones ante las de los demás. Esto puede estar relacionado con el ejercicio del poder. No es sorprendente que el director de la Ilustración 11.5 tenga una postura diferente a la de la directora de marketing y a otras posturas en la organización. Están abordando un problema desde distintas perspectivas, con distintas influencias culturales y distintas experiencias, y tienen interés en preservar o aumentar el poder de sus cargos.

Se puede considerar que la actividad política es el resultado de patrones emergentes o paulatinos del desarrollo de la estrategia. Emergentes en el sentido de que es esta negociación la que da lugar a la estrategia, y no mediante un deliberado y un cuidadoso análisis. Es un patrón incremental por dos razones. Primera, si hay distintas opiniones en la organización, y entre distintas partes que están ejerciendo su fuerza política, es inevitable que se tenga que alcanzar un compromiso. Segunda, es muy posible que la aplicación de la estrategia actual haya otorgado poder a los que la defienden. En efecto, puede resultar muy amenazador para su poder el hecho de que se produzcan cambios significativos de la estrategia. En estas circunstancias, es probable que se busque una solución de compromiso que acomode las distintas bases de poder de forma que el resultado final es una estrategia que constituye una adaptación de lo que ha habido antes.

Sin embargo, hay formas alternativas de analizar la influencia de los procesos políticos. Se puede afirmar que los conflictos y tensiones que se manifiestan en la actividad política, que surgen de las distintas expectativas o intereses, pueden constituir una fuente de nuevas ideas (*véase* el análisis del «prisma de las ideas» en las secciones de comentarios de este libro) o pueden cuestionar la antigua manera de hacer las cosas[28]. Es probable que las nuevas ideas sean defendidas o atacadas por distintos «promotores» que lucharán para ponerse de acuerdo sobre cuál es la mejor idea o el mejor camino hacia delante. Se puede afirmar que si no existieran estos conflictos y tensiones, tampoco habría innovación. Análogamente, como se mostró en el Capítulo 10 (Sección 10.4.6), el ejercicio del poder puede tener una importancia crítica en la dirección del cambio estratégico.

Todo esto sugiere que la actividad política debe tomarse en serio como una influencia en el desarrollo de la estrategia. Es improbable que se puedan resolver los problemas de

# ASO: La orquesta sinfónica del Reino Unido

*Los intereses y expectativas de las partes interesadas pueden crear circunstancias problemáticas para el desarrollo de la estrategia.*

El desarrollo de una estrategia artística para ASO era un proceso complejo, debido en gran parte a los intereses y a la participación de sus numerosas partes interesadas. El proceso se inició a raíz de un informe crítico del Arts Council, el principal proveedor de fondos de la orquesta, a finales de 1996. Al comentar la «oposición de la audiencia a las nuevas iniciativas» que había puesto en marcha el director, el informe afirmaba que la organización necesitaba «tener una clara atención artística y hacia la audiencia». Solicitaba un cambio de liderazgo estratégico, recomendando «que el CEO asumiera la responsabilidad general de la dirección artística». El director defendía sus decisiones anteriores, afirmando que había sido criticado tanto por tener programas demasiado conservadores como por ofrecer programas demasiado audaces. Al mismo tiempo, su asesor artístico sugería que la confusión sobre la atención estratégica se debía en parte a un «choque de ideales» con la anterior directora de marketing que «se había ido por la tangente».

Otros individuos también expresaron su preocupación por la dirección artística de la orquesta, incluyendo a miembros de la dirección, del consejo y a la propia orquesta. Por ejemplo, el representante de los músicos expresó la necesidad de «dejar de machacar tanto a Tchaikovsky», pero pensaban que habían ido demasiado lejos en el sentido contrario, tocando un repertorio mucho menos conocido que no era, ni el punto fuerte de la orquesta, ni especialmente popular entre la audiencia.

A pesar de la muy compartida preocupación sobre la dirección artística de la orquesta, resultó difícil desarrollar una estrategia. A finales de 1997, el CEO respondió a la inquietud general con el anuncio de que pretendía nombrar a un director artístico que «tendría en sus manos la política artística en el futuro». Entretanto, el presidente comentó, «no tenemos una estrategia artística [...] y entre los que intentan encontrarla cabe destacar al director, al CEO, al asesor artístico y a la propia banda». Afirmó que unos meses antes también había redactado un documento «marco estratégico» que había analizado con la orquesta porque «era

especialmente importante que fuera propiedad de todos». El consejo de administración quiso también aportar sus opiniones por lo que se creó un subcomité artístico. Sin embargo, cuando meses más tarde se nombró a un Director Artístico, decidió que no era práctico recurrir a un comité para decidir el repertorio y prefirió trabajar con el director en la planificación artística.

Debido al número y a la diversidad de grupos de partes interesadas que intentaban participar en la estrategia artística, el proceso era casi impracticable, con una dinámica muy difícil. Seis meses después de su nombramiento el director artístico seguía pensando que el gran problema era «decidir la política» y en el día de la reunión con el consejo a principios de 1999 afirmó: «Llevo aquí un año y tengo la sensación de que no he causado impresión alguna». En esa misma reunión, el presidente afirmó: «Se nos acusa de no ser coherentes con lo que hacemos y con lo que somos. Lo que ocurre es que hay que alcanzar un compromiso entre lo que quiere el director y lo que es posible desde el punto de vista financiero. Es imposible crear buenos conciertos y, sin duda, una estrategia a largo plazo». Concluyó, «necesitamos un acuerdo, incluso si no es precisamente a gusto de todos».

*Fuente:* adaptado de MAITLIS, S. y Lawrence, T. (2003): «Orchestral manoeuvres in the dark: understanding failure in organizational strategizing». *Journal of Management Studies*, vol. 40, n.º 1. Pp. 109-140.

## Preguntas

1. Redacte un breve informe para el CEO explicando cuál es el problema y qué debería hacer.
2. ¿Qué importancia tiene en esta situación un plan estratégico por escrito? ¿Por qué?

la orquesta de la Ilustración 11.5 recurriendo únicamente a un sistema de planificación formalizado. Cualquier reflexión sobre la estrategia tiene que ir de la mano de estas actividades para abordar los procesos políticos que se están produciendo. Esto se abarca en otras partes de este libro, en concreto en las Secciones 4.3.3 y 10.4.6, así como en los comentarios al final de cada parte.

## 11.5 MÚLTIPLES PROCESOS PARA EL DESARROLLO DE LA ESTRATEGIA

El análisis de los distintos procesos de desarrollo de la estrategia en las Secciones 11.3 y 11.4 plantea algunos puntos generales importantes:

● Hay que reconocer que *no hay una única forma correcta* de desarrollar las estrategias. Esto se analiza con más detalle más adelante, pero baste señalar aquí, por ejemplo, que la forma en que se desarrollan las estrategias en los entornos de rápidos cambios probablemente no sea la misma que en un entorno en el que hay pocos cambios; ni tampoco debería serlo (*véase* la Sección 11.6.3 más adelante.)

● También es posible que los procesos de desarrollo de la estrategia *difieran en el tiempo* y en *distintos contextos*. Una organización que está atravesando rápidos cambios, tal vez como resultado de turbulencias en el entorno, o de la necesidad de un cambio estratégico interno, tendrá muy probablemente procesos de desarrollo de la estrategia muy diferentes de los de una organización que se encuentre en una situación más estable, como el caso de estudio al final de este capítulo, que muestra el caso de Intel desde la década de 1980 hasta el cambio de siglo. Los distintos procesos de desarrollo de la estrategia tienden a ser más pronunciados en una etapa de su desarrollo que en otra y, aparentemente, de forma positiva para las organizaciones. El Cuadro 11.6 muestra la forma que pueden adoptar los distintos procesos en distintos contextos de la organización.

● También es probable que los individuos tengan distintas *percepciones sobre cómo se desarrollan las estrategias*. Por ejemplo, como muestra el Cuadro 11.7, los altos ejecutivos tienden a ver la estrategia como procesos planificados analíticos, racionales e intencionados, mientras que los directivos intermedios consideran que el desarrollo de la estrategia se deriva más de procesos culturales y políticos. Los directivos que trabajan para organizaciones gubernamentales o agencias gubernamentales tienden a considerar que la estrategia está mucho más impuesta que lo que consideran los directivos del sector privado[29]. Los individuos que trabajan en empresas familiares tienden a considerar que hay una mayor influencia de los individuos poderosos, que pueden ser los propietarios de los negocios. Los directivos de las organizaciones del sector público tienden a considerar que la estrategia se impone desde fuera, mucho más que los directivos de los negocios privados, fundamentalmente porque sus organizaciones son responsables ante organismos gubernamentales. La Ilustración 11.6, el debate clave del capítulo, muestra distintas descripciones del desarrollo estratégico para una estrategia de gran éxito.

● En efecto, es probable que *no haya un único proceso que describa el desarrollo de la estrategia* en cualquier organización. Habrá múltiples procesos. Por ejemplo, si existe un sistema de planificación, no será el único proceso operativo en el desarrollo de la estrategia. Sin duda, habrá cierto grado de actividad política; en efecto, es posible que el propio sistema de planificación esté siendo utilizado con fines políticos.

## Cuadro 11.6 — Algunas configuraciones de los procesos de desarrollo de la estrategia

| Dimensiones dominantes | Características | En vez de | Contexto típico |
|---|---|---|---|
| **Planificación** **Incrementalismo** (Incrementalismo lógico) | Procedimientos estándar de planificación<br>Recopilación y análisis sistemáticos de datos<br>Continuo análisis del entorno<br>Ajuste continuo de la estrategia<br>Compromiso tentativo con la estrategia<br>Cambios paso a paso, de pequeña escala | Entorno externo perturbador<br>Individuos dominantes<br>Procesos políticos<br>Grupos de poder | Organizaciones manufactureras y del sector servicios<br>Mercados estables o en crecimiento<br>Mercados maduros<br>Entornos benignos |
| **Incremental** **Cultural** **Política** | Negociación y compromiso entre los grupos de intereses en conflicto<br>Los grupos con el control de los recursos críticos tienen más posibilidades de influir sobre la estrategia<br>«Forma de hacer las cosas» estandarizada<br>Rutinas y procedimientos incorporados a lo largo de la historia de la organización<br>Ajustes graduales a la estrategia | Procesos deliberados, intencionados<br>Procedimientos bien definidos<br>Evaluación analítica y planificación<br>Intención directiva deliberada | Empresas de servicios profesionales (por ejemplo, consultorías o bufetes de abogados)<br>Entornos inestables, turbulentos<br>Mercados nuevos y en crecimiento |
| **Impuesta** **Política** | Estrategia impuesta por fuerzas externas (por ejemplo, leyes, empresa matriz)<br>Libertad de elección muy limitada<br>La actividad política se encuentra probablemente dentro de la organización y en las agencias externas | La estrategia se define dentro de la organización<br>Los sistemas de planificación afectan al desarrollo de la estrategia<br>La influencia sobre la dirección estratégica proviene fundamentalmente de los directivos de la organización | Organizaciones del sector público, grandes manufactureras y subsidiarias de los servicios financieros<br>Entornos amenazantes, en declive, inestables y hostiles |

Las conclusiones anteriores provienen de una encuesta sobre las percepciones de los procesos de desarrollo de la estrategia realizada en la década de 1990 en la Cranfield School of Management.

## Cuadro 11.7 — Percepciones que tienen los directivos de los procesos del desarrollo de la estrategia

| Percepciones que existen | Nivel de la organización | | Estabilidad del entorno | |
|---|---|---|---|---|
| | **CEO** | **Dirección intermedia** | **Mayor** | **Menor** |
| Precisión de los objetivos | Sí | No | Sí | No |
| Planificación detallada | Sí | No | Sí | No |
| Análisis sistemático del entorno | Sí | No | Sí | — |
| Detenida evaluación de las opciones estratégicas | Sí | No | — | — |

Estas conclusiones parten de una encuesta sobre las percepciones de los procesos de desarrollo de la estrategia realizada en la década de 1990 en la Cranfield School of Management. Las conclusiones indican diferencias estadísticamente significativas.

O, de nuevo, si las estrategias surgen a partir de decisiones anteriores, esas decisiones habrán sido objeto, no obstante, del escrutinio de consultores o de talleres estratégicos y habrán sido incorporados a los procesos de planificación. En efecto, existe una evidencia empírica que afirma que las organizaciones que utilizan múltiples procesos en el desarrollo de la estrategia pueden obtener un rendimiento superior a aquellas organizaciones que sólo recurren a un único planteamiento[30].

## 11.6 RETOS E IMPLICACIONES PARA EL DESARROLLO DE LA ESTRATEGIA

El análisis de este capítulo plantea algunos retos importantes y tiene implicaciones sobre cómo llevan a cabo los directivos los procesos de desarrollo de la estrategia.

### 11.6.1    El reto de la desviación estratégica[31]

Uno de los mayores retos estratégicos que tienen que superar los directivos fue identificado en el Capítulo 1 como el riesgo de la desviación estratégica (*véase* la Sección 1.5.1). El análisis de la Sección 11.4 de este capítulo refleja que hay importantes fuerzas que probablemente empujarán a las organizaciones hacia este patrón. El cambio estratégico incremental es un resultado natural de la influencia de la cultura de la organización, de la experiencia individual y colectiva, de los procesos políticos y de las decisiones anteriores. Sin embargo, si los cambios en el entorno de una organización se producen a un ritmo superior al del ritmo de cambio estratégico incremental, la organización dejará de ser acorde a su entorno. Hay otro peligro: que las organizaciones terminen siendo meramente reactivas a su entorno y no logren cuestionar o poner en duda lo que está ocurriendo a su alrededor o innovar para crear nuevas oportunidades; en definitiva, terminen siendo complacientes.

Todo esto sugiere que los procesos de desarrollo de la estrategia en las organizaciones tienen que animar a los individuos a que tengan la capacidad y estén dispuestos a poner en duda y a cambiar sus supuestos centrales y la forma de hacer las cosas. Esto nos lleva a la idea de la «organización que aprende» que se analizará en la próxima sección. Por muy deseable que sea, la evidencia empírica indica que no se produce con facilidad, como también se muestra en la Sección 11.4. También se destaca el delicado equilibrio que tiene que lograr una organización cuando desarrolla su estrategia. Por ejemplo, tiene fuerzas culturales internas que fomentan la inercia y tienden a restringir el desarrollo de la estrategia y, sin embargo, hay rutinas y comportamientos en su cultura que pueden potencialmente proporcionar las capacidades para obtener una ventaja competitiva (*véase* el Capítulo 3, Secciones 3.4 y 3.6.2). También se ve afectada por las fuerzas del entorno, aunque solo sean las existentes en sus mercados, que tiene que intentar comprender y superar, y sin embargo la experiencia arraigada en su cultura hace difícil definir un objetivo y tener una visión desapasionada de esas fuerzas.

La lección clave para la dirección es que hay que admitir y aceptar el reto; que si no se dan pasos activos para superar las fuerzas que generarán esta desviación estratégica, es muy probable que, con el tiempo, termine produciéndose. Por supuesto, cómo pueden conseguirlo los directivos también constituye el tema central de este libro, al menos en cuanto a las cuestiones clave que tienen que abordar. Sin embargo, la lección general respecto a los procesos de desarrollo de la estrategia es que es muy improbable que cualquiera de estos procesos descritos en este capítulo sea dominante. Lo más probable es que se tengan ventajas de fomentar múltiples procesos para el desarrollo de la estrategia. En las tres próximas secciones se analizará esta cuestión con más detalle.

## 11.6.2    La organización que aprende

Tradicionalmente, se ha considerado que las organizaciones son jerarquías y burocracias creadas para lograr un orden y mantener el control; son estructuras creadas para tener estabilidad más que para cambiar. Se puede afirmar que este concepto de la organización no es adecuado para las condiciones dinámicas del cambio en el siglo XXI. La **organización que aprende** es aquella que es capaz de regenerarse continuamente a partir de una diversidad de conocimientos, experiencias y habilidades de los individuos dentro de una cultura que fomenta la puesta en duda mutua del propósito o visión compartida. Se destaca la capacidad potencial de las organizaciones para regenerarse desde dentro y, así, que surjan las estrategias desde dentro.

Los defensores de la organización que aprende[32] señalan que el conocimiento colectivo de todos los individuos de una organización suele ser superior a lo que la propia organización «sabe» y es capaz de hacer; las estructuras formales de las organizaciones suelen agarrotar el conocimiento y la creatividad de la organización. Afirman que el objetivo de la dirección debería consistir en fomentar procesos que desbloquean el conocimiento de los individuos, y animar a que se compartan la información y el conocimiento, de forma que cada individuo es sensible a los cambios que ocurren a su alrededor y contribuye a identificar oportunidades y cambios necesarios. Las relaciones y flujos de información entre los individuos son laterales y verticales. Esto destaca la importancia de considerar a las organizaciones como *redes sociales*[33], donde el énfasis no se encuentra tanto en las jerarquías como en los distintos grupos de interés que tienen que cooperar entre sí y aprender potencialmente los unos de los otros. Así pues, a medida que van surgiendo ideas desde abajo, se reduce el riesgo de que se evaporen debido a una falta de interés en las demás partes de la organización. Los directivos deberían desempeñar un papel menos directivo y más de facilitador. Se puede afirmar que un tipo de organización como la adhocracia, explicada en la Sección 8.5.1, aspira a esto más que a los conceptos tradicionales de estabilidad y control. La organización que aprende es, pues, una organización con una capacidad inherente para cambiar y con la capacidad de *aprendizaje organizacional*.

Los principios centrales del aprendizaje de la organización reflejan el concepto de las necesidades de reconocer el valor de los múltiples procesos del desarrollo de la estrategia dentro de un contexto de aprendizaje. Es probable que este contexto tenga las siguientes características básicas:

● Existe la necesidad de que haya organizaciones *pluralistas* en las que se dé la bienvenida a ideas y opiniones diferentes, incluso conflictivas, que puedan salir a la superficie y convertirse en el punto de partida de un debate.

● La *experimentación* es la norma, de forma que se explotan las ideas en la práctica y, a su vez, se convierten en parte del proceso de aprendizaje.

En muchos sentidos, el *aprendizaje organizacional*[34] corresponde, por tanto, a los aspectos del incrementalismo lógico descritos en la Sección 11.4.1, especialmente en tanto en cuanto parte del argumento de que no se puede comprender de forma puramente analítica la incertidumbre y la complejidad del mundo en el que se mueven las organizaciones. Sin embargo, la idea del aprendizaje organizacional no se limita a los entornos de

La **organización que aprende** es aquella que es capaz de regenerarse continuamente a partir de una diversidad de conocimientos, experiencias y habilidades de los individuos dentro de una cultura que fomenta la puesta en duda mutua del propósito o visión compartida.

rápidos cambios. Su énfasis en la importancia de cuestionar y poner en duda lo que se da por sentado se puede aplicar a cualquier organización que esté intentando evitar la desviación estratégica y corresponda a la exigencia de Gary Hamel de organizaciones «elásticas» que se reinventan continuamente negándose a dar por sentado su éxito y construyendo la capacidad de imaginar nuevos modelos empresariales[35].

Por tanto, el reto consiste en que los directivos reconozcan las ventajas potenciales de distintos procesos de desarrollo de la estrategia para construir organizaciones que aprenden capaces de adaptarse y de innovar en un entorno cambiante al tiempo que logran aprovechar las ventajas de procesos más formales de planificación y análisis que ayuden cuando sea necesario[36].

### 11.6.3 Desarrollo de la estrategia en condiciones complejas y de incertidumbre

No todas las organizaciones tienen entornos análogos y difieren en su forma y complejidad; por tanto, puede tener sentido recurrir a distintas formas de reflexión sobre el desarrollo de la estrategia y a distintos procesos para aplicar la estrategia en distintas circunstancias. Puesto que uno de los principales problemas de la dirección estratégica consiste en superar los problemas derivados de la incertidumbre, resulta útil analizar esta cuestión considerando organizaciones en distintos contextos[37].

El Cuadro 11.8 muestra cómo pueden las organizaciones desenvolverse en condiciones más o menos estables o dinámicas y simples o complejas.

- En condiciones *simples/estáticas*, el entorno es relativamente fácil de comprender y no está atravesando cambios significativos. Los proveedores de materias primas y algunas empresas de producción en masa constituyen buenos ejemplos, al menos

---

**Cuadro 11.8    Desarrollo de la estrategia en distintos contextos**

en el pasado. Los procesos técnicos pueden ser relativamente sencillos, y la competencia y los mercados se mantienen inalterados a lo largo del tiempo. En estas circunstancias, si se produce un cambio en el entorno, puede ser predecible, por lo que puede tener sentido analizar exhaustivamente el entorno desde una perspectiva histórica para intentar prever las probables condiciones futuras. En situaciones de complejidad relativamente reducida, también puede ser posible identificar algunos predictores de las influencias del entorno. Por ejemplo, en los servicios públicos, los datos demográficos como la tasa de nacimientos pueden utilizarse como principales indicadores para determinar la necesidad de oferta de plazas en las escuelas, la atención sanitaria o los servicios sociales. Así pues, en condiciones simples/estáticas, puede tener sentido considerar que el desarrollo de la estrategia se produce mediante una planificación formal. También puede resultar tentador recurrir a la experiencia pasada y a las decisiones anteriores puesto que hay pocos cambios. El problema aquí es que es posible que todas las organizaciones terminen aplicando las mismas estrategias; y esto puede constituir una receta para un gran grado de competencia y unos beneficios reducidos (*véase* el Capítulo 5).

- En condiciones *dinámicas*, los directivos tienen que tener en cuenta el entorno del futuro, y no solo el entorno pasado. Por tanto, el grado de incertidumbre aumenta. Pueden utilizar formas estructuradas para comprender el futuro, como la *planificación de escenarios* analizada en el Capítulo 2 (*véase* la Sección 2.2.4), o pueden recurrir más al fomento de una forma activa de percibir los cambios en el entorno en los escalafones inferiores de la organización donde el cambio se considera algo normal sin tener que recurrir a largas jerarquías de arriba a abajo para poder tomar decisiones. El énfasis debe situarse en la creación de las condiciones necesarias en la organización para animar a los individuos y grupos a pensar hacia adelante, a tener intuición y a poner en duda ideas sobre los futuros posibles, aproximándose al *incrementalismo lógico* y a la *organización que aprende* que se han descrito anteriormente.

- Las organizaciones en situaciones *complejas* se encuentran en entornos difíciles de aprehender. Por supuesto, también pueden encontrarse en condiciones dinámicas y, por tanto, en una combinación de complejidad e incertidumbre. Con una tecnología cada vez más sofisticada, hay un creciente movimiento hacia esta situación de mayor incertidumbre. La industria de la electrónica se encuentra en esta situación. Una empresa multinacional, o una gran organización de servicios públicos como un gran ayuntamiento con muchos servicios, también pueden encontrarse en una situación compleja dada su diversidad, al tiempo que las distintas unidades que la componen se encuentran ante distintos grados de complejidad y dinamismo.

Resulta difícil superar los problemas derivados de la complejidad recurriendo fundamentalmente a la planificación formal. Sin embargo, puede que haya formas de diseñar la organización que ayuden: por ejemplo, la complejidad como resultado de la diversidad puede superarse garantizando que las distintas partes de la organización responsables de los distintos aspectos de la diversidad sean independientes y que reciban los recursos y la autoridad para moverse en su propio entorno. Así pues, el *diseño de la organización* es importante (*véase* el Capítulo 8). Sin embargo, lo más probable es que la organización tenga que *aprender* a superar los problemas derivados de la complejidad. Esto puede implicar que la alta dirección reconozca que los especialistas de los escalafones inferiores de la organización saben más sobre el entorno en el que se mueve la organización que lo que saben ellos mismos, y que tienen una influencia considerable; que esta competencia

# Honda y el mercado estadounidense de las motocicletas en la década de 1960

*Hay distintas explicaciones sobre cómo se desarrollan las estrategias de éxito.*

En 1984, Richard Pascale publicó un artículo en el que se describía el éxito de Honda al sacar al mercado estadounidense, en la década de 1960, sus motocicletas. Fue un artículo que ha suscitado un debate sobre los procesos del desarrollo de la estrategia desde su publicación.

Primero ofreció las explicaciones del Boston Consulting Group (BCG).

> El éxito de los fabricantes japoneses partió del crecimiento de su mercado nacional en la década de 1950. Esto dio lugar a una posición muy competitiva en costes que utilizaron los japoneses como trampolín para penetrar los mercados mundiales con pequeñas motocicletas a principios de la década de 1960 [...] La filosofía básica de los fabricantes japoneses es que un volumen elevado por modelo ofrece el potencial de una mayor productividad gracias a sus técnicas muy automatizadas e intensivas en capital. Por tanto, sus estrategias de mercado están dirigidas al desarrollo de estos elevados volúmenes por modelo, y de aquí la especial atención que hemos observado que ponen en el crecimiento y la cuota de mercado.

Así, la explicación del BCG es una explicación racional que parte de una creación deliberada de una ventaja en costes gracias al volumen.

La segunda explicación que daba Pascale de estos acontecimientos partió de las entrevistas a los ejecutivos japoneses que habían sacado las motocicletas al mercado de Estados Unidos:

> Realmente, no teníamos más estrategia que la idea de averiguar si éramos capaces de vender algo en Estados Unidos. Era una nueva frontera, un nuevo reto, y se ajustaba a la cultura de «éxito contra todo pronóstico» que había cultivado el Sr. Honda. Nunca hablamos de beneficios ni del umbral de rentabilidad en determinado periodo [...] sabíamos que nuestros productos [...] eran buenos, pero no muy superiores. El Sr. Honda confiaba especialmente en las motos de 250 y 305 centímetros cúbicos. La forma del manillar de estas motos de mayor cilindrada se parecía a la ceja de Buda, lo que considerábamos que era un buen atractivo para vender [...] Configuramos nuestro inventario inicial con una cuarta parte de cada uno de nuestros cuatro productos: la Supercub de 50cc y las motos de 125cc, 250cc y 305cc. En términos de valor en dólares el inventario estaba, por supuesto, compuesto fundamentalmente por las motos de mayor cilindrada [...] Durante el primer año estábamos totalmente a ciegas. Siguiendo nuestro propio instinto y el del Sr. Honda, no habíamos intentado vender las Supercubs de 50cc [...] parecían totalmente inadecuadas para el mercado estadounidense donde todo era grande y más lujoso [...] las utilizábamos nosotros mismos para hacer recados por Los Angeles. Atraían mucho la atención. Pero seguíamos dudando y no nos atrevíamos a impulsar sus ventas por miedo a perjudicar nuestra imagen en un mercado muy machista. Pero cuando las grandes motos empezaron a recuperar costes no nos quedó más elección. Y, sorprendentemente, los comerciantes que querían venderlas no eran concesionarios de motos sino tiendas de artículos deportivos.

estratégica derivada de la *experiencia* puede ofrecer una ventaja competitiva (*véase* el Capítulo 4); que no hay una «forma correcta» de hacer las cosas; y que hay que poner en duda lo que se da por sentado.

### 11.6.4    Dirección de los procesos de desarrollo de la estrategia

Las Secciones 11.5 y 11.6.3 sugerían que los procesos de desarrollo de la estrategia deberían, muy probablemente, diferir en función de las circunstancias en que se encuentra la organización. Como se explica en este capítulo, también es probable que haya distintos procesos que desempeñen distintos papeles y tengan distintos efectos. Aquí, hay que resaltar una serie de cuestiones:

● Es probable que una organización necesite *distintos procesos para distintos propósitos*. Muy probablemente tendrá que coordinar las estrategias entre las unidades de negocio y, con este fin, será necesario disponer de un sistema de planificación estratégica

Dos explicaciones muy diferentes y, sin embargo, describen el mismo éxito del mercado. Desde la publicación de este artículo, muchos autores especializados en la estrategia han debatido acaloradamente qué es lo que representan realmente estas descripciones. Por ejemplo, Henry Mintzberg observó: «la concepción de una estrategia novedosa es un proceso creativo (de síntesis), para el que no hay técnicas (análisis) formales». Afirmaba que cualquier planificación formal se produciría para la aplicación de la estrategia: « [...] la estrategia debe concebirse informalmente antes de poderse programar formalmente». Proseguía para añadir: «Mientras que nosotros estamos ocupados en ser «racionales» ellos utilizan el sentido común [...] vinieron a Estados Unidos preparados para *aprender*».

Michael Goold, el autor del informe inicial del BCG, lo defendía afirmando que «su objetivo era averiguar qué era lo que había detrás del éxito de Honda, qué era lo que lo explicaba, de forma que ayudase a otros a reflexionar sobre qué estrategias tienen probabilidades de funcionar. Intentar encontrar patrones en las decisiones y acciones estratégicas de Honda, y utilizar estos patrones para identificar qué es lo que funciona bien y mal».

Richard Rumelt concluyó que « [...] la «escuela del diseño» acierta sobre la realidad de las fuerzas como las economías de escala, la experiencia acumulada y el desarrollo acumulado de las competencias nucleares a lo largo del tiempo [...] pero mi propia experiencia me dice que la estrategia coherente que parte del análisis y de la

comprensión de estas fuerzas se cita con más frecuencia como la razón del éxito de lo que se observa en la realidad».

Y el propio Pascale concluyó que la naturaleza casual de la estrategia de Honda demostraba la importancia del aprendizaje; que las lecciones reales para el desarrollo de las estrategias era la importancia de la agilidad de una organización y que esta reside en su cultura más que en sus análisis.

*Fuentes:* este caso de ejemplo está basado en Pascale, R. T. (1984): «Perspectives on strategy: the real story behind Honda's success». *California Management Review*, vol. 26, n.º 3. Pp. 47-72 y Mintzberg, H.; Pascale, R. T.; Goold, M. y. Rumelt, R. P (1996): «The Honda effect revisited». *California Management Review*, vol. 38. n.º 4. Pp. 78-116.

---

## Preguntas

1. ¿Son mutuamente excluyentes estas distintas explicaciones?

2. ¿Cuáles, de las distintas explicaciones del desarrollo de la estrategia que se han dado en el capítulo, encuentra en la historia de Honda?

3. ¿Cree usted que Honda habría tenido más o menos éxito si hubiera adoptado un planteamiento de planificación estratégica formal para penetrar en el mercado estadounidense?

---

sistemática. Puede tener que desarrollar una compresión estratégica y competencias de los directivos si se quiere que puedan contribuir al debate de la estrategia. Para ello, es posible que tengan que participar en talleres sobre estrategias o en equipos de proyectos. Si se toma en serio la amenaza de la desviación estratégica, será necesario disponer de alguna forma para poner en duda los supuestos que se dan por sentados y plantear opciones estratégicas que no se plantearían en caso contrario. Para ello, es posible que haya que recurrir a talleres con este propósito, a la introducción de una nueva dirección o de nuevos líderes estratégicos con distintos antecedentes o, tal vez, a consultores externos. Es necesario analizar qué procesos son adecuados para qué propósitos.

● Por tanto, los directivos deben preguntarse si están poniendo *el énfasis en los procesos más importantes* relacionados con el desarrollo de la estrategia. Por partir de algunos ejemplos evidentes: si el esfuerzo de la dirección se está dirigiendo al diseño de sofisticados sistemas de planificación se puede estar corriendo un grave riesgo cuando se están produciendo rápidos cambios. Si se está poniendo el énfasis en talleres sobre la estrategia o en proyectos de desarrollo muy participativos en un momento en que es necesario tener un claro liderazgo y una clara dirección, los efectos serán negativos. Si es necesario fomentar la innovación y la creatividad, la diversidad de opiniones y la puesta en duda de los supuestos serán cruciales.

● Los altos ejecutivos, en particular, tienen que analizar *cuál es el papel de la alta dirección* en el desarrollo de la estrategia. ¿Se consideran a sí mismos como planificadores detallados de la estrategia para toda la organización; como los encargados de determinar una dirección estratégica general y promover a los directivos de los escalafones inferiores para que puedan desarrollar estrategias más detalladas; o creen que están desarrollando sus propias capacidades para detectar estrategias e ideas estratégicas a medida que emergen del resto de la organización? Todos estos son papeles significativos en el desarrollo de la estrategia.

● Puede haber *distintos papeles en el desarrollo de la estrategia en los distintos niveles de la organización*. Un estudio de las relaciones de las empresas matriz con sus unidades de negocio o subsidiarias[38] concluyó que hay diferencias significativas en los planteamientos sobre el desarrollo de la estrategia y en los papeles en los distintos niveles. Las unidades de negocio/subsidiarias desempeñaban un papel experimental. Muy dependientes de los contactos informales en sus mercados, las decisiones se tomaban fundamentalmente a partir de la experiencia de los directivos. (La Ilustración 11.6 también refleja que este fue el caso de Honda.) Los ejecutivos de la sede estaban más preocupados por la búsqueda del orden en las unidades de negocio y, por tanto, por la planificación y el análisis partiendo de los recursos existentes y refinando la estrategia existente. Aunque este estudio estaba centrado en una industria (la de telecomunicaciones) destaca la cuestión de que es improbable que los distintos niveles desempeñen el mismo papel. Lo que importa es que los distintos niveles sean conscientes y comprendan que tienen que desempeñar papeles distintos y tienen que hacer distintas aportaciones. La creación de diálogo entre los distintos niveles, que permite aprender el valor de las distintas contribuciones, puede ser muy importante.

● La cuestión complementaria es que *los distintos niveles directivos tienen que reconocer y valorar los distintos papeles*. Por ejemplo, si los altos directivos consideran que los directivos intermedios se limitan a «aplicar» la estrategia de la alta dirección, es probable que subestimen y reduzcan su papel potencial a la hora de ayudar a desarrollar la estrategia de su organización. Cada vez resulta más evidente que hay que tomarse en serio el papel de los directivos intermedios en las organizaciones, como agentes que contribuyen al proceso de desarrollo de la estrategia (*véase* el Capítulo 9, Sección 9.2.3).

# Resumen

Este capítulo se ha ocupado de las distintas formas en que se produce el desarrollo de la estrategia en las organizaciones. A continuación se resumen las principales lecciones del capítulo.

● Es importante diferenciar entre estrategia *intencionada* (la dirección estratégica deseada, planificada deliberadamente por los directivos) y la estrategia *emergente* que se puede desarrollar de forma menos deliberada a partir de los comportamientos y actividades de la organización.

● Lo más común es que se describa el proceso de desarrollo de la estrategia como una estrategia intencionada derivada del diseño directivo mediante *sistemas de planificación* aplicados de forma objetiva y desapasionada por la alta dirección. Los sistemas de planificación estratégica formales presentan ventajas e inconvenientes. Sin embargo, existe evidencia empírica que demuestra que estos sistemas formales no constituyen una explicación adecuada de lo que ocurre en la práctica. Es necesario recurrir a otras explicaciones del desarrollo de la estrategia.

● La estrategia intencionada también puede surgir a partir de *talleres sobre estrategia, equipos de proyectos*, la intervención de *consultores especializados en estrategia* y la *imposición de estrategias* por partes interesadas externas.

● Las estrategias pueden emerger de las propias organizaciones. Esto se puede explicar a partir de:

— Cómo pueden las organizaciones intentar avanzar de forma activa mediante procesos de *incrementalismo lógico*.

— Las rutinas de *asignación de recursos* utilizadas actualmente en la organización que pueden favorecer determinados proyectos de desarrollo de la estrategia frente a otros.

— Los elementos que se dan por sentados de la *cultura de la organización* fomentan determinadas estrategias.

— El resultado de la negociación derivada de la *actividad política* que da lugar a una estrategia negociada.

● El *reto de la desviación estratégica* sugiere que un requisito clave de los procesos de desarrollo de la estrategia en las organizaciones es el fomento y la facilitación de la *puesta en duda de los supuestos que se dan por sentados* y de las formas de hacer las cosas.

● Es probable que sea necesario disponer de *múltiples procesos para desarrollar la estrategia* si las organizaciones quieren crear una *organización que aprende* y quieren resolver los problemas derivados de *entornos cada vez más dinámicos y complejos*.

Este capítulo ha destacado la importancia de analizar desde distintas perspectivas los procesos de desarrollo de la estrategia. Esto también ha quedado reflejado en el debate clave de la Ilustración 11.6. El comentario de la Parte V desarrolla con más detalle esta cuestión analizando los procesos analizados en este capítulo a partir de los tres prismas de la estrategia.

# Lecturas clave recomendadas

- Un artículo muy citado que describe los distintos patrones del desarrollo de la estrategia es el de MINTZBERG, H. y WATERS, J. A. (1985): «Of strategies, deliberate and emergent». Strategic Management Journal, vol. 6, n.º 3. Pp. 257-272.

- El distinto papel que desempeña la planificación estratégica se explica a partir del estudio realizado por Rob GRANT; véase «Strategic planning in a turbulent environment: evidence from the oil majors». Strategic Management Journal, vol. 24 (2003). Pp. 491-517.

- Para una explicación del incrementalismo lógico, véase QUINN, J. B. (1980): Strategies for Change: Logical incrementalism, Irwin; también resumido en QUINN, J. B. y MINTZBERG, H. (2003): The Strategy Process, 4.ª edición, Prentice Hall. Compare esto con las distintas explicaciones del cambio incremental y la explicación de la desviación estratégica de JOHNSON, G. (1988): «Rethinking in-

crementalism». Strategic Management Journal, vol. 9, n.º 1. Pp. 75-91.

- Un caso de estudio fascinante sobre los efectos de las rutinas de asignación de recursos para el desarrollo de la estrategia de Intel es el de BURGELMAN, R. (1994) en «Fading memories: a process theory of strategic business exit in dynamic environments». Administrative Science Quarterly, vol. 39. Pp. 34-56.

- Se pueden encontrar ideas sobre la importancia de los múltiples procesos para el desarrollo de la estrategia en HART, S. y BANBURY, C. (1994): «How strategy making processes can make a difference». Strategic Management Journal, vol. 15, n.º 4. Pp. 251-269.

- Para un buen análisis y revisión de la literatura sobre la idea de la organización que aprende, véase COOPEY, J. (1995): «The learning organization, power, politics and Ideology». Management Learning, vol. 26, n.º 2. Pp. 193-213.

# Notas

1. El marco utilizado aquí se ha derivado, en parte, del análisis de MINTZBERG, H. y WATERS, J. A. (1985): «Of strategies, deliberate and emergent». Strategic Management Journal, vol. 6, n.º 3. Pp. 257-272.
2. Para una discusión más detallada de las distintas explicaciones del cambio estratégico incremental, véase JOHNSON, G. (1988): «Rethinking incrementalism». Strategic Management Journal, vol. 9. Pp. 75-91.
3. En las décadas de 1970 y 1980 se escribieron muchos libros sobre los planteamientos de la planificación estratégica formal para desarrollar la estrategia. En la actualidad no son tan frecuentes pero, por ejemplo, véase BRADFORD, R. W. y DUNCAN, J. P. (1999): Simplified Strategic Planning: A no-nonsense guide for busy people who want results fast, Chandler House Press; BRYSON, J. M. (1995): Strategic Planning for Public and Nonprofit Organizations: A guide to strengthening and sustaining organizational achievment, edición revisada, Jossey Bass; y HAINES, S. (2000): The Systems Thinking Approach to Strategic Planning and Management, St Lucie Press.
4. «Strategic planning in a turbulent environment: evidence from the oil majors» un estudio realizado por Rob GRANT. Véase Strategic Management Journal, vol. 24 (2003). Pp. 491-517.
5. De nuevo, de la investigación de GRANT; véase la nota 4 anterior.
6. Muchos de estos peligros se extraen de Mintzberg, H. (1994): The Rise and Fall of Strategic Planning, Prentice Hall.
7. La cita de Sherman se ha extraído de JAMES, B. G. (1985): Business Wargames, Penguin. P. 190.
8. Los estudios sobre la relación entre la planificación formal y el rendimiento financiero no son concluyentes. Por ejemplo, véase. MCKIERNAN, P y Morris, C. (1994): «Strategic planning and financial performance in the UK SMEs: does formality matter?». Journal of Management, vol. 5. Pp. S31-S42. Algunos estudios han demostrado las ventajas en determinados contextos. Por ejemplo, se afirma que presenta ventajas para los emprendedores que están creando nuevos negocios; véase DELMAR, F. y SHANE, S. (2003): «Does business planning facilitate the development of new ventures?». Strategic Management Journal, vol. 24. Pp. 1165-1185. Y los demás estudios demuestran, de hecho, que existen ventajas derivadas del análisis estratégico y de la reflexión estratégica, más que de ventajas de los

sistemas de planificación formal; por ejemplo, véase MILLER, C. C. y CARDINAL, L. B. (1994): «Strategic planning and firm performance: a synthesis of more than two decades of research». Academy of Management Journal, vol. 37, n.º 6. Pp. 1649-1665.
9. Véase la nota 4.
10. Por ejemplo, véase MEZIAS, J. M.; GRINYER, P. y GUTH, W. D. (2001): «Changing collective cognition: a process model for strategic change». Long Range Planning, vol. 34. Pp. 71-95. También EDEN, C. y ACKERMANN, F. (1998): Making Strategy: the Journey of Strategic Management, Sage.
11. Por ejemplo, véase EDEN, C. y ACKERMANN, F. (2002): «A mapping framework for strategy making». Pp. 173-195 y JOHNSON, P. y JOHNSON, G.: «Facilitating group cognitive mapping of core competencies». Pp. 220-236 en Anne S. Huff y Mark Jenkins (eds), Mapping Strategic Knowledge, Sage.
12. El análisis en los talleres recurriendo a las redes culturales se explica en JOHNSON, G. «Mapping and re-mapping organisational culture», en V. Ambrosini (ed.) Exploring Techniques of Analysis and Evaluation in Strategic Management, Prentice Hall, 1998 y en «Strategy through a cultural lens: learning from managers' experience», Management Learning, vol. 31, n.º 4 (2000). Pp. 429-452.
13. Véase BEER, M. y EISENSTAT, R. A. (2004): «How to have an honest conversation about your business strategy», Harvard Business Review, vol. 82, n.º 2. Pp. 82-89.
14. Un buen análisis del trabajo de los equipos de proyectos y de sus agendas políticas se puede encontrar en BLACKLER, F. y MCDONALD, S. (2000): «Organizing processes in complex activity networks». Organization, vol. 7 n.º 2. Pp. 277-300.
15. El papel de los consultores se identifica en SCHWARTZ, M. (2003): «The role and contribution of consultants in strategy-making - how consultants and managers work together in strategy-making», en Proceedings of the International Conference European Group for Organization Studies (EGOS), Copenhagen Business School.
16. Para un análisis de cómo los consultores, las facultades de empresariales y otros actúan como «vehículos» del conocimiento, véase ABRAHAMSON, E. (1996): «Management fashion». Academy of Management Review, vol. 21, n.º 1. Pp. 254-285.

17. Esta cita se ha extraído de «Inside McKinsey», de John A. Byrne, *Business Week*, 8 de julio de 2002. P. 59.

18. Muchos de los primeros casos de estudio exhaustivo sobre los procesos políticos y culturales de la emergencia de las estrategias son Pettigrew, A. (1985): *The Awakening Giant*, Blackwell; y Johnson, G. (1987): *Strategic Change and the Management Process*, Blackwell.

19. La investigación de Quinn, J. B. (1980): implicaba el análisis del cambio estratégico en empresas, y fue publicado en *Strategies for Change*, Irwin. *Véase* también Quinn, J. B. (2003): «Strategic change: logical incrementalism», en J. B. Quinn y H. Mintzberg (eds.), *The Strategy Process*, 4.ª edición, Prentice Hall.

20. *Véase* Quinn, J. B. *Strategies for Change*, nota 19. P. 58.

21. Los estudios originales son Bower, J. L. (1972): *Managing the Resource Allocation Process: a Study of Corporate Planning and Investment*, Irwin, y Burgelman, R. A. (1983): «A model of the interaction of strategic behaviour, corporate context and the concept of strategy», *Academy of Management Review*, vol. 81 n.º 1. Pp. 61-70; y «A process model of internal corporate venturing in the diversified major firm». *Administrative Science Quarterly*, vol. 28 (1983). Pp. 223-244.

22. Por ejemplo, *véase* Noda, T. y Bower, J. (1996): «Strategy as iterated processes of resource allocation». *Strategic Management Journal*, vol. 17. Pp. 159-192.

23. El caso de Intel también ha sido analizado por Burgelman, R. (1994): *véase* «Fading memories: a process theory of strategic business exit in dynamic environments». *Administrative Science Quarterly*, vol. 39. Pp. 34-56.

24. Esto se explica con más detalle en Johnson, G.: «Re-thinking incrementalism» (*véase* la nota 2).

25. Esta cifra se basa en la que se muestra en Grinyer, P. y Spender, J. C. (1979): *Turnaround: Managerial recipes for strategic success*, Associated Business Press, e *Industry Recipes: The Nature and Sources of Management Judgement*, Blackwell, 1989.

26. *Véase* Miller, D. (1990): *The Icarus Paradox*, Harper Business.

27. Se ha publicado relativamente poco sobre el análisis de la dirección estratégica de forma explícita desde una perspectiva política, pero constituye el tema central de Buchanan, D. y Boddy, D. (1992): *The Expertise of the Change Agent: Public performance and backstage activity*, Prentice Hall.

28. Este es el argumento adelantado por Bartunek, J. M.; Kolb, D. y Lewicki, R. (1992): «Bringing conflict out from behind the scenes: private, informal, and nonrational dimensions of conflict in organizations», en D. Kolb y J. Bartunek (eds), *Hidden Conflict in Organizations: Uncovering Behind the Scenes Disputes*, Sage.

29. Para un análisis de las diferencias del desarrollo de la estrategia del sector público y en el sector privado, *véase* Collier, N.; Fishwick, F. y Johnson, G. (2001): «The processes of strategy development in the public sector», en G. Johnson y K. Scholes (eds), *Exploring Public Sector Strategy*, Pearson Education.

30. *Véase* Hart, S. y Banbury, C. (1994): «How strategy making processes can make a difference». *Strategic Management Journal*, vol. 15, n.º 4. Pp. 251-269.

31. Para una explicación detallada de la desviación estratégica, *véase* «Re-thinking incrementalism» (nota 2).

32. *Véase*, por ejemplo, Coopey, J. (1995): «The learning organization, power, politics and ideology», *Management Learning*, vol. 26, n.º 2. Pp. 193-213.

33. El concepto de organización como conjunto de redes sociales se analiza, por ejemplo, en Granovetter, M. S. (1973): «The strength of weak ties». *American Journal of Sociology*, vol. 78, n.º 6. Pp. 1360-1380, y Carroll, G. R. y Teo, A. C. (1996): «On the social networks of managers». *Academy of Management Journal*, vol. 39, n.º 2. Pp. 421-440.

34. El concepto de la organización que aprende se explica en Senge, P. (1990): *The Fifth Discipline: The art and practice of the learning organisation*, Doubleday/Century. También Crossan, M.; Lane, H. W. y White, R. E. (1999): «An organizational learning framework: from intuition to institution». *Academy of Management Review*, vol. 24, n.º 3. Pp. 522-537.

35. *Véase* Hamel, G. y Valikangas, L. (2003): «The quest for resilience», *Harvard Business Review*, septiembre. Pp. 52-63.

36. Esta idea del equilibrio entre el rigor analítico y la intuición y la imaginación es el tema de Szulanski, G. y Amin, K. (2001): «Learning to make strategy: balancing discipline and imagination». *Long Range Planning*, vol. 34. Pp. 537-556.

37. La investigación de Duncan, R. (1972): en la que se basa esta clasificación, puede encontrarse en «Characteristics of organisational environments and perceived environmental uncertainty». *Administrative Science Quarterly*, vol. 17, n.º 3. Pp. 313-327.

38. *Véase* Regner, P. (2003): «Strategy creation in the periphery: inductive versus deductive strategy making». *Journal of Management Studies*, vol. 40, n.º 1. Pp. 57-82.

## TRABAJOS

✱ Indica una mayor dificultad.

11.1    Lea el informe anual de una empresa con la que esté familiarizado como consumidor (por ejemplo, un comercio o una empresa de transportes). Identifique las principales características de la estrategia intencionada tal y como se explica en el informe anual, y las características de la estrategia realizada tal y como usted la percibe como cliente.

11.2    Partiendo de las distintas explicaciones de las Secciones 11.3 y 11.4 caracterice cómo se han desarrollado las estrategias en distintas organizaciones (por ejemplo, Intel).

11.3✱ Los sistemas de planificación existen en muchas organizaciones distintas. ¿Qué papel debería desempeñar la planificación en una organización del sector público, como un ayuntamiento o el National Health Service en el Reino Unido, y en una empresa multinacional como Dell (*véase* la Ilustración 1.1)?

11.4    Si tuviera que diseñar un taller de estrategia (a) para volver a analizar la estrategia de una organización y (b) para lograr el compromiso con el cambio estratégico intencionado, sugiera quiénes serían los participantes en el taller y qué deberían hacer.

11.5    A partir de las explicaciones del desarrollo incremental de la estrategia de este capítulo y de la Ilustración 11.3, ¿cuáles son las principales ventajas e inconvenientes de intentar desarrollar las estrategias de forma incremental?

11.6✱ Los patrones incrementales del desarrollo de la estrategia son comunes en las organizaciones, y los directivos consideran que tienen ventajas. Sin embargo, también existe el peligro de la desviación estratégica. Partiendo de las distintas explicaciones de las Secciones 11.3 y 11.4, sugiera cómo se puede evitar esta desviación estratégica.

11.7    Surgiera por qué es posible que haya distintos planteamientos sobre el desarrollo de la estrategia que pueden ser adecuados en distintas organizaciones como la universidad, una tienda de ropa de moda y una empresa de alta tecnología.

### Trabajos de integración

11.8    ¿Hasta qué punto, y por qué, está usted de acuerdo/en desacuerdo con la afirmación de que «la mayoría de los procesos de desarrollo de la estrategia de las organizaciones no lograrán probablemente definir estrategias auténticamente innovadoras»?

11.9    ¿Cómo se relaciona el concepto de la «organización que aprende» con (a) el de las capacidades estratégicas (Capítulo 3), (b) la cultura de la organización (Capítulo 5) y (c) el conocimiento de la organización (Capítulo 3)? Teniendo presente esta relación, ¿cuáles son los retos que hay que superar para desarrollar una «organización que aprende» en una gran empresa internacional?

# CASO DE EJEMPLO

## Desarrollo de la estrategia en Intel*

Jill Shepherd, Segal Graduate School of Business, Simon Fraser University, Canadá

Intel (una abreviatura de Integrated Electronics) es una empresa digital que opera, y se puede afirmar que ha ayudado a crear, la industria de los semiconductores. A lo largo de treinta años la empresa ha logrado una transformación estratégica en dos ocasiones.

### Primera época

Entre 1968 y 1985, periodo en que el CEO fue sobre todo Gordon Moore, Intel era una empresa que fabricaba memoria. Fundada por Gordon Moore y Robert Noyce, Intel fue la primera empresa que se especializó en productos de memorias en circuitos integrados. Noyce fue uno de los inventores de los circuitos integrados, mientras que Moore, un físico especializado en química, vio el potencial de la tecnología de los procesos de semiconductores metal-óxidos (MOS), una forma de producir en masa semiconductores a bajo coste. Ambos directivos se fueron de Fairchild Semiconductors, la subsidiaria de Fairchild Camera and Instrument Corporation que habían ayudado a fundar. Según Noyce, la alta dirección de Fairchild no respaldaba la innovación, tal vez porque se había convertido en una organización demasiado grande y compleja. A su vez, Andy Grove se incorporó a Intel, pensando que la salida de Moore y Noyce dejaba a Fairchild fatalmente desprovista de directivos intermedios. Su objetivo no era transformar la industria, sino fabricar chips de memoria que no competían directamente con Fairchild y con las demás empresas porque eran muy complejos.

En este periodo se produjeron dos acontecimientos críticos. Primero, el primer chip de memoria de Intel era estático (SRAM), pero fue sustituido rápidamente por un chip dinámico (DRAM). Segundo, la tradicional elección estratégica de fabricación en segunda línea «fracasó, porque la empresa elegida no podía ofrecer una nueva generación de procesos manufactureros. Intel se vio obligada a hacer toda su fabricación por sí sola, pero también se quedó con todos los beneficios. Este primer éxito, y esta «suerte» según Gordon Moore, duró casi veinte años. Aunque esta buena fortuna puede considerarse como resultado de la suerte, tal vez Intel estuviese por delante en el juego de la compe-

Fotografía: Cortesía de Intel Corporation

tencia de la tecnología del silicio, tal vez sin saberlo, y esperaba demasiado de su proveedor.

El desarrollo, la producción y la comercialización de las memorias DRAM implicaba un planteamiento de dirección estructurado, disciplinado y controlado. La excelencia técnica venía de la mano de los objetivos definidos por la alta dirección, y requerían una disciplina multifuncional para poder alcanzar los objetivos a tiempo. La filosofía del rigor financiero de arriba a abajo se veía equilibrada por una cultura en la que los que sabían qué es lo que hacía falta para alcanzar los objetivos nunca serían apartados aunque no tuvieran un cargo suficientemente elevado en la jerarquía. El conocimiento era más poderoso cuando estaba relacionado con la excelencia técnica que cuando se relacionaba con la posición jerárquica, creando una filosofía en Intel de debate constructivo. En la medida en que existía, la planificación estratégica era bastante informal: las ideas surgían de los ingenieros y los representantes y la alta dirección las evaluaba y las asignaba fondos. El proceso de reclutamiento se centraba en contratar a personal que se ajustara a la cultura de Intel, y las recompensas estaban relacionadas con un elevado rendimiento.

---

* Intel es una de las empresas más estudiadas, cortesía de una asociación muy productiva entre el anterior CEO y posterior presidente de Intel, Andy Grove y Robert Burgelman, Catedrático de Dirección Empresarial del Graduate School of Business de la Stanford University.

## Segunda época

Al principio de la década de 1980 Intel avanzó hacia una nueva era, cortesía de un mercado más poblado. En diez años, el producto que ofrecía los mayores ingresos, la memoria DRAM, perdió una cuota de mercado del 83 por ciento al 1,3 por ciento y tan solo representaba el 5 por ciento de los ingresos de Intel, frente al 90 por ciento anterior. La innovación pasó a los fabricantes de equipos alejándose de los proveedores de chips, y las empresas clientes negociaban acuerdos mucho más exigentes. La competencia se había calentado y había que elegir en qué área técnica se quería sobresalir.

En este momento, Intel tomó la decisión de distanciar geográficamente sus tres principales áreas de desarrollo de productos, DRAM, EPROM (su producto más rentable a mediados de 1980) y los microprocesadores. En el caso de los microprocesadores, cuyo desarrollo se había iniciado en la primera época, la nueva base de la ventaja provenía cada vez más del diseño del chip más que de los procesos de fabricación, como era el caso en las demás áreas.

Con el tiempo, la memoria DRAM perdió capacidad productiva dentro de Intel a favor del área no planificada de los microprocesadores. Una regla, creada por el primer director financiero, y diseñada para mantener a Intel como una empresa de tecnología puntera, estipulaba que la capacidad productiva se asignaría en proporción a los márgenes de beneficios alcanzados en los distintos sectores de productos. El énfasis dentro del grupo de la memoria DRAM se ponía en encontrar sofisticadas soluciones técnicas a los problemas de la memoria DRAM; sin embargo, se trataba de una innovación en unos mercados en los que la innovación ya no era comercialmente viable. No obstante, los directivos de DRAM lucharon para que la capacidad productiva se asignara a la memoria DRAM, proponiendo que se debía asignar la capacidad en función del coste de producción. La alta dirección se negó.

Una vez tomada esta decisión de mantener la regla de asignación de recursos, la libertad estratégica en manos de los directivos para recuperar los negocios iniciales, SCRAM y DRAM, a los que se sentían muy unidos, disminuyó a medida que la cuota de mercado caía muy por debajo de lo que se consideraba que merecía la pena intentar recuperar. Los directivos de DRAM tuvieron que competir internamente con la excelencia tecnológica de las otras áreas de productos donde la moral y la excitación alcanzaban elevados niveles y la innovación se producía en un mercado cada vez más dinámico. A medida que los microprocesadores fueron siendo cada vez más rentables, la capacidad productiva y de inversión se asignaba cada vez más a este sector alejándose del sector de la memoria. Al final, los directivos de las sedes se dieron cuenta de que Intel nunca sería un jugador en el merca-

do de la memoria 64K DRAM, a pesar de haber creado el negocio. En 1985, la alta dirección se dio cuenta de que tenía que salir del mercado de la memoria DRAM. En 1986, Intel tuvo una pérdida neta de 173 millones de dólares (150 millones de euros) y perdió a casi la tercera parte de su plantilla.

Sin embargo, la oposición a la salida se mantuvo. El personal productivo ignoró las consecuencias de haber salido del sector de la memoria DRAM intentando demostrar que podrían competir en el mercado fuera de la empresa, explicando el fracaso a partir del fuerte dólar frente al yen japonés y luchando contra la baja moral. Al final, Andy Grove, CEO desde 1987, tomó la decisión ejecutiva de salir del sector de EPROM, no dejando duda alguna de que los microprocesadores representaban ahora la dirección estratégica futura de Intel. La consiguiente salida del sector de EPROM se ejecutó rápidamente. El personal de este sector dejó la empresa y creó una nueva empresa.

El periodo anterior y posterior a la salida del sector de la memoria DRAM fue muy turbulento. Aunque parecía muy perturbador, permitió que se reflexionara mucho. Se creó un nuevo vínculo entre producción y tecnología, intentando liberar a la empresa de las rivalidades creadas en la época de competencia interna entre la memoria DRAM y las otras áreas de tecnología, y volver así a una época de colaboración. También se volvió a reflexionar sobre el planteamiento que se tenía de la tecnología intentando alejarse de tener una atención tan centrada en el producto. Se dio más importancia a la definición del diseño del producto así como a las ventas y al marketing, restando importancia a la producción. La estrategia de la empresa se ajustó a los desarrollos del mercado y a las prioridades de los directivos intermedios; y los procesos de planificación estratégica formal, así como las declaraciones de la dirección corporativa sobre la estrategia, empezaron a promover a los microprocesadores.

Dicho esto, no se reconoció de inmediato el potencial de los PC. En efecto, una presentación de un directivo recién contratado sobre dicho potencial no logró acaparar la atención de los directivos. Más tarde, los directivos de Intel reflexionaban sobre ello afirmando que se debió a que el presentador, aunque entusiasta, parecía «un aficionado». Si ese mismo contenido analítico hubiera sido presentado por «un gran orador» tal vez la alta dirección hubiera comprendido antes la importancia del mercado de los PC.

A mediados de la década de 1990 los procesos relativamente informales del desarrollo de la estrategia resultaban cada vez más difíciles en lo que se había convertido en una enorme corporación. Se introdujo una planificación estratégica formal de gran alcance por la que cada unidad de negocio tenía un subcomité que desarrollaba anualmente un plan de empresa que debía someterse a la aprobación del

Consejo. Aunque esto añadía disciplina, el problema fue que estos planes empezaron a ser repetitivos y carecían de la innovación y la renovación que habían impulsado el éxito de Intel.

## Tercera época

El rendimiento de Intel como fabricante de microprocesadores era financieramente espectacular. En 1998 Andy Grove se convirtió en presidente y Craig Barrett Portillo en CEO. Ambos eran conscientes de que, de nuevo, Intel tenía que superar nuevos retos. Tras diez años de un crecimiento anual compuesto del 30 por ciento, 1998 asistió a una ralentización. Había llegado la era de Internet y la empresa tenía que ampliar sus horizontes. Intel no solo tenía que mantener su competencia en el diseño y el desarrollo de productos junto con una continua competencia en la producción, sino que también tenía que comprender más las necesidades de los usuarios y desarrollar competencias en la posesión de empresas, permitiendo una participación parcial o total en empresas con tecnologías estratégicamente importantes. Tras un periodo de estricta adherencia a su atención a los microprocesadores, tenía que encontrar la manera de recuperar su espíritu emprendedor de los primeros días. En cualquier caso, el negocio era más complejo, y requería apostar al máximo en toda la cadena de valor del movimiento de Internet avanzando hacia el mercado de los hogares inalámbricos y digitales.

Barrett organizó una serie de seminarios para la alta dirección de Intel con el objetivo de que soñaran en nuevos negocios y se creó un Nuevo Grupo Empresarial (*New Business Group*; NBG), con distintos procesos y valores, con el mandato de poner en marcha nuevos negocios empresariales internos. Se creó un marco en el que pudiera tener lugar la relación entre el NBG y el resto de la empresa para poder determinar si cualquier nuevo negocio propuesto no solo era estratégicamente importante desde el punto de vista externo sino que también permitía crear, o exigía, el desarrollo de nuevas competencias internas.

Los primeros años bajo el mandato de Barrett asistieron a un florecimiento de la actividad y de los nuevos negocios. En los dos primeros años estos nuevos negocios incluyeron: la compra de la unidad de chips de DEC con derecho sobre el procesador StrongARM, que Intel utilizaba para unos productos móviles y de redes; docenas de nuevos productos en 1998, incluyendo routers e interruptores; la salida al mercado del chip barato Celeron; la creación de un grupo de productos para el hogar para desarrollar aplicaciones para Internet y televisores con acceso a Internet así como receptores digitales; la adquisición del fabricante de chips para redes Level One, especializada en chips que conectaban tarjetas de red a sistemas alámbricos; y Dialo-

gic, un fabricante de sistemas telefónicos para PC, que ofrecía a Intel la tecnología necesaria para la convergencia de la redes de voz y de datos; y un sistema de creación de redes en el hogar para enviar datos utilizando el teléfono. En 1999 se sacaron al mercado 13 chips para redes y el primer centro de acogida de sitios web de Intel, con capacidad para 10.000 servidores y para atender a cientos de empresas de comercio electrónico; la adquisición de DSP Communications, un líder en la tecnología telefónica inalámbrica, y de IPivot, un fabricante de sistemas para acelerar las transacciones seguras de comercio electrónico. Y en 2000 se sacaron siete sistemas de servidores, denominados la familia NetStructure, para acelerar y gestionar el tráfico en la Red.

En 2002 los esfuerzos se dirigieron a la promoción del desarrollo de la tecnología inalámbrica mediante un fondo de inversiones que se amplió hasta 2004 para alimentar el avance de la era digital en los hogares, posibilitando la transferencia de fotos, música, documentos y películas entre distintos aparatos. El fondo respaldaba a empresas de nueva creación en este campo y también pretendía aumentar el interés en este campo, tanto de las empresas tecnológicas como de los clientes. Intel pensaba que los PC serían necesarios para tener capacidad de almacenamiento en la vivienda digital, pero veía su futuro en todo tipo de semiconductores, y no solo en los de los PC. Por ejemplo, Intel invirtió en tres empresas: BridgeCo, que diseña chips para unir aparatos del hogar; Entropic, que diseña chips para crear redes con cables coaxiales; y Musicmatch que vende software para grabar, organizar y reproducir música. Hasta qué punto podrían complementar o sustituir estos aparatos digitales a los PC era una pregunta que quedaba por responder pero, en 2003, Intel se había decidido a convertirse en la líder en el diseño, la comercialización y la venta de chips.

En 2004 se anunció que en 2005 Paul S. Otellini, que no tiene la experiencia de ingeniería de Barrett, sustituiría a Craig Barrett como CEO, que pasaría a presidente, nombrando a Andy Grove presidente emérito. *Business Week* comentaba: «En esta nueva era de "Piense en Intel en todas partes", no solo en un PC, Intel se enfrentaba a una dura competencia al entrar en los sectores de la comunicación, el ocio y el sector inalámbrico mientras que continuaba defendiendo su flanco de otras empresas de microprocesadores como AMD... Aunque seguían teniendo una orientación de innovación, Barrett y Otellini siempre han aprendido de los errores anteriores, para comprender mejor el mercado, forjando una estrecha relación con los consumidores para evitar diseñar productos que nadie quiere, siendo más cooperativos y menos arrogantes, al tiempo que invierten en cinco nuevas fábricas en 2005».

*Fuentes*: R. A. Burgelman, *Strategy as Destiny: How strategy-making shapes a company's Future*, Free Press, 2002; R. A. Burgelman, «Strategy as vector and the inertia of coevolutionary lock-in», *Administrative Science Quarterly*, vol. 47 (2002). Pp. 325-358; *Business Week*, 13 de marzo de 2000. Pp. 110-119.

*Business Week*, online (http://www.businessweek.com/technology/content/) (7 de enero de 2004); Kharif, O. (2004) «Intel bets big on the digital home», *Business Week*, 7 de enero de 2004; *Business Week*, online (http://www.businessweek.com/technology/content/jan2004/tc2004017_7492_tc057.htm) (2 de marzo de 2004).

»What is CEO Craig Barrett Up to? Hint: It's about much more than computers», *Business Week*, 8 de marzo de 2004. Pp. 56-64.

## Preguntas

1. Identifique los distintos procesos de desarrollo de la estrategia en Intel. ¿Hasta qué punto son parecidos/distintos de los procesos en las distintas épocas y entre éstas?

2. ¿Qué eficacia tuvieron estos distintos procesos? ¿Qué efecto tuvieron estos procesos en el rendimiento de Intel?

3. ¿Qué tensiones hay entre los procesos en cada época?

4. ¿Qué propuestas haría sobre cuáles son los procesos más adecuados para el desarrollo de la estrategia a medida que Intel avanza hacia un modelo empresarial de mayor diversificación?

# Desarrollo de la estrategia en las organizaciones

Este comentario final del libro tiene tres partes. La primera utiliza los prismas de la estrategia para revisar la explicación de los procesos de desarrollo del Capítulo 11. Sin embargo, en vez de adoptar el planteamiento de los otros comentarios y analizar cada prisma por separado, aquí se van a revisar los distintos procesos analizados en el capítulo a través de los tres prismas. Así se destaca el argumento de todos los comentarios: que las distintas perspectivas que ofrecen los prismas para analizar la estrategia son relevantes para todas las facetas de la dirección estratégica, incluso para los procesos que parecen ejemplificar uno de los prismas. La segunda parte trata esta misma cuestión resumiendo la investigación sobre cómo se utilizan en la práctica las herramientas del análisis de la estrategia, muchas de las cuales se han ido explicando a lo largo del libro. Finalmente, hay una breve revisión de la aplicación de los prismas en el libro.

## Procesos de desarrollo de la estrategia

La primera parte del comentario revisa brevemente los procesos analizados en el Capítulo 11 y los analiza, así como el concepto de «liderazgo estratégico», a la luz de los tres prismas del diseño, la experiencia y las ideas.

### Planificación estratégica

A primera vista, la planificación se explica de la forma más evidente recurriendo al prisma del diseño; sin duda puede adoptar la forma y apariencia de un sistema lógico de fijación de objetivos, análisis y evaluación que da lugar a intenciones claramente expresadas por la alta dirección de una organización. Sin embargo, la investigación de Rob Grant[1] citada en el Capítulo 11 (Sección 11.3.1) deja claro que es probable que la planificación estratégica desempeñe los papeles de comunicar y controlar la estrategia más que el de la propia formulación de la estrategia. Los otros prismas también ayudan a explicar el papel que puede desempeñar la planificación en las organizaciones.

El prisma de la experiencia sugiere que la estrategia se desarrolla, de hecho, a partir de la interpretación más informal del entorno, que parte de la experiencia de los individuos o de los sistemas culturales de la organización. Aquí, no se considera que la planificación dirija el desarrollo de la estrategia sino que más bien agrupa los filamentos de una estrategia que surge a partir de dicha experiencia. Así pues, parece que la estrategia ha sido planificada. Este ejercicio de la planificación puede ayudar a interpretar esta estrategia emergente, puede ofrecerla de una forma más coherente o, en efecto, puede ayudar a poner en duda algunos de los supuestos y sesgos de los que parte. Así pues, incluso si el papel de la planificación se analiza desde este prisma, se puede afirmar que desempeña un papel importante.

El prisma de las ideas también pone el énfasis en la emergencia de la estrategia desde la organización más que desde el ápice; así, de nuevo, aquí se puede considerar que la planificación permite interpretar la estrategia emergente. También se puede considerar que los sistemas de planificación son uno de los mecanismos con los que se seleccionan y retienen las ideas que surgen en la organización. Estas ideas tienen que competir para sobrevivir, por demostrar su valía frente a otras ideas.

## Talleres sobre estrategia

El prisma del diseño sugiere que los talleres sobre estrategias tienen el propósito de ayudar a los directivos a reflexionar de forma lógica sobre la estrategia de una organización. Sin embargo, el prisma de la experiencia nos dice que, aunque pueden utilizar las herramientas y técnicas como el análisis y la planificación lógica, estos talleres están compuestos por individuos que también recurren a su experiencia y tienen una agenda política. En efecto, se puede afirmar que los talleres sobre la estrategia utilizan todavía más la experiencia de los individuos, porque son acontecimientos de una duración relativamente corta en los que los individuos que participan no siempre pueden acceder a toda la información que puede ser relevante para los temas que están analizando. Por tanto, es posible que tengan que recurrir a su experiencia y a sus juicios de valor.

Sin embargo, en algunas organizaciones, estos talleres o equipos de proyectos se utilizan de forma específica para generar una diversidad de ideas que el prisma de las ideas sugiere que son necesarias para la innovación. Esto puede producirse mediante talleres de tormentas de ideas, por ejemplo. O, como en el caso de algunas organizaciones, creando múltiples talleres o equipos de proyectos con objetivos parecidos como una forma de estimular ideas distintas.[2]

## El recurso a los consultores

Los consultores también suelen ser descritos como los consejeros objetivos y desapasionados de la dirección que sugeriría el prisma del diseño. Sin embargo, también se pueden utilizar para aportar un planteamiento distinto y, de aquí, una mayor variedad, a las deliberaciones sobre la estrategia. Así pues, desempeñan un papel en la generación de ideas. Sin embargo, aunque el análisis objetivo y la perspectiva novedosa o externa pueden muy bien constituir papeles claves, los consultores también tienen que saber quiénes son los ejecutivos más influyentes o cuáles serán probablemente los que puedan tomar la decisión o, también, oponerse a que se tome una decisión[3]. Y los consultores suelen utilizarse para dar fuerza política a los ejecutivos que los contratan. Como sugiere el prisma de la experiencia, no hay duda de que los consultores también desempeñan un papel político.

## Incrementalismo lógico

Los prismas de la experiencia y de las ideas ayudan a comprender el desarrollo incremental de la estrategia. Estos dos prismas ponen el énfasis en la importancia de las actividades y la aportación de los individuos de toda la organización al desarrollo de la estrategia, en vez de poner el énfasis en el ápice. La interpretación de los cambios del entorno se hace recurriendo a la experiencia y a la interpretación de los individuos en distintos niveles y distintos cargos de la organización. La variedad de la experiencia de estos individuos, que destaca el prisma de las ideas, es crítica porque garantiza una diversidad suficiente en la forma de comprender e interpretar las complejidades del entorno y de las capacidades de la organización. El papel de la alta dirección, como proveedora de una visión global más que de un estricto control, también se ajusta al prisma de las ideas.

Sin embargo, el prisma de la experiencia sugiere otra interpretación del incrementalismo lógico. Como se explica en el Capítulo 11, el incrementalismo lógico es un puente entre la estrategia deliberada y la estrategia emergente. Quinn lo describe como «una práctica ejecutiva consciente, proactiva y con un fin»[4]. Por otra parte, Johnson ha afirmado que «aunque los directivos pueden describir los procesos de desarrollo de la estrategia de esta manera, la fuerza motriz subyacente al incrementalismo es el desarrollo de las estrategias a partir de la experiencia directiva y de la cultura de la organización»[5]. De la misma manera que los sistemas de planificación formal suelen interpretar o postracionalizar esta experiencia, también puede la etiqueta de «lógico» postracionalizar lo que son procesos esencialmente culturales y cognitivos.

## Rutinas de asignación de recursos

El prisma del diseño considera que las rutinas de asignación de recursos son parte de los procesos lógicos y sistemáticos relacionados con los procesos planificados en las organizaciones; están, en efecto, diseñados deliberadamente para ayudar a tomar decisiones razonables en toda una organización. Por otra parte, el prisma de la experiencia sugiere que estas rutinas terminan incorporadas en la cultura de una organización; se convierten en «la forma en que hacemos las cosas aquí». Un buen ejemplo son las rutinas de asignación de recursos creadas por el gobierno para recompensar a las universidades británicas por la calidad de la investigación. El Ejercicio de Evaluación de la Investigación (*Research Assessment Exercise*; RAE) se creó para fomentar la buena investigación (la perspectiva del *diseño*). A lo largo de los años, los criterios del RAE están tan asentados, su importancia se da tanto por sentada (la perspectiva de la *experiencia*), que se han convertido en *la* fuerza motriz de muchas universidades. En efecto, cuando se habla de investigación estos académicos utilizan la terminología del RAE para describir la calidad de determinada investigación. El prisma de las ideas ofrece una mayor percepción. Las líneas directrices y los criterios del RAE se han convertido en la rutina equivalente a las sencillas reglas y las estrategias parten de estos criterios. Las estrategias de investigación han surgido en torno a determinados tipos de investigación que se pueden publicar en determinadas revistas para poder tener una buena calificación en el RAE y, por tanto, obtener el tipo de recursos necesarios en las universidades y las oportunidades de promoción de los académicos. El RAE y sus criterios están cambiando las estrategias de las universidades de una forma que puede ser deliberada o no.

## Procesos culturales

Los procesos culturales de las organizaciones se alinean claramente con las percepciones que ofrece el prisma de la experiencia. Sin embargo, tal y como se describen mediante las rutinas de asignación de recursos, muchos de los sistemas más formales (por ejemplo, los sistemas de planificación) que se relacionarían normalmente con la intención estratégica y con un planteamiento del diseño de la estrategia, también han terminado incorporados culturalmente a las organizaciones. La forma de llevar a cabo el proceso de planificación estratégica, de definir el presupuesto, la utilización común de los talleres sobre la estrategia o, en efecto, el recurso a los consultores con propósitos de desarrollo de la estrategia, han terminado convirtiéndose en la forma institucionalizada de hacer las cosas que se da por sentada. Son la forma de operar de las organizaciones. Análogamente, otros autores han señalado que el propio lenguaje de la estrategia ha terminado teniendo una significatividad simbólica. La capacidad de utilizar la retórica estratégica adecuada, las palabras mágicas adecuadas, de recurrir a las herramientas adecuadas, etcétera, ha terminado adquiriendo importancia en cuanto a reputación, autoridad o al poder de los individuos de las organizaciones.[6]

## Política de la organización

Se puede afirmar que la base de la negociación que caracteriza a la actividad política de las organizaciones es la distinta experiencia y, por tanto, la distinta perspectiva de los individuos y grupos de las organizaciones. La reconciliación de estas diferencias se realiza con medios políticos. Sin embargo, los procesos políticos de las organizaciones también se pueden comprender a través de los otros prismas. La capacidad de poder utilizar las herramientas de la estrategia relacionadas con la perspectiva del diseño, o el lenguaje relacionado con estas herramientas, puede ofrecer poder y prestigio en una organización. Por tanto, existe un vínculo entre la aparente objetividad y racionalidad del diseño, el análisis y la planificación y la política de la toma de decisiones.

El prisma de las ideas también sugiere que la política de la organización puede considerarse como una manifestación del tipo de conflicto que puede ser parte del contexto que genera la innovación y las nuevas ideas. La variedad y diversidad que existen en las organizaciones adoptan la forma de nuevas ideas respaldadas u opuestas por distintos «promotores». En este sentido, esta lucha sobre lo que constituye la mejor idea o la mejor forma de ir hacia adelante debe considerarse como una manifestación inevitable de las organizaciones innovadoras. En efecto, se puede afirmar que si no existiera este conflicto y estas tensiones, tampoco habría innovación.

## Liderazgo estratégico

Dentro de todos estos procesos se suele considerar que los individuos desempeñan un papel importante en el desarrollo de la estrategia. Los individuos como los CEO pueden ser identificados de forma directa con la estrategia de su organización, y también serán considerados como centrales para esa estrategia. Su personalidad o reputación puede dar lugar a que haya otros que estén dispuestos a ceder ante este individuo y que consideren que el desarrollo de la estrategia pertenece al ámbito de responsabilidad de estos individuos. En otras organizaciones es posible que un individuo sea crucial porque es el propietario o el fundador, lo que suele ser el caso de las pequeñas empresas. O es posible que un CEO individual haya reestructurado un negocio en momentos de dificultad y, por tanto, personifica el éxito de la estrategia de la organización. El prisma del diseño sugerirá que estos individuos adopten una visión deliberada y consciente de la dirección estratégica futura ya sea recurriendo al tipo de técnicas relacionadas con la planificación estratégica y el análisis estratégico o de forma consciente, sistemática, a partir de su propia lógica con la que analizan las cuestiones que tiene que resolver la organización.

Por supuesto, hay otras explicaciones sobre cómo influye el líder estratégico sobre la estrategia. La estrategia propuesta por un individuo puede provenir de la experiencia de dicho individuo, tal vez dentro de la organización o, tal vez, en otra organización. La estrategia propuesta por un CEO recién llegado a una organización puede partir de una estrategia de éxito aplicada en su organización anterior. También se puede asociar la estrategia de una organización de forma más simbólica con un individuo, por ejemplo, con el fundador de un negocio, que puede terminar personificando la dirección estratégica de la organización. Este suele ser el caso en las empresas familiares.

Mientras que el prisma de las ideas quita el énfasis del diseño de arriba a abajo, sugiere la importancia de una visión, misión o intención general, y reconoce la importancia de las (tal vez escasas) reglas directrices relacionadas con la visión. En efecto, es un papel por el que se suele aplaudir a los líderes estratégicos de éxito porque esta visión puede ofrecer suficiente claridad para que se pueda ejercer la discrecionalidad de los demás individuos de la organización. Esta capacidad visionaria se explica a veces en función de la intuición de los altos directivos. Sin embargo, en términos más generales, la investigación está empezando a demostrar que la capacidad intuitiva de los directivos desempeña, tal vez junto con planteamientos más formales para la toma de decisiones, un papel importante en el desarrollo de la estrategia.[7]

## El papel de las herramientas analíticas

No se puede negar que se utilizan las herramientas de análisis de la estrategia tan comúnmente relacionadas con el desarrollo de estrategias intencionadas. Se utilizan en los sistemas de planificación formal, los consultores las utilizan, se utilizan en los talleres sobre estrategia. En efecto, en algunas organizaciones se han incorporado en la actualidad a los sistemas informáticos que utilizan los individuos. También se han utilizado y explicado en este libro. Sin embargo, la evidencia empírica afirma que estas herramientas analíticas se utilizan en distinta medida y con propósitos distintos en las diferentes organizaciones. Las ideas de esta investigación permiten destacar algunas de las observaciones realizadas anteriormente.

Ann Langley[8] ha estudiado tres configuraciones de las organizaciones análogas a los tipos de organización que se describen en la Sección 8.5.1 del Capítulo 8: una organización de producciones artísticas, muy parecida al tipo de organización laxa de la adhocracia; un hospital como una burocracia profesional; y una configuración más de máquina burocrática dentro del sector público. Cuando se utilizaban herramientas formales de análisis en estas organizaciones había tres grandes categorías de aplicación que diferían en función del tipo de organización:

- Lo que denominó estudios *de butaca de salón* y «breves» implicaban relativamente pocos datos y un argumento fundamentalmente intuitivo. Estos estudios eran más comunes en el tipo de organización de la adhocracia pero también se encontraban con frecuencia en el hospital que estudió: una burocracia profesional. Sin embargo, eran mucho menos frecuentes en la configuración más parecida a la máquina burocrática.
- Los estudios de intensidad *media* recurrían más a la utilización de datos «puros»; tal vez unas pocas páginas de tablas a partir de las herramientas analíticas utilizadas. Estos estudios se encontraban sobre todo en las organizaciones del tipo de burocracia profesional y de máquina burocrática, y menos en las del tipo de adhocracia.
- En cuanto a los *grandes* estudios con complejas o múltiples técnicas cuantitativas eran también más comunes en la máquina burocrática y mucho menos en la adhocracia.

Así pues, el recurso a las herramientas y técnicas analíticas depende del tipo de organización.

Langley también encontró diferencias en el papel desempeñado por estas herramientas y técnicas analíticas parecidas a las identificadas anteriormente sobre la planificación estratégica. Estos papeles incluyen:

- *Recopilación de información* para crear nuevos conocimientos, buscando información para respaldar las ideas preconcebidas, verificando la información aportada por otras fuentes o buscando opiniones dentro de la organización. Este papel puede implicar a especialistas externos en técnicas analíticas (por ejemplo, consultores) y solía ser promovido por el ápice de la organización.
- *Comunicación y coordinación,* utilizándose el análisis con una diversidad de propósitos:
  — Para *persuadir* a otros de determinado punto de vista: aquí, este análisis puede ser realizado por los directivos de la organización o encargado a agentes externos, por ejemplo, a consultores, cuando es importante tener una mayor credibilidad.

— Para *educar o sensibilizar* a los individuos sobre determinadas cuestiones utilizando estos análisis. Los altos directivos pueden implicar a los subordinados en los procesos analíticos para que comprendan determinada cuestión.

— Para *lograr el consenso* sobre determinada cuestión haciendo que la gente participe en el análisis y, por tanto, que lo comprenda.

— Para *condicionar:* utilizando el análisis para fijar y justificar una postura sobre una cuestión, normalmente mediante estudios «de butaca de salón».

— *Con fines simbólicos.* las herramientas analíticas se pueden utilizar: (a) para dar la sensación de que los argumentos son racionales y, por tanto, justificar una decisión; (b) para simbolizar la acción, es decir, la propia utilización de la herramienta analítica representa otra etapa del proceso de desarrollo de la estrategia; (c) para simbolizar la participación y la preocupación cuando las herramientas analíticas implican a otros y fomentan (o parecen fomentar) la aparición de nuevas ideas.

● *Para retrasar:* aquí, se utilizan las herramientas analíticas para retrasar la acción o retrasar la toma de una decisión. Tienen un papel político.

Por tanto, la investigación de Langley ayuda a mostrar los múltiples papeles de las herramientas y técnicas analíticas y cómo desempeñan distintos papeles en los distintos contextos de las organizaciones.

## Revisión de la estrategia

Al final de este libro ha llegado el momento de revisar el tema de la estrategia en su conjunto; y, de nuevo, resulta útil hacerlo recurriendo a estos tres prismas.

El libro empezó destacando que la dirección estratégica se distingue de la dirección operativa por su complejidad. Puesto que tiene que ver con la dirección de la estrategia futura de la organización, la resolución de los problemas derivados de la incertidumbre, la competencia de influencias potencialmente irreconciliables, tal vez la complejidad sea su característica más distintiva. Cuando la gente habla de estrategia o de dirección estratégica puede que sea esto lo que quiere decir.

Nuestro ánimo en este libro ha sido ofrecer una visión crítica para comprender la gestión de la estrategia. La influencia dominante del prisma del diseño puede deberse a la percepción de su potencial para simplificar o, al menos, poner cierto orden en esta complejidad. En este libro reconocemos el atractivo y el valor que tiene. Al *reflexionar* sobre este desafiante tema, el prisma del diseño resulta especialmente útil. Parte de modelos y marcos explicativos que permiten realizar análisis y avanzar a partir de las conclusiones empíricas de la investigación. Sin embargo, el reto no consiste únicamente en reflexionar sobre la estrategia, sino también en cómo se dirige la estrategia. Los directivos y los estudiantes, por igual, no deben engañarse a sí mismos pensando que al disponer de un modelo que ofrece orden se ha logrado resolver por completo la complejidad.

Es precisamente por esta complejidad, y por la importancia que tiene la estrategia como actividad directiva, por la que adquieren importancia también los otros dos prismas. El prisma de la experiencia ayuda a explicar cómo resuelven realmente los directivos los problemas derivados de la complejidad, ayuda a explicar las barreras y los bloqueos frente al cambio y, al hacerlo, arroja luz sobre cómo se puede gestionar un proceso de cambio.

Sin embargo, por sí mismos, ninguno de estos dos prismas explica suficientemente la innovación; y aquí es donde resulta especialmente útil el prisma de las ideas. Ofrece conceptos que permiten a los directivos analizar cómo pueden crear y fomentar un contexto organizativo que favorezca la innovación. Al hacerlo, el prisma de las ideas también ofrece un contrapeso útil al prisma del diseño en tanto en cuanto pone en duda algunas de sus premisas centrales, aunque solo sean las de la estrategia planificada de arriba a abajo y los procesos lineales del desarrollo de la estrategia.

Repitiendo nuestro mensaje de los demás comentarios, no estamos afirmando que un prisma sea superior o más correcto que otro. Sí que afirmamos que, al analizar este tema a través de los distintos prismas, se pueden plantear preguntas más intuitivas, se pueden reconocer retos más importantes y, potencialmente, podrán surgir soluciones más útiles.

## Notas

1. *Véase* GRANT, R. (2003): «Strategic planning in a turbulent environment: evidence from the oil majors». *Strategic Management Journal*, vol. 24. Pp. 491-517.
2. Esta situación de objetivos que se superponen o que son parecidos parece encontrarse en la situación que analizaron Blackler y McDonald en su trabajo sobre los equipos de proyectos sobre estrategia; *véase* BLACKLER, F. y McDONALD, S. (2000): «Organising processes in complex activity networks». *Organization*, vol. 7, n.º 2. Pp. 277-300.
3. Esta conclusión aparece en la investigación sobre los consultores de Mirela Schwartz: *véase* SCHWARTZ, M.(2003): «The role and contribution of consultants in strategy-making – how consultants and managers work together in strategy-making?». *Proceedings of the International Conference European Group for Organization Studies (EGOS)*. Copenhagen Business School/Dinamarca.
4. QUINN, J. B. (1980): *Strategies for Change*. Irwin. P. 58.
5. JOHNSON, G. (1988): «Re-thinking incrementalism». *Strategic Management Journal*, vol. 9. Pp. 75-91.
6. Por ejemplo, *véase* HARDY, C., PALMER, I. y PHILLIPS, N. (2000): «Discourse as a strategic resource», *Human Relations*, vol. 53, n.º 9. Pp. 1227-1248.
7. *Véase* CLARKE, I. y MACKANESS, W. (2001): «Management intuition; an interpretative account of structure and content of decision schemas using cognitive maps». *Journal of Management Studies*, vol. 38, n.º 2. Pp. 147-172. *Véase* también el análisis sobre la intuición en el capítulo 6 de HODGKINSON, G. P. y SPARROW, P. R. (2002): *The Competent Organization*. Open University Press.
8. *Véase* LANGLEY, A. (1989): «In search of rationality: the purpose behind the use of formal analysis in organizations». *Administrative Science Quarterly*, vol. 34. Pp. 598-631.

# Casos de estudio

# Entreculturas

Juan Hernangómez Barahona
Natalia Martín Cruz
Víctor Manuel Martín Pérez
*Universidad de Valladolid*

## La cooperación internacional al desarrollo

La cooperación para el desarrollo nace después de la II Guerra Mundial, como resultado de las necesidades de reconstrucción, organización política, económica y social de Europa, Estados Unidos y las nuevas naciones independientes. Desde sus comienzos ha estado marcada por dos hechos clave, por un lado la Guerra Fría y las relaciones bilaterales que, a partir de esta, Estados Unidos asume con terceros países para atraerlos a su órbita de influencia política y económica; y por otro lado, el impulso de las políticas oficiales de cooperación bilateral que Europa basó y orientó principalmente hacia sus antiguas colonias. Como parte de estos hechos, a partir de los años sesenta, destaca también una expansión de la cooperación multilateral, con la creación de bancos regionales de desarrollo[1].

En términos generales, se puede entender que la cooperación para el desarrollo es un conjunto de actuaciones de carácter internacional orientadas al intercambio de experiencias y recursos entre países del norte y del sur, para alcanzar metas comunes basadas en criterios de solidaridad, equidad, eficacia, interés mutuo, sostenibilidad y corresponsabilidad. Por tanto, el fin primordial de la cooperación para el desarrollo debe ser la erradicación de la pobreza, el desempleo y la exclusión social; buscar la sostenibilidad y el aumento permanente de los niveles de desarrollo político, social, económico y cultural en los países del sur. Los ejes transversales o valores que deben estar presentes en una cooperación internacional para el desarrollo de calidad son el respeto de los derechos humanos, la participación y democratización, la equidad de género, y la protección y conservación del medio ambiente[2].

En este sector de la cooperación para el desarrollo, el papel de las ONGD (Organizaciones No Gubernamentales de Desarrollo) es muy relevante en la mayoría de los países del norte, tanto si desarrollan su actividad de forma independiente de los organismos públicos (como Estados Unidos) como si lo hacen de forma coordinada (España, Reino Unido, Suecia, entre otros) (*véase* Figura 1).

---

**ONGD:** Organización que trabaja principalmente en la Cooperación para el Desarrollo, la Solidaridad Internacional y la Acción Humanitaria.

**Características:**

- Organización estable que dispone de un grado mínimo de estructura.
- No poseen ánimo de lucro y sus ingresos y/o beneficios se revierten en el desarrollo de sus programas y proyectos.
- Trabajan activamente en el campo de la cooperación al desarrollo y la solidaridad internacional.
- Tienen amplio respaldo y presencia social.
- Son independientes, eligen sus contrapartes y fijan libremente sus objetivos y estrategias de acción.
- Disponen de recursos humanos y económicos que provienen de la solidaridad, donaciones privadas, trabajo voluntario y semejantes.
- Aplican mecanismos transparentes y participativos en la elección de sus cargos, fomentando la igualdad de oportunidades entre hombres y mujeres así como la promoción de un voluntariado crítico y plural.
- Son transparentes en su política, en sus prácticas y en sus presupuestos, y facilitan el control externo de sus actividades y recursos.
- Basan sus actividades y articulan sus objetivos de acuerdo a los principios de la cooperación al desarrollo, la solidaridad internacional y la acción humanitaria.

*Fuente*: http://www.risolidaria.org.es

---

[1] Extraído de la Web http://www.risolidaria.org.es
[2] ídem.

| Figura 1 | Datos sobre los fondos de ayuda para la cooperación al desarrollo en España |
|---|---|

### Canalización de la AOD total en los países del CAD (2002)

| Países | Total AOD (mill. euros) | Vía ONGD (mill. euros) | %ONGD/total AOD |
|---|---|---|---|
| 1 Noruega | 1.696,09 | 361,34 | 21,30 |
| 2 España | 1.712,21 | 281,56 | 16,44 |
| 3 Suecia | 1.990,98 | 270,02 | 13,56 |
| 4 Holanda | 3.338,01 | 430,65 | 12,90 |
| 5 Irlanda | 397,75 | 48,40 | 12,17 |
| 6 Bélgica | 1.071,59 | 116,29 | 10.86 |
| 7 Suiza | 938,87 | 89,03 | 9,48 |
| 8 Reino Unido | 4.924,34 | 455,10 | 9,24 |
| 9 Dinamarca | 1.643,24 | 150,56 | 9,16 |
| 10 Canadá | 2.006,41 | 165,32 | 8,24 |
| 11 Finlandia | 462,19 | 38,05 | 8,23 |
| 12 Alemania | 5.324,43 | 417,25 | 7,84 |
| 13 Austria | 520,16 | 40,12 | 7,71 |
| 14 Nueva Zelanda | 121,86 | 7,64 | 6,27 |
| **CAD** | **58.273,65** | **3.151,43** | **5,41** |
| 15 Australia | 988,74 | 52,61 | 5,32 |
| 16 Gracia | 276,13 | 6,60 | 2,39 |
| 17 Italia | 2.332,13 | 43,25 | 1,85 |
| 18 Japón | 9.282,96 | 143,10 | 1,54 |
| 19 Luxemburgo | 146,76 | 1,72 | 1,17 |
| 20 Portugal | 322,58 | 3,34 | 1,04 |
| 21 Francia | 5.486,15 | 29,48 | 0,54 |
| 22 Estados Unidos | 13.290,07 | 0,00 | 0,00 |

*Fuente:* Agencia Española de Cooperación Internacional, 2005.

En España, la cooperación para el desarrollo se realiza gracias a la intervención de numerosos actores entre los cuales las ONGD tienen uno de los papeles más relevantes, ya que canalizan una parte importante de la ayuda oficial al desarrollo bilateral no reembolsable (AOD) (hasta el 29,3 por ciento de unos fondos que van en aumento).

En la Tabla 1 se describe la cooperación al desarrollo en función del origen, características y naturaleza de los fondos, así como de los actores implicados. Las áreas sombreadas en tono claro de la Tabla 1 caracterizan el tipo de ayuda que utilizan las ONGD cuando es pública (ya sea de tipo estatal —bilateral— o autonómico —descentralizada—) y las zonas sombreadas en tono oscuro, caracterizan la ayuda de carácter privado.

En todo caso, las ONGD trabajan de forma coordinada con el resto de partícipes de la cooperación para el desarrollo, que van desde los donantes (públicos y privados), dirigentes políticos del norte y del sur, las coordinadoras de las ONGD, ONGD de los países del sur y la sociedad beneficiaria. En la actualidad en el sector de la cooperación al desarrollo en España operan más de 500 ONGD nacionales e internacionales que se encuentran registradas en el registro de la AECI (Agencia Española de Cooperación Internacional) y se coordinan a través de la CONGDE (Coordinadora de ONGD de España).

La forma en que las ONGD operan no dista mucho de los modos de operar de cualquier otro tipo de organizaciones, salvo que las primeras no tienen fines de lucro. Esta diferencia con respecto a las empresas hace que todos los fondos que obtengan vayan dirigidos al cumplimiento de sus fines, íntimamente ligados a los anteriormente expuestos para el sector de cooperación al desarrollo.

En cuanto a su actividad operativa, en este sector se ha creado una metodología, denominada «marco

## Tabla 1 — Caracterización de la cooperación para el desarrollo

| Origen | Pública | Administraciones nacionales, regionales y locales de países donantes |
|---|---|---|
| | Privada | Recursos propios de particulares, empresas y/o asociaciones, etc. |
| **Características de los fondos** | Reembolsable | La cooperación debe ser devuelta en forma de dinero o en especie |
| | No reembolsable | La cooperación se hace a fondo perdido |
| **Grado de concesionalidad** | Ayuda ligada | Condiciona al receptor a la compra exclusiva de bienes y servicios del país donante |
| | Ayuda no ligada | No condiciona al receptor a la compra exclusiva de bienes y servicios del país donante |
| **Naturaleza de la cooperación** | Financiera | Transferencia real de los fondos al receptor |
| | No financiera | Transferencia de conocimientos, tecnología, materiales, intercambios culturales, deportivos, etc. |
| **Tipos de cooperación y actores implicados** | Multilateral | Agencias, instituciones u organizaciones gubernamentales autónomas |
| | Bilateral | Administraciones Públicas y/o Organizaciones de Desarrollo sin carácter oficial |
| | Descentralizada | Administraciones Públicas (Regionales y Locales) |
| | No Gubernamental | Organizaciones No Gubernamentales de Desarrollo (ONGD) |
| | Empresarial | Empresas que brindan asistencia técnica y transferencia de tecnología |

*Fuente:* http://www.risolidaria.org.es/canales/canal_congde/conceptos_basicos/cooperacion_desarrollo.jsp

lógico», de la que se han impregnado todas las instituciones y ONGD en el ámbito internacional. El «marco lógico» es un instrumento metodológico que se emplea principalmente en la etapa del diseño, planificación, control y evaluación de un proyecto de desarrollo. Permite elaborar de manera gráfica, coherente y articulada los componentes centrales que configuran un proyecto. Asimismo, el marco lógico permite identificar de un modo gráfico: ¿qué es lo que se va a lograr con el proyecto?, ¿cómo se va a realizar el logro planteado?, ¿cómo se va a saber si ese logro se ha cumplido? De igual forma, esta herramienta constituye el punto de partida para la evaluación del proyecto. Así también ayudará a explicar: ¿para qué se realiza el proyecto?, ¿qué problema ayudará a resolver o qué se quiere lograr con el proyecto?, ¿cómo alcanzamos el objetivo del proyecto?, ¿con qué acciones se lograrán los resultados del proyecto?[3].

## Origen, misión y valores de entreculturas

Entreculturas es una organización no gubernamental creada en 1985, promovida por la Compañía de Jesús[4], que defiende el acceso a la educación de los más desfavorecidos, como medio de cambio social, justicia y diálogo entre culturas.

Su misión original, estatutariamente recogida, *era incrementar y promover la educación popular de niños y adultos, en el territorio nacional y en Latinoamérica, a todos sus niveles, todo ello encaminado al desarrollo cultural y humano en sus más amplios aspectos.* Es en 1998 cuando se modifican sus estatutos y sus fines, destacando a partir de entonces el deseo de *impulsar y promover la educación*

---

[3] *Metodología de Gestión de Proyectos de la Cooperación Española.* Agencia Española de Cooperación Internacional. Vicesecretaría General, 2001.

[4] La Compañía de Jesús es una Orden Religiosa de la Iglesia Católica fundada por Ignacio de Loyola. Fue aprobada por el papa Paulo III (1540), suprimida por Clemente XIV (1773) y restituida por Pío VII (1814). Sus miembros son popularmente conocidos como jesuitas, está hoy extendida por 127 países en los que 20.170 hermanos trabajan por la evangelización del mundo, en defensa de la fe y la promoción de la justicia, en permanente diálogo cultural e interreligioso.

*de los sectores más desfavorecidos, actuando siempre a favor del desarrollo cultural y humano en sus más amplios aspectos, tratando de que esa educación se oriente a conseguir el desarrollo sostenible de todos los pueblos, y favorezca la solidaridad con los grupos más desfavorecidos y la integración de los colectivos en proceso de exclusión social.*

El origen de Entreculturas tiene lugar a partir del establecimiento de la asociación Fe y Alegría en España como una plataforma de apoyo a los países latinoamericanos y de difusión del trabajo del Movimiento de la Fundación Fe y Alegría en Europa. Es en 1999 cuando se redefine su misión y se modifica su forma jurídica para asumir nuevos retos en el campo de la cooperación al desarrollo, con el nombre de Fundación Entreculturas-Fe y Alegría. Por tanto, la labor de la organización no puede entenderse sin hablar de la Federación Internacional de Fe y Alegría de la que, en el momento actual, siguen siendo miembros.

Esta Federación (Fe y Alegría) es un «Movimiento de Educación Popular Integral y Promoción Social» cuya acción, según sus propias palabras, *se dirige a sectores empobrecidos y excluidos para potenciar su desarrollo personal y participación social.*

Nace en Venezuela hace 50 años para aunar esfuerzos en la creación de servicios educativos en zonas deprimidas. La visión audaz del fundador (el jesuita José María Vélaz) y la colaboración de numerosas personas y organizaciones lograron cristalizar una obra de rica historia y proyección al futuro. El 5 de marzo de 1955 se abrieron las puertas de la primera escuela de Fe y Alegría en una barriada marginal del oeste de Caracas, gracias a la generosidad de Abraham Reyes, un humilde albañil que cedió su propia vivienda para acoger a los

niños de la zona. Así comienza la evolución de lo que es hoy el «Movimiento Internacional de Educación Popular Integral y Promoción Social Fe y Alegría». El Movimiento se extendió luego a Ecuador (1964), Panamá (1965), Perú (1966), Bolivia (1966), El Salvador (1969), Colombia (1971), Nicaragua (1974), Guatemala (1976), Brasil (1980), República Dominicana (1990), Paraguay (1992), Argentina (1995), Honduras (2000) y Chile (2005).

Su misión, de la que participa Entreculturas, es la educación, porque promueve la formación de personas conscientes de sus potencialidades y de la realidad, libres y solidarias, abiertas a la trascendencia y protagonistas de su desarrollo. Tiene un carácter popular porque asume la educación como propuesta pedagógica y política de transformación utilizando como mecanismo conductor las comunidades con las que trabaja y, además, promueve una educación integral, es decir, que abarque a la persona en todas sus dimensiones. Finalmente, realizan una labor de promoción social porque, ante situaciones de injusticia y necesidades de sujetos concretos, se compromete en su superación y, desde allí, en la construcción de una sociedad justa, fraterna, democrática y participativa.

A través de Fe y Alegría Internacional están presentes en foros internacionales de las Naciones Unidas, y la Federación ha sido declarada de interés social por la UNESCO. En Entreculturas cabe destacar la transparencia como uno de sus valores fundamentales, prueba de ello es que todas sus cuentas están auditadas y la organización publica un boletín informativo trimestral y una memoria anual, todo ello disponible en su página Web: www.entreculturas.org (Figura 2). Asimismo, Entreculturas hace una clara apuesta por la difusión de su misión y sus fines a través de campañas y eventos tales como cursos, foros, exposiciones y presentaciones, entre otros.

## Los *stakeholders* de Entreculturas

Los partícipes involucrados en el desarrollo de la estrategia de la fundación Entreculturas se pueden identificar en dos grupos (Figura 3). Los partícipes internos están representados a su máximo nivel por el patronato teniendo, además, un papel muy importante el equipo directivo, los trabajadores, tanto voluntarios como contratados, y los socios-colaboradores. En cuanto a los principales partícipes externos, que están directa o indirectamente relacionados con Entreculturas, son Fe y Alegría, el grupo Volpa, la Compañía de Jesús, los donantes (públicos y privados —empresas y particulares—), la Coordinadora de ONGD española,

## Figura 2 — Portada de la memoria anual de Entreculturas

*Fuente:* Memoria anual 2003 Entreculturas.

el Ministerio de Trabajo y Asuntos Sociales[5], el Ministerio de Economía, la Fundación Lealtad y PriceWaterhouseCoopers.

Las características de alguno de los partícipes directamente o indirectamente involucrados en la estrategia de Entreculturas son las siguientes:

### De Junta directiva a Patronato

En su origen Entreculturas, llamada Fe y Alegría, tenía la forma jurídica de asociación, lo que implicaba que su máximo órgano de gobierno fuese la Junta directiva. En ese momento, la Junta directiva, principal órgano

## Figura 3 — Los partícipes de Entreculturas

| Partícipes internos | Partícipes externos |
|---|---|
| Patronos<br>Fundadores<br>Equipo directivo<br>Voluntarios<br>Contratados<br>Socios-colaboradores<br>Delegaciones | Fe y Alegría<br>Grupo Volpa<br>Compañía de Jesús<br>Donantes Públicos<br>Donantes Privados<br>Fundación Lealtad<br>CONGDE<br>PricewaterhouseCoopers |

*Fuente:* Elaboración propia.

---

[5] El protectorado que actúa de supervisor público de la fundación Entreculturas pertenece a este Ministerio.

de gobierno de la asociación, estaba compuesta por cuatro miembros, presidente, vicepresidente, secretario y tesorero, designados por los socios para periodos de tres años, renovables por la Asamblea General. La Junta tenía todos los poderes para administrar y gestionar la asociación, pudiendo realizar cualquier acción para la consecución del objetivo social, salvo las que corresponden a la Asamblea.

Su estructura de gobierno se caracterizaba por tener una junta con un tamaño reducido, lo que hizo innecesaria la constitución de comisiones delegadas (aunque pudieran crearse), además, sus componentes no ejercían ninguna de las funciones de dirección dentro de la organización, la tasa de rotación de los miembros de la junta era reducida y, aunque explícitamente solo se indicase un mínimo de una reunión al año, dado que eran convocadas por el presidente a iniciativa propia, se puede suponer que se celebraban con la frecuencia necesaria para el desempeño de sus funciones.

El año 1999 asiste al cambio de forma jurídica de la entidad, que pasa de ser asociación a fundación, siendo su nueva denominación Entreculturas, que se adapta mejor a su misión en el campo de la cooperación internacional, enfocada a la búsqueda de justicia en un mundo global de mezcla de culturas y de convivencia. Sus fines siguen siendo impulsar la educación para el desarrollo de los sectores desfavorecidos (sobre todo la educación para el desarrollo sostenible), promover la participación social de los sectores más desfavorecidos, pero también añade promover y gestionar programas de cooperación y asistencia para el desarrollo integral con organizaciones de los países en vías de desarrollo, y promover la sensibilización de personas e instituciones respecto a los problemas de desigualdad y pobreza en el mundo.

El Patronato, como órgano de gobierno, está compuesto por un total de 5 a 12 miembros, habiendo 6 provinciales correspondientes a las distintas provincias de la compañía de Jesús en España, más aquellos miembros que sean aceptados a propuesta del provincial de la provincia de España, siempre que no se supere el número máximo antes señalado. La duración del mandato de los patronos será, para el caso de los primeros, el tiempo que ejerzan el cargo de provincial, mientras para los segundos será de tres años pudiendo ser reelegidos.

Las funciones que corresponden al Patronato se centran en la supervisión financiera del director, en el desarrollo estratégico de las líneas generales a seguir en el campo de proyectos y en dar a conocer tanto la organización como su trabajo a la sociedad. En cuanto a los conocimientos y habilidades más habituales de los miembros del Patronato son financiero-contables, del

sector o población beneficiaria y la capacidad de planificación estratégica.

Los patronos pertenecen, en su mayoría, a los órganos de gobierno de otras entidades no lucrativas (por su procedencia jesuita), suelen trabajar en sectores de actividad diferentes del tercer sector y, en las reuniones del Patronato, cuentan con la asistencia del director con voz pero sin voto. Por lo que respecta a las comisiones formadas para el desarrollo de su actividad, no están integradas por miembros del Patronato.

Siguiendo la práctica de muchas de las fundaciones que trabajan en el campo de la cooperación, los miembros del patronato se mantienen al margen de la operativa diaria de la organización, lo cual constituye un punto favorable en cuanto a supervisión se refiere. Esa operativa se fija en una comisión, denominada Mesa de coordinadores, formada por el director, el director adjunto y por los coordinadores de los tres departamentos en los que se estructura la organización, que se reúne con periodicidad semanal. Cuenta, además, con 8 comisiones temporales y grupos de trabajo con vocación permanente en las áreas prioritarias para la organización.

## Los donantes

Entreculturas era una organización que se financiaba fundamentalmente a través de fondos públicos representando, en 1997, la ayuda estatal el 80 por ciento, y la autonómica y local el 14 por ciento del total de sus ingresos. Sin embargo, ha seguido una línea tendente a lograr una mayor diversificación en el origen de sus fondos, de manera que en el año 2003 los ingresos estatales se situaron en el 33 por ciento y los ingresos privados en el 37 por ciento (Figura 4).

Esta evolución hacia la mayor captación de fondos privados permite a la organización realizar su actividad con una mayor independencia respecto del sector estatal (Figura 5). El peso de la ayuda descentralizada (autonómica y local), se ha ido incrementando en los dos últimos años, mientras que los recursos obtenidos de la UE han alcanzado un porcentaje del 7 por ciento en 2003. En todo caso, los ingresos obtenidos por la ONGD se incrementaron en un 20,57 por ciento durante el año 2003, poniéndose de manifiesto en la capacidad de captar fondos, el espíritu activo y dinámico de los miembros de Entreculturas.

## Fundación Lealtad

La Fundación Lealtad, creada en el año 2001, es una institución independiente y sin ánimo de lucro, cuya misión es *fomentar la confianza de particulares y empresas*

## Figura 4 · La distribución del origen de la financiación

*Fuente:* Memoria 2003 Entreculturas.

en asociaciones y fundaciones que cumplan fines de acción social, cooperación al desarrollo, ayuda humanitaria y/o medio ambiente. *Con ello, se pretende lograr un incremento de las donaciones y del voluntariado de particulares y empresas.* Sus fundadores se inspiran en los valores de independencia, transparencia, solidaridad y rigor para eliminar la desconfianza existente hacia el tercer sector. En concreto, creen que esta desconfianza se debe al desconocimiento de la realidad de las ONG, del destino de sus fondos y del impacto de las acciones que llevan a cabo. Con este objetivo la Fundación desarrolla un análisis de las ONG basado en los 9 Principios que denominan de «Transparencia y Buenas Prácticas» (Tabla 2) a partir de la información facilitada por cada ONG. Este análisis queda reflejado en un informe en el que se recoge de forma detallada el cumplimiento por

parte de la ONG de cada uno de los principios, así como una visión general de la organización y otros datos de interés para que los potenciales colaboradores puedan decidir con quién colaborar (www.fundacionlealtad.org).

La Fundación Lealtad, consciente del auge de la Responsabilidad Social Corporativa, pretende acercar su «Guía de la Transparencia y las Buenas Prácticas de las ONG» a las empresas. Para ello, ha creado un departamento de relaciones institucionales cuyo principal objetivo es adaptar la información a las prioridades de las empresas y promover la colaboración entre las empresas y las ONG de la «Guía». Además, la Fundación pone a disposición de las empresas colaboradoras un «Banco de Proyectos» en el que las ONG analizadas tienen la oportunidad de incluir aquellas acciones concretas para las que solicitan apoyo, y le comunica a las ONG

## Figura 5 · La evolución del origen de fondos

### Origen de los recursos (euros)

| | 2003 | | 2002 | | 2001 | | 2000 | |
|---|---|---|---|---|---|---|---|---|
| Estatal | 4.400.104 | 33 % | 4.669,811 | 42 % | 4.623.244 | 46 % | 5.059.284 | 58 % |
| Autonómica y local | 3.159.494 | 23 % | 1.658.838 | 15 % | 1.044.571 | 10 % | 1.030.671 | 12 % |
| Unión Europea | 953.821 | 7 % | 897.414 | 6 % | 205.311 | 2 % | 138.831 | 2 % |
| Total ingresos públicos | 8.581.499 | 63 % | 7.026.063 | 63 % | 5.873.126 | 58 % | 6.228.586 | 72 % |
| Socios y donantes particulares | 1.188.433 | 9 % | 1.113.003 | 10 % | 1.531.114* | 15 % | 316.775 | 4 % |
| Instituciones y empresas | 3.466.700 | 26 % | 2.762.854 | 25 % | 2.404.902 | 24 % | 1.031.851 | 12 % |
| Intereses y extraordinarios | 216.110 | 2 % | 256.605 | 2 % | 260.275 | 3 % | 1.066.009 | 12 % |
| Total ingresos privados | 4.873.243 | 37 % | 4.132.462 | 37 % | 4.196.291 | 42 % | 2.414.635 | 28 % |
| Total | 13.454.742 | 100 % | 11.158.525 | 100 % | 10.069.417 | 100 % | 8.643.221 | 100 % |

\* El volumen de ingresos de socios y donantes del 2001 fue superior al resto de ejercicios debido al gran número de donaciones recibidas para atender a los terremotos de El Salvador y de la India.

*Fuente:* Memoria 2003 Entreculturas.

**Tabla 2**    Principios de transparencia y buenas prácticas de la Fundación Lealtad

1. Principio de funcionamiento y regulación del órgano de gobierno.
2. Principio de claridad y publicidad del fin social.
3. Principio de planificación y seguimiento de la actividad.
4. Principio de comunicación e imagen fiel en la información.
5. Principio de transparencia en la financiación.
7. Principio de control en la utilización de fondos.
8. Principio de presentación de las cuentas anuales y cumplimiento de las obligaciones fiscales.
9. Principio de promoción del voluntariado.

las «Propuestas Solidarias» ofrecidas por las empresas colaboradoras de la Fundación Lealtad.

Entre las cien ONG analizadas en el año 2005 por la Fundación, se encuentra Entreculturas, que cumple absolutamente los nueve principios (Figura 6) en los que se fundamenta el estudio que realizan sus analistas.

### La CONGDE

La coordinadora de ONG para el Desarrollo España (CONGDE) fue creada hace diecinueve años por siete organizaciones. Entonces era el único órgano de coordinación de las ONG que trabajan en cooperación internacional para el desarrollo, bien con proyectos en países del tercer mundo, bien realizando educación para el desarrollo y sensibilización aquí, en España. Hoy la integran 98 ONGD y 14 coordinadoras autonómicas de ONGD que, en conjunto, suman unas 400 organizaciones dedicadas a la solidaridad internacional.

Además de otras catorce ONGD, Entreculturas está representada en la Junta de Gobierno de la CONGDE donde participa uno de sus miembros como vocal. Pero, por encima de la diversidad de actividades y especializaciones de las ONGD miembro, la solidaridad es el proyecto común que comparten.

La Coordinadora es un punto de encuentro, un lugar de debate y reflexión para todas las ONGD que la componen, donde compartir inquietudes y desde el que plantear propuestas. Igualmente, la Coordinadora in-

tenta dar a conocer el trabajo de las ONGD, insta al gobierno, a las administraciones públicas españolas (diputaciones y ayuntamientos, entre otros) y también a otras instituciones europeas e internacionales para que tomen medidas en el orden comercial, económico y financiero que respeten y tengan también en cuenta los intereses de los pueblos del sur. Es también el lugar desde el que mantener un diálogo con otros sectores sociales organizados (partidos políticos, sindicatos, organizaciones empresariales, movimientos sociales...) para articular de manera coherente las distintas iniciativas en materia de cooperación.

La Coordinadora no es un caso único, ya que en todos los países de la Unión Europea existen plataformas o coordinadoras de ONGD similares que ponen en contacto a las ONGD de los distintos países. Todas están unidas a través de CONCORD (European NGO Confederation for Relief and Development) con el fin de provocar un mayor impacto de la labor de las ONGD frente a las instituciones europeas.

## La estrategia

La nueva estrategia de Entreculturas está siendo discutida por los miembros del patronato para los tres años 2004-2006. El plan estratégico actual (2001-2003) sirve de herramienta de trabajo para el logro de la misión y la evaluación de las actividades, y tiene documentos

**Figura 6**    Valoración de Entreculturas en los 9 principios

ORGANIZACIONES POR CUMPLIMIENTO DE PRINCIPIOS

| | 1 | 2 | 3 | 4 | 5 | 6 | 7 | 8 | 9 | |
|---|---|---|---|---|---|---|---|---|---|---|
| Entreculturas | ✓ | ✓ | ✓ | ✓ | ✓ | ✓ | ✓ | ✓ | ✓ | ▲ |

*Fuente:* Fundación Lealtad (www.fundacionlealtad.org).

formales donde se recogen las principales políticas (voluntariado, colaboración con empresas, selección de proyectos, contrapartes, etc.). En este plan se especifican las líneas de acción, los resultados esperados para cada uno de los objetivos estratégicos, así como las personas responsables de la ejecución de las acciones planificadas y de su control. Los objetivos estratégicos buscan culminar el proceso de transformación de su forma legal en una triple dimensión: articulación en el sur con redes que promuevan la educación popular, creación de un espacio en la sociedad civil europea y española y, consolidación de una estructura financiera diversificada que asegure la autonomía e independencia de la organización.

En 2001 Entreculturas puso en marcha un programa de educación, cuya ejecución se lleva a cabo durante el periodo 2002-2004, en los 14 países de América Latina donde el movimiento de educación popular Fe y Alegría está presente, para el que la AECI ha concedido un total de casi 13,5 millones de euros. El programa se articula en tres ejes: la ampliación y mejora de la oferta educativa, la formación de los docentes, y la educación como apuesta para el empleo. Dicho programa viene desarrollado en la memoria de actividades, donde se detallan las actividades comprendidas, los objetivos de las mismas y los beneficiarios. Con esta iniciativa, que cuenta con una fuerte implicación de los socios y colaboradores, la organización pretende convertirse en una referencia importante en el ámbito de la educación y el desarrollo en América Latina.

Los programas de Entreculturas persiguen la promoción de la educación como instrumento básico del cambio social. Para ello siguen una trayectoria basada en nueve líneas de acción: cobertura educativa, género en el desarrollo, educación intercultural, educación por radio, educación en valores de acciones comunitarias, acciones integrales con los niños de la calle, formación para el trabajo y formación tecnológica, fortalecimiento del proceso educativo y ayuda humanitaria.

Con todo lo expuesto, se pueden valorar los elementos que constituyen un punto fuerte de Entreculturas, y también podemos intuir alguno de los que podrían suponer sus puntos débiles (Tabla 3).

La estrategia genérica de Entreculturas es, al igual que la de sus competidores, especializada, ya que trata de satisfacer necesidades no atendidas debidamente por el Estado o no cubiertas por las empresas porque no les resulta rentable desde un punto de vista económico. Además, centra sus esfuerzos en un sector muy concreto en el que lleva trabajando largo tiempo, tratando de diferenciarse de otras organizaciones que desarrollan una mayor variedad de actividades, buscando convertirse en referencia a la hora de competir por los fondos limitados de los donantes, tanto públicos como privados.

La dirección estratégica elegida es la profundización en sus actividades principales, centrándose en el programa «Educación popular de calidad para la inclusión social de los sectores empobrecidos en América Latina», aunque sin perder de vista otros proyectos relacionados con la educación en las que han sido sus zonas preferentes de actuación, sobre todo América Latina (Argentina, Bolivia, Brasil, Colombia, Ecuador, El Salvador, Guatemala, Honduras, Nicaragua, Panamá, Paraguay,

| Tabla 3 | Principios de transparencia y buenas prácticas de la Fundación Lealtad |

**PUNTOS FUERTES**

✓ INSTITUCIÓN JESUÍTA CON EXPERIENCIA EN EL TERRENO
✓ CONOCIMIENTO PRECISO PROPORCIONADO POR LOS SOCIOS LOCALES
✓ INDEPENDENCIA RELATIVA POR LA FINANCIACIÓN PRIVADA
✓ PRESENCIA CONTINUADA EN LAS ZONAS DE ACTUACIÓN
✓ GRAN PRESENCIA DE VOLUNTARIOS CON EL CONSIGUIENTE AHORRO DE COSTES
✓ ESTRATEGIA ORGANIZATIVA BIEN DEFINIDA
✓ AMPLIA EXPERIENCIA EN LOS SECTORES DE ACTUACIÓN

**PUNTOS DÉBILES**

✓ AMPLIA PRESENCIA DE VOLUNTARIOS PUEDE CONLLEVAR UNA ROTACIÓN ELEVADA
✓ AUTONOMÍA FINANCIERA PUEDE SUPONER UN MENOR CONTROL
✓ AJUSTE DE LA ARQUITECTURA ORGANIZATIVA PARA ADECUARLA AL RÁPIDO CRECIMIENTO

Perú, República Dominicana y Venezuela) y, a partir de 1999, como nuevo reto África (Camerún, Chad, Congo, Kenia, Ruanda, Sudán, Tanzania y Togo), si bien en Asia también ha tenido algún proyecto (India y Camboya) con carácter excepcional, y recientemente en Sri Lanka.

Como método estratégico utiliza la cooperación con ONGD e instituciones locales y, sobre todo, con las organizaciones del grupo, ya sean las asociaciones de la Federación Fe y Alegría, cuando los proyectos se llevan a cabo en América Latina, o el Servicio Jesuita a Refugiados cuando se ejecutan en África. Esta colaboración permite tener un profundo conocimiento de las carencias y necesidades de las poblaciones beneficiarias, una amplia garantía sobre el desempeño de los socios ejecutores y un ahorro en costes al no ser necesario un desplazamiento continuo sobre el terreno de personal de la sede.

La cooperación también se ha extendido a otras ONGD españolas para la realización de ciertos proyectos, como Manos Unidas, Intermon en Brasil o Alboan en Guatemala. Entreculturas forma parte de una red para presentar ante la UE proyectos con ONGD de otros países europeos. Mantiene un convenio con la Universidad Pontificia de Comillas para la colaboración en aspectos de planificación estratégica, evaluación de programas, ejecución de proyectos, y formación de investigación sobre temas relacionados con la solidaridad y cooperación internacional.

Además, siempre cuenta con el apoyo de VOLPA[6], el Voluntariado Pedro Arrupe que nace en 1991 impulsado por la Compañía de Jesús con el fin de formar voluntarios que puedan trabajar en diferentes países del sur. Este grupo tiene carácter estatal y se estructura en cuatro nudos (Alboan-Volpa Loyola, Volpa Aragón, Volpa Cataluña, Entreculturas Volpa) coordinados por la oficina de coordinación en Madrid.

Entre 1995 y 1999 gestionó un total de 120 proyectos, lo que supuso una contribución económica del norte de casi 15,6 millones de euros en proyectos de desarrollo para el sur. En el año 2001, su estrategia se materializa en 21 países, un programa regional, dos proyectos regionales y 98 proyectos educativos específicos de país, de los cuales 50 son de nueva creación, resultando una financiación media por proyecto de alrededor de 100.000 euros. Sin embargo, la cuantía de esos proyectos es bastante diversa, oscilando entre los

1.202 euros de un proyecto en Nicaragua para la dotación de equipos informáticos en centros educativos de Fe y Alegría, y los 213.000 euros de un proyecto en Perú dirigido a la educación a distancia por radio en zonas marginales de Lima.

En 2002 consiguió una financiación para sus proyectos por un montante de 10,9 millones de euros y en el 2003 llegó a financiarse en casi 13,3 millones de euros. Todo ello le permite gestionar 127 proyectos en la actualidad en veinticinco países —catorce de los cuales latinoamericanos—, a través de más de 1500 centros, con cerca de 30.000 educadores y llegando a más de 1.000.000 de beneficiarios directos, la gran mayoría niños (*véanse* balance y cuenta de resultados consolidada).

Los sectores de trabajo en los que actúa Entreculturas son básicamente los mismos a lo largo de los años: principalmente educación y, además, comunicaciones, desarrollo integral, emergencia y género.

Geográficamente la estrategia de Entreculturas ha mantenido una cierta estabilidad a lo largo del período 1996-2003 (*véase* Tabla 4), puesto que el núcleo de países en los que desarrolla sus proyectos se concentran en América Latina, donde está presente la Federación Fe y Alegría. Sin embargo, a partir de 1999 cuando se transforma en fundación, se observa tanto un mayor número de países objetivo en América Latina como un creciente interés por África, donde lleva a cabo proyectos en seis países en el momento actual, y una actuación puntual en 2001 en dos naciones de Asia para situaciones de emergencia (en Camboya, para atender necesidades de desplazados por la guerra, y en la India a través de un proyecto interinstitucional de ayuda y rehabilitación tras un terremoto), y en 2003 en Sri Lanka (como respuesta al llamamiento de la Comunidad Jesuita ante las graves inundaciones acontecidas ese año).

A pesar de ese creciente interés por África, el total de recursos que se le dedica sigue siendo muy escaso, apenas el 2 por ciento del total, en un nivel similar al de Asia, por lo que se puede concluir que sigue sin apartarse de sus orígenes que eran la cooperación con los países de América Latina. Dentro de estos, Perú, El Salvador y Paraguay son los que se llevan partidas más significativas del presupuesto dedicado a proyectos, todos ellos por encima del 10 por ciento. Resulta llamativo que gran parte de los proyectos que realiza en estos países se financien con ayuda descentralizada o privada y no de la AECI, a pesar de representar un 46 por ciento de sus ingresos. La explicación viene dada porque la mayor parte de recursos que obtiene de la AECI los encauza a través del programa regional 2001-2003 para Educación Popular de Calidad para Sectores empobrecidos

---

[6] Programa que nace con la idea de formar voluntarios que puedan trabajar en diferentes países del Sur para posibilitar caminos de encuentro entre pueblos y personas, generar valores nuevos y de compromiso vital, y fomentar la formación de agentes sensibilizadores y de cambio social.

# BALANCE DE SITUACIÓN CONSOLIDADO

| ACTIVO | 31/12/2003 | 31/12/2002 | PASIVO | 31/12/2003 | 31/12/2002 |
|---|---|---|---|---|---|
| **Inmovilizado** | **172.623** | **81.305** | **Fondos propios** | **735.092** | **573.763** |
| Gastos de constitución | 36 | 108 | Dotación fundacional | 413.376 | 413.376 |
| Inmovilizaciones Inmateriales | 68.693 | 25.807 | Reservas | 160.387 | 68.697 |
| Inmovilizado Inmaterial | 95.952 | 38.183 | Resultado del ejercicio | 161.329 | 91.690 |
| Amort. Acum. Inmov. Inmat. | −27.259 | −12.376 | **Ingresos a distribuir en varios** | | |
| Inmovilizaciones materiales | 103.894 | 55.390 | **ejercicios** | **1.007.546** | **4.972.620** |
| Inmov. Mat. | 166.741 | 100.501 | **Activo circulante** | **11.903.338** | **14.160.463** |
| Amort. Acum. Inmov. Mat. | −62.847 | −45.111 | Subvenciones a proyectos | 952.567 | 4.927.924 |
| **Gastos a distribuir en varios** | | | Donaciones Inmovilizado | 54.979 | 44.696 |
| **ejercicios** | **0** | **3.958.555** | Deudores varios | 1.010.327 | 753.117 |
| **Activo circulante** | **11.903.338** | **14.160.463** | **Acreedores a corto plazo** | **10.333.323** | **12.653.940** |
| Deudores varios | 1.010.327 | 753.117 | Proveedores | 81.434 | 102.194 |
| Subvenciones públicas a cobrar | 3.881.592 | 5.918.721 | Acreedores comerciales | 23.974 | 17.647 |
| Hacienda Pública, deudor | | | Beneficiarios acreedores | 10.123.473 | 12.445.850 |
| diversos conceptos | 16.617 | 17.022 | Hac. Púb. acreedora | 26.119 | 20.213 |
| Inversiones financieras temporales | 3.316.945 | 7.436.778 | Seguridad Social acreedora | 18.901 | 17.125 |
| | | | Provisiones para operaciones | | |
| | | | de tráfico | 59.422 | 50.911 |
| **Total activo** | **12.075.961** | **18.200.323** | **Total pasivo** | **12.075.961** | **18.200.323** |

Las cuentas aquí presentadas recogen los resultados agregados de la Fundación Entreculturas y de la Asociación Fe y Alegría, cuyas memorias contables e informes de auditoría se encuentran disponibles en la sede central de Entreculturas.

# CUENTA DE RESULTADOS CONSOLIDADA

| DEBE | 31/12/2003 | 31/12/2002 | HABER | 31/12/2003 | 31/12/2002 |
|---|---|---|---|---|---|
| **Total gastos** | **13.293.413** | **11.066.835** | **Total ingresos** | **13.454.742** | **11.158.525** |
| **Gastos ordinarios** | **13.251.988** | **10.841.263** | **Ingresos ordinarios** | **13.255.724** | **10.906.230** |
| Ayudas a proyectos(*) | 11.731.414 | 9.636.176 | Cuotas de usuarios y afiliados | 1.123.870 | 1.113.003 |
| Gastos de colaboración | 15.193 | 20.416 | Promoción captación de recursos | 16.047 | 43.799 |
| Reintegro de subvenciones | 1.343 | 305 | Ingresos de promoc. patroc. y colab. | 1.848.319 | 1.634.369 |
| Aprovisionamientos | 97.855 | 26.688 | Subv. proy. trasp. Rdo. | 10.235.829 | 8.109.025 |
| Gastos de personal | 796.568 | 696.357 | Prestaciones de servicios | 29.360 | 1.724 |
| a) Sueldos y salarios | 172.309 | 152.898 | Exceso de provisiones | 2.299 | 4.310 |
| b) Segurida Social | 172.309 | 152.898 | Ingresos financieros | 97.643 | 130.886 |
| c) Otros gastos sociales | 4.115 | 4.844 | Ingresos extraordinarios | 101.375 | 121.409 |
| Dotaciones amort. inmovilizado | 32.821 | 24.711 | | | |
| Otros gastos de explotación | 575.558 | 435.121 | | | |
| Dotación provisiones | 1.236 | 1.489 | | | |
| **Beneficios** | **3.736** | **64.967** | | | |
| **Gastos financieros** | **23.471** | **103.189** | | | |
| **Resultados financieros positivos** | **74.172** | **27.697** | | | |
| **Beneficios de las activid. ordinarias** | **77.908** | **92.664** | | | |
| **Gastos extraordinarios** | **17.954** | **119.112** | | | |
| **Resultados extraord. positivos** | **83.421** | **2.297** | | | |
| **Beneficios antes de Impuestos** | **161.329** | **94.961** | | | |
| **Impuesto sobre beneficios** | **0** | **3.271** | | | |
| **Resultado del ejercicio (beneficios)** | **161.329** | **91.690** | | | |

(*) La cifra total de ayudas a proyectos de 11.731.414 euros se compone de 10.367.420 euros de envío a proyectos de cooperación (desglosados en hoja 44), 33.272 euros de envío de los intereses generados por las cuentas corrientes de los proyectos y 1.330.722 euros de ayudas a la obra social de la Compañía de Jesús en el sur.

**Tabla 4**   Países y número de proyectos de desarrollo de Entreculturas

| Años/países | 1996 | 1997 | 1998 | 1999 | 2000 | 2001 | 2003 |
|---|---|---|---|---|---|---|---|
| AFRICA | | | | No disponible | No disponible | • Camerún (1)<br>• Congo (1)<br>• Kenia (1)<br>• Ruanda (1)<br>• Sudán (1)<br>• Tanzania (1) | • Congo (5)<br>• Malawi (1)<br>• Liberia (1)<br>• Burundi (2)<br>• Etiopía (1)<br>• Kenia (3)<br>• Rwanda (1)<br>• Sudán (1)<br>• Tanzania (2) |
| AMÉRICA | • Ecuador (2)<br>• Guatemala (2)<br>• Nicaragua (1)<br>• Paraguay (3)<br>• Venezuela (2) | • Bolivia (2)<br>• Colombia (5)<br>• R. Dominicana (3)<br>• Ecuador (8)<br>• El Salvador (3)<br>• Guatemala (4)<br>• Nicaragua (3)<br>• Panamá (1)<br>• Paraguay (4)<br>• Perú (18)<br>• Venezuela (5) | • Argentina (1)<br>• Bolivia (3)<br>• Brasil (1)<br>• Colombia (2)<br>• R. Dominicana (2)<br>• Ecuador (2)<br>• El Salvador (4)<br>• Nicaragua (2)<br>• Panamá (1)<br>• Paraguay (1)<br>• Perú (8)<br>• Venezuela (1) | No disponible | No disponible | • Argentina (3)<br>• Bolivia (5)<br>• Brasil (2)<br>• Colombia (3)<br>• R. Dominicana (3)<br>• El Salvador (5)<br>• Guatemala (4)<br>• Nicaragua (5)<br>• Panamá (3)<br>• Paraguay (2)<br>• Perú (10)<br>• Uruguay (1)<br>• Venezuela (2) | • El Salvador (9)<br>• Honduras (5)<br>• Méjico (1)<br>• Nicaragua (11)<br>• Panama (6)<br>• R. Dominicana (9)<br>• Argentina (6)<br>• Bolivia (8)<br>• Brasil (10)<br>• Colombia (8)<br>• Ecuador (12)<br>• Paraguay (8)<br>• Peru (12)<br>• Uruguay (1)<br>• Venezuela (3) |
| ASIA | | | | No disponible | No disponible | • Camboya (1)<br>• India (1) | • Sri Lanka (1) |
| Total Países | 5 | 11 | 12 | No disponible | No disponible | 21 | 25 |
| Total Proyectos | 10 | 56 | 28 | No disponible | No disponible | 56 | 127 |
| Total gastos proyectos* | 1.854.774,8 | 2.081.188,4 | 3.895.207 | 4.064.657 | 7.718.156 | 9.297.584 | 11.939.046 |
| Gasto medio proyecto* | 185.478 | 37.164 | 119.114 | No disponible | No disponible | 166.028 | 94.008 |

*Fuente:* Elaboración propia basada en directorios de la CONGDE.

en América Latina, cuyo presupuesto asciende a más de 4,6 millones de euros.

Debe destacarse el gran incremento en recursos que esta organización logra desde el momento de su conversión en fundación, que supone casi un 225 por ciento y, paralelamente, la mayor ponderación que ha ido adquiriendo la financiación privada sobre la pública y el acusado descenso de la ayuda que recibe de la AECI en términos porcentuales, si bien no tanto en valor ab-soluto. Este hecho le ha permitido disfrutar de una mayor autonomía a la hora de establecer cuáles son sus prioridades, tanto en áreas de actuación como en zonas geográficas, aunque le ha obligado a desarrollar nuevos métodos de evaluación y de control para garantizar un uso adecuado de los fondos privados. En consonancia con ese aumento de recursos, se observa un aumento en el número de proyectos desarrollados, que continúa en los años 2002/2003, en que la organización tenía 93 proyectos presentados o en fase de preparación de los cuales se habían aprobado un total de 60.

Finalmente, si hay que hablar de los resultados de Entreculturas, se puede decir que son inmejorables ya que, si acudimos a los ratios de eficiencia que son generalmente utilizados en este tipo de organizaciones sin fines de lucro, el ratio de eficiencia técnica es del 4,4 por ciento (gastos de administración/gastos totales) y el de eficiencia asignativa (gastos en proyectos/total ingresos) del 88,7% por ciento (utilizando datos de la CONGDE, Directorio 2003).

## La arquitectura organizativa

Entreculturas es una organización de tamaño medio, no solo en cuanto a fondos se refiere, sino en cuanto a personal contratado y voluntario que en total asciende a casi 429 personas en 2003 (40 contratados y 389 voluntarios), de las cuales 415 se encuentran en la sede de Madrid y en las 24 delegaciones implantadas en 14 comunidades autónomas, donde se dedican, básicamente, a la implantación de las acciones de sensibilización y de participación local, asegurándose desde la sede central espacios de formación, intercambio y coordinación. El porcentaje de personas contratadas o voluntarias en el extranjero es bastante reducido porque se trabaja con miembros de la federación Fe y Alegría Internacional sobre el terreno (Tabla 5).

La estructura organizativa es funcional o por áreas de actividad, tal y como sucede en la mayoría de las ONGD españolas (Figura 7). Existen tres grandes áreas de actividad: «sensibilización», «organización e implantación social» y «proyectos», encontrando dentro de cada una de ellas diferentes departamentos. Todas las áreas de actividad se encuentran en el mismo nivel de la jerarquía, aspecto a destacar si se tiene en cuenta que la organización dedica la mayor parte de sus recursos a la dirección de proyectos.

**Tabla 5**    El personal de Entreculturas

| PERSONAL REMUNERADO | PERSONAL VOLUNTARIO |
|---|---|
| 6/en delegaciones<br>34/en Sede Central | 300/en delegaciones<br>14/en el extranjero<br>75/en Sede Central |

**Figura 7**    Esquema simplificado del organigrama de Entreculturas

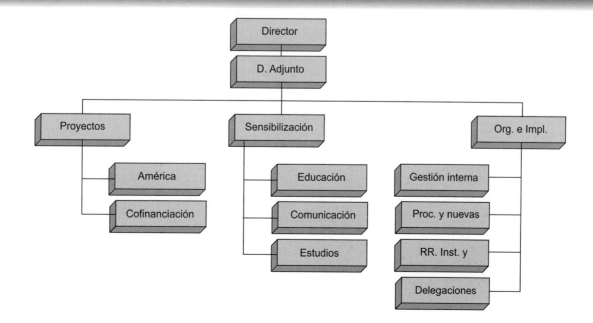

Los niveles jerárquicos que se pueden identificar son cuatro, ligeramente por encima del resto de ONGD españolas, que suelen presentar estructuras más planas. Por debajo del patronato se encuentra el director, del cual depende jerárquicamente el director adjunto, después los responsables de área y, por debajo de estos los responsables de departamento con sus colaboradores.

Dentro de la dirección de proyectos los departamentos creados responden a las áreas geográficas que constituyen zonas prioritarias de actuación y, ante el crecimiento experimentado, se ha creado un departamento de cofinanciación para diferenciar el tratamiento con donantes públicos y privados.

Por lo que respecta a la delegación de autoridad dentro del área de proyectos, la mayoría de las decisiones relativas a los proyectos, tales como identificación, formulación, ejecución, evaluación del proyecto (componentes del «marco lógico»), así como la búsqueda de fuentes de financiación, se realizan de forma consensuada entre los colaboradores, las contrapartes y el propio responsable de proyectos, y solamente las decisiones de selección y de abandono se toman de forma centralizada. Esta delegación de autoridad, relativamente amplia, se puede entender al valorar el potencial de los contratados en proyectos, casi todos licenciados con algún tipo de master en cooperación al desarrollo, con fuertes aptitudes de relación y comunicación social para captar, implicar y motivar al resto de miembros de la organización, y con cierta experiencia previa en movimientos sociales.

El hecho de que la identificación del proyecto se haga de forma consensuada es un punto interesante y favorable para la buena identificación, evitando la mera cobertura de las necesidades básicas si realmente la ONGD española se molesta en realizar un estudio profundo sobre las características del proyecto, en lugar de simplemente buscar financiación para la acción que su contraparte le presenta. Del mismo modo, se argumenta el sentido favorable del consenso en la evaluación o la búsqueda de fuentes de financiación.

Las decisiones sobre personal, tales como contrataciones o despidos, se toman a nivel de dirección. El diseño de la política salarial se establece en la mesa de coordinadores, comisión que también decide sobre la promoción de los empleados a propuesta del coordinador correspondiente.

El sistema de compensación es altamente dependiente de los incentivos intrínsecos, tales como el desarrollo personal o la ampliación de relaciones personales, mientras que otros más extrínsecos como los incrementos del salario fijo, la financiación de viajes o la representación de la organización en actos públicos no se consideran un incentivo tan relevante. Lo mismo podría decirse de la promoción por las escasas posibilidades existentes.

Finalmente, la evaluación del rendimiento del personal a cargo del director de proyectos se basa en la capacidad de gestión de los proyectos y de relación con la contraparte, en el grado de implicación que consiguen de la población beneficiaria, en la calidad de los proyectos y, en menor medida, en el número de proyectos cerrados sobre proyectos totales.

Dado que Entreculturas-Fe y Alegría es una organización con características muy específicas, puesto que surge en los países del sur y posteriormente se extiende a los del norte, proceso inverso al de la mayoría de las ONGD que se constituyen en los países desarrollados para canalizar la ayuda a los países menos favorecidos, y que ejecuta en torno al 75 por ciento de sus proyectos eligiendo como contraparte a las organizaciones de su grupo internacional, no resulta extraño que la evaluación de los proyectos se realice de forma consensuada entre los miembros sobre el terreno y la sede, aspecto que también la diferencia del resto de entidades que se dedican a la cooperación, que valoran en sede si la ejecución que del proyecto ha hecho la contraparte elegida ha permitido el logro de los objetivos previstos.

## Referencias bibliográficas

Agencia Española de Cooperación Internacional. Vicesecretaría General (2001): *Metodología de Gestión de Proyectos de la Cooperación Española.*

Coordinadora de ONGD-España (1998): *Código de Conducta de las ONG de Desarrollo.*

Montero, M. J. (2003): *El Marketing en las ONGD: La Gestión del Cambio Social.* Colección ETEA. Ed. Declée de Brouwer, S.A.

Agencia Española de Cooperación Internacional (2001): *Plan Director de la Cooperación Española 2001-2004.*

Pérez de Armiño, K. (2000): *Diccionario de Acción Humanitaria y Cooperación al Desarrollo.* HEGOA. Instituto de Estudios sobre Desarrollo y Cooperación Internacional, Universidad del País Vasco. Icaria Editorial.

http://www.entreculturas.es
http://www.risolidaria.org.es
http://www.feyalegria.org
http://www.fundraising.org.pe
http://www.entreculturas.org/VOLPA/portada.htm
http://www.aeci.es
http://www.mae.es
http://www.congde.org

# Vega Sicilia

Virginia Blanco Mazagatos
Juan Bautista Delgado García
Esther de Quevedo Puente
*Universidad de Burgos*

La historia de la prestigiosa Bodega Vega Sicilia se remonta al año 1848, cuando un hacendado palentino, D. Toribio Lecanda, adquiere a los herederos del Marqués de Valbuena 2.000 hectáreas de las tierras del pueblo vallisoletano de Peñafiel, entre las que se encuentra la finca en la que se hoy se ubica la bodega. Tras su adquisición, D. Toribio Lecanda, transformó la actividad agrícola y ganadera de la finca y creó la famosa «Bodega Lecanda Valladolid», para comenzar la elaboración de los vinos de esos pagos.

En el año 1859, la hacienda denominada «Vega Sicilia y Carrascal» fue transmitida a su hijo, Eloy Lecanda y Chaves, quien compró en Burdeos sarmientos destinados a la producción de Brandy y ratafías, y fundó la actual bodega en 1864. Ya en aquella época la calidad de estos licores la convertiría en proveedora de la casa real en 1876 y le permitiría obtener la Gran Cruz de Isabel la Católica cuatro años más tarde.

Durante el siglo XX, la historia de la bodega es labrada por cuatro propietarios diferentes. Así, en 1903 la familia Herrero adquirió la bodega, manteniéndola hasta 1952. En este periplo se incorporaría uno de los hombres más importantes en la historia de Vega Sicilia, el bodeguero Domingo Garramiola, quien aportó nuevas técnicas a la elaboración del vino, renovó la bodega y descubrió el potencial de los caldos que se podían elaborar en la finca. El trabajo desarrollado en esta época se materializó en la creación de los dos vinos que la bodega continúa elaborando en la actualidad: Vega Sicilia Único y Valbuena, y cuya calidad se refleja en los diferentes premios que ha obtenido, entre los que se encuentra el logrado en la Exposición Universal de Barcelona de 1929 por sus cosechas de 1917 y 1918 (*véase* la Tabla 1). Sin embargo, en esta época la producción de la bodega no era objeto de comercialización, sino que se distribuía como regalo entre la alta

| Tabla 1 | Premios y acontecimientos relevantes |
|---------|--------------------------------------|
| 1873 | «Verdienst Medaille a Bodega de Lecanda» de Valladolid, España, en la Exposición Internacional en Viena. |
| 1876 | «Certificate of Award Bodegas Lecanda», en la Exhibición Internacional en Filadelfia. |
| 1892 | «Medalla de Bronce a D. Eloy Lecanda» en el Concurso y Exposición de la Unión Científica, Industrial y Agrícola de Francia (Revista) celebrada en Burdeos. |
| 1927 | Medalla de Oro y Gran Diploma de Honor de la Feria de Navidad de Madrid. |
| 1927 | Medalla de Oro y Gran Diploma de Honor en la Exposición Hotelera de Barcelona. |
| 1929-1930 | Gran Premio de Honor en la Exposición Internacional de Barcelona. |
| **Otros acontecimientos de interés** | |
| 1985 y 1986 | Catas en Dusseldorf, Hamburgo y París, en las que Vega Sicilia alcanza la más alta puntuación. |
| 1991 | La Confederación de Restauradores de Extremo Oriente invitó a Vega Sicilia a ofrecer una cata en Singapur y Yakarta, otorgando a la bodega una distinción especial. |
| 1991 | Invitación participar en la «Wine Experience» de Nueva York. |
| 1992 | Invitación de la International Wine&Food Society para celebrar una cata en Hong Kong. |
| 1992 | Cata organizada por la Cofradía de los Buenos Vinos en Puerto Rico. |

*Fuente:* Adaptado del Cuaderno de Historia del Grupo Vega Sicilia (2004).

burguesía y la aristocracia, lo que fomentó la imagen de un vino que no se obtenía por dinero sino por amistad, y derivaría en la creación de una lista de clientes, cuyo empleo se ha convertido en una tradición de la bodega.

La propiedad de la bodega pasó a comienzos de la década de los cincuenta a manos de la sociedad Prodes, S.A., dedicada a la obtención de semillas, que transmitió la bodega a la familia venezolana Newman en el año 1966. Sin embargo, en esta etapa de Vega Sicilia, la gestión de la bodega recaería en manos de una misma persona, Jesús Anadón, que entró en la misma en 1956 y asumió su responsabilidad gerencial y enológica hasta su jubilación en 1985.

## La llegada de la familia Álvarez

La historia más reciente de la bodega se inicia en el año 1981, cuando tras conocer el interés de la familia venezolana de vender la bodega, David Álvarez Díez se ofrece a adquirirla. Un año después, y tras descartar a otros inversores, la familia Newman acepta la oferta de la familia Álvarez, que adquiere la propiedad de la bodega a través de la sociedad «El Enebro, S.A.» por 650 millones de pesetas. En el año 1985, tras la jubilación de Jesús Anadón, se responsabiliza de la dirección general uno de los hijos de David Álvarez, Pablo Álvarez Melquíriz.

La tradición empresarial de la familia Álvarez se remonta al menos al año 1962, con la creación de una pequeña empresa ubicada en Bilbao que, con el nombre de Central de Limpieza el Sol, se dedicaba a la prestación de servicios de limpieza a empresas y cuya rápida evolución permitió que en el momento de la adquisición de la bodega, el grupo contara con una plantilla de más de 11.000 empleados, dedicados a nivel nacional a la prestación de servicios de seguridad y limpieza y a la fabricación y distribución de maquinaria y productos relacionados con esta última actividad. En la actualidad este grupo de empresas de la familia, con una plantilla superior a los 50.000 empleados y una presencia internacional, se ha convertido en el Grupo Eulen, dedicado a la prestación de una amplia variedad de servicios, entre los que se han incorporado los de mantenimiento, medioambiente, servicios auxiliares y sociosanitarios y trabajo temporal, entre otros.

En este contexto, el interés de la familia por adquirir Vega Sicilia se basó en el prestigio ya consolidado de la bodega y en la idea de mantenerlo e incluso incrementarlo, pero sin la intención inicial de crear un grupo de empresas en un sector que les era ajeno. Para afrontar este objetivo inicial, los actuales propietarios decidieron centrar la actividad de Vega Sicilia en la elaboración de vinos, alejándola de la tradición agrícola de las etapas anteriores, en las que la bodega constituía una actividad más de la finca. Además, en esta etapa se ha renovado prácticamente todo el viñedo, a partir de las cepas presentes en la finca desde la etapa de Eloy de Lecanda, y se han modernizado las instalaciones y procesos, pero siempre tratando de conservar la tradición vinícola que ha concedido el prestigio a la bodega.

## Bodegas Vega Sicilia en la actualidad

Vega Sicilia cuenta con una historia de 140 años, lo que la convierte en una de las bodegas españolas más antiguas, en un sector en el que el crecimiento de las vides, su adaptación al suelo y las condiciones climáticas de la zona condicionan unos periodos de inicio de actividad de varias décadas. La finca tiene una extensión de 1.000 hectáreas, y parece estar ubicada en un enclave geográfico privilegiado incluso dentro de la denominación de origen Ribera del Duero, lo que favorece la calidad de sus vinos. De la extensión total de la misma, una cuarta parte (250 hectáreas) está dedicada en la actualidad a la plantación de viñedo, lo que ha supuesto triplicar la superficie destinada a su cultivo desde la llegada de la familia Álvarez, con el propósito de que solo se emplee uva de la finca para la elaboración de los vinos de la bodega, lo que se consiguió por primera vez en el año 1996. El 80 por ciento de esta superficie está destinada a la variedad autóctona de tino fino (tempranillo), mientras que el resto se reparte entre cabernet sauvignon, merlot y malbec.

Para continuar la tradición, la familia Álvarez ha mantenido casi todos los vinos tradicionalmente elaborados por la bodega y que le han dado su prestigio: Valbuena 5º año, Vega Sicilia Único y Vega Sicilia Único Reserva Especial. La única excepción corresponde a su vino más sencillo, Valbuena 3er año, que se dejó de elaborar en 1987 con la idea de no hacer tres vinos en los que se bajara la calidad, sino dos vinos con una personalidad diferente y permitir una mayor calidad y producción de Valbuena 5º año. Esta distinta personalidad de los vinos se consigue a través de un proceso de elaboración y crianza diferente.

Valbuena 5º año es un vino procedente de unas viñas más jóvenes que las empleadas para la elaboración de Vega Sicilia Único, con una composición mayoritaria de tempranillo, y más merlot que cabernet-sauvignon. Tiene una crianza en barrica de tres años y medio, y un año y medio en botella antes de salir al mercado.

Vega Sicilia Único es el vino de referencia de la bodega. Procede de las viñas más viejas de la propiedad y tiene una composición también mayoritaria de tempranillo, pero con más cabernet-sauvignon que merlot. Permanece un mínimo de siete años de crianza en barrica y tres años en botella, que se incrementa en el caso de ser embotellado en tamaño Mágnum (1,5 litros) y Doble Mágnum (3 litros).

Finalmente, Vega Sicilia Único Reserva Especial, recoge la tradición de elaborar un vino sin una cosecha específica, dado que se obtiene de la combinación de los caldos de las mejores añadas de Vega Sicilia Único para obtener uno de los vinos más representativos y estables de la bodega.

En la elaboración de estos vinos se ha procurado mantener la tradición, lo que no ha estado reñido con la implantación de novedades en su proceso productivo, que tienen el objetivo de mejorar el control de la calidad. De hecho, este ciclo productivo comienza con el control de las vides y los racimos empleados en la elaboración de los vinos, que proceden en su totalidad de la finca de la bodega. Para ello, se han establecido controles sobre el origen del abono empleado y límites de rendimiento en sus cepas para incrementar su calidad. Cada hectárea no supera las 2.200 vides ni los 22 hectolitros (por debajo de los límites establecidos por la denominación de origen de Ribera del Duero), solo se recoge la uva que alcanza o supera los 13 grados, y se emplea un sistema de poda en verde para eliminar racimos con el fin de que cada cepa tenga una producción inferior a dos kilos.

Tras la recolección manual y selectiva de la uva en función de su grado de madurez, para la que se emplea personal experimentado, rasgo distintivo de Vega Sicilia, se procede a una segunda selección en una mesa de trabajo para introducir dentro de cada depósito de fermentación las uvas empleadas en la elaboración de cada tipo de vino y descartar las que no tienen una buena calidad. Al final del proceso de fermentación alcohólica y maloláctica se inicia la crianza en barricas de roble, en su mayor parte americano por su calidad, que son construidas y reparadas por el maestro tonelero en el taller propio de la bodega.

El ciclo productivo culmina con la crianza del vino en botella, que fue introducido por la familia Álvarez, y sustituyó a la tradición de embotellarlo en el momento de su comercialización. En el embotellado se realiza un estricto control de calidad del corcho a través de un doble proceso de control mecánico y químico, en el que se remiten muestras a un laboratorio especializado antes de la compra y una vez que se ha recibido el pedido. Este doble sistema se implantó después de que en el año 1999 se detectarán problemas por la presencia de tricloroanisoles (TCA) en los corchos de uno de los suministradores que afectó al aroma del vino en algunas botellas de Valbuena 5.º año 1994[1].

La bodega tiene establecido un objetivo máximo de producción que se sitúa entre 250 000 y 300 000 botellas al año, de las que habitualmente el 40 por ciento corresponde a Único y el resto a Valbuena 5º año (*véanse* los Anexos I y II), con el objetivo de poder asegurar la calidad de cada añada. Únicamente el 15 por ciento de esta producción, en la que cada botella que sale al mercado está numerada, se comercializa a través de distribuidores, mientras que el 85 por ciento restante se vende directamente a una lista de clientes que cuenta con 3.500 miembros aproximadamente y más de 2.000 en lista de espera. Además, dada la reducida producción y la dependencia de las condiciones climatológicas que condicionan la calidad de la uva y que han llevado a no elaborar alguna añada[2], la bodega no garantiza el suministro de las cantidades solicitadas por sus clientes, lo que se traduce en que habitualmente puede satisfacer un 40 por ciento de la demanda de los clientes de la lista. Esta fuerte demanda también ha obligado a concentrar la mayor parte de la comercialización en España para poder satisfacer a los clientes nacionales. No obstante, Vega Sicilia se fija como objetivo la exportación de entre un 25 y un 35 por ciento de la producción con la que pretende mantener y acrecentar el prestigio de la bodega a nivel internacional. De hecho, la preocupación de la familia Álvarez por mejorar la presencia internacional de la bodega, descuidada hasta su llegada, ha permitido que esta exporte actualmente a 65 países, cuya distribución por áreas geográficas se refleja en el Anexo III.

La consolidación del prestigio de Vega Sicilia en el ámbito internacional se ha visto además favorecida con su incorporación al grupo Primum Familiae Vini, una asociación creada en el año 1993 en la que se incluyen algunas de las bodegas más prestigiosas en el ámbito internacional y que tiene como objetivo fundamental «promover y defender las tradiciones y los valores de las bodegas familiares, y asegurar que estos ideales sobrevivan y prosperen en las generaciones futuras». De hecho, la incorporación a esta asociación, que está limitada por estatutos a un máximo de doce miembros, se realiza por invitación a familias que deben cumplir dos requisitos básicos: ser propietarias de

---

[1] Este defecto se resolvió con la retirada del mercado de esta añada y el envío de una circular a todos sus clientes indicándoles la posibilidad de devolver las botellas.

[2] En concreto, el interés de los propietarios por mantener la alta calidad de sus vinos se ha materializado en la renuncia a elaborar su vino Vega Sicilia Único en las cosechas 1992, 1993, 1997 y 2001, a los que se podrían añadir otras en las décadas previas.

una bodega de un gran prestigio y reputación y tratarse de empresas familiares. Los eventos y catas que organizan de forma conjunta gozan siempre de una gran repercusión internacional y han permitido a Vega Sicilia presentar sus vinos en los mejores escenarios internacionales.

## Grupo Vega Sicilia

La estrategia de la familia Álvarez de mantener un vino de producción limitada frente a la creación de uno de gran producción se ha visto acompañada, con el paso del tiempo, de la intención de crear nuevas bodegas con vinos de calidad, que fueran reconocidos como parte del grupo Vega Sicilia, pero que al mismo tiempo se labraran una historia independiente de la de esta bodega. De esta forma se ha formado el actual Grupo Vega Sicilia, en el que se integran, además de la bodega original, tres nuevas bodegas creadas o adquiridas a lo largo de las dos últimas décadas: Bodegas y Viñedos Alión, S.A., Tokaj Oremus, Kft y Bodegas y Viñedos Pintia, S.A.

### Bodegas y Viñedos Alión, S.A

La idea de la creación de Bodegas y Viñedos Alión, S.A, surge a mediados de la década de los ochenta, con la pretensión de crear un vino en la misma denominación de origen que Vega Sicilia, Ribera del Duero, pero con una filosofía e identidad independiente, al estar elaborado con unas prácticas enológicas más modernas, recurrir a una crianza diferente y mantener una composición de uva también distinta a la de los vinos de Vega Sicilia. Esta idea se pone en práctica con la adquisición de 25 hectáreas de terreno en el año 1987 y de una bodega en el año 1992, que ya contaba con todos los requisitos tecnológicos y que se había fundado dos años antes con el nombre de Bodegas Liceo.

Desde su creación, esta bodega produce un único vino, Alión Reserva Tinto, cuya primera cosecha, del año 1991, salió a la venta en 1995 y fue la única elaborada en las instalaciones de Vega Sicilia. Su aparición constituyó la primera novedad del grupo en varias décadas y ya en ese año se colocó dentro de los Top 100 de la revista Wine Spectator.

En su elaboración se emplea únicamente uva de la variedad tinto fino, procedente en parte de la finca de Vega Sicilia[3], aunque de cepas más jóvenes que las empleadas para elaborar Valbuena 5º año, mientras que otra parte se adquiere a productores externos. Este vino

tiene una crianza en barrica de dieciocho a veinte meses, más quince o dieciséis en botella antes de su salida al mercado. El grupo ha fijado un volumen de producción máximo de aproximadamente 300.000 botellas, siempre numeradas, aunque en algunas buenas cosechas se ha superado ligeramente esta cantidad (*véanse* los Anexos I y II). El sistema de comercialización adoptado desde el comienzo fue idéntico al de la bodega matriz, puesto que cuenta con una lista de clientes que en ocasiones también lo son de Vega Sicilia, o que trataron de serlo, pero la lista de espera les a animó a incorporarse a la de esta bodega. Los objetivos de exportación se fijaron inicialmente entre un 40 y un 50 por ciento de la producción, pero la demanda nacional no permite a la bodega alcanzar habitualmente esa cantidad, que en el año 2004 se situó en el 30 por ciento.

### Tokaj Oremus, Kft

La elaboración de un gran vino en una región con una larga historia vinícola, unida los reducidos costes laborales, estuvo presente en la fundación de la bodega Tokaj Oremus, Kft en la región húngara del mismo nombre. De hecho, la antigüedad e importancia histórica de los vinos blancos dulces producidos en la región de Tokaj se refleja en diversos aspectos como el empleo de unos procedimientos de elaboración similares a los desarrollados hace 400 años, la delimitación de la región geográfica autorizada para su producción por un decreto real que data de 1737 o los elogios recibidos por Luis XIV, la Emperatriz Maria Teresa o el Papa Benedicto XIV, entre otros. Estas circunstancias animaron a la familia Álvarez a iniciar las negociaciones con el gobierno húngaro para adquirir una de las bodegas nacionalizadas desde mediados de la década de los cuarenta. Las negociaciones se iniciaron en el año 1991, una vez conocido el interés del gobierno húngaro de privatizar la región y reorientar la comercialización hacia los mercados occidentales abandonados durante este periodo. En 1993 se adquirió uno de los viñedos más emblemáticos y mejor ubicados de la región, con una extensión de 115 hectáreas y se fundó la bodega Tokaj Oremus, Kft. a través de una *joint venture* con la empresa estatal Tokaj Kereskedöház en la que Vega Sicilia se hizo con el 70 por ciento de la propiedad. Sin embargo, la bodega española ha incrementado su participación en la propiedad de Tokaj Oremus con el paso del tiempo, que hoy supera el 99 por ciento.

La bodega elabora aproximadamente dos millones y medio de botellas al año de una amplia gama de vinos blancos que se pueden clasificar en dos grandes grupos siguiendo la tradición de esta zona. Un primer grupo de vinos de mesa, obtenidos de la vinificación de la uva

---

[3] En la actualidad aproximadamente 100 de las 250 hectáreas plantadas en Vega Sicilia se destinan a Alión.

no pasificada y un segundo grupo de vinos de calidad superior, en los que se emplea uva botritizada (aszú)[4], para cuyo desarrollo se requieren unas condiciones climatológicas especiales en otoño, por lo que no se puede garantizar su producción todos los años, ni en cantidades determinadas. Siguiendo esta clasificación, dentro del primer tipo de vinos, la bodega elabora el vino Tokaj Furmint Seco Mandolás que, como se ha explicado, no emplea uva aszú y permanece durante varios meses en barricas nuevas antes de su salida al mercado. Dentro del segundo grupo, que son los que han dado fama a esta región, la bodega elabora una mayor variedad de vinos: Furmint Vendimia Tardía, Szamorodni, Forditas, Aszú, Aszú Eszencia y Eszencia. En la actualidad, esta bodega ha creado, junto con otras grandes bodegas que han llegado a esta región húngara, la asociación Tokaj-Renaissance, que tiene por objeto potenciar la diferenciación y calidad de los vinos de Tokaj y promover su presencia a nivel internacional.

### Bodegas y Viñedos Pintia, S.A.

La decisión estratégica más reciente del Grupo Vega Sicilia consistió en la adquisición de 86 hectáreas de terreno y la creación de Bodegas y Viñedos Pintia, S.A. en 1997 dentro de la denominación de origen de Toro. Su potencial en el mercado exterior parece estar detrás de la decisión de entrar en esta región que en los años posteriores ha atraído la inversión de otras grandes bodegas españolas. De hecho, esta denominación de origen, próxima geográficamente a la de Ribera de Duero y también situada en los márgenes del río que da nombre a esta última, contaba tradicionalmente con reducido número de bodegas, pero ha experimentado una notable expansión en los últimos años, después de que otras denominaciones de origen, como la de Ribera del Duero se encuentren prácticamente copadas.

Tras cuatro años de experimentación en los sistemas de elaboración y crianza para comprender la evolución y envejecimiento de los vinos, esta bodega elaboró la primera cosecha destinada a la comercialización en el año 2001. El vino salió al mercado en el año 2004 bajo el nombre Pintia 2001 y las expectativas que se habían creado sobre él contribuyeron a que la añada se agotara sin poder atender completamente la demanda de los clientes.

Este vino se elabora con la uva tradicional de la denominación de origen, tinta de toro, y envejece de 12 a 14 meses en barrica además de un año o año y medio en botella antes de su comercialización. Sale al mercado a un precio inferior al del resto de vinos tintos elaborados por el Grupo Vega Sicilia (*véase* Anexo II) y también se ha creado para su distribución una lista de clientes, siguiendo la tradición de Vega Sicilia y Alión. A pesar de que en las dos primeras cosechas se han comercializado aproximadamente 100.000 botellas (*véase* Anexo I), la bodega pretende incrementar la producción gradualmente hasta situarla en un volumen máximo de 250.000 botellas, de las cuales esperan destinar la mitad a la exportación.

## Estructura del grupo

El proceso de expansión de la bodega ha determinado la actual estructura del grupo, en la que Bodegas Vega Sicilia es propietaria directa de las tres bodegas anteriores, con las que además comparte la dirección técnica y administrativa, salvo en el caso de Tokaj Oremus, Kft. En esta última, la dirección se encuentra a cargo del consejero delegado del grupo, Pablo Álvarez, y la dirección técnica corresponde al enólogo Andreas Bacsó, incorporado a la bodega desde el año de su adquisición. Por otra parte, Bodegas Vega Sicilia, S.A. también ha comenzado a centralizar la comercialización de los vinos del grupo. En concreto, la bodega se encarga de la comercialización y facturación del vino Pintia y se prevé que a partir del año 2006 realice las mismas funciones para el vino elaborado por Bodegas y Viñedos Alión, S.A. La estructura organizativa de Vega Sicilia se refleja en la Figura 1.

Al margen del grupo vitivinícola, Bodegas Vega Sicilia, S.A. también es propietaria de El Quexigal, S.A., una empresa dedicada a la elaboración y comercialización de mieles de elevada calidad y pureza, y posee participaciones significativas en empresas de diversos sectores: financiero, medios de comunicación y sociedades deportivas. Finalmente, la sociedad El Enebro, S.A., a través de la que la familia Álvarez posee el grupo vitivinícola, es también propietaria de Valles del Esla, S.A. y Grupo de Explotaciones Agropecuarias de León (NEAL), S.A., que constituyen un complejo cárnico cuyo objetivo es producir una carne de calidad que ha llegado a ser comparada con la *kobe* japonesa y en el que se emplea un sistema de venta y distribución directa similar al del grupo de bodegas. La estructura de propiedad de la bodega se recoge en la Figura 2.

En cuanto a la estructura de gobierno, la mayor parte de las empresas del grupo mantienen el mismo consejo de administración de la sociedad El Enebro, S.A., que está compuesto por David Álvarez como presidente y por sus hijos. Las excepciones se encuentran en las

---

[4] La botritización (*botrytis cinerea* o podredumbre noble) es un proceso por el cual las uvas como resultado de la consecución de lluvias y clima soleado durante el otoño se ven afectadas por un parásito que contribuye a que la uva pierda parte de su contenido de agua pero concentre los azúcares de la misma.

**Figura 1**    Organigrama

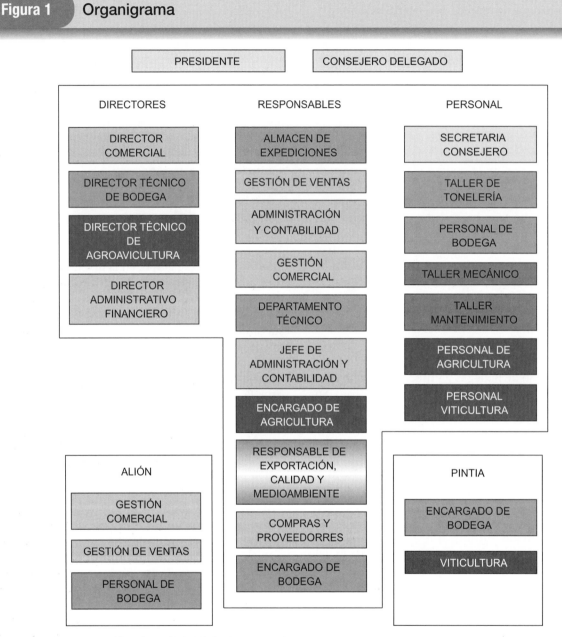

*Fuente:* Cuaderno de Historia del Grupo Vega Sicilia (2004).

bodegas Tokaj Oremus, que mantiene a dos directores gerentes, Pablo Álvarez y Andreas Bacsó, y Pintia, en la que Emilio Álvarez Melquíriz y Pablo Álvarez Melquíriz ejercen de administradores solidarios.

## Evolución futura del grupo

El desarrollo experimentado por Vega Sicilia desde su adquisición por los actuales propietarios parece antici-par la evolución futura de la compañía. En este senti-do, en los últimos años han surgido rumores dentro del sector sobre el interés de la compañía de adquirir una gran bodega en Francia, particularmente en la zona de Burdeos o Borgoña, que se evidenció en el año 2001 con el intento de adquirir la bodega Clos Fourtet, ubi-cada en la región de Burdeos. Sin embargo, el elevado precio de las bodegas y viñedos de estas regiones pare-cen haber dificultado la implementación de esta deci-sión por el momento.

**Figura 2   Estructura de propiedad**

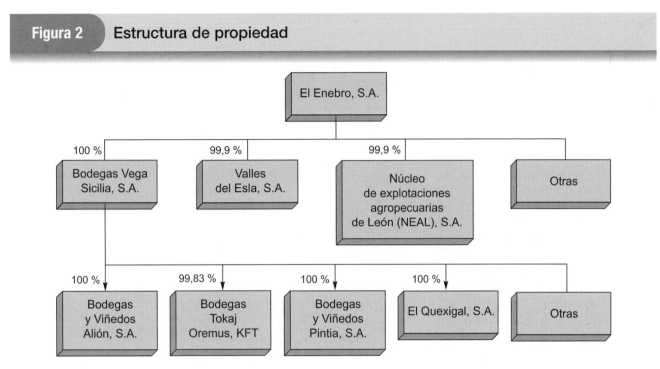

*Fuente:* Elaboración propia.

Por otra parte, a pesar de que la denominación de origen de Ribera del Duero se ha caracterizado tradicionalmente por sus vinos tintos, existe por parte de la familia la intención de elaborar un vino blanco de gran calidad en esta zona, lo que permitiría retomar en Vega Sicilia la producción de este tipo de vino que se abandonó en 1948. Para ello, la bodega está siguiendo un proceso similar al establecido en el caso de Pintia, que comenzó en el año 1994 con la plantación de viñas de las variedades Viognier, Rousanne, Marsanne y Chardonnay en la parte más fría de la finca de Vega Sicilia. Una vez que ha transcurrido un plazo de diez años des-de su plantación, se ha comenzado a experimentar con la elaboración del vino en un proceso que durará cinco años, y que permitirá a la bodega adquirir conocimientos sobre las diferentes cosechas, la climatología, y el envejecimiento y la crianza de los vinos. Los resultados de este proceso permitirán determinar la posibilidad de elaborar un vino blanco que mantenga la tradición de calidad de la bodega o la desestimación del proyecto. En todo caso, aunque estos no fructifiquen, la trayectoria empresarial de la familia propietaria y su deseo de continuidad en la empresa auguran la prolongación de la ya larga historia de esta bodega mítica.

## Anexo I.  Añadas y producción

| | Añada | Producción (botellas) | | | | | |
|---|---|---|---|---|---|---|---|
| | | Bordelesa (75 cl) | Año de venta | Magnum (1,5 l) | Año de venta | Doble Magnum (3 l) | Año de venta |
| Valbuena 5.º año | 2000 | 186.500 | 2005 | 3.250 | 2005 | 150 | 2005 |
| | 1999 | 182.700 | 2004 | 3.100 | 2004 | 100 | 2004 |
| | 1998 | 179.000 | 2003 | 3.300 | 2003 | 98 | 2003 |
| | 1997 | 133.500 | 2002 | 3.300 | 2002 | 55 | 2002 |
| | 1996 | 170.485 | 2001 | 3.069 | 2001 | 15 | 2001 |
| | 1995 | 164.940 | 2000 | 2.976 | 2000 | 0 | |
| | 1994* | | | | | | |
| | 1993 | 99.792 | 1998 | 0 | | 0 | |
| | 1992 | 165.300 | 1997 | 0 | | 0 | |
| | 1991 | 123.145 | 1996 | 0 | | 0 | |
| | 1990 | 123.145 | 1995 | 0 | | 0 | |
| Único | 1994 | 96.359 | 2005 | 2.198 | Pendiente | 151 | Pendiente |
| | 1991 | 98.250 | 2004 | 2.224 | Pendiente | 132 | Pendiente |
| | 1990 | 109.548 | 2000 y 2001 | 2.653 | 2004 | 150 | 2005 |
| | 1989 | 100.000 | 2003 | 2.500 | Pendiente | 110 | Pendiente |
| | 1986 | 62.748 | 1998 | 2.000 | 2003 | 102 | 2004 |
| | 1987 | 79.500 | 2002 y 2003 | 2.050 | 2005 | 115 | 2006 |
| | 1985 | 60.750 | 1996 y 1997 | 2.000 | 2001 | 50 | 2002 |
| | 1983 | 42.100 | 1994 y 1995 | 2.000 | 1999 | 0 | |
| | 1981 | 77.092 | 1998 y 1999 | 2.000 | 2002 | 52 | 2003 |
| | 1975 | 44.750 | 1990 | 2.000 | 1994 | 0 | |
| | 1974 | 63.500 | 1994 y 1995 | 2.000 | 1998 | 0 | |
| | 1970 | 94.500 | 1995-1997 | 2.000 | 2000 | 0 | |
| Alión | 2001 | 291.000 | 2005 | 500 | 2005 | 496 | 2005 |
| | 2000 | 316.680 | 2004 | 4.035 | 2004 | 460 | 2004 |
| | 1999 | 307.000 | 2003 | 3.500 | 2003 | 450 | 2003 |
| | 1998 | 236.500 | 2002 | 4.100 | 2002 | 398 | 2002 |
| | 1997 | 197.850 | 2001 | 4.083 | 2001 | 184 | 2001 |
| | 1996 | 305.588 | 2000 | 4.083 | 2000 | 273 | 2000 |
| | 1995 | 210.988 | 1999 | 1.979 | 1999 | 23 | 1999 |
| | 1994 | 113.774 | 1998 | 1.215 | 1998 | | |
| | 1993 | 63.750 | 1997 | 530 | 1997 | | |
| | 1992 | 39.200 | 1996 | 530 | 1996 | | |
| | 1991 | 31.900 | 1995 | 500 | 1995 | | |
| Pintia | 2002 | 102.990 | 2005 | 565 | 2005 | 53 | 2005 |
| | 2001 | 80.000 | 2004 | n.d. | | n.d. | |

* Esta añada fue retirada del mercado después de que se detectara la presencia de tricloroanisoles (TCA) en alguna partida de los corchos empleados en el embotellado.

*Fuente*: Elaboración propia a partir de información publicada en la página Web del grupo. http://www.vegasicilia.com

## Anexo II.  Precio de los vinos (en euros)

| | Bodegas Vega Sicilia, S.A. | Bodegas y Viñedos Alión, S.A. | Bodegas y Viñedos Pintia, S.A. |
|---|---|---|---|
| Vega Sicilia único (1991) | 120 | | |
| Valbuena 5.º año (1999) | 54 | | |
| Alión (2000) | | 25 | |
| Pintia (2002) | | | 21,5 |

*Fuente*: Guía Peñín de los vinos de España (2004).

## Anexo III. Porcentajes de exportación por bodegas

|  | Bodegas Vega Sicilia, S.A. | Bodegas y Viñedos Alión, S.A. | Bodegas y Viñedos Pintia, S.A. |
|---|---|---|---|
| Exportación | 23 | 30 | 41 |
| Areas geográficas: |  |  |  |
| UE (EURO) | 41,56 | 34,20 | 44,87 |
| UE (no EURO) | 13,06 | 13,11 | 12,8 |
| Resto de Europa | 8,01 | 13,10 | 14,21 |
| América | 36,24 | 38,64 | 27,46 |
| Asia | 1,13 | 0,94 | 0,66 |

*Fuente*: Elaboración propia.

## Anexo IVa. Balances individuales (en euros)

|  | Bodegas Vega Sicilia | | Bodegas y Viñedos Alión | | Bodegas y Viñedos Pintia | |
|---|---|---|---|---|---|---|
|  | 2003 | 2002 | 2003 | 2002 | 2003 | 2002 |
| ACTIVO |  |  |  |  |  |  |
| A. Accionistas por desembolsos no exigidos | 0 | 0 | 0 | 0 | 0 | 0 |
| B. Inmovilizado | 40.427.389 | 38.372.186 | 7.074.145,24 | 6.718.884,53 | 8.731.905,75 | 6.882.075,88 |
| Gastos de establecimiento | 0 | 0 | 0 | 0 | 0 | 0 |
| Inmovilizado inmaterial | 249.996 | 141.716 | 39.105,25 | 45.988,01 | 80.838,98 | 79.232,96 |
| Inmovilizado material | 13.085.102 | 13.798.109 | 6.982.241,37 | 6.645.274,36 | 8.614.846,45 | 6.430.362,27 |
| Inmovilizado financiero | 27.090.574 | 24.432.094 | 52.798,62 | 27.622,16 | 36.220,32 | 372.480,65 |
| Acciones propias a L/P | 0 | 0 | 0 | 0 | 0 | 0 |
| Deudores por oper. de tráfico a L/P | 1.717 | 267 | 0 | 0 | 0 | 0 |
| C. Gastos a distribuir en varios ejercicios | 77.932 | 210.728 | 35.005,72 | 33.515,78 | 46.869,68 | 17.707,38 |
| D. Activo Circulante | 14.673.097 | 16.516.816 | 8.141.106,15 | 6.837.052,02 | 4.241.512,92 | 3.315.639,06 |
| Accionistas por desembolsos exigidos |  | 0 | 0 | 0 | 0 | 0 |
| Existencias | 9.808.095 | 8.488.600 | 6.779.192,29 | 6.328.600,42 | 1.963.324,79 | 991.062,43 |
| Deudores | 2.919.505 | 7.355.834 | 1.344.259,97 | 504.353,45 | 2.277.237,22 | 2.293.093,53 |
| Inversiones financieras temporales | 1.832.078 | 10.916 | 0 | 0 | 0 | 0 |
| Acciones propias a C/P. |  | 0 | 0 | 0 | 0 | 0 |
| Tesorería | 1.202 | 653.725 | 17.653,89 | 4.098,15 | 325,91 | 86,06 |
| Ajustes por periodificación | 112.216 | 7.741 | 0 | 0 | 625 | 31.397,04 |
| Total Activo | 55.178.418 | 55.099.730 | 15.250.257,1 | 13.589.452,3 | 13.020.288,4 | 10.215.422,3 |
| PASIVO |  |  |  |  |  |  |
| A. Fondos propios | 40.466.207,1 | 38.471.723,4 | 6.956.217,94 | 5.328.615,46 | 5.951.226,74 | 4.585.183,28 |
| Capital suscrito | 105.175 | 105.175 | 1.314.400 | 1.314.400 | 4.642.120 | 2.789.914,12 |
| Prima de emision | 0 | 0 | 0 | 0 | 0 | 0 |
| Reserva de revalorización | 1.622.091,88 | 1.622.091,88 | 0 | 0 | 0 | 0 |
| Reservas y resultados ejerc. anteriores | 32.939.598,2 | 30.587.815,5 | 4.014.215,41 | 2.964.027,82 | 1.795.269,16 | 1.991.120,68 |
| Resultado (Pérdidas y Ganancias) | 5.799.342 | 6.156.641 | 1.627.602,53 | 1.050.187,64 | −486.162,42 | −195.851,52 |
| Divid. a cuenta entregado en el ejercicio | 0 | 0 | 0 | 0 | 0 | 0 |
| Acciones propias para reducción de capital | 0 | 0 | 0 | 0 | 0 | 0 |
| B. Ingresos a distribuir en varios ejercicios | 184.869 | 200.421 | 518.773,96 | 0 | 1.388.323,49 | 1.498.457,05 |
| C. Provisiones para riesgos y gastos | 814.909 | 783.995 | 0 | 0 | 0 | 0 |
| D. Acreedores a L/P | 6.832.248 | 11.930.062 | 2.871.330,88 | 3.188.399,3 | 0 | 1.334.721,46 |
| E. Acreedores a C/P | 6.880.185 | 3.713.529 | 4.903.934,33 | 5.072.437,57 | 5.680.738,1 | 2.797.060,53 |
| F. Provisiones para riesgos y gastos a C/P | 0 | 0 | 0 | 0 | 0 | 0 |
| Total Pasivo | 55.178.418 | 55.099.730 | 15.250.257,1 | 13.589.452,3 | 13.020.288,3 | 10.215.422,3 |

*Fuente*: Informes anuales (2003).

## Anexo IVb.   Cuentas de Pérdidas y Ganancias individuales (en euros)

| | Bodegas Vega Sicilia | | Bodegas y Viñedos Alión | | Bodegas y Viñedos Pintia | |
|---|---|---|---|---|---|---|
| | 2003 | 2002 | 2003 | 2002 | 2003 | 2002 |
| Gastos explotación | 7.255.260 | 6.780.185 | 2.894.678,96 | 2.776.385,83 | 794.588,45 | 333.478,5 |
| Consumos de explotación | 776.196 | 415.387 | 1.053.724,8 | 1.101.059,85 | −379.510,04 | −340.124,3 |
| Gastos de personal | 1.950.128 | 188.1551 | 276.122,83 | 207.637,13 | 59.467,85 | 58.856,31 |
| Dotaciones para amortiz. de inmovilizado | 1.528.296 | 1.543.314 | 991.640,52 | 952.192,26 | 620.352,49 | 370.369,68 |
| Var. provis. tráfico y perd. créditos incob. | 25.923 | 3.081 | 14.202,06 | 1.086,11 | 210,12 | 0 |
| Otros gastos de explotación | 2.974.717 | 2.936.852 | 558.988,75 | 514.410,48 | 494.068,03 | 244.376,81 |
| Ingresos explotación | 17.460.895 | 15.044.792 | 5.289.568,45 | 4.403.272,7 | 41.425,95 | 10.549,53 |
| Importe neto de cifra de ventas | 17.229.721 | 14.761.754 | 5.289.568,45 | 4.403.272,7 | 41.425,95 | 10.549,53 |
| Otros ingresos de explotación | 231.174 | 283.038 | 0 | 0 | 0 | 0 |
| Resultado Explotación | 10.205.635 | 8.264.607 | 2.394.889,49 | 1.626.886,87 | −753.162,5 | −322.928,97 |
| Gastos financieros | 295.884 | 481.750 | 215.816,92 | 306.447,07 | 130.128,69 | 102.547,51 |
| Gastos financieros y gastos asimilados | 295.652 | 313.358 | 215.628,36 | 306.447,07 | 130.128,69 | 102.547,51 |
| Var. prov. de inversiones financieras | | 167.112 | 0 | 0 | 0 | 0 |
| Diferencia negativa de cambio | 232 | 1.280 | 188,56 | 0 | 0 | 0 |
| Ingresos financieros | 168.462 | 223.498 | 127,1 | 1.253,48 | | |
| Ingresos financieros | 168.462 | 223.372 | 127,1 | 1.253,48 | 0,23 | 3,98 |
| Diferencia positiva de cambio | | 126 | 0 | 0 | 0 | 0 |
| Resultado financiero | −127.422 | −258.252 | −215.689,82 | −305.193,59 | −130.128,69 | −102.547,51 |
| Resultado Actividades Ordinarias | 10.078.213 | 8.006.355 | 2.179.199,67 | 1.321.693,28 | −883.291,19 | −425.476,48 |
| Gastos extraordinarios | 2.019.312 | 1.025.383 | 34.195,14 | 1.052,24 | 25.801,44 | 18.363,14 |
| Ingresos extraordinarios | 386.584 | 1.574.884 | 358.999,37 | 292.838,34 | 161.150,21 | 142.525,61 |
| Resultados actividades extraordinarias | −1.632.727 | 549.501 | 324.804,23 | 291.786,1 | 135.348,77 | 124.162,47 |
| Resultados antes de Impuestos | 8.445.486 | 8.555.856 | 2.504.003,9 | 1.613.479,38 | −747.942,42 | −301.314,01 |
| Impuestos sobre sociedades | 2.646.144 | 2.399.216 | 876.401,37 | 563.291,74 | −261.779,77 | −105.458,51 |
| Otros impuestos | 0 | 0 | 0 | 0 | 0 | 0 |
| Resultado del Ejercicio | 5.799.342 | 6.156.641 | 1.627.602,53 | 1.050.187,64 | −486.162,65 | −195.855,5 |
| Número empleados | 70 | 64 | 12 | n.d. | 2 | n.d. |

*Fuente*: Informes anuales (2003).

# Referencias bibliográficas

Bodegas Vega Sicilia, S.A. (2003): *Informe anual*.

Bodegas y Viñedos Alión, S.A. (2003): *Informe anual*.

Bodegas y Viñedos Pintia, S.A. (2003): *Informe anual*.

CARRIÓN, I. (2003*)*: «La Tierra del Vino». *El País Semanal*, 5-10-2003.

FUENTES, C. (2003): «Los Vega Sicilia se lanzan al ruedo». *ABC*, 4-10-2003.

GARCÍA VEGA, M.A. (2004*)*: «Vega Sicilia da en el blanco». *El País*, 28-11-2004.

Grupo Vega Sicilia (2002): *Cuaderno de Historia del Grupo Vega Sicilia. Historia de una Leyenda*.

Grupo Vega Sicilia (2002): *Cuaderno de Trabajo y Calidad. Guía de Procedimientos de Trabajo y calidad*.

LÁZARO, F. (2003*)*: *«Llegan los Vega Sicilias de Toro». El Mundo Valladolid*, 20-09-2003.

PEÑÍN, J. (2002): *Vega Sicilia. Viaje al Corazón de la Leyenda*. Vega Sicilia y Pi Erre Ediciones, Madrid.

PEÑÍN, J. (2003): *Guía Peñín de los vinos de España 2004*. Pi Erre Ediciones, Madrid.

ROMERA, J. (2002): «La leyenda de Ribera del Duero». *Expansión,* 31-08-2002. P. 7.

ROMERA, J. (2002): «Vega Sicilia renuncia a la mitad de las ventas para mantener la calidad». *Expansión*, 13-02-2002. P. 14.

SAN JOSÉ, P. (2002): «Vega Sicilia quiere comprar una gran bodega en Francia». *Expansión*, 21-11-2002.

SANCHO, E. (2003): «Desembarcamos en Toro por su gran potencial exterior». *La Gaceta de los Negocios*, 29-09-2003.

http://www.vegasicilia.com/

http://www.tokajoremus.com/

http://www.bodegasalion.com/

http://www.elquexigal.com/

http://www.flexiplan.es/

# Zeltia

Maria F. Muñoz Doyague
Mariano Nieto Antolín
*Universidad de León*

## Introducción

Hasta los años noventa en que empezó a cotizar en el mercado continuo, Zeltia era una empresa prácticamente desconocida para el gran público. A partir de este momento comenzó a ocupar las portadas de los medios de comunicación especializados y los diferentes analistas, agentes bursátiles y sociedades de valores se encargaron de darla a conocer en todo el mundo.

La llegada de José María Fernández Sousa-Faro, hijo del fundador de Zeltia, a la presidencia de la empresa, fue el hecho que realmente marcó el nuevo rumbo de la compañía y que, desde entonces, se ha visto reflejado en el valor de las acciones de la compañía, además de en sus resultados. De hecho Zeltia es la empresa que más se ha revalorizado en Bolsa en los últimos años; un 18.233 por ciento entre el dos de enero de 1993 y el doce de febrero de 2004[1]. Esta extraordinaria revalorización ha sido posible gracias a los resultados de sus actividades en la investigación y el desarrollo de nuevos fármacos de origen marino para el tratamiento del cáncer, a través de su filial PharmaMar.

Fernández Sousa-Faro es un investigador, Catedrático de Universidad, metido a empresario por azar —«*yo tenía orientada mi vida profesional como científico y catedrático de bioquímica*», asegura— que se vio obligado a asumir el liderazgo de Zeltia como consecuencia del fallecimiento de su padre. A pesar de pertenecer a una familia gallega con un dilatado currículum empresarial (el primer emprendedor de la familia fue, en el siglo XIX, su abuelo José María) su perfil no se corresponde con el de un ejecutivo típico. Como él mismo declara, «*el espíritu emprendedor debe estar en los genes porque mi padre no nos educó pensando en que fuéramos su relevo, sus sucesores. De hecho, cuando terminé la carrera de Ciencias Químicas y, tras doctorarme en Ciencias Bioquímicas en la Complutense de Madrid, decidí quedarme en la Universidad donde permanecí catorce años*». En todo caso, los genes familiares se mostraron fecundos, ya que del mismo tronco familiar nacieron otras empresas como Pescanova o Transfesa.

La empresa que Sousa-Faro se encontró por aquel entonces, y lo que en su día había sido un potente grupo farmacéutico, se había quedado estancada en la fabricación de productos químicos y de pinturas, protectores de madera, insecticidas y ambientadores.

A partir de ese momento, Fernández Sousa-Faro se planteó reconstruir el negocio farmacéutico. Sin embargo, resultaba difícil afrontar este reto de la manera convencional, por lo que decidió acudir al mar, un territorio cuyos elementos están mucho menos explorados y cuya riqueza ofrecía un enorme potencial de desarrollo. Lo consiguió a través de PharmaMar, empresa fundada en 1986 y dedicada a explorar los fondos marinos en busca de nuevas sustancias que puedan ser aprovechadas para elaborar fármacos.

En la actualidad se estima que solo se ha estudiado una porción mínima de todo el potencial marino. Aún falta por explorar más del 80 por ciento de los recursos oceánicos con el propósito de encontrar sustancias que puedan utilizarse en fármacos más potentes, menos tóxicos, más selectivos y, en definitiva, con un mayor y mejor índice terapéutico.

Si el destino le sonríe, la empresa quedará ligada para siempre a la lucha contra el cáncer, gracias al ET-743, fármaco desarrollado por PhamaMar, comercialmente llamado Yondelis, y que podría ser el medicamento definitivo contra varios tipos de cáncer.

Desde sus inicios hasta la actualidad, la trayectoria del Grupo Zeltia se ha caracterizado por una actitud visionaria en la que se han aprovechado de forma eficaz las diversas oportunidades que ofrecía el mercado en cada momento. Este aprovechamiento se ha traducido en una búsqueda constante de nuevos negocios y mercados puesta de manifiesto a través de su política permanente de diversificación relacionada que, con la innovación como una de sus premisas fundamentales, define perfectamente la filosofía y la razón de la existencia de esta corporación, líder en los sectores de la química y la biotecnología.

---

[1] *Fuente: Cartera de inversión*, 19-03-2004, p 90.

# El origen de Zeltia

La historia de esta compañía arrancó cuando terminaba la Guerra Civil española y comenzaba la Segunda Guerra Mundial. Corrían tiempos difíciles y con este telón de fondo, en el que el mercado estaba totalmente cerrado como consecuencia de la posguerra española, José Fernández López fundó Zeltia con un capital social de dos millones cinco mil pesetas, como resultado de la escisión del laboratorio Miguel Servet de Vigo. Era el 3 de agosto de 1939.

Este emprendedor hizo de la compañía una de las más punteras en el sector químico-farmacéutico en un tiempo record. *«Mi padre era un hombre con visión, emprendedor, que hizo unas apuestas de riesgo en las que yo creo que acertó en su mayoría. Ahí están los ejemplos. Fue un gran empresario en su época».* Así describe José María Fernández Sousa-Faro a su padre, José Fernández López, el patriarca de esta saga de empresarios que estudió derecho para acabar creando empresas. Sus dos hermanos colaboraron con él hasta que la segunda generación tomo el relevo impulsando nuevos negocios. El primero de ellos se articuló con la creación de Zeltia. Cuatro años después se constituyó la compañía de transporte por ferrocarril Transfesa y en 1960 llegó Pescanova. Con Transfesa, Fernández López supo aprovecharse de la red ferroviaria para el traslado de mercancías. Con Pescanova, este emprendedor rompió los esquemas al ser el primero en congelar el pescado en alta mar. Su hijo Manuel es quien lleva hoy las riendas de la compañía de alimentación.

El objetivo inicial de Zeltia fue explotar por un lado la gran riqueza de flora medicinal española y, por otro, los productos procedentes de glándulas de animales. De esta forma, gracias a la riqueza del cornezuelo de centeno gallego[2], la compañía destacó rápidamente como primera productora nacional de alcaloides de

este parásito del centeno, como la ergometrina, la ergotoxina o la ergotamina, para su utilización fundamentalmente en ginecología. Otras plantas medicinales, también abundantes en Galicia, como la *Digitalis purpurea*[3] y la *Digitalis lannata*[4] se aprovecharon para la

---

[2] El cornezuelo del centeno es un hongo del grupo de los *ascomicetos*, parásito del centeno, pero también de otros cereales. El género *claviceps* contiene más de cincuenta especies, todas ellas parásitas de cereales. El cornezuelo se presenta como una excrecencia que se fija en los granos del cereal, de una dimensiones de 1 a 4 cm de largo por 5 mm de ancho, de color púrpura a negro.

Contiene numerosos compuestos, sobre todo lípidos, esteroles, glucósidos y aminas, pero sobre todo los alcaloides del cornezuelo, ergotamina, ergocristina, ergocriptina y ergometrina. Cada una de estas sustancias tiene unas acciones farmacógicas bien diferenciadas.

Antiguamente se utilizaba el cornezuelo de centeno como materia prima para extraer estos alcaloides. Para ello, se infectaban artificialmente con el hongo los campos de centeno, utilizando una variedad del cereal que maduraba más tarde de la variedad destinada al consumo humano. Sin embargo, desde hace ya varias décadas, estos alcaloides se obtienen por síntesis química o por fermentaciones industriales bien controladas.

La ergotamina y sus derivados semi-sintéticos (en particular la dihidroergotamina) son vasoconstrictores arteriolares interesantes. Se utilizan para el tratamiento de la hipotensión arterial y las crisis de migraña.

La bromocriptina, derivado semisintético es un agonista dopaminérgico que actúa sobre el eje hipotálamo-hipofisiario bloqueando la producción de prolactica. La prolactica, como es sabido, es una hormona que desencadena e inicia la lactancia. La bromocriptina se utiliza en las mujeres que no desean o no pueden alimentar a sus bebés. Otra aplicación de la bromocriptina es el tratamiento de la enfermedad de Parkinson, asociada a la levodopa.

En el pasado, el cornezuelo de centeno se utilizó durante el parto por sus propiedades uterotónicas. Sin embargo hoy día se prefiere utilizar la oxitocina o análogos sintéticos de esta hormona. Sin embargo, la metilergometrina (derivado semisintético de la ergotamina) se sigue empleando para reducir las hemorragias uterina después del parto o de un raspado.

[3] La Digitalis purpurea es una planta de jardín común que contiene digitálicos y otros «glucósidos cardíacos». Estas sustancias químicas afectan el corazón. Esta planta es venenosa, aunque los casos registrados de envenenamiento son poco comunes.

Su nombre científico «dedo» hace referencia a la forma de la flor, la cual encaja con facilidad en el dedo humano. Las flores tubulares son colgantes, nacen sobre una alta espiga, con colores que van del púrpura al rosa, blanco y amarillo, según la especie. En el interior del labio inferior de la corola poseen manchas circulares de tonos variegados, aparecen en racimos a un lado del tallo y su floración se extiende de mayo a septiembre.

La especie más conocida es la dedalera común *Digitalis purpurea*, planta bianual a menudo cultivada como ornamental debido a sus flores violetas. El primer año de crecimiento produce únicamente las hojas basales, ovales, dentadas y de largo peciolo, mientras que durante el segundo año se desarrolla un tallo largo (0,5 a 2,5 m) y cubierto de hojas sésiles y rugosas; todas las hojas de esta planta son ligeramente pubescentes.

Un grupo de componentes farmacologicamente activos se extraen de las hojas del segundo año. Estos son los glucósidos digoxina y digitoxina.

El uso de extractos de la *digitalis purpurea*, debido a su contenido en glucósidos, es bien conocido para el tratamiento de afecciones cardiacas y como diurético.

La Digital actúa inhibiendo la enzíma sodio-potásio ATPasa, por lo cual se incrementa el calcio intracelular. El incremento del calcio intracelular produce un efecto inotrópico positivo. También se produce un efecto vagal en el sistema nervioso parasimpático, y por esta razón se utiliza en la regulación de las arritmias cardiacas y para enlentecer las pulsaciones del ventriculo en la fibrilación ventricular. Debido al efecto vagal la digital no tiene efectividad cuando el paciente tiene el sistema nervioso simpático al límite, lo cual es el caso de las personas gravemente enfermas.

La toxicidad de la Digital (intoxicación digitálica) es el resultado de una sobredosificación de Digital y produce una visión ictérica (amarilla) y la aparición de visión de perfiles dedibujados (halos), además de bradicardia en casos extremos.

Debido a que uno de los efectos secundarios de la Digital es la reducción del apetito, algunos indivíduos han abusado de ella como una ayuda en la perdida de peso.

La Digital es un ejemplo clásico de una *droga* que deriva de una planta anteriormente usada por herbalistas: los herbalistas hace tiempo que la han dejado de usar debido a su estrecho margen de seguridad terapéutica y la dificultad, en consecuencia, de determinar la cantidad de droga activa en las preparaciones herbales con un margen de seguridad para la persona. Una vez conocida la utilidad de la Digital en la regulación del pulso, se empleó con una gran variedad de propósitos, incluido el tratamiento de la epilepsia y otros desordenes, que hoy en día se ha visto que era un uso inapropiado.

[4] Los efectos de esta planta se conocen desde hace siglos: hace que el corazón lata con más fuerza y, al mismo tiempo, reduce la corriente de impulsos eléctricos que estimulan el latido cardiaco. El problema son sus efectos secundarios.

obtención de digitalina y diversos glucósidos digitálicos como la digoxina y la digitoxina, para el tratamiento farmacológico de la insuficiencia cardíaca. Se trajeron también grandes cantidades de la planta efedra[5], para obtener la efedrina en sus distintas sales, y otros fármacos simpaticomiméticos que actúan en el sistema nervioso central. Igualmente, se llevó a cabo la síntesis de sulfamidas para el tratamiento de ciertas enfermedades infecciosas.

Adicionalmente, el aprovechamiento de todos los subproductos de matadero, como el hígado para la obtención de extractos hepáticos, el páncreas para insulina, la bilis para sales biliares o la sangre para aminoácidos y la elaboración de especialidades farmacéuticas, permitió a Zeltia ocupar el primer puesto en la producción de productos opoterápicos[6], esencialmente de extractos hepáticos.

La utilización de todas estas materias primas dio lugar a sus respectivas especialidades, por lo que Zeltia se configuró como un laboratorio farmacéutico completo.

Para ello, se disponía ya entonces de un importante grupo de científicos que, encabezados por el profesor Calvet, hicieron un meritorio esfuerzo investigador, en sintonía con la ideología empresarial de los fundadores. Zeltia contaba también con un comité científico asesor formado por destacados catedráticos de las Facultades de Ciencias, Farmacia y Medicina de la Universidad de Santiago de Compostela.

Los primeros frutos de esta labor de equipo no tardaron en llegar y se materializaron en diversas patentes, entre ellas una de las primeras insulinas retardadas del mundo, así como en la inoculación del centeno para obtener cornezuelo artificial.

Como dato anecdótico, la facturación del año 1941, primer ejercicio de Zeltia, S.A., ascendió a la cantidad de un millón de pesetas de la época. En el año 1942, el equipo de síntesis química dirigido por el profesor Calvet sintetizó el dicloro-difenil-tircloroetano (DDT), iniciándose así un nuevo camino dentro de la fabricación de productos pesticidas e insecticidas en España.

Estos primeros productos estaban destinados al consumo humano en forma de emulsiones o lociones, al tiempo que se comercializaban insecticidas pulverizables para uso doméstico. Se obtuvieron varios productos insecticidas y se usaron otros que posteriormente dieron lugar a la creación de una división dedicada íntegramente a fines agrícolas. En poco tiempo, se alcanzó una gran distribución y difusión por toda España de los productos de Zeltia, S.A., siendo la marca ZZ primera en cuota de mercado.

## La participación en Antibióticos, S.A.

En 1945, el gobierno realizó un concurso para poner en marcha plantas productoras de antibióticos en España que cubrieran las necesidades del consumo de penicilina. La adjudicación se hizo a dos empresas: Cepa y Antibióticos, S.A. Esta última empresa se constituyó con la participación de seis laboratorios punteros en el país en aquellos momentos: Abelló, Ibys, Leti, Llorente, Uquifa y Zeltia. Zeltia, S.A., fue, pues, fundadora y propietaria del 23 por ciento de Antibióticos, S.A., hasta el año 1985, en que se desprendió de su paquete de acciones.

Durante los años que Zeltia, S.A., participó en Antibióticos, aportó no solo capital, sino gran parte de la filosofía de gestión de esta sociedad, líder en el campo de la fermentación, exportadora por excelencia y suministradora en el mercado farmacéutico nacional e internacional. En los años ochenta llegó a ser la segunda compañía en ventas de antibióticos betalactámicos a nivel mundial. Todo esto hace que, en el año 1945, la facturación de Zeltia, S.A., llegase a tres millones setecientas mil pesetas.

En la década de los cincuenta, Zeltia, S.A., renueva su equipo técnico y amplía su gama de productos con algunos de origen extranjero, iniciando así unas fructíferas relaciones científicas y comerciales con firmas como las británicas Imperial Chemical Industries (ICI) o Cooper McDougall & Robertson Limited. El campo de actividades de Zeltia, S.A., se fue ampliando progresivamente, dando lugar a que la compañía se estructurase en cuatro divisiones: (1) División médica, dedicada a la fabricación y comercialización de productos farmacéuticos para uso humano; (2) División agroquímicos, dedicada a la fabricación de productos químicos para la agricultura; (3) División de productos insecticidas de uso doméstico; (4) División veterinaria, dedicada a la fabricación de especialidades farmacológicas y vacunas para uso veterinario.

---

[5] En China, desde hace más de 7.000 años, se usaba la planta Ephedra sinica, conocida como Ma Huang, por sus propiedades descongestionantes, antiasmáticas y estimulantes.

En España existen en abundancia otras especies de Efedra. Entre ellas, en la zona mediterranea y Aragón se encuentra la E. major que contiene el doble de efedrina o más que la efedra china, del 1,9 por ciento al 2,5 por ciento. Esta especie autóctona es la más potente del mundo. Aguanta las heladas mejor que las otras especies.

A partir de la efedrina, se fabrican un sinúmero de derivados, el más conocido de ellos es la anfetamina (desoxiefedrina). La efedrina es muy semejante a la adrenalina: el estimulante producido por nuestro propio cuerpo. Su estructura química y efectos son similares. La efedrina permite respirar mejor, retrasa la fatiga y el cansancio, y elimina el sueño, produciendo una sensación de bienestar. Por ello, es utilizada por deportistas, alpinistas, etc. Aumenta la fuerza, energía, resistencia, y es un lipolítico: promueve la pérdida de grasa mientras conserva la masa muscular.

[6] La Opoterapia es un procedimiento curativo que emplea órganos animales crudos, sus extractos o las hormonas aisladas de las glándulas endocrinas.

Este proceso de diversificación contribuye a que en el año 1952 se llegue a una facturación de treinta millones de pesetas.

En 1964, cuando Zeltia había alcanzado los ciento treinta millones de facturación, constituye en asociación con empresas británicas líderes en sus sectores, tres nuevas compañías: Zeltia Agraria (en asociación con Plant Protection-ICI), dedicada a tratar problemas de la agricultura; ICI Farma (en asociación con ICI-Pharmaceuticals), dedicada al desarrollo y fabricación de productos farmacéuticos y Cooper Zeltia (en asociación con Cooper McDougall & Robertson Limited) dedicada a la fabricación de productos insecticidas de uso doméstico e industrial y de productos farmacológicos y biológicos de uso veterinario.

De esta forma, las cuatro divisiones hasta entonces existentes se integran en estas tres compañías, que a partir de entonces continúan el desarrollo industrial, manteniendo Zeltia su dirección y gestión. Durante los años siguientes, la actividad de Zeltia se consolida íntegramente a través de sus compañías, que sirven de apoyo y, en ocasiones, de diversificación para el grupo. Este es el caso de Helicópteros, S.A. (Helicsa) y la Compañía de Trabajos Aéreos, S.A. (Cotasa), que se constituyeron para la fumigación aérea de plagas del campo, como complementarias de Zeltia Agraria.

A la vista de los excelentes resultados obtenidos, en el año 1975, Zeltia se asocia en España con la compañía alemana Desowag Bayer Holzchutz, para la fabricación y comercialización de productos protectores y decorativos de la madera. Surge así la compañía Xylazel.

Es en esta época cuando tiene lugar el aterrizaje de José María Fernández Sousa-Faro en el mundo de la empresa de manera totalmente fortuita. Simplemente, en 1979 le ofrecieron el puesto de director de I+D en la sede en León de la compañía Antibióticos SA, que aceptó.

Al inicio de la década de los ochenta, el conjunto de facturación de las compañías que conforman el grupo Zeltia llega a los cuatro mil novecientos millones de pesetas.

Siguiendo con su estrategia de crecimiento, en abril de 1981 se crea Promax, para el tratamiento, protección y restauración de la madera en monumentos y edificios de nuestro patrimonio nacional. Desde su fundación hasta la actualidad, esta empresa no ha parado de realizar trabajos de envergadura en monumentos tan emblemáticos como La Alhambra de Granada o el Monasterio de Yuste, por citar algunos.

Las sociedades del grupo han adquirido ya un volumen importante. Zeltia cuenta con un alto grado de presencia en interesantes mercados y las circunstancias conducen primero a la desinversión en diversas empresas: Antibióticos, S.A., Helicsa, Cotasa e ICI-Farma (años ochenta) y, algo más tarde, en los noventa, en ICI-Zeltia (antigua Zeltia-Agraria) y en la parte veterinaria de Cooper-Zeltia.

## La salida de Antibióticos, S.A. y el origen de Pharmamar

Precisamente el desembarco en Antibióticos de Mario Conde y Juan Abelló, entonces dos jóvenes empresarios que se encontraban, por forma de ser y obrar, en las antípodas de Fernández Sousa-Faro, fue la causa de que Zeltia se quedara fuera del sector farmacéutico. *«En 1979 empecé a trabajar como director de investigación de Antibióticos y salí en 1985 a raíz de la venta de Mario Conde, ya que a partir de entonces la investigación dejó de tener mucho futuro allí»* reconoce Sousa-Faro. Efectivamente, en tres años la compañía había triplicado su facturación, convirtiéndose en una de las primeras de Europa. Su vertiginoso crecimiento despertó las ansias de Abelló y su asociado, Mario Conde, por hacer caja, comenzando a sentar las bases de la denominada cultura del pelotazo, tras vender la participación de Antibióticos a la italiana Montedisson por cerca de 60.000 millones de pesetas de las de antes. Con las plusvalías generadas, Abelló y Conde entran en Banesto, y Zeltia regresa a sus orígenes.

Un año después, el jefe del clan Fernández fallece y su primogénito hereda la presidencia de Zeltia. *«Esto coincidió con que España entraba en la Comunidad Económica europea, lo que supuso el fin de la posibilidad de copiar productos farmacéuticos. Había que tener patentes, innovar»* dice Sousa-Faro.

A partir de ese momento, Fernández Sousa-Faro se planteó reconstruir el negocio farmacéutico y en 1986 se crea PharmaMar, empresa pionera en el desarrollo de fármacos de origen marino en el ámbito mundial. *«PharmaMar nace en 1986, no por un capricho personal sino casi como una necesidad. La salida de Antibióticos y la rescisión de los acuerdos que Zeltia tenía con el grupo multinacional ICI, debido a su pérdida de interés tras el ingreso de España en la Comunidad Europea, nos dejan fuera de un sector en el que habíamos estado muchos años. Quería volver y, como durante mi estancia en Antibióticos había tenido la oportunidad de ver lo difícil que era encontrar moléculas nuevas investigando en los mismos sitios que lo hacían los demás, pensé en el mar»* afirma Fernández Sousa-Faro. *«Lo primero que hice fue subsanar mi escasa formación empresarial, algo que no se adquiere por ósmosis familiar, volviendo a clase, esta vez como alumno para obtener la licenciatura de Dirección de Empresas, por el IESE de Madrid».*

La vida en el mar empezó hace más de 3.600 millones de años, lo que ha permitido la evolución de innumerables formas de vida marinas que han desarrollado una extraordinaria variedad de entidades químicas, entre ellas potentes moléculas citotóxicas destinadas a la autodefensa, de gran complejidad y resistencia a un ecosistema mucho más hostil que el terrestre; una cantera prácticamente inagotable de la que extraer sustancias con las que desarrollar fármacos antitumorales. *«Al tomar la decisión, era consciente de que el riesgo que asumía era tremendo. Partíamos de cero, todo se basaba en hipótesis. Si la naturaleza terrestre nos ha proporcionado excelentes medicinas, desde la penicilina a la aspirina, y solo contiene el 25 por ciento de las especies de nuestro planeta, por qué no pensar que el 75 por ciento restante, de origen marino, no nos podría suministrar iguales o mejores fármacos, con la ventaja añadida de tratarse de un sitio donde no había buscado nadie antes. En todo caso, parafraseando al que fuera presidente del grupo alemán Volskwagen, Ferdinadi Piëch, el mayor riesgo es no arriesgar»*, comenta el primer ejecutivo de Zeltia.

*«Esta no es una historia novedosa que se me ocurra a mí. Existían toda una serie de datos que demostraban que el mar podría ser una buena fuente de fármacos. Desde escritos de la antigüedad, hasta unos intentos que hizo Roche en los años setenta pero que fracasan, probablemente porque se anticipó en el tiempo. Entonces, las técnicas de análisis no permitían trabajar con pequeñas cantidades de organismo animal».*

La aventura tuvo entonces dos buenos aliados. Por un lado, el avance de la tecnología simplificaba considerablemente la recogida de muestras. Si unos años antes era necesario extraer kilos de material del fondo del mar para poder investigar, ahora bastaba con unos pocos gramos. Por otro lado, una serie de acuerdos con la empresa afín Pescanova permitió a los biólogos de PharmaMar utilizar los barcos pesqueros para recolectar especies marinas. Pero las relaciones se enfriaron en 1997. Zeltia no estaba de acuerdo con las cuentas de Pescanova y pidió una auditoría independiente. Fue el principio del fin de una buena amistad. Hoy, ninguna de las dos compañías mantiene participaciones cruzadas y los contratos de colaboración han expirado.

Fruto de estos viajes, que hoy en día continúan gracias a acuerdos con compañías pesqueras que faenan en zonas distintas a la de Pescanova, la empresa biotecnológica se ha hecho con la librería privada de organismos marinos más rica del mundo, con más de 42.000 muestras (la empresa estadounidense Wyeth que tiene la segunda mayor librería, cuenta tan solo con 3.000 muestras), que son la base para una importante cartera de nuevos productos.

Tres años más tarde, en 1989, a través de PharmaMar, se crea Inmunal, S.A. (Instituto de Inmunología y Alergia, S.A.) compañía dedicada al estudio y elaboración de productos inmunológicos personalizados dirigidos al consumo humano. Poco después, en 1990 se funda PharmaGen, compañía biotecnológica dedicada al diagnóstico clínico basado en el análisis de ADN, que se hace con la propiedad de Inmunal.

## Los negocios tradicionales se agrupan en Zelnova, S.A.

El 30 de diciembre de 1991 se constituye Zelnova, S.A., por escisión de Cooper Zeltia, S.A., heredando de esta la actividad de fabricación y comercialización de productos químicos, que comenzó Zeltia en sus orígenes. Ubicada en Porriño (Pontevedra-Galicia) es una compañía productora y comercializadora de productos para la limpieza e higiene del hogar, industrias y hostelería.

Actualmente sus líneas de productos más importantes son los ambientadores e insecticidas. Marcas tan importantes como Casa & Jardín, Kill-Paff, ZZ Paff o Coopermatic pertenecen a la cartera de productos que Zelnova produce y comercializa, posicionándola como líder de insecticidas (más del 24 por ciento de cuota) en el mercado español.

Entre los hitos innovadores más sobresalientes protagonizados por la empresa, cabe citar el uso de propelentes que no dañan la capa de ozono desde hace más de veinte años. Es la primera fabricante en España de insecticidas en aerosol así como del primer insecticida en aerosol con propelente base agua.

En febrero de 2003, Zelnova adquirió de la compañía Thomil la propiedad exclusiva de una serie de marcas de productos para el cuidado del hogar. Como resultado de esta operación, Zelnova comenzó a comercializar en 2004 los productos que bajo dichas marcas distribuía Thomil en el canal gran consumo. Con esta adquisición, Zelnova amplió el área de negocio de su División de Gran Consumo, abarcando nuevos productos que han contribuido a la diversificación de su catálogo, como los blanqueajuntas «en los que la marca Baldosinín es líder absoluto de mercado», ceras y barnices «en los que las marcas Hechicera y Bonacera son también líderes», friegasuelos, limpiahogares, mopas, etc. Se prevé que estas adquisiciones traerán consigo un incremento relevante de las cifras de ventas de Zelnova, si se tiene en cuenta que las ventas correspondientes a los productos adquiridos fueron de 8,4 millones de euros en el año 2002, cantidad que representa un 24,7 por ciento de las ventas de Zelnova en dicho ejercicio.

La excelente imagen de marca que han conseguido sus productos, el exhaustivo control de costes y los esfuerzos constantes que sus gestores tienen por expandir el negocio (nuevos mercados e incorporación de nuevos productos) han convertido a Zelnova en la empresa que más facturación aporta al grupo Zeltia (más de 40 millones de euros) con unos beneficios muy importantes.

Zelnova continúa con su proceso de crecimiento, siendo proactiva en la búsqueda de nuevos objetivos que le permitan ampliar la dimensión del perímetro de negocio

El comienzo del siglo XXI es especialmente fructífero para Zeltia, puesto que supone la consolidación y el reconocimiento del grupo en el sector de la biotecnología, gracias a la constitución de dos nuevas compañías y al hecho de que por fin, comienzan a verse los frutos de más de quince años de investigación en PharmaMar. De esta forma el grupo Zeltia deja un legado, al siglo recién estrenado, de empresas punteras nacidas de la combinación de I+D y visión de futuro.

## Pharmamar desarrolla el anticancerígeno Yondelis

Hay que señalar que hasta la fecha, los inversores habían ignorado por completo a la filial biotecnológica. En consecuencia, PharmaMar estaba financiando sus investigaciones, unos 300 millones de euros, con los ingresos de Xylazel y Zelnova, las dos empresas que más ingresos aportan al grupo (el 89 por ciento del total de facturación del holding).

Sin embargo, las cosas cambiaron gracias a la *Ecteinascidia turbinata*. Este es el nombre del tunicado de donde proviene el ET-743, bautizado comercialmente como Yondelis. Se trata de un invertebrado que habita en los mares Caribe y Mediterráneo. Esta especie no solo ataca al cáncer de sarcoma de tejido blando, también al de ovario, endometrio, mama, pulmón y tumores pediátricos. Este amplio abanico se debe al novedoso mecanismo de acción multidireccional de Yondelis que termina provocando la apoptosis, es decir, el suicidio celular.

Cuando Yondelis entra en fase clínica[7], «*nuestra credibilidad aumenta y somos capaces de captar fondos de in-*

versores. *De hecho, en 2000 logramos captar 230 millones que nos han permitido financiar la compañía hasta hoy y que nos deben permitir llegar a dos años más, porque todavía nos quedan unos 130 millones*», declara Sousa-Faro.

Y es que es en ese momento cuando PhamaMar despierta el interés de gigantes farmacéuticos como Johnson & Johnson, Bristol Myers o Glaxo SmithKline. Este interés cristalizó en agosto de 2001, cuando Zeltia firmó una alianza estratégica exclusiva con Johnson & Johnson, a través de su filial Ortho Biotech Inc[8], para el

_____

— Establecer su eficacia para una indicación terapéutica, profiláctica o diagnóstica determinada.
— Conocer el perfil de sus reacciones adversas y establecer su seguridad.

Según la fase del desarrollo del medicamento estudiado, se distinguen cuatro etapas:

— La *fase I* se refiere a la primera introducción de un medicamento en seres humanos. Generalmente se estudian individuos normales para determinar a qué niveles de uso del medicamento se observa toxicidad. A continuación, se realizan otros estudios de dosis-respuesta en pacientes, para determinar la seguridad del medicamento y, en algunos casos, indicios iniciales de su efecto.
— Los estudios *fase II* consisten en ensayos clínicos controlados diseñados para demostrar la eficacia y la seguridad relativa. Generalmente, se llevan a cabo en un número limitado de pacientes estrechamente vigilados.
— Los ensayos *fase III* se realizan después de establecerse una probabilidad razonable de eficacia del medicamento y tienen como objetivo obtener información adicional de su eficacia para aplicaciones específicas y una definición más precisa de los efectos adversos asociados al medicamento. Esta fase incluye estudios controlados y no controlados.
— Los ensayos de la *fase IV* se realizan después de que el organismo nacional de registro de medicamentos haya aprobado un medicamento para su distribución o comercialización. Estos ensayos pueden incluir investigación destinada a explorar un efecto farmacológico específico, a establecer la frecuencia de reacciones adversas o a determinar los efectos de la administración a largo plazo de un medicamento. Los ensayos de la fase IV pueden también estar diseñados para evaluar un medicamento en una población que no se ha estudiado adecuadamente en las fases de precomercialización (como los niños o los ancianos) o para establecer una nueva indicación clínica para un medicamento. Este tipo de investigación debe distinguirse de la que se realiza con fines de comercialización, de los estudios para la promoción de las ventas y de la vigilancia epidemiológica rutinaria para detectar reacciones adversas a los medicamentos; la diferencia es que estas últimas categorías por regla general no necesitan ser evaluadas por comités de ética.

[8] La empresa norteamericana Johnson & Johnson, a través de su filial Ortho Biotech, es una de los líderes mundiales en el mercado de medicamentos para el tratamiento del cáncer. Ocupa el segundo puesto mundial por volumen de ventas, y cuenta con un 10 por ciento de la cuota global del mercado de productos en el área de oncología.

A la hora de suscribir el acuerdo, un factor decisivo para Zeltia fue la fortaleza de Johnson & Johnson en el sector farmacéutico, especialmente en oncología. Johnson & Johnson cuenta con más de 195 compañías operativas en 51 países y vende sus productos en más de 175 naciones. En oncología, el papel de los productos comercializados por Johnson & Johnson es muy relevante. Entre ellos destaca PROCRIT®, (Epoetin alfa), uno de los más exitosos agentes terapéuticos de origen biotecnológico, que permite tratar la anemia asociada frecuentemente al cáncer y a los tratamientos anticancerígenos. Este es el producto que genera mayores ventas mundiales dentro del segmento del tratamiento del cáncer. Otra razón fundamental para Zeltia a la hora de seleccionar a Johnson & Johnson como el socio ideal para la futura comercialización de su producto ET-743, ha sido

_____

[7] La Ley del Medicamento define el Ensayo Clínico como «toda evaluación experimental de una sustancia o medicamento, a través de su administración o aplicación a seres humanos», orientada a algunos de los siguientes fines:
— Poner de manifiesto sus efectos farmacodinámicos o recoger datos referentes a su absorción, distribución, metabolismo y excreción en el organismo humano.

desarrollo y la comercialización del Yondelis. Según los términos del acuerdo, esta última recibe los derechos para comercializar el ET-743 en USA, Japón y el resto del mundo, exceptuando Europa, en donde Zeltia, más concretamente PharmaMar, se reserva la comercialización del producto.

A la firma del presente contrato, Zeltia recibirá un pago inicial significativo al que habrá que añadir el cobro de diversas cantidades por cumplimiento de determinados objetivos en el desarrollo de ET-743. Johnson & Johnson financiará la mayor parte del desarrollo clínico que tiene previsto el tratamiento de más de 4.000 pacientes, y cuyo fin en primera instancia es confirmar la eficacia del fármaco en varias indicaciones o tipos de tumores. De esta forma, una vez superada esa fase, se conseguirán las autorizaciones regulatorias y de marketing necesarias en los respectivos territorios. Sin duda, la parte económicamente más importante para Zeltia serán los *royalties* que la compañía recibirá como un porcentaje substancial sobre las ventas generadas por Johnson & Johnson y Ortho Biotech Inc en los territorios licenciados.

Sin embargo, oficialmente ninguna compañía ha intentado lanzar una OPA sobre Zeltia, aunque rumores no han faltado. En cualquier caso, el presidente ha blindado de tal manera la compañía que despeja cualquier intento de aproximación hostil. Además cuenta con el apoyo del 50 por ciento del accionariado. Es el resultado de una lección bien aprendida del pelotazo de Abelló y Conde. Sousa-Faro quiere accionistas estables, no especuladores, y preferentemente españoles,

como la ex mujer del dueño de Inditex, Rosalía Mera, a través de Rosp Corunna, o cajas como la Kutxa, miembros de su actual accionariado (Figura 1) junto con la familia Fernández.

## Se crea Neuropharma

En el año 2000 se crea Neuropharma, S.A.U., dedicada a la investigación, producción y comercialización de toda clase de productos bioactivos de origen marino, origen natural y obtenidos mediante síntesis, para su aplicación en terapias relacionadas con las enfermedades del sistema nervioso. La idea era explotar la vasta librería de extractos marinos, más de 42.000, que poseía PharmaMar en un área terapéutica nueva, distinta del cáncer. Con el convencimiento de que en las enfermedades neurodegenerativas aún hay una considerable necesidad médica sin resolver y, por tanto, un extenso mercado potencial por explotar que, además, crece debido al envejecimiento de la población, Neuropharma se ha especializado en la investigación y desarrollo de tratamientos para enfermedades que afectan al sistema nervioso central.

Antes de contratar personal propio o incluso tener instalaciones, esta nueva filial firmó sus primeros acuerdos de colaboración con el CSIC, el Centro de Biología Molecular, la Universidad Autónoma de Madrid y el Instituto de Química Médica. Esta política sigue vigente después de haber asimilado algunos proyectos surgidos originalmente fuera de la compañía.

| Figura 1 | Composición del accionariado de Zeltia |

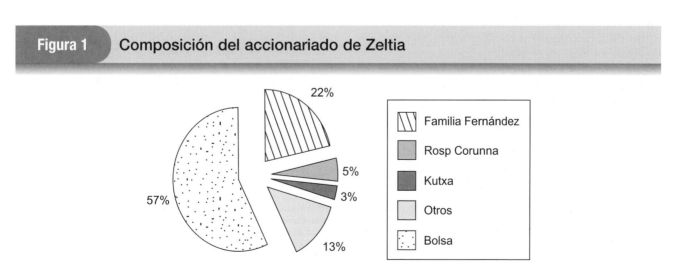

la dimensión de su red de ventas. Tan sólo en USA, a través de su filial Ortho Biotech Inc., es la compañía que cuenta con una mayor fuerza de ventas especializada en oncología, que engloba a más de 300 personas. A destacar que la revista *Business Week* de la semana pasada (6 de agosto), en su artículo «The Best Global Brands», sitúa a Johnson & Johnson en el número 1 de los Top Brand Portfolios, indicando la potencia de esta compañía en marketing, que es algo que beneficiará mucho a Zeltia, ya que otra característica importante del acuerdo es que el ET-743 se comercializará con una única marca a nivel mundial y la marca será propiedad de PharmaMar.

Neuropharma dispone ya de personal propio e instalaciones y en 2004 dio entrada en el accionariado de la compañía a terceros, mediante una ampliación de capital. Se colocaron 16 millones de euros entre inversores tras la desvinculación de Zeltia del 25 por ciento del capital, con el objetivo de empezar a financiar su entrada en investigación clínica. Zeltia realizó esta operación para no *distraer los recursos* que el Grupo tiene comprometidos con PharmaMar.

Pilar de la Huerta, directora general de la nueva compañía, explica que la diferencia con PharmaMar es que Neuropharma no solo trabaja con los extractos marinos proporcionados por aquella sino que, además, *explora proyectos de investigación externos en el área de neurociencias para, a partir de una colaboración inicial, valorar la posibilidad de introducirlos en la I+D interna de la compañía*.

Este modelo de colaboración ha permitido a Neuropharma *licenciar patentes mundiales de moléculas con actividad novedosa en dianas importantes en el desarrollo del Alzheimer* (enfermedad en la que la compañía dispone de moléculas más avanzadas) y un modelo transgénico único de ratón que produce glucógeno sintetasa quinasa 3 β (GSK-3) en el hipocampo, *herramienta que nos aporta una ventaja frente a otros competidores que puedan estar trabajando en esta línea*.

En los proyectos más avanzados de Neuropharma se incide sobre las dos lesiones típicas del Alzheimer: los ovillos neurofibrilares, compuestos mayoritariamente por proteína tau fosforilada y las placas seniles.

*Concretamente —de la Huerta—, trabajamos con un inhibidor selectivo de la enzima GSK-3 (causante de la hiperfosforilación e hiperexpresada en Alzheimer) en fase preclínica regulatoria y cuyos primeros ensayos clínicos se proyectan para finales de 2005*.

Se trata de un principio dentro de la familia de moléculas de origen sintético denominadas TDZD con propiedades farmacocinéticas aceptables y un perfil de seguridad adecuado. Procede de la colaboración de Neuropharma con el CSIC dentro de su estrategia de captar proyectos externos, y su interés y novedad en el abordaje de la enfermedad es tal que *algunas multinacionales se han interesado por codesarrollarlo, y ya ha habido contactos para estudiar esta posibilidad*.

El otro proyecto que genera grandes esperanzas es el desarrollo de inhibidores duales de acetilcolinesterasa que modifiquen el proceso de agregación β-amiloide actuando simultáneamente sobre el sistema colinérgico, también previsto para entrar en desarrollo clínico para el Alzheimer en un plazo aproximado de año y medio.

Pilar de la Huerta cree que esta enfermedad neurodegenerativa se tratará finalmente con un cóctel de productos que actúen sobre distintos causantes, aunque Neuropharma no se limitará a este campo, puesto que ya dispone de proyectos menos avanzados en el área de la neuroprotección y la regeneración neuronal.

## Genómica absorbe a Pharmagen

También en el año 2000, Zeltia constituye Genómica, S.A. con el fin de avanzar en la investigación, desarrollo, producción y comercialización de toda clase de técnicas, sistemas y equipos de diagnóstico e identificación, así como de terapéutica humana y animal basada en la identificación de ácidos nucleicos. En el mes de julio del mismo año, la nueva compañía fue adquirida en su totalidad por PharmaGen, pasando a estar íntegramente participada por esta última.

Al margen de la evolución favorable sufrida por PharmaGen durante este año (su cifra se incrementó un 12,7 por ciento, fundamentalmente gracias al aumento de las ventas de kits de diagnóstico)[9], la gran novedad de este ejercicio fue la introducción de esta empresa en el campo de la alimentación, comenzando a desarrollar un nuevo kit para la detección de elementos transgénicos en maíz y soja. Adicionalmente, obtuvo el registro de sus kits sanitarios en Argentina y Méjico, países que constituyen mercados importantes para la venta de los productos de PharmaGen. Esta tendencia creciente en las ventas ha continuado hasta la actualidad.

En el 2001, continuando con la filosofía del Grupo Zeltia, PharmaGen realizó un importante esfuerzo inversor destinado a la dotación de infraestructuras y contratación de personal altamente cualificado para dos nuevos proyectos: la genómica y la transcriptómica, orientados fundamentalmente al diagnóstico de tumores[10]. Concretamente, la transcriptómica, que trata

---

[9] Los kits de diagnóstico son sistemas completos de detección de microorganismos y alteraciones génicas, que permiten la detección rápida de virus, bacterias o genes en cualquier muestra clínica. Pharma Gen consiguió en el 2000 lanzar al mercado un kit para la detección de la traslocación cromosomial que vino a sumarse a los que ya había desarrollado en años anteriores y que se utilizan en la discriminación de la leucemia. En 2001, consiguió desarrollar dos nuevos sistemas diagnósticos: el kit para la detección de la Legionella spp.y Legionella pneumophila para prevención de contagios a través de sistemas de aire acondicionado, y el kit para detección de elementos transgénicos (genéticamente modificados) en materias primas y productos elaborados.

Es la línea de negocio que presenta un mayor potencial de crecimiento actualmente y que ha permitido a la compañía incrementar su cifra de ventas de forma constante en los últimos años.

[10] La nueva sección de genómica del cáncer pretende el desarrollo de herramientas genómicas como los microarrays de cDNA (Biochips) que permitan el análisis simultáneo de los cambios en la expresión de una gran parte de los genes humanos en un solo ensayo. Esta tecnología puede estudiar la expresión en respuesta a la transformación tumoral, al estadiaje

las de las diferentes lecturas que se pueden hacer de los genes, es un área científica muy novedosa, en la que PharmaGen confía patentar una plataforma tecnológica que pretende registrar bajo una marca propia que le permita «*estar en vanguardia de esta nueva tecnología*».

Este esfuerzo inversor de PharmaGen desembocó en el año 2002 en el inicio de una «renovación estratégica» con el fin de convertirla en una «*empresa puntera en el diagnóstico molecular*», concretamente en el campo de la oncología molecular. Las inversiones iniciadas el año anterior quedaron reflejadas en el fortalecimiento de su departamento de I+D, que triplicó su personal.

Siguiendo con esta renovación estratégica, la compañía Pharma Gen S.A. procedió a desprenderse de negocios no estratégicos, completando en 2002, la venta a Alerpharma S.A de Inmunal S.A., empresa cien por cien propiedad de Pharma Gen S.A., y dedicada a la producción y comercialización de vacunas autoinmunes. El precio total de la compraventa, según fuentes de la compañía, ascendió a más de un 1.200.000 euros.

Asimismo, en 2002 se acometió la fusión por absorción de Genómica por parte de PharmaGen, que adoptó el nombre de la primera para «*reflejar más adecuadamente su vocación por la investigación puntera en el campo de la genética molecular*».

Ese mismo año, se lanza una nueva marca al mercado español homónima de la filial química, Xylazel, que abarca una gama de productos novedosos, especializados en el cuidado y protección de la madera.

En la actualidad Xylazel es una reconocida especialista en los diferentes mercados en los que actúa, caracterizándose por la alta calidad de sus productos innovadores con alto valor añadido. Las marcas de sus productos, Xyladecor, Xylamon, Xylazel, Hammerite y Alabastine, son marcas muy destacadas en los mercados de Bricolaje y Profesional, en los que gozan de una muy buena reputación de imagen de marca e imagen de empresa. Xylazel esta registrada por AENOR con la ISO 9.001, ER-0080/1/00.

La rentabilidad y facturación, crecientes de esta compañía, la han convertido en la mejor empresa del sector, con los mejores indicadores económicos en el segmento de decoración. Es líder en bricolaje y profesional con una cuota de mercado superior al 50 por ciento. Asimismo, en el nicho de mercado de productos protectores

acabados antioxidantes, en bricolaje y profesional, posee más del 24 por ciento de la cuota de mercado.

En PharmaMar también se vivió un periodo de mucha actividad. Una vez firmado el acuerdo con Johnson & Johnson y tras presentar a finales de 2001 el *dossier* completo de Yondelis ante la EMEA (Agencia Europea de Evaluación del Medicamento) para su evaluación y eventual aprobación en la indicación de sarcomas de tejidos blandos, la empresa continuó reforzando su departamento de marketing y ventas para preparar el lanzamiento de Yondelis en el mercado europeo. Ese mismo año, le fue concedido el estatus de «medicamento huérfano»[11] para el tratamiento de sarcomas en tejidos blandos por la Comisión Europea.

Además, se protegieron 9 nuevos descubrimientos, que dieron lugar a toda una nueva batería de solicitudes de patentes. La cartera de patentes de PharmaMar consta actualmente de más de 900 solicitudes de patentes y de ellas más de la mitad han sido ya concedidas. En 2002 se concedieron 94 patentes nacionales.

El año 2003 fue un año de consolidación del profundo proceso de renovación que Genómica había iniciado en el 2001 con el objetivo de convertirse en una empresa puntera en el ámbito del diagnóstico molecular. Dentro de este campo, Genómica ha centrado sus esfuerzos de desarrollo en nuevas plataformas tecnológicas que permitirán acercar la tecnología de microarrays al ámbito clínico, mejorando sustancialmente la interpretación de los resultados de diagnóstico. Como consecuencia de esto, el año 2004 ha sido un periodo de lanzamiento de nuevos productos, en los que el equipo de desarrollo de la compañía tiene ya avanzados sus trabajos. Genómica ha consolidado su liderazgo en el área de Transferencia de Tecnología, completando un nuevo Laboratorio de Huella Genética en la República Bolivariana de Venezuela.

---

del tumor y el estudio del mecanismo de acción de fármacos ntitumorales. En la actualidad se encuentra en las últimas fases del desarrollo de un microarray con 9.500 genes humanos con sus correspondientes controles. La transcriptómica o spliceómica tiene como objetivo el análisis de un proceso de modificación de los productos de los genes llamado *splicing*. Este proceso está alterado en células cancerosas como resultado de la transformación tumoral. Esta última es un área muy novedosa y tendrá múltiples aplicaciones en el terreno del diagnóstico precoz, la búsqueda de dianas terapéuticas y, ulteriormente, en el desarrollo de nuevos fármacos.

[11] Los medicamentos huérfanos son fármacos terapéuticamente útiles, pero de difícil desarrollo o comercialización, ya que se emplean para enfermedades poco frecuentes y, por tanto, con poco atractivo para ser comercializados por las empresas farmacéuticas. En EE.UU., la designación de medicamento huérfano se concede a los compuestos que ofrecen potencial valor terapéutico en el tratamiento de enfermedades raras o poco frecuentes, definidas como aquellas que afectan a menos de 200.000 estadounidenses. Si la compañía cumple con ciertas especificaciones del FDA y si el fármaco recibe la aprobación para su comercialización, la designación de fármaco huérfano da derecho al patrocinador a siete años de comercialización exclusiva, exención de honorarios de registro en la solicitud de fármacos nuevos y créditos fiscales para la investigación clínica. Sin embargo, no acorta la duración del proceso regulador de revisión y aprobación. La designación de medicamento huérfano en Europa ofrece incentivos similares, incluyendo diez años de comercialización exclusiva para el tratamiento en cuestión, una vez aprobada su comercialización, asistencia en protocolos por la EMEA con el fin de optimizar el desarrollo del fármaco, reducción de las tarifas en relación con el procedimiento de registro centralizado y acceso a subvenciones de la CE y programas de los Estados miembros.

## Problemas en la comercialización de Yondelis

Sin embargo, el varapalo para Zeltia, concretamente para PharmaMar, llegó en junio de 2003, truncándose el cuento de hadas que parecía estar viviendo hasta el momento. En contra de las expectativas generadas, la EMEA prohibió la comercialización en Europa del Yondelis y posteriormente denegó la apelación a la decisión presentada por la compañía. Este rechazo del lanzamiento del primer producto de PharmaMar levantó muchas críticas entre un importante número de oncólogos internacionales y represento «un retraso de dos años, como mínimo, en los planes de la empresa», según afirmó su presidente.

«Este año hemos pasado un calvario. —declaraba entonces Sousa-Faro— No conseguir la evaluación supuso un traspiés muy importante, sobre todo desde el punto de vista de la credibilidad, algo fundamental para una empresa española de investigación. Fue algo muy duro para todos. Y lo peor fue enterarnos de que el rechazo había dependido solo de un voto… No llegamos a los ocho votos de mayoría simple». La tentación de tirar la toalla llegó a ser real. Sin embargo, la perseverancia y la confianza del presidente de la compañía en las bondades del fármaco, se impusieron a esta posibilidad. «Estamos ultimando el estudio que vamos a volver a presentar ante la agencia Europea, así como ante la FDA, el organismo regulador estadounidense, algo que con toda seguridad se hará el año que viene. Concretamente, los máximos responsables de la multinacional americana Johnson & Johnson han anunciado públicamente que serán ellos los que hagan la presentación del estudio ante las autoridades de su país. Estamos seguros de que aprobaremos el nuevo examen», exponía convencido Fernández Sousa-Faro a finales de 2004.

En espera de la solución final, lo cierto es que el Yondelis cuenta con el apoyo internacional. Los expertos consideran, de hecho, que es un fármaco que debería estar ya en el mercado. Tal y como están las cosas, pudiera suceder que EE UU diera el visto bueno antes que el organismo europeo, con lo cual se podría comercializar solo en un lado del Atlántico. Prueba de ello es que en abril de 2005, la FDA declaró al Yondelis como medicamento huérfano para el tratamiento de cáncer de ovario.

Además, el Yondelis no es el único fármaco que se encuentra en desarrollo, aunque es el que más impacto mediático ha tenido para PharmaMar. No hablamos, pues, de «un producto, una compañía tecnológica». PharmaMar ya tiene cinco fármacos contra el cáncer en desarrollo clínico: lo que aporta una tremenda solidez y diversificación del riesgo a la compañía.

Yondelis, Aplidin (designado en julio de 2003 medicamento huérfano por la Comisión Europea para el tratamiento de la leucemia linfoblástica aguda y en noviembre de 2004 para el tratamiento de la enfermedad incurable mieloma múltiple) y Kahalalido-F en ensayos clínicos de fase II (entrando Yondelis en las próximas semanas en fase III para cáncer de ovario, la última fase previa al registro y aprobación del medicamento), ES-285 en ensayos clínicos de fase I y Zalypsis, en ensayos clínicos de fase I. Alrededor de 3 000 pacientes ya han sido tratados con estos agentes en más de cien Hospitales de todo el mundo. La extensa cartera de productos en desarrollo preclínico de PharmaMar incluye la Tiocoralina NF, las Lamellarinas y las Variolinas en las últimas fases de la evaluación y otros fármacos candidatos de nuevas familias… con interesantes mecanismos de acción (Figura 2).

Hay que señalar que Zeltia es la única empresa de biotecnología que cotiza en la bolsa española. Y como empresa perteneciente a un sector totalmente dinámico, su trayectoria bursátil es un calco casi perfecto del mismo. La cotización de sus acciones se mueve a golpe de noticias (Figura 3), desde que pasara de la familia Fernández al mercado de corros y de ahí a ser un referente entre inversores de todo el mundo. El detonante de la explosión en bolsa del grupo fue el anuncio de que su compuesto Yondelis había mostrado respuesta en la fase I de los ensayos clínicos contra el cáncer. A partir de ese momento, las decisiones de la EMEA, la alianza estratégica firmada con Johnson & Johnson, la entrada en el accionariado de la Kutxa o de Rosalía de Mera, se han reflejado de forma inmediata en su cotización. El mayor revés lo sufrió cuando la EMEA denegó la comercialización del Yondelis. No obstante, «desde la negativa de la EMEA, la acción de Zeltia no ha bajado de cinco euros. A pesar de ser un año de transición, la acción se ha comportado bastante bien», sostiene Fernández Sousa.

En la actualidad, el negocio de insecticidas y ambientadores para uso doméstico e industrial desarrollado por Zelnova, el de productos protectores y decorativos de la madera, realizado por Xylazel, el desarrollo de fármacos de origen marino para la aplicación en medicina y en especial aquellos biológicamente activos en el campo antitumoral (para lo que se constituyó PharmaMar) forman el núcleo industrial principal de Zeltia, que lidera los mercados de insecticidas domésticos y productos protectores para la madera, y que está próximo a liderar el de ambientadores.

Es pionera en la actividad de desarrollo de fármacos de origen marino en el ámbito mundial, con una corta pero hasta ahora feliz trayectoria y con un futuro de lo más esperanzador. Otras actividades como la

**Figura 2**  Grado de desarrollo de los distintos fármacos de Zeltia

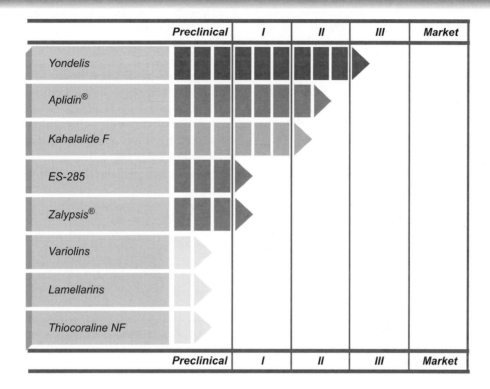

**Figura 3**  Evolución de la cotización de Zeltia 1997-2004

determinación de paternidades y análisis forénsico y la realización de kits de diagnóstico de diversas enfermedades, basado todo ello en tecnología de análisis del ADN (Genómica), y el servicio de recuperación, tratamiento y conservación de la madera (Protección de Maderas, Promax), conforman este grupo liderado por Zeltia. El organigrama del Grupo y sus filiales se muestran en el anexo.

En la Tabla 1 se exponen, de forma resumida, los objetivos de las empresas que componen el grupo en la actualidad. Básicamente se centran en dos grandes sectores el biotecnológico y el químico. En cada una aparece su correspondiente página Web donde se puede completar esta información. Adicionalmente se incluyen los principales retos que quiere afrontar el grupo en cada una de sus filiales.

## Perspectivas en el futuro

Los próximos meses se antojan vitales para el grupo Zeltia, especialmente para las empresas dedicadas a la investigación, pues tanto las filiales Zelnova como Xylazel mantienen sin sobresaltos su línea de crecimiento. El presidente de Zeltia está convencido de que la situación de la compañía biotecnológica tendrá un

| **Tabla 1** | **Empresas del grupo Zeltia** |
| --- | --- |
| **PharmaMar, S.A.**<br>**http://www.pharmamar.com**<br>Datos de contacto:<br>Tel: +34 91 846 6000<br>Fax: +34 91 846 6001<br>pharmamar@pharmamar.com | PharmaMar es la empresa de Biotecnología líder mundial en el descubrimiento, investigación y desarrollo de nuevos fármacos de origen marino para el tratamiento contra el cáncer. Un tercio de todas las patentes de fármacos de origen marino y publicaciones científicas sobre este tema tienen su origen en el I+D de Pharmamar. La compañía ha obtenido con sus exploraciones la librería privada de organismos marinos más rica del mundo, con más de 42.000 muestras y cuenta ya con cinco fármacos contra el cáncer en desarrollo clínico. |
| **Neuropharma, S.A.**<br>**http:l/www.neuropharma.es**<br>Datos de contacto:<br>Tel: 34 91 806 11 30<br>Fax: 34 91 803 46 60<br>neuropharma@neuropharma.es | NeuroPharrna: la empresa Biotecnológica especializada en la investigación y desarrollo de tratamientos para la enfermedad de Alzheimer y otras enfermedades que afectan al sistema nervioso central.<br>Neuro Pharma se creo con la idea de aprovechar las enormes posibilidades de nuestra biblioteca de Pharmalutar de más de 42.000 organismos marinos en un área terapéutica nueva distinta a la del cáncer. Hay tres proyectos en curso en la empresa todos ellos relacionados con la enfermedad de Alzheimer. Estos programas se centran en la principales dianas moleculares que se piensa causan la enfermedad en el ser humano. |
| **Genómica, S.A.U.**<br>**http://www.genomica.es**<br>Datos de contacto:<br>Tel: 9 1 674 8990<br>Fax: 91 674 8991<br>genomica@genomica.es | Genómica es la primera compañía española en Diagnóstico Molecular. Entre otros proyectos que se están implementando en Europa están desarrollando Clinical Arrays (kits de diagnóstico) que determinan los factores de predisposición al desarrollo a ciertas enfermedades y de respuestas a terapias, lo que constituye la base de la Farmacogenómica y será desarrollado en primer lugar con las compañías del Grupo Zeltia: PharmaMar y NeuroPharma. |
| **Zelnova, S.A.**<br>**http://www.zelnova.com**<br>Datos de contacto:<br>Tel: +34 986 344 061<br>Fax: +34 986 337 961<br>zelnova@zelnova.com | Zelnova: Compañía productora y comercializadora de productos para la limpieza e higiene del hogar, industrias y hostelería. Fue pionera en el uso de propelentes que no dañan la capa de ozono desde hace más de veinte años y cuenta con marcas tan importantes como Casa & Jardín, Kill-Paff, ZZ Paff o Coopermatic que Zelnova produce y comercializa posicionándose como líder de insecticidas (más del 24 por ciento de cuota en el mercado español). |
| **Xylazel, S.A.**<br>**http://www.xylazel.com**<br>Datos de contacto:<br>Tel: +34 986 34 34 24<br>Fax: +34 986 34 62 40<br>marketing@xylazel.com | Xylazel: Es una empresa dedicada a la fabricación y comercialización de pinturas y barnices, especializada en protectores para la madera para los segmentos de bricolaje, profesional e industrial, líder en bricolaje y profesional con una cuota de mercado superior al 60 por ciento. Cuenta con marcas de reconocido prestigio como Xyladecor, Xylazel, Xylamon, Hammerite y Alabastine. |

giro radical en el año 2005. Será entonces cuando vuelva a presentar su fármaco estrella, el anticancerígeno, Yondelis (Trabectedin), ante las autoridades norteamericanas y europeas para su aprobación definitiva y su salida al mercado.

Una evaluación positiva del Yondelis pondría a PharmaMar en el disparadero de convertirse en una empresa productora de medicamentos. Mientras llega este momento, José María Fernández Sousa-Faro sigue dejando, de forma controlada, que la investigación le lleve de un descubrimiento a otro. No es el cuento de la lechera, ni magia, pero lo parece: *«Ahora tenemos cuatro compuestos ya en fase de ensayos clínicos, de aquí a dos meses probablemente tengamos un quinto compuesto, y seguimos trabajando para tener, con una cadencia de entre 18 y 24 meses, nuevos compuestos de origen marino»*, enumera Sousa-Faro.

El máximo responsable de Zeltia espera que el Yondelis reciba luz verde definitiva en Europa y Estados Unidos el año que viene a diferencia de lo ocurrido en 2003. José María Fernández Sousa subraya que, pese al castigo sufrido en los mercados, la empresa cuenta con buena salud, apuesta por mantener su independencia y no busca acuerdos de fusión, *«pienso que la mayoría de las fusiones y adquisiciones destruyen valor»*. En lugar de eso, en el mes de junio de 2005 se ha anunciado una ampliación de capital que le ha permitido captar algo más de 65 millones de euros, que se destinarán a reforzar las futuras actividades de PharmaMar.

El presidente de Zeltia, José María Fernández Sousa-Faro, indicó que los cinco compuestos que PharmaMar tiene actualmente en desarrollo clínico *«tienen el potencial de ofrecer un valor sustancial a los accionistas»* y añadió que *«esta ampliación reforzará nuestros recursos en el medio plazo para asegurar dicho valor»*.

*«Nos sentimos muy respaldados al ver como la transacción ha sido apoyada por una lista de 30 inversores internacionales y les damos la bienvenida a la compañía, además de agradecerles su confianza»*, concluyó el presidente de Zeltia.

Si las cosas salen bien PharmaMar se convertirá en la punta de lanza de la compañía. Llegado este punto, no se descarta la posibilidad de vender Zellnova y Xylacel o de escindir las empresas. El objetivo es crear una farmacéutica española líder a partir del crecimiento orgánico.

## Referencias bibliográficas

Hita, E. (2003): «El negocio de la biotecnología: Yondelis aporta Zeltia más crédito que dinero». *El Mundo, Suplemento de Nueva Economía*, 20-07-2003, n.º 184.

Ortín, A. (2004): «Entrevista a José María Fernández Sousa: En semanas habrá un nuevo compuesto en fase clínica». *Diario Cinco Días*, 30-11-2004. P. 10.

Lezama, C. (2004): «José María Fernández Sousa, presidente de Zeltia: El fruto de nuestro trabajo se verá en 2005». Mi Cartera de Inversión, 12-2004. Pp. 26-27.

Lezama, C. (2004): «José María Fernández Sousa, presidente de Zeltia: Los frutos de nuestro trabajo tienen que llegar el próximo año». *El Correo*, 21-11-2004.

La Voz de Galicia (2002): «Zeltia fusiona dos de sus filiales para potenciar la investigación genómica». *La Voz de Galicia*, 19-07-2002.

Riadevigo.com (2002): «Zeltia fusiona Pharma Gen y Genómica para impulsar su investigación genética. Se trata de una renovación estratégica para ser "puntera" en el diagnóstico molecular».

Noticiasgalicia.com (2005). «José María Fernández Sousa, presidente de Zeltia: Confirmamos que el mar es una excelente fuente de medicinas». [http://www.noticiasgalicia.com/interviu/interviu58.html].

# Indra Sistemas, S.A.

Isabel Suárez González
José D. Vicente Lorente
*Universidad de Salamanca*

Indra es la compañía española líder en Tecnologías de la Información y Sistemas de Defensa con unas ventas en 2004 de 1.079 millones de euros y más de 6.600 empleados. Según la propia empresa, su sólida base tecnológica, innovación permanente, calidad en el proceso y en el resultado, exigencia en la gestión y la alta cualificación de sus empleados son las principales claves de su éxito.

Su objeto social es la investigación, desarrollo, fabricación, venta y mantenimiento de equipos y sistemas basados en las tecnologías de información. Por tanto, Indra ofrece una completa gama de soluciones y servicios avanzados que cubren toda la cadena de valor, desde la consultoría, pasando por el desarrollo de proyectos, la integración e implantación de soluciones, hasta el *outsourcing* de sistemas de información y de procesos de negocio. Toda esta amplia gama de actividades se estructura en torno a tres líneas de negocio: Tecnologías de la información (que supone algo más de 75 por ciento de su total de ingresos en 2004), Simulación y Sistemas Automáticos de Mantenimiento (SIM-SAM) y Equipos Electrónicos de Mantenimiento (EED). Algunas de sus actividades más representativas y en las que se ha constituido como referente nacional e internacional son los sistemas de gestión del tráfico aéreo (sistemas ATM), sistemas de billetaje en líneas de metro y ferroviarias, sistemas de recuento de votos en procesos electorales o los simuladores de vuelo.

Indra es asimismo una empresa que ha logrado entrar con éxito en los mercados internacionales. Tiene actualmente una base de clientes global en más de cuarenta países de los cinco continentes. Por último, Indra ha sido también pionera en nuestro país en la implantación de prácticas de buen gobierno corporativo y transparencia informativa. Este esfuerzo ha sido reconocido por inversores y analistas con la concesión de diversos premios y menciones en este sentido.

Estos son los grandes ejes en los que se estructura el caso de esta empresa. Comenzaremos con un repaso a la historia de la empresa desde su origen hasta el surgimiento de Indra Sistemas tal y como hoy la conocemos, y su posterior privatización en 1999. A partir de ahí se estudiarán las direcciones de crecimiento seguidas por la empresa ya en el siglo XXI y se profundizará en el análisis de su cartera de negocios y de sus estrategias de internacionalización. Un último apartado se dedicará a la descripción de los aspectos relacionados con el gobierno corporativo.

## Los antecedentes del grupo Indra

### La fusión entre CESELSA e INISEL

El año 1921 es la fecha en la que se puede fijar el origen de la empresa. En este momento se constituye en Aranjuez la primera de las empresas (entonces Experiencias Industriales, EINSA) que, posteriormente y tras varias modificaciones de carácter patrimonial y societario, daría lugar a la configuración de lo que hoy es Indra. Este sigue siendo hoy uno de los centros de trabajo de Indra con mayor actividad fabril.

Sin embargo, el Grupo Indra surge como tal en 1992 a partir de la fusión de las empresas integradas en los grupos CESEL, SA (cuyo accionista principal era el Grupo Pérez Nievas) y la Empresa Nacional de Electrónica y Sistemas, INISEL (de capital estatal), dos empresas españolas en el sector de electrónica de defensa, que hasta ese momento habían sido competidoras directas entre sí. Desde este momento el presidente del grupo Indra ha sido F. Javier Monzón de Cáceres.

Después de la fusión, Teneo mantiene el 60 por ciento del capital de la nueva sociedad. Por tanto, con esta operación el Estado español se hacía con la primera empresa española de capital privado en la electrónica de defensa (CESELSA). El principal cliente de esta empresa era el Estado, que representaba un 65 por ciento de las ventas de Indra en España y especialmente la Administración y el Ministerio de Defensa. Y en muchas ocasiones había competido y ganado frente a otras empresas estatales como CASA, Santa Bárbara e INISEL en la adjudicación de las compras de los Ministerios de Industria y Defensa.

El proyecto de fusión permite cubrir dos necesidades competitivas de las empresas originales que consisten, por una parte, en conseguir el tamaño mínimo necesario que requiere la estructura oligopólica de la industria electrónica y en la que se compite a nivel internacional y, por otra, la complementariedad en las líneas de productos existente entre estas dos empresas. La fusión les dotaría de mayor capacidad financiera para afrontar una estrategia de expansión en los mercados internacionales y mayor capacidad de asumir riesgos en los proyectos de tecnología punta.

La fusión se produce en un momento problemático para las dos empresas: INISEL había cerrado el ejercicio 1991 con unas pérdidas superiores a los 9 800 millones de pesetas y CESELSA había visto como sus beneficios en ese mismo año (800 millones de pesetas) suponían la mitad de los alcanzados un año antes. Además, se esperaba que en los siguientes años la reducción de la demanda fuese todavía importante.

En este momento, se constituyó una sociedad matriz (poco después denominada Indra Sistemas) y las demás quedaron encuadradas en una de las cuatro áreas de negocio siguientes:

1. **Electrónica de Defensa y Tecnologías Duales** (de doble uso, civil y militar): CESELSA es la cabecera, además de Enosa, Gyconsa y otras, dedicadas al diseño y fabricación de sistemas de defensa y simulación. Era el área estratégica en que más evidentes eran los beneficios de la integración de las dos empresas y era la división que mayor volumen de ventas y plantilla aportaba al grupo (*véase* Tabla 1). El objetivo era centrarse en las áreas en las que Inisel y Ceselsa habían demostrado capacidad suficiente para competir a nivel internacional. La tecnología propia desarrollada tenía aplicaciones en campos de defensa como radares, simuladores de vuelo de aviones de combate, equipos automáticos de mantenimiento, sistemas de guerra electrónica de tierra, mar y aire o misiles. En el campo civil se pueden mencionar aplicaciones como simuladores de aviones, trenes y grúas, equipos automáticos de mantenimiento para aviones comerciales y sistemas de control de tráfico aéreo. Este sector es un sector estable y con ciclos de desarrollo de nuevos productos muy largos. El cliente principal es el Ministerio de Defensa español y las marinas de los EE UU e Italia, entre otros países. Sin embargo, los recortes presupuestarios y la indecisión del Ministerio de Defensa sobre el futuro de algunos de los programas mejor dotados económicamente hacían vislumbrar problemas. Por ello, se pretendía fortalecer el resto de las áreas de negocio dedicadas a electrónica civil.

2. **Consultoría y Servicios Informáticos**: área compuesta por ERITEL, como sociedad cabecera, y Central Informática, como sociedad filial. Se dedica al desarrollo de software y a los servicios informáticos, y orienta su actividad fundamentalmente al mercado civil, donde sus clientes principales son la administración pública, el sector de telecomunicaciones (Telefónica es su principal cliente), así como el sector financiero y los seguros. Esta era el área que más había crecido en los últimos años y en la que se esperaba un notable crecimiento del sector en el futuro.

3. **Automatización, Control y Comunicaciones**: la cabecera es DISEL, con Tesis y Electrónica Ensa como filiales, dedicada a la electrónica de uso civil: simuladores y sistemas de billetaje y control de accesos a redes de transporte.

4. **Espacio**: en 1993, se constituyó INISEL Espacio, para integrar todas las actividades de la empresa relacionadas con el área espacial (sistemas de control de vehículos espaciales y el tratamiento de datos y las comunicaciones vía satélite). Su principal cliente es el Ministerio de Defensa y otras organizaciones gubernamentales, seguido después por la Agencia Europea del Espacio y un porcentaje pequeño de sus ventas se realizaba a empresas privadas.

| Tabla 1 | Grupo CESELSA-INISEL, 1992 | | | |
|---|---|---|---|---|
| **Áreas de negocio** | **Electrónica de defensa doble uso** | **Consultoría y servicios informáticos** | **Electrónica, civil automatización y control** | **Espacio** |
| Empresa cabecera | CESELSA (nueva) | ERITEL | DISEL | INISEL ESPACIO |
| Ventas (en M.ptas) | 38.800 | 21.700 | 7.400 | 2.100 |
| Porcentaje sobre total de ventas | 44 % | 31 % | 22 % | 4 % |
| Plantilla | 2.900 | 2.050 | 240 | 110 |

## El proceso de reestructuración del grupo: 1993-1999

El Grupo Indra se había gestado justo en momentos de profunda crisis económica en España, de forma que la compañía sufrió pronto y duramente sus efectos. Durante toda la primera mitad de la década de los noventa tiene importantes pérdidas, tendencia que revertió en 1995, año en el que ya se obtuvieron tasas de rentabilidad positivas (*véanse* Figuras 1 y 2). Ello obliga a la dirección de la empresa a partir de 1993 a un proceso de integración productiva y organizativa de las empresas que intervienen en la fusión y, a la vez, a un proceso de reestructuración empresarial y reordenación de negocios. Se llevó a cabo una importante reducción de plantilla en todas las empresas del grupo con expedientes de regulación de empleo en 1993, 1994 y 1996 y con programas de bajas incentivadas (*véase* Figura 3). Se planea a su vez una reestructuración de líneas de productos y centros de trabajo.

En este contexto, en 1994 tuvo lugar una ampliación de capital para enjugar las pérdidas acumuladas y mejorar la situación financiera del grupo. Con este motivo, entra en el capital el grupo francés de electrónica Thompson-CSF (actual Thales) con un 25 por ciento, y se convierte de este modo en el principal socio industrial y tecnológico para la empresa. La alianza con Thomson permite a Indra el acceso a tecnologías y a los mercados internacionales, especialmente los mercados europeos. Por su parte, Indra aportaba a la alianza su privilegiada posición en América Latina. Las áreas de interés preferente eran las de simulación aérea y los

### Figura 1 Evolución de ingresos totales

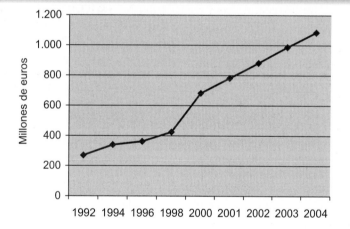

### Figura 2 Evolución del beneficio neto

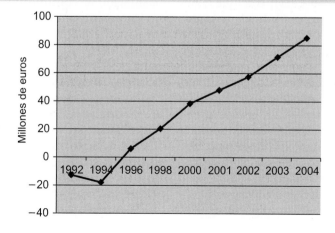

**Figura 3** Evolución de la plantilla media

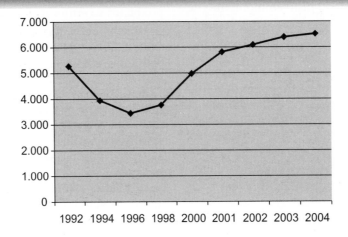

sistemas automáticos de mantenimiento, además de los sistemas de radar, guerra electrónica y mando y control.

Entre 1996 y 1998, continúa la reorganización de la empresa, unificando primeramente la marca comercial. Así se modifican los nombres de las empresas cabeceras de área que pasaron de CESELSA, DISEL, ERITEL e INISEL Espacio a denominarse Indra DTD, Indra SCA, Indra SSI (participada en un 36,6 por ciento por Telefónica, su principal cliente en ese momento) e Indra Espacio (participada en un 49 por ciento por Thomson-CSF). Desde ese momento, la cabecera del grupo deja de actuar como mera cabecera del *holding*, con una mayor actividad en orden a la integración del esfuerzo comercial y a la prestación de determinados servicios comunes de tipo administrativo.

Asimismo, se crean nuevas filiales a través de alianzas con socios tecnológicos, en muchos casos, competidores extranjeros. Este es el caso de Indra ATM en 1997. Es una empresa conjunta entre Indra Sistemas y el grupo americano de electrónica Raytheon (que tiene un participación del 49 por ciento), dedicada a la gestión y comercialización en mercados internacionales de sistemas de control del tráfico aéreo. En esta alianza, Indra Sistemas aportaba la tecnología con la que trabaja la empresa conjunta y Raytheon su capacidad comercial y parte de la financiación.

También desde 1997 se mantiene otra segunda alianza con Raytheon, a través de la empresa conjunta Indra EWS (en la que Raytheon tiene también un 49 por ciento), dedicada al negocio de equipos electrónicos de defensa (se producen equipos de optrónica, simuladores de vuelo, misiles, direcciones de tiro, etc.) y cuyo cliente principal es el Ministerio de Defensa español.

Un último ejemplo es la sociedad mixta europea ESS (Euro Simulation Systems), creada en septiembre de 1998, y con sede en Munich (Alemania). Indra es la responsable de la dirección general y su principal accionista (con un 26 por ciento). Son socios también las empresas europeas Thales, RDE/CAE y Galileo Avionica. Esta empresa es la responsable del programa EF-2000 ASTA (avión de combate europeo) que agrupa los simuladores, entrenadores y centros de simulación de los cuatro países en el programa (Alemania, Italia, Reino Unido y España).

En 1998 se pasa a la fusión de las principales filiales de la empresa (Indra DTD, Indra SCA e Indra SSI) en Indra Sistemas. La actividad espacial de Indra queda segregada de la matriz, mediante la constitución de la filial Indra Espacio, en la cual toma una participación del 49 por ciento el grupo francés Thompson-CFS. Esta filial se va a especializar en equipos y sistemas aeroespaciales y entre sus más importantes actuaciones se encuentran el centro de control de los satélites Hispasat o la estación de control para el satélite Meteosat.

Finalmente, en marzo de 1999, se produce la privatización de la empresa mediante una OPV de acciones por la que la administración española se desprende totalmente de su participación que, en esos momentos, todavía ascendía al 66 por ciento del capital social. Asimismo, se acuerda la salida de Thomson del capital de la compañía. En primer lugar, en 1999 para facilitar la privatización y la OPV de Indra en bolsa, Thomson rebaja su participación del 25 al 10 por ciento, vendiendo estas acciones a Caja Madrid que a partir de este momento se convierte en el núcleo de referencia del accionariado de la empresa. Se mantiene, de todas formas, la cooperación con este grupo que sigue siendo su principal socio industrial, hasta el año 2004 en que deja de tener participación accionarial alguna en Indra Sistemas. La OPV es un éxito y en julio de ese mismo año, las acciones de Indra se incorporan al IBEX-35.

# La estrategia de crecimiento del Grupo Indra

Desde su privatización en 1999 Indra inicia un proceso de crecimiento sostenido tanto de sus ingresos como su rentabilidad, diversificando su negocio y convirtiéndose en un grupo cada vez más de servicios (consultoría, *outsourcing*, *e-business*, sistemas de gestión) y menos industrial. Durante este periodo la empresa afianzó su posición en el mercado nacional y obtuvo progresivamente una mayor presencia internacional.

## La cartera de negocios de Indra

La actividad de Indra Sistemas SA se ha estructurado en tres áreas principales de actividad: tecnologías de la información, simulación y sistemas automáticos de mantenimiento, y equipos electrónicos de defensa. A su

vez, su actividad en el primero de los negocios, que es el núcleo principal de las actividades de la empresa, se dirige a distintos mercados: defensa y FFSS, transporte y tráfico, AAPP y sanidad, telecomunicaciones y *utilities*, financiero y seguros e industria y comercio. Por tanto, ha mantenido su cartera de negocios diversificada, consolidando su posición de referente internacional en algunas áreas como la simulación, la gestión del tráfico aéreo (ATM) o los procesos electorales, mientras que trata de potenciar otras áreas de gran proyección como el *outsourcing*, la consultoría o los sistemas de gestión. Combina así la presencia en mercados de fuerte peso institucional (administraciones públicas, sanidad, defensa, transportes), con otros como telecomunicaciones, finanzas y seguros o industria y comercio.

## a) Tecnologías de la información

Este es el negocio principal en la cartera de actividades de Indra (*véase* Tabla 2) y abarca una amplia gama de soluciones y servicios específicamente adaptados a diferentes segmentos de mercado y logrando en algunos de ellos, como en la gestión del tráfico aéreo o en procesos electorales, una posición de liderazgo internacional. El crecimiento medio anual de las ventas en el

| Tabla 2 | Las principales áreas de negocio del Grupo Indra |

| | Año 2004 | Porcentaje ventas totales | Año 2003 | Variación 2003-2004 porcentaje | Crecimiento anual 2000-2004 | Porcentaje mercados internacionales 2004 |
|---|---|---|---|---|---|---|
| **Tecnologías de la información** | **815,6** | **76** | **742,0** | **10** | **11** | **26** |
| — Transporte y tráfico | 264,0 | 24 | 217,0 | 22 | 21 | 37 |
| — Defensa y FF.SS. | 230,4 | 21 | 212,4 | 8 | 18 | 28 |
| — Telecomunicaciones y utilidades | 138,3 | 13 | 136,8 | 1 | 8 | 22 |
| — AA.PP. y sanidad | 80,7 | 7 | 80,2 | 1 | 11 | 12 |
| — Financiero y seguros | 71,0 | 7 | 58,4 | 22 | 15 | 19 |
| — Industria y comercio | 31,1 | 3 | 37,3 | (17) | 5 | 20 |
| **Simulación y sistemas automáticos de mantenimiento** | **106,3** | **10** | **91,6** | **16** | **26** | **69** |
| **Equipos electrónicos de defensa (EED)** | **157,4** | **15** | **147,8** | **6** | **13** | **50** |
| **Total** | **1.079,2** | **100** | **981,6** | **10** | **12** | **35** |

*Fuente:* Memoria 2004.

periodo 2000-2004 en esta línea de negocio ha sido del 11 por ciento (aunque existen diferencias importantes en función de los diferentes segmentos del mercado, desde un crecimiento del 21 por ciento en transportes a un 5 por ciento en industria y comercio) y de todas las ventas del 2004 un 26 por ciento se han realizado en los mercados internacionales.

Dentro de esta línea de negocio Indra ofrece distintos sistemas, aplicaciones y componentes para la captación de datos e información, su transmisión y posterior presentación, básicamente enfocados al control y gestión de procesos complejos y/o críticos. La integración de sistemas es la capacidad esencial en este punto, es decir, Indra ofrece a sus clientes el diseño, desarrollo e implantación de aplicaciones y sistemas de información completos, incorporando productos propios o de terceros. Este tipo de actividad representa aproximadamente dos tercios de la facturación del negocio de tecnologías de la información. Pero en los últimos años las actividades de consultoría de negocio y de tecnologías de la información y las de *outsourcing* están creciendo cada vez más.

Las actividades de Indra en el campo de la consultoría se canalizan a través de su filial Europraxis Atlante, S.L. El origen de esta filial data del año 2001 en el que se crea Atlante (especializada en el negocio de *e-business*, diseño y desarrollo de negocios en la red). Posteriormente, aumenta de forma importante su volumen con la adquisición de las consultoras Europraxis en el 2001 y Razona en el 2002. Hoy esta empresa tiene más de doscientos empleados operando en más de 25 países principalmente en Europa y Latinoamérica, con sedes en México, Brasil, Argentina, Alemania, Portugal e Italia y tiene una importante presencia en los mercados de telecomunicaciones, *utilities* e industria. A pesar de ello, sus resultados en los últimos años han sido negativos.

Asimismo, desde 1999 Indra se plantea el desarrollo de los servicios de *outsourcing*, desde los más clásicos de gestión de los sistemas de información hasta los de BPO (Business Process Outsourcing) como administración y finanzas, negocios vinculados a la red o recursos humanos. De ese modo está actualmente implicada en múltiples servicios con empresas pertenecientes a diferentes sectores y volúmenes de actividad, logrando una posición destacada en España y cada vez más relevante en Portugal, Argentina, Brasil y Chile. Ejemplos de un Global IT Outsourcing (externalización de la gestión de todo el sistema de información de la empresa) son los que realizan con Red Eléctrica, Bankpyme, Sepi, Izar, Enresa, Aerolíneas Argentinas, etc.; de Aplication Management, con Telefónica, Correos, Renault, o el Ministerio de Trabajo; de Infraestructura y Explotación con Endesa, Galp Energía, Once, o Metro de Madrid; de BPO, con Ministerio de Defensa o Ence; y de *e-outsourcing*, con Inversis, e-Bankinter, INE, Build2build o Metrovacesa. Algunos de estos servicios se canalizan a través de filiales del grupo como por ejemplo BMP (en la que participa en un 50 por ciento), especializada en servicios de externalización de la gestión y tramitación de préstamos hipotecarios para entidades de crédito (BBVA, BSCH, Caja Madrid o Bankinter se encuentran entre sus principales clientes). La preparación, seguimiento y control de las operaciones hipotecarias se realiza mediante software de gestión de documentación diseñado a medida por Indra Sistemas.

Las soluciones y servicios de Indra abarcan por tanto muy diversos mercados, estructurándose en los seis segmentos citados anteriormente. De todos ellos, comentaremos las áreas de transportes y tráfico y de administración, en donde ha logrado las realizaciones más significativas.

El mercado de transporte y tráfico es su principal mercado por volumen de actividad (en 2004 un 24 por ciento de la facturación de tecnologías de la información y de ellas, un 37 por ciento se produce en el exterior). Es suministrador preferente de los grandes operadores del sector, tanto en los mercados nacionales como internacionales, de manera que los aeropuertos y las redes de transporte público de las principales capitales del mundo operan con tecnologías suministradas por Indra. En gestión del tráfico aéreo, uno de cada tres vuelos que se producen en todo el mundo está controlado por países que utilizan sistemas Indra. Por ejemplo, ha desarrollado tecnología para las agencias nacionales aeroportuarias y de navegación aérea de Alemania, Australia, Bostwana, Holanda y Noruega, entre otros países. Sustenta una posición de liderazgo en Latinoamérica, donde ha ganado todos los concursos de tráfico aéreo que han tenido lugar en los últimos cuatro años y mantiene asimismo una posición cada vez más fuerte en Europa. La gestión y comercialización en los mercados internacionales de sistemas de control del tráfico aéreo se realiza a través de Indra ATM.

Su posición es fuerte también en los sistemas de tráfico terrestre. Es líder español en los sistemas de acceso y *ticketing* de metros, ferrocarriles y autobuses urbanos, así como pionera en los sistemas de pago *contactless* para el acceso a la red de transporte (metropolitanos como los de Madrid, Barcelona, París, Shangai, Atenas o Santiago de Chile, entre otros, utilizan estos sistemas). También ha desarrollado sistemas de inteligencia vía satélite para redes de autobuses que permiten tener ubicada en todo momento a cada unidad. Es, por ejemplo, uno de los suministradores de referencia en los sistemas de tráfico y peaje en China, con sistemas de peaje dinámico (que permite pasar sin parar), señalización, etc.

Otra de las actividades en las que esta empresa es líder es la de sistemas y servicios de procesos electorales. Indra ha prestado sus servicios en más de 180 procesos electorales desde 1978 (y en más de diez países), de los cuales más de 120 se han desarrollado bajo la modalidad de *outsourcing* integral de los servicios informáticos (la mayoría de los realizados en España y en varios países europeos y americanos). En 1998 se convirtió en la pionera en la utilización de los sistemas de voto electrónico. Por ejemplo, cabe destacar las experiencias de voto electrónico en Reino Unido (elecciones locales en dos condados) y Ushaia (Argentina); las elecciones municipales de Oslo (Noruega) con avanzada tecnología de escáner y recuento centralizado; o los proyectos de Virginia, Texas, Maryland y Los Ángeles (EE UU) para el control automático de votantes, actualización del censo electoral y generación de credenciales de voto *on-line*.

## b) *Simulación y sistemas automáticos de mantenimiento*

Indra es la primera empresa en el mercado español de simulación y sistemas automáticos de mantenimiento, con una relevante posición en los mercados internacionales (que representaron en 2004 un 69 por ciento de la facturación en esta línea de negocio). Es una línea de negocio de elevado crecimiento dentro de la cartera de Indra con un 26 por ciento de crecimiento anual medio en el periodo 2000-2004.

Los sistemas de simulación que desarrolla Indra incluyen los sistemas para formación y entrenamiento en el uso de plataformas aeronáuticas y otros equipamientos complejos, así como la prestación de servicios de entrenamiento mediante la utilización de estos sistemas. A su vez, los sistemas automáticos de mantenimiento son herramientas capaces de detectar y diagnosticar fallos en unidades electrónicas de aviónica simulando condiciones de trabajo reales en el avión.

Este es también uno de los productos tradicionales de Indra, de manera que ha venido produciendo durante los últimos veinticinco años simuladores de vuelo para las fuerzas armadas de todo el mundo, especialmente para la simulación del entorno de la misión operativa, lo que la sitúa entre las cinco primeras empresas mundiales en esta actividad. Indra, a través de su filial en EE UU, es suministrador preferente de la Armada de los EE UU en diversos programas de simulación y mantenimiento, siendo el único proveedor extranjero de simuladores. En este periodo ha ido afianzando su posición en el mercado estadounidense y en sus países aliados, lo que supone una plataforma para mejorar sus ventas en el mundo entero. Además, la penetración conseguida en esta línea de negocio, re-

lanza otros segmentos como el transporte y tráfico o los procesos electorales.

También en el proyecto europeo de avión de combate Eurofighter y Typhoon lidera el desarrollo de la simulación a través de ESS (Eurofghter Simulation Systems), consolidándose como la primera empresa europea en Simulación de Defensa. Este programa inicia ahora su segunda fase de desarrollo, y por ejemplo, asegurará unas ventas a Indra de 120 millones de euros en los próximos años.

Si bien, el sector aeronáutico es la aplicación principal para las tecnologías Indra de simulación, cada vez se están utilizando más para otras aplicaciones tanto de defensa como civiles. En el área civil Indra ha desarrollado en los últimos años una actividad muy significativa en la implementación de soluciones para la formación de operadores en puestos de trabajo cuyas características y circunstancias del entorno impliquen un alto riesgo. Así, por ejemplo, provee simuladores de conducción y circulación para RENFE, Metro de Madrid, Metro de Bilbao, EMT de Madrid, Puertos de Barcelona, Las Palmas y Algeciras, Mina Escuela Santa Bárbara, etc. Entre los logros más recientes cabe destacar la herramienta desarrollada por Indra para Aena, con motivo de la ampliación del aeropuerto de Barcelona, que permite el análisis previo del impacto que producirán las obras de ampliación en la operativa de vuelos diaria del aeropuerto mediante modelos y sistemas de simulación.

## c) *Equipos electrónicos de defensa*

Este es el segundo negocio por orden de importancia en la cartera de Indra y también su negocio original, según lo descrito en apartados anteriores. En el año 2004 supone alrededor del 15 por ciento de toda la facturación del grupo y ha experimentado un crecimiento anual acumulado compuesto en el periodo 2000-2004 del 13 por ciento. Las actividades del área de equipos electrónicos de defensa consisten fundamentalmente en el diseño, desarrollo, integración, producción y mantenimiento de una serie de equipos electrónicos sofisticados para aviónica y plataformas para los distintos ejércitos. Indra es el principal proveedor de tecnologías del ejército español. Así, por ejemplo, la red de defensa aérea del Estado español está desarrollada con tecnología de Indra (el radar tridimensional ARIANE es una de sus realizaciones más significativas). Recientemente, participa en el «Programa Pizarro» para la Armada, actuando como integrador de sistemas de combate y se ocupa de desarrollar y dotar a los vehículos con sistemas de dirección de tiro, estabilización y sistemas optrónicos.

Pero, Indra también cuenta con una posición muy significativa en los mercados internacionales en este negocio. La Unión Europea, la OTAN y terceros países son también sus clientes. Ello explica que el 57 por ciento de la actividad de la empresa en este negocio se desarrolle fuera de España (y es este mercado internacional el que más ha crecido). Tiene una participación activa en los proyectos más importantes relativos al desarrollo, producción e integración de sofisticados equipos electrónicos de defensa, dentro de los programas europeos de defensa como los helicópteros Tigre, el *Airbus* 400 o el avión de combate *Eurofighter*. La apuesta europea por contar con un avión de combate, el proyecto EF 2000 Typhoon, supone para Indra su contrato más importante en este negocio (Indra aporta componentes del avión como circuitos híbridos, chips específicos, elementos de radiofrecuencias, tarjetas procesadoras, el sistema de seguridad DASS, el radar captor o el *front computer*, además del programa de simulación ya comentado). El reconocimiento logrado en la parte de este proyecto ya ejecutada se ha convertido en su mejor carta de presentación. Esto ha permitido que, poniendo como ejemplo solo el año 2004, diferentes países como Austria (que seleccionó a Indra para equipar 18 de sus aviones de combate), Alemania (en donde ha logrado su primer gran contrato de referencia internacional en guerra electrónica), Portugal (en donde desarrolla la Red de Vigilancia del Espacio Aéreo de este país para la OTAN) o Nueva Zelanda (a la que vendió sus sistemas de defensa antiaérea), se hayan convertido en importantes clientes y pueda ir logrando mejores cuotas de mercados en EE UU (que es el mercado internacional de mayor volumen después de la Unión Europea). La empresa mantiene, además, importantes alianzas estratégicas y acuerdos de cooperación con los líderes mundiales del sector como forma de acceder a nuevos mercados. Algunos ejemplos de ello son los siguientes:

— **INMIZE:** en 2002 se crea Inmize, una empresa española de tecnología de misiles después de varios meses de intensas gestiones en el ámbito de la industria europea de Defensa. Los principales accionistas de INMIZE son: Indra, la empresa española de tecnologías de la información, (40 por ciento); la compañía europea de sistemas de misiles MBDA (40 por ciento), el constructor naval español integrado en SEPI, Izar (10 por ciento) y EADS-CASA, la empresa aeroespacial y de sistemas de defensa, integrada en el grupo europeo EADS (10 por ciento). El objetivo principal de la nueva empresa, cuya sede operativa se encuentra en las instalaciones de Indra, es ser el centro de excelencia español en los sistemas de misiles para lo que dispondrá de tecnología propia. El primer contrato en el que va a participar es el diseño y desarrollo del misil europeo de superioridad aérea METEOR, que constituye el sistema de armamento de los aviones EF2000, RAFALE y GRIPEN. Adicionalmente, se encargará de la promoción, marketing y venta de los productos de MBDA.

— **SOSTAR:** consorcio europeo para el desarrollo del primer modelo del nuevo sistema de radar europeo de alta definición SOSTAR (Stand-Off Surveillance and Target Acquisition Radar).

— **TIPS:** en junio de 2003 Indra anunció su participación en el grupo Trasantlantic Industrial Proposed Solution (TIPS), un consorcio liderado por EADS y en el que participan otras empresas de defensa. Este consorcio se adjudicó en el 2004 el mayor contrato de defensa de las últimas décadas adjudicado por la OTAN, el programa de desarrollo futuro del sistema de vigilancia terrestre desde plataformas aéreas de la OTAN (Alliance Ground Surveillance Programme, AGS. El consorcio competidor estaba liderado por la compañía Raytheon.

## La expansión internacional del grupo

Indra es una empresa con una clara vocación internacional. De acuerdo a los datos de la Tabla 3 las ventas en el mercado internacional han supuesto el 36 por ciento de toda su facturación media en el periodo 1999-2004. Además, el mercado internacional ha crecido en general más que el nacional. El hecho de competir en sectores de alta tecnología fuerza necesariamente a la empresa a operar en los mercados internacionales para poder así amortizar sus inversiones en I+D. Desde el principio de esta expansión internacional, la empresa ha tenido claro la necesidad de contar con alianzas con los principales competidores extranjeros como forma de acceso a los nuevos mercados y especialmente en el caso de Europa y EE UU Claros ejemplos de ellos son la participación del grupo Thales en el capital social de la empresa entre 1994 y 2004 o la constitución de las empresas conjuntas Indra ATM e Indra EWS con Raytheon.

El desarrollo de las actividades internacionales impulsó la creación de una importante red de delegaciones y, posteriormente de filiales en los mercados extranjeros. Con anterioridad a la privatización, contaba con una filial en Argentina, Indra SI, participada al 50 por ciento por Aerolíneas Argentinas. En 1999 la empresa compra esta participación, pasando a controlar el cien por cien. Más tarde, en el año 2000 se crea la filial

**Tabla 3** El mercado internacional en Indra

| Años | Ventas en mercados extranjeros | Porcentaje ventas totales |
|------|--------------------------------|---------------------------|
| 1999 | 239,4 | 41 |
| 2000 | 269,8 | 40 |
| 2001 | 265,4 | 35 |
| 2002 | 266,5 | 31 |
| 2003 | 320,5 | 33 |
| 2004 | 374,9 | 35 |

*Fuente:* Navas y Guerras (2003) y Memoria 2004.

en Portugal, Indra Sistemas de Servicios Informáticos, en el 2001 crea su filial en Italia y en el 2002 en EE UU, China y Brasil. Hoy, Indra Sistemas cuenta con siete filiales (EE.UU., China, Portugal, Brasil, Argentina, Chile, Italia), además de delegaciones en los cinco continentes. De todas estas filiales, la que más ventas aporta al grupo es la de Portugal, seguida de la chilena y estadounidense. Asimismo, su grupo de consultoría Europraxis tiene sedes abiertas en Méjico, Brasil, Argentina, Alemania, Portugal e Italia.

Los mercados internacionales son los más importantes en las líneas de negocio de simulación y sistemas automáticos de mantenimiento y los equipos electrónicos de defensa (con un 69 y un 57 por ciento, respectivamente, de todas sus ventas), pero también su peso es notable en las actividades de gestión del tráfico aéreo y en los procesos electorales.

Por áreas geográficas (*véase* Tabla 4), Europa es el mercado internacional con mayor peso y crecimiento de Indra. También en los últimos años ha ido ganando importancia el mercado de EE UU en las áreas de simulación y equipos electrónicos de defensa, especialmente. La presencia en estos mercados tan exigentes es una garantía permanente del alto nivel de competitividad de la compañía. Se destaca igualmente la importancia de Latinoamérica en la facturación de la compañía, especialmente en el área de tecnologías de la información. Aunque las crisis económicas en distintos países de la zona han tenido también su efecto en las contrataciones con Indra, en los últimos años este mercado va recuperándose.

## Hitos más significativos desde la privatización a la actualidad

### Año 2000

— Indra promueve el portal financiero Inversis junto con Caja Madrid, Banco Zaragozano, Terra y El Corte Inglés.
— Indra realiza el recuento de las elecciones nacionales en España y al Parlamento andaluz.

**Tabla 4** Distribución de las ventas por áreas geográficas

| Ventas | 2004 | | 2003 | | Porcentaje variación |
|--------|------|------|------|------|----------------------|
| | M. de euros | Porcentaje | M. de euros | Porcentaje | |
| Total ventas | 1.079,2 | 100 | 981,4 | 100 | 10 |
| Nacional | 704,4 | 65 | 660,9 | 67 | 7 |
| Internacional | 374,9 | 35 | 320,5 | 33 | 17 |
| — Resto Unión Europea | 261,9 | 24 | 199,0 | 20 | 32 |
| — EE UU | 30,8 | 3 | 45,7 | 5 | (33) |
| — Latinoamérica | 47,8 | 4 | 43,5 | 4 | 10 |
| — Otros | 34,5 | 3 | 32,3 | 3 | 7 |

*Fuente:* Memoria 2004.

— Se crea Atlante, su filial en el negocio de *e-business* (diseño y desarrollo de negocios en la red).
— La US Navy (Armada de los EE UU) adjudica a Indra el simulador del F-14 en competencia con ocho gigantes norteamericanos
— Se crea Indra Portugal tras ganar una concesión de *outsourcing* informático de Gas de Portugal.

## Año 2001

— Indra gana un concurso convocado por el gobierno chino para el desarrollo, suministro, instalación y puesta en marcha de los sistemas de control de tráfico, comunicaciones y peaje de la autopista Shangai-Hangzhou. La empresa tiene presencia en China desde 1997 y progresivamente ha ido aumentando sus ventas en este mercado, que desde 2002 se canalizan a través de su filial Indra Beijin IT Sistemas.
— Se firman dos contratos para gestionar todo el tráfico aéreo en centroamérica. Estos contratos son renovados en 2003.
— Indra compra la consultora Europraxis por 44,6 millones de euros. Europraxis se integra a principios del 2002 con la empresa Atlante (creada el año anterior) y forman Europraxis Atlante, S.L., dedicada a la prestación de sistemas profesionales, cubriendo las áreas de consultoría de negocio, consultoría tecnológica y de soluciones.
— Indra adquiere el 11 por ciento de la compañía española BMB, por un importe de 1,62 millones de euros (270,8 millones de pesetas) convirtiéndose desde entonces en su principal socio tecnológico. Recientemente, su participación se ha elevado al 50 por ciento.
— A través de su empresa participada, la sociedad mixta europea ESS (Euro Simulation Systems), Indra se adjudica el contrato para desarrollar y fabricar los simuladores de vuelo del Eurofighter 2000 (avión de combate europeo), que en total asciende a cerca de seiscientos millones de euros.

## Año 2002

— Se acuerda con el grupo luso CPC la creación de Indra CPC en la que se integrarían los activos de servicios de TI de CPC con la filial de Indra en Portugal triplicando su tamaño en este mercado y convirtiéndose en el octavo proveedor de servicios informáticos. En un principio, controlaba el 60 por ciento de la filial pero hoy ya tiene el cien por cien.
— Indra compra la consultora Razona, especializada en Internet y propiedad hasta ese momento de la presidenta de Banesto, Ana Patricia Botín. Se integra con su filial Europraxis, lo que supone una im-

portante ampliación de la participación de Indra en el negocio de la consultoría.
— Indra se adjudica el contrato para el control aéreo del aeropuerto de Varsovia.
— Indra adquiere el 49 por ciento de su filial Indra EWS a Raytheon con lo que pasa a tener el cien por cien de la empresa. Posteriormente, esta filial es absorbida por la matriz del grupo Indra Sistemas.
— Se crea Inmize, una empresa española de tecnología de misiles, en la que Indra posee un 40 por ciento.

## Año 2003

— Se firma con un contrato de tres años con Viesgo para el *outsourcing* de los sistemas comerciales de esta empresa
— Indra consigue un contrato con el Ministerio de Interior argentino para gestionar el recuento de votos en las elecciones argentinas.
— Se logra un contrato para desarrollar un nuevo sistema de *ticketing* para el Metro de París.
— La empresa refuerza su posición en China con el contrato para desarrollar un sistema de billetaje para el tren que enlaza Tiajun con Binhai.
— Indra entra en el mercado electoral de Reino Unido al lograr el contrato para desarrollar las elecciones locales en varias ciudades con el sistema de voto electrónico.
— La empresa anuncia su participación en el Grupo Industrial Transatlántico, un consorcio liderado por EADS y en el que participan otras empresas de defensa. Este consorcio se adjudicó en el 2004 el mayor contrato de defensa de las últimas décadas adjudicado por la OTAN, el programa de desarrollo futuro del sistema de vigilancia terrestre de la OTAN.
— Indra es seleccionada junto con otros seis grupos por la Armada de EE UU para participar en su programa de referencia TSCII y pujar por lograr el contrato de suministro de simuladores aeronáuticos por cinco años. La empresa española, a través de su filial en EE UU, es la única empresa no norteamericana que entra en el programa.
— Logra un contrato para mejorar la red del metro para los *Juegos Olímpicos de Atenas*.
— El Ministerio de Defensa le adjudica un sistema de control antiaéreo por 177,3 millones de euros.
— Logra otro contrato para mejorar el sistema de gestión del tráfico aéreo de Marruecos.
— También consigue un contrato con AENA por tres años para proveer a esta agencia de una nueva plataforma tecnológica para integrar sus sistemas de tráfico aéreo en las especificaciones de Eurocontrol.

— Logra un contrato de 8 millones de euros con la Armada de los EE UU para el desarrollo del simulador del avión Harrier. En el 2004 logra un nuevo contrato valorado en 13,6 millones de euros con la Armada estadounidense para desarrollar la nueva generación de programas automáticos de mantenimiento del avión F-18 en competencia con el fabricante de aviones Boeing.
— Desarrolla un centro de simulación de gestión del tráfico aéreo en Colombia.

### Año 2004

— Se adjudica el diseño de un nuevo centro de control del espacio aéreo del sur de Ucrania, así como la mejora de los sistemas de gestión del tráfico aéreo de Panamá.
— Es la encargada del recuento preliminar de los votos en las elecciones del 14 de marzo. También es seleccionada para el recuento de los votos al Parlamento Europeo en junio de ese año.
— Se crea una asociación de interés económico con Izar y Lockheed Martin para ofrecer el mantenimiento integrado de los sistemas de combate de las fragatas españolas F-100.
— Se firma un contrato de 17 millones de dólares en EE UU para desarrollar los nuevos sistemas automáticos de mantenimiento de los F-18 Hornet.
— Vende sus sistemas de defensa antiaérea a Nueva Zelanda.
— Un nuevo contrato para desarrollar la Red de Vigilancia del Espacio Aéreo de Portugal para la OTAN.
— Logra un contrato con la Armada alemana por veinte millones de euros, para suministrar equipos de defensa electrónica a cinco fragatas ligeras de la clase K-130, lo que significa su primer gran contrato de referencia internacional en guerra electrónica.
— Es seleccionada para desarrollar los sistemas automáticos de mantenimiento de los helicópteros H60 de la Armada de EE UU.
— Indra firma un contrato con General Dynamics-Santa Bárbara para la provisión de varios sistemas dentro del Programa Pizarro para la Armada española.
— Tecnocom, un grupo de telecomunicaciones e Indra constituyen una empresa conjunta en Méjico, participada al 50 por ciento, para desarrollar conjuntamente un proyecto llave en mano para la gestión de tráfico y sistema de peaje de una autopista en Méjico, que gestiona una filial del grupo constructor OHL.
— Indra ha solicitado un proceso de arbitraje internacional para disolver la alianza con la sociedad norteamericana Raytheon, por la que se creó Indra ATM en 1997.

## El gobierno corporativo en Indra

En su trayectoria como empresa privada, el grupo Indra Sistemas, S.A., se ha caracterizado por una especial preocupación en alcanzar y mantener una posición privilegiada en cuanto a las prácticas de buen gobierno corporativo se refiere. Ya en 1999, y bajo la dirección de su actual presidente, Javier Monzón de Cáceres, la compañía se convierte en una de las primeras empresas cotizadas que cumple la totalidad de las recomendaciones del informe Olivencia. Hoy el seguimiento de dichas prácticas sigue siendo escrupuloso e incluso se han ampliado en consonancia con las sugerencias del informe Aldama y la demostrada voluntad de la alta dirección en servir como ejemplo de transparencia y buen gobierno. Tal y como afirma el presidente, la política en materia de gobierno corporativo pretende *«promover la participación informada de los accionistas y facilitar la más fluida y eficaz comunicación de la compañía con ellos y con los inversores interesados»* con el compromiso de *«desarrollar y poner al alcance de los accionistas todos aquellos medios electrónicos que faciliten la comunicación con ellos, así como su participación activa y el ejercicio de sus derechos políticos»*.

Esta labor se ha visto reconocida con varios premios a la excelencia en distintas prácticas de buen gobierno (premio en 2003 y 2004 a la «mejor relación con los inversores entre empresas de crecimiento en Europa», primera empresa en «transparencia informativa» según el ranking de 2004 de «Nuevo Lunes», accésit del premio al «mejor uso de internet en su relación con los inversores»). De acuerdo con los datos de la Fundación de Estudios Financieros (*véase* Tabla 5), la puntuación obtenida en las distintas áreas del gobierno corporativo es superior en todos los casos a la media de las incluidas en el IBEX 35 (con información de 2003), destacando especialmente en los apartados de «Consejo de Administración» y «Derechos y Obligaciones del Accionista» donde Indra Sistemas, S.A., ocupa el primer y tercer puesto en el ranking que incluye a las empresas del IBEX 35. Destaca igualmente el uso de internet como medio de comunicación con los accionistas, en la que Indra obtiene una puntuación superior a 9 cuando la media de las del IBEX 35 se sitúa alrededor de 7,5. En efecto, el sitio Web de Indra (http://www.indra.es) no solo ofrece información completa y actualizada sino que sirve como instrumento interactivo mediante el cual el accionista puede incorporar sugerencias y propuestas que el consejo de administración tendrá en cuenta para su votación o eventualmente para su incorporación al orden del día de la junta general. A estos efectos, los accionistas son informados por internet sobre la fecha probable y el orden del día

## Tabla 5    Calificación de las prácticas de buen gobierno

|  | Puntuación Indra | Media IBEX 35 | Ranking IBEX 35 |
|---|---|---|---|
| Puntuación Global | 8,3 | N.D. | N.D. |
| Estructura de propiedad | 7,5 | 6,45 | 8.ª |
| Consejo de Administración | 8,3 | 5,9 | 1.ª |
| Dchos. y oblig. del accionista | 8,6 | 6,3 | 3.ª |
| Transparencia informativa | 8,0 | 7,5 | N.D. |

*Fuente:* FEF, 2004.

previsto para la convocatoria de la junta general de accionistas con suficiente antelación respecto a la comunicación oficial de la convocatoria.

Según los datos suministrados por el informe de gobierno corporativo, el consejo de administración estaba formado en el 2004 por 12 consejeros de los cuales tres eran ejecutivos, dos eran dominicales (en representación de Caja Madrid) y 7 independientes, por tanto la ratio de consejeros externos supone un 75 por ciento del total de miembros del consejo. Asimismo, una reciente modificación de los estatutos de la sociedad incorpora la creación de una comisión de auditoría y cumplimiento formada exclusivamente por consejeros externos que se ocupa de auditar internamente las actividades de la compañía y de proponer, renovar o sustituir a las empresas auditoras externas. Estas últimas, a su vez, deben cumplir ciertos requisitos exigidos por el reglamento del consejo para garantizar la independencia de su labor. En concreto, los honorarios satisfechos por Indra a la auditora no pueden suponer más del 10 por ciento de sus ingresos totales y, en caso de renovación del contrato por varios años, el socio auditor y su equipo deben ser renovados periódicamente. Asimismo es política habitual de Indra, no contratar servicios complementarios (consultoría, intermediación) a sus auditoras.

La empresa incorpora puntual y detalladamente la información que, según los informes Olivencia y Aldama, debería incluir un informe de gobierno corporativo: la identidad y remuneración de la alta dirección y de los consejeros, sus participaciones en la propiedad y sus transacciones con cualquiera de las sociedades del grupo, la existencia y alcance de las restricciones de los derechos del accionista (blindajes, ejercicio del voto, etc.), mecanismos de control y transparencia, movimientos en la autocartera, conflicto de intereses, garantías de confidencialidad, y así hasta completar las sesenta páginas que contiene el informe completo.

## Referencias bibliográficas

El Nuevo Lunes (2003): *Indra: el valor de la anticipación*, 23 a 29 de junio. Pp. 1-8.

Fundación de Estudios Financieros (2004): *Informe sobre la situación de gobierno corporativo y transparencia informativa*. Indra Sistemas, S.A.

Indra (2005): *Informe de actividades 2004*.

Indra (2005): *Informe de Gobierno Corporativo 2004*.

Navas López, J. E. y Guerras Martín, L. A. (2003): *La estrategia tecnológica en Indra*. En Navas López, J. E. y Guerras Martín, L. A. (eds.): *Casos de Dirección Estratégica de la Empresa*, Thomson, 3.ª ed, Madrid. Pp. 157-169.

http://www.indra.es.

## Anexo I. Cuentas consolidadas 2000-2004 (millones de euros)

### Balance de situación consolidado

| | 2000 | 2001 | 2002 | 2003 | 2004 |
|---|---|---|---|---|---|
| Inmovilizado Material Neto | 34,7 | 42,8 | 56,7 | 57,3 | 55,0 |
| Inmovilizado Inmaterial Neto | 31,4 | 40,5 | 38,6 | 32,6 | 24,5 |
| Inmovilizado Financiero | 14,9 | 64,9 | 67,8 | 87,9 | 85,2 |
| Autocartera | 15,0 | 16,4 | 11,1 | 0,8 | 0,5 |
| Fondo de Comercio | 14,9 | 63,0 | 82,9 | 60,5 | 60,1 |
| Activo Circulante Operativo | 513,2 | 630,6 | 657,5 | 651,3 | 690,0 |
| Inversiones Financieras Temporales | 99,2 | 97,0 | 81,8 | 211,6 | 276,1 |
| Otros Activos | 66,5 | 48,4 | 51,7 | 37,8 | 34,9 |
| **Total Activo** | **789,9** | **1.003,5** | **1.048,1** | **1.139,7** | **1.226,4** |
| Fondos Propios | 140,7 | 219,3 | 255,3 | 337,0 | 396,3 |
| Minoritarios | 51,7 | 58,9 | 34,1 | 35,8 | 34,9 |
| Provisiones y Otros | 26,4 | 26,7 | 15,8 | 15,0 | 16,3 |
| Deuda financiera a largo plazo | 17,8 | 20,5 | 43,8 | 63,8 | 66,7 |
| Otras deudas a largo plazo | 4,8 | 16,7 | 12,4 | 8,4 | 2,1 |
| Deuda financiera a corto plazo | 3,9 | 2,5 | 1,4 | 11,0 | 11,5 |
| Pasivo Circulante Operativo | 487,8 | 561,0 | 614,3 | 602,5 | 635,7 |
| Otros Pasivos | 56,8 | 97,9 | 71,0 | 66,3 | 62,9 |
| **Total Pasivo** | **789,9** | **1.003,5** | **1.048,1** | **1.139,7** | **1.226,4** |

### Cuenta de Resultados consolidada

| | 2000 | 2001 | 2002 | 2003 | 2004 |
|---|---|---|---|---|---|
| **Ventas** ( Cifra neta de negocios) | **676,9** | **774,3** | **873,6** | **981,4** | **1.079,2** |
| Otros ingresos | 5,4 | 7,9 | 8,5 | 6,0 | 5,3 |
| Ingresos Totales | 682,3 | 782,2 | 882,2 | 987,4 | 1.084,6 |
| Costes aprov., externos y de explotación | −379,8 | −428,5 | −494,2 | −567,2 | −629,3 |
| Costes de personal | −220,8 | −257,8 | −274,4 | −291,1 | −311,8 |
| Resultado Bruto Explotación | 81,6 | 95,9 | 113,6 | 129,2 | 143,5 |
| Amortizaciones y prov. de circulante | −11,2 | −12,3 | −17,6 | −20,0 | −20,9 |
| **Resultado neto explotación** | **70,4** | **83,7** | **96,0** | **109,1** | **122,6** |
| Resultado Financiero | 3,4 | 0,8 | 0,2 | 4,6 | 3,9 |
| Resultado Participadas | −1,4 | −1,8 | −0,5 | 0,6 | −0,5 |
| Amortización Fondo de Comercio | −0,7 | −1,4 | −3,6 | −4,2 | −3,5 |
| **Resultado Ordinario** | **71,8** | **81,2** | **92,1** | **110,2** | **122,4** |
| Resultado Extraordinario | −9,3 | −1,9 | −12,2 | −17,6 | −7,5 |
| **Resultado antes de impuestos** | **62,5** | **79,3** | **79,9** | **92,6** | **114,9** |
| Impuestos | −16,0 | −19,6 | −14,4 | −18,8 | −25,1 |
| **Resultado Consolidado** | **46,5** | **59,7** | **65,5** | **73,8** | **89,9** |
| Minoritarios | −8,1 | −11,7 | −8,1 | −2,1 | −4,6 |
| **Resultado atrib. Sociedad Dominante** | **38,3** | **48,0** | **57,4** | **71,7** | **85,3** |

# Telefónica

Nuria López Mielgo
José Manuel Montes Peón
Camilo Vázquez Ordás
*Universidad de Oviedo*

## Evolución del sector de las telecomunicaciones

Hasta 1984 el sector de las telecomunicaciones había sido relativamente estable, momento en que se liberalizó el mercado norteamericano. En sus comienzos, los servicios de telecomunicaciones se basaban en una infraestructura de sistema por cable, lo que exigía importantes inversiones a fin de garantizar un servicio universal dentro de los diferentes mercados nacionales. Dada la importancia otorgada por los gobiernos a esta cuestión, concedieron la explotación de estos servicios en régimen de monopolio, ya fuera a empresas públicas o privadas. Este hecho, llevó a la aparición de una industria internacional caracterizada por **monopolios nacionales**, con **poca competencia entre países**. Esta estructura sectorial cambió radicalmente debido al proceso de desregulación que tuvo lugar en la década de los ochenta y noventa en gran cantidad de países.

En la década de los noventa, las empresas proporcionaban, básicamente, conexiones telefónicas con servicios de voz. Debido a la estructura tecnológica del sistema telefónico, se podían distinguir tres tipos de servicios: telefonía local, de larga distancia e internacional. En la mayoría de los países del mundo, estos servicios los suministraba una sola compañía; pero en otros, el servicio de larga distancia y el internacional estaban abiertos a la libre competencia. En España, Telefónica monopolizaba los tres tipos de servicios desde 1946. En Estados Unidos, AT&T, Sprint y MCI competían en el suministro de servicios telefónicos de larga distancia e internacionales, mientras que compañías regionales tenían monopolios sobre sus respectivas redes telefónicas locales. Tras muchas décadas operando en un sector muy estable y protegido, las empresas de telecomunicaciones se enfrentan a un entorno de cambios profundos y acelerados.

*Cambios reguladores.* Durante la década de los ochenta, muchos países habían empezado a reconocer que la calidad de la infraestructura de telecomunicaciones desempeñaba un papel importante en el desarrollo económico. Esto llevó a la mayoría de los países industrializados, entre ellos Estados Unidos, Reino Unido y Japón, a desregular sus industrias en un intento de incrementar el nivel competitivo para mejorar la calidad del servicio. Este proceso se inició a finales de los años setenta con la separación en varias empresas del sistema Bell y la introducción de competencia en el mercado de telefonía de larga distancia en los EE UU. La ola de reformas de la regulación que se produjo en los años ochenta en el Reino Unido con la privatización de British Telecom y la aparición de un competidor, Mercury, dio otro impulso hacia la competencia en el sector. En comparación con los recientes cambios que se han producido en la industria, estas reformas hoy parecen tímidas, ya que introducen competencia solo en la telefonía de larga distancia e incluso limitan la entrada de más competidores en el mercado británico. Sin embargo, las reformas efectuadas en la Europa continental han sido mucho más cautelosas aún. A principios de los años ochenta la protección de los operadores nacionales llegaba hasta la inclusión de la venta de los equipos terminales, con el argumento de que ello era necesario para garantizar el funcionamiento del sistema, argumento este poco convincente. Así, por ejemplo, en España la venta de terminales se liberalizó solo en el año 1987 con la Ley de Ordenación de las Telecomunicaciones (LOT). Era necesario que la Comisión Europea comenzara a tomar un interés activo en la estructuración competitiva del sector para estimular una reforma más profunda del mercado de telecomunicaciones en Europa. Además del espectacular desarrollo tecnológico, un factor más ha contribuido a cambiar la actitud política hacia el mercado de las telecomunicaciones: la impresión cada vez más generalizada de que los sistemas de regulación tradicionales han sido excesivamente costosos para las economías. El ritmo al que se introducían servicios nuevos era muy lento, y ello no se debe solo al progreso tecnológico. Muchas tecnologías que se han comercializado con éxito a partir de los noventa (como la telefonía móvil y los buzones de voz) existen desde principios de los años setenta. Por otro lado, la evolución de los precios en los servicios de telecomunicaciones de los últimos años se ha reducido considerablemente (*véase* Figura 1).

El reto para la política reguladora está en encontrar un sistema de regulación que permita un máximo de competencia en el mercado minimizando los costes de la competencia por actividades con carácter de monopolio natural.

Muchos países en vías de desarrollo, sobre todo latinoamericanos, estaban abriendo sus fronteras a las inversiones extranjeras directas, a fin de atraer el capital que les permitiera construir la infraestructura básica de telecomunicaciones.

*Internacionalización y concentración.* En el sector, cada vez más globalizado, se fueron formando numerosas alianzas estratégicas. Consorcios internacionales, en los que se integraban instituciones financieras y compañías de telecomunicaciones, entraban en los mercados de los países en vías de desarrollo para modernizar sus infraestructuras de telecomunicaciones. También, las empresas de servicios públicos, fundamentalmente compañías eléctricas y otras con redes nacionales, intentaban entrar en el negocio de las llamadas de larga distancia y de la transmisión de datos. Por último, en años más recientes, el negocio de Internet, la telefonía móvil y las nuevas tecnologías de transmisión de la información, como el ADSL, requieren fuertes inversiones que llevan a las empresas a buscar alianzas, fusiones y adquisiciones que hagan más rentable el sector

dando lugar a un verdadero mercado global formado por grandes multinacionales.

*Cambios tecnológicos.* La fusión de las tecnologías de telecomunicaciones e informáticas permitió incorporar nuevas prestaciones, como la facturación detallada al cliente o la llamada en espera, y también propició la creación de nuevos servicios. Las redes de fibra óptica supusieron otra posibilidad de acceder a los clientes. Dado que los cables de fibra óptica facilitan la transmisión de grandes cantidades de información digital, permiten a las compañías suministrar al consumidor final productos multimedia. También permiten a las compañías de televisión por cable ofrecer servicios telefónicos. Telefónica ha instalado fibra óptica en muchos países donde opera, aunque su verdadera apuesta es la tecnología ADSL, que permite transformar las líneas analógicas en líneas digitales de banda ancha, evitando tener que abrir canalizaciones por las calles. El ADSL ha permitido cubrir todo tipo de aplicaciones de teletrabajo, de acceso a la información y de entretenimiento. En 2003 la conexión a Internet por satélite se hizo efectiva, lo que abre un nuevo campo de posibilidades, como la conexión desde un portátil, una PDA o un teléfono móvil. La telefonía móvil e Internet se convierten en los negocios estrella de las telecomunicaciones.

*Crisis en el 2000.* En los últimos años de la década de los noventa comienza a gestarse una burbuja especulativa que afecta a todo el mercado bursátil español, y muy particularmente al sector de las telecomunicaciones. Algunos de los motivos son las dudas sobre la economía norteamericana, la desaceleración europea, la

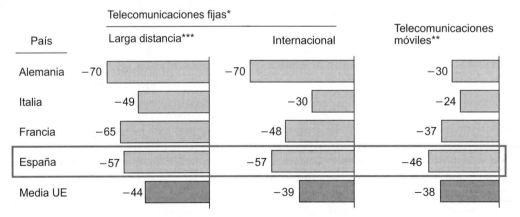

**Figura 1**    Disminución de tarifas 1998-2001 acumulada (en porcentaje)

| País | Telecomunicaciones fijas* | | Telecomunicaciones móviles** |
|---|---|---|---|
| | Larga distancia*** | Internacional | |
| Alemania | −70 | −70 | −30 |
| Italia | −49 | −30 | −24 |
| Francia | −65 | −48 | −37 |
| España | −57 | −57 | −46 |
| Media UE | −44 | −39 | −38 |

\*  Tarifas nominales. Llamada de 3 minutos en hora punta. Incluye coste de establecimiento de llamada y excluye IVA.
\*\*  Tarifas calculadas como ARPU/MOU.
\*\*\*  Noviembre 2001.
*Fuente:* Comisión Europea; EMC; Informes analistas.

crisis de las grandes economías latinoamericanas y la incertidumbre sobre los beneficios de las grandes empresas. La pérdida experimentada por el mercado español en 2002 alcanza un 23,1 por ciento, según el Índice General de la Bolsa de Madrid, y un 28,1 por ciento, según el Ibex-35. En el sector de telecomunicaciones la crisis es a nivel mundial, debido a la sobrevaloración de tasas de crecimiento esperadas, los retrasos en la disponibilidad de nuevas tecnologías y horizontes de rentabilidad excesivamente anticipados. La burbuja especulativa explotó en el año 2000 y la caída en picado de las cotizaciones afectó duramente al sector. Los índices norteamericanos Nasdaq y Standard & Poor's sufrieron descensos del 39 por ciento y del 10 por ciento respectivamente, frente a subidas del 86 por ciento y 20 por ciento en 1999. Mientras que el índice europeo más representativo del sector de telecomunicaciones, el Dow Jones Telco, cayó un 37 por ciento, cuando en el año 1999 se había revalorizado un 91 por ciento. La crisis duró dos años. En el 2003 la economía se recuperó y también lo hace el sector: el Dow Jones Telco registró

un incremento del 19 por ciento. En la Tabla 1 se puede observar cómo las principales empresas de telecomunicaciones de todo el mundo presentan una rentabilidad negativa durante el periodo 2000-2002, mientras que en el siguiente año prácticamente todas las empresas pasan a tener rentabilidad positiva.

Telefónica ha tratado de hacer frente a la crisis y no perder posiciones en el mercado bursátil combinando dos políticas financieras. Por un lado, ha sustituido las ampliaciones de capital liberadas que se llevaron a cabo desde 1988 por retribuciones directas al accionista mediante el pago de dividendos en efectivo. De esta forma en febrero de 2003 aprueba el reparto de 0,175 euros por acción, elevándolo a 0,1838 y a 0,5 euros por acción en 2004 y 2005 respectivamente, lo que fue muy bien acogido por las plazas bursátiles. En segundo lugar, la recompra de acciones propias como vía alternativa y selectiva en función de la cotización. La diversificación de actividades y la reducción de la proporción de deuda en relación a los fondos propios también han servido para reducir el riesgo de la compañía.

## Tabla 1 — Rentabilidad[1] para los accionistas de empresas de telecomunicaciones

| | 1998 | 1999 | 2000 | 2001 | 2002 | 2003 | 2004 | Rentabilidad media | |
| | | | | | | | | 1993-2002 | 2000-2004 |
|---|---|---|---|---|---|---|---|---|---|
| Netcom, Noruega | 7 % | 92 % | 7 % | −2 % | 29 % | 4 % | 10 % | | 9 % |
| Bce, Canadá | 15 % | 144 % | 33 % | −19 % | −17 % | 29 % | 13 % | 17 % | 5 % |
| Portugal Telecom | | 21 % | −15 % | −15 % | −15 % | 58 % | 27 % | | 4 % |
| Securicor, U.K. | 79 % | 58 % | −9 % | −26 % | −19 % | 31 % | 61 % | | 3 % |
| Telefonica, España (en $) | 66 % | 74 % | −34 % | −16 % | −30 % | 76 % | 32 % | 15 % | −2 % |
| Telecom Ital.Mobl., Italia | 62 % | 52 % | −27 % | −28 % | −7 % | 20 % | 45 % | | −3 % |
| Alltel, USA | 50 % | 41 % | −23 % | 1 % | −15 % | −6 % | 30 % | 11 % | −4 % |
| Telecom Italia, Italia | 558 % | −9 % | −16 % | −39 % | −20 % | 37 % | 44 % | −1 % | −4 % |
| Centurytel, USA | 104 % | 6 % | −24 % | −8 % | −10 % | 12 % | 10 % | 12 % | −5 % |
| Bellsouth, USA | 81 % | −5 % | −11 % | −5 % | −30 % | 13 % | 2 % | 10 % | −7 % |
| Telefonica, España (en €) | 54 % | 104 % | −29 % | −11 % | −41 % | 47 % | 23 % | 16 % | −8 % |
| Vodafone Group, U.K. | 127 % | 53 % | −25 % | −28 % | −29 % | 38 % | 12 % | 17 % | −10 % |
| Brueder Mannesmann, Al. | 51 % | −47 % | −52 % | −31 % | −63 % | 38 % | 202 % | | −13 % |
| Deutsche Telekom, Al. | 79 % | 119 % | −57 % | −41 % | −23 % | 43 % | 23 % | | −19 % |
| France Telecom, Francia | 124 % | 69 % | −34 % | −52 % | −53 % | 89 % | 18 % | | −20 % |
| BT Group, UK | 97 % | 65 % | −64 % | −39 % | −13 % | 12 % | 21 % | 3 % | −23 % |
| Cable & Wireless, U.K. | 42 % | 40 % | −19 % | −63 % | −84 % | 242 % | −1 % | −4 % | −30 % |
| Colt Telecom, U.K. | 488 % | 242 % | −58 % | −92 % | −56 % | 132 % | −47 % | | −55 % |
| Telewest Comms, U.K. | 151 % | 87 % | −71 % | −42 % | −96 % | 6 % | −58 % | | −69 % |
| Energis, U.K. | 435 % | 114 % | −30 % | −87 % | −98 % | 12 % | 7 % | | −72 % |
| Worldcom, USA | 137 % | 11 % | −73 % | 4 % | −99 % | −89 % | | | −80 % |
| Promedio | 140 % | 63 % | −30 % | −30 % | −38 % | 40 % | 24 % | 10 % | −12 % |

*Fuente:* Fernández, P. (2005).

---

[1] La rentabilidad se ha calculado como el aumento de la cotización de la acción, más los dividendos, derechos y otros cobros (reducciones de nominal, pagos especiales...) dividido por la cotización de la acción al inicio del año.

## Telefónica en la actualidad

Telefónica es un complejo grupo empresarial, presente en 40 países y, en 15 de ellos, de forma intensiva. Actualmente es líder en el mercado hispano-portugués y uno de los líderes mundiales en el sector de las telecomunicaciones, aspirando a convertirse en el mejor y mayor grupo integrado de telecomunicaciones del mundo. cuenta con una base de clientes que supera los 100 millones en un mercado potencial de 500 millones. en cuanto a capitalización bursátil, telefónica fue la tercera multinacional por volumen de capitalización en 2004 (cuando estaba en el noveno lugar en 1998) y a pesar de la crisis de las empresas tecnológicas en 2001 y 2002, telefónica fue la quinta empresa más rentable en el periodo 2000-2004.

En la actualidad, Telefónica es uno de los primeros grupos empresariales privados del país por ingresos, volumen de activos, capital social y número de empleados. Por lo que respecta a su financiación, cotiza en todas las bolsas españolas y en los principales mercados de valores del mundo.

Desde su privatización en 1997, la compañía ha cambiado su estructura organizativa en dos ocasiones. La primera de ellas, en 1998, configura a Telefónica, S.A., como un *holding* con siete grandes líneas de actividad[2], en el que cada área de negocio tiene su propia identidad jurídica y perfiles claros sobre su patrimonio y resultados; se responsabiliza de todos los aspectos de los negocios que explota, desde el diseño de los productos hasta la comercialización de los mismos. Tal autonomía se complementa con la existencia de un centro corporativo y varias empresas[3] que proporcionan servicios comunes a las unidades de negocio. El centro corporativo constituye la sociedad cabecera del grupo y tiene la misión de dar cohesión al conjunto y facilitar las sinergias, optimizando los resultados globales. En este sentido, Telefónica de España, S.A., ha cambiado su denominación social, pasando a llamarse Telefónica, S.A., para dar una imagen de marca global al amparo de

| Tabla 2 | Capitalización de operadoras de telecomunicaciones en el mes de diciembre, desde 1998 a 2004 (en millones de euros) | | | | | | |
|---|---|---|---|---|---|---|---|
| | **1998** | **1999** | **2000** | **2001** | **2002** | **2003** | **2004** |
| Vodafone Group, U.K. | 42.781 | 153.404 | 252.256 | 20.011 | 11.844 | 133.941 | 130.773 |
| Deutsche Telecom, Alemania | 76.875 | 213.842 | 9.725 | 81.436 | 51.296 | 61.035 | 69.850 |
| Telefonica, España | 39.645 | 80.918 | 76.396 | 70.219 | 41.461 | 54.436 | 68.689 |
| France Telecom, Francia | 69.353 | 134.532 | 106.093 | 51.807 | 19.886 | 36.349 | 60.099 |
| Telecom Ital.Mobl., Italia | 41.832 | 73.628 | 71.686 | 52.879 | 36.686 | 41.465 | 46.403 |
| Bellsouth, USA | 83.058 | 87.898 | 81.385 | 80.419 | 45.821 | 41.465 | 37.452 |
| Telecom Italia, Italia | 8.377 | 13.574 | 12.505 | 10.494 | 8.598 | 2.421 | 31.049 |
| Bt Group, UK | 82.904 | 158.259 | 59.661 | 3.586 | 25.941 | 23.128 | 24.456 |
| Bce, Canada | 20.471 | 58.025 | 25.136 | 20.401 | 15.559 | 1.632 | 16.422 |
| Altel, USA | 13.987 | 25.894 | 20.793 | 2.152 | 15.117 | 11.524 | 13.132 |
| Portugal Telecom, Portugal | 7.577 | 1.139 | 10.032 | 10.787 | 7.714 | 9.884 | 11.326 |
| Cable & Wireless, U.K. | 25.192 | 41.044 | 402 | 14.963 | 1.635 | 4.521 | 3.984 |
| Centurytel, USA | 5.285 | 6.601 | 5.352 | 5.198 | 3.993 | 3.729 | 3.512 |
| Netcom, Noruega | 1.049 | 2.362 | 2.702 | 2.801 | 3.077 | 2.665 | 2.717 |
| Securicor, U.K. | 4.295 | 1.586 | 1.543 | 1.199 | 812 | 719 | 2.500 |
| Colt Telecom, U.K | 7.521 | 33.983 | 16.028 | 2.808 | 1.052 | 2.029 | 1.003 |
| Telewest Comms, U.K. | 5.274 | 12.133 | 474 | 295 | 88 | 77 | 30 |
| Energis, U.K. | 2.854 | 14.766 | 11.768 | 1.669 | 24 | 22 | 22 |
| Brueder Mannesmann, Alemania | 32 | 20 | 10 | 7 | 2 | 3 | 7 |
| Worldcom, USA | 112.022 | 150.237 | 43.124 | 46.797 | 390 | 31 | |
| Total | 650.375 | 1.263.845 | 807.071 | 479.928 | 290.996 | 447.298 | 523.427 |

*Fuente:* Fernández, P. (2005).

[2] Líneas de negocio: Telefónica Sociedad Operadora de Telecomunicaciones en España, Telefónica Servicios Móviles, Telefónica Media, Telefónica Internacional, Telefónica Intercontinental, Telefónica Data y Terra Networks (anteriormente Telefónica Interactiva).

[3] Las empresas eran Estratel (que desarrollaba el negocio de *call centers* y teleservicios en España, así como la gestión del marketing directo, investigación de mercados y *task force*), Telefónica I+D, Telefónica Procesos y Tecnología (que colaboraba en la prestación de servicios relacionados con la tecnología de la información en el rediseño de los procesos informáticos) y Fundación Telefónica.

la cual cada una de las empresas filiales desarrollará su labor en un campo específico.

A lo largo de 2003 reorganiza nuevamente su estructura interna con el objetivo de evolucionar hacia un modelo de negocio más ágil y ligero, basado en unas inversiones menos intensivas en capital y mayor rotación de activos. Para ello simplifica las líneas de actividad y concentra la estructura corporativa aportando flexibilidad a la empresa. Se mantienen las filiales independientes y el centro corporativo responsable de la definición de la estrategia global, de la gestión de las actividades comunes y de la generación de políticas de apoyo, buscando explotar al máximo las sinergias entre las líneas de negocio.

Las **líneas de negocio** actuales son: 1) telefonía fija y banda ancha[4], 2) telefonía móvil[5] y 3) otros negocios[6]. El mercado de telefonía fija ha cambiando profundamente: el servicio de voz apenas tiene crecimiento, pero

su madurez se ve compensada por el protagonismo de la transmisión de datos, especialmente a través de la Banda Ancha Fija, que además supone la apertura de nuevos mercados y oportunidades con un potencial de crecimiento muy grande (más de un 40 por ciento del tráfico que circula por las redes fijas ha sido generado por ordenadores personales con un elevado crecimiento interanual). La telefonía móvil es un negocio muy rentable que aún presenta fuertes expectativas de crecimiento, especialmente en América Latina. México y Brasil son mercados clave para Telefónica, donde se espera para el 2006 duplicar las tasas de penetración de la telefonía móvil de finales de 2002, y esta tendencia es extensible al resto del continente. En el mercado de móviles también se observa un desplazamiento desde los servicios de voz hacia los servicios de datos (el porcentaje de ingresos procedentes de mensajes cortos crece exponencialmente). El

| Figura 2 | **Ranking mundial del mercado móvil por número de clientes gestionados (diciembre de 2004)** |

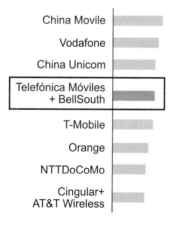

China Movile
Vodafone
China Unicom
Telefónica Móviles + BellSouth
T-Mobile
Orange
NTTDoCoMo
Cingular+ AT&T Wireless

*Fuente:* www.telefonica.es.

---

[4] La integran las empresas *Telefónica de España, Telefónica Latinoamérica, Telefónica Empresas* y *Terra. Telefónica de España* es la sociedad cabecera del grupo cuya principal actividad es la explotación de los servicios de telefonía fija en España. *Telefónica Latinoamérica* gestiona la telefonía fija en este mercado. Sus principales actividades están en Argentina (TASA), Brasil (Telesp), Chile (CTC), Perú (Telefónica del Perú) y Puerto Rico (Telefónica Larga Distancia Puerto Rico). Telefónica Empresas está enfocada al segmento corporativo de grandes empresas y administraciones públicas. También se integran en este negocio Telefónica Soluciones y Telefónica Internacional Wholesale Services (ofrece servicios internacionales de capacidad a otros operadores). *Terra* es la empresa de Telefónica en Internet, líder en España y Latinoamérica. Como ya se ha comentado, la empresa apuesta por la creación de infraestructuras de banda ancha, que soporten la nueva Sociedad de la Información para permitir el transporte simultáneo y a gran velocidad de información en cualquier formato, bien sea voz, datos, imágenes o vídeo.
[5] Telefónica móviles es líder en España y Latinoamérica y tiene operaciones en la cuenca mediterránea. Tras la adquisición de BellSouth en marzo de 2004, se sitúa en el cuarto mayor operador de telefonía móvil del mun-

do y se consolida como líder en países latinoamericanos en los que ya estaba presente (Argentina, Chile y Perú). Este mercado es especialmente atractivo por el enorme potencial de crecimiento. A finales de 2001 se contabilizaban más de 730 millones de usuarios en todo el mundo y se espera alcanzar 1.500 millones en 2005, de los cuales 400 millones se encontrarían en Europa y 225 millones en Latinoamérica.
[6] *Atento* es una empresa que presta servicios de atención al cliente a través de *contact centres* o plataformas multicanal (teléfono, fax, Internet...). Su oferta va desde servicios básicos de atención de llamadas hasta la navegación asistida a través de Internet, el tratamiento de bases de datos para la segmentación de mercados y clientes, entre otros. *TPI* es el mayor grupo de directorios en el mundo de habla hispana y portuguesa, presente en España, Brasil, Chile y Perú. La base de su negocio es la edición y comercialización de guías, aunque también desarrolla contenidos aplicados a nuevos canales de comunicación como Internet, móviles y agendas digitales personales (PDA). *Telefónica Contenidos* agrupa todas las actividades de Telefónica en el ámbito de los medios de comunicación y entretenimiento, lo que presenta una fuerte complementariedad con el negocio de Internet.

porcentaje esperado, para finales del 2005, de clientes móviles Banda Ancha de Telefónica Móviles España es del 40-45 por ciento sobre el total. La línea de contenidos engloba negocios que presentan complementariedades con las anteriores.

El **centro corporativo** se encarga de definir e implementar la estrategia global, gestionar las actividades comunes y generar políticas de apoyo con el objetivo de conseguir sinergias entre las líneas de negocio[7]. Podría decirse que es el soporte administrativo del grupo.

Como resultado, la diversidad de actividades que realiza le permite ser una empresa que ofrece servicios integrales de comunicación a todos sus clientes para satisfacer cualquier necesidad de información. Aunque está presente en tres continentes, el 94 por ciento de sus ventas proceden de España (62 por ciento) y Latinoamérica (32 por ciento).

**Figura 3** Estructura de Telefónica

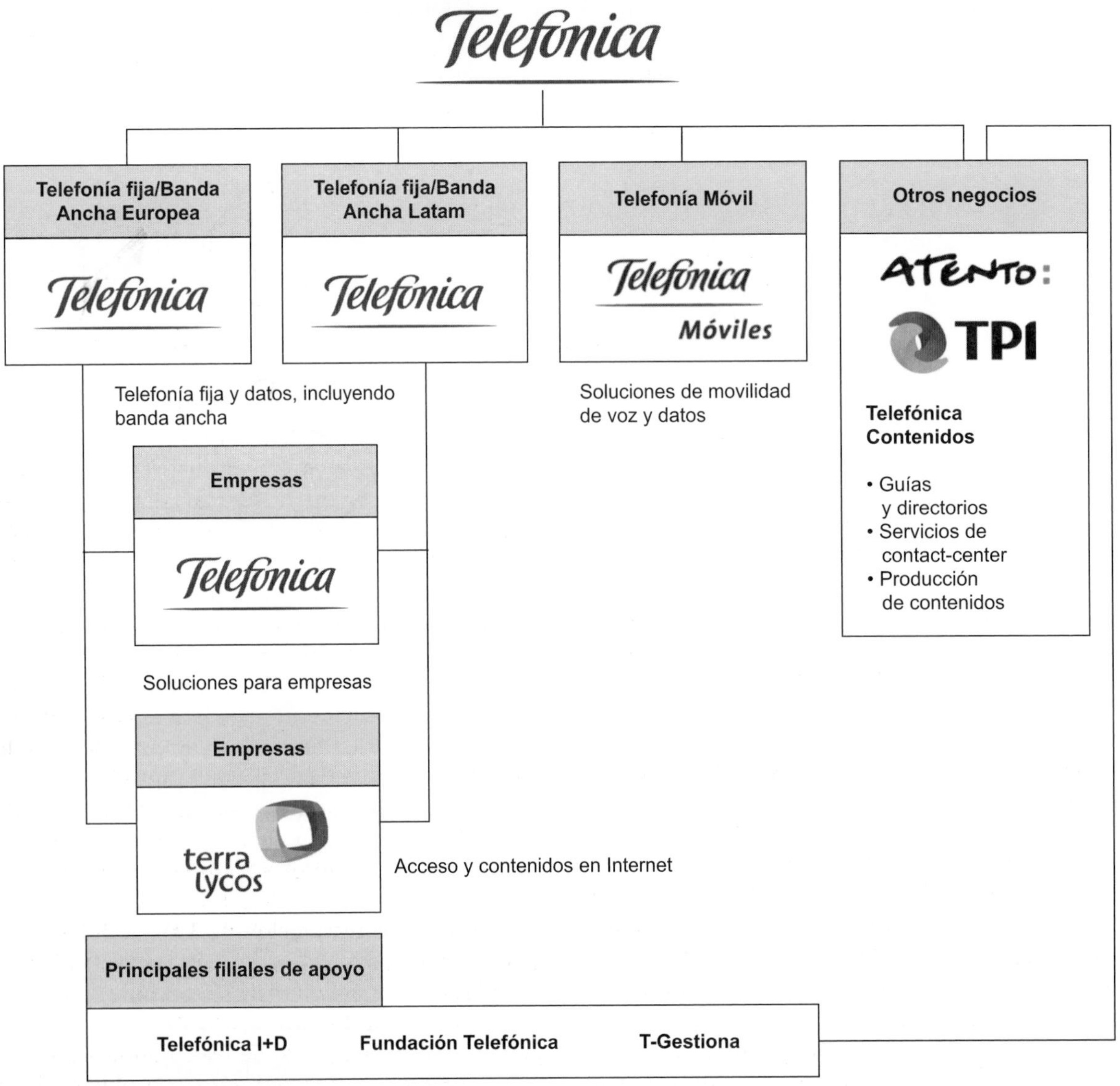

---

[7] Para ello, Telefónica cuenta con las siguientes filiales de apoyo: *Telefónica Investigación y Desarrollo, Fundación Telefónica,* y *T-Gestiona,* que se encarga de las actividades no estratégicas y comunes entre distintas empresas.

Además de estas sociedades existen otras que cubren funciones más específicas, como Adquira, Telefónica Factoring, Telefónica Ingeniería de Seguridad o Antares, entre otras.

**Figura 4** Telefónica en la actualidad

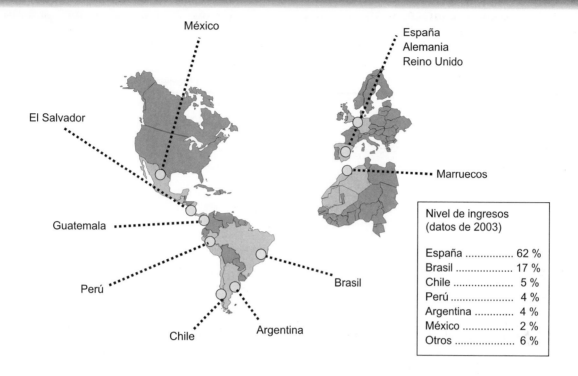

Nivel de ingresos
(datos de 2003)

| | |
|---|---|
| España | 62 % |
| Brasil | 17 % |
| Chile | 5 % |
| Perú | 4 % |
| Argentina | 4 % |
| México | 2 % |
| Otros | 6 % |

## Estrategia competitiva y crecimiento

### Crecimiento de la empresa

La evolución de la actividad de la compañía ha estado constantemente influenciada por el marco regulador del sector. Centrándonos en su historia más reciente, cabe señalar que desde 1987 (año en el que se aprobó la Ley española de Ordenación de las Telecomunicaciones) hasta la fecha actual, este marco ha ido impulsando la liberalización del sector en nuestro país. Con objeto de desarrollar las capacidades necesarias para **afrontar** el desafío que supone la progresiva **liberalización** del sector, la inminente **competencia** en el mercado **nacional** y el creciente número de oportunidades en el ámbito **internacional**, la empresa se ha visto obligada a realizar un importante **cambio cultural y organizativo**. Así, uno de los aspectos más importantes del Plan Estratégico 1995-1999 hacía referencia al proceso de reorganización atendiendo a un enfoque de áreas de negocio que favoreciera una **mayor descentralización**. Esta etapa se caracteriza por un crecimiento constante de la empresa, tanto a nivel internacional como local. En una primera etapa, el crecimiento consiste en una expansión geográfica que persigue convertir a la empresa en un competidor global, mientras que

a partir del 2000 Telefónica se centra en los países en los que está presente y busca el incremento de sus ingresos a través del incremento del número de sus clientes (mediante la penetración de los mercados en los que opera) y la diversificación de actividades, ampliando la cadena de valor que abre nuevos mercados y oportunidades como consecuencia del desarrollo tecnológico.

La estrategia de expansión internacional del grupo se ha venido sustentando fundamentalmente en el desarrollo del mercado latinoamericano. Este proceso ha estado estrechamente ligado a la creación de redes internacionales en Europa y Norteamérica que le han permitido desarrollar servicios avanzados. A finales de los noventa esta estrategia se ha complementado con la entrada en negocios distintos al de la explotación de la telefonía básica aprovechando los avances tecnológicos y las nuevas oportunidades de mercado.

Hasta la reestructuración de 2003, la filial Telefónica Internacional, S.A. (TISA) ha sido la encargada de canalizar las inversiones en mercados exteriores, fundamentalmente en **Latinoamérica**. A través de esta filial, el grupo gestiona empresas de telecomunicaciones en varios mercados latinoamericanos con objeto de enlazar los países de esta región en los que la operadora española está presente con Europa y Norteamérica. Su primer proyecto de implantación en mercados exteriores se

**Figura 5**

## Ranking de empresas de telecomunicaciones en el mercado hispano-portugués

Líneas fijas en servicio
(datos en millones, dic. 2003)

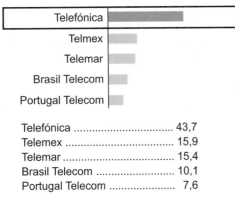

| | |
| --- | --- |
| Telefónica ............................. | 43,7 |
| Telemex .................................. | 15,9 |
| Telemar ................................... | 15,4 |
| Brasil Telecom ......................... | 10,1 |
| Portugal Telecom ..................... | 7,6 |

Clientes de móviles
(datos en millones, dic. 2003)

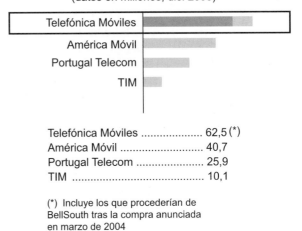

| | |
| --- | --- |
| Telefónica Móviles ................... | 62,5 (*) |
| América Móvil .......................... | 40,7 |
| Portugal Telecom ..................... | 25,9 |
| TIM ........................................... | 10,1 |

(*) Incluye los que procederían de
BellSouth tras la compra anunciada
en marzo de 2004

*Fuente:* www.telefonica.es.

desarrolló en Chile, culminando en 1989 el proceso de privatización de telecomunicaciones chilenas, en el que TISA tomó parte. A continuación se implantó en Argentina, Venezuela, Puerto Rico, Perú, Colombia, Brasil y Guatemala. Realizó inversiones en **otros mercados**, como la participación en el capital de la empresa norteamericana INFONET (1988), o en el mercado rumano mediante la participación en una empresa conjunta, pero no pueden considerarse participaciones estratégicas ni inversiones importantes para Telefónica. Adicionalmente, en 1995 se constituyó Telefónica Sistemas de Portugal (TSP), en la que participan dos filiales del grupo español: TISA y Telefónica Sistemas. Más tarde, en torno al 2000, va tomando cuerpo Telefónica Latinoamérica como la línea de negocio responsable de los activos de telefonía fija en América. La operación conocida por el nombre de Operación Verónica (oferta pública de acciones en Telefónica de Argentina, Telesp y Tele Sudeste en Brasil y Telefónica del Perú) abrió la puerta al proceso de articulación del grupo por líneas de negocio de ámbito global, al permitir el comienzo de la reordenación de los activos por negocios en lugar de por países. La alianza entre Telefónica y Portugal Telecom, en el año 2001, tiene mucha importancia para la penetración de mercado en Brasil. Ambas compañías anunciaron la creación de una empresa conjunta que agrupara todos sus activos de telefonía móvil en este país. En marzo de 2004 Telefónica acuerda la compra de las operaciones de móviles de BellSouth en Latinoamérica, lo que la posiciona como líder en el mercado latinoamericano.

El alcance de la compañía se extiende a Norteamérica y Europa gracias a la **red de alianzas** que ha venido desarrollando en la segunda mitad de los noventa: en 1995 entra a formar parte de Unisource, proyecto iniciado en 1992 para crear una red europea y prestar servicios avanzados, considerando Europa como un único mercado. El objetivo era conseguir grandes economías de escala. A principios de 1997 sale de Unisource y pacta su entrada en Concert, alianza estratégica desarrollada por la británica BT y la norteamericana MCI Communications Corporation, con el objeto de ofrecer servicios de telecomunicaciones globales que son distribuidos por MCI en América y por BT en el resto del mundo. De forma paralela, Telefónica firmó con la portuguesa Portugal Telecom un acuerdo con el objetivo de realizar negocios conjuntos en la Península Ibérica, el este de Europa y norte de África, además de reforzar su presencia en América Latina, como ya se ha expuesto. Asimismo, en marzo de 2001 llega a un acuerdo con Motorola para asumir la gestión de cuatro operadoras en México: Bajacel, Movitel, Norcel y Cedetel.

Otro aspecto clave para el crecimiento de la compañía fue la **diversificación de actividades**[8]. La fusión

---

[8]  Bell y Trillas (2005), en un estudio sobre el cambio regulatorio y sus efectos en el caso concreto de Telefónica, argumentan que la diversificación es consecuencia de la privatización y desregulación del sector. Autores como Kole y Lehn (1997) afirman que después de una desregulación, se pueden predecir ciertos cambios en el comportamiento de las empresas a nivel corporativo.

de las tecnologías de telecomunicaciones e informáticas no solo permitió incorporar nuevas prestaciones, sino que también propició la creación de nuevos servicios y nuevas oportunidades de mercado que Telefónica supo aprovechar, creando nuevas unidades de negocio. La creciente importancia y el gran potencial de desarrollo del mercado de Internet y de las comunicaciones interactivas se ha traducido a finales de 1998 en la creación de una nueva empresa, Telefónica Interactiva[9], que pasó a denominarse Terra Networks en septiembre de 1999. Esta nueva empresa mantiene la visión global de negocio y la mentalidad abierta a la innovación continua y al desarrollo de alianzas. El mercado objetivo es el conjunto de clientes de habla hispanolusa. Sin embargo, también trata de introducirse en el mercado norteamericano mediante la adquisición de Lycos en 2000, empresa que vendería en agosto de 2004, con el objetivo de centrase en su mercado objetivo, es decir, Latinoamérica, tal y como se ha apuntado desde la propia compañía.

Durante 1998, Telefónica inicia su actividad en los **negocios audiovisuales** con el objetivo de distribuir contenidos en el mercado de habla hispana. Las inversiones en medios audiovisuales se convirtieron en una opción de futuro al agrupar servicios de telecomunicaciones, información y entretenimiento. Telefónica Media, en la actualidad Telefónica Contenidos, es la filial encargada de explotar las sinergias entre distintas áreas de actividad en el campo de medios de comunicación, difusión y contenidos audiovisuales. Con este propósito creó la empresa distribuidora de Televisión Digital, bajo la marca Vía Digital, a la que se incorporará más adelante EuroNews (en octubre de 2002), y adquirió una parte del capital de Antena 3 TV. También destaca la compra de la cadena argentina Telefé y de la productora holandesa Endemol. En octubre de 2001 Endemol se alía con el grupo Televisa para crear una gran productora de televisión en México, y en noviembre Admira y Venevision International constituyen un fondo de producción audiovisual. En 2002 Antena 3 TV aprueba la compra de Onda Cero y, unos meses más tarde, Endemol aumenta hasta el 100 por cien su participación en Gestmusic. En 2003 la Empresa de Telefónica Vía Digital se fusiona con Sogecable dando lugar a una nueva plataforma de pago: Digital Plus. En la actualidad, para cumplir con requisitos legales a ese respecto, Telefónica ha puesto en marcha una desinversión en activos de medios de comunicación, de forma

que ha vendido Antena 3 TV y Azul Televisión para centrar sus esfuerzos en Digital Plus.

Telefónica también ha mantenido relaciones con Walt Disney: en enero de 2002 ambas crean la primera productora de películas para Latinoamérica y en diciembre de 2004 se alcanza un acuerdo con Walt Disney Internet Group para lanzar contenidos Disney a los móviles en España.

La diversificación en nuevas áreas de actividad: canales temáticos, televisión interactiva, y el desarrollo de iniciativas comerciales (televenta, licencias y *merchandising*, eventos o producción publicitaria), permite a la operadora establecerse en el mercado como una corporación de contenidos audiovisuales y actividades multitemáticas con proyección internacional.

## Estrategia

El proyecto empresarial del grupo Telefónica se ha orientado, en primer lugar, hacia una **estrategia de expansión internacional,** que ha integrado dos aspectos claramente diferenciados: de un lado, la **implantación en nuevos países** con objeto de prestar los servicios tradicionales del sector (lo que podríamos denominar desarrollo del mercado local en un determinado país); del otro, la **creación de redes internacionales** dirigidas a la prestación de servicios avanzados. Con todo, ambos procesos se encuentran estrechamente interrelacionados, ya que el primero constituye la base imprescindible para que pueda desarrollarse el segundo.

A nivel internacional, los procesos de liberalización y privatización de compañías estatales que han experimentado otras naciones constituyen una oportunidad única (no susceptible de repetición en el futuro) para la expansión internacional de las operadoras que cuenten con mayor experiencia y capacidad de gestión. Por otro lado, también ha contribuido al desarrollo de esta estrategia la necesidad de explotar **las economías de escala y las sinergias** vinculadas a la adquisición de determinados componentes y a la prestación de determinados servicios de telecomunicaciones.

A partir de 2000, Telefónica ha seguido tratando de **reforzar su posición en el mercado mundial** de telecomunicaciones potenciando los activos en líneas de negocio de ámbito global, así crea: Telefónica Móviles, que agrupa todas las operaciones de móviles y Telefónica DataCorp, para el negocio de datos y servicios para empresas. Estas nuevas empresas globales se suman a otras tres creadas el año anterior, también con carácter global: Terra, Telefónica Publicidad e Información (PTI) y Telefónica Media.

En primer lugar se analizará la estrategia de implantación en los mercados exteriores, fundamentalmente

---

[9] Esta empresa nace con vocación de liderar un mercado emergente mediante la gestión de acceso a Internet, provisión de servicios y contenidos, tanto en abierto (portal) como empaquetados con servicio de acceso (portal *on line*), así como participando en negocios en el entorno de la publicidad, comercio electrónico, voz IP, etc.

América Latina, para, a continuación, analizar las alianzas globales en las que ha participado la operadora española y que la han posicionado como un jugador global.

### El desarrollo de mercados locales[10]

TISA[11] se ha concentrado en el negocio internacional de Latinoamérica, región que presentaba un importante potencial de crecimiento en lo que al sector de las telecomunicaciones se refiere y en la que la empresa española contaba con importantes ventajas derivadas de los lazos políticos existentes con España, el idioma común y la presencia de instituciones financieras españolas.

La implantación de TISA en esta región se ha llevado a cabo, fundamentalmente, mediante adjudicación en los **concursos de privatización** de las compañías nacionales de los diferentes países, con objeto de desarrollar los servicios básicos de telefonía. Su objetivo era desarrollar estos mercados de telecomunicaciones a medio y largo plazo, hasta alcanzar los niveles existentes en los países más desarrollados económicamente, y permanecer en ellos en el futuro. En definitiva, son inversiones realizadas con vocación de permanencia.

Tradicionalmente los servicios de telecomunicaciones se han desarrollado en estos países a través de un monopolio explotado por una compañía de propiedad pública, por lo que la implantación de un operador extranjero en los mismos requiere previamente un cambio en la regulación que afecta al sector. El objetivo que persiguen los Estados con estos procesos de privatización no es atraer únicamente capitales privados y extranjeros, sino también a empresas operadoras que cuenten con conocimientos técnicos y experiencia para gestionar la entidad privatizada.

TISA ha acudido a estos procesos de privatización mediante la formación de agrupaciones para concursos en las que ha dado cabida a otros socios locales y/o financieros, manteniendo siempre el objetivo de actuar como socio operador tecnológico, liderar la agrupación y mantener la gestión de la entidad privatizada, en este sentido, la figura de la agrupación constituye un instrumento para gestionar dicha entidad y TISA es el denominado *socio estratégico* de la misma.

En estas agrupaciones suele darse cabida a *socios* de diversa naturaleza. En primer lugar, se considera imprescindible la participación de un socio local cuyas principales aportaciones son las siguientes:

- Conocimiento del mercado receptor de la inversión (forma de hacer los negocios, contactos con otros grupos empresariales y financieros, conocimiento de las instituciones locales, etc.) desarrollado a través de una presencia activa en el mismo.
- Relación con la administración y los poderes públicos locales (especialmente con las instituciones reguladoras).

---

**Figura 6**    Inversiones realizadas por Telefónica en América Latina (en millones de euros)[12]

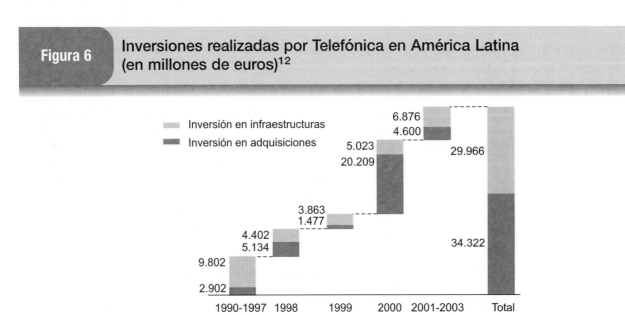

---

[10] Un tratamiento más exhaustivo de esta cuestión puede encontrarse en López Duarte, C. (1998).
[11] Recordamos que TISA fue la filial encargada de la expansión internacional de Telefónica hasta su reestructuración en 2003.
[12] A este gráfico habría que sumar la inversión en activos de Bell South por importe de 4.731 millones de euros.

- Reputación consolidada en el entorno local que favorezca, ante la opinión pública, la imagen de que no se vende la operadora local a una empresa extranjera. Adicionalmente, el socio local puede proporcionar una red de distribución y/o una base de clientes que favorezca el desarrollo del negocio.

En segundo lugar, suele resultar necesaria la participación de socios financieros que permitan apalancar recursos y diversificar los riesgos de la inversión. Esta aportación de carácter meramente financiero puede realizarla cualquier grupo empresarial, con independencia de su nacionalidad y del sector de actividad en el que desarrolle su actividad.

El objetivo de TISA es ser el socio operador y gestor de la empresa privatizada manteniendo el control de las agrupaciones. Desde la compañía se considera más interesante que exista una sola operadora y los restantes socios tengan objetivos puramente financieros para evitar conflictos, consecuencia de la diferencia de culturas y criterios de gestión. Dado su interés exclusivamente financiero, resulta posible que los socios de TISA en estas agrupaciones no presenten una vocación de permanencia a largo plazo en el proyecto. En este sentido, en el acuerdo de accionistas se establecen mecanismos de salida y arbitraje que suelen ir vinculados a pactos de compra por parte de TISA o a la salida a bolsa de la sociedad.

El acuerdo de accionistas que da lugar a la formación de la agrupación recoge siempre una *cláusula de no competencia* por parte de los socios, de forma que ninguno de ellos puede competir en el mercado afectado por la privatización o licitación frente a los restantes socios ni frente a la propia agrupación. Asimismo, en estas agrupaciones, TISA toma una participación que le asegure la gestión de la misma y la *mayoría en el consejo de administración*. La agrupación es, a su vez, la que concursa en la privatización de la compañía nacional. La política de TISA ha sido la de *favorecer la salida a bolsa* de sus empresas participadas (a la correspondiente bolsa local y a la de Nueva York) con objeto de acceder a recursos financieros, de un lado, e introducir en las empresas gestionadas elementos de disciplina.

En Chile TISA desarrolló su primer proyecto de implantación en mercados exteriores. En 1987 comenzó a fraguarse el proceso de privatización de las telecomunicaciones chilenas, culminando en 1989 con la privatización de la Compañía de Telecomunicaciones de Chile y la Empresa Nacional de Telecomunicaciones (ENTEL Chile) en la que TISA tomó parte. Continuando con su estrategia de implantación en el mercado latinoamericano acudió a privatizaciones en Argentina (1990), Venezuela (1991), Puerto Rico (1992), Perú (1994), Brasil (1997), Guatemala (1997) y el Salvador (1998). En 1994 se implantó en Colombia, no como consecuencia de una privatización, sino mediante la adjudicación de una licencia, vendiendo su participación en enero de 1998 por no conseguir la capacidad de gestión. Y en 1997 entró en el mercado mexicano gracias a su alianza con Concert.

En junio de 1998 TISA amplía su participación en Brasil y en enero de 2000 se hace con el control de la totalidad de los activos de las empresas participadas en este país, en Argentina y Perú, fraguándose la operación calificada como una de las más importantes de la compañía, la ya comentada Operación Verónica.

## Alianzas globales

La emergencia de un mercado global requiere cobertura mundial. Adicionalmente, algunos de los mercados de telecomunicaciones, en los que Telefónica se ha implantado a través de inversiones, operan en régimen de monopolio, pero serían liberalizados a corto o medio plazo. A este respecto, Telefónica se ve impulsada a desarrollar alianzas con potenciales competidores en estos mercados, al objeto de mantener su liderazgo en lo mismos.

La capacidad de las operadoras para mantener su liderazgo en este nuevo entorno de clientes homogéneos y universales a los que deben proporcionar servicios integrados internacionalmente, cobertura geográfica y gran flexibilidad, pasa por la cooperación y el desarrollo de alianzas globales. Generalmente se argumenta que, dada la naturaleza global de los mercados, las empresas tienen que ser grandes. Sin embargo, esto no es necesariamente así, ya que la globalización mejora el acceso a mercados en todo el mundo. Esto no significa que las empresas deban ser más grandes para competir, sino que las la presencia global es mucho más fácil incluso para las empresas de menor tamaño. Por esta razón los mercados se vuelven más competitivos como resultado de la globalización. Este argumento ha llevado a distintos autores a afirmar que toda la política de alianzas de Telefónica tiene como denominador común el intento de limitar la competencia (Brandts y Kühn, 1998; Bell y Trillas, 2005).

En este contexto surgen numerosas alianzas y proyectos de cooperación entre las principales operadoras europeas y entre estas y operadoras de otras regiones geográficas, fundamentalmente norteamericanas. Así, de forma casi paralela surgen en Europa los proyectos Unisource y Atlas promovidos por las operadoras PTT y Telia (holandesa y sueca, respectivamente), el primero, y por France Telecom (FT) y Deutsche Bundespost Telekom (DBT), el segundo. Inicialmente, el ámbito de ambas alianzas era europeo, pero en ambos casos se ve ampliado con la entrada de empresas norteamericanas al proyecto. También en ambos casos la cooperación culminó con la creación de empresas conjuntas participadas por socios de ambos lados del Atlántico: en 1995 se creó Uniworld y posteriormente AT&T-Unisource Communicaions Services. Por su parte, la operadora británica, British Telecom, prescindiendo de otros socios europeos, optó por la cooperación con la norteamericana MCI, proyecto que culminaría con la creación de la empresa conjunta Concert que según veremos más adelante, fue posteriormente frustrado. A estos tres bloques de poder se unen Cable & Wireless (C&W), una red geográficamente dispersa con importantes conexiones en China, y las redes globales de dos grandes operadoras de telefonía móvil: la norteamericana Airtouch y la británica Vodafone.

La presencia de Telefónica en América Latina constituye su principal activo para negociar su participación en estas alianzas; según se apunta desde la compañía, «sin sus inversiones en Latinoamérica, Telefónica no sería un jugador global». Adicionalmente, la operadora española cuenta con importantes intereses en Europa, por lo que se planteó la necesidad de buscar socios en ambos mercados.

## Alianza con Unisource

Unisource fue creada en 1992 por la operadora holandesa PTT Telecom BV y la sueca Telia AB. Más tarde, en junio de 1993, se unió al grupo la Swiss Telecom PTT. En junio de 1995 Telefónica entró en el capital de Unisource quedando cada uno de los cuatro socios con una participación del 25 por ciento en el mismo. Hasta finales de 1997, momento en el que se firmó la salida de Telefónica de esta alianza, Unisource permaneció participada equitativamente por estos cuatro socios.

Desde la propia compañía española, se ha señalado que la entrada en Unisource se produjo ante la necesidad de desarrollar actividades en Europa: en su momento, se consideró que la alianza con las operadoras holandesa, sueca y suiza proporcionaba a Telefónica una **posición de equilibrio en el mercado europeo.**

El objetivo fundamental de estas operadoras europeas radicaba en constituir una red paneuropea que proporcionara servicios de telecomunicaciones considerando toda Europa como un único mercado. La creación de esta empresa permitiría a los clientes europeos beneficiarse de las economías de escala de una red de gran extensión, así como acceder a una amplia gama de los *servicios de ventanilla única*[13] distribuidos por importantes operadores locales.

La cartera de servicios que ofrece Unisource abarca no solo la prestación de servicios globales de telecomunicaciones a empresas multinacionales, sino también servicios personales y servicios a otras operadoras del sector. Así, Unisource opera las redes internacionales de sus socios a través de una filial (Unisource Carrier Services) que proporciona servicios de transmisión paneuropeos a las propias empresas socio así como a otras operadoras europeas (ya consolidadas en su mercado o emergentes) que precisan dicha red para articular sus actividades de tráfico internacional. La distribución de los servicios Unisource se lleva a cabo a través de las empresas asociadas en sus respectivos mercados locales y a través de empresas locales o de filiales constituidas por Unisource en las restantes naciones[14].

En general, esta forma de distribución proporciona una doble ventaja: de un lado, las alianzas globales permiten la oferta de un *servicio de ventanilla única* a los clientes; del otro, los acuerdos con empresas locales facilitan el conocimiento de la idiosincrasia de cada nación y, con ello, que la relación con el cliente se lleve a cabo de la forma más adecuada.

Adicionalmente, y ante la necesidad de proporcionar a sus clientes servicios en otras áreas geográficas, Unisource desarrolló **alianzas con socios no europeos.** Así, en junio de 1994 tomó una participación del 20 por ciento en el capital de la World Partner Company (WPC), lo que supuso la entrada de Unisource en la World Partners Association (WPA) creada por la primera en 1993. En esta asociación se dio cabida a una serie de empresas proveedoras de servicios de telecomunicaciones, incluidas varias que centran su actividad en el sudeste asiático, que desarrollan sus actividades de forma colegiada bajo unas reglas y pautas comunes.

En 1995 Unisource y la compañía AT&T crearon conjuntamente la empresa Uniworld. El objetivo de tal empresa radicaba en la combinación de las principales

---

[13] A través de estos servicios una empresa multinacional puede contratar en un único país y a través de una sola operadora todos los servicios de telecomunicaciones que precisa para sus filiales, independientemente de la localización de las mismas (factura única en una sola moneda, atención al cliente homogénea, etc.), evitando los inconvenientes derivados de acceder a estos servicios a través de proveedores localizados en diferentes países.

[14] Así, por ejemplo, en el Reino Unido, Irlanda o Alemania los distribuidores de los servicios Unisource son empresas locales con las que aquélla mantiene un acuerdo (AT&T-UK, Telecom Eireann y Acor, respectivamente); mientras que en otros países Unisource presta sus servicios a través de filiales de plena propiedad (Siris en Francia, Unisource Bélgica, Unisource Grecia o Unisource Italia) o en cooperación con alguna de sus empresas socio (por ejemplo, en Portugal los servicios Unisource son distribuidos en colaboración con Telefónica).

ventajas competitivas de cada uno de sus socios con la finalidad de ofrecer algunos servicios conjuntos de telecomunicaciones internacionales a los clientes europeos. Posteriormente, en mayo de 1996, Unisource y AT&T acordaron fusionar sus actividades en Europa, creando una nueva empresa de telecomunicaciones paneuropea: AT&T-Unisource Communications Services (AUCS). Adicionalmente, ambos socios crearon una nueva empresa, con una participación cada uno del 50 por ciento, con objeto de canalizar las inversiones conjuntas en los mercados clave de Europa: Francia, Italia y Alemania, entre otros.

A principios de 1997 Telefónica decide salir del grupo paneuropeo, al tiempo que desarrolla un acuerdo con la británica British Telecom y la norteamericana MCI. La **ruptura con Unisource** ha sido motivada por diversos factores. En primer lugar, una de sus prioridades radicaba en contar con socios globales que le permitieran consolidar su estrategia de liderazgo en el exterior y dispusieran de la capacidad financiera y los conocimientos necesarios para continuar la expansión en Latinoamérica. En este sentido, introducirse en el sector mexicano de las telecomunicaciones y crear una red panamericana de fibra óptica que permitiera conectar América Latina con EE UU y Canadá y canalizara el tráfico internacional de toda el área constituirían dos de sus prioridades. Este objetivo se veía obstaculizado por la integración en una alianza de alcance fundamentalmente europeo. Adicionalmente, la propia forma de creación, estructura de propiedad y gestión de la alianza europea, dificultaban el desarrollo de la misma. Según se ha visto, esta alianza estaba participada y gestionada equitativamente por cuatro socios, de forma que las decisiones debían ser tomadas por consenso. Ello contribuía a que el proceso de gestión y desarrollo de actividades resultara excesivamente complejo. Desde la propia Telefónica se señala que la existencia de un socio que ostente el liderazgo resulta imprescindible para garantizar el éxito de una asociación de este tipo.

En definitiva, con el transcurso del tiempo, Telefónica consideró que desarrollar un acuerdo con la británica British Telecom (BT) y la norteamericana MCI favorecería la consecución de los objetivos de su estrategia internacional en mayor medida que la desarrollada con Unisource y AT&T, por lo que decidió salir de la alianza europea. El proceso de ruptura supuso importantes implicaciones de naturaleza tecnológica, legal, de atención a los clientes, etc. para Telefónica. Así, significó prestar servicios completamente diferentes a los clientes, con una tecnología distinta y en un marco legal alternativo. Este proceso culminó en diciembre de 1997.

## Concert y la posterior alianza con WorldCom-MCI

Concert es la culminación de la alianza estratégica desarrollada por la británica BT y la norteamericana MCI Communications Corporation. Tal alianza comenzó a desarrollarse en 1994 con objeto de ofrecer **servicios de telecomunicaciones globales** (los ya mencionados servicios de *ventanilla única*) que son distribuidos por MCI en América y por BT en el resto del mundo. Para ello formaron la empresa conjunta Concert Communication Service (CCS). Esta empresa conjunta se erigió rápidamente en una de las compañías líderes en la prestación de servicios a las compañías multinacionales. En noviembre de 1996, esta alianza estratégica culminó con la firma del acuerdo de fusión de ambas compañías, que daría lugar a la creación de la empresa Concert PLC. Tal fusión facilitaría la combinación de la experiencia y capacidades de ambos socios, dando lugar a la acumulación de un *know how* susceptible de explotación en los diferentes mercados internacionales, especialmente en aquellos que se encuentran aún en las primeras etapas de su desarrollo competitivo.

A finales de 1996 Telefónica comenzó a negociar un acuerdo de colaboración con BT y MCI que culminó en marzo de 1997 con la firma de la operadora española. En el mismo se recogía el desarrollo conjunto de **tres tipos de acciones:**

- *Acciones inmediatas* que hacen referencia al desarrollo de actividades conjuntas en América Latina. Consecuencia de este ámbito geográfico de actuación, esas acciones afectan, principalmente, al acuerdo entre Telefónica y MCI.
- *Acciones opcionales* que afectan fundamentalmente al mercado europeo y que, por tanto, no podían ponerse en marcha hasta que Telefónica culminase legalmente su salida de Unisource (finales de 1997).
- *Acciones complementarias* susceptibles de realización en el futuro dependiendo del interés de ambos socios y de la evolución de las acciones inmediatas y opcionales.

Únicamente algunas acciones correspondientes al primer punto llegaron a implantarse debido a la adquisición por parte de un tercero de uno de los socios de Telefónica. En concreto las **acciones** inmediatas **llevadas a cabo** fueron las siguientes:

- Creación, en el segundo semestre de 1997, de la empresa conjunta Telefónica Panamericana MCI (TPAM), participada equitativamente por Telefónica Internacional y MCI. Las actividades desarrolladas por esta empresa conjunta se engloban, a su vez, en las tres categorías que a continuación se detallan:

— Creación de una red panamericana en la que participan ambos socios y en la que en el futuro podría darse cabida a otros socios.

— Prestación de servicios Concert en América Latina. TISA es la distribuidora en exclusiva de los servicios Concert en Latinoamérica, al tiempo que las distintas filiales de Telefónica en la región distribuyen exclusivamente servicios Concert. La creación de esta red no supone la realización de grandes inversiones, ya que basta con alquilar la transmisión.

— Realización de inversiones conjuntas en el área latinoamericana.

1. La entrada de Telefónica Internacional en el mercado Mexicano mediante la toma de un 33 por ciento del capital de Avantel (empresa conjunta creada por MCI y Banamex).
2. Integración de las actividades de TISA y MCI en Puerto Rico, dado que ambas empresas eran competidoras directas en este mercado.
3. Gestión conjunta de los minutos de tráfico internacional de ambas empresas, con objeto de obtener sinergias y economías de escala.
4. Actividades relacionadas con la futura realización conjunta de actividades en Europa.
5. Actividades relacionadas con la materialización formal de la alianza[15].

A pesar del acuerdo en firme alcanzado por Telefónica, en noviembre de 1997 la situación dio un giro inesperado cuando la Norteamerican WorldCom (WC) se hizo con la propiedad de MCI dando lugar, en su momento, a la mayor fusión de la historia. Esta nueva situación ha obligado a Telefónica a revisar su acuerdo. Si bien en un primer momento se planteó la posibilidad de que la operadora española pudiera mantener su alianza con ambos socios, desdoblando su implementación en dos áreas geográficas claramente diferenciadas, esta posibilidad no ha resultado factible, eligiendo cooperar con WC-MCI. En este sentido, la posición dominante que Telefónica mantiene en América Latina, que la erige en el instrumento ideal para canalizar el tráfico internacional entre esta región y EE UU, ha re-

sultado determinante en la negociación con WC-MCI. La alianza se selló el 9 de marzo de 1998 y en ella se contempla la vigencia de la mayor parte de los compromisos pactados por Telefónica y MCI en relación al mercado latinoamericano en el que Telefónica lidera los proyectos conjuntos, si bien el alcance del nuevo acuerdo se amplía a Europa y EE UU (proyectos dirigidos por MCI-WC). En este sentido, compite en Europa con los servicios de Concert y Unisource a través de Eurocom y ha llegado a crear dos empresas conjuntas: la primera de ellas para operar en el sur y este de Europa, y la segunda en el mercado estadounidense de habla hispana.

## Acuerdo Telefónica-Portugal Telecom

Paralelamente a la firma del acuerdo con BT y MCI, Telefónica firmó un acuerdo de cooperación con la portuguesa Portugal Telecom (PT), con un triple objetivo:

• Reforzar aún más su presencia en el mercado latinoamericano, especialmente en Brasil. En este sentido, la operadora portuguesa cuenta con un acuerdo con la brasileña TELEBRAS que fue privatizada en marzo de 1998. El acuerdo entre Telefónica y PT consideraba la colaboración de ambas operadoras en términos de igualdad y equilibrio en las privatizaciones que se llevaran a cabo en Brasil, la posible venta a la operadora portuguesa de una participación del 10 por ciento en el capital de la también brasileña CRT[16] y el desarrollo conjunto en otras naciones latinoamericanas.

• Desarrollar negocios conjuntos en la Península Ibérica.

• Desarrollar negocios conjuntos en nuevos mercados, en concreto, en los países del Magreb.

Adicionalmente, Telefónica y PT han realizado cruces accionariales de participaciones minoritarias con objeto de que actúen como salvaguardia de lo pactado entre las dos operadoras. En marzo de 1998, Telefónica y PT reforzaron su alianza, creando una empresa conjunta participada al 50 por ciento para canalizar las inversiones conjuntas en regiones distintas a la Península Ibérica y América Latina: norte de África, este de Europa, Italia, etcétera.

En septiembre de 1999 Telefónica, junto con Portugal Telecom, se adjudica la segunda licencia móvil de Marruecos. Continuando en esta línea, en septiembre de 1999, ambas operadoras adquieren MediTelecom,

---

[15] El mencionado acuerdo, recoge la realización de un cruce accionarial entre Telefónica y BT-MCI, así como el correspondiente intercambio de puestos en el consejo de administración. El objeto de este cruce accionarial es proporcionar una mayor vinculación de los socios que refuerce el compromiso que ambos asumen en la alianza.

[16] En CRT Telefónica cuenta, a través de una agrupación con otros socios, con una participación del 35 % por ciento del capital con derecho a voto de esta compañía.

segundo operador de telefonía móvil en Marruecos, a través de la compra del 69 por ciento de las acciones, lo que supone el control de la compañía. En la actualidad mantiene su alianza con el objetivo fundamental de penetración en el mercado latinoamericano.

## Alianza con BBVA[17]

En enero de 2005, BBVA y Terra Networks formalizaron una alianza estratégica para el desarrollo y la promoción de negocios conjuntos en Internet[18]. Para el BBVA, se abría la puerta de entrada a nuevos negocios con impresionantes expectativas de crecimiento: Internet, telefonía móvil e información. Todo ello de la mano de una de las principales empresas a nivel global. Además Telefónica supone para el BBVA una plataforma desde la que potenciar sus negocios en América Latina. Los expertos coincidían en que el BBVA con un solo acuerdo adelantaría a sus rivales en un terreno en el que inicialmente se había quedado rezagado.

En cuanto a Telefónica, entraba en el terreno de los medios de pago por la red y la banca electrónica. Así conseguía el control directo sobre la gestión de los negocios de Internet.

Un aspecto común entre Telefónica y BBVA es su presencia en Latinoamérica (Tabla 3). Brasil era el país donde los dos grupos estaban más consolidados. El banco tenía la mayoría de su filial brasileña (53 por ciento) mientras que Telefónica disponía de su filial más grande en Iberoamérica. La actividad se completaba con Terra y Telefónica Móviles, líderes en el mercado hispanohablante.

En el marco de esta alianza, BBVA daba entrada a Terra en el capital de Uno-e, el primer banco latinoamericano por Internet, con una participación del 20 por ciento, ampliable hasta un 35 por ciento. En junio de 2005, Terra ha ampliado su participación a un 33 por ciento, estando el 67 por ciento restante en manos del BBVA. Además, en el desarrollo de esta alianza, BBVA había adquirido un 3 por ciento del capital de Terra. Los mercados prioritarios, además de España, son Italia, Francia y Portugal en Europa, y México, Brasil y Argentina en Latinoamérica. Uno-e también se planteaba entrar en Estados Unidos.

Uno-e mantiene una gestión independiente de los socios y cuenta con productos y servicios de otros bancos y entidades financieras, del mismo modo se mantiene abierta a acuerdos con otros portales competidores de Terra. Ambos socios pretendían dar salida a bolsa a Uno-e y dejan la puerta abierta a la incorporación de nuevos socios en el proyecto. En esta línea, Terra suscribía un contrato, en marzo del año 2000, con Bankinter, por el que el banco ofrecería todos sus servicios de banca electrónica y compra-venta de acciones a través del portal financiero que posee Terra. Esta oficina virtual, contaría con la mayor parte de los productos y servicios de una sucursal física, desde operaciones de gestión de cuentas, solicitud de hipotecas, tarjetas de crédito, fondos, depósitos o *unit linked*.

El BBVA y Terra fusionaron, en marzo del año 2000, Uno-e con otra entidad gemela que opera en el Reino Unido denominada First-e, formando UnoFirst Group. Las empresas españolas se hicieron con el 67,5 por ciento del nuevo grupo (el 33,08 por ciento de Terra) y

| **Tabla 3** | **Presencia en Latinoamérica de BBVA y Telefónica en el momento de la alianza** |

| BBVA | País | Telefónica |
| --- | --- | --- |
| Banco Continental | Perú | Telefónica del Perú |
| Banco Ganadero | Colombia | Rey Moreno |
| Banco Francés | Argentina | TASA |
| Banco Provincial | Venezuela | CANTAV |
| BBV Brasil | Brasil | Telefónica de Brasil |
| Banco BHIF | Chile | Telefónica CTC |
| BBV Puerto Rico | Puerto Rico | Telefónica Larga Distancia |
| BBV México | México | — |
| | El Salvador | Telefónica de El Salvador |

*Fuente:* Montoro. (2003).

[17] Un análisis más exhaustivo de esta alianza puede encontrarse en Montoro (2003).

[18] Para más información ver nota de prensa que la empresa envió a los medios de comunicación con fecha 04/01/2000.

el control del consejo. Uno-e operará bajo esta marca en España, Italia y Latinoamérica, mientras que en el resto de Europa y EEUU utilizarán First-e. Este proyecto contempla un plan de expansión en Europa, Latinoamérica, EE UU y Asia.

En 2004, Uno-e obtuvo un beneficio antes de impuestos de 12,5 millones de euros y un beneficio neto de 8,1 millones de euros, cifras que contrastan claramente con los 7,6millones de euros de pérdidas en el año 2003 y los 24,3 millones de euros de pérdidas de 2002. Uno-e entraba de esta forma en rentabilidad, con un modelo de negocio y una estrategia claramente diferenciada, tras la integración con la división de consumo de BBVA Finanzia llevada a cabo en 2002 como consecuencia de las enormes pérdidas de años anteriores.

## Otros acuerdos

Estas alianzas configuran a Telefónica como un jugador global a la cabeza del sector de telecomunicaciones, lo que aumenta su atractivo como socio para participar en una ingente cantidad de acuerdos y alianzas adicionales que giran en torno a sus líneas básicas de negocio y le permiten mantener su posición competitiva. Ejemplo de ello son algunos acuerdos que se mencionan a continuación.

Un hecho de vital relevancia para Telefónica ha sido el reparto de nuevas licencias, en marzo de 2001, para la explotación de nuevos servicios de telecomunicaciones en España. Se trata del sistema UMTS, que permite servicios como Internet a alta velocidad a través del móvil y en él toman parte Telefónica Móviles, Amena, Airtel Movil y el Consorcio Xfera (formado por Vivendi-FCC, ACS, Mercacapital y Sonera)[19]. También competían por una de las licencias Movilweb, liderado por Jazztel, Deutsche Telekom y Abengoa y Movi2, encabezado por France Telecom, Iberdrola y Cajamadrid.

En esta línea cobran especial dimensión las alianzas entre operadores telefónicos y entidades financieras. Las previsiones apuntan hacia un crecimiento exponencial del comercio electrónico. Otros sectores económicos también han comenzado un proceso de acercamiento a los operadores. Las vías de ingresos de los futuros operadores de UMTS van a ser muy variadas, para la multimedia móvil, además del tráfico telefónico, el operador ejercerá como «comisionista» de un sinfín de servicios de valor añadido. En este sentido, Telefónica está bien posicionada, ya que además de tener como socio al BBVA, ha firmado otra alianza con La Caixa (*véase* Tabla 4).

Telefónica ha seguido un proceso de expansión selectiva en el mercado europeo, consiguiendo licencias en Alemania, Italia, Suiza y Austria[20]. Una vez concluido el proceso de concesión de licencias todos los operadores buscan alianzas para rentabilizar las multimillonarias inversiones. Por ejemplo, Telekom y BT firmaron un acuerdo para compartir el coste de la infraestructura UMTS. Telefónica también ha negociado alianzas similares en Alemania y otros países. 3G, la filial alemana de Telefónica Móviles, firmó un acuerdo con Deutsche Telekom[21] para interconectarse a las redes de esta compañía.

Se trata de acuerdos para usar las redes de los operadores, de manera que Telefónica no tendrá que esperar a construir su propia infraestructura para poder competir en unos mercados que son claves en su estrategia europea. Estos acuerdos, son conocidos técnicamente como acuerdos de interconexión.

El acuerdo con Telecom Italia es muy similar al anterior, permitirá a los futuros clientes de la operadora española de móviles cursar llamadas a todo tipo de teléfonos fijos. Del mismo modo, desde la red fija también se pueden cursar llamadas a cualquier usuario de móviles de Telefónica en Italia.

Por otro lado, Telefónica Móviles, ha firmado en el 2003 un acuerdo con Microsoft por el que ambas compañías colaborarán en el desarrollo de productos, servicios y aplicaciones para Internet Móvil; con Samsung ha firmado otro acuerdo por el que esta empresa adaptará su oferta de terminales a los servicios de Telefónica Móviles; con Ferrovial ha alcanzado un acuerdo para desarrollar soluciones móviles en las áreas de servicios, infraestructuras, inmobiliaria y construcción. Telefónica de España en el mismo año firma con la Confederación Española de la Pequeña y Mediana Empresa (CEPYME) un acuerdo de cooperación para ofrecer a las pymes las mejores soluciones tecnológicas; con Sony colabora en la implantación del Juego en la Red de Banda Ancha para PlayStation 2 en España, y con Securitas Direct en comercializar servicios avanzados de seguridad. Telefónica Data y Amadeus firman un acuerdo de asociación tecnológica para dar servicio a más de 15 000 agencias de viajes en Latinoamérica.

En el año 2004, Telefónica Móviles y MAPFRE diseñan una solución conjunta para agilizar la gestión de los servicios; Telefónica Móviles y ONCE lanzan un teléfono móvil para personas ciegas. Telefónica y Recesa acuerdan desarrollar hogares conectados y lanzar la videotelefonía para terminales fijos. También se alcanza

---

[19] En *5Días,* con fecha 13/03/2000.

[20] Además de en España.
[21] Operador líder en Alemania.

| **Tabla 4** | Acuerdos de Telefónica con BBVA y La Caixa | |
|---|---|---|

| **BBVA** | | **La Caixa** |
|---|---|---|
| Lanzamiento de una tarjeta compartida entre Telefónica y el BBVA. | Medios de pago. | Creación de una entidad de financiación conjunta al 50 por ciento que emitirá tarjetas de marca compartida por Telefónica y La Caixa, dirigidas a los clientes del grupo de telecomunicaciones. |
| BBVA (51 por ciento) y Telefónica (49 por ciento) constituyen la sociedad Movilpago, dedicada a los medios de pago a través del móvil. | Medios de pago en las redes. | Esta nueva entidad conjunta operará también en el ámbito del comercio electrónico, mediante el desarrollo y la comercialización de nuevos medios de pago adecuados para los canales Internet y móviles. |
| Telefónica amplía su participación en el banco de Internet Uno-e hasta el 49 por ciento, después de que el banco haya asumido la ficha del Banco de Comercio. | Banco en Internet. | Constitución de un banco de servicios financieros por Internet, especializado en empresas, y participado por La Caixa en un 80 por ciento y por Telefónica en un 20 por ciento. |
| BBVA compra el 40 por ciento de Telefónica B2B, la filial de la operadora se constituirá para el negocio de comercio electrónico entre empresas. | Comercio electrónico entre empresas (B2B). | Creación de un portal de Internet exclusivo para uso de empresas, que ofrezca un amplio. |
| BBVA desarrollará proyectos en estos campos con Terra. | Relación con Terra (comercio electrónico entre empresas y particulares y entre particulares). | El acuerdo prevé la constitución de filiales conjuntas de La Caixa y Terra para el desarrollo de servicios específicos a particulares. |
| BBVA participará con un 5 por ciento en los consorcios que forme Telefónica para presentarse a los concursos europeos de Telefónica Móvil de tercera generación (UMTS). | Móvil en Europa. | La Caixa participará en el consorcio de Telefónica para invertir en proyectos europeos de telefonía móvil en la tecnología de tercera generación (UMTS). |

*Fuente:* Montoro. (2003).

un acuerdo con Walt Disney Group para lanzar contenidos Disney a los móviles en España.

En el año 2005 Telefónica Móviles y Recoletos Grupo de Comunicación desarrollan contenidos de vídeo para móviles de tercera generación. Terra y SE-GITUR alcanzan un acuerdo para promocionar España en Internet. Telefónica Empresas y Azertia alcanzan un acuerdo para impulsar el negocio electrónico en España.

En definitiva, la posición de Telefónica en América Latina ha servido de plataforma para la firma de importantes alianzas estratégicas en Europa y Norteamérica. Y esto a su vez para incrementar su valor como socio estratégico y para el desarrollo de nuevas tecnologías y la adjudicación de licencias en el sector de mayor aceleración y generación de oportunidades de mercado de los últimos tiempos, lo que la ha convertido en una de las empresas más rentables del sector a nivel mundial.

# Referencias bibliográficas

BELL, G. y TRILLAS, F. (2005): «Privatization, corporate control and regulatory reform: the case of Telefónica». *Telecomunications Policy,* vol. 29. Pp. 25-51.

BRANDTS, J. y KÜHN, K. (1998): «Regular para crear competencia: la liberalizaicón de las telecomunicaciones en España». *Jornada sobre Nuevas Fronteras de la Política Económica,* mayo. Universitat Pompeu Fabra.

DURÁN HERRERA, J. J. y GALLARDO OLMEDO, F.(1997): «Pautas empresariales y estrategias adoptadas en la internacionalización de las operadoras de telecomunicaciones: el caso de Telefónica». Comunicación presentada en el VII Congreso Nacional de la Asociación Científica de Economía y Dirección de Empresas. Almería.

FERNÁNDEZ, P. (2005): «Creación de Valor para los Accionistas: Definición y Cuantificación». *Universia Business Review,* n.º 6, segundo trimestre. Pp. 10-25.

GARCÍA PONT, C.; KNIET, C. y RICART, J. E. (1995): «Internacionalización de Telefónica, S.A.». (DG-1136-E), IESE. Navarra.

Kole, S. y Lehn, K. (1997): «Desregulation, the evolution of corporate governance, and survival». *American Economic Review,* vol. 87 (2). Pp. 421-425.

LÓPEZ DUARTE, C. (1998): «Telefónica». Mimeo. Oviedo.

MONTORO, M. A. (2003): *«La alianza estratégica entre BBVA y Telefónica»* (Navas y Guerras, ed.). *Casos de Dirección Estratégica de la Empresa.* Ed. Civitas. Madrid.

Telefónica (1998): *Informe de Gestión,* 1998.

Telefónica (1998): *Memoria,* 1998.

Telefónica (2004): *Reunión Iberoamericana de Tráfico Internacional.*

Telefónica (2004): *Informe Junta General de Accionistas.*

Páginas Web:

Comisión Nacional del Mercado de Valores (http://www.cmnv.es).
Telefónica (http://www.telefonica.es).

# Índice analítico